Organização Judiciária e Estatutos Profissionais Forenses

Organização Judiciária e Estatutos Profissionais Forenses

2023 • 11ª Edição

Salvador da Costa
Juiz Conselheiro Jubilado

Rita da Costa
Advogada

ALMEDINA

ORGANIZAÇÃO JUDICIÁRIA
E ESTATUTOS PROFISSIONAIS FORENSES

AUTORES
SALVADOR DA COSTA
RITA DA COSTA

EDITOR
EDIÇÕES ALMEDINA, S.A.
Avenida Emídio Navarro, 81, 3D
3000-151 Coimbra
Tel.: 239 851 904 · Fax: 239 851 901
www.almedina.net · editora@almedina.net

DESIGN DE CAPA
EDIÇÕES ALMEDINA, S.A.

PRÉ-IMPRESSÃO
EDIÇÕES ALMEDINA, S.A.

IMPRESSÃO E ACABAMENTO

Julho, 2023

ISBN
978-989-40-1377-8

DEPÓSITO LEGAL

ALMEDINA | GRUPOALMEDINA

À GUISA DE INTRODUÇÃO

Nas últimas três décadas, os órgãos legislativos desenvolveram intensíssima atividade, numa primeira fase em termos de criação de novas previsões e estatuições e, depois, em termos de alteração de normas preexistentes.

Não obstante o estado avançado dos meios informáticos, confrontados com tal *inflação legislativa*, os profissionais forenses em especial, e os juristas em geral, têm experimentado enorme dificuldade em alcançar o domínio quantitativo das normas que vão surgindo dispersas por imenso número de diplomas.

O estudo das leis de processo em geral não prescinde do conhecimento da organização judiciária, por entre elas decorrer uma significativa conexão, em termos de o primeiro se desenvolver no âmbito da última.

A dispersão de leis relativas a matérias conexas dificulta a pesquisa, o estudo e a interpretação, já a compilação facilita essa tarefa aos profissionais do foro, aos docentes, aos discentes e ao público em geral.

Foi esse desiderato de facilitação que envolveu a feitura, em 1999, da primeira edição deste compêndio e, em 2013, a elaboração da sua oitava edição.

Após a publicação, em 2013, da nova lei da organização do sistema judiciário, a maioria dos diplomas integrantes deste compêndio foram sendo sucessivamente alterados, o que nos motivou a não fazer publicar outra edição enquanto se não verificasse alguma estabilidade legislativa.

Aparentemente estabilizada a produção legislativa, após a publicação dos diplomas relativos à organização judiciária, ao ETAF, ao Estatuto da Ordem dos Advogados, ao Estatuto da Ordem dos Solicitadores e dos Agentes de Execução, e publicado o Estatutos dos Juízes e o Estatuto do Ministério Público, julgámos oportuna a publicação da 9ª edição deste compêndio, com as anotações que considerámos pertinentes.

Entretanto, as Leis nºs 2/2020, de 31 de março, 77/2021, de 23 de novembro, e 77/2021, de 24 de novembro, alteraram a Lei da Organização Judiciária, o seu Regulamento e os estatutos do administrador judicial, da Ordem dos Advogados e da Ordem dos Solicitadores e dos Agentes de Execução.

Face a referida modificação da lei, e ao facto de se ter esgotado a nona edição do livro, empreendeu-se a publicação da 10ª edição, que em curto espaço de tempo se esgotou, o que nos motivou à publicação da 11ª edição.

Abarca todos os diplomas mencionados na capa do livro, bem como a identificação dos que àqueles estejam em relação de complementaridade, na linha do que se fez nas edições de pretérito, com uma sistematização simplificada e logicamente ordenada, com o escopo de facilitação da respetiva consulta.

Enfim, fica escrita mais uma edição deste modesto compêndio, com a anotação julgada relevante, inspirado na ideia de facilitar a tarefa de quem pretenda consultá-lo, sobretudo os profissionais forenses e os juristas em geral. Oxalá que não fique muito aquém daquilo que foi o nosso desígnio.

Junho de 2023.

1. A CONSTITUIÇÃO E OS TRIBUNAIS

PARTE I
DIREITOS E DEVERES FUNDAMENTAIS

TÍTULO I
Princípios gerais

ARTIGO 20º
Acesso ao direito e tutela jurisdicional efetiva

1 – A todos é assegurado o acesso ao direito e aos tribunais para defesa dos seus direitos e interesses legalmente protegidos, não podendo a justiça ser denegada por insuficiência de meios económicos.[1]

2 – Todos têm direito, nos termos da lei, à informação e consulta jurídicas, ao patrocínio judiciário e a fazer-se acompanhar por advogado perante qualquer autoridade.

3 – A lei define e assegura a adequada proteção do segredo de justiça.

4 – Todos têm direito a que uma causa em que intervenham seja objeto de decisão em prazo razoável e mediante processo equitativo.

5 – Para defesa dos direitos, liberdades e garantias pessoais, a lei assegura aos cidadãos procedimentos judiciais caraterizados pela celeridade e prioridade, de modo a obter tutela efetiva e em tempo útil contra ameaças ou violações desses direitos.

PARTE III
ORGANIZAÇÃO DO PODER POLÍTICO

TÍTULO V
Tribunais

CAPÍTULO I
Princípios gerais

ARTIGO 202º
Função jurisdicional

1 – Os tribunais são os órgãos de soberania com competência para administrar a justiça em nome do povo.

[1] Sobre o direito à informação jurídica, à consulta jurídica e ao apoio judiciário rege a Lei nº 34/2004, de 29 de julho.

2 – Na administração da justiça incumbe aos tribunais assegurar a defesa dos direitos e interesses legalmente protegidos dos cidadãos, reprimir a violação da legalidade democrática e dirimir os conflitos de interesses públicos e privados.

3 – No exercício das suas funções os tribunais têm direito à coadjuvação das outras autoridades.

4 – A lei poderá institucionalizar instrumentos e formas de composição não jurisdicional de conflitos.

ARTIGO 203º
Independência

Os tribunais são independentes e apenas estão sujeitos à lei.

ARTIGO 204º
Apreciação da inconstitucionalidade

Nos feitos submetidos a julgamento não podem os tribunais aplicar normas que infrinjam o disposto na Constituição ou os princípios nela consignados.

ARTIGO 205º
Decisões dos tribunais

1 – As decisões dos tribunais que não sejam de mero expediente são fundamentadas na forma prevista na lei.

2 – As decisões dos tribunais são obrigatórias para todas as entidades públicas e privadas e prevalecem sobre as de quaisquer outras autoridades.

3 – A lei regula os termos da execução das decisões dos tribunais relativamente a qualquer autoridade e determina as sanções a aplicar aos responsáveis pela sua inexecução.

ARTIGO 206º
Audiências dos tribunais

As audiências dos tribunais são públicas, salvo quando o próprio tribunal decidir o contrário, em despacho fundamentado, para salvaguarda da dignidade das pessoas e da moral pública ou para garantir o seu normal funcionamento.

ARTIGO 207º
Júri, participação popular e assessoria técnica

1 – O júri, nos casos e com a composição que a lei fixar, intervém no julgamento dos crimes graves, salvo os de terrorismo e os de criminalidade altamente organizada, designadamente quando a acusação ou a defesa o requeiram.

2 – A lei poderá estabelecer a intervenção de juízes sociais no julgamento de questões de trabalho, de infrações contra a saúde pública, de pequenos delitos, de execução de penas ou outras em que se justifique uma especial ponderação dos valores sociais ofendidos.

3 – A lei poderá estabelecer ainda a participação de assessores tecnicamente qualificados para o julgamento de determinadas matérias.

ARTIGO 208º
Patrocínio forense

A lei assegura aos advogados as imunidades necessárias ao exercício do mandato e regula o patrocínio forense como elemento essencial à administração da justiça.

CAPÍTULO II
Organização dos Tribunais

ARTIGO 209º
Categorias de tribunais

1 – Além do Tribunal Constitucional, existem as seguintes categorias de tribunais.

a) O Supremo Tribunal de Justiça e os tribunais judiciais de primeira e de segunda instância;

b) O Supremo Tribunal Administrativo e os demais tribunais administrativos e fiscais.

c) O Tribunal de Contas.[2]

2 – Podem existir tribunais marítimos, tribunais arbitrais e julgados de paz.

3 – A lei determina os casos e as formas em que os tribunais previstos nos números anteriores se podem constituir, separada ou conjuntamente, em tribunais de conflitos.

4 – Sem prejuízo do disposto quanto aos tribunais militares, é proibida a existência de tribunais com competência exclusiva para o julgamento de certas categorias de crimes.

ARTIGO 210º
Supremo Tribunal de Justiça e instâncias

1 – O Supremo Tribunal de Justiça é o órgão superior da hierarquia dos tribunais judiciais, sem prejuízo da competência própria do Tribunal Constitucional.

2 – O Presidente do Supremo Tribunal de Justiça é eleito pelos respetivos juízes.

3 – Os tribunais de primeira instância são, em regra, os tribunais de comarca, aos quais se equiparam os referidos no nº 2 do artigo seguinte.

4 – Os tribunais de segunda instância são, em regra, os tribunais da Relação.

5 – O Supremo Tribunal de Justiça funcionará como tribunal de instância nos casos que a lei determinar.

ARTIGO 211º
Competência e especialização dos tribunais judiciais

1 – Os tribunais judiciais são os tribunais comuns em matéria cível e criminal e exercem jurisdição em todas as áreas não atribuídas a outras ordens judiciais.

2 – Na primeira instância pode haver tribunais com competência específica e tribunais especializados para o julgamento de matérias determinadas.

[2] A Organização e o Processo do Tribunal de Contas consta da Lei nº 98/87, de 26 de agosto.

3 – Da composição dos tribunais de qualquer instância que julguem crimes de natureza estritamente militar fazem parte um ou mais juízes militares, nos termos da lei.

4 – Os tribunais da Relação e o Supremo Tribunal de Justiça podem funcionar em secções especializadas.

ARTIGO 212º
Tribunais administrativos e fiscais

1 – O Supremo Tribunal Administrativo é o órgão superior da hierarquia dos tribunais administrativos e fiscais, sem prejuízo da competência própria do Tribunal Constitucional.

2 – O Presidente do Supremo Tribunal Administrativo é eleito de entre e pelos respetivos juízes.

3 – Compete aos tribunais administrativos e fiscais o julgamento das ações e recursos contenciosos que tenham por objeto dirimir os litígios emergentes das relações jurídicas administrativas e fiscais.

ARTIGO 213º
Tribunais militares

Durante a vigência do estado de guerra serão constituídos tribunais militares com competência para o julgamento de crimes de natureza estritamente militar.

ARTIGO 214º
Tribunal de Contas

1 – O Tribunal de Contas é o órgão supremo de fiscalização da legalidade das despesas públicas e de julgamento das contas que a lei mandar submeter-lhe, competindo-lhe nomeadamente:

a) Dar parecer sobre a Conta Geral do Estado, incluindo a da segurança social;

b) Dar parecer sobre as contas das Regiões Autónomas dos Açores e da Madeira;

c) Efetivar a responsabilidade por infrações financeiras, nos termos da lei;

d) Exercer as demais competências que lhe forem atribuídas por lei.

2 – O mandato do Presidente do Tribunal de Contas tem a duração de quatro anos, sem prejuízo do disposto na alínea *m*) do artigo 133º.

3 – O Tribunal de Contas pode funcionar descentralizadamente, por secções regionais, nos termos da lei.

4 – Nas Regiões Autónomas dos Açores e da Madeira há secções do Tribunal de Contas com competência plena em razão da matéria na respetiva região, nos termos da lei.

CAPÍTULO III
Estatuto dos juízes

ARTIGO 215º
Magistratura dos tribunais judiciais

1 – Os juízes dos tribunais judiciais formam um corpo único e regem-se por um só estatuto.

2 – A lei determina os requisitos e as regras de recrutamento dos juízes dos tribunais judiciais de primeira instância.

3 – O recrutamento dos juízes dos tribunais judiciais de segunda instância faz-se com prevalência do critério do mérito, por concurso curricular entre juízes da primeira instância.

4 – O acesso ao Supremo Tribunal de Justiça faz-se por concurso curricular aberto aos magistrados judiciais e do Ministério Público e a outros juristas de mérito, nos termos que a lei determinar.

ARTIGO 216º
Garantias e incompatibilidades

1 – Os juízes são inamovíveis, não podendo ser transferidos, suspensos, aposentados ou demitidos senão nos casos previstos na lei.

2 – Os juízes não podem ser responsabilizados pelas suas decisões, salvas as exceções consignadas na lei.

3 – Os juízes em exercício não podem desempenhar qualquer outra função pública ou privada, salvo as funções docentes ou de investigação científica de natureza jurídica, não renumeradas, nos termos da lei.

4 – Os juízes em exercício não podem ser nomeados para comissões de serviço estranhas à atividade dos tribunais sem autorização do conselho superior competente.

5 – A lei pode estabelecer outras incompatibilidades com o exercício da função de juiz.

ARTIGO 217º
Nomeação, colocação, transferência e promoção de juízes

1 – A nomeação, a colocação, a transferência e a promoção dos juízes dos tribunais judiciais e o exercício da ação disciplinar competem ao Conselho Superior da Magistratura, nos termos da lei.

2 – A nomeação, a colocação, a transferência e a promoção dos juízes dos tribunais administrativos e fiscais, bem como o exercício da ação disciplinar, competem ao respetivo conselho superior, nos termos da lei.

3 – A lei define as regras e determina a competência para a colocação, transferência e promoção, bem como para o exercício da ação disciplinar em relação aos juízes dos restantes tribunais, com salvaguarda das garantias previstas na Constituição.

ARTIGO 218º
Conselho Superior da Magistratura

1 – O Conselho Superior da Magistratura é presidido pelo Presidente do Supremo Tribunal de Justiça e composto pelos seguintes vogais:

a) Dois designados pelo Presidente da República;

b) Sete eleitos pela Assembleia da República;

c) Sete juízes eleitos pelos seus pares, de harmonia com o princípio da representação proporcional.

2 – As regras sobre garantias dos juízes são aplicáveis a todos os vogais do Conselho Superior da Magistratura.

3 – A lei poderá prever que do Conselho Superior da Magistratura façam parte funcionários de justiça, eleitos pelos seus pares, com intervenção restrita à discussão e votação das matérias relativas à apreciação do mérito profissional e ao exercício da função disciplinar sobre os funcionários de justiça.[3]

CAPÍTULO IV
Ministério Público

ARTIGO 219º
Funções e estatuto

1 – Ao Ministério Público compete representar o Estado e defender os interesses que a lei determinar, bem como, com observância do disposto no número seguinte e nos termos da lei, participar na execução da política criminal definida pelos órgãos de soberania, exercer a ação penal orientada pelo princípio da legalidade e defender a legalidade democrática.

2 – O Ministério Público goza de estatuto próprio e de autonomia, nos termos da lei.

3 – A lei estabelece formas especiais de assessoria junto do Ministério Público nos casos dos crimes estritamente militares.

4 – Os agentes do Ministério Público são magistrados responsáveis, hierarquicamente subordinados, e não podem ser transferidos, suspensos, aposentados ou demitidos senão nos casos previstos na lei.

5 – A nomeação, colocação, transferência e promoção dos agentes do Ministério Público e o exercício da ação disciplinar competem à Procuradoria-Geral da República.

ARTIGO 220º
Procuradoria-Geral da República

1 – A Procuradoria-Geral da República é o órgão superior do Ministério Público, com a composição e a competência definidas na lei.

[3] O Regulamento nº 1064/2022 aprovou o Regulamento do Gabinete de Apoio aos Magistrados judiciais de Comarca, publicado no DR, 2ª Série, de 2.11.2022, retificado pela Declaração nº 35/2023, de 9 de janeiro.

2 – A Procuradoria-Geral da República é presidida pelo Procurador-Geral da República e compreende o Conselho Superior do Ministério Público, que inclui membros eleitos pela Assembleia da República e membros de entre si eleitos pelos magistrados do Ministério Público.

3 – O mandato do Procurador-Geral da República tem a duração de seis anos, sem prejuízo do disposto na alínea *m*) do artigo 133º.

TÍTULO VI
Tribunal Constitucional

ARTIGO 221º
Definição

O Tribunal Constitucional é o tribunal ao qual compete especificamente administrar a justiça em matérias de natureza jurídico-constitucional.

ARTIGO 222º
Composição e estatuto dos juízes

1 – O Tribunal Constitucional é composto por treze juízes, sendo dez designados pela Assembleia da República e três cooptados por estes.

2 – Seis de entre os juízes designados pela Assembleia da República ou cooptados são obrigatoriamente escolhidos de entre juízes dos restantes tribunais e os demais de entre juristas.

3 – O mandato dos juízes do Tribunal Constitucional tem a duração de nove anos e não é renovável.

4 – O Presidente do Tribunal Constitucional é eleito pelos respetivos juízes.

5 – Os juízes do Tribunal Constitucional gozam das garantias de independência, inamovibilidade, imparcialidade e irresponsabilidade e estão sujeitos às incompatibilidades dos juízes dos restantes tribunais.

6 – A lei estabelece as imunidades e as demais regras relativas ao estatuto dos juízes do Tribunal Constitucional.

ARTIGO 223º
Competência

1 – Compete ao Tribunal Constitucional apreciar a inconstitucionalidade e a ilegalidade, nos termos dos artigos 277º e seguintes.

2 – Compete também ao Tribunal Constitucional:

a) Verificar a morte e declarar a impossibilidade física permanente do Presidente da República, bem como verificar os impedimentos temporários do exercício das suas funções;

b) Verificar a perda do cargo de Presidente da República, nos casos previstos no nº 3 do artigo 129º e no nº 3 do artigo 130º;

c) Julgar em última instância a regularidade e a validade dos atos do processo eleitoral, nos termos da lei;

d) Verificar a morte e declarar a incapacidade para o exercício da função presidencial de qualquer candidato a Presidente da República, para efeitos do disposto no nº 3 do artigo 124º;

e) Verificar a legalidade da constituição de partidos políticos e suas coligações, bem como apreciar a legalidade das suas denominações, siglas e símbolos, e ordenar a respetiva extinção, nos termos da Constituição e da lei;

f) Verificar previamente a constitucionalidade e a legalidade dos referendos nacionais, regionais e locais, incluindo a apreciação dos requisitos relativos ao respetivo universo eleitoral;

g) Julgar a requerimento dos Deputados, nos termos da lei, os recursos relativos à perda de mandato e às eleições realizadas na Assembleia da República e nas assembleias legislativas regionais;

h) Julgar as ações de impugnação de eleições e deliberações de órgãos de partidos políticos que, nos termos da lei, sejam recorríveis.

3 – Compete ainda ao Tribunal Constitucional exercer as demais funções que lhe sejam atribuídas pela Constituição e pela lei.

ARTIGO 224º
Organização e funcionamento

1 – A lei estabelece as regras relativas à sede, à organização e ao funcionamento do Tribunal Constitucional.

2 – A lei pode determinar o funcionamento do Tribunal Constitucional por secções, salvo para efeito da fiscalização abstrata da constitucionalidade e da legalidade.

3 – A lei regula o recurso para o pleno do Tribunal Constitucional das decisões contraditórias das secções no domínio de aplicação da mesma norma.

2. LEI ORGÂNICA DO TRIBUNAL CONSTITUCIONAL[4]

TÍTULO I
Disposições gerais

ARTIGO 1º
Jurisdição e sede

O Tribunal Constitucional exerce a sua jurisdição no âmbito de toda a ordem jurídica portuguesa e tem sede em Lisboa.

ARTIGO 2º
Decisões

As decisões do Tribunal Constitucional são obrigatórias para todas as entidades públicas e privadas e prevalecem sobre as dos restantes tribunais e de quaisquer outras autoridades.

ARTIGO 3º
Publicação das decisões

1 – São publicadas na 1ª Série do Diário da República as decisões do Tribunal Constitucional que tenham por objeto:

a) Declarar a inconstitucionalidade ou a ilegalidade de quaisquer normas;

b) Verificar a existência de inconstitucionalidade por omissão;

c) Verificar a morte, a impossibilidade física permanente ou a perda do cargo de Presidente da República;

d) Verificar o impedimento temporário do Presidente da República para o exercício das suas funções ou a cessação desse impedimento;

e) Verificar a morte ou a incapacidade para o exercício da função presidencial de qualquer candidato a Presidente da República;

f) Declarar que uma qualquer organização perfilha a ideologia fascista e decretar a respetiva extinção;

g) Verificar a constitucionalidade e a legalidade das propostas de referendo nacional, regional e local;

[4] Aprovada pela Lei nº 28/82, de 16 de novembro, alterada pelas Leis nºs 143/85, de 26 de novembro, 85/89, de 7 de setembro, 88/95, de 1 de setembro, 13-A/98, de 26 de fevereiro, pelas Leis Orgânicas nºs 1/2011, de 30 de novembro, 5/2015, de 10 de abril, 11/2015, de 28 de agosto, 1/2018, de 19 de abril, 4/2019, de 13 de setembro. Foi retificada pela Declaração nº 10/98, de 23 de maio.

h) Apreciar, em sede de recurso, as decisões da Entidade de Contas e Financiamento Políticos (ECFP) em matéria de regularidade e a legalidade das contas dos partidos políticos e das campanhas eleitorais.

2 – São publicadas na 2ª Série do Diário da República as demais decisões do Tribunal Constitucional, salvo as de natureza meramente interlocutória ou simplesmente repetitivas de outras anteriores.

ARTIGO 4º
Coadjuvação de outros tribunais e autoridades

No exercício das suas funções, o Tribunal Constitucional tem direito à coadjuvação dos restantes tribunais e das outras autoridades.

ARTIGO 5º
Regime administrativo e financeiro

O Tribunal Constitucional é dotado de autonomia administrativa e financeira, e dispõe de orçamento próprio, inscrito nos encargos gerais do Estado do Orçamento do Estado.

TÍTULO II
Competência, organização e funcionamento

CAPÍTULO I
Competência

ARTIGO 6º
Apreciação da inconstitucionalidade e da ilegalidade

Compete ao Tribunal Constitucional apreciar a inconstitucionalidade e a a legalidade nos termos dos artigos 277º e seguintes da Constituição e nos da presente lei.

ARTIGO 7º
Competência relativa ao Presidente da República

Compete ao Tribunal Constitucional:

a) Verificar a morte e declarar a impossibilidade física permanente do Presidente da República, bem como verificar os impedimentos temporários do exercício das suas funções;

b) Verificar a perda do cargo de Presidente da República, nos casos previstos no nº 3 do artigo 129º da Constituição e no nº 3 do artigo 130º da Constituição.

ARTIGO 7º-A
Competência relativa ao contencioso da perda do mandato de Deputados

Compete ao Tribunal Constitucional julgar os recursos relativos à perda do mandato de Deputado a Assembleia da República ou de deputado a uma das Assembleias Legislativas Regionais.

ARTIGO 8º
Competência relativa a processos eleitorais

Compete ao Tribunal Constitucional:

a) Receber e admitir as candidaturas para Presidente da República;

b) Verificar a morte e declarar a incapacidade para o exercício da função presidencial de qualquer candidato a Presidente da República, para o efeito do disposto no nº 3 do artigo 124º da Constituição;

c) Julgar os recursos interpostos de decisões sobre reclamações e protestos apresentados nos atos de apuramento parcial, distrital e geral da eleição do Presidente da República, nos termos dos artigos 114º e 115º do Decreto-Lei nº 319-A/76, de 3 de maio;

d) Julgar os recursos em matéria de contencioso de apresentação de candidaturas e de contencioso eleitoral relativamente às eleições para o Presidente da República, Assembleia da República, assembleias regionais e órgãos do poder local;

e) Receber e admitir as candidaturas relativas à eleição dos Deputados ao Parlamento Europeu e julgar os correspondentes recursos e, bem assim, julgar os recursos em matéria de contencioso eleitoral referente à mesma eleição;

f) Julgar os recursos contenciosos interpostos de atos administrativos definitivos e executórios praticados pela Comissão Nacional de Eleições ou por outros órgãos da administração eleitoral;

g) Julgar os recursos relativos às eleições realizadas na Assembleia da República e nas Assembleias Legislativas Regionais.

ARTIGO 9º
Competência relativa a partidos políticos, coligações e frentes

Compete ao Tribunal Constitucional:

a) Aceitar a inscrição de partidos políticos sem registo próprio existente no Tribunal;

b) Apreciar a legalidade das denominações, siglas e símbolos dos partidos políticos e das coligações e frentes de partidos, ainda que constituídas apenas para fins eleitorais, bem como apreciar a sua identidade ou semelhança com as de outros partidos, coligações ou frentes;

c) Proceder às anotações referentes a partidos políticos, coligações ou frentes de partidos exigidas por lei;

d) Julgar as ações de impugnação de eleições e de deliberações de órgãos de partidos políticos, que, nos termos da lei, sejam recorríveis;

e) Apreciar, em sede de recurso de plena jurisdição, em plenário, as decisões da ECFP em matéria de regularidade e legalidade das contas dos partidos políticos, nelas incluindo as dos grupos parlamentares, de deputado único representante de um partido e de deputados não inscritos em grupo parlamentar ou de deputados independentes, na Assembleia da República e nas Assembleias Legislativas das Regiões Autónomas, e das campanhas eleitorais, nos termos da lei, incluindo as decisões de aplicação de coimas nos termos da lei;

f) Ordenar a extinção de partidos e de coligação de partidos e de coligações de partidos, nos termos da lei.

ARTIGO 10º
Competência relativa a organizações que perfilhem a ideologia fascista

Compete ao Tribunal Constitucional declarar, nos termos e para os efeitos da Lei nº 64/78, de 6 de outubro, que uma qualquer organização perfilha a ideologia fascista e decretar a respetiva extinção.

ARTIGO 11º
Competência relativa a referendos nacionais, regionais e locais

Compete ao Tribunal Constitucional verificar previamente a constitucionalidade e a legalidade das propostas de referendo nacional, regional e local, previstos no nº 1 do artigo 115º, no nº 2 do artigo 232º e nos artigos 240º e 256º da Constituição, incluindo a apreciação dos requisitos relativos ao respetivo universo eleitoral, e o mais que, relativamente à realização desses referendos, lhe for cometido por lei.

ARTIGO 11º-A
Competência relativa a titulares de cargos públicos

Compete ao Tribunal Constitucional:

a) Designar os membros da Entidade para a Transparência, nos termos do respetivo Estatuto;

b) Aplicar as sanções previstas na presente lei em relação aos titulares e antigos titulares de cargos políticos nela identificados, por violação do regime do exercício de funções por titulares de cargos políticos e altos cargos públicos;

c) Decidir os recursos de decisões da Entidade para a Transparência previstos na presente lei em matéria de acesso e publicidade às declarações únicas de rendimento, património e interesses.

CAPÍTULO II
Organização

SECÇÃO I
Composição e constituição do Tribunal

ARTIGO 12º
Composição

1 – O Tribunal Constitucional é composto por 13 juízes, sendo 10 designados pela Assembleia da República e 3 cooptados por estes.

2 – Seis de entre os juízes designados pela Assembleia da República ou cooptados são obrigatoriamente escolhidos de entre juízes dos restantes tribunais e os demais de entre juristas.

ARTIGO 13º
Requisitos de elegibilidade

1 – Podem ser eleitos juízes do Tribunal Constitucional os cidadãos portugueses no pleno gozo dos seus direitos civis e políticos que sejam doutores, mestres ou licenciados em Direito ou juízes dos restantes tribunais.

2 – Para efeito do número anterior, só são considerados os doutoramentos, os mestrados e as licenciaturas por escola portuguesa ou oficialmente reconhecidos em Portugal.

ARTIGO 14º
Candidaturas

1 – As candidaturas, devidamente instruídas com os elementos de prova da elegibilidade dos candidatos e respetivas declarações de aceitação de candidatura, são apresentadas em lista completa por um mínimo de 25 e um máximo de 50 Deputados, perante o Presidente da Assembleia da República, até cinco dias antes da reunião marcada para a eleição.

2 – As listas propostas à eleição devem conter a indicação de candidatos em número igual ao dos mandatos vagos a preencher.

3 – Nenhum Deputado pode subscrever mais de uma lista de candidatura.

4 – Compete ao Presidente da Assembleia da República verificar os requisitos de elegibilidade dos candidatos e demais requisitos de admissibilidade das candidaturas, devendo notificar, em caso de obscuridade ou irregularidade, o primeiro subscritor para, no prazo de 2 dias, esclarecer as dúvidas ou suprir as deficiências.

5 – Da decisão do Presidente cabe recurso para o Plenário da Assembleia da República.

ARTIGO 15º
Relação nominal dos candidatos

Até 2 dias antes da reunião marcada para a eleição, o Presidente da Assembleia da República organiza a relação nominal dos candidatos, a qual é publicada no Diário da Assembleia da República.

ARTIGO 16º
Votação

1 – Os boletins de voto contêm todas as listas de candidatura apresentadas, integrando cada uma delas os nomes de todos os candidatos, por ordem alfabética, com identificação dos que são juízes dos restantes tribunais.

2 – Ao lado de cada lista de candidatura figura um quadrado em branco destinado a ser assinalado com a escolha do eleitor.

3 – Cada Deputado assinala com uma cruz o quadrado correspondente à lista de candidatura em que vota, não podendo votar em mais de uma lista sob pena de inutilização do respetivo boletim.

4 – Consideram-se eleitos os candidatos que obtiverem o voto de dois terços dos deputados presentes, desde que superior à maioria absoluta dos deputados em efetividade de funções.

5 – A lista dos eleitos é publicada na 1ª série do Diário da República, sob a forma de resolução da Assembleia da República, no dia seguinte ao da eleição.

ARTIGO 17º
Reunião para cooptação

1 – Ocorrendo vagas de juízes cooptados, são as mesmas preenchidas pelos juízes eleitos pela Assembleia da República em reunião a realizar no prazo de 10 dias.

2 – Cabe ao juiz mais idoso marcar o dia, hora e local da reunião e dirigir os trabalhos e ao mais novo servir de secretário.

3 – Ocorrendo vagas de juízes eleitos pela Assembleia da República e de juízes cooptados, são aquelas preenchidas em primeiro lugar.

ARTIGO 18º
Relação nominal dos indigitados

1 – Após discussão prévia, cada juiz eleito pela Assembleia da República indica em boletim, que introduz na urna, o nome de um juiz dos restantes tribunais ou de um jurista, devendo o presidente da reunião, findo o escrutínio, organizar a relação nominal dos indigitados.

2 – A relação deve conter nomes em igual número ou superior ao das vagas a preencher, incluindo os de juízes dos restantes tribunais em número pelo menos suficiente para preenchimento da quota de lugares a estes reservada e ainda não completada, repetindo-se a operação as vezes necessárias para aquele efeito.

ARTIGO 19º
Votação e designação

1 – A cada juiz cooptante é distribuído um boletim de voto do qual constem, por ordem alfabética, os nomes de todos os indigitados.

2 – À frente de cada nome figura um quadrado em branco destinado a ser assinalado com a escolha do cooptante.

3 – Cada cooptante assinala com uma cruz os quadrados correspondentes aos indigitados em que vota, não podendo votar num número de indigitados superior ao das vagas a preencher, nem num número de indigitados que não sejam juízes dos restantes tribunais que afete a quota de lugares a estes reservada, sob pena de inutilização do respetivo boletim.

4 – Considera-se designado o indigitado que obtiver o mínimo de 7 votos na mesma votação e que aceitar a designação.

5 – Se após 5 votações não tiverem sido preenchidas todas as vagas, organiza-se nova relação nominal para preenchimento das restantes, observando-se o disposto no artigo anterior e nos números 1 a 4 do presente artigo.

6 – Feita a votação, o presidente da reunião comunica aos juízes que tiverem obtido o número de votos previsto no nº 4 para que declarem por escrito, no prazo de 5 dias, se aceitam a designação.

7 – Em caso de recusa, repete-se, para preenchimento da respetiva vaga, o processo previsto nos números e artigos anteriores.

8 – A cooptação de cada indigitado só se considera definitiva depois de preenchidas todas as vagas.

9 – A lista dos cooptados é publicada na 1ª série do Diário da República, sob forma de declaração assinada pelo juiz que tiver dirigido a reunião, no dia seguinte ao da cooptação.

ARTIGO 20º
Posse e juramento

1 – Os juízes do Tribunal Constitucional tomam posse perante o Presidente da República no prazo de 10 dias a contar da data da publicação da respetiva eleição ou cooptação.

2 – No ato de posse prestam o seguinte juramento: "Juro por minha honra cumprir a Constituição da República Portuguesa e desempenhar fielmente as funções em que fico investido."

ARTIGO 21º
Período de exercício

1 – Os juízes do Tribunal Constitucional são designados por um período de nove anos, contados da data da posse, e cessam funções com a posse do juiz designado para ocupar o respetivo lugar.

2 – O mandato dos juízes do Tribunal Constitucional não é renovável.

3 – Os juízes dos restantes tribunais designados para o Tribunal Constitucional que, durante o período de exercício, completem 70 anos mantêm-se em funções até ao termo do mandato.

SECÇÃO II
Estatuto dos juízes

ARTIGO 22º
Independência e inamovibilidade

Os juízes do Tribunal Constitucional são independentes e inamovíveis, não podendo as suas funções cessar antes do termo do mandato para que foram designados, salvo nos casos previstos no artigo seguinte.

ARTIGO 23º
Cessação de funções

1 – As funções dos juízes do Tribunal Constitucional cessam antes do termo do mandato quando se verifique qualquer das situações seguintes:

a) Morte ou impossibilidade física permanente;

b) Renúncia;

c) Aceitação de lugar ou prática de ato legalmente incompatível com o exercício das suas funções;

d) Demissão ou aposentação compulsiva, em consequência de processo disciplinar ou criminal.

2 – A renúncia é declarada por escrito ao Presidente do Tribunal, não dependendo de aceitação.

3 – Compete ao Tribunal verificar a ocorrência de qualquer das situações previstas nas alíneas *a*), *c*) e *d*) do nº 1, devendo a impossibilidade física permanente ser previamente comprovada por 2 peritos médicos designados também pelo Tribunal.

4 – A cessação de funções em virtude do disposto no nº 1 é objeto de declaração que o Presidente do Tribunal fará publicar na 1ª série do Diário da República.

ARTIGO 23º-A
Regime de previdência e aposentação

1 – Os juízes do Tribunal Constitucional beneficiam do regime de previdência mais favorável aplicável ao funcionalismo público.

2 – No caso de os juízes do Tribunal Constitucional optarem pelo regime de previdência da sua atividade profissional, cabe ao Tribunal Constitucional a satisfação dos encargos que corresponderiam à entidade patronal.

3 – Nos 180 dias seguintes à cessação das respetivas funções, os juízes do Tribunal Constitucional podem requerer a aposentação voluntária por aquele cargo, independentemente de apresentação a junta médica, desde que preencham uma das seguintes condições:

a) Tenham 12 anos de serviço, qualquer que seja a sua idade;

b) Possuam 40 anos de idade e reúnam 10 anos de serviço para efeitos de aposentação.

4 – Salvo no caso de cessação de funções por impossibilidade física permanente, verificada de acordo com o disposto no nº 3 do artigo 23º, a aposentação voluntária só pode ser requerida, nos termos do número anterior, quando o subscritor tiver exercido o cargo de juiz do Tribunal Constitucional até ao termo do respetivo mandato ou, ao menos, durante 10 anos consecutivos ou interpolados.

5 – A eliminação da qualidade de subscritor da Caixa Geral de Aposentações, decorrente da cessação de funções como juiz do Tribunal Constitucional, não extingue o direito de requerer a aposentação voluntária nos termos do nº 3.

6 – Quanto aos juízes do Tribunal Constitucional, o limite a que se refere o nº 1 do artigo 27º da Lei nº 4/85, de 9 de abril, na redação que lhe foi dada pelo artigo 1º da Lei nº 26/95, de 18 de agosto, é o do respetivo vencimento.

7 – Aos juízes do Tribunal Constitucional que se aposentarem por incapacidade ou nos termos do nº 3 é aplicável o disposto nos artigos 67º e 68º do Estatuto dos Magistrados Judiciais.

8 – A pensão de aposentação dos juízes do Tribunal Constitucional é sempre calculada em função do preceituado nas correspondentes disposições do Estatuto dos Magistrados Judiciais.

ARTIGO 24º
Irresponsabilidade

Os juízes do Tribunal Constitucional não podem ser responsabilizados pelas suas decisões, salvo nos termos e limites em que o são os juízes dos tribunais judiciais.

ARTIGO 25º
Regime disciplinar

1 – Compete exclusivamente ao Tribunal Constitucional o exercício do poder disciplinar sobre os seus juízes, ainda que a ação disciplinar respeite a atos praticados no exercício de outras funções, pertencendo-lhe, designadamente, instaurar o processo disciplinar, nomear o respetivo instrutor de entre os seus membros, deliberar sobre a eventual suspensão preventiva e julgar definitivamente.

2 – Das decisões do Tribunal Constitucional em matéria disciplinar cabe recurso para o próprio Tribunal.

3 – Salvo o disposto nos números anteriores, aplica-se aos juízes do Tribunal Constitucional o regime disciplinar estabelecido na lei para os magistrados judiciais.

ARTIGO 26º
Responsabilidade civil e criminal

1 – São aplicáveis aos juízes do Tribunal Constitucional, com as necessárias adaptações, as normas que regulam a efetivação da responsabilidade civil e criminal dos juízes do Supremo Tribunal de Justiça, bem como as normas relativas à respetiva prisão preventiva.

2 – Movido procedimento criminal contra juiz do Tribunal Constitucional e acusado este por crime praticado no exercício das suas funções, o seguimento do processo depende de deliberação da Assembleia da República.

3 – Quando, na situação prevista no número anterior, for autorizado o seguimento do processo, o Tribunal suspenderá o juiz do exercício das suas funções.

4 – Deduzida acusação contra juiz do Tribunal Constitucional por crime estranho ao exercício das suas funções, o Tribunal decidirá se o juiz deve ou não ser suspenso de funções para o efeito de seguimento do processo, sendo obrigatória a decisão de suspensão quando se trate de crime doloso a que corresponda pena de prisão cujo limite máximo seja superior a três anos.

ARTIGO 27º
Incompatibilidades

1 – É incompatível com o desempenho do cargo de juiz do Tribunal Constitucional o exercício de funções em órgãos de soberania, das Regiões Autónomas ou do poder local, bem como o exercício de qualquer outro cargo ou função de natureza pública ou privada.

2 – Excetua-se do disposto na parte final do número anterior o exercício não remunerado de funções docentes ou de investigação científica de natureza jurídica.

ARTIGO 28º
Proibição de atividades políticas

1 – Os juízes do Tribunal Constitucional não podem exercer quaisquer funções em órgãos de partidos, de associações políticas ou de fundações com eles conexas, nem desenvolver atividades político-partidárias de caráter público.

2 – Durante o período de desempenho do cargo fica suspenso o estatuto decorrente da filiação em partidos ou associações políticas.

ARTIGO 29º
Impedimentos e suspeições

1 – É aplicável aos juízes do Tribunal Constitucional o regime de impedimentos e suspeições dos juízes dos tribunais judiciais.

2 – A filiação em partido ou associação política não constitui fundamento de suspeição.

3 – A verificação do impedimento e a apreciação da suspeição competem ao Tribunal.

ARTIGO 30º
Direitos, categorias, vencimentos e regalias

Os juízes do Tribunal Constitucional têm honras, direitos, categorias, tratamento, vencimentos e regalias iguais aos dos juízes do Supremo Tribunal de Justiça.

ARTIGO 30º-A
Trajo profissional

No exercício das suas funções no Tribunal e, quando o entendam, nas solenidades em que devam participar, os juízes do Tribunal Constitucional usam beca e um colar com as insígnias do Tribunal, de modelo a definir por este, podendo ainda usar capa sobre a beca.

ARTIGO 31º
Abonos complementares

1 – O Presidente do Tribunal Constitucional tem direito a um subsídio de 20% do vencimento, a título de despesas de representação, e ao uso de viatura oficial.

2 – No caso de o Presidente não residir habitualmente em qualquer dos concelhos referidos no nº 1 do artigo seguinte, terá ainda direito ao subsídio atribuído aos ministros em iguais circunstâncias.

3 – O vice-presidente do Tribunal Constitucional tem os direitos referidos nos números anteriores, sendo o subsídio para despesas de representação de 15%.

ARTIGO 32º
Ajudas de custo

1 – Os juízes residentes fora dos concelhos de Lisboa, Oeiras, Cascais, Loures, Sintra, Vila Franca de Xira, Almada, Seixal, Barreiro e Amadora têm direito à ajuda de custo fixada para os membros do Governo, abonada por cada dia de sessão do Tribunal em que participem, e mais dois dias por semana.

2 – Os juízes residentes nos concelhos indicados no número anterior têm direito, nos mesmos termos, a um terço da ajuda de custo aí referida.

3 – Os juízes não residentes nos concelhos referidos no nº 1 que se façam transportar em automóvel próprio entre Lisboa e a sua residência, e volta, têm direito ao reembolso das correspondentes despesas, segundo o regime aplicável aos funcionários públicos, uma vez por semana, por razões de funcionamento do Tribunal.

4 – Os juízes residentes nos concelhos referidos no nº 1 com exceção do de Lisboa, quando se façam transportar em automóvel próprio entre a sua residência e o

Tribunal, têm direito ao reembolso das correspondentes despesas segundo regime análogo ao dos funcionários públicos, mas tendo em conta os quilómetros efetivamente percorridos.

ARTIGO 33º
Passaporte

Os juízes do Tribunal Constitucional têm direito a passaporte diplomático.

ARTIGO 34º
Distribuição de publicações oficiais

1 – Os juízes do Tribunal Constitucional têm direito à distribuição gratuita das 1ª e 2ª séries do Diário da República, do Diário da Assembleia da República, dos jornais oficiais das Regiões Autónomas e do Boletim Oficial de Macau, bem como do Boletim do Ministério da Justiça e do Boletim do Trabalho e Emprego, podendo ainda requerer, através do Presidente, as publicações oficiais que considerem necessárias ao exercício das suas funções.

2 – Os juízes do Tribunal Constitucional têm livre acesso às bibliotecas do Ministério da Justiça, dos tribunais superiores e da Procuradoria-Geral da República e, bem assim, direito a consultar nos mesmos serviços os dados doutrinais e jurisprudenciais que tenham sido objeto de tratamento informático.

ARTIGO 35º
Estabilidade de emprego

1 – Os juízes do Tribunal Constitucional não podem ser prejudicados na estabilidade do seu emprego, na sua carreira e no regime de segurança social de que beneficiem por causa do exercício das suas funções.

2 – Os juízes que cessem funções no Tribunal Constitucional retomam automaticamente as que exerciam à data da posse ou aquelas para que foram transferidos ou nomeados durante o período de funções no Tribunal, designadamente por virtude de promoção, só podendo os respetivos lugares ser providos a título interino.

3 – Durante o exercício das suas funções os juízes não perdem a antiguidade nos seus empregos nem podem ser prejudicados nas promoções a que, entretanto, tenham adquirido direito.

4 – No caso de os juízes se encontrarem à data da posse investidos em função pública temporária, por virtude de lei, ato ou contrato, ou em comissão de serviço, o exercício de funções no Tribunal Constitucional suspende o respetivo prazo.

SECÇÃO III
Organização interna

ARTIGO 36º
Competência interna

Compete ainda ao Tribunal Constitucional:

a) Eleger o presidente e o vice-presidente;

b) Elaborar os regulamentos internos necessários ao seu bom funcionamento;

c) Aprovar a proposta do orçamento anual do Tribunal;

d) Fixar no início de cada ano judicial os dias e horas em que se realizam as sessões ordinárias;

e) Exercer as demais competências atribuídas por lei.

ARTIGO 37º
Eleição do presidente e do vice-presidente

1 – Os juízes do Tribunal Constitucional elegem de entre si o Presidente e o Vice-Presidente do Tribunal Constitucional, os quais exercem funções por um período igual a metade do mandato de juiz do Tribunal Constitucional, podendo ser reconduzidos.

2 – A eleição do presidente precede a do vice-presidente quando os 2 lugares se encontrem vagos.

ARTIGO 38º
Forma de eleição

1 – O presidente e o vice-presidente são eleitos por voto secreto, sem discussão ou debate prévios, em sessão presidida, na falta do presidente ou do vice-presidente, pelo juiz mais idoso e secretariada pelo mais novo.

2 – Cada juiz assinala o nome por si escolhido num boletim que introduz na urna.

3 – Considera-se eleito presidente o juiz que, na mesma votação, obtiver o mínimo de 9 votos; se após 4 votações, nenhum juiz tiver reunido este número de votos, são admitidos às votações ulteriores somente os 2 nomes mais votados na quarta votação; se, ao fim de mais 4 votações, nenhum dos 2 tiver obtido aquele número de votos, considera-se eleito o juiz que primeiro obtiver 8 votos na mesma votação.

4 – As votações são realizadas sem interrupção da sessão.

5 – Considera-se eleito vice-presidente o juiz que obtiver o mínimo de 8 votos, após as votações necessárias, efetuadas nos termos dos números anteriores.

6 – A eleição do Presidente e do Vice-Presidente do Tribunal Constitucional é publicada na 1ª série do Diário da República, sob a forma de declaração assinada pelo juiz que tiver dirigido a reunião.

7 – Uma vez eleitos, o Presidente e o Vice-Presidente do Tribunal Constitucional tomam posse perante o plenário de juízes do Tribunal.

ARTIGO 39º
Competência do presidente e do vice-presidente

1 – Compete ao Presidente do Tribunal Constitucional:

a) Representar o Tribunal e assegurar as suas relações com os outros órgãos de soberania e demais órgãos e autoridades públicas;

b) Receber as candidaturas e as declarações de desistência de candidatos a Presidente da República;

c) Presidir à Assembleia de Apuramento Geral da eleição do Presidente da República e dos Deputados ao Parlamento Europeu;

d) Presidir às sessões do Tribunal e dirigir os trabalhos;

e) Apurar o resultado das votações;

f) Convocar sessões extraordinárias;

g) Presidir à distribuição dos processos, assinar o expediente e ordenar a passagem de certidões;

h) Mandar organizar e afixar a tabela dos recursos e demais processos preparados para julgamento em cada sessão, conferindo prioridade aos referidos nos nºs 3 e 5 do artigo 43º e, bem assim, àqueles em que estiverem em causa direitos, liberdades e garantias pessoais;

i) Organizar anualmente o turno para assegurar o julgamento de processos durante as férias dos juízes, ouvidos estes em conferência;

j) Superintender na gestão e administração do Tribunal, bem como na secretaria e nos serviços de apoio;

l) Dar posse ao pessoal do Tribunal e exercer sobre ele o poder disciplinar, com recurso para o próprio Tribunal;

m) Exercer outras competências atribuídas por lei ou que o Tribunal nele delegar.

2 – Compete ao vice-presidente substituir o presidente nas suas faltas e impedimentos, coadjuvá-lo no exercício das suas funções, nomeadamente presidindo a uma das sessões a que não pertença, e praticar os atos respeitantes ao exercício das competências que por aquele lhe forem delegadas.

3 – Nas sessões presididas pelo vice-presidente não poderão ser apreciados processos de que ele seja relator.

CAPÍTULO III
Funcionamento

SECÇÃO I
Funcionamento

ARTIGO 40º
Sessões

1 – O Tribunal Constitucional funciona em sessões plenárias e por secções.

2 – O Tribunal Constitucional reúne ordinariamente segundo periodicidade a definir no regimento interno e extraordinariamente sempre que o presidente o convocar, por iniciativa própria ou a requerimento da maioria dos juízes em efetividade de funções.

ARTIGO 41º
Secções

1 – Haverá três secções não especializadas, cada uma delas constituída pelo presidente ou pelo vice-presidente do Tribunal e por mais quatro juízes.

2 – A distribuição dos juízes, incluindo o vice-presidente, pelas secções e a determinação da secção normalmente presidida pelo vice-presidente serão feitas pelo Tribunal no início de cada ano judicial.

ARTIGO 42º
Quorum e deliberações

1 – O Tribunal Constitucional, em plenário ou em secção, só pode funcionar estando presente a maioria dos respetivos membros em efetividade de funções, incluindo o presidente ou o vice-presidente.

2 – As deliberações são tomadas à pluralidade de votos dos membros presentes.

3 – Cada juiz dispõe de um voto e o presidente, ou o vice-presidente, quando o substitua, dispõe de voto de qualidade.

4 – Os juízes do Tribunal Constitucional têm o direito de fazer lavrar voto de vencido.

ARTIGO 43º
Férias

1 – Aplica-se ao Tribunal Constitucional o regime geral sobre férias judiciais relativamente aos processos de fiscalização abstrata não preventiva da constitucionalidade e legalidade de normas jurídicas e aos recursos de decisões judiciais e às respostas nos processos de apreciação da regularidade e da legalidade das contas de partidos políticos e de campanhas eleitorais.

2 – Relativamente aos restantes processos não há férias judiciais.

3 – Nos recursos interpostos de decisões judiciais proferidas em matéria penal em que algum dos interessados esteja detido ou preso ainda sem condenação definitiva, os prazos processuais previstos na lei correm em férias judiciais, salvo o disposto no número seguinte.

4 – Suspendem-se durante o mês de agosto os prazos destinados à apresentação de alegações ou respostas pelos interessados detidos ou presos, sem prejuízo, porém, da possibilidade de o relator determinar o contrário ou de o interessado praticar o ato durante esse período.

5 – Podem ainda correr em férias judiciais, por determinação do relator a requerimento de qualquer dos interessados no recurso, os prazos processuais previstos na lei, quando se trate de recurso de constitucionalidade interposto de decisão proferida em processo qualificado como urgente pela respetiva lei processual.

6 – Os juízes gozarão as suas férias de 15 de agosto a 14 de setembro, devendo ficar assegurada a permanente existência do quórum de funcionamento do plenário e de cada uma das secções do Tribunal.

7 – Na secretaria não há férias judiciais.

ARTIGO 44º
Representação do Ministério Público

O Ministério Público é representado junto do Tribunal Constitucional pelo Procurador-Geral da República, que poderá delegar as suas funções no Vice-Procurador-Geral ou num ou mais Procuradores-Gerais Adjuntos.

SECÇÃO II
Secretaria e serviços de apoio

ARTIGO 45º
Organização

O Tribunal Constitucional tem uma secretaria e serviços de apoio, cuja organização, composição e funcionamento são regulados por decreto-lei.

ARTIGO 46º
Pessoal do Tribunal

1 – A secretaria e os serviços de apoio, salvo os gabinetes, são coordenados por um secretário-geral, sob a superintendência do Presidente do Tribunal.

2 – Os direitos, deveres e regalias do pessoal do Tribunal constam de decreto-lei.

3 – O pessoal da secretaria tem os direitos e regalias e está sujeito aos deveres e incompatibilidades do pessoal da secretaria do Supremo Tribunal de Justiça.

ARTIGO 47º
Provimento

O provimento do pessoal da secretaria e dos serviços de apoio do Tribunal Constitucional compete ao presidente do Tribunal.

CAPÍTULO IV
Regime financeiro

ARTIGO 47º-A
Orçamento

1 – O Tribunal aprova o projeto do seu orçamento e apresenta-o ao Governo nos prazos determinados para a elaboração da proposta de lei do Orçamento do Estado, a submeter à Assembleia da República, devendo ainda fornecer os elementos que esta lhe solicite sobre a matéria.

2 – O Tribunal aprova o orçamento das suas receitas próprias, previstas no artigo seguinte, e das correspondentes despesas, inscritas segundo o regime de compensação em receitas.

ARTIGO 47º-B
Receitas próprias

1 – Além das dotações do Orçamento do Estado, são receitas próprias do Tribunal Constitucional o saldo da gerência do ano anterior, o produto de custas e multas, o produto da venda de publicações por ele editadas ou de serviços prestados pelo seu núcleo de apoio documental e ainda quaisquer outras que lhe sejam atribuídas por lei, contrato ou outro título.

2 – O produto das receitas próprias referidas no número anterior pode ser aplicado na realização de despesas correntes e de capital que, em cada ano, não

possam ser suportadas pelas verbas inscritas no Orçamento do Estado, de despesas resultantes da edição de publicações ou da prestação de serviços pelo núcleo de apoio documental e, bem assim, de despesas derivadas da realização de estudos, análises e outros trabalhos extraordinários, incluindo a correspondente remuneração ao pessoal do quadro ou contratado.

ARTIGO 47º-C
Gestão financeira

1 – Cabe ao Tribunal Constitucional, relativamente à execução do seu orçamento, a competência ministerial comum em matéria de administração financeira, nomeadamente a prevista no artigo 3º e no artigo 4º do Decreto-Lei nº 71/95, de 15 de abril, podendo delegá-la no presidente.

2 – Cabe ao presidente do Tribunal autorizar a realização de despesas até aos limites estabelecidos na alínea *b*) do nº 2, na alínea *b*) do nº 3 e na alínea *b*) do nº 4 do artigo 7º e ainda na alínea *b*) do nº 1 do artigo 8º do Decreto-Lei nº 55/95, de 29 de março, podendo delegá-la, quanto a certas despesas e dentro dos limites fixados no correspondente despacho, no chefe do seu gabinete ou no secretário-geral.

3 – As despesas que, pela sua natureza ou montante, ultrapassem a competência referida no número anterior e, bem assim, as que o presidente entenda submeter-lhe serão autorizadas pelo Tribunal.

ARTIGO 47º-D
Conselho Administrativo

1 – O Tribunal Constitucional disporá de um conselho administrativo, constituído pelo presidente do Tribunal, por dois juízes designados pelo Tribunal, pelo secretário-geral e pelo chefe de secção de expediente e contabilidade.

2 – Cabe ao Conselho Administrativo promover e acompanhar a gestão financeira do Tribunal, competindo-lhe, designadamente:

a) Elaborar os projetos de orçamento do Tribunal e pronunciar-se, quando para tal solicitado, sobre as propostas de alteração orçamental que se mostrem necessárias;

b) Autorizar o pagamento de despesas, qualquer que seja a entidade que tenha autorizado a sua realização;

c) Autorizar a constituição, no gabinete do presidente, na secretaria e no núcleo de apoio documental, de fundos permanentes, a cargo dos respetivos responsáveis, para o pagamento direto de pequenas despesas, estabelecendo as regras a que obedecerá o seu controlo;

d) Orientar a contabilidade e fiscalizar a sua escrituração;

e) Exercer as demais funções previstas na lei.

ARTIGO 47º-E
Requisição de fundos

1 – O Tribunal requisita mensalmente à Direcção-Geral do Orçamento as importâncias que forem necessárias por conta da dotação global que lhe é atribuída.

2 – As requisições referidas no número anterior, depois de visadas pela Direcção-Geral do Orçamento, são transmitidas, com as competentes autorizações para pagamento ao Banco de Portugal, sendo as importâncias levantadas e depositadas, à ordem daquele, na Caixa Geral de Depósitos.

3 – O presidente do Tribunal pode autorizar a dispensa do regime duodecimal de qualquer das dotações orçamentais do Tribunal Constitucional e, bem assim, solicitar a antecipação, total ou parcial, dos respetivos duodécimos.

ARTIGO 47º-F
Conta

A conta de gerência anual do Tribunal Constitucional é organizada pelo Conselho Administrativo e submetida, no prazo legal, ao julgamento do Tribunal de Contas.

TÍTULO III
Processo

CAPÍTULO I
Distribuição

ARTIGO 48º
Legislação aplicável

À distribuição de processos são aplicáveis as normas do Código de Processo Civil que regulam a distribuição nos tribunais superiores em tudo o que não se achar especialmente regulado nesta lei.

ARTIGO 49º
Espécies

Para efeitos de distribuição há as seguintes espécies de processos:

1ª Processos de fiscalização preventiva da constitucionalidade;

2ª Outros processos de fiscalização abstrata da constitucionalidade ou legalidade;

3ª Recursos;

4ª Reclamações;

5ª Outros processos.

ARTIGO 50º
Relatores

1 – Para efeitos de distribuição e substituição de relatores, a ordem dos juízes é sorteada anualmente na primeira sessão do ano judicial.

2 – Ao presidente não são distribuídos processos para relato.

3 – O vice-presidente fica isento da distribuição de processos da 2ª e da 4ª espécies, sendo-lhe distribuído apenas um quarto dos processos da 3ª espécie que couberem a cada um dos restantes juízes.

CAPÍTULO II
Processos de fiscalização da constitucionalidade e da legalidade

SUBCAPÍTULO I
Processos de fiscalização abstrata

SECÇÃO I
Disposições comuns

ARTIGO 51º
Recebimento e admissão

1 – O pedido de apreciação da constitucionalidade ou da legalidade das normas jurídicas referidas nos artigos 278º e 281º da Constituição é dirigida ao presidente do Tribunal Constitucional e deve especificar, além das normas cuja apreciação se requer, as normas ou os princípios constitucionais violados.

2 – Autuado pela secretaria e registado no competente livro é o requerimento concluso ao presidente do Tribunal, que decide sobre a sua admissão, sem prejuízo dos números e do artigo seguintes.

3 – No caso de falta, insuficiência ou manifesta obscuridade das indicações a que se refere o nº 1, o presidente notifica o autor do pedido para suprir as deficiências, após o que os autos lhe serão novamente conclusos para o efeito do número anterior.

4 – A decisão do presidente que admite o pedido não faz precludir a possibilidade do Tribunal vir, em definitivo, a rejeitá-lo.

5 – O Tribunal só pode declarar a inconstitucionalidade ou a ilegalidade de normas cuja apreciação tenha sido requerida, mas pode fazê-lo com fundamentação na violação de normas ou princípios constitucionais diversos daqueles cuja violação foi invocada.

ARTIGO 52º
Não admissão do pedido

1 – O pedido não deve ser admitido quando formulado por pessoa ou entidade sem legitimidade, quando as deficiências que apresentar não tiverem sido supridas ou quando tiver sido apresentado fora de prazo.

2 – Se o presidente entender que o pedido não deve ser admitido, submete os autos à conferência, mandando simultaneamente entregar cópias do requerimento aos restantes juízes.

3 – O Tribunal decide no prazo de 10 dias ou, tratando-se de fiscalização preventiva, de 2 dias.

4 – A decisão que não admita o pedido é notificada à entidade requerente.

ARTIGO 53º
Desistência do pedido

Só é admitida a desistência do pedido nos processos de fiscalização preventiva da constitucionalidade.

ARTIGO 54º
Audição do órgão autor da norma

Admitido o pedido, o presidente notifica o órgão de que tiver emanado a norma impugnada para, querendo, se pronunciar sobre ele no prazo de 30 dias ou, tratando-se de fiscalização preventiva, de 3 dias.

ARTIGO 55º
Notificações

1 – As notificações referidas nos artigos anteriores são efetuadas mediante protocolo ou por via postal, telegráfica, telex ou telecópia, consoante as circunstâncias.

2 – As notificações são acompanhadas, conforme os casos, de cópia do despacho ou da decisão, com os respetivos fundamentos, ou da petição apresentada.

3 – Tratando-se de órgão colegial ou seus titulares, as notificações são feitas na pessoa do respetivo presidente ou de quem o substitua.

ARTIGO 56º
Prazos

1 – Os prazos referidos nos artigos anteriores e nas secções seguintes são contínuos.

2 – Quando o prazo para a prática de ato processual terminar em dia em que o Tribunal esteja encerrado, incluindo aqueles em que for concedida tolerância de ponto, transfere-se o seu termo para o primeiro dia útil seguinte.

3 – Os prazos nos processos regulados nas secções III e IV suspendem-se, no entanto, durante as férias judiciais.

4 – Aos mesmos prazos acresce a dilação de 10 dias ou, tratando-se de fiscalização preventiva, de 2 dias quando os atos respeitem a órgão ou entidade sediados fora do continente da República.

SECÇÃO II
Processos de fiscalização preventiva

ARTIGO 57º
Prazos para apresentação e recebimento

1 – Os pedidos de apreciação da constitucionalidade a que se referem os nºs 1, 2 e 4 do artigo 278º da Constituição devem ser apresentados no prazo de 8 dias referido, consoante os casos, nos nºs 3 e 6 do mesmo artigo.

2 – É de 1 dia o prazo para o presidente do Tribunal Constitucional admitir o pedido, usar da faculdade prevista no nº 3 do artigo 51º ou submeter os autos à conferência para os efeitos do nº 2 do artigo 52º.

3 – O prazo para o autor do pedido suprir deficiências é de 2 dias.

ARTIGO 58º
Distribuição

1 – A distribuição é feita no prazo de 1 dia, contado do dia da entrada do pedido no Tribunal.

2 – O processo é imediatamente concluso ao relator, a fim de, no prazo de 5 dias, elaborar um memorando contendo o enunciado das questões sobre que o Tribunal deverá pronunciar-se e da solução que para elas propõe, com indicação sumária dos respetivos fundamentos, cabendo à secretaria comunicar-lhe a resposta do órgão de que emanou o diploma, logo que recebida.

3 – Distribuído o processo, são entregues cópias do pedido a todos os juízes, do mesmo modo se procedendo com a resposta e o memorando, logo que recebidos pela secretaria.

ARTIGO 59º
Formação da decisão

1 – Com a entrega ao Presidente da cópia do memorando é-lhe concluso o respetivo processo, para o inscrever na ordem do dia da sessão plenária a realizar no prazo de 10 dias a contar do recebimento do pedido.

2 – A decisão não deve ser proferida antes de decorridos 2 dias sobre a entrega das cópias do memorando a todos os juízes.

3 – Concluída a discussão e tomada a decisão do Tribunal, o processo é concluso ao relator ou, no caso de este ficar vencido, ao juiz que deva substituí-lo para elaboração do acórdão, no prazo de sete dias, e a sua subsequente assinatura.

ARTIGO 60º
Processo de urgência

Os prazos referidos nos artigos anteriores são encurtados pelo presidente do Tribunal, quando o Presidente da República haja usado a faculdade que lhe é conferida pelo nº 8 do artigo 278º da Constituição.

ARTIGO 61º
Efeitos da decisão

A decisão em que o Tribunal Constitucional se pronuncie pela inconstitucionalidade em processo de fiscalização preventiva tem os efeitos previstos no artigo 279º da Constituição.

SECÇÃO III
Processos de fiscalização sucessiva

ARTIGO 62º
Prazo para admissão do pedido

1 – Os pedidos de apreciação da inconstitucionalidade ou da ilegalidade a que se referem as alíneas *a*) a *c*) do nº 1 do artigo 281º da Constituição podem ser apresentados a todo o tempo.

2 – É de 5 dias o prazo para a secretaria autuar e apresentar o pedido ao presidente do Tribunal e de 10 dias o prazo para este decidir da sua admissão ou fazer uso das faculdades previstas no nº 3 do artigo 51º e no nº 2 do artigo 52º.

3 – O prazo para o autor do pedido suprir deficiências é de 10 dias.

ARTIGO 63º
Debate preliminar e distribuição

1 – Junta a resposta do órgão de que emanou a norma, ou decorrido o prazo fixado para o efeito sem que haja sido recebida, é entregue uma cópia dos autos a cada um dos juízes, acompanhada de um memorando onde são formuladas pelo presidente do Tribunal as questões prévias e de fundo a que o Tribunal há de responder, bem como de quaisquer elementos documentais reputados de interesse.

2 – Decorridos 15 dias, pelo menos, sobre a entrega do memorando, é o mesmo submetido a debate e, fixada a orientação do Tribunal sobre as questões a resolver, é o processo distribuído a um relator designado por sorteio ou, se o Tribunal assim o entender, pelo presidente.

ARTIGO 64º
Pedidos com objeto idêntico

1 – Admitido um pedido, quaisquer outros com objeto idêntico que venham a ser igualmente admitidos são incorporados no processo respeitante ao primeiro.

2 – O órgão de que emanou a norma é notificado da apresentação dos pedidos subsequentes, mas o presidente do Tribunal ou o relator podem dispensar a sua audição sobre os mesmos, sempre que a julguem desnecessária.

3 – Entendendo-se que não deve ser dispensada nova audição, é concedido para o efeito o prazo de 15 dias, ou prorrogado por 10 dias o prazo inicial, se ainda não estiver esgotado.

4 – No caso de já ter havido distribuição, considera-se prorrogado por 15 dias o prazo a que se refere o nº 1 do artigo 65º.

ARTIGO 64º-A
Requisição de elementos

O presidente do Tribunal, o relator ou o próprio Tribunal podem requisitar a quaisquer órgãos ou entidades os elementos que julguem necessários ou convenientes para a apreciação do pedido e a decisão do processo.

ARTIGO 65º
Formação da decisão

1 – Concluso o processo ao relator, é por este elaborado, no prazo de 40 dias, um projeto de acórdão, de harmonia com a orientação fixada pelo Tribunal.

2 – A secretaria distribui por todos os juízes cópias do projeto referido no número anterior e conclui o processo ao presidente, com a entrega da cópia que lhe é destinada, para inscrição em tabela na sessão do Tribunal que se realize decorridos 15 dias, pelo menos, sobre a distribuição das cópias.

3 – Quando ponderosas razões o justifiquem, pode o presidente, ouvido o Tribunal, encurtar até metade os prazos referidos nos números anteriores.

4 – Havendo solicitação fundamentada do requerente nesse sentido e acordo do órgão autor da norma, o Presidente, ouvido o Tribunal, decidirá sobre a atribuição de prioridade à apreciação e decisão do processo.

ARTIGO 66º
Efeitos da declaração

A declaração de inconstitucionalidade ou de ilegalidade com força obrigatória geral tem os efeitos previstos no artigo 282º da Constituição.

SECÇÃO IV
Processos de fiscalização da inconstitucionalidade por omissão

ARTIGO 67º
Remissão

Ao processo de apreciação do não cumprimento da Constituição por omissão das medidas legislativas necessárias para tornar exequíveis as normas constitucionais, é aplicável o regime estabelecido na secção anterior, salvo quanto aos efeitos.

ARTIGO 68º
Efeitos da verificação

A decisão em que o Tribunal Constitucional verifique a existência de inconstitucionalidade por omissão tem o efeito previsto no nº 2 do artigo 283º da Constituição.

SUBCAPÍTULO II
Processos de fiscalização concreta

ARTIGO 69º
Legislação aplicável

À tramitação dos recursos para o Tribunal Constitucional são subsidiariamente aplicáveis as normas do Código de Processo Civil, em especial as respeitantes ao recurso de apelação.

ARTIGO 70º
Decisões de que pode recorrer-se

1 – Cabe recurso para o Tribunal Constitucional, em secção, das decisões dos tribunais:

a) Que recusem a aplicação de qualquer norma, com fundamento em inconstitucionalidade;

b) Que apliquem norma cuja inconstitucionalidade haja sido suscitada durante o processo;

c) Que recusem a aplicação de norma constante de ato legislativo com fundamento na sua ilegalidade por violação de lei com valor reforçado;

d) Que recusem a aplicação de norma constante de diploma regional, com fundamento na sua ilegalidade por violação do estatuto da região autónoma ou de lei geral da República;

e) Que recusem a aplicação de norma emanada de um órgão de soberania, com fundamento na sua ilegalidade por violação do estatuto de uma região autónoma;

f) Que apliquem norma cuja ilegalidade haja sido suscitada durante o processo com qualquer dos fundamentos referidos nas alíneas *c*), *d*) e *e*);

g) Que apliquem norma já anteriormente julgada inconstitucional ou ilegal pelo próprio Tribunal Constitucional;

h) Que apliquem norma já anteriormente julgada inconstitucional pela Comissão Constitucional, nos precisos termos em que seja requerida a sua apreciação ao Tribunal Constitucional;

i) Que recusem a aplicação de norma constante de ato legislativo com fundamento na sua contrariedade com uma convenção internacional, ou a apliquem em desconformidade com o anteriormente decidido sobre a questão pelo Tribunal Constitucional.

2 – Os recursos previstos nas alíneas *b*) e *f*) do número anterior apenas cabem de decisões que não admitam recurso ordinário, por a lei o não prever ou por já haverem sido esgotados todos os que no caso caibam, salvo os destinados a uniformização de jurisprudência.

3 – São equiparadas a recursos ordinários as reclamações para os presidentes dos tribunais superiores, nos casos de não admissão ou de retenção do recurso, bem como as reclamações dos despachos dos juízes relatores para a conferência.

4 – Entende-se que se acham esgotados todos os recursos ordinários, nos termos do nº 2, quando tenha havido renúncia, haja decorrido o respetivo prazo sem a sua interposição ou os recursos interpostos não possam ter seguimento por razões de ordem processual.

5 – Não é admitido recurso para o Tribunal Constitucional de decisões sujeitas a recurso ordinário obrigatório, nos termos da respetiva lei processual.

6 – Se a decisão admitir recurso ordinário, mesmo que para uniformização de jurisprudência, a não interposição de recurso para o Tribunal Constitucional não faz precludir o direito de interpô-lo de ulterior decisão que confirme a primeira.

ARTIGO 71º
Âmbito do recurso

1 – Os recursos de decisões judiciais para o Tribunal Constitucional são restritos à questão da inconstitucionalidade ou da ilegalidade suscitada.

2 – No caso previsto na alínea *i*) do nº 1 do artigo anterior, o recurso é restrito às questões de natureza jurídico-constitucional e jurídico-internacional implicadas na decisão recorrida.

ARTIGO 72º
Legitimidade para recorrer

1 – Podem recorrer para o Tribunal Constitucional:

a) O Ministério Público;

b) As pessoas que, de acordo com a lei reguladora do processo em que a decisão foi proferida, tenham legitimidade para dela interpor recurso.

2 – Os recursos previstos nas alíneas *b*) e *f*) do nº 1 do artigo 70º só podem ser interpostos pela parte que haja suscitado a questão da inconstitucionalidade ou da ilegalidade de modo processualmente adequado perante o tribunal que proferiu a decisão recorrida, em termos de este estar obrigado a dela conhecer.

3 – O recurso é obrigatório para o Ministério Público quando a norma cuja aplicação haja sido recusada, por inconstitucionalidade ou ilegalidade, conste de convenção internacional, ato legislativo ou decreto regulamentar, ou quando se verifiquem os casos previstos nas alíneas *g*), *h*) e *i*) do nº 1 do artigo 70º, salvo o disposto no número seguinte.

4 – O Ministério Público pode abster-se de interpor recurso de decisões conformes com a orientação que se encontre já estabelecida, a respeito da questão em causa, em jurisprudência constante do Tribunal Constitucional.

ARTIGO 73º
Irrenunciabilidade do direito ao recurso

O direito de recorrer para o Tribunal Constitucional é irrenunciável.

ARTIGO 74º
Extensão do recurso

1 – O recurso interposto pelo Ministério Público aproveita a todos os que tiverem legitimidade para recorrer.

2 – O recurso interposto por um interessado nos casos previstos nas alíneas *a*), *c*), *d*), *e*), *g*), *h*) e *i*) do nº 1 do artigo 70º aproveita aos restantes interessados.

3 – O recurso interposto por um interessado nos casos previstos nas alíneas *b*) e *f*) do nº 1 do artigo 70º aproveita aos restantes, nos termos e limites estabelecidos na lei reguladora do processo em que a decisão tiver sido proferida.

4 – Não pode haver recurso subordinado nem adesão ao recurso para o Tribunal Constitucional.

ARTIGO 75º
Prazo

1 – O prazo de interposição de recurso para o Tribunal Constitucional é de 10 dias e interrompe os prazos para a interposição de outros que porventura caibam da decisão, os quais só podem ser interpostos depois de cessada a interrupção.

2 – Interposto recurso ordinário, mesmo que para uniformização de jurisprudência, que não seja admitido com fundamento em irrecorribilidade da decisão, o prazo para recorrer para o Tribunal Constitucional conta-se do momento em que se torna definitiva a decisão que não admite recurso.

ARTIGO 75º-A
Interposição do recurso

1 – O recurso para o Tribunal Constitucional interpõe-se por meio de requerimento, no qual se indique a alínea do nº 1 do artigo 70º ao abrigo da qual o recurso é interposto e a norma cuja inconstitucionalidade ou ilegalidade se pretende que o Tribunal aprecie.

2 – Sendo o recurso interposto ao abrigo das alíneas *b*) e *f*) do nº 1 do artigo 70º, do requerimento deve ainda constar a indicação da norma ou princípio constitucional ou legal que se considera violado, bem como da peça processual em que o recorrente suscitou a questão da inconstitucionalidade ou ilegalidade.

3 – No caso dos recursos previstos nas alíneas *g*) e *h*) do artigo 70º, no requerimento deve identificar-se também a decisão do Tribunal Constitucional ou da Comissão Constitucional que, com anterioridade, julgou inconstitucional ou ilegal a norma aplicada pela decisão recorrida.

4 – O disposto nos números anteriores é aplicável, com as necessárias adaptações, ao recurso previsto na alínea *i*) do nº 1 do artigo 70º.

5 – Se o requerimento de interposição do recurso não indicar algum dos elementos previstos no presente artigo, o juiz convidará o requerente a prestar essa indicação no prazo de 10 dias.

6 – O disposto nos números anteriores é aplicável pelo relator no Tribunal Constitucional, quando o juiz ou o relator que admitiu o recurso de constitucionalidade não tiver feito o convite referido no nº 5.

7 – Se o requerente não responder ao convite efetuado pelo relator no Tribunal Constitucional, o recurso é logo julgado deserto.

ARTIGO 76º
Decisão sobre a admissibilidade

1 – Compete ao Tribunal que tiver proferido a decisão recorrida apreciar a admissão do respetivo recurso.

2 – O requerimento de interposição de recurso para o Tribunal Constitucional deve ser indeferido quando não satisfaça os requisitos do artigo 75º-A, mesmo após o suprimento previsto no seu nº 5, quando a decisão o não admita, quando o recurso haja sido interposto fora do prazo, quando o requerente careça de legitimidade ou ainda, no caso dos recursos previstos nas alíneas *b*) e *f*) do nº 1 do artigo 70º, quando forem manifestamente infundados.

3 – A decisão que admita o recurso ou lhe determine o efeito não vincula o Tribunal Constitucional e as partes só podem impugná-la nas suas alegações.

4 – Do despacho que indefira o requerimento de interposição do recurso ou retenha a sua subida cabe reclamação para o Tribunal Constitucional.

ARTIGO 77º
Reclamação do despacho que indefira a admissão do recurso

1 – O julgamento da reclamação de despacho que indefira o requerimento de recurso ou retenha a sua subida cabe à conferência a que se refere o nº 3 do artigo 78º-A, aplicando-se igualmente o nº 4 da mesma disposição.

2 – O prazo de vista é de 10 dias para o relator e de 5 dias para o Ministério Público e os restantes juízes.

3 – Se entender que a questão é simples, o relator, após o visto do Ministério Público, pode dispensar os vistos dos restantes juízes e promover a imediata inscrição do processo em tabela, lavrando o Tribunal decisão sumária.

4 – A decisão não pode ser impugnada e, se revogar o despacho de indeferimento, faz caso julgado quanto à admissibilidade do recurso.

ARTIGO 78º
Efeitos e regime de subida

1 – O recurso interposto de decisão que não admita outro, por razões de valor ou alçada, tem os efeitos e o regime de subida do recurso que no caso caberia se o valor ou a alçada o permitissem.

2 – O recurso interposto de decisão da qual coubesse recurso ordinário, não interposto ou declarado extinto, tem os efeitos e o regime de subida deste recurso.

3 – O recurso interposto de decisão proferida já em fase de recurso mantém os efeitos e o regime de subida do recurso anterior, salvo no caso de ser aplicável o disposto no número anterior.

4 – Nos restantes casos, o recurso tem efeito suspensivo e sobe nos próprios autos.

5 – Quando, por aplicação das regras dos números anteriores, ao recurso couber efeito suspensivo, o Tribunal, em conferência, pode, oficiosamente e a título excecional, fixar-lhe efeito meramente devolutivo, se, com isso, não afetar a utilidade da decisão a proferir.

ARTIGO 78º-A
Exame preliminar e decisão sumária do relator

1 – Se entender que não pode conhecer-se do objeto do recurso ou que a questão a decidir é simples, designadamente por a mesma já ter sido objeto de decisão anterior do Tribunal ou por ser manifestamente infundada, o relator profere decisão sumária que pode consistir em simples remissão para anterior jurisprudência do Tribunal.

2 – O disposto no número anterior é aplicável quando o recorrente, depois de notificado nos termos dos nºs 5 ou 6 do artigo 75º-A, não indique integralmente os elementos exigidos pelos seus números 1 a 4.

3 – Da decisão sumária do relator pode reclamar-se para a conferência, a qual é constituída pelo presidente ou pelo vice-presidente, pelo relator ou por outro juiz da respetiva secção, indicado pelo pleno da secção em cada ano judicial.

4 – A conferência decide definitivamente as reclamações, quando houver unanimidade dos juízes intervenientes, cabendo essa decisão ao pleno da secção quando não haja unanimidade.

5 – Quando não deva aplicar-se o disposto no nº 1, e bem assim, quando a conferência ou o pleno da secção decidam que deve conhecer-se do objeto do recurso ou ordenem o respetivo prosseguimento, o relator manda notificar o recorrente para apresentar alegações.

ARTIGO 78º-B
Poderes do relator

1 – Compete ainda aos relatores julgar desertos os recursos, declarar a suspensão da instância quando imposta por lei, admitir a desistência do recurso, corrigir o efeito atribuído à sua interposição, convidar as partes a aperfeiçoar as conclusões das respetivas alegações, ordenar ou recusar a junção de documentos e pareceres, julgar extinta a instância por causa diversa do julgamento, julgar os incidentes suscitados, mandar baixar os autos para conhecimento de questões de que possa resultar a inutilidade superveniente do recurso, bem como os demais poderes previstos na lei e no regimento do Tribunal.

2 – Das decisões dos relatores pode reclamar-se para a conferência, nos termos do nº 3 do artigo 78º-A, aplicando-se igualmente o nº 4 da mesma disposição.

ARTIGO 79º
Alegações

1 – As alegações de recurso são sempre produzidas no Tribunal Constitucional.

2 – Os prazos para alegações são de 30 dias, contados da respetiva notificação, salvo nos recursos previstos nos nºs 3 a 5 do artigo 43º, em que serão fixados pelo relator entre 10 e 20 dias.

ARTIGO 79º-A
Intervenção do plenário

1 – O presidente pode, com a concordância do Tribunal, determinar que o julgamento se faça com intervenção do plenário, quando o considerar necessário para evitar divergências jurisprudenciais ou quando tal se justifique em razão da natureza da questão a decidir, caso em que o processo irá com vista, por 10 dias, a cada um dos juízes que ainda o não tenham examinado, com cópia do memorando, se este já tiver sido apresentado.

2 – Tratando-se de recursos interpostos em processo penal, a faculdade prevista no número anterior deve ser exercida antes da distribuição do processo, podendo nos restantes casos essa faculdade ser exercida até ao momento em que seja ordenada a inscrição do processo em tabela para julgamento.

3 – O disposto nos números anteriores, salvo quanto os prazos de vista, é igualmente aplicável às reclamações previstas no artigo 77º.

ARTIGO 79º-B
Julgamento do objeto do recurso

1 – Fora dos casos do artigo 78º-A, observa-se o que no Código de Processo Civil se dispõe e não contrarie a natureza do recurso, devendo, porém, o processo ir com vista, pelo prazo de 10 dias, a cada um dos juízes da secção, acompanhado do memorando ou projeto de acórdão elaborado pelo relator, o qual dispõe para essa elaboração de um prazo de 30 dias.

2 – No caso de ter sido elaborado memorando, uma vez concluída a discussão e formada a decisão quanto às questões a que o mesmo se refere, é o processo concluso ao relator ou, no caso de este ter ficado vencido, ao juiz que deva substituí-lo, para elaboração do acórdão, no prazo de 30 dias.

3 – Nos processos referidos nos nºs 3 e 5 do artigo 43º e, bem assim, naqueles em que estiverem em causa direitos, liberdades e garantias pessoais, os prazos estabelecidos nos números anteriores são reduzidos a metade, devendo o relator conferir prioridade a tais processos.

ARTIGO 79º-C
Poderes de cognição do Tribunal

O Tribunal só pode julgar inconstitucional ou ilegal a norma que a decisão recorrida, conforme os casos, tenha aplicado ou que haja recusado aplicação, mas pode fazê-lo com fundamento na violação de normas ou princípios constitucionais ou legais diversos daqueles cuja violação foi invocada.

ARTIGO 79º-D
Recurso para o plenário

1 – Se o Tribunal Constitucional vier a julgar a questão da inconstitucionalidade ou ilegalidade em sentido divergente do anteriormente adotado quanto à mesma norma, por qualquer das suas secções, dessa decisão cabe recurso para o plenário do Tribunal, obrigatório para o Ministério Público quando intervier no processo como recorrente ou recorrido.

2 – O recurso previsto no número anterior é processado sem nova distribuição e seguirá ainda que não tenham sido apresentadas alegações pelo recorrente.

3 – Concluído o prazo para apresentação de alegações, irá o processo com vista ao Ministério Público, se este não for recorrente, por 10 dias, e depois a todos os juízes, por 5 dias.

4 – Terminados os vistos, o processo é inscrito em tabela para julgamento.

5 – A discussão tem por base o acórdão recorrido e, concluída ela e tomada a decisão do Tribunal, o acórdão é lavrado pelo relator ou, se este ficar vencido, pelo juiz que deva substituí-lo.

6 – Se o Tribunal mantiver a decisão recorrida, o acórdão pode limitar-se a confirmá-la, remetendo para a respetiva fundamentação.

7 – O disposto neste artigo é correspondentemente aplicável no caso de divergência jurisprudencial verificada no âmbito do recurso previsto na alínea *i*) do nº 1 do artigo 70º.

ARTIGO 80º
Efeitos da decisão

1 – A decisão do recurso faz caso julgado no processo quanto à questão da inconstitucionalidade ou ilegalidade suscitada.

2 – Se o Tribunal Constitucional der provimento ao recurso, ainda que só parcialmente, os autos baixam ao tribunal de onde provieram, a fim de que este, consoante for o caso, reforme a decisão ou a mande reformar em conformidade com o julgamento sobre a questão da inconstitucionalidade ou da ilegalidade.

3 – No caso de o juízo de constitucionalidade ou de legalidade sobre a norma que a decisão recorrida tiver aplicado, ou a que tiver recusado aplicação, se fundar em determinada interpretação da mesma norma, esta deve ser aplicada com tal interpretação no processo em causa.

4 – Transitada em julgado a decisão que não admita o recurso ou lhe negue provimento, transita também a decisão recorrida, se estiverem esgotados os recursos ordinários, ou começam a correr os prazos para estes recursos, no caso contrário.

5 – O disposto nos números anteriores é aplicável, com as necessárias adaptações, à decisão do recurso previsto na alínea *i*) do nº 1 do artigo 70º.

ARTIGO 81º
Registo de decisões

De todas as decisões do Tribunal Constitucional em que se declare a inconstitucionalidade ou a ilegalidade de uma norma é lavrado registo em livro próprio e guardada cópia, autenticada pelo secretário, no arquivo do Tribunal.

ARTIGO 82º
Processo aplicável à repetição do julgado

Sempre que a mesma norma tiver sido julgada inconstitucional ou ilegal em 3 casos concretos, pode o Tribunal Constitucional, por iniciativa de qualquer dos seus juízes ou do Ministério Público, promover a organização de um processo com as cópias das correspondentes decisões, o qual é concluso ao presidente, seguindo-se os termos do processo de fiscalização abstrata sucessiva da constitucionalidade ou da ilegalidade previstos na presente lei.

ARTIGO 83º
Patrocínio judiciário

1 – Nos recursos para o Tribunal Constitucional é obrigatória a constituição de advogado, sem prejuízo do disposto no nº 3.

2 – Só pode advogar perante o Tribunal Constitucional quem o puder fazer junto do Supremo Tribunal de Justiça.

3 – Nos recursos interpostos de decisões nos tribunais administrativos e fiscais é aplicável o disposto na alínea *a*) do nº 1 do artigo 54º do Estatuto dos Tribunais Administrativos e Fiscais, aprovado pela Lei nº 13/2002, de 19 de fevereiro, no nº 1 do artigo 11º do Código de Processo nos Tribunais Administrativos, aprovado pela Lei nº 15/2002, de 22 de fevereiro, e da alínea *b*) do nº 1 do artigo 15º do Código de Procedimento e de Processo Tributário, aprovado pelo Decreto-Lei nº 433/99, de 26 de outubro.

ARTIGO 84º
Custas, multa e indemnização

1– Os recursos para o Tribunal Constitucional são isentos de custas, salvo o disposto nos números seguintes.

2 – O Tribunal condenará em custas a parte que decair, nos recursos previstos nas alíneas *b*) e *f*) do nº 1 do 1 artigo 70º em que conheça do respetivo objeto.

3 – O Tribunal condenará o recorrente em custas quando não tomar conhecimento do recurso, por não verificação de qualquer pressuposto da sua admissibilidade.

4 – As reclamações para o Tribunal Constitucional, e bem assim as reclamações de decisões por este proferidas, estão sujeitas a custas, quando indeferidas.

5 – O regime das custas previstas nos números anteriores, incluindo o das respetivas isenções, será definido por Decreto-Lei.[5]

6 – O Tribunal Constitucional pode, sendo caso disso, condenar qualquer das partes em multa e indemnização como litigante de má-fé, nos termos da lei de processo.

7 – Quando entender que alguma das partes deve ser condenada como litigante de má fé, o relator dirá nos autos sucintamente a razão do seu parecer e mandará ouvir o interessado por 2 dias.

8 – Sendo manifesto que, com determinado requerimento, se pretende obstar ao cumprimento da decisão proferida no recurso ou na reclamação ou à baixa do processo, observar-se-á o disposto no artigo 670º do Código de Processo Civil, mas, só depois de pagas as custas contadas no Tribunal, as multas que este tiver aplicado e as indemnizações que houver fixado, se proferirá decisão no traslado.

ARTIGO 85º
Apoio judiciário

Nos recursos para o Tribunal Constitucional podem as partes litigar com benefício de apoio judiciário, nos termos da lei.

CAPÍTULO III
Outros processos

SUBCAPÍTULO I
Processos relativos à morte, impossibilidade física permanente, impedimento temporário, perda de cargo e destituição do Presidente da República

ARTIGO 86º
Iniciativa dos processos

1 – Cabe ao procurador-geral da República promover junto do Tribunal Constitucional a verificação e declaração da morte ou da impossibilidade física permanente do Presidente da República.

2 – A iniciativa do processo de verificação e declaração do impedimento temporário do Presidente da República, quando não desencadeada por este, cabe ao procurador-geral da República.

3 – Cabe ao Presidente da Assembleia da República promover junto do Tribunal Constitucional o processo relativo à perda do cargo de Presidente da República no caso do nº 3 do artigo 129º da Constituição.

4 – Cabe ao Presidente do Supremo Tribunal de Justiça a iniciativa do processo de destituição do Presidente da República no caso do nº 4 do artigo 130º da Constituição.

[5] O referido regime de custas consta do Decreto-Lei nº 303/98, alterado pelo DL nº 91/2008, de 2 de junho, e pela Lei nº 27/2019, de 28 de março.

ARTIGO 87º
Morte do Presidente da República

1 – Ocorrendo a morte do Presidente da República, o procurador-geral da República requer imediatamente a sua verificação pelo Tribunal Constitucional, apresentando prova do óbito.

2 – O Tribunal Constitucional, em plenário, verifica de imediato a morte e declara a vacatura do cargo de Presidente da República.

3 – A declaração de vacatura por morte do Presidente da República é logo notificada ao Presidente da Assembleia da República, o qual fica automaticamente investido nas funções de Presidente da República interino.

ARTIGO 88º
Impossibilidade física permanente do Presidente da República

1 – Ocorrendo impossibilidade física permanente do Presidente da República, o procurador-geral da República requer ao Tribunal Constitucional a sua verificação, devendo logo apresentar todos os elementos de prova de que disponha.

2 – Recebido o requerimento, o Tribunal, em plenário, procede de imediato à designação de 3 peritos médicos, os quais devem apresentar um relatório no prazo de 2 dias.

3 – O Tribunal, ouvido sempre que possível o Presidente da República, decide em plenário no dia seguinte ao da apresentação do relatório.

4 – É aplicável o disposto no nº 3 do artigo anterior à declaração de vacatura do cargo por impossibilidade física permanente do Presidente da República.

ARTIGO 89º
Impedimento temporário do Presidente da República

1 – A verificação e a declaração do impedimento temporário do Presidente da República para o exercício das suas funções pode ser requerida por este ou pelo procurador-geral da República e rege-se em tudo quanto seja aplicável pelo disposto no número anterior.

2 – O procurador-geral da República ouve previamente, sempre que possível, o Presidente da República.

3 – O Tribunal, em plenário, ordena as diligências probatórias que julgue necessárias, ouve, sempre que possível, o Presidente da República e decide no prazo de 5 dias a contar da apresentação do requerimento.

4 – O Presidente da República comunica a cessação do seu impedimento temporário ao Tribunal Constitucional, o qual, ouvido o procurador-geral da República, declara a cessação do impedimento temporário do Presidente da República.

ARTIGO 90º
Perda do cargo de Presidente da República por ausência do território nacional

1 – O Presidente da Assembleia da República requer ao Tribunal Constitucional a verificação da perda do cargo de Presidente da República no caso previsto no nº 3 do artigo 129º da Constituição.

2 – O Tribunal reúne em sessão plenária no prazo de 2 dias e declara verificada a perda do cargo se julgar provada a ocorrência do respetivo pressuposto ou ordena as diligências probatórias que julgar necessárias, ouvido designadamente, sempre que possível, o Presidente da República e o Presidente da Assembleia da República, após o que decide.

ARTIGO 91º
Destituição do cargo de Presidente da República

1 – Transitada em julgado a decisão do Supremo Tribunal de Justiça condenatória do Presidente da República por crime praticado no exercício das suas funções, o Presidente do Supremo Tribunal de Justiça envia de imediato certidão da mesma ao Tribunal Constitucional para os efeitos do nº 3 do artigo 130º da Constituição.

2 – Recebida a certidão, o Tribunal reúne em sessão plenária no dia seguinte.

3 – Verificada a autenticidade da certidão, o Tribunal declara o Presidente da República destituído do seu cargo.

4 – À declaração da destituição é aplicável o disposto no artigo 87º.

SUBCAPÍTULO I-A
Processos relativos ao contencioso da perda de mandato de Deputados

ARTIGO 91º-A
Contencioso da perda de mandato de Deputados

1 – A deliberação da Assembleia da República que declare a perda de mandato de Deputados pode ser impugnada com fundamento em violação da Constituição, das leis ou do Regimento, no prazo de cinco dias a contar da data da mesma.

2 – Têm legitimidade para recorrer o Deputado cujo mandato haja sido declarado perdido, qualquer grupo parlamentar ou um mínimo de 10 Deputados no exercício efetivo de funções.

3 – O processo é distribuído e autuado no prazo de dois dias, sendo a Assembleia da República notificada, na pessoa do seu Presidente, para responder ao pedido de impugnação, no prazo de cinco dias.

4 – Decorrido o prazo da resposta, é o processo concluso ao relator, seguindo-se os termos dos nºs 4 a 6 do artigo 102º-B, sendo de cinco dias o prazo para a decisão.

ARTIGO 91º-B
Contencioso da perda do mandato de deputado regional

O disposto no artigo anterior é aplicável, com as adaptações necessárias, à perda do mandato de deputados regionais.

SUBCAPÍTULO II
Processos eleitorais

SECÇÃO I
Processo relativo à eleição do Presidente da República

SUBSECÇÃO I
Candidaturas

ARTIGO 92º
Apresentação e sorteio

1 – As candidaturas são recebidas pelo presidente do Tribunal.

2 – No dia seguinte ao termo do prazo para a apresentação das candidaturas o presidente procede, na presença dos candidatos ou seus mandatários, ao sorteio do número de ordem a atribuir às candidaturas nos boletins de voto.

3 – O presidente manda imediatamente afixar por edital, à porta do Tribunal, uma relação com os nomes dos candidatos ordenados em conformidade com o sorteio.

4 – Do sorteio é lavrado auto, do qual são enviadas cópias à Comissão Nacional de Eleições e à Secretaria-Geral do Ministério da Administração Interna.

ARTIGO 93º
Admissão

1 – Findo o prazo para a apresentação das candidaturas, o Tribunal Constitucional, em secção designada por sorteio, verifica a regularidade dos processos, a autenticidade dos documentos e a elegibilidade dos candidatos.

2 – São rejeitados os candidatos inelegíveis.

3 – Verificando-se irregularidades processuais, será notificado imediatamente o mandatário do candidato para as suprir no prazo de 2 dias.

4 – A decisão é proferida no prazo de 6 dias a contar do termo do prazo para a apresentação de candidaturas, abrange todas as candidaturas e é imediatamente notificada aos mandatários.

ARTIGO 94º
Recurso

1 – Da decisão final relativa à apresentação de candidaturas cabe recurso para o plenário do Tribunal, a interpor no prazo de um dia.

2 – O requerimento de interposição do recurso, do qual constarão os seus fundamentos, será acompanhado de todos os elementos de prova.

3 – Tratando-se de recurso contra a admissão de qualquer candidatura, será notificado imediatamente o respetivo mandatário, para ele ou o candidato responder, querendo, no prazo de um dia.

4 – Tratando-se de recurso contra a não admissão de qualquer candidatura, serão notificados imediatamente os mandatários das outras candidaturas, ainda que não admitidas, para eles ou os candidatos responderem, querendo, no prazo de um dia.

5 – O recurso será decidido no prazo de um dia a contar do termo do prazo referido nos dois números anteriores.

ARTIGO 95º
Comunicação das candidaturas admitidas

A relação das candidaturas definitivamente admitidas é enviada à Comissão Nacional de Eleições e à Secretaria-Geral do Ministério de Administração Interna, no prazo de três dias.

SUBSECÇÃO II
Desistência, morte e incapacidade de candidatos

ARTIGO 96º
Desistência de candidatura

1 – Qualquer candidato que pretenda desistir da candidatura deve fazê-lo mediante declaração por ele escrita, com a assinatura reconhecida por notário, apresentada ao presidente do Tribunal Constitucional.

2 – Verificada a regularidade da declaração de desistência, o presidente do tribunal imediatamente manda afixar cópia à porta do edifício do tribunal e notifica a Comissão Nacional de Eleições e a Secretaria-Geral do Ministério da Administração Interna.

ARTIGO 97º
Morte ou incapacidade permanente de candidato

1 – Cabe ao procurador-geral da República promover a verificação da morte ou a declaração de incapacidade de qualquer candidato a Presidente da República, para os efeitos do nº 3 do artigo 124º da Constituição.

2 – O procurador-geral da República deve apresentar prova do óbito ou requerer a designação de 3 peritos médicos para verificarem a incapacidade do candidato, fornecendo neste caso ao Tribunal todos os elementos de prova de que disponha.

3 – O Tribunal, em plenário, verifica a morte do candidato ou designa os peritos em prazo não superior a 1 dia.

4 – Os peritos apresentam o seu relatório no prazo de 1 dia se outro não for fixado pelo Tribunal, após o que este, em plenário, decide sobre a capacidade do candidato.

5 – Verificado o óbito ou declarada a incapacidade do candidato, o presidente do Tribunal comunica imediatamente ao Presidente da República a correspondente declaração.

SUBSECÇÃO III
Apuramento geral da eleição e respetivo contencioso

ARTIGO 98º
Assembleia de apuramento geral

1 – A assembleia de apuramento geral é constituída pelo Presidente do Tribunal Constitucional e por uma das secções, determinada por sorteio, que não tenha sido designada no sorteio previsto no nº 1 do artigo 93º.

2 – Os recursos contenciosos das deliberações da assembleia de apuramento geral são interpostos para o Tribunal Constitucional, em plenário.[6]

ARTIGO 100º
Tramitação e julgamento

1 – Apresentado o recurso, o processo é imediatamente concluso ao presidente do Tribunal, a fim de ser designado, por sorteio, um relator.

2 – Os demais candidatos definitivamente admitidos são imediatamente notificados para responderem no dia seguinte ao da notificação.

3 – O relator elabora o projeto de acórdão no prazo de 1 dia, a contar do termo do prazo para as respostas dos candidatos, dele sendo imediatamente distribuídas cópias aos restantes juízes.

4 – A sessão plenária para julgamento do recurso tem lugar no dia seguinte ao da distribuição das cópias.

5 – A decisão é de imediato comunicada ao Presidente da República e à Comissão Nacional de Eleições.

SECÇÃO II
Outros processos eleitorais

ARTIGO 101º
Contencioso de apresentação de candidaturas

1 – Das decisões dos tribunais de 1ª Instância em matéria de contencioso de apresentação de candidaturas, relativamente às eleições para a Assembleia da República, Assembleias Legislativas das Regiões Autónomas e órgãos do poder local, cabe recurso para o Tribunal Constitucional, que decide em plenário.

2 – O processo relativo ao contencioso de apresentação de candidaturas é regulado pelas leis eleitorais.

3 – (*Revogado.*)

ARTIGO 102º
Contencioso eleitoral

1 – Das decisões sobre reclamações ou protestos relativos a irregularidades ocorridas no decurso das votações e nos apuramentos parciais ou gerais respeitantes

[6] O artigo 99º foi revogado pela Lei nº 143/85, de 26 de novembro.

a eleições para a Assembleia da República, Assembleias Legislativas das Regiões Autónomas ou órgãos do poder local cabe recurso para o Tribunal Constitucional, que decide em plenário.

2 – O processo relativo ao contencioso eleitoral é regulado pelas leis eleitorais.

3 – (*Revogado.*)

ARTIGO 102º-A
Parlamento Europeu

1 – A apresentação de candidaturas à eleição para o Parlamento Europeu, o recurso da respetiva decisão final e os correspondentes processos, bem como o processo relativo ao contencioso eleitoral no âmbito da mesma eleição são regulados pela respetiva lei eleitoral.

2 – Ao apuramento geral da eleição para o Parlamento Europeu aplica-se o disposto no artigo 98º da presente lei.

ARTIGO 102º-B
Recursos de atos de administração eleitoral

1 – A interposição de recurso contencioso de deliberações da Comissão Nacional de Eleições faz-se por meio de requerimento apresentado nessa Comissão, contendo a alegação do recorrente e a indicação das peças de que pretende certidão.

2 – O prazo para a interposição do recurso é de 1 dia a contar da data do conhecimento pelo recorrente da deliberação impugnada.

3 – A Comissão Nacional de Eleições remeterá imediatamente os autos, devidamente instruídos, ao Tribunal Constitucional.

4 – Se o entender possível e necessário, o Tribunal Constitucional ouvirá outros eventuais interessados, em prazo que fixará.

5 – O Tribunal Constitucional decidirá o recurso em plenário, em prazo que assegure utilidade à decisão, mas nunca superior a 3 dias.

6 – Nos recursos de que trata este artigo não é obrigatória a constituição de advogado.

7 – O disposto nos números anteriores é aplicável ao recurso interposto de decisões de outros órgãos da administração eleitoral.[7]

ARTIGO 102º-D
Recursos relativos às eleições realizadas na Assembleia da República e nas Assembleias Legislativas Regionais

1 – A interposição de recurso contencioso relativo a eleições realizadas na Assembleia da República e nas Assembleias Legislativas das Regiões Autónomas, com fundamento em violação de lei ou do regimento da respetiva assembleia, faz-se por meio de requerimento apresentado por qualquer deputado, contendo a alegação e a indicação dos documentos de que pretende certidão, e entregue ao respetivo presidente.

[7] O artigo 102º-C, relativo ao recurso da decisão de aplicação de coima, foi revogado.

2 – O prazo para a interposição do recurso é de cinco dias a contar da data da realização da eleição.

3 – A Assembleia da República ou a Assembleia Legislativa da Região Autónoma em causa, no prazo de cinco dias, remeterá os autos, devidamente instruídos e acompanhados da sua resposta, ao Tribunal Constitucional.

4 – É aplicável a este processo o disposto nos nºs 4 a 6 do artigo 102º-B, com as adaptações necessárias, devendo a decisão do Tribunal ser tomada no prazo de cinco dias.

SUBCAPÍTULO III
Processos relativos a partidos políticos, coligações e frentes

ARTIGO 103º
Registo e contencioso relativos a partidos, coligações e frentes

1 – Os processos respeitantes ao registo e ao contencioso relativos a partidos políticos e coligações ou frentes de partidos, ainda que constituídas para fins meramente eleitorais, regem-se pela legislação aplicável.[8]

ARTIGO 103º-A
Apreciação de recurso de aplicação de coimas em matéria de contas dos partidos políticos

1 – Recebido o recurso pelo Tribunal Constitucional, o mesmo dá vista ao Ministério Público para que este se pronuncie no prazo de 10 dias com direito a resposta pelo recorrente no mesmo prazo.

2 – O relator pode ordenar diligências que forem tidas por convenientes, após o que o Tribunal decide em sessão plenária.

3 – A apresentação do recurso implica o efeito suspensivo da decisão recorrida.

ARTIGO 103º-B
Não apresentação de contas pelos partidos políticos

1 – Quando, decorrido o prazo estabelecido no nº 1 do artigo 26º da Lei nº 19/2003, de 20 de junho, se verificar que não foram apresentadas as contas relativas ao ano anterior por partido político com direito a subvenção estatal, o presidente da ECFP comunica o facto ao Presidente da Assembleia da República para o efeito previsto no nº 7 do artigo 29º da mesma lei.

2 – Idêntico procedimento é adotado logo que sejam apresentadas as contas pelo partido em falta.

3 – Num e noutro caso, é dado conhecimento ao partido político em causa, pelo presidente da ECFP, das comunicações efetuadas ao Presidente da Assembleia da República.

[8] O disposto nos nºs 2 a 4 deste artigo foi revogado.

ARTIGO 103º-C
Ações de impugnação de eleição de titulares de órgãos de partidos políticos

1 – As Ações de impugnação de eleições de titulares de órgãos de partidos políticos podem ser instauradas por qualquer militante que, na eleição em causa, seja eleitor ou candidato ou, quanto à omissão nos cadernos ou listas eleitorais, também pelos militantes cuja inscrição seja omitida.

2 – O impugnante deve justificar a qualidade de militante com legitimidade para o pedido e deduzir na petição os fundamentos de facto e de direito, indicando, designadamente, as normas da Constituição, da lei ou dos estatutos que considere violadas.

3 – A impugnação só é admissível depois de esgotados todos os meios internos previstos nos estatutos para apreciação da validade e regularidade do ato eleitoral.

4 – A petição deve ser apresentada no Tribunal Constitucional no prazo de cinco dias a contar da notificação da deliberação do órgão que, segundo os estatutos, for competente para conhecer em última instância da validade ou regularidade do ato eleitoral.

5 – Distribuído o processo no Tribunal Constitucional, o relator ordenará a citação do partido político para responder, no prazo de cinco dias, com a advertência de que a resposta deve ser acompanhada da ata da eleição, dos requerimentos apresentados nas instâncias internas pelo impugnante, das deliberações dos competentes órgãos e de outros documentos respeitantes à impugnação.

6 – Aplica-se ao julgamento da impugnação o disposto nos nºs 4 a 6 do artigo 102º-B, com as adaptações necessárias, devendo a decisão do Tribunal, em secção, ser tomada no prazo de 20 dias a contar do termo das diligências instrutórias.

7 – Se os estatutos do partido não previrem meios internos de apreciação da validade e regularidade do ato eleitoral, o prazo para a impugnação é de cinco dias a contar da data da realização da eleição, salvo se o impugnante não tiver estado presente, caso em que esse prazo se contará da data em que se tornar possível o conhecimento do ato eleitoral, seguindo-se os trâmites previstos nos dois números anteriores, com as adaptações necessárias, uma vez apresentada a petição.

8 – Da decisão final cabe recurso, restrito à matéria de direito, para o plenário do Tribunal, a interpor no prazo de 5 dias, com a apresentação da respetiva alegação, sendo igualmente de 5 dias o prazo para contra-alegar, após o que, distribuído o processo a outro relator, a decisão será tomada no prazo de 20 dias.

ARTIGO 103º-D
Ações de impugnação de deliberação tomada por órgãos de partidos políticos

1 – Qualquer militante de um partido político pode impugnar, com fundamento em ilegalidade ou violação de regra estatutária, as decisões punitivas dos respetivos órgãos partidários, tomadas em processo disciplinar em que seja arguido, e, bem assim, as deliberações dos mesmos órgãos que afetem direta e pessoalmente os seus direitos de participação nas atividades do partido.

2 – Pode ainda qualquer militante impugnar as deliberações dos órgãos partidários com fundamento em grave violação de regras essenciais relativas à competência ou ao funcionamento democrático do partido.

3 – É aplicável ao processo de impugnação o disposto nos nºs 2 a 8 do artigo 103º-C, com as adaptações necessárias.

ARTIGO 103º-E
Medidas cautelares

1 – Como preliminar ou incidente das ações reguladas nos artigos 103º-C e 103º-D, podem os interessados requerer a suspensão da eficácia das eleições ou deliberações impugnáveis, nos prazos previstos no nº 7 do artigo 103º-C, com fundamento na probabilidade de ocorrência de danos apreciáveis causados pela eficácia do ato eleitoral ou pela execução da deliberação.

2 – É aplicável ao pedido de suspensão de eficácia o disposto nos artigos 380º e 381º do Código de Processo Civil, com as adaptações necessárias, sendo competente para o apreciar o Tribunal Constitucional, em secção.

ARTIGO 103º-F
Extinção de partidos políticos

Para além do que se encontra previsto na legislação aplicável, o Ministério Público deve ainda requerer a extinção dos partidos políticos que:

a) Não apresentem as suas contas em 3 anos consecutivos ou 5 interpolados num período de 10 anos;

b) Não procedam à anotação dos titulares dos seus órgãos centrais num período superior a seis anos;

c) Não seja possível citar ou notificar na pessoa de qualquer dos titulares dos seus órgãos centrais, conforme a anotação constante do registo existente no Tribunal.

SUBCAPÍTULO IV
Processos relativos a organizações que perfilhem a ideologia fascista

ARTIGO 104º
Declaração

1 – Os processos relativos à declaração de que uma qualquer organização perfilha a ideologia fascista e à sua consequente extinção regem-se pela legislação especial aplicável.

2 – De acordo com o disposto no número anterior são atribuídas ao Tribunal Constitucional, em plenário, as competências do Supremo Tribunal de Justiça previstas no artigo 6º, no nº 2 do artigo 7º e no artigo 8º da Lei nº 64/78, de 6 de outubro.

SUBCAPÍTULO V
Processos relativos à realização de referendos e de consultas diretas aos eleitores a nível local

ARTIGO 105º
Remissão

Os processos relativos a realização de referendos nacionais, regionais e locais são regulados pelas leis orgânicas que disciplinam os respetivos regimes.

SUBCAPÍTULO VI
Processos relativos a declarações de rendimentos e património dos titulares de cargos políticos

ARTIGO 106º
Competências sancionatórias relativas a titulares de cargos públicos

1 – Compete ao Tribunal Constitucional aplicar as sanções sem natureza penal previstas nos artigos 11º, 17º e 18º do regime do exercício de funções por titulares de cargos políticos e altos cargos públicos relativamente aos titulares de cargos políticos e equiparados indicados nos artigos 2º e 4º do referido regime, bem como aos antigos titulares de cargos políticos, quando aplicável, com exceção:

a) Do Presidente da República, do Presidente da Assembleia da República e do Primeiro-Ministro;

b) Do Provedor de Justiça;

c) Da perda de mandato de Deputados à Assembleia da República e às Assembleias Legislativas das Regiões Autónomas, cuja aplicação compete às respetivas assembleias, sem prejuízo dos recursos destas decisões para o Tribunal Constitucional;

d) Dos membros dos órgãos executivos do poder local e das áreas metropolitanas e entidades intermunicipais, cuja competência para aplicação de sanções se rege pelas normas estatutárias específicas e pelo regime jurídico da tutela administrativa.

2 – Compete aos tribunais administrativos aplicar as sanções sem natureza penal previstas nos artigos 12º, 17º e 18º do regime do exercício de funções por titulares de cargos políticos e altos cargos públicos relativamente aos titulares de cargos políticos referidos nas alíneas *i*) e *j*) do nº 1 do artigo 2º e aos titulares de altos cargos públicos e equiparados identificados no artigo 3º, ambos do referido regime, bem como aos respetivos antigos titulares nos casos nele previstos.

ARTIGO 107º
Processo relativo ao incumprimento das obrigações declarativas de titulares de cargos políticos

1 – Quando, após a notificação para o efeito prevista no nº 1 do artigo 18º do regime de exercício de funções por titulares de cargos políticos e altos cargos públicos, a Entidade para a Transparência verificar o incumprimento das obrigações declarativas por um titular de cargo político ou equiparado, envia o processo individual do respetivo declarante ao Ministério Público para que este decida sobre a promoção da intervenção do Tribunal Constitucional, quando esta for da sua competência.

2 – Após a distribuição, o relator ordena a notificação do declarante, para este responder, no prazo de 20 dias, à promoção do Ministério Público, com conhecimento à Entidade para a Transparência.

3 – Caso haja necessidade da produção de outro meio de prova para além da documental, a mesma é produzida junto da Entidade para a Transparência, procedendo-se ao competente registo e remessa ao Tribunal Constitucional.

4 – O Tribunal Constitucional pode excecionalmente, a requerimento do visado ou oficiosamente, admitir produção de prova complementar perante si, se a julgar imprescindível para a tomada de decisão.

5 – A decisão do Tribunal que determine a perda do mandato ou a demissão de titular de cargo político é publicada na 1ª série do Diário da República ou naquela em que tiver sido publicada a designação desse titular para o cargo, produzindo efeitos desde a data do respetivo trânsito em julgado.

ARTIGO 108º
Incumprimento de obrigações declarativas por antigos titulares de cargos políticos

O disposto no artigo anterior é aplicável quando ocorra incumprimento de obrigações declarativas por antigos titulares de cargos políticos a elas vinculados, relativamente às sanções que lhes sejam correspondentemente aplicáveis nos termos do regime do exercício de funções por titulares de cargos políticos e altos cargos públicos.

ARTIGO 109º
Processo relativo a outras violações do regime do exercício de funções por titulares de cargos políticos e altos cargos públicos

1 – O disposto no artigo 107º é aplicável, com as necessárias adaptações, ao processo de aplicação das sanções a titulares de cargos políticos e equiparados previstas no artigo 11º do regime do exercício de funções por titulares de cargos políticos.

2 – O Tribunal, se considerar fundada a existência de dúvida sobre a ocorrência de uma situação de incompatibilidade ou impedimento, pode limitar-se a ordenar a sua cessação, fixando prazo para o efeito.

ARTIGO 110º
Comunicação de decisões

Proferida deliberação ou decisão que determine a perda de mandato pela violação das regras do regime do exercício de funções por titulares de cargos políticos e altos cargos públicos que não seja da competência do Tribunal Constitucional deve a entidade competente, logo que tal decisão haja transitada em julgado ou se tenha tornado inimpugnável, comunicá-la à Entidade para a Transparência.[9]

ARTIGO 111º
Recursos em matéria de acesso às declarações

1 – Recebido pela competente secção do Tribunal Constitucional o recurso previsto no Estatuto da Entidade para a Transparência em matéria de acesso às declarações únicas, o mesmo dá vista ao Ministério Público para que este se pronuncie no prazo de 10 dias, com direito a resposta pelo recorrente no mesmo prazo.

2 – O relator pode ordenar as diligências que forem tidas por convenientes, após o que o Tribunal emite o competente acórdão.

3 – A apresentação de recurso tem efeito suspensivo.[10]

[9] O artigo 110º-A foi eliminado pelo artigo 2º da Lei nº 88/95, de 1 de setembro, passando a integrar o artigo 114º desta Lei.

[10] O disposto nos artigos 112º e 113º foi revogado.

TÍTULO IV
Disposições finais e transitórias

ARTIGO 114º
Vogais da Comissão Constitucional

O tempo de exercício de funções como vogal da Comissão Constitucional é equiparado, para todos os efeitos, ao tempo de exercício de funções como juiz do Tribunal Constitucional.

ARTIGO 115º
Publicação oficial de acórdãos

1 – Sem prejuízo do disposto no artigo 3º, serão publicados no Boletim do Ministério da Justiça todos os acórdãos do Tribunal Constitucional com interesse doutrinário, cabendo a seleção ao presidente.

2 – O Tribunal Constitucional promove a publicação dos seus acórdãos com interesse doutrinário em coletânea anual.[11]

[11] O nº 3 deste artigo foi revogado.

3. LEI DA ORGANIZAÇÃO DO SISTEMA JUDICIÁRIO[12]

TÍTULO I
Princípios E Disposições Gerais

ARTIGO 1º
Objeto

A presente lei estabelece as normas de enquadramento e de organização do sistema judiciário.

ARTIGO 2º
Tribunais e função jurisdicional

1 – Os tribunais são órgãos de soberania com competência para administrar a justiça em nome do povo.

2 – A função jurisdicional é exercida pelos tribunais.

3 – Na administração da justiça, incumbe aos tribunais assegurar a defesa dos direitos e interesses legalmente protegidos, reprimir a violação da legalidade democrática e dirimir os conflitos de interesses públicos e privados.

ARTIGO 3º
Ministério Público

1 – O Ministério Público representa o Estado, defende os interesses que a lei determinar, participa na execução da política criminal definida pelos órgãos de soberania, exerce a ação penal orientada pelo princípio da legalidade e defende a legalidade democrática, nos termos da Constituição, do respetivo estatuto e da lei.

2 – O Ministério Público goza de estatuto próprio e de autonomia em relação aos demais órgãos do poder central, regional e local, nos termos da lei.

[12] Trata-se da Lei nº 62/2013, de 26 de agosto, retificada pela Declaração nº 42/2013, de 26 de agosto, e alterada pelas Leis nºs 40-A/2016, de 22 de dezembro, e 94/2017, de 23 de agosto, pela Lei Orgânica nº 4/2017, de 25 de agosto, pela Lei nº 23/2018, de 5 de junho, pelo Decreto-Lei nº 110/2018, de 10 de dezembro, e pelas Leis nºs 19/2019, de 19 de fevereiro, 27/2019, de 28 de março, 55/2019, de 5 de agosto, 107/2019, 9 de setembro, e 77/2021, de 23 de novembro. Esta última Lei alterou o disposto nos artigos 116º e 120º e extinguiu, por via do artigo 3º, o Juízo de Instrução Criminal de Lisboa. O artigo 4º refere-se à colocação dos juízes e oficiais de justiça do Juízo extinto, o artigo 5º à transição dos respetivos processos, o artigo 6º às providências do CSM com vista à execução da Lei, o artigo 7º à alteração dos mapas anexos ao Decreto-Lei nº 49/2014, o artigo 8º à revogação da alínea *e*) do nº 1 do artigo 84º daquele diploma, e o artigo 9º à data da entrada em vigor. O despacho nº 4478/2023, publicado em 13.4.2023, reporta-se ao Regulamento do Procedimento da Inspeção-Geral dos Serviços de Justiça.

3 – A autonomia do Ministério Público caracteriza-se pela sua vinculação a critérios de legalidade e objetividade e pela exclusiva sujeição dos magistrados do Ministério Público às diretivas, ordens e instruções previstas na lei.

TÍTULO II
Profissões Judiciárias

CAPÍTULO I
Juízes

ARTIGO 4º
Independência dos juízes

1 – Os juízes julgam apenas segundo a Constituição e a lei e não estão sujeitos a quaisquer ordens ou instruções, salvo o dever de acatamento das decisões proferidas em via de recurso por tribunais superiores.

2 – Os juízes não podem ser responsabilizados pelas suas decisões, salvas as exceções consignadas na lei.

ARTIGO 5º
Garantias e incompatibilidades

1 – Os juízes são inamovíveis, não podendo ser transferidos, suspensos, aposentados ou demitidos senão nos casos previstos no respetivo estatuto.

2 – Os juízes em exercício não podem desempenhar qualquer outra função pública ou privada, salvo as funções docentes ou de investigação científica de natureza jurídica, não remuneradas, nos termos da lei.

3 – Os juízes em exercício não podem ser nomeados para comissões de serviço estranhas à atividade dos tribunais sem autorização do conselho superior competente.

4 – A lei pode estabelecer outras incompatibilidades com o exercício da função de juiz.

ARTIGO 6º
Nomeação, colocação, transferência e promoção de juízes

1 – A nomeação, a colocação, a transferência e a promoção dos juízes dos tribunais judiciais e o exercício da ação disciplinar competem ao Conselho Superior da Magistratura, nos termos da lei.

2 – A nomeação, a colocação, a transferência e a promoção dos juízes dos tribunais administrativos e fiscais, bem como o exercício da ação disciplinar, competem ao Conselho Superior dos Tribunais Administrativos e Fiscais, nos termos da lei.

3 – A lei define as regras e determina a competência para a nomeação, colocação e transferência, bem como para o exercício da ação disciplinar, em relação aos juízes dos restantes tribunais, com salvaguarda das garantias previstas na Constituição.

ARTIGO 7º
Juízes dos tribunais judiciais

1 – Os juízes dos tribunais judiciais constituem a magistratura judicial, formam um corpo único e regem-se pelo respetivo estatuto, aplicável a todos os magistrados judiciais, qualquer que seja a situação em que se encontrem.

2 – A lei determina os requisitos e as regras de recrutamento dos juízes dos tribunais judiciais de primeira instância.

3 – O recrutamento dos juízes dos tribunais judiciais de segunda instância faz-se com prevalência do critério de mérito, por concurso curricular entre juízes da primeira instância.

4 – O acesso ao Supremo Tribunal de Justiça faz-se por concurso curricular aberto aos magistrados judiciais e aos magistrados do Ministério Público e a outros juristas de mérito, nos termos que a lei determinar.

ARTIGO 8º
Juízes dos tribunais administrativos e fiscais

1 – Os juízes da jurisdição administrativa e fiscal formam um corpo único e regem-se pelo disposto na Constituição, pelo respetivo estatuto e demais legislação aplicável e, subsidiariamente, pelo Estatuto dos Magistrados Judiciais, com as necessárias adaptações.

2 – Os juízes da jurisdição administrativa e fiscal estão sujeitos às incompatibilidades estabelecidas na Constituição e na lei e regem-se pelo Estatuto dos Magistrados Judiciais nos aspetos não previstos no estatuto próprio.

CAPÍTULO II
Magistrados do Ministério Público

ARTIGO 9º
Magistrados do Ministério Público

1 – São magistrados do Ministério Público:

a) O Procurador-Geral da República;

b) O Vice-Procurador-Geral da República;

c) Os procuradores-gerais-adjuntos;

d) Os procuradores da República;

e) Os procuradores-adjuntos.

2 – Os magistrados do Ministério Público são responsáveis e hierarquicamente subordinados, sem prejuízo da sua autonomia, nos termos do respetivo estatuto.

3 – A magistratura do Ministério Público é paralela à magistratura judicial e dela independente.

ARTIGO 10º
Representação do Ministério Público

1 – O Ministério Público é representado:

a) No Supremo Tribunal de Justiça, no Tribunal Constitucional, no Supremo Tribunal Administrativo e no Tribunal de Contas, pelo Procurador-Geral da República e por procuradores-gerais-adjuntos;

b) Nos tribunais da Relação 'pelo procurador-geral distrital e por procuradores-gerais adjuntos e nos tribunais centrais administrativos por procuradores-gerais-adjuntos:

c) Nos tribunais de competência territorial alargada, nos juízos centrais e locais e nos tribunais administrativos de círculo e tribunais tributários por procuradores-gerais adjuntos por procuradores da República e por procuradores-adjuntos.

2 – Nos juízos centrais a representação é assegurada, em regra, por procurador da República.

3 – Os magistrados referidos no nº 1 fazem-se substituir nos termos do Estatuto do Ministério Público.

ARTIGO 11º
Nomeação, colocação, transferência e promoção e outros atos respeitantes aos magistrados do Ministério Público

1 – Os magistrados do Ministério Público não podem ser transferidos, suspensos, promovidos, aposentados ou demitidos senão nos casos previstos no respetivo estatuto.

2 – A nomeação, a colocação, a transferência, a promoção, a exoneração, a apreciação do mérito profissional, o exercício da ação disciplinar e, em geral, a prática de todos os atos de idêntica natureza respeitantes aos magistrados do Ministério Público, com exceção do Procurador-Geral da República, competem à Procuradoria-Geral da República, através do Conselho Superior do Ministério Público.

CAPÍTULO III
Advogados e solicitadores

ARTIGO 12º
Advogados

1 – O patrocínio forense por advogado constitui um elemento essencial na administração da justiça e é admissível em qualquer processo, não podendo ser impedido perante qualquer jurisdição, autoridade ou entidade pública ou privada.

2 – Para defesa dos direitos, interesses ou garantias individuais que lhes sejam confiados, os advogados podem requerer a intervenção dos órgãos jurisdicionais competentes, cabendo-lhes, sem prejuízo do disposto nas leis do processo, praticar os atos próprios previstos na lei, nomeadamente exercer o mandato forense e a consulta jurídica.

3 – No exercício da sua atividade, os advogados devem agir com total independência e autonomia técnica e de forma isenta e responsável, encontrando-se apenas vinculados a critérios de legalidade e às regras deontológicas próprias da profissão.

ARTIGO 13º
Imunidade do mandato conferido a advogados

1 – A lei assegura aos advogados as imunidades necessárias ao exercício dos atos próprios de forma isenta, independente e responsável, regulando-os como elemento indispensável à administração da justiça.

2 – Para garantir o exercício livre e independente de mandato que lhes seja confiado, a lei assegura aos advogados as imunidades necessárias a um desempenho eficaz, designadamente:

a) O direito à proteção do segredo profissional;

b) O direito ao livre exercício do patrocínio e ao não sancionamento pela prática de atos conformes ao estatuto da profissão;

c) O direito à especial proteção das comunicações com o cliente e à preservação do sigilo da documentação relativa ao exercício da defesa;

d) O direito a regimes específicos de imposição de selos, arrolamentos e buscas em escritórios de advogados, bem como de apreensão de documentos.

ARTIGO 14º
Ordem dos Advogados

A Ordem dos Advogados é a associação pública representativa dos advogados, que goza de independência relativamente aos órgãos do Estado e é livre e autónoma nas suas regras, nos termos da lei.

ARTIGO 15º
Solicitadores

1 – Os solicitadores participam na administração da justiça, exercendo o mandato judicial nos casos e com as limitações previstos na lei.

2 – No exercício da sua atividade, os solicitadores devem agir com total independência e autonomia técnica e de forma isenta e responsável, encontrando-se apenas vinculados a critérios de legalidade e às regras deontológicas próprias da profissão.

3 – A lei assegura aos solicitadores as condições adequadas e necessárias ao exercício independente do mandato que lhes seja confiado.

ARTIGO 16º
Ordem dos Solicitadores e dos Agentes de Execução

A Ordem dos Solicitadores e dos Agentes de Execução é a associação pública profissional representativa dos solicitadores e dos agentes de execução.

ARTIGO 17º
Instalações para uso da Ordem dos Advogados e da Ordem dos Solicitadores e dos Agentes de Execução

1 – A Ordem dos Advogados e a Ordem dos Solicitadores e dos Agentes de Execução têm direito ao uso exclusivo de instalações nos edifícios dos tribunais desde que estas lhes sejam reservadas, podendo, através de protocolo, ser definida a repartição dos encargos em matéria de equipamentos e de custos com a respetiva conservação e manutenção.

2 – Os mandatários judiciais têm direito ao uso exclusivo de instalações que, em vista das suas funções, lhes sejam destinadas.

CAPÍTULO IV
Oficiais de justiça

ARTIGO 18º
Carreira de oficial de justiça

1 – Atenta a natureza e a especificidade das funções que assegura e desenvolve, o oficial de justiça integra carreira de regime especial, nos termos previstos na lei.

2 – Os oficiais de justiça exercem funções específicas em conformidade com o conteúdo funcional definido no respetivo Estatuto e nos termos neste fixados, e asseguram, nas secretarias dos tribunais e nas secretarias do Ministério Público, o expediente e a regular tramitação dos processos, em conformidade com a lei e na dependência funcional do respetivo magistrado.

ARTIGO 19º
Estatuto

Os oficiais de justiça regem-se por estatuto próprio.

ARTIGO 20º
Admissão, colocação, transferência e provimento

A admissão à carreira, a colocação, a transferência e o provimento dos oficiais de justiça em cargos de chefia compete à Direção-Geral da Administração da Justiça, nos termos da lei.

ARTIGO 21º
Direitos, deveres e incompatibilidades

1 – Os oficiais de justiça gozam dos direitos gerais previstos para os trabalhadores que exercem funções públicas e estão sujeitos aos deveres e incompatibilidades para estes previstos.

2 – Os oficiais de justiça gozam ainda de direitos especiais e estão sujeitos aos deveres e incompatibilidades decorrentes das funções atribuídas e constantes do respetivo estatuto profissional.

TÍTULO III
Tribunais

ARTIGO 22º
Independência dos tribunais

Os tribunais são independentes e apenas estão sujeitos à lei.

ARTIGO 23º
Coadjuvação

1 – No exercício das suas funções, os tribunais têm direito à coadjuvação das outras autoridades.

2 – O disposto no número anterior abrange designadamente, sempre que necessário, a guarda das instalações e a manutenção da ordem pelas forças de segurança.

ARTIGO 24º
Decisões dos tribunais

1 – As decisões dos tribunais que não sejam de mero expediente são fundamentadas na forma prevista na lei.

2 – As decisões dos tribunais são obrigatórias para todas as entidades públicas e privadas e prevalecem sobre as de quaisquer outras autoridades.

3 – A lei regula os termos da execução das decisões dos tribunais relativamente a qualquer autoridade e determina as sanções a aplicar aos responsáveis pela sua inexecução.

ARTIGO 25º
Audiências dos tribunais

As audiências dos tribunais são públicas, salvo quando o próprio tribunal, em despacho fundamentado, decidir o contrário, para salvaguarda da dignidade das pessoas e da moral pública ou para garantir o seu normal funcionamento.

ARTIGO 26º
Acesso ao direito e tutela jurisdicional efetiva

1 – A todos é assegurado o acesso ao direito e aos tribunais para defesa dos seus direitos e interesses legalmente protegidos, não podendo a justiça ser denegada por insuficiência de meios económicos.

2 – Todos têm direito à informação e consulta jurídicas, ao patrocínio judiciário e a fazer-se acompanhar por advogado perante qualquer autoridade, nos termos da lei.

3 – Todos têm direito a que uma causa em que intervenham seja objeto de decisão em prazo razoável e mediante processo equitativo.

4 – Para defesa dos direitos, liberdades e garantias pessoais, a lei assegura aos cidadãos procedimentos judiciais caracterizados pela celeridade e prioridade, de modo a obter tutela efetiva e em tempo útil contra ameaças ou violações desses direitos.

ARTIGO 27º
Ano judicial

1 – O ano judicial corresponde ao ano civil.

2 – A abertura do ano judicial é assinalada pela realização de uma sessão solene no Supremo Tribunal de Justiça, na qual usam da palavra, de pleno direito, o Presidente da República, o Presidente da Assembleia da República, o Presidente do Supremo Tribunal de Justiça, o Primeiro-Ministro ou o membro do Governo responsável pela área da justiça, o Procurador-Geral da República e o Bastonário da Ordem dos Advogados.

ARTIGO 28º
Férias judiciais

As férias judiciais decorrem de 22 de dezembro a 3 de janeiro, do domingo de Ramos à segunda-feira de Páscoa e de 16 de julho a 31 de agosto.

ARTIGO 29º
Categorias de tribunais

1 – Além do Tribunal Constitucional, existem as seguintes categorias de tribunais:

a) O Supremo Tribunal de Justiça e os tribunais judiciais de primeira e de segunda instância;

b) O Supremo Tribunal Administrativo e os demais tribunais administrativos e fiscais;

c) O Tribunal de Contas.

2 – Os tribunais judiciais de segunda instância são, em regra, os tribunais da Relação e designam-se pelo nome do município em que se encontram instalados.

3 – Os tribunais judiciais de primeira instância são, em regra, os tribunais de comarca.

4 – Podem existir tribunais arbitrais e julgados de paz.[13]

TÍTULO IV
Tribunal Constitucional

ARTIGO 30º
Competência, composição, organização e funcionamento

1 – Ao Tribunal Constitucional compete especificamente administrar a justiça em matérias de natureza jurídico-constitucional.

2 – A composição, a competência, a organização e o funcionamento do Tribunal Constitucional resultam do previsto na Constituição e na lei.

TÍTULO V
Tribunais judiciais

CAPÍTULO I
Estrutura e organização

ARTIGO 31º
Supremo Tribunal de Justiça

1 – O Supremo Tribunal de Justiça é o órgão superior da hierarquia dos tribunais judiciais, sem prejuízo da competência própria do Tribunal Constitucional.

[13] A Lei nº 91/2019, de 4 de setembro, estabeleceu o regime de prevenção e resolução de conflitos de jurisdição entre os tribunais judiciais e os tribunais administrativos.

2 – O Supremo Tribunal de Justiça funciona como tribunal de instância nos casos que a lei determinar.

ARTIGO 32º
Tribunais da Relação

1 – A área de competência dos tribunais da Relação, salvo nos casos previstos na presente lei, é definida nos termos do anexo I à presente lei, da qual faz parte integrante.

2 – Pode proceder-se, por decreto-lei, à criação de tribunais da Relação ou à alteração da respetiva área de competência, após audição do Conselho Superior da Magistratura, da Procuradoria-Geral da República e da Ordem dos Advogados.

3 – Os tribunais da Relação podem funcionar em secções especializadas.

ARTIGO 33º
Tribunais judiciais de primeira instância

1 – Os tribunais judiciais de primeira instância incluem os tribunais de competência territorial alargada e os tribunais de comarca.

2 – O território nacional divide-se em 23 comarcas, nos termos do anexo II à presente lei, da qual faz parte integrante.

3 – Em cada uma das circunscrições referidas no número anterior existe um tribunal judicial de primeira instância.

4 – A sede, a designação e a área de competência territorial são definidas no decreto-lei que estabelece o regime aplicável à organização e funcionamento dos tribunais judiciais.

ARTIGO 34º
Assessores

O Supremo Tribunal de Justiça e os tribunais da Relação dispõem de assessores que coadjuvam os magistrados judiciais e os magistrados do Ministério Público, nos termos definidos na lei.

ARTIGO 35º
Gabinete de apoio ao presidente da comarca e aos magistrados judiciais e do Ministério Público

Cada comarca, ou conjunto de comarcas, pode ser dotada de gabinetes de apoio destinados a prestar assessoria e consultadoria técnica aos presidentes dos tribunais e aos magistrados judiciais e do Ministério Público, na dependência orgânica do Conselho Superior da Magistratura e da Procuradoria-Geral da República, respetivamente, nos termos a definir por decreto-lei.[14]

[14] O CSM, por via do Despacho nº 5635/2022, de 2 de maio, publicado no DR, II Série, de 10 de maio, designou assessores para os referidos gabinetes.

ARTIGO 36º
Turnos

1 – Nos tribunais organizam-se turnos para assegurar o serviço que deva ser executado durante as férias judiciais ou quando o serviço o justifique.

2 – São ainda organizados turnos para assegurar o serviço urgente previsto na lei que deva ser executado aos sábados, nos feriados que recaiam em segunda-feira e no segundo dia feriado, em caso de feriados consecutivos.

3 – Pelo serviço prestado nos termos do número anterior é devido suplemento remuneratório, a definir por decreto-lei.

CAPÍTULO II
Competência

ARTIGO 37º
Extensão e limites da competência

1 – Na ordem jurídica interna, a competência reparte-se pelos tribunais judiciais segundo a matéria, o valor, a hierarquia e o território.

2 – A lei de processo fixa os fatores de que depende a competência internacional dos tribunais judiciais.

ARTIGO 38º
Fixação da competência

1 – A competência fixa-se no momento em que a ação se propõe, sendo irrelevantes as modificações de facto que ocorram posteriormente, a não ser nos casos especialmente previstos na lei.

2 – São igualmente irrelevantes as modificações de direito, exceto se for suprimido o órgão a que a causa estava afeta ou lhe for atribuída competência de que inicialmente carecia para o conhecimento da causa.

ARTIGO 39º
Proibição de desaforamento

Nenhuma causa pode ser deslocada do tribunal ou juízo competente para outro, a não ser nos casos especialmente previstos na lei.

ARTIGO 40º
Competência em razão da matéria

1 – Os tribunais judiciais têm competência para as causas que não sejam atribuídas a outra ordem jurisdicional.

2 – A presente lei determina a competência, em razão da matéria, entre os juízos dos tribunais de comarca, estabelecendo as causas que competem aos juízos de competência especializada e aos tribunais de competência territorial alargada.

ARTIGO 41º
Competência em razão do valor

A presente lei determina a competência, em razão do valor, entre os juízos centrais cíveis e os juízos locais cíveis, nas ações declarativas cíveis de processo comum.

ARTIGO 42º
Competência em razão da hierarquia

1 – Os tribunais judiciais encontram-se hierarquizados para efeito de recurso das suas decisões.

2 – Em regra, o Supremo Tribunal de Justiça conhece, em recurso, das causas cujo valor exceda a alçada dos tribunais da Relação e estes das causas cujo valor exceda a alçada dos tribunais judiciais de primeira instância.

3 – Em matéria criminal, a competência é definida na respetiva lei de processo.

ARTIGO 43º
Competência em razão do território

1 – O Supremo Tribunal de Justiça tem competência em todo o território.

2 – Os tribunais da Relação têm, em regra, competência na área das respetivas circunscrições.

3 – Os tribunais judiciais de comarca possuem, em regra, competência na área das respetivas comarcas.

4 – Podem existir tribunais judiciais de primeira instância com competência para mais do que uma comarca, designados por tribunais de competência territorial alargada.

5 – Os juízos de competência especializada e os juízos de competência genérica possuem a área de competência territorial a definir por decreto-lei, dentro dos limites da respetiva comarca.

ARTIGO 44º
Alçadas

1 – Em matéria cível, a alçada dos tribunais da Relação é de € 30 000,00 e a dos tribunais de primeira instância é de € 5 000,00.

2 – Em matéria criminal não há alçada, sem prejuízo das disposições processuais relativas à admissibilidade de recurso.

3 – A admissibilidade dos recursos por efeito das alçadas é regulada pela lei em vigor ao tempo em que foi instaurada a ação.

CAPÍTULO III
Supremo Tribunal de Justiça

SECÇÃO I
Disposições gerais

ARTIGO 45º
Sede

O Supremo Tribunal de Justiça tem sede em Lisboa.

ARTIGO 46º
Poderes de cognição

Fora dos casos previstos na lei, o Supremo Tribunal de Justiça apenas conhece de matéria de direito.

SECÇÃO II
Organização e funcionamento

ARTIGO 47º
Organização

1 – O Supremo Tribunal de Justiça compreende secções em matéria cível, em matéria penal e em matéria social.

2 – No Supremo Tribunal de Justiça há ainda uma secção para julgamento dos recursos das deliberações do Conselho Superior da Magistratura.

3 – A secção referida no número anterior é constituída pelo mais antigo dos vice-presidentes do Supremo Tribunal de Justiça, que tem voto de qualidade, e por um juiz de cada secção, anual e sucessivamente designados, tendo em conta a respetiva antiguidade.

4 – No Supremo Tribunal de Justiça há também uma formação das secções criminais, constituída pelos presidentes das secções criminais e por um juiz designado pelo Conselho Superior da Magistratura, de entre os mais antigos destas secções, que procede ao controlo e autorização prévia da obtenção de dados de telecomunicações e Internet no quadro da atividade de produção de informações em matéria de espionagem e terrorismo do Serviço de Informações de Segurança e do Serviço de Informações Estratégicas de Defesa.

ARTIGO 48º
Funcionamento

1 – O Supremo Tribunal de Justiça funciona, sob a direção de um presidente, em plenário do tribunal, em pleno das secções especializadas e por secções.

2 – O plenário do tribunal é constituído por todos os juízes que compõem as secções e só pode funcionar com a presença de, pelo menos, três quartos dos juízes em exercício.

3 – Ao pleno das secções especializadas ou das respetivas secções conjuntas é aplicável, com as necessárias adaptações, o disposto no número anterior.

4 – Os juízes tomam assento alternadamente à direita e à esquerda do presidente, segundo a ordem de antiguidade.

ARTIGO 49º
Preenchimento das secções

1 – O Conselho Superior da Magistratura fixa, sempre que o julgar conveniente, sob proposta do Presidente do Supremo Tribunal de Justiça, o número de juízes que compõem cada secção.

2 – Cabe ao Presidente do Supremo Tribunal de Justiça distribuir os juízes pelas secções, tomando sucessivamente em conta o seu grau de especialização, a conveniência do serviço e a preferência manifestada.

3 – O Presidente do Supremo Tribunal de Justiça pode autorizar a mudança de secção ou a permuta entre juízes de secções diferentes, com observância do disposto no número anterior.

4 – Quando o relator mudar de secção, mantém-se a sua competência e a dos seus adjuntos que tenham tido visto para julgamento.

ARTIGO 50º
Juízes militares

No Supremo Tribunal de Justiça há um juiz militar por cada ramo das Forças Armadas e um pela Guarda Nacional Republicana (GNR).

ARTIGO 51º
Sessões

As sessões têm lugar segundo agenda, devendo a data e hora das audiências constar de tabela afixada, com antecedência, no átrio do tribunal, podendo a mesma ser ainda divulgada por meios eletrónicos.

SECÇÃO III
Competência

ARTIGO 52º
Competência do plenário

Compete ao Supremo Tribunal de Justiça, funcionando em plenário:

a) Julgar os recursos de decisões proferidas pelo pleno das secções criminais;

b) Exercer as demais competências conferidas por lei.

ARTIGO 53º
Competências do pleno das secções

Compete ao pleno das secções, segundo a sua especialização:

a) Julgar o Presidente da República, o Presidente da Assembleia da República e o Primeiro-Ministro pelos crimes praticados no exercício das suas funções;

b) Julgar os recursos de decisões proferidas em primeira instância pelas secções;
c) Uniformizar a jurisprudência, nos termos da lei de processo.

ARTIGO 54º
Especialização das secções

1 – As secções cíveis julgam as causas que não estejam atribuídas a outras secções, as secções criminais julgam as causas de natureza penal e as secções sociais julgam as causas referidas no artigo 126º.

2 – As causas referidas nos artigos 111º, 112º e 113º são sempre distribuídas à mesma secção cível.

3 – As causas referidas no artigo 128º são sempre distribuídas à mesma secção cível, distinta da indicada no número anterior.

4 – A formação das secções criminais do Supremo Tribunal de Justiça, constituída nos termos do nº 4 do artigo 47º, procede ao controlo e autorização prévia dos pedidos fundamentados de acesso a dados de telecomunicações e Internet nos termos do procedimento previsto na lei especial que aprova o regime especial de acesso a dados de base e a dados de tráfego de comunicações eletrónicas pelo Sistema de Informações da República Portuguesa.

ARTIGO 55º
Competência das secções

Compete às secções, segundo a sua especialização:

a) Julgar os recursos que não sejam da competência do pleno das secções especializadas;

b) Julgar processos por crimes cometidos por juízes do Supremo Tribunal de Justiça e dos tribunais da Relação e magistrados do Ministério Público que exerçam funções junto destes tribunais, ou equiparados, e recursos em matéria contraordenacional a eles respeitantes;

c) Julgar as ações propostas contra juízes do Supremo Tribunal de Justiça e dos tribunais da Relação e magistrados do Ministério Público que exerçam funções junto destes tribunais, ou equiparados, por causa das suas funções;

d) Conhecer dos pedidos de habeas corpus, em virtude de prisão ilegal;

e) Conhecer dos pedidos de revisão de sentenças penais, decretar a anulação de penas inconciliáveis e suspender a execução das penas quando decretada a revisão;

f) Decidir sobre o pedido de atribuição de competência a outro tribunal da mesma espécie e hierarquia, nos casos de obstrução ao exercício da jurisdição pelo tribunal competente;

g) Julgar, por intermédio do relator, os termos dos recursos a este cometidos pela lei de processo;

h) Praticar, nos termos da lei de processo, os atos jurisdicionais relativos ao inquérito, dirigir a instrução criminal, presidir ao debate instrutório e proferir despacho de pronúncia ou não pronúncia nos processos referidos na alínea *a*) do artigo 53º e na alínea *b*) do presente artigo;

i) Exercer as demais competências conferidas por lei.

ARTIGO 56º
Julgamento nas secções

1 – Fora dos casos previstos na lei de processo e nas alíneas *g*) e *h*) do artigo anterior, o julgamento nas secções é efetuado por três juízes, cabendo a um juiz as funções de relator e aos outros juízes as funções de adjuntos.

2 – A intervenção dos juízes de cada secção no julgamento faz-se, nos termos da lei de processo, segundo a ordem de precedência.

3 – Quando numa secção não seja possível obter o número de juízes exigido para o exame do processo e a decisão da causa, são chamados a intervir os juízes de outra secção da mesma especialidade, começando-se pelos imediatos ao juiz que tiver aposto o último visto.

4 – Não sendo possível chamar a intervir juízes da mesma especialidade, são chamados os da secção social se a falta ocorrer na secção cível ou na secção criminal e os da secção cível se a falta ocorrer na secção social.

SECÇÃO IV
Juízes do Supremo Tribunal de Justiça

ARTIGO 57º
Quadro de juízes

1 – O quadro dos juízes do Supremo Tribunal de Justiça é fixado no decreto-lei que estabelece o regime aplicável à organização e funcionamento dos tribunais judiciais.

2 – Nos casos de magistrados judiciais que ocupem os cargos de Presidente da República ou de membro do Governo ou do Conselho de Estado, que se encontrem em comissão ordinária de serviço que implique abertura de vaga, nos termos do Estatuto dos Magistrados Judiciais, ou no cargo de membro do Conselho Superior da Magistratura, exercido a tempo inteiro, o quadro a que se refere o número anterior é automaticamente aumentado em número correspondente de lugares, a extinguir quando retomarem o serviço efetivo os juízes que se encontrem nas mencionadas situações.

3 – Os juízes nomeados para os lugares acrescidos a que se refere o número anterior mantêm-se como juízes além do quadro até ocuparem as vagas que lhes competirem.

ARTIGO 58º
Juízes além do quadro

1 – Quando o serviço o justificar, designadamente pelo número ou pela complexidade dos processos, o Conselho Superior da Magistratura pode propor a criação, no Supremo Tribunal de Justiça, de lugares além do quadro.

2 – Os lugares a que se refere o número anterior extinguem-se decorridos dois anos sobre a data da sua criação, mantendo-se na situação de além do quadro os juízes para estes nomeados até ocuparem as vagas que lhes competirem, nos termos do nº 3 do artigo anterior.

3 – A nomeação de juízes, nos termos do presente artigo, obedece às regras gerais de provimento de vagas.

4 – A criação de lugares referida no nº 1 é aprovada por portaria dos membros do Governo responsáveis pelas áreas das finanças e da justiça.

SECÇÃO V
Presidência do tribunal

ARTIGO 59º
Presidente do tribunal

1 – Os juízes conselheiros que compõem o quadro do Supremo Tribunal de Justiça elegem, de entre si e por escrutínio secreto, o presidente do tribunal.

2 – É eleito presidente o juiz que obtiver mais de metade dos votos validamente expressos.

3 – No caso de nenhum dos juízes obter a quantidade de votos referido no número anterior, procede-se a segundo sufrágio, ao qual concorrem apenas os dois juízes mais votados, aplicando-se, no caso de empate, o critério da antiguidade na categoria.

4 – Em caso de empate no segundo sufrágio, considera-se eleito presidente o mais antigo dos dois juízes.

ARTIGO 60º
Precedência

O Presidente do Supremo Tribunal de Justiça tem precedência entre todos os juízes.

ARTIGO 61º
Duração do mandato de presidente

1 – O mandato de Presidente do Supremo Tribunal de Justiça tem a duração de cinco anos, não sendo admitida a reeleição.

2 – O presidente cessante mantém-se em funções até à tomada de posse do novo presidente.

ARTIGO 62º
Competência do presidente

1 – Compete ao Presidente do Supremo Tribunal de Justiça:

a) Presidir ao plenário do tribunal, ao pleno das secções especializadas e, quando a elas assista, às conferências;

b) Homologar as tabelas das sessões ordinárias e convocar as sessões extraordinárias;

c) Apurar o vencido nas conferências;[15]

[15] Sobre o direito de voto do presidente pronunciou-se Urbano Aquiles Dias no Blog do IPPC de 3.11.2020.

d) Votar sempre que a lei o determine, assinando, neste caso, o acórdão;

e) Dar posse aos vice-presidentes, aos juízes, ao secretário do tribunal e aos presidentes dos tribunais da Relação;

f) Dirigir o tribunal, superintender nos seus serviços e assegurar o seu funcionamento normal, emitindo as ordens de serviço que tenha por necessárias;

g) Exercer ação disciplinar sobre os oficiais de justiça em serviço no tribunal, relativamente a pena de gravidade inferior à de multa;

h) Exercer as demais funções conferidas por lei.

2 – Das decisões proferidas nos termos da alínea *f*) do número anterior cabe recurso direto para a Secção do Contencioso do Supremo Tribunal de Justiça e, nos termos da alínea *g*), para o plenário do Conselho Superior da Magistratura.

3 – Compete ainda ao Presidente do Supremo Tribunal de Justiça conhecer dos conflitos de jurisdição cuja apreciação não pertença ao tribunal de conflitos e, ainda, dos conflitos de competência que ocorram entre:

a) Os plenos das secções;

b) As secções;

c) Os tribunais da Relação;

d) Os tribunais da Relação e os tribunais de comarca ou os tribunais de competência territorial alargada;

e) Os tribunais de comarca ou tribunal de comarca e tribunal de competência territorial alargada sediados na área de diferentes tribunais da Relação.

4 – A competência referida no número anterior é delegável nos vice-presidentes.

ARTIGO 63º
Vice-presidentes

1 – O Presidente do Supremo Tribunal de Justiça é coadjuvado por dois vice-presidentes.

2 – À eleição e ao exercício do mandato dos vice-presidentes aplica-se o disposto relativamente ao presidente, sem prejuízo do que, quanto à eleição, se estabelece nos números seguintes.

3 – Havendo eleição simultânea dos vice-presidentes, consideram-se eleitos os juízes que obtenham o maior número de votos.

4 – Em caso de obtenção de igual número de votos, procede-se a segundo sufrágio, ao qual concorrem apenas os juízes entre os quais o empate se verificou.

5 – Subsistindo o empate no segundo sufrágio, consideram-se eleitos o juiz ou os juízes mais antigos na categoria.

ARTIGO 64º
Substituição do presidente

1 – Nas suas faltas e impedimentos, o Presidente do Supremo Tribunal de Justiça é substituído pelo vice-presidente mais antigo no cargo ou, se for igual a antiguidade dos vice-presidentes, pelo mais antigo na categoria.

2 – Faltando ou estando impedidos ambos os vice-presidentes, o Presidente é substituído pelo juiz mais antigo em exercício.

3 – Tendo em conta as necessidades de serviço, o Conselho Superior da Magistratura, sob proposta do Presidente do Supremo Tribunal de Justiça, determina os casos em que os vice-presidentes podem ser isentos ou privilegiados na distribuição dos processos.

ARTIGO 65º
Presidentes de secção

1 – Cada secção é presidida pelo juiz que, de entre os que a compõem, for anualmente eleito seu presidente pelo respetivo pleno.

2 – A eleição referida no número anterior é realizada por voto secreto, sem discussão ou debate prévios, na primeira sessão de cada ano judicial presidida para esse efeito, pelo Presidente do Supremo Tribunal de Justiça ou, por sua delegação, por um dos vice-presidentes.

3 – Compete ao presidente de secção presidir às secções e exercer, com as devidas adaptações, as funções referidas nas alíneas *b*), *c*) e *d*) do nº 1 do artigo 62º.

SECÇÃO VI
Representação do Ministério Público no Supremo Tribunal de Justiça

ARTIGO 66º
Quadro de magistrados do Ministério Público

1 – O quadro de procuradores-gerais-adjuntos do Supremo Tribunal de Justiça é fixado no decreto-lei que estabelece o regime aplicável à organização e funcionamento dos tribunais judiciais.

2 – A coordenação da representação do Ministério Público no Supremo Tribunal de Justiça pode ser assegurada por um procurador-geral-adjunto designado em comissão de serviço pelo Procurador-Geral da República, nos termos da lei.

3 – É aplicável, com as necessárias adaptações, o disposto nos nºs 2 e 3 do artigo 57º e no artigo 58º.

CAPÍTULO IV
Tribunais da Relação

SECÇÃO I
Disposições gerais

ARTIGO 67º
Definição, organização e funcionamento

1 – Os tribunais da Relação são, em regra, os tribunais de segunda instância e designam-se pelo nome do município em que se encontram instalados.

2 – Os tribunais da Relação funcionam, sob a direção de um presidente, em plenário e por secções.

3 – Os tribunais da Relação compreendem secções em matéria cível, em matéria penal, em matéria social, em matéria de família e menores, em matéria de comércio, de propriedade intelectual e de concorrência, regulação e supervisão, sem prejuízo do disposto no nº 5.

4 – A existência das secções social, de família e menores e de comércio depende do volume ou da complexidade do serviço e a respetiva instalação depende de deliberação do Conselho Superior da Magistratura, sob proposta do presidente do respetivo tribunal da Relação.

5 – É criada no tribunal da Relação de Lisboa uma secção em matéria de propriedade intelectual e de concorrência, regulação e supervisão, à qual são distribuídas as causas previstas nos artigos 111º e 112º, e que acresce às secções instaladas nesse tribunal.

6 – Até à instalação da secção de comércio, as causas referidas no artigo 128º são sempre distribuídas à mesma secção cível.

7 – As causas referidas no artigo 113º são sempre distribuídas à mesma secção cível, distinta da indicada no número anterior.

8 – Os tribunais da Relação podem organizar serviços comuns para efeitos administrativos.

ARTIGO 68º
Quadro de juízes

1 – O quadro de juízes dos tribunais da Relação é fixado no decreto-lei que estabelece o regime aplicável à organização e funcionamento dos tribunais judiciais.

2 – É proibida a nomeação de juízes auxiliares para os tribunais da Relação.

ARTIGO 69º
Juízes militares

Os quadros de juízes dos Tribunais da Relação de Lisboa e do Porto preveem um juiz militar por cada ramo das Forças Armadas e um pela GNR.

ARTIGO 70º
Representação do Ministério Público

1 – O quadro dos procuradores-gerais-adjuntos é fixado no decreto-lei que estabelece o regime aplicável à organização e funcionamento dos tribunais judiciais.

2 – A coordenação da representação do Ministério Público nos tribunais da Relação é assegurada pelo procurador-geral distrital, designado em comissão de serviço pelo Conselho Superior do Ministério Público, nos termos da lei.

3 – É aplicável, com as necessárias adaptações, o disposto no nº 2 do artigo 68º.

ARTIGO 71º
Disposições subsidiárias

É aplicável aos tribunais da Relação, com as necessárias adaptações, o disposto nos nºs 2 e 4 do artigo 48º, nos artigos 49º e 51º e no nº 2 do artigo 57º.

SECÇÃO II
Competência

ARTIGO 72º
Competência do plenário

Compete aos tribunais da Relação, funcionando em plenário, exercer as competências conferidas por lei.

ARTIGO 73º
Competência das secções

Compete às secções, segundo a sua especialização:

a) Julgar recursos;

b) Julgar as ações propostas contra juízes de direito e juízes militares de primeira instância, procuradores da República e procuradores-adjuntos, por causa das suas funções;

c) Julgar processos por crimes cometidos pelos magistrados e juízes militares referidos na alínea anterior e recursos em matéria contraordenacional a eles respeitantes;

d) Julgar os processos judiciais de cooperação judiciária internacional em matéria penal;

e) Julgar os processos de revisão e confirmação de sentença estrangeira, sem prejuízo da competência legalmente atribuída a outros tribunais;

f) Julgar, por intermédio do relator, os termos dos recursos que lhe estejam cometidos pela lei de processo;

g) Praticar, nos termos da lei de processo, os atos jurisdicionais relativos ao inquérito, dirigir a instrução criminal, presidir ao debate instrutório e proferir despacho de pronúncia ou não pronúncia nos processos referidos na alínea *c*);

h) Exercer as demais competências conferidas por lei.

ARTIGO 74º
Disposições subsidiárias

1 – É aplicável aos tribunais da Relação, com as necessárias adaptações, o disposto nos artigos 54º e 56º.

2 – A remissão para o artigo 54º não prejudica o preceituado no nº 4 do artigo 67º.

SECÇÃO III
Presidência

ARTIGO 75º
Presidente

1 – Os juízes que compõem o quadro do tribunal da Relação elegem, de entre si e por escrutínio secreto, o presidente do tribunal.

2 – É aplicável à eleição e ao exercício do mandato de presidente da Relação, com as necessárias adaptações, o disposto nos nºs 2 e 3 do artigo 59º e no artigo 61º.

ARTIGO 76º
Competência do presidente

1 – À competência do presidente do tribunal da Relação é aplicável, com as necessárias adaptações, o disposto nas alíneas *a*) a *d*), *f*), *g*) e *h*) do nº 1 do artigo 62º.

2 – O presidente do tribunal da Relação é competente para conhecer dos conflitos de competência entre tribunais de comarca da área de competência do respetivo tribunal ou entre algum deles e um tribunal de competência territorial alargada sediado nessa área, podendo delegar essa competência no vice-presidente.

3 – Compete ainda ao presidente dar posse ao vice-presidente, aos juízes e ao secretário do tribunal.

4 – É aplicável o disposto no nº 2 do artigo 62º às decisões proferidas em idênticas matérias pelo presidente do tribunal da Relação.

ARTIGO 77º
Vice-presidente

1 – O presidente de cada tribunal de Relação é coadjuvado e substituído por um vice-presidente, no qual pode delegar o exercício das suas competências.

2 – É aplicável à eleição e ao exercício do mandato de vice-presidente o disposto no artigo 63º.

3 – Nas suas faltas e impedimentos, o vice-presidente é substituído pelo mais antigo dos juízes em exercício.

4 – É aplicável ao vice-presidente o preceituado no nº 3 do artigo 64º.

ARTIGO 78º
Disposição subsidiária

É aplicável aos tribunais da Relação, com as necessárias adaptações, o disposto no artigo 65º.

CAPÍTULO V
Tribunais judiciais de primeira instância

SECÇÃO I
Disposições gerais

ARTIGO 79º
Tribunais de comarca

Os tribunais judiciais de primeira instância são, em regra, os tribunais de comarca.

ARTIGO 80º
Competência

1 – Compete aos tribunais de comarca preparar e julgar os processos relativos a causas não abrangidas pela competência de outros tribunais.

2 – Os tribunais de comarca são de competência genérica e de competência especializada.

ARTIGO 81º
Desdobramento

1 – Os tribunais de comarca desdobram-se em juízos, a criar por decreto-lei, que podem ser de competência especializada, de competência genérica e de proximidade, nos termos do presente artigo e do artigo 130º.

2 – Os juízos designam-se pela competência e pelo nome do município em que estão instalados.

3 – Podem ser criados os seguintes juízos de competência especializada:

a) Central cível;
b) Local cível;
c) Central criminal;
d) Local criminal;
e) Local de pequena criminalidade;
f) Instrução criminal;
g) Família e menores;
h) Trabalho;
i) Comércio;
j) Execução.

4 – Sempre que o volume processual o justifique podem ser criados, por decreto-lei, juízos de competência especializada mista.

5 – Podem ser alteradas, por decreto-lei, a estrutura e a organização dos tribunais de comarca definidos na presente lei e que importem a criação ou a extinção de juízos.

6 – Pode proceder-se à agregação de juízos por portaria do membro do Governo responsável pela área da justiça, ouvidos o Conselho Superior da Magistratura, o Conselho Superior do Ministério Público e a Ordem dos Advogados.[16]

ARTIGO 82º
Realização de audiências de julgamento ou outras diligências processuais

1 – Podem ser realizadas em qualquer juízo, ainda que de proximidade, audiências de julgamento ou outras diligências processuais cuja realização aí seja determinada, nos termos da lei do processo, pelo juiz titular ou pelo magistrado do Ministério Público, ouvidas as partes.

2 – As audiências judiciais e diligências referidas no número anterior podem ainda, quando o interesse da justiça ou outras circunstâncias ponderosas o justifiquem, ser realizadas em local diferente, na respetiva circunscrição ou fora desta.

3 – As audiências de julgamento dos processos de natureza criminal da competência do tribunal singular são realizadas no juízo territorialmente competente de acordo com as regras processuais fixadas para conhecer do crime, ainda que se trate de um juízo de proximidade.

[16] A Portaria nº 92/2019, de 28 de março, agregou vários juízos, nos termos deste normativo.

4 – Não se aplica o disposto no número anterior aos julgamentos em processo sumário.

5 – As audiências de julgamento dos processos de natureza cível da competência dos juízos locais cíveis ou dos juízos de competência genérica são realizadas no juízo territorialmente competente de acordo com as regras processuais aplicáveis, ainda que se trate de um juízo de proximidade.

6 – A fim de prevenir o risco de sobreposição de datas de diligências a que devam comparecer ou presidir os magistrados do Ministério Público, deve o juiz providenciar pela marcação do dia e hora da sua realização mediante prévio acordo com aqueles, aplicando-se, com as devidas adaptações, o disposto no artigo 151º do Código de Processo Civil.

ARTIGO 82º-A
Realização de diligências em municípios onde não esteja sediado tribunal ou juízo

Em municípios onde não esteja sediado tribunal ou juízo, o Ministério da Justiça pode definir por portaria, ouvidos o Conselho Superior da Magistratura e o Conselho Superior do Ministério Público:

a) Instalações adequadas, designadamente edifícios públicos, em que se podem realizar atos judiciais, julgamentos criminais da competência de juiz singular e audiências de julgamento de processos de natureza cível da competência dos juízos locais cíveis ou dos juízos de competência genérica;

b) A instalação, em espaços afetos a serviços da justiça ou a outros serviços públicos, de equipamentos tecnológicos que permitam a comunicação, por meio visual e sonoro, em tempo real, com vista à realização de inquirições ou outras diligências processuais, sempre que o magistrado considere que a utilização daquele meio não prejudica a genuinidade da produção e da assunção da prova e que as acessibilidades dificultam o acesso dos cidadãos residentes nesse município ao tribunal ou juízo da causa.

ARTIGO 82º-B
Inquirição de reclusos

1 – Os reclusos podem prestar depoimento em qualquer inquérito ou processo judicial, independentemente do local onde se situe o tribunal ou juízo da causa, no estabelecimento prisional em que se encontram, através de equipamento tecnológico que permita a comunicação, por meio visual e sonoro, em tempo real.

2 – Do disposto no número anterior excecionam-se as situações em que:

a) O recluso assuma no processo em causa a qualidade jurídico-processual de arguido; ou

b) As audições do recluso ocorram nos processos da competência do tribunal de execução das penas.

3 – A notificação é requisitada ao diretor do estabelecimento prisional respetivo.

4 – No dia da inquirição, o recluso identifica-se perante o responsável da área jurídica e de execução das penas do estabelecimento prisional.

5 – A partir desse momento, a inquirição é efetuada apenas perante o juiz da causa ou o magistrado do Ministério Público e os advogados ou defensores.

6 – O recluso, querendo, pode ser assistido presencialmente, durante a inquirição, por mandatário judicial.

ARTIGO 83º
Tribunais de competência territorial alargada

1 – Podem existir tribunais judiciais de primeira instância com competência para mais do que uma comarca ou sobre áreas especialmente referidas na lei, designados por tribunais de competência territorial alargada.

2 – Os tribunais referidos no número anterior são de competência especializada e conhecem de matérias determinadas, independentemente da forma de processo aplicável.

3 – São, nomeadamente, tribunais de competência territorial alargada:

a) O tribunal da propriedade intelectual;

b) O tribunal da concorrência, regulação e supervisão;

c) O tribunal marítimo;

d) O tribunal de execução das penas;

e) O tribunal central de instrução criminal.

4 – A sede e a área de competência territorial dos tribunais referidos no número anterior são definidas no anexo III.

5 – Quando as necessidades de especialização, volume, complexidade processual e natureza do serviço o justifiquem podem ser criados por lei outros tribunais com competência territorial alargada.

ARTIGO 84º
Quadro de juízes e de magistrados do Ministério Público

1 – O quadro de juízes dos tribunais judiciais de primeira instância e o quadro dos magistrados do Ministério Público são fixados no decreto-lei que estabelece o regime aplicável à organização e funcionamento dos tribunais judiciais.

2 – Os quadros a que se refere o número anterior são fixados, em regra, por um intervalo entre um mínimo e um máximo de juízes e de magistrados do Ministério Público.

3 – O Conselho Superior da Magistratura e o Conselho Superior do Ministério Público coordenam-se na determinação concreta do número de juízes e de magistrados do Ministério Público para cada uma das comarcas.

SECÇÃO II
Organização e Funcionamento

ARTIGO 85º
Funcionamento

1 – Os tribunais judiciais de primeira instância funcionam, consoante os casos, como tribunal singular, como tribunal coletivo ou como tribunal de júri.

2 – Em cada juízo exercem funções um ou mais juízes de direito, exceto quando se trate de um juízo de proximidade.

3 – Quando a lei de processo determinar o impedimento do juiz, este é substituído nos termos do artigo seguinte.

4 – Nos casos previstos na lei, podem fazer parte dos tribunais e dos juízos juízes sociais, designados de entre pessoas de reconhecida idoneidade,

5 – Quando não for possível a designação ou intervenção dos juízes sociais, o tribunal é constituído pelo juiz singular ou pelo coletivo, conforme os casos.

6 – A lei pode prever a colaboração de técnicos qualificados quando o julgamento da matéria de facto dependa de conhecimentos especiais.

ARTIGO 86º
Substituição dos juízes de direito e dos magistrados do Ministério Público

1 – Os juízes de direito são substituídos, nas suas faltas e impedimentos, por juiz ou juízes de direito da mesma comarca, ainda que a respetiva área de competência territorial a exceda, por determinação do respetivo juiz presidente, de acordo com as orientações genéricas do Conselho Superior da Magistratura.

2 – Nos tribunais ou juízos com mais de um juiz as substituições ocorrem preferencialmente entre si.

3 – Os juízes de direito são substituídos por determinação do Conselho Superior da Magistratura sempre que não seja possível aplicar o regime previsto no nº 1.

4 – O disposto nos números anteriores é aplicável, com as devidas adaptações, aos magistrados do Ministério Público.[17]

ARTIGO 87º
Exercício de funções

1 – Para além dos casos previstos na lei, o Conselho Superior da Magistratura pode determinar, sob proposta do presidente do tribunal de comarca, que um juiz exerça funções em mais de um tribunal ou juízo da mesma comarca, respeitado o princípio da especialização dos magistrados, ponderadas as necessidades do serviço e o volume processual existente.

2 – O exercício de funções a que alude o número anterior confere apenas direito a ajudas de custo e ao reembolso das despesas de transporte em função das necessidades de deslocação nos termos da lei geral.

3 – Os magistrados do Ministério Público podem exercer funções em mais de um tribunal, juízo, secção ou departamento da mesma comarca, nas condições previstas nos números anteriores, por determinação do Conselho Superior do Ministério Público.

ARTIGO 88º
Quadro complementar de magistrados

1 – Nas sedes dos tribunais da Relação podem ser criadas bolsas de juízes para destacamento em tribunais judiciais de primeira instância em que se verifique a falta ou o impedimento dos seus titulares, a vacatura do lugar ou o número ou a complexidade dos processos existentes o justifiquem.

[17] O Regulamento Geral do Tribunal Judicial da Comarca do Porto, nº 529/2022, foi publicado no DR, II Série, de 1.6.2022.

2 – A bolsa de juízes referida no número anterior pode ser desdobrada ao nível de cada uma das comarcas.

3 – Os juízes nomeados para as bolsas de juízes auferem, quando destacados, ajudas de custo nos termos da lei geral.

4 – O número de juízes é fixado por portaria dos membros do Governo responsáveis pelas áreas das finanças e da justiça, sob proposta do Conselho Superior da Magistratura.

5 – Cabe ao Conselho Superior da Magistratura efetuar a gestão das bolsas referidas nos nºs 1 e 2 e regular o seu destacamento.

6 – O disposto nos números anteriores é aplicável, com as devidas adaptações, aos magistrados do Ministério Público, competindo ao Conselho Superior do Ministério Público, com faculdade de delegação, efetuar a gestão das respetivas bolsas e regular o destacamento dos respetivos magistrados.[18]

ARTIGO 89º
Turnos de distribuição

A distribuição é presidida por juiz, a designar pelo presidente do tribunal, que decide as questões com aquela relacionadas.

SECÇÃO III
Gestão dos tribunais de primeira instância

SUBSECÇÃO I
Objetivos

ARTIGO 90º
Objetivos e monitorização

1 – O Conselho Superior da Magistratura e o Procurador-Geral da República, em articulação com o membro do Governo responsável pela área da justiça, estabelecem, no âmbito das respetivas competências, objetivos estratégicos para o desempenho dos tribunais judiciais de primeira instância para o triénio subsequente.

2 – O cumprimento dos objetivos estratégicos é monitorizado anualmente pelas entidades referidas no número anterior realizando-se, para o efeito, reuniões entre representantes do Conselho Superior da Magistratura, da Procuradoria-Geral da República e do competente serviço do Ministério da Justiça, com periodicidade trimestral, para acompanhamento da evolução dos resultados registados em face dos objetivos assumidos, com base, designadamente, nos elementos disponibilizados pelo sistema de informação de suporte à tramitação processual.

[18] O Conselho Superior do Ministério Público, por via da Deliberação nº 577/2017, de 22 de junho, aprovou o Regulamento do Quadro Complementar dos Magistrados do Ministério Público.

3 – O Conselho Superior da Magistratura, a Procuradoria-Geral da República e o membro do Governo responsável pela área da justiça articulam até 15 de julho os objetivos para o ano judicial subsequente e para o conjunto dos tribunais judiciais de primeira instância e para as Procuradorias e departamentos do Ministério Público, ponderando os meios afetos à adequação entre os valores da referência processual estabelecidos e os resultados registados em face dos objetivos assumidos, com base, designadamente, nos elementos disponibilizados pelo sistema de informação de suporte à tramitação processual.

4 – Os valores de referência processual reportam-se a valores de produtividade calculados em abstrato por magistrado e são revistos com periodicidade trienal.

5 – O indicador a que se refere o número anterior pode ser estabelecido de forma única para todo o território nacional ou assumir especificidades para as diferentes comarcas.

6 – Pode ser definido, por decreto-lei, um sistema de incentivos para os tribunais judiciais de primeira instância que ultrapassem significativamente os valores de referência processual estabelecidos.

ARTIGO 91º
Definição de objetivos processuais

1 – Tendo em conta os resultados obtidos no ano anterior e os objetivos formulados para o ano subsequente, o presidente do tribunal e o magistrado do Ministério Público coordenador, ouvido o administrador judiciário, articulam, para o ano subsequente, propostas de objetivos de natureza processual, de gestão ou administrativa, para a comarca, para os tribunais de competência territorial alargada, bem como para as Procuradorias e departamentos do Ministério Público ali sediados.

2 – As propostas a que se refere o número anterior são apresentadas, até 15 de outubro de cada ano, respetivamente ao Conselho Superior da Magistratura e ao Procurador-Geral da República, para homologação até 22 de dezembro.

3 – Os objetivos processuais da comarca devem reportar-se, designadamente, ao número de processos findos e ao tempo da sua duração, tendo em conta, entre outros fatores, a natureza do processo ou o valor da causa, ponderados os recursos humanos e os meios afetos ao funcionamento da comarca e tendo por base, nomeadamente, os valores de referência processual estabelecidos.

4 – Os objetivos processuais da comarca não podem impor, limitar ou condicionar as decisões a proferir nos processos em concreto, quer quanto ao mérito da questão, quer quanto à opção pela forma processual entendida como mais adequada.

5 – Os objetivos processuais da comarca devem ser refletidos nos objetivos estabelecidos anualmente para os oficiais de justiça e ser ponderados na respetiva avaliação.

6 – Os objetivos processuais da comarca devem ser ponderados nos critérios de avaliação dos magistrados nos moldes que vierem a ser definidos pelos respetivos Conselhos.

SUBSECÇÃO II
Presidente do tribunal de comarca

ARTIGO 92º
Juiz presidente

1 – Em cada tribunal de comarca existe um presidente.

2 – O presidente do tribunal é nomeado, por escolha, pelo Conselho Superior da Magistratura, em comissão de serviço, pelo período de três anos, e sem prejuízo do disposto no artigo seguinte, de entre juízes que cumpram os seguintes requisitos:

a) Exerçam funções efetivas como juízes desembargadores e possuam classificação de Muito bom em anterior classificação de serviço; ou

b) Exerçam funções efetivas como juízes de direito, possuam 15 anos de serviço nos tribunais e última classificação de serviço de Muito bom.

3 – A comissão de serviço pode não dar lugar à abertura de vaga e pode ser cessada a qualquer momento, mediante deliberação fundamentada do Conselho Superior da Magistratura.

ARTIGO 93º
Renovação e avaliação

A comissão de serviço do presidente do tribunal pode ser renovada por igual período, mediante avaliação favorável do Conselho Superior da Magistratura, ponderando o exercício dos poderes de gestão e os resultados obtidos na comarca.

ARTIGO 94º
Competências

1 – Sem prejuízo da autonomia do Ministério Público e do poder de delegação, o presidente do tribunal possui competências de representação e direção, de gestão processual, administrativas e funcionais.

2 – O presidente do tribunal possui as seguintes competências de representação e direção:

a) Representar e dirigir o tribunal;

b) Acompanhar a realização dos objetivos fixados para os serviços judiciais do tribunal;

c) Promover a realização de reuniões de planeamento e de avaliação dos resultados dos serviços judiciais da comarca;

d) Adotar ou propor às entidades competentes medidas, nomeadamente, de desburocratização, simplificação de procedimentos, utilização das tecnologias de informação e transparência do sistema de justiça;

e) Pronunciar-se, sempre que seja ponderada a realização de sindicâncias à comarca pelo Conselho Superior da Magistratura;

f) Pronunciar-se, sempre que seja ponderada pelo Conselho dos Oficiais de Justiça a realização de sindicâncias relativamente aos serviços judiciais e à secretaria;

g) Elaborar um relatório semestral sobre o estado dos serviços judiciais e a qualidade da resposta.

3 – O presidente do tribunal possui as seguintes competências funcionais:

a) Dar posse aos juízes e ao administrador judiciário;

b) Elaborar os mapas de turnos e de férias dos juízes e submetê-los a aprovação do Conselho Superior da Magistratura;

c) Exercer a ação disciplinar sobre os oficiais de justiça, relativamente a pena de gravidade inferior à de multa, e, nos restantes casos, ordenar a instauração de processo disciplinar, com exceção daqueles a que se reporta a alínea *k*) do nº 1 do artigo 101º;

d) Nomear um juiz substituto, em caso de impedimento do titular ou do substituto designado, de acordo com orientações genéricas do Conselho Superior da Magistratura;

e) Assegurar a frequência equilibrada de ações de formação pelos juízes da comarca, com respeito pelas necessidades do serviço e em articulação com o Conselho Superior da Magistratura;

f) Participar no processo de avaliação dos oficiais de justiça, nos termos da legislação específica aplicável, com exceção daqueles a que se reporta a alínea *l*) do nº 1 do artigo 101º, sendo-lhe dado conhecimento dos relatórios das inspeções aos serviços e das avaliações, respeitando a proteção dos dados pessoais.

4 – O presidente do tribunal possui as seguintes competências de gestão processual, que exerce com observância do disposto nos artigos 90º e 91º:

a) Implementar métodos de trabalho e objetivos mensuráveis para cada unidade orgânica, sem prejuízo das competências e atribuições que, nessa matéria, prossegue o Conselho Superior da Magistratura, designadamente na fixação dos indicadores do volume processual adequado;

b) Acompanhar e avaliar a atividade do tribunal, em particular a qualidade do serviço de justiça prestado aos cidadãos, tomando designadamente por referência as reclamações ou as respostas a questionários de satisfação;

c) Acompanhar o movimento processual do tribunal, identificando, designadamente, os processos que estão pendentes por tempo considerado excessivo ou que não são resolvidos em prazo considerado razoável, informando o Conselho Superior da Magistratura e promovendo as medidas que se justifiquem;

d) Promover, com a colaboração dos demais juízes, a aplicação de medidas de simplificação e agilização processuais, sem prejuízo do disposto em legislação específica quanto à adoção de mecanismos de agilização processual pelo presidente do tribunal ou pelo juiz;

e) Propor ao Conselho Superior da Magistratura a criação e extinção de outros graus de especialização nas unidades de processos, designadamente para as pequenas causas;

f) Propor ao Conselho Superior da Magistratura a reafetação de juízes, respeitado o princípio da especialização dos magistrados, a outro tribunal ou juízo da mesma comarca ou a afetação de processos para tramitação e decisão a outro juiz que não o seu titular, tendo em vista o equilíbrio da carga processual e a eficiência dos serviços;

g) Propor ao Conselho Superior da Magistratura o exercício de funções de juízes em mais do que um tribunal ou juízo da mesma comarca, respeitado o princípio da especialização dos magistrados, ponderadas as necessidades dos serviços e o volume processual existente;

h) Solicitar o suprimento de necessidades de resposta adicional, nomeadamente através do recurso aos quadros complementares de juízes.

5 – As medidas a que se refere a alínea *f*) do número anterior são precedidas da concordância do juiz a reafetar ou do juiz a quem sejam afetados os processos.

6 – A reafetação de juízes ou a afetação de processos têm como finalidade responder a necessidades de serviço, pontuais e transitórias, e devem ser fundadas em critérios gerais, definidos pelo Conselho Superior da Magistratura, respeitando sempre princípios de proporcionalidade, equilíbrio de serviço e aleatoriedade na distribuição, não podendo implicar prejuízo pessoal sério para a vida pessoal ou familiar do juiz.

7 – O Conselho Superior da Magistratura fixa antecipadamente os critérios a considerar quanto à densificação dos conceitos previstos na alínea *f*) do nº 4 e publicita-os, previamente à sua execução, nas páginas eletrónicas das comarcas e do Conselho Superior da Magistratura.

8 – O presidente do tribunal possui as seguintes competências administrativas:

a) Elaborar os planos anuais e plurianuais de atividades e relatórios de atividades;

b) Elaborar os regulamentos internos dos serviços judiciais da comarca, ouvido o magistrado do Ministério Público coordenador e o administrador judiciário;

c) Participar na conceção e execução das medidas de organização e modernização da comarca;

d) Planear, no âmbito da magistratura judicial, as necessidades de recursos humanos.

9 – O presidente do tribunal exerce ainda as competências que lhe forem delegadas pelo Conselho Superior da Magistratura.

10 – Para efeitos de acompanhamento da atividade dos tribunais e juízos sediados na comarca, incluindo os elementos relativos à duração dos processos e à produtividade, são disponibilizados dados informatizados do sistema judicial, no respeito pela proteção dos dados pessoais.

ARTIGO 95º
Magistrado judicial coordenador

1 – Quando no mesmo tribunal ou juízo exerçam funções mais de cinco juízes, o presidente do tribunal, ouvidos aqueles, pode propor ao Conselho Superior da Magistratura a nomeação de um magistrado judicial coordenador, para um ou mais juízos, obtida a prévia concordância deste.

2 – O magistrado judicial coordenador exerce, sob orientação do presidente do tribunal, as competências que este lhe delegar, sem prejuízo do respetivo poder de avocação, devendo prestar contas do seu exercício sempre que para tal solicitado pelo presidente do tribunal.

3 – O magistrado judicial coordenador pode frequentar o curso referido no artigo 97º.

ARTIGO 96º
Estatuto remuneratório

1 – O presidente do tribunal, que seja desembargador, aufere o vencimento correspondente ao cargo de origem.

2 – O estatuto remuneratório do presidente do tribunal, quando seja juiz de direito, é equiparado ao dos juízes colocados nas secções das instâncias centrais.

3 – O presidente do tribunal tem direito a despesas de representação, de montante a fixar por decreto-lei.

ARTIGO 97º
Formação

O exercício de funções de presidente do tribunal implica a aprovação em curso de formação específico.

ARTIGO 98º
Recurso

Cabe recurso necessário, sem efeito suspensivo, para o Conselho Superior da Magistratura, a interpor no prazo de 20 dias úteis, dos atos e regulamentos administrativos emitidos pelo presidente da comarca.

SUBSECÇÃO III
Magistrado do Ministério Público coordenador de comarca

ARTIGO 99º
Magistrado do Ministério Público coordenador

1 – Em cada comarca existe um magistrado do Ministério Público coordenador que dirige os serviços do Ministério Público.

2 – O magistrado do Ministério Público coordenador é nomeado pelo Conselho Superior do Ministério Público, em comissão de serviço por três anos, por escolha de entre magistrados do Ministério Público que cumpram os seguintes requisitos:

a) Exerçam funções efetivas como procurador-geral-adjunto e possuam classificação de Muito bom em anterior classificação de serviço; ou

b) Exerçam funções efetivas como procurador da República, possuam 15 anos de serviço nos tribunais e última classificação de serviço de Muito bom.

3 – Em todas as comarcas podem ser nomeados procuradores da República com funções de coordenação sectorial, sob a orientação do magistrado do Ministério Público coordenador, nos termos da lei.

4 – Os magistrados referidos no número anterior podem frequentar o curso referido no artigo 102º.

ARTIGO 100º
Renovação e avaliação

A comissão de serviço do magistrado do Ministério Público coordenador pode ser renovada por igual período, mediante avaliação favorável do Conselho Superior do Ministério Público, ponderando o exercício dos poderes de gestão e os resultados obtidos na comarca.

ARTIGO 101º
Competências do magistrado do Ministério Público coordenador

1 – O magistrado do Ministério Público coordenador dirige e coordena a atividade do Ministério Público na comarca, emitindo ordens e instruções, competindo-lhe:

a) Acompanhar o movimento processual das Procuradorias e departamentos do Ministério Público, identificando, designadamente, os processos que estão pendentes por tempo considerado excessivo ou que não são resolvidos em prazo considerado razoável, informando, sem prejuízo das iniciativas gestionárias de índole administrativa, processual ou funcional que adote, o respetivo superior hierárquico, nos termos da lei;

b) Acompanhar o desenvolvimento dos objetivos fixados para as Procuradorias e departamentos do Ministério Público e elaborar um relatório semestral sobre o estado dos serviços e a qualidade da resposta;

c) Promover a realização de reuniões de planeamento e de avaliação dos resultados das Procuradorias e departamentos do Ministério Público da comarca;

d) Proceder à distribuição de serviço entre os procuradores da República e entre procuradores-adjuntos, sem prejuízo do disposto na lei;

e) Adotar ou propor às entidades competentes medidas, nomeadamente, de desburocratização, simplificação de procedimentos, utilização das tecnologias de informação e transparência do sistema de justiça;

f) Propor ao Conselho Superior do Ministério Público a reafetação de magistrados do Ministério Público, respeitado o princípio da especialização dos magistrados, a outro tribunal, Procuradoria, secção ou departamento da mesma comarca, tendo em vista o equilíbrio da carga processual e a eficiência dos serviços;

g) Afetar processos ou inquéritos, para tramitação, a outro magistrado que não o seu titular, tendo em vista o equilíbrio da carga processual e a eficiência dos serviços, nos termos previstos no Estatuto do Ministério Público;

h) Propor ao Conselho Superior do Ministério Público o exercício de funções de magistrados em mais do que uma Procuradoria, secção ou departamento da mesma comarca, respeitando o princípio da especialização, ponderadas as necessidades do serviço e o volume processual existente;

i) Pronunciar-se sempre que seja ponderada a realização de sindicâncias ou inspeções às Procuradorias e departamentos pelo Conselho Superior do Ministério Público;

j) Dar posse e elaborar os mapas de turnos e de férias dos magistrados do Ministério Público;

k) Exercer a ação disciplinar sobre os oficiais de justiça em funções nas secretarias, Procuradorias e departamentos do Ministério Público, relativamente a pena de gravidade inferior à de multa, e, nos restantes casos, ordenar a instauração de processo disciplinar, se a infração ocorrer nos respetivos serviços;

l) Participar no processo de avaliação dos oficiais de justiça em funções nas secretarias, Procuradorias e departamentos do Ministério Público, nos termos da legislação específica aplicável, com exceção daqueles a que se reporta a alínea *f*) do nº 3 do artigo 94º, sendo-lhe dado conhecimento dos relatórios das inspeções aos serviços e das avaliações, respeitando a proteção dos dados pessoais.

m) Pronunciar-se, sempre que seja ponderada pelo Conselho dos Oficiais de Justiça a realização de sindicâncias relativamente às Procuradorias e departamentos do Ministério Público;

n) Implementar métodos de trabalho e objetivos mensuráveis para cada unidade orgânica, sem prejuízo das competências e atribuições nessa matéria por parte do Conselho Superior do Ministério Público;

o) Acompanhar e avaliar a atividade do Ministério Público, nomeadamente a qualidade do serviço de justiça prestado aos cidadãos, tomando por referência as reclamações ou as respostas a questionários de satisfação;

p) Determinar a aplicação de medidas de simplificação e agilização processuais;

q) Assegurar a frequência equilibrada de ações de formação pelos magistrados do Ministério Público da comarca, em articulação com o Conselho Superior do Ministério Público;

r) Elaborar os regulamentos internos das Procuradorias e departamentos do Ministério Público, ouvido o presidente do tribunal e o administrador judiciário.

2 – A medida a que se refere a alínea *f*) do número anterior deve ser fundamentada nas exigências de equilíbrio da carga processual e da eficiência dos serviços, e precedida da audição do magistrado a reafetar.

3 – As medidas a que se referem as alíneas *g*) e *h*) do nº 1 são precedidas da audição dos magistrados visados.

4 – A reafetação de magistrados do Ministério Público ou a afetação de processos têm como finalidade responder a necessidades de serviço, pontuais e transitórias, e devem ser fundadas em critérios gerais, definidos pelo Conselho Superior do Ministério Público, respeitando sempre princípios de proporcionalidade e equilíbrio de serviço, não podendo implicar prejuízo pessoal sério para a vida pessoal ou familiar do magistrado.

5 – O magistrado do Ministério Público coordenador tem direito a despesas de representação, nos termos do disposto no nº 3 do artigo 96º.

ARTIGO 102º
Formação

O exercício de funções de magistrado do Ministério Público coordenador implica a aprovação em curso de formação específico.

ARTIGO 103º
Recursos

Cabe recurso necessário, sem efeito suspensivo, para o Conselho Superior do Ministério Público, a interpor no prazo de 20 dias úteis, dos atos e regulamentos administrativos emitidos pelo magistrado do Ministério Público coordenador.

SUBSECÇÃO IV
Administrador judiciário

ARTIGO 104º
Administrador do tribunal de comarca

1 – Em cada comarca existe um administrador judiciário.

2 – O administrador judiciário, ainda que no exercício de competências próprias, atua sob a orientação genérica do juiz presidente do tribunal, excecionados os assuntos que respeitem exclusivamente ao funcionamento do Ministério Público, caso em que atua sob orientação genérica do magistrado do Ministério Público coordenador.

3 – O administrador judiciário é nomeado em comissão de serviço, pelo período de três anos, pelo juiz presidente do tribunal, ouvido o magistrado do Ministério Público coordenador, escolhido de entre cinco candidatos, previamente selecionados pelo Ministério da Justiça.

4 – As regras de recrutamento e as condições de exercício do cargo são fixadas no decreto-lei que estabelece o regime aplicável à organização e funcionamento dos tribunais judiciais.

ARTIGO 105º
Renovação e avaliação

A comissão de serviço do administrador judiciário pode ser renovada por igual período, pelo juiz presidente da comarca, ponderando o exercício dos poderes cometidos e os resultados obtidos na comarca, ouvido o magistrado do Ministério Público coordenador e obtida a concordância do serviço competente do Ministério da Justiça.

ARTIGO 106º
Competências

1 – O administrador judiciário tem as seguintes competências próprias:

a) Dirigir os serviços da secretaria;

b) Autorizar o gozo de férias dos oficiais de justiça e dos demais trabalhadores e aprovar os respetivos mapas anuais;

c) Recolocar transitoriamente oficiais de justiça dentro da respetiva comarca e nos limites legalmente definidos, mediante decisão devidamente fundamentada e sempre que se mostre inviabilizado o recurso a oficiais de justiça que se encontrem no regime da disponibilidade;

d) Gerir, sob orientação do juiz presidente, a utilização das salas de audiência;

e) Assegurar a existência de condições de acessibilidade aos serviços do tribunal e a manutenção da qualidade e segurança dos espaços existentes;

f) Regular a utilização de parques ou lugares privativos de estacionamento de veículos, quando deles disponha;

g) Providenciar, em colaboração com os serviços competentes do Ministério da Justiça, pela correta gestão, utilização, manutenção e conservação dos espaços e equipamentos afetos aos serviços do tribunal;

h) Providenciar, em colaboração com os serviços competentes do Ministério da Justiça, pela conservação das instalações e dos bens e equipamentos comuns, bem como tomar ou propor medidas para a sua racional utilização;

i) Assegurar a distribuição do orçamento, após a respetiva aprovação;

j) Executar, em colaboração com o Ministério da Justiça, o orçamento da comarca;

k) Divulgar anualmente os dados estatísticos da comarca.

2 – No exercício das competências referidas nas alíneas *b*), *c*), *g*) e *i*) do número anterior, o administrador judiciário ouve o presidente do tribunal e o magistrado do Ministério Público coordenador.

3 – O administrador judiciário exerce ainda as competências que lhe forem delegadas ou subdelegadas pelos órgãos próprios do Ministério da Justiça ou pelo juiz presidente da comarca.

4 – Para efeitos do disposto no número anterior, os órgãos próprios do Ministério da Justiça podem permitir, através de um ato de delegação de poderes, que o administrador pratique qualquer ato de administração ordinária inserido na competência daquelas entidades.

5 – O administrador judiciário pode delegar ou subdelegar nos secretários de justiça as competências de gestão, sem prejuízo de avocação.

6 – Das decisões do administrador judiciário proferidas no âmbito das suas competências cabe recurso necessário, sem efeito suspensivo, para o Conselho Superior da Magistratura, ressalvadas as proferidas nos termos da parte final do nº 2 do artigo 104º, em que cabe recurso necessário, sem efeito suspensivo, para o Conselho Superior do Ministério Público.

ARTIGO 107º
Formação

O exercício de funções de administrador judiciário implica a aprovação em curso de formação específico.

SUBSECÇÃO V
Conselho de gestão

ARTIGO 108º
Composição e competência

1 – Integram o conselho de gestão da comarca o juiz presidente do tribunal, que preside, o magistrado do Ministério Público coordenador e o administrador judiciário.

2 – De forma a garantir a plena articulação entre os órgãos de gestão, bem como o cumprimento dos objetivos estabelecidos para a comarca, são sujeitas a deliberação as seguintes matérias:

a) Aprovação dos relatórios semestrais referidos na alínea *g*) do nº 2 do artigo 94º e na alínea *b*) do nº 1 do artigo 101º, relativos ao estado dos serviços e qualidade da resposta, os quais são remetidos para conhecimento ao Conselho Superior da Magistratura, ao Conselho Superior do Ministério Público e ao Ministério da Justiça;

b) Aprovação do projeto de orçamento para a comarca, a submeter a aprovação final do Ministério da Justiça, com base na dotação por este previamente estabelecida;

c) Promoção de alterações orçamentais;

d) O planeamento e a avaliação dos resultados da comarca, tendo designadamente em conta as avaliações a que se refere a alínea *b*) do nº 4 do artigo 94º e a alínea *o*) do nº 1 do artigo 101º;

e) Aprovação de proposta de alteração ao mapa de pessoal, observados os limites fixados para a secretaria da comarca, a qual deve ser comunicada ao Ministério da Justiça antes do início do prazo de apresentação de candidaturas ao movimento anual;

f) Aprovação, no final de cada ano judicial, de relatório de gestão que contenha informação respeitante ao grau de cumprimento dos objetivos estabelecidos, indicando as causas dos principais desvios, o qual é comunicado aos Conselhos Superiores e ao Ministério da Justiça.

3 – O conselho de gestão tem competência para acompanhar a execução orçamental em conformidade com o previsto na alínea *j*) do nº 1 do artigo 106º.

4 – As alterações previstas na alínea *c*) do nº 2 são enquadradas em orientações genéricas fixadas anualmente pelo Ministério da Justiça.

5 – O relatório a que se refere a alínea *f*) do nº 2 é publicitado nas páginas eletrónicas dos Conselhos Superiores e do Ministério da Justiça.

6 – Podem ser convidados a reunir com o conselho de gestão os membros do conselho consultivo a que se refere o nº 2 do artigo seguinte.

SECÇÃO IV
Conselho consultivo

ARTIGO 109º
Composição e funcionamento

1 – Em cada comarca existe um conselho com funções consultivas.

2 – O conselho consultivo tem a seguinte composição:

a) O presidente do tribunal, que preside;

b) O magistrado do Ministério Público coordenador;

c) O administrador judiciário;

d) Um representante dos juízes da comarca, eleito pelos seus pares;

e) Um representante dos magistrados do Ministério Público da comarca, eleito pelos seus pares;

f) Um representante dos oficiais de justiça em exercício de funções na comarca, eleito pelos seus pares;

g) Um representante da Ordem dos Advogados, com escritório na comarca;

h) Um representante da Ordem dos Solicitadores e dos Agentes de Execução, com escritório na comarca;

i) Dois representantes dos municípios integrados na comarca;

j) Representantes dos utentes dos serviços de justiça, cooptados pelos demais membros do conselho, no máximo de três.

3 – O conselho consultivo reúne ordinariamente uma vez por trimestre e extraordinariamente sempre que convocado pelo presidente do tribunal, por sua iniciativa ou mediante solicitação de um terço dos seus membros.

4 – Podem participar ainda nas reuniões do conselho consultivo, sem direito a voto, por convocação do respetivo presidente, quaisquer pessoas ou entidades cuja presença seja considerada necessária para esclarecimento dos assuntos em apreciação.

5 – O exercício dos cargos do conselho consultivo não é remunerado, havendo lugar ao pagamento de ajudas de custo, quando solicitado, aos representantes referidos nas alíneas *d*) a *h*) do nº 2, desde que as reuniões do conselho consultivo impliquem deslocações entre municípios.

ARTIGO 110º
Competências

1 – Compete ao conselho consultivo dar parecer sobre:

a) Os planos anuais e plurianuais de atividades e relatórios de atividades;

b) Os regulamentos internos do tribunal e dos juízos que o integram;

c) Questões administrativas e de organização e funcionamento da comarca da competência do juiz presidente;

d) As necessidades de recursos humanos do tribunal e do Ministério Público e sobre o orçamento, propondo, se for caso disso, as necessárias alterações, dele dando conhecimento ao Conselho Superior da Magistratura, ao Conselho Superior do Ministério Público, ao Ministério da Justiça e à Ordem dos Advogados.

2 – Compete ainda ao conselho consultivo pronunciar-se sobre as seguintes matérias:

a) Evolução da resposta do tribunal às solicitações e expectativas da comunidade;

b) Existência e manutenção de condições de acessibilidade e qualidade dos espaços e serviços do tribunal;

c) Utilização, manutenção e conservação dos equipamentos afetos aos respetivos serviços;

d) Resolução de problemas de serviço suscitados pelos representantes das profissões judiciárias ou apresentados por qualquer um dos seus membros, estudando-os e apresentando propostas ao presidente do tribunal;

e) Reclamações ou queixas recebidas do público sobre a organização e funcionamento em geral do tribunal de comarca ou de algum dos seus serviços, bem como sobre o funcionamento do regime de acesso ao direito, estudando-as e apresentando ao presidente do tribunal, ao magistrado coordenador do Ministério Público, ao diretor-geral da Administração da Justiça e ao representante da Ordem dos Advogados sugestões ou propostas destinadas a superar deficiências e a fomentar o seu aperfeiçoamento;

f) Outras questões que lhe sejam submetidas pelo presidente do tribunal.

SECÇÃO V
Tribunais de competência territorial alargada

SUBSECÇÃO I
Tribunal da propriedade intelectual

ARTIGO 111º
Competência

1 – Compete ao tribunal da propriedade intelectual conhecer das questões relativas a:

a) Ações em que a causa de pedir verse sobre direito de autor e direitos conexos;

b) Ações em que a causa de pedir verse sobre propriedade industrial, em qualquer das modalidades previstas na lei;

c) Ações em que a causa de pedir verse sobre o cumprimento ou incumprimento, validade, eficácia e interpretação de contratos e atos jurídicos que tenham por objeto a constituição, transmissão, oneração, disposição, licenciamento e autorização de utilização de direitos de autor, direitos conexos e direitos de propriedade industrial, em qualquer das modalidades previstas na lei;

d) Ações de nulidade e de anulação de patentes, certificados complementares de proteção, modelos de utilidade e topografias de produtos semicondutores previstas no Código da Propriedade Industrial e demais legislação aplicável, bem como os pedidos de declaração de nulidade ou de anulação de registos de desenhos ou modelos, marcas, logótipos, recompensas, denominações de origem e indicações geográficas deduzidos em reconvenção;

e) Recursos de decisões do Instituto Nacional da Propriedade Industrial, I. P. (INPI, I. P.) que concedam ou recusem qualquer direito de propriedade industrial ou sejam relativas a transmissões, licenças, declarações de caducidade ou a quaisquer outros atos que afetem, modifiquem ou extingam direitos de propriedade industrial;

f) Recurso e revisão das decisões ou de quaisquer outras medidas legalmente suscetíveis de impugnação tomadas pelo INPI, I. P., em processo de contraordenação;

g) Recursos de decisões da Inspeção-Geral das Atividades Culturais (IGAC) em matéria de registo de obras literárias e artísticas e de registo e fiscalização das entidades de gestão coletiva do direito de autor e dos direitos conexos;

h) Recurso e revisão das decisões ou de quaisquer outras medidas legalmente suscetíveis de impugnação tomadas pela IGAC em processos pela prática de contraordenações previstas no Código do Direito de Autor e dos Direitos Conexos e nos regimes jurídicos das entidades de gestão coletiva do direito de autor e dos direitos conexos, dos espetáculos de natureza artística e emissão dos bilhetes de ingresso nos respetivos recintos, do preço fixo do livro, do comércio eletrónico e da classificação de videogramas;

i) Ações de declaração em que a causa de pedir verse sobre nomes de domínio na Internet;

j) Recursos das decisões da Fundação para a Computação Científica Nacional, enquanto entidade competente para o registo de nomes de domínio de PT, que registem, recusem o registo ou removam um nome de domínio de PT;

k) Ações em que a causa de pedir verse sobre o regime jurídico da cópia privada;

l) Ações em que a causa de pedir verse sobre firmas ou denominações sociais;

m) Recursos das decisões do Instituto dos Registos e do Notariado, I. P. (IRN, I. P.) relativas à admissibilidade de firmas e denominações no âmbito do regime jurídico do Registo Nacional de Pessoas Coletivas;

n) Ações em que a causa de pedir verse sobre a prática de atos de concorrência desleal ou de infração de segredos comerciais em matéria de propriedade industrial;

o) Medidas de obtenção e preservação de prova e de prestação de informações quando requeridas no âmbito da proteção de direitos de propriedade intelectual e direitos de autor.

2 – A competência a que se refere o número anterior abrange os respetivos incidentes e apensos, bem como a execução das decisões.

SUBSECÇÃO II
Tribunal da concorrência, regulação e supervisão

ARTIGO 112º
Competência

1 – Compete ao tribunal da concorrência, regulação e supervisão conhecer das questões relativas a recurso, revisão e execução das decisões, despachos e demais medidas em processo de contraordenação legalmente suscetíveis de impugnação:

a) Da Autoridade da Concorrência (AdC);

b) Da Autoridade da Mobilidade e dos Transportes (AMT);

c) Da Autoridade Nacional da Aviação Civil (ANAC);

d) Da Autoridade Nacional de Comunicações (ANACOM);

e) Da Autoridade de Supervisão de Seguros e Fundos de Pensões (ASF);

f) Do Banco de Portugal (BP);

g) Da Comissão do Mercado de Valores Mobiliários (CMVM);

h) Da Entidade Reguladora para a Comunicação Social (ERC);

i) Da Entidade Reguladora da Saúde (ERS);

j) Da Entidade Reguladora dos Serviços de Águas e Resíduos (ERSAR);

k) Da Entidade Reguladora dos Serviços Energéticos (ERSE).

2 – Compete ainda ao tribunal da concorrência, regulação e supervisão conhecer das questões relativas a recurso, revisão e execução:

a) Das decisões da AdC proferidas em procedimentos administrativos a que se refere o regime jurídico da concorrência, bem como da decisão ministerial prevista no artigo 34º do Decreto-Lei nº 10/2003, de 18 de janeiro;

b) Das demais decisões da AdC que admitam recurso, nos termos previstos no regime jurídico da concorrência.

3 – Compete ao tribunal julgar ações de indemnização cuja causa de pedir se fundamente exclusivamente em infrações ao direito da concorrência, ações destinadas ao exercício do direito de regresso entre coinfratores, bem como pedidos de acesso a meios de prova relativos a tais ações, nos termos previstos na Lei nº 23//2018, de 5 de junho.

4 – Compete ainda ao tribunal julgar todas as demais ações civis cuja causa de pedir se fundamente exclusivamente em infrações ao direito da concorrência previstas nos artigos 9º, 11º e 12º da Lei nº 19/2012, de 8 de maio, em normas correspondentes de outros Estados-Membros e/ou nos artigos 101º e 102º do Tratado sobre o Funcionamento da União Europeia bem como pedidos de acesso a meios de prova relativos a tais ações, nos termos previstos na Lei nº 23/2018, de 5 de junho.

5 – As competências referidas nos números anteriores abrangem os respetivos incidentes e apensos, bem como a execução das decisões.

SUBSECÇÃO III
Tribunal marítimo

ARTIGO 113º
Competência

1 – Compete ao tribunal marítimo conhecer das questões relativas a:

a) Indemnizações devidas por danos causados ou sofridos por navios, embarcações e outros engenhos flutuantes, ou resultantes da sua utilização marítima, nos termos gerais de direito;

b) Contratos de construção, reparação, compra e venda de navios, embarcações e outros engenhos flutuantes, desde que destinados ao uso marítimo;

c) Contratos de transporte por via marítima ou contrato de transporte combinado ou multimodal;

d) Contratos de transporte por via fluvial ou por canais, nos limites do quadro nº 1 anexo ao Regulamento Geral das Capitanias, aprovado pelo Decreto-Lei nº 265/72, de 31 de julho;

e) Contratos de utilização marítima de navios, embarcações e outros engenhos flutuantes, designadamente os de fretamento e os de locação financeira;

f) Contratos de seguro de navios, embarcações, outros engenhos flutuantes destinados ao uso marítimo e suas cargas;

g) Hipotecas e privilégios sobre navios e embarcações, bem como quaisquer garantias reais sobre engenhos flutuantes e suas cargas;

h) Processos especiais relativos a navios, embarcações, outros engenhos flutuantes e suas cargas;

i) Procedimentos cautelares sobre navios, embarcações e outros engenhos flutuantes, respetiva carga e bancas e outros valores pertinentes aos navios, embarcações e outros engenhos flutuantes, bem como solicitação preliminar à capitania para suster a saída das coisas que constituam objeto de tais procedimentos;

j) Avarias comuns ou avarias particulares, incluindo as que digam respeito a outros engenhos flutuantes destinados ao uso marítimo;

k) Assistência e salvação marítimas;

l) Contratos de reboque e contratos de pilotagem;

m) Remoção de destroços;

n) Responsabilidade civil emergente de poluição do mar e outras águas sob a sua jurisdição;

o) Utilização, perda, achado ou apropriação de aparelhos ou artes de pesca ou de apanhar mariscos, moluscos e plantas marinhas, ferros, aprestos, armas, provisões e mais objetos destinados à navegação ou à pesca, bem como danos produzidos ou sofridos pelo mesmo material;

p) Danos causados nos bens do domínio público marítimo;

q) Propriedade e posse de arrojos e de coisas provenientes ou resultantes das águas do mar ou restos existentes, que jazam nos respetivos solos ou subsolo ou que provenham ou existam nas águas interiores, se concorrer interesse marítimo;

r) Presas;

s) Todas as questões em geral sobre matérias de direito comercial marítimo;

t) Recursos das decisões do capitão do porto proferidas em processo de contraordenação marítima.

2 – A competência a que se refere o número anterior abrange os respetivos incidentes e apensos, bem como a execução das decisões.

3 – Nas circunscrições não abrangidas pela área de competência territorial do tribunal marítimo, as competências referidas nos números anteriores são atribuídas ao respetivo tribunal de comarca.

SUBSECÇÃO IV
Tribunal de execução das penas

ARTIGO 114º
Competência

1 – Após o trânsito em julgado da sentença que determinou a aplicação de pena ou medida privativa da liberdade, compete ao tribunal de execução das penas acompanhar e fiscalizar a respetiva execução e decidir da sua modificação, substituição e extinção, sem prejuízo do disposto no artigo 371º-A do Código do Processo Penal, aprovado pelo Decreto-Lei nº 78/87, de 17 de fevereiro.

2 – Compete ainda ao tribunal de execução das penas acompanhar e fiscalizar a execução da prisão e do internamento preventivos, devendo as respetivas decisões ser comunicadas ao tribunal à ordem do qual o arguido cumpre a medida de coação.

3 – Sem prejuízo de outras disposições legais, compete ao tribunal de execução das penas, em razão da matéria:

a) Homologar os planos individuais de readaptação, bem como os planos terapêuticos e de reabilitação de inimputável e de imputável portador de anomalia psíquica internado em estabelecimento destinado a inimputáveis, e as respetivas alterações;

b) Conceder e revogar licenças de saída jurisdicionais;

c) Conceder e revogar a liberdade condicional, a adaptação à liberdade condicional e a liberdade para prova;

d) Homologar a decisão do diretor-geral de Reinserção e Serviços Prisionais de colocação do recluso em regime aberto no exterior, antes da respetiva execução;

e) Determinar a execução da pena acessória de expulsão, declarando extinta a pena de prisão, e determinar a execução antecipada da pena acessória de expulsão;

f) Convocar o conselho técnico sempre que o entenda necessário ou quando a lei o preveja;

g) Decidir processos de impugnação de decisões dos serviços prisionais;

h) Definir o destino a dar à correspondência retida;

i) Declarar perdidos e dar destino aos objetos ou valores apreendidos aos reclusos;

j) Decidir sobre a modificação da execução da pena de prisão, bem como da substituição ou da revogação das respetivas modalidades, relativamente a reclusos portadores de doença grave, evolutiva e irreversível ou de deficiência grave e permanente ou de idade avançada;

k) Decidir sobre a homologação do plano de reinserção social e das respetivas alterações, as autorizações de ausência, a modificação das regras de conduta e a revogação do regime, quando a pena de prisão seja executada em regime de permanência na habitação;

l) Rever e prorrogar a medida de segurança de internamento de inimputáveis;

m) Decidir sobre a prestação de trabalho a favor da comunidade e sobre a sua revogação, nos casos de execução sucessiva de medida de segurança e de pena privativas da liberdade;

n) Determinar o internamento ou a suspensão da execução da pena de prisão em virtude de anomalia psíquica sobrevinda ao agente durante a execução da pena de prisão e proceder à sua revisão;

o) Determinar o cumprimento do resto da pena ou a continuação do internamento pelo mesmo tempo, no caso de revogação da prestação de trabalho a favor da comunidade ou da liberdade condicional de indivíduo sujeito a execução sucessiva de medida de segurança e de pena privativas da liberdade;

p) Declarar a caducidade das alterações ao regime normal de execução da pena, em caso de simulação de anomalia psíquica;

q) Declarar cumprida a pena de prisão efetiva que concretamente caberia ao crime cometido por condenado em pena relativamente indeterminada, tendo sido recusada ou revogada a liberdade condicional;

r) Declarar extinta a pena de prisão efetiva, a pena relativamente indeterminada e a medida de segurança de internamento;

s) Emitir mandados de detenção, de captura e de libertação;

t) Informar o ofendido da libertação ou da evasão do recluso, nos casos previstos nos artigos 23º e 97º do Código da Execução das Penas e Medidas Privativas da Liberdade, aprovado pela Lei nº 115/2009, de 12 de outubro;

u) Instruir o processo de concessão e revogação do indulto e proceder à respetiva aplicação;

v) Proferir a declaração de contumácia e decretar o arresto de bens, quanto a condenado que dolosamente se tiver eximido, total ou parcialmente, à execução de pena de prisão ou de medida de internamento;

w) Decidir sobre o cancelamento provisório de factos ou decisões inscritos no registo criminal;

x) Julgar o recurso sobre a legalidade da transcrição nos certificados do registo criminal.

ARTIGO 115º
Extensão da competência

Compete ainda ao tribunal de execução das penas garantir os direitos dos reclusos, pronunciando-se sobre a legalidade das decisões dos serviços prisionais nos casos e termos previstos na lei.

SUBSECÇÃO V
Tribunal central de instrução criminal

ARTIGO 116º
Competência

O tribunal central de instrução criminal tem competência definida nos termos dos nºs 1, 2 e 5 do artigo 120º.[19]

SECÇÃO VI
Juízos centrais, juízos de instrução criminal, juízos de família menores, juízos do trabalho, juízos de comércio e juízos de execução

SUBSECÇÃO I
Juízos centrais cíveis

ARTIGO 117º
Competência

1 – Compete aos juízos centrais cíveis:

a) A preparação e julgamento das ações declarativas cíveis de processo comum de valor superior a € 50 000,00;

b) Exercer, no âmbito das ações executivas de natureza cível de valor superior a € 50 000,00, as competências previstas no Código do Processo Civil, em circunscrições não abrangidas pela competência de juízo ou tribunal;

c) Preparar e julgar os procedimentos cautelares a que correspondam ações da sua competência;

d) Exercer as demais competências conferidas por lei.

2 – Nas comarcas onde não haja juízo de comércio, o disposto no número anterior é extensivo às ações que caibam a esses juízos.

3 – São remetidos aos juízos centrais cíveis os processos pendentes em que se verifique alteração do valor suscetível de determinar a sua competência.

[19] A atual redação deste artigo resultou do disposto na Lei nº 77/2021, de 23 de novembro.

SUBSECÇÃO II
Juízos centrais criminais

ARTIGO 118º
Competência

1 – Compete aos juízos centrais criminais proferir despachos nos termos dos artigos 311º a 313º do Código do Processo Penal, aprovado pelo Decreto-Lei nº 78/ /87, de 17 de fevereiro, e proceder ao julgamento e aos termos subsequentes nos processos de natureza criminal da competência do tribunal coletivo ou do júri.

2 – Os juízos centrais criminais de Lisboa e do Porto têm competência para o julgamento de crimes estritamente militares, nos termos do Código de Justiça Militar.

SUBSECÇÃO III
Juízos de instrução criminal

ARTIGO 119º
Competência

1 – Compete aos juízos de instrução criminal proceder à instrução criminal, decidir quanto à pronúncia e exercer as funções jurisdicionais relativas ao inquérito, salvo nas situações, previstas na lei, em que as funções jurisdicionais relativas ao inquérito podem ser exercidas pelos juízos locais criminais ou pelos juízos de competência genérica.

2 – Quando o interesse ou a urgência da investigação o justifique, os juízes em exercício de funções de instrução criminal podem intervir, em processos que lhes estejam afetos, fora da sua área territorial de competência.

ARTIGO 120º
Casos especiais de competência

1 – A competência a que se refere o nº 1 do artigo anterior, quando a atividade criminosa ocorrer em comarcas pertencentes à área de competência de diferentes tribunais da Relação, cabe ao tribunal central de instrução criminal, quanto aos seguintes crimes:

a) Contra a paz e a humanidade;

b) Organização terrorista e terrorismo;

c) Contra a segurança do Estado, com exceção dos crimes eleitorais;

d) Tráfico de estupefacientes, substâncias psicotrópicas e precursores, salvo tratando-se de situações de distribuição direta ao consumidor, e associação criminosa para o tráfico;

e) Branqueamento de capitais;

f) Corrupção, peculato, recebimento indevido de vantagem, tráfico de influência, participação económica em negócio, bem como de prevaricação punível com pena superior a 2 anos.

g) Insolvência dolosa;

h) Administração danosa em unidade económica do sector público;

i) Fraude na obtenção ou desvio de subsídio, subvenção ou crédito;

j) Infrações económico-financeiras cometidas de forma organizada, nomeadamente com recurso à tecnologia informática;

k) Infrações económico-financeiras de dimensão internacional ou transnacional.

2 – Cabe ainda ao tribunal central de instrução criminal:

a) A competência a que se refere o nº 1 do artigo anterior, quando a atividade criminosa ocorrer no município de Lisboa;

b) A competência relativa aos crimes a que se refere o número anterior, quando a atividade criminosa ocorrer em comarcas diferentes dentro da área de competência do Tribunal da Relação de Lisboa.

3 – Sem prejuízo do disposto na alínea *b*) do número anterior, a competência dos juízos de instrução criminal da sede dos tribunais da Relação abrange a respetiva área de competência relativamente aos crimes a que se refere o nº 1, quando atividade criminosa ocorrer em comarcas diferentes dentro da área de competência do mesmo tribunal da Relação.

4 – Nas comarcas em que o movimento processual dos tribunais o justifique e sejam criados departamentos de investigação e ação penal (DIAP), são também criados juízos de instrução criminal com competência circunscrita à área abrangida.

5 – A competência a que se refere o nº 1 do artigo anterior, quanto aos crimes estritamente militares, cabe ao tribunal central de instrução criminal e à unidade orgânica de instrução criminal dos juízos de instrução criminal do Porto, com jurisdição nas áreas indicadas no Código de Justiça Militar.

6 – O disposto nos números anteriores não prejudica a competência do juiz de instrução da área onde os atos jurisdicionais, de carácter urgente, relativos ao inquérito, devam ser realizados.[20]

ARTIGO 121º
Juízes de instrução criminal

1 – Nas comarcas em que não haja juízo de instrução criminal, o Conselho Superior da Magistratura pode, sempre que o movimento processual o justifique, determinar a afetação de juízes de direito, em regime de exclusividade, à instrução criminal.

2 – (*Revogado.*)

3 – Enquanto se mantiver a afetação referida no nº 1, o quadro de magistrados considera-se aumentado do número de unidades correspondente.

4 – Para apoio dos juízes afetos em regime de exclusividade à instrução criminal são designados oficiais de justiça.

[20] Idem.

SUBSECÇÃO IV
Juízos de família e menores

ARTIGO 122º
Competência relativa ao estado civil das pessoas e família

1 – Compete aos juízos de família e menores preparar e julgar:

a) Processos de jurisdição voluntária relativos a cônjuges;

b) Processos de jurisdição voluntária relativos a situações de união de facto ou de economia comum;

c) Ações de separação de pessoas e bens e de divórcio;

d) Ações de declaração de inexistência ou de anulação do casamento civil;

e) Ações intentadas com base no artigo 1647º e no nº 2 do artigo 1648º do Código Civil, aprovado pelo Decreto-Lei nº 47344, de 25 de novembro de 1966;

f) Ações e execuções por alimentos entre cônjuges e entre ex-cônjuges;

g) Outras ações relativas ao estado civil das pessoas e família.

2 – Os juízos de família e menores exercem ainda as competências que a lei confere aos tribunais nos processos de inventário instaurados em consequência de separação de pessoas e bens, divórcio, declaração de inexistência ou anulação de casamento civil, bem como nos casos especiais de separação de bens a que se aplica o regime desses processos.

ARTIGO 123º
Competência relativa a menores e filhos maiores

1 – Compete igualmente aos juízos de família e menores:

a) Instaurar a tutela e a administração de bens;

b) Nomear pessoa que haja de celebrar negócios em nome do menor e, bem assim, nomear curador-geral que represente extrajudicialmente o menor sujeito a responsabilidades parentais;

c) Constituir o vínculo da adoção;

d) Regular o exercício das responsabilidades parentais e conhecer das questões a este respeitantes;

e) Fixar os alimentos devidos a menores e aos filhos maiores ou emancipados a que se refere o artigo 1880º do Código Civil, aprovado pelo Decreto-Lei nº 47344, de 25 de novembro de 1966, e preparar e julgar as execuções por alimentos;

f) Ordenar a confiança judicial de menores;

g) Decretar a medida de promoção e proteção de confiança a pessoa selecionada para a adoção ou a instituição com vista a futura adoção;

h) Constituir a relação de apadrinhamento civil e decretar a sua revogação;

i) Autorizar o representante legal dos menores a praticar certos atos, confirmar os que tenham sido praticados sem autorização e providenciar acerca da aceitação de liberalidades;

j) Decidir acerca da caução que os pais devam prestar a favor dos filhos menores;

k) Decretar a inibição, total ou parcial, e estabelecer limitações ao exercício de responsabilidades parentais, previstas no artigo 1920º do Código Civil, aprovado pelo Decreto-Lei nº 47344, de 25 de novembro de 1966;

l) Proceder à averiguação oficiosa da maternidade e da paternidade e preparar e julgar as ações de impugnação e de investigação da maternidade e da paternidade;

m) Decidir, em caso de desacordo dos pais, sobre o nome e apelidos do menor.

2 – Compete ainda aos juízos de família e menores:

a) Havendo tutela ou administração de bens, determinar a remuneração do tutor ou do administrador, conhecer da escusa, da exoneração ou da remoção do tutor, do administrador ou do vogal do conselho de família, exigir e julgar as contas, autorizar a substituição da hipoteca legal e determinar o reforço e a substituição da caução prestada e nomear curador especial que represente o menor extrajudicialmente;

b) Nomear curador especial que represente o menor em qualquer processo tutelar;

c) Converter, revogar e rever a adoção, exigir e julgar as contas do adotante e fixar o montante dos rendimentos destinados a alimentos do adotado;

d) Decidir acerca do reforço e da substituição da caução prestada a favor dos filhos menores;

e) Exigir e julgar as contas que os pais devam prestar;

f) Conhecer de quaisquer outros incidentes nos processos referidos no número anterior.

3 – Nos casos em que a lei reserve a competência referida nos números anteriores a outras entidades, a competência dos juízos de família e menores respeita à reapreciação das decisões dessas entidades.

4 – A prática de atos urgentes é assegurada pelo respetivo juízo de competência genérica, ainda que a respetiva comarca seja servida por juízo de família e menores, nos casos em que este se encontre sediado em diferente município.

ARTIGO 124º
Competências em matéria tutelar educativa e de proteção

1 – Compete ainda aos juízos de família e menores:

a) Preparar, apreciar e decidir os processos de promoção e proteção;

b) Aplicar medidas de promoção e proteção e acompanhar a respetiva execução quando requeridas, sempre que uma criança ou jovem se encontre numa situação de perigo e não for caso de intervenção da comissão de proteção.

2 – Compete também aos juízos de família e menores:

a) Praticar os atos jurisdicionais relativos ao inquérito tutelar educativo;

b) Apreciar os factos qualificados pela lei como crime, praticados por menor com idade compreendida entre os 12 e os 16 anos, com vista à aplicação de medida tutelar;

c) Executar e rever as medidas tutelares;

d) Declarar a cessação ou a extinção das medidas tutelares;

e) Conhecer do recurso das decisões que apliquem medidas disciplinares a menores a quem tenha sido aplicada medida de internamento.

3 – Cessa a competência dos juízos de família e menores quando:

a) For aplicada pena de prisão efetiva, em processo penal, por crime praticado pelo menor com idade compreendida entre os 16 e os 18 anos;

b) O menor completar 18 anos antes da data da decisão em primeira instância.

4 – Nos casos previstos no número anterior o processo não é iniciado ou, se o tiver sido, é arquivado.

5 – Fora das áreas abrangidas pela jurisdição de família e menores, cabe ao juízo local criminal ou de competência genérica conhecer dos processos tutelares educativos, e ao juízo local cível ou de competência genérica conhecer dos processos de promoção e proteção.

6 – A prática de atos urgentes é assegurada pelo respetivo juízo de competência genérica, ainda que a comarca seja servida por juízo de família e menores, nos casos em que este se encontre sediado em diferente município.

ARTIGO 125º
Constituição

1 – O juízo de família e menores funciona, em regra, com um juiz.

2 – Nos processos em que se presuma a aplicação de medida de internamento, medida de promoção ou proteção sem que haja acordo, o julgamento pertence a um tribunal constituído pelo juiz, que preside, e por dois juízes sociais.

SUBSECÇÃO V
Juízos do trabalho

ARTIGO 126º
Competência cível

1 – Compete aos juízos do trabalho conhecer, em matéria cível:

a) Das questões relativas à anulação e interpretação dos instrumentos de regulamentação coletiva do trabalho que não revistam natureza administrativa;

b) Das questões emergentes de relações de trabalho subordinado e de relações estabelecidas com vista à celebração de contratos de trabalho;

c) Das questões emergentes de acidentes de trabalho e doenças profissionais;

d) Das questões de enfermagem ou hospitalares, de fornecimento de medicamentos emergentes da prestação de serviços clínicos, de aparelhos de prótese e ortopedia ou de quaisquer outros serviços ou prestações efetuados ou pagos em benefício de vítimas de acidentes de trabalho ou doenças profissionais;

e) Das ações destinadas a anular os atos e contratos celebrados por quaisquer entidades responsáveis com o fim de se eximirem ao cumprimento de obrigações resultantes da aplicação da legislação sindical ou do trabalho;

f) Das questões emergentes de contratos equiparados por lei aos de trabalho;

g) Das questões emergentes de contratos de aprendizagem e de tirocínio;

h) Das questões entre trabalhadores ao serviço da mesma entidade, a respeito de direitos e obrigações que resultem de atos praticados em comum na execução das suas relações de trabalho ou que resultem de ato ilícito praticado por um deles na execução do serviço e por motivo deste, ressalvada a competência dos tribunais criminais quanto à responsabilidade civil conexa com a criminal;

i) Das questões entre instituições de previdência ou de abono de família e seus beneficiários, quando respeitem a direitos, poderes ou obrigações legais, regulamentares ou estatutárias de umas ou outros, sem prejuízo da competência própria dos tribunais administrativos e fiscais;

j) Das questões entre associações sindicais e sócios ou pessoas por eles representados, ou afetados por decisões suas, quando respeitem a direitos, poderes ou obrigações legais, regulamentares ou estatutárias de uns ou de outros;

k) Dos processos destinados à liquidação e partilha de bens de instituições de previdência ou de associações sindicais, quando não haja disposição legal em contrário;

l) Das questões entre instituições de previdência ou entre associações sindicais, a respeito da existência, extensão ou qualidade de poderes ou deveres legais, regulamentares ou estatutários de um deles que afete o outro;

m) Das execuções fundadas nas suas decisões ou noutros títulos executivos, ressalvada a competência atribuída a outros tribunais;

n) Das questões entre sujeitos de uma relação jurídica de trabalho ou entre um desses sujeitos e terceiros, quando emergentes de relações conexas com a relação de trabalho, por acessoriedade, complementaridade ou dependência, e o pedido se cumule com outro para o qual o juízo seja diretamente competente;

o) Das questões reconvencionais que com a ação tenham as relações de conexão referidas na alínea anterior, salvo no caso de compensação, em que é dispensada a conexão;

p) Das questões cíveis relativas à greve;

q) Das questões entre comissões de trabalhadores e as respetivas comissões coordenadoras, a empresa ou trabalhadores desta;

r) De todas questões relativas ao controlo da legalidade da constituição, dos estatutos e respetivas alterações, do funcionamento e da extinção das associações sindicais, associações de empregadores e comissões de trabalhadores;

s) Das demais questões que por lei lhes sejam atribuídas.

2 – Compete ainda aos juízos do trabalho julgar os recursos das decisões das autoridades administrativas em processos de contraordenação nos domínios laboral e da segurança social.[21]

SUBSECÇÃO VI
Juízos de comércio

ARTIGO 128º
Competência

1 – Compete aos juízos de comércio preparar e julgar:

a) Os processos de insolvência e os processos especiais de revitalização;

b) As ações de declaração de inexistência, nulidade e anulação do contrato de sociedade;

[21] O artigo 127º foi revogado pela Lei nº 107/2019, de 9 de setembro. Conforme resulta da Portaria nº 170/2020, de 13 de julho, o juízo do trabalho de Almada, criado pela alínea *a*) do artigo 19º do Decreto-Lei 38/2019, de 28 de março, entrou em funcionamento no dia 1 de setembro de 2020.

c) As ações relativas ao exercício de direitos sociais;
d) As ações de suspensão e de anulação de deliberações sociais;
e) As ações de liquidação judicial de sociedades;
f) As ações de dissolução de sociedade anónima europeia;
g) As ações de dissolução de sociedades gestoras de participações sociais;
h) As ações a que se refere o Código do Registo Comercial;
i) As ações de liquidação de instituição de crédito e sociedades financeiras.

2 – Compete ainda aos juízos de comércio julgar as impugnações dos despachos dos conservadores do registo comercial, bem como as impugnações das decisões proferidas pelos conservadores no âmbito dos procedimentos administrativos de dissolução e de liquidação de sociedades comerciais.

3 – A competência a que se refere o nº 1 abrange os respetivos incidentes e apensos, bem como a execução das decisões.

SUBSECÇÃO VII
Juízos de execução

ARTIGO 129º
Competência

1 – Compete aos juízos de execução exercer, no âmbito dos processos de execução de natureza cível, as competências previstas no Código de Processo Civil.

2 – Estão excluídos do número anterior os processos atribuídos ao tribunal da propriedade intelectual, ao tribunal da concorrência, regulação e supervisão, ao tribunal marítimo, aos juízos de família e menores, aos juízos do trabalho, aos juízos de comércio, bem como as execuções de sentenças proferidas em processos de natureza criminal que, nos termos da lei processual penal, não devam correr perante um juízo cível.

3 – Para a execução das decisões proferidas pelo juízo central cível é competente o juízo de execução que seria competente se a causa não fosse da competência daquele juízo em razão do valor.

SECÇÃO VII
Juízos locais cíveis, locais criminais, locais de pequena criminalidade, de competência genérica e de proximidade

ARTIGO 130º
Competência

1 – Os juízos locais cíveis, locais criminais e de competência genérica possuem competência na respetiva área territorial, tal como definida em decreto-lei, quando as causas não sejam atribuídas a outros juízos ou tribunal de competência territorial alargada.

2 – Os juízos locais cíveis, locais criminais e de competência genérica possuem ainda competência para:

a) Proceder à instrução criminal, decidir quanto à pronúncia e exercer as funções jurisdicionais relativas ao inquérito, onde não houver juízo de instrução criminal ou juiz de instrução criminal;

b) Fora dos municípios onde estejam instalados juízos de instrução criminal, exercer as funções jurisdicionais relativas aos inquéritos penais, ainda que a respetiva área territorial se mostre abrangida por esse juízo especializado;

c) Exercer, no âmbito do processo de execução, as competências previstas no Código de Processo Civil, onde não houver juízo de execução ou outro juízo ou tribunal de competência especializada competente;

d) Julgar os recursos das decisões das autoridades administrativas em processos de contraordenação, salvo os recursos expressamente atribuídos a juízos de competência especializada ou a tribunal de competência territorial alargada;

e) Cumprir os mandados, cartas, ofícios e comunicações que lhes sejam dirigidos pelos tribunais ou autoridades competentes;

f) Exercer as demais competências conferidas por lei.

3 – Nas situações a que se reporta a alínea *b*) do número anterior, o Conselho Superior da Magistratura define, detalhadamente, os atos jurisdicionais a praticar por cada um dos juízos locais e juízos de competência genérica.

4 – Os juízos de pequena criminalidade, possuem competência para:

a) Causas a que corresponda a forma de processo sumário, abreviado e sumaríssimo;

b) Recursos das decisões das autoridades administrativas em processo de contraordenação a que se refere a alínea *d*) do nº 2, quando o valor da coima aplicável seja igual ou inferior a € 15 000,00, independentemente da sanção acessória.

5 – Compete aos juízos de proximidade:

a) Assegurar a realização das audiências de julgamento, de acordo com o regime constante dos nºs 3, 4 e 5 do artigo 82º;

b) Assegurar a realização das demais audiências de julgamento ou outras diligências processuais que sejam determinadas pelo juiz competente, nomeadamente quando daí resultem vantagens para a aquisição da prova ou as condições de acessibilidade dificultem gravemente a deslocação dos intervenientes processuais.

6 – Incumbe, ainda, aos juízos de proximidade:

a) Prestar informações de caráter processual, no âmbito dos tribunais sediados na respetiva comarca, em razão do especial interesse nos atos ou processos, desde que observadas as limitações previstas na lei para a publicidade do processo e segredo de justiça;

b) Proceder à receção de papéis, documentos e articulados destinados a processos que corram ou tenham corrido termos em qualquer tribunal sediado na comarca;

c) Operacionalizar e acompanhar as diligências de audição com recurso a equipamento tecnológico que permita a comunicação, por meio visual e sonoro, em tempo real;

d) Praticar os atos que venham a ser determinados pelos órgãos de gestão.

SECÇÃO VIII
Execução de decisões relativas a multas penais e indemnizações

ARTIGO 131º
Execução por multas penais e indemnizações

A execução das decisões relativas a multas penais e indemnizações previstas na lei processual aplicável compete ao juízo ou tribunal que as tenha proferido.

SECÇÃO IX
Tribunal singular, coletivo e do júri

SUBSECÇÃO I
Tribunal singular

ARTIGO 132º
Composição e competência

1 – O tribunal singular é composto por um juiz.

2 – Compete ao tribunal singular julgar os processos que não devam ser julgados pelo tribunal coletivo ou do júri.

SUBSECÇÃO II
Tribunal coletivo

ARTIGO 133º
Composição

1 – O tribunal coletivo é composto, em regra, por três juízes privativos.

2 – Quando se justifique, o Conselho Superior da Magistratura, ouvido o presidente do tribunal de comarca, designa os juízes necessários à constituição do tribunal coletivo, devendo a designação recair em juiz privativo da mesma comarca, salvo manifesta impossibilidade.

3 – Nos juízos centrais criminais de Lisboa e do Porto há um juiz militar por cada ramo das Forças Armadas e um pela GNR, os quais intervêm nos termos do Código de Justiça Militar.

ARTIGO 134º
Competência

Compete ao tribunal coletivo julgar:

a) Em matéria penal, os processos a que se refere o artigo 14º do Código do Processo Penal, aprovado pelo Decreto-Lei nº 78/87, de 17 de fevereiro;

b) As questões de facto e de direito nas ações e nos incidentes e execuções que sigam os termos do processo de declaração, sempre que a lei do processo o determine.

ARTIGO 135º
Presidente do tribunal coletivo

1 – O tribunal coletivo é presidido pelo juiz do processo.

2 – Compete ao presidente do tribunal coletivo:

a) Dirigir as audiências de discussão e julgamento;

b) Elaborar os acórdãos nos julgamentos penais;

c) Proferir a sentença final nas ações cíveis;

d) Suprir as deficiências das sentenças e dos acórdãos referidos nas alíneas anteriores, esclarecê-los, reformá-los e sustentá-los nos termos das leis de processo;

e) Organizar o programa das sessões do tribunal coletivo;

f) Exercer as demais funções atribuídas por lei.

SUBSECÇÃO III
Tribunal do júri

ARTIGO 136º
Composição

1 – O tribunal do júri é constituído pelo presidente do tribunal coletivo, que preside, pelos restantes juízes e por jurados.

2 – A lei regula o número, recrutamento e seleção dos jurados.

ARTIGO 137º
Competência

1 – Compete ao tribunal do júri julgar os processos a que se refere o artigo 13º do Código do Processo Penal, aprovado pelo Decreto-Lei nº 78/87, de 17 de fevereiro, salvo se tiverem por objeto crimes de terrorismo ou se se referirem a criminalidade altamente organizada.

2 – A intervenção do júri no julgamento é definida pela lei de processo.

SECÇÃO X
Secretarias dos tribunais de primeira instância

SUBSECÇÃO I
Disposições gerais

ARTIGO 138º
Secretarias

1 – Em cada comarca existe uma única secretaria que assegura o expediente dos respetivos juízos e dos tribunais de competência territorial alargada e dispõe de acesso ao sistema informático da comarca.

2 – A composição, a organização e o funcionamento das secretarias são fixados no decreto-lei que estabelece o regime aplicável à organização e funcionamento dos tribunais judiciais.

ARTIGO 139º
Mapas de pessoal

1 – Os mapas de pessoal das secretarias são fixados por portaria dos membros do Governo responsáveis pelas áreas das finanças e da justiça.

2 – As alterações aos mapas de pessoal podem ser feitas por iniciativa do diretor-geral da Administração da Justiça ou por proposta fundamentada do respetivo conselho de gestão.

ARTIGO 140º
Utilização da informática

1 – A informática é utilizada para o tratamento de dados relativos à gestão dos tribunais judiciais, à tramitação processual e ao arquivo.

2 – A tramitação dos processos é efetuada eletronicamente em termos definidos por portaria do membro do Governo responsável pela área da justiça, devendo as disposições processuais relativas a atos dos magistrados e das secretarias ser objeto das adaptações práticas que se revelem necessárias.

3 – A portaria referida no número anterior regula, designadamente:

a) A apresentação de peças processuais e documentos;

b) A distribuição de processos;

c) A prática, necessariamente por meios eletrónicos, dos atos processuais dos magistrados e dos oficiais de justiça;

d) Os atos, peças, autos e termos do processo que não podem constar do processo em suporte físico.[22]

SUBSECÇÃO II
Registo e arquivo

ARTIGO 141º
Registo de peças processuais e processos

1 – As peças processuais e os processos apresentados nas secretarias são registados nos termos previstos na lei.

2 – Depois de registados, os suportes em papel das peças processuais e dos processos só podem sair da secretaria nos casos expressamente previstos na lei e mediante as formalidades por ela estabelecidas, cobrando-se recibo e averbando-se a saída em suporte eletrónico.

3 – É privilegiado o uso de meios eletrónicos para transmissão e tratamento de documentos judiciais e para a sua divulgação, nos termos da lei, junto dos cidadãos.

[22] A Portaria nº 46/2022, 20 de janeiro, regulamenta as comunicações eletrónicas entre os tribunais judiciais ou o Ministério Público e a Autoridadee Nacional de Segurança Rodoviária no âmbito dos processos judiciais.

ARTIGO 142º
Arquivo

1 – Consideram-se findos para efeitos de arquivo:

a) Os processos cíveis, decorridos três meses após o trânsito em julgado da decisão final;

b) Os processos penais, decorridos três meses após o trânsito em julgado da decisão absolutória ou de outra decisão final não condenatória, da extinção da pena ou da medida de segurança;

c) Os processos em que se verifique a interrupção da instância;

d) Os processos de inquérito, decorridos três meses após despacho de arquivamento;

e) Os demais processos a cargo do Ministério Público, logo que preenchido o seu fim.

2 – Os processos, livros e papéis ingressam no arquivo do tribunal após a fiscalização do Ministério Público e a correição, consoante os casos, do juiz ou do magistrado do Ministério Público, sem prejuízo dos casos em que o arquivamento é assegurado automaticamente pelo sistema informático, sem necessidade de intervenção judicial ou da secretaria.

ARTIGO 143º
Conservação e eliminação de documentos

O regime de conservação e eliminação de documentos em arquivo é definido por portaria dos membros do Governo responsáveis pelas áreas da justiça e da cultura.

TÍTULO VI
Tribunais administrativos e fiscais

ARTIGO 144º
Definição

1 – Aos tribunais administrativos e fiscais compete o julgamento de litígios emergentes de relações jurídicas administrativas e fiscais.

2 – A estrutura, a competência, a organização e o funcionamento dos tribunais administrativos e fiscais são definidos em diploma próprio.

ARTIGO 145º
Categorias de tribunais administrativos e fiscais

1 – Existem os seguintes tribunais administrativos e fiscais:

a) O Supremo Tribunal Administrativo;

b) Os tribunais centrais administrativos;

c) Os tribunais administrativos de círculo;

d) Os tribunais tributários.

2 – Quando funcionem agregados, os tribunais administrativos de círculo e os tribunais tributários assumem a designação unitária de tribunais administrativos e fiscais.

ARTIGO 146º
Supremo Tribunal Administrativo

O Supremo Tribunal Administrativo é o órgão superior da hierarquia dos tribunais da jurisdição administrativa e fiscal, tem sede em Lisboa e jurisdição em todo o território nacional.

ARTIGO 147º
Tribunais centrais administrativos

1 – São tribunais centrais administrativos o Tribunal Central Administrativo Sul, com sede em Lisboa, e o Tribunal Central Administrativo Norte, com sede no Porto.

2 – As áreas de jurisdição dos tribunais centrais administrativos são determinadas por decreto-lei.

3 – Os tribunais centrais administrativos conhecem de matéria de facto e de direito.

4 – Os tribunais centrais administrativos são declarados instalados por portaria do membro do Governo responsável pela área da justiça, a qual fixa os respetivos quadros.

ARTIGO 148º
Tribunais administrativos de círculo e tribunais tributários

1 – A sede dos tribunais administrativos de círculo e dos tribunais tributários e as respetivas áreas de jurisdição são determinadas por decreto-lei.

2 – O número de juízes em cada tribunal administrativo de círculo e em cada tribunal tributário é fixado por portaria do membro do Governo responsável pela área da justiça.

3 – Os tribunais administrativos de círculo e os tribunais tributários são declarados instalados por portaria do membro do Governo responsável pela área da justiça.

TÍTULO VII
Tribunal de Contas

ARTIGO 149º
Definição

1 – O Tribunal de Contas é o órgão supremo de fiscalização da legalidade e regularidade das receitas e das despesas públicas e do julgamento das contas que a lei mandar submeter-lhe, aprecia a boa gestão financeira e efetiva responsabilidades por infrações financeiras, competindo-lhe, nomeadamente:

a) Dar parecer sobre a Conta Geral do Estado, incluindo a da segurança social, bem como sobre a conta da Assembleia da República;

b) Dar parecer sobre as contas das Regiões Autónomas dos Açores e da Madeira;

c) Exercer as demais competências que lhe forem atribuídas por lei.

2 – O Tribunal de Contas tem jurisdição e poderes de controlo financeiro no âmbito da ordem jurídica portuguesa, tanto no território nacional como no estrangeiro.

3 – Sempre que se verifique conflito de jurisdição entre o Tribunal de Contas e o Supremo Tribunal Administrativo, compete ao Tribunal de Conflitos, presidido pelo Presidente do Supremo Tribunal de Justiça e constituído por dois juízes de cada um dos tribunais, dirimir o respetivo conflito.

4 – O âmbito da competência, composição, organização e funcionamento do Tribunal de Contas são determinados nos termos da Constituição e da lei.[23]

TÍTULO VIII
Tribunais arbitrais

ARTIGO 150º
Tribunais arbitrais

1 – Salvo nos casos expressamente previstos por lei, a submissão de qualquer litígio à apreciação de um tribunal arbitral depende da vontade expressa e inequívoca das partes.

2 – A competência, a organização e o funcionamento dos tribunais arbitrais são definidos em diploma próprio.

TÍTULO IX
Julgados de paz

ARTIGO 151º
Julgados de paz

1 – Os julgados de paz constituem uma forma alternativa de resolução de litígios, de natureza exclusivamente cível, em causas de valor reduzido e em causas que não envolvam matéria de direito da família, direito das sucessões e direito do trabalho.

2 – Os julgados de paz são criados por diploma do Governo, ouvidos o Conselho Superior da Magistratura, a Ordem dos Advogados, a Associação Nacional de Municípios Portugueses e demais entidades previstas no diploma a que se refere o número seguinte.

3 – A competência, a organização e o funcionamento dos julgados de paz e a tramitação dos processos da sua competência são definidos em diploma próprio.

[23] O Regulamento do Tribunal de Contas foi alterado pela Resolução nº 2/2022-PG.

TÍTULO X
Departamentos de investigação e ação penal

ARTIGO 152º
Criação e localização

Para além das comarcas onde se encontram sediados os tribunais da Relação, quando o movimento de inquéritos penais seja elevado e de acordo com o previsto sobre esta matéria no Estatuto do Ministério Público, podem ser criados departamentos de investigação e ação penal em qualquer outra das comarcas.

TÍTULO XI
Órgãos de gestão e disciplina judiciários

CAPÍTULO I
Conselho Superior da Magistratura

SECÇÃO I
Estrutura e organização

ARTIGO 153º
Definição

O Conselho Superior da Magistratura é o órgão superior de gestão e disciplina da magistratura judicial.

ARTIGO 154º
Composição

1 – O Conselho Superior da Magistratura é presidido pelo Presidente do Supremo Tribunal de Justiça e composto ainda pelos seguintes vogais:

a) Dois designados pelo Presidente da República;

b) Sete eleitos pela Assembleia da República;

c) Sete eleitos de entre e por magistrados judiciais.

2 – A forma de designação e de exercício de cargos, o estatuto dos seus membros e demais aspetos do funcionamento do Conselho Superior da Magistratura constam do Estatuto dos Magistrados Judiciais.

SECÇÃO II
Competência e funcionamento

ARTIGO 155º
Competência

Compete ao Conselho Superior da Magistratura:

a) Nomear, colocar, transferir, promover, exonerar, apreciar o mérito profissional, exercer a ação disciplinar e, em geral, praticar todos os atos de idêntica natureza respeitantes a magistrados judiciais, sem prejuízo das disposições relativas ao provimento de cargos por via eletiva;

b) Emitir parecer sobre diplomas legais relativos à organização judiciária e ao Estatuto dos Magistrados Judiciais e, em geral, sobre matérias relativas à administração da justiça;

c) Estudar e propor ao membro do Governo responsável pela área da justiça providências legislativas com vista à eficiência e ao aperfeiçoamento das instituições judiciárias;

d) Elaborar o plano anual de inspeções;

e) Ordenar inspeções, sindicâncias e inquéritos aos serviços judiciais;

f) Aprovar o regulamento interno e a proposta de orçamento relativos ao Conselho;

g) Adotar as providências necessárias à organização e boa execução do processo eleitoral;

h) Alterar a distribuição de processos nos juízos onde exercem funções mais do que um juiz, a fim de assegurar a igualização e operacionalidade dos serviços, designadamente em articulação com os presidentes das comarcas;

i) Estabelecer prioridades no processamento de causas que se encontrem pendentes nos tribunais por período considerado excessivo, designadamente em articulação com os juízes presidentes das comarcas, sem prejuízo dos restantes processos de carácter urgente;

j) Propor ao membro do Governo responsável pela área da justiça as medidas adequadas, forma a não tornar excessivo o número de processos a cargo de cada magistrado;

k) Fixar o número e a composição das secções do Supremo Tribunal de Justiça e dos tribunais da Relação;

l) Nomear o juiz presidente dos tribunais de comarca;

m) Acompanhar o desempenho processual dos tribunais de primeira instância nos termos descritos nos artigos 90º e 91º;

n) Exercer as demais funções conferidas por lei.[24]

[24] O Regulamento nº 379/2020, de 14 de janeiro, do CSM aprovou o regime de deslocações em serviço e de ajudas de custo e transporte dos magistrados judiciais em exercício de funções na 1ª instância, e, por via do Regulamento nº 1064/2022, arovou o Regulamento do Gabinete de Apoio aos Magistrados Judiciais de Comarca, e, pelo Regulamento nº 346/2022, as obrigações declarativas dos magistrados judiciais.

ARTIGO 156º
Relatório de atividades

O Conselho Superior da Magistratura envia, no mês de março de cada ano, à Assembleia da República, relatório da sua atividade respeitante ao ano judicial anterior, o qual é publicado no Diário da Assembleia da República.

ARTIGO 157º
Funcionamento

1 – O Conselho Superior da Magistratura funciona em plenário e em conselho permanente, sendo este composto pelas Secções Disciplinar, de Acompanhamento e Ligação às Comarcas e de Assuntos Gerais.

2 – O Estatuto dos Magistrados Judiciais define as demais condições de funcionamento do Conselho Superior da Magistratura.[25]

ARTIGO 158º
Delegação de poderes

1 – O Conselho Superior da Magistratura pode delegar no presidente, com faculdade de subdelegação no vice-presidente, poderes para:

a) Ordenar inspeções extraordinárias;

b) Instaurar inquéritos e sindicâncias;

c) Autorizar que magistrados se ausentem do serviço;

d) Conceder a autorização a residir em local diferente do domicílio necessário, nos termos do Estatuto dos Magistrados Judiciais;

e) Prorrogar o prazo para a posse e autorizar ou determinar que esta seja tomada em lugar ou perante entidade diferente;

f) Indicar magistrados para participarem em grupos de trabalho;

g) Resolver outros assuntos da sua competência.

2 – Pode ainda o Conselho Superior da Magistratura delegar nos Presidentes do Supremo Tribunal de Justiça e das Relações, bem como nos presidentes dos tribunais de comarca, a prática de atos próprios da sua competência.

3 – As competências referidas nas alíneas *c*) e *d*) do nº 1 são exercidas por delegação do Conselho Superior da Magistratura, no que respeita ao tribunal de comarca, pelos respetivos presidentes, sem prejuízo do direito ao recurso.

[25] O referido Estatuto foi aprovado pela Lei nº 21/85, de 30 de julho, alterado, pela 16ª vez, pela Lei nº 67/2019, adiante transcrita.

SECÇÃO III
Secretaria do Conselho Superior da Magistratura

ARTIGO 159º
Pessoal

A organização dos serviços e do pessoal da secretaria do Conselho Superior da Magistratura é definida em diploma próprio.

CAPÍTULO II
Conselho Superior dos Tribunais Administrativos e Fiscais

SECÇÃO I
Estrutura e organização

ARTIGO 160º
Definição

O Conselho Superior dos Tribunais Administrativos e Fiscais é o órgão de gestão e disciplina dos juízes da jurisdição administrativa e fiscal.[26]

ARTIGO 161º
Composição

1 – O Conselho Superior dos Tribunais Administrativos e Fiscais é presidido pelo Presidente do Supremo Tribunal Administrativo e composto pelos seguintes vogais:

a) Dois designados pelo Presidente da República;

b) Quatro eleitos pela Assembleia da República;

c) Quatro juízes eleitos pelos seus pares, de harmonia com o princípio da representação proporcional.

2 – É reconhecido de interesse para a jurisdição administrativa e fiscal o desempenho de funções de membro do Conselho Superior dos Tribunais Administrativos e Fiscais.

3 – A forma de designação e de exercício de cargos, o estatuto dos seus membros e demais aspetos do funcionamento do Conselho Superior dos Tribunais Administrativos e Fiscais constam do Estatuto dos Tribunais Administrativos e Fiscais.

[26] Este Conselho deliberou, sob o nº 678-A/2022, em 8 de junho, sobre o Regulamento do Quadro Complementar de juízes da jurisdição administrativa e fiscal. E pela Deliberação nº 422/2022, alterou os critérios de qualificação das espécies processuais nos tribunais centrais administrativos. E, Por via do Regulamento nº 363/2023, de 22 de março, deliberou sobre as deslocações em serviço e transporte de magistrados dos tribunais administrativos e fiscais e dos magistrados do Ministério Público.

SECÇÃO II
Competência e funcionamento

ARTIGO 162º
Competência

1 – Compete ao Conselho dos Tribunais Administrativos e Fiscais:

a) Nomear, colocar, transferir, promover, exonerar e apreciar o mérito profissional dos juízes da jurisdição administrativa e fiscal e exercer a ação disciplinar relativamente a eles;

b) Apreciar, admitir, excluir e graduar os candidatos em concurso;

c) Conhecer das impugnações administrativas interpostas de decisões materialmente administrativas proferidas, em matéria disciplinar, pelos presidentes dos tribunais centrais administrativos, pelos presidentes dos tribunais administrativos de círculo e pelos presidentes dos tribunais tributários, bem como de outras que a lei preveja;

d) Ordenar averiguações, inquéritos, sindicâncias e inspeções aos serviços dos tribunais da jurisdição administrativa e fiscal;

e) Elaborar o plano anual de inspeções;

f) Elaborar as listas de antiguidade dos juízes;

g) Suspender ou reduzir a distribuição de processos aos juízes que sejam incumbidos de outros serviços de reconhecido interesse para a jurisdição administrativa e fiscal ou em outras situações que justifiquem a adoção dessas medidas;

h) Aprovar o seu regulamento interno, concursos e inspeções;

i) Emitir os cartões de identidade dos juízes, de modelo idêntico aos dos juízes dos tribunais judiciais;

j) Propor ao membro do Governo responsável pela área da justiça providências legislativas com vista ao aperfeiçoamento e à maior eficiência da jurisdição administrativa e fiscal;

k) Emitir parecer sobre as iniciativas legislativas que se relacionem com a jurisdição administrativa e fiscal;

l) Fixar anualmente, com o apoio do departamento do Ministério da Justiça com competência no domínio da auditoria e modernização, o número máximo de processos a distribuir a cada magistrado e o prazo máximo admissível para os respetivos atos processuais cujo prazo não esteja estabelecido na lei;

m) Gerir a bolsa de juízes;

n) Estabelecer os critérios que devem presidir à distribuição nos tribunais administrativos, no respeito pelo princípio do juiz natural;

o) Exercer as demais funções conferidas por lei.

2 – O Conselho Superior dos Tribunais Administrativos e Fiscais pode delegar no presidente, ou em outros dos seus membros, a competência para:

a) Praticar atos de gestão corrente e aprovar inspeções;

b) Nomear os juízes para uma das secções do Supremo Tribunal Administrativo e dos tribunais centrais administrativos;

c) Ordenar inspeções extraordinárias, averiguações, inquéritos e sindicâncias.

ARTIGO 163º
Presidência

1 – O presidente do Conselho Superior dos Tribunais Administrativos e Fiscais é substituído pela ordem seguinte:

a) Pelo mais antigo dos vice-presidentes do Supremo Tribunal Administrativo que faça parte do Conselho;

b) Pelo mais antigo dos juízes do Supremo Tribunal Administrativo que faça parte do Conselho.

2 – Em caso de urgência, o presidente pode praticar atos da competência do Conselho Superior dos Tribunais Administrativos e Fiscais, sujeitando-os a ratificação deste na primeira sessão subsequente.

CAPÍTULO III
Conselho Superior do Ministério Público

SECÇÃO I
Estrutura e organização

ARTIGO 164º
Definição

O Conselho Superior do Ministério Público é o órgão superior de gestão e disciplina da magistratura do Ministério Público, integrado na Procuradoria-Geral da República, nos termos da Constituição e do Estatuto do Ministério Público.[27]

ARTIGO 165º
Composição

1 – A Procuradoria-Geral da República exerce a sua competência disciplinar e de gestão dos quadros do Ministério Público por intermédio do Conselho Superior do Ministério Público.

2 – A Procuradoria-Geral da República é presidida pelo Procurador-Geral da República e compreende o Conselho Superior do Ministério Público, que inclui membros eleitos pela Assembleia da República e membros de entre si eleitos pelos magistrados do Ministério Público.

[27] A deliberação deste Conselho, nº 473/2022, de 28 de março, publicada no DR, II Série, de 14.4.2022, versa sobre o Código da Conduta dos Magistrados do Ministério Público. É o Regulamento nº 516/2023, de 12 de maio, que contém a versão consolidada do Regulamento do Movimento dos Magistrados do Ministério Público.

SECÇÃO II
Competência e funcionamento

ARTIGO 166º
Competência

Compete ao Conselho Superior do Ministério Público:

a) Nomear, colocar, transferir, promover, exonerar, apreciar o mérito profissional, exercer a ação disciplinar e, em geral, praticar todos os atos de idêntica natureza respeitantes aos magistrados do Ministério Público, com exceção do Procurador-Geral da República;

b) Aprovar o regulamento eleitoral do Conselho, o regulamento interno da Procuradoria-Geral da República, o regulamento relativo à efetivação dos concursos para provimento dos lugares de magistrados do Ministério Público previstos no respetivo Estatuto e a proposta do orçamento da Procuradoria-Geral da República;

c) Deliberar e emitir diretivas em matéria de organização interna e de gestão de quadros;

d) Propor ao Procurador-Geral da República a emissão de diretivas a que deve obedecer a atuação dos magistrados do Ministério Público;

e) Propor ao membro do Governo responsável pela área da justiça, por intermédio do Procurador-Geral da República, providências legislativas com vista à eficiência do Ministério Público e ao aperfeiçoamento das instituições judiciárias;

f) Conhecer das reclamações previstas nesta lei;

g) Aprovar o plano anual de inspeções e determinar a realização de inspeções, sindicâncias e inquéritos;

h) Emitir parecer em matéria de organização judiciária e, em geral, de administração da justiça;

i) Exercer as demais funções conferidas por lei.

ARTIGO 167º
Funcionamento

1 – O Conselho Superior do Ministério Público funciona em plenário ou em secções.

2 – A forma de designação e de exercício dos cargos, o estatuto dos seus membros e demais aspetos do funcionamento do Conselho Superior do Ministério Público constam do Estatuto do Ministério Público.

ARTIGO 168º
Secções

1 – O Conselho Superior do Ministério Público dispõe de uma secção permanente, à qual compete deliberar sobre as matérias que lhe sejam delegadas pelo plenário e não caibam na competência das secções de avaliação do mérito profissional e disciplinar.

2 – O Estatuto do Ministério Público define as demais condições de funcionamento do Conselho Superior do Ministério Público.

ARTIGO 169º
Delegação de poderes

O Conselho Superior do Ministério Público pode delegar no Procurador-Geral da República a prática de atos que, pela sua natureza, não devam aguardar a reunião do Conselho.

ARTIGO 170º
Comparência do membro do Governo responsável pela área da justiça

O membro do Governo responsável pela área da justiça comparece às reuniões do Conselho Superior do Ministério Público quando entender oportuno, para fazer comunicações e solicitar ou prestar esclarecimentos.

CAPÍTULO IV
Direito aplicável

ARTIGO 171º
Normas estatutárias

Em tudo o que não estiver expressamente regulado no presente título, aplica-se o Estatuto dos Magistrados Judiciais, o Estatuto dos Tribunais Administrativos e Fiscais e o Estatuto do Ministério Público, os quais se regem por lei própria.

TÍTULO XII
Disposições transitórias e finais

CAPÍTULO I
Disposições transitórias

ARTIGO 172º
Nomeação dos órgãos de gestão do tribunal de comarca

O presidente do tribunal, o magistrado do Ministério Público coordenador e o administrador judiciário são nomeados até seis meses antes da implementação das comarcas organizadas nos termos a definir no decreto-lei que estabelece o regime aplicável à organização e funcionamento dos tribunais judiciais, tendo em vista a sua participação ativa em todo o processo organizativo.

ARTIGO 173º
Constituição do conselho consultivo

O conselho consultivo deve ser constituído até três meses após a implementação da comarca.

ARTIGO 174º
Extinção de vagas de juízes auxiliares nos tribunais da Relação

1 – São extintas as vagas de auxiliar nos tribunais da Relação.

2 – Os juízes de direito destacados como juízes auxiliares nos tribunais da Relação cessam o destacamento com a entrada em vigor da presente lei, considerando-se desde então, para todos os efeitos, como juízes desembargadores efetivos.

3 – Os juízes referidos no número anterior são concorrentes necessários no movimento judicial imediatamente subsequente.

ARTIGO 175º
Provimento dos lugares de juiz

1 – Os juízes dos Tribunais de Execução das Penas, do Tribunal Central de Instrução Criminal, do Tribunal Marítimo, do Tribunal da Propriedade Intelectual e do Tribunal da Concorrência, Regulação e Supervisão que reúnam os requisitos legalmente exigidos têm preferência absoluta no primeiro provimento de lugares nos correspondentes tribunais de competência territorial alargada.

2 – Os juízes de círculo e os juízes das varas mistas que reúnam os requisitos legalmente exigidos têm preferência absoluta no primeiro provimento de lugares nas correspondentes secções cíveis e ou criminais das instâncias centrais.

3 – Os juízes das varas criminais, os juízes das grandes instâncias criminais e os juízes em afetação exclusiva ao julgamento por tribunal coletivo que reúnam os requisitos legalmente exigidos têm preferência absoluta no primeiro provimento de lugares nas correspondentes secções criminais das instâncias centrais.

4 – Os juízes das varas cíveis e os juízes das grandes instâncias cíveis que reúnam os requisitos legalmente exigidos têm preferência absoluta no primeiro provimento de lugares nas correspondentes secções cíveis das instâncias centrais.

5 – Os juízes dos tribunais de instrução criminal e dos juízos de instrução criminal, os juízes dos tribunais de família e menores e dos juízos de família e menores, os juízes dos tribunais do trabalho e dos juízos do trabalho, os juízes do juízo misto de trabalho e de família e menores, os juízes dos tribunais de comércio e dos juízos de comércio e os juízes dos juízos de execução que reúnam os requisitos legalmente exigidos têm preferência absoluta no primeiro provimento de lugares nas correspondentes secções das instâncias centrais.

6 – Os juízes de comarca têm preferência absoluta no primeiro provimento de lugares nas correspondentes secções das instâncias locais.

7 – Os restantes juízes têm preferência no primeiro provimento de lugares nas correspondentes secções das instâncias locais, sem prejuízo da aplicação das preferências consignadas nos números anteriores, que têm precedência.

8 – Os juízes dos tribunais de pequena instância cível têm preferência absoluta no primeiro provimento de lugares nas correspondentes secções cíveis das instâncias locais.

9 – Em caso de igualdade na preferência, são respeitados os critérios gerais de classificação e antiguidade.

10 – As preferências previstas no presente artigo não se aplicam aos juízes auxiliares.

11 – Para os efeitos do disposto no presente artigo, consideram-se secções correspondentes as que tenham jurisdição sobre qualquer dos municípios incluídos na área de competência territorial do tribunal, vara ou juízo extinto.

ARTIGO 176º
Provimento dos lugares de magistrados do Ministério Público

1 – Os magistrados do Ministério Público colocados nos quadros dos círculos judiciais, das comarcas ou dos departamentos extintos pela entrada em vigor da presente lei e seu regulamento que reúnam os requisitos legalmente exigidos têm preferência na colocação nos quadros correspondentes das novas comarcas, em função da sua categoria.

2 – A preferência é exercida no primeiro movimento de colocação de magistrados, ordinário ou extraordinário, para o provimento dos lugares criados nas novas comarcas, em termos a regulamentar pelo Conselho Superior do Ministério Público.

3 – Os magistrados auxiliares beneficiam da preferência prevista no presente artigo, em termos a regulamentar pelo Conselho Superior do Ministério Público.

ARTIGO 177º
Alteração aos mapas de pessoal

As alterações à definição inicial dos mapas de pessoal podem ser feitas a partir do final de um período de 12 meses após a implementação da comarca.

ARTIGO 178º
Relatório de gestão

No ano da implementação de cada uma das comarcas, o relatório de gestão referido na alínea *f)* do nº 2 do artigo 108º é elaborado decorridos seis meses após a respetiva instalação.

ARTIGO 179º
Instalação de tribunais

1 – A instalação do Supremo Tribunal de Justiça e dos tribunais da Relação constitui encargo direto do Estado.

2 – Enquanto o Estado não dispuser de edifícios adequados, mantém-se a instalação de tribunais judiciais em imóveis ou partes de imóveis pertencentes a autarquias locais, em regime de gratuitidade.

ARTIGO 180º
Norma remissiva

As referências a tribunais, varas ou juízos constantes de outros diplomas devem ser entendidas como efetuadas para os tribunais ou secções competentes nos termos da presente lei.

CAPÍTULO II
Disposições finais

ARTIGO 181º
Normas complementares

No prazo de 60 dias a contar da publicação da presente lei, o Governo aprova o decreto-lei que procede à sua regulamentação.

ARTIGO 182º
Deliberações

No âmbito das respetivas competências, o Conselho Superior da Magistratura e o Conselho Superior do Ministério Público tomam as deliberações necessárias à execução da presente lei e das suas normas complementares, nomeadamente para efeitos de redistribuição de processos.

ARTIGO 183º
Colocação de juízes

1 – Os juízes a colocar nos tribunais de competência territorial alargada e nos juízos referidos nas alíneas *a*), *c*) e *f*) a *j*) do nº 3 do artigo 81º são nomeados de entre juízes de direito com mais de 10 anos de serviço e classificação não inferior a Bom com distinção.

2 – Os juízes a colocar nos juízos referidos nas alíneas *b*), *d*) e *e*) do nº 3 do artigo 81º são nomeados de entre juízes de direito com mais de cinco anos de serviço e classificação não inferior a Bom.

3 – Constituem fatores atendíveis na nomeação, por ordem decrescente de preferência, a classificação de serviço e a antiguidade.

4 – Na falta de juízes de direito com os requisitos constantes dos nºs 1 e 2, à nomeação é aplicável o disposto no número anterior.

5 – A perda dos requisitos exigidos pelos nºs 1 e 2 determina que o lugar seja posto a concurso no movimento judicial seguinte.

ARTIGO 184º
Índice remuneratório

1 – Os juízes a que se refere o nº 1 do artigo anterior auferem pelo índice 220 da escala indiciária constante do mapa anexo ao Estatuto dos Magistrados Judiciais.

2 – Os juízes a que se refere o nº 2 do artigo anterior auferem pelo índice 175 da escala indiciária constante do mapa anexo ao Estatuto dos Magistrados Judiciais, sem prejuízo de remuneração superior a que tenham direito nos termos dessa escala indiciária.

3 – Os magistrados do Ministério Público em exercício de funções de representação nos juízos locais a que se refere o nº 2 do artigo anterior, no Departamento Central de Investigação e Ação Penal e nos Departamentos de Investigação e Ação Penal, com exceção dos magistrados colocados em municípios onde se encontram instalados juízos de competência genérica, auferem pelo índice 175 da escala indi-

ciária constante do mapa anexo ao Estatuto do Ministério Público, sem prejuízo de remuneração superior a que tenham direito nos termos dessa escala indiciária.

4 – Caso excecionalmente exista necessidade de colocar procurador-adjunto em funções de representação nas secções ou tribunais a que se refere o nº 1 do artigo anterior, o mesmo aufere, enquanto aí se mantiver em funções, pelo índice 220 da escala indiciária constante do mapa anexo ao Estatuto do Ministério Público.

ARTIGO 185º
Estatuto remuneratório

1 – Não pode resultar qualquer diminuição do estatuto remuneratório dos juízes e magistrados do Ministério Público enquanto não ocorra colocação em lugares para que tenham preferência ou em lugares por si indicados, no âmbito dos dois movimentos subsequentes à publicação da presente lei.

2 – O disposto no número anterior é aplicável aos juízes de direito providos interinamente nos lugares de juízes de círculo judicial e em instâncias de especialização.

ARTIGO 186º
Intervenção dos juízes de círculo

Até à entrada em vigor da presente lei, a intervenção dos juízes de círculo nas ações de valor superior à alçada do tribunal da Relação apenas ocorre na discussão e julgamento da causa e na elaboração das respetivas sentenças, salvo nos casos em que o Código do Processo Civil, aprovado pelo Decreto-Lei nº 44129, de 28 de dezembro de 1961, excluía a intervenção do tribunal coletivo.

ARTIGO 187º
Norma revogatória

São revogados:

a) Os artigos 1º a 159º da Lei nº 52/2008, de 28 de agosto, na parte em que aprova a Lei de Organização e Funcionamento dos Tribunais Judiciais;

b) A Lei nº 3/99, de 13 de janeiro;

c) O Decreto-Lei nº 28/2009, de 28 de janeiro;

d) O Decreto-Lei nº 25/2009, de 26 de janeiro;

e) O Decreto-Lei nº 186-A/99, de 31 de maio.

ARTIGO 188º
Entrada em vigor

1 – Sem prejuízo do disposto nos números seguintes, a presente lei entra em vigor na data de início da produção de efeitos do decreto-lei que aprove o Regime de Organização e Funcionamento dos Tribunais Judiciais.

2 – Os artigos 172º, 181º e 182º entram em vigor no dia seguinte ao da publicação da presente lei.

3 – Os nºs 2 e 3 do artigo 184º não produzem efeitos durante a vigência do Programa de Assistência Económica e Financeira celebrado entre Portugal e a Comissão Europeia, o Banco Central Europeu e o Fundo Monetário Internacional, em 17 de maio de 2011.

4 – O artigo 186º entra em vigor imediatamente após a entrada em vigor da Lei nº 41/2013, de 26 de junho, que aprova o Código de Processo Civil.

5 – O Tribunal da Relação de Lisboa é competente, a partir do dia seguinte ao da publicação da presente lei, para apreciar as impugnações das decisões do Tribunal da Concorrência, Regulação e Supervisão, incluindo as que se encontrem pendentes naquela data.[28]

ANEXO I
(a que se refere o nº 1 do artigo 32º)

Tribunal da Relação de Guimarães

Área de competência:

Comarcas: Braga, Bragança, Viana do Castelo e Vila Real.

Tribunal da Relação do Porto

Área de competência:

Comarcas: Aveiro, Porto e Porto Este.

Tribunais de competência territorial alargada: Tribunal de Execução das Penas do Porto.

Tribunal da Relação de Coimbra

Área de competência:

Comarcas: Castelo Branco, Coimbra, Guarda, Leiria e Viseu.

Tribunais de competência territorial alargada: Tribunal de Execução das Penas de Coimbra.

Tribunal da Relação de Lisboa1

Área de competência:

Comarcas: Açores, Lisboa, Lisboa Norte, Lisboa Oeste e Madeira.

Tribunais de competência territorial alargada: Tribunal da Propriedade Intelectual, Tribunal da Concorrência, Regulação e Supervisão, Tribunal Marítimo, Tribunal de Execução das Penas dos Açores, Tribunal da Execução das Penas de Lisboa e Tribunal Central de Instrução Criminal.

Tribunal da Relação de Évora

Área de competência:

Comarcas: Beja, Évora, Faro, Portalegre, Santarém e Setúbal.

Tribunais de competência territorial alargada: Tribunal de Execução das Penas de Évora.

[28] A alteração ao disposto nos artigos 116º e 120º entrou em vigor no dia 4 de janeiro de 2022.

ANEXO II
(a que se refere o nº 2 do artigo 33º)

Comarca dos Açores

Sede: Ponta Delgada.

Circunscrição:

Municípios: Angra do Heroísmo, Calheta (S. Jorge), Corvo, Horta, Lagoa, Lajes das Flores, Lajes do Pico, Madalena, Nordeste, Ponta Delgada, Povoação, Ribeira Grande, Santa Cruz de Graciosa, Santa Cruz das Flores, São Roque do Pico, Velas, Praia da Vitória, Vila do Porto e Vila Franca do Campo.

Comarca de Aveiro

Sede: Aveiro.

Circunscrição:

Municípios: Águeda, Albergaria-a-Velha, Anadia, Arouca, Aveiro, Castelo de Paiva, Espinho, Estarreja, Ílhavo, Mealhada, Murtosa, Oliveira de Azeméis, Oliveira do Bairro, Ovar, Santa Maria da Feira, São João da Madeira, Sever do Vouga, Vagos e Vale de Cambra.

Comarca de Beja

Sede: Beja.

Circunscrição:

Municípios: Aljustrel, Almodôvar, Alvito, Barrancos, Beja, Castro Verde, Cuba, Ferreira do Alentejo, Mértola, Moura, Odemira, Ourique, Serpa e Vidigueira.

Comarca de Braga

Sede: Braga.

Circunscrição:

Municípios: Amares, Barcelos, Braga, Cabeceiras de Basto, Celorico de Basto, Esposende, Fafe, Guimarães, Póvoa de Lanhoso, Terras de Bouro, Vieira do Minho, Vila Nova de Famalicão, Vila Verde e Vizela.

Comarca de Bragança

Sede: Bragança.

Circunscrição:

Municípios: Alfândega da Fé, Bragança, Carrazeda de Ansiães, Freixo de Espada à Cinta, Macedo de Cavaleiros, Miranda do Douro, Mirandela, Mogadouro, Torre de Moncorvo, Vila Flor, Vimioso e Vinhais.

Comarca de Castelo Branco

Sede: Castelo Branco.

Circunscrição:

Municípios: Belmonte, Castelo Branco, Covilhã, Fundão, Idanha-a-Nova, Oleiros, Penamacor, Proença-a-Nova, Sertã, Vila de Rei e Vila Velha de Ródão.

Comarca de Coimbra

Sede: Coimbra.

Circunscrição:

Municípios: Arganil, Cantanhede, Coimbra, Condeixa-a-Nova, Figueira da Foz, Góis, Lousã, Mira, Miranda do Corvo, Montemor-o-Velho, Oliveira do Hospital, Pampilhosa da Serra, Penacova, Penela, Soure, Tábua e Vila Nova de Poiares.

Comarca de Évora

Sede: Évora.

Circunscrição:

Municípios: Alandroal, Arraiolos, Borba, Estremoz, Évora, Montemor-o-Novo, Mora, Mourão, Portel, Redondo, Reguengos de Monsaraz, Vendas Novas, Viana do Alentejo e Vila Viçosa.

Comarca de Faro

Sede: Faro.

Circunscrição:

Municípios: Albufeira, Alcoutim, Aljezur, Castro Marim, Faro, Lagoa, Lagos, Loulé, Monchique, Olhão, Portimão, São Brás de Alportel, Silves, Tavira, Vila do Bispo e Vila Real de Santo António.

Comarca da Guarda

Sede: Guarda.

Circunscrição:

Municípios: Aguiar da Beira, Almeida, Celorico da Beira, Figueira de Castelo Rodrigo, Fornos de Algodres, Gouveia, Guarda, Manteigas, Meda, Pinhel, Sabugal, Seia, Trancoso e Vila Nova de Foz Côa.

Comarca de Leiria

Sede: Leiria.

Circunscrição:

Municípios: Alcobaça, Alvaiázere, Ansião, Batalha, Bombarral, Caldas da Rainha, Castanheira de Pera, Figueiró dos Vinhos, Leiria, Marinha Grande, Nazaré, Óbidos, Pedrógão Grande, Peniche, Pombal e Porto de Mós.

Comarca de Lisboa

Sede: Lisboa.

Circunscrição:

Municípios: Alcochete, Almada, Barreiro, Lisboa, Moita, Montijo e Seixal.

Comarca de Lisboa Norte

Sede: Loures.

Circunscrição:

Municípios: Alenquer, Arruda dos Vinhos, Azambuja, Cadaval, Loures, Lourinhã, Odivelas, Sobral de Monte Agraço, Torres Vedras e Vila Franca de Xira.

Comarca de Lisboa Oeste
Sede: Sintra.
Circunscrição:
Municípios: Amadora, Cascais, Mafra, Oeiras e Sintra.

Comarca da Madeira
Sede: Funchal.
Circunscrição:
Municípios: Calheta (Madeira), Câmara de Lobos, Funchal, Machico, Ponta do Sol, Porto Moniz, Porto Santo, Ribeira Brava, Santa Cruz, Santana e São Vicente.

Comarca de Portalegre
Sede: Portalegre.
Circunscrição:
Municípios: Alter do Chão, Arronches, Avis, Campo Maior, Castelo de Vide, Crato, Elvas, Fronteira, Gavião, Marvão, Monforte, Nisa, Ponte de Sor, Portalegre e Sousel.

Comarca do Porto
Sede: Porto.
Circunscrição:
Municípios: Gondomar, Maia, Matosinhos, Porto, Póvoa de Varzim, Santo Tirso, Trofa, Valongo, Vila do Conde e Vila Nova de Gaia.

Comarca do Porto Este
Sede: Penafiel.
Circunscrição:
Municípios: Amarante, Baião, Felgueiras, Lousada, Marco de Canaveses, Paços de Ferreira, Paredes e Penafiel.

Comarca de Santarém
Sede: Santarém.
Circunscrição:
Municípios: Abrantes, Alcanena, Almeirim, Alpiarça, Benavente, Cartaxo, Chamusca, Constância, Coruche, Entroncamento, Ferreira do Zêzere, Golegã, Mação, Ourém, Rio Maior, Salvaterra de Magos, Santarém, Sardoal, Tomar, Torres Novas e Vila Nova da Barquinha.

Comarca de Setúbal
Sede: Setúbal.
Circunscrição:
Municípios: Alcácer do Sal, Grândola, Palmela, Santiago do Cacém, Sesimbra, Setúbal e Sines.

Comarca de Viana do Castelo

Sede: Viana do Castelo.

Circunscrição:

Municípios: Arcos de Valdevez, Caminha, Melgaço, Monção, Paredes de Coura, Ponte da Barca, Ponte de Lima, Valença, Viana do Castelo e Vila Nova de Cerveira.

Comarca de Vila Real

Sede: Vila Real.

Circunscrição:

Municípios: Alijó, Boticas, Chaves, Mesão Frio, Mondim de Basto, Montalegre, Murça, Peso da Régua, Ribeira de Pena, Sabrosa, Santa Marta de Penaguião, Valpaços, Vila Pouca de Aguiar e Vila Real.

Comarca de Viseu

Sede: Viseu.

Circunscrição:

Municípios: Armamar, Carregal do Sal, Castro Daire, Cinfães, Lamego, Mangualde, Moimenta da Beira, Mortágua, Nelas, Oliveira de Frades, Penalva do Castelo, Penedono, Resende, Santa Comba Dão, São João da Pesqueira, São Pedro do Sul, Sátão, Sernancelhe, Tabuaço, Tarouca, Tondela, Vila Nova de Paiva, Viseu e Vouzela.

ANEXO III
(a que se refere o nº 4 do artigo 83º)

Tribunais de Execução das Penas

Sede: Coimbra.

Área de competência: comarcas de Castelo Branco, Coimbra, Guarda, Leiria (com exceção do estabelecimento prisional das Caldas da Rainha) e Viseu.

Sede: Évora.

Área de competência: comarcas de Beja, Évora (com exceção dos estabelecimentos prisionais de Alcoentre e de Vale de Judeus), Faro, Portalegre, Santarém e Setúbal.

Sede: Lisboa.

Área de competência: comarcas de Lisboa, Lisboa Norte, Lisboa Oeste, Madeira e estabelecimentos prisionais de Alcoentre, das Caldas da Rainha e de Vale de Judeus.

Sede: Porto.

Área de competência: comarcas de Aveiro, Braga, Bragança, Porto, Porto Este, Viana do Castelo e Vila Real.

Sede: Ponta Delgada.

Área de competência: comarca dos Açores, estabelecimento prisional de Angra do Heroísmo, estabelecimento prisional regional de Ponta Delgada e cadeia de apoio da Horta.

Tribunal Marítimo

Sede: Lisboa.

Área de competência: Departamento Marítimo do Norte, do Centro e do Sul.

Tribunal da Propriedade Intelectual

Sede: Lisboa.

Área de competência: território nacional.

Tribunal da Concorrência, Regulação e Supervisão

Sede: Santarém.

Área de competência: território nacional.

Tribunal Central de Instrução Criminal

Sede: Lisboa.

Área de competência: território nacional.

4. ESTATUTO DOS TRIBUNAIS ADMINISTRATIVOS E FISCAIS[29]

TÍTULO I
Tribunais administrativos e fiscais

CAPÍTULO I
Disposições gerais

ARTIGO 1º
Jurisdição administrativa e fiscal

1 – Os tribunais da jurisdição administrativa e fiscal são os órgãos de soberania com competência para administrar a justiça em nome do povo, nos litígios emergentes das relações jurídicas administrativas e fiscais, nos termos compreendidos pelo âmbito de jurisdição previsto no artigo 4º deste Estatuto.

2 – Nos feitos submetidos a julgamento, os tribunais da jurisdição administrativa e fiscal não podem aplicar normas que infrinjam o disposto na Constituição ou os princípios nela consignados.

ARTIGO 2º
Independência

Os tribunais da jurisdição administrativa e fiscal são independentes e apenas estão sujeitos à lei e ao Direito.

[29] Aprovado pela Lei nº 13/2002, de 19 de fevereiro, retificado pelas Declarações nºs 14/2002, de 20 de março, e 18/2002, de 28 de agosto, e alterado pelas Leis nºs 4-A/2003, de 19 de fevereiro, 107-D/2003, 31 de dezembro, 1/2008, de 14 de janeiro, 2/2008, de 14 de janeiro, 26/2008, de 27 de junho, 52/2008, de 28 de agosto, pelo DL nº 166/2009, de 31 de julho, pela Lei nº 20/2012, de 14 de maio, pelo DL nº 214-G/2015, de 2 de outubro, e pela Lei nº 114/2019, de 12 de setembro – 12ª alteração – em vigor 60 dias após a sua publicação. O Decreto-Lei nº 174/2019, de 13 de dezembro, procedeu à criação de juízos de competência especializada nos termos do ETAF. O Decreto-Lei nº 58/2020, de 13 de agosto, alterou as áreas de jurisdição dos tribunais administrativos e fiscais de Castelo Branco e de Viseu. A Portaria nº 121/2000, de 22 de maio, fixou o dia 1 de setembro de 2020 para a entrada em funcionamento dos referidos juízos especializados. O DL nº 30/2023, de 5 de maio, instituiu um regime temporário de incentivo à extinção da instância na jurisdição administrativa e fiscal.

ARTIGO 3º
Garantias de independência

1 – Os juízes da jurisdição administrativa e fiscal são inamovíveis, não podendo ser transferidos, suspensos, aposentados ou demitidos senão nos casos previstos na lei.

2 – Os juízes da jurisdição administrativa e fiscal podem incorrer em responsabilidade pelas suas decisões exclusivamente nos casos previstos na lei.

3 – Os juízes da jurisdição administrativa e fiscal estão sujeitos às incompatibilidades estabelecidas na Constituição e na lei e regem-se pelo estatuto dos magistrados judiciais, nos aspetos não previstos nesta lei.

ARTIGO 4º
Âmbito da jurisdição

1 – Compete aos tribunais da jurisdição administrativa e fiscal a apreciação de litígios que tenham por objeto questões relativas a:

a) Tutela de direitos fundamentais e outros direitos e interesses legalmente protegidos, no âmbito de relações jurídicas administrativas e fiscais;

b) Fiscalização da legalidade das normas e demais atos jurídicos emanados por órgãos da Administração Pública, ao abrigo de disposições de direito administrativo ou fiscal;

c) Fiscalização da legalidade de atos administrativos praticados por quaisquer órgãos do Estado ou das Regiões Autónomas não integrados na Administração Pública;

d) Fiscalização da legalidade das normas e demais atos jurídicos praticados por quaisquer entidades, independentemente da sua natureza, no exercício de poderes públicos;

e) Validade de atos pré-contratuais e interpretação, validade e execução de contratos administrativos ou de quaisquer outros contratos celebrados nos termos da legislação sobre contratação pública, por pessoas coletivas de direito público ou outras entidades adjudicantes;

f) Responsabilidade civil extracontratual das pessoas coletivas de direito público, incluindo por danos resultantes do exercício das funções política, legislativa e jurisdicional, sem prejuízo do disposto na alínea *a*) do nº 4 do presente artigo;

g) Responsabilidade civil extracontratual dos titulares de órgãos, funcionários, agentes, trabalhadores e demais servidores públicos, incluindo ações de regresso;

h) Responsabilidade civil extracontratual dos demais sujeitos aos quais seja aplicável o regime específico da responsabilidade do Estado e demais pessoas coletivas de direito público;

i) Condenação à remoção de situações constituídas em via de facto, sem título que as legitime;

j) Relações jurídicas entre pessoas coletivas de direito público ou entre órgãos públicos, reguladas por disposições de direito administrativo ou fiscal;

k) Prevenção, cessação e reparação de violações a valores e bens constitucionalmente protegidos, em matéria de saúde pública, habitação, educação, ambiente, ordenamento do território, urbanismo, qualidade de vida, património cultural e bens do Estado, quando cometidas por entidades públicas;

l) Impugnações judiciais de decisões da Administração Pública que apliquem coimas no âmbito do ilícito de mera ordenação social por violação de normas de direito administrativo em matéria de urbanismo e do ilícito de mera ordenação social por violação de normas tributárias;

m) Contencioso eleitoral relativo a órgãos de pessoas coletivas de direito público para que não seja competente outro tribunal;

n) Execução da satisfação de obrigações ou respeito por limitações decorrentes de atos administrativos que não possam ser impostos coercivamente pela Administração;

o) Relações jurídicas administrativas e fiscais que não digam respeito às matérias previstas nas alíneas anteriores.

2 – Pertence à jurisdição administrativa e fiscal a competência para dirimir os litígios nos quais devam ser conjuntamente demandadas entidades públicas e particulares entre si ligados por vínculos jurídicos de solidariedade, designadamente por terem concorrido em conjunto para a produção dos mesmos danos ou por terem celebrado entre si contrato de seguro de responsabilidade.

3 – Está nomeadamente excluída do âmbito da jurisdição administrativa e fiscal a apreciação de litígios que tenham por objeto a impugnação de:

a) Atos praticados no exercício da função política e legislativa;

b) Decisões jurisdicionais proferidas por tribunais não integrados na jurisdição administrativa e fiscal;

c) Atos relativos ao inquérito e instrução criminais, ao exercício da ação penal e à execução das respetivas decisões.

4 – Estão igualmente excluídas do âmbito da jurisdição administrativa e fiscal:

a) A apreciação das ações de responsabilidade por erro judiciário cometido por tribunais pertencentes a outras ordens de jurisdição, assim como das correspondentes ações de regresso;

b) A apreciação de litígios decorrentes de contratos de trabalho, ainda que uma das partes seja uma pessoa coletiva de direito público, com exceção dos litígios emergentes do vínculo de emprego público;

c) A apreciação de atos materialmente administrativos praticados pelo Conselho Superior da Magistratura e seu Presidente;

d) A fiscalização de atos materialmente administrativos praticados pelo Presidente do Supremo Tribunal de Justiça;

e) A apreciação de litígios emergentes das relações de consumo relativas à prestação de serviços públicos essenciais, incluindo a respetiva cobrança coerciva.

ARTIGO 5º
Fixação da competência

1 – A competência dos tribunais da jurisdição administrativa e fiscal fixa-se no momento da propositura da causa, sendo irrelevantes as modificações de facto e de direito que ocorram posteriormente.

2 – Existindo, no mesmo processo, decisões divergentes sobre questão de competência, prevalece a do tribunal de hierarquia superior.

ARTIGO 6º
Alçada

1 – Os tribunais da jurisdição administrativa e fiscal têm alçada.

2 – (*Revogado.*)

3 – A alçada dos tribunais administrativos de círculo e dos tribunais tributários corresponde àquela que se encontra estabelecida para os tribunais judiciais de 1ª instância.

4 – A alçada dos tribunais centrais administrativos corresponde à que se encontra estabelecida para os tribunais da Relação.

5 – Nos processos em que exerçam competências de 1ª instância, a alçada dos tribunais centrais administrativos e do Supremo Tribunal Administrativo corresponde, para cada uma das suas secções, respetivamente à dos tribunais administrativos de círculo e à dos tribunais tributários.

6 – A admissibilidade dos recursos por efeito das alçadas é regulada pela lei em vigor ao tempo em que seja instaurada a ação.

ARTIGO 7º
Direito subsidiário

No que não esteja especialmente regulado, são subsidiariamente aplicáveis aos tribunais da jurisdição administrativa e fiscal, com as devidas adaptações, as disposições relativas aos tribunais judiciais.

CAPÍTULO II
Organização e funcionamento dos tribunais administrativos e fiscais

ARTIGO 8º
Órgãos da jurisdição administrativa e fiscal

São órgãos da jurisdição administrativa e fiscal:

a) O Supremo Tribunal Administrativo;

b) Os tribunais centrais administrativos;

c) Os tribunais administrativos de círculo e os tribunais tributários.

ARTIGO 9º
Constituição, desdobramento e agregação dos tribunais administrativos

1 – Os tribunais administrativos de círculo podem ser desdobrados em juízos e estes podem funcionar em local diferente da sede, dentro da respetiva área de jurisdição.

2 – Os tribunais administrativos de círculo e os tribunais tributários podem também funcionar de modo agregado, assumindo, cada um deles, a designação de tribunal administrativo e fiscal.

3 – O desdobramento ou agregação previstos nos números anteriores são determinados por portaria do membro do Governo responsável pela área da justiça, sob proposta do Conselho Superior dos Tribunais Administrativos e Fiscais.

4 – Os tribunais administrativos de círculo, ainda que funcionem de modo agregado, podem ser desdobrados por decreto-lei, quando o volume ou a complexidade do serviço o justifiquem, em juízos de competência especializada, e estes podem funcionar em local diferente da sede, dentro da respetiva área de jurisdição.

5 – Podem ser criados os seguintes juízos de competência especializada administrativa:

a) Juízo administrativo comum;

b) Juízo administrativo social;

c) Juízo de contratos públicos;

d) Juízo de urbanismo, ambiente e ordenamento do território.

6 – Aos juízos de competência especializada administrativa pode ser atribuída, por decreto-lei, jurisdição alargada em função da complexidade e do volume de serviço.

7 – (*Revogado.*)

ARTIGO 9º-A
Desdobramento dos tribunais tributários

1 – Os tribunais tributários, ainda que funcionem de modo agregado, podem ser desdobrados, por decreto-lei, quando o volume ou a complexidade do serviço o justifiquem, em juízos de competência especializada, e estes podem funcionar em local diferente da sede, dentro da respetiva área de jurisdição.

2 – Podem ser criados os seguintes juízos de competência especializada tributária:

a) Juízo tributário comum;

b) Juízo de execução fiscal e de recursos contraordenacionais;

c) (*Revogada.*)

3 – Aos juízos de competência especializada tributária pode ser atribuída, por decreto-lei, jurisdição alargada em função da complexidade e do volume de serviço.[30]

ARTIGO 10º
Turnos

A existência e organização de turnos de juízes para assegurar o serviço urgente rege-se, com as devidas adaptações, pelo disposto na lei a respeito dos tribunais judiciais.

CAPÍTULO III
Supremo Tribunal Administrativo

SECÇÃO I
Disposições gerais

ARTIGO 11º
Sede, jurisdição e funcionamento

1 – O Supremo Tribunal Administrativo é o órgão superior da hierarquia dos tribunais da jurisdição administrativa e fiscal.

[30] O disposto nos nºs 4 e 5 deste artigo foi revogado.

2 – O Supremo Tribunal Administrativo tem sede em Lisboa e jurisdição em todo o território nacional.

ARTIGO 12º
Funcionamento e poderes de cognição

1 – O Supremo Tribunal Administrativo funciona por secções e em plenário.

2 – O Supremo Tribunal Administrativo compreende duas secções, uma de contencioso administrativo e outra de contencioso tributário, que funcionam em formação de três juízes ou em pleno.

3 – O plenário e o pleno de cada secção apenas conhecem de matéria de direito.

4 – A Secção de Contencioso Administrativo conhece apenas de matéria de direito nos recursos de revista.

5 – A Secção de Contencioso Tributário conhece apenas de matéria de direito nos recursos diretamente interpostos de decisões proferidas pelos tribunais tributários.

ARTIGO 13º
Presidência

1 – O Supremo Tribunal Administrativo tem um presidente, que é coadjuvado por dois vice-presidentes, eleitos de modo e por períodos idênticos aos previstos para aquele.

2 – Um vice-presidente é eleito de entre e pelos juízes da Secção de Contencioso Administrativo, sendo o outro vice-presidente eleito de entre e pelos juízes da Secção de Contencioso Tributário.

ARTIGO 14º
Composição das secções

1 – Cada Secção do Supremo Tribunal Administrativo é composta pelo presidente do Tribunal, pelo respetivo vice-presidente e pelos restantes juízes para ela nomeados.

2 – Cada uma das secções pode dividir-se por subsecções, às quais se aplica o disposto para a secção respetiva.

ARTIGO 15º
Preenchimento das Secções

1 – Os juízes são nomeados para cada uma das secções e distribuídos pelas subsecções respetivas, se as houver.

2 – O Presidente do Tribunal pode determinar que um juiz seja agregado a outra secção, a fim de acorrer a necessidades temporárias de serviço, com ou sem dispensa ou redução do serviço da secção de que faça parte, conforme os casos.

3 – A agregação pode ser determinada para o exercício integral de funções ou apenas para as de relator ou de adjunto.

4 – O juiz que mude de secção mantém a sua competência nos processos já inscritos para julgamento em que seja relator e naqueles em que, como adjunto, já tenha aposto o seu visto para julgamento.

ARTIGO 16º
Sessões de julgamento

1 – As sessões de julgamento realizam-se nos mesmos termos e condições que no Supremo Tribunal de Justiça, sendo aplicável, com as devidas adaptações, o disposto quanto a este Tribunal.

2 – O Presidente do Supremo Tribunal Administrativo pode determinar que em certas sessões de julgamento intervenham todos os juízes da secção, quando o considere necessário ou conveniente para assegurar a uniformidade da jurisprudência.

3 – Na falta ou impedimento do Presidente e dos vice-presidentes, a presidência das sessões é assegurada pelo juiz mais antigo que se encontre presente.

4 – Quando esteja em causa a impugnação de deliberação do Conselho Superior dos Tribunais Administrativos e Fiscais ou decisão do seu Presidente, a sessão realiza-se sem a presença do Presidente do Supremo Tribunal Administrativo, sendo presidida pelo mais antigo dos vice-presidentes que não seja membro do Conselho Superior dos Tribunais Administrativos e Fiscais ou pelo juiz mais antigo que se encontre presente.

ARTIGO 17º
Formações de julgamento

1 – O julgamento em cada secção compete ao relator e a dois juízes.

2 – O julgamento no pleno compete ao relator e aos demais juízes em exercício na secção.

3 – O pleno da secção só pode funcionar com a presença de, pelo menos, dois terços dos juízes.

4 – Salvo no caso de recurso para a uniformização de jurisprudência ou quando tal seja necessário à observância do disposto no número anterior, não podem intervir no julgamento no Pleno os juízes que tenham votado a decisão recorrida.

5 – As decisões são tomadas em conferência.

6 – Nos processos da competência do Pleno da Secção, dos despachos do relator que versem apenas sobre questões processuais e não ponham termo ao processo cabe reclamação para uma formação de cinco juízes, designados anualmente de entre os mais antigos pelo Presidente do Tribunal.

ARTIGO 18º
Adjuntos

1 – Entre os juízes que integram cada formação de julgamento deve existir uma diferença de três posições quanto ao lugar que lhes corresponde na escala da distribuição no Tribunal ou na secção, sendo a contagem dos lugares realizada a partir da posição que corresponde ao relator.

2 – Cada adjunto é substituído, em caso de falta ou impedimento, pelo juiz que imediatamente se lhe segue.

ARTIGO 19º
Eleição do Presidente e dos vice-presidentes

1 – O Presidente do Supremo Tribunal Administrativo é eleito, por escrutínio secreto, pelos juízes em exercício efetivo de funções no Tribunal.

2 – Os vice-presidentes são eleitos, por escrutínio secreto, pelos juízes que exerçam funções na secção respetiva e de entre os que se encontrem nas condições referidas no número anterior.

3 – É eleito o juiz que obtenha mais de metade dos votos validamente expressos e, se nenhum obtiver esse número de votos, procede-se a segunda votação, apenas entre os dois juízes mais votados.

4 – Em caso de empate, são admitidos a segundo sufrágio os dois juízes mais antigos que tenham sido mais votados e, verificando-se novo empate, considera-se eleito o juiz mais antigo.

ARTIGO 20º
Duração do mandato

1 – O mandato do Presidente e dos vice-presidentes do Supremo Tribunal Administrativo tem a duração de cinco anos, sem lugar a reeleição.

2 – O Presidente e os vice-presidentes mantêm-se em funções até à tomada de posse dos novos eleitos.

ARTIGO 21º
Substituição do Presidente e dos vice-presidentes

1 – O Presidente é substituído pelo vice-presidente mais antigo.

2 – Na ausência, falta ou impedimento do Presidente e dos vice-presidentes, a substituição cabe ao juiz mais antigo no Tribunal.

ARTIGO 22º
Gabinete do Presidente

1 – Junto do Presidente funciona um gabinete dirigido por um chefe de gabinete e composto por adjuntos e secretários pessoais, em número e com estatuto definidos na lei.

2 – O Gabinete coadjuva o Presidente no exercício das suas funções administrativas e presta-lhe assessoria técnica.

ARTIGO 23º
Competência do Presidente

1 – Compete ao Presidente do Supremo Tribunal Administrativo:

a) Representar o Tribunal e assegurar as suas relações com os demais órgãos de soberania e quaisquer autoridades;

b) Dirigir o Tribunal, superintender nos seus serviços e assegurar o seu funcionamento normal, emitindo as ordens de serviço que tenha por necessárias;

c) Propor ao Conselho Superior dos Tribunais Administrativos e Fiscais os critérios que devem presidir à distribuição, no respeito pelo princípio do juiz natural;

d) Planear e organizar os recursos humanos do Tribunal, assegurando uma equitativa distribuição de processos pelos juízes e o acompanhamento do seu trabalho;

e) Providenciar pela redistribuição equitativa dos processos, no caso de alteração do número de juízes;

f) Determinar os casos em que, por razões de uniformização de jurisprudência, no julgamento devem intervir todos os juízes da secção;

g) Fixar o dia e a hora das sessões;

h) Presidir às sessões e apurar o vencimento nas conferências;

i) Votar as decisões, em caso de empate;

j) Assegurar o andamento dos processos no respeito pelos prazos estabelecidos, podendo determinar a substituição provisória do relator, por redistribuição, em caso de impedimento prolongado;

l) Dar posse aos juízes do Supremo Tribunal Administrativo e aos presidentes dos tribunais centrais administrativos;

m) Solicitar o suprimento de necessidades de resposta adicional através do recurso à bolsa de juízes;

n) Estabelecer a forma mais equitativa de intervenção dos juízes-adjuntos;

o) Agregar transitoriamente a uma secção juízes de outra secção, a fim de acorrerem a necessidades temporárias de serviço;

p) Fixar os turnos de juízes;

q) Exercer a ação disciplinar sobre os funcionários de justiça em serviço no Tribunal, relativamente a penas de gravidade inferior à de multa;

r) Dar posse ao secretário do Tribunal;

s) Elaborar um relatório anual sobre o estado dos serviços;

t) Exercer as demais funções que lhe sejam atribuídas por lei.

2 – Compete ainda ao Presidente do Supremo Tribunal Administrativo conhecer dos conflitos de competência que ocorram entre:

a) Os plenos das secções;

b) As secções;

c) Os tribunais centrais administrativos;

d) Os tribunais centrais administrativos e os tribunais administrativos de círculo e tribunais tributários;

e) Os tribunais administrativos de círculo, tribunais tributários ou juízos de competência especializada, sediados nas áreas de jurisdição de diferentes tribunais centrais administrativos.

3 – O Presidente pode delegar nos vice-presidentes a competência para a prática de determinados atos ou sobre certas matérias e para presidir às sessões do pleno da secção e no secretário do Tribunal a competência para a correção dos processos.

SECÇÃO II
Secção de Contencioso Administrativo

ARTIGO 24º
Competência da Secção de Contencioso Administrativo

1 – Compete à Secção de Contencioso Administrativo do Supremo Tribunal Administrativo conhecer:

a) Dos processos em matéria administrativa relativos a ações ou omissões das seguintes entidades:

i) Presidente da República;
ii) Assembleia da República e seu Presidente;
iii) Conselho de Ministros;
iv) Primeiro-Ministro;
v) Tribunal Constitucional, Supremo Tribunal Administrativo, Tribunal de Contas, Tribunais Centrais Administrativos, assim como dos respetivos Presidentes;
vi) Conselho Superior de Defesa Nacional;
vii) Conselho Superior dos Tribunais Administrativos e Fiscais e seu Presidente;
viii) Procurador-Geral da República;
ix) Conselho Superior do Ministério Público;

b) Dos processos relativos a eleições previstas nesta lei;

c) Dos pedidos de adoção de providências cautelares relativos a processos da sua competência;

d) Dos pedidos relativos à execução das suas decisões;

e) Dos pedidos cumulados nos processos referidos na alínea *a*);

f) Das ações de regresso, fundadas em responsabilidade por danos resultantes do exercício das suas funções, propostas contra juízes do Supremo Tribunal Administrativo e dos tribunais centrais administrativos e magistrados do Ministério Público que exerçam funções junto destes tribunais, ou equiparados;

g) Dos recursos dos acórdãos que aos tribunais centrais administrativos caiba proferir em primeiro grau de jurisdição;

h) (*Revogada.*)

i) De outros processos cuja apreciação lhe seja deferida por lei.

2 – Compete ainda à Secção de Contencioso Administrativo do Supremo Tribunal Administrativo conhecer dos recursos de revista sobre matéria de direito interpostos de acórdãos da Secção de Contencioso Administrativo dos tribunais centrais administrativos e de decisões dos tribunais administrativos de círculo, segundo o disposto na lei de processo.

ARTIGO 25º
Competência do pleno da Secção

1 – Compete ao pleno da Secção de Contencioso Administrativo do Supremo Tribunal Administrativo conhecer:

a) Dos recursos de acórdãos proferidos pela Secção em 1º grau de jurisdição;

b) Dos recursos para uniformização de jurisprudência.

2 – Compete ainda ao pleno da Secção de Contencioso Administrativo do Supremo Tribunal Administrativo pronunciar-se, nos termos estabelecidos na lei de processo, relativamente ao sentido em que deve ser resolvida, por um tribunal administrativo de círculo, questão de direito nova que suscite dificuldades sérias e se possa vir a colocar noutros litígios.

SECÇÃO III
Secção de Contencioso Tributário

ARTIGO 26º
Competência da Secção de Contencioso Tributário

Compete à Secção de Contencioso Tributário do Supremo Tribunal Administrativo conhecer:

a) Dos recursos dos acórdãos da Secção de Contencioso Tributário dos tribunais centrais administrativos, proferidos em 1º grau de jurisdição;

b) Dos recursos interpostos de decisões de mérito dos tribunais tributários, com exclusivo fundamento em matéria de direito;

c) Dos recursos de atos administrativos do Conselho de Ministros respeitantes a questões fiscais;

d) Dos requerimentos de adoção de providências cautelares respeitantes a processos da sua competência;

e) Dos pedidos relativos à execução das suas decisões;

f) Dos pedidos de produção antecipada de prova, formulados em processo nela pendente;

g) (*Revogada.*)

h) De outras matérias que lhe sejam deferidas por lei.

ARTIGO 27º
Competência do pleno da Secção

1 – Compete ao pleno da Secção de Contencioso Tributário do Supremo Tribunal Administrativo conhecer:

a) Dos recursos de acórdãos proferidos pela Secção em 1º grau de jurisdição;

b) Dos recursos para uniformização de jurisprudência.

2 – Compete ainda ao pleno da Secção de Contencioso Tributário do Supremo Tribunal Administrativo pronunciar-se, nos termos estabelecidos na lei de processo, relativamente ao sentido em que deve ser resolvida, por um tribunal tributário, questão de direito nova que suscite dificuldades sérias e se possa vir a colocar noutros litígios.

SECÇÃO IV
Plenário

ARTIGO 28º
Composição

O plenário do Supremo Tribunal Administrativo é constituído pelo presidente do Tribunal, pelos vice-presidentes e, nos termos do artigo 30º, por outros juízes de ambas as secções.

ARTIGO 29º
Competência

1 – Compete ao Plenário do Supremo Tribunal Administrativo conhecer dos recursos para uniformização de jurisprudência, quando exista contradição entre acórdãos de ambas as Secções do Supremo Tribunal Administrativo.

2 – O recurso para uniformização de jurisprudência, quando exista contradição sobre a mesma questão fundamental de direito entre acórdãos de ambas as Secções do Supremo Tribunal Administrativo, segue a tramitação prevista para o recurso de uniformização de jurisprudência previsto na lei processual administrativa, com as devidas adaptações, e as seguintes especificidades:

a) A legitimidade ativa cabe apenas ao representante do Ministério Público junto do Supremo Tribunal Administrativo, que deve interpor o recurso no prazo de 30 dias contado do trânsito em julgado do acórdão em oposição, identificando a contradição nas decisões relativas à mesma questão fundamental de direito e os acórdãos em oposição;

b) A decisão emitida nos termos da presente disposição não afeta as decisões constantes dos acórdãos em oposição ou qualquer decisão judicial anterior, nem as situações jurídicas ao seu abrigo constituídas, destinando-se unicamente à emissão de acórdão de uniformização sobre o conflito de jurisprudência.

ARTIGO 30º
Funcionamento

1 – No exercício da competência prevista no nº 1 do artigo anterior intervêm os 5 juízes mais antigos de cada secção.

2 – A distribuição dos processos é feita entre os juízes intervenientes, incluindo os vice-presidentes.

3 – A fim de assegurar a unidade de aplicação do direito, quando a importância jurídica da questão, a sua novidade, as divergências suscitadas ou outras razões ponderosas o justifiquem, o julgamento pode efetuar-se com intervenção de todos os juízes do tribunal, desde que o presidente, ouvidos os vice-presidentes, assim o determine, devendo ser assegurada a paridade entre as secções.

4 – Não podem intervir os juízes que tenham votado as decisões em conflito, exceto quando algum dos acórdãos em oposição tenha sido proferido pelo pleno da respetiva secção.

CAPÍTULO IV
Tribunais centrais administrativos

SECÇÃO I
Disposições gerais

ARTIGO 31º
Sede, jurisdição e poderes de cognição

1 – São tribunais centrais administrativos o Tribunal Central Administrativo Sul, com sede em Lisboa, e o Tribunal Central Administrativo Norte, com sede no Porto.

2 – As áreas de jurisdição dos tribunais centrais administrativos são determinadas por decreto-lei.

3 – Os tribunais centrais administrativos conhecem de matéria de facto e de direito.

4 – Os tribunais centrais administrativos são declarados instalados por portaria do membro do Governo responsável pela área da justiça, que fixa os respetivos quadros.

ARTIGO 32º
Organização

1 – Cada tribunal central administrativo compreende duas secções, uma de contencioso administrativo e outra de contencioso tributário.

2 – Cada uma das secções pode dividir-se por subsecções, às quais se aplica o disposto para a secção respetiva.

ARTIGO 33º
Presidência dos tribunais centrais administrativos

1 – Cada tribunal central administrativo tem um presidente, coadjuvado por dois vice-presidentes, um por cada secção.

2 – Salvo se não existirem juízes com essa categoria, os presidentes dos tribunais centrais administrativos são eleitos de entre os juízes com a categoria de conselheiro que exerçam funções no tribunal.

3 – À eleição do presidente e dos vice-presidentes são aplicáveis, com as necessárias adaptações, as disposições estabelecidas para idênticos cargos no Supremo Tribunal Administrativo.

4 – O mandato do presidente e dos vice-presidentes dos tribunais centrais administrativos tem a duração de cinco anos, não sendo permitida a reeleição.

5 – A substituição do presidente é assegurada pelos vice-presidentes, a começar pelo mais antigo.

6 – Os vice-presidentes substituem-se reciprocamente e a substituição destes cabe ao juiz mais antigo da respetiva secção.

ARTIGO 34º
Composição, preenchimento das secções e regime das sessões

1 – As secções dos tribunais centrais administrativos são compostas pelo presidente do tribunal, pelo vice-presidente respetivo e pelos restantes juízes.

2 – São aplicáveis aos tribunais centrais administrativos, com as necessárias adaptações, as disposições estabelecidas para o Supremo Tribunal Administrativo quanto ao preenchimento das secções e ao regime das sessões de julgamento.

ARTIGO 35º
Formação de julgamento

1 – O julgamento em cada secção compete ao relator e a dois outros juízes.

2 – As decisões são tomadas em conferência.

3 – É aplicável aos adjuntos o disposto no artigo 18º.

ARTIGO 36º
Competência dos presidentes dos tribunais centrais administrativos

1 – Compete ao presidente de cada tribunal central administrativo:

a) Representar o tribunal e assegurar as relações deste com os demais órgãos de soberania e quaisquer autoridades;

b) Dirigir o tribunal, superintender nos seus serviços e assegurar o seu funcionamento normal, emitindo as ordens de serviço que tenha por necessárias;

c) Nomear, no âmbito do contencioso administrativo, os árbitros que, segundo a lei de arbitragem voluntária, são designados pelo presidente do tribunal da Relação;

d) Propor ao Conselho Superior dos Tribunais Administrativos e Fiscais os critérios que devem presidir à distribuição, no respeito pelo princípio do juiz natural;

e) Planear e organizar os recursos humanos do tribunal, assegurando uma equitativa distribuição de processos pelos juízes e o acompanhamento do seu trabalho;

f) Providenciar pela redistribuição equitativa dos processos, no caso de alteração do número de juízes;

g) Determinar os casos em que, por razões de uniformização de jurisprudência, no julgamento devem intervir todos os juízes da secção;

h) Fixar o dia e a hora das sessões;

i) Presidir às sessões e apurar o vencimento nas conferências;

j) Votar as decisões em caso de empate;

l) Assegurar o andamento dos processos no respeito pelos prazos estabelecidos, podendo determinar a substituição provisória do relator, por redistribuição, em caso de impedimento prolongado;

m) Solicitar o suprimento de necessidades de resposta adicional através do recurso à bolsa de juízes;

n) Estabelecer a forma mais equitativa de intervenção dos juízes-adjuntos;

o) Agregar transitoriamente a uma secção juízes de outra secção, a fim de acorrerem a necessidades temporárias de serviço;

p) Fixar os turnos de juízes;

q) Exercer a ação disciplinar sobre os funcionários de justiça em serviço no tribunal, relativamente a penas de gravidade inferior à de multa;

r) Dar posse ao secretário do tribunal;

s) Elaborar um relatório anual sobre o estado dos serviços;

t) Conhecer dos conflitos de competência entre tribunais administrativos de círculo, tribunais tributários ou juízos de competência especializada, da área de jurisdição do respetivo tribunal central administrativo;

u) Exercer as demais funções que lhe sejam atribuídas por lei.

2 – O presidente é apoiado administrativamente por um secretário pessoal, nos termos a fixar em diploma complementar.

3 – O presidente pode delegar nos vice-presidentes a competência para a prática de determinados atos ou sobre certas matérias e no secretário do tribunal a competência para a correção dos processos.

SECÇÃO II
Secção de Contencioso Administrativo

ARTIGO 37º
Competência da Secção de Contencioso Administrativo

Compete à Secção de Contencioso Administrativo de cada tribunal central administrativo conhecer:

a) Dos recursos das decisões dos tribunais administrativos de círculo para os quais não seja competente o Supremo Tribunal Administrativo, segundo o disposto na lei de processo;

b) Dos recursos de decisões proferidas por tribunal arbitral sobre matérias de contencioso administrativo, salvo o disposto em lei especial;

c) Das ações de regresso, fundadas em responsabilidade por danos resultantes do exercício das suas funções, propostas contra juízes dos tribunais administrativos de círculo e dos tribunais tributários, bem como dos magistrados do Ministério Público que prestem serviço junto desses tribunais;

d) Dos pedidos de execução das suas decisões proferidas em 1ª instância;

e) Dos demais processos que por lei sejam submetidos ao seu julgamento.

SECÇÃO III
Secção de Contencioso Tributário

ARTIGO 38º
Competência da Secção de Contencioso Tributário

Compete à Secção de Contencioso Tributário de cada tribunal central administrativo conhecer:

a) Dos recursos de decisões dos tribunais tributários, salvo o disposto na alínea *b*) do artigo 26º;

b) Dos recursos de atos administrativos respeitantes a questões fiscais praticados por membros do Governo;

c) (*Revogada.*)

d) Dos pedidos de adoção de providências cautelares relativos a processos da sua competência;

e) Dos pedidos de execução das suas decisões;

f) Dos pedidos de produção antecipada de prova formulados em processo nela pendente;

g) Dos demais meios processuais que por lei sejam submetidos ao seu julgamento.

CAPÍTULO V
Tribunais administrativos de círculo

ARTIGO 39º
Sede, área de jurisdição e instalação

1 – A sede dos tribunais administrativos de círculo e as respetivas áreas de jurisdição são determinadas por decreto-lei.

2 – O número de magistrados em cada tribunal administrativo de círculo é fixado por portaria dos membros do Governo responsáveis pelas áreas das finanças e da justiça.

3 – Os tribunais administrativos de círculo são declarados instalados por portaria do membro do Governo responsável pela área da justiça.

4 – Para efeitos de presidência e administração dos tribunais administrativos de círculo, o território nacional divide-se em zonas geográficas, sendo a gestão dos tribunais situados em cada zona geográfica centralizada na sede da mesma.

5 – A definição das zonas geográficas, bem como a sede e a área territorial correspondentes a cada uma daquelas, é efetuada por portaria dos membros do Governo responsáveis pelas áreas das finanças e da justiça.[31]

ARTIGO 40º
Funcionamento

1 – Exceto nos casos em que a lei processual administrativa preveja o julgamento em formação alargada, os tribunais administrativos de círculo funcionam apenas com juiz singular, a cada juiz competindo a decisão, de facto e de direito, dos processos que lhe sejam distribuídos.[32]

ARTIGO 41º
Intervenção de todos os juízes do tribunal

1 – Quando à sua apreciação se coloque uma questão de direito nova que suscite dificuldades sérias e se possa vir a colocar noutros litígios, pode o presidente do tribunal determinar que o julgamento se faça com a intervenção de todos os juízes do tribunal, sendo o quórum de dois terços, nos termos previstos na lei de processo.[33]

ARTIGO 42º
Substituição dos juízes

1 – Os juízes são substituídos pelo que imediatamente se lhes segue na ordem de antiguidade em cada tribunal.

2 – Quando não se possa efetuar segundo o disposto no número anterior, designadamente para a formação de coletivos em tribunais com reduzido número

[31] A Portaria nº 366/2019, de 10 de outubro, fixou as zonas geográficas a que se referem os nºs 4 e 5 deste artigo.

[32] O disposto nos nºs 2 e 3 deste artigo foi revogado.

[33] O previsto no nº 2 deste artigo foi revogado.

de juízes, a substituição defere-se a juízes de qualquer dos outros tribunais administrativos e tributários.

3 – Nos tribunais localizados nas Regiões Autónomas dos Açores e da Madeira, verificando-se a impossibilidade de substituição nos termos do número anterior, a substituição defere-se, sucessivamente, ao juiz do tribunal judicial, ao conservador do registo predial, ao conservador do registo comercial ou ao conservador do registo civil em serviço nos tribunais ou conservatórias sediados na mesma localidade.

ARTIGO 43º
Presidente do tribunal

1 – Em cada zona geográfica existe um presidente, nomeado pelo Conselho Superior dos Tribunais Administrativos e Fiscais para um mandato de três anos, com poderes relativamente a todos os tribunais administrativos de círculo e tribunais tributários aí situados.

2 – O mandato pode ser renovado por uma vez, por igual período, mediante avaliação favorável do Conselho Superior dos Tribunais Administrativos e Fiscais, ponderando o exercício dos poderes de gestão e os resultados obtidos.

3 – A nomeação do juiz presidente, e a renovação do respetivo mandato, são obrigatoriamente precedidas da audição dos juízes que exercem as suas funções nos tribunais da respetiva zona geográfica.

4 – Os presidentes são nomeados em comissão de serviço, que não dá lugar à abertura de vaga, de entre juízes que:

a) Exerçam funções efetivas como juízes desembargadores e possuam classificação não inferior a Bom com distinção; ou

b) Exerçam funções efetivas como juízes de Direito e possuam 10 anos de serviço efetivo nos tribunais administrativos e classificação não inferior a Bom com distinção.

5 – A nomeação para o exercício das funções de presidente pressupõe a habilitação prévia com curso de formação próprio, o qual inclui as seguintes áreas de competências:

a) Organização e atividade administrativa;

b) Organização do sistema judicial e administração do tribunal;

c) Gestão do tribunal e gestão processual;

d) Simplificação e agilização processuais;

e) Avaliação e planeamento;

f) Gestão de recursos humanos e liderança;

g) Gestão dos recursos orçamentais, materiais e tecnológicos;

h) Informação e conhecimento;

i) Qualidade, inovação e modernização.

6 – O curso de formação a que se refere o número anterior é ministrado pelo Centro de Estudos Judiciários com a colaboração de outras entidades formadoras, nos termos definidos por portaria do membro do Governo responsável pela área da justiça, que aprova o respetivo regulamento.

ARTIGO 43º-A
Competência do presidente do tribunal

1 – Sem prejuízo da autonomia do Ministério Público e do poder de delegação, o presidente possui poderes de representação e direção, de gestão processual, administrativas e funcionais.

2 – O presidente possui os seguintes poderes de representação e direção:

a) Representar e dirigir os tribunais situados na zona geográfica da respetiva presidência;

b) Acompanhar a realização dos objetivos fixados para os serviços dos tribunais situados na zona geográfica da respetiva presidência por parte dos funcionários;

c) Promover a realização de reuniões de planeamento e de avaliação dos resultados do tribunal, com a participação dos juízes e funcionários;

d) Adotar ou propor às entidades competentes medidas, nomeadamente, de desburocratização, simplificação de procedimentos, utilização das tecnologias de informação e transparência do sistema de justiça;

e) Ser ouvido pelo Conselho Superior dos Tribunais Administrativos e Fiscais, sempre que seja ponderada a realização de sindicâncias relativamente a qualquer dos tribunais situados na zona geográfica da respetiva presidência;

f) Ser ouvido pelo Conselho dos Oficiais de Justiça, sempre que seja ponderada a realização de inspeções extraordinárias quanto aos funcionários de qualquer dos tribunais situados na zona geográfica da respetiva presidência ou de sindicâncias relativamente às respetivas secretarias;

g) Elaborar, para apresentação ao Conselho Superior dos Tribunais Administrativos e Fiscais, um relatório semestral sobre o estado dos serviços e a qualidade da resposta, dando conhecimento do mesmo à Procuradoria-Geral da República e à Direção-Geral da Administração da Justiça (DGAJ).

3 – O presidente do tribunal possui as seguintes competências funcionais:

a) Dar posse aos juízes e ao administrador judiciário;

b) Elaborar os mapas e turnos de férias dos juízes e submetê-los a aprovação do Conselho Superior dos Tribunais Administrativos e Fiscais;

c) Autorizar o gozo de férias dos funcionários e aprovar os respetivos mapas anuais;

d) Exercer a ação disciplinar sobre os trabalhadores em serviço nos tribunais situados na zona geográfica da respetiva presidência, relativamente a pena de gravidade inferior à de multa e, nos restantes casos, instaurar processo disciplinar, se a infração ocorrer num dos referidos tribunais;

e) Nomear um juiz substituto, em caso de impedimento do substituto legal;

f) Participar no processo de avaliação dos oficiais de justiça, nos termos da legislação específica aplicável, com exceção daqueles em funções nos serviços do Ministério Público, sendo-lhe dado conhecimento dos relatórios das inspeções aos serviços e das avaliações, respeitando a proteção dos dados pessoais.

4 – O presidente do tribunal possui as seguintes competências de gestão processual:

a) Implementar métodos de trabalho e objetivos mensuráveis para cada unidade orgânica, sem prejuízo das competências e atribuições nessa matéria por parte do Conselho Superior dos Tribunais Administrativos e Fiscais, designadamente na fixação dos indicadores do volume processual adequado;

b) Acompanhar e avaliar a atividade dos tribunais situados na zona geográfica da respetiva presidência, nomeadamente a qualidade do serviço de justiça prestado aos cidadãos;

c) Acompanhar o movimento processual dos tribunais situados na zona geográfica da respetiva presidência, designadamente assegurando uma equitativa distribuição de processos pelos juízes e identificando os processos pendentes por tempo considerado excessivo ou que não são resolvidos em prazo considerado razoável, e informar o Conselho Superior dos Tribunais Administrativos e Fiscais, propondo as medidas que se justifiquem, designadamente o suprimento de necessidades de resposta adicional através do recurso à bolsa de juízes;

d) Promover a aplicação de medidas de simplificação e agilização processuais, designadamente determinando os casos em que, para uniformização de jurisprudência, devem intervir no julgamento todos os juízes do tribunal, presidindo às respetivas sessões e votando as decisões em caso de empate;

e) Propor ao Conselho Superior dos Tribunais Administrativos e Fiscais a criação de juízos administrativos e tributários de competência especializada, e a criação de vagas mistas nos mesmos, respeitado o princípio da especialização dos magistrados, ponderadas as necessidades dos serviços e o volume processual existente;

f) Propor ao Conselho Superior dos Tribunais Administrativos e Fiscais a reafetação dos juízes, tendo em vista uma distribuição racional e eficiente do serviço;

g) Proceder à reafetação de funcionários, dentro dos limites legalmente definidos;

h) Solicitar o suprimento de necessidades de resposta adicional, nomeadamente através do recurso ao quadro complementar de juízes.

5 – O presidente do tribunal possui as seguintes competências administrativas:

a) Elaborar o projeto de orçamento para os tribunais da zona geográfica da respetiva presidência, ouvido o magistrado do Ministério Público coordenador e o administrador judiciário;

b) Elaborar os planos anuais e plurianuais de atividades e relatórios de atividades;

c) Elaborar os regulamentos internos dos serviços judiciais, ouvido o magistrado do Ministério Público coordenador e o administrador judiciário;

d) Propor as alterações orçamentais consideradas adequadas, ouvido o magistrado do Ministério Público coordenador e o administrador judiciário;

e) Participar na conceção e execução das medidas de organização e modernização dos tribunais;

f) Planear as necessidades de recursos humanos.

6 – O Presidente exerce ainda as competências que resultem da aplicação subsidiária das competências previstas para o Presidente do tribunal de comarca, nos termos da Lei da Organização do Sistema Judiciário, com as necessárias adaptações, e as que lhe forem delegadas pelo Conselho Superior dos Tribunais Administrativos e Fiscais.

7 – As competências referidas no nº 5 podem ser delegadas no administrador.

8 – Dos atos e regulamentos administrativos emitidos pelo presidente do tribunal cabe recurso necessário, no prazo de 30 dias, para o Conselho Superior dos Tribunais Administrativos e Fiscais.

9 – Para efeitos do acompanhamento da atividade do tribunal, incluindo os elementos relativos à duração dos processos e à produtividade, são disponibilizados dados informatizados do sistema judicial, no respeito pela proteção dos dados pessoais.

ARTIGO 44º
Competência dos tribunais administrativos de círculo

1 – Compete aos tribunais administrativos de círculo conhecer, em primeira instância, de todos os processos do âmbito da jurisdição administrativa e fiscal que incidam sobre matéria administrativa e cuja competência, em primeiro grau de jurisdição, não esteja reservada aos tribunais superiores.

2 – Compete ainda aos tribunais administrativos de círculo satisfazer as diligências pedidas por carta, ofício ou outros meios de comunicação que lhes sejam dirigidos por outros tribunais administrativos.

3 – Os agentes de execução desempenham as suas funções nas execuções que sejam da competência dos tribunais administrativos.

ARTIGO 44º-A
Competência dos juízos administrativos especializados

1 – Quando tenha havido desdobramento em juízos de competência especializada, nos termos do disposto no artigo 9º, compete:

a) Ao juízo administrativo comum conhecer de todos os processos do âmbito da jurisdição administrativa e fiscal que incidam sobre matéria administrativa e cuja competência não esteja atribuída a outros juízos de competência especializada, bem como exercer as demais competências atribuídas aos tribunais administrativos de círculo;

b) Ao juízo administrativo social, conhecer de todos os processos relativos a litígios emergentes do vínculo de trabalho em funções públicas e da sua formação, ou relacionados com formas públicas ou privadas de proteção social, incluindo os relativos ao pagamento de créditos laborais por parte do Fundo de Garantia Salarial, e das demais matérias que lhe sejam deferidas por lei;

c) Ao juízo de contratos públicos, conhecer de todos os processos relativos à validade de atos pré-contratuais e interpretação, à validade e execução de contratos administrativos ou de quaisquer outros contratos celebrados nos termos da legislação sobre contratação pública, por pessoas coletivas de direito público ou outras entidades adjudicantes, e à sua formação, incluindo a efetivação de responsabilidade civil pré-contratual e contratual, e das demais matérias que lhe sejam deferidas por lei;

d) Ao juízo de urbanismo, ambiente e ordenamento do território, conhecer de todos os processos relativos a litígios em matéria de urbanismo, ambiente e ordenamento do território sujeitos à competência dos tribunais administrativos, e das demais matérias que lhe sejam deferidas por lei.

2 – Quando se cumulem pedidos entre os quais haja uma relação de dependência ou subsidiariedade, deve a ação ser proposta no juízo competente para a apreciação do pedido principal.

CAPÍTULO VI
Tribunais tributários

ARTIGO 45º
Sede, área de jurisdição e instalação

1 – A sede dos tribunais tributários, e as respetivas áreas de jurisdição, são determinadas por decreto-lei.

2 – O número de magistrados em cada tribunal tributário é fixado por portaria dos membros do Governo responsáveis pelas áreas das finanças e da justiça.

3 – É aplicável aos tribunais tributários o disposto no presente Estatuto relativamente aos tribunais administrativos de círculo, quanto à presidência, administração, definição das zonas geográficas, instalação, bem como a sede e a área territorial correspondentes a cada uma daquelas.[34]

ARTIGO 46º
Funcionamento

1 – Os tribunais tributários funcionam com juiz singular, a cada juiz competindo o julgamento, de facto e de direito, dos processos que lhe sejam distribuídos.

2 – Quando à sua apreciação se coloque uma questão de direito nova que suscite dificuldades sérias e se possa vir a colocar noutros litígios, pode o presidente do tribunal determinar que o julgamento se faça com a intervenção de todos os juízes do tribunal, sendo o quórum de dois terços, nos termos previstos na lei de processo.[35]

ARTIGO 47º
Substituição dos juízes

1 – Os juízes são substituídos pelo que imediatamente se lhes segue na ordem de antiguidade em cada tribunal.

2 – Quando não se possa efetuar segundo o disposto no número anterior, designadamente para a formação de coletivos em tribunais com reduzido número de juízes, a substituição defere-se a juízes de qualquer dos outros tribunais administrativos e tributários.

3 – Nos tribunais localizados nas Regiões Autónomas dos Açores e da Madeira, verificando-se a impossibilidade de substituição nos termos do número anterior, a substituição defere-se, sucessivamente, ao juiz do tribunal judicial, ao conservador do registo predial, ao conservador do registo comercial ou ao conservador do registo civil em serviço nos tribunais ou conservatórias sediados na mesma localidade.[36]

[34] A Portaria nº 366/2019, de 10 de outubro, fixou as zonas geográficas a que o nº 3 deste artigo se refere.

[35] O disposto no 3 deste artigo foi revogado.

[36] O previsto no artigo 48º foi revogado.

ARTIGO 49º
Competência dos tribunais tributários

1 – Sem prejuízo do disposto no artigo seguinte, compete aos tribunais tributários conhecer:

a) Das ações de impugnação:

i) Dos atos de liquidação de receitas fiscais estaduais, regionais ou locais, e parafiscais, incluindo o indeferimento total ou parcial de reclamações desses atos;

ii) Dos atos de fixação dos valores patrimoniais e dos atos de determinação de matéria tributável suscetíveis de impugnação judicial autónoma;

iii) Dos atos praticados pela entidade competente nos processos de execução fiscal;

iv) Dos atos administrativos respeitantes a questões fiscais que não sejam atribuídos à competência de outros tribunais;

b) Da impugnação de decisões de aplicação de coimas e sanções acessórias em matéria fiscal;

c) Das ações destinadas a obter o reconhecimento de direitos ou interesses legalmente protegidos em matéria fiscal;

d) Dos incidentes, embargos de terceiro, reclamação da verificação e graduação de créditos, anulação da venda, oposições e impugnação de atos lesivos, bem como de todas as questões relativas à legitimidade dos responsáveis subsidiários, levantadas nos processos de execução fiscal;

e) Dos seguintes pedidos:

i) De declaração da ilegalidade de normas administrativas emitidas em matéria fiscal;

ii) De produção antecipada de prova, formulados em processo neles pendente ou a instaurar em qualquer tribunal tributário;

iii) De providências cautelares para garantia de créditos fiscais;

iv) De providências cautelares relativas aos atos administrativos impugnados ou impugnáveis e as normas referidas na subalínea *i*) desta alínea;

v) De execução das suas decisões;

vi) De intimação de qualquer autoridade fiscal para facultar a consulta de documentos ou processos, passar certidões e prestar informações;

f) Das demais matérias que lhes sejam deferidas por lei.

2 – Compete ainda aos tribunais tributários cumprir os mandatos emitidos pelo Supremo Tribunal Administrativo ou pelos tribunais centrais administrativos e satisfazer as diligências pedidas por carta, ofício ou outros meios de comunicação que lhe sejam dirigidos por outros tribunais tributários.

3 – Os agentes de execução desempenham as suas funções nas execuções que sejam da competência dos tribunais tributários, sem prejuízo das competências próprias dos órgãos da administração tributária.

ARTIGO 49º-A
Competência dos juízos tributários especializados

1 – Quando tenha havido desdobramento em juízos de competência especializada, nos termos do disposto no artigo 9º-A, compete:

a) Ao juízo tributário comum, conhecer de todos os processos que incidam sobre matéria tributária e cuja competência não esteja atribuída ao juízo de execução fiscal e de recursos contraordenacionais, bem como exercer as demais competências atribuídas aos tribunais tributários;

b) Ao juízo de execução fiscal e de recursos contraordenacionais, conhecer de todos os processos relativos a litígios emergentes de execuções fiscais e de contraordenações tributárias.[37]

ARTIGO 50º
Competência territorial

À determinação da competência territorial dos tribunais tributários são subsidiariamente aplicáveis os critérios definidos para os tribunais administrativos de círculo.

CAPÍTULO VII
Ministério Público

ARTIGO 51º
Funções

Compete ao Ministério Público representar o Estado, defender a legalidade democrática e promover a realização do interesse público, exercendo, para o efeito, os poderes que a lei lhe confere.

ARTIGO 52º
Representação

1 – O Ministério Público é representado:

a) No Supremo Tribunal Administrativo, pelo Procurador-Geral da República, que pode fazer-se substituir por procuradores-gerais-adjuntos;

b) Nos tribunais centrais administrativos, por procuradores-gerais-adjuntos;

c) Nos tribunais administrativos de círculo e nos tribunais tributários, por procuradores-gerais-adjuntos e procuradores da República.

2 – Os procuradores-gerais-adjuntos em serviço no Supremo Tribunal Administrativo e nos tribunais centrais administrativos podem ser coadjuvados por procuradores da República.

3 – A nomeação, a colocação, a transferência, a promoção, a exoneração, a apreciação do mérito profissional, o exercício da ação disciplinar e, em geral, a prática de todos os atos de idêntica natureza respeitantes aos magistrados do Ministério Público, segue os termos previstos no Estatuto do Ministério Público.

ARTIGO 52º-A
Magistrado do Ministério Público coordenador

1 – A representação do Ministério Público junto dos tribunais administrativos e fiscais é a que resulta do disposto no Estatuto do Ministério Público e na presente lei.

[37] O disposto nas alíneas *c*) e *d*) do nº 1 e nos nºs 2 a 5 foi revogado.

2 – O magistrado do Ministério Público coordenador da procuradoria da República administrativa e fiscal exerce as seguintes competências:

a) As previstas no Estatuto do Ministério Público e na presente lei;

b) As que resultem da aplicação subsidiária das competências previstas para o magistrado do Ministério Público coordenador de comarca, nos termos da Lei da Organização do Sistema Judiciário, com as necessárias adaptações.[38]

CAPÍTULO VIII
Fazenda Pública

ARTIGO 53º
Intervenção da Fazenda Pública

A Fazenda Pública defende os seus interesses nos tribunais tributários através de representantes seus.

ARTIGO 54º
Representação da Fazenda Pública

1 – A representação da Fazenda Pública compete:

a) Nas secções de contencioso tributário do Supremo Tribunal Administrativo e dos tribunais centrais administrativos, ao diretor-geral da Autoridade Tributária e Aduaneira, que pode ser representado pelos respetivos subdiretores-gerais ou por trabalhadores em funções públicas daquela Autoridade licenciados em Direito ou em Solicitadoria;

b) (*Revogada.*)

c) Nos tribunais tributários, ao diretor-geral da Autoridade Tributária e Aduaneira, que pode ser representado pelos diretores de finanças e diretores de alfândega da respetiva área de jurisdição ou por trabalhadores em funções públicas daquela Autoridade licenciados em Direito ou em Solicitadoria.

2 – Os diretores de finanças e os diretores de alfândega podem ser representados por funcionários da Autoridade Tributária e Aduaneira licenciados em Direito ou em Solicitadoria.

3 – Quando estejam em causa receitas fiscais lançadas e liquidadas pelas autarquias locais, a Fazenda Pública é representada por licenciado em Direito ou em Solicitadoria, ou por advogado ou solicitador designado para o efeito pela respetiva autarquia.

ARTIGO 55º
Poderes dos representantes

Os representantes da Fazenda Pública gozam dos poderes e faculdades previstos na lei.

[38] A Portaria nº 367/2019, de 10 de outubro, estabelece a aplicação ao exercício de funções de magistrado do Ministério Público coordenador o regulamento do curso de formação específico aprovado pela Portaria nº 46/2017, de 31 de janeiro.

CAPÍTULO IX
Serviços administrativos

ARTIGO 56º
Administração, serviços de apoio e assessores

1 – Em cada uma das zonas geográficas referidas no nº 4 do artigo 39º existe um administrador judiciário, que, ainda que no exercício de competências próprias, atua sob a orientação genérica do juiz presidente, excecionados os assuntos que respeitem exclusivamente ao funcionamento dos serviços do Ministério Público, caso em que atua sob orientação genérica do magistrado do Ministério Público coordenador, sendo aplicáveis, com as devidas adaptações, as disposições legais e regulamentares relativas aos tribunais judiciais.[39]

2 – Em cada uma das zonas geográficas referidas no nº 4 do artigo 39º existe também um conselho de gestão, que integra o juiz presidente do tribunal, que preside, o magistrado do Ministério Público coordenador e o administrador judiciário, e um conselho consultivo, sendo aplicáveis, com as devidas adaptações, as disposições legais e regulamentares relativas aos tribunais judiciais.

3 – No Supremo Tribunal Administrativo e nos tribunais centrais administrativos existe um conselho de administração, constituído pelo presidente do tribunal, pelos vice-presidentes, pelo secretário do tribunal e pelo responsável pelos serviços de apoio administrativo e financeiro, sendo aplicável o disposto a propósito dos tribunais judiciais.

4 – Os tribunais da jurisdição administrativa e fiscal dispõem de serviços administrativos de apoio, regulados na lei.

5 – Sem prejuízo do disposto no artigo seguinte, os tribunais da jurisdição administrativa e fiscal dispõem de assessores que coadjuvam os magistrados judiciais.

ARTIGO 56º-A
Gabinetes de apoio

1 – É criado, na dependência orgânica do Conselho Superior dos Tribunais Administrativos e Fiscais, um gabinete de apoio aos magistrados da jurisdição administrativa e fiscal.

2 – Os tribunais administrativos de círculo e os tribunais tributários, bem como os tribunais centrais administrativos podem ser dotados de gabinetes de apoio destinados a assegurar assessoria e consultadoria técnica aos juízes, ao presidente do respetivo tribunal, e aos magistrados do Ministério Público, nos termos definidos para os gabinetes de apoio dos tribunais judiciais, com as necessárias adaptações.

3 – Aos especialistas dos gabinetes de apoio é aplicável o regime de impedimentos estabelecido na lei do processo civil para os juízes, com as necessárias adaptações.[40]

[39] A Portaria nº 367/2019, de 10 de outubro, determina a aplicação ao exercício de funções de administrador judiciário o regulamento do curso de formação específico aprovado pela Portaria nº 46/2017, de 31 de janeiro.

[40] O disposto nos nºs 4 a 6 deste artigo foi revogado.

TÍTULO II
Estatuto dos juízes

CAPÍTULO I
Disposições gerais

ARTIGO 57º
Regras estatutárias

Os juízes da jurisdição administrativa e fiscal formam um corpo único e regem-se pelo disposto na Constituição da República Portuguesa, por este Estatuto e demais legislação aplicável e, subsidiariamente, pelo Estatuto dos Magistrados Judiciais, com as necessárias adaptações.

ARTIGO 58º
Categoria e direitos dos juízes

1 – O Presidente, os vice-presidentes e os juízes do Supremo Tribunal Administrativo têm as honras, precedências, categorias, direitos, vencimentos e abonos que competem, respetivamente, ao Presidente, aos vice-presidentes e aos juízes do Supremo Tribunal de Justiça.

2 – Os presidentes, os vice-presidentes e os juízes dos tribunais centrais administrativos têm as honras, precedências, categorias, direitos, vencimentos e abonos que competem, respetivamente, aos presidentes, aos vice-presidentes e aos juízes dos tribunais da Relação.

3 – Os juízes dos tribunais administrativos de círculo e dos tribunais tributários têm as honras, precedências, categorias, direitos, vencimentos e abonos que competem aos juízes de direito.

4 – A progressão na carreira dos juízes da jurisdição administrativa e fiscal não depende do tribunal em que exercem funções.

5 – Os juízes dos tribunais administrativos e dos tribunais tributários ascendem à categoria de juiz de círculo após cinco anos de serviço nesses tribunais com a classificação de Bom com distinção.

ARTIGO 59º
Distribuição de publicações oficiais

1 – Os juízes da jurisdição administrativa e fiscal têm direito a receber gratuitamente o Diário da República, 1ª e 2ª séries e apêndices, o Diário da Assembleia da República e o Boletim do Ministério da Justiça, ou, em alternativa, têm acesso eletrónico gratuito aos suportes informáticos das publicações referidas.

2 – Os juízes dos tribunais sediados nas Regiões Autónomas também têm direito a receber as publicações oficiais das Regiões ou a ter acesso eletrónico gratuito aos respetivos suportes informáticos.

CAPÍTULO II
Recrutamento e provimento

SECÇÃO I
Disposições comuns[41]

ARTIGO 61º
Provimento das vagas

1 – As vagas de juízes dos tribunais superiores são preenchidas por transferência de outra secção ou de outro tribunal de idêntica categoria da jurisdição administrativa e fiscal, bem como por concurso.

2 – A admissão ao concurso, quando se trate do provimento das vagas referidas no número anterior, depende de graduação baseada na ponderação global dos seguintes fatores:

a) Classificação positiva obtida em prova escrita de acesso;

b) Anteriores classificações de serviço, no caso de o candidato ser um magistrado;

c) Graduação obtida em concurso;

d) Currículo universitário e pós-universitário;

e) Trabalhos científicos ou profissionais;

f) Atividade desenvolvida no foro, no ensino jurídico ou na Administração Pública;

g) Antiguidade;

h) Entrevista;

i) Outros fatores relevantes que respeitem à preparação específica, idoneidade e capacidade do candidato para o cargo.

3 – As vagas de juízes dos tribunais administrativos de círculo e dos tribunais tributários são preenchidas por transferência de outros tribunais administrativos de círculo ou tribunais tributários, bem como por concurso nos termos da lei que define o regime de ingresso nas magistraturas e de formação de magistrados.

ARTIGO 62º
Permuta

1 – É permitida a permuta entre juízes dos tribunais administrativos de círculo e dos tribunais tributários, bem como, nos tribunais superiores, entre juízes de diferentes secções do mesmo tribunal, quando tal não prejudique direitos de terceiros nem o andamento dos processos que lhes estejam distribuídos, e desde que tenham mais de dois anos de serviço no respetivo lugar.

2 – Em casos devidamente justificados, pode o Conselho Superior dos Tribunais Administrativos e Fiscais autorizar a permuta com dispensa do requisito temporal referido no número anterior.

[41] O disposto no artigo 60º, relativo aos requisitos e regime de provimento, foi revogado.

ARTIGO 63º
Quadro complementar de magistrados

1 – Em cada uma das áreas geográficas previstas no nº 4 do artigo 39º, existe uma bolsa de juízes para destacamento em tribunais administrativos de círculo e tribunais tributários em que se verifique a falta ou o impedimento dos titulares, a vacatura do lugar, ou o número ou a complexidade dos processos existentes o justifiquem.

2 – O número mínimo e máximo de juízes na bolsa referida no número anterior é fixado por portaria dos membros do Governo responsáveis pelas áreas das finanças e da justiça, sob proposta do Conselho Superior dos Tribunais Administrativos e Fiscais.

3 – Cabe ao Conselho Superior dos Tribunais Administrativos e Fiscais efetuar a gestão da bolsa de juízes.

4 – O destacamento é feito por período certo a fixar pelo Conselho, renovável enquanto se verifique a necessidade que o ditou, podendo cessar antes do prazo ou da sua renovação, a requerimento do interessado ou em consequência de aplicação de pena disciplinar de suspensão ou superior.

5 – À matéria do presente artigo é aplicável, com as devidas adaptações, o disposto no domínio da organização e funcionamento dos tribunais judiciais.

6 – O disposto nos números anteriores é aplicável, com as devidas adaptações, aos magistrados do Ministério Público, competindo ao Conselho Superior do Ministério Público, com faculdade de delegação, efetuar a gestão da bolsa e regular o destacamento dos respetivos magistrados.

ARTIGO 64º
Posse

1 – O Presidente do Supremo Tribunal Administrativo toma posse perante os juízes do Tribunal.

2 – Tomam posse perante o Presidente do Supremo Tribunal Administrativo:

a) Os vice-presidentes e os restantes juízes do Tribunal;

b) Os presidentes dos tribunais centrais administrativos.

3 – Tomam posse perante o presidente do tribunal central administrativo da respetiva jurisdição os vice-presidentes e os restantes juízes do tribunal.

4 – Os juízes dos tribunais administrativos de círculo e dos tribunais tributários tomam posse perante os respetivos presidentes e estes perante os seus substitutos.

SECÇÃO II
Supremo Tribunal Administrativo

ARTIGO 65º
Provimento

O provimento de vagas no Supremo Tribunal Administrativo é feito:

a) Por transferência de juízes de outra secção do Tribunal;

b) (*Revogada.*)

c) Por concurso.

ARTIGO 66º
Avaliação curricular, graduação e preenchimento de vagas

1 – Ao concurso para juiz do Supremo Tribunal Administrativo podem candidatar-se:

a) Juízes dos tribunais centrais administrativos com cinco anos de serviço nesses tribunais;

b) (*Revogada.*)

c) Procuradores-gerais-adjuntos com cinco anos de serviço nessa categoria, desde que tenham exercido funções durante 10 anos na jurisdição administrativa e fiscal, no Conselho Consultivo da Procuradoria-Geral da República ou como auditores jurídicos;

d) Juristas de reconhecido mérito com pelo menos 20 anos de comprovada experiência profissional, na área do direito público, nomeadamente através do exercício de funções públicas, da advocacia, da docência no ensino superior ou da investigação, ou ao serviço da Administração Pública.

2 – A graduação faz-se segundo o mérito relativo dos concorrentes de cada classe, tomando-se globalmente em conta a avaliação curricular, com prévia observância do disposto no número seguinte e, nomeadamente, tendo em consideração os seguintes fatores:

a) Anteriores classificações de serviço;

b) Graduação obtida em concursos de habilitação ou cursos de ingresso em cargos judiciais;

c) Currículo universitário e pós-universitário;

d) Trabalhos científicos realizados;

e) Atividade desenvolvida no âmbito forense ou no ensino jurídico;

f) Outros fatores que abonem a idoneidade dos requerentes para o cargo a prover.

3 – Os concorrentes defendem publicamente os seus currículos perante um júri com a seguinte composição:

a) Presidente do júri – o Presidente do Supremo Tribunal Administrativo, na qualidade de presidente do Conselho Superior dos Tribunais Administrativos e Fiscais;

b) Vogais:

- *i*) O juiz conselheiro mais antigo na categoria que seja membro do Conselho Superior dos Tribunais Administrativos e Fiscais;
- *ii*) Um membro do Conselho Superior dos Tribunais Administrativos e Fiscais, não pertencente à magistratura, a eleger por este órgão;
- *iii*) Um membro do Conselho Superior do Ministério Público, a eleger por este órgão;
- *iv*) Um professor universitário de Direito, com a categoria de professor catedrático, escolhido, nos termos do nº 6, pelo Conselho Superior dos Tribunais Administrativos e Fiscais;
- *v*) Um advogado com funções no Conselho Superior da Ordem dos Advogados, cabendo ao Conselho Superior dos Tribunais Administrativos e Fiscais solicitar à Ordem dos Advogados a respetiva indicação.

4 – O júri emite parecer sobre a prestação de cada um dos candidatos, a qual deve ser tomada em consideração pelo Conselho Superior dos Tribunais Administrativos e Fiscais na elaboração do acórdão definitivo sobre a lista de candidatos, devendo fundamentar a decisão sempre que houver discordância face ao parecer do júri.

5 – As deliberações são tomadas por maioria simples de votos, tendo o presidente do júri voto de qualidade em caso de empate.

6 – O Conselho Superior dos Tribunais Administrativos e Fiscais solicita, a cada uma das universidades, institutos universitários e outras escolas universitárias, públicos e privados, que ministrem o curso de Direito, a indicação, no prazo de 20 dias úteis, do nome de um professor de Direito, com a categoria de professor catedrático, procedendo, subsequentemente, à escolha do vogal a que se refere a subalínea *iv*) da alínea *b*) do nº 3, por votação, por voto secreto, de entre os indicados.

7 – O concurso é aberto para cada uma das secções e tem a validade de um ano, prorrogável até seis meses.

ARTIGO 67º
Quotas para o provimento

1 – O provimento de lugares no Supremo Tribunal Administrativo é efetuado por cada grupo de seis vagas em cada secção, pela ordem seguinte:

a) (*Revogada.*)

b) Quatro juízes de entre os indicados na alínea *a*) do artigo 65º e na alínea *a*) do nº 1 do artigo 66º, preferindo os primeiros aos segundos;

c) Um magistrado, dos referidos na alínea *c*) do nº 1 do artigo 66º;

d) Um jurista, de entre os referidos na alínea *d*) do nº 1 do artigo 66º.

2 – Na impossibilidade de observar a ordem indicada, são nomeados candidatos de outra alínea, sem prejuízo do restabelecimento, logo que possível, mas limitado ao período de quatro anos, da ordem estabelecida.

3 – O disposto no número anterior não é aplicável às vagas não preenchidas nos termos da alínea *d*) do nº 1, que não podem ser preenchidas por outros candidatos.

4 – O disposto nos nºs 3 a 5 do artigo 67º do Estatuto dos Magistrados Judiciais é aplicável ao exercício de funções no Supremo Tribunal Administrativo.

SECÇÃO III
Tribunais centrais administrativos

ARTIGO 68º
Provimento

O provimento de vagas nos tribunais centrais administrativos é feito:

a) Por transferência de juízes de outra secção do tribunal;

b) Por concurso.

ARTIGO 69º
Concurso

1 – Ao concurso para juiz dos tribunais centrais administrativos podem candidatar-se juízes dos tribunais administrativos de círculo e dos tribunais tributários com cinco anos de serviço nesses tribunais e classificação não inferior a Bom com distinção.

2 – A graduação faz-se segundo o mérito dos concorrentes de cada classe, tomando-se globalmente a avaliação curricular, com prévia observância do disposto no número seguinte, e, nomeadamente, tendo em consideração os seguintes fatores:

a) Anteriores classificações de serviço;

b) Graduação obtida em concursos de habilitação ou cursos de ingresso em cargos judiciais;

c) Currículo universitário e pós-universitário;

d) Trabalhos científicos realizados;

e) Atividade desenvolvida no âmbito forense ou no ensino jurídico;

f) Outros fatores que abonem a idoneidade dos requerentes para o cargo a prover.

3 – Os concorrentes defendem os seus currículos perante um júri com a seguinte composição:

a) Presidente do júri – o Presidente do Supremo Tribunal Administrativo, podendo fazer-se substituir por um dos vice-presidentes ou por outro membro do Conselho Superior dos Tribunais Administrativos e Fiscais com categoria igual ou superior à de juiz desembargador.

b) Vogais:

- *i*) Um magistrado membro do Conselho Superior dos Tribunais Administrativos e Fiscais com categoria não inferior à de juiz desembargador;
- *ii*) Dois membros do Conselho Superior dos Tribunais Administrativos e Fiscais, não pertencentes à magistratura, a eleger por aquele órgão;
- *iii*) Um professor universitário de Direito, com categoria não inferior à de professor associado, escolhido, nos termos do nº 5, pelo Conselho Superior dos Tribunais Administrativos e Fiscais.

4 – O júri elabora parecer sobre a prestação de cada um dos candidatos, a qual deve ser tomada em consideração pelo Conselho Superior dos Tribunais Administrativos e Fiscais na elaboração do acórdão definitivo sobre a lista de candidatos, devendo fundamentar a decisão sempre que houver discordância face ao parecer do júri.

5 – O Conselho Superior dos Tribunais Administrativos e Fiscais solicita, a cada uma das universidades, institutos universitários e outras escolas universitárias, públicos e privados, que ministrem o curso de Direito, a indicação, no prazo de 20 dias úteis, do nome de um professor de Direito, com categoria não inferior à de professor associado, procedendo, subsequentemente, à escolha do vogal a que se refere a subalínea *iii*) da alínea *b*) do nº 3, por votação, por voto secreto, de entre os indicados.

6 – O concurso é aberto para cada uma das secções e tem a validade de um ano, prorrogável até seis meses.

SECÇÃO IV
Tribunais administrativos de círculo e tribunais tributários

ARTIGO 70º
Provimento

O provimento de vagas nos tribunais administrativos de círculo e nos tribunais tributários é feito:

a) Por transferência de juízes de qualquer daqueles tribunais com mais de dois anos de serviço no lugar em que se encontrem;

b) Por concurso.

ARTIGO 71º
Concurso

Ao concurso para juiz dos tribunais administrativos de círculo e dos tribunais tributários são aplicáveis as normas previstas na lei que define o regime de ingresso nas magistraturas e de formação de magistrados.

ARTIGO 72º
Formação dos juízes administrativos e fiscais

À formação, inicial e contínua, dos juízes administrativos e fiscais são aplicáveis as normas previstas na lei que define o regime de ingresso nas magistraturas e de formação de magistrados.[42]

TÍTULO III
Conselho Superior dos Tribunais Administrativos e Fiscais

ARTIGO 74º
Definição e competência

1 – O Conselho Superior dos Tribunais Administrativos e Fiscais é o órgão de gestão e disciplina dos juízes da jurisdição administrativa e fiscal.

2 – Compete ao Conselho:

a) Nomear, colocar, transferir, promover, exonerar e apreciar o mérito profissional dos juízes da jurisdição administrativa e fiscal e exercer a ação disciplinar relativamente a eles;

b) Apreciar, admitir, excluir e graduar os candidatos em concurso;

c) Conhecer das impugnações administrativas interpostas de decisões materialmente administrativas proferidas, em matéria disciplinar, pelos presidentes dos tribunais centrais administrativos, pelos presidentes dos tribunais administrativos de círculo e pelos presidentes dos tribunais tributários, bem como de outras que a lei preveja;

[42] O disposto no artigo 73º, relativo à formação complementar e periódica dos juízes administrativos e fiscais, foi revogado.

d) Ordenar averiguações, inquéritos, sindicâncias e inspeções aos serviços dos tribunais da jurisdição administrativa e fiscal;

e) Elaborar o plano anual de inspeções;

f) Elaborar as listas de antiguidade dos juízes;

g) Suspender ou reduzir a distribuição de processos aos juízes que sejam incumbidos de outros serviços de reconhecido interesse para a jurisdição administrativa e fiscal ou em outras situações que justifiquem a adoção dessas medidas;

h) Aprovar o seu regulamento interno, concursos e inspeções;

i) Emitir os cartões de identidade dos juízes, de modelo idêntico aos dos juízes dos tribunais judiciais;

j) Propor ao membro do Governo responsável pela área da justiça providências legislativas com vista ao aperfeiçoamento e à maior eficiência da jurisdição administrativa e fiscal;

k) Fixar o número e o tipo de vagas, que podem ser mistas, nos juízos de competência especializada, dentro do quadro de cada tribunal;

l) Emitir parecer sobre as iniciativas legislativas que se relacionem com a jurisdição administrativa e fiscal;

m) Fixar anualmente, com o apoio do departamento do Ministério da Justiça com competência no domínio da auditoria e modernização, o número máximo de processos a distribuir a cada magistrado e o prazo máximo admissível para os respetivos atos processuais cujo prazo não esteja estabelecido na lei;

n) Gerir a bolsa de juízes;

o) Estabelecer os critérios que devem presidir à distribuição nos tribunais administrativos, no respeito pelo princípio do juiz natural;

p) Nomear, de entre juízes jubilados que tenham exercido funções nos tribunais superiores da jurisdição administrativa e fiscal, o presidente do órgão deontológico no âmbito da arbitragem administrativa e tributária sob a organização do Centro de Arbitragem Administrativa;

q) Exercer os demais poderes conferidos no presente Estatuto e na lei.

3 – O Conselho pode delegar no presidente, ou em outros dos seus membros, a competência para:

a) Praticar atos de gestão corrente e aprovar inspeções;

b) Nomear os juízes para uma das secções do Supremo Tribunal Administrativo e dos tribunais centrais administrativos;

c) Ordenar inspeções extraordinárias, averiguações, inquéritos e sindicâncias.[43]

[43] O Decreto-Lei nº 31/2023, de 5 de maio, estabelece a autonomia administrativa e financeira do Conselho Superior dos Tribunais Administrativos e Fiscais, e define a organização dos seus serviços. O artigo 4º, nº 2, daquele diploma prescreve que aquele Conselho dispõe das receitas próprias relativas a multas aplicadas aos juízes, qualquer que seja a situação jurídico-funcional dos mesmos na data da aplicação da sanção disciplinar.

ARTIGO 75º
Composição

1 – O Conselho Superior dos Tribunais Administrativos e Fiscais é presidido pelo Presidente do Supremo Tribunal Administrativo e composto pelos seguintes vogais:

a) Dois designados pelo Presidente da República;

b) Quatro eleitos pela Assembleia da República;

c) Quatro juízes eleitos pelos seus pares, de harmonia com o princípio da representação proporcional.

2 – É reconhecido de interesse para a jurisdição administrativa e fiscal o desempenho de funções de membro do Conselho.

3 – O mandato dos membros eleitos para o Conselho é de quatro anos, só podendo haver lugar a uma reeleição.

4 – A eleição dos juízes a que se refere a alínea *c*) do nº 1 abrange dois juízes suplentes, que substituem os respetivos titulares nas suas ausências, faltas ou impedimentos.

5 – Para a eleição dos juízes referidos na alínea *c*) do nº 1 têm capacidade eleitoral ativa todos os juízes que prestem serviço na jurisdição administrativa e fiscal e capacidade eleitoral passiva só os que nele se encontrem providos a título definitivo ou em comissão de serviço.

6 – Quando necessidades de funcionamento o exijam, o Conselho pode afetar, em exclusivo, ao seu serviço um ou mais dos seus membros referidos na alínea *c*) do nº 1, designando para substituir cada um deles, no tribunal respetivo, um juiz auxiliar.

ARTIGO 76º
Funcionamento

1 – O Conselho reúne ordinariamente uma vez por mês e extraordinariamente sempre que convocado pelo presidente, por sua iniciativa ou a solicitação de pelo menos um terço dos seus membros.

2 – O Conselho só pode funcionar com a presença de dois terços dos seus membros.

ARTIGO 77º
Presidência

1 – O presidente do Conselho Superior dos Tribunais Administrativos e Fiscais é substituído pela ordem seguinte:

a) Pelo mais antigo dos vice-presidentes do Supremo Tribunal Administrativo que faça parte do Conselho;

b) Pelo mais antigo dos juízes do Supremo Tribunal Administrativo que faça parte do Conselho.

2 – Em caso de urgência, o presidente pode praticar atos da competência do Conselho, sujeitando-os a ratificação deste na primeira sessão.

ARTIGO 78º
Competência do presidente

Compete ao presidente do Conselho Superior dos Tribunais Administrativos e Fiscais:

a) Dirigir as sessões do Conselho e superintender nos respetivos serviços;

b) Fixar o dia e a hora das sessões ordinárias e convocar as sessões extraordinárias;

c) Dar posse aos inspetores e ao secretário do Conselho;

d) Dirigir e coordenar os serviços de inspeção;

e) Elaborar, por sua iniciativa ou mediante proposta do secretário, as instruções de execução permanente;

f) Exercer os poderes que lhe sejam delegados pelo Conselho;

g) Exercer as demais funções que lhe sejam deferidas por lei.

ARTIGO 79º
Serviços de apoio

1 – O Conselho Superior dos Tribunais Administrativos e Fiscais dispõe de uma secretaria com a organização, quadro e regime de provimento do pessoal a fixar em diploma complementar.

2 – O Conselho tem um secretário, por si designado, de entre os juízes da jurisdição administrativa e fiscal.

ARTIGO 80º
Funções da secretaria

À secretaria do Conselho Superior dos Tribunais Administrativos e Fiscais incumbe prestar o apoio administrativo e a assessoria necessários ao normal desenvolvimento da atividade do Conselho e à preparação e execução das suas deliberações, nos termos previstos em diploma complementar e no regulamento interno.

ARTIGO 81º
Competência do secretário

Compete ao secretário do Conselho:

a) Orientar e dirigir os serviços da secretaria, sob a superintendência do presidente e conforme o regulamento interno;

b) Submeter a despacho do presidente os assuntos da sua competência e os que justifiquem a convocação do Conselho;

c) Propor ao presidente a elaboração de instruções de execução permanente;

d) Promover a execução das deliberações do Conselho e das ordens e instruções do presidente;

e) Preparar a proposta de orçamento do Conselho;

f) Elaborar os planos de movimentação dos magistrados;

g) Assistir às reuniões do Conselho e elaborar as respetivas atas;

h) Promover a recolha junto de quaisquer entidades de informações ou outros elementos necessários ao funcionamento dos serviços;

i) Dar posse ou receber a declaração de aceitação do cargo quanto aos funcionários ao serviço do Conselho;

j) Exercer as demais funções que lhe sejam deferidas por lei.

ARTIGO 82º
Inspetores e secretários de inspeção

1 – O Conselho Superior dos Tribunais Administrativos e Fiscais dispõe de serviços de inspeção, constituídos por inspetores e secretários de inspeção.

2 – Aos serviços de inspeção aplica-se o disposto no Estatuto dos Magistrados Judiciais, com as necessárias adaptações.

3 – Os números máximos do quadro de inspetores e de secretários de inspeção são fixados por portaria dos membros do Governo responsáveis pelas áreas das finanças e da justiça, sob proposta do Conselho Superior dos Tribunais Administrativos e Fiscais.

4 – O provimento do lugar de inspetor é feito por nomeação e em comissão de serviço, por três anos, renovável, de entre juízes conselheiros ou, excecionalmente, de entre juízes desembargadores com antiguidade não inferior a cinco anos.

5 – A nomeação de inspetor determina o aumento do quadro dos juízes do tribunal superior de origem em número correspondente de lugares, a extinguir quando retomarem o serviço efetivo os juízes que se encontrem nas mencionadas situações.

6 – Os juízes nomeados para os lugares acrescidos a que se refere o número anterior mantêm-se em lugares além do quadro até ocuparem as vagas que lhes competirem.

7 – Quando deva proceder-se a inspeção, inquérito ou processo disciplinar a juízes do Supremo Tribunal Administrativo ou dos tribunais centrais administrativos, é designado inspetor um juiz do Supremo Tribunal Administrativo, podendo sê-lo, com a sua anuência, um juiz conselheiro jubilado.

8 – As funções de secretário de inspeção são exercidas, em comissão de serviço, por oficiais de justiça e regem-se pelo disposto no respetivo Estatuto.

ARTIGO 83º
Competência dos inspetores

1 – Compete aos inspetores:

a) Averiguar do estado, necessidades e deficiências dos serviços dos tribunais da jurisdição administrativa e fiscal, propondo as medidas convenientes;

b) Colher, por via de inspeção, elementos esclarecedores do serviço e do mérito dos magistrados e em função deles propor a adequada classificação;

c) Proceder à realização de inquéritos e sindicâncias e à instrução de processos disciplinares.

2 – O processo será dirigido por inspetor de categoria superior à do magistrado apreciado ou de categoria igual, mas com maior antiguidade.

3 – Quando no respetivo quadro nenhum inspetor reúna as condições estabelecidas no número anterior, é nomeado juiz que preencha tais requisitos.

ARTIGO 84º
Recursos

1 – As deliberações do Conselho Superior dos Tribunais Administrativos e Fiscais relativas a magistrados são impugnáveis perante a Secção de Contencioso Administrativo do Supremo Tribunal Administrativo.

2 – São impugnáveis perante a mesma Secção as decisões do presidente do Conselho proferidas no exercício de competência delegada, sem prejuízo da respetiva impugnação administrativa perante o Conselho, no prazo de 15 dias.

TÍTULO IV
Disposições finais e transitórias

ARTIGO 85º
Competência administrativa do Governo

A competência administrativa do Governo, relativa aos tribunais da jurisdição administrativa e fiscal, é exercida pelo membro do Governo responsável pela área da justiça.

ARTIGO 86º
Quadros

São fixados por portaria dos membros do Governo responsáveis pelas áreas das finanças e da justiça:

a) O quadro de magistrados dos tribunais superiores, que pode ser definido através de um número mínimo e máximo de vagas, sob proposta do Conselho Superior dos Tribunais Administrativos e Fiscais ou da Procuradoria-Geral da República, consoante os casos;

b) O quadro de funcionários de justiça dos tribunais da jurisdição administrativa e fiscal.

ARTIGO 87º
Tempo de serviço

1 – O tempo de serviço prestado pelo Presidente do Supremo Tribunal Administrativo é contado a dobrar para efeitos de jubilação.

2 – O disposto no número anterior aplica-se às situações constituídas à data da entrada em vigor da presente lei.

ARTIGO 88º
Presidência dos tribunais superiores

O disposto no nº 1 do artigo 20º, no nº 4 do artigo 33º e no nº 1 do artigo 43º é apenas aplicável aos mandatos que se iniciem a partir da data da entrada em vigor da presente lei.

ARTIGO 89º
Funcionamento transitório do Conselho Superior dos Tribunais Administrativos e Fiscais

1 – O Conselho Superior dos Tribunais Administrativos e Fiscais mantém a sua composição anterior até ao 90º dia posterior à data do início de vigência desta lei.

2 – Até ao início de funcionamento da secretaria, os serviços do Conselho são assegurados pela secretaria do Supremo Tribunal Administrativo.

3 – O expediente pendente na secretaria deste Tribunal transita naquela data para a secretaria do Conselho.

ARTIGO 90º
Inspetores

1 – Até à criação do quadro de inspetores, as respetivas competências são exercidas por juízes designados pelo Conselho Superior dos Tribunais Administrativos e Fiscais.

2 – Os processos que se encontrem pendentes naquela data transitam para os inspetores.

ARTIGO 91º
Estatística

Os tribunais da jurisdição administrativa e fiscal remetem ao respetivo Conselho Superior, nos termos por ele determinados, os elementos de informação estatística que sejam considerados necessários.

ARTIGO 92º
Publicações

1 – Os tribunais da jurisdição administrativa e fiscal recebem gratuitamente o Diário da República, 1ª e 2ª séries, e apêndices, o Diário da Assembleia da República, as publicações jurídicas da Imprensa Nacional e as publicações jurídicas periódicas dos serviços da Administração Pública ou, em alternativa, têm acesso eletrónico gratuito aos suportes informáticos das publicações referidas.

2 – Os tribunais sediados nas Regiões Autónomas recebem também as publicações oficiais das Regiões.

ARTIGO 93º
Salvaguarda de direitos adquiridos

1 – Os juízes dos tribunais administrativos de círculo e dos tribunais tributários em funções à data da entrada em vigor do presente Estatuto conservam a categoria de juízes de círculo.

2 – Os juízes do Supremo Tribunal Administrativo e dos tribunais centrais administrativos que venham a ser nomeados presidentes dos tribunais administrativos de círculo e dos tribunais tributários conservam aquele estatuto, podendo continuar a exercer funções nos primeiros, nos termos a determinar pelo Conselho Superior dos Tribunais Administrativos e Fiscais.

5. LEI DA FACULDADE ADVOCATÍCIA DE ADIAMENTO DE ATOS PROCESSUAIS[44]

ARTIGO 1º
Objeto

O presente decreto-lei consagra o direito dos advogados ao adiamento de atos processuais em que devam intervir em caso de maternidade, paternidade e luto e regula o respetivo exercício.

ARTIGO 2º
Maternidade ou paternidade

Em caso de maternidade ou paternidade, os advogados, ainda que no exercício do patrocínio oficioso, gozam do direito de obter, mediante comunicação ao tribunal, o adiamento dos atos processuais em que devam intervir, nos seguintes termos:

a) Quando a diligência devesse ter lugar durante o primeiro mês após o nascimento, o adiamento não deve ser inferior a dois meses e quando devesse ter lugar durante o segundo mês, o adiamento não deverá ser inferior a um mês;

b) Em caso de processos urgentes, os prazos previstos na alínea anterior são reduzidos a duas semanas e uma semana, respetivamente, sem prejuízo do disposto na alínea seguinte;

c) Nos casos em que existam arguidos sujeitos a qualquer das medidas de coação previstas nos artigos 201º e 202º do Código de Processo Penal, não têm aplicação as disposições previstas nas alíneas anteriores.

ARTIGO 3º
Falecimento

Os advogados, ainda que no exercício do patrocínio oficioso, gozam do direito de obter, mediante comunicação ao tribunal, o adiamento dos atos processuais em que devam intervir:

a) Nos cinco dias consecutivos ao falecimento do cônjuge não separado de pessoas e bens, de pessoa com quem vivam em condições análogas às dos cônjuges, ou de parente ou afim no 1º grau da linha reta;

b) Nos dois dias consecutivos ao falecimento de outro parente ou afim na linha reta ou no 2º grau da linha colateral.

[44] Aprovado pelo DL nº 131/2009, de 1 de junho, e alterado pelos Decretos-Leis nºs 50/2018, de 25 de junho, e 172/2019, de 12 de dezembro.

ARTIGO 4º
Prova

1 – A comunicação ao tribunal deve, quando possível, ser acompanhada de documento comprovativo da gravidez ou do nascimento em caso de maternidade ou paternidade, ou dos documentos comprovativos do óbito.

2 – Quando não for possível apresentar os documentos comprovativos referidos no número anterior no momento da comunicação ao tribunal, o advogado deve fazê-lo nos 10 dias subsequentes.

ARTIGO 4º-A
Solicitadores no exercício do mandato forense

O disposto no nos artigos anteriores é aplicável aos solicitadores no exercício do mandato forense, nos termos previstos na lei processual.

ARTIGO 5º
Disposição final

O direito ao adiamento dos atos processuais, nos casos previstos nos artigos 1º e 2º do presente decreto-lei, em nada prejudica os poderes do mandatário de substabelecer o mandato nos termos da lei, nem a liberdade de escolha do mandatário pelo mandante.

6. REGULAMENTO DA ORGANIZAÇÃO DO SISTEMA JUDICIÁRIO E A ORGANIZAÇÃO E FUNCIONAMENTO DOS TRIBUNAIS JUDICIAIS[45]

CAPÍTULO I
Disposições gerais

ARTIGO 1º
Objeto

O presente decreto-lei procede à regulamentação da Lei nº 62/2013, de 26 de agosto (Lei da Organização do Sistema Judiciário), e estabelece o regime aplicável à organização e funcionamento dos tribunais judiciais (ROFTJ).

ARTIGO 2º
Âmbito de aplicação

O disposto no presente decreto-lei é aplicável ao Supremo Tribunal de Justiça, aos tribunais da Relação e aos tribunais judiciais de primeira instância.

CAPÍTULO II
Organização judicial

SECÇÃO I
Divisão judicial e quadros de magistrados

ARTIGO 3º
Divisão judicial

O território nacional divide-se em 23 comarcas.

[45] Aprovado pelo Decreto-Lei nº 49/2014, de 27 de março, retificado pela Declaração nº 22/2019, de 17 de maio, alterado pelo DL nº 86/2016, de 27 de dezembro, pela Lei nº 19/2019, de 19 de fevereiro, pelo DL nº 38/2019, de 18 de março, e pela Lei nº 77/2021, de 23 de novembro. Esta última Lei alterou os mapas III e IV, relativos à Comarca de Lisboa, e revogou a alínea *e*) do nº 1 do artigo 84º.

ARTIGO 4º
Sede, área de competência territorial e composição dos tribunais

1 – O Supremo Tribunal de Justiça tem sede em Lisboa, área de competência territorial e composição constantes do mapa I anexo ao presente decreto-lei, do qual faz parte integrante.

2 – Os tribunais da Relação têm a sede, área de competência territorial e composição constantes do mapa II anexo ao presente decreto-lei, do qual faz parte integrante.

3 – Os tribunais judiciais de primeira instância têm a sede, área de competência territorial e composição constantes dos mapas III e IV anexos ao presente decreto-lei, do qual fazem parte integrante.

ARTIGO 5º
Juízes do Supremo Tribunal de Justiça

1 – O quadro de juízes do Supremo Tribunal de Justiça é o que consta do mapa I anexo ao presente decreto-lei, do qual faz parte integrante.

2 – Na fixação do número e composição das secções do Supremo Tribunal de Justiça o Conselho Superior da Magistratura tem em atenção o volume e a complexidade do serviço.

ARTIGO 6º
Juízes dos tribunais da Relação

1 – O quadro de juízes dos tribunais da Relação é o que consta do mapa II anexo ao presente decreto-lei, do qual faz parte integrante.

2 – Na fixação do número e composição das secções dos tribunais da Relação observa-se o disposto no nº 2 do artigo anterior.

3 – O quadro a que se refere o nº 1 é fixado, em regra, por um intervalo entre um mínimo e um máximo de juízes.

ARTIGO 7º
Juízes dos tribunais judiciais de primeira instância

1 – Por cada tribunal judicial de primeira instância existe um quadro único de juízes.

2 – O quadro de juízes dos tribunais judiciais de primeira instância é o que consta dos mapas III e IV anexos ao presente decreto-lei, do qual fazem parte integrante.

3 – O quadro a que se refere o nº 1 é fixado, em regra, por um intervalo entre um mínimo e um máximo de juízes.

4 – O quadro de juízes pode ser alterado na sequência da revisão trianual dos valores de referência processual.

5 – Por deliberação do Conselho Superior da Magistratura, prévia aos movimentos judiciais, são identificadas as secções a serem providas em primeira nomeação.

ARTIGO 8º
Magistrados do Ministério Público

1 – O quadro de magistrados do Ministério Público junto do Supremo Tribunal de Justiça, dos tribunais da Relação e dos tribunais judiciais de primeira instância é o que consta do mapa V anexo ao presente decreto-lei, do qual faz parte integrante.

2 – Por cada tribunal judicial de primeira instância existe um quadro único de magistrados do Ministério Público, sem prejuízo de poderem ser colocados pelo Conselho Superior do Ministério Público nos concretos departamentos de investigação e ação penal e nas secções ou tribunais de competência territorial alargada.

3 – O quadro a que se refere o nº 1, previsto para os tribunais da Relação e para os tribunais judiciais de primeira instância, é fixado, em regra, por um intervalo entre um mínimo e um máximo de magistrados do Ministério Público.

4 – O quadro de magistrados do Ministério Público pode ser alterado na sequência da revisão trianual dos valores de referência processual, com as devidas adaptações.

5 – O Conselho Superior do Ministério Público pode determinar o aumento do número de magistrados do município, dentro do limite máximo de magistrados fixado para a respetiva comarca.

6 – Por deliberação do Conselho Superior do Ministério Público, prévia aos movimentos, são identificadas as secções a serem providas em primeira nomeação.

SECÇÃO II
Exercício de funções dos juízes de direito

ARTIGO 9º
Funcionamento do tribunal coletivo

Fora dos casos de serviço urgente, o julgamento em tribunal coletivo tem preferência sobre o demais serviço.

ARTIGO 10º
Substituição de juízes

O juiz presidente do tribunal coletivo é substituído, nas suas faltas e impedimentos, por outro juiz da instância central.

ARTIGO 11º
Juízes de instrução criminal

Os juízes a que se refere o nº 1 do artigo 121º da Lei nº 62/2013, de 26 agosto, exercem funções, em regra, em todas as secções da comarca.

ARTIGO 12º
Identificação de lugares de juízes

Nas secções com mais de um juiz, e para efeitos, nomeadamente de distribuição, os lugares são identificados como juiz 1, juiz 2, e assim sucessivamente.

SECÇÃO III
Gestão dos tribunais de primeira instância

SUBSECÇÃO I
Presidente do tribunal e magistrado do Ministério Público coordenador

ARTIGO 13º
Curso de formação específico

1 – O exercício de funções de presidente do tribunal e de magistrado do Ministério Público coordenador implica a aprovação em curso de formação específico, nos termos dos artigos 97º e 102º da Lei nº 62/2013, de 26 agosto, o qual inclui, designadamente, as seguintes áreas de competências:

a) Organização e atividade administrativa;
b) Organização do sistema judicial e administração do tribunal;
c) Gestão do tribunal e gestão processual;
d) Simplificação e agilização processuais;
e) Avaliação e planeamento;
f) Gestão de recursos humanos e liderança;
g) Gestão dos recursos orçamentais, materiais e tecnológicos;
h) Informação e conhecimento;
i) Qualidade, inovação e modernização.

2 – O curso de formação é realizado pelo Centro de Estudos Judiciários com a colaboração de outras entidades formadoras, nos termos definidos por portaria do membro do Governo responsável pela área da justiça que aprova o regulamento do curso, após audição do Conselho Superior da Magistratura e da Procuradoria-Geral da República.

3 – Os candidatos selecionados para a frequência do curso de formação podem ser parcialmente dispensados da realização do mesmo quando demonstrem possuir formação académica que o Centro de Estudos Judiciários considerar equivalerem a módulos ministrados no referido curso, sob proposta das entidades responsáveis pela nomeação.

SUBSECÇÃO II
Administrador judiciário

ARTIGO 14º
Recrutamento para frequência do curso de formação específico

O âmbito de recrutamento para frequência do curso de formação específico referido no artigo 107º da Lei nº 62/2013, de 26 de agosto, bem como as regras procedimentais relativas à seleção, à forma de graduação para a frequência do curso de formação e à identificação das licenciaturas adequadas são definidas por portaria do membro do Governo responsável pela área da justiça.[46]

[46] A Portaria nº 288/2016, de 11 de novembro, define o âmbito de recrutamento para frequência do curso de formação específico de administrador judiciário.

ARTIGO 15º
Curso de formação específico

1 – O curso de formação inclui, nomeadamente, as seguintes áreas de competências:

a) Organização e atividade administrativa;
b) Gestão de recursos humanos e liderança;
c) Orçamento e contabilidade dos tribunais;
d) Higiene e segurança no trabalho;
e) Gestão de recursos orçamentais, materiais e tecnológicos;
f) Informação e conhecimento;
g) Qualidade, inovação e modernização.

2 – É aplicável aos candidatos a administrador judiciário o disposto nos nºs 2 e 3 do artigo 13º.

ARTIGO 16º
Isenção de horário

O administrador judiciário está isento de horário de trabalho.

ARTIGO 17º
Remuneração

O administrador judiciário tem o estatuto remuneratório de diretor de serviços.

ARTIGO 18º
Tempo de serviço

O tempo de serviço prestado no cargo de administrador judiciário conta, para todos os efeitos legais, como prestado na categoria de origem.

ARTIGO 19º
Avaliação do desempenho

1 – A avaliação do desempenho do administrador judiciário é realizada pelo presidente do tribunal, ouvido o magistrado do Ministério Público coordenador, nos termos do sistema de avaliação do desempenho aplicável aos dirigentes da Administração Pública.

2 – O magistrado do Ministério Público coordenador apresenta informação relativa ao desempenho de funções a que se refere a segunda parte do nº 2 do artigo 104º da Lei nº 62/2013, de 26 de agosto, para ser considerada na respetiva avaliação.

ARTIGO 20º
Substituição

1 – O cargo de administrador judiciário pode ser exercido em regime de substituição nos casos de ausência ou impedimento do respetivo titular quando se preveja que estes condicionalismos persistam por mais de 60 dias ou em caso de vacatura do lugar.

2 – A nomeação em regime de substituição é efetuada nos termos do disposto no nº 3 do artigo 104º e no artigo 107º da Lei nº 62/2013, de 26 de agosto.

3 – A substituição cessa na data em que o titular retome funções ou decorridos 90 dias após a data da vacatura do lugar, salvo se estiver em curso procedimento tendente à nomeação de novo titular.

4 – A substituição pode ainda cessar, a qualquer momento, por decisão do presidente do tribunal ou a pedido do substituto logo que deferido.

5 – O período de substituição confere direito a remuneração nos termos do artigo 17º e conta, para todos os efeitos legais, como tempo de serviço prestado no cargo anteriormente ocupado, bem como no lugar de origem.

ARTIGO 21º
Renovação e avaliação

1 – A comissão de serviço do administrador judiciário pode ser renovada por igual período, pelo presidente do tribunal, ponderando o exercício dos poderes cometidos e os resultados obtidos na comarca, ouvido o magistrado do Ministério Público coordenador e obtida a concordância do serviço competente do Ministério da Justiça, a qual deve ser comunicada ao interessado até 30 dias antes do seu termo.

2 – Para efeitos da eventual renovação da comissão de serviço, o administrador judiciário elabora relatório de demonstração das atividades prosseguidas e dos resultados obtidos e remete ao presidente do tribunal, ao magistrado do Ministério Público coordenador e ao serviço competente do Ministério da Justiça, com uma antecedência mínima de 60 dias do termo da respetiva comissão.

3 – Em caso de não renovação da comissão de serviço as funções são asseguradas pelo administrador judiciário cessante, em regime de gestão corrente, até à nomeação de novo titular.

4 – O exercício de funções em regime de gestão corrente não pode exceder o prazo de 90 dias.

ARTIGO 22º
Cessação da comissão de serviço

1 – A comissão de serviço pode ser dada por finda a qualquer momento, por decisão fundamentada do presidente do tribunal, após emissão de parecer do magistrado do Ministério Público coordenador, sem prejuízo do direito de audição prévia do administrador judiciário.

2 – A comissão de serviço pode cessar igualmente a requerimento do administrador judiciário, apresentado com a antecedência mínima de 60 dias, o qual se considera deferido no prazo de 30 dias a contar da data de apresentação.

ARTIGO 23º
Direito subsidiário

Em tudo o que não esteja expressamente previsto no presente decreto-lei, aplica-se ao administrador judiciário o disposto na Lei nº 2/2004, de 15 de janeiro, que aprova o estatuto do pessoal dirigente dos serviços e organismos da administração central, local e regional do Estado, com exceção do artigo 26º da referida lei.

SUBSECÇÃO III
Cooperação e despesas de representação

ARTIGO 24º
Princípio da cooperação

O exercício das funções dirigentes atribuídas ao presidente do tribunal, ao magistrado do Ministério Público coordenador, aos magistrados judiciais coordenadores, aos procuradores da República com funções de coordenação setorial, ao administrador judiciário e restantes membros do conselho consultivo e aos serviços competentes do Ministério da Justiça, rege-se pelo princípio da cooperação.

ARTIGO 25º
Despesas de representação

O presidente do tribunal e o magistrado do Ministério Público coordenador têm direito, pelo exercício das suas funções de gestão, a um subsídio correspondente a 10 da sua remuneração base, a título de despesas de representação.

SECÇÃO IV
Conselho consultivo

ARTIGO 26º
Mandato e eleição

1 – O mandato relativo ao exercício de funções dos representantes referidos nas alíneas *d*) a *j*) do nº 2 do artigo 109º da Lei nº 62/2013, de 26 de agosto, não pode exceder o período de três anos, a contar da eleição ou da respetiva designação, podendo ser objeto de uma única renovação por igual período.

2 – A forma de eleição dos representantes referidos nas alíneas *d*), *e*) e *f*) do nº 2 do artigo 109º da Lei nº 62/2013, de 26 de agosto, é definida no regulamento aprovado para a comarca pelo conselho de gestão.

ARTIGO 27º
Ajudas de custo

As ajudas de custo referidas no nº 5 do artigo 109º da Lei nº 62/2013, de 26 de agosto, são fixadas nos termos da legislação aplicável aos trabalhadores que exercem funções públicas.

SECÇÃO V
Gabinetes de apoio

ARTIGO 28º
Composição

1 – Os gabinetes de apoio aos magistrados judiciais e magistrados do Ministério Público são compostos por especialistas com formação académica de nível não inferior a licenciatura e experiência profissional adequada nas seguintes áreas:

a) Ciências jurídicas;
b) Economia;
c) Gestão;
d) Contabilidade e finanças;
e) Outras consideradas relevantes por deliberação do Conselho Superior da Magistratura e da Procuradoria-Geral da República.

2 – A composição de cada gabinete, no âmbito da comarca, é definida pelo Conselho Superior da Magistratura e pela Procuradoria-Geral da República, ouvidos o presidente do tribunal e o magistrado do Ministério Público coordenador, respetivamente.

3 – Os membros dos gabinetes de apoio são recrutados por procedimento concursal nos termos da legislação aplicável aos cargos de direção intermédia da Administração Pública, com as especificidades previstas no presente artigo.

4 – É da competência do Conselho Superior da Magistratura e da Procuradoria-Geral da República a abertura do procedimento concursal, a fixação do perfil exigido e dos critérios de admissão, bem como a seleção e classificação dos especialistas que integram os respetivos gabinetes de apoio.

ARTIGO 29º
Direção

Os gabinetes de apoio aos magistrados judiciais e aos magistrados do Ministério Público são dirigidos pelo presidente do tribunal e pelo magistrado do Ministério Público coordenador, respetivamente.

ARTIGO 30º
Regime jurídico

1 – Os especialistas dos gabinetes de apoio aos magistrados judiciais são designados pelo Conselho Superior da Magistratura e exercem as suas funções em regime de comissão de serviço, nos termos do disposto na Lei nº 12-A/2008, de 27 de fevereiro, com as especialidades constantes do presente decreto-lei.

2 – Os especialistas dos gabinetes de apoio aos magistrados do Ministério Público são designados pela Procuradoria-Geral da República e exercem as suas funções em regime de comissão de serviço, nos termos do disposto na Lei nº 12-A/2008, de 27 de fevereiro, com as especialidades constantes do presente decreto-lei.

3 – Os especialistas dos gabinetes estão sujeitos ao respeito pelo segredo de justiça e pelo dever de reserva, quanto a todos os factos de que tomem conhecimento pelo exercício das suas funções, nos mesmos termos dos magistrados judiciais e dos magistrados do Ministério Público.

4 – Os especialistas referidos nos números anteriores gozam férias, preferencialmente, no período das férias judiciais.

5 – A cessação das comissões de serviço referidas nos nºs 1 e 2 não confere o direito a qualquer indemnização.

ARTIGO 31º
Estatuto remuneratório

Os especialistas dos gabinetes de apoio auferem a remuneração correspondente a um nível remuneratório da quarta posição remuneratória da carreira geral de técnico superior, sendo o seu encargo suportado pelo Conselho Superior da Magistratura e pela Procuradoria-Geral da República.

ARTIGO 32º
Estágios profissionais

1 - Por iniciativa do presidente do tribunal ou do magistrado do Ministério Público coordenador, consoante os casos, sob parecer favorável do Conselho Superior da Magistratura e da Procuradoria-Geral da República, podem ser celebrados protocolos com as universidades ou ordens profissionais para a realização de estágios profissionais no âmbito dos gabinetes de apoio.

2 - Os estágios profissionais destinam-se a licenciados nas áreas de formação científica a que se refere o nº 1 do artigo 28º.

3 - O número de estagiários é fixado anualmente por despacho dos membros do Governo responsáveis pelas áreas das finanças, da Administração Pública e da justiça, sob proposta do Conselho Superior da Magistratura e da Procuradoria-Geral da República.

4 - Aos estágios profissionais organizados no âmbito deste artigo aplica-se, subsidiariamente, com as devidas adaptações, o disposto no Decreto-Lei nº 18/2010, de 19 de março.

SECÇÃO VI
Apoio técnico

ARTIGO 33º
Apoio técnico

1 - Podem ser designados de entre os oficiais de justiça e trabalhadores afetos ao tribunal de comarca os recursos necessários para concretizar tarefas de apoio ao conselho de gestão.

2 - Podem ainda ser designados, mediante decisão do presidente do tribunal ou do magistrado do Ministério Público coordenador, oficiais de justiça da secretaria da comarca, ouvidos os interessados, para assegurar funções de apoio aos magistrados.

3 - Os oficiais de justiça e trabalhadores a desempenhar as funções previstas nos números anteriores são avaliados de acordo com os respetivos regimes, não podendo ser prejudicados pelo exercício daquelas funções.

CAPÍTULO III
Secretarias judiciais

SECÇÃO I
Composição e competência

ARTIGO 34º
Secretaria do Supremo Tribunal de Justiça

A Secretaria do Supremo Tribunal de Justiça compreende serviços judiciais, compostos por uma unidade central e por unidades de processos e serviços do Ministério Público.

ARTIGO 35º
Competência

1 – Compete à unidade central:

a) Receber e registar a entrada de papéis e documentos respeitantes aos processos e distribuí-los pelas unidades de processos a que pertençam;

b) Efetuar a distribuição dos processos e papéis pelas restantes unidades;

c) Contar os processos e papéis avulsos;

d) Organizar os mapas estatísticos;

e) Passar certidões relativas a documentos que nela se encontrem pendentes e de processos arquivados;

f) Executar o expediente da secretaria judicial que não seja da competência das unidades de processos;

g) Desempenhar quaisquer outras funções conferidas por lei.

2 – Compete às unidades de processos:

a) Movimentar os processos, contar e efetuar o respetivo registo e expediente;

b) Organizar as tabelas de processos para julgamento;

c) Registar os acórdãos e proceder à sua notificação;

d) Elaborar as atas de julgamento;

e) Passar certidões, cópias e extratos, respeitantes a processos e documentos que nelas se encontrem pendentes ou nelas devam ser ou estejam arquivados;

f) Desempenhar quaisquer outras funções conferidas por lei.

3 – Compete aos serviços do Ministério Público:

a) Movimentar os processos e efetuar o respetivo registo e expediente;

b) Coadjuvar os procuradores-gerais-adjuntos na movimentação dos processos a cargo das secções, designadamente no controlo dos prazos e elaboração de pareceres, alegações e contra-alegações;

c) Preparar, tratar e organizar os elementos necessários à elaboração do relatório anual;

d) Passar certidões, cópias e extratos;

e) Desempenhar quaisquer outras funções conferidas por lei.

ARTIGO 36º
Secretarias dos tribunais da Relação

As secretarias dos tribunais da Relação compreendem serviços judiciais, compostos por uma unidade central, por unidades de processos, serviços do Ministério Público e serviços administrativos.

ARTIGO 37º
Competência

1 – Compete à unidade central dos serviços judiciais:

a) Efetuar a distribuição dos processos e papéis pelas restantes unidades;

b) Registar a entrada de papéis respeitantes aos processos e distribuí-los pelas unidades de processos a que pertençam;

c) Contar os papéis avulsos;

d) Organizar a tabela dos processos para julgamento;

e) Organizar os mapas estatísticos;

f) Passar certidões;

g) Desempenhar quaisquer outras funções conferidas por lei.

2 – Compete às unidades de processos dos serviços judiciais:

a) Registar e movimentar os processos;

b) Apresentar os processos prontos para julgamento;

c) Passar certidões relativas a processos pendentes;

d) Preencher verbetes estatísticos relativos aos processos e fornecer os elementos necessários à elaboração dos respetivos mapas;

e) Efetuar liquidações;

f) Desempenhar quaisquer outras funções conferidas por lei.

3 – Compete aos serviços do Ministério Público:

a) Registar e movimentar os processos;

b) Coadjuvar o procurador-geral-adjunto com funções de coordenação e os procuradores-gerais-adjuntos na movimentação dos processos a cargo das unidades, designadamente no controlo de prazos e elaboração de pareceres, alegações e contra-alegações;

c) Preparar, tratar e organizar os elementos necessários à elaboração do relatório anual;

d) Passar certidões, cópias e extratos;

e) Registar e tratar a informação criminal ou de outra natureza;

f) Desempenhar quaisquer outras funções conferidas por lei.

4 – Compete aos serviços administrativos:

a) Elaborar os termos de posse e declarações de início de funções;

b) Processar as folhas de vencimento dos magistrados do respetivo tribunal;

c) Processar as folhas de vencimento do pessoal não oficial de justiça;

d) Passar certidões;

e) Executar o expediente que não seja da competência dos serviços judiciais ou dos serviços do Ministério Público;

f) Organizar a biblioteca;

g) Organizar o arquivo e os respetivos índices;

h) Desempenhar quaisquer outras funções conferidas por lei.

5 – A distribuição de serviço pelas unidades dos serviços administrativos faz-se de forma que a execução do expediente relativo ao Ministério Público caiba em exclusivo a uma ou mais unidades.

ARTIGO 38º
Chefia dos serviços das secretarias

As secretarias do Supremo Tribunal de Justiça e das Relações são chefiadas por secretários de justiça.

ARTIGO 39º
Secretarias dos tribunais de primeira instância

1 – Em cada comarca existe uma única secretaria que assegura o expediente das respetivas secções e dos tribunais de competência territorial alargada, ali instalados, a qual dispõe de acesso ao sistema informático da comarca.

2 – Em cada um dos municípios onde se mostrem instaladas secções de instância central, secções de instância local, secções de proximidade ou tribunais de competência territorial alargada, existe um núcleo que assegura as funções da secretaria.

3 – As secretarias compreendem serviços judiciais, serviços do Ministério Público e serviços administrativos, com funções de centralização.

4 – As secretarias organizam-se em unidades centrais, que podem ser comuns aos serviços judiciais e do Ministério Público, e unidades de processos e podem, ainda, compreender, entre outras, unidades de serviço externo, unidades de arquivo e unidades para a tramitação do processo de execução.

5 – Quando a natureza e o volume processual o aconselharem, pode existir uma única unidade central e de processos.

6 – Independentemente da sua localização geográfica na comarca, os núcleos da secretaria asseguram também a receção de papéis, peças processuais, documentos e requerimentos destinados a processos de outros núcleos da mesma comarca, não situados no mesmo município, e prestam informações de carácter geral ou de carácter processual, em razão do especial interesse nos atos ou processos, desde que observados as limitações previstas na lei para a publicidade do processo e segredo de justiça.

ARTIGO 40º
Direção do serviço das secretarias

A secretaria é dirigida pelo administrador judiciário conforme previsto na Lei nº 62/2013, de 26 de agosto.

ARTIGO 41º
Competência

1 – Compete à unidade central executar o expediente que não seja da competência das unidades de processos, designadamente:

a) Registar a entrada de papéis, denúncias e processos e distribuí-los pelas unidades de processos, quando tal não seja efetuado automaticamente pelo sistema informático;

b) Distribuir o serviço externo pelos oficiais de justiça;

c) Passar certidões dos processos em arquivo;

d) Guardar os objetos respeitantes a processos e, bem assim, quaisquer documentos que não possam ser apensos ou incorporados nos processos;

e) Registar e tratar a informação criminal;

f) Registar as armas e outros objetos apreendidos;

g) Passar certificados de registo de denúncia;

h) Contar os papéis avulsos e, quando superiormente determinado, os processos;

i) Escriturar a receita e despesa;

j) Processar as despesas;

k) Elaborar os termos de posse e declarações de início de funções;

l) Organizar a biblioteca;

m) Organizar o arquivo e respetivos índices;

n) Desempenhar quaisquer outras funções conferidas por lei ou superiormente determinadas.

2 – Compete ainda à unidade central assegurar o apoio informático aos serviços da comarca.

3 – Compete às unidades de processos proceder à contagem e tramitação dos processos pendentes e praticar os atos inerentes, na dependência funcional do respetivo magistrado.

ARTIGO 42º
Competência das unidades de serviço externo

1 – Compete às unidades de serviço externo:

a) Receber e registar os papéis que lhes sejam remetidos para execução de serviço externo, quando tal não seja efetuado automaticamente pelo sistema informático;

b) Diligenciar pelo cumprimento do serviço externo que lhe seja cometido;

c) Devolver, registando, os papéis, após cumprimento do serviço;

d) Assegurar a prática dos atos de serviço externo atribuídos ao oficial de justiça enquanto agente de execução;

e) Assegurar os depoimentos prestados através de teleconferência;

f) Desempenhar quaisquer outras funções conferidas por lei.

2 – Caso a secretaria não compreenda a unidade de serviço externo, as competências referidas no nº 1 são asseguradas pela respetiva unidade central.

ARTIGO 43º
Apoio aos juízes de instrução criminal

Nas comarcas em que não haja secção de instrução criminal, e caso o Conselho Superior da Magistratura tenha determinado a afetação de juízes de direito em regime de exclusividade à instrução criminal, a respetiva tramitação processual é assegurada por oficiais de justiça que exerçam funções em unidades afetas aos serviços judiciais.

ARTIGO 44º
Serviços de secretaria das secções de proximidade

1 – As secções de proximidade funcionam na dependência da secretaria da comarca, dispõem de acesso ao sistema informático da respetiva comarca às quais incumbe:

a) Prestar informações de carácter geral;

b) Prestar informações de carácter processual, no âmbito da respetiva comarca, em razão do especial interesse nos atos ou processos, desde que observados as limitações previstas na lei para a publicidade do processo e segredo de justiça;

c) Proceder à receção de papéis, peças processuais, documentos e requerimentos destinados a processos de qualquer secção da comarca em que se inserem;

d) Assegurar os depoimentos prestados através de teleconferência;

e) Praticar os atos que venham a ser determinados pelos órgãos de gestão, incluindo o apoio à realização de audiências de julgamento;

f) Acolher as audiências de julgamento ou outras diligências processuais cuja realização aí seja determinada.

2 – As secções de proximidade identificadas no mapa VI anexo ao presente decreto-lei, do qual faz parte integrante, asseguram preferencialmente a realização das sessões de julgamento, de acordo com as regras processuais fixadas, como se de uma secção de competência genérica da instância local se tratasse e detivesse competência territorial para o respetivo município.

ARTIGO 45º
Horário das secretarias

O horário de funcionamento das secretarias é fixado por portaria dos membros do Governo responsáveis pelas áreas das finanças e da justiça, ouvido o Conselho Superior da Magistratura e o Conselho Superior do Ministério Público.[47]

ARTIGO 46º
Entrada nas secretarias

1 – A entrada nas secretarias é vedada a pessoas estranhas aos serviços.

2 – O disposto no número anterior não é aplicável aos mandatários judiciais.

3 – Mediante autorização do funcionário responsável pela secretaria, é permitida a entrada a quem, em razão do seu especial interesse nos atos ou processos, a ela deva ter acesso.

ARTIGO 47º
Fiéis depositários

1 – Os oficiais de justiça que chefiam núcleos e respetivas unidades são fiéis depositários do arquivo, valores, processos e objetos que a elas digam respeito.

2 – Os oficiais de justiça referidos no número anterior devem conferir o inventário no início de funções.

[47] A Portaria nº 307/2018, de 29 de novembro, fixou o horário das secretarias dos tribunais nos termos deste artigo.

SECÇÃO II
Organização das secretarias dos tribunais de primeira instância

ARTIGO 48º
Distribuição do pessoal

1 – O diretor-geral da Administração da Justiça coloca os oficiais de justiça e restantes trabalhadores, nos termos previstos na lei.

2 – O administrador judiciário procede à distribuição pelas secções, tribunais de competência territorial alargada instalados em cada um dos municípios, Balcão Nacional do Arrendamento e Balcão Nacional de Injunções, dos oficiais de justiça e restantes trabalhadores colocados em cada um dos núcleos da secretaria da respetiva comarca, após audição dos próprios.

3 – A decisão de distribuição é fundamentada de acordo com os critérios objetivos definidos por portaria do membro do Governo responsável pela área da justiça, também aplicáveis aos casos de recolocação transitória, e prossegue as orientações genéricas sobre a distribuição previamente estabelecidas pelo juiz presidente e pelo magistrado do Ministério Público coordenador.[48]

ARTIGO 49º
Registo de documentos

1 – O registo de entrada de qualquer documento fixa a data da sua entrada nos serviços.

2 – Quando os interessados o solicitarem, é passado recibo no duplicado do papel apresentado, e, no caso de denúncia, certificado do registo, nos termos da lei de processo.

ARTIGO 50º
Saída de processos do arquivo

1 – Quando for necessário movimentar algum processo arquivado, este é requisitado ao oficial de justiça ou trabalhador responsável pelo arquivo, que satisfaz a requisição e entrega no prazo de 48 horas, mediante recibo.

2 – Caso o processo arquivado se destine a ser junto a expediente relativo a arguidos presos ou a qualquer outro processo a que, nos termos da lei, seja atribuída natureza urgente, o responsável pelo arquivo deve proceder à satisfação imediata da requisição.

ARTIGO 51º
Registos dos serviços

Os registos inerentes ao serviço das secretarias são efetuados através do sistema informático de suporte à atividade dos tribunais.

[48] A Portaria nº 164/2014, de 21 de agosto, estabeleceu os critérios objetivos para a distribuição do pessoal oficial de justiça e demais trabalhadores, também aplicáveis aos casos de recolocação transitória dos oficiais de justiça.

ARTIGO 52º
Coadjuvação de autoridades

Os oficiais de justiça podem solicitar a colaboração de quaisquer autoridades para execução de atos de serviço, em caso de manifesta necessidade.

CAPÍTULO IV
Organização do serviço urgente

SECÇÃO I
Turnos e serviço urgente

ARTIGO 53º
Turnos

1 – O serviço urgente referido no nº 2 do artigo 36º da Lei nº 62/2013, de 26 de agosto, refere-se designadamente ao previsto no Código de Processo Penal, na lei de cooperação judiciária internacional em matéria penal, na lei de saúde mental, na lei de proteção de crianças e jovens em perigo e no regime jurídico de entrada, permanência, saída e afastamento de estrangeiros do território nacional, que deva ser executado aos sábados, nos feriados que recaiam em segunda-feira e no segundo dia feriado, em caso de feriados consecutivos.

2 – Os turnos são organizados pelo presidente do tribunal e pelo magistrado do Ministério Público coordenador, nos tribunais de comarca.

3 – Os tribunais de competência territorial alargada integram a organização de turnos prevista no número anterior.

4 – A organização dos turnos é efetuada com prévia audição dos magistrados e, sempre que possível, com a antecedência de 60 dias.

ARTIGO 54º
Turnos de férias judiciais

1 – Para assegurar o serviço a que se refere o disposto no nº 1 do artigo 36º da Lei nº 62/2013, de 26 agosto, organizam-se turnos em cada comarca.

2 – Os turnos de férias judiciais funcionam nas secções competentes para assegurar o respetivo serviço, sendo organizados pelo presidente do tribunal ou pelo magistrado do Ministério Público coordenador, consoante os casos, sem prejuízo do disposto no número seguinte.

3 – O presidente do tribunal ou o magistrado do Ministério Público coordenador, consoante os casos, aprovam os mapas de turnos de férias, com uma antecedência mínima de 60 dias face ao início do respetivo período de férias, ouvidos, respetivamente, os magistrados judiciais e os magistrados do Ministério Público.

4 – Durante as férias judiciais, nos sábados e nos feriados que recaiam em segunda-feira e no segundo dia feriado, em caso de feriados consecutivos, os turnos funcionam nos termos do artigo seguinte.

ARTIGO 55º
Turnos aos sábados e feriados

1 – Para assegurar o serviço urgente aos sábados, feriados que recaiam em segunda-feira e no segundo dia feriado, em caso de feriados consecutivos, os turnos são organizados pelo presidente do tribunal, ouvido o magistrado do Ministério Público coordenador nos termos referidos nos números seguintes.

2 – Os turnos são organizados em regime de rotatividade e por ordem alfabética, em todos os municípios existentes na comarca, onde se mostre instalada secção de competência genérica.

3 – A cada município referido no número anterior correspondem, de forma consecutiva, tantos turnos quantos o número de juízes aí colocados.

4 – Os turnos funcionam nas secções da comarca, de acordo com a seguinte ordem de preferência:

a) Secção de instrução criminal da instância central;

b) Secção criminal da instância local;

c) Secção de pequena criminalidade da instância local;

d) Secção de competência genérica da instância local.

5 – Cada turno tem uma duração correspondente ao período necessário para assegurar o serviço urgente.

6 – O presidente do tribunal aprova, uma ou duas vezes por ano, mapas de turnos que dão concretização ao regime previsto nos números anteriores, e divulga-os pelos meios eletrónicos disponíveis.

7 – O presidente do tribunal ou o magistrado do Ministério Público coordenador, consoante os casos, aprovam, uma ou duas vezes por ano, as listas de juízes e magistrados do Ministério Público designados para o serviço de turno referido no nº 1, nos termos do disposto no nº 2 do artigo 36º da Lei nº 62/2013, de 26 agosto.

8 – Quando a extensão e o volume processual da comarca assim o justifiquem, o turno pode integrar um conjunto de municípios, nos termos a definir pelo conselho de gestão.

9 – Quando um feriado municipal ocorra em segunda-feira ou em dia útil subsequente a feriado nacional, o serviço de turno é assegurado pela secção de competência genérica normalmente competente, aplicando-se o disposto nos artigos 57º a 60º.

SECÇÃO II
Competência

ARTIGO 56º
Competência das secções em serviço de turno

1 – Durante o período de turno, a secção que esteja de turno nos termos do mapa referido no nº 6 do artigo anterior, possui competência territorial para a comarca ou, na situação referida no nº 8 do artigo anterior, para os municípios abrangidos.

2 – No primeiro dia útil subsequente à execução do serviço de turno, a secção onde funcionou o turno remete à secção ou ao serviço normalmente competente o expediente relativo ao serviço executado.

SECÇÃO III
Organização

ARTIGO 57º
Magistrados

1 – Sem prejuízo do disposto no número seguinte, são abrangidos, para efeito da prestação do serviço de turno, os magistrados que exercem funções nas secções incluídas na organização dos respetivos turnos.

2 – Para cada dia de serviço de turno são designados, pelo presidente do tribunal ou pelo magistrado do Ministério Público coordenador, consoante os casos, o número de juízes e de magistrados do Ministério Público necessários para assegurar o volume de serviço da respetiva comarca.

3 – O disposto no nº 1 não afasta a possibilidade de a designação recair, para efeitos da realização de turno aos sábados, nos feriados que recaiam em segunda-feira e no segundo dia feriado, em caso de feriados consecutivos, apenas em magistrados que exerçam funções nas secções referidas no nº 4 do artigo 55º.

4 – Nas suas ausências, faltas e impedimentos, os magistrados designados são substituídos por aqueles que se lhes sigam na ordem de designação.

5 – Os magistrados devem, sempre que possível, comunicar antecipadamente a ocorrência das situações referidas no número anterior, por forma a que fique assegurada a respetiva substituição.

ARTIGO 58º
Oficiais de justiça

1 – Os mapas de férias distribuem por turnos de férias judiciais o pessoal das secretarias, tendo em conta o estado dos serviços.

2 – Para efeitos de prestação de serviço urgente que deva ser executado aos sábados, feriados que recaiam em segunda-feira e no segundo dia feriado, em caso de feriados consecutivos, podem ser abrangidos todos os oficiais de justiça que exerçam funções nos núcleos da secretaria.

ARTIGO 59º
Designação e substituição dos oficiais de justiça

1 – A designação dos oficiais de justiça para prestação do serviço de turno compete ao administrador judiciário.

2 – A designação referida no número anterior é precedida de audição dos oficiais de justiça e concluída, sempre que possível, com a antecedência mínima de 60 dias.

3 – Por cada dia de turno organizado nos termos do nº 2 do artigo anterior, são designados dois oficiais de justiça, salvo decisão do diretor-geral da Administração da Justiça, a pedido do administrador judiciário e atenta a dimensão e especificidades de cada uma das comarcas, pode ser fixado um número superior de oficiais de justiça.

4 – Quando o volume ou complexidade do serviço o justifique, por decisão do diretor-geral da Administração da Justiça, podem ser organizados grupos de oficiais de justiça que, em regime de rotatividade, asseguram o serviço de turno previsto no nº 2 do artigo anterior, por período nunca superior a quatro meses em cada ano.

5 – Nas suas ausências, faltas e impedimentos, os oficiais de justiça designados são substituídos por aqueles que se lhes sigam na ordem de designação.

6 – Os oficiais de justiça devem, sempre que possível, comunicar antecipadamente a ocorrência das situações referidas no número anterior por forma a que fique assegurada a respetiva substituição.

ARTIGO 60º
Suplemento remuneratório pelo serviço de turno

1 – Pelo serviço de turno previsto no artigo 55º é devido acréscimo de remuneração aos juízes e aos magistrados do Ministério Público, nos termos definidos nos respetivos estatutos.

2 – Pelo serviço de turno referido no número anterior é igualmente devido acréscimo de remuneração aos oficiais de justiça, nos termos definidos no respetivo estatuto.

ARTIGO 61º
Horário aos sábados e feriados

1 – O serviço de turno a realizar aos sábados, feriados que recaiam em segunda-feira e no segundo dia feriado, em caso de feriados consecutivos, funciona entre as 9 horas e as 13 horas, sem prejuízo da completa execução do serviço em curso.

2 – Por deliberação do conselho de gestão da comarca pode ser fixado para o serviço de turno referido no número anterior, horário igual ao do funcionamento das secretarias nos dias úteis, atenta a dimensão e especificidades de cada uma das comarcas.

3 – Nos municípios de Lisboa e do Porto o serviço de turno a realizar aos sábados, feriados que recaiam em segunda-feira e no segundo dia feriado, em caso de feriados consecutivos, funciona com horário igual ao de funcionamento das secretarias nos dias úteis, sem prejuízo da completa execução do serviço em curso.

ARTIGO 62º
Deslocações

Quando, por força do serviço de turno, os intervenientes processuais sejam obrigados a deslocar-se para a secção de serviço, para intervenção em ato processual, e devam percorrer uma distância superior a 50 km face ao que percorreriam para se deslocarem à secção normalmente competente, têm direito ao pagamento das despesas respetivas, de acordo com o Regulamento das Custas Processuais, aprovado pelo Decreto-Lei nº 34/2008, de 26 de fevereiro.

ARTIGO 63º
Exercício de direito de defesa durante os turnos

Compete à Ordem dos Advogados tomar as medidas adequadas para assegurar o exercício do direito de defesa durante os turnos de férias judiciais e sábados, feriados que recaiam em segunda-feira e no segundo dia feriado, em caso de feriados consecutivos.

CAPÍTULO V
Tribunais judiciais de primeira instância

SECÇÃO I
Tribunais de comarca

ARTIGO 64º
Criação de tribunais de comarca

São criados os seguintes tribunais de comarca:
a) Tribunal Judicial da Comarca dos Açores;
b) Tribunal Judicial da Comarca de Aveiro;
c) Tribunal Judicial da Comarca de Beja;
d) Tribunal Judicial da Comarca de Braga;
e) Tribunal Judicial da Comarca de Bragança;
f) Tribunal Judicial da Comarca de Castelo Branco;
g) Tribunal Judicial da Comarca de Coimbra;
h) Tribunal Judicial da Comarca de Évora;
i) Tribunal Judicial da Comarca de Faro;
j) Tribunal Judicial da Comarca da Guarda;
k) Tribunal Judicial da Comarca de Leiria;
l) Tribunal Judicial da Comarca de Lisboa;
m) Tribunal Judicial da Comarca de Lisboa Norte;
n) Tribunal Judicial da Comarca de Lisboa Oeste;
o) Tribunal Judicial da Comarca da Madeira;
p) Tribunal Judicial da Comarca de Portalegre;
q) Tribunal Judicial da Comarca do Porto;
r) Tribunal Judicial da Comarca do Porto Este;
s) Tribunal Judicial da Comarca de Santarém;
t) Tribunal Judicial da Comarca de Setúbal;
u) Tribunal Judicial da Comarca de Viana do Castelo;
v) Tribunal Judicial da Comarca de Vila Real;
w) Tribunal Judicial da Comarca de Viseu.

SECÇÃO II
Tribunais de competência territorial alargada

ARTIGO 65º
Criação de tribunais de competência territorial alargada

São criados os seguintes tribunais de competência territorial alargada:
a) Tribunal de Execução das Penas dos Açores;
b) Tribunal de Execução das Penas de Coimbra;
c) Tribunal de Execução das Penas de Évora;
d) Tribunal de Execução das Penas de Lisboa;

e) Tribunal de Execução das Penas do Porto;
f) Tribunal Marítimo;
g) Tribunal da Propriedade Intelectual;
h) Tribunal da Concorrência, Regulação e Supervisão;
i) Tribunal Central de Instrução Criminal.[49]

CAPÍTULO VI
Organização dos tribunais de comarca

SECÇÃO I
Tribunal Judicial da Comarca dos Açores

ARTIGO 66º
Desdobramento

1 – O Tribunal Judicial da Comarca dos Açores integra as seguintes secções de instância central:

a) 1ª Secção cível, com sede em Ponta Delgada;
b) 1ª Secção criminal, com sede em Ponta Delgada;
c) 2ª Secção cível, com sede em Angra do Heroísmo;
d) 2ª Secção criminal, com sede em Angra do Heroísmo;
e) Secção de instrução criminal, com sede em Ponta Delgada;
f) Secção de família e menores, com sede em Ponta Delgada;
g) Secção do trabalho, com sede em Ponta Delgada.

2 – O Tribunal Judicial da Comarca dos Açores integra ainda as seguintes secções de instância local:

a) Secção de competência genérica, desdobrada em matéria cível e criminal, com sede em Angra do Heroísmo;
b) Secção de competência genérica, com sede na Horta;
c) Secção de competência genérica, desdobrada em matéria cível e criminal, com sede em Ponta Delgada;
d) Secção de competência genérica, desdobrada em matéria cível e criminal, com sede em Praia da Vitória;
e) Secção de competência genérica, desdobrada em matéria cível e criminal, com sede em Ribeira Grande;
f) Secção de competência genérica, com sede em Santa Cruz da Graciosa;
g) Secção de competência genérica, com sede em Santa Cruz das Flores;
h) Secção de competência genérica, com sede em São Roque do Pico;
i) Secção de competência genérica, com sede em Velas;
j) Secção de competência genérica, com sede em Vila do Porto;
k) Secção de competência genérica, com sede em Vila Franca do Campo;
l) Secção de proximidade, com sede em Nordeste;
m) Secção de proximidade, com sede em Povoação.

[49] Redação resultante da Lei nº 19/2019, de 19 de fevereiro.

ARTIGO 67º
Departamento de investigação e ação penal

1 – É criado o departamento de investigação e ação penal da comarca dos Açores, com sede em Ponta Delgada.

2 – O departamento de investigação e ação penal tramita todos os inquéritos da comarca e organiza-se nos termos definidos pelo estatuto do Ministério Público.

SECÇÃO II
Tribunal Judicial da Comarca de Aveiro

ARTIGO 68º
Desdobramento

1 – O Tribunal Judicial da Comarca de Aveiro integra as seguintes secções de instância central:

a) 1ª Secção cível, com sede em Aveiro;
b) 1ª Secção criminal, com sede em Aveiro;
c) 2ª Secção cível, com sede em Santa Maria da Feira;
d) 2ª Secção criminal, com sede em Santa Maria da Feira;
e) 1ª Secção de instrução criminal, com sede em Aveiro;
f) 2ª Secção de instrução criminal, com sede em Águeda;
g) 3ª Secção de instrução criminal, com sede em Santa Maria da Feira;
h) 1ª Secção de família e menores, com sede em Aveiro;
i) 2ª Secção de família e menores, com sede em Estarreja;
j) 3ª Secção de família e menores, com sede em Oliveira do Bairro;
k) 4ª Secção de família e menores, com sede em Santa Maria da Feira;
l) 5ª Secção de família e menores, com sede em São João da Madeira;
m) 1ª Secção do trabalho, com sede em Aveiro;
n) 2ª Secção do trabalho, com sede em Águeda;
o) 3ª Secção do trabalho, com sede em Oliveira de Azeméis;
p) 4ª Secção do trabalho, com sede em Santa Maria da Feira;
q) 1ª Secção de comércio, com sede em Aveiro;
r) 2ª Secção de comércio, com sede em Oliveira de Azeméis;
s) 1ª Secção de execução, com sede em Águeda;
t) 2ª Secção de execução, com sede em Ovar;
u) 3ª Secção de execução, com sede em Oliveira de Azeméis.

2 – O Tribunal Judicial da Comarca de Aveiro integra ainda as seguintes secções de instância local:

a) Secção de competência genérica, desdobrada em matéria cível e criminal, com sede em Águeda;
b) Secção de competência genérica, com sede em Albergaria-a-Velha;
c) Secção de competência genérica, com sede em Anadia;
d) Secção de competência genérica, com sede em Arouca;
e) Secção de competência genérica, desdobrada em matéria cível e criminal, com sede em Aveiro;

f) Secção de competência genérica, com sede em Castelo de Paiva;
g) Secção de competência genérica, com sede em Espinho;
h) Secção de competência genérica, com sede em Estarreja;
i) Secção de competência genérica, com sede em Ílhavo;
j) Secção de competência genérica, com sede em Mealhada;
k) Secção de competência genérica, desdobrada em matéria cível e criminal, com sede em Oliveira de Azeméis;
l) Secção de competência genérica, com sede em Oliveira do Bairro;
m) Secção de competência genérica, desdobrada em matéria cível e criminal, com sede em Ovar;
n) Secção de competência genérica, desdobrada em matéria cível e criminal, com sede em Santa Maria da Feira;
o) Secção de competência genérica, com sede em São João da Madeira;
p) Secção de competência genérica, com sede em Vagos;
q) Secção de competência genérica, com sede em Vale de Cambra.

ARTIGO 69º
Departamento de investigação e ação penal

1 – É criado o departamento de investigação e ação penal da comarca de Aveiro, com sede em Aveiro.

2 – O departamento de investigação e ação penal tramita todos os inquéritos da comarca e organiza-se nos termos definidos pelo estatuto do Ministério Público.

SECÇÃO III
Tribunal Judicial da Comarca de Beja

ARTIGO 70º
Desdobramento

1 – O Tribunal Judicial da Comarca de Beja integra as seguintes secções de instância central:
a) Secção cível, com sede em Beja;
b) Secção criminal, com sede em Beja;
c) Secção de família e menores, com sede em Beja;
d) Secção do trabalho, com sede em Beja.

2 – O Tribunal Judicial da Comarca de Beja integra ainda as seguintes secções de instância local:
a) Secção de competência genérica, com sede em Almodôvar;
b) Secção de competência genérica, desdobrada em matéria cível e criminal, com sede em Beja;
c) Secção de competência genérica, com sede em Cuba;
d) Secção de competência genérica, com sede em Ferreira do Alentejo;
e) Secção de competência genérica, com sede em Moura;
f) Secção de competência genérica, com sede em Odemira;
g) Secção de competência genérica, com sede em Ourique;

h) Secção de competência genérica, com sede em Serpa;
i) Secção de proximidade, com sede em Mértola.

SECÇÃO IV
Tribunal Judicial da Comarca de Braga

ARTIGO 71º
Desdobramento

1 – O Tribunal Judicial da Comarca de Braga integra as seguintes secções de instância central:

a) 1ª Secção cível, com sede em Braga;
b) 1ª Secção criminal, com sede em Braga;
c) 2ª Secção cível, com sede em Guimarães;
d) 2ª Secção criminal, com sede em Guimarães;
e) 1ª Secção de instrução criminal, com sede em Braga;
f) 2ª Secção de instrução criminal, com sede em Guimarães;
g) 1ª Secção de família e menores, com sede em Braga;
h) 2ª Secção de família e menores, com sede em Barcelos;
i) 3ª Secção de família e menores, com sede em Guimarães;
j) 4ª Secção de família e menores, com sede em Vila Nova de Famalicão;
k) 1ª Secção do trabalho, com sede em Braga;
l) 2ª Secção do trabalho, com sede em Barcelos;
m) 3ª Secção do trabalho, com sede em Guimarães;
n) 4ª Secção do trabalho, com sede em Vila Nova de Famalicão;
o) 1ª Secção de comércio, com sede em Guimarães;
p) 2ª Secção de comércio, com sede em Vila Nova de Famalicão;
q) 1ª Secção de execução, com sede em Guimarães;
r) 2ª Secção de execução, com sede em Vila Nova de Famalicão.

2 – O Tribunal Judicial da Comarca de Braga integra ainda as seguintes secções de instância local:

a) Secção de competência genérica, com sede em Amares;
b) Secção de competência genérica, desdobrada em matéria cível e criminal, com sede em Barcelos;
c) Secção de competência genérica, desdobrada em matéria cível e criminal, com sede em Braga;
d) Secção de competência genérica, com sede em Cabeceiras de Basto;
e) Secção de competência genérica, com sede em Celorico de Basto;
f) Secção de competência genérica, com sede em Esposende;
g) Secção de competência genérica, desdobrada em matéria cível e criminal, com sede em Fafe;
h) Secção de competência genérica, desdobrada em matéria cível e criminal, com sede em Guimarães;
i) Secção de competência genérica, com sede em Póvoa de Lanhoso;
j) Secção de competência genérica, com sede em Vieira do Minho;

k) Secção de competência genérica, desdobrada em matéria cível e criminal, com sede em Vila Nova de Famalicão;

l) Secção de competência genérica, desdobrada em matéria cível e criminal, com sede em Vila Verde.

ARTIGO 72º
Departamento de investigação e ação penal

1 - É criado o departamento de investigação e ação penal da comarca de Braga, com sede em Braga.

2 - O departamento de investigação e ação penal tramita todos os inquéritos da comarca e organiza-se nos termos definidos pelo estatuto do Ministério Público.

SECÇÃO V
Tribunal Judicial da Comarca de Bragança

ARTIGO 73º
Desdobramento

1 - O Tribunal Judicial da Comarca de Bragança integra as seguintes secções de instância central:

a) Secção cível, com sede em Bragança;

b) Secção criminal, com sede em Bragança;

c) Secção do trabalho, com sede em Bragança.

2 - O Tribunal Judicial da Comarca de Bragança integra ainda as seguintes secções de instância local:

a) Secção de competência genérica, desdobrada em matéria cível e criminal, com sede em Bragança;

b) Secção de competência genérica, com sede em Macedo de Cavaleiros;

c) Secção de competência genérica, com sede em Mirandela;

d) Secção de competência genérica, com sede em Mogadouro;

e) Secção de competência genérica, com sede em Torre de Moncorvo;

f) Secção de competência genérica, com sede em Vila Flor;

g) Secção de proximidade, com sede em Alfândega da Fé;

h) Secção de proximidade, com sede em Carrazeda de Ansiães;

i) Secção de proximidade, com sede em Miranda do Douro;

j) Secção de proximidade, com sede em Vimioso;

k) Secção de proximidade, com sede em Vinhais.

SECÇÃO VI
Tribunal Judicial da Comarca de Castelo Branco

ARTIGO 74º
Desdobramento

1 - O Tribunal Judicial da Comarca de Castelo Branco integra as seguintes secções de instância central:

a) Secção cível, com sede em Castelo Branco;
b) Secção criminal, com sede em Castelo Branco;
c) 1ª Secção de família e menores, com sede em Castelo Branco;
d) 2ª Secção de família e menores, com sede na Covilhã;
e) 1ª Secção do trabalho, com sede em Castelo Branco;
f) 2ª Secção do trabalho, com sede na Covilhã;
g) Secção de comércio, com sede no Fundão.

2 – O Tribunal Judicial da Comarca de Castelo Branco integra ainda as seguintes secções de instância local:

a) Secção de competência genérica, desdobrada em matéria cível e criminal, com sede em Castelo Branco;
b) Secção de competência genérica, desdobrada em matéria cível e criminal, com sede na Covilhã;
c) Secção de competência genérica, desdobrada em matéria cível e criminal, com sede no Fundão;
d) Secção de competência genérica, com sede em Idanha-a-Nova;
e) Secção de competência genérica, com sede em Oleiros;
f) Secção de competência genérica, com sede em Sertã;
g) Secção de proximidade, com sede em Penamacor.

SECÇÃO VII
Tribunal Judicial da Comarca de Coimbra

ARTIGO 75º
Desdobramento

1 – O Tribunal Judicial da Comarca de Coimbra integra as seguintes secções de instância central:

a) Secção cível, com sede em Coimbra;
b) Secção criminal, com sede em Coimbra;
c) Secção de instrução criminal, com sede em Coimbra;
d) 1ª Secção de família e menores, com sede em Coimbra;
e) 2ª Secção de família e menores, com sede na Figueira da Foz;
f) 1ª Secção do trabalho, com sede em Coimbra;
g) 2ª Secção do trabalho, com sede na Figueira da Foz;
h) Secção de comércio, com sede em Coimbra;
i) Secção de execução, com sede em Coimbra.

2 – O Tribunal Judicial da Comarca de Coimbra integra ainda as seguintes secções de instância local:

a) Secção de competência genérica, com sede em Arganil;
b) Secção de competência genérica, desdobrada em matéria cível e criminal com sede em Cantanhede;
c) Secção de competência genérica, desdobrada em matéria cível e criminal, com sede em Coimbra;
d) Secção de competência genérica, com sede em Condeixa-a-Nova;

e) Secção de competência genérica, desdobrada em matéria cível e criminal, com sede na Figueira da Foz;

f) Secção de competência genérica, com sede em Lousã;

g) Secção de competência genérica, com sede em Montemor-o-Velho;

h) Secção de competência genérica, com sede em Oliveira do Hospital;

i) Secção de competência genérica, com sede em Penacova;

j) Secção de competência genérica, com sede em Tábua;

k) Secção de proximidade, com sede em Soure;

l) Secção de proximidade, com sede em Mira;

m) Secção de proximidade, com sede em Pampilhosa da Serra.

ARTIGO 76º
Departamento de investigação e ação penal

1 – É criado o departamento de investigação e ação penal da comarca de Coimbra, com sede em Coimbra.

2 – O departamento de investigação e ação penal tramita todos os inquéritos da comarca e organiza-se nos termos definidos pelo estatuto do Ministério Público.

SECÇÃO VIII
Tribunal Judicial da Comarca de Évora

ARTIGO 77º
Desdobramento

1 – O Tribunal Judicial da Comarca de Évora integra as seguintes secções de instância central:

a) Secção cível, com sede em Évora;

b) Secção criminal, com sede em Évora;

c) Secção de instrução criminal, com sede em Évora;

d) Secção de família e menores, com sede em Évora;

e) Secção do trabalho, com sede em Évora;

f) Secção de execução, com sede em Montemor-o-Novo.

2 – O Tribunal Judicial da Comarca de Évora integra ainda as seguintes secções de instância local:

a) Secção de competência genérica, com sede em Estremoz;

b) Secção de competência genérica, desdobrada em matéria cível e criminal, com sede em Évora;

c) Secção de competência genérica, com sede em Montemor-o-Novo;

d) Secção de competência genérica, com sede no Redondo;

e) Secção de competência genérica, com sede em Reguengos de Monsaraz;

f) Secção de competência genérica, com sede em Vila Viçosa;

g) Secção de proximidade, com sede em Arraiolos.

ARTIGO 78º
Departamento de investigação e ação penal

1 – É criado o departamento de investigação e ação penal da Comarca de Évora, com sede em Évora.

2 – O departamento de investigação e ação penal tramita todos os inquéritos da comarca e organiza-se nos termos definidos pelo estatuto do Ministério Público.

SECÇÃO IX
Tribunal Judicial da Comarca de Faro

ARTIGO 79º
Desdobramento

1 – O Tribunal Judicial da Comarca de Faro integra as seguintes secções de instância central:

a) 1ª Secção cível, com sede em Faro;

b) 1ª Secção criminal, com sede em Faro;

c) 2ª Secção cível, com sede em Portimão;

d) 2ª Secção criminal, com sede em Portimão;

e) 1ª Secção de instrução criminal, com sede em Faro;

f) 2ª Secção de instrução criminal, com sede em Portimão;

g) 1ª Secção de família e menores, com sede em Faro;

h) 2ª Secção de família e menores, com sede em Portimão;

i) 1ª Secção do trabalho, com sede em Faro;

j) 2ª Secção do trabalho, com sede em Portimão;

k) Secção de comércio, com sede em Olhão;

l) 1ª Secção de execução, com sede em Loulé;

m) 2ª Secção de execução, com sede em Silves.

2 – O Tribunal Judicial da Comarca de Faro integra ainda as seguintes secções de instância local:

a) Secção de competência genérica, desdobrada em matéria cível e criminal, com sede em Albufeira;

b) Secção de competência genérica, desdobrada em matéria cível e criminal, com sede em Faro;

c) Secção de competência genérica, com sede em Lagos;

d) Secção de competência genérica, desdobrada em matéria cível e criminal, com sede em Loulé;

e) Secção de competência genérica, com sede em Olhão;

f) Secção de competência genérica, desdobrada em matéria cível e criminal, com sede em Portimão;

g) Secção de competência genérica, com sede em Silves;

h) Secção de competência genérica, com sede em Tavira;

i) Secção de competência genérica, com sede em Vila Real de Santo António.

ARTIGO 80º
Departamento de investigação e ação penal

1 – É criado o departamento de investigação e ação penal da comarca de Faro, com sede em Faro.

2 – O departamento de investigação e ação penal tramita todos os inquéritos da comarca e organiza-se nos termos definidos pelo estatuto do Ministério Público.

SECÇÃO X
Tribunal Judicial da Comarca da Guarda

ARTIGO 81º
Desdobramento

1 – O Tribunal Judicial da Comarca da Guarda integra as seguintes secções de instância central:

a) Secção cível, com sede na Guarda;
b) Secção criminal, com sede na Guarda;
c) Secção do trabalho, com sede na Guarda.

2 – O Tribunal Judicial da Comarca da Guarda integra ainda as seguintes secções de instância local:

a) Secção de competência genérica, com sede em Almeida;
b) Secção de competência genérica, com sede em Celorico da Beira;
c) Secção de competência genérica, com sede em Figueira de Castelo Rodrigo;
d) Secção de competência genérica, com sede em Gouveia;
e) Secção de competência genérica, desdobrada em matéria cível e criminal, com sede na Guarda;
f) Secção de competência genérica, com sede em Pinhel;
g) Secção de competência genérica, com sede em Seia;
h) Secção de competência genérica, com sede em Trancoso;
i) Secção de competência genérica, com sede em Vila Nova de Foz Côa;
j) Secção de proximidade, com sede no Sabugal.

SECÇÃO XI
Tribunal Judicial da Comarca de Leiria

ARTIGO 82º
Desdobramento

1 – O Tribunal Judicial da Comarca de Leiria integra as seguintes secções de instância central:

a) Secção cível, com sede em Leiria;
b) Secção criminal, com sede em Leiria;
c) Secção de instrução criminal, com sede em Leiria;
d) 1ª Secção de família e menores, com sede em Caldas da Rainha;
e) 2ª Secção de família e menores, com sede em Pombal;

f) 1ª Secção do trabalho, com sede em Leiria;
g) 2ª Secção do trabalho, com sede em Caldas da Rainha;
h) 1ª Secção de comércio, com sede em Leiria;
i) 2ª Secção de comércio, com sede em Alcobaça;
j) 1ª Secção de execução, com sede em Alcobaça;
k) 2ª Secção de execução, com sede em Pombal.

2 – O Tribunal Judicial da Comarca de Leiria integra ainda as seguintes secções de instância local:

a) Secção de competência genérica, desdobrada em matéria cível e criminal, com sede em Alcobaça;
b) Secção de competência genérica, desdobrada em matéria cível e criminal, com sede em Caldas da Rainha;
c) Secção de competência genérica, com sede em Figueiró dos Vinhos;
d) Secção de competência genérica, desdobrada em matéria cível e criminal, com sede em Leiria;
e) Secção de competência genérica, com sede em Marinha Grande;
f) Secção de competência genérica, com sede na Nazaré;
g) Secção de competência genérica, com sede em Peniche;
h) Secção de competência genérica, desdobrada em matéria cível e criminal, com sede em Pombal;
i) Secção de competência genérica, desdobrada em matéria cível e criminal, com sede em Porto de Mós;
j) Secção de proximidade, com sede em Alvaiázere;
k) Secção de proximidade, com sede em Ansião.

ARTIGO 83º
Departamento de investigação e ação penal

1 – É criado o departamento de investigação e ação penal da comarca de Leiria, com sede em Leiria.

2 – O departamento de investigação e ação penal tramita todos os inquéritos da comarca e organiza-se nos termos definidos pelo estatuto do Ministério Público.

SECÇÃO XII
Tribunal Judicial da Comarca de Lisboa

ARTIGO 84º
Desdobramento

1 – O Tribunal Judicial da Comarca de Lisboa integra as seguintes secções de instância central:

a) 1ª Secção cível, com sede em Lisboa;
b) 1ª Secção criminal, com sede em Lisboa;
c) 2ª Secção cível, com sede em Almada;
d) 2ª Secção criminal, com sede em Almada;
f) 2ª Secção de instrução criminal, com sede em Almada;

g) 3ª Secção de instrução criminal, com sede no Barreiro;
h) 1ª Secção de família e menores, com sede em Lisboa;
i) 2ª Secção de família e menores, com sede em Almada;
j) 3ª Secção de família e menores, com sede no Barreiro;
k) 4ª Secção de família e menores, com sede no Seixal;
l) 1ª Secção do trabalho, com sede em Lisboa;
m) 2ª Secção do trabalho, com sede no Barreiro;
n) 1ª Secção de comércio, com sede em Lisboa;
o) 2ª Secção de comércio, com sede no Barreiro;
p) 1ª Secção de execução, com sede em Lisboa;
q) 2ª Secção de execução, com sede em Almada.

2 – O Tribunal Judicial da Comarca de Lisboa integra ainda as seguintes secções de instância local:

a) Secção de competência genérica, desdobrada em matéria cível e criminal, com sede em Almada;

b) Secção de competência genérica do Barreiro e da Moita, desdobrada em matéria criminal, com sede no Barreiro e em matéria cível, com sede na Moita;

c) Secção de competência genérica, desdobrada em matéria cível, em matéria criminal e em matéria de pequena criminalidade, com sede em Lisboa;

d) Secção de competência genérica, desdobrada em matéria cível e criminal, com sede no Montijo;

e) Secção de competência genérica, desdobrada em matéria cível e criminal, com sede no Seixal.[50]

ARTIGO 85º
Departamento de investigação e ação penal

1 – É criado o departamento de investigação e ação penal da comarca de Lisboa, com sede em Lisboa.

2 – O departamento de investigação e ação penal tramita todos os inquéritos da comarca e organiza-se nos termos definidos pelo estatuto do Ministério Público.

SECÇÃO XIII
Tribunal Judicial da Comarca de Lisboa Norte

ARTIGO 86º
Desdobramento

1 – O Tribunal Judicial da Comarca de Lisboa Norte integra as seguintes secções de instância central:

a) Secção cível, com sede em Loures;
b) Secção criminal, com sede em Loures;
c) Secção de instrução criminal, com sede em Loures;

[50] O disposto na alínea *e*) do nº 1 deste artigo, que se referia à 1ª Secção de instrução criminal com sede em Lisboa, foi revogado pelo artigo 8º da Lei nº 77/2021.

d) 1ª Secção de família e menores, com sede em Loures;
e) 2ª Secção de família e menores, com sede em Torres Vedras;
f) 3ª Secção de família e menores, com sede em Vila Franca de Xira;
g) 1ª Secção do trabalho, com sede em Loures;
h) 2ª Secção do trabalho, com sede em Torres Vedras;
i) 3ª Secção do trabalho, com sede em Vila Franca de Xira;
j) Secção de comércio, com sede em Vila Franca de Xira;
k) Secção de execução, com sede em Loures.

2 – O Tribunal Judicial da Comarca de Lisboa Norte integra ainda as seguintes secções de instância local:

a) Secção de competência genérica, desdobrada em matéria cível e criminal, com sede em Alenquer;

b) Secção de competência genérica, desdobrada em matéria cível, em matéria criminal e em matéria de pequena criminalidade, com sede em Loures;

c) Secção de competência genérica, com sede na Lourinhã;

d) Secção de competência genérica, desdobrada em matéria cível e criminal, com sede em Torres Vedras;

e) Secção de competência genérica, desdobrada em matéria cível e criminal, com sede em Vila Franca de Xira.

OARTIGO 87º
Departamento de investigação e ação penal

1 – É criado o departamento de investigação e ação penal da comarca de Lisboa Norte, com sede em Loures.

2 – O departamento de investigação e ação penal tramita todos os inquéritos da comarca e organiza-se nos termos definidos pelo estatuto do Ministério Público.

SECÇÃO XIV
Tribunal Judicial da Comarca de Lisboa Oeste

ARTIGO 88º
Desdobramento

1 – O Tribunal Judicial da Comarca de Lisboa Oeste integra as seguintes secções de instância central:

a) 1ª Secção cível, com sede em Sintra;
b) 1ª Secção criminal, com sede em Sintra;
c) 2ª Secção cível, com sede em Cascais;
d) 2ª Secção criminal, com sede em Cascais;
e) 1ª Secção de instrução criminal, com sede em Sintra;
f) 2ª Secção de instrução criminal, com sede em Cascais;
g) 1ª Secção de família e menores, com sede em Sintra;
h) 2ª Secção de família e menores, com sede em Amadora;
i) 3ª Secção de família e menores, com sede em Cascais;
j) 1ª Secção do trabalho, com sede em Sintra;

k) 2ª Secção do trabalho, com sede em Cascais;

l) Secção de comércio, com sede em Sintra;

m) 1ª Secção de execução, com sede em Sintra;

n) 2ª Secção de execução, com sede em Oeiras.

2 – O Tribunal Judicial da Comarca de Lisboa Oeste integra ainda as seguintes secções de instância local:

a) Secção de competência genérica, desdobrada em matéria cível e criminal, com sede em Amadora;

b) Secção de competência genérica, desdobrada em matéria cível e criminal, com sede em Cascais;

c) Secção de competência genérica, desdobrada em matéria cível e criminal, com sede em Mafra;

d) Secção de competência genérica, desdobrada em matéria cível e criminal, com sede em Oeiras;

e) Secção de competência genérica, desdobrada em matéria cível, em matéria criminal e em matéria de pequena criminalidade, com sede em Sintra.

ARTIGO 89º
Departamento de investigação e ação penal

1 – É criado o departamento de investigação e ação penal da comarca de Lisboa Oeste, com sede em Sintra.

2 – O departamento de investigação e ação penal tramita todos os inquéritos da comarca e organiza-se nos termos definidos pelo estatuto do Ministério Público.

SECÇÃO XV
Tribunal Judicial da Comarca da Madeira

ARTIGO 90º
Desdobramento

1 – O Tribunal Judicial da Comarca da Madeira integra as seguintes secções de instância central:

a) Secção cível, com sede no Funchal;

b) Secção criminal, com sede no Funchal;

c) Secção de instrução criminal, com sede no Funchal;

d) Secção de família e menores, com sede no Funchal;

e) Secção do trabalho, com sede no Funchal;

f) Secção de comércio, com sede no Funchal;

g) Secção de execução, com sede no Funchal.

2 – O Tribunal Judicial da Comarca da Madeira integra ainda as seguintes secções de instância local:

a) Secção de competência genérica, desdobrada em matéria cível e criminal, com sede no Funchal;

b) Secção de competência genérica, com sede em Ponta do Sol;

c) Secção de competência genérica, com sede em Porto Santo;

d) Secção de competência genérica, com sede em Santa Cruz;
e) Secção de proximidade, com sede em São Vicente.

ARTIGO 91º
Departamento de investigação e ação penal

1 – É criado o departamento de investigação e ação penal da comarca da Madeira, com sede no Funchal.

2 – O departamento de investigação e ação penal tramita todos os inquéritos da comarca e organiza-se nos termos definidos pelo estatuto do Ministério Público.

SECÇÃO XVI
Tribunal Judicial da Comarca de Portalegre

ARTIGO 92º
Desdobramento

1 – O Tribunal Judicial da Comarca de Portalegre integra as seguintes secções de instância central:

a) Secção cível, com sede em Portalegre;
b) Secção criminal, com sede em Portalegre;
c) Secção do trabalho, com sede em Portalegre.

2 – O Tribunal Judicial da Comarca de Portalegre integra ainda as seguintes secções de instância local:

a) Secção de competência genérica, desdobrada em matéria cível e criminal, com sede em Elvas;
b) Secção de competência genérica, com sede em Fronteira;
c) Secção de competência genérica, com sede em Ponte de Sor;
d) Secção de competência genérica, desdobrada em matéria cível e criminal, com sede em Portalegre;
e) Secção de proximidade, com sede em Avis;
f) Secção de proximidade, com sede em Nisa.

SECÇÃO XVII
Tribunal Judicial da Comarca do Porto

ARTIGO 93º
Desdobramento

1 – O Tribunal Judicial da Comarca do Porto integra as seguintes secções de instância central:

a) 1ª Secção cível, com sede no Porto;
b) 1ª Secção criminal, com sede no Porto;
c) 2ª Secção cível, com sede na Póvoa de Varzim;
d) 2ª Secção criminal, com sede em Vila do Conde;
e) 3ª Secção cível, com sede em Vila Nova de Gaia;

f) 3ª Secção criminal, com sede em Vila Nova de Gaia;
g) 1ª Secção de instrução criminal, com sede no Porto;
h) 2ª Secção de instrução criminal, com sede em Matosinhos;
i) 1ª Secção de família e menores, com sede no Porto;
j) 2ª Secção de família e menores, com sede em Gondomar;
k) 3ª Secção de família e menores, com sede em Matosinhos;
l) 4ª Secção de família e menores, com sede em Santo Tirso;
m) 5ª Secção de família e menores, com sede em Vila Nova de Gaia;
n) 1ª Secção do trabalho, com sede no Porto;
o) 2ª Secção do trabalho, com sede na Maia;
p) 3ª Secção do trabalho, com sede em Matosinhos;
q) 4ª Secção do trabalho, com sede em Valongo;
r) 5ª Secção do trabalho, com sede em Vila Nova de Gaia;
s) 1ª Secção de comércio, com sede em Santo Tirso;
t) 2ª Secção de comércio, com sede em Vila Nova de Gaia;
u) 1ª Secção de execução, com sede no Porto;
v) 2ª Secção de execução, com sede na Maia.

2 – O Tribunal Judicial da Comarca do Porto integra ainda as seguintes secções de instância local:

a) Secção de competência genérica, desdobrada em matéria cível e criminal, com sede em Gondomar;

b) Secção de competência genérica, desdobrada em matéria cível e criminal, com sede na Maia;

c) Secção de competência genérica, desdobrada em matéria cível e criminal, com sede em Matosinhos;

d) Secção de competência genérica, desdobrada em matéria cível, em matéria criminal e em matéria de pequena criminalidade, com sede no Porto;

e) Secção de competência genérica da Póvoa de Varzim e de Vila do Conde, desdobrada em matéria cível, com sede em Póvoa de Varzim e em matéria criminal, com sede em Vila do Conde;

f) Secção de competência genérica, desdobrada em matéria cível e criminal, com sede em Santo Tirso;

g) Secção de competência genérica, desdobrada em matéria cível e criminal, com sede em Valongo;

h) Secção de competência genérica, desdobrada em matéria cível e criminal, com sede em Vila Nova de Gaia.

3 – O Balcão Nacional do Arrendamento e o Balcão Nacional de Injunções para efeitos de gestão e organização da secretaria integram-se na Comarca do Porto.[51]

ARTIGO 94º
Departamento de investigação e ação penal

1 – É criado o departamento de investigação e ação penal da comarca do Porto, com sede no Porto.

[51] Sobre o Tribunal Judicial da Comerca do Porto rege o Regulamento Geral nº 529/2022, de 1 de junho.

2 – O departamento de investigação e ação penal tramita todos os inquéritos da comarca e organiza-se nos termos definidos pelo estatuto do Ministério Público.

SECÇÃO XVIII
Tribunal Judicial da Comarca do Porto Este

ARTIGO 95º
Desdobramento

1 – O Tribunal Judicial da Comarca do Porto Este integra as seguintes secções de instância central:

a) Secção cível, com sede em Penafiel;

b) Secção criminal, com sede em Penafiel;

c) Secção de instrução criminal, com sede em Marco de Canaveses;

d) Secção de família e menores, com sede em Paredes;

e) Secção do trabalho, com sede em Penafiel;

f) Secção de comércio, com sede em Amarante;

g) Secção de execução, com sede em Lousada.

2 – O Tribunal Judicial da Comarca do Porto Este integra ainda as seguintes secções de instância local:

a) Secção de competência genérica, desdobrada em matéria cível e criminal, com sede em Amarante;

b) Secção de competência genérica, com sede em Baião;

c) Secção de competência genérica, desdobrada em matéria cível e criminal, com sede em Felgueiras;

d) Secção de competência genérica, desdobrada em matéria cível e criminal, com sede em Lousada;

e) Secção de competência genérica, desdobrada em matéria cível e criminal, com sede em Marco de Canaveses;

f) Secção de competência genérica, desdobrada em matéria cível e criminal, com sede em Paços de Ferreira;

g) Secção de competência genérica, desdobrada em matéria cível e criminal, com sede em Paredes;

h) Secção de competência genérica, desdobrada em matéria cível e criminal, com sede em Penafiel.

SECÇÃO XIX
Tribunal Judicial da Comarca de Santarém

ARTIGO 96º
Desdobramento

1 – O Tribunal Judicial da Comarca de Santarém integra as seguintes secções de instância central:

a) Secção cível, com sede em Santarém;

b) Secção criminal, com sede em Santarém;
c) Secção de instrução criminal, com sede em Santarém;
d) 1ª Secção de família e menores, com sede em Santarém;
e) 2ª Secção de família e menores, com sede em Tomar;
f) 1ª Secção do trabalho, com sede em Santarém;
g) 2ª Secção do trabalho, com sede em Tomar;
h) Secção de comércio, com sede em Santarém;
i) Secção de execução, com sede no Entroncamento.

2 – O Tribunal Judicial da Comarca de Santarém integra ainda as seguintes secções de instância local:

a) Secção de competência genérica, desdobrada em matéria cível e criminal, com sede em Abrantes;
b) Secção de competência genérica, com sede em Almeirim;
c) Secção de competência genérica, desdobrada em matéria cível e criminal, com sede em Benavente;
d) Secção de competência genérica, com sede em Cartaxo;
e) Secção de competência genérica, com sede em Coruche;
f) Secção de competência genérica, com sede no Entroncamento;
g) Secção de competência genérica, desdobrada em matéria cível e criminal, com sede em Ourém;
h) Secção de competência genérica, com sede em Rio Maior;
i) Secção de competência genérica, desdobrada em matéria cível e criminal, com sede em Santarém;
j) Secção de competência genérica, desdobrada em matéria cível e criminal, com sede em Tomar;
k) Secção de competência genérica, desdobrada em matéria cível e criminal, com sede em Torres Novas;
l) Secção de proximidade, com sede em Alcanena;
m) Secção de proximidade, com sede na Golegã.

SECÇÃO XX
Tribunal Judicial da Comarca de Setúbal

ARTIGO 97º
Desdobramento

1 – O Tribunal Judicial da Comarca de Setúbal integra as seguintes secções de instância central:

a) Secção cível, com sede em Setúbal;
b) Secção criminal, com sede em Setúbal;
c) Secção de instrução criminal, com sede em Setúbal;
d) 1ª Secção de família e menores, com sede em Setúbal;
e) 2ª Secção de família e menores, com sede em Santiago do Cacém;
f) 1ª Secção do trabalho, com sede em Setúbal;
g) 2ª Secção do trabalho, com sede em Santiago do Cacém;

h) Secção de comércio, com sede em Setúbal;
i) Secção de execução, com sede em Setúbal.

2 – O Tribunal Judicial da Comarca de Setúbal integra ainda as seguintes secções de instância local:

a) Secção de competência genérica, com sede em Grândola;
b) Secção de competência genérica, com sede em Santiago do Cacém;
c) Secção de competência genérica, com sede em Sesimbra;
d) Secção de competência genérica, desdobrada em matéria cível e criminal, com sede em Setúbal;
e) Secção de proximidade, com sede em Alcácer do Sal.

ARTIGO 98º
Departamento de investigação e ação penal

1 – É criado o departamento de investigação e ação penal da comarca de Setúbal, com sede em Setúbal.

2 – O departamento de investigação e ação penal tramita todos os inquéritos da comarca e organiza-se nos termos definidos pelo estatuto do Ministério Público.

SECÇÃO XXI
Tribunal Judicial da Comarca de Viana do Castelo

ARTIGO 99º
Desdobramento

1 – O Tribunal Judicial da Comarca de Viana do Castelo integra as seguintes secções de instância central:

a) Secção cível, com sede em Viana do Castelo;
b) Secção criminal, com sede em Viana do Castelo;
c) Secção de instrução criminal, com sede em Viana do Castelo;
d) Secção de família e menores, com sede em Viana do Castelo;
e) Secção do trabalho, com sede em Viana do Castelo.

2 – O Tribunal Judicial da Comarca de Viana do Castelo integra ainda as seguintes secções de instância local:

a) Secção de competência genérica de Arcos de Valdevez e de Ponte da Barca, desdobrada em matéria cível, com sede em Arcos de Valdevez e em matéria criminal, com sede em Ponte da Barca;
b) Secção de competência genérica, com sede em Caminha;
c) Secção de competência genérica, com sede em Melgaço;
d) Secção de competência genérica, com sede em Monção;
e) Secção de competência genérica, com sede em Ponte de Lima;
f) Secção de competência genérica, com sede em Valença;
g) Secção de competência genérica, desdobrada em matéria cível e criminal, com sede em Viana do Castelo;
h) Secção de competência genérica, com sede em Vila Nova de Cerveira.

SECÇÃO XXII
Tribunal Judicial da Comarca de Vila Real

ARTIGO 100º
Desdobramento

1 – O Tribunal Judicial da Comarca de Vila Real integra as seguintes secções de instância central:

a) Secção cível, com sede em Vila Real;

b) Secção criminal, com sede em Vila Real;

c) Secção de família e menores, com sede em Vila Real;

d) Secção do trabalho, com sede em Vila Real;

e) Secção de execução, com sede em Chaves.

2 – O Tribunal Judicial da Comarca de Vila Real integra ainda as seguintes secções de instância local:

a) Secção de competência genérica, com sede em Alijó;

b) Secção de competência genérica, desdobrada em matéria cível e criminal, com sede em Chaves;

c) Secção de competência genérica, com sede em Montalegre;

d) Secção de competência genérica, com sede em Peso da Régua;

e) Secção de competência genérica, com sede em Valpaços;

f) Secção de competência genérica, com sede em Vila Pouca de Aguiar;

g) Secção de competência genérica, desdobrada em matéria cível e criminal, com sede em Vila Real;

h) Secção de proximidade, com sede em Mondim de Basto.

SECÇÃO XXIII
Tribunal Judicial da Comarca de Viseu

ARTIGO 101º
Desdobramento

1 – O Tribunal Judicial da Comarca de Viseu integra as seguintes secções de instância central:

a) Secção cível, com sede em Viseu;

b) Secção criminal, com sede em Viseu;

c) Secção de instrução criminal, com sede em Viseu;

d) 1ª Secção de família e menores, com sede em Viseu;

e) 2ª Secção de família e menores, com sede em Lamego;

f) 1ª Secção do trabalho, com sede em Viseu;

g) 2ª Secção do trabalho, com sede em Lamego;

h) Secção de comércio, com sede em Viseu;

i) Secção de execução, com sede em Viseu.

2 – O Tribunal Judicial da Comarca de Viseu integra ainda as seguintes secções de instância local:

a) Secção de competência genérica, com sede em Cinfães;

b) Secção de competência genérica, desdobrada em matéria cível e criminal, com sede em Lamego;

c) Secção de competência genérica, com sede em Mangualde;

d) Secção de competência genérica, com sede em Moimenta da Beira;

e) Secção de competência genérica, com sede em Nelas;

f) Secção de competência genérica, com sede em Santa Comba Dão;

g) Secção de competência genérica, com sede em São Pedro do Sul;

h) Secção de competência genérica, com sede em Sátão;

i) Secção de competência genérica, com sede em Tondela;

j) Secção de competência genérica, desdobrada em matéria cível e criminal, com sede em Viseu;

k) Secção de proximidade, com sede em Castro Daire;

l) Secção de proximidade, com sede em Oliveira de Frades;

m) Secção de proximidade, com sede em São João da Pesqueira;

n) Secção de proximidade, com sede em Vouzela.

ARTIGO 102º
Departamento de investigação e ação penal

1 – É criado o departamento de investigação e ação penal da comarca de Viseu, com sede em Viseu.

2 – O departamento de investigação e ação penal tramita todos os inquéritos da comarca e organiza-se nos termos definidos pelo estatuto do Ministério Público.

CAPÍTULO VII
Disposições transitórias e finais

SECÇÃO I
Disposições transitórias

ARTIGO 103º
Fixação de competência

A competência dos atuais tribunais da Relação mantém-se para os processos neles pendentes.

ARTIGO 104º
Transição de processos pendentes

1 – Os processos que em cada uma das áreas se encontrem pendentes nos atuais tribunais de comarca, à data da instalação dos novos tribunais, transitam para as secções de competência especializada das instâncias centrais, de acordo com as novas regras de competência material e territorial, com exceção dos processos pendentes nos juízos de competência específica cível relativos às matérias da competência das secções de comércio, os quais transitam para as correspondentes secções da instância local.

2 – Os processos pendentes nas atuais varas cíveis, varas com competência mista cível e criminal e juízos de grande instância cível das comarcas piloto, independentemente do valor, transitam igualmente para as secções de competência especializada das instâncias centrais referidas no número anterior.

3 – Transitam para os tribunais de competência territorial alargada, à data da instalação dos novos tribunais, os processos pendentes nos atuais tribunais de competência especializada que lhes correspondam.

4 – Os processos pendentes nos atuais tribunais e juízos de competência especializada das comarcas piloto, não incluídos no número anterior, transitam, dentro do mesmo município, à data da instalação dos novos tribunais, para as secções de competência especializada das instâncias centrais, de acordo com as regras de competência material.

5 – Os processos pendentes nas atuais comarcas, não abrangidos pelas regras previstas nos números anteriores, transitam, à data da instalação dos novos tribunais, para as respetivas instâncias locais.

6 – Os processos objeto de interposição de recurso jurisdicional que se encontrem pendentes nas instâncias superiores, à data da instalação dos novos tribunais, transitam, após decisão, para as secções ou tribunais competentes, de acordo com as novas regras de competência material e territorial, sem prejuízo do previsto no nº 2.

7 – Os processos em que o Ministério Público é titular, pendentes nos atuais tribunais, departamentos de investigação e ação penal ou serviços do Ministério Público, transitam, à data da instalação dos novos tribunais, para os departamentos ou serviços do Ministério Público que lhes correspondam.

ARTIGO 105º
Outras situações na transição de processos

Na transição de processos pendentes, os aspetos não especialmente regulados no artigo anterior são objeto de deliberação, consoante o caso, do Conselho Superior da Magistratura ou do Conselho Superior do Ministério Público.

ARTIGO 106º
Transição dos oficiais de justiça e demais trabalhadores e conformação inicial

As regras da transição dos oficiais de justiça e dos demais trabalhadores, bem como a conformação inicial para ocupação dos lugares, constam de portaria dos membros do Governo responsáveis pelas áreas das finanças e da justiça que aprova os novos mapas de pessoal.[52]

ARTIGO 107º
Recuperação de pendências

1 – A recuperação dos processos pendentes em atraso é assegurada pelos juízes e pelos magistrados do Ministério Público integrados nos quadros legais, fixados,

[52] A Portaria nº 161/2014, de 21 de agosto, aprovou os mapas de pessoal das secretarias dos tribunais judiciais de primeira instância e fixou as regras de transição e de afetação dos oficiais de justiça e demais trabalhadores, e a Portaria nº 372/2019 alterou-os.

em regra, por um intervalo entre um mínimo e um máximo de juízes e de magistrados do Ministério Público.

2 – O Conselho Superior da Magistratura e o Conselho Superior do Ministério Público coordenam-se na determinação concreta do número de juízes e de magistrados do Ministério Público para cada uma das comarcas.

ARTIGO 108º
Juízes e magistrados do Ministério Público auxiliares

Os juízes e os magistrados do Ministério Público não colocados nos lugares dos quadros constantes dos anexos ao presente decreto-lei, nem nos quadros complementares, são colocados nos tribunais judiciais de primeira instância como auxiliares, pelo Conselho Superior da Magistratura e pelo Conselho Superior do Ministério Público, respetivamente.

ARTIGO 109º
Regulamento do primeiro curso de formação

O regulamento do primeiro curso de formação específico, previsto no nº 2 do artigo 13º, é aprovado pelo Centro de Estudos Judiciários e homologado por portaria do membro do Governo responsável pela área da justiça.

ARTIGO 110º
Primeiro recrutamento para administrador judiciário

O primeiro procedimento de seleção para o cargo de administrador judiciário é fixado por despacho do membro do Governo responsável pela área da justiça.

ARTIGO 111º
Nomeação dos órgãos de gestão

1 – Para efeitos do disposto no artigo 172º da Lei nº 62/2013, de 26 de agosto, o Conselho Superior da Magistratura e o Conselho Superior do Ministério Público nomeiam o presidente do tribunal e o magistrado do Ministério Público Coordenador, respetivamente.

2 – O presidente do tribunal, ouvido o magistrado do Ministério Público coordenador, nomeia o administrador judiciário.

3 – Por despacho do membro do Governo responsável pela área da justiça, os órgãos de gestão são investidos dos meios necessários tendo em vista a participação ativa no processo organizativo, designadamente a prática de atos inerentes à implementação das comarcas.

4 – Para os fins previstos no número anterior, os órgãos de gestão articulam-se com os magistrados e funcionários em exercício de funções nas atuais comarcas.

ARTIGO 112º
Instalações

Por despacho do membro do Governo responsável pela área da justiça, a sede das secções dos tribunais de comarca pode, transitoriamente, ser deslocalizada.

SECÇÃO II
Disposições finais

ARTIGO 113º
Execução de convenções internacionais

1 – Para a execução de convenções internacionais em que a Direção-Geral de Reinserção e Serviços Prisionais é autoridade central são competentes as secções de família e menores.

2 – Nos municípios não integrados na área de competência territorial das secções de família e menores, a execução de convenções internacionais referidas no número anterior é da competência das respetivas secções da instância local.

ARTIGO 114º
Preservação do registo informático de processos

É preservado no sistema informático de gestão processual o registo integral dos processos existentes à data da instalação das novas comarcas e garantido o respetivo acesso através da criação de perfis adequados.

ARTIGO 115º
Criação e extinção de departamentos de investigação e ação penal

Nos casos previstos no estatuto do Ministério Público, podem ser criados e extintos departamentos de investigação e ação penal, por iniciativa do Procurador-Geral da República e deliberação do Conselho Superior do Ministério Público, que é homologada por portaria do membro do Governo responsável pela área da justiça.

ARTIGO 116º
Movimento de magistrados

O Conselho Superior da Magistratura e o Conselho Superior do Ministério Público, asseguram a organização dos respetivos movimentos dos magistrados com a antecedência necessária para o início de funções nas novas comarcas.

ARTIGO 117º
Extinção de distritos judiciais, círculos judiciais e comarcas

1 – São extintos os atuais distritos judiciais, sem prejuízo de se considerar que, até à alteração do disposto no estatuto dos Magistrados Judiciais e no estatuto do Ministério Público, as referências aos distritos judiciais, deles constantes, se reportam à área de competência dos tribunais da Relação correspondentes.

2 – São extintos os atuais círculos judiciais.

3 – São extintas as atuais comarcas.

ARTIGO 118º
Entrada em vigor

O presente decreto-lei entra em vigor no dia 1 de setembro de 2014, com as exceções seguintes:

a) Os artigos 109º, 110º, 111º, 112º e 116º entram em vigor no dia seguinte ao da publicação do presente decreto-lei;

b) O artigo 45º, o nº 3 do artigo 48º, o artigo 106º e o artigo 115º, quanto à emissão da regulamentação neles prevista, entram em vigor no dia seguinte ao da publicação do presente decreto-lei.

ANEXOS

MAPA I

Supremo Tribunal de Justiça

Sede: Lisboa.
Área de competência territorial: território nacional.
Quadro de juízes: 60.
Juízes militares: 4, um por cada ramo das Forças Armadas e um da GNR.

MAPA II

Tribunais da Relação

Coimbra
Sede: Coimbra.
Área de competência territorial: comarcas de Castelo Branco, Coimbra, Guarda, Leiria e Viseu.
Quadro de juízes: 57 a 66.

Évora
Sede: Évora.
Área de competência territorial: comarcas de Beja, Évora, Faro, Portalegre, Santarém e Setúbal.
Quadro de juízes: 53 a 61.

Guimarães
Sede: Guimarães.
Área de competência territorial: comarcas de Braga, Bragança, Viana do Castelo e Vila Real.
Quadro de juízes: 57 a 66.

Lisboa
Sede: Lisboa.
Área de competência territorial: comarcas dos Açores, Lisboa, Lisboa Norte, Lisboa Oeste e Madeira.
Quadro de juízes: 133 a 153.
Juízes militares: 4, um por cada ramo das Forças Armadas e um da GNR.

Porto
Sede: Porto.
Área de competência territorial: comarcas de Aveiro, Porto e Porto Este.
Quadro de juízes: 103 a 119.
Juízes militares: 4, um por cada ramo das Forças Armadas e um da GNR.

MAPA III

Tribunais judiciais de primeira instância

Tribunais de comarca

Tribunal Judicial da Comarca dos Açores

Sede: Ponta Delgada.
Tribunal da Relação competente: Lisboa.
Área de competência territorial: municípios de Angra do Heroísmo, Calheta, Corvo, Horta, Lagoa, Lajes das Flores, Lajes do Pico, Madalena, Nordeste, Ponta Delgada, Povoação, Praia da Vitória, Ribeira Grande, Santa Cruz da Graciosa, Santa Cruz das Flores, São Roque do Pico, Velas, Vila do Porto e Vila Franca do Campo.
Quadro de juízes: de 32 a 36.
Juiz Presidente: 1 (sediado em Ponta Delgada).
Magistrado do Ministério Público coordenador: 1 (sediado em Ponta Delgada).
Administrador Judiciário: 1 (sediado em Ponta Delgada).

Juízos de competência especializada

Juízo central cível de Ponta Delgada.
Juízo central criminal de Ponta Delgada.
Área de competência territorial: municípios de Lagoa, Nordeste, Ponta Delgada, Povoação, Ribeira Grande, Vila do Porto e Vila Franca do Campo.
Juízes: 3.
Juízo local cível de Ponta Delgada.
Área de competência territorial: municípios de Lagoa e Ponta Delgada.
Juízes: 4.
Juízo local criminal de Ponta Delgada.
Área de competência territorial: municípios de Lagoa e Ponta Delgada.
Juízes: 3.
Juízo de instrução criminal de Ponta Delgada.
Área de competência territorial: municípios de Lagoa, Nordeste, Ponta Delgada, Povoação, Ribeira Grande e Vila Franca do Campo.
Juízes: 1.
Juízo de família e menores de Ponta Delgada.
Área de competência territorial: municípios de Lagoa, Nordeste, Ponta Delgada, Povoação, Ribeira Grande e Vila Franca do Campo.
Juízes: 2.
Juízo do trabalho de Ponta Delgada.

Área de competência territorial: municípios de Lagoa, Nordeste, Ponta Delgada, Povoação, Ribeira Grande e Vila Franca do Campo.
Juízes: 1.
Juízo central cível de Angra do Heroísmo.
Juízo central criminal de Angra do Heroísmo.
Área de competência territorial: municípios de Angra do Heroísmo, Calheta, Corvo, Horta, Lajes das Flores, Lajes do Pico, Madalena, Praia da Vitória, Santa Cruz da Graciosa, Santa Cruz das Flores, São Roque do Pico e Velas.
Juízes: 3.
Juízo local cível de Angra do Heroísmo.
Área de competência territorial: município de Angra do Heroísmo.
Juízes: 2.
Juízo local criminal de Angra do Heroísmo.
Área de competência territorial: município de Angra do Heroísmo.
Juízes: 1.
Juízo misto de família e menores e do trabalho da Praia da Vitória.
Área de competência territorial: municípios de Angra do Heroísmo e Praia da Vitória.
Juízes: 1.
Juízo local cível da Ribeira Grande.
Área de competência territorial: municípios de Nordeste e Ribeira Grande.
Juízes: 1.
Juízo local criminal da Ribeira Grande.
Área de competência territorial: municípios de Nordeste e Ribeira Grande.
Juízes: 1.

Juízos de competência genérica
Juízo de competência genérica da Horta.
Área de competência territorial: município da Horta.
Juízes: 2.
Juízo de competência genérica da Praia da Vitória.
Área de competência territorial: município da Praia da Vitória.
Juízes: 1.
Juízo de competência genérica de Santa Cruz da Graciosa.
Área de competência territorial: município de Santa Cruz da Graciosa.
Juízes: 1.
Juízo de competência genérica de Santa Cruz das Flores.
Área de competência territorial: municípios do Corvo, Lajes das Flores e Santa Cruz das Flores.
Juízes: 1.
Juízo de competência genérica de São Roque do Pico.
Área de competência territorial: municípios das Lajes do Pico, Madalena e São Roque do Pico.
Juízes: 1.
Juízo de competência genérica de Velas.

Área de competência territorial: municípios de Calheta e Velas.
Juízes: 1.
Juízo de competência genérica de Vila do Porto.
Área de competência territorial: município de Vila do Porto.
Juízes: 1.
Juízo de competência genérica de Vila Franca do Campo.
Área de competência territorial: municípios da Povoação e Vila Franca do Campo.
Juízes: 1.

Juízos de proximidade

Juízo de proximidade de Nordeste.
Área de competência territorial: município de Nordeste (para efeitos do nº 3 do artigo 82º da Lei nº 62/2013, de 26 de agosto).
Juízo de proximidade da Povoação.
Área de competência territorial: município da Povoação (para efeitos do nº 3 do artigo 82º da Lei nº 62/2013, de 26 de agosto).

Tribunal Judicial da Comarca de Aveiro

Sede: Aveiro.
Tribunal da Relação competente: Porto.
Área de competência territorial: municípios de Águeda, Albergaria-a-Velha, Anadia, Arouca, Aveiro, Castelo de Paiva, Espinho, Estarreja, Ílhavo, Mealhada, Murtosa, Oliveira de Azeméis, Oliveira do Bairro, Ovar, Santa Maria da Feira, São João da Madeira, Sever do Vouga, Vagos e Vale de Cambra.
Quadro de juízes: de 76 a 82.
Juiz Presidente: 1 (sediado em Aveiro).
Magistrado do Ministério Público coordenador: 1 (sediado em Aveiro).
Administrador Judiciário: 1 (sediado em Aveiro).

Juízos de competência especializada

Juízo central cível de Aveiro.
Área de competência territorial: municípios de Águeda, Albergaria-a-Velha, Anadia, Aveiro, Estarreja, Ílhavo, Mealhada, Murtosa, Oliveira do Bairro, Ovar, Sever do Vouga e Vagos.
Juízes: 3.
Juízo central criminal de Aveiro.
Área de competência territorial: municípios de Águeda, Albergaria-a-Velha, Anadia, Aveiro, Estarreja, Ílhavo, Mealhada, Murtosa, Oliveira do Bairro, Ovar, Sever do Vouga e Vagos.
Juízes: 6.
Juízo local cível de Aveiro.
Área de competência territorial: município de Aveiro.
Juízes: 2.
Juízo local criminal de Aveiro.

Área de competência territorial: município de Aveiro.
Juízes: 3.
Juízo de instrução criminal de Aveiro.
Área de competência territorial: municípios de Águeda, Albergaria-a-Velha, Anadia, Aveiro, Estarreja, Ílhavo, Mealhada, Murtosa, Oliveira do Bairro, Ovar, Sever do Vouga e Vagos.
Juízes: 2.
Juízo de família e menores de Aveiro.
Área de competência territorial: municípios de Albergaria-a-Velha, Aveiro, Ílhavo, Sever do Vouga e Vagos.
Juízes: 2.
Juízo do trabalho de Aveiro.
Área de competência territorial: municípios de Albergaria-a-Velha, Aveiro, Estarreja, Ílhavo, Murtosa, Ovar, Sever do Vouga e Vagos.
Juízes: 2.
Juízo de comércio de Aveiro (instalado provisoriamente em Anadia).
Área de competência territorial: municípios de Águeda, Albergaria-a-Velha, Anadia, Aveiro, Estarreja, Ílhavo, Mealhada, Murtosa, Oliveira do Bairro, Ovar, Sever do Vouga e Vagos.
Juízes: 3.
Juízo local cível de Águeda.
Área de competência territorial: município de Águeda.
Juízes: 1.
Juízo local criminal de Águeda.
Área de competência territorial: município de Águeda.
Juízes: 1.
Juízo do trabalho de Águeda.
Área de competência territorial: municípios de Águeda, Anadia, Mealhada e Oliveira do Bairro.
Juízes: 1.
Juízo de execução de Águeda.
Área de competência territorial: municípios de Águeda, Albergaria-a-Velha, Anadia, Ílhavo, Mealhada, Oliveira do Bairro, Sever do Vouga e Vagos.
Juízes: 1.
Juízo de família e menores de Estarreja.
Área de competência territorial: municípios de Estarreja, Murtosa e Ovar.
Juízes: 1.
Juízo local cível de Oliveira de Azeméis.
Área de competência territorial: município de Oliveira de Azeméis.
Juízes: 1.
Juízo local criminal de Oliveira de Azeméis.
Área de competência territorial: município de Oliveira de Azeméis.
Juízes: 1.
Juízo do trabalho de Oliveira de Azeméis.
Área de competência territorial: municípios de Arouca, Oliveira de Azeméis, São João da Madeira e Vale de Cambra.

Juízes: 1.
Juízo de comércio de Oliveira de Azeméis.
Área de competência territorial: municípios de Arouca, Castelo de Paiva, Espinho, Oliveira de Azeméis, Santa Maria da Feira, São João da Madeira e Vale de Cambra.
Juízes: 2.
Juízo de execução de Oliveira de Azeméis.
Área de competência territorial: municípios de Arouca, Castelo de Paiva, Espinho, Oliveira de Azeméis, Santa Maria da Feira, São João da Madeira e Vale de Cambra.
Juízes: 2.
Juízo de família e menores de Oliveira do Bairro.
Área de competência territorial: municípios de Águeda, Anadia, Mealhada e Oliveira do Bairro.
Juízes: 1.
Juízo local cível de Ovar.
Área de competência territorial: município de Ovar.
Juízes: 1.
Juízo local criminal de Ovar.
Área de competência territorial: município de Ovar.
Juízes: 1.
Juízo de execução de Ovar.
Área de competência territorial: municípios de Aveiro, Estarreja, Murtosa e Ovar.
Juízes: 1.
Juízo central cível de Santa Maria da Feira.
Área de competência territorial: municípios de Arouca, Castelo de Paiva, Espinho, Santa Maria da Feira, São João da Madeira, Oliveira de Azeméis e Vale de Cambra.
Juízes: 3.
Juízo central criminal de Santa Maria da Feira.
Área de competência territorial: municípios de Arouca, Castelo de Paiva, Espinho, Santa Maria da Feira, São João da Madeira, Oliveira de Azeméis e Vale de Cambra.
Juízes: 3.
Juízo local cível de Santa Maria da Feira.
Área de competência territorial: município de Santa Maria da Feira.
Juízes: 3.
Juízo local criminal de Santa Maria da Feira.
Área de competência territorial: município de Santa Maria da Feira.
Juízes: 3.
Juízo de instrução criminal de Santa Maria da Feira.
Área de competência territorial: municípios de Arouca, Castelo de Paiva, Espinho, Oliveira de Azeméis, Santa Maria da Feira, São João da Madeira e Vale de Cambra.

Juízes: 2.
Juízo de família e menores de Santa Maria da Feira.
Área de competência territorial: municípios de Espinho e Santa Maria da Feira.
Juízes: 2.
Juízo do trabalho de Santa Maria da Feira.
Área de competência territorial: municípios de Castelo de Paiva, Espinho e Santa Maria da Feira.
Juízes: 2.
Juízo de família e menores de São João da Madeira.
Área de competência territorial: municípios de Oliveira de Azeméis, São João da Madeira e Vale de Cambra.
Juízes: 1.

Juízos de competência genérica

Juízo de competência genérica de Albergaria-a-Velha.
Área de competência territorial: municípios de Albergaria-a-Velha e Sever do Vouga.
Juízes: 2.
Juízo de competência genérica de Anadia.
Área de competência territorial: município de Anadia.
Juízes: 1.
Juízo de competência genérica de Arouca.
Área de competência territorial: município de Arouca.
Juízes: 1.
Juízo de competência genérica de Castelo de Paiva.
Área de competência territorial: município de Castelo de Paiva.
Juízes: 1.
Juízo de competência genérica de Espinho.
Área de competência territorial: município de Espinho.
Juízes: 2.
Juízo de competência genérica de Estarreja.
Área de competência territorial: municípios de Estarreja e Murtosa.
Juízes: 2.
Juízo de competência genérica de Ílhavo.
Área de competência territorial: município de Ílhavo.
Juízes: 2.
Juízo de competência genérica da Mealhada.
Área de competência territorial: município da Mealhada.
Juízes: 1.
Juízo de competência genérica de Oliveira do Bairro.
Área de competência territorial: município de Oliveira do Bairro.
Juízes: 2.
Juízo de competência genérica de São João da Madeira.
Área de competência territorial: município de São João da Madeira.
Juízes: 2.
Juízo de competência genérica de Vagos.

Área de competência territorial: município de Vagos.
Juízes: 1.
Juízo de competência genérica de Vale de Cambra.
Área de competência territorial: município de Vale de Cambra.
Juízes: 1.

Juízos de proximidade

Juízo de proximidade de Sever do Vouga.
Área de competência territorial: município de Sever do Vouga (para efeitos do nº 3 do artigo 82º da Lei nº 62/2013, de 26 de agosto).

Tribunal Judicial da Comarca de Beja

Sede: Beja.
Tribunal da Relação competente: Évora.
Área de competência territorial: municípios de Aljustrel, Almodôvar, Alvito, Barrancos, Beja, Castro Verde, Cuba, Ferreira do Alentejo, Mértola, Moura, Odemira, Ourique, Serpa e Vidigueira.
Quadro de juízes: de 17 a 18.
Juiz Presidente: 1 (sediado em Beja).
Magistrado do Ministério Público coordenador: 1 (sediado em Beja).
Administrador Judiciário: 1 (sediado em Beja).

Juízos de competência especializada

Juízo central cível de Beja.
Juízo central criminal de Beja.
Área de competência territorial: comarca de Beja.
Juízes: 4.
Juízo local cível de Beja.
Área de competência territorial: municípios de Beja e Mértola.
Juízes: 2.
Juízo local criminal de Beja.
Área de competência territorial: municípios de Beja e Mértola.
Juízes: 1.
Juízo de família e menores de Beja (instalado provisoriamente em Ferreira do Alentejo).
Área de competência territorial: municípios de Aljustrel, Alvito, Beja, Cuba, Ferreira do Alentejo, Mértola, Serpa e Vidigueira.
Juízes: 1.
Juízo do trabalho de Beja.
Área de competência territorial: comarca de Beja.
Juízes: 1.

Juízos de competência genérica

Juízo de competência genérica de Almodôvar.
Área de competência territorial: municípios de Almodôvar e Castro Verde.

Juízes: 1.
Juízo de competência genérica de Cuba.
Área de competência territorial: municípios de Alvito, Cuba e Vidigueira.
Juízes: 1.
Juízo de competência genérica de Ferreira do Alentejo.
Área de competência territorial: município de Ferreira do Alentejo.
Juízes: 1.
Juízo de competência genérica de Moura.
Área de competência territorial: municípios de Barrancos e Moura.
Juízes: 1.
Juízo de competência genérica de Odemira.
Área de competência territorial: município de Odemira.
Juízes: 2.
Juízo de competência genérica de Ourique.
Área de competência territorial: municípios de Aljustrel e Ourique.
Juízes: 1.
Juízo de competência genérica de Serpa.
Área de competência territorial: município de Serpa.
Juízes: 1.

Juízos de proximidade
Juízo de proximidade de Mértola.
Área de competência territorial: município de Mértola (para efeitos do nº 3 do artigo 82º da Lei nº 62/2013, de 26 de agosto).

Tribunal Judicial da Comarca de Braga
Sede: Braga.
Tribunal da Relação competente: Guimarães.
Área de competência territorial: municípios de Amares, Barcelos, Braga, Cabeceiras de Basto, Celorico de Basto, Esposende, Fafe, Guimarães, Póvoa de Lanhoso, Terras de Bouro, Vieira do Minho, Vila Nova de Famalicão, Vila Verde e Vizela.
Quadro de juízes: de 91 a 97.
Juiz Presidente: 1 (sediado em Braga).
Magistrado do Ministério Público coordenador: 1 (sediado em Braga).
Administrador Judiciário: 1 (sediado em Braga).

Juízos de competência especializada
Juízo central cível de Braga.
Área de competência territorial: municípios de Amares, Barcelos, Braga, Esposende, Terras de Bouro, Vieira do Minho e Vila Verde.
Juízes: 5.
Juízo central criminal de Braga.
Área de competência territorial: municípios de Amares, Barcelos, Braga, Esposende, Terras de Bouro, Vieira do Minho e Vila Verde.

Juízes: 6.
Juízo local cível de Braga.
Área de competência territorial: município de Braga.
Juízes: 4.
Juízo local criminal de Braga.
Área de competência territorial: município de Braga.
Juízes: 4.
Juízo de instrução criminal de Braga.
Área de competência territorial: municípios de Amares, Barcelos, Braga, Esposende, Terras de Bouro, Vieira do Minho e Vila Verde.
Juízes: 2.
Juízo de família e menores de Braga.
Área de competência territorial: municípios de Amares, Braga, Póvoa de Lanhoso, Terras de Bouro, Vieira do Minho e Vila Verde.
Juízes: 3.
Juízo do trabalho de Braga.
Área de competência territorial: municípios de Amares, Braga, Póvoa de Lanhoso, Terras de Bouro, Vieira do Minho e Vila Verde.
Juízes: 2.
Juízo local cível de Amares.
Área de competência territorial: município de Amares.
Juízes: 1.
Juízo local criminal de Amares.
Área de competência territorial: município de Amares.
Juízes: 1.
Juízo local cível de Barcelos.
Área de competência territorial: município de Barcelos.
Juízes: 3.
Juízo local criminal de Barcelos.
Área de competência territorial: município de Barcelos.
Juízes: 2.
Juízo de família e menores de Barcelos.
Área de competência territorial: municípios de Barcelos e Esposende.
Juízes: 2.
Juízo do trabalho de Barcelos.
Área de competência territorial: municípios de Barcelos e Esposende.
Juízes: 2.
Juízo local cível de Fafe.
Área de competência territorial: município de Fafe.
Juízes: 1.
Juízo local criminal de Fafe.
Área de competência territorial: município de Fafe.
Juízes: 1.
Juízo de família e menores de Fafe.
Área de competência territorial: municípios de Cabeceiras de Basto, Celorico de Basto e Fafe.

Juízes: 1.
Juízo central cível de Guimarães.
Área de competência territorial: municípios de Cabeceiras de Basto, Celorico de Basto, Fafe, Guimarães, Póvoa de Lanhoso, Vila Nova de Famalicão e Vizela.
Juízes: 5.
Juízo central criminal de Guimarães.
Área de competência territorial: municípios de Cabeceiras de Basto, Celorico de Basto, Fafe, Guimarães, Póvoa de Lanhoso, Vila Nova de Famalicão e Vizela.
Juízes: 4.
Juízo local cível de Guimarães.
Área de competência territorial: municípios de Guimarães e Vizela.
Juízes: 4.
Juízo local criminal de Guimarães.
Área de competência territorial: municípios de Guimarães e Vizela.
Juízes: 4.
Juízo de instrução criminal de Guimarães.
Área de competência territorial: municípios de Cabeceiras de Basto, Celorico de Basto, Fafe, Guimarães, Póvoa de Lanhoso, Vila Nova de Famalicão e Vizela.
Juízes: 2.
Juízo de família e menores de Guimarães.
Área de competência territorial: municípios de Guimarães e Vizela.
Juízes: 2.
Juízo do trabalho de Guimarães.
Área de competência territorial: municípios de Cabeceiras de Basto, Celorico de Basto, Fafe, Guimarães e Vizela.
Juízes: 2.
Juízo de comércio de Guimarães.
Área de competência territorial: municípios de Cabeceiras de Basto, Celorico de Basto, Fafe, Guimarães, Póvoa de Lanhoso, Vieira do Minho e Vizela.
Juízes: 3.
Juízo de execução de Guimarães.
Área de competência territorial: municípios de Cabeceiras de Basto, Celorico de Basto, Fafe, Guimarães, Póvoa de Lanhoso, Vieira do Minho e Vizela.
Juízes: 2.
Juízo local cível de Vila Nova de Famalicão.
Área de competência territorial: município de Vila Nova de Famalicão.
Juízes: 3.
Juízo local criminal de Vila Nova de Famalicão.
Área de competência territorial: município de Vila Nova de Famalicão.
Juízes: 3.
Juízo de família e menores de Vila Nova de Famalicão.
Área de competência territorial: município de Vila Nova de Famalicão.
Juízes: 1.
Juízo do trabalho de Vila Nova de Famalicão.
Área de competência territorial: município de Vila Nova de Famalicão.

Juízes: 1.
Juízo de comércio de Vila Nova de Famalicão.
Área de competência territorial: municípios de Amares, Barcelos, Braga, Esposende, Terras de Bouro, Vila Nova de Famalicão e Vila Verde.
Juízes: 4.
Juízo de execução de Vila Nova de Famalicão.
Área de competência territorial: municípios de Amares, Barcelos, Braga, Esposende, Terras de Bouro, Vila Nova de Famalicão e Vila Verde.
Juízes: 3.
Juízo local cível de Vila Verde.
Área de competência territorial: municípios de Terras de Bouro e Vila Verde.
Juízes: 1.
Juízo local criminal de Vila Verde.
Área de competência territorial: municípios de Terras de Bouro e Vila Verde.
Juízes: 1.

Juízos de competência genérica
Juízo de competência genérica de Cabeceiras de Basto.
Área de competência territorial: município de Cabeceiras de Basto.
Juízes: 1.
Juízo de competência genérica de Celorico de Basto.
Área de competência territorial: município de Celorico de Basto.
Juízes: 1.
Juízo de competência genérica de Esposende.
Área de competência territorial: município de Esposende.
Juízes: 2.
Juízo de competência genérica da Póvoa de Lanhoso.
Área de competência territorial: município da Póvoa de Lanhoso.
Juízes: 1.
Juízo de competência genérica de Vieira do Minho.
Área de competência territorial: município de Vieira do Minho.
Juízes: 1.

Tribunal Judicial da Comarca de Bragança
Sede: Bragança.
Tribunal da Relação competente: Guimarães.
Área de competência territorial: municípios de Alfândega da Fé, Bragança, Carrazeda de Ansiães, Freixo de Espada à Cinta, Macedo de Cavaleiros, Miranda do Douro, Mirandela, Mogadouro, Torre de Moncorvo, Vila Flor, Vimioso e Vinhais.
Quadro de juízes: de 15 a 17.
Juiz Presidente: 1 (sediado em Bragança).
Magistrado do Ministério Público coordenador: 1 (sediado em Bragança).
Administrador Judiciário: 1 (sediado em Bragança).

Juízos de competência especializada

Juízo central cível de Bragança.
Juízo central criminal de Bragança.
Área de competência territorial: comarca de Bragança.
Juízes: 4.
Juízo local cível de Bragança.
Área de competência territorial: municípios de Bragança e Vinhais.
Juízes: 2.
Juízo local criminal de Bragança.
Área de competência territorial: municípios de Bragança e Vinhais.
Juízes: 1.
Juízo do trabalho de Bragança.
Área de competência territorial: comarca de Bragança.
Juízes: 1.

Juízos de competência genérica

Juízo de competência genérica de Macedo de Cavaleiros.
Área de competência territorial: município de Macedo de Cavaleiros.
Juízes: 1.
Juízo de competência genérica de Miranda do Douro.
Área de competência territorial: municípios de Miranda do Douro e Vimioso.
Juízes: 1.
Juízo de competência genérica de Mirandela.
Área de competência territorial: município de Mirandela.
Juízes: 2.
Juízo de competência genérica de Mogadouro.
Área de competência territorial: municípios de Alfândega da Fé e Mogadouro.
Juízes: 1.
Juízo de competência genérica de Torre de Moncorvo.
Área de competência territorial: municípios de Freixo de Espada à Cinta e Torre de Moncorvo.
Juízes: 1.
Juízo de competência genérica de Vila Flor.
Área de competência territorial: municípios de Carrazeda de Ansiães e Vila Flor.
Juízes: 1.

Juízos de proximidade

Juízo de proximidade de Alfândega da Fé.
Área de competência territorial: município de Alfândega da Fé (para efeitos do nº 3 do artigo 82º da Lei nº 62/2013, de 26 de agosto).
Juízo de proximidade de Carrazeda de Ansiães.
Área de competência territorial: município de Carrazeda de Ansiães (para efeitos do nº 3 do artigo 82º da Lei nº 62/2013, de 26 de agosto).
Juízo de proximidade de Vimioso.
Área de competência territorial: município de Vimioso (para efeitos do nº 3 do artigo 82º da Lei nº 62/2013, de 26 de agosto).

Juízo de proximidade de Vinhais.
Área de competência territorial: município de Vinhais (para efeitos do nº 3 do artigo 82º da Lei nº 62/2013, de 26 de agosto).

Tribunal Judicial da Comarca de Castelo Branco
Sede: Castelo Branco.
Tribunal da Relação competente: Coimbra.
Área de competência territorial: municípios de Belmonte, Castelo Branco, Covilhã, Fundão, Idanha-a-Nova, Oleiros, Penamacor, Proença-a-Nova, Sertã, Vila de Rei e Vila Velha de Ródão.
Quadro de juízes: de 23 a 25.
Juiz Presidente: 1 (sediado em Castelo Branco).
Magistrado do Ministério Público coordenador: 1 (sediado em Castelo Branco).
Administrador Judiciário: 1 (sediado em Castelo Branco).

Juízos de competência especializada
Juízo central cível de Castelo Branco.
Área de competência territorial: comarca de Castelo Branco.
Juízes: 2.
Juízo central criminal de Castelo Branco.
Área de competência territorial: comarca de Castelo Branco.
Juízes: 3.
Juízo local cível de Castelo Branco.
Área de competência territorial: municípios de Castelo Branco e Vila Velha de Ródão.
Juízes: 3.
Juízo local criminal de Castelo Branco.
Área de competência territorial: municípios de Castelo Branco e Vila Velha de Ródão.
Juízes: 2.
Juízo de família e menores de Castelo Branco.
Área de competência territorial: municípios de Castelo Branco e Vila Velha de Ródão.
Juízes: 1.
Juízo do trabalho de Castelo Branco.
Área de competência territorial: municípios de Castelo Branco, Idanha-a-Nova, Oleiros, Proença-a-Nova, Sertã, Vila de Rei e Vila Velha de Ródão.
Juízes: 1.
Juízo local cível da Covilhã.
Área de competência territorial: municípios de Belmonte e Covilhã.
Juízes: 2.
Juízo local criminal da Covilhã.
Área de competência territorial: municípios de Belmonte e Covilhã.
Juízes: 1.
Juízo de família e menores da Covilhã.

Área de competência territorial: municípios de Belmonte, Covilhã, Fundão e Penamacor.
Juízes: 1.
Juízo do trabalho da Covilhã.
Área de competência territorial: municípios de Belmonte, Covilhã, Fundão e Penamacor.
Juízes: 1.
Juízo local cível do Fundão.
Área de competência territorial: municípios do Fundão e Penamacor.
Juízes: 1.
Juízo local criminal do Fundão.
Área de competência territorial: municípios do Fundão e Penamacor.
Juízes: 1.
Juízo de comércio do Fundão.
Área de competência territorial: comarca de Castelo Branco.
Juízes: 1.

Juízos de competência genérica

Juízo de competência genérica de Idanha-a-Nova.
Área de competência territorial: município de Idanha-a-Nova.
Juízes: 1.
Juízo de competência genérica de Oleiros.
Área de competência territorial: municípios de Oleiros e Proença-a-Nova.
Juízes: 1.
Juízo de competência genérica da Sertã.
Área de competência territorial: municípios da Sertã e Vila de Rei.
Juízes: 1.

Juízos de proximidade

Juízo de proximidade de Penamacor.
Área de competência territorial: município de Penamacor (para efeitos do nº 3 do artigo 82º da Lei nº 62/2013, de 26 de agosto).

Tribunal Judicial da Comarca de Coimbra

Sede: Coimbra.
Tribunal da Relação competente: Coimbra.
Área de competência territorial: municípios de Arganil, Cantanhede, Coimbra, Condeixa-a-Nova, Figueira da Foz, Góis, Lousã, Mira, Miranda do Corvo, Montemor-o-Velho, Oliveira do Hospital, Pampilhosa da Serra, Penacova, Penela, Soure, Tábua e Vila Nova de Poiares.
Quadro de Juízes: de 43 a 47.
Juiz Presidente: 1 (sediado em Coimbra).
Magistrado do Ministério Público Coordenador: 1 (sediado em Coimbra).
Administrador Judiciário: 1 (sediado em Coimbra).

Juízos de competência especializada

Juízo central cível de Coimbra.
Área de competência territorial: comarca de Coimbra.
Juízes: 3.
Juízo central criminal de Coimbra.
Área de competência territorial: comarca de Coimbra.
Juízes: 4.
Juízo local cível de Coimbra.
Área de competência territorial: município de Coimbra.
Juízes: 3.
Juízo local criminal de Coimbra.
Área de competência territorial: município de Coimbra.
Juízes: 3.
Juízo de instrução criminal de Coimbra.
Área de competência territorial: comarca de Coimbra.
Juízes: 3.
Juízo de família e menores de Coimbra.
Área de competência territorial: municípios de Arganil, Coimbra, Condeixa-a-Nova, Góis, Lousã, Miranda do Corvo, Pampilhosa da Serra, Penacova, Penela, Soure, Tábua e Vila Nova de Poiares.
Juízes: 3.
Juízo do trabalho de Coimbra.
Área de competência territorial: municípios de Arganil, Coimbra, Condeixa-a-Nova, Góis, Lousã, Miranda do Corvo, Oliveira do Hospital, Pampilhosa da Serra, Penacova, Penela, Soure, Tábua e Vila Nova de Poiares.
Juízes: 2.
Juízo de comércio de Coimbra (instalado provisoriamente em Montemor-o-Velho).
Área de competência territorial: comarca de Coimbra.
Juízes: 3.
Juízo local cível de Cantanhede.
Área de competência territorial: municípios de Cantanhede e Mira.
Juízes: 1.
Juízo local criminal de Cantanhede.
Área de competência territorial: municípios de Cantanhede e Mira.
Juízes: 1.
Juízo local cível da Figueira da Foz.
Área de competência territorial: município da Figueira da Foz.
Juízes: 2.
Juízo local criminal da Figueira da Foz.
Área de competência territorial: município da Figueira da Foz.
Juízes: 1.
Juízo de família e menores da Figueira da Foz.
Área de competência territorial: municípios da Figueira da Foz e Montemor-o-Velho.

Juízes: 2.
Juízo do trabalho da Figueira da Foz.
Área de competência territorial: municípios de Cantanhede, Figueira da Foz, Mira e Montemor-o-Velho.
Juízes: 1.
Juízo de execução de Soure.
Área de competência territorial: comarca de Coimbra.
Juízes: 2.

Juízos de competência genérica

Juízo de competência genérica de Arganil.
Área de competência territorial: municípios de Arganil e Góis.
Juízes: 1.
Juízo de competência genérica de Condeixa-a-Nova.
Área de competência territorial: municípios de Condeixa-a-Nova e Penela.
Juízes: 1.
Juízo de competência genérica da Lousã.
Área de competência territorial: municípios da Lousã, Miranda do Corvo e Pampilhosa da Serra.
Juízes: 2.
Juízo de competência genérica de Montemor-o-Velho.
Área de competência territorial: município de Montemor-o-Velho.
Juízes: 1.
Juízo de competência genérica de Oliveira do Hospital.
Área de competência territorial: município de Oliveira do Hospital.
Juízes: 1.
Juízo de competência genérica de Penacova.
Área de competência territorial: municípios de Penacova e Vila Nova de Poiares.
Juízes: 1.
Juízo de competência genérica de Soure.
Área de competência territorial: município de Soure.
Juízes: 1.
Juízo de competência genérica de Tábua.
Área de competência territorial: município de Tábua.
Juízes: 1.

Juízos de proximidade

Juízo de proximidade de Mira.
Área de competência territorial: município de Mira (para efeitos do nº 3 do artigo 82º da Lei nº 62/2013, de 26 de agosto).
Juízo de proximidade de Pampilhosa da Serra.
Área de competência territorial: município de Pampilhosa da Serra (para efeitos do nº 3 do artigo 82º da Lei nº 62/2013, de 26 de agosto).
Juízo de proximidade de Penela.
Área de competência territorial: município de Penela (para efeitos do nº 3 do artigo 82º da Lei nº 62/2013, de 26 de agosto).

Tribunal Judicial da Comarca de Évora

Sede: Évora.

Tribunal da Relação competente: Évora.

Área de competência territorial: municípios de Alandroal, Arraiolos, Borba, Estremoz, Évora, Montemor-o-Novo, Mora, Mourão, Portel, Redondo, Reguengos de Monsaraz, Vendas Novas, Viana do Alentejo e Vila Viçosa.

Quadro de Juízes: de 18 a 20.

Juiz Presidente: 1 (sediado em Évora).

Magistrado do Ministério Público Coordenador: 1 (sediado em Évora).

Administrador Judiciário: 1 (sediado em Évora).

Juízos de competência especializada

Juízo central cível de Évora.

Juízo central criminal de Évora.

Área de competência territorial: comarca de Évora.

Juízes: 4.

Juízo local cível de Évora.

Área de competência territorial: municípios de Arraiolos, Évora, Mora, Portel e Viana do Alentejo.

Juízes: 2.

Juízo local criminal de Évora.

Área de competência territorial: municípios de Arraiolos, Évora, Mora, Portel e Viana do Alentejo.

Juízes: 2.

Juízo de instrução criminal de Évora.

Área de competência territorial: comarca de Évora.

Juízes: 1.

Juízo de família e menores de Évora.

Área de competência territorial: municípios de Arraiolos, Évora, Mora, Portel e Viana do Alentejo.

Juízes: 1.

Juízo do trabalho de Évora.

Área de competência territorial: comarca de Évora.

Juízes: 1.

Juízo de execução de Montemor-o-Novo.

Área de competência territorial: comarca de Évora.

Juízes: 1.

Juízos de competência genérica

Juízo de competência genérica de Estremoz.

Área de competência territorial: município de Estremoz.

Juízes: 1.

Juízo de competência genérica de Montemor-o-Novo.

Área de competência territorial: municípios de Montemor-o-Novo e Vendas Novas.

Juízes: 2.
Juízo de competência genérica do Redondo.
Área de competência territorial: municípios de Alandroal e Redondo.
Juízes: 1.
Juízo de competência genérica de Reguengos de Monsaraz.
Área de competência territorial: municípios de Mourão e Reguengos de Monsaraz.
Juízes: 1.
Juízo de competência genérica de Vila Viçosa.
Área de competência territorial: municípios de Borba e Vila Viçosa.
Juízes: 1.

Juízos de proximidade
Juízo de proximidade de Arraiolos.
Área de competência territorial: municípios de Arraiolos e Mora (para efeitos do nº 3 do artigo 82º da Lei nº 62/2013, de 26 de agosto).
Juízo de proximidade de Portel.
Área de competência territorial: município de Portel (para efeitos do nº 3 do artigo 82º da Lei nº 62/2013, de 26 de agosto).

Tribunal Judicial da Comarca de Faro
Sede: Faro.
Tribunal da Relação competente: Évora.
Área de competência territorial: municípios de Albufeira, Alcoutim, Aljezur, Castro Marim, Faro, Lagoa, Lagos, Loulé, Monchique, Olhão, Portimão, São Brás de Alportel, Silves, Tavira, Vila do Bispo e Vila Real de Santo António.
Quadro de Juízes: de 66 a 72.
Juiz Presidente: 1 (sediado em Faro).
Magistrado do Ministério Público Coordenador: 1 (sediado em Faro).
Administrador Judiciário: 1 (sediado em Faro).
Juízos de competência especializada
Juízo central cível de Faro.
Área de competência territorial: municípios de Alcoutim, Castro Marim, Faro, Loulé, Olhão, São Brás de Alportel, Tavira e Vila Real de Santo António.
Juízes: 3.
Juízo central criminal de Faro.
Área de competência territorial: municípios de Alcoutim, Castro Marim, Faro, Loulé, Olhão, São Brás de Alportel, Tavira e Vila Real de Santo António.
Juízes: 6.
Juízo local cível de Faro.
Área de competência territorial: municípios de Faro e São Brás de Alportel.
Juízes: 2.
Juízo local criminal de Faro.
Área de competência territorial: municípios de Faro e São Brás de Alportel.
Juízes: 3.

Juízo de instrução criminal de Faro.
Área de competência territorial: municípios de Alcoutim, Castro Marim, Faro, Loulé, Olhão, São Brás de Alportel, Tavira e Vila Real de Santo António.
Juízes: 2.
Juízo de família e menores de Faro.
Área de competência territorial: municípios de Alcoutim, Castro Marim, Faro, Loulé, Olhão, São Brás de Alportel, Tavira e Vila Real de Santo António.
Juízes: 3.
Juízo do trabalho de Faro.
Área de competência territorial: municípios de Alcoutim, Castro Marim, Faro, Loulé, Olhão, São Brás de Alportel, Tavira e Vila Real de Santo António.
Juízes: 2.
Juízo local cível de Albufeira.
Área de competência territorial: município de Albufeira.
Juízes: 1.
Juízo local criminal de Albufeira.
Área de competência territorial: município de Albufeira.
Juízes: 3.
Juízo de comércio de Lagoa.
Área de competência territorial: municípios de Albufeira, Aljezur, Lagoa, Lagos, Monchique, Portimão, Silves e Vila do Bispo.
Juízes: 2.
Juízo local cível de Loulé.
Área de competência territorial: município de Loulé.
Juízes: 2.
Juízo local criminal de Loulé.
Área de competência territorial: município de Loulé.
Juízes: 3.
Juízo de execução de Loulé.
Área de competência territorial: municípios de Alcoutim, Castro Marim, Faro, Loulé, Olhão, São Brás de Alportel, Tavira e Vila Real de Santo António.
Juízes: 2.
Juízo de comércio de Olhão.
Área de competência territorial: municípios de Alcoutim, Castro Marim, Faro, Loulé, Olhão, São Brás de Alportel, Tavira e Vila Real de Santo António.
Juízes: 2.
Juízo central cível de Portimão.
Área de competência territorial: municípios de Albufeira, Aljezur, Lagoa, Lagos, Monchique, Portimão, Silves e Vila do Bispo.
Juízes: 3.
Juízo central criminal de Portimão.
Área de competência territorial: municípios de Albufeira, Aljezur, Lagoa, Lagos, Monchique, Portimão, Silves e Vila do Bispo.
Juízes: 4.
Juízo local cível de Portimão.

Área de competência territorial: municípios de Lagoa, Monchique e Portimão.
Juízes: 2.
Juízo local criminal de Portimão.
Área de competência territorial: municípios de Lagoa, Monchique e Portimão.
Juízes: 3.
Juízo de instrução criminal de Portimão.
Área de competência territorial: municípios de Albufeira, Aljezur, Lagoa, Lagos, Monchique, Portimão, Silves e Vila do Bispo.
Juízes: 2.
Juízo de família e menores de Portimão.
Área de competência territorial: municípios de Albufeira, Aljezur, Lagoa, Lagos, Monchique, Portimão, Silves e Vila do Bispo.
Juízes: 3.
Juízo do trabalho de Portimão.
Área de competência territorial: municípios de Albufeira, Aljezur, Lagoa, Lagos, Monchique, Portimão, Silves e Vila do Bispo.
Juízes: 2.
Juízo de execução de Silves.
Área de competência territorial: municípios de Albufeira, Aljezur, Lagoa, Lagos, Monchique, Portimão, Silves e Vila do Bispo.
Juízes: 2.

Juízos de competência genérica

Juízo de competência genérica de Lagos.
Área de competência territorial: municípios de Aljezur, Lagos e Vila do Bispo.
Juízes: 2.
Juízo de competência genérica de Olhão.
Área de competência territorial: município de Olhão.
Juízes: 2.
Juízo de competência genérica de Silves.
Área de competência territorial: município de Silves.
Juízes: 2.
Juízo de competência genérica de Tavira.
Área de competência territorial: município de Tavira.
Juízes: 1.
Juízo de competência genérica de Vila Real de Santo António.
Área de competência territorial: municípios de Alcoutim, Castro Marim e Vila Real de Santo António.
Juízes: 2.

Juízos de proximidade

Juízo de proximidade de Monchique.
Área de competência territorial: município de Monchique (para efeitos do nº 3 do artigo 82º da Lei nº 62/2013, de 26 de agosto).

Tribunal Judicial da Comarca da Guarda

Sede: Guarda.

Tribunal da Relação competente: Coimbra.

Área de competência territorial: municípios de Aguiar da Beira, Almeida, Celorico da Beira, Figueira de Castelo Rodrigo, Fornos de Algodres, Gouveia, Guarda, Manteigas, Meda, Pinhel, Sabugal, Seia, Trancoso e Vila Nova de Foz Côa.

Quadro de Juízes: de 18 a 20.

Juiz Presidente: 1 (sediado na Guarda).

Magistrado do Ministério Público Coordenador: 1 (sediado na Guarda).

Administrador Judiciário: 1 (sediado na Guarda).

Juízos de competência especializada

Juízo central cível da Guarda.

Juízo central criminal da Guarda.

Área de competência territorial: comarca da Guarda.

Juízes: 4.

Juízo local cível da Guarda.

Área de competência territorial: municípios da Guarda, Manteigas e Sabugal.

Juízes: 2.

Juízo local criminal da Guarda.

Área de competência territorial: municípios da Guarda, Manteigas e Sabugal.

Juízes: 2.

Juízo do trabalho da Guarda.

Área de competência territorial: comarca da Guarda.

Juízes: 1.

Juízos de competência genérica

Juízo de competência genérica de Almeida.

Área de competência territorial: município de Almeida.

Juízes: 1.

Juízo de competência genérica de Celorico da Beira.

Área de competência territorial: municípios de Celorico da Beira e Fornos de Algodres.

Juízes: 1.

Juízo de competência genérica de Figueira de Castelo Rodrigo.

Área de competência territorial: município de Figueira de Castelo Rodrigo.

Juízes: 1.

Juízo de competência genérica de Gouveia.

Área de competência territorial: município de Gouveia.

Juízes: 1.

Juízo de competência genérica de Pinhel.

Área de competência territorial: município de Pinhel.

Juízes: 1.

Juízo de competência genérica de Seia.

Área de competência territorial: município de Seia.
Juízes: 2.
Juízo de competência genérica de Trancoso.
Área de competência territorial: municípios de Aguiar da Beira e Trancoso.
Juízes: 1.
Juízo de competência genérica de Vila Nova de Foz Côa.
Área de competência territorial: municípios de Meda e Vila Nova de Foz Côa.
Juízes: 1.

Juízos de proximidade

Juízo de proximidade de Fornos de Algodres.
Área de competência territorial: município de Fornos de Algodres (para efeitos do nº 3 do artigo 82º da Lei nº 62/2013, de 26 de agosto).
Juízo de proximidade de Meda.
Área de competência territorial: município de Meda (para efeitos do nº 3 do artigo 82º da Lei nº 62/2013, de 26 de agosto).
Juízo de proximidade do Sabugal.
Área de competência territorial: município do Sabugal (para efeitos do nº 3 do artigo 82º da Lei nº 62/2013, de 26 de agosto).

Tribunal Judicial da Comarca de Leiria

Sede: Leiria.
Tribunal da Relação competente: Coimbra.
Área de competência territorial: municípios de Alcobaça, Alvaiázere, Ansião, Batalha, Bombarral, Caldas da Rainha, Castanheira de Pêra, Figueiró dos Vinhos, Leiria, Marinha Grande, Nazaré, Óbidos, Pedrógão Grande, Peniche, Pombal e Porto de Mós.
Quadro de Juízes: de 52 a 56.
Juiz Presidente: 1 (sediado em Leiria).
Magistrado do Ministério Público Coordenador: 1 (sediado em Leiria).
Administrador Judiciário: 1 (sediado em Leiria).

Juízos de competência especializada

Juízo central cível de Leiria.
Área de competência territorial: comarca de Leiria.
Juízes: 4.
Juízo central criminal de Leiria.
Área de competência territorial: comarca de Leiria.
Juízes: 4.
Juízo local cível de Leiria.
Área de competência territorial: município de Leiria.
Juízes: 3.
Juízo local criminal de Leiria.
Área de competência territorial: município de Leiria.
Juízes: 3.
Juízo de instrução criminal de Leiria.

Área de competência territorial: comarca de Leiria.
Juízes: 3.
Juízo de família e menores de Leiria.
Área de competência territorial: municípios de Batalha, Leiria, Marinha Grande e Porto de Mós.
Juízes: 2.
Juízo do trabalho de Leiria.
Área de competência territorial: municípios de Alvaiázere, Ansião, Batalha, Castanheira de Pera, Figueiró dos Vinhos, Leiria, Marinha Grande, Nazaré, Pedrógão Grande, Pombal e Porto de Mós.
Juízes: 3.
Juízo de comércio de Leiria.
Área de competência territorial: municípios de Alvaiázere, Ansião, Batalha, Castanheira de Pera, Figueiró dos Vinhos, Leiria, Marinha Grande, Pedrógão Grande, Pombal e Porto de Mós.
Juízes: 3.
Juízo local cível de Alcobaça.
Área de competência territorial: município de Alcobaça.
Juízes: 1.
Juízo local criminal de Alcobaça.
Área de competência territorial: município de Alcobaça.
Juízes: 1.
Juízo de família e menores de Alcobaça.
Área de competência territorial: municípios de Alcobaça e Nazaré.
Juízes: 1.
Juízo de comércio de Alcobaça.
Área de competência territorial: municípios de Alcobaça, Bombarral, Caldas da Rainha, Nazaré, Óbidos e Peniche.
Juízes: 2.
Juízo de execução de Alcobaça.
Área de competência territorial: municípios de Alcobaça, Batalha, Bombarral, Caldas da Rainha, Nazaré, Óbidos, Peniche e Porto de Mós.
Juízes: 2.
Juízo de execução de Ansião.
Área de competência territorial: municípios de Alvaiázere, Ansião, Castanheira de Pêra, Figueiró dos Vinhos, Leiria, Marinha Grande, Pedrógão Grande e Pombal.
Juízes: 2.
Juízo local cível das Caldas da Rainha.
Área de competência territorial: municípios do Bombarral, Caldas da Rainha e Óbidos.
Juízes: 1.
Juízo local criminal das Caldas da Rainha.
Área de competência territorial: municípios do Bombarral, Caldas da Rainha e Óbidos.

Juízes: 2.
Juízo de família e menores das Caldas da Rainha.
Área de competência territorial: municípios do Bombarral, Caldas da Rainha, Óbidos e Peniche.
Juízes: 2.
Juízo do trabalho das Caldas da Rainha.
Área de competência territorial: municípios de Alcobaça, Bombarral, Caldas da Rainha, Óbidos e Peniche.
Juízes: 1.
Juízo local cível de Pombal.
Área de competência territorial: municípios de Ansião e Pombal.
Juízes: 2.
Juízo local criminal de Pombal.
Área de competência territorial: municípios de Ansião e Pombal.
Juízes: 2.
Juízo de família e menores de Pombal.
Área de competência territorial: municípios de Alvaiázere, Ansião e Pombal.
Juízes: 1.
Juízo local cível de Porto de Mós.
Área de competência territorial: municípios da Batalha e Porto de Mós.
Juízes: 1.
Juízo local criminal de Porto de Mós.
Área de competência territorial: municípios da Batalha e Porto de Mós.
Juízes: 1.

Juízos de competência genérica

Juízo de competência genérica de Figueiró dos Vinhos.
Área de competência territorial: municípios de Alvaiázere, Castanheira de Pêra, Figueiró dos Vinhos e Pedrógão Grande.
Juízes: 1.
Juízo de competência genérica da Marinha Grande.
Área de competência territorial: município da Marinha Grande.
Juízes: 2.
Juízo de competência genérica da Nazaré.
Área de competência territorial: município da Nazaré.
Juízes: 1.
Juízo de competência genérica de Peniche.
Área de competência territorial: município de Peniche.
Juízes: 1.

Juízos de proximidade

Juízo de proximidade de Alvaiázere.
Área de competência territorial: município de Alvaiázere (para efeitos do nº 3 do artigo 82º da Lei nº 62/2013, de 26 de agosto).
Juízo de proximidade de Ansião.

Área de competência territorial: município de Ansião (para efeitos do nº 3 do artigo 82º da Lei nº 62/2013, de 26 de agosto).
Juízo de proximidade do Bombarral.
Área de competência territorial: município do Bombarral (para efeitos do nº 3 do artigo 82º da Lei nº 62/2013, de 26 de agosto).

Tribunal Judicial da Comarca de Lisboa
Sede: Lisboa.
Tribunal da Relação competente: Lisboa.
Área de competência territorial: municípios de Alcochete, Almada, Barreiro, Lisboa, Moita, Montijo e Seixal.
Quadro de Juízes: de 179 a 203.
Juiz Presidente: 1 (sediado em Lisboa).
Magistrado do Ministério Público Coordenador: 1 (sediado em Lisboa).
Administrador Judiciário: 1 (sediado em Lisboa).

Juízos de competência especializada
Juízo central cível de Lisboa.
Área de competência territorial: município de Lisboa.
Juízes: 20.
Juízo central criminal de Lisboa.
Área de competência territorial: município de Lisboa.
Juízes: 24.
Juízes militares: 4, um por cada ramo das Forças Armadas e um da GNR.
Juízo local cível de Lisboa.
Área de competência territorial: município de Lisboa.
Juízes: 24.
Juízo local criminal de Lisboa.
Área de competência territorial: município de Lisboa.
Juízes: 13.
Juízo local de pequena criminalidade de Lisboa.
Área de competência territorial: município de Lisboa.
Juízes: 5.
Juízo de instrução criminal de Lisboa.
Área de competência territorial: município de Lisboa.
Juízes: 7.
Juízo de família e menores de Lisboa.
Área de competência territorial: município de Lisboa.
Juízes: 8.
Juízo do trabalho de Lisboa.
Área de competência territorial: município de Lisboa.
Juízes: 8.
Juízo de comércio de Lisboa.
Área de competência territorial: município de Lisboa.
Juízes: 7.
Juízo de execução de Lisboa.

Área de competência territorial: município de Lisboa.
Juízes: 9.
Juízo central cível de Almada.
Área de competência territorial: municípios de Alcochete, Almada, Barreiro, Moita, Montijo e Seixal.
Juízes: 3.
Juízo central criminal de Almada.
Área de competência territorial: municípios de Alcochete, Almada, Barreiro, Moita, Montijo e Seixal.
Juízes: 6.
Juízo local cível de Almada.
Área de competência territorial: município de Almada.
Juízes: 2.
Juízo local criminal de Almada.
Área de competência territorial: município de Almada.
Juízes: 3.
Juízo de instrução criminal de Almada.
Área de competência territorial: município de Almada.
Juízes: 1.
Juízo de família e menores de Almada.
Área de competência territorial: município de Almada.
Juízes: 3.
Juízo do trabalho de Almada.
Área de competência territorial: município de Almada e Seixal.
Juízes: 2.
Juízo de execução de Almada.
Área de competência territorial: municípios de Alcochete, Almada, Barreiro, Moita, Montijo e Seixal.
Juízes: 3.
Juízo local criminal do Barreiro.
Área de competência territorial: municípios do Barreiro e Moita.
Juízes: 2.
Juízo de instrução criminal do Barreiro.
Área de competência territorial: municípios de Alcochete, Barreiro, Moita e Montijo.
Juízes: 1.
Juízo de família e menores do Barreiro.
Área de competência territorial: municípios de Alcochete, Barreiro, Moita e Montijo.
Juízes: 3.
Juízo do trabalho do Barreiro.
Área de competência territorial: municípios de Alcochete, Barreiro, Moita e Montijo.
Juízes: 3. (a)

(a) Passa a dois juízes à data da entrada em funcionamento do Juízo do Trabalho de Almada.

Juízo de comércio do Barreiro.
Área de competência territorial: municípios de Alcochete, Almada, Barreiro, Moita, Montijo e Seixal.
Juízes: 4.
Juízo local cível da Moita.
Área de competência territorial: municípios do Barreiro e Moita.
Juízes: 2.
Juízo local cível do Montijo.
Área de competência territorial: municípios de Alcochete e Montijo.
Juízes: 1.
Juízo local criminal do Montijo.
Área de competência territorial: municípios de Alcochete e Montijo.
Juízes: 2.
Juízo local cível do Seixal.
Área de competência territorial: município do Seixal.
Juízes: 2.
Juízo local criminal do Seixal.
Área de competência territorial: município do Seixal.
Juízes: 3.
Juízo de instrução criminal do Seixal.
Área de competência territorial: município do Seixal.
Juízes: 1.
Juízo de família e menores do Seixal.
Área de competência territorial: município do Seixal.
Juízes: 3.

Tribunal Judicial da Comarca de Lisboa Norte

Sede: Loures.
Tribunal da Relação competente: Lisboa.
Área de competência territorial: municípios de Alenquer, Arruda dos Vinhos, Azambuja, Cadaval, Loures, Lourinhã, Odivelas, Sobral de Monte Agraço, Torres Vedras e Vila Franca de Xira.
Quadro de Juízes: de 56 a 64.
Juiz Presidente: 1 (sediado em Loures).
Magistrado do Ministério Público Coordenador: 1 (sediado em Loures).
Administrador Judiciário: 1 (sediado em Loures).
Juízos de competência especializada
Juízo central cível de Loures.
Área de competência territorial: comarca de Lisboa Norte.
Juízes: 5.
Juízo central criminal de Loures.
Área de competência territorial: comarca de Lisboa Norte.
Juízes: 6.
Juízo local cível de Loures.
Área de competência territorial: municípios de Loures e Odivelas.

Juízes: 4.
Juízo local criminal de Loures.
Área de competência territorial: municípios de Loures e Odivelas.
Juízes: 4.
Juízo local de pequena criminalidade de Loures.
Área de competência territorial: municípios de Loures e Odivelas.
Juízes: 2.
Juízo de instrução criminal de Loures.
Área de competência territorial: comarca de Lisboa Norte.
Juízes: 3.
Juízo de família e menores de Loures.
Área de competência territorial: municípios de Loures e Odivelas.
Juízes: 4.
Juízo do trabalho de Loures.
Área de competência territorial: municípios de Loures e Odivelas.
Juízes: 2.
Juízo de execução de Loures.
Área de competência territorial: comarca de Lisboa Norte.
Juízes: 3.
Juízo local cível de Alenquer.
Área de competência territorial: municípios de Alenquer e Azambuja.
Juízes: 1.
Juízo local criminal de Alenquer.
Área de competência territorial: municípios de Alenquer e Azambuja.
Juízes: 1.
Juízo local cível de Torres Vedras.
Área de competência territorial: municípios do Cadaval, Sobral de Monte Agraço e Torres Vedras.
Juízes: 2.
Juízo local criminal de Torres Vedras.
Área de competência territorial: municípios do Cadaval, Sobral de Monte Agraço e Torres Vedras.
Juízes: 2.
Juízo de família e menores de Torres Vedras.
Área de competência territorial: municípios do Cadaval, Lourinhã, Sobral de Monte Agraço e Torres Vedras.
Juízes: 1.
Juízo do trabalho de Torres Vedras (instalado provisoriamente no Cadaval).
Área de competência territorial: municípios do Cadaval, Lourinhã, Sobral de Monte Agraço e Torres Vedras.
Juízes: 1.
Juízo local cível de Vila Franca de Xira.
Área de competência territorial: municípios de Arruda dos Vinhos e Vila Franca de Xira.
Juízes: 2.
Juízo local criminal de Vila Franca de Xira.

Área de competência territorial: municípios de Arruda dos Vinhos e Vila Franca de Xira.
Juízes: 3.
Juízo de família e menores de Vila Franca de Xira.
Área de competência territorial: municípios de Alenquer, Arruda dos Vinhos, Azambuja e Vila Franca de Xira.
Juízes: 3.
Juízo do trabalho de Vila Franca de Xira.
Área de competência territorial: municípios de Alenquer, Arruda dos Vinhos, Azambuja e Vila Franca de Xira.
Juízes: 2.
Juízo de comércio de Vila Franca de Xira (instalado provisoriamente em Loures).
Área de competência territorial: comarca de Lisboa Norte.
Juízes: 4.

Juízos de competência genérica
Juízo de competência genérica da Lourinhã.
Área de competência territorial: município da Lourinhã.
Juízes: 1.

Juízos de proximidade
Juízo de proximidade do Cadaval.
Área de competência territorial: município do Cadaval (para efeitos do nº 3 do artigo 82º da Lei nº 62/2013, de 26 de agosto).

Tribunal Judicial da Comarca de Lisboa Oeste
Sede: Sintra.
Tribunal da Relação competente: Lisboa.
Área de competência territorial: municípios de Amadora, Cascais, Mafra, Oeiras e Sintra.
Quadro de Juízes: de 88 a 96.
Juiz Presidente: 1 (sediado em Sintra).
Magistrado do Ministério Público Coordenador: 1 (sediado em Sintra).
Administrador Judiciário: 1 (sediado em Sintra).

Juízos de competência especializada
Juízo central cível de Sintra.
Área de competência territorial: municípios da Amadora, Mafra e Sintra.
Juízes: 4.
Juízo central criminal de Sintra.
Área de competência territorial: municípios da Amadora, Mafra e Sintra.
Juízes: 6.
Juízo local cível de Sintra.
Área de competência territorial: município de Sintra.
Juízes: 5.
Juízo local criminal de Sintra.

Área de competência territorial: município de Sintra.
Juízes: 4.
Juízo local de pequena criminalidade de Sintra.
Área de competência territorial: município de Sintra.
Juízes: 2.
Juízo de instrução criminal de Sintra.
Área de competência territorial: municípios de Mafra e Sintra.
Juízes: 2.
Juízo de família e menores de Sintra.
Área de competência territorial: município de Sintra.
Juízes: 6.
Juízo do trabalho de Sintra.
Área de competência territorial: municípios da Amadora, Mafra e Sintra.
Juízes: 3.
Juízo de comércio de Sintra.
Área de competência territorial: comarca de Lisboa Oeste.
Juízes: 6.
Juízo de execução de Sintra.
Área de competência territorial: municípios da Amadora, Mafra e Sintra.
Juízes: 4.
Juízo local cível da Amadora.
Área de competência territorial: município da Amadora.
Juízes: 2.
Juízo local criminal da Amadora.
Área de competência territorial: município da Amadora.
Juízes: 4.
Juízo de instrução criminal da Amadora.
Área de competência territorial: município da Amadora.
Juízes: 1.
Juízo de família e menores da Amadora.
Área de competência territorial: município da Amadora.
Juízes: 3.
Juízo central cível de Cascais.
Área de competência territorial: municípios de Cascais e Oeiras.
Juízes: 4.
Juízo central criminal de Cascais.
Área de competência territorial: municípios de Cascais e Oeiras.
Juízes: 3.
Juízo local cível de Cascais.
Área de competência territorial: município de Cascais.
Juízes: 4.
Juízo local criminal de Cascais.
Área de competência territorial: município de Cascais.
Juízes: 3.
Juízo local de pequena criminalidade de Cascais.
Área de competência territorial: município de Cascais.

Juízes: 1.
Juízo de instrução criminal de Cascais.
Área de competência territorial: municípios de Cascais e Oeiras.
Juízes: 2.
Juízo de família e menores de Cascais.
Área de competência territorial: municípios de Cascais e Oeiras.
Juízes: 4.
Juízo do trabalho de Cascais.
Área de competência territorial: municípios de Cascais e Oeiras.
Juízes: 3.
Juízo local cível de Mafra.
Área de competência territorial: município de Mafra.
Juízes: 1.
Juízo local criminal de Mafra.
Área de competência territorial: município de Mafra.
Juízes: 1.
Juízo de família e menores de Mafra.
Área de competência territorial: município de Mafra.
Juízes: 1.
Juízo local cível de Oeiras.
Área de competência territorial: município de Oeiras.
Juízes: 4.
Juízo local criminal de Oeiras.
Área de competência territorial: município de Oeiras.
Juízes: 3.
Juízo de execução de Oeiras.
Área de competência territorial: municípios de Cascais e Oeiras.
Juízes: 2.

Tribunal Judicial da Comarca da Madeira

Sede: Funchal.
Tribunal da Relação competente: Lisboa.
Área de competência territorial: municípios da Calheta, Câmara de Lobos, Funchal, Machico, Ponta do Sol, Porto Moniz, Porto Santo, Ribeira Brava, Santa Cruz, Santana e São Vicente.
Quadro de Juízes: de 26 a 30.
Juiz Presidente: 1 (sediado no Funchal).
Magistrado do Ministério Público Coordenador: 1 (sediado no Funchal).
Administrador Judiciário: 1 (sediado no Funchal).

Juízos de competência especializada

Juízo central cível do Funchal.
Área de competência territorial: comarca da Madeira.
Juízes: 3.
Juízo central criminal do Funchal.
Área de competência territorial: comarca da Madeira.

Juízes: 3.
Juízo local cível do Funchal.
Área de competência territorial: municípios de Câmara de Lobos, Funchal, Porto Moniz, Santana e São Vicente.
Juízes: 3.
Juízo local criminal do Funchal.
Área de competência territorial: municípios de Câmara de Lobos, Funchal, Porto Moniz, Santana e São Vicente.
Juízes: 3.
Juízo de instrução criminal do Funchal.
Área de competência territorial: municípios da Calheta, Câmara de Lobos, Funchal, Machico, Ponta do Sol, Porto Moniz, Ribeira Brava, Santa Cruz, Santana e São Vicente.
Juízes: 1.
Juízo de família e menores do Funchal.
Área de competência territorial: municípios da Calheta, Câmara de Lobos, Funchal, Machico, Ponta do Sol, Porto Moniz, Ribeira Brava, Santa Cruz, Santana e São Vicente.
Juízes: 3.
Juízo do trabalho do Funchal.
Área de competência territorial: comarca da Madeira.
Juízes: 1.
Juízo de comércio do Funchal.
Área de competência territorial: comarca da Madeira.
Juízes: 3.
Juízo de execução do Funchal.
Área de competência territorial: comarca da Madeira.
Juízes: 2.
Juízo local cível de Santa Cruz.
Área de competência territorial: municípios de Machico e Santa Cruz.
Juízes: 1.
Juízo local criminal de Santa Cruz.
Área de competência territorial: municípios de Machico e Santa Cruz.
Juízes: 1.
Juízos de competência genérica
Juízo de competência genérica de Ponta do Sol.
Área de competência territorial: municípios da Calheta, Ponta do Sol e Ribeira Brava.
Juízes: 1.
Juízo de competência genérica de Porto Santo.
Área de competência territorial: município de Porto Santo.
Juízes: 1.

Juízos de proximidade

Juízo de proximidade de São Vicente.

Área de competência territorial: municípios de Porto Moniz e São Vicente (para efeitos do nº 3 do artigo 82º da Lei nº 62/2013, de 26 de agosto).

Tribunal Judicial da Comarca de Portalegre

Sede: Portalegre.
Tribunal da Relação competente: Évora.
Área de competência territorial: municípios do Chão, Arronches, Avis, Campo Maior, Castelo de Vide, Crato, Elvas, Fronteira, Gavião, Marvão, Monforte, Nisa, Ponte de Sor, Portalegre e Sousel.
Quadro de Juízes: de 14 a 16.
Juiz Presidente: 1 (sediado em Portalegre).
Magistrado do Ministério Público Coordenador: 1 (sediado em Portalegre).
Administrador Judiciário: 1 (sediado em Portalegre).

Juízos de competência especializada

Juízo central cível de Portalegre.
Juízo central criminal de Portalegre.
Área de competência territorial: comarca de Portalegre.
Juízes: 3.
Juízo local cível de Portalegre.
Área de competência territorial: municípios de Arronches, Crato, Marvão, Monforte e Portalegre.
Juízes: 2.
Juízo local criminal de Portalegre.
Área de competência territorial: municípios de Arronches, Crato, Marvão, Monforte e Portalegre.
Juízes: 1.
Juízo do trabalho de Portalegre.
Área de competência territorial: comarca de Portalegre.
Juízes: 1.
Juízo local cível de Elvas.
Área de competência territorial: municípios de Campo Maior e Elvas.
Juízes: 2.
Juízo local criminal de Elvas.
Área de competência territorial: municípios de Campo Maior e Elvas.
Juízes: 1.

Juízos de competência genérica

Juízo de competência genérica de Fronteira.
Área de competência territorial: municípios do Chão, Avis, Fronteira e Sousel.
Juízes: 1.
Juízo de competência genérica de Nisa.
Área de competência territorial: municípios de Castelo de Vide e Nisa.
Juízes: 1.
Juízo de competência genérica de Ponte de Sor.

Área de competência territorial: municípios de Gavião e Ponte de Sor.
Juízes: 2.

Juízos de proximidade

Juízo de proximidade de Avis.
Área de competência territorial: município de Avis (para efeitos do nº 3 do artigo 82º da Lei nº 62/2013, de 26 de agosto).
Juízo de proximidade de Castelo de Vide.
Área de competência territorial: município de Castelo de Vide (para efeitos do nº 3 do artigo 82º da Lei nº 62/2013, de 26 de agosto).

Tribunal Judicial da Comarca do Porto

Sede: Porto.
Tribunal da Relação competente: Porto.
Área de competência territorial: municípios de Gondomar, Maia, Matosinhos, Porto, Póvoa de Varzim, Santo Tirso, Trofa, Valongo, Vila do Conde e Vila Nova de Gaia.
Quadro de Juízes: de 176 a 188.
Juiz Presidente: 1 (sediado no Porto).
Magistrado do Ministério Público Coordenador: 1 (sediado no Porto).
Administrador Judiciário: 1 (sediado no Porto).

Juízos de competência especializada

Juízo central cível do Porto.
Área de competência territorial: municípios de Gondomar, Valongo e Porto.
Juízes: 7.
Juízo central criminal do Porto.
Área de competência territorial: municípios de Gondomar, Valongo e Porto.
Juízes: 15.
Juízes militares: 4, um por cada ramo das Forças Armadas e um da GNR.
Juízo local cível do Porto.
Área de competência territorial: município do Porto.
Juízes: 8.
Juízo local criminal do Porto.
Área de competência territorial: município do Porto.
Juízes: 8.
Juízo local de pequena criminalidade do Porto.
Área de competência territorial: município do Porto.
Juízes: 3.
Juízo de instrução criminal do Porto.
Área de competência territorial: municípios de Gondomar, Valongo, Vila Nova de Gaia e Porto.
Juízes: 5.
Juízo de família e menores do Porto.
Área de competência territorial: município do Porto.

Juízes: 5.
Juízo do trabalho do Porto.
Área de competência territorial: município do Porto.
Juízes: 3.
Juízo de execução do Porto.
Área de competência territorial: municípios de Matosinhos, Porto, Póvoa de Varzim, Vila do Conde e Vila Nova de Gaia.
Juízes: 7.
Juízo local cível de Gondomar.
Área de competência territorial: município de Gondomar.
Juízes: 3.
Juízo local criminal de Gondomar.
Área de competência territorial: município de Gondomar.
Juízes: 2.
Juízo de família e menores de Gondomar.
Área de competência territorial: municípios de Gondomar e Valongo.
Juízes: 4.
Juízo local cível da Maia.
Área de competência territorial: município da Maia.
Juízes: 4.
Juízo local criminal da Maia.
Área de competência territorial: município da Maia.
Juízes: 2.
Juízo de família e menores da Maia.
Área de competência territorial: município da Maia.
Juízes: 2.
Juízo do trabalho da Maia.
Área de competência territorial: municípios da Maia, Santo Tirso e Trofa.
Juízes: 2.
Juízo de execução da Maia.
Área de competência territorial: municípios da Maia, Santo Tirso e Trofa.
Juízes: 2.
Juízo local cível de Matosinhos.
Área de competência territorial: município de Matosinhos.
Juízes: 4.
Juízo local criminal de Matosinhos.
Área de competência territorial: município de Matosinhos.
Juízes: 4.
Juízo de instrução criminal de Matosinhos.
Área de competência territorial: municípios da Maia, Matosinhos, Póvoa de Varzim, Santo Tirso, Trofa e Vila do Conde.
Juízes: 4.
Juízo de família e menores de Matosinhos.
Área de competência territorial: município de Matosinhos.
Juízes: 2.
Juízo do trabalho de Matosinhos.

Área de competência territorial: municípios de Matosinhos, Póvoa de Varzim e Vila do Conde.
Juízes: 3.
Juízo central cível da Póvoa de Varzim.
Área de competência territorial: municípios da Maia, Matosinhos, Póvoa de Varzim, Santo Tirso, Trofa e Vila do Conde.
Juízes: 6.
Juízo local cível da Póvoa de Varzim.
Área de competência territorial: município da Póvoa de Varzim.
Juízes: 2.
Juízo local criminal da Póvoa de Varzim.
Área de competência territorial: município da Póvoa de Varzim.
Juízes: 1.
Juízo local cível de Santo Tirso.
Área de competência territorial: municípios de Santo Tirso e Trofa.
Juízes: 2.
Juízo local criminal de Santo Tirso.
Área de competência territorial: municípios de Santo Tirso e Trofa.
Juízes: 2.
Juízo de família e menores de Santo Tirso.
Área de competência territorial: municípios de Santo Tirso e Trofa.
Juízes: 1.
Juízo de comércio de Santo Tirso.
Área de competência territorial: municípios de Gondomar, Maia, Matosinhos, Póvoa de Varzim, Santo Tirso, Trofa, Valongo e Vila do Conde.
Juízes: 7.
Juízo local cível de Valongo.
Área de competência territorial: município de Valongo.
Juízes: 2.
Juízo local criminal de Valongo.
Área de competência territorial: município de Valongo.
Juízes: 2.
Juízo do trabalho de Valongo.
Área de competência territorial: municípios de Gondomar e Valongo.
Juízes: 2.
Juízo de execução de Valongo.
Área de competência territorial: municípios de Gondomar e Valongo.
Juízes: 2.
Juízo central criminal de Vila do Conde (instalado provisoriamente em Matosinhos).
Área de competência territorial: municípios da Maia, Matosinhos, Póvoa de Varzim, Santo Tirso, Trofa e Vila do Conde.
Juízes: 9.
Juízo local cível de Vila do Conde.
Área de competência territorial: município de Vila do Conde.
Juízes: 2.

Juízo local criminal de Vila do Conde.
Área de competência territorial: município de Vila do Conde.
Juízes: 2.
Juízo de família e menores de Vila do Conde.
Área de competência territorial: municípios da Póvoa de Varzim e Vila do Conde.
Juízes: 2.
Juízo central cível de Vila Nova de Gaia.
Área de competência territorial: município de Vila Nova de Gaia.
Juízes: 3.
Juízo central criminal de Vila Nova de Gaia.
Área de competência territorial: município de Vila Nova de Gaia.
Juízes: 3.
Juízo local cível de Vila Nova de Gaia.
Área de competência territorial: município de Vila Nova de Gaia.
Juízes: 5.
Juízo local criminal de Vila Nova de Gaia.
Área de competência territorial: município de Vila Nova de Gaia.
Juízes: 4.
Juízo de família e menores de Vila Nova de Gaia.
Área de competência territorial: município de Vila Nova de Gaia.
Juízes: 4.
Juízo do trabalho de Vila Nova de Gaia.
Área de competência territorial: município de Vila Nova de Gaia.
Juízes: 3.
Juízo de comércio de Vila Nova de Gaia.
Área de competência territorial: municípios do Porto e Vila Nova de Gaia.
Juízes: 6.

Balcão Nacional do Arrendamento

Balcão Nacional de Injunções

Tribunal Judicial da Comarca do Porto Este

Sede: Penafiel.
Tribunal da Relação competente: Porto.
Área de competência territorial: municípios de Amarante, Baião, Felgueiras, Lousada, Marco de Canaveses, Paços de Ferreira, Paredes e Penafiel.
Quadro de Juízes: de 46 a 50.
Juiz Presidente: 1 (sediado em Penafiel).
Magistrado do Ministério Público Coordenador: 1 (sediado em Penafiel).
Administrador Judiciário: 1 (sediado em Penafiel).

Juízos de competência especializada

Juízo central criminal de Penafiel.
Área de competência territorial: comarca do Porto Este.
Juízes: 6.
Juízo local cível de Penafiel.

Área de competência territorial: município de Penafiel.
Juízes: 1.
Juízo local criminal de Penafiel.
Área de competência territorial: município de Penafiel.
Juízes: 2.
Juízo de instrução criminal de Penafiel.
Área de competência territorial: comarca do Porto Este.
Juízes: 2.
Juízo do trabalho de Penafiel.
Área de competência territorial: comarca do Porto Este.
Juízes: 4.
Juízo local cível de Amarante.
Área de competência territorial: município de Amarante.
Juízes: 1.
Juízo local criminal de Amarante.
Área de competência territorial: município de Amarante.
Juízes: 1.
Juízo de comércio de Amarante.
Área de competência territorial: comarca do Porto Este.
Juízes: 4.
Juízo local cível de Felgueiras.
Área de competência territorial: município de Felgueiras.
Juízes: 2.
Juízo local criminal de Felgueiras.
Área de competência territorial: município de Felgueiras.
Juízes: 1.
Juízo local cível de Lousada.
Área de competência territorial: município de Lousada.
Juízes: 1.
Juízo local criminal de Lousada.
Área de competência territorial: município de Lousada.
Juízes: 1.
Juízo de execução de Lousada.
Área de competência territorial: comarca do Porto Este.
Juízes: 2.
Juízo local cível do Marco de Canaveses.
Área de competência territorial: município do Marco de Canaveses.
Juízes: 1.
Juízo local criminal do Marco de Canaveses.
Área de competência territorial: município do Marco de Canaveses.
Juízes: 1.
Juízo de família e menores do Marco de Canaveses.
Área de competência territorial: municípios de Amarante e Marco de Canavezes.
Juízes: 1.

Juízo local cível de Paços de Ferreira.
Área de competência territorial: município de Paços de Ferreira.
Juízes: 1.
Juízo local criminal de Paços de Ferreira.
Área de competência territorial: município de Paços de Ferreira.
Juízes: 1.
Juízo central cível de Paredes.
Área de competência territorial: comarca do Porto Este.
Juízes: 4.
Juízo local cível de Paredes.
Área de competência territorial: município de Paredes.
Juízes: 2.
Juízo local criminal de Paredes.
Área de competência territorial: município de Paredes.
Juízes: 2.
Juízo de família e menores de Paredes.
Área de competência territorial: municípios de Felgueiras, Lousada, Paços de Ferreira, Paredes e Penafiel.
Juízes: 4.

Juízos de competência genérica
Juízo de competência genérica de Baião.
Área de competência territorial: município de Baião.
Juízes: 1.

Tribunal Judicial da Comarca de Santarém
Sede: Santarém.
Tribunal da Relação competente: Évora.
Área de competência territorial: municípios de Abrantes, Alcanena, Almeirim, Alpiarça, Benavente, Cartaxo, Chamusca, Constância, Coruche, Entroncamento, Ferreira do Zêzere, Golegã, Mação, Ourém, Rio Maior, Salvaterra de Magos, Santarém, Sardoal, Tomar, Torres Novas e Vila Nova da Barquinha.
Quadro de Juízes: de 47 a 51.
Juiz Presidente: 1 (sediado em Santarém).
Magistrado do Ministério Público Coordenador: 1 (sediado em Santarém).
Administrador Judiciário: 1 (sediado em Santarém).

Juízos de competência especializada
Juízo central cível de Santarém.
Área de competência territorial: comarca de Santarém.
Juízes: 4.
Juízo central criminal de Santarém.
Área de competência territorial: comarca de Santarém.
Juízes: 4.
Juízo local cível de Santarém.

Área de competência territorial: município de Santarém.
Juízes: 2.
Juízo local criminal de Santarém.
Área de competência territorial: município de Santarém.
Juízes: 2.
Juízo de instrução criminal de Santarém.
Área de competência territorial: comarca de Santarém.
Juízes: 2.
Juízo de família e menores de Santarém.
Área de competência territorial: municípios de Alcanena, Almeirim, Alpiarça, Benavente, Cartaxo, Chamusca, Coruche, Golegã, Rio Maior, Salvaterra de Magos e Santarém.
Juízes: 3.
Juízo do trabalho de Santarém.
Área de competência territorial: municípios de Alcanena, Almeirim, Alpiarça, Benavente, Cartaxo, Coruche, Rio Maior, Salvaterra de Magos e Santarém.
Juízes: 2.
Juízo de comércio de Santarém.
Área de competência territorial: comarca de Santarém.
Juízes: 3.
Juízo local cível de Abrantes.
Área de competência territorial: municípios de Abrantes, Constância, Mação e Sardoal.
Juízes: 1.
Juízo local criminal de Abrantes.
Área de competência territorial: municípios de Abrantes, Constância, Mação e Sardoal.
Juízes: 1.
Juízo de família e menores de Abrantes.
Área de competência territorial: municípios de Abrantes, Constância, Mação e Sardoal.
Juízes: 1.
Juízo local cível de Benavente.
Área de competência territorial: municípios de Benavente e Salvaterra de Magos.
Juízes: 1.
Juízo local criminal de Benavente.
Área de competência territorial: municípios de Benavente e Salvaterra de Magos.
Juízes: 2.
Juízo de execução do Entroncamento.
Área de competência territorial: comarca de Santarém.
Juízes: 3.
Juízo local cível de Ourém.
Área de competência territorial: município de Ourém.
Juízes: 1.
Juízo local criminal de Ourém.

Área de competência territorial: município de Ourém.
Juízes: 1.
Juízo local cível de Tomar.
Área de competência territorial: municípios de Ferreira do Zêzere e Tomar.
Juízes: 1.
Juízo local criminal de Tomar.
Área de competência territorial: municípios de Ferreira do Zêzere e Tomar.
Juízes: 1.
Juízo de família e menores de Tomar.
Área de competência territorial: municípios de Entroncamento, Ferreira do Zêzere, Ourém, Tomar, Torres Novas e Vila Nova da Barquinha.
Juízes: 2.
Juízo do trabalho de Tomar.
Área de competência territorial: municípios de Abrantes, Chamusca, Constância, Entroncamento, Ferreira do Zêzere, Golegã, Mação, Ourém, Sardoal, Tomar, Torres Novas e Vila Nova da Barquinha.
Juízes: 2.
Juízo local cível de Torres Novas.
Área de competência territorial: municípios de Alcanena e Torres Novas.
Juízes: 1.
Juízo local criminal de Torres Novas.
Área de competência territorial: municípios de Alcanena e Torres Novas.
Juízes: 1.

Juízos de competência genérica

Juízo de competência genérica de Almeirim.
Área de competência territorial: municípios de Almeirim e Alpiarça.
Juízes: 1.
Juízo de competência genérica do Cartaxo.
Área de competência territorial: município do Cartaxo.
Juízes: 1.
Juízo de competência genérica de Coruche.
Área de competência territorial: município de Coruche.
Juízes: 1.
Juízo de competência genérica do Entroncamento.
Área de competência territorial: municípios de Chamusca, Entroncamento, Golegã e Vila Nova da Barquinha.
Juízes: 2.
Juízo de competência genérica de Rio Maior.
Área de competência territorial: município de Rio Maior.
Juízes: 1.

Juízos de proximidade

Juízo de proximidade de Alcanena.
Área de competência territorial: município de Alcanena (para efeitos do nº 3 do artigo 82º da Lei nº 62/2013, de 26 de agosto).

Juízo de proximidade de Ferreira do Zêzere.
Área de competência territorial: município de Ferreira do Zêzere (para efeitos do nº 3 do artigo 82º da Lei nº 62/2013, de 26 de agosto).
Juízo de proximidade da Golegã.
Área de competência territorial: municípios de Chamusca e Golegã (para efeitos do nº 3 do artigo 82º da Lei nº 62/2013, de 26 de agosto).
Juízo de proximidade de Mação.
Área de competência territorial: município de Mação (para efeitos do nº 3 do artigo 82º da Lei nº 62/2013, de 26 de agosto).

Tribunal Judicial da Comarca de Setúbal
Sede: Setúbal.
Tribunal da Relação competente: Évora.
Área de competência territorial: municípios de Alcácer do Sal, Grândola, Palmela, Santiago do Cacém, Sesimbra, Setúbal e Sines.
Quadro de Juízes: de 34 a 38.
Juiz Presidente: 1 (sediado em Setúbal).
Magistrado do Ministério Público Coordenador: 1 (sediado em Setúbal).
Administrador Judiciário: 1 (sediado em Setúbal).

Juízos de competência especializada
Juízo central cível de Setúbal.
Área de competência territorial: comarca de Setúbal.
Juízes: 3.
Juízo central criminal de Setúbal.
Área de competência territorial: comarca de Setúbal.
Juízes: 4.
Juízo local cível de Setúbal.
Área de competência territorial: municípios de Palmela e Setúbal.
Juízes: 3.
Juízo local criminal de Setúbal.
Área de competência territorial: municípios de Palmela e Setúbal.
Juízes: 5.
Juízo de instrução criminal de Setúbal.
Área de competência territorial: comarca de Setúbal.
Juízes: 2.
Juízo de família e menores de Setúbal.
Área de competência territorial: municípios de Palmela, Sesimbra e Setúbal.
Juízes: 3.
Juízo do trabalho de Setúbal.
Área de competência territorial: municípios de Palmela, Sesimbra e Setúbal.
Juízes: 2.
Juízo de comércio de Setúbal.
Área de competência territorial: comarca de Setúbal.
Juízes: 2.

Juízo de execução de Setúbal.
Área de competência territorial: comarca de Setúbal.
Juízes: 2.
Juízo local cível de Grândola.
Área de competência territorial: municípios de Alcácer do Sal e Grândola.
Juízes: 1. (a)
Juízo local criminal de Grândola.
Área de competência territorial: municípios de Alcácer do Sal e Grândola.
Juízes: 1.
Juízo local cível de Santiago do Cacém.
Área de competência territorial: municípios de Santiago do Cacém e Sines.
Juízes: 1. (a)
Juízo local criminal de Santiago do Cacém.
Área de competência territorial: municípios de Santiago do Cacém e Sines.
Juízes: 2.
Juízo de família e menores de Santiago do Cacém.
Área de competência territorial: municípios de Alcácer do Sal, Grândola, Santiago do Cacém e Sines.
Juízes: 1.
Juízo do trabalho de Sines.
Área de competência territorial: municípios de Alcácer do Sal, Grândola, Santiago do Cacém e Sines.
Juízes: 1.
(a) Juiz comum a ambos os juízos.

Juízos de competência genérica

Juízo de competência genérica de Sesimbra.
Área de competência territorial: município de Sesimbra.
Juízes: 2.

Juízos de proximidade

Juízo de proximidade de Alcácer do Sal.
Área de competência territorial: município de Alcácer do Sal (para efeitos do nº 3 do artigo 82º da Lei nº 62/2013, de 26 de agosto).
Juízo de proximidade de Sines.
Área de competência territorial: município de Sines (para efeitos do nº 3 do artigo 82º da Lei nº 62/2013, de 26 de agosto).

Tribunal Judicial da Comarca de Viana do Castelo

Sede: Viana do Castelo.
Tribunal da Relação competente: Guimarães.
Área de competência territorial: municípios de Arcos de Valdevez, Caminha, Melgaço, Monção, Paredes de Coura, Ponte da Barca, Ponte de Lima, Valença, Viana do Castelo e Vila Nova de Cerveira.
Quadro de Juízes: de 29 a 32.

Juiz Presidente: 1 (sediado em Viana do Castelo).
Magistrado do Ministério Público Coordenador: 1 (sediado em Viana do Castelo).
Administrador Judiciário: 1 (sediado em Viana do Castelo).

Juízos de competência especializada

Juízo central cível de Viana do Castelo.
Área de competência territorial: comarca de Viana do Castelo.
Juízes: 3.
Juízo central criminal de Viana do Castelo.
Área de competência territorial: comarca de Viana do Castelo.
Juízes: 3.
Juízo local cível de Viana do Castelo.
Área de competência territorial: município de Viana do Castelo.
Juízes: 4.
Juízo local criminal de Viana do Castelo.
Área de competência territorial: município de Viana do Castelo.
Juízes: 2.
Juízo de instrução criminal de Viana do Castelo.
Área de competência territorial: comarca de Viana do Castelo.
Juízes: 1.
Juízo de família e menores de Viana do Castelo.
Área de competência territorial: municípios de Caminha, Ponte de Lima, Viana do Castelo e Vila Nova de Cerveira.
Juízes: 2.
Juízo do trabalho de Viana do Castelo.
Área de competência territorial: comarca de Viana do Castelo.
Juízes: 2.
Juízo de comércio de Viana do Castelo.
Área de competência territorial: comarca de Viana do Castelo.
Juízes: 1.
Juízo local cível de Arcos de Valdevez.
Área de competência territorial: município de Arcos de Valdevez.
Juízes: 1.
Juízo local criminal de Arcos de Valdevez.
Área de competência territorial: município de Arcos de Valdevez.
Juízes: 1.(a)
Juízo local cível de Ponte da Barca.
Área de competência territorial: município de Ponte da Barca.
Juízes: 1.
Juízo local criminal de Ponte da Barca.
Área de competência territorial: município de Ponte da Barca.
Juízes: 1. (a)
Juízo local cível de Ponte de Lima.
Área de competência territorial: município de Ponte de Lima.
Juízes: 1.
Juízo local criminal de Ponte de Lima.

Área de competência territorial: município de Ponte de Lima.
Juízes: 1.
(a) Juiz comum a ambos os juízos.

Juízos de competência genérica

Juízo de competência genérica de Caminha.
Área de competência territorial: município de Caminha.
Juízes: 1.
Juízo de competência genérica de Melgaço.
Área de competência territorial: município de Melgaço.
Juízes: 1.
Juízo de competência genérica de Monção.
Área de competência territorial: município de Monção.
Juízes: 1.
Juízo de competência genérica de Paredes de Coura.
Área de competência territorial: município de Paredes de Coura.
Juízes: 1.
Juízo de competência genérica de Valença.
Área de competência territorial: município de Valença.
Juízes: 1.
Juízo de competência genérica de Vila Nova de Cerveira.
Área de competência territorial: município de Vila Nova de Cerveira.
Juízes: 1.

Tribunal Judicial da Comarca de Vila Real

Sede: Vila Real.
Tribunal da Relação competente: Guimarães.
Área de competência territorial: municípios de Alijó, Boticas, Chaves, Mesão Frio, Mondim de Basto, Montalegre, Murça, Peso da Régua, Ribeira de Pena, Sabrosa, Santa Marta de Penaguião, Valpaços, Vila Pouca de Aguiar e Vila Real.
Quadro de Juízes: de 23 a 26.
Juiz Presidente: 1 (sediado em Vila Real).
Magistrado do Ministério Público Coordenador: 1 (sediado em Vila Real).
Administrador Judiciário: 1 (sediado em Vila Real).

Juízos de competência especializada

Juízo central cível de Vila Real.
Área de competência territorial: comarca de Vila Real.
Juízes: 2.
Juízo central criminal de Vila Real.
Área de competência territorial: comarca de Vila Real.
Juízes: 3.
Juízo local cível de Vila Real.
Área de competência territorial: municípios de Mondim de Basto, Murça, Sabrosa e Vila Real.
Juízes: 2.

Juízo local criminal de Vila Real.
Área de competência territorial: municípios de Mondim de Basto, Murça, Sabrosa e Vila Real.
Juízes: 2.
Juízo de família e menores de Vila Real.
Área de competência territorial: municípios de Mesão Frio, Mondim de Basto, Murça, Peso da Régua, Sabrosa, Santa Marta de Penaguião e Vila Real.
Juízes: 1.
Juízo do trabalho de Vila Real.
Área de competência territorial: comarca de Vila Real.
Juízes: 2.
Juízo de comércio de Vila Real.
Área de competência territorial: comarca de Vila Real.
Juízes: 1.
Juízo local cível de Chaves.
Área de competência territorial: municípios de Boticas e Chaves.
Juízes: 2.
Juízo local criminal de Chaves.
Área de competência territorial: municípios de Boticas e Chaves.
Juízes: 1.
Juízo de execução de Chaves.
Área de competência territorial: comarca de Vila Real.
Juízes: 1.
Juízo local cível de Peso da Régua.
Área de competência territorial: municípios de Mesão Frio, Peso da Régua e Santa Marta de Penaguião.
Juízes: 1.
Juízo local criminal de Peso da Régua.
Área de competência territorial: municípios de Mesão Frio, Peso da Régua e Santa Marta de Penaguião.
Juízes: 1.

Juízos de competência genérica
Juízo de competência genérica de Alijó.
Área de competência territorial: município de Alijó.
Juízes: 1.
Juízo de competência genérica de Montalegre.
Área de competência territorial: município de Montalegre.
Juízes: 1.
Juízo de competência genérica de Valpaços.
Área de competência territorial: município de Valpaços.
Juízes: 1.
Juízo de competência genérica de Vila Pouca de Aguiar.
Área de competência territorial: municípios de Ribeira de Pena e Vila Pouca de Aguiar.
Juízes: 1.

Juízos de proximidade

Juízo de proximidade de Boticas.

Área de competência territorial: município de Boticas (para efeitos do nº 3 do artigo 82º da Lei nº 62/2013, de 26 de agosto).

Juízo de proximidade de Mesão Frio.

Área de competência territorial: município de Mesão Frio (para efeitos do nº 3 do artigo 82º da Lei nº 62/2013, de 26 de agosto).

Juízo de proximidade de Mondim de Basto.

Área de competência territorial: município de Mondim de Basto (para efeitos do nº 3 do artigo 82º da Lei nº 62/2013, de 26 de agosto).

Juízo de proximidade de Murça.

Área de competência territorial: município de Murça (para efeitos do nº 3 do artigo 82º da Lei nº 62/2013, de 26 de agosto).

Juízo de proximidade de Sabrosa.

Área de competência territorial: município de Sabrosa (para efeitos do nº 3 do artigo 82º da Lei nº 62/2013, de 26 de agosto).

Tribunal Judicial da Comarca de Viseu

Sede: Viseu.

Tribunal da Relação competente: Coimbra.

Área de competência territorial: municípios de Armamar, Carregal do Sal, Castro Daire, Cinfães, Lamego, Mangualde, Moimenta da Beira, Mortágua, Nelas, Oliveira de Frades, Penalva do Castelo, Penedono, Resende, Santa Comba Dão, São João da Pesqueira, São Pedro do Sul, Sátão, Sernancelhe, Tabuaço, Tarouca, Tondela, Vila Nova de Paiva, Viseu e Vouzela.

Quadro de Juízes: de 36 a 39.

Juiz Presidente: 1 (sediado em Viseu).

Magistrado do Ministério Público Coordenador: 1 (sediado em Viseu).

Administrador Judiciário: 1 (sediado em Viseu).

Juízos de competência especializada

Juízo central cível de Viseu.

Área de competência territorial: comarca de Viseu.

Juízes: 3.

Juízo central criminal de Viseu.

Área de competência territorial: comarca de Viseu.

Juízes: 4.

Juízo local cível de Viseu.

Área de competência territorial: município de Viseu.

Juízes: 2.

Juízo local criminal de Viseu.

Área de competência territorial: município de Viseu.

Juízes: 2.

Juízo de instrução criminal de Viseu.

Área de competência territorial: comarca de Viseu.

Juízes: 2.

Juízo de família e menores de Viseu.
Área de competência territorial: municípios de Mangualde, Nelas, Penalva do Castelo, São Pedro do Sul, Sátão, Tondela, Vila Nova de Paiva, Viseu e Vouzela.
Juízes: 2.
Juízo do trabalho de Viseu.
Área de competência territorial: municípios de Carregal do Sal, Castro Daire, Mangualde, Mortágua, Nelas, Oliveira de Frades, Penalva do Castelo, Santa Comba Dão, São Pedro do Sul, Sátão, Tondela, Vila Nova de Paiva, Viseu e Vouzela.
Juízes: 2.
Juízo de comércio de Viseu.
Área de competência territorial: comarca de Viseu.
Juízes: 2.
Juízo de execução de Viseu.
Área de competência territorial: comarca de Viseu.
Juízes: 2.
Juízo local cível de Lamego.
Área de competência territorial: municípios de Armamar, Lamego, Resende e Tarouca.
Juízes: 1.
Juízo local criminal de Lamego.
Área de competência territorial: municípios de Armamar, Lamego, Resende e Tarouca.
Juízes: 1.
Juízo de família e menores de Lamego.
Área de competência territorial: municípios de Armamar, Lamego, Resende e Tarouca.
Juízes: 1.
Juízo do trabalho de Lamego.
Área de competência territorial: municípios de Armamar, Cinfães, Lamego, Moimenta da Beira, Penedono, Resende, São João da Pesqueira, Sernancelhe, Tabuaço e Tarouca.
Juízes: 1.

Juízos de competência genérica

Juízo de competência genérica de Castro Daire.
Área de competência territorial: município de Castro Daire.
Juízes: 1.
Juízo de competência genérica de Cinfães.
Área de competência territorial: município de Cinfães.
Juízes: 1.
Juízo de competência genérica de Mangualde.
Área de competência territorial: municípios de Mangualde e Penalva do Castelo.
Juízes: 1.

Juízo de competência genérica de Moimenta da Beira.
Área de competência territorial: municípios de Moimenta da Beira, Penedono, São João da Pesqueira, Sernancelhe e Tabuaço.
Juízes: 2.
Juízo de competência genérica de Nelas.
Área de competência territorial: município de Nelas.
Juízes: 1. (a)
Juízo de competência genérica de Oliveira de Frades.
Área de competência territorial: município de Oliveira de Frades.
Juízes: 1.
Juízo de competência genérica de Santa Comba Dão.
Área de competência territorial: municípios de Carregal do Sal, Mortágua e Santa Comba Dão.
Juízes: 2.
Juízo de competência genérica de São Pedro do Sul.
Área de competência territorial: municípios de São Pedro do Sul e Vouzela.
Juízes: 1.
Juízo de competência genérica de Sátão.
Área de competência territorial: municípios de Sátão e Vila Nova de Paiva.
Juízes: 1. (a)
Juízo de competência genérica de Tondela.
Área de competência territorial: município de Tondela.
Juízes: 1.
(a) Juiz comum a ambos os juízos.
Juízos de proximidade
Juízo de proximidade de Armamar.
Área de competência territorial: município de Armamar (para efeitos do nº 3 do artigo 82º da Lei nº 62/2013, de 26 de agosto).
Juízo de proximidade de Resende.
Área de competência territorial: município de Resende (para efeitos do nº 3 do artigo 82º da Lei nº 62/2013, de 26 de agosto).
Juízo proximidade de São João da Pesqueira.
Área de competência territorial: município de São João da Pesqueira (para efeitos do nº 3 do artigo 82º da Lei nº 62/2013, de 26 de agosto).
Juízo de proximidade de Tabuaço.
Área de competência territorial: município de Tabuaço (para efeitos do nº 3 do artigo 82º da Lei nº 62/2013, de 26 de agosto).
Juízo de proximidade de Vouzela.
Área de competência territorial: município de Vouzela (para efeitos do nº 3 do artigo 82º da Lei nº 62/2013, de 26 de agosto).

MAPA IV

Tribunais de competência territorial alargada

Tribunais de Execução das Penas

Sede: Coimbra.
Tribunal da Relação competente: Coimbra.
Área de competência: comarcas de Castelo Branco, Coimbra, Guarda, Leiria (com exceção do Estabelecimento Prisional das Caldas da Rainha) e Viseu.
Juízes: 3.
Sede: Évora.
Tribunal da Relação competente: Évora.
Área de competência: comarcas de Beja, Évora (com exceção dos estabelecimentos prisionais de Alcoentre e de Vale de Judeus), Faro, Portalegre, Santarém e Setúbal.
Juízes: 3.
Sede: Lisboa.
Tribunal da Relação competente: Lisboa.
Área de competência: comarcas de Lisboa, Lisboa Norte, Lisboa Oeste, Madeira e estabelecimentos prisionais de Alcoentre, das Caldas da Rainha e de Vale de Judeus.
Juízes: 8.
Sede: Porto.
Tribunal da Relação competente: Porto.
Área de competência: comarcas de Aveiro, Braga, Bragança, Porto, Porto Este, Viana do Castelo e Vila Real.
Juízes: 5.
Sede: Ponta Delgada.
Tribunal da Relação competente: Lisboa.
Área de competência: comarca dos Açores, estabelecimento prisional de Angra do Heroísmo, estabelecimento prisional regional de Ponta Delgada e cadeia de apoio da Horta.
Juízes: 1.

Tribunal Marítimo

Sede: Lisboa.
Tribunal da Relação competente: Lisboa.
Área de competência territorial: departamentos marítimos do norte, centro e sul.
Juízes: 2.

Tribunal da Propriedade Intelectual

Sede: Lisboa.
Tribunal da Relação competente: Lisboa.
Área de competência territorial: território nacional.
Juízes: 3.

Tribunal da Concorrência, Regulação e Supervisão
Sede: Santarém.
Tribunal da Relação competente: Lisboa.
Área de competência territorial: território nacional.
Juízes: 3.

Tribunal Central de Instrução Criminal
Sede: Lisboa.
Tribunal da Relação competente: Lisboa.
Área de competência territorial: território nacional.
Juízes: 9.

MAPA V
Quadro de magistrados do Ministério Público

Supremo Tribunal de Justiça
Procuradores-gerais adjuntos: 8.

Tribunais da Relação
Coimbra
Procuradores-gerais adjuntos: de 8 a 12.
Évora
Procuradores-gerais adjuntos: de 8 a 12.
Guimarães
Procuradores-gerais adjuntos: de 9 a 13.
Lisboa
Procuradores-gerais adjuntos: de 15 a 20.
Porto
Procuradores-gerais adjuntos: de 13 a 17.

Comarca dos Açores

Ministério Público
Quadro de magistrados do Ministério Público:
Procuradores da República: de 8 a 9.
Procuradores-adjuntos: de 27 a 28.
Angra do Heroísmo
Procurador da República: 1.
Procurador-adjunto: 3.
Horta
Procurador-adjunto: 2.
Ponta Delgada
Procurador da República: 6.
Procurador-adjunto: 10.
Praia da Vitória

Procurador da República: 1.
Procurador-adjunto: 2.
Ribeira Grande
Procurador-adjunto: 3.
Santa Cruz da Graciosa
Procurador-adjunto: 1.
Santa Cruz das Flores
Procurador-adjunto: 1.
São Roque do Pico
Procurador-adjunto: 1.
Velas
Procurador-adjunto: 1.
Vila do Porto
Procurador-adjunto: 1.
Vila Franca do Campo
Procurador-adjunto: 2.

Comarca de Aveiro

Ministério Público

Quadro de magistrados do Ministério Público:
Procuradores da República: de 26 a 27.
Procuradores-adjuntos: de 50 a 52.
Águeda
Procurador da República: 2.
Procurador-adjunto: 3.
Albergaria-a-Velha
Procurador-adjunto: 2.
Anadia
Procurador-adjunto: 2.
Arouca
Procurador-adjunto: 1.
Aveiro
Procurador da República: 9.
Procurador-adjunto: 9.
Castelo de Paiva
Procurador-adjunto: 1.
Espinho
Procurador-adjunto: 3.
Estarreja
Procurador da República: 1.
Procurador-adjunto: 3.
Ílhavo
Procurador-adjunto: 3.
Mealhada
Procurador-adjunto: 2.
Oliveira de Azeméis

Procurador da República: 4.
Procurador-adjunto: 3.
Oliveira do Bairro
Procurador da República: 1.
Procurador-adjunto: 2.
Ovar
Procurador da República: 1.
Procurador-adjunto: 3.
Santa Maria da Feira
Procurador da República: 7.
Procurador-adjunto: 7.
São João da Madeira
Procurador da República: 1.
Procurador-adjunto: 3.
Vagos
Procurador-adjunto: 2.
Vale de Cambra
Procurador-adjunto: 1.

Comarca de Beja

Ministério Público

Quadro de magistrados do Ministério Público:
Procuradores da República: de 3 a 4.
Procuradores-adjuntos: de 11 a 12.
Almodôvar
Procurador-adjunto: 1.
Beja
Procurador da República: 3.
Procurador-adjunto: 3.
Cuba
Procurador-adjunto: 1.
Ferreira do Alentejo
Procurador-adjunto: 1.
Moura
Procurador-adjunto: 1.
Odemira
Procurador-adjunto: 2.
Ourique
Procurador-adjunto: 1.
Serpa
Procurador-adjunto: 1.

Comarca de Braga

Ministério Público

Quadro de magistrados do Ministério Público:
Procuradores da República: de 34 a 35.

Procuradores-adjuntos: de 49 a 52.
Amares
Procurador-adjunto: 1.
Barcelos
Procurador da República: 4.
Procurador-adjunto: 5.
Braga
Procurador da República: 11.
Procurador-adjunto: 12.
Cabeceiras de Basto
Procurador-adjunto: 1.
Celorico de Basto
Procurador-adjunto: 1.
Esposende
Procurador-adjunto: 2.
Fafe
Procurador da República: 1.
Procurador-adjunto: 4.
Guimarães
Procurador da República: 12.
Procurador-adjunto: 10.
Póvoa de Lanhoso
Procurador-adjunto: 1.
Vieira do Minho
Procurador-adjunto: 1.
Vila Nova de Famalicão
Procurador da República: 6.
Procurador-adjunto: 8.
Vila Verde
Procurador-adjunto: 3.

Comarca de Bragança

Ministério Público

Quadro de magistrados do Ministério Público:
Procuradores da República: de 2 a 3.
Procuradores-adjuntos: de 11 a 12.
Bragança
Procurador da República: 2.
Procurador-adjunto: 4.
Macedo de Cavaleiros
Procurador-adjunto: 1.
Miranda do Douro
Procurador-adjunto: 1.
Mirandela
Procurador-adjunto: 2.

Mogadouro
Procurador-adjunto: 1.
Torre de Moncorvo
Procurador-adjunto: 1.
Vila Flor
Procurador-adjunto: 1.

Comarca de Castelo Branco

Ministério Público
Quadro de magistrados do Ministério Público:
Procuradores da República: de 7 a 8.
Procuradores-adjuntos: de 14 a 15.
Castelo Branco
Procurador da República: 4.
Procurador-adjunto: 5.
Covilhã
Procurador da República: 2.
Procurador-adjunto: 4.
Fundão
Procurador da República: 1.
Procurador-adjunto: 2.
Idanha-a-Nova
Procurador-adjunto: 1.
Oleiros
Procurador-adjunto: 1.
Sertã
Procurador-adjunto: 1.

Comarca de Coimbra

Ministério Público
Quadro de magistrados do Ministério Público:
Procuradores da República: de 20 a 21.
Procuradores-adjuntos: de 31 a 33.
Arganil
Procurador-adjunto: 1.
Cantanhede
Procurador-adjunto: 2.
Coimbra
Procurador da República: 16.
Procurador-adjunto: 14.
Condeixa-a-Nova
Procurador-adjunto: 1.
Figueira da Foz
Procurador da República: 3.
Procurador-adjunto: 5.

Lousã
Procurador-adjunto: 2.
Montemor-o-Velho
Procurador-adjunto: 2.
Oliveira do Hospital
Procurador-adjunto: 1.
Penacova
Procurador-adjunto: 1.
Soure
Procurador da República: 1.
Procurador-adjunto: 1.
Tábua
Procurador-adjunto: 1.

Comarca de Évora

Ministério Público

Quadro de magistrados do Ministério Público:
Procuradores da República: de 6 a 7.
Procuradores-adjuntos: de 12 a 13.
Évora
Procurador da República: 5.
Procurador-adjunto: 6.
Estremoz
Procurador-adjunto: 1.
Montemor-o-Novo
Procurador da República: 1.
Procurador-adjunto: 2.
Redondo
Procurador-adjunto: 1.
Reguengos de Monsaraz
Procurador-adjunto: 1.
Vila Viçosa
Procurador-adjunto: 1.

Comarca de Faro

Ministério Público

Quadro de magistrados do Ministério Público:
Procuradores da República: de 26 a 27.
Procuradores-adjuntos: de 49 a 51.
Albufeira
Procurador-adjunto: 7.
Faro
Procurador da República: 12.
Procurador-adjunto: 10.
Lagoa

Procurador da República: 1.
Lagos
Procurador-adjunto: 3.
Loulé
Procurador da República: 1.
Procurador-adjunto: 8.
Olhão
Procurador da República: 1.
Procurador-adjunto: 3.
Portimão
Procurador da República: 10.
Procurador-adjunto: 10.
Silves
Procurador da República: 1.
Procurador-adjunto: 3.
Tavira
Procurador-adjunto: 2.
Vila Real de Santo António
Procurador-adjunto: 3.

Comarca da Guarda

Ministério Público

Quadro de magistrados do Ministério Público:
Procuradores da República: de 2 a 3.
Procuradores-adjuntos: de 13 a 14.
Almeida
Procurador-adjunto: 1.
Celorico da Beira
Procurador-adjunto: 1.
Figueira de Castelo Rodrigo
Procurador-adjunto: 1.
Gouveia
Procurador-adjunto: 1.
Guarda
Procurador da República: 2.
Procurador-adjunto: 4.
Pinhel
Procurador-adjunto: 1.
Seia
Procurador-adjunto: 2.
Trancoso
Procurador-adjunto: 1.
Vila Nova de Foz Côa
Procurador-adjunto: 1.

Comarca de Leiria

Ministério Público

Quadro de magistrados do Ministério Público:
Procuradores da República: de 21 a 22.
Procuradores-adjuntos: de 32 a 34.
Alcobaça
Procurador da República: 3.
Procurador-adjunto: 4.
Ansião
Procurador da República: 1.
Caldas da Rainha
Procurador da República: 3.
Procurador-adjunto: 6.
Figueiró dos Vinhos
Procurador-adjunto: 1.
Leiria
Procurador da República: 13.
Procurador-adjunto: 9.
Marinha Grande
Procurador-adjunto: 3.
Nazaré
Procurador-adjunto: 1.
Peniche
Procurador-adjunto: 2.
Pombal
Procurador da República: 1.
Procurador-adjunto: 3.
Porto de Mós
Procurador-adjunto: 3.

Comarca de Lisboa

Ministério Público

Quadro de magistrados do Ministério Público:
Procuradores da República: de 82 a 86.
Procuradores-adjuntos: de 120 a 125.
Almada
Procurador da República: 11. (a)
Procurador-adjunto: 12.
(a) Dois lugares a preencher à data da entrada em funcionamento do Juízo do Trabalho de Almada.
Barreiro e Moita
Procurador da República: 10.
Procurador-adjunto: 10.
Lisboa
Procurador da República: 58.

Procurador-adjunto: 82.
Montijo
Procurador-adjunto: 5.
Seixal
Procurador da República: 3.
Procurador-adjunto: 11.

Comarca de Lisboa Norte

Ministério Público

Quadro de magistrados do Ministério Público:
Procuradores da República: de 25 a 27.
Procuradores-adjuntos: de 40 a 42.
Alenquer
Procurador-adjunto: 2.
Loures
Procurador da República: 15.
Procurador-adjunto: 23.
Lourinhã
Procurador-adjunto: 1.
Torres Vedras
Procurador da República: 2.
Procurador-adjunto: 5.
Vila Franca de Xira
Procurador da República: 8.
Procurador-adjunto: 9.

Comarca de Lisboa Oeste

Ministério Público

Quadro de magistrados do Ministério Público:
Procuradores da República: de 43 a 44.
Procuradores-adjuntos: de 71 a 75.
Amadora
Procurador da República: 5.
Procurador-adjunto: 13.
Cascais
Procurador da República: 13.
Procurador-adjunto: 15.
Mafra
Procurador da República: 1.
Procurador-adjunto: 4.
Oeiras
Procurador da República: 2.
Procurador-adjunto: 11.
Sintra
Procurador da República: 22.
Procurador-adjunto: 28.

Comarca da Madeira

Ministério Público

Quadro de magistrados do Ministério Público:
Procuradores da República: de 9 a 10.
Procuradores-adjuntos: de 17 a 19.
Funchal
Procurador da República: 9.
Procurador-adjunto: 11.
Ponta do Sol
Procurador-adjunto: 2.
Porto Santo
Procurador-adjunto: 1.
Santa Cruz
Procurador-adjunto: 3.

Comarca de Portalegre

Ministério Público

Quadro de magistrados do Ministério Público:
Procuradores da República: de 2 a 3.
Procuradores-adjuntos: de 10 a 11.
Elvas
Procurador-adjunto: 3.
Fronteira
Procurador-adjunto: 1.
Nisa
Procurador-adjunto: 1.
Ponte de Sor
Procurador-adjunto: 2.
Portalegre
Procurador da República: 2.
Procurador-adjunto: 3.

Comarca do Porto

Ministério Público

Quadro de magistrados do Ministério Público:
Procuradores da República: de 74 a 77.
Procuradores-adjuntos: de 119 a 122.
Gondomar
Procurador da República: 5.
Procurador-adjunto: 9.
Maia
Procurador da República: 5.
Procurador-adjunto: 9.
Matosinhos
Procurador da República: 8.

Procurador-adjunto: 16.
Porto
Procurador da República: 25.
Procurador-adjunto: 43.
Póvoa de Varzim
Procurador da República: 3.
Procurador-adjunto: 5.
Santo Tirso
Procurador da República: 5.
Procurador-adjunto: 6.
Valongo
Procurador da República: 3.
Procurador-adjunto: 6.
Vila do Conde
Procurador da República: 5.
Procurador-adjunto: 5.
Vila Nova de Gaia
Procurador da República: 15.
Procurador-adjunto: 20.

Comarca do Porto Este

Ministério Público

Quadro de magistrados do Ministério Público:
Procuradores da República: de 17 a 18.
Procuradores-adjuntos: de 26 a 28.
Amarante
Procurador da República: 2.
Procurador-adjunto: 3.
Baião
Procurador-adjunto: 1.
Felgueiras
Procurador-adjunto: 3.
Lousada
Procurador da República: 1.
Procurador-adjunto: 2.
Marco de Canaveses
Procurador da República: 1.
Procurador-adjunto: 3.
Paços de Ferreira
Procurador-adjunto: 3.
Paredes
Procurador da República: 4.
Procurador-adjunto: 6.
Penafiel
Procurador da República: 9.
Procurador-adjunto: 5.

Comarca de Santarém

Ministério Público

Quadro de magistrados do Ministério Público:
Procuradores da República: de 22 a 24.
Procuradores-adjuntos: de 34 a 36.
Abrantes
Procurador da República: 1.
Procurador-adjunto: 3.
Almeirim
Procurador-adjunto: 2.
Benavente
Procurador-adjunto: 4.
Cartaxo
Procurador-adjunto: 3.
Coruche
Procurador-adjunto: 1.
Entroncamento
Procurador da República: 1.
Procurador-adjunto: 3.
Ourém
Procurador-adjunto: 2.
Rio Maior
Procurador-adjunto: 2.
Santarém
Procurador da República: 15.
Procurador-adjunto: 7.
Tomar
Procurador da República: 5.
Procurador-adjunto: 4.
Torres Novas
Procurador-adjunto: 3.

Comarca de Setúbal

Ministério Público

Quadro de magistrados do Ministério Público:
Procuradores da República: de 13 a 14.
Procuradores-adjuntos: de 22 a 24.
Grândola
Procurador-adjunto: 2.
Santiago do Cacém
Procurador da República: 1.
Procurador-adjunto: 3.
Sesimbra
Procurador-adjunto: 3.
Setúbal

Procurador da República: 11.
Procurador-adjunto: 14.
Sines
Procurador da República: 1.

Comarca de Viana do Castelo

Ministério Público

Quadro de magistrados do Ministério Público:
Procuradores da República: de 7 a 8.
Procuradores-adjuntos: de 17 a 18.
Arcos de Valdevez
Procurador-adjunto: 1.
Caminha
Procurador-adjunto: 1.
Melgaço
Procurador-adjunto: 1.
Monção
Procurador-adjunto: 1.
Paredes de Coura
Procurador-adjunto: 1.
Ponte da Barca
Procurador-adjunto: 1.
Ponte de Lima
Procurador-adjunto: 3.
Valença
Procurador-adjunto: 1.
Viana do Castelo
Procurador da República: 7.
Procurador-adjunto: 6.
Vila Nova de Cerveira
Procurador-adjunto: 1.

Comarca de Vila Real

Ministério Público

Quadro de magistrados do Ministério Público:
Procuradores da República: de 7 a 8.
Procuradores-adjuntos: de 13 a 15.
Alijó
Procurador-adjunto: 1.
Chaves
Procurador da República: 1.
Procurador-adjunto: 3.
Montalegre
Procurador-adjunto: 1.
Peso da Régua

Procurador-adjunto: 2.
Valpaços
Procurador-adjunto: 1.
Vila Pouca de Aguiar
Procurador-adjunto: 1.
Vila Real
Procurador da República: 6.
Procurador-adjunto: 4.

Comarca de Viseu

Ministério Público

Quadro de magistrados do Ministério Público:
Procuradores da República: de 14 a 15.
Procuradores-adjuntos: de 26 a 28.
Castro Daire
Procurador-adjunto: 1.
Cinfães
Procurador-adjunto: 1.
Lamego
Procurador da República: 2.
Procurador-adjunto: 4.
Mangualde
Procurador-adjunto: 1.
Moimenta da Beira
Procurador-adjunto: 2.
Nelas
Procurador-adjunto: 1.
Oliveira de Frades
Procurador-adjunto: 1.
Santa Comba Dão
Procurador-adjunto: 2.
São Pedro do Sul
Procurador-adjunto: 1.
Sátão
Procurador-adjunto: 1.
Tondela
Procurador-adjunto: 2.
Viseu
Procurador da República: 12.
Procurador-adjunto: 9.[53]

[53] A Portaria nº 185/2019, de 17 de junho, estabeleceu que os Juízos de Família e Menores de Alcobaça e de Leiria entravam em vigor no dia 1 de setembro de 2019. A Portaria nº 132/2020, de 28 de maio, determinou a entrada em funcionamento do Juízo de Família e Menores de Marco de Canavezes e a instalação do Juízo de Instrução Criminal de Penafiel.

7. LEI DA ORGANIZAÇÃO E FUNCIONAMENTO DOS JULGADOS DE PAZ[54]

CAPÍTULO I
Disposições gerais

ARTIGO 1º
Âmbito

A presente lei regula a competência, organização e funcionamento dos julgados de paz e a tramitação dos processos da sua competência.

ARTIGO 2º
Princípios gerais

1 – A atuação dos julgados de paz é vocacionada para permitir a participação cívica dos interessados e para estimular a justa composição dos litígios por acordo das partes.

2 – Os procedimentos nos julgados de paz estão concebidos e são orientados por princípios de simplicidade, adequação, informalidade, oralidade e absoluta economia processual.

ARTIGO 3º
Criação e instalação

1 – Os julgados de paz são criados por diploma do Governo, ouvidos o Conselho dos Julgados de Paz, o Conselho Superior da Magistratura, a Ordem dos Advogados e a Associação Nacional de Municípios Portugueses.

2 – O diploma de criação define a circunscrição territorial do julgado de paz.

3 – A instalação dos julgados de paz é feita por portaria do membro do Governo responsável pela área da Justiça.

ARTIGO 4º
Circunscrição territorial e sede

1 – Os julgados de paz podem ser concelhios ou de agrupamentos de concelhos.

2 – Os julgados de paz têm sede no concelho para que são exclusivamente criados ou, no caso de agrupamento de concelhos, no concelho que é, para o efeito, designado no diploma de criação.

[54] Trata-se da Lei nº 78/2001, de 13 de julho, alterada pela Lei nº 54/2013, de 31 de julho.

3 – Podem ainda ser constituídos julgados de paz junto de entidades públicas de reconhecido mérito, sendo o seu âmbito de jurisdição definido no respetivo título constitutivo.

4 – Dentro da respetiva área de circunscrição, os julgados de paz podem funcionar em qualquer lugar apropriado e podem estabelecer diferentes locais para a prática de atos processuais.

ARTIGO 5º
Custas

1 – Nos julgados de paz há lugar a pagamento de custas.

2 – A tabela de custas é aprovada por portaria do membro do Governo responsável pela área da justiça.[55]

3 – Quando haja lugar à remessa do processo para o tribunal de 1ª instância ou quando seja interposto recurso da sentença proferida, são devidas pelas partes as custas estabelecidas no Regulamento das Custas Processuais, aprovado pelo Decreto-Lei nº 34/2008, de 26 de fevereiro, correspondentes aos atos em causa.

4 – Sendo o processo remetido para o tribunal da 1ª instância, nos termos do nº 3 do artigo 59º da presente lei, é devido, a título de encargo, o pagamento dos atos praticados, aplicando-se o Regulamento das Custas Processuais, aprovado pelo Decreto-Lei nº 34/2008, de 26 de fevereiro.

5 – Os montantes obtidos a título de custas nos julgados de paz são repartidos pelo Ministério da Justiça e pelos municípios, em termos a fixar em portaria do membro do Governo responsável pela área da justiça.[56]

CAPÍTULO II
Competência

SECÇÃO I
Disposições gerais

ARTIGO 6º
Da competência em razão do objeto

1 – A competência dos julgados de paz é exclusiva a ações declarativas.

2 – Para a execução das decisões dos julgados de paz aplica-se o disposto no Código de Processo Civil e legislação conexa sobre execuções das decisões dos tribunais de 1ª instância.

[55] O regime de custas nos julgados de paz consta na Portaria nº 342/2019, de 1 de outubro.

[56] A referida repartição das custas arrecadadas nos julgados de paz está prevista no artigo 5º da Portaria nº 342/2019, de 1 de outubro.

ARTIGO 7º
Conhecimento da incompetência

A incompetência dos julgados de paz é por estes conhecida e declarada oficiosamente ou a pedido de qualquer das partes e determina a remessa do processo para o julgado de paz ou para o tribunal judicial competente.

SECÇÃO II
Da competência em razão do valor, da matéria e do território

ARTIGO 8º
Em razão do valor

Os julgados de paz têm competência para questões cujo valor não exceda € 15 000.

ARTIGO 9º
Em razão da matéria

1 – Os julgados de paz são competentes para apreciar e decidir:

a) Ações que se destinem a efetivar o cumprimento de obrigações, com exceção das que tenham por objeto o cumprimento de obrigação pecuniária e digam respeito a um contrato de adesão;

b) Ações de entrega de coisas móveis;

c) Ações resultantes de direitos e deveres de condóminos, sempre que a respetiva assembleia não tenha deliberado sobre a obrigatoriedade de compromisso arbitral para a resolução de litígios entre condóminos ou entre condóminos e o administrador;

d) Ações de resolução de litígios entre proprietários de prédios relativos a passagem forçada momentânea, escoamento natural de águas, obras defensivas das águas, comunhão de valas, regueiras e valados, sebes vivas; abertura de janelas, portas, varandas e obras semelhantes; estilicídio, plantação de árvores e arbustos, paredes e muros divisórios;

e) Ações de reivindicação, possessórias, usucapião, acessão e divisão de coisa comum;

f) Ações que respeitem ao direito de uso e administração da compropriedade, da superfície, do usufruto, de uso e habitação e ao direito real de habitação periódica;

g) Ações que digam respeito ao arrendamento urbano, exceto as ações de despejo;

h) Ações que respeitem à responsabilidade civil contratual e extracontratual;

i) Ações que respeitem a incumprimento contratual, exceto contrato de trabalho e arrendamento rural;

j) Ações que respeitem à garantia geral das obrigações.

2 – Os julgados de paz são também competentes para apreciar os pedidos de indemnização cível, quando não haja sido apresentada participação criminal ou após desistência da mesma, emergentes de:

a) Ofensas corporais simples;

b) Ofensa à integridade física por negligência;
c) Difamação;
d) Injúrias;
e) Furto simples;
f) Dano simples;
g) Alteração de marcos;
h) Burla para obtenção de alimentos, bebidas ou serviços.

3 – A apreciação de um pedido de indemnização cível, nos termos do número anterior, preclude a possibilidade de instaurar o respetivo procedimento criminal.[57]

ARTIGO 10º
Competência em razão do território

Os fatores que determinam a competência territorial dos julgados de paz são os fixados nos artigos 11º e seguintes.

ARTIGO 11º
Foro da situação dos bens

1 – Devem ser propostas no julgado de paz da situação dos bens as ações referentes a direitos reais ou pessoais de gozo sobre imóveis e as ações de divisão de coisa comum.

2 – Quando a ação tiver por objeto uma universalidade de facto, ou bens móveis ou imóveis situados em circunscrições diferentes, é proposta no julgado de paz correspondente à situação dos imóveis de maior valor, devendo atender-se para esse efeito ao valor patrimonial; se o prédio que é objeto da ação estiver situado em mais de uma circunscrição territorial, pode ser proposta em qualquer das circunscrições.

ARTIGO 12º
Local do cumprimento da obrigação

1 – A ação destinada a exigir o cumprimento de obrigações, a indemnização pelo não cumprimento ou pelo cumprimento defeituoso e a resolução do contrato por falta de cumprimento é proposta, à escolha do credor, no julgado de paz do lugar em que a obrigação devia ser cumprida ou no julgado de paz do domicílio do demandado.

2 – Se a ação se destinar a efetivar a responsabilidade civil baseada em facto ilícito ou fundada no risco, o julgado de paz competente é o correspondente ao lugar onde o facto ocorreu.

ARTIGO 13º
Regra geral

1 – Em todos os casos não previstos nos artigos anteriores ou em disposições especiais é competente para a ação o julgado de paz do domicílio do demandado.

[57] O STJ, no Acórdão de Uniformização de Jurisprudência nº 11/2007, publicado do Diário da República, I Série, de 25 de julho de 2007, julgou ser a competência em matéria cível dos julgados meramente alternativa ou facultativa.

2 – Se, porém, o demandado não tiver residência habitual ou for incerto ou ausente, é demandado no julgado de paz do domicílio do demandante.

3 – Se o demandado tiver domicílio e residência em país estrangeiro, é demandado no do domicílio do demandante e, quando este domicílio for em país estrangeiro, é competente para a causa qualquer julgado de paz em Lisboa.

ARTIGO 14º
Regra geral para pessoas coletivas

No caso de o demandado ser uma pessoa coletiva, a ação é proposta no julgado de paz da sede da administração principal ou na sede da sucursal, agência, filial, delegação ou representação, conforme a ação seja dirigida contra aquela ou contra estas.

CAPÍTULO III
Organização e funcionamento dos julgados de paz

ARTIGO 15º
Das secções

Os julgados de paz podem dispor, caso se justifique, de uma ou mais secções, dirigidas cada uma delas por um juiz de paz.

ARTIGO 16º
Serviço de mediação

1 – Em cada julgado de paz existe um serviço de mediação que disponibiliza a qualquer interessado a mediação, como forma de resolução alternativa de litígios.

2 – O serviço tem como objetivo estimular a resolução, com carácter preliminar, de litígios por acordo das partes.

3 – O serviço de mediação é competente para mediar quaisquer litígios que possam ser objeto de mediação, ainda que excluídos da competência do julgado de paz.

4 – O regulamento, as condições de acesso aos serviços de mediação dos julgados de paz e as custas inerentes são aprovados por portaria do membro do Governo responsável pela área da justiça.

ARTIGO 17º
Atendimento e apoio administrativo

1 – Cada julgado de paz tem um serviço de atendimento e um serviço de apoio administrativo.

2 – Os serviços previstos no número anterior podem ser comuns às secções existentes.

3 – O diploma de criação dos julgados de paz define a organização dos serviços de atendimento e apoio administrativo, que podem ser partilhados com a estrutura existente na autarquia em que estiverem sediados.

ARTIGO 18º
Uso de meios informáticos

É adotado o uso de meios informáticos no tratamento e execução de quaisquer atos ou peças processuais, salvo disposição legal em contrário, desde que se mostrem respeitadas as regras referentes à proteção de dados pessoais e se faça menção desse uso.

ARTIGO 19º
Pessoal

Os julgados de paz não têm quadro de pessoal.

ARTIGO 20º
Modalidade e horário de funcionamento

Os julgados de paz funcionam em horário a definir no respetivo diploma de criação.

CAPÍTULO IV
Dos juízes de paz e dos mediadores

SECÇÃO I
Disposições gerais

ARTIGO 21º
Impedimentos e suspeições

1 – Aos juízes de paz é aplicável o regime de impedimentos e suspeições estabelecido na lei do processo civil para os juízes.

2 – As suspeições e os pedidos de escusa relativos aos juízes de paz são apreciados e decididos pelo Conselho dos Julgados de Paz.

3 – Aos mediadores é aplicável o regime de impedimentos e escusas estabelecidos na Lei da Mediação, aprovada pela Lei nº 29/2013, de 19 de abril.

ARTIGO 22º
Dever de sigilo

1 – Os juízes de paz e os mediadores não podem fazer declarações ou comentários sobre os processos que lhes estão distribuídos.

2 – Não são abrangidas pelo dever de sigilo as informações que, em matéria não coberta pelo segredo de justiça ou pelo sigilo profissional, visem a realização de direitos ou interesses legítimos, nomeadamente o do acesso à informação.

SECÇÃO II
Juízes de paz

ARTIGO 23º
Requisitos

Só pode ser juiz de paz quem reunir, cumulativamente, os seguintes requisitos:

a) Ter nacionalidade portuguesa;

b) Possuir licenciatura em Direito;

c) Ter idade superior a 30 anos;

d) Estar no pleno gozo dos direitos civis e políticos;

e) Não ter sofrido condenação, nem estar pronunciado por crime doloso;

f) Ter cessado, ou fazer cessar imediatamente antes da assunção das funções como juiz de paz, a prática de qualquer outra atividade pública ou privada.

ARTIGO 24º
Recrutamento e seleção

1 – O recrutamento e a seleção dos juízes de paz é da responsabilidade do Ministério da Justiça, em colaboração com o Conselho dos Julgados de Paz, e é feito por concurso aberto para o efeito, mediante avaliação curricular e provas públicas.

2 – Não estão sujeitos à realização de provas públicas:

a) Os magistrados judiciais ou do Ministério Público;

b) Quem tenha exercido funções de juiz de direito nos termos da lei;

c) Quem exerça ou tenha exercido funções como representante do Ministério Público;

d) Os docentes universitários que possuam os graus de mestrado ou doutoramento em Direito;

e) Os antigos bastonários, presidentes dos conselhos distritais e membros do conselho geral da Ordem dos Advogados;[58]

f) Os antigos membros do Conselho Superior da Magistratura, do Conselho Superior dos Tribunais Administrativos e Fiscais e do Conselho Superior do Ministério Público.

3 – O regulamento do concurso é aprovado por portaria do membro do Governo responsável pela área da justiça.

ARTIGO 25º
Provimento e nomeação

1 – Os juízes de paz são providos por período de cinco anos.

2 – Os juízes de paz são nomeados pelo Conselho dos Julgados de Paz, que sobre eles exerce poder disciplinar.

3 – No termo do período a que se refere o nº 1, o Conselho dos Julgados de Paz pode deliberar, de forma fundamentada, a sua renovação, devendo ter em conta a vontade manifestada pelo juiz de paz, a conveniência de serviço, a avaliação do

[58] Onde este normativo se refere aos conselhos distritais, deve entender-se a referência aos conselhos regionais.

mérito do juiz de paz, o número de processos entrados e findos no julgado de paz em que o juiz exerce as suas funções, bem como a apreciação global do serviço por este prestado no exercício das mesmas, devendo tal procedimento ser adotado caso se justifiquem ulteriores renovações.

ARTIGO 26º
Funções

1 – Compete ao juiz de paz proferir, de acordo com a lei ou equidade, as decisões relativas a questões que sejam submetidas aos julgados de paz, devendo, previamente, procurar conciliar as partes.

2 – O juiz de paz não está sujeito a critérios de legalidade estrita, podendo, se as partes assim o acordarem, decidir segundo juízos de equidade quando o valor da ação não exceda metade do valor da alçada do julgado de paz.

3 – O juiz de paz deve explicar às partes o significado e alcance do juízo de equidade, a diferença entre esse critério e o da legalidade estrita, e indagar se é nesta base que pretendem a resolução da causa.

ARTIGO 27º
Incompatibilidades

1 – Os juízes de paz em exercício não podem desempenhar qualquer outra função pública ou privada de natureza profissional.

2 – Podem, no entanto, exercer funções docentes ou de investigação científica, desde que autorizados pelo Conselho dos Julgados de Paz e que não envolvam prejuízo para o serviço.

ARTIGO 28º
Remuneração

A remuneração dos juízes de paz é a correspondente ao escalão mais elevado da categoria de assessor principal da carreira técnica superior do regime geral da Administração Pública.

ARTIGO 29º
Disposições subsidiárias

É aplicável subsidiariamente aos juízes de paz, quanto a deveres, incompatibilidades e direitos, o regime dos trabalhadores que exercem funções públicas, em tudo quanto não seja incompatível com a presente lei.

SECÇÃO III
Dos mediadores

ARTIGO 30º
Mediadores

1 – Os mediadores que colaboram com os julgados de paz são profissionais independentes, habilitados a prestar serviços, nos termos da presente secção.

2 – No desempenho da sua função, o mediador deve atuar de acordo com o disposto no estatuto do mediador de conflitos, previsto na Lei da Mediação, aprovada pela Lei nº 29/2013, de 19 de abril.

3 – Os mediadores estão impedidos de exercer a advocacia no julgado de paz onde prestam serviço.

ARTIGO 31º
Requisitos

Sem prejuízo do disposto no artigo seguinte, o mediador, a fim de colaborar com os julgados de paz, tem de reunir com os seguintes requisitos:

a) Ter mais de 25 anos de idade;

b) Estar no pleno gozo dos seus direitos civis e políticos;

c) Possuir uma licenciatura;

d) Ter frequentado e obtido aproveitamento em curso ministrado por entidade formadora certificada pelo Ministério da Justiça, nos termos da Lei da Mediação, aprovada pela Lei nº 29/2013, de 19 de abril.

e) Não ter sofrido condenação nem estar pronunciado por crime doloso;

f) Ter o domínio da língua portuguesa;

g) (*Revogada.*)

ARTIGO 32º
Seleção e reconhecimento de qualificações de mediadores

1 – A seleção dos mediadores habilitados a prestar os serviços da sua especialidade em colaboração com os julgados de paz é feita por concurso curricular aberto para o efeito.

2 – O regulamento do concurso é aprovado por portaria do membro do Governo responsável pela área da justiça.[59]

3 – Caso o mediador concorrente seja cidadão da União Europeia ou do espaço económico europeu cujas qualificações tenham sido obtidas fora de Portugal e pretenda colaborar com os julgados de paz deve obter prévio reconhecimento das mesmas, nos termos da Lei nº 9/2009, de 4 de março, alterada pela Lei nº 41/2012, de 28 de agosto, junto do serviço do Ministério da Justiça definido por portaria do membro do Governo responsável pela área da justiça, estando ainda sujeito aos requisitos de acesso referidos no artigo anterior.

4 – As medidas de compensação admissíveis nos termos do artigo 11º da Lei nº 9/2009, de 4 de março, alterada pela Lei nº 41/2012, de 28 de agosto, são reguladas pela portaria referida no número anterior.

5 – Caso o mediador concorrente pretenda colaborar com os julgados de paz em regime de livre prestação deve apresentar, conjuntamente com a apresentação de candidatura ao concurso, a declaração prévia referida no artigo 5º da Lei nº 9/2009, de 4 de março, alterada pela Lei nº 41/2012, de 28 de agosto, estando ainda sujeito aos requisitos de acesso referidos no artigo anterior.

[59] O referido regulamento foi aprovado pela Portaria nº 282/2010, de 25 de maio, que revogou a Portaria nº 479/2006, de 26 de março.

ARTIGO 33º
Listas de mediadores

1 – Em cada julgado de paz há uma lista contendo, por ordem alfabética, os nomes das pessoas habilitadas a exercer as funções de mediador nesse julgado de paz e, bem assim, o respetivo endereço profissional.

2 – As listas são anualmente atualizadas, por despacho do membro do Governo responsável pela área da justiça, e publicadas no Diário da República.[60]

3 – A inscrição nas listas é efetuada automaticamente no seguimento de seleção no procedimento referido no artigo anterior.

4 – A referida inscrição não investe os inscritos na qualidade de trabalhador que exerce funções públicas nem garante o pagamento de qualquer remuneração fixa por parte do Estado.

5 – É excluído da lista o mediador que haja sido condenado ou pronunciado por crime doloso.

6 – A fiscalização da atividade dos mediadores que exerçam funções em julgados de paz é da competência do serviço do Ministério da Justiça definido por portaria do membro do Governo responsável pela área da justiça.

ARTIGO 34º
Regime

Os mediadores habilitados para colaborar com os julgados de paz são contratados em regime de prestação de serviços, por períodos de dois anos, suscetíveis de renovação.[61]

ARTIGO 36º
Remuneração do mediador

1 – A remuneração do mediador é atribuída por cada processo de mediação, independentemente do número de sessões realizadas, sendo o respetivo montante fixado pelo membro do Governo responsável pela área da justiça.[62]

2 – O mediador não tem direito ao pagamento de ajudas de custo ou ao reembolso de despesas de deslocação.

[60] A aludida lista foi aprovada pelo Despacho nº 12080/2004, do Secretário de Estado Adjunto, publicado no Diário da República, II Série, nº 145, de 22 de junho de 2004.

[61] O artigo 35º, relativo à mediação e funções do mediador, for revogado.

[62] O regime remuneratório dos mediadores, pelo serviço de pré-mediação e de mediação consta do Despacho nº 22312/2005, do Secretário de Estado da Justiça, publicado no Diário da República, II Série, de 26 de outubro de 2005.

CAPÍTULO V
Das partes e sua representação

ARTIGO 37º
Das partes

Nos processos instaurados nos julgados de paz, podem ser partes pessoas singulares ou coletivas, bem como outras entidades com personalidade judiciária.

ARTIGO 38º
Representação

1 – Nos julgados de paz, as partes têm de comparecer pessoalmente, podendo fazer-se acompanhar por advogado, advogado estagiário ou solicitador.

2 – A assistência é obrigatória quando a parte seja analfabeta, desconhecedora da língua portuguesa ou, por qualquer outro motivo, se encontrar numa posição de manifesta inferioridade, devendo neste caso o juiz de paz apreciar a necessidade de assistência segundo o seu prudente juízo.

3 – É também obrigatória a constituição de advogado na fase de recurso, se a ela houver lugar.

ARTIGO 39º
Litisconsórcio e coligação

É admitido o litisconsórcio e a coligação de partes apenas no momento de propositura da ação, salvo para regularizar uma situação de litisconsórcio necessário, caso em que essa regularização tem de ocorrer no prazo de 10 dias após a decisão que julgue ilegítima alguma das partes por não estar em juízo determinada pessoa.

ARTIGO 40º
Apoio judiciário

O regime jurídico do apoio judiciário é aplicável aos processos que corram os seus termos nos julgados de paz e ao pagamento da retribuição do mediador.

CAPÍTULO VI
Do processo

SECÇÃO I
Disposições gerais

ARTIGO 41º
Incidentes

São apreciados e decididos pelo juiz de paz os incidentes processuais suscitados pelas partes que não sejam expressamente excluídos pelo disposto na presente lei.

ARTIGO 41º-A
Procedimentos cautelares

Nos limites do disposto no artigo 9º, sempre que alguém mostre fundado receio de que outrem cause lesão grave ou dificilmente reparável ao seu direito pode requerer junto do julgado de paz competente a providência conservatória ou antecipatória concretamente adequada a assegurar a efetividade do direito ameaçado.

ARTIGO 42º
Distribuição dos processos

A distribuição dos processos é feita no julgado de paz de acordo com regulamento internamente aprovado.

SECÇÃO II
Do requerimento inicial e da contestação

ARTIGO 43º
Apresentação do requerimento

1 – O processo inicia-se pela apresentação do requerimento na secretaria do julgado de paz.

2 – O requerimento pode ser apresentado verbalmente ou por escrito, em formulário próprio, com indicação do nome e do domicílio do demandante e do demandado, contendo a exposição sucinta dos factos, o pedido e o valor da causa.

3 – Se o requerimento for efetuado verbalmente, deve o funcionário reduzi-lo a escrito.

4 – Se estiver presente o demandado, pode este, de imediato, apresentar a contestação, observando-se, com as devidas adaptações, o disposto no nº 2 do presente artigo.

5 – Em caso de irregularidade formal ou material das peças processuais, são as partes convidadas a aperfeiçoá-las oralmente no início da audiência de julgamento.

6 – Não há lugar a entrega de duplicados legais, cabendo à secretaria facultar às partes cópia das peças processuais.

7 – Caso o requerimento a que se refere o nº 1 do presente artigo seja apresentado pessoalmente, é logo o demandante notificado da data em que terá lugar a sessão de pré-mediação.

8 – A apresentação do requerimento determina a interrupção da prescrição, nos termos gerais.

ARTIGO 44º
Limitações à apresentação do pedido

É admitida a cumulação de pedidos apenas no momento da propositura da ação.

ARTIGO 45º
Citação do demandado

1 – Caso o demandado não esteja presente aquando da apresentação do requerimento, a secretaria deve citá-lo para que este tome conhecimento de que contra si foi instaurado um processo, enviando-lhe cópia do requerimento do demandante.

2 – Da citação devem constar a data da sessão de pré-mediação, o prazo para apresentação da contestação e as cominações em que incorre no caso de revelia.

ARTIGO 46º
Formas de citação e notificação

1 – As citações e notificações podem ser efetuadas por via postal, podendo, em alternativa, ser feitas pessoalmente, pelo funcionário.

2 – Não se admite a citação edital.

3 – As notificações podem ser efetuadas pessoalmente, por telefone, telecópia ou via postal e poderão ser dirigidas para o domicílio ou, se for do conhecimento da secretaria, para o local de trabalho do demandado.

4 – Não há lugar à expedição de cartas rogatórias e precatórias.

ARTIGO 47º
Contestação

1 – A contestação pode ser apresentada por escrito ou verbalmente, caso em que será reduzida a escrito pelo funcionário, no prazo de 10 dias a contar da citação.

2 – Não há lugar à prorrogação do prazo para apresentar a contestação.

3 – O demandante é imediatamente notificado da contestação e, se não o houver sido anteriormente, da data da sessão de pré-mediação.

ARTIGO 48º
Reconvenção

1 – Não se admite a reconvenção, exceto quando o demandado se propõe obter a compensação ou tornar efetivo o direito a benfeitorias ou despesas relativas à coisa cuja entrega lhe é pedida.

2 – Caso a cumulação do valor do pedido do demandante e do valor do pedido do reconvinte seja superior ao limite da alçada do julgado de paz, a reconvenção é ainda admissível, desde que o valor desta não ultrapasse aquela alçada.

3 – O demandante pode, caso haja reconvenção, responder à mesma no prazo de 10 dias contados da notificação da contestação.

SECÇÃO III
Da pré-mediação e da mediação

ARTIGO 49º
Pré-mediação

1 – Recebido o pedido e iniciado o processo no julgado de paz, é realizada uma pré-mediação, desde que qualquer uma ou ambas as partes não tenham previamente afastado esta possibilidade.

2 – A realização da pré-mediação pode ocorrer de imediato se as partes estiverem presentes e, se houver concordância destas e disponibilidade de mediador, ser logo seguida de sessão de mediação.

ARTIGO 50º
Objetivos da pré-mediação

1 – A pré-mediação tem como objetivo explicar às partes em que consiste a mediação e verificar a predisposição destas para um possível acordo em fase de mediação.

2 – Afirmada positivamente a vontade das partes, é de imediato marcada a primeira sessão de mediação.

3 – Verificada negativamente a vontade das partes, o mediador dá desse facto conhecimento ao juiz de paz, que designa data para a audiência de julgamento.

4 – (*Revogado.*)

ARTIGO 51º
Marcação da mediação

1 – Se as partes estiverem de acordo em passar à fase de mediação, é celebrado um protocolo de mediação e é marcada data para a primeira sessão num dos dias imediatamente seguintes à sessão de pré-mediação, sem prejuízo de poder ser logo realizada caso o mediador designado esteja disponível.

2 – Cabe às partes escolher um mediador de entre os constantes da lista a que se refere o nº 2 do artigo 33º da presente lei, sendo que, caso não cheguem a acordo, cabe à secretaria designá-lo.

3 – A mediação terá lugar na sede do julgado de paz.[63]

ARTIGO 53º
Mediação

1 – Ao processo de mediação é aplicável o disposto na Lei da Mediação, aprovada pela Lei nº 29/2013, de 19 de abril, com as especificidades previstas na presente lei.[64]

ARTIGO 54º
Falta de comparência à pré-mediação ou à mediação

1 – Se uma das partes não comparecer à sessão de pré-mediação ou a uma sessão de mediação, não apresentando justificação no prazo de três dias, o processo é remetido à secretaria para marcação da data de audiência de julgamento.

2 – Compete à secretaria marcar nova data, sem possibilidade de adiamento, para a pré-mediação ou para a sessão de mediação, dentro dos três dias seguintes à apresentação da justificação.

3 – Reiterada a falta, o processo é remetido para a fase de julgamento, devendo a secretaria notificar as partes da data da respetiva audiência, a qual deve ter lugar num dos 10 dias seguintes.

[63] O artigo 52º, atinente à confidencialidade, foi revogado.

[64] O disposto nos nºs 2 a 6 deste artigo foi revogado.

ARTIGO 55º
Desistência

1 – As partes podem, a qualquer momento, desistir da mediação.

2 – Sendo a desistência anterior à mediação, é esta comunicada à secretaria.

3 – Caso a desistência ocorra durante a mediação, a comunicação é feita ao mediador.

ARTIGO 56º
Acordo

1 – Se as partes chegarem a acordo, é este reduzido a escrito e assinado por todos os intervenientes, para imediata homologação pelo juiz de paz, tendo valor de sentença.

2 – Se as partes não chegarem a acordo ou apenas o atingirem parcialmente, o mediador comunica tal facto ao juiz de paz.

3 – Recebida a comunicação, é marcado dia para a audiência de julgamento, do qual são as partes notificadas.

4 – A audiência de julgamento realiza-se no prazo máximo de 10 dias contados da data da respetiva notificação das partes.

SECÇÃO IV
Do julgamento

ARTIGO 57º
Audiência de julgamento

1 – Na audiência de julgamento são ouvidas as partes, produzida a prova e proferida sentença.

2 – Não é admissível mais do que um adiamento da audiência ou de sessão de audiência de julgamento, mesmo que por acordo das partes.

3 – Não é admissível o adiamento da audiência de julgamento por acordo das partes por período superior a 10 dias.

ARTIGO 58º
Efeitos das faltas

1 – Quando o demandante, tendo sido regularmente notificado, não comparecer no dia da audiência de julgamento nem apresentar justificação no prazo de três dias, considera-se tal falta como desistência do pedido.

2 – Quando o demandado, tendo sido regularmente citado, não comparecer, não apresentar contestação escrita nem justificar a falta no prazo de três dias, consideram-se confessados os factos articulados pelo autor.

3 – Compete à secretaria marcar, sem possibilidade de adiamento, nova data para a audiência de julgamento, dentro dos cinco dias seguintes à apresentação de justificação.

4 – Reiterada a falta, operam as cominações previstas nos números anteriores.

ARTIGO 59º
Meios probatórios

1 – Até ao dia da audiência de julgamento devem as partes apresentar as provas que reputem necessárias ou úteis, não podendo cada parte oferecer mais de cinco testemunhas.

2 – As testemunhas não são notificadas, incumbindo às partes apresentá-las na audiência de julgamento.

3 – Requerida a prova pericial e ouvida a parte contrária, se o juiz de paz entender que a diligência é pertinente ou não dilatória, manda remeter os autos ao tribunal de 1ª instância competente, para a produção da prova necessária.

4 – Produzida a prova pericial, são os autos devolvidos ao julgado de paz onde a ação corria termos para aí prosseguir o julgamento da causa.

ARTIGO 60º
Sentença

1 – A sentença é proferida na audiência de julgamento e reduzida a escrito, dela constando:

a) A identificação das partes;

b) O objeto do litígio;

c) Uma sucinta fundamentação;

d) A decisão propriamente dita;

e) O local e a data em que foi proferida;

f) A identificação e a assinatura do juiz de paz que a proferiu.

2 – A sentença é pessoalmente notificada às partes, imediatamente antes do encerramento da audiência de julgamento.

3 – Nos processos em que sejam partes incapazes, incertos e ausentes, a sentença é notificada ao Ministério Publico junto do tribunal judicial territorialmente competente.[65]

ARTIGO 61º
Valor da sentença

As decisões proferidas pelos julgados de paz têm o valor de sentença proferida por tribunal de 1ª instância.

SECÇÃO V
Disposições finais

ARTIGO 62º
Recursos

1 – As decisões proferidas nos processos cujo valor exceda metade do valor da alçada do tribunal de 1ª instância podem ser impugnadas por meio de recurso a

[65] Importa nesta sede ter em linha de conta a posição jurídica dos maiores acompanhados.

interpor para a secção competente do tribunal de comarca em que esteja sediado o julgado de paz.[66]

2 – O recurso tem efeito meramente devolutivo.[67]

ARTIGO 63º
Direito subsidiário

É subsidiariamente aplicável, no que não seja incompatível com o disposto na presente lei e no respeito pelos princípios gerais do processo nos julgados de paz, o disposto no Código de Processo Civil, com exceção das normas respeitantes ao compromisso arbitral, bem como à reconvenção, à réplica e aos articulados supervenientes.

CAPÍTULO VII
Disposições finais e transitórias

ARTIGO 64º
Rede dos julgados de paz

1 – Até ao final do corrente ano o Governo cria e providencia a instalação de julgados de paz, como projetos experimentais, no âmbito dos seguintes municípios:

a) Lisboa;

b) Oliveira do Bairro;

c) Seixal;

d) Vila Nova de Gaia.

(*Caducado*.)

2 – Fica o Governo habilitado a estabelecer com os municípios ou com entidades públicas de reconhecido mérito a área de competência territorial dos julgados de paz.

3 – O Governo celebra com as autarquias ou com as entidades públicas de reconhecido mérito protocolos relativos às instalações, equipamentos e pessoal de apoio necessários à instalação e ao funcionamento dos julgados de paz.

ARTIGO 65º
Conselho dos julgados de paz

1 – O Conselho dos Julgados de Paz é o órgão responsável pelo acompanhamento da criação dos julgados de paz, que funciona na dependência da Assembleia da República, com mandato de legislatura

2 – O Conselho é constituído por:

a) Uma personalidade designada pelo Presidente da Assembleia da República, que preside;

[66] Face à atual lei da organização do sistema judiciário, o recurso é interposto para um juízo local cível ou para um juízo de competência genérica, conforme os casos.

[67] É inadmissível recurso para a Relação da decisão do tribunal de comarca que julgue recurso interposto de decisão proferida por juiz de paz. Neste sentido pode ver-se o Ac. da RC, de 11.10.2022 (68/21).

b) Um representante de cada Grupo Parlamentar representado na Comissão de Assuntos Constitucionais, Direitos, Liberdades e Garantias da Assembleia da República, e por tal Comissão indicado;

c) Um representante do Ministério da Justiça;

d) Um representante do Conselho Superior da Magistratura;

e) Um representante da Associação Nacional de Municípios Portugueses;

f) Um representante dos juízes de paz, eleito de entre estes.

3 – Ao Conselho dos Julgados de Paz compete:

a) Nomear, colocar, transferir, exonerar, apreciar o mérito profissional, exercer a ação disciplinar e, em geral, praticar todos os atos de idêntica natureza respeitantes a juízes de paz;

b) Apreciar e decidir as suspeições e os pedidos de escusa relativos aos juízes de paz;

c) Autorizar férias, admitir a justificação de faltas e atos de natureza análoga referentes a juízes de paz;

d) Emitir recomendações genéricas e não vinculativas aos juízes de paz;

e) Propor à Assembleia da República e ao Governo as providências legislativas ou regulamentares relativas aos julgados de paz;

f) Emitir parecer sobre diplomas legislativos ou regulamentares relativos aos julgados de paz;

g) Colaborar nos concursos de recrutamento e nos cursos e ações de formação dos juízes de paz;

h) Aprovar os regulamentos indispensáveis ao cumprimento das suas funções;

i) Exercer as demais funções conferidas por lei.

4 – O Conselho dos Julgados de Paz pode nomear pessoa de reconhecido mérito e experiência, que realize inquéritos, processos disciplinares, avaliações de juízes de paz e outros atos inspetivos.

5 – Cabe à Assembleia da República assegurar ao Conselho dos Julgados de Paz os meios indispensáveis ao cumprimento das suas atribuições e competências, designadamente instalações adequadas, pessoal de secretariado e apoio logístico, através de dotação especial inscrita no seu orçamento.

6 – O Conselho dos Julgados de Paz acompanha a criação, a instalação e o funcionamento dos julgados de paz e apresenta à Assembleia da República um relatório anual de avaliação, até ao dia 30 de abril do ano seguinte àquele a que respeita.

ARTIGO 67º
Processos pendentes

As ações pendentes à data da criação e instalação dos julgados de paz seguem os seus termos nos tribunais onde foram propostas.[68]

[68] O que os artigos 66º e 68º estabeleciam está revogado.

8. REGULAMENTO DA MEDIAÇÃO NOS JULGADOS DE PAZ[69]

CAPÍTULO I
Objeto, organização e funcionamento

ARTIGO 1º
Objeto

O presente Regulamento disciplina a organização e funcionamento dos serviços de mediação disponíveis nos julgados de paz e estabelece as condições de acesso aos mesmos, bem como as regras por que deve pautar-se a atividade dos mediadores de conflitos.

ARTIGO 2º
Organização dos serviços de mediação

1 – A prestação de serviços de mediação é assegurada por mediadores de conflitos inscritos nas listas dos julgados de paz, aprovadas e atualizadas anualmente por despacho do Ministro da Justiça.

2 – A Direção-Geral da Administração Extrajudicial assegura que, durante o período de funcionamento dos julgados de paz e sempre que solicitado pelos interessados, está presente no serviço de mediação pelo menos um mediador para:

a) Realizar sessões de pré-mediação, explicando às partes a natureza, as caraterísticas e o objetivo da mediação, bem como as regras a que a mesma obedece;

b) Informar as partes sobre as modalidades de escolha e intervenção do mediador;

c) Verificar a predisposição das partes para alcançar acordo através de mediação;

d) Realizar sessões de mediação;

e) Submeter o acordo de mediação assinado pelas partes a imediata homologação pelo juiz de paz, quando o julgado de paz seja competente para a apreciação da causa respetiva;

f) Prestar outras informações úteis sobre a mediação e facultar a qualquer interessado este regulamento e demais legislação conexa.

[69] Aprovado pela Portaria nº 1112/2005, de 28 de outubro. Onde este diploma se refere à Direção-Geral da Administração Judicial, deve entender-se a referência à Direção-Geral da Política de Justiça. Com efeito, *ex vi* do Decreto-Lei nº 127/2007, de 27 de abril, o Gabinete para a Resolução Alternativa de Litígios – GRAL – sucedeu àquela Direção-Geral, no que concerne às funções que ela desempenhava em relação aos julgados e paz, e, por via do DL nº 163/2012, de 31 de julho, foi integrado na Direção-Geral da Política de Justiça.

3 – As sessões de pré-mediação são efetuadas sob marcação prévia, de acordo com a ordem alfabética das listas referidas no nº 1.

4 – As sessões de mediação são efetuadas sob marcação prévia, de acordo com a ordem alfabética das listas referidas no nº 1, salvo se as partes escolherem um mediador entre os constantes da lista do julgado de paz em causa.

ARTIGO 3º
Listas de mediadores

1 – O mediador de conflitos, habilitado nos termos da lei, que pretenda e se disponha a colaborar no julgado de paz deve solicitar a sua inscrição nas listas referidas no nº 1 do artigo anterior, mediante requerimento dirigido ao diretor-geral da *Administração Extrajudicial.*

2 – Para os efeitos da atualização anual a que se refere o nº 2 do artigo 33º da Lei nº 78/2001, de 13 de julho, os mediadores inscritos nas listas dos julgados de paz devem, até ao dia 31 de dezembro de cada ano, informar o diretor-geral da *Administração Extrajudicial* da sua disponibilidade relativamente à sua continuidade ou exclusão da lista de cada julgado de paz em que se encontrem inscritos.

3 – Os procedimentos a observar para inscrição e atualização da inscrição referida nos números anteriores são definidos por despacho do diretor-geral da *Administração Extrajudicial.*

4 – A falta da comunicação a que se refere o nº 2 implica a exclusão do mediador de conflitos das listas de mediadores dos julgados de paz em que se encontre inscrito.[70]

ARTIGO 4º
Coordenação

1 – Compete à Direcção-Geral da *Administração Extrajudicial* organizar e coordenar a prestação de serviço dos mediadores que, nos termos do artigo anterior, se disponibilizem para colaborar nos serviços de mediação.

2 – Em cada julgado de paz o funcionamento do serviço de mediação é coordenado por um mediador designado pelo diretor-geral da *Administração Extrajudicial,* ouvidos os mediadores de conflitos inscritos na respetiva lista.

3 – Compete ao mediador-coordenador:

a) Coordenar o serviço de mediação do julgado de paz;

b) Ser o interlocutor dos mediadores junto dos serviços de atendimento e apoio administrativo dos juízes de paz e da Direção-Geral da *Administração Extrajudicial;*

c) Solicitar e prestar informação à Direção-Geral da *Administração Extrajudicial* em assuntos relacionados com o funcionamento dos serviços de mediação.[71]

[70] Onde este artigo se refere ao diretor-geral da Administração Extrajudicial, deve entender-se a referência ao diretor-geral da Política de Justiça.

[71] Onde este artigo se refere à Direção-Geral da Administração Extrajudicial, deve entender-se a referência à Direção-Geral da Política de Justiça.

ARTIGO 5º
Apoio técnico e administrativo

1 – O serviço de mediação é apoiado, no âmbito das competências que lhe estão cometidas, pelos serviços de atendimento e de apoio administrativo do julgado de paz.

2 – O serviço de atendimento deve comunicar aos mediadores de conflitos designados para as sessões de pré-mediação e de mediação a dada agendada para a realização das mesmas com uma antecedência mínima de quarenta e oito horas, exceto quando o mediador não se oponha a que essa comunicação tenha lugar num prazo inferior.

ARTIGO 6º
Arquivo

No serviço de mediação não existe um arquivo específico de processos, nem das sessões de mediação é lavrada ata ou qualquer outro registo.

ARTIGO 7º
Horário

O horário do serviço de mediação é o do julgado de paz.

CAPÍTULO II
Acesso aos serviços de mediação

ARTIGO 8º
Pré-mediação

1 – A sessão de pré-mediação decorre na presença de ambas as partes.

2 – Na sessão de pré-mediação o mediador informa as partes sobre a possibilidade de resolução do litígio com recurso à mediação, elucidando-as acerca da natureza, da finalidade e das regras aplicáveis à mesma.

3 – Caso as partes se apresentem inicialmente em conjunto no julgado de paz, a sessão de pré-mediação pode, desde logo, ser agendada ou realizada de imediato, se houver concordância de ambas as partes e disponibilidade de mediador

4 – Afirmada positivamente a vontade de ambas as partes realizarem a mediação, é por elas ssinado, conjuntamente com o mediador que realizou a pré-mediação, um termo de consentimento, que contém as regras a que obedecerá o processo de mediação.

ARTIGO 9º
Mediação

1 – Se no decurso da sessão de mediação as partes chegarem a acordo, é este reduzido a escrito e assinado por todos os intervenientes, para imediata homologação pelo juiz de paz, tendo valor de sentença.

2 – Se as partes não chegarem a acordo ou apenas o atingirem parcialmente, o mediador de conflitos comunica tal facto ao juiz de paz.

ARTIGO 10º
Comparência das partes e representação

1 – As partes têm de comparecer pessoalmente às sessões de pré-mediação e de mediação, podendo fazer-se acompanhar de advogado, advogado estagiário ou solicitador.

2 – As pessoas coletivas devem fazer-se representar por mandatário com poderes especiais para desistir, confessar ou transigir.

ARTIGO 11º
Faltas

1 – Em caso de impossibilidade de comparência, as partes devem informar de tal facto, em tempo útil, o serviço de mediação, para ser marcada nova data.

2 – A ausência, devidamente justificada ao serviço de atendimento, de qualquer das partes às sessões de pré-mediação e de mediação determina a marcação de nova data para a sua realização.

3 – Reiterada ou não justificada a falta, o processo é remetido para julgamento, sendo as partes notificadas da data da realização da respetiva audiência, que deve ter lugar num dos 10 dias seguintes.

4 – Em caso de impossibilidade de comparência do mediador de conflitos, deve este avisar, em tempo útil, o serviço de mediação, a fim de ser substituído para a realização da sessão de pré-mediação ou para ser marcada nova data para a sessão de mediação, a qual é comunicada às partes.

5 – Na situação de impossibilidade de cumprir o aviso prévio, nos termos do número anterior, o mediador de conflitos deve justificar a sua falta no prazo de cinco dias úteis.

ARTIGO 12º
Recusa de realização da pré-mediação e desistência da mediação

1 – As partes podem, previamente, recusar a realização da pré-mediação, bem como, a qualquer momento, desistir da mediação.

2 – A recusa da realização da pré-mediação ou a desistência da mediação, quando ocorram antes de iniciada a pré-mediação ou a mediação, consoante o caso, são comunicadas ao serviço de atendimento, que desse facto dá conhecimento ao juiz de paz.

3 – Quando a mediação não tenha resultado em acordo, o mediador de conflitos deve informar desse facto o juiz de paz.

ARTIGO 13º
Confidencialidade

O dever de confidencialidade sobre toda a informação respeitante ao conteúdo do procedimento de mediação só pode cessar para prevenir ou fazer cessar séria e iminente ameaça ou ofensa grave à integridade física ou psíquica de uma pessoa.

CAPÍTULO III
Mediação de litígios excluídos da competência dos julgados de paz

ARTIGO 14º
Objeto

1 – Quem pretender superar por mediação um conflito excluído da competência jurisdicional do julgado de paz pode recorrer aos serviços de mediação, que para o efeito:

a) Prestam todas as informações e esclarecimentos sobre a mediação;

b) Auxiliam o interessado na escolha do mediador de conflitos, que consta necessariamente da lista de mediadores do julgado de paz qualificados para a prestação do correspondente serviço;

c) Informam o interessado acerca dos honorários praticados;

d) Procedem à marcação da sessão de pré-mediação e da primeira sessão de mediação.

2 – Como contrapartida destes serviços, há lugar ao pagamento de uma taxa, nos termos e condições fixados por despacho do Ministro da Justiça.[72]

ARTIGO 15º
Regime

Na prestação dos serviços de mediação referidos no artigo anterior, o mediador de conflitos encontra-se sujeito às regras técnicas aplicáveis à mediação, inscritas na Lei nº 78/2001, de 13 de julho, e no presente regulamento.

CAPÍTULO IV
Atividade dos mediadores de conflitos

ARTIGO 16º
Direitos e deveres

1 – O mediador de conflitos não pode sugerir ou impor uma decisão aos mediados, devendo auxiliá-los a comunicar entre si e questioná-los, investigando a fundo as questões no sentido de ajudar os mediados a criar e avaliar as opções que proporcionem um acordo justo, equitativo e duradouro que represente o livre exercício da vontade.

2 – No desempenho da sua função, o mediador de conflitos deve proceder com imparcialidade, neutralidade, independência, confidencialidade e diligência.

3 – Salvo em caso de falta deliberada, o mediador de conflitos não pode ser responsabilizado, por qualquer das partes, por atos ou omissões relacionados com a mediação realizada, desde que os mesmos estejam conformes com as normas éticas, as regras acordadas com as partes e o estipulado no presente regulamento.

[72] Por despacho do Secretário da Justiça, de 27 de março de 2002, foi fixada a taxa de justiça de € 25 devida por quem, pretendendo superar por mediação um conflito excluído da competência jurisdicional dos julgados de paz, utilize os serviços aí prestados.

ARTIGO 17º
Impedimentos

1 – O mediador de conflitos que realiza a sessão da pré-mediação não pode intervir como mediador na fase subsequente.

2 – Sem prejuízo da celebração de acordo expresso entre as partes e o mediador de conflitos, não é permitido ao mediador de conflitos intervir, por qualquer forma, em quaisquer procedimentos subsequentes à mediação, como a arbitragem, o processo judicial ou o acompanhamento psicoterapêutico, quer se tenha aí obtido ou não um acordo, e ainda que tais procedimentos estejam indiretamente relacionados com a mediação realizada.

3 – O mediador de conflitos não pode ser testemunha em ação judicial que oponha os mediados e que se relacione, ainda que indiretamente, com a mediação pendente ou anteriormente realizada.

4 – O mediador de conflitos que tenha sido pronunciado ou condenado por crime doloso é oficiosamente excluído das listas dos julgados de paz em que se encontra inscrito.

5 – O mediador de conflitos que, por razões legais, éticas ou deontológicas, deixe de ver assegurada a sua independência, imparcialidade e isenção deve interromper o procedimento de mediação e requerer ao serviço de atendimento a sua substituição.

ARTIGO 18º
Remuneração

A remuneração pela prestação de serviços do mediador de conflitos é fixada por despacho do Ministro da Justiça.[73]

ARTIGO 19º
Avaliação

1 – Findo o processo de mediação, o serviço de atendimento deve entregar às partes uma ficha de avaliação destinada a emitirem, querendo, as suas opiniões quanto ao procedimento de mediação que teve lugar, bem como ao desempenho dos mediadores de conflitos intervenientes.

2 – As fichas referidas no número anterior têm carácter confidencial e são remetidas à Direção-Geral da *Administração Extrajudicial*.[74]

ARTIGO 20º
Fiscalização

O cumprimento do presente regulamento, bem como a atividade dos mediadores de conflitos, é acompanhado e fiscalizado pela comissão a que se refere o nº 6 do artigo 33º da Lei nº 78/2001, de 13 de julho.

[73] A referida remuneração consta do despacho nº 22/312/2005, do Secretário de Estado da Justiça, publicado no Diário da República, de 26 de outubro de 2005, que a atribuiu por cada processo, independentemente do número de sessões realizadas, sendo € 110 quando o processo for concluído por acordo das partes alcançado através de mediação, e € 90 no caso de as partes não chegarem a acordo na mediação.

[74] Onde este normativo se refere à Direção-Geral da Administração Extrajudicial, deve entender-se a referência à Direção-Geral da Política da Justiça.

CAPÍTULO V
Disposições finais

ARTIGO 21º
Norma revogatória

É revogada a Portaria nº 436/2002, de 22 de abril.

ARTIGO 22º
Entrada em vigor

A presente portaria entra em vigor no 1º dia útil do mês seguinte ao da sua publicação.

9. LEI DE ORGANIZAÇÃO E FUNCIONAMENTO DO CONSELHO SUPERIOR DA MAGISTRATURA[75]

CAPÍTULO I
Disposições gerais

ARTIGO 1º
Objeto

A presente lei consagra a autonomia administrativa e financeira do Conselho Superior da Magistratura enquanto serviço autónomo e define a organização dos seus serviços.

ARTIGO 2º
Regime administrativo e financeiro

O Conselho Superior da Magistratura é dotado de autonomia administrativa e financeira, dispondo de orçamento próprio, inscrito nos encargos gerais do Estado, do Orçamento do Estado, nos termos do nº 3 do artigo 2º da Lei nº 91/2001, de 20 de agosto.

ARTIGO 3º
Orçamento

1 – O orçamento do Conselho Superior da Magistratura destina-se a suportar as despesas com os seus membros, com o quadro de magistrados e funcionários

[75] Trata-se da Lei nº 36/2007, de 14 de agosto. Complementares desta Lei, estão publicados os seguintes diplomas: *a*) o Regulamento da Assessoria no Supremo Tribunal de Justiça para a magistratura judicial, aprovado pela Deliberação nº 538/98, de 20 de outubro; *b*) o Regulamento do Processo Eleitoral do CSM, aprovado pela Deliberação nº 1894/2003, de 23 de dezembro, alterado pela Deliberação nº 3289/2009, de 11 de dezembro; *c*) o Regulamento dos Emolumentos da Secretaria do CSM, aprovado pela Deliberação nº 879/2014, de 7 de abril; *d*) o Regulamento para a concessão de cartões de Identificação dos magistrados Judiciais, aprovado pela Deliberação nº 270/2014, de 14 de fevereiro; *e*) o Regulamento das férias e turnos Judiciais, aprovado pela Deliberação nº 315/2015, de 8 de junho; *f*) o Regulamento do quadro complementar de Juízes, aprovado pela Deliberação nº 1729/2015, de 7 de setembro; *g*) o Regulamento Interno do CSM, aprovado pela Deliberação nº 1722/2016, de 10 de novembro; e *h*) o Regulamento de Inspeções do CSM, nº 852/2021, de 10 de setembro. O vice-presidente do CSM decidiu, no dia 30 de setembro de 2021, que o atual artigo 13º, nº 5, daquele Regulamento não é aplicável aos juízes com 10 anos de serviço efetivo, ainda não inspecionados e que constem de planos de inspeção aprovados antes da entrada em vigor daquele diploma. O Plenário do CSM, por via da Deliberação nº 760/2021, publicada no Diário da República, II Série, de 19 de julho, delegou poderes no presidente com a faculdade de subdelegação no vice-presidente. Os artigos 87º a 159º da LOSJ, e 136º a 163º do EMJ contêm normas relevantes atinentes ao CSM.

que estão afetos aos seus serviços, com os magistrados judiciais afetos aos tribunais judiciais de 1ª instância, com os magistrados judiciais afetos como auxiliares aos tribunais da Relação e as demais despesas correntes e de capital necessárias ao exercício das suas competências.

2 – O Conselho Superior da Magistratura aprova o projeto de orçamento e apresenta-o ao Governo nos prazos determinados para a elaboração da proposta de lei do Orçamento do Estado, a submeter à Assembleia da República, devendo ainda fornecer os elementos que esta lhe solicite sobre a matéria.

ARTIGO 4º
Receitas

1 – Além das receitas provenientes de dotações do Orçamento do Estado e das do Instituto de Gestão Financeira e das *Infraestruturas da Justiça*,[76] são receitas próprias do Conselho Superior da Magistratura:

a) O saldo de gerência do ano anterior;

b) O produto da venda de publicações editadas;

c) Os emolumentos por atos praticados pela secretaria;

d) Quaisquer outras que lhe sejam atribuídas por lei, contrato ou outro título.

2 – O produto das receitas próprias pode, nos termos da lei de execução orçamental, ser aplicado na realização de despesas correntes e de capital que, em cada ano, não possam ser suportadas pelas verbas inscritas no Orçamento do Estado, designadamente despesas de edição de publicações ou realização de estudos, análises ou outros trabalhos extraordinários.

ARTIGO 5º
Gestão financeira

1 – Cabem ao Conselho Superior da Magistratura, relativamente ao seu orçamento, as competências de gestão previstas na lei geral em matéria de administração financeira, podendo delegá-las no presidente.

2 – O presidente do Conselho Superior da Magistratura pode delegar no secretário do Conselho Superior da Magistratura a competência para autorizar a realização de despesas até ao limite das competências de diretor-geral.

3 – As despesas que, pela sua realização ou montante, ultrapassem a competência referida no nº 1 e, bem assim, as que o presidente entenda submeter ao Conselho Superior da Magistratura são por este autorizadas.

ARTIGO 6º
Libertação de fundos

1 – O Conselho Superior da Magistratura solicita a libertação de créditos à Direção-Geral do Orçamento, de acordo com as suas necessidades e por conta da dotação global que lhe é distribuída.

[76] Onde este normativo se refere ao Instituto de Gestão Financeira e das Infraestruturas da Justiça, deve considerar-se a referência ao Instituto de Gestão Financeira e Equipamentos da Justiça, I.P..

2 – O presidente do Conselho Superior da Magistratura pode, nos termos da lei de execução orçamental, aprovar a despesa do regime duodecimal de qualquer das dotações orçamentais e, bem assim, solicitar a antecipação parcial dos respetivos duodécimos.

3 – Todos os documentos relativos a levantamento de fundos, recebimentos e pagamentos devem conter obrigatoriamente duas assinaturas, devendo uma ser a do secretário do Conselho Superior da Magistratura e, na sua falta, a do diretor dos serviços administrativos e financeiros e a outra de um membro do Conselho Superior da Magistratura, a designar pelo plenário.

ARTIGO 7º
Conta

1 – A conta de gerência anual do Conselho Superior da Magistratura é organizada e aprovada pelo Conselho Administrativo, sendo submetida nos termos da lei de execução orçamental, no prazo legal, ao Tribunal de Contas, à Presidência do Conselho de Ministros e ao Ministério das Finanças.

2 – A conta de gerência referida no número anterior será comunicada, dentro do mesmo prazo, ao Ministro da Justiça.

ARTIGO 8º
Competências do presidente do Conselho Superior da Magistratura

1 – Compete ao presidente do Conselho Superior da Magistratura, no âmbito das suas competências próprias ou delegadas, exercer os poderes administrativos e financeiros idênticos aos que integram a competência ministerial, bem como representar o Conselho em juízo e fora dele.

2 – As competências referidas no número anterior podem ser subdelegadas no vice-presidente.

3 – Compete ao presidente do Conselho Superior da Magistratura, ouvido o Conselho Administrativo, autorizar a abertura de concursos para a admissão de pessoal para os seus quadros, celebrar, prorrogar, renovar e rescindir contratos de pessoal, autorizar destacamentos, requisições, transferências, permutas e comissões de serviço, nos termos da lei geral vigente.

ARTIGO 9º
Competências do secretário do Conselho Superior da Magistratura

1 – Sem prejuízo do disposto no nº 3 do artigo anterior, o secretário do Conselho Superior da Magistratura, para além das competências próprias definidas na lei, detém as competências dos diretores-gerais relativamente à gestão das instalações, do equipamento e do pessoal do Conselho Superior da Magistratura.

2 – O secretário do Conselho Superior da Magistratura aufere as despesas de representação atribuídas ao cargo de diretor-geral.

CAPÍTULO II
Da organização dos serviços

ARTIGO 10º
Órgãos e serviços

1 – O Conselho Superior da Magistratura dispõe de um Conselho Administrativo, que é o órgão deliberativo em matéria de gestão financeira e patrimonial.

2 – O Conselho Superior da Magistratura dispõe de duas secções especializadas, compostas por membros do Conselho, relativas ao acompanhamento e ligação aos tribunais judiciais e ao acompanhamento das ações de formação e do recrutamento.

3 – O Conselho Superior da Magistratura dispõe de uma Secretaria, unidade orgânica de apoio técnico-administrativo necessário à preparação e execução das atividades e deliberações do Conselho Superior da Magistratura.

ARTIGO 11º
Conselho Administrativo

1 – O Conselho Administrativo é composto pelos seguintes membros:

a) O presidente do Conselho Superior da Magistratura;

b) O vice-presidente do Conselho Superior da Magistratura;

c) O secretário do Conselho Superior da Magistratura;

d) Três membros do Conselho Superior da Magistratura eleitos anualmente pelo plenário;

e) O diretor dos serviços administrativos e financeiros.

2 – Compete ao Conselho Administrativo:

a) Dar parecer sobre planos anuais de atividades e sobre os respetivos relatórios de execução;

b) Emitir parecer sobre o projeto de orçamento anual e as suas alterações, submetendo-o à aprovação do Conselho Superior da Magistratura;

c) Zelar pela cobrança das receitas e verificar regularmente os fundos em cofre e em depósito;

d) Autorizar as despesas que não devam ser autorizadas pelo presidente;

e) Autorizar o pagamento das despesas qualquer que seja a entidade que tenha concedido a respetiva autorização;

f) Fiscalizar a organização da contabilidade e zelar pela sua execução;

g) Aprovar as contas de gerência e promover o seu envio ao Tribunal de Contas e às demais entidades referidas no nº 1 do artigo 7º, nos termos da lei de execução orçamental, bem como proceder à comunicação mencionada no nº 2 do mesmo artigo;

h) Autorizar a constituição de fundos de maneio para o pagamento de pequenas despesas, estabelecendo as regras a que obedece o seu controlo;

i) Pronunciar-se sobre qualquer assunto de gestão financeira e patrimonial que lhe seja submetido;

j) Exercer as demais funções previstas na lei.

3 – O Conselho Administrativo reúne, ordinariamente, uma vez por mês, e extraordinariamente, sempre que convocado pelo presidente, por sua iniciativa ou a pedido de três dos seus membros.

4 – Para a validade das deliberações do Conselho Administrativo é necessária a presença de, pelo menos, cinco dos seus membros, entre os quais o presidente ou, nos casos previstos na alínea *d*) do nº 2, o vice-presidente.

5 – As reuniões são secretariadas por um funcionário designado pelo presidente.

ARTIGO 12º
Secção de acompanhamento e ligação aos tribunais judiciais

1 – A secção de acompanhamento e ligação aos tribunais judiciais é composta pelo presidente, que coordena, pelo vice-presidente e por seis vogais eleitos pelo plenário.

2 – Compete à secção de acompanhamento e ligação aos tribunais judiciais:

a) Tratar a informação facultada pelos serviços de inspeção e recolher outra relativa à situação de cada um dos tribunais judiciais e divulgá-la junto dos membros e do secretário do Conselho Superior da Magistratura;

b) Elaborar previsões sobre as necessidades de colocação de juízes;

c) Assegurar os contactos, recebendo e promovendo a comunicação entre os juízes dos tribunais judiciais e o Conselho Superior da Magistratura, preparando e orientando o seguimento das exposições apresentadas;

d) Propor junto dos órgãos de deliberação do Conselho Superior da Magistratura medidas para solucionar dificuldades de funcionamento detetadas nos tribunais judiciais, designadamente na gestão das nomeações, colocações, transferências e substituições dos juízes dos tribunais judiciais e colaborar na execução das medidas que venham a ser adotadas;

e) Assegurar a apreciação e seguimento dos requerimentos e reclamações relativos ao funcionamento dos tribunais judiciais, recebidos no Conselho Superior da Magistratura;

f) Emitir parecer sobre o relatório anual sobre o estado dos serviços nos tribunais judiciais, submetendo-o à aprovação do plenário.

3 – A secção de acompanhamento e ligação aos tribunais judiciais é coadjuvada, no exercício das suas competências, pelo gabinete de apoio ao vice-presidente e aos membros do Conselho Superior da Magistratura.

ARTIGO 13º
Secção de acompanhamento das ações de formação e do recrutamento

1 – A secção de acompanhamento das ações de formação e do recrutamento é composta pelo presidente, que coordena, e por dois membros do Conselho Superior da Magistratura, um dos quais obrigatoriamente magistrado de categoria superior à de juiz de direito.

2 – Compete à secção de acompanhamento das ações de formação e do recrutamento:

a) Acompanhar as atividades de formação inicial e de formação contínua realizadas pelo Centro de Estudos Judiciários, assegurando uma eficaz ligação com este Centro por parte do Conselho Superior da Magistratura;

b) Apresentar sugestões e propostas relativamente a planos de estudo e de atividades destinados à formação inicial e contínua de juízes, a submeter ao plenário do Conselho Superior da Magistratura, cabendo-lhe dar execução às decisões deste;

c) Coordenar os trâmites da designação de juízes para júris de concurso de ingresso na formação inicial e para formadores do Centro de Estudos Judiciários, bem como para outras atividades no âmbito da formação realizada por este estabelecimento, de acordo com o previsto na lei;

d) Assegurar a articulação com o Centro de Estudos Judiciários nos processos de nomeação de juízes para docentes deste estabelecimento;

e) Coordenar os procedimentos de nomeação dos juízes em regime de estágio e assegurar a articulação com o Centro de Estudos Judiciários na fase de estágio, nos termos da lei.

3 – A secção de acompanhamento das ações de formação e do recrutamento é coadjuvada, no exercício das suas competências, pelo gabinete de apoio ao vice-presidente e aos membros do Conselho Superior da Magistratura.

ARTIGO 14º
Secretaria

A Secretaria do Conselho Superior da Magistratura compreende:

a) A direção de serviços de quadros e movimentos judiciais;

b) A direção de serviços administrativos e financeiros;

c) A divisão de documentação e informação jurídica;

d) O gabinete de comunicação, relações institucionais, estudos e planeamento;

e) O gabinete de apoio ao vice-presidente e aos membros do Conselho Superior da Magistratura.

ARTIGO 15º
Direção de serviços de quadros e movimentos judiciais

1 – A direção de serviços de quadros e movimentos judiciais assegura, em geral, a execução das ações inerentes à colocação, deslocação e permanente atualização do cadastro dos juízes dos tribunais judiciais, bem como o expediente relativo às mesmas e ainda o da composição dos tribunais coletivos.

2 – Compete à direção de serviços de quadros e movimentos judiciais:

a) Organizar o processo e elaborar as propostas dos movimentos judiciais e executar as respetivas deliberações;

b) Preparar e assegurar o expediente relativo a destacamentos e comissões de serviço;

c) Assegurar o expediente relativo a substituições e acumulações de serviço;

d) Assegurar o expediente relativo à organização de turnos para garantir o serviço urgente nas férias judiciais, aos sábados e feriados, quando necessário;

e) Assegurar o expediente relativo à composição dos tribunais coletivos;

f) Organizar e manter atualizado o registo biográfico e disciplinar, bem como o cadastro de faltas e licenças;

g) Preparar e manter atualizada a lista de antiguidade e autuar e movimentar os processos de reclamação que sobre a mesma se apresentem;

h) Autuar e movimentar o expediente relativo aos processos de reclamação contra os atos praticados pelo conselho permanente, pelo presidente, pelo vice-presidente ou pelos vogais;

i) Autuar e movimentar processos abertos com exposições de entidades públicas, incluindo juízes, relativos ao funcionamento dos tribunais judiciais;

j) Autuar e movimentar processos referentes a pedidos ou determinações de aceleração processual, desencadeados nos termos da legislação em vigor;

l) Efetuar a contagem do tempo de serviço, para efeitos de aposentação, e organizar os processos relativos à aposentação e jubilação;

m) Elaborar as tabelas para as sessões do Conselho Superior da Magistratura;

n) Assegurar o expediente relativo aos processos de inspeção ordinária e extraordinária;

o) Colaborar na elaboração do mapa das inspeções;

p) Colaborar na elaboração, regulação e aplicação dos mapas de férias dos magistrados;

q) Autuar e movimentar o expediente relativo aos autos de inquérito e de sindicância, bem como aos processos disciplinares;

r) Assegurar o expediente relativo aos autos de averiguação;

s) Prestar apoio administrativo e de secretariado aos serviços de inspeção.

3 – A direção de serviços de quadros e movimentos judiciais integra a divisão de quadros judiciais e de inspeção, à qual compete o exercício das competências referidas nas alíneas *n*) a *s*) do número anterior.

ARTIGO 16º
Direção de serviços administrativos e financeiros

1 – À direção de serviços administrativos e financeiros compete executar as ações relativas ao desenvolvimento das competências administrativas e financeiras do Conselho Superior da Magistratura.

2 – À direção de serviços administrativos e financeiros compete:

a) Elaborar o projeto de orçamento anual e suas alterações;

b) Acompanhar a execução orçamental e propor as alterações necessárias;

c) Processar as requisições de fundos de contas das dotações consignadas ao Conselho Superior da Magistratura;

d) Elaborar a conta de gerência e preparar o projeto dos respetivos relatórios;

e) Instruir os procedimentos relativos à aquisição de bens e serviços e à realização de empreitadas de obras públicas;

f) Assegurar a escrituração e os registos contabilísticos obrigatórios;

g) Assegurar o processamento das remunerações e outros abonos, bem como proceder à liquidação dos respetivos descontos;

h) Verificar e processar os documentos de despesa;

i) Emitir os cartões de identidade e promover o expediente relativo ao disposto no artigo 23º;

j) Executar as funções inerentes à receção, distribuição, expedição e arquivo da correspondência e outros documentos;

l) Recolher, organizar e manter atualizada a informação relativa aos recursos humanos do Conselho Superior da Magistratura;

m) Proceder ao registo de assiduidade e de antiguidade do pessoal;

n) Promover o aperfeiçoamento profissional do pessoal;

o) Elaborar estudos necessários à correta afetação do pessoal aos diversos serviços do Conselho Superior da Magistratura;

p) Informar sobre as questões relativas à aplicação do regime da função pública que lhe sejam submetidas;

q) Assegurar a vigilância, segurança, limpeza e arrumação das instalações, equipamentos e viaturas;

r) Gerir o parque automóvel afeto ao Conselho Superior da Magistratura;

s) Manter atualizado o cadastro e o inventário dos bens imóveis e móveis e o inventário e cadastro relativo ao parque automóvel;

t) Promover o armazenamento, conservação e distribuição de bens e consumos correntes e assegurar a gestão de stocks;

u) Assegurar e movimentar o expediente referente a casas de função atribuídas aos juízes.

3 – A direção de serviços administrativos e financeiros integra a divisão administrativo-financeira e economato, a qual tem as competências a que se referem as alíneas *a*) a *h*) e *q*) a *u*) do número anterior.

ARTIGO 17º
Divisão de documentação e informação jurídica

1 – Compete à divisão de documentação e informação jurídica:

a) Organizar e assegurar a gestão da biblioteca do Conselho Superior da Magistratura, incentivando designadamente, a aquisição do respetivo fundo documental;

b) Manter atualizadas as respetivas bases de dados;

c) Proceder ao tratamento sistemático e ao arquivo da legislação, assegurando um serviço de informação legislativa;

d) Realizar pesquisas informáticas ou manuais, nomeadamente junto de outras bibliotecas, a solicitação dos membros do Conselho Superior da Magistratura ou dos seus serviços;

e) Assegurar a divulgação dos serviços prestados pela biblioteca e de documentação disponível;

f) Cooperar com instituições nacionais, estrangeiras e internacionais em matéria de documentação e informação;

g) Proceder à tradução e retroversão de textos;

h) Planear e assegurar a gestão dos sistemas informativos do Conselho Superior da Magistratura;

i) Proceder ao diagnóstico das necessidades que se verifiquem no funcionamento dos mesmos sistemas e formular as correspondentes propostas;

j) Tornar acessíveis aos membros do Conselho Superior da Magistratura as principais bases de dados jurídicos de legislação, jurisprudência e doutrina, nacionais e estrangeiras;

l) Promover a formação de utilizadores de tais sistemas e cooperar nessa formação, com meios próprios, ou recorrendo a entidades externas ao Conselho Superior da Magistratura;

m) Apoiar tecnicamente a elaboração do caderno de encargos, a seleção, aquisição, contratação e instalação do equipamento informático;

n) Manter em funcionamento e atualizar os serviços informativos que o Conselho Superior da Magistratura venha a disponibilizar a utilizadores externos;

o) Gerir o sítio do Conselho Superior da Magistratura na Internet.

2 – A divisão de documentação e informação jurídica integra uma unidade de informática à qual compete o exercício das competências previstas nas alíneas *h*) a *o*) do número anterior.

ARTIGO 18º
Gabinete de comunicação, relações institucionais, estudos e planeamento

1 – O gabinete de comunicação, relações institucionais, estudos e planeamento tem competências no âmbito da articulação entre o Conselho Superior da Magistratura e a comunicação social e os cidadãos, no âmbito da articulação entre o Conselho Superior da Magistratura e entidades institucionais nacionais e estrangeiras e, ainda, no âmbito da realização de estudos e pareceres relativos ao funcionamento dos tribunais.

2 – O gabinete de comunicação, relações institucionais, estudos e planeamento é coordenado por um membro do Conselho Superior da Magistratura, eleito pelo plenário, e funciona na dependência do presidente.

3 – O gabinete de comunicação, relações institucionais, estudos e planeamento integra obrigatoriamente dois elementos com formação e experiência na área da comunicação social.

4 – Compete ao gabinete de comunicação, relações institucionais, estudos e planeamento, no âmbito da articulação entre o Conselho Superior da Magistratura e a comunicação social e os cidadãos:

a) Assegurar o atendimento dos cidadãos e dos órgãos de comunicação social que se dirigem ao Conselho Superior da Magistratura;

b) Prestar as informações solicitadas ao Conselho Superior da Magistratura relativamente ao funcionamento dos tribunais e, em traços gerais, aos trâmites processuais;

c) Receber queixas, sugestões e críticas dos cidadãos relativamente ao funcionamento dos tribunais;

d) Exercer assessoria em matéria de comunicação social;

e) Assegurar o serviço de difusão das deliberações do Conselho Superior da Magistratura;

f) Estudar e desenvolver formas de divulgação sistemática da informação sobre a atividade dos tribunais judiciais e do Conselho Superior da Magistratura, com observância da lei e de diretivas superiores;

g) Recolher e analisar informação e tendências de opinião relativas à ação do Conselho Superior da Magistratura, dos tribunais e da administração da justiça, em geral;

h) Assegurar a organização de reuniões, conferências e seminários da iniciativa do Conselho Superior da Magistratura;

i) Assegurar a produção e edição do Boletim Informativo do Conselho Superior da Magistratura;

j) Apresentar um relatório semestral das questões recebidas;

l) Promover a divulgação interna do relatório semestral, bem como outros elementos recolhidos para efeito de análise e elaboração de propostas de medidas de ação adequadas e pertinentes.

5 – Compete ao gabinete de comunicação, relações institucionais, estudos e planeamento, no âmbito da articulação entre o Conselho Superior da Magistratura e entidades institucionais nacionais e estrangeiras:

a) Apoiar o Conselho Superior da Magistratura, na área das suas competências próprias, nas ações de representação nacional e internacional e de cooperação;

b) Coordenar a participação do Conselho Superior da Magistratura, no seu âmbito, em todas as comissões, reuniões, conferências ou organizações similares, de justificado interesse, que, no plano nacional e internacional, se realizem na área da justiça;

c) Dar o apoio adequado, mediante solicitação, às delegações internacionais que se encontrem em Portugal para participar em iniciativas relacionadas com a área dos tribunais;

d) Assegurar o acompanhamento e desenvolvimento de protocolos que o Conselho Superior da Magistratura estabeleça com organismos nacionais e internacionais;

e) Assegurar resposta e seguimento a correspondência de caráter técnico-científico ou informativo oriundo de organismos nacionais ou internacionais;

f) Recolher as informações a remeter ao Agente Português junto do Tribunal Europeu dos Direitos do Homem;

g) Apoiar os serviços do Ponto de Contacto Português da Rede Judiciária Europeia em Matéria Civil e Comercial (RJECC), do Ponto de Contacto da Rede Ibero-Americana de Cooperação Judiciária (Iber-Rede) e do Ponto de Contacto da Rede Judiciária dos Países de Língua Portuguesa sediados no Conselho Superior da Magistratura, bem como as demais infraestruturas de cooperação internacional que nele venham a funcionar.

6 – As competências referidas no nº 4 são exercidas de acordo com um regulamento, aprovado pelo Conselho Superior da Magistratura, o qual contém as normas e os procedimentos relativos ao contacto com os cidadãos.

7 – Compete ao gabinete de comunicação, relações institucionais, estudos e planeamento, no âmbito da realização de estudos e pareceres relativos ao funcionamento dos tribunais:

a) Elaborar estudos de situação e análise sobre o funcionamento dos tribunais, a solicitação dos membros do Conselho Superior da Magistratura;

b) Apoiar o Conselho Superior da Magistratura na formulação de medidas que se destinem a melhorar o funcionamento dos tribunais;

c) Colaborar com as secções especializadas de acompanhamento e ligação aos tribunais judiciais e de acompanhamento das ações de formação e do recrutamento;

d) Elaborar estudos e formular propostas de modelos de funcionamento que visem garantir a eficiência e a produtividade da Secretaria a solicitação do secretário do Conselho Superior da Magistratura;

e) Efetuar a análise das informações recolhidas nos termos da alínea *l*) do nº 4 e propor a adoção de medidas de ação adequadas e pertinentes;

f) Elaborar o projeto de relatório anual de atividades do Conselho Superior da Magistratura;

g) Apresentar periodicamente um relatório sobre a atitude dos cidadãos relativamente ao funcionamento dos tribunais.

ARTIGO 19º
Gabinete de apoio ao vice-presidente e aos membros do Conselho Superior da Magistratura

1 – O vice-presidente e os membros do Conselho Superior da Magistratura são coadjuvados no exercício das suas funções por um gabinete.

2 – O gabinete é constituído pelo chefe do gabinete, quatro adjuntos e dois secretários, sendo um afeto apenas ao vice-presidente.

3 – Nas suas ausências ou impedimentos, o chefe do gabinete é substituído por um dos adjuntos, designado pelo vice-presidente.

4 – O gabinete pode ser assessorado por um máximo de quatro assessores.

5 – Os membros do gabinete e os assessores são livremente providos e exonerados pelo presidente do Conselho Superior da Magistratura, sob proposta do plenário, salvo o disposto no número seguinte.

6 – O chefe do gabinete e o secretário afeto ao vice-presidente são livremente providos e exonerados pelo presidente do Conselho Superior da Magistratura, sob proposta do vice-presidente.

7 – Aos membros do gabinete e aos assessores é aplicável, com as devidas adaptações, o regime de nomeação, exoneração, garantia, deveres e vencimento aplicável aos membros dos gabinetes ministeriais, nos termos do Decreto-Lei nº 262/88, de 23 de julho, ficando excluída, no que respeita aos assessores, a aplicação do disposto no artigo 9º do referido diploma.

8 – Os membros do gabinete e os assessores consideram-se, para todos os efeitos, em exercício de funções a partir da data do despacho que os tiver nomeado, com dispensa de fiscalização prévia do Tribunal de Contas e independentemente de publicação no Diário da República.

9 – Os magistrados judiciais podem ser providos em comissão de serviço, nos termos do respetivo estatuto, não determinando esse provimento abertura de vaga no lugar de origem ou naquele para que, entretanto, tenham sido nomeados.

10 – Quando os providos sejam funcionários da administração central, regional ou local ou de institutos públicos, exercem as respetivas funções em regime de comissão de serviço ou de requisição, conforme os casos, com a faculdade de optarem pelas remunerações correspondentes às categorias de origem.

11 – Quando os providos sejam trabalhadores de empresas públicas ou privadas, exercem as suas funções em regime de requisição, nos termos da lei geral em vigor para o respetivo setor.

12 – Os membros do gabinete ou assessores que exerçam funções docentes ou de investigação científica no ensino superior podem continuar no exercício dessas funções, sem prejuízo de poderem requerer a suspensão dos prazos dos respetivos

contratos ou de prazos para a apresentação de relatórios ou prestação de provas a que estejam adstritos.

13 – Os assessores que não sejam magistrados são obrigatoriamente mestres ou licenciados em Direito de reconhecida competência, competindo-lhes coadjuvar os membros do Conselho Superior da Magistratura no exercício das suas funções, de acordo com o que lhes for determinado.

14 – Os provimentos não conferem, só por si, vínculo à função pública.

15 – O desempenho de funções no gabinete é incompatível com o exercício da advocacia, da solicitadoria ou de qualquer outra função ou atividade jurídica remunerada.

CAPÍTULO III
Do pessoal

ARTIGO 20º
Regime

O pessoal ao serviço do Conselho Superior da Magistratura rege-se pelo disposto na presente lei, pelos diplomas estatutários respetivos, quando se trate de magistrados ou oficiais de justiça, e, em tudo o que não for com eles incompatível, pelo regime geral da função pública.

ARTIGO 21º
Nomeação de oficiais de justiça

1 – Os lugares de oficiais de justiça são providos por nomeação, em comissão de serviço, nos termos do artigo 54º do Decreto-Lei nº 343/99, de 26 de agosto.

2 – Às comissões de serviço de oficiais de justiça para o exercício de funções de secretário de inspeção do Conselho Superior da Magistratura é aplicável o artigo 131º do Decreto-Lei nº 343/99, de 26 de agosto.

ARTIGO 22º
Quadro de pessoal

1 – O quadro do pessoal dirigente do Conselho Superior da Magistratura é o constante do mapa do anexo I da presente lei, e da qual faz parte integrante.

2 – O quadro do pessoal de oficiais de justiça é aprovado nos termos do artigo 124º da Lei nº 3/99, de 13 de janeiro, que aprovou a Lei de Organização e Funcionamento dos Tribunais Judiciais.[77]

3 – O quadro do restante pessoal do Conselho Superior da Magistratura é aprovado por portaria conjunta dos membros do Governo responsáveis pelas áreas das finanças, da Administração Pública e da justiça, sob proposta do Conselho Superior da Magistratura.

[77] Esta Lei foi revogada e substituída pela Lei da Organização do Sistema Judiciário – Lei nº 62/2013.

ARTIGO 23º
Cartão de identidade do pessoal

O pessoal ao serviço no Conselho Superior da Magistratura tem direito ao uso de cartão de identidade, conforme modelo constante do anexo II à presente lei, e da qual dela faz parte integrante.

CAPÍTULO IV
Disposições finais e transitórias

ARTIGO 24º
Transição do pessoal

1 – O pessoal que, à data da entrada em vigor da presente lei, se encontrar provido no quadro de pessoal do Conselho Superior da Magistratura transita para o quadro a que se refere o nº 3 do artigo 22º, na mesma carreira, categoria e escalão.

2 – Mantêm-se as comissões de serviço existentes à data da entrada em vigor da presente lei.

3 – A adaptação dos serviços de apoio existentes às disposições constantes da presente lei deve concluir-se dentro de dois anos após a entrada em vigor da mesma.

ARTIGO 25º
Norma revogatória

É revogado o Decreto-Lei nº 27/92, de 27 de fevereiro.

ARTIGO 26º
Entrada em vigor

A presente lei entra em vigor no dia 1 de janeiro de 2008.

ANEXO I

Mapa a que se refere o nº 1 do artigo 22º.[78]

ANEXO II

Modelo de cartão de identificação a que alude o artigo 23º.[79]

[78] Refere-se à designação dos cargos dirigentes, à sua qualificação, ao grau e ao número de lugares. Quanto à primeira vertente, refere o diretor de serviços e o chefe de divisão, quanto à segunda, situa-os na posição de direção intermédia, no concernente ao grau insere-os no 1º e no 2º, e relativamente ao número de lugares, fixa-os em 2 e 3, respetivamente.

[79] Trata-se do modelo de cartão de identidade pessoal.

10. REGULAMENTO INTERNO DO CONSELHO SUPERIOR DA MAGISTRATURA[80]

CAPÍTULO I
Disposições gerais

ARTIGO 1º
Início e termo dos mandatos

1 – O Vice-Presidente toma posse perante o Presidente do Conselho Superior da Magistratura e na ausência, impedimento ou falta deste, perante o Vice-Presidente cessante.

2 – O mandato do Vice-Presidente do Conselho Superior da Magistratura inicia-se com a sua tomada de posse.

3 – O mandato dos restantes vogais eleitos e a que se refere a alínea *c*) do nº 1 do artigo 137º da Lei nº 21/85, de 30 de julho, inicia-se com a primeira reunião do Plenário do Conselho Superior da Magistratura após a eleição e cessa com a primeira reunião após as eleições subsequentes.

ARTIGO 2º
Verificação de poderes

1 – Os poderes dos vogais eleitos do Conselho Superior da Magistratura referidos no artigo 137º, nº 1, alínea *c*), da Lei nº 21/85, de 30 de julho, são verificados pelo Conselho Superior da Magistratura precedendo parecer da Comissão de Eleições.

2 – A verificação de poderes consiste na apreciação da regularidade formal dos mandatos e na apreciação da elegibilidade dos vogais cujos mandatos sejam impugnados por facto que não tenha sido objeto de decisão judicial com trânsito em julgado.

ARTIGO 3º
Poderes do Presidente do Conselho Superior da Magistratura e sua substituição

1 – Cabe ao Presidente, além de outras funções que lhe estejam atribuídas:

a) Designar a data e local em que devem ter lugar as reuniões do CSM, sem prejuízo do disposto no artigo 6º, nº 2;

b) Abrir e encerrar as reuniões do Conselho Superior da Magistratura, dirigir os trabalhos e assegurar a regularidade das deliberações;

c) Conceder a palavra aos restantes membros e assegurar a ordem dos debates;

[80] Foi aprovado pela Deliberação nº 1722/2016, e publicado no Diário da República, 2ª série, de 10 de novembro de 2016. O Regulamento do CSM, nº 852/2021, de 13 de setembro, versa sobre o regime das inspeções.

d) Dar conhecimento ao Plenário das informações, explicações e convites que lhe sejam dirigidos;

e) Pôr à discussão e votação as propostas e requerimentos admitidos.

2 – Na coordenação e direção dos trabalhos das reuniões do Conselho Superior da Magistratura, o Presidente é coadjuvado pelo Vice-Presidente e é substituído por este nas suas faltas e impedimentos.

3 – Na ausência e impedimentos do Presidente e do Vice-Presidente, aqueles são substituídos pelo vogal mais antigo e em caso dos vogais possuírem a mesma antiguidade pelo vogal de mais idade.

ARTIGO 4º
Poderes dos Vogais

1 – Constituem poderes dos Vogais do Conselho Superior da Magistratura, a exercer singular ou conjuntamente, nomeadamente os de:

a) Elaborar projetos de deliberação e propostas de parecer ou estudos sobre matérias da competência do Conselho Superior da Magistratura e apresentá-los nas reuniões do Conselho Permanente ou do Plenário;

b) Elaborar e apresentar estudos sobre providências legislativas a propor ao Ministro da Justiça, com vista à eficiência e ao aperfeiçoamento das instituições judiciárias ou da legislação em vigor;

c) Requerer que sejam ordenadas inspeções, sindicâncias e inquéritos aos serviços judiciais;

d) Requerer que sejam tomadas as providências necessárias à organização e boa execução do processo eleitoral, de acordo com o respetivo Regulamento;

e) Propor que seja alterada a distribuição de processos nos tribunais;

f) Propor prioridade no processamento de causas que se encontrem pendentes nos tribunais por período considerado excessivo;

g) Requerer de quaisquer tribunais ou entidades públicas os elementos e as informações que considerem úteis para o exercício das suas funções;

h) Requerer a constituição de grupos de trabalho necessários à elaboração de estudos, propostas e pareceres a apresentar ao Conselho Superior da Magistratura;

i) Propor a convocação dos Presidentes das Relações, dos Presidentes dos Tribunais de Comarca e dos Inspetores Judiciais para participarem em reuniões do Conselho Superior da Magistratura;

j) Requerer a inclusão na ordem de trabalhos das reuniões do Conselho Superior da Magistratura de qualquer assunto que entendam dever ser objeto de deliberação e propor ao Presidente do Conselho Superior da Magistratura a realização de reuniões extraordinárias.

2 – Para o regular exercício do seu mandato podem ainda os Vogais do Conselho Superior da Magistratura:

a) Desempenhar as funções específicas que lhes forem cometidas pelo Plenário do Conselho Superior da Magistratura, pelo Conselho Permanente ou pelo Vice-Presidente do Conselho Superior da Magistratura;

b) Solicitar à secretaria quaisquer elementos que entendam necessários para a resolução ou apreciação de assunto que pelo Conselho Superior da Magistratura deva ser deliberado; e *c*) Ser informado sobre todos os assuntos cujo conhecimento seja essencial ao desempenho das suas funções.

ARTIGO 5º
Deveres dos Vogais

Constituem deveres dos Vogais, nomeadamente, os de:

a) Comparecer às reuniões do Plenário e do Conselho Permanente, se a este pertencerem;

b) Desempenhar as funções para que sejam designados;

c) Elaborar os projetos de decisão nos processos para que sejam nomeados relatores; e

d) Participar nas votações, sem prejuízo do disposto no nº 2 do artigo 13º.

CAPÍTULO II
Das reuniões do Conselho Superior da Magistratura

ARTIGO 6º
Local da reunião

1 – O Conselho Superior da Magistratura tem as suas reuniões, em regra, no local da sua instalação.

2 – Os trabalhos do Conselho Superior da Magistratura podem decorrer noutro local, sempre que este o entenda conveniente ou o expediente a tratar o exija.

ARTIGO 7º
Reuniões do Plenário do Conselho Superior da Magistratura

1 – As reuniões do Plenário do Conselho Superior da Magistratura têm lugar ordinariamente, em princípio, na primeira terça-feira de cada mês, mediante convocação do Presidente.

2 – No início de cada ano judicial, o Presidente do Conselho Superior da Magistratura pode designar a data das reuniões ordinárias do Plenário desse ano, sem prejuízo de alteração posterior, funcionando tal designação como convocação dos seus membros.

3 – Quaisquer alterações do dia e hora fixados para reuniões devem ser comunicadas a todos os membros do Conselho Superior da Magistratura.

4 – Os Vogais que não possam comparecer às reuniões do Plenário devem comunicar a ausência prevista ao Conselho Superior da Magistratura com a antecedência mínima de três dias úteis em relação à data da reunião.

ARTIGO 8º
Reuniões extraordinárias do Plenário

1 – Por convocação do Presidente podem realizar-se reuniões extraordinárias do Plenário.

2 – O Presidente é obrigado a proceder à convocação de reuniões extraordinárias do Plenário sempre que, pelo menos, um terço dos vogais lho solicitem por escrito, indicando o assunto que desejam seja tratado.

3 – A convocatória da reunião deve ser feita para um dos quinze dias seguintes ao da apresentação do pedido, mas sempre com a antecedência mínima de 48 horas sobre a data da reunião extraordinária.

ARTIGO 9º
Tabela dos assuntos a tratar

1 – A ordem do dia de cada reunião é estabelecida pelo Presidente, com base em tabela de assuntos elaborada pela secretaria.

2 – A ordem do dia de cada reunião deve incluir os assuntos que para esse fim forem indicados pelo Presidente, pelo Vice-Presidente ou por qualquer Vogal, desde que sejam da competência do órgão, com uma antecedência mínima de cinco dias sobre a data da reunião.

3 – Sem prejuízo do disposto no número seguinte, a ordem do dia deve ser entregue a todos os membros com a antecedência de, pelo menos, 48 horas sobre a data da reunião.

4 – Entregue a ordem do dia, os vogais podem manifestar junto do Presidente, até ao início da reunião a que diga respeito, os assuntos ali previstos que consideram carecidos de particular discussão.

5 – Em caso de urgência, reconhecida por, pelo menos, dois terços dos membros presentes, podem ser incluídos para deliberação em reunião ordinária do Conselho Superior da Magistratura, assuntos que não se encontrem incluídos na ordem do dia.

ARTIGO 10º
Reuniões do Conselho Permanente

1 – As reuniões da secção de assuntos inspetivos e disciplinares e da secção de acompanhamento e ligação aos tribunais têm lugar, ordinariamente, em princípio, na terceira terça-feira de cada mês, mediante convocação do presidente.

2 – Aplicam-se às reuniões do Conselho Permanente, com as necessárias adaptações, o disposto para as reuniões do plenário.[81]

ARTIGO 11º
Funcionamento do Conselho Administrativo

1 – O Conselho Administrativo reúne, ordinariamente, uma vez por mês, e extraordinariamente, sempre que convocado pelo Presidente, por sua iniciativa ou a pedido de três dos seus membros.

2 – Para a validade das deliberações do Conselho Administrativo é necessária a presença de, pelo menos, cinco dos seus membros, entre os quais o Presidente, ou, quando se trate de deliberação de autorização de despesas que não devam ser autorizadas pelo presidente, o Vice-Presidente.

3 – As reuniões são secretariadas por um funcionário designado pelo Presidente.

4 – Aplica-se às reuniões do Conselho Administrativo, com as necessárias adaptações, o disposto para as reuniões do Plenário.

[81] A atual redação do nº 1 deste artigo resultou da Deliberação nº 441/2020, de 7 de abril, do CSM.

ARTIGO 12º
Modo de votação

1 – As votações realizam-se por uma das seguintes formas:

a) Por votação nominal;

b) Por braço levantado, que constitui a forma usual de votar.

2 – As deliberações que envolvam um juízo de valor sobre comportamentos ou qualidades de pessoas são tomadas por escrutínio secreto, salvo as que tiverem lugar nos processos a que alude o artigo 159º do Estatuto dos Magistrados Judiciais, devendo o Presidente, em caso de dúvida fundada, determinar que seja essa a forma para a votação.

3 – Pode qualquer dos membros do Conselho Superior da Magistratura requerer que a votação a efetuar se faça por voto secreto.

ARTIGO 13º
Deliberações

1 – Salvo disposição em contrário, as deliberações são tomadas à pluralidade de votos, considerando-se aprovada a deliberação que recolha mais votos favoráveis do que desfavoráveis.

2 – Os votos brancos e as abstenções, quando permitidas por lei, não contam para o apuramento da maioria.

3 – As deliberações são antecedidas de discussão das respetivas propostas sempre que qualquer membro nisso mostre interesse e, sem prejuízo do disposto no número seguinte, são tomadas por votação através de braço no ar ou por votação nominal, devendo, neste caso, votar primeiramente os Vogais e, por fim, o Presidente.

4 – As deliberações do Conselho Superior da Magistratura serão fundamentadas nos termos da lei geral.

5 – Não podem estar presentes no momento da discussão nem da votação os membros que se encontrem ou se considerem impedidos.

6 – Em caso de empate na votação, o presidente tem voto de qualidade, salvo se a votação se tiver efetuado por escrutínio secreto.

7 – Havendo empate em votação por escrutínio secreto, procede-se imediatamente a nova votação e, se o empate se mantiver, abre-se novo período de discussão, repetindo-se a votação nessa ou na reunião imediata.

8 – Se se mantiver o empate após as votações previstas no número anterior, procede-se à votação nominal.

ARTIGO 14º
Ata

1 – De cada sessão é lavrada ata, em livro próprio ou registo eletrónico com aposição de assinatura digital, sendo assinada pelo Presidente e pelo Juiz-Secretário, podendo fazer remissão para quaisquer documentos ou processos existentes no Conselho Superior da Magistratura, com dispensa da respetiva reprodução.

2 – A ata é submetida à aprovação dos membros no final da respetiva reunião ou no início da reunião seguinte, sendo assinada após a aprovação.

3 – Não participam na aprovação da ata os membros que não tenham estado presentes na reunião a que ela respeita.

4 – Nos casos em que o órgão assim o delibere, a ata é aprovada, logo na reunião a que diga respeito, em minuta sintética, devendo ser depois transcrita com maior concretização e novamente submetida a aprovação.

5 – Será enviada cópia das deliberações de execução permanente aos membros do Conselho Superior da Magistratura.

ARTIGO 15º
Declarações de voto

1 – Os membros do Conselho Superior da Magistratura poderão fazer declarações de voto que ficarão consignadas em ata.

2 – Tratando-se de voto de vencido, devem ser sinteticamente enunciadas as correspondentes razões.

3 – Quando se trate de propostas ou pareceres a dar a outros órgãos, o registo das deliberações é sempre acompanhado das declarações de voto apresentadas.

ARTIGO 16º
Estudos e pareceres

1 – O Conselho Superior da Magistratura poderá encarregar um ou mais membros de proceder ao estudo de qualquer assunto que deva ser objeto de deliberação.

2 – É permitida a apresentação de escusa fundamentada, cabendo ao Conselho Superior da Magistratura decidir.

CAPÍTULO III
Do Juiz-Secretário

ARTIGO 17º
Funções do Juiz-Secretário

1 – São funções do Juiz-Secretário do Conselho Superior da Magistratura:

a) Orientar e dirigir os serviços da secretaria, sem prejuízo do disposto nos artigos 21º e 24º;

b) Submeter a despacho do Presidente e do Vice-Presidente os assuntos da competência destes e os que, pela sua natureza, justifiquem a convocação do Conselho, sem prejuízo do disposto nos artigos 19º e 23º;

c) Preparar a proposta de orçamento do Conselho e as propostas de movimento judicial;

d) Comparecer às reuniões do Conselho e lavrar as respetivas atas;

e) Solicitar aos tribunais ou a quaisquer outras entidades públicas e privadas as informações necessárias ao funcionamento dos serviços.

2 – O Juiz-Secretário poderá fazer-se acompanhar, nas reuniões do Conselho Superior da Magistratura, do funcionário ou funcionários que entenda necessários ao bom andamento dos trabalhos.

3 – O Juiz-Secretário usará da palavra para exposição das propostas a que se referem as alíneas *e*) e *f*) do artigo 155º do Estatuto dos Magistrados Judiciais, bem como para prestar as informações que lhe forem solicitadas ou que julgue convenientes.

ARTIGO 18º
Substituição do Juiz-Secretário

Nas suas faltas e impedimentos, o Juiz-Secretário é substituído pelo vogal de menor categoria profissional, de entre os previstos no artigo 137º, nº 1, alínea *c*), do Estatuto dos Magistrados Judiciais. Existindo mais do que um vogal com a mesma categoria, a substituição recairá sobre o de menor antiguidade.

CAPÍTULO IV
Do Gabinete de Apoio ao Vice-Presidente e aos Membros

ARTIGO 19º
Funções do Chefe de Gabinete

São funções do Chefe de Gabinete, designadamente:

a) Dirigir e coordenar os serviços do gabinete, sob a superintendência do Vice-Presidente;

b) Representar o Vice-Presidente e os membros, quando para tal solicitado;

c) Submeter a despacho do Vice-Presidente os assuntos da competência deste que se encontrem atribuídos ao Gabinete;

d) Praticar os atos necessários ao acompanhamento dos assuntos que se encontrem atribuídos ao Gabinete, assegurando, neste âmbito, a ligação aos serviços e organismos externos;

e) Solicitar aos tribunais e a quaisquer entidades públicas e privadas as informações necessárias ao exercício das funções do gabinete;

f) Exercer competências relativas a assuntos administrativos que lhe sejam delegadas pelo Vice-Presidente.

ARTIGO 20º
Funções dos Adjuntos do Gabinete

1 – São funções dos Adjuntos do Gabinete, designadamente:

a) Prestar o apoio que lhes for solicitado, sob orientação do Chefe de Gabinete; e

b) Elaborar estudos ou pareceres bem como projetos de alegações ou respostas em processo de contencioso, a solicitação do Vice-Presidente ou dos membros do Conselho Superior da Magistratura.

2 – Aos Adjuntos é permitida a apresentação de escusa.

ARTIGO 21º
Funcionamento

1 – Para o desempenho das suas funções, o Gabinete dispõe de apoio técnico-administrativo, que para esse efeito lhe é afeto.

2 – Os serviços de apoio administrativo funcionam na direta dependência do Chefe de Gabinete.

CAPÍTULO V
Do Gabinete de Comunicação, Relações Institucionais, Estudos e Planeamento

ARTIGO 22º
Organização

1 – O gabinete de comunicação, relações institucionais, estudos e planeamento funciona na dependência do Presidente.

2 – A coordenação do Gabinete compete a um membro do Conselho Superior da Magistratura, eleito pelo Plenário.

3 – O gabinete de comunicação, relações institucionais, estudos e planeamento integra obrigatoriamente dois elementos com formação e experiência na área da comunicação social.

ARTIGO 23º
Funções do Coordenador do Gabinete

São funções do Coordenador do Gabinete, designadamente:

a) Dirigir e coordenar os serviços do gabinete, sob a superintendência do Presidente, cabendo-lhe a ligação aos serviços e organismos externos;

b) Submeter a despacho do Presidente os assuntos da competência deste, no âmbito das suas funções;

c) Solicitar aos tribunais e a quaisquer entidades públicas e privadas as informações necessárias ao exercício das funções do gabinete; e

d) Exercer competências relativas a assuntos administrativos, que lhe sejam delegadas.

ARTIGO 24º
Serviços de apoio

1 – Para o desempenho das suas funções, o Gabinete dispõe de apoio técnico-administrativo, que para esse efeito lhe é afeto.

2 – Os serviços de apoio administrativo funcionam na direta dependência do Coordenador do gabinete.

CAPÍTULO VI
Dos Movimentos Judiciais

ARTIGO 25º
Movimentos Judiciais

1 – Os requerimentos enviados ao Conselho Superior da Magistratura pelos magistrados judiciais que pretendam ser providos em qualquer lugar devem conter a identificação e o lugar onde prestam serviço, e descrever especificadamente e por ordem de preferência os tribunais ou lugares pretendidos bem como o vínculo de provimento.

2 – Os requerimentos destinados ao provimento de lugares em tribunais de primeira instância deverão ser enviados ao Conselho Superior da Magistratura por via eletrónica, através da respetiva aplicação informática.

3 – O acesso à referida aplicação será efetuado através de uma palavra-chave (password) que o Conselho Superior da Magistratura disponibilizará a cada magistrado.

4 – O Conselho Superior da Magistratura poderá atribuir nova palavra-chave (password) caso lhe seja solicitada até 10 dias antes do fim do prazo para entrega dos requerimentos respeitantes ao movimento judicial em curso.

5 – O requerimento pode ser alterado até ao fim do prazo da sua apresentação.

6 – Cada requerimento só é válido para o movimento judicial para que é apresentado.

7 – Os requerimentos para desistência do movimento devem ser apresentados por via eletrónica, nos termos referidos no nº 2.

ARTIGO 26º
Preparação dos movimentos

1 – O Conselho Superior da Magistratura fará publicar, com a devida antecedência, todos os lugares vagos previsíveis, que possam eventualmente ser preenchidos em cada movimento judicial, à exceção das que resultarem da elaboração do mesmo.

2 – Os movimentos judiciais extraordinários serão anunciados por aviso publicado no Diário da República, 2ª série, com a antecedência mínima de quinze dias.

ARTIGO 27º
Lista de antiguidade

Em fevereiro de cada ano, o Conselho Superior da Magistratura publicará a lista de antiguidade dos Magistrados Judiciais, com referência à data de 31 de dezembro do ano transato.

CAPÍTULO VII
Dos Processos em Geral

ARTIGO 28º
Espécies de Processos

Os processos são distribuídos de acordo com as seguintes espécies:

1ª Processos de Inspeção;

2ª Processos de Inquérito, Sindicâncias e Disciplinares;

3ª Processos de reclamação contra a lista de antiguidades;

4ª Processos de reclamação quanto às deliberações do Conselho Permanente e de decisões do Presidente, do Vice-Presidente ou dos Vogais;

5ª Processos de reabilitação e de revisão;

6ª Processos de aceleração processual previstos nos artigos 108º a 110º do Código de Processo Penal;

7ª Processos de contencioso;

8ª Processos de recurso dos atos administrativos praticados pelo Presidente do Tribunal de Comarca ou das decisões do Administrador Judiciário;

9ª Outros.

ARTIGO 29º
Distribuição de Processos

1 – A distribuição é feita por sorteio pelo Presidente ou Vice-Presidente, de acordo com as normas processuais estabelecidas para os Tribunais da Relação.

2 – As distribuições para o Plenário e para o Permanente são autónomas, considerando as respetivas competências.

3 – Os assuntos que devam ser relatados e que se não encontrem compreendidos nas espécies referidas no artigo anterior serão averbados aos membros das categorias profissionais a que pertençam os visados e serviços.

4 – A falta ou irregularidade da distribuição ou do averbamento não produz nulidade de nenhum ato do processo, mas pode ser reclamada por qualquer interessado ou suprida oficiosamente até decisão final.

5 – Quando tiver havido erro na distribuição, o processo será distribuído novamente, aproveitando-se, porém, os vistos existentes; se o erro derivar da classificação do processo, será este carregado ao mesmo relator na espécie devida, descarregando-se daquela em que estava indevidamente.

ARTIGO 30º
Prazo para relato

O prazo para a elaboração do projeto de deliberação é de trinta dias.

ARTIGO 31º
Participações e requerimentos

1 – Os particulares podem requerer as informações em que sejam diretamente interessados, bem como intentar os procedimentos que entendam necessários na defesa dos seus direitos subjetivos ou interesses legalmente protegidos.

2 – As participações e requerimentos são tramitados pelos serviços de apoio técnico-administrativo ao GAVPM e submetidos à apreciação do Vice-Presidente ou dos Vogais do Conselho Superior da Magistratura a que se refere o artigo 137º, nº 1, alínea *c*), do Estatuto dos Magistrados Judiciais.

3 – Os particulares podem consultar os processos em que forem interessados, desde que não sejam ou não contenham documentos classificados, bem como obter as certidões ou reproduções autenticadas dos documentos que os integram, nos termos da lei geral.

ARTIGO 32º
Reclamações-Princípios gerais

Existe sempre reclamação para o Plenário:

a) Das deliberações do Conselho Permanente, funcionando em pleno ou em secções especializadas; e

b) Das decisões do Presidente, do Vice-Presidente ou dos Vogais do Conselho Superior da Magistratura.

CAPÍTULO VIII
Disposições finais

ARTIGO 33º
Entrada em vigor

O presente Regulamento Interno entra em vigor no 5º dia após a sua publicação no Diário da República.

ARTIGO 34º
Norma revogatória

Fica revogado o Regulamento Interno do Conselho Superior da Magistratura, publicado no Diário da República, 2ª série, de 27 de abril de 1993.

11. REGIME JURÍDICO DA GESTÃO ADMINISTRATIVA DOS TRIBUNAIS SUPERIORES[82]

ARTIGO 1º
Autonomia administrativa

O Supremo Tribunal de Justiça, o Supremo Tribunal Administrativo, os tribunais da Relação e o Tribunal Central Administrativo, adiante designados por tribunais superiores, são dotados de autonomia administrativa.

ARTIGO 2º
Orçamento

1 - Os tribunais superiores dispõem de orçamento próprio destinado a suportar as despesas com o quadro de magistrados e funcionários que lhes estão afetos, as demais despesas correntes e as despesas de capital necessárias ao exercício das suas competências.

2 - O orçamento dos tribunais superiores é financiado por receitas próprias, por verbas do Orçamento do Estado e dos cofres geridos pelo Instituto de Gestão Financeira e Patrimonial da Justiça.[83]

3 - Constituem receitas próprias dos tribunais superiores o saldo de gerência do ano anterior, o produto de multas processuais, o produto da venda de publicações editadas e ainda quaisquer outras que lhes sejam atribuídas por lei, contrato ou outro título.

4 - O produto das receitas próprias referidas no número anterior pode ser aplicado na realização de despesas correntes e de capital que, em cada ano, não possam ser suportadas pelas verbas inscritas no Orçamento do Estado, designadamente despesas de edição de publicações ou de realização de estudos, análises ou outros trabalhos extraordinários.

ARTIGO 3º
Conselho administrativo

1 - Os tribunais superiores dispõem de conselhos administrativos, constituídos pelo presidente do tribunal, pelos vicepresidentes, pelo secretário do tribunal

[82] Aprovado pelo Decreto-Lei nº 177/2000, de 9 de agosto, e alterado pelo Decreto-Lei nº 74/2002. Os Decretos-Leis nºs 73/2002 e 74/2002, de 26 de março, estabelecem sobre a reorganização dos serviços de apoio ao Supremo Tribunal Administrativo e ao Supremo Tribunal de Justiça, respetivamente.

[83] A Este Instituto sucedeu o Instituto de Gestão Financeira e Equipamentos da Justiça, I.P..

superior ou administrador, consoante o caso, e pelo responsável pelos serviços de apoio administrativo e financeiro.

2 – Cabe aos conselhos administrativos exercer a competência administrativa e financeira que integra a gestão normal dos serviços de apoio, competindo-lhes designadamente:

a) Elaborar os projetos de orçamento do tribunal e pronunciar-se, quando para tal solicitado, sobre as propostas de alteração orçamental que se mostrem necessárias;

b) Autorizar as despesas que não devam ser autorizadas pelo presidente;

c) Autorizar o pagamento de despesas qualquer que seja e entidade que tenha autorizado a respetiva realização;

d) Autorizar a constituição de fundos permanentes para o pagamento direto de pequenas despesas, estabelecendo as regras a que obedecerá o seu controlo;

e) Orientar a contabilidade e fiscalizar a sua escrituração;

f) Gerir o parque automóvel afeto ao tribunal;

g) Exercer as demais funções previstas na lei.

3 – O conselho administrativo reúne ordinariamente uma vez por mês e extraordinariamente sempre que convocado pelo seu presidente.

4 – Para a validade das deliberações do conselho administrativo é necessária a presença de, pelo menos, três dos seus membros, entre os quais o presidente.

ARTIGO 4º
Gestão financeira

1 – Cabe ao Presidente do Supremo Tribunal de Justiça e ao Presidente do Supremo Tribunal Administrativo exercer os poderes administrativos e financeiros idênticos aos que integram a competência ministerial.

2 – Aos presidentes dos tribunais da Relação e do Tribunal Central Administrativo cabe exercer os poderes administrativos e financeiros idênticos aos que integram a competência dos órgãos máximos dos organismos dotados de autonomia administrativa e financeira.

3 – As despesas que, pela sua natureza e montante, ultrapassem os limites estabelecidos nos números anteriores e, bem assim, as que o presidente entenda submeterlhe são autorizadas pelo tribunal, através do conselho administrativo.

4 – Os Presidentes do Supremo Tribunal de Justiça e do Supremo Tribunal Administrativo podem delegar competências no chefe do seu gabinete, no administrador do tribunal ou no secretário até ao limite das competências de diretor-geral.

5 – Os presidentes dos tribunais superiores têm competência para propor ao Ministro da Justiça a nomeação de um administrador, exercendo, com as necessárias adaptações, as competências dos administradores dos tribunais judiciais de 1ª instância.

6 – Os presidentes dos tribunais superiores podem celebrar contratos de prestação de serviços, contratos individuais de trabalho e contratos a termo certo nos termos do regime geral em vigor para a Administração Pública.

ARTIGO 5º
Requisição de fundos

1 – Os tribunais superiores requisitam mensalmente à Direção-Geral do Orçamento e ao Instituto de Gestão Financeira e Patrimonial da Justiça[84] as importâncias que lhes forem necessárias por conta da dotação global que lhes é atribuída.

2 – As requisições referidas no número anterior, depois de visadas pela Direção-Geral do Orçamento, são transmitidas, com as competentes autorizações para pagamento ao Banco de Portugal, sendo as importâncias levantadas e depositadas, à ordem dos tribunais, na Caixa Geral de Depósitos.

3 – O presidente do tribunal pode aprovar a dispensa do regime duodecimal de qualquer das dotações orçamentais e, bem assim, solicitar a antecipação, total ou parcial, dos respetivos duodécimos.

ARTIGO 6º
Conta

As contas de gerência anual dos tribunais superiores são organizadas e aprovadas pelos respetivos conselhos administrativos e são submetidas, no prazo legal, ao Tribunal de Contas.

ARTIGO 7º
Serviços de apoio

Os serviços de apoio dos tribunais superiores devem ser adaptados ao regime de autonomia previsto no presente diploma, por decreto-lei a aprovar no prazo de 120 dias.

ARTIGO 8º
Disposição transitória

O presente diploma é aplicável à elaboração dos orçamentos do Supremo Tribunal de Justiça, do Supremo Tribunal Administrativo para o ano de 2003 e aos orçamentos dos tribunais da Relação e ao Tribunal Central Administrativo para o ano de 2004.

[84] Idem.

12. REGIME DA ORGANIZAÇÃO DOS SERVIÇOS DO SUPREMO TRIBUNAL DE JUSTIÇA[85]

CAPÍTULO I
Organização dos serviços do Supremo Tribunal de Justiça

SECÇÃO I
Disposições gerais

ARTIGO 1º
Âmbito

O presente diploma define a organização dos serviços do Supremo Tribunal de Justiça.

ARTIGO 2º
Competências do Presidente

Cabe ao Presidente do Supremo Tribunal de Justiça exercer os poderes administrativos e financeiros idênticos aos que integram a competência ministerial.

[85] Foi aprovado pelo DL nº 74/2002, de 26 de março. Em seu complemento ainda vigora o DL nº 188/2000, de 12 de agosto, que aprovou a organização e a composição do Gabinete de apoio ao Presidente do STJ. O artigo 19º, nº 3, do DL nº 74/2002, de 26 de março, alterou o disposto nos artigos 1º e 6º.
Decorre dos nºs 2 e 3 do artigo 1º que o Gabinete do Presidente do STJ é constituído pelo chefe do Gabinete, por seis adjuntos e por três secretários pessoais, que ao pessoal do Gabinete é aplicável, com as devidas adaptações, o regime de nomeação, exoneração, garantias, deveres e vencimento aplicável aos membros dos Gabinetes ministeriais, e do artigo 6º que cada Vice-Presidente é apoiado administrativamente por um secretário pessoal, ao qual é aplicável o disposto no nº 3 do artigo 1º. As referências feitas no Decreto-Lei nº 188/2000, de 12 de agosto, aos assessores, passam a considerar-se feitas aos adjuntos. O DL nº 73/2002, de 26 de março, adaptou os serviços de apoio do Supremo Tribunal Administrativo ao regime de autonomia administrativa constante do DL nº 177/2000, de 26 de março.

CAPÍTULO II
Órgãos, serviços e competências

SECÇÃO I
Estrutura geral

ARTIGO 3º
Órgãos e serviços

1 – O Supremo Tribunal de Justiça compreende os seguintes órgãos:

a) O conselho administrativo;

b) O administrador;

c) O conselho consultivo.

2 – São serviços do Supremo Tribunal de Justiça:

a) A Secretaria Judicial;

b) A Direção de Serviços Administrativos e Financeiros;

c) A Divisão de Documentação e Informação Jurídica;

d) A Divisão de Organização e Informática;

e) O Gabinete de Apoio dos Juízes Conselheiros e dos Magistrados do Ministério Público;

f) O Gabinete de Imprensa.

3 – O Gabinete de Apoio do Presidente e o apoio administrativo aos vice-presidentes são regulados por diploma próprio.

SECÇÃO II
Órgãos

ARTIGO 4º
Conselho administrativo

1 – O conselho administrativo é o órgão deliberativo em matéria de gestão financeira e patrimonial, sendo composto pelos seguintes membros:

a) O Presidente do Supremo Tribunal de Justiça, que preside;

b) O administrador;

c) Dois juízes conselheiros designados anualmente pelo plenário do Tribunal, sob proposta do Presidente;

d) O diretor de Serviços Administrativos e Financeiros.

2 – Compete ao conselho administrativo:

a) Apreciar os planos anuais de atividades e os respetivos relatórios de execução;

b) Aprovar o projeto de orçamento anual e as suas alterações e apresentá-lo ao Governo nos prazos determinados para a elaboração da proposta de lei do Orçamento do Estado, a submeter à Assembleia da República, devendo ainda fornecer os elementos que esta lhe solicite sobre a matéria;

c) Zelar pela cobrança das receitas e verificar regularmente os fundos em cofre e em depósito;

d) Autorizar as despesas que não devam ser autorizadas pelo Presidente;
e) Autorizar o pagamento das despesas qualquer que seja a entidade que tenha autorizado a respetiva realização;
f) Fiscalizar a organização da contabilidade e zelar pela sua execução;
g) Aprovar as contas de gerência e promover o seu envio ao Tribunal de Contas;
h) Autorizar a constituição de fundos permanentes para o pagamento de pequenas despesas, estabelecendo as regras a que obedecerá o seu controlo;
i) Pronunciar-se sobre qualquer assunto de gestão financeira e patrimonial que lhe seja submetido;
j) Gerir o parque automóvel afeto ao Tribunal;
k) Exercer as demais funções previstas na lei.

3 – O conselho administrativo reúne, ordinariamente, uma vez por mês e, extraordinariamente, sempre que convocado pelo Presidente, por sua iniciativa ou a pedido de dois dos seus membros.

4 – Para a validade das deliberações do conselho administrativo é necessária a presença de, pelo menos, três dos seus membros, entre os quais o Presidente.

5 – As reuniões são secretariadas por um funcionário designado pelo Presidente, sem direito a voto.

ARTIGO 5º
Administrador

1 – O administrador é nomeado pelo Presidente do Supremo Tribunal de Justiça de entre indivíduos habilitados com licenciatura e experiência profissional adequadas ao exercício das respetivas funções.

2 – A nomeação, precedida de audição do conselho consultivo, é em comissão de serviço pelo período de três anos, que poderá ser renovado por iguais períodos.

3 – Compete ao administrador coordenar, sob a superintendência do Presidente do Supremo Tribunal de Justiça, o funcionamento dos respetivos serviços, designadamente em matérias de gestão de recursos humanos, gestão orçamental e gestão de instalações e equipamento.

4 – O Presidente do Supremo Tribunal de Justiça pode delegar competências em matéria de gestão financeira no administrador ou, na falta deste, no secretário do Tribunal, até ao limite das competências de diretor-geral.

5 – O administrador aufere a remuneração base do cargo de diretor-geral.

ARTIGO 6º
Conselho consultivo

1 – O conselho consultivo é o órgão de consulta do Presidente do Supremo Tribunal de Justiça.

2 – O conselho consultivo é presidido pelo Presidente do Supremo Tribunal de Justiça e constituído pelos vice-presidentes, por sete juízes conselheiros, um de cada secção, designados anualmente pelo plenário do Supremo Tribunal, sob proposta do respetivo Presidente e pelo procurador-geral-adjunto, coordenador da atividade do Ministério Público no Tribunal.

3 – Os pareceres do conselho consultivo não têm caráter vinculativo.

ARTIGO 7º
Competência do conselho consultivo

Compete ao conselho consultivo:

a) Pronunciar-se sobre o plano anual de atividades;

b) Propor a aquisição de publicações com interesse para o Supremo Tribunal de Justiça;

c) Dar parecer sobre a criação de comissões para a prossecução de ações a desenvolver no âmbito do Supremo Tribunal de Justiça, designadamente junto das divisões referidas neste diploma;

d) Apresentar sugestões que visem melhorar o funcionamento interno do Supremo Tribunal de Justiça;

e) Pronunciar-se sobre propostas de celebração de protocolos e acordos de cooperação com outras instituições congéneres, nacionais, estrangeiras e internacionais, em especial com as de países ou territórios de língua portuguesa, com observância da política internacional estabelecida pelo Estado Português na área da justiça;

f) Pronunciar-se sobre a nomeação e a renovação da comissão de serviço do administrador;

g) Pronunciar-se sobre outras questões que lhe sejam submetidas pelo Presidente.

ARTIGO 8º
Funcionamento do conselho consultivo

1 – O conselho consultivo reúne, ordinariamente, uma vez por trimestre e, extraordinariamente, sempre que o seu presidente o convocar, por iniciativa própria ou a solicitação da maioria dos seus membros.

2 – Das reuniões do conselho consultivo será lavrada ata.

3 – O conselho consultivo é secretariado por um funcionário designado pelo Presidente.

4 – Poderão assistir às reuniões do conselho consultivo outros juízes conselheiros e magistrados do Ministério Público em funções no Supremo Tribunal de Justiça, o administrador e o secretário de tribunal superior quando convocados para o efeito.

SECÇÃO III
Serviços

ARTIGO 9º
Secretaria Judicial

A organização e composição da Secretaria Judicial do Supremo Tribunal de Justiça consta de diploma próprio.

ARTIGO 10º
Direção de Serviços Administrativos e Financeiros

1 – À Direção de Serviços Administrativos e Financeiros compete:

a) Elaborar a proposta dos orçamentos de funcionamento e de investimento;

b) Acompanhar a execução orçamental e propor as alterações necessárias;

c) Processar as requisições de fundos de contas das dotações consignadas ao Tribunal;

d) Elaborar a conta de gerência e preparar o projeto do respetivo relatório;

e) Instruir os procedimentos relativos à aquisição de bens e serviços e à realização de empreitadas de obras públicas;

f) Assegurar a escrituração e os registos contabilísticos obrigatórios;

g) Assegurar o processamento das remunerações e outros abonos, bem como proceder à liquidação dos respetivos descontos;

h) Verificar e processar os documentos de despesa;

i) Assegurar o expediente dos Serviços Sociais do Ministério da Justiça;

j) Executar as tarefas inerentes à receção, distribuição, expedição e arquivo da correspondência e outros documentos;

k) Recolher, organizar e manter atualizada a informação relativa aos recursos humanos do Supremo Tribunal;

l) Proceder ao registo de assiduidade e de antiguidade do pessoal;

m) Promover o aperfeiçoamento profissional do pessoal;

n) Elaborar estudos necessários à correta afetação do pessoal aos diversos serviços do Supremo Tribunal de Justiça;

o) Informar sobre as questões relativas à aplicação do regime da função pública que lhe sejam submetidas;

p) Assegurar a vigilância, segurança, conservação, limpeza e arrumação das instalações, equipamentos e viaturas;

q) Manter atualizado o cadastro e o inventário dos bens imóveis e móveis e o inventário e cadastro relativo ao parque automóvel;

r) Promover o armazenamento, conservação e distribuição de bens e consumos correntes e assegurar a gestão de estoques.

2 – Da Direção de Serviços Administrativos e Financeiros fazem parte a Secção de Recursos Humanos e a de Economato, a quem compete, sob a direção do respetivo chefe, o exercício das competências referidas nas alíneas *k*) a *o*) e *p*) a *r*) do nº 1, respetivamente.

ARTIGO 11º
Divisão de Documentação e Informação Jurídica

Compete à Divisão de Documentação e Informação Jurídica:

a) Organizar e assegurar a gestão da biblioteca do Supremo Tribunal de Justiça, designadamente inventariando e tratando as publicações recebidas e adquiridas;

b) Manter atualizadas as respetivas bases de dados;

c) Assegurar a divulgação dos serviços prestados pela biblioteca e da documentação disponível;

d) Organizar e manter atualizada uma base de dados de decisões do Supremo Tribunal de Justiça;

e) Promover a publicação no Diário da República dos acórdãos do Supremo Tribunal, quando a mesma deva ter lugar;

f) Preparar e promover a edição de outras publicações de interesse para o Supremo Tribunal de Justiça ou relacionadas com a sua atividade;

g) Preparar coleções temáticas de estudos, relatórios e estatísticas que facilitem o exercício da atividade jornalística relativa à justiça e, em especial, ao Supremo Tribunal de Justiça;

h) Realizar pesquisas informáticas ou manuais, nomeadamente junto de outras bibliotecas, a solicitação dos serviços do Supremo Tribunal de Justiça ou dos magistrados que neste desempenhem funções;

i) Colaborar na organização e conservação do arquivo histórico do Supremo Tribunal de Justiça;

j) Proceder ao tratamento sistemático e ao arquivo da legislação, assegurando um serviço de informação legislativa;

k) Proceder à tradução e retroversão de textos;

l) Organizar conferências e seminários da iniciativa do Supremo Tribunal de Justiça;

m) Cooperar com instituições nacionais, estrangeiras e internacionais em matéria de documentação e informação;

n) Apoiar os juízes conselheiros na seleção das decisões a publicar no Boletim do Ministério da Justiça.

ARTIGO 12º
Divisão de Organização e Informática

Compete à Divisão de Organização e Informática:

a) Planear e assegurar a gestão dos sistemas informáticos do Supremo Tribunal de Justiça;

b) Proceder ao diagnóstico das necessidades que se verifiquem no funcionamento dos mesmos sistemas e formular as correspondentes propostas;

c) Promover a formação de utilizadores internos de tais sistemas e cooperar nessa formação, com meios próprios, ou recorrendo a entidades externas ao Supremo Tribunal de Justiça;

d) Proceder à conservação e atualização das bases de dados do Supremo Tribunal de Justiça em coordenação com os serviços produtores ou responsáveis pelo tratamento da correspondente informação;

e) Manter em funcionamento e atualizados os serviços informativos que o Supremo Tribunal de Justiça venha a disponibilizar a utilizadores externos;

f) Apoiar tecnicamente a elaboração de cadernos de encargos e a seleção, aquisição, contratação e instalação de equipamento informático;

g) Tornar acessíveis aos magistrados em serviço no Supremo Tribunal de Justiça as principais bases de dados jurídicas de legislação, jurisprudência e doutrina, nacionais e estrangeiras, suportando o Supremo Tribunal os respetivos encargos em termos a definir pelo Presidente, ouvido o conselho consultivo.

ARTIGO 13º
Gabinete de Apoio dos Juízes Conselheiros e dos Magistrados do Ministério Público

1 – O Gabinete de Apoio dos Juízes Conselheiros e dos Magistrados do Ministério Público compõe-se de assessores e secretários, em número a fixar na portaria a que se refere o nº 3 do artigo 16º do presente diploma.

2 – Os membros dos gabinetes de apoio dos juízes conselheiros e dos magistrados do Ministério Público são livremente nomeados e exonerados pelo Presidente do Supremo Tribunal de Justiça, após prévia audição dos juízes conselheiros da respetiva secção e do procurador-geral-adjunto, coordenador do Ministério Público no Supremo Tribunal de Justiça, conforme o caso, sem prejuízo do disposto no nº 4.

3 – Os membros dos gabinetes referidos no número anterior consideram-se, para todos os efeitos, em exercício de funções a partir da data do despacho que os tiver nomeado, com dispensa de fiscalização prévia do Tribunal de Contas e independentemente de publicação no Diário da República.

4 – Quando os assessores sejam magistrados judiciais ou do Ministério Público, aplica-se-lhes o disposto na Lei nº 2/98, de 8 de janeiro, que estende aos magistrados do Ministério Público junto do Supremo Tribunal de Justiça a coadjuvação por assessores e institui a assessoria a ambas as magistraturas nos tribunais da Relação e em certos tribunais de 1ª instância.

5 – Os assessores dos gabinetes de apoio dos juízes conselheiros e dos magistrados do Ministério Público, que não sejam magistrados, são obrigatoriamente mestres ou licenciados em Direito de reconhecida competência, competindo-lhes coadjuvar os respetivos juízes e magistrados do Ministério Público no exercício das suas funções, desempenhando as tarefas que lhes sejam determinadas.

6 – Os assessores dos gabinetes referidos no número anterior que exerçam funções docentes ou de investigação científica no ensino superior podem continuar no exercício dessas funções, sem prejuízo de, quando as mesmas forem exercidas em estabelecimento de ensino público, poderem requerer a suspensão dos prazos dos respetivos contratos ou dos prazos para apresentação de relatórios ou prestação de provas a que estejam adstritos, salvo quando optarem, nos termos e com os limites estabelecidos na lei, pela acumulação de remunerações.

7 – Os assessores referidos no nº 5 são nomeados em comissão de serviço e têm as garantias, deveres e remuneração aplicáveis aos adjuntos do Gabinete do Presidente do Supremo Tribunal de Justiça, com exceção do abono referido no artigo 9º do Decreto-Lei nº 262/88, de 23 de julho.

8 – Quando os providos sejam funcionários ou agentes da administração central, regional ou local ou de institutos públicos, exercerão os seus cargos em comissão de serviço ou em regime de requisição, conforme os casos, com a faculdade de optar pelas remunerações correspondentes aos cargos de origem.

9 – Quando os providos sejam trabalhadores de empresas públicas ou privadas, exercerão as suas funções em regime de requisição, nos termos da lei geral em vigor para o respetivo setor.

10 – Os provimentos referidos no presente artigo não conferem, só por si, vínculo à função pública.

11 – O desempenho de funções nos gabinetes de apoio é incompatível com o exercício da advocacia.

12 – O administrador afetará ao Gabinete o pessoal administrativo de apoio considerado necessário ao seu funcionamento.[86]

[86] Ao regime relativo aos assessores no STJ referem-se a Lei nº 2/98, de 8 de janeiro, a Deliberação do CSM nº 538/98, de 26 de outubro, o artigo 13º do DL nº 74/2002, de 26 de março, o artigo 34º da LOSJ e o artigo 61º, nº 2, alínea *h*), do EMJ.

ARTIGO 14º
Gabinete de Imprensa

1 – Compete ao Gabinete de Imprensa:

a) Exercer assessoria em matéria da comunicação social;

b) Estudar e desenvolver formas de divulgação sistemática de informação sobre a atividade do Supremo Tribunal de Justiça, com observância da lei e de diretivas superiores;

c) Analisar o conteúdo dos títulos e selecionar as notícias que interessem à atividade do Supremo Tribunal de Justiça e, em particular, dos tribunais;

d) Recolher e analisar informação relativa a tendências de opinião sobre a ação do Supremo Tribunal de Justiça e, em geral, da administração da justiça.

2 – O Gabinete de Imprensa é constituído por um máximo de três elementos, de preferência com experiência na área da comunicação social.

CAPÍTULO III
Do pessoal

ARTIGO 15º
Regime

O pessoal ao serviço do Supremo Tribunal de Justiça rege-se pelo disposto no presente diploma, pelos diplomas próprios e, em tudo o que não for com eles incompatíveis, pelo regime geral da função pública.

ARTIGO 16º
Quadros de pessoal

1 – O lugar de administrador e o quadro do pessoal dirigente do Supremo Tribunal de Justiça constam do mapa anexo ao presente diploma, que dele faz parte integrante.

2 – O quadro do pessoal da Secretaria Judicial é aprovado nos termos da Lei de Organização e Funcionamento dos Tribunais Judiciais, sob proposta do Presidente do Supremo Tribunal de Justiça.[87]

3 – O quadro do restante pessoal do Supremo Tribunal de Justiça é aprovado por portaria conjunta dos Ministros das Finanças e da Justiça e do membro do Governo que tiver a seu cargo a Administração Pública, sob proposta do Presidente do Supremo Tribunal de Justiça.

ARTIGO 17º
Equiparação de regime

1 – É aplicável ao pessoal que exerça funções no Supremo Tribunal de Justiça o disposto no artigo 26º do Decreto-Lei nº 545/99, de 14 de dezembro, que organiza a composição e funcionamento da secretaria e dos serviços de apoio do Tribunal Constitucional.

[87] A referida Lei foi substituída pela Lei nº 62/2013.

2 – O disposto no Decreto-Lei nº 381/89, de 28 de outubro, é aplicável aos motoristas ao serviço dos vice-presidentes do Supremo Tribunal de Justiça, que estabelece diversas normas aplicáveis aos motoristas da Administração Pública e de institutos públicos.

CAPÍTULO IV
Disposições finais e transitórias

ARTIGO 18º
Serviços Sociais

Em matéria de segurança social complementar, os magistrados do Supremo Tribunal de Justiça, bem como todo o restante pessoal em serviço no Supremo Tribunal de Justiça, têm direito a inscrever-se nos Serviços Sociais do Ministério da Justiça.[88]

[88] Este normativo foi tacitamente revogado.

13. ESTATUTO DOS MAGISTRADOS JUDICIAIS[89]

CAPÍTULO I
Disposições gerais

ARTIGO 1º
Âmbito de aplicação

1 – Os magistrados judiciais em exercício de funções jurisdicionais são titulares do órgão de soberania Tribunal e formam um corpo único, que se rege por um só Estatuto.

2 – O presente Estatuto aplica-se a todos os magistrados judiciais, qualquer que seja a situação em que se encontrem.

3 – (*Revogado.*)

ARTIGO 2º
Composição da magistratura judicial

A magistratura judicial é composta por juízes do Supremo Tribunal de Justiça, juízes dos tribunais da Relação e juízes dos tribunais de primeira instância.

ARTIGO 3º
Função da magistratura judicial

1 – É função da magistratura judicial administrar a justiça em nome do povo, de acordo com as fontes de direito a que deva recorrer nos termos da Constituição e da lei, e fazer executar as suas decisões.

2 – Na administração da justiça, os magistrados judiciais asseguram a defesa dos direitos e interesses legalmente protegidos, reprimem a violação da legalidade democrática, dirimem os conflitos de interesses públicos e privados e garantem a igualdade processual dos interessados nas causas que lhes são submetidas.

3 – Os magistrados judiciais não podem abster-se de julgar com fundamento na falta, obscuridade ou ambiguidade da lei, ou em dúvida insanável sobre o caso em litígio, desde que este deva ser juridicamente regulado.

[89] A Lei nº 67/2019, de 27 de agosto, operou a décima-sexta alteração à Lei nº 21/85, de 30 de julho, retificada pela Declaração nº 16/94, de 3 de dezembro. As suas anteriores alterações ocorreram por via do DL nº 342/88, de 28 de setembro, das Leis nºs 10/94, de 5 de maio, 44/96, de 3 de setembro, 81/98, de 3 de dezembro, 143/99, de 31 de agosto, 3-B/2000, de 4 de abril, 42/2005, de 29 de agosto, 26/2008, de 27 de junho, 52/2008, de 28 de agosto, 63/2008, de 18 de novembro, 37/2009, de 20 de julho, 55-A/2010, de 31 de dezembro, 9/2011, de 12 de abril, e 114/2017, de 29 de dezembro. O novo regime entrou em vigor no dia 1 de janeiro de 2020.

ARTIGO 4º
Independência

1 – Os magistrados judiciais julgam apenas segundo a Constituição e a lei e não estão sujeitos a ordens ou instruções, salvo o dever de acatamento pelos tribunais inferiores das decisões proferidas, em via de recurso, pelos tribunais superiores.

2 – A independência dos magistrados judiciais manifesta-se na função de julgar, na direção da marcha do processo e na gestão dos processos que lhes forem aleatoriamente atribuídos.

3 – A independência dos magistrados judiciais é assegurada pela sua irresponsabilidade e inamovibilidade, para além de outras garantias consagradas no presente Estatuto, e ainda pela existência do Conselho Superior da Magistratura.

ARTIGO 5º
Irresponsabilidade

1 – Os magistrados judiciais não podem ser responsabilizados pelas suas decisões.

2 – Só nos casos especialmente previstos na lei os magistrados judiciais podem ser sujeitos, em razão do exercício das suas funções, a responsabilidade civil, criminal ou disciplinar.

3 – Fora dos casos em que a falta constitua crime, a responsabilidade civil apenas pode ser efetivada mediante ação de regresso do Estado contra o respetivo magistrado, com fundamento em dolo ou culpa grave.

4 – A decisão de exercer o direito de regresso sobre os magistrados judiciais cabe ao Conselho Superior da Magistratura, a título oficioso ou por iniciativa do membro do Governo responsável pela área da justiça.

ARTIGO 6º
Inamovibilidade

Os magistrados judiciais são nomeados vitaliciamente, não podendo ser transferidos, suspensos, promovidos, aposentados ou reformados, demitidos ou por qualquer forma mudados de situação senão nos casos previstos no presente Estatuto.

ARTIGO 6º-A
Proibição de atividade política

1 – É vedada aos magistrados judiciais a prática de atividades político-partidárias de caráter público.

2 – Os magistrados judiciais não podem ocupar cargos políticos, com exceção dos cargos de Presidente da República, de membro do Governo, de membro do Conselho de Estado ou de Representante da República para as regiões autónomas.

ARTIGO 6º-B
Garantias de desempenho

Aos magistrados judiciais devem ser proporcionadas as condições de formação, organização e gestão que lhes permitam desempenhar a sua função com a independência, imparcialidade, dignidade, qualidade e eficiência compatíveis com o adequado funcionamento da administração da justiça.

CAPÍTULO II
Deveres e direitos dos magistrados judiciais

SECÇÃO I
Deveres e incompatibilidades

ARTIGO 6º-C
Dever de imparcialidade

Os magistrados judiciais, no exercício das suas funções, devem agir com imparcialidade, assegurando a todos um tratamento igual e isento quanto aos interesses particulares e públicos que lhes cumpra dirimir.

ARTIGO 7º
Impedimentos

1 – É vedado aos magistrados judiciais:

a) Exercer funções em juízo ou tribunal de competência territorial alargada em que sirvam juízes de direito, magistrados do Ministério Público ou funcionários de justiça a que estejam ligados por casamento ou união de facto, parentesco ou afinidade em qualquer grau da linha reta ou até ao 2º grau da linha colateral;

b) Exercer funções em juízo da mesma comarca ou tribunal de competência territorial alargada em que sirvam juízes de direito, magistrados do Ministério Público ou funcionários de justiça a que estejam ligados por casamento ou união de facto, parentesco ou afinidade em qualquer grau da linha reta ou até ao 2º grau da linha colateral, que gere sistemático impedimento do juiz;

c) Exercer funções na mesma secção do Supremo Tribunal de Justiça ou dos tribunais da Relação em que sirvam magistrados judiciais a que estejam ligados por casamento ou união de facto, parentesco ou afinidade em qualquer grau da linha reta ou até ao 2º grau da linha colateral;

d) Exercer funções em tribunal de comarca a cujo presidente estejam ligados por casamento ou união de facto, parentesco ou afinidade em qualquer grau da linha reta ou até ao 2º grau da linha colateral;

e) Servir em juízo cuja área territorial abranja o concelho em que, nos últimos cinco anos, tenham desempenhado funções de Ministério Público ou de advogado ou defensor nomeado no âmbito do apoio judiciário ou em que, em igual período, tenham tido escritório de advogado, solicitador, agente de execução ou administrador judicial.

2 – Não se aplica o disposto na alínea *a*) do número anterior nos juízos com mais de três magistrados judiciais efetivos e nas situações em que os referidos magistrados do Ministério Público ou funcionários não tenham relação processual ou funcional com o magistrado judicial.

ARTIGO 7º-A
Dever de cooperação

1 – Os magistrados judiciais devem cooperar com o Conselho Superior da Magistratura e os presidentes dos tribunais no exercício das suas atribuições legais

de gestão e organização e estes com aqueles no exercício das suas atribuições legais de administração da justiça.

2 – São atribuições de gestão e organização todas as que não contendam com a concreta tramitação e decisão processual.

ARTIGO 7º-B
Deveres de sigilo e de reserva

1 – Os magistrados judiciais não podem revelar informações ou documentos a que tenham tido acesso no exercício das suas funções que, nos termos da lei, se encontrem cobertos por segredo.

2 – Os magistrados judiciais não podem fazer declarações ou comentários públicos sobre quaisquer processos judiciais, salvo quando autorizados pelo Conselho Superior da Magistratura, para defesa da honra ou para a realização de outro interesse legítimo.

3 – Não são abrangidas pelo dever de reserva as declarações e informações que, em matéria não coberta por segredo de justiça ou por sigilo profissional, visem a realização de direitos ou interesses legítimos, nomeadamente o acesso à informação e a realização de trabalhos técnico-científicos, académicos ou de formação.

4 – Sem prejuízo das regras estabelecidas na lei de processo, a prestação de informações referidas no número anterior deve ser assegurada pelo Conselho Superior da Magistratura, pelos juízes presidentes dos tribunais ou por outros magistrados judiciais a quem este Conselho, sob proposta do juiz presidente respetivo, defira essa competência.

ARTIGO 7º-C
Dever de diligência

Os magistrados judiciais devem pautar a sua atividade pelos princípios da qualidade e eficiência de modo a assegurar, designadamente, um julgamento justo, equitativo e em prazo razoável a todos os que recorrem aos tribunais.

ARTIGO 7º-D
Dever de urbanidade

Os magistrados judiciais devem adotar um comportamento correto para com todos os cidadãos com que contactem no exercício das suas funções, designadamente na relação com os demais magistrados, funcionários, advogados, outros profissionais do foro e intervenientes processuais.

ARTIGO 7º-E
Dever de declaração

Os magistrados judiciais apresentam declarações de rendimentos e património nos termos da lei.

ARTIGO 8º
Domicílio necessário

1 – Os magistrados judiciais têm domicílio necessário na área da comarca onde se encontram instalados os juízos da comarca ou as sedes dos tribunais de competência territorial alargada onde exercem funções, podendo, todavia, residir em qualquer local da comarca, desde que não haja prejuízo para o exercício de funções.

2 – Os magistrados judiciais do quadro complementar consideram-se domiciliados na sede do respetivo tribunal da Relação ou da respetiva comarca, em caso de desdobramento, podendo, todavia, residir em qualquer local da circunscrição judicial, desde que não haja prejuízo para o exercício de funções.

3 – Quando as circunstâncias o justifiquem, e não haja prejuízo para o exercício das suas funções, os juízes de direito podem ser autorizados pelo Conselho Superior da Magistratura a residir em local diferente do previsto nos números anteriores.

4 – Os magistrados judiciais do Supremo Tribunal de Justiça e dos tribunais da Relação estão isentos da obrigação de domicílio necessário.

5 – Os magistrados judiciais abrangidos pelo presente Estatuto não podem indicar mais do que um domicílio.

ARTIGO 8º-A
Incompatibilidades

1 – Os magistrados judiciais em efetividade de funções ou em situação de jubilação não podem desempenhar qualquer outra função pública ou privada de natureza profissional.

2 – Para os efeitos do número anterior, não são consideradas de natureza profissional as funções diretivas não remuneradas em fundações ou em associações das quais os magistrados judiciais sejam associados que, pela sua natureza e objeto, não ponham em causa a observância dos respetivos deveres funcionais, devendo o exercício dessas funções ser precedido de comunicação ao Conselho Superior da Magistratura.

3 – Não são incompatíveis com a magistratura a docência ou a investigação científica de natureza jurídica, não remuneradas, assim como as comissões de serviço ou o exercício de funções estranhas à atividade dos tribunais cuja compatibilidade com a magistratura se encontre especialmente prevista na lei.

4 – O exercício das funções referidas no número anterior carece de autorização do Conselho Superior da Magistratura, não podendo envolver prejuízo para o serviço nos casos da docência ou investigação científica de natureza jurídica.

5 – Carece, ainda, de autorização do Conselho Superior da Magistratura, que só é concedida se a atividade não for remunerada e não envolver prejuízo para o serviço ou para a independência, dignidade e prestígio da função judicial:

a) O exercício de funções não profissionais em quaisquer órgãos estatutários de entidades públicas ou privadas que tenham como fim específico exercer a atividade disciplinar ou dirimir litígios;

b) O exercício de funções não profissionais em quaisquer órgãos estatutários de entidades envolvidas em competições desportivas profissionais, incluindo as respetivas sociedades acionistas.

6 – Não é incompatível com a magistratura o recebimento de quantias resultantes da produção e criação literária, artística, científica e técnica, assim como das publicações derivadas.

SECÇÃO II
Férias, faltas e licenças

ARTIGO 9º
Férias

1 – Os magistrados judiciais têm direito a 22 dias úteis de férias, a que acresce um dia útil por cada 10 anos de serviço efetivamente prestado.

2 – O gozo das férias tem lugar preferencialmente durante os períodos das férias judiciais, sem prejuízo da realização dos turnos para que os magistrados tenham sido previamente designados, tendo direito ao gozo de 20 dias úteis seguidos.

3 – Por motivo de serviço público, motivo justificado ou outro legalmente previsto, os magistrados judiciais podem gozar as suas férias em períodos diferentes do referido no número anterior.

4 – Antes do início das férias, os magistrados judiciais devem indicar ao presidente do respetivo tribunal a forma mais expedita pela qual podem ser contactados.

5 – O Conselho Superior da Magistratura pode determinar, em situação devidamente justificada e fundamentada, o regresso ao serviço, sem prejuízo do direito que cabe aos magistrados judiciais de gozarem, em cada ano civil, os dias úteis de férias a que tenham direito.

6 – Os magistrados em serviço nas regiões autónomas têm direito ao gozo de férias judiciais de verão no continente acompanhados do agregado familiar, ficando as despesas de deslocação a cargo do Estado.

7 – Quando, em gozo de férias ao abrigo do disposto no número anterior, os magistrados tenham de deslocar-se à respetiva região autónoma para cumprirem o serviço de turno que lhes couber, as correspondentes despesas de deslocação ficam a cargo do Estado.

ARTIGO 9º-A
Turnos em férias judiciais

1 – Nos tribunais organizam-se turnos para assegurar o serviço que deva ser executado durante as férias judiciais ou quando o serviço o justifique.

2 – No período de férias judiciais, o serviço urgente é sempre assegurado pelo magistrado judicial de turno, independentemente do gozo de férias pessoais dos restantes magistrados judiciais.

ARTIGO 10º
Faltas e ausências

1 – Quando ocorra motivo ponderoso, os magistrados judiciais podem ausentar-se da circunscrição respetiva por número de dias que não exceda três em cada mês e 10 em cada ano, comunicando previamente o facto ao presidente do tribunal, ou, não sendo possível, imediatamente após o seu regresso.

2 – O exercício de funções que pela sua natureza não careça de ser realizado no tribunal pode excecionalmente ser assegurado pelo juiz fora das respetivas instalações, não sendo considerado ausência de serviço quando não implique falta ou perturbação dos atos judiciais.

3 – Não são ainda contadas como faltas nem carecem de autorização do Conselho Superior da Magistratura, até ao limite de quatro por mês, as ausências que ocorram em virtude do exercício de funções de direção em organizações sindicais da magistratura judicial.

4 – Para além das ausências mencionadas no número anterior, os magistrados que exerçam funções diretivas em organizações representativas da magistratura judicial, gozam ainda, nos termos da lei, do direito a faltas justificadas, que contam, para todos os efeitos, como serviço efetivo.

5 – Em caso de ausência nos termos dos números anteriores, os magistrados judiciais devem informar o local em que podem ser encontrados.

6 – A ausência ilegítima implica, além de responsabilidade disciplinar, a perda de vencimento durante o período em que se tenha verificado.

7 – As faltas por doença são de imediato comunicadas pelo magistrado judicial ao presidente do tribunal.

8 – No caso de faltas por doença que se prolonguem por mais de cinco dias úteis, ou sempre que o considere justificado, deve ser exigida pelo presidente do tribunal a apresentação de atestado médico.

9 – As faltas e as ausências previstas no presente artigo são comunicadas pelo presidente do tribunal ao Conselho Superior da Magistratura.

ARTIGO 10º-A
Dispensa de serviço

1 – Não existindo inconveniente para o serviço, aos magistrados judiciais podem ser concedidas pelo Conselho Superior da Magistratura dispensas de serviço para participação em congressos, simpósios, cursos, seminários ou outras realizações, que tenham lugar no País ou no estrangeiro, conexas com a sua atividade profissional.

2 – Podem ainda ser autorizadas dispensas de serviço, independentemente da finalidade e verificada a inexistência de inconveniente para o serviço, até ao limite de seis dias por ano, por períodos não superiores a dois dias consecutivos, não acumuláveis entre si ou com o período ou períodos de gozo de férias.

3 – É ainda aplicável aos magistrados judiciais, com as devidas adaptações, o disposto na lei geral sobre o regime de bolseiro, dentro e fora do País, quando se proponham realizar programas de trabalho e estudo, bem como frequentar cursos ou estágios de reconhecido interesse público.

4 – A atribuição do estatuto de bolseiro é objeto de deliberação do Conselho Superior da Magistratura, que fixa os respetivos termos, condições e duração.[90]

[90] O artigo 10º-B, relativo à formação contínua, foi revogado.

ARTIGO 11º
Licença sem remuneração

A licença sem remuneração consiste na ausência prolongada do serviço por parte do magistrado judicial com perda total de remuneração, mediante autorização do Conselho Superior da Magistratura, sob requerimento fundamentado do interessado.

ARTIGO 12º
Modalidades de licença sem remuneração

As licenças sem remuneração podem revestir as seguintes modalidades:

a) Licença até um ano;

b) Licença para formação;

c) Licença para exercício de funções em organizações internacionais;

d) Licença para acompanhamento do cônjuge ou unido de facto colocado no estrangeiro;

e) Licença de longa duração, superior a um ano e inferior a 15 anos.

ARTIGO 13º
Pressupostos de concessão

1 – As licenças sem remuneração só são concedidas a magistrados judiciais que tenham prestado serviço efetivo por mais de cinco anos.

2 – A licença a que se refere a alínea *a*) do artigo anterior é gozada de forma ininterrupta.

3 – A concessão das licenças previstas nas alíneas *a*), *b*), *d*) e *e*) do artigo anterior depende de prévia ponderação da conveniência de serviço e, no caso da alínea *b*), também do interesse público subjacente à sua concessão, sendo para este efeito motivo atendível a valorização profissional do magistrado judicial.

4 – A concessão da licença prevista na alínea *c*) do artigo anterior depende:

a) De prévia ponderação do interesse público subjacente à sua concessão, sendo para este efeito motivo atendível a valorização profissional do magistrado judicial;

b) De demonstração da situação do interessado face à organização internacional;

c) De audição prévia do membro do Governo competente, para aferição do respetivo interesse público, se adequado.

5 – A licença prevista na alínea *d*) do artigo anterior é concedida quando o cônjuge do magistrado judicial ou a pessoa com quem viva em união de facto, tenha ou não a qualidade de trabalhador em funções públicas, for colocado no estrangeiro, por período de tempo superior a 90 dias ou por tempo indeterminado, em missão de defesa ou representação de interesses do país ou em organização internacional de que Portugal seja membro.

ARTIGO 14º
Efeitos e cessação

1 – O magistrado judicial a quem tenha sido concedida licença prevista nas alíneas *a*) ou *b*) do artigo 12º pode requerer o regresso antecipado ao serviço, quando tiverem cessado as circunstâncias que determinaram a sua concessão.

2 – A licença prevista na alínea *c*) do artigo 12º é concedida pelo período do exercício das funções, estando a sua concessão, bem como o regresso ao serviço do magistrado judicial, dependentes de prova da situação face à organização internacional, mediante documento comprovativo emitido por esta.

3 – A licença prevista na alínea *d*) do artigo 12º é concedida pelo período da colocação do cônjuge ou unido de facto do magistrado judicial no estrangeiro para o exercício das funções, mesmo que a concessão ocorra após o início dessas, e cessa, a requerimento do interessado, com o seu regresso antecipado ao serviço.

4 – A concessão das licenças previstas nas alíneas *b*) e *c*) do artigo 12º não implica a abertura de vaga no lugar de origem, salvo o disposto no nº 6.

5 – A licença prevista na alínea *b*) do artigo 12º é prorrogável até ao limite de três anos.

6 – A licença referida no número anterior que tenha duração superior a um ano, ainda que resultante de prorrogações, implica a abertura de vaga no lugar de origem.

7 – As licenças previstas nas alíneas *a*), *d*) e *e*) do artigo 12º implicam o desconto na antiguidade para efeitos de carreira, aposentação ou reforma e sobrevivência.

8 – Salvo no caso das licenças previstas na alínea *e*) do artigo 12º, o período de tempo de licença pode contar para efeitos de aposentação, reforma ou jubilação, sobrevivência e fruição dos benefícios do respetivo sistema de proteção social, se o interessado mantiver as correspondentes contribuições e quotizações ou quotas com base na remuneração auferida à data da sua concessão.

9 – Os magistrados judiciais a quem for concedida a licença prevista na alínea *e*) do artigo 12º, durante o tempo que esta perdurar, não estão sujeitos ao presente Estatuto nem podem invocar aquela qualidade em quaisquer circunstâncias.

10 – O decurso do prazo máximo previsto na alínea *e*) do artigo 12º implica a exoneração automática do magistrado judicial.

ARTIGO 15º
Férias após licença

1 – Quando o início e o termo de uma das licenças a que se referem as alíneas *a*) a *d*) do artigo 12º ocorram no mesmo ano civil, o magistrado judicial tem direito, no ano seguinte, a um período de férias proporcional ao tempo de serviço prestado no ano da licença.

2 – Quando as referidas licenças abranjam dois anos civis, o magistrado judicial tem direito, no ano de regresso e no ano seguinte, a um período de férias proporcional ao tempo de serviço prestado, respetivamente no ano de início da licença e no ano de regresso ao exercício de funções.

3 – O magistrado judicial deve gozar as férias vencidas no dia 1 de janeiro do ano civil de passagem à situação de licença sem remuneração para formação, antes do início da mesma, e, na impossibilidade daquele gozo, tem direito a receber, nos 60 dias subsequentes ao início daquela situação, a remuneração correspondente ao período de férias não gozadas, bem como o respetivo subsídio, e a gozar as férias vencidas em 1 de janeiro desse ano imediatamente após a cessação da licença.

4 – No ano de regresso ou no ano seguinte, o magistrado judicial tem direito a um período de férias proporcional ao tempo de serviço prestado, respetivamente, no ano do início da licença e no ano de regresso.

5 – O magistrado judicial deve gozar as férias a que tem direito no ano civil de passagem à situação de licença sem remuneração de longa duração antes do início da mesma e, na impossibilidade daquele gozo, o magistrado judicial tem direito a receber, nos 60 dias subsequentes ao início da licença, a remuneração correspondente ao período de férias não gozadas, bem como ao respetivo subsídio.

6 – Para além do disposto no número anterior, o magistrado judicial tem direito a receber a remuneração referente ao período de férias relativo ao tempo de serviço prestado nesse ano, bem como o subsídio de férias correspondente.

7 – Quando as licenças referidas nas alíneas *c*) e *d*) do artigo 12º tiverem sido concedidas por período inferior a dois anos, aplica-se o disposto no nº 2 e, sendo igual ou superior ao referido período, aplica-se o disposto nos nºs 5 e 6.

SECÇÃO III
Direitos e prerrogativas

ARTIGO 16º
Títulos e relações entre magistrados

1 – Os magistrados judiciais do Supremo Tribunal de Justiça têm o título de conselheiro, os dos tribunais da Relação o de desembargador e os dos tribunais judiciais de primeira instância o de juiz de direito.

2 – Os magistrados judiciais guardam entre si precedência segundo as respetivas categorias, preferindo a antiguidade em caso de igualdade.

3 – O presidente do Supremo Tribunal de Justiça tem precedência entre todos os juízes.

ARTIGO 17º
Direitos especiais

1 – São direitos especiais dos juízes:

a) Quando em exercício de funções, a entrada e livre-trânsito em gares, cais de embarque e aeroportos, mediante simples exibição de cartão de identificação;

b) O uso, porte e manifesto gratuito de armas da classe B, de acordo com a respetiva legislação, e a aquisição das respetivas munições, independentemente de licença ou participação, podendo requisitá-las aos serviços do Ministério da Justiça, através do Conselho Superior da Magistratura, bem como a formação necessária ao seu uso e porte;

c) A vigilância especial da sua pessoa, família e bens, a requisitar pelo Conselho Superior da Magistratura ou, em caso de urgência, pelo magistrado ao comando da força policial da área da sua residência, sempre que ponderosas razões de segurança o exijam;

d) A utilização gratuita de transportes coletivos públicos, terrestres e fluviais, dentro da área da circunscrição em que exerçam funções, e, nas hipóteses dos nºs 2 e 3 do artigo 8º, desde esta até à residência;

e) A utilização gratuita de transportes aéreos entre as regiões autónomas e o continente português, quando exerçam funções nos tribunais superiores e, para esse efeito, tenham residência autorizada naquelas regiões, bem como, quando exerçam funções nas regiões autónomas, entre as respetivas ilhas, tendo neste caso prioridade;

f) A isenção de custas em qualquer ação em que o juiz seja parte principal ou acessória, por via do exercício das suas funções, incluindo as de membro do Conselho Superior da Magistratura ou de inspetor judicial;

g) A dedução ao rendimento, para cálculo do imposto sobre o rendimento de pessoas singulares, de quantias despendidas com a valorização profissional e trajo profissional, até ao montante a fixar anualmente na lei do Orçamento do Estado;

h) A participação em pelo menos duas ações de formação contínua por ano;

i) O gozo dos direitos previstos na legislação sindical e o benefício de redução na distribuição de serviço, mediante deliberação do Conselho Superior da Magistratura, quando exerçam funções em órgão executivo de associação sindical da magistratura judicial ou em organizações internacionais representativas de magistrados.

2 – Quando em exercício de funções os juízes têm ainda direito à entrada e livre-trânsito nos navios acostados nos portos, nas casas e recintos de espetáculos ou outras diversões, nas associações de recreio e, em geral, em todos os lugares onde se realizem reuniões ou seja permitido o acesso público mediante o pagamento de uma taxa, realização de certa despesa ou apresentação de bilhete que qualquer pessoa possa obter.

3 – O Presidente, os vice-presidentes do Supremo Tribunal de Justiça e o vice-presidente do Conselho Superior da Magistratura têm direito a passaporte diplomático e os juízes dos tribunais superiores a passaporte especial, podendo ainda este documento vir a ser atribuído aos juízes de direito sempre que se desloquem ao estrangeiro em virtude das funções que exercem.

4 – O cartão de identificação a que se refere a alínea *a*) do nº 1 é atribuído pelo Conselho Superior da Magistratura e renovado no caso de mudança de categoria, devendo dele constar, nomeadamente, a categoria do magistrado judicial e os direitos que lhe são inerentes.

ARTIGO 18º
Trajo profissional

1 – No exercício das suas funções dentro dos tribunais e, quando o entendam, nas solenidades em que devam participar, os magistrados judiciais usam beca.

2 – Os magistrados judiciais do Supremo Tribunal de Justiça podem usar capa sobre a beca e, em ocasiões solenes, um colar de modelo adequado à dignidade das suas funções, a definir pelo tribunal.

3 – Os presidentes dos tribunais de Relação podem usar, em ocasiões solenes, um colar de modelo adequado à dignidade das suas funções, a definir pelo Conselho Superior da Magistratura.

ARTIGO 19º
Foro próprio

1 – Os magistrados judiciais gozam de foro próprio, nos termos do número seguinte.

2 – O foro competente para o inquérito, a instrução e o julgamento dos magistrados judiciais por infração penal, bem como para os recursos em matéria contraordenacional, é o tribunal de categoria imediatamente superior àquela em que se encontra colocado o magistrado, sendo para os juízes do Supremo Tribunal de Justiça este último tribunal.

ARTIGO 20º
Garantias de processo penal

1 – Os magistrados judiciais não podem ser detidos senão mediante mandado de juiz para os efeitos previstos no Código de Processo Penal, salvo se em flagrante delito por crime punível com pena de prisão de máximo superior a três anos.

2 – Os magistrados judiciais não podem ser sujeitos a medidas de coação privativas da liberdade antes de ser proferido despacho que designe dia para o julgamento relativamente a acusação contra si deduzida, salvo por crime doloso punível com pena de prisão de máximo superior a cinco anos.

3 – Em caso de detenção, o magistrado judicial é imediatamente apresentado à autoridade judiciária competente, que deve informar, pela forma mais expedita, o Conselho Superior da Magistratura da detenção e da decisão que aplique a medida de coação.

4 – O cumprimento da prisão preventiva e das penas privativas de liberdade pelos magistrados judiciais ocorre em estabelecimento prisional comum, em regime de separação dos restantes detidos ou presos.

5 – A busca no domicílio pessoal ou profissional de qualquer magistrado judicial é, sob pena de nulidade, presidida pelo magistrado judicial competente, o qual avisa previamente o Conselho Superior da Magistratura, para que um membro delegado pelo Conselho possa estar presente.

ARTIGO 21º
Exercício da advocacia

1 – Os magistrados judiciais podem advogar em causa própria, do seu cônjuge ou descendente.

2 – Nos casos previstos no número anterior os magistrados podem praticar os atos processuais por qualquer meio, não estando vinculados à transmissão eletrónica de dados.

SECÇÃO IV
Retribuição

ARTIGO 22º
Da retribuição e suas componentes

1 – O sistema retributivo dos magistrados judiciais é exclusivo, próprio e composto por uma remuneração base e pelos suplementos expressamente previstos no presente Estatuto.

2 – A remuneração dos magistrados judiciais deve ser ajustada à dignidade das suas funções de soberania e à responsabilidade de quem as exerce, de modo a garantir as condições de independência do poder judicial.

3 – As componentes remuneratórias elencadas no nº 1 não podem ser reduzidas, salvo em situações excecionais e transitórias, sem prejuízo do disposto no número anterior.

4 – O nível remuneratório dos magistrados judiciais colocados como efetivos não pode sofrer diminuições em resultado de alterações ao regime da organização judiciária que impliquem movimentação obrigatória.

ARTIGO 23º
Remuneração base e subsídios

1 – A estrutura da remuneração base a abonar mensalmente aos magistrados judiciais é a que se desenvolve na escala indiciária do mapa constante do anexo I ao presente Estatuto, do qual faz parte integrante.

2 – A antiguidade, para efeitos de aferição do escalão indiciário, conta-se desde o ingresso como auditor de justiça no Centro de Estudos Judiciários.

3 – Os magistrados judiciais auferem pelo índice 135 da escala indiciária do mapa constante do anexo I ao presente Estatuto, a partir da data em que tomam posse como juízes de direito.

4 – A remuneração base é anual e automaticamente revista, sem pendência de qualquer formalidade, mediante atualização do valor correspondente ao índice 100, nos termos do disposto no artigo 2º da Lei nº 26/84, de 31 de julho, na sua redação atual.

5 – A remuneração base anual é paga em 14 mensalidades, das quais 12 correspondem à remuneração mensal, incluindo a do período de férias, e as demais a um subsídio de Natal, pago em novembro de cada ano, de valor igual à remuneração auferida naquele mês, e a um subsídio de férias, pago no mês de junho de cada ano, de valor igual à remuneração auferida naquele mês.[91]

ARTIGO 24º
Execução de serviço urgente

O suplemento remuneratório diário devido aos magistrados pelo serviço urgente que deva ser executado aos sábados, nos feriados que recaiam em segunda-feira e no segundo dia feriado, em caso de feriados consecutivos, é pago nos termos da lei geral, calculando-se o valor da hora normal de trabalho com referência ao índice 100 da escala salarial.

ARTIGO 25º
Fixação nas regiões autónomas

1 – Ouvidos o Conselho Superior da Magistratura e as organizações representativas dos magistrados judiciais, é atribuído, por despacho dos membros do Governo

[91] O disposto no artigo 23º-A, relativo ao suplemento remuneratório pela execução de serviço urgente, foi revogado.

responsáveis pelas áreas da justiça e das finanças, um suplemento de fixação a magistrados judiciais que exerçam funções nas regiões autónomas.

2 – Os magistrados judiciais que no momento de serem promovidos aos tribunais superiores estejam em exercício de funções nas regiões autónomas há pelo menos cinco anos seguidos e após essa promoção ali mantenham a residência habitual continuam, enquanto a mantiverem, a auferir o suplemento de fixação.

ARTIGO 26º
Subsídio de refeição

Os magistrados judiciais têm direito a subsídio de refeição por cada dia de trabalho efetivamente prestado, correspondente ao valor do subsídio de refeição previsto para os trabalhadores em funções públicas.

ARTIGO 26º-A
Subsídio de compensação

1 – Nas localidades onde se mostre necessário, o Ministério da Justiça, através do Instituto de Gestão Financeira e Equipamentos da Justiça, I. P., põe à disposição dos magistrados judiciais, durante o exercício da sua função, casa de habitação mobilada, mediante o pagamento de uma contraprestação mensal, a fixar pelo membro do Governo responsável pela área da justiça.

2 – Os magistrados judiciais que não disponham de casa de habitação nos termos referidos no número anterior ou não a habitem, conforme o disposto no nº 3 do artigo 8º, têm direito a um subsídio de compensação, constante do anexo I-A ao presente Estatuto, do qual faz parte integrante, equiparado a ajudas de custos e que de igual modo se destina a compensar a disponibilidade e exclusividade absolutas, cujo valor pode ser fixado pelos membros do Governo responsáveis pelas áreas da justiça e das finanças, ouvidos o Conselho Superior da Magistratura e as organizações representativas dos magistrados judiciais, sem prejuízo do disposto no nº 4 do artigo 23º.

3 – O subsídio referido no número anterior é, para os efeitos previstos no presente Estatuto e na alínea *d*), do nº 3, do artigo 2º do Código do IRS, integrado na remuneração referida no artigo 23º, sendo pago 14 vezes por ano e sujeito apenas à dedução da correspondente quota para a Caixa Geral de Aposentação ou da quotização para a segurança social.

4 – A contraprestação mensal referida no nº 1 é devida desde a data da publicação do despacho de nomeação até àquela em que for publicado o despacho que altere a situação anterior, ainda que o magistrado não habite a casa.[92]

ARTIGO 27º
Despesas de representação

1 – O presidente do Supremo Tribunal de Justiça, o vice-presidente do Conselho Superior da Magistratura, os vice-presidentes do Supremo Tribunal de Justiça, os presidentes dos tribunais da Relação e os presidentes dos tribunais de comarca têm

[92] A Secretária de Estado Adjunto e da Justiça, por via do Despacho nº 8470/2019, de 25 de setembro, fixou, a partir de 1 de janeiro de 2020, em € 875, o valor da contraprestação mensal devida pelos magistrados judiciais pelo uso e fruição das casas de função disponibilizadas pelo Ministério da Justiça.

direito a um valor correspondente a 20%, o primeiro, e 10%, os demais, da remuneração base, a título de despesas de representação.

2 – O juiz secretário do Conselho Superior da Magistratura tem direito a despesas de representação fixadas nos termos do nº 2 do artigo 9º da Lei nº 36/2007, de 14 de agosto, e do Despacho Conjunto nº 625/99, publicado no Diário da República, 2ª série, de 3 de agosto.

ARTIGO 28º
Despesas de movimentação

1 – Os magistrados judiciais têm direito ao reembolso, se não optarem pelo recebimento adiantado, das despesas resultantes da sua deslocação e do agregado familiar, bem como, dentro dos limites a estabelecer por deliberação do Conselho Superior da Magistratura, do transporte dos seus bens pessoais, qualquer que seja o meio de transporte utilizado, quando nomeados, promovidos, transferidos ou colocados, afetados ou reafetados, salvo por motivos de natureza disciplinar.

2 – Não é devido reembolso quando a mudança de situação se verifique a pedido do magistrado, exceto:

a) Quando se trate de deslocação entre o continente e as regiões autónomas;

b) Quando a deslocação resulte de movimentação obrigatória.[93]

ARTIGO 29º
Exercício de funções em acumulação e substituição

Pelo exercício de funções em regime de acumulação ou de substituição que se prolongue por período superior a 30 dias seguidos ou 90 dias interpolados no mesmo ano judicial, é devida remuneração, em montante a fixar pelo Conselho Superior da Magistratura, em função do grau de concretização dos objetivos estabelecidos para cada acumulação, tendo como limites um quinto e a totalidade da remuneração devida a magistrado judicial colocado no juízo ou tribunal em causa.

ARTIGO 30º
Ajudas de custo e despesas de deslocação no Supremo Tribunal de Justiça

1 – Os juízes do Supremo Tribunal de Justiça residentes fora dos concelhos de Lisboa, Oeiras, Cascais, Loures, Sintra, Vila Franca de Xira, Almada, Seixal, Barreiro, Amadora e Odivelas têm direito à ajuda de custo fixada para os membros do Governo, abonada por cada dia de sessão do tribunal em que participem.

2 – Os juízes conselheiros residentes fora dos concelhos indicados no número anterior, quando devidamente autorizados, podem:

a) Deslocar-se em viatura automóvel própria para participação nas sessões, tendo direito ao reembolso das respetivas despesas de deslocação até ao limite do valor da correspondente deslocação em transporte público;

b) Optar por qualquer meio de transporte alternativo, tendo direito ao reembolso da despesa suportada, desde que não superior à prevista na alínea anterior.

[93] O disposto no artigo 28º-A, atinente aos mapas de férias, foi revogado. O CSM, por via da Deliberação nº 178/2020, de 4 de fevereiro, estabeleceu o valor do reembolso conforme a natureza e a distância das deslocações.

3 – A participação dos juízes conselheiros em ações de formação contínua, até ao limite de duas em cada ano judicial, realizadas fora do concelho do domicílio respetivo, confere-lhes direito a abono de ajudas de custo, bem como, tratando-se de magistrado residente nas regiões autónomas que se desloque para o efeito ao continente, ao reembolso, se não optar pelo recebimento antecipado, das despesas resultantes da utilização de transporte aéreo, nos termos da lei.

ARTIGO 30º-A
Ajudas de custo e despesas de deslocação nos tribunais da Relação

1 – Os juízes desembargadores residentes fora dos concelhos da sede dos tribunais da Relação ou, no caso dos tribunais da Relação de Lisboa e Porto, fora das respetivas áreas metropolitanas, quando devidamente autorizados, podem:

a) Deslocar-se em viatura automóvel própria para participação nas sessões, tendo direito ao reembolso das respetivas despesas de deslocação até ao limite do valor da correspondente deslocação em transporte público;

b) Optar por qualquer meio de transporte alternativo, tendo direito ao reembolso da despesa suportada, desde que não superior à prevista na alínea anterior.

2 – A participação dos juízes desembargadores em ações de formação contínua, até ao limite de duas em cada ano judicial, realizadas fora do concelho do domicílio respetivo, confere-lhes direito a abono de ajudas de custo, bem como, tratando-se de magistrado judicial residente nas regiões autónomas que se desloque para o efeito ao continente, ao reembolso, se não optar pelo recebimento antecipado, das despesas resultantes da utilização de transporte aéreo, nos termos da lei.

ARTIGO 30º-B
Ajudas de custo e despesas de deslocação nos tribunais de primeira instância

1 – São devidas ajudas de custo, nos termos da lei geral, a regulamentar pela entidade processadora, sempre que um juiz de direito se desloque em serviço para fora da área do concelho onde se encontra instalado o juízo ou a sede do tribunal onde exerce funções.

2 – O juiz de direito que, devidamente autorizado, se desloque em viatura automóvel própria tem direito ao pagamento das respetivas despesas de deslocação de acordo com o regime aplicável aos trabalhadores em funções públicas.

3 – A participação dos juízes de direito em ações de formação contínua, até ao limite de duas em cada ano judicial, realizadas fora da área do concelho onde se encontra instalado o juízo ou a sede do tribunal onde exerce funções, confere-lhes direito a abono de ajudas de custo, bem como, tratando-se de magistrado residente nas regiões autónomas que se desloque para o efeito ao continente, ao reembolso, se não optar pelo recebimento antecipado, das despesas resultantes da utilização de transporte aéreo, nos termos da lei.

ARTIGO 30º-C
Ajudas de custo e despesas por outras deslocações no país e estrangeiro

1 – Os magistrados judiciais em missão oficial, em representação do Conselho Superior da Magistratura ou por nomeação deste órgão, têm direito a ajudas de

custo por todos os dias da deslocação no país, nos termos fixados para os membros do Governo.

2 – Quando, nas circunstâncias referidas no número anterior, os magistrados judiciais, devidamente autorizados, se desloquem em viatura automóvel própria, têm direito ao pagamento das respetivas despesas de deslocação, segundo o regime aplicável aos membros do Governo.

3 – Os magistrados judiciais têm direito a ajudas de custo por todos os dias de deslocação quando, no exercício de funções ou em missão oficial, se desloquem ao estrangeiro, nos termos fixados para os membros do Governo.

CAPÍTULO III
Avaliação

ARTIGO 31º
Princípios orientadores da avaliação

1 – Os juízes de direito são avaliados complementarmente à inspeção do respetivo tribunal.

2 – A avaliação dos juízes de direito respeita os seguintes princípios:

a) Legalidade, igualdade, justiça, razoabilidade e imparcialidade;

b) Independência, nos termos do qual os serviços de inspeção não podem, em qualquer caso, interferir com a independência dos juízes, nomeadamente pronunciando-se quanto ao mérito substancial das decisões;

c) Continuidade, que impõe um permanente acompanhamento dos tribunais e do serviço dos juízes.

3 – As inspeções são realizadas, preferencialmente, por inspetores que desempenharam funções efetivas na mesma jurisdição do inspecionado, sendo inspecionados no mesmo ano civil todos os juízes de direito de igual antiguidade.

4 – Caso o período inspetivo abranja várias jurisdições, a inspeção deve ser realizada preferencialmente por inspetor que tenha desempenhado funções efetivas na jurisdição em que o inspecionado trabalhou durante mais tempo ou na que prestou serviço mais relevante para efeitos inspetivos.

ARTIGO 32º
Classificação de juízes de direito

Os juízes de direito são classificados, de acordo com o seu mérito, de Muito bom, Bom com distinção, Bom, Suficiente e Medíocre.[94]

ARTIGO 33º
Critérios e efeitos das classificações

1 – A classificação deve atender ao modo como os juízes desempenham a função, nomeadamente:

a) Preparação técnica e capacidade intelectual;

[94] O artigo 32º-A, relativo à redução remuneratória, foi revogado.

b) Idoneidade e prestígio pessoal e profissional;
c) Respeito pelos seus deveres;
d) Volume e gestão do serviço a seu cargo;
e) Gestão do juízo ou secção respetiva, atendendo aos recursos humanos e materiais disponíveis;
f) Produtividade e observância dos prazos definidos para a prática dos atos judiciais, considerando o volume processual existente e os meios e recursos disponíveis;
g) Capacidade de simplificação dos atos processuais;
h) Circunstâncias em que o trabalho é prestado;
i) Nível de participação e contributos para o bom funcionamento do serviço;
j) Classificações de serviço atribuídas em inspeções anteriores;
k) Elementos curriculares que constem do seu processo individual;
l) Tempo de serviço;
m) Sanções disciplinares aplicadas no período a que se reporta a inspeção.

2 – A classificação de Medíocre implica a instauração de inquérito, no âmbito do qual pode ser determinada a suspensão de exercício de funções.

ARTIGO 34º
Primeira classificação

1 – Os juízes de direito são obrigatoriamente sujeitos, no final do primeiro ano de exercício efetivo de funções, a uma ação inspetiva que, tendo em consideração os critérios de classificação contidos no nº 1 do artigo anterior, culmina com uma avaliação positiva ou negativa, propondo, no caso de avaliação negativa, medidas de correção.

2 – No caso de avaliação negativa com proposta de adoção de medidas corretivas, o Conselho Superior da Magistratura, decorrido que seja um ano sobre a notificação do relatório, ordena a realização de uma inspeção extraordinária.

3 – Sem prejuízo do disposto nos números anteriores, a primeira notação a atribuir aos juízes de direito efetiva-se ao fim de três anos de exercício de funções.

4 – No caso de falta de classificação não imputável ao juiz de direito, presume-se a de Bom.

ARTIGO 35º
Procedimento

1 – O magistrado judicial é obrigatoriamente ouvido sobre os relatórios informativo e inspetivo, podendo fornecer os elementos que tenha por convenientes.

2 – A resposta do inspetor, que deve ser comunicada ao inspecionado, não pode aduzir factos ou meios de prova novos que o desfavoreçam.

3 – O disposto no número anterior é aplicável quando, no exercício do seu direito de audiência, o interessado se pronuncie sobre a matéria de facto sustentada no relatório inspetivo.

ARTIGO 36º
Periodicidade

1 – Após a primeira notação a que se refere o nº 3 do artigo 34º, os juízes de direito são classificados em inspeção ordinária:
a) Decorridos quatro anos;

b) Depois do período referido na alínea anterior, de cinco em cinco anos.

2 – A renovação da classificação de Muito Bom dispensa a realização da inspeção seguinte, salvo se o Conselho Superior da Magistratura a reputar necessária.

3 – Aos juízes de direito pode ser efetuada inspeção extraordinária, por iniciativa do Conselho Superior da Magistratura, em qualquer altura, ou a requerimento fundamentado dos interessados, desde que a última inspeção ordinária tenha ocorrido há mais de três anos, ou para efeitos de concurso aos tribunais da Relação.

4 – Os juízes de direito em comissão de serviço em tribunais não judiciais são classificados periodicamente, nos mesmos termos dos que exercem funções em tribunais judiciais.

5 – A inspeção deve ser concluída no prazo de 90 dias.

6 – Findo o período de licença de longa duração o juiz de direito é sujeito a nova inspeção, após um ano sobre o reinício de funções.

ARTIGO 37º
Inspeção e classificação de juízes desembargadores

1 – A requerimento fundamentado dos interessados, o Conselho Superior da Magistratura pode determinar inspeção ao serviço dos juízes desembargadores que previsivelmente sejam concorrentes necessários ao acesso ao Supremo Tribunal de Justiça, nos termos do nº 2 do artigo 51º.

2 – Aos juízes desembargadores pode ser efetuada inspeção extraordinária, por iniciativa do Conselho Superior da Magistratura.

3 – Às inspeções a que se referem os números anteriores é aplicável, com as necessárias adaptações, o disposto nos artigos 31º a 33º e 35º.[95]

CAPÍTULO IV
Provimentos

SECÇÃO I
Disposições gerais

ARTIGO 38º
Movimentos judiciais

1 – O movimento judicial é efetuado no mês de julho, sendo publicitadas as vagas previsíveis de lugares de efetivo e de auxiliar, discriminando, dentro de cada tribunal, os juízos respetivos.

2 – Para além do mencionado no número anterior, apenas podem fazer-se movimentos quando o exijam razões de disciplina ou de necessidade no preenchimento de vagas, sendo os movimentos anunciados com antecedência não inferior a 30 dias e publicitadas as vagas previsíveis.

[95] O disposto no artigo 37º-A, relativo à classificação de juízes das Relações, foi revogado.

3 – Os movimentos judiciais, bem como a graduação e colocação dos magistrados judiciais, na primeira instância e nos tribunais superiores, dependem, em exclusivo, de deliberação do Conselho Superior da Magistratura.

ARTIGO 39º
Preparação dos movimentos

1 – Os magistrados judiciais que, por nomeação, transferência, promoção, termo de comissão ou regresso à efetividade, pretendam ser providos em qualquer cargo devem enviar os seus requerimentos ao Conselho Superior da Magistratura.

2 – Os requerimentos são registados na secretaria do Conselho e caducam com a apresentação de novo requerimento ou com a realização do movimento a que se destinavam.

3 – São considerados em cada movimento os requerimentos entrados até ao dia 31 de maio, ou até 25 dias antes da reunião do Conselho, conforme se trate de movimentos referidos no nº 1 ou no nº 2 do artigo 38º.

4 – Os requerimentos de desistência são atendidos desde que deem entrada na secretaria do Conselho até ao 5º dia útil subsequente ao termo do prazo referido no número anterior.

SECÇÃO II
Nomeação de juízes de direito

ARTIGO 40º
Requisitos para o ingresso

São requisitos para exercer as funções de juiz de direito:

a) Ser cidadão português;

b) Estar no pleno gozo dos direitos políticos e civis;

c) Possuir licenciatura em Direito de cinco anos ou ao abrigo do Decreto-Lei nº 74/2006, de 24 de março, na sua redação atual, seguida de mestrado ou doutoramento em área do Direito obtidos em universidade portuguesa, ou grau académico equivalente reconhecido em Portugal;

d) Ter frequentado com aproveitamento os cursos e estágios de formação;

e) Satisfazer os demais requisitos gerais estabelecidos na lei para o provimento de lugares em funções públicas.

ARTIGO 41º
Cursos e estágios de formação

Os cursos e estágios de formação decorrem no Centro de Estudos Judiciários, nos termos do diploma que organiza este Centro.

ARTIGO 42º
Primeira nomeação

1 – Os juízes de direito são nomeados segundo a graduação obtida nos cursos e estágios de formação.

2 – Os juízes de direito são nomeados para o tribunal de comarca, sendo providos nos juízos locais de competência genérica.

3 – Os lugares a que se refere o número anterior são definidos pelo Conselho Superior da Magistratura, com a antecedência necessária a cada movimento judicial.

ARTIGO 43º
Condições de transferência

1 – Os juízes de direito podem ser transferidos a seu pedido quando decorridos dois anos sobre a data da deliberação que os tenha nomeado para o cargo anterior.

2 – Após o exercício de funções em juízos locais de competência genérica, os juízes de direito não podem recusar a primeira colocação em juízo diverso daquele.

3 – Os juízes de direito com mais de três anos de serviço efetivo não podem requerer a sua colocação em lugares de juízo local de competência genérica, identificados pelo Conselho Superior da Magistratura como juízos de primeira nomeação, se já colocados em lugares de instância local de competência especializada ou em lugares de juízo central.

4 – Sem prejuízo do disposto nos números anteriores, podem ser autorizadas, a título excecional, permutas que não prejudiquem o serviço e direitos de terceiros, em igualdade de condições e de encargos, assegurando o Conselho Superior da Magistratura a enunciação dos critérios aplicáveis.

5 – Não se aplica o prazo referido no nº 1 nos casos de provimento em novos lugares, nas situações em que a colocação não tenha sido a pedido, e quando o Conselho Superior da Magistratura assim o delibere por necessidades gerais de serviço.

ARTIGO 44º
Colocação e preferências

1 – A colocação de juízes de direito deve fazer-se com prevalência das necessidades de serviço e o mínimo de prejuízo para a vida pessoal e familiar dos interessados.

2 – Sem prejuízo do disposto no número anterior, constituem fatores atendíveis nas colocações, por ordem decrescente de preferência, a classificação de serviço e a antiguidade.

3 – Em caso de premente conveniência de serviço, o Conselho Superior da Magistratura pode colocar, em lugares de juízo central ou local de competência especializada, juízes de direito com menos de cinco anos de exercício de funções em juízo local de competência genérica.[96]

ARTIGO 45º
Nomeação para juízos de competência especializada

1 – São nomeados, de entre juízes de direito com mais de 10 anos de serviço, com classificação não inferior a Bom com distinção e preferencialmente com formação específica na respetiva área de competência, os magistrados judiciais colocados nos seguintes juízos ou tribunais de competência especializada:

a) Juízos centrais cíveis;

[96] O disposto nos nºs 4 a 6 foi revogado.

b) Juízos centrais criminais;
c) Juízos de instrução criminal;
d) Juízos de família e menores;
e) Juízos de trabalho;
f) Juízos de comércio;
g) Juízos de execução;
h) Tribunal da propriedade intelectual;
i) Tribunal da concorrência, regulação e supervisão;
j) Tribunal marítimo;
k) Tribunais de execução das penas;
l) Tribunal central de instrução criminal.

2 – São nomeados, de entre juízes de direito com mais de cinco anos de serviço e com classificação não inferior a Bom, os magistrados judiciais colocados nos juízos locais dos tribunais de comarca desdobrados em secções cíveis e criminais.

3 – Quando se proceda à criação de tribunais ou juízos de competência especializada pode ser alargado, por decreto-lei, o âmbito do número anterior, ouvido o Conselho Superior da Magistratura.

4 – Na falta de juízes de direito com os requisitos constantes dos nºs 1 e 2, o lugar é provido interinamente, aplicando-se o disposto nos nºs 2 e 3 do artigo 44º.

5 – Em caso de provimento efetuado nos termos do número anterior, o lugar é posto a concurso de dois em dois anos, nos movimentos judiciais, embora possa, durante esse prazo, ser requerida pelo magistrado interino a sua nomeação, desde que satisfaça os requisitos legais exigidos.

6 – Nos casos de perda dos requisitos exigidos pelos nºs 1 e 2, o lugar é posto a concurso no movimento judicial seguinte, exceto se o juiz requerer de imediato a sua nomeação como interino, caso em que se considera o lugar provido dessa forma até à conclusão de inspeção extraordinária a realizar ao serviço prestado como interino no período de dois anos.

ARTIGO 45º-A
Reafetação de juízes, afetação de processos e acumulação de funções

1 – O Conselho Superior da Magistratura, sob proposta ou ouvido o presidente da comarca, e mediante concordância dos juízes, pode determinar:

a) A reafetação de juízes, respeitado o princípio da especialização dos magistrados, a outro tribunal ou juízo da mesma comarca;

b) A afetação de processos para tramitação e decisão a outro juiz que não o seu titular, tendo em vista o equilíbrio da carga processual e a eficiência dos serviços.

2 – O Conselho Superior da Magistratura, sob proposta ou ouvido o presidente de comarca, e mediante concordância do juiz, pode determinar o exercício de funções de magistrados judiciais em mais do que um juízo ou tribunal da mesma comarca, respeitado o princípio da especialização, ponderadas as necessidades dos serviços e o volume processual existente.

3 – As medidas referidas nos números anteriores não podem implicar prejuízo sério para a vida pessoal ou familiar do juiz, têm como finalidade responder a necessidades de serviço, pontuais e transitórias, e devem ser fundadas em critérios

gerais regulamentados pelo Conselho Superior da Magistratura, respeitando os princípios de proporcionalidade, equilíbrio de serviço e aleatoriedade na distribuição.

ARTIGO 45º-B
Quadro complementar de magistrados judiciais

1 – Nas sedes dos tribunais da Relação pode ser criado um quadro complementar de magistrados judiciais para destacamento em tribunais judiciais de primeira instância em que se verifique a falta ou o impedimento dos seus titulares, a vacatura do lugar, ou quando o número ou a complexidade dos processos existentes o justifique.

2 – O quadro de magistrados judiciais referido no número anterior pode ser desdobrado ao nível de cada uma das comarcas.

3 – Os magistrados judiciais nomeados para o quadro, quando destacados para juízo situado em concelho diverso daquele em que se situa a sede do respetivo tribunal da Relação ou o domicílio autorizado, auferem ajudas de custo relativas aos dias em que prestam serviço efetivo, nos termos da lei geral.

4 – O número de magistrados judiciais a que se referem os nºs 1 e 2 é fixado por portaria dos membros do Governo responsáveis pelas áreas das finanças e da justiça, sob proposta do Conselho Superior da Magistratura.

5 – Cabe ao Conselho Superior da Magistratura efetuar a gestão do quadro referido nos nºs 1 e 2 e regular o destacamento dos respetivos magistrados judiciais.

SECÇÃO III
Juízes presidentes

ARTIGO 45º-C
Juízes presidentes da comarca

A nomeação do juiz presidente da comarca pelo Conselho Superior da Magistratura é precedida da audição dos juízes que exercem funções na comarca respetiva.

SECÇÃO IV
Nomeação de juízes desembargadores

ARTIGO 46º
Modo de provimento

1 – O provimento de vagas de juízes desembargadores dos tribunais da Relação faz-se mediante concurso curricular, com prevalência do critério do mérito, entre juízes de direito.

2 – Na definição das vagas é tomado em consideração o número de juízes desembargadores que se encontram em comissão de serviço.

3 – O concurso curricular referido no nº 1 é aberto por deliberação do Conselho Superior da Magistratura quando se verifique a existência e a necessidade de provi-

mento de vagas de juízes desembargadores ou se admita que essa necessidade venha previsivelmente a ocorrer num prazo definido pelo Conselho Superior da Magistratura, em função das circunstâncias.

ARTIGO 47º
Concurso

1 – O concurso compreende duas fases:

a) Na primeira, o Conselho Superior da Magistratura, com a antecedência mínima de 90 dias relativamente à data previsível de abertura de vagas, por aviso publicado no Diário da República, declara aberto concurso curricular de acesso aos tribunais da Relação;

b) Na segunda, é realizada a avaliação curricular dos candidatos e efetuada a graduação final.

2 – Salvo deliberação diversa do Conselho Superior da Magistratura, são chamados a concurso o dobro dos juízes de direito face às vagas a concurso, classificados de Muito bom ou de Bom com distinção, na proporção de um Bom com distinção para cada dois Muito bom, que detenham maior antiguidade e declarem a sua vontade de concorrer à promoção.

3 – Não havendo concorrentes classificados de Muito bom em número suficiente, são selecionados concorrentes classificados com Bom com distinção, e vice-versa.

ARTIGO 47º-A
Avaliação curricular e graduação

1 – Os concorrentes selecionados integram a segunda fase, na qual os seus currículos são apreciados por um júri com a seguinte composição:

a) Presidente do júri, o presidente do Conselho Superior da Magistratura, que pode delegar no vice-presidente;

b) Vogais:

- *i*) Se o presidente não delegar, o vice-presidente e um membro do Conselho Superior da Magistratura com a categoria de juiz desembargador, a escolher por este Conselho;
- *ii*) Se o presidente delegar, dois membros do Conselho Superior da Magistratura com a categoria de juízes desembargadores, a escolher por este Conselho;
- *iii*) Três membros do Conselho Superior da Magistratura, não pertencentes à magistratura, a escolher por este Conselho.

2 – A graduação faz-se segundo o mérito relativo dos concorrentes, tomando-se globalmente em conta a avaliação curricular, com prévia observância do disposto no número seguinte e tendo em consideração, entre outros, os seguintes fatores:

a) Anteriores classificações de serviço;

b) Graduação obtida em concursos de habilitação ou cursos de ingresso em cargos judiciais;

c) Currículo;

d) Outros fatores que abonem a idoneidade dos concorrentes para o cargo a prover.

3 – O júri emite parecer sobre cada um dos candidatos, o qual é tomado em consideração pelo Conselho Superior da Magistratura na deliberação sobre o projeto de graduação, que deve ser fundamentado quando houver discordância em relação a esse parecer.

4 – As deliberações são tomadas por maioria simples de votos, tendo o presidente voto de qualidade.

5 – O Conselho Superior da Magistratura adota as providências que se considerem necessárias à boa organização e execução do concurso e delibera sobre a graduação final.

ARTIGO 48º
Preenchimento de vagas

1 – A graduação é válida pelo período definido pelo Conselho Superior da Magistratura, de um a três anos, para as vagas que vierem a ocorrer nesse período.

2 – A colocação é efetuada mediante concurso, nos movimentos judiciais subsequentes à graduação, com o limite temporal decorrente do estabelecido no nº 3 do artigo 46º, e sempre que, por ocasião destes, se verifique a existência e a necessidade de provimento de vagas de juízes desembargadores.

3 – O requerimento de admissão ao concurso a que se refere o número anterior pode ser feito para todas as secções jurisdicionais ou discriminadamente para qualquer das secções de especialização existentes nos tribunais da Relação.

4 – A colocação nas secções de especialização tem preferencialmente em atenção o efetivo exercício de funções enquanto juiz de direito na jurisdição correspondente à secção de especialização para que concorre.

ARTIGO 49º
Condições de transferência

1 – (*Revogado.*)

2 – A transferência a pedido dos juízes desembargadores não está sujeita ao prazo previsto no nº 1 do artigo 43º, exceto no caso de atrasos no serviço que lhes sejam imputáveis.

3 – A transferência dos juízes da Relação não prejudica a sua intervenção nos processos já inscritos em tabela.

SECÇÃO V
Nomeação de juízes conselheiros para o Supremo Tribunal de Justiça

ARTIGO 50º
Modo de provimento

O acesso ao Supremo Tribunal de Justiça faz-se mediante concurso curricular aberto a juízes desembargadores e a procuradores-gerais adjuntos e a outros juristas de mérito, nos termos dos artigos seguintes.

ARTIGO 51º
Concurso

1 – Com a antecedência mínima de noventa dias relativamente à data previsível de abertura de vagas ou nos oito dias posteriores à ocorrência destas, o Conselho Superior da Magistratura, por aviso publicado no Diário da República, declara aberto concurso curricular de acesso ao Supremo Tribunal de Justiça.

2 – São concorrentes necessários os juízes desembargadores dos tribunais da Relação que se encontrem no quarto superior da lista de antiguidade e não declarem renunciar à promoção.

3 – São concorrentes voluntários:

a) Os procuradores-gerais-adjuntos que o requeiram, com antiguidade igual ou superior à do mais moderno dos juízes referidos no nº 2 e classificação de Muito bom ou Bom com distinção;

b) Os juristas de mérito que o requeiram, com, pelo menos, 30 anos de atividade profissional exclusiva ou sucessivamente na docência universitária ou na advocacia.

4 – Os requerimentos, com os documentos que os devam instruir e as declarações de renúncia, são apresentados no prazo de vinte dias, contado da data de publicação do aviso a que se refere o nº 1.

5 – No mesmo prazo, a Procuradoria-Geral da República envia ao Conselho Superior da Magistratura os elementos curriculares dos magistrados do Ministério Público que se encontrem na situação a que se refere a alínea *a*) do nº 3.

6 – Os concorrentes a que se refere a alínea *b*) do nº 3 cessam, com a notificação da sua admissão à segunda fase do concurso, qualquer atividade político-partidária de caráter público.

7 – Decorrido o prazo da primeira fase do concurso, se o número de renúncias for superior a um quinto dos candidatos, o Conselho Superior da Magistratura chama, por uma vez, e pelo período de dez dias, os juízes desembargadores colocados nas posições imediatamente a seguir ao último da lista inicialmente estabelecida, até perfazer o número de renúncias.

8 – Na primeira fase do concurso, o Conselho Superior da Magistratura procede à seleção dos candidatos a que se referem as alíneas *a*) e *b*) do nº 3, deliberando excluir liminarmente os candidatos que não preencham os requisitos legais para o efeito.

9 – A admissão à segunda fase não prejudica a exclusão dos candidatos referidos na alínea *b*) do nº 3, pelo Conselho Superior da Magistratura, sob proposta do júri, fundamentada na falta objetiva dos requisitos legais ou de mérito.

ARTIGO 52º
Avaliação curricular, graduação e preenchimento de vagas

1 – A graduação faz-se segundo o mérito relativo dos concorrentes de cada classe, tomando-se globalmente em conta a avaliação curricular, com prévia observância do disposto no número seguinte e, nomeadamente, tendo em consideração os seguintes fatores:

a) Anteriores classificações de serviço;

b) Graduação obtida em concursos de habilitação ou cursos de ingresso em cargos judiciais;

c) Atividade desenvolvida no âmbito forense ou no ensino jurídico;

d) Trabalhos doutrinários ou jurisprudenciais realizados;

e) Currículo universitário e pós-universitário;

f) Outros fatores que abonem a idoneidade dos requerentes para o cargo a prover.

2 – Os concorrentes defendem publicamente os seus currículos, de acordo com os termos definidos no aviso de abertura do concurso, perante um júri com a seguinte composição:

a) Presidente do júri, o presidente do Conselho Superior da Magistratura;

b) Vogais:

i) O vice-presidente do Conselho Superior da Magistratura;

ii) Um membro do Conselho Superior da Magistratura, não pertencente à magistratura, a eleger por aquele órgão;

iii) Um membro do Conselho Superior do Ministério Público, a eleger por aquele órgão;

iv) Um professor universitário de Direito, com a categoria de professor catedrático, escolhido, nos termos do nº 6, pelo Conselho Superior da Magistratura;

v) Um advogado com funções no Conselho Superior da Ordem dos Advogados, cabendo ao Conselho Superior da Magistratura solicitar à Ordem dos Advogados a respetiva indicação.

3 – O presidente do Conselho Superior da Magistratura, quando impedido, é substituído pelo vice-presidente, sendo este substituído, no mesmo caso, por um juiz do Supremo Tribunal de Justiça, a indicar pelo Conselho Superior da Magistratura.

4 – As deliberações serão tomadas por maioria simples de votos, tendo o presidente do júri voto de qualidade em caso de empate.

5 – Os concorrentes necessários não podem ser prejudicados em função das opções jurisprudenciais ou doutrinárias tomadas nas decisões judiciais por si proferidas.

6 – O Conselho Superior da Magistratura solicita, a cada uma das universidades, institutos universitários e outras escolas universitárias, públicos e privados, que ministrem o curso de Direito, a indicação, no prazo de 20 dias úteis, do nome de um professor de Direito, com a categoria de professor catedrático, procedendo, subsequentemente, à escolha do vogal a que se refere a subalínea *iv*) da alínea *b*) do nº 2, por votação, por voto secreto, de entre os indicados.

7 – A repartição de vagas faz-se sucessivamente do seguinte modo:

a) Três em cada cinco vagas são preenchidas por juízes desembargadores dos tribunais da Relação;

b) Uma em cada cinco vagas é preenchida por procuradores-gerais-adjuntos;

c) Uma em cada cinco vagas é necessariamente preenchida por juristas de reconhecido mérito;

d) As vagas não preenchidas nos termos da alínea *b*) são atribuídas a juízes desembargadores dos tribunais da Relação;

e) As vagas não preenchidas nos termos da alínea *c*) não podem ser preenchidas por outros candidatos.

8 – O número de juízes conselheiros providos nos termos da alínea *c*) do número anterior não pode exceder um quinto do quadro legal.

SECÇÃO VI
Posse

ARTIGO 53º
Requisitos da posse

1 – A posse deve ser tomada pessoalmente e no tribunal onde o magistrado vai exercer funções.

2 – No ato de posse, o magistrado judicial presta a seguinte declaração de compromisso:

«Afirmo solenemente por minha honra cumprir com lealdade as funções que me são confiadas e administrar a justiça em nome do povo, no respeito pela Constituição e pela lei».

3 – Quando não se fixe prazo especial, o prazo para tomar posse é de 10 dias e começa no dia imediato ao da publicação da nomeação no Diário da República.

4 – Em casos justificados, o Conselho Superior da Magistratura pode prorrogar o prazo para a posse ou autorizar ou determinar que esta seja tomada em local diverso do referido no nº 1.

ARTIGO 54º
Falta de posse

1 – Na primeira nomeação, a falta não justificada de posse dentro do prazo importa, sem dependência de qualquer formalidade, a anulação da nomeação e impossibilita o faltoso de ser nomeado para o mesmo cargo durante dois anos.

2 – Nos demais casos, a falta não justificada de posse é equiparada a abandono de lugar.

3 – A justificação deve ser requerida no prazo de dez dias a contar da cessação do facto que impossibilitou a posse no prazo.[97]

ARTIGO 57º
Competência para conferir posse

1 – Os magistrados judiciais tomam posse:

a) Perante o presidente do Supremo Tribunal de Justiça, no caso dos juízes conselheiros do Supremo Tribunal de Justiça e dos presidentes dos tribunais da Relação;

b) Perante o presidente do Tribunal da Relação respetivo, no caso dos juízes desembargadores;

[97] O disposto nos artigos 55º e 56º, relativos às comissões ordinárias e às comissões de natureza judicial, respetivamente, foi revogado.

c) Perante o presidente da comarca, no caso dos juízes de direito dos juízos ou tribunais nela sedeados.

2 – Em casos justificados, o Conselho Superior da Magistratura pode autorizar ou determinar que a posse seja tomada perante magistrado judicial não referido no número anterior.[98]

ARTIGO 59º
Posse do Presidente do Supremo Tribunal de Justiça

O Presidente do Supremo Tribunal de Justiça toma posse, em ato público, perante o plenário do mesmo tribunal.

ARTIGO 60º
Magistrados judiciais em comissão

Os magistrados judiciais que sejam promovidos ou nomeados enquanto em comissão de serviço de natureza judicial ingressam na nova categoria, independentemente de posse, a partir da publicação da respetiva nomeação.

CAPÍTULO V
Comissões de serviço

ARTIGO 61º
Natureza das comissões

1 – Os magistrados judiciais podem ser nomeados em comissão de serviço de natureza judicial ou não judicial.

2 – Consideram-se comissões de serviço de natureza judicial as respeitantes aos seguintes cargos:

a) Vogal do Conselho Superior da Magistratura;

b) Inspetor judicial;

c) Diretor, coordenador e docente ou responsável pela formação dos magistrados no Centro de Estudos Judiciários;

d) Presidente do tribunal de comarca;

e) Chefe dos gabinetes dos presidentes do Supremo Tribunal de Justiça, do Supremo Tribunal Administrativo, do Tribunal Constitucional e do Tribunal de Contas e adjunto dos mesmos gabinetes;

f) Juiz secretário, chefe do gabinete, adjunto e assessor do Conselho Superior da Magistratura;

g) Juiz em tribunal não judicial;

h) Assessor no Supremo Tribunal de Justiça, no Supremo Tribunal Administrativo, no Tribunal Constitucional e no Tribunal de Contas;

i) Vogal do Conselho Consultivo da Procuradoria-Geral da República;

j) Vice-presidente do Conselho dos Oficiais de Justiça.

[98] O disposto no artigo 58º, atinente à contagem do tempo em comissão de serviço, foi revogado.

3 – Seguem o regime das comissões de serviço de natureza judicial as que respeitem ao exercício de funções:

a) De apoio técnico-legislativo relativo à reforma do sistema judiciário no âmbito do Ministério da Justiça;

b) As correspondentes às de magistratura e assessoria em tribunais internacionais, em tribunais da União Europeia e no âmbito da cooperação judiciária internacional;

c) Em cargo para o qual a lei imponha a designação de magistrado judicial.

4 – Consideram-se comissões de serviço de natureza não judicial, designadamente, as relativas ao exercício de funções na Presidência da República, na Assembleia da República e em gabinetes dos membros do Governo, ou em cargos de direção superior ou equiparada nos organismos por estes tutelados.

5 – A nomeação de magistrados judiciais em comissão de serviço de natureza não judicial é feita mediante escolha da entidade nomeante, não dependendo de outro procedimento de seleção.

6 – Não implicam a abertura de vaga no lugar de origem as comissões de serviço judiciais, exceto as previstas na alínea *f*) do nº 2, e ainda as não judiciais a que a lei atribua esse efeito.

ARTIGO 62º
Autorização

1 – A nomeação para as comissões de serviço depende de prévia autorização do Conselho Superior da Magistratura.

2 – A autorização só pode ser concedida relativamente a magistrados com, pelo menos, cinco anos de efetivo serviço.

3 – O Conselho Superior da Magistratura autoriza a comissão de serviço quando as funções não impliquem um prejuízo sério para o serviço ou representem um interesse público relevante e não prejudiquem, em qualquer caso, a imagem de independência ou o prestígio da magistratura judicial.

ARTIGO 63º
Prazo das comissões de serviço e contagem do respetivo tempo

1 – Na falta de disposição especial, as comissões de serviço têm a duração de três anos e são renováveis por igual período, podendo excecionalmente, em caso de relevante interesse público, ser renovadas por novo período, de igual duração.

2 – Não podem ser nomeados em comissão de serviço, antes que tenham decorrido três anos sobre a cessação do último período, os magistrados que tenham exercido funções em comissão de serviço durante seis anos consecutivos.

3 – Por razões de interesse público, em casos excecionais e devidamente fundamentados, o Conselho Superior da Magistratura pode autorizar uma nova comissão de serviço, antes de decorrido o prazo referido no número anterior.

4 – As comissões de serviço em tribunais internacionais, em tribunais da União Europeia e no âmbito da cooperação internacional e que impliquem a residência do magistrado judicial noutro país têm o prazo que durar essa atividade, sem prejuízo de renovação.

5 – As comissões de serviço referidas na alínea *h*) do nº 2 do artigo 61º têm prazo igual ao mandato do juiz junto do qual o juiz nomeado presta funções, quando aquele mandato for temporalmente limitado por lei.

6 – O tempo em comissão de serviço nos termos dos nºs 2 e 3 do artigo 61º é considerado, para todos os efeitos, como de efetivo serviço na função.

CAPÍTULO VI
Jubilação, cessação e suspensão de funções

SECÇÃO I
Jubilação e aposentação ou reforma

ARTIGO 64º
Jubilação

1 – Consideram-se jubilados os magistrados judiciais que se aposentem ou reformem, por motivos não disciplinares, com a idade e o tempo de serviço previstos no anexo II da presente lei e desde que contem, pelo menos, 25 anos de serviço na magistratura, dos quais os últimos 5 tenham sido prestados ininterruptamente no período que antecedeu a jubilação, exceto se o período de interrupção for motivado por razões de saúde ou se decorrer do exercício de funções públicas emergentes de comissão de serviço.

2 – Os magistrados jubilados continuam vinculados aos deveres estatutários e ligados ao tribunal de que faziam parte, gozam dos títulos, honras, direitos especiais e garantias correspondentes à sua categoria e podem assistir de traje profissional às cerimónias solenes que se realizem no referido tribunal, tomando lugar à direita dos magistrados em serviço ativo.

3 – Aos magistrados jubilados é aplicável o disposto nas alíneas *b*) a *g*) do nº 1 e no nº 4 do artigo 17º e nos nºs 2 e 3 do artigo 26º-A.

4 – Aos juízes conselheiros não oriundos da magistratura e aos magistrados com mais de 40 anos de idade na data de admissão no Centro de Estudos Judiciários não é aplicável o requisito de 25 anos de tempo de serviço na magistratura previsto no nº 1.

ARTIGO 64º-A
Pensão dos magistrados jubilados

1 – A pensão dos magistrados jubilados é calculada em função de todas as remunerações sobre as quais incidiu o desconto respetivo, não podendo a mesma ser superior nem inferior à remuneração do magistrado judicial no ativo de categoria e índice remuneratório idênticos, deduzida da quota para a Caixa Geral de Aposentações ou da quotização para a segurança social.

2 – As pensões dos magistrados jubilados são automaticamente atualizadas e na mesma proporção em função das remunerações dos magistrados de categoria e escalão correspondentes àqueles em que se verifica a jubilação.

3 – Até à liquidação definitiva, os magistrados judiciais jubilados têm direito ao abono de pensão provisória, calculada e abonada nos termos legais pela repartição processadora.

4 – O estatuto de jubilado pode ser retirado por via de procedimento disciplinar, passando a aplicar-se o estatuto de aposentação ou reforma.

5 – Os magistrados judiciais podem renunciar à condição de jubilado, ficando sujeitos em tal caso ao regime geral da aposentação ou da reforma, não podendo readquirir aquela condição.

6 – A pensão calculada nos termos do nº 1 inclui o valor correspondente ao subsídio previsto no artigo 26º-A, independentemente do número de anos da quotização prevista no nº 3 do mesmo preceito.

ARTIGO 64º-B
Prestação de serviço por magistrados jubilados

1 – O Conselho Superior da Magistratura pode, fundado em interesse relevante para o serviço, determinar que os magistrados jubilados prestem serviço ativo.

2 – A intenção de proceder à nomeação a que se refere o número anterior é publicitada, podendo os interessados manifestar disponibilidade mediante requerimento endereçado ao Conselho Superior da Magistratura.

3 – A nomeação é precedida da audição do magistrado, o qual pode, por motivos justificados, pedir que lhe seja concedida escusa.

4 – A nomeação é feita em comissão de serviço pelo período de um ano, renovável por igual período.

ARTIGO 65º
Aposentação ou reforma a requerimento

Os requerimentos para aposentação ou reforma são enviados ao Conselho Superior da Magistratura, que os remete à instituição de proteção social competente para a atribuir.

ARTIGO 66º
Incapacidade

1 – São aposentados por incapacidade ou reformados por invalidez os magistrados judiciais que, por debilidade ou entorpecimento das faculdades físicas ou intelectuais, manifestados no exercício normal da função, não possam manter esse exercício sem grave transtorno da justiça ou dos respetivos serviços.

2 – Os magistrados que se encontrem na situação referida no número anterior são notificados para, no prazo de 30 dias:

a) Requererem a aposentação ou reforma; ou

b) Apresentarem, por escrito, as observações que tiverem por convenientes.

3 – Decorrido o prazo referido no número anterior sem formulação do requerimento de aposentação ou reforma, o Conselho Superior da Magistratura, por deliberação fundamentada e acompanhada dos documentos necessários à instrução do processo, promove, junto do sistema de proteção social competente, a apresentação

do magistrado judicial a exame médico e submissão a junta médica para verificação da incapacidade para o exercício das suas funções, nos termos previstos no nº 1.

4 – No mesmo prazo, o Conselho pode ainda apresentar quesitos à junta médica referida no número anterior.

5 – Para aferição da incapacidade funcional nos termos do nº 3, a junta médica solicita ao Conselho Superior da Magistratura a informação tida por pertinente.

6 – No caso previsto no nº 1, o Conselho Superior da Magistratura pode determinar a imediata suspensão do exercício de funções do magistrado cuja incapacidade especialmente a justifique.

7 – A suspensão prevista no presente artigo é executada por forma a serem resguardados o prestígio da função e a dignidade do magistrado e não tem efeito sobre as remunerações auferidas.

ARTIGO 67º
Reconversão profissional

1 – Em alternativa à aposentação ou reforma previstas no artigo anterior, o magistrado judicial pode requerer a reconversão profissional, quando a incapacidade permanente decorra de doença natural, doença profissional ou acidente em serviço que o torne incapaz para o exercício das suas funções, mas apto para o desempenho de outras.

2 – O procedimento administrativo que conduz à reconversão determinada por incapacidade permanente deve ser iniciado dentro do prazo indicado no nº 2 do artigo anterior, salvo se a incapacidade tiver sido originada por doença profissional ou acidente em serviço.

3 – No procedimento de reconversão profissional, o Conselho Superior da Magistratura deve ter em consideração:

a) O parecer da junta médica;

b) As aptidões e a opinião do requerente sobre a área funcional de inserção;

c) O interesse, a conveniência do serviço e a existência de vagas disponíveis de preenchimento pelo Conselho.

4 – Não existindo vagas, o magistrado judicial pode requerer a sua colocação na administração pública, em lugar adequado às suas qualificações académicas e profissionais, caso em que o procedimento é enviado ao membro do Governo responsável pela área da justiça para efeitos de apreciação e decisão.

5 – A reconversão profissional prevista no número anterior implica a perda da condição de magistrado judicial, determinando, nos termos da alínea *c*) do nº 1 do artigo 70º, a cessação de funções.

ARTIGO 67º-A
Pensão por incapacidade

O magistrado aposentado por incapacidade ou reformado por invalidez tem direito a que a pensão seja calculada com base no tempo de serviço correspondente a uma carreira completa.

ARTIGO 68º
Aposentação ou reforma

1 – A pensão de aposentação ou reforma dos magistrados aposentados ou reformados é calculada com base na seguinte fórmula:

$$R \times T1/C$$

em que:

R é a remuneração mensal relevante nos termos do Estatuto da Aposentação, deduzida da percentagem da quota para aposentação e pensão de sobrevivência no âmbito do regime da Caixa Geral de Aposentações;

T1 é a expressão em anos do número de meses de serviço, com o limite máximo de *C*; e

C é o número constante do anexo III.

2 – O subsídio previsto nos nºs 2 e 3 do artigo 26º-A integra a remuneração mensal relevante, pelo número de meses correspondente à quotização realizada para a Caixa Geral de Aposentações ou para a segurança social.[99]

ARTIGO 69º
Regime subsidiário

As matérias não expressamente reguladas no presente Estatuto, designadamente as condições de aposentação ou reforma dos magistrados judiciais, regem-se, com as necessárias adaptações, pelo regime estabelecido para os trabalhadores em funções públicas, nomeadamente no Estatuto da Aposentação, aprovado pelo Decreto-Lei nº 498/72, de 9 de dezembro, nas Leis nºs 60/2005, de 29 de dezembro, 52/2007, de 31 de agosto, 11/2008, de 20 de fevereiro, e 3-B/2010, de 28 de abril.

SECÇÃO II
Cessação e suspensão de funções

ARTIGO 70º
Cessação de funções

1 – Os magistrados judiciais cessam funções:

a) No dia em que completem 70 anos de idade;

b) No dia 1 do mês seguinte àquele em que for publicado o despacho do seu desligamento ao serviço;

c) Nos casos não abrangidos pelas alíneas anteriores, no dia seguinte ao da publicação da nova situação no Diário da República;

d) No dia seguinte àquele em que perfaça 15 anos ininterruptos de licença prevista na alínea *e*) do artigo 12º.

[99] O Decreto-Lei nº 143/2019, de 20 de setembro, regulamenta o modo de financiamento das pensões de invalidez e velhice do regime geral de segurança social dos magistrados judiciais, e respetivas regras de cálculo.

2 – Nos casos previstos no número anterior e nas alíneas *a*) a *c*) do artigo 12º, os magistrados judiciais que tenham iniciado qualquer julgamento prosseguem os seus termos até final, salvo disposição legal em contrário ou se a mudança de situação resultar de ação disciplinar.

ARTIGO 71º
Suspensão de funções

1 – Os magistrados judiciais suspendem as respetivas funções:

a) No dia em que forem notificados do despacho de pronúncia ou do despacho que designa dia para julgamento por crime doloso praticado no exercício de funções ou punível com pena de prisão superior a três anos;

b) No dia em que lhes for notificada suspensão preventiva por motivo de procedimento disciplinar ou aplicação de pena que importe afastamento do serviço;

c) No dia em que lhes for notificada a suspensão de funções referida no nº 6 do artigo 66º;

d) No dia em que lhes for notificada a deliberação que determinar tal suspensão na sequência da instauração do processo de inquérito referido no nº 2 do artigo 33º.

2 – Fora dos casos referidos na alínea *a*) do número anterior, a suspensão pela prática de crime doloso por força da designação de dia para julgamento fica dependente de decisão do Conselho Superior da Magistratura.

CAPÍTULO VII
Antiguidade e disponibilidade

ARTIGO 72º
Antiguidade na categoria

1 – A antiguidade dos magistrados judiciais na magistratura conta-se desde o ingresso no Centro de Estudos Judiciários.

2 – A antiguidade dos magistrados judiciais na categoria conta-se desde a data da publicação da nomeação no Diário da República ou da data que constar do ato de nomeação.

3 – A publicação das nomeações deve respeitar, na sua ordem, a graduação feita pelo Conselho Superior da Magistratura.

ARTIGO 73º
Tempo de serviço para a antiguidade

Para efeitos de antiguidade não é descontado:

a) O tempo de exercício de funções como Presidente da República, de Representante da República para as regiões autónomas e de membro do Governo;

b) O tempo de suspensão preventiva ordenada em procedimento disciplinar ou determinada por despacho de pronúncia ou por despacho que designar dia para julgamento por crime doloso quando os processos terminarem por arquivamento ou absolvição;

c) O tempo de suspensão de exercício ordenada nos termos do nº 6 do artigo 66º;

d) O tempo de suspensão de funções nos termos da alínea *d*) do nº 1 do artigo 71º, se a deliberação não vier a ser confirmada;

e) O tempo de prisão preventiva sofrida em processo de natureza criminal que termine por arquivamento ou absolvição;

f) As faltas por motivo de doença que não excedam 180 dias em cada ano;

g) As ausências, nos termos e limites definidos pelo artigo 10º;

h) O prazo das licenças previstas nas alíneas *b*) e *c*) do artigo 12º.

ARTIGO 74º
Tempo de serviço que não conta para antiguidade

Não conta para efeitos de antiguidade:

a) O tempo decorrido na situação das licenças previstas nas alíneas *a*), *d*) e *e*) do artigo 12º, sem prejuízo do disposto no artigo 14º;

b) O tempo que, de acordo com as disposições sobre procedimento disciplinar, for considerado perdido;

c) O tempo de ausência ilegítima do serviço.

ARTIGO 75º
Contagem de antiguidade

Quando vários magistrados forem nomeados ou promovidos por despacho publicado na mesma data, observa-se o seguinte:

a) Nas nomeações precedidas de cursos ou estágios de formação findos os quais tenha sido elaborada lista de graduação, a antiguidade é determinada pela ordem aí estabelecida;

b) Nas promoções e nomeações por concurso, a antiguidade é determinada pela ordem de acesso;

c) Em qualquer outro caso, a antiguidade é determinada pela antiguidade relativa ao lugar anterior.

ARTIGO 76º
Lista de antiguidade

1 – A lista de antiguidade dos magistrados judiciais é anualmente publicada pelo Conselho Superior da Magistratura no Diário da República e divulgada no respetivo sítio na Internet.

2 – Os magistrados judiciais são graduados em cada categoria de acordo com o tempo de serviço, mencionando-se, a respeito de cada um, o cargo ou função que desempenha e a data da colocação.

3 – (*Revogado.*)

ARTIGO 77º
Reclamações

1 – Os magistrados judiciais que se considerem lesados pela graduação constante da lista de antiguidade podem reclamar da mesma, em requerimento dirigido

ao Conselho Superior da Magistratura, no prazo de 15 dias a contar da data da divulgação referida no nº 1 do artigo anterior.

2 – Os magistrados judiciais que possam ser prejudicados pela reclamação devem ser identificados no requerimento e são notificados por via eletrónica para responderem no prazo de 15 dias.

3 – Apresentadas as respostas ou decorrido o prazo a elas reservado, o Conselho Superior da Magistratura delibera no prazo de 30 dias.

ARTIGO 78º
Efeito de reclamação em movimentos já efetuados

A procedência de reclamação implica a integração do reclamante no lugar de que haja sido preterido, com todas as consequências legais.

ARTIGO 79º
Correção oficiosa de erros materiais

1 – Quando o Conselho Superior da Magistratura verificar que houve erro material na graduação pode, a todo o tempo, ordenar as necessárias correções, ouvindo previamente todos os interessados.

2 – As correções referidas no número anterior, logo que publicadas na lista de antiguidade, ficam sujeitas ao regime dos artigos 77º e 78º.

ARTIGO 80º
Disponibilidade

1 – Consideram-se na situação de disponibilidade os magistrados judiciais que aguardam colocação em vaga da sua categoria:

a) Por ter findado a comissão de serviço ou a licença sem remuneração em que se encontravam;

b) Por terem regressado à atividade após cumprimento de pena;

c) Por terem sido extintos os lugares que ocupavam;

d) (*Revogada.*)

e) Nos demais casos previstos na lei.

2 – A situação de disponibilidade não implica perda de antiguidade nem de retribuição.

CAPÍTULO VIII
Regime disciplinar

SECÇÃO I
Disposições gerais

ARTIGO 81º
Responsabilidade disciplinar

Os magistrados judiciais estão sujeitos a responsabilidade disciplinar nos casos previstos e com as garantias estabelecidas no presente Estatuto.

ARTIGO 82º
Infração disciplinar

Constituem infração disciplinar os atos, ainda que meramente culposos, praticados pelos magistrados judiciais com violação dos princípios e deveres consagrados no presente Estatuto e os demais atos por si praticados que, pela sua natureza e repercussão, se mostrem incompatíveis com os requisitos de independência, imparcialidade e dignidade indispensáveis ao exercício das suas funções.

ARTIGO 83º
Autonomia

1 – O procedimento disciplinar é autónomo relativamente ao procedimento criminal e contraordenacional instaurado pelos mesmos factos.

2 – Quando, em procedimento disciplinar, se apure a existência de infração criminal, o inspetor dá imediato conhecimento deste facto ao Conselho Superior da Magistratura e ao Ministério Público.

3 – Proferido despacho de validação da constituição de magistrado judicial como arguido, a autoridade judiciária competente dá imediato conhecimento desse facto ao Conselho Superior da Magistratura.

ARTIGO 83º-A
Extinção da responsabilidade disciplinar

A responsabilidade disciplinar extingue-se por:

a) Caducidade e prescrição do procedimento disciplinar;
b) Prescrição da sanção;
c) Cumprimento da sanção;
d) Morte do arguido;
e) Amnistia ou perdão genérico.

ARTIGO 83º-B
Caducidade do procedimento disciplinar

1 – O direito de instaurar procedimento disciplinar caduca passado um ano sobre a data em que a infração tenha sido cometida.

2 – Caduca igualmente quando, conhecida a infração pelo plenário ou pelo conselho permanente do Conselho Superior da Magistratura através da sua secção disciplinar, não seja instaurado o competente procedimento disciplinar no prazo de 60 dias.

3 – Quando o facto qualificado como infração disciplinar seja também considerado infração penal, o direito previsto no nº 1 tem o prazo e o regime da prescrição estabelecidos na lei penal.

ARTIGO 83º-C
Prescrição do procedimento disciplinar

1 – O procedimento disciplinar prescreve decorridos 18 meses a contar da data em que foi instaurado, ressalvado o tempo de suspensão, quando, nesse prazo, o visado não tenha sido notificado da decisão final.

2 – A prescrição do procedimento disciplinar referida no nº 1 suspende-se durante o tempo em que, por força de decisão jurisdicional ou de apreciação jurisdicional de qualquer questão, a marcha do correspondente processo não possa começar ou prosseguir.

3 – É correspondentemente aplicável o disposto no nº 3 do artigo anterior.

ARTIGO 83º-D
Suspensão da prescrição

1 – O prazo de prescrição suspende-se, por um período até um máximo de seis meses, com a instauração de procedimento de sindicância aos órgãos ou serviços, bem como com a instauração de procedimento de inquérito ou procedimento disciplinar comum, mesmo que não dirigidos contra o magistrado judicial a quem a prescrição aproveite, quando em qualquer deles venham a apurar-se infrações pelas quais seja responsável.

2 – A suspensão do prazo prescricional apenas opera quando, cumulativamente:

a) Os processos referidos no número anterior tenham sido instaurados nos 60 dias seguintes à suspeita da prática de factos disciplinarmente puníveis;

b) O procedimento disciplinar subsequente tenha sido instaurado nos 60 dias seguintes à receção daqueles processos, para decisão; e

c) À data da instauração dos processos e procedimento referidos nas alíneas anteriores não se encontre já caducado o direito de instaurar procedimento disciplinar.

3 – O prazo de prescrição volta a correr a partir do dia em que cesse a causa da suspensão.

ARTIGO 83º-E
Direito subsidiário

Em tudo o que se não mostre expressamente previsto neste Estatuto em matéria disciplinar são aplicáveis, com as devidas adaptações, o Código de Procedimento Administrativo, o Código Penal, o Código de Processo Penal e, na sua falta, os princípios gerais do direito sancionatório.

SECÇÃO II
Classificação das infrações

ARTIGO 83º-F
Classificação das infrações

As infrações disciplinares cometidas pelos magistrados judiciais assumem a categoria de muito graves, graves e leves, em função das circunstâncias de cada caso.

ARTIGO 83º-G
Infrações muito graves

Constituem infrações muito graves os atos praticados com dolo ou negligência grosseira que, pela reiteração ou gravidade da violação dos deveres e incompatibilidades previstos no presente Estatuto, se revelem desprestigiantes para a administração da justiça e para o exercício da judicatura, nomeadamente:

a) A recusa em administrar a justiça, ainda que com fundamento na falta, obscuridade ou ambiguidade da lei ou dúvida insanável sobre o caso em litígio, desde que este deva ser juridicamente regulado;

b) A intromissão, mediante ordens ou pressões de qualquer tipo ou natureza, nas funções de outro magistrado, com o fim de alcançar, por meio de decisão favorável, vantagens ilegítimas para si ou para outrem;

c) O exercício de qualquer atividade incompatível com a função, ainda que o magistrado judicial se encontre na situação de jubilação;

d) A inobservância do dever de se declarar impedido ou de acionar os mecanismos de impedimento legalmente previstos, visando prejudicar, favorecer e propiciar vantagens ou benefícios processuais ou económicos para qualquer das partes;

e) A revelação ilegítima de factos ou dados conhecidos no exercício das suas funções, que causem prejuízo à tramitação de um processo, a qualquer pessoa ou à imagem ou prestígio do sistema de justiça;

f) A ausência ilegítima e continuada por mais de 10 dias úteis seguidos ou 20 dias úteis interpolados em cada ano, da circunscrição judicial em que o magistrado judicial se encontre colocado, ou quando deixe de comparecer ao serviço com expressa manifestação da intenção de abandonar o lugar, presumindo-se o abandono na ausência injustificada durante 30 dias úteis seguidos;

g) A falsidade ou omissão relevante na prestação de dados e elementos constantes de solicitações ou requerimentos de licenças, declarações de compatibilidade, retribuições, ajudas económicas ou quaisquer outros documentos que possam servir para apreciação de uma pretensão ou para o cumprimento de um dever legal do requerente;

h) A utilização abusiva da condição de magistrado judicial para obter vantagens pessoais, para si ou para terceiro, de autoridades, funcionários ou profissionais de outras categorias;

i) A prática de atividade político-partidária de caráter público;

j) O incumprimento reiterado dos deveres legais de apresentação de declaração de rendimentos e património.

ARTIGO 83º-H
Infrações graves

1 – Constituem infrações graves os atos praticados com dolo ou negligência grosseira que revelem grave desinteresse pelo cumprimento dos deveres funcionais, nomeadamente:

a) O não acatamento das decisões proferidas pelos tribunais superiores por via de recurso;

b) O excesso ou abuso de autoridade, ou grave falta de consideração e respeito devidos aos cidadãos e a todos aqueles com quem se relacione no exercício das suas funções;

c) A revelação pública e ilegítima, fora dos canais ou meios de informação judicial estabelecidos, de factos ou dados conhecidos no exercício da sua função ou por causa dela;

d) A ausência ilegítima e continuada por mais de 5 dias úteis e menos de 11 dias úteis da circunscrição judicial em que o magistrado judicial se encontre colocado;

e) O incumprimento injustificado, reiterado ou revelador de grave falta de zelo profissional, dos horários estabelecidos para os atos públicos, bem como dos prazos estabelecidos para a prática de ato próprio do juiz, designadamente quando decorrerem seis meses desde o fim do prazo para a prática do ato;

f) O incumprimento injustificado de pedidos de informação, deliberações ou provimentos funcionais do Conselho Superior da Magistratura e dos presidentes dos tribunais, dadas no âmbito das suas atribuições de organização e com a forma legal;

g) O exercício de atividade compatível com o exercício de funções de magistrado judicial com autorização obtida mediante a prestação de elementos falsos;

h) A prestação de informações falsas relativas à carreira profissional ou ao exercício da função;

i) O retardamento injustificado da redução a escrito e do depósito de decisões proferidas, bem como da devolução à respetiva secretaria de processos judiciais retidos pelo magistrado judicial quando sobre os mesmos deixe de ter jurisdição;

j) A interferência ilegítima na atividade jurisdicional de outro magistrado;

k) O acesso a bases de dados pessoais disponibilizadas para o exercício funcional, não livremente acessíveis ao público, para fins alheios à função;

l) A utilização do conteúdo das bases de dados pessoais referidas na alínea anterior para fins alheios à função;

m) Qualquer das condutas elencadas no artigo anterior que não reúna todos os pressupostos enunciados no respetivo proémio e que, por esse motivo, não seja considerada falta muito grave.

2 – Constitui ainda infração grave a formulação, por magistrado judicial, de pedidos de informação, instruções, decisões ou provimentos fora do âmbito das respetivas atribuições de organização.

ARTIGO 83º-I
Infrações leves

Constituem faltas leves as infrações praticadas com culpa leve que traduzam uma deficiente compreensão dos deveres funcionais, nomeadamente:

a) A ausência ilegítima e continuada por mais de três dias úteis e menos de sete dias úteis da circunscrição judicial em que esteja colocado;

b) O exercício de atividade compatível com o exercício de funções de magistrado judicial, sem obter, quando exigível, a pertinente autorização;

c) O incumprimento injustificado, reiterado ou revelador de falta de zelo profissional, dos horários estabelecidos para os atos públicos, bem como dos prazos estabelecidos para a prática de ato próprio do juiz, designadamente quando decorrerem três meses desde o fim do prazo para a prática do ato.

ARTIGO 83º-J
Incumprimento injustificado

A aferição do incumprimento injustificado previsto na alínea *e*) do artigo 83º-H exige a ponderação concreta do volume e caraterísticas do serviço a cargo do juiz, incluindo o número de processo findos, as circunstâncias do exercício de funções, a percentagem de processos em que as decisões foram proferidas com atraso, bem como a ponderação, em concreto, sobre se, face a estas circunstâncias e às condições pessoais, teria sido razoável exigir ao magistrado comportamento diferente.

SECÇÃO III
Sanções

SUBSECÇÃO I
Escolha e medida da sanção disciplinar

ARTIGO 84º
Escolha e medida da sanção disciplinar

Na escolha e medida da sanção disciplinar a aplicar, o órgão decisor tem em conta todas as circunstâncias que, não estando contempladas no tipo de infração cometida, deponham a favor ou contra o arguido, nomeadamente:

a) O grau de ilicitude dos factos, o modo de execução, a gravidade das suas consequências e o grau de violação dos deveres impostos;

b) A intensidade e o grau de culpa e os fins que determinaram a prática da infração;

c) As condições pessoais do arguido, a sua situação económica e a conduta anterior e posterior à prática da infração.

ARTIGO 84º-A
Causas de exclusão da ilicitude ou da culpa

Excluem a ilicitude do comportamento ou a culpa do magistrado judicial, afastando a sua responsabilidade disciplinar:

a) A coação;

b) A privação acidental e involuntária do exercício das faculdades intelectuais no momento da prática da infração;

c) A legítima defesa, própria ou alheia;

d) A não exigibilidade de conduta diversa;

e) O exercício de um direito ou o cumprimento de um dever.

ARTIGO 85º
Atenuação especial da sanção disciplinar

A sanção disciplinar pode ser especialmente atenuada, aplicando-se a sanção de escalão inferior, quando existam circunstâncias anteriores ou posteriores à infração, ou contemporâneas dela, que diminuam acentuadamente a gravidade do facto ou a culpa do arguido, nomeadamente:

a) O exercício de funções, por mais de 10 anos, sem que haja sido cometida qualquer outra infração grave ou muito grave;

b) A confissão espontânea e relevante da infração;

c) A provocação injusta, a atuação sob ameaça grave ou a prática da infração ter sido determinada por motivo honroso;

d) A verificação de atos demonstrativos de arrependimento ativo.

ARTIGO 85º-A
Circunstâncias agravantes especiais

São circunstâncias agravantes da infração disciplinar as seguintes:

a) A vontade determinada de produzir resultados prejudiciais para o sistema de justiça;

b) A reincidência.

ARTIGO 86º
Reincidência

1 – Se, antes de decorridos três anos sobre a data da condenação de uma infração punida com sanção disciplinar superior à de advertência, total ou parcialmente cumprida, o magistrado judicial cometer outra infração, é punido como reincidente, desde que as circunstâncias do caso revelem ausência de eficácia preventiva da condenação anterior.

2 – Se a sanção disciplinar aplicável for qualquer uma das previstas nas alíneas *b*) e *d*) do nº 1 do artigo 91º, em caso de reincidência, o seu limite mínimo é igual a um terço ou um quarto do limite máximo, respetivamente.

3 – Tratando-se de sanção diversa das referidas no número anterior, é aplicada sanção de escalão imediatamente superior.

ARTIGO 87º
Concurso de infrações

1 – Verifica-se o concurso de infrações quando o magistrado judicial comete duas ou mais infrações antes de se tornar inimpugnável a condenação por qualquer delas.

2 – No concurso de infrações aplica-se uma única sanção disciplinar e, quando lhes correspondam diferentes sanções disciplinares, aplica-se a de maior gravidade, agravada em função do concurso, se a sua moldura for variável.

ARTIGO 87º-A
Suspensão da execução das sanções disciplinares

1 – As sanções de advertência, multa e suspensão de exercício podem ser suspensas na sua execução quando, atendendo à personalidade do arguido, às condições da sua vida, à sua conduta anterior e posterior à infração e às circunstâncias desta, se conclua que a simples censura do comportamento e a ameaça da sanção realizam de forma adequada e suficiente as finalidades da sanção.

2 – O tempo de suspensão não é inferior a seis meses para a advertência e para a multa e a um ano para a suspensão de exercício, nem superior a um e dois anos, respetivamente.

3 – Os tempos previstos no número anterior contam-se desde a data da notificação ao arguido da respetiva decisão.

4 – A suspensão é revogada quando o magistrado judicial cometa, no seu decurso, nova infração disciplinar pela qual seja sancionado, revelando que as finalidades que estavam na base da suspensão não puderam, por meio dela, ser alcançadas.

5 – A revogação determina o cumprimento da sanção disciplinar que havia sido previamente suspensa.

ARTIGO 88º
Prescrição das sanções disciplinares

1 – As sanções disciplinares previstas no presente Estatuto prescrevem nos seguintes prazos:

a) Seis meses, nos casos de advertência e multa;

b) Um ano, nos casos de transferência;

c) Três anos, nos casos de suspensão de exercício de funções;

d) Cinco anos, no caso de aposentação ou reforma compulsiva e demissão.

2 – O prazo de prescrição conta-se a partir do dia em que se tornar inimpugnável a decisão que tiver aplicado a sanção disciplinar.

ARTIGO 89º
Sujeição à responsabilidade disciplinar

1 – A exoneração ou mudança de situação não impedem a punição por infrações cometidas no exercício da função.

2 – Em caso de suspensão do vínculo, ou ausência ao serviço, o magistrado judicial cumpre sanção disciplinar quando regressar à atividade.

3 – Em caso de cessação do vínculo, o magistrado judicial cumpre a sanção disciplinar se regressar à atividade.

ARTIGO 90º
Substituição de sanções disciplinares

Para os magistrados aposentados ou reformados, jubilados ou que, por qualquer outra razão, se encontrem fora da atividade, a multa e a suspensão de exercício são substituídas pela perda de pensão ou remuneração pelo tempo correspondente.

SUBSECÇÃO II
Espécies de sanções disciplinares

ARTIGO 91º
Escala de sanções

1 – Os magistrados judiciais estão sujeitos às seguintes sanções:

a) Advertência;

b) Multa;

c) Transferência;

d) Suspensão de exercício;

e) Aposentação ou reforma compulsiva;

f) Demissão.

2 – As sanções aplicadas são sempre registadas, salvo a de advertência, em que o registo pode ser dispensado.

ARTIGO 92º
Advertência

A advertência consiste num reparo pela irregularidade praticada ou numa repreensão destinada a prevenir o magistrado judicial de que a ação ou omissão é suscetível de causar perturbação no exercício das funções ou de nele se repercutir de forma incompatível com a dignidade que lhe é exigível.

ARTIGO 93º
Multa

1 – A sanção de multa é fixada em quantia certa e tem como limite mínimo o valor correspondente a uma remuneração base diária e como limite máximo o valor correspondente a seis remunerações base diárias.

2 – No caso de cúmulo de sanções de multa, a multa aplicável não pode ultrapassar 90 remunerações base diárias.

ARTIGO 94º
Transferência

A transferência consiste na colocação do magistrado judicial em cargo da mesma categoria fora da área de jurisdição do tribunal ou serviço em que anteriormente desempenhava o cargo.

ARTIGO 95º
Suspensão de exercício

1 – A suspensão de exercício consiste no afastamento completo do serviço durante o período da sanção.

2 – A suspensão pode ser de 20 a 240 dias.

ARTIGO 96º
Aposentação ou reforma compulsiva

A aposentação ou reforma compulsiva consiste na imposição da aposentação ou da reforma.

ARTIGO 97º
Demissão

A demissão consiste no afastamento definitivo do magistrado judicial, com cessação do vínculo à função.

SUBSECÇÃO III
Aplicação das sanções

ARTIGO 98º
Sanção de advertência

A advertência é aplicável a infrações leves.

ARTIGO 99º
Sanção de multa

1 – A multa é aplicável às infrações graves em que não se mostre necessária ou adequada, face às circunstâncias do caso, a aplicação de outra sanção disciplinar mais gravosa.

2 – A requerimento do sancionado, pode ser autorizado o pagamento em prestações da sanção disciplinar de multa, sempre que o quantitativo em que o magistrado judicial tenha sido sancionado seja superior a um terço do vencimento líquido auferido pelo mesmo.

3 – Quando o sancionado em multa não a pague no prazo de 30 dias contados da notificação para o pagamento, a respetiva importância é descontada na remuneração que lhe seja devida.

4 – O desconto previsto no número anterior é efetuado em prestações mensais que não excedam a sexta parte da remuneração até perfazerem o valor total em dívida, segundo deliberação do Conselho Superior da Magistratura.

5 – O disposto no número anterior não prejudica, quando necessário, a execução, que segue os termos do processo de execução fiscal, constituindo título executivo a certidão da decisão condenatória.

ARTIGO 100º
Sanção de transferência

1 – A transferência é aplicável a infrações graves ou muito graves que afetem o prestígio exigível ao magistrado judicial e ponham em causa a sua manutenção no meio social em que desempenha o cargo ou no juízo ou tribunal onde exerce funções.

2 – O magistrado judicial transferido não pode regressar à comarca ou ao tribunal de competência territorial alargada em que anteriormente desempenhava o cargo nos três anos subsequentes à aplicação da sanção.

ARTIGO 101º
Sanção de suspensão de exercício

1 – A suspensão de exercício é aplicável a infrações graves ou muito graves que revelem a falta de interesse pelo exercício funcional e manifesto desprestígio para a função jurisdicional, ou quando o magistrado judicial for condenado em pena de prisão.

2 – O tempo de prisão cumprido é descontado na sanção disciplinar.

ARTIGO 102º
Sanção de aposentação ou reforma compulsiva e de demissão

1 – A aposentação ou reforma compulsiva e a demissão são aplicáveis a infrações muito graves quando se verifique alguma das seguintes circunstâncias:

a) Definitiva ou manifesta e reiterada incapacidade de adaptação às exigências da função;

b) Conduta desonrosa ou manifestamente violadora da integridade, isenção, prudência e correção pessoal que lhe é exigida;

c) Condenação por crime praticado com evidente e grave abuso da função ou com manifesta e grave violação dos deveres a ela inerentes.

2 – Ao abandono de lugar corresponde sempre a sanção de demissão.

SUBSECÇÃO IV
Efeitos das sanções

ARTIGO 103º
Efeitos da transferência

1 – A sanção de transferência implica a perda de 60 dias de antiguidade.

2 – Em casos excecionais, devidamente fundamentados, o Conselho Superior da Magistratura pode reduzir ou eliminar este efeito.

ARTIGO 104º
Efeitos da suspensão de exercício

1 – A sanção de suspensão de exercício implica a perda do tempo correspondente à sua duração para efeitos de remuneração, antiguidade e aposentação ou reforma.

2 – Se a suspensão aplicada for igual ou inferior a 120 dias pode implicar ainda, além dos efeitos previstos no número anterior, o previsto na alínea *b*) do número seguinte, quando o magistrado judicial sancionado não possa manter-se no meio em que exerce as funções sem quebra do prestígio que lhe é exigível, o que deve constar da decisão disciplinar.

3 – Se a suspensão aplicada for superior a 120 dias pode implicar ainda, além dos efeitos previstos no nº 1:

a) A impossibilidade de promoção ou acesso durante dois anos, contados do termo do cumprimento da sanção;

b) A transferência para cargo idêntico em tribunal ou serviço diferente daquele em que o magistrado judicial exercia funções na data da prática da infração.

4 – A aplicação da sanção de suspensão de exercício não prejudica o direito do magistrado judicial à assistência a que tenha direito e à perceção de prestações complementares que não dependam do exercício efetivo de funções.

ARTIGO 105º
Efeitos da aposentação ou reforma compulsiva

A sanção de aposentação ou reforma compulsiva implica o imediato desligamento do serviço e a perda dos direitos conferidos pelo presente Estatuto, sem prejuízo do direito à pensão fixada na lei.

ARTIGO 106º
Efeitos da demissão

1 – A sanção de demissão implica o imediato desligamento do serviço e a perda dos direitos conferidos pelo presente Estatuto.

2 – A demissão não implica a perda do direito à aposentação ou reforma, nos termos e condições estabelecidos na lei, nem impede o magistrado de ser nomeado para cargos públicos ou outros que possam ser exercidos sem as particulares condições de dignidade e confiança exigidas pela função judicial.

ARTIGO 107º
Efeitos sobre a graduação e colocação de magistrados

1 – Os magistrados judiciais contra quem tenha sido deduzida acusação ou pronúncia em processo disciplinar ou criminal, respetivamente, são graduados para promoção ou nomeação, sem prejuízo de estas ficarem suspensas quanto a eles, reservando-se a respetiva vaga até à decisão final.

2 – Se o processo terminar sem condenação do magistrado judicial ou for aplicada uma sanção que não prejudique a promoção ou nomeação, o magistrado é promovido ou nomeado e ocupa o seu lugar na lista de antiguidade, com direito a receber as diferenças de remuneração.

3 – Se o magistrado judicial houver de ser preterido, completa-se a promoção ou a nomeação em relação à vaga que lhe havia ficado reservada.

4 – Em situações devidamente fundamentadas, o Conselho Superior da Magistratura pode levantar a suspensão prevista no nº 1.

ARTIGO 108º
Efeito da amnistia

A amnistia não apaga os efeitos produzidos pela aplicação das sanções, devendo ser averbadas no competente processo individual.

SECÇÃO IV
Procedimento disciplinar

ARTIGO 108º-A

Formas do procedimento disciplinar

1 – O procedimento disciplinar é comum ou especial.

2 – O procedimento especial aplica-se aos casos expressamente previstos no presente Estatuto.

3 – O procedimento especial regula-se pelas disposições que lhes são próprias e, subsidiariamente, pelas disposições do procedimento comum.

SUBSECÇÃO I
Procedimento comum

ARTIGO 109º
Procedimento disciplinar

1 – O procedimento disciplinar é o meio de efetivar a responsabilidade disciplinar.

2 – O procedimento disciplinar é sempre escrito, garantindo a audiência com possibilidade de defesa do arguido.

3 – Sempre que possível, o procedimento disciplinar pode ser tramitado eletronicamente, desde que salvaguardada a confidencialidade e a qualidade dos dados.

4 – A sanção de advertência não sujeita a registo pode ser aplicada independentemente de processo, desde que com audiência e possibilidade de defesa do arguido.

ARTIGO 110º
Competência para instauração do procedimento

Compete ao Conselho Superior da Magistratura a instauração de procedimento disciplinar contra magistrados judiciais.

ARTIGO 110º-A
Apensação de procedimentos disciplinares

1 – Para todas as infrações cometidas e ainda não sancionadas pode ser instaurado um único procedimento.

2 – Tendo sido instaurados diversos procedimentos, pode ser determinada a sua apensação àquele que primeiro tenha sido instaurado.

ARTIGO 111º
Natureza confidencial do procedimento

1 – Sem prejuízo do disposto no artigo 120º-A, o procedimento disciplinar é de natureza confidencial até à decisão final, ficando arquivado no Conselho Superior da Magistratura.

2 – O arguido, o defensor nomeado ou o mandatário constituído podem, a todo o tempo e a seu pedido, examinar o processo e obter cópias ou certidões, salvo se o instrutor, por despacho fundamentado, considerar que o acesso ao processo pode obstar à descoberta da verdade.

3 – O requerimento da emissão de certidões ou cópias a que se refere o número anterior é dirigido ao instrutor, a quem é deferida a sua apreciação, no prazo máximo de cinco dias.

4 – A partir da notificação a que se refere o artigo 118º, o arguido e o seu advogado podem consultar e obter cópia de todos os elementos constantes do processo, ainda que anteriormente o instrutor tenha proferido despacho nos termos do nº 2.

ARTIGO 111º-A
Constituição de advogado

O arguido pode constituir advogado em qualquer fase do procedimento, nos termos gerais de direito.

ARTIGO 112º
Nomeação de defensor

1 – Se o arguido estiver impossibilitado de elaborar a defesa, nomeadamente por motivo de ausência, doença, anomalia mental ou incapacidade física, o Conselho Superior da Magistratura nomeia-lhe advogado.

2 – Quando o advogado for nomeado em data posterior à da notificação da acusação do arguido, reabre-se o prazo para a defesa com a sua notificação.

ARTIGO 113º
Suspensão preventiva do arguido

1 – O magistrado judicial sujeito a procedimento disciplinar pode ser preventivamente suspenso de funções, sob proposta do instrutor, desde que haja fortes

indícios de que a conduta investigada constitui infração à qual caiba, pelo menos, a sanção de transferência, e a continuação na efetividade de serviço seja prejudicial ao prestígio e dignidade da função, ao serviço ou à instrução do procedimento.

2 – A suspensão preventiva é executada por forma a assegurar-se o resguardo da dignidade pessoal e profissional do magistrado.

3 – A suspensão preventiva não pode exceder 180 dias, excecionalmente prorrogáveis por mais 60 dias, e não tem os efeitos consignados no artigo 104º.

4 – Coexistindo processo criminal relativamente aos mesmos factos, o período máximo de suspensão preventiva do arguido a que se refere o número anterior é alargado para o período máximo previsto na lei processual penal para a medida de coação de suspensão de exercício de função.

ARTIGO 114º
Impedimentos, suspeições, recusas e escusas do instrutor

É aplicável ao procedimento disciplinar, com as necessárias adaptações, o regime de impedimentos, suspeições, recusas e escusas estabelecido para o processo penal.

ARTIGO 115º
Prazo de instrução

1 – A instrução do procedimento disciplinar deve ultimar-se no prazo de 60 dias.

2 – O instrutor, no prazo máximo de 5 dias a contar da data em que foi notificado do despacho de instauração do procedimento, deve dar conhecimento ao Conselho Superior da Magistratura e ao arguido da data em que iniciar a instrução do procedimento.

3 – O prazo referido no nº 1 pode ser prorrogado até 30 dias por motivo atendível, nomeadamente em razão da especial complexidade do procedimento, sendo a justificação dirigida pelo instrutor ao Conselho Superior da Magistratura, que a aprecia.

ARTIGO 116º
Instrução do procedimento

1 – O instrutor ouve obrigatoriamente o arguido, a requerimento deste ou quando o entenda conveniente, até se ultimar a instrução.

2 – Sem prejuízo do disposto no número anterior, o arguido pode requerer ao instrutor que promova as diligências de prova que considere essenciais ao apuramento da verdade, as quais podem ser indeferidas, por despacho fundamentado, quando este julgue suficiente a prova produzida.

3 – Na fase de instrução, as testemunhas podem ser inquiridas através de equipamento tecnológico que permita a comunicação, por meio visual e sonoro, em tempo real.

ARTIGO 117º
Termo da instrução

1 – Concluída a instrução, quando o instrutor entender que não se indiciam suficientemente factos constitutivos da infração disciplinar ou da responsabilidade

do arguido, ou que o procedimento disciplinar se encontra extinto, profere, em 10 dias, proposta de arquivamento.

2 – O Conselho Superior da Magistratura delibera sobre a proposta de arquivamento e notifica o arguido.

3 – Caso não ocorra arquivamento, o instrutor deduz acusação no prazo de 10 dias, articulando discriminadamente os factos constitutivos da infração disciplinar, as circunstâncias de tempo, modo e lugar da sua prática e os factos que integram circunstâncias agravantes ou atenuantes, indicando os preceitos legais e as sanções aplicáveis.

4 – Obtida a anuência do arguido, o instrutor pode propor a imediata aplicação da sanção de advertência, que é aplicada pelo Conselho Superior da Magistratura sem mais formalidades.

ARTIGO 118º
Notificação do arguido

1 – A decisão de arquivamento ou de acusação é entregue pessoalmente ao arguido ou remetida pelo correio, sob registo, com aviso de receção.

2 – Se não for conhecido o paradeiro do arguido, procede-se à sua notificação edital mediante a afixação de um edital na porta do tribunal do exercício de funções e na da sua última residência conhecida.

3 – O arguido dispõe de um prazo de 20 dias para apresentação da defesa.

4 – O prazo referido no número anterior pode ser prorrogado até 30 dias, oficiosamente ou a requerimento do arguido.

ARTIGO 119º
Defesa do arguido

1 – Com a defesa, o arguido pode indicar testemunhas, até ao número de 20, juntar documentos ou requerer outras diligências de prova.

2 – O instrutor pode indeferir, por despacho fundamentado, as diligências de prova requeridas pelo arguido quando as considerar manifestamente dilatórias, impertinentes ou desnecessárias, não podendo em qualquer circunstância deixar de ouvir as cinco primeiras testemunhas indicadas pelo arguido, bem como de admitir os documentos apresentados.

3 – Do despacho que indefira o requerimento de quaisquer diligências probatórias cabe impugnação administrativa para a secção de assuntos inspetivos e disciplinares do Conselho Superior da Magistratura, a interpor no prazo de 10 dias.

4 – O arguido é notificado da data designada para inquirição das testemunhas para, querendo, estar presente.

ARTIGO 120º
Relatório

Terminada a produção da prova, o instrutor elabora, no prazo de 15 dias, um relatório, do qual devem constar os factos que considera provados, a sua qualificação e a sanção concreta aplicável, o qual constituirá a proposta de deliberação a tomar pelo Conselho Superior da Magistratura, que pode ser feita por remissão.

ARTIGO 120º-A
Audiência pública

1 – O arguido pode requerer a realização de audiência pública para apresentação da sua defesa.

2 – A audiência pública é presidida pelo presidente do Conselho Superior da Magistratura, ou pelo vice-presidente por delegação daquele, nela participam os membros da secção disciplinar e estão presentes o instrutor, o arguido e o seu defensor ou mandatário.

3 – A audiência pública só pode ser adiada por uma vez por falta do arguido ou do seu defensor ou mandatário.

4 – Aberta a audiência, o instrutor lê o relatório final, sendo em seguida dada a palavra ao arguido ou ao seu defensor ou mandatário para alegações orais, e após estas é encerrada a audiência.

ARTIGO 121º
Notificação de decisão

A decisão final, acompanhada de cópia do relatório a que se refere o artigo 120º, é notificada ao arguido com observância do disposto nos nºs 1 e 2 do artigo 118º.

ARTIGO 121º-A
Impugnação

A ação de impugnação da decisão final do procedimento disciplinar pode incidir sobre a matéria de facto e de direito em que assentou a decisão, procedendo-se à produção da prova requerida e sendo o número de testemunhas limitado a 10.

ARTIGO 122º
Início da produção de efeitos das sanções

A decisão que aplicar a sanção disciplinar não carece de publicação, começando a sanção a produzir os seus efeitos no dia seguinte ao da notificação do arguido nos termos do artigo 121º, ou 15 dias após a afixação do edital, no caso de desconhecimento do paradeiro daquele.

ARTIGO 123º
Nulidades e irregularidades

1 – Constitui nulidade insuprível a falta de audiência do arguido com possibilidade de defesa e a omissão de diligências essenciais para a descoberta da verdade que ainda possam utilmente realizar-se ou cuja realização fosse obrigatória.

2 – As restantes nulidades e irregularidades consideram-se sanadas se não forem arguidas na defesa ou, a ocorrerem posteriormente, no prazo de cinco dias contados da data do seu conhecimento.

SUBSECÇÃO II
Procedimentos especiais

ARTIGO 123º-A
Averiguação

1 – O Conselho Superior da Magistratura pode ordenar a realização de processo de averiguação sobre queixa, participação ou informação que não constitua violação manifesta dos deveres dos magistrados judiciais.

2 – O processo de averiguação destina-se a apurar a veracidade da participação, queixa ou informação, e a aferir se a conduta denunciada é suscetível de constituir infração disciplinar.

ARTIGO 123º-B
Tramitação do processo de averiguação

O Conselho Superior da Magistratura nomeia instrutor que procede, no prazo de 30 dias, à recolha de todos os elementos relevantes, propondo o arquivamento do processo, a instauração do procedimento disciplinar ou a mera aplicação da sanção de advertência não sujeita a registo, nos termos do nº 4 do artigo 109º.

ARTIGO 123º-C
Inquérito e sindicância

1 – O inquérito tem por finalidade a averiguação de factos determinados.

2 – A sindicância tem lugar quando haja notícia de factos que exijam uma averiguação geral acerca do funcionamento dos serviços.

ARTIGO 123º-D
Prazo do inquérito

1 – O inquérito deve ser ultimado no prazo de três meses.

2 – Não sendo possível ultimá-lo no prazo indicado no número anterior, o instrutor dá disso conhecimento ao Conselho Superior da Magistratura.

3 – O Conselho Superior da Magistratura pode prorrogar o prazo até ao limite previsto no nº 1, desde que tal haja sido solicitado pelo instrutor, em requerimento justificativo das razões da impossibilidade da ultimação.

ARTIGO 124º
Tramitação inicial do procedimento de sindicância

1 – No início do processo de sindicância o Conselho Superior da Magistratura nomeia sindicante, o qual faz constar o início do processo por anúncio publicado no sítio na Internet do Conselho Superior da Magistratura, com comunicação à Procuradoria-Geral da República, à Ordem dos Advogados, à Ordem dos Solicitadores e Agentes de Execução e ao Conselho dos Oficiais de Justiça.

2 – As comunicações e anúncio devem indicar a identificação do serviço ou serviços sindicados e a possibilidade de, no prazo indicado, qualquer interessado que tenha razão de queixa relativa ao regular funcionamento dos serviços sindicados se apresentar ao sindicante ou a ele enviar queixa por escrito.

3 – A queixa por escrito deve conter a identificação completa do queixoso.

4 – No prazo de 48 horas após a receção da queixa por escrito, o sindicante designa dia, hora e local para a prestação de declarações do queixoso.

ARTIGO 125º
Tramitação e prazo da sindicância

1 – A instrução de sindicância conclui-se no prazo de seis meses.

2 – Concluída a instrução, o inquiridor ou o sindicante elabora, no prazo de 10 dias, o seu relatório, que remete imediatamente ao Conselho Superior da Magistratura.

3 – Os prazos fixados nos números anteriores podem ser prorrogados pelo Conselho Superior da Magistratura, até ao limite máximo da respetiva duração, quando a complexidade do processo o justifique.

ARTIGO 126º
Conversão em procedimento disciplinar

1 – Se apurar a existência de infração, o Conselho Superior da Magistratura pode deliberar que o processo de inquérito ou de sindicância, em que o magistrado judicial tenha sido ouvido, constitua a parte instrutória do processo disciplinar.

2 – No caso previsto no número anterior, a notificação ao magistrado judicial da deliberação do Conselho Superior da Magistratura fixa o início do procedimento disciplinar.

SECÇÃO V
Revisão das sanções disciplinares

ARTIGO 127º
Revisão

1 – As decisões sancionatórias proferidas em processo disciplinar podem ser revistas a todo o tempo perante circunstâncias ou meios de prova suscetíveis de demonstrar a inexistência dos factos que determinaram a sanção e que não puderam ser oportunamente invocados pelo arguido.

2 – A revisão não pode determinar o agravamento da sanção.

ARTIGO 128º
Processo

1 – A revisão é requerida pelo interessado ao Conselho Superior da Magistratura.

2 – O requerimento, processado por apenso ao processo disciplinar, deve conter os fundamentos do pedido e a indicação dos meios de prova a produzir, e ser instruído com os documentos que o interessado tenha podido obter após findar o procedimento disciplinar.

ARTIGO 129º
Sequência do processo de revisão

1 – Recebido o requerimento, o Conselho Superior da Magistratura decide, no prazo de 30 dias, se se verificam os pressupostos da revisão.

2 – Se decidir pela revisão, é nomeado novo instrutor para o procedimento, seguindo-se os termos dos artigos 119º a 123º, com as necessárias adaptações.

ARTIGO 130º
Procedência da revisão

1 – Se o pedido de revisão for julgado procedente, revoga-se ou altera-se a decisão proferida no procedimento revisto.

2 – No caso referido no número anterior, e sem prejuízo de outros direitos legalmente previstos, o interessado é reembolsado das remunerações que tenha deixado de auferir em consequência da decisão revista, na medida da sua revogação ou alteração.

SECÇÃO VI
Reabilitação

ARTIGO 131º
Reabilitação

É concedida a reabilitação a quem a demonstre merecer, pela boa conduta posterior à aplicação da sanção.

ARTIGO 132º
Procedimento de reabilitação

1 – É competente para o procedimento de reabilitação o Conselho Superior da Magistratura.

2 – Os magistrados judiciais condenados nas sanções disciplinares previstas nas alíneas *a*) a *d*) do nº 1 do artigo 91º podem ser reabilitados independentemente de revisão do processo disciplinar.

ARTIGO 133º
Tramitação da reabilitação

1 – A reabilitação é requerida pelo magistrado judicial, decorridos os prazos seguintes sobre a aplicação das sanções disciplinares de advertência ou de transferência, ou sobre o cumprimento de sanções disciplinares de multa ou de suspensão de exercício, bem como do decurso do período de suspensão de qualquer sanção:

a) Seis meses, no caso de advertência;

b) Um ano, no caso de multa;

c) Dois anos, no caso de transferência;

d) Três anos, no caso de suspensão de exercício de funções.

2 – A reabilitação faz cessar os efeitos ainda subsistentes das sanções disciplinares que hajam sido aplicadas, ficando registada no processo individual do magistrado judicial.

SECÇÃO VII
Registo de sanções disciplinares

ARTIGO 134º
Registo

1 – No Conselho Superior da Magistratura é constituído um registo individual das sanções aplicadas aos magistrados judiciais.

2 – No registo referido no número anterior são inscritas as sanções disciplinares que devam ser registadas, bem como o procedimento em que foram aplicadas.

3 – O registo de sanções organizado no âmbito do Conselho Superior da Magistratura observa os requisitos exigidos para a proteção de dados pessoais.

4 – A consulta e o acesso ao registo de sanções apenas pode ser efetuado pelo próprio magistrado judicial, pelos membros do Conselho Superior da Magistratura e pelos inspetores no âmbito das suas competências.

ARTIGO 135º
Cancelamento do registo

As decisões inscritas no registo são canceladas, decorridos os seguintes prazos sobre a sua execução, ou extinção no caso da alínea *b*), e desde que, entretanto, o magistrado não tenha incorrido em nova infração disciplinar:

a) Dois anos, nos casos de advertência registada;
b) Cinco anos, nos casos de multa;
c) Oito anos, nos casos de transferência;
d) Dez anos, nos casos de suspensão do exercício de funções.

CAPÍTULO IX
Conselho Superior da Magistratura

SECÇÃO I
Estrutura

ARTIGO 136º
Definição

O Conselho Superior da Magistratura é o órgão superior de gestão e disciplina da magistratura judicial.

ARTIGO 136º-A
Autonomia administrativa e financeira

O Conselho Superior da Magistratura é dotado de autonomia administrativa e financeira, dispondo de orçamento próprio, inscrito nos encargos gerais do Orçamento do Estado.

ARTIGO 137º
Composição

1 – O Conselho Superior da Magistratura é presidido pelo Presidente do Supremo Tribunal de Justiça e composto ainda pelos seguintes vogais:

a) Dois designados pelo Presidente da República;

b) Sete eleitos pela Assembleia da República;

c) Sete eleitos de entre e por magistrados judiciais.

2 – O cargo de vogal do Conselho Superior da Magistratura não pode ser recusado por magistrados judiciais.

ARTIGO 138º
Vice-presidente e juiz secretário

1 – O vice-presidente do Conselho Superior da Magistratura é o juiz conselheiro do Supremo Tribunal de Justiça a que se refere o nº 2 do artigo 141º, exercendo o cargo a tempo inteiro.

2 – O Conselho tem um juiz secretário, que designa de entre juízes de direito.

3 – O juiz secretário aufere o vencimento correspondente ao dos juízes referidos no artigo 45º.

ARTIGO 139º
Forma de eleição

1 – (*Revogado.*)

2 – Os vogais referidos na alínea *c*) do nº 1 do artigo 137º são eleitos por sufrágio secreto e universal, segundo o princípio da representação proporcional e o método da média mais alta, com obediência às seguintes regras:

a) Apura-se em separado o número de votos obtido por cada lista;

b) O número de votos por cada lista é dividido, sucessivamente, por 1, 2, 3, 4, 5, etc., sendo os quocientes, considerados com parte decimal, alinhados por ordem decrescente da sua grandeza numa série de tantos termos quantos os mandatos atribuídos ao órgão respetivo;

c) Os mandatos pertencem às listas a que correspondem os termos da série estabelecida pela regra anterior, recebendo cada uma das listas tantos mandatos quantos os seus termos na série;

d) No caso de restar um ou mais mandatos para distribuir e de os termos seguintes da série serem iguais e de listas diferentes, o mandato ou mandatos cabem à lista ou listas que tiverem obtido maior número de votos.

3 – Se mais de uma lista obtiver igual número de votos, não há lugar à atribuição de mandatos, devendo o ato eleitoral ser repetido.

ARTIGO 140º
Princípios eleitorais

1 – A eleição dos vogais referidos na alínea *c*) do nº 1 do artigo 137º é feita com base em recenseamento organizado oficiosamente pelo Conselho Superior da Magistratura.

2 – É facultado aos eleitores o exercício do direito de voto por correspondência ou por meios eletrónicos, em termos a definir no regulamento eleitoral para o Conselho Superior da Magistratura.

3 – O colégio eleitoral relativo à categoria de vogais prevista na alínea *c*) do nº 1 do artigo 137º é formado pelos magistrados judiciais em efetividade de serviço judicial, com exclusão dos que se encontram em comissão de serviço de natureza não judicial.

4 – A eleição tem lugar dentro dos 30 dias anteriores à cessação dos cargos ou nos primeiros 60 dias posteriores à ocorrência de vacatura e é anunciada, com a antecedência mínima de 45 dias, por aviso a publicar no Diário da República.

ARTIGO 141º
Organização de listas

1 – A eleição dos vogais a que se refere a alínea *c*) do nº 1 do artigo 137º efetua-se mediante listas elaboradas por um mínimo de 20 eleitores.

2 – As listas incluem um suplente por cada candidato efetivo, havendo em cada lista um juiz conselheiro do Supremo Tribunal de Justiça, dois juízes desembargadores dos tribunais da Relação e quatro juízes de direito colocados nas áreas de competência territorial dos tribunais da Relação indicadas no artigo seguinte.

3 – Os candidatos não podem integrar mais de uma lista.

4 – Na falta de apresentação de listas, a eleição realiza-se sobre lista elaborada pelo Conselho Superior da Magistratura, com a composição prevista nos nºs 2 e 3.

ARTIGO 142º
Distribuição de lugares

A distribuição de lugares é feita segundo a ordem de conversão dos votos em mandatos pela seguinte forma:

a) Primeiro mandato para o juiz conselheiro do Supremo Tribunal de Justiça;

b) Segundo mandato para um juiz desembargador do tribunal da Relação;

c) Terceiro mandato para um juiz desembargador do tribunal da Relação;

d) Quarto mandato para o juiz de direito proposto pela área de competência territorial do Tribunal da Relação de Lisboa;

e) Quinto mandato para o juiz de direito proposto pela área de competência territorial dos Tribunais da Relação do Porto e de Guimarães;

f) Sexto mandato para o juiz de direito proposto pela área de competência territorial do Tribunal da Relação de Coimbra;

g) Sétimo mandato para o juiz de direito proposto pela área de competência territorial do Tribunal da Relação de Évora.

ARTIGO 143º
Comissão de eleições

1 – A fiscalização da regularidade dos atos eleitorais e o apuramento final da votação competem a uma comissão de eleições.

2 – Constituem a comissão de eleições o Presidente do Supremo Tribunal de Justiça e os presidentes das relações.

3 – Tem o direito de integrar a comissão de eleições um representante de cada lista concorrente ao ato eleitoral.

4 – As funções de presidente são exercidas pelo Presidente do Supremo Tribunal de Justiça e as deliberações tomadas à pluralidade de votos, cabendo ao presidente voto de qualidade.

ARTIGO 144º
Competência da comissão de eleições

Compete especialmente à comissão de eleições resolver as dúvidas suscitadas na interpretação das normas reguladoras do processo eleitoral e decidir as reclamações que surjam no decurso das operações eleitorais.

ARTIGO 145º
Contencioso eleitoral

1 – A impugnação contenciosa das decisões da comissão de eleições deve ser interposta, no prazo de 48 horas, para o Supremo Tribunal de Justiça, e decidida pela secção prevista no nº 1 do artigo 170º, nas 48 horas seguintes à sua admissão.

2 – As irregularidades na votação ou no apuramento só são suscetíveis de anular a eleição se influírem no seu resultado.

ARTIGO 146º
Providências quanto ao processo eleitoral

O Conselho Superior da Magistratura adotará as providências que se mostrem necessárias à organização e boa execução do processo eleitoral.

ARTIGO 147º
Exercício dos cargos

1 – Os cargos dos vogais referidos na alínea *c*) do nº 1 do artigo 137º são exercidos por um período de quatro anos, não renovável.

2 – Sempre que, durante o exercício do cargo, um vogal eleito referido no número anterior deixe de pertencer à categoria em que foi eleito, se declare a perda de mandato ou renuncie, é chamado o suplente e, na falta deste, faz-se declaração de vacatura, procedendo-se a nova eleição nos termos dos artigos anteriores.

3 – Determina a suspensão do mandato de vogal:

a) A pronúncia ou a designação de dia para julgamento por crime doloso, praticado no exercício de funções ou punível com pena de prisão superior a três anos;

b) A suspensão preventiva por motivo de procedimento disciplinar.

4 – Determina a perda do mandato:

a) A renúncia;

b) O impedimento definitivo resultante, nomeadamente, de doença incapacitante para o exercício de funções;

c) A falta não justificada pelo plenário de qualquer vogal, por três meses consecutivos, às sessões a que deva comparecer;

d) A aplicação de sanção que importe afastamento do serviço.

5 – Os vogais podem requerer a suspensão temporária do mandato em caso de doença ou para gozo de licença de maternidade ou paternidade por período não superior a 180 dias.

6 – O prolongamento da suspensão de funções por período superior ao previsto no número anterior equivale a impedimento definitivo.

7 – Em caso de suspensão do mandato dos vogais referidos na alínea *c*) do nº 1 do artigo 137º, é chamado o suplente.

8 – Nas situações de perda de mandato relativa aos vogais referidos nas alíneas *a*) e *b*) do nº 1 do artigo 137º, o Conselho Superior da Magistratura verifica a respetiva ocorrência e comunica-a à entidade que designou o vogal para decisão.

9 – Os vogais mantêm-se em exercício até à sua efetiva substituição.

10 – Aos membros do Conselho Superior da Magistratura aplica-se o regime relativo às garantias de imparcialidade previsto no Código do Procedimento Administrativo.

ARTIGO 148º
Estatuto dos membros do Conselho Superior da Magistratura

1 – Aos vogais do Conselho Superior da Magistratura que não sejam magistrados judiciais é aplicável, com as devidas adaptações, o regime de deveres, direitos e garantias dos magistrados judiciais.

2 – São extensíveis a todos os membros do Conselho Superior da Magistratura, na referida qualidade, os direitos previstos nas alíneas *d*), *e*), *g*) e *h*) do nº 1, no nº 3, na modalidade de passaporte especial, e no nº 4 do artigo 17º.

3 – Os vogais do Conselho Superior da Magistratura desempenham as suas funções em regime de tempo integral, exceto se a tal renunciarem, aplicando-se, neste caso, redução do serviço correspondente ao cargo de origem.

4 – Os vogais do Conselho Superior da Magistratura que exerçam funções em regime de tempo integral auferem vencimento correspondente ao do vogal magistrado de categoria mais elevada.

5 – Os membros do Conselho Superior da Magistratura têm direito a senhas de presença nas sessões do plenário e do conselho permanente, no valor correspondente a três quartos da Unidade de Conta (UC), e, se domiciliados fora da área metropolitana de Lisboa, a ajudas de custo e despesas de transporte, nos termos da lei.

6 – Os vogais do Conselho Superior da Magistratura gozam das prerrogativas legalmente estatuídas para os magistrados dos tribunais superiores quando indicados como testemunhas em qualquer processo.

7 – Os vogais do Conselho Superior da Magistratura demandados judicialmente em razão do exercício das suas funções como vogal têm direito a patrocínio judiciário suportado pelo Conselho Superior da Magistratura.

SECÇÃO II
Competência e funcionamento

ARTIGO 149º
Competência

1 – Compete ao Conselho Superior da Magistratura:

a) Nomear, colocar, transferir, promover, exonerar, apreciar o mérito profissional, exercer a ação disciplinar e, em geral, praticar todos os atos de idêntica natureza respeitantes a magistrados judiciais, sem prejuízo das disposições relativas ao provimento de cargos por via eletiva;

b) Fixar objetivos estratégicos e processuais para o desempenho dos tribunais, nos termos das leis de organização judiciária;

c) Conhecer das impugnações administrativas e dos atos e regulamentos administrativos emitidos pelos presidentes dos tribunais de comarca;

d) Conhecer das impugnações administrativas dos atos dos administradores judiciários em matéria de competência própria, salvo quanto aos assuntos que respeitem exclusivamente ao funcionamento dos serviços do Ministério Público;

e) Conhecer das impugnações administrativas das decisões dos presidentes dos tribunais relativas às sanções disciplinares por eles aplicadas a oficiais de justiça, no âmbito das respetivas competências;

f) Conhecer das impugnações administrativas das deliberações do Conselho dos Oficiais de Justiça, em matéria de apreciação do mérito profissional e de exercício da ação disciplinar sobre os oficiais de justiça;

g) Ordenar a instauração de processos disciplinares contra oficiais de justiça e avocar processos ou revogar as deliberações do Conselho dos Oficiais de Justiça previstas na alínea anterior;

h) Acompanhar o desempenho dos tribunais judiciais, adotando as medidas de gestão que considerar adequadas;

i) Emitir parecer sobre diplomas legais relativos à organização judiciária e à matéria estatutária e, em geral, sobre matérias relativas à administração da justiça;

j) Estudar e propor ao membro do Governo responsável pela área da justiça providências legislativas e normativas com vista à eficiência e ao aperfeiçoamento das instituições judiciárias;

k) Elaborar o plano anual de inspeções;

l) Ordenar inspeções, averiguações, inquéritos e sindicâncias aos serviços judiciais;

m) Elaborar e aprovar o elenco das necessidades formativas e apresentá-lo ao Centro de Estudos Judiciários, propondo, quanto à formação contínua, áreas prioritárias e objetivos anuais;

n) Alterar a distribuição de processos nos juízos onde exercem funções mais do que um magistrado judicial, observado o princípio da aleatoriedade, a fim de assegurar a igualação e operacionalidade dos serviços;

o) Suspender ou reduzir a distribuição de processos aos magistrados judiciais que sejam incumbidos de outros serviços de reconhecido interesse público na área da justiça ou em outras situações que justifiquem a adoção dessas medidas;

p) Estabelecer critérios de prioridades no processamento de causas que se encontrem pendentes nos tribunais por período considerado excessivo;

q) Determinar a aceleração de processos judiciais concretos de qualquer natureza, a requerimento das partes, quando se mostrem excedidos, para além do razoável, os prazos previstos na lei, sem prejuízo dos restantes processos de caráter urgente;

r) Definir os valores processuais de referência adequados para cada unidade orgânica dos tribunais, por forma a não tornar excessivo o número de processos a cargo de cada magistrado judicial;

s) Fixar o número e a composição das secções do Supremo Tribunal de Justiça e dos tribunais da Relação, sob proposta dos respetivos presidentes;

t) Nomear o juiz presidente dos tribunais de comarca, renovar e fazer cessar a respetiva comissão de serviço;

u) Assegurar a representação nacional e internacional nas áreas da sua competência, coordenando ou participando em comissões, reuniões, conferências ou organizações similares, de caráter nacional ou supranacional;

v) Aprovar o regulamento interno e o projeto de orçamento anual, bem como as respetivas alterações, cabendo-lhe, relativamente ao orçamento, as competências de gestão previstas na lei geral em matéria de administração financeira;

w) Elaborar o relatório anual de atividades;

x) Assegurar o cumprimento das regras legais relativas à emissão e ao controlo das declarações de rendimentos e património dos magistrados judiciais e aprovar, em conformidade com a lei, os instrumentos necessários de aplicação;

y) Exercer as demais funções conferidas por lei.

2 – Em relação ao disposto na alínea *x*) do número anterior, o Conselho Superior de Magistratura deve instaurar o competente processo disciplinar em casos de recusa de apresentação da declaração, sem prejuízo da possibilidade de aplicação das sanções penais e tributárias previstas na lei para o incumprimento dos deveres declaratórios.

ARTIGO 149º-A
Relatório de atividade

O Conselho Superior da Magistratura envia à Assembleia da República, até ao dia 31 de maio de cada ano, o relatório de atividade respeitante ao ano judicial anterior, sujeito a publicação no Diário da Assembleia da República.

ARTIGO 150º
Estrutura

1 – O Conselho Superior da Magistratura funciona em plenário e em conselho permanente.

2 – O plenário é constituído por todos os membros do Conselho, nos termos do nº 1 do artigo 137º.

3 – O conselho permanente funciona nas seguintes secções especializadas:

a) Secção de assuntos gerais;

b) Secção de assuntos inspetivos e disciplinares;

c) Secção de acompanhamento e ligação aos tribunais judiciais.

4 – Compõem a secção de assuntos gerais os seguintes membros:

a) O vice-presidente do Conselho Superior da Magistratura, que preside;

b) Dois vogais designados pelo plenário, um dos quais magistrado judicial eleito pelos seus pares, e que exerçam funções a tempo integral.

5 – Compõem a secção de assuntos inspetivos e disciplinares os seguintes membros:

a) O presidente do Conselho Superior da Magistratura, que preside;

b) O vice-presidente do Conselho Superior da Magistratura, que preside na ausência do presidente;

c) Um juiz desembargador;

d) Dois juízes de direito;

e) Um dos vogais designados pelo Presidente da República;

f) Três vogais de entre os designados pela Assembleia da República;

g) O vogal relator.

6 – Quando ordinariamente não integre a secção de assuntos inspetivos e disciplinares, o vogal mencionado na alínea *g*) do número anterior apenas participa na discussão e votação do processo de que foi relator.

7 – Compõem a secção de acompanhamento e ligação aos tribunais judiciais os seguintes membros:

a) O presidente do Conselho Superior da Magistratura, que preside;

b) O vice-presidente do Conselho Superior da Magistratura, que preside na ausência do presidente;

c) Quatro vogais eleitos pelo plenário, dois dos quais magistrados judiciais eleitos pelos seus pares e que exerçam funções a tempo integral.

8 – O presidente do Conselho Superior da Magistratura tem sempre voto de qualidade e assento na secção de assuntos gerais, presidindo quando estiver presente.

9 – Por deliberação do plenário do Conselho Superior da Magistratura, as secções especializadas podem ser desdobradas em subsecções, com a composição indicada na deliberação respetiva.[100]

ARTIGO 151º
Competência do plenário

Compete ao plenário do Conselho Superior da Magistratura:

a) Praticar os atos referidos no artigo 149º respeitantes a juízes conselheiros do Supremo Tribunal de Justiça e a juízes desembargadores dos tribunais da Relação;

b) Apreciar e decidir as impugnações administrativas dos atos praticados pelas secções do conselho permanente, pelo presidente, pelo vice-presidente ou pelos vogais;

c) Aprovar regulamentos sobre as matérias da sua competência, designadamente as referidas no nº 3 do artigo 45º-A, no nº 5 do artigo 45º-B e nas alíneas *n*) e *o*) do artigo 149º;

d) Deliberar sobre as providências a que se reporta o artigo 146º;

[100] O disposto no artigo 150º-A, relativo aos assessores, foi revogado. O Regulamento do CSM nº 269/2021, de 22 de março, versa sobre situações de alteração, redução ou suspensão da distribuição de processos.

e) Deliberar sobre as matérias referidas nas alíneas *b*), *g*), *i*), *j*), *m*), *q*), *r*), *s*), *t*), *u*), *v*) e *w*) do artigo 149º;

f) Deliberar sobre a atribuição da classificação de Medíocre;

g) Aplicar a pena de demissão;

h) Apreciar e decidir os assuntos não previstos nas alíneas anteriores que sejam avocados por sua iniciativa, por proposta de qualquer secção do conselho permanente ou a requerimento fundamentado de qualquer um dos respetivos membros;

i) Decidir o exercício do direito de regresso sobre magistrados judiciais nos termos previstos no nº 4 do artigo 5º;

j) Deliberar sobre as situações de suspensão e perda de mandato referidas no artigo 147º;

k) Exercer as demais funções conferidas por lei.

ARTIGO 152º
Competência das secções do conselho permanente

Consideram-se tacitamente delegadas nas secções do conselho permanente respetivas, sem prejuízo da sua revogação pelo plenário do Conselho, as competências não incluídas no artigo anterior, salvo as respeitantes aos tribunais superiores e respetivos magistrados judiciais.

ARTIGO 152º-A
Competência da secção de assuntos gerais

1 – Compete à secção de assuntos gerais:

a) Deliberar sobre qualquer matéria urgente ou que importe a sua apreciação imediata, sem prejuízo de delegação no presidente do Conselho Superior da Magistratura e subdelegação no vice-presidente;

b) Deliberar sobre qualquer matéria que não seja da competência das restantes secções.

2 – O presidente e os vogais que não participem nas reuniões da secção são informados das deliberações, podendo pedir a sua ratificação pelo plenário.

3 – Para a validade das deliberações exige-se a presença de, pelo menos, dois membros.

ARTIGO 152º-B
Competência da secção de assuntos inspetivos e disciplinares

1 – Compete à secção de assuntos inspetivos e disciplinares:

a) Acompanhar e avaliar o mérito e a disciplina dos magistrados judiciais;

b) Ordenar a instauração de procedimentos disciplinares ou a abertura de inquérito e nomear o respetivo instrutor;

c) Deliberar sobre a conversão de inquérito em procedimento disciplinar e ordenar procedimentos disciplinares que resultem de procedimentos de averiguação ou sindicância;

d) Elaborar o plano anual de inspeções;

e) Ordenar averiguações e propor ao plenário a realização de sindicâncias;

f) Deliberar sobre os incidentes de impedimentos e suspeição dos inspetores e instrutores;

g) Ordenar a suspensão preventiva no âmbito disciplinar;

h) Proferir decisão em que seja aplicada pena inferior a aposentação compulsiva, reforma compulsiva ou demissão;

i) Conhecer das impugnações administrativas das decisões dos presidentes dos tribunais relativas às sanções disciplinares aplicadas a oficiais de justiça;

j) Conhecer das impugnações administrativas das deliberações do Conselho dos Oficiais de Justiça, em matéria de apreciação do mérito profissional e de exercício da ação disciplinar sobre os oficiais de justiça.

2 – Para a validade das deliberações exige-se a presença de, pelo menos, cinco membros.

ARTIGO 152º-C
Competência da secção de acompanhamento e ligação aos tribunais

1 – Compete à secção de acompanhamento e ligação aos tribunais,

a) Analisar e acompanhar a gestão dos tribunais e a informação relativa à situação de cada um deles;

b) Definir a estratégia, objetivos e necessidades de colocação de magistrados judiciais para cada tribunal;

c) Tomar medidas para solucionar dificuldades de financiamento detetadas nos tribunais judiciais, designadamente, na gestão das nomeações, colocações, transferências e substituições dos magistrados judiciais, e colaborar na execução das medidas que venham a ser adotadas;

d) Assegurar a apreciação dos requerimentos e reclamações relativos ao funcionamento dos tribunais judiciais;

e) Conhecer das impugnações administrativas dos atos e regulamentos dos presidentes dos tribunais de comarca, sem prejuízo do disposto na alínea *i*) do nº 1 do artigo anterior;

f) Conhecer das impugnações administrativas dos atos e regulamentos dos administradores judiciários em matéria de competência própria, salvo quanto aos assuntos que respeitem exclusivamente ao funcionamento dos serviços do Ministério Público, sem prejuízo do disposto na alínea *j*) do nº 1 do artigo anterior;

g) Alterar, em conformidade com o regulamento aprovado pelo plenário, a distribuição de processos nos juízos em que exercem funções mais do que um magistrado, a fim de assegurar a igualação e a operacionalidade dos serviços, em articulação com os presidentes dos tribunais;

h) Suspender ou reduzir, em conformidade com o regulamento aprovado pelo plenário, a distribuição de processos aos magistrados judiciais que sejam incumbidos de outros serviços de reconhecido interesse público na área da justiça ou em outras situações que justifiquem a adoção dessas medidas;

i) Estabelecer prioridades no processamento de causas que se encontrem pendentes por período considerado excessivo, em articulação com os respetivos presidentes;

j) Acompanhar as atividades de formação inicial e de formação contínua realizadas pelo Centro de Estudos Judiciários, assegurando uma eficaz ligação entre este e o Conselho Superior da Magistratura;

k) Apresentar sugestões e propostas relativamente a planos de estudo e de atividades destinadas à formação inicial e contínua de juízes, indicando ainda, quanto a esta, áreas prioritárias e objetivos anuais, a submeter ao plenário do Conselho Superior da Magistratura, cabendo-lhe dar execução às decisões deste;

l) Coordenar os trâmites da designação de juízes para júris de concurso de ingresso na formação inicial e para formadores do Centro de Estudos Judiciários, bem como para outras atividades no âmbito da formação realizada por este estabelecimento, de acordo com o previsto na lei;

m) Assegurar a articulação com o Centro de Estudos Judiciários nos processos de nomeação de juízes para docentes deste estabelecimento;

n) Coordenar os procedimentos de nomeação dos juízes em regime de estágio e assegurar a articulação com o Centro de Estudos Judiciários na fase de estágios, nos termos da lei.

2 – Para a validade das deliberações exige-se a presença de, pelo menos, três membros.

ARTIGO 153º
Competência do presidente

1 – Compete ao presidente do Conselho Superior da Magistratura:

a) Representar o Conselho;

b) Exercer as funções que lhe forem delegadas pelo Conselho, com a faculdade de subdelegar no vice-presidente;

c) Exercer os poderes administrativos e financeiros, no âmbito das suas competências próprias ou delegadas, idênticos aos que integram a competência ministerial;

d) Dar posse ao vice-presidente, aos inspetores judiciais e ao juiz secretário;

e) Dirigir e coordenar o serviço de inspeção;

f) Emitir ordens de execução permanente, por sua iniciativa ou mediante proposta do juiz secretário;

g) Exercer as demais funções conferidas por lei.

2 – O presidente pode também delegar no vice-presidente a competência para dar posse aos inspetores judiciais e ao juiz secretário, bem como as competências previstas nas alíneas *e*) e *f*) do número anterior.

ARTIGO 154º
Competência do vice-presidente

1 – Compete ao vice-presidente do Conselho Superior da Magistratura substituir o presidente nas suas faltas ou impedimentos e exercer as funções que lhe forem por este delegadas, assim como as demais previstas na lei.

2 – O vice-presidente pode subdelegar nos vogais que exerçam funções em tempo integral as funções que lhe forem delegadas ou subdelegadas.

ARTIGO 155º
Competência do juiz secretário

Compete ao juiz secretário do Conselho Superior da Magistratura:

a) Orientar e dirigir os serviços da secretaria, sob a direção e supervisão do presidente, ou do vice-presidente, por delegação daquele, e em conformidade com o regulamento interno, dispondo das competências dos titulares de cargos de direção superior de 1º grau da Administração Pública relativamente às instalações, ao equipamento e ao pessoal;

b) Submeter a despacho do presidente e do vice-presidente os assuntos da competência destes e os que, pela sua natureza, justifiquem a convocação do Conselho;

c) Promover a execução das deliberações do Conselho;

d) Elaborar e propor ao presidente ordens de execução permanente;

e) Coordenar a preparação da proposta de orçamento do Conselho;

f) Coordenar a elaboração de propostas de movimento judicial;

g) Comparecer às reuniões do Conselho e lavrar as respetivas atas;

h) Solicitar dos tribunais ou de quaisquer outras entidades públicas e privadas as informações necessárias ao funcionamento dos serviços;

i) Dar posse aos funcionários que prestam serviço no Conselho;

j) Exercer as demais funções conferidas por lei.

ARTIGO 156º
Funcionamento do plenário

1 – As reuniões do plenário do Conselho Superior da Magistratura têm lugar ordinariamente uma vez por mês e extraordinariamente sempre que convocadas pelo presidente.

2 – As deliberações são tomadas à pluralidade dos votos, cabendo ao presidente voto de qualidade.

3 – Para a validade das deliberações exige-se a presença de, pelo menos, 12 membros.

4 – O Conselho Superior da Magistratura pode convocar para participar nas reuniões, com voto consultivo, os presidentes das relações que não façam parte do Conselho, devendo sempre convocá-los quando se trate de graduação para acesso ao Supremo Tribunal de Justiça, desde que não estejam impedidos.

5 – Nas reuniões em que se discuta ou delibere sobre o concurso de acesso ao Supremo Tribunal de Justiça e designação dos respetivos magistrados judiciais participam, com voto consultivo, o Procurador-Geral da República e o Bastonário da Ordem dos Advogados, que não se podem fazer substituir.

ARTIGO 157º
Funcionamento das secções do conselho permanente

1 – A secção de assuntos gerais reúne sempre que convocada pelo presidente ou vice-presidente, com o mínimo de 24 horas de antecedência.

2 – A secção de assuntos inspetivos e disciplinares e a secção de acompanhamento e ligação aos tribunais reúnem ordinariamente uma vez por mês e extraordinariamente sempre que convocadas pelo presidente ou vice-presidente.

3 – Aplica-se ao funcionamento das secções do conselho permanente o disposto no artigo anterior, com as necessárias adaptações.

ARTIGO 158º
Delegação de poderes

1 – O Conselho Superior da Magistratura pode delegar no presidente, com faculdade de subdelegação no vice-presidente, poderes para:

a) Ordenar inspeções extraordinárias;

b) Instaurar inquéritos e sindicâncias;

c) Autorizar que magistrados se ausentem do serviço;

d) Conceder a autorização para residir em local diferente do domicílio necessário a que se refere o nº 1 do artigo 8º;

e) Prorrogar o prazo para a posse e autorizar ou determinar que esta seja tomada em lugar ou perante entidade diferente;

f) Indicar magistrados para participarem em grupos de trabalho;

g) Exercer as competências em matéria administrativa e financeira, relativamente ao seu orçamento;

h) Resolver outros assuntos da sua competência, nomeadamente de caráter urgente.

2 – Pode ainda o Conselho Superior da Magistratura delegar nos presidentes dos tribunais a prática dos atos a que aludem as alíneas *c*), *d*) e *e*) do nº 1.

3 – No que respeita ao tribunal de comarca, as competências referidas nas alíneas *c*) e *d*) do nº 1 consideram-se tacitamente delegadas no respetivo presidente.[101]

SECÇÃO III
Serviço de inspeção

ARTIGO 160º
Estrutura

1 – O Conselho Superior da Magistratura integra um serviço de inspeção, que exerce funções auxiliares na análise e no acompanhamento da gestão dos tribunais, bem como na avaliação do mérito e na disciplina dos magistrados judiciais.

2 – O serviço de inspeção é constituído por inspetores judiciais e por secretários de inspeção.

3 – O quadro de inspetores judiciais e secretários de inspeção é fixado pelo Conselho Superior da Magistratura.

ARTIGO 161º
Competência

Compete ao serviço de inspeção:

a) Inspecionar os tribunais e o serviço dos magistrados judiciais;

b) Facultar ao Conselho Superior da Magistratura o perfeito conhecimento do estado, necessidades e deficiências dos serviços nos tribunais, a fim de o habilitar a tomar as providências que dele dependam ou a propor ao membro do Governo

[101] O artigo 159º, atinente à distribuição de processos, foi revogado.

responsável pela área da justiça as medidas que requeiram a intervenção do Governo, bem como o conhecimento sobre a prestação efetuada pelos magistrados judiciais e o seu mérito;

c) Dirigir e instruir os procedimentos disciplinares, bem como as averiguações, inquéritos e demais procedimentos destinados a apurar a situação dos serviços;

d) Propor a aplicação da suspensão preventiva, formular acusação nos procedimentos disciplinares e propor a instauração de procedimentos nas demais formas procedimentais;

e) Averiguar da necessidade de introdução de medidas que conduzam a uma melhoria dos serviços;

f) Comunicar ao Conselho Superior da Magistratura todas as situações de inadaptação ao serviço por parte de magistrados judiciais, nomeadamente quando estejam em causa atrasos processuais de relevo;

g) Facultar aos magistrados judiciais elementos para o aperfeiçoamento e a uniformização dos serviços judiciais, pondo-os ao corrente das boas práticas de gestão processual adequadas à obtenção de uma mais eficiente administração da justiça.

ARTIGO 162º
Nomeação

1 – Os inspetores judiciais são nomeados pelo Conselho Superior da Magistratura, mediante prévio procedimento de seleção, nos termos de regulamento a aprovar por este órgão.

2 – Para o cargo de inspetores podem candidatar-se juízes desembargadores ou juízes de direito com mais de 15 anos de serviço e notação de Muito Bom.

3 – Os inspetores judiciais têm vencimento correspondente ao de juiz desembargador.

4 – A inspeção destinada a colher informações sobre o serviço e o mérito dos magistrados judiciais não pode ser feita por inspetores de categoria ou antiguidade inferiores às dos inspecionados.

5 – Quando deva proceder-se a inspeção, inquérito ou processo disciplinar a magistrados judiciais em exercício nos tribunais da Relação ou no Supremo Tribunal de Justiça, é designado um inspetor judicial extraordinário de entre os juízes conselheiros do Supremo Tribunal de Justiça, podendo a escolha recair num juiz conselheiro jubilado.

ARTIGO 162º-A
Inspetor coordenador

Para coordenação do serviço de inspeção é nomeado pelo Conselho Superior da Magistratura um inspetor coordenador.

ARTIGO 162º-B
Secretários de inspeção

1 – Os inspetores judiciais são coadjuvados por um secretário de inspeção.

2 – Os secretários de inspeção são nomeados pelo Conselho Superior da Magistratura, em comissão de serviço de três anos, sob proposta do inspetor.

3 – O secretário deve, preferencialmente, ser escolhido entre oficiais de justiça, com mais de 15 anos de serviço e notação de Muito Bom.

4 – Os secretários de inspeção, quando secretários judiciais com classificação de Muito bom, auferem o vencimento correspondente ao de secretário de tribunal superior.

SECÇÃO IV
Regime administrativo e financeiro e organização dos serviços

ARTIGO 163º
Regime próprio

O regime administrativo e financeiro e a organização dos serviços do Conselho Superior da Magistratura são definidos em lei própria.

CAPÍTULO X
Meios impugnatórios administrativos e contenciosos

SECÇÃO I
Princípios gerais

ARTIGO 164º
Disposições gerais

1 – Os interessados têm direito a:

a) Impugnar administrativamente, perante o Conselho Superior da Magistratura, as normas aprovadas ou os atos praticados no âmbito de competências de natureza administrativa pelas entidades e órgãos que, previstos no presente Estatuto e nas normas sobre organização dos tribunais judiciais, se encontram sujeitos ao governo deste órgão superior;

b) Reagir administrativamente, perante o Conselho Superior da Magistratura, contra a omissão ilegal de normas ou atos administrativos, em incumprimento do dever de decisão, por órgãos e entidades previstos no presente Estatuto e nas normas sobre organização dos tribunais judiciais, solicitando a emissão do ato pretendido;

c) Impugnar jurisdicionalmente as normas ou os atos do Conselho Superior da Magistratura, ou reagir jurisdicionalmente contra a omissão ilegal dos mesmos;

d) Solicitar a adoção das providências cautelares que se mostrem adequadas a assegurar a utilidade da sentença que venha a ser proferida no meio de reação jurisdicional.

2 – Têm legitimidade para impugnar, administrativa e jurisdicionalmente, os titulares de direitos subjetivos ou interesses legalmente protegidos que se considerem lesados pela prática ou omissão do ato administrativo.

3 – Não pode impugnar um ato administrativo quem, sem reserva, o tenha aceitado, expressa ou tacitamente, depois de praticado.[102]

ARTIGO 166º
Direito subsidiário

1 – Às impugnações de natureza administrativa são subsidiariamente aplicáveis, com as necessárias adaptações, as normas contidas no Código do Procedimento Administrativo e, em particular, as normas aí previstas para os recursos administrativos.

2 – Às impugnações de natureza jurisdicional e aos meios de reação jurisdicional contra a omissão ilegal de atos administrativos são aplicáveis, com as necessárias adaptações e sem prejuízo do disposto neste Estatuto, as normas contidas no Código de Processo nos Tribunais Administrativos.

SECÇÃO II
Impugnações administrativas

ARTIGO 167º
Natureza

1 – As impugnações administrativas são necessárias quando a possibilidade de acesso aos meios de impugnação jurisdicional ou de condenação à prática do ato devido depende da sua prévia utilização.

2 – Cabe impugnação administrativa necessária para o plenário do Conselho Superior da Magistratura de todos os atos ou omissões dos seguintes órgãos:

a) Conselho permanente, com exceção das deliberações da secção disciplinar que apliquem as sanções de advertência e multa, que admitem impugnação jurisdicional direta;

b) Órgão deliberativo em matéria de gestão financeira e patrimonial do Conselho Superior da Magistratura;

c) Presidente, vice-presidente e vogais do Conselho Superior da Magistratura;

d) Presidentes dos tribunais da Relação e dos tribunais de 1ª instância.

3 – Cabe impugnação administrativa necessária para o presidente do Conselho Superior da Magistratura dos atos ou omissões do juiz secretário deste Conselho.[103]

ARTIGO 167º-A
Efeitos

As impugnações administrativas suspendem os efeitos dos atos impugnados.

[102] O artigo 165º, atinente ao Conselho Permanente, foi revogado.

[103] Quanto a esta impugnação administrativa, pode ver-se a deliberação do Plenário do Conselho Superior da Magistratura, de 8.2.2022, Procedimento nº 2021/A12/0727.

ARTIGO 168º
Prazo

1 – O prazo para deduzir meio impugnatório administrativo de natureza facultativa ou necessária é de 30 dias úteis, mesmo quando seja apresentado contra a omissão ilegal de norma ou ato administrativo.

2 – O prazo para decisão é de 90 dias úteis, podendo, em circunstâncias excecionais, ser prorrogado por período máximo de 30 dias úteis.

3 – É atribuída natureza urgente aos meios impugnatórios de natureza administrativa que se destinem a tutelar direitos, liberdades e garantias que de outro modo não possam ser assegurados em tempo útil.

4 – Nos casos referidos no número anterior, os prazos legais são reduzidos a metade e os atos da secretaria são praticados no próprio dia, com precedência sobre quaisquer outros.

5 – A falta, no prazo legal, de decisão final sobre a pretensão dirigida ao órgão administrativo competente confere ao interessado a possibilidade de utilizar os meios de tutela administrativa e jurisdicional adequados.

6 – Não sendo utilizados ou admitidos os meios de tutela administrativa e jurisdicional referidos no número anterior, o Conselho Superior da Magistratura não fica dispensado de proferir decisão, a qual é suscetível de impugnação jurisdicional.

SECÇÃO III
Ação administrativa

ARTIGO 169º

Meios de impugnação

Os meios de impugnação jurisdicional de normas ou atos administrativos do Conselho Superior da Magistratura, ou de reação jurisdicional contra a omissão ilegal dos mesmos, seguem a forma da ação administrativa prevista no Código de Processo nos Tribunais Administrativos.

ARTIGO 170º
Competência

1 – É competente para o conhecimento das ações referidas no presente capítulo a secção de contencioso do Supremo Tribunal de Justiça.

2 – O julgamento é realizado pela secção em pleno.

3 – A composição da secção a que alude o número anterior mantém-se até ao julgamento das ações que lhe hajam sido distribuídas.

ARTIGO 171º
Prazo de propositura da ação

1 – O prazo de propositura da ação administrativa é de 30 dias, se o interessado prestar serviço no continente ou nas regiões autónomas, e de 45 dias, se prestar serviço no estrangeiro, contando-se tal prazo nos termos do artigo 138º do Código de Processo Civil.

2 – O prazo para a impugnação pelos destinatários a quem o ato administrativo deva ser notificado só corre a partir da data da notificação, ainda que o ato tenha sido objeto de publicação obrigatória.

3 – O disposto no número anterior não impede a impugnação, se a execução do ato for desencadeada sem que a notificação tenha tido lugar.

4 – O prazo para a impugnação por quaisquer outros interessados dos atos que não tenham de ser obrigatoriamente publicados começa a correr a partir do seguinte facto que primeiro se verifique:

a) Notificação do interessado;

b) Publicação do ato;

c) Conhecimento do ato ou da sua execução.

5 – A utilização de meios de impugnação administrativa suspende o prazo de impugnação contenciosa do ato administrativo, que só retoma o seu curso com a notificação da decisão proferida sobre a impugnação administrativa ou com o decurso do respetivo prazo legal.

6 – A suspensão do prazo prevista no número anterior não impede o interessado de proceder à impugnação contenciosa do ato na pendência da impugnação administrativa, bem como de requerer a adoção de providências cautelares.

ARTIGO 172º
Efeito

1 – A propositura da ação administrativa não suspende a eficácia do ato impugnado, salvo quando seja requerida e decretada a competente providência cautelar.

2 – Ao pedido de suspensão aplica-se o disposto no artigo 112º e seguintes do Código de Processo nos Tribunais Administrativos.

3 – A suspensão da eficácia do ato não abrange a suspensão do exercício de funções.

ARTIGO 173º
Tramitação

À ação administrativa regulada neste capítulo aplicam-se subsidiariamente as regras previstas no Código de Processo nos Tribunais Administrativos.

SECÇÃO IV
Providências cautelares

ARTIGO 174º
Providências cautelares

Às providências cautelares são aplicáveis as normas previstas no Código de Processo nos Tribunais Administrativos.[104]

[104] O disposto nos artigos 175º a 178º, referentes à citação dos interessados, às alegações, ao julgamento e à lei subsidiária, respetivamente, foi revogado.

SECÇÃO V
Custas

ARTIGO 179º
Custas

1 – Os meios de reação jurisdicional são isentos de taxa de justiça.[105]

2 – É subsidiariamente aplicável, com as necessárias adaptações, o Regulamento das Custas Processuais.

CAPÍTULO XI
Disposições complementares e finais[106]

ARTIGO 185º
Isenções

O Conselho Superior da Magistratura goza de isenção de imposto do selo e de quaisquer impostos, prémios, descontos ou percentagens nos depósitos, guarda, transferência e levantamentos de dinheiro efetuados na Agência de Gestão da Tesouraria e da Dívida Pública – IGCP, E. P. E.

ARTIGO 186º
Receitas

1 – Além das receitas provenientes de dotações do Orçamento do Estado, são receitas próprias do Conselho Superior da Magistratura:

a) O saldo de gerência do ano anterior;

b) O produto da venda de publicações editadas;

c) Os emolumentos por atos praticados pela secretaria;

d) As multas aplicadas nos termos do presente Estatuto, qualquer que seja a situação jurídico-funcional do magistrado judicial na data da aplicação da sanção;

e) O produto dos serviços prestados pelo Conselho Superior da Magistratura no respetivo âmbito funcional;

f) Quaisquer outras que lhe sejam atribuídas por lei, contrato ou outro título.

2 – O produto das receitas próprias pode, nos termos da lei de execução orçamental, ser aplicado na realização de despesas correntes e de capital que, em cada ano, não possam ser suportadas pelas verbas inscritas no Orçamento do Estado, designadamente despesas de edição de publicações ou realização de estudos, análises ou outros trabalhos extraordinários.[107]

[105] Este normativo substituiu o que anteriormente dele constava, que estabelecia a isenção de preparos no recurso, objeto de revogação pelo artigo 25º, nº 1, do DL nº 34/2008, de 26 de fevereiro.

[106] O disposto nos artigos 180º a 184º, atinentes à antiguidade, aos magistrados jubilados, à eleição dos vogais do CSM, ao CSM e a encargos, respetivamente, foi revogado.

[107] O artigo 187º, relativo a ressalvas, foi revogado.

ARTIGO 188º
Disposições subsidiárias

Em tudo o que não esteja expressamente previsto no presente Estatuto é subsidiariamente aplicável aos magistrados judiciais o regime previsto para os trabalhadores em funções públicas.

ARTIGO 188º-A
Limite remuneratório

Para efeitos previstos no presente Estatuto podem ser percebidas remunerações ilíquidas superiores ao limite previsto no artigo 3º da Lei nº 102/88, de 25 de agosto, desde que não ultrapassem 90% do montante equivalente ao somatório do vencimento e abono mensal para despesas de representação do Presidente da República.[108]

ANEXO I
(mapa a que se referem os nºs 1 e 3 do artigo 23º)

Categoria/Escalão	Índice
Juiz Estagiário	100
Juiz de Direito:	
Com 3 anos de serviço	135
Com 7 anos de serviço	155
Com 5 anos de serviço e classificação de serviço não inferior a Bom	
em exercício de funções nos juízos locais de competência genérica	175
Com 11 anos de serviço	175
Juiz de Direito dos Juízos locais cível, criminal e de pequena crimina-	175
lidade	190
Com 15 anos de serviço	200
Com 18 anos de serviço	220
Juiz de Direito dos juízos enunciados no nº 1 do artigo 45º	240
Juiz Desembargador	250
Juiz Desembargador – 5 anos	260[109]
Juiz Conselheiro	

ANEXO I-A
(a que se refere o nº 2 do artigo 26º-A)

Subsídio de compensação – 875,00€

[108] O artigo 189º, atinente à entrada em vigor, foi revogado.

[109] A atual redação deste Anexo resultou do artigo 387º da Lei nº 2/2020, de 31 de março.

ANEXO II
(a que se refere o nº 1 do artigo 64º)

A partir de 1 de janeiro de 2011 – 60 anos e 6 meses de idade e 36 anos e 6 meses de serviço (36,5).

A partir de 1 de janeiro de 2012 – 61 anos de idade e 37 anos de serviço (37).

A partir de 1 de janeiro de 2013 – 61 anos e 6 meses de idade e 37 anos e 6 meses de serviço (37,5).

A partir de 1 de janeiro de 2014 – 62 anos de idade e 38 anos de serviço (38).

A partir de 1 de janeiro de 2015 – 62 anos e 6 meses de idade e 38 anos e 6 meses de serviço (38,5).

A partir de 1 de janeiro de 2016 – 63 anos de idade e 39 anos de serviço (39).

A partir de 1 de janeiro de 2017 – 63 anos e 6 meses de idade e 39 anos e 6 meses de serviço (39,5).

A partir de 1 de janeiro de 2018 – 64 anos de idade e 40 anos de serviço (40).

A partir de 1 de janeiro de 2019 – 64 anos e 6 meses de idade e 40 anos de serviço (40).

2020 e seguintes – 65 anos de idade e 40 anos de serviço (40).

ANEXO III
(a que se refere o artigo 68º)

Ano	Tempo de serviço
2011	38 anos e 6 meses (38,5).
2012	39 anos (39).
2013	39 anos e 6 meses (39,5).
2014 e seguintes	40 anos (40 anos).

14. ESTATUTO DO MINISTÉRIO PÚBLICO[110]

PARTE I
DO MINISTÉRIO PÚBLICO

TÍTULO I
Estrutura, funções e regime de intervenção

CAPÍTULO I
Estrutura e funções

ARTIGO 1º
Objeto

A presente lei aprova o Estatuto do Ministério Público.

ARTIGO 2º
Definição

O Ministério Público representa o Estado, defende os interesses que a lei determinar, participa na execução da política criminal definida pelos órgãos de soberania, exerce a ação penal orientado pelo princípio da legalidade e defende a legalidade democrática, nos termos da Constituição, do presente Estatuto e da Lei.

[110] Aprovado pela Lei nº 68/2919, de 27 de agosto, alterado pela Lei nº 2/2020, de 31 de março, revogou a Lei nº 47/86, de 15 de outubro, e entrou em vigor no dia 1 de janeiro de 2020. A Portaria nº 9/2020, de 17 de janeiro, fixou o quadro de magistrados do Ministério Público do DCIAP. O Regulamento nº 12/2020, de 9 de janeiro, refere-se ao processo eleitoral para o Conselho Superior do Ministério Público, o Regulamento nº 13/2020, de 9 de janeiro, versa sobre os procedimentos de inspeção do Ministério Público, e o Regulamento nº 946/2020, de 28 de outubro, versa sobre o movimento dos magistrados do Ministério Público. O Regulamento nº 963/2020, de 3 de novembro, do Conselho Superior do Ministério Público, rege sobre os instrumentos de mobilidade e de gestão processual; o Regulamento nº 530/2020, publicado no Diário da República, de 16 de junho de 2020, constitui o regulamento Interno da Procuradoria-Geral da República.

ARTIGO 3º
Autonomia

1 – O Ministério Público goza de autonomia em relação aos demais órgãos do poder central, regional e local, nos termos da presente lei.

2 – A autonomia do Ministério Público caracteriza-se pela sua vinculação a critérios de legalidade e objetividade e pela exclusiva sujeição dos magistrados do Ministério Público às diretivas, ordens e instruções previstas na presente lei.

ARTIGO 4º
Atribuições

1 – Compete, especialmente, ao Ministério Público:

a) Defender a legalidade democrática;[111]

b) Representar o Estado, as regiões autónomas, as autarquias locais, os incapazes, os incertos e os ausentes em parte incerta;

c) Participar na execução da política criminal definida pelos órgãos de soberania;

d) Exercer a ação penal orientado pelo princípio da legalidade;

e) Dirigir a investigação e as ações de prevenção criminal que, no âmbito das suas competências, lhe incumba realizar ou promover, assistido, sempre que necessário, pelos órgãos de polícia criminal;

f) Intentar ações no contencioso administrativo para defesa do interesse público, dos direitos fundamentais e da legalidade administrativa;

g) Exercer o patrocínio oficioso dos trabalhadores e suas famílias na defesa dos seus direitos de caráter social;

h) Assumir, nos casos previstos na lei, a defesa de interesses coletivos e difusos;

i) Assumir, nos termos da lei, a defesa e a promoção dos direitos e interesses das crianças, jovens, idosos, adultos com capacidade diminuída, bem como de outras pessoas especialmente vulneráveis;

j) Defender a independência dos tribunais, na área das suas atribuições, e velar para que a função jurisdicional se exerça em conformidade com a Constituição e as leis;

k) Promover a execução das decisões dos tribunais para que tenha legitimidade;

l) Fiscalizar a constitucionalidade dos atos normativos;

m) Intervir nos processos de insolvência e afins, bem como em todos os que envolvam interesse público;

n) Exercer funções consultivas, nos termos da presente lei;

o) Fiscalizar a atividade processual dos órgãos de polícia criminal, nos termos do presente Estatuto;

p) Coordenar a atividade dos órgãos de polícia criminal, nos termos da lei;

q) Recorrer sempre que a decisão seja efeito de conluio das partes no sentido de fraudar a lei ou tenha sido proferida com violação de lei expressa;

r) Exercer as demais funções conferidas por lei.

[111] Importa ainda considerar nesta sede o regime legal dos maiores acompanhados.

2 - A competência referida na alínea *j*) do número anterior inclui a obrigatoriedade de recurso nos casos e termos previstos na Lei de Organização, Funcionamento e Processo do Tribunal Constitucional.

3 - Para cumprimento das competências previstas nas alíneas *i*), *j*), *k*), *l*) e *q*) do nº 1, deve o Ministério Público ser notificado das decisões finais proferidas por todos os tribunais.

ARTIGO 5º
Dever de colaboração

1 - Todas as entidades públicas e privadas têm o dever de colaborar com o Ministério Público, facultando documentos e prestando as informações e os esclarecimentos solicitados de modo devidamente justificado em função da competência a exercer, nos limites da lei, sem prejuízo dos regimes de sigilo aplicáveis.

2 - Em caso de recusa ou de não prestação tempestiva ou injustificada de informações, o Ministério Público solicita ao tribunal competente para o julgamento da ação proposta ou a propor a adoção dos meios coercitivos adequados, sem prejuízo da aplicação das sanções previstas na lei processual civil para as situações de recusa ilegítima de colaboração para a descoberta da verdade.

3 - O Ministério Público, exceto em matéria penal ou contraordenacional, pode fixar por escrito prazo não inferior a 10 dias para a prestação da colaboração devida, advertindo que o respetivo incumprimento faz incorrer na prática do crime de desobediência.

4 - A colaboração das entidades públicas e privadas em matéria criminal e contraordenacional é disciplinada pelas correspondentes leis do processo e demais legislação aplicável, incluindo a relativa aos órgãos de polícia criminal.

ARTIGO 6º
Informação

1 - É assegurado o acesso, pelo público e pelos órgãos de comunicação social, à informação relativa à atividade do Ministério Público, nos termos da lei.

2 - Para o efeito enunciado no número anterior, a Procuradoria-Geral da República dispõe de um gabinete de imprensa e comunicação, que funciona no âmbito do gabinete do Procurador-Geral da República.

3 - Podem ser organizados gabinetes de imprensa e comunicação junto das procuradorias-gerais regionais, sob a orientação dos procuradores-gerais regionais e a superintendência do Procurador-Geral da República.

ARTIGO 7º
Coadjuvação e assessoria

No exercício das suas funções, o Ministério Público é coadjuvado por funcionários de justiça e órgãos de polícia criminal e dispõe de serviços de assessoria e de consultadoria.

CAPÍTULO II
Representação e regime de intervenção

ARTIGO 8º
Representação do Ministério Público

1 – O Ministério Público é representado:

a) No Tribunal Constitucional, no Supremo Tribunal de Justiça, no Supremo Tribunal Administrativo e no Tribunal de Contas, pelo Procurador-Geral da República;

b) Nos tribunais da Relação e nos Tribunais Centrais Administrativos, por procuradores-gerais-adjuntos;

c) Nos tribunais de 1ª instância, por procuradores-gerais-adjuntos e procuradores da República.

2 – O Ministério Público é representado nos demais tribunais nos termos da lei.

3 – Os magistrados do Ministério Público fazem-se substituir nos termos previstos no presente Estatuto e, no que não o contrariar, na Lei de Organização do Sistema Judiciário.

ARTIGO 9º
Intervenção principal

1 – O Ministério Público tem intervenção principal nos processos:

a) Quando representa o Estado;

b) Quando representa as regiões autónomas e as autarquias locais;

c) Quando representa incapazes, incertos ou ausentes em parte incerta;

d) Quando assume, nos termos da lei, a defesa e a promoção dos direitos e interesses das crianças, jovens, idosos, adultos com capacidade diminuída bem como de outras pessoas especialmente vulneráveis;

e) Quando exerce o patrocínio oficioso dos trabalhadores e suas famílias na defesa dos seus direitos de caráter social;

f) Quando representa interesses coletivos ou difusos;

g) Nos demais casos em que a lei lhe atribua competência para intervir nessa qualidade.

2 – Em caso de representação de região autónoma, de autarquia local ou, nos casos em que a lei especialmente o permita, do Estado, a intervenção principal cessa quando for constituído mandatário próprio.

3 – Em caso de representação de incapazes ou de ausentes em parte incerta, a intervenção principal cessa logo que seja constituído mandatário judicial do incapaz ou ausente, ou quando, deduzindo o respetivo representante legal oposição à intervenção principal do Ministério Público, o juiz, ponderado o interesse do representado, a considere procedente.

ARTIGO 10º
Intervenção acessória

1 – O Ministério Público intervém nos processos acessoriamente:

a) Quando, não se verificando nenhum dos casos do nº 1 do artigo anterior, sejam interessados na causa as regiões autónomas, as autarquias locais, outras pessoas coletivas públicas, pessoas coletivas de utilidade pública, incapazes ou ausentes, ou a ação vise a realização de interesses coletivos ou difusos;

b) Nos demais casos previstos na lei.

2 – Quando intervém acessoriamente, o Ministério Público zela pelos interesses que lhe estão confiados, promovendo o que tiver por conveniente.

3 – Os termos da intervenção são os previstos na lei de processo aplicável.

ARTIGO 11º
Procedimentos do Ministério Público

1 – O Ministério Público, no exercício das suas atribuições, pode organizar dossiês para a preparação e acompanhamento da sua intervenção.

2 – O Procurador-Geral da República define os critérios a que devem obedecer a criação, o registo e a tramitação daqueles dossiês.

3 – O Procurador-Geral da República estabelece, em especial, as diretivas que assegurem o controlo de legalidade nas ações de prevenção criminal da responsabilidade do Ministério Público, nomeadamente quanto à data da instauração, à comunicação que lhe dá origem, ao tratamento e registo das informações recolhidas, ao prazo e respetivas prorrogações e à data de arquivamento do procedimento ou do conhecimento da prática de crime e da correspondente abertura de inquérito.

TÍTULO II
Órgãos e magistrados do Ministério Público

CAPÍTULO I
Disposições gerais

ARTIGO 12º
Órgãos

São órgãos do Ministério Público:

a) A Procuradoria-Geral da República;

b) As procuradorias-gerais regionais;

c) As procuradorias da República de comarca e as procuradorias da República administrativas e fiscais.

ARTIGO 13º
Magistrados do Ministério Público

São magistrados do Ministério Público:

a) O Procurador-Geral da República;

b) O Vice-Procurador-Geral da República;

c) Os procuradores-gerais-adjuntos;

d) Os procuradores da República;

e) Os magistrados do Ministério Público na qualidade de procuradores europeus delegados;

f) Os magistrados do Ministério Público representante de Portugal na EUROJUST e respetivos adjunto e assistente.

ARTIGO 14º
Direção e hierarquia

1 – No exercício das suas funções detêm poderes de direção, hierarquia e, nos termos da lei, intervenção processual, os seguintes magistrados:

a) O Procurador-Geral da República;

b) O Vice-Procurador-Geral da República;

c) O procurador-geral regional;

d) O diretor do departamento central de investigação e ação penal (DCIAP);

e) O diretor do departamento central de contencioso do Estado e de interesses coletivos e difusos;

f) O magistrado do ministério Público coordenador de Procuradoria da República de comarca;

g) O magistrado do Ministério Público coordenador de Procuradoria da República administrativa e fiscal;

h) O diretor do departamento de investigação e ação penal (DIAP) regional;

i) O diretor do DIAP.

2 – Os procuradores da República que dirigem procuradorias e secções dos DIAP detêm poderes de hierarquia processual, bem como os poderes que lhes sejam delegados pelo imediato superior hierárquico.

CAPÍTULO II
Procuradoria-Geral da República

SECÇÃO I
Estrutura e competência

ARTIGO 15º
Estrutura

1 – A Procuradoria-Geral da República é o órgão superior do Ministério Público.

2 – A Procuradoria-Geral da República compreende o Procurador-Geral da República, o Vice-Procurador-Geral da República, o Conselho Superior do Ministério Público, o Conselho Consultivo da Procuradoria-Geral da República, os auditores jurídicos, os gabinetes de coordenação nacional e a Secretaria-Geral.

3 – Na dependência da Procuradoria-Geral da República funcionam o DCIAP, o departamento das tecnologias e sistemas de informação, o departamento de cooperação judiciária e relações internacionais, o departamento central de contencioso do Estado e interesses coletivos e difusos e o núcleo de assessoria técnica.

4 – A organização interna e os regimes de pessoal da Secretaria-Geral e das estruturas referidas no número anterior são definidos em diplomas próprios.

ARTIGO 16º
Competência

Compete à Procuradoria-Geral da República:

a) Promover a defesa da legalidade democrática;

b) Nomear, colocar, transferir, promover, exonerar, apreciar o mérito profissional, exercer a ação disciplinar e praticar, em geral, todos os atos de idêntica natureza respeitantes aos magistrados do Ministério Público, com exceção do Procurador-Geral da República;

c) Dirigir, coordenar e fiscalizar a atividade do Ministério Público e emitir as diretivas, ordens e instruções a que deve obedecer a atuação dos magistrados do Ministério Público no exercício das respetivas funções;

d) Pronunciar-se sobre a legalidade dos contratos em que o Estado seja interessado, quando o seu parecer for exigido por lei ou solicitado pelo Governo;

e) Emitir parecer nos casos de consulta previstos na lei e a solicitação do Presidente da Assembleia da República, dos membros do Governo, dos Representantes da República para as regiões autónomas ou dos órgãos de governo próprio das regiões autónomas;

f) Propor ao membro do Governo responsável pela área da justiça providências legislativas com vista ao incremento da eficiência do Ministério Público e ao aperfeiçoamento das instituições judiciárias;

g) Informar, por intermédio do membro do Governo responsável pela área da justiça, a Assembleia da República e o Governo acerca de quaisquer obscuridades, deficiências ou contradições dos textos legais;

h) Fiscalizar superiormente a atividade processual dos órgãos de polícia criminal, nos termos do presente Estatuto;

i) Coordenar a atividade processual dos órgãos de polícia criminal entre si, nos termos da lei;

j) Decidir sobre matéria relativa aos sistemas e tecnologias de informação do Ministério Público;

k) Garantir a produção estatística relativa à atividade do Ministério Público, promovendo a transparência do sistema de justiça;

l) Exercer as demais funções conferidas por lei.

ARTIGO 17º
Presidência e direção

A Procuradoria-Geral da República é presidida e dirigida pelo Procurador-Geral da República.

ARTIGO 18º
Autonomia administrativa e financeira

1 – A Procuradoria-Geral da República, com a composição estabelecida no nº 2 do artigo 15º, é dotada de autonomia administrativa e financeira, dispondo de orçamento próprio, inscrito nos encargos gerais do Estado, com respeito pelas regras de enquadramento orçamental e nos demais termos a definir por decreto-lei.

2 – O disposto no número anterior, e nas condições nele definidas, é extensivo ao âmbito referido no nº 3 do artigo 15º.

3 – A proposta de dotação orçamental nos termos previstos nos números anteriores é apresentada ao Governo, através da área da justiça, pelo Procurador-Geral da República.

4 – O Procurador-Geral da República pode suscitar ou ser suscitado a expor, no âmbito da comissão competente da Assembleia da República, as orientações constantes do orçamento da Procuradoria.

SECÇÃO II
Procurador-Geral da República

ARTIGO 19º
Competência

1 – Compete ao Procurador-Geral da República:

a) Presidir e dirigir a Procuradoria-Geral da República;

b) Representar o Ministério Público nos tribunais referidos na alínea *a*) do nº 1 do artigo 8º;

c) Requerer ao Tribunal Constitucional a declaração, com força obrigatória geral, da inconstitucionalidade ou ilegalidade de qualquer norma.

2 – Como dirigente da Procuradoria-Geral da República, compete ao Procurador-Geral da República:

a) Promover a defesa da legalidade democrática;

b) Dirigir, coordenar e fiscalizar a atividade do Ministério Público e emitir as diretivas, ordens e instruções a que deve obedecer a atuação dos respetivos magistrados;

c) Emitir, em especial, as diretivas, ordens e instruções destinadas a fazer cumprir as leis de orientação da política criminal, no exercício da ação penal e das ações de prevenção atribuídas ao Ministério Público;

d) Convocar o Conselho Superior do Ministério Público e o Conselho Consultivo da Procuradoria-Geral da República e presidir às respetivas reuniões;

e) Informar o membro do Governo responsável pela área da justiça e a Assembleia da República da necessidade de medidas legislativas tendentes a conferir exequibilidade aos preceitos constitucionais;

f) Representar o Ministério Público nas relações institucionais com o Presidente da República, a Assembleia da República, o Governo e as organizações internacionais para que seja designado por lei ou convenção internacional;

g) Intervir hierarquicamente nos inquéritos, nos termos previstos no Código de Processo Penal;

h) Fiscalizar superiormente a atividade processual dos órgãos de polícia criminal, nos termos do presente Estatuto;

i) Determinar superiormente os critérios de coordenação da atividade processual no decurso do inquérito e de prevenção levada a cabo pelos órgãos de polícia criminal que assistirem o Ministério Público, quando necessidades de participação conjunta o justifiquem, nos termos da lei;

j) Determinar, de acordo com o disposto na alínea anterior, diretamente e quando necessário, a mobilização e os procedimentos de coordenação relativamente aos órgãos de polícia criminal chamados a coadjuvar o Ministério Público no decurso de inquérito;

k) Participar nas reuniões do conselho coordenador dos órgãos de polícia criminal, nos termos previstos na lei;

l) Inspecionar ou mandar inspecionar a atividade e funcionamento do Ministério Público, designadamente dos seus órgãos e secretarias, e ordenar a instauração de inquérito, sindicâncias e processos criminais ou disciplinares aos seus magistrados;

m) Propor ao membro do Governo responsável pela área da justiça e à Assembleia da República providências legislativas com vista ao incremento da eficiência do Ministério Público e ao aperfeiçoamento das instituições judiciárias ou a pôr termo a decisões divergentes dos tribunais ou dos órgãos da Administração Pública;

n) Informar o membro do Governo responsável pela área da justiça e a Assembleia da República acerca de quaisquer obscuridades, deficiências ou contradições dos textos legais;

o) Intervir, pessoalmente ou por substituição, nos contratos em que o Estado seja outorgante, quando a lei o exigir;

p) Superintender os serviços de inspeção do Ministério Público;

q) Dar posse aos magistrados do Ministério Público, nos termos do presente Estatuto;

r) Exercer, na Procuradoria-Geral da República, os poderes administrativos e financeiros idênticos aos que integram a competência ministerial;

s) Estabelecer os objetivos estratégicos do Ministério Público e homologar as propostas de objetivos processuais de todos os órgãos e departamentos do Ministério Público;

t) Elaborar o relatório anual de atividades do Ministério Público e proceder à sua apresentação institucional, bem como à sua divulgação pública;

u) Apresentar à Assembleia da República e ao membro do Governo responsável pela área da justiça o relatório bianual sobre execução da lei de política criminal;

v) Garantir a produção estatística relativa à atividade do Ministério Público, promovendo a transparência do sistema de justiça;

w) Apreciar os recursos hierárquicos dos atos administrativos praticados por magistrados do Ministério Público;

x) Exercer as demais funções que lhe sejam atribuídas por lei.

3 – As diretivas a que se referem a alínea *b*), que interpretem disposições legais, e a alínea *c*) do número anterior, bem como as relativas ao cumprimento do disposto no nº 3 do artigo 11º, são publicadas na 2ª série do Diário da República, sem prejuízo do registo documental interno de todas as demais diretivas, ordens e instruções.

4 – Em aplicação do disposto na alínea *h*) do nº 2, o Procurador-Geral da República, velando pelos direitos, liberdades e garantias dos cidadãos e pelo cumprimento dos pertinentes deveres legais, por si ou nos termos da alínea *e*) do artigo 101º, ordena periodicamente auditorias, sindicâncias ou inquéritos aos serviços dos órgãos de polícia criminal, destinados a fiscalizar o adequado cumprimento e efetivação das atribuições judiciárias e as inerentes condições legais do seu exercício, podendo emitir diretivas ou instruções genéricas sobre o cumprimento da lei.

5 – É apresentado até ao dia 31 de maio de cada ano o relatório de atividade respeitante ao ano judicial anterior.

6 – O Procurador-Geral da República é apoiado, no exercício das suas funções, por um gabinete.

7 – A estrutura e composição do gabinete do Procurador-Geral da República são definidas em diploma próprio.

8 – Os atos administrativos praticados pelo Procurador-Geral da República são impugnáveis perante o Supremo Tribunal Administrativo.

ARTIGO 20º
Coadjuvação e substituição

1 – O Procurador-Geral da República é coadjuvado e substituído pelo Vice-Procurador-Geral da República.

2 – Nos tribunais referidos na alínea *a*) do nº 1 do artigo 8º, a coadjuvação e a substituição são ainda asseguradas por procuradores-gerais-adjuntos, em número constante de quadro a fixar por portaria do membro do Governo responsável pela área da justiça, sob proposta do Conselho Superior do Ministério Público.[112]

3 – O Procurador-Geral da República designa, bienalmente, o procurador-geral-adjunto que coordena a atividade do Ministério Público em cada um dos tribunais referidos no número anterior.

4 – O Vice-Procurador-Geral da República é substituído nas suas faltas e impedimentos, pelo procurador-geral-adjunto que o Procurador-Geral da República indicar ou, na falta de designação, pelo mais antigo dos procuradores-gerais-adjuntos que exerçam funções em Lisboa.

SECÇÃO III
Conselho Superior do Ministério Público

SUBSECÇÃO I
Competência, organização e funcionamento

ARTIGO 21º
Competência

1 – A Procuradoria-Geral da República exerce a sua competência disciplinar e de gestão dos quadros do Ministério Público através do Conselho Superior do Ministério Público.

2 – Compete ao Conselho Superior do Ministério Público:

a) Nomear, colocar, transferir, promover, exonerar, apreciar o mérito profissional, exercer a ação disciplinar e, em geral, praticar todos os atos de idêntica natureza respeitantes aos magistrados do Ministério Público, com exceção do Procurador-Geral da República;

[112] A Portaria nº 331/2019, de 24 de setembro, fixou o quadro de procuradores-gerais adjuntos de coadjuvação e substituição do Procurador-Geral da República e revogou a Portaria nº 265/99, de 12 de abril.

b) Aprovar o regulamento eleitoral do Conselho Superior do Ministério Público, o regulamento interno da Procuradoria-Geral da República, o regulamento da Inspeção do Ministério Público, o regulamento dos concursos para provimento dos lugares de magistrados do Ministério Público e os demais regulamentos cuja competência lhe seja atribuída pelo presente Estatuto;

c) Aprovar o projeto de orçamento da Procuradoria-Geral da República, na dimensão constante do nº 1 do artigo 18º;

d) Deliberar e emitir diretivas em matéria de organização interna e de gestão de quadros, no âmbito da sua competência;

e) Propor ao Procurador-Geral da República a emissão de diretivas a que deve obedecer a atuação dos magistrados do Ministério Público;

f) Propor ao membro do Governo responsável pela área da justiça, por intermédio do Procurador-Geral da República, providências legislativas com vista ao incremento da eficiência do Ministério Público e ao aperfeiçoamento das instituições judiciárias;

g) Conhecer no âmbito das suas competências, das reclamações e recursos previstos na lei;

h) Aprovar o plano anual de inspeções e determinar a realização de averiguações, inspeções, sindicâncias, inquéritos e processos disciplinares;

i) Emitir parecer em matéria de organização judiciária e, em geral, de administração da justiça;

j) Elaborar, de acordo com os objetivos e a estratégia definidos para cada órgão do Ministério Público, a previsão das necessidades de colocação de magistrados do Ministério Público;

k) Exercer as demais funções que lhe sejam atribuídas por lei.

3 – Compete ainda ao Conselho:

a) Assegurar o cumprimento das regras legais relativas à emissão e ao controlo das declarações de rendimentos e património dos magistrados do Ministério Público e aprovar, em conformidade com a lei, os instrumentos necessários de aplicação;

b) Em relação ao disposto na alínea anterior, desencadear o competente processo disciplinar em casos de recusa de apresentação da declaração, sem prejuízo da aplicação das sanções penais e tributárias previstas na lei para o incumprimento dos deveres declaratórios.

4 – A requerimento de pelo menos um terço dos membros do Conselho Superior, pode ser proposta à consideração do Procurador-Geral da República a submissão a parecer do Conselho Consultivo de questões inerentes ao Ministério Público com relevo para o cumprimento da legalidade democrática e a realização dos direitos, liberdades e garantias dos cidadãos.

ARTIGO 22º
Composição

Compõem o Conselho Superior do Ministério Público:

a) O Procurador-Geral da República, que preside;

b) Os procuradores-gerais regionais;

c) Um procurador-geral-adjunto, eleito de entre e pelos procuradores-gerais-adjuntos;

d) Seis procuradores da República eleitos de entre e pelos procuradores da República, assegurando-se a representatividade da área de competência das quatro procuradorias-gerais regionais;

e) Cinco membros eleitos pela Assembleia da República, de entre personalidades de reconhecido mérito;

f) Dois membros designados pelo membro do Governo responsável pela área da justiça, de entre personalidades de reconhecido mérito.

ARTIGO 23º
Princípios eleitorais

1 – A eleição do magistrado a que se refere a alínea *c*) do artigo anterior faz-se por sufrágio secreto e universal, com base num colégio eleitoral formado pelos procuradores-gerais-adjuntos em efetividade de funções.

2 – A eleição dos magistrados do Ministério Público a que se refere a alínea *d*) do artigo anterior faz-se por sufrágio secreto e universal, com base em quatro colégios eleitorais, abrangendo cada um a área geográfica de uma das procuradorias-gerais regionais, e os magistrados que aí exerçam funções, em qualquer jurisdição, à data da eleição.

3 – Os quatro colégios eleitorais mencionados no número anterior elegem seis magistrados, sendo dois eleitos pelo distrito de Lisboa, dois pelo distrito do Porto, um pelo distrito de Coimbra e outro pelo distrito de Évora.

4 – A conversão de votos em mandatos é efetuada de acordo com o método da média mais alta de Hondt.

5 – O recenseamento dos magistrados do Ministério Público é organizado oficiosamente pela Procuradoria-Geral da República.

6 – A cada eleitor é facultada a possibilidade de exercer o direito de voto presencialmente, por meios eletrónicos ou por correspondência, em termos a definir pelo regulamento eleitoral.

ARTIGO 24º
Capacidade eleitoral ativa e passiva

1 – São eleitores os magistrados pertencentes a cada categoria em exercício efetivo de funções no Ministério Público, bem como os que exercem as funções referidas no nº 2 do artigo 95º, na área do respetivo colégio eleitoral.

2 – São elegíveis os magistrados pertencentes a cada categoria em exercício efetivo de funções no Ministério Público na área do respetivo colégio eleitoral.

ARTIGO 25º
Data das eleições

1 – As eleições têm lugar dentro dos 30 dias anteriores à cessação dos cargos ou nos primeiros 60 posteriores à ocorrência de vacatura.

2 – O Procurador-Geral da República anuncia a data da eleição, com a antecedência mínima de 45 dias, por aviso publicado no Diário da República.

ARTIGO 26º
Organização de listas e forma de eleição

1 – Os vogais do Conselho Superior do Ministério Público referidos na alínea *d*) do artigo 22º são eleitos mediante listas subscritas por um mínimo de 15 eleitores do correspondente colégio eleitoral.

2 – As listas incluem dois suplentes em relação a cada candidato efetivo.

3 – Não pode haver candidatos inscritos por mais de uma lista.

4 – Na falta de candidaturas, o Conselho Superior do Ministério Público abre novo processo eleitoral e organiza listas nos termos no nº 2 do artigo 24º, sem possibilidade de recusa por parte dos designados, podendo nesta fase ser ainda apresentadas candidaturas.

ARTIGO 27º
Comissão de eleições

1 – A fiscalização da regularidade dos atos eleitorais e o apuramento final da votação competem a uma comissão de eleições.

2 – Constituem a comissão de eleições o Procurador-Geral da República e os procuradores-gerais regionais.

3 – Tem o direito de integrar a comissão de eleições um representante de cada lista concorrente ao ato eleitoral.

4 – As funções de presidente são exercidas pelo Procurador-Geral da República e as deliberações tomadas à pluralidade de votos, cabendo ao presidente Voto de qualidade.

ARTIGO 28º
Competência da comissão de eleições

Compete especialmente à comissão de eleições resolver as dúvidas suscitadas na interpretação do regulamento eleitoral e decidir as reclamações que surjam no decurso das operações eleitorais.

ARTIGO 29º
Contencioso eleitoral

1 – A impugnação contenciosa das decisões da comissão de eleições deve ser interposta, no prazo de 48 horas, para o Supremo Tribunal Administrativo.

2 – As irregularidades na votação ou no apuramento só são suscetíveis de anular a eleição se influírem no seu resultado.

ARTIGO 30º
Disposições regulamentares

Os trâmites do processo eleitoral não constantes dos artigos anteriores são estabelecidos em regulamento a publicar no Diário da República.

ARTIGO 31º
Estatuto dos membros do Conselho Superior do Ministério Público

1 – Aos vogais do Conselho Superior do Ministério Público que não sejam magistrados do Ministério Público é aplicável, com as devidas adaptações, o regime de deveres, direitos e garantias destes magistrados.

2 – Os vogais do Conselho Superior do Ministério Público que não sejam magistrados do Ministério Público não podem participar no processo de classificação ou decisão disciplinar de magistrados que tenham intervindo em processo no âmbito do qual aqueles tenham participado na qualidade de mandatários ou parte, nem podem intervir em qualquer assunto relativamente ao qual tenham intervindo como mandatário ou parte.

3 – Os membros do Conselho Superior do Ministério Público estão sujeitos ao regime relativo às garantias de imparcialidade previsto no Código do Procedimento Administrativo.

4 – O Conselho Superior do Ministério Público determina os casos em que o cargo de vogal deve ser exercido a tempo integral, assegurando, salvo manifesta impossibilidade, a representatividade geral do Conselho.

5 – Os vogais do Conselho Superior do Ministério Público que exerçam funções em regime de tempo integral auferem as remunerações correspondentes às do vogal magistrado de categoria mais elevada.

6 – Os membros de entre si eleitos pelos magistrados do Ministério Público podem beneficiar de redução de serviço em percentagem a determinar pelo Conselho Superior do Ministério Público.

7 – Os membros do Conselho Superior do Ministério Público têm direito a senhas de presença no valor correspondente a três quartos da UC, e, se domiciliados fora da área metropolitana de Lisboa, a ajudas de custo e despesas de transporte, nos termos da lei.

8 – Os vogais do Conselho Superior do Ministério Público gozam das prerrogativas legalmente estatuídas para os magistrados dos tribunais superiores quando indicados como testemunhas em qualquer processo.

9 – Os vogais do Conselho Superior do Ministério Público demandados judicialmente em razão do exercício das suas funções de vogal têm direito a patrocínio judiciário suportado pelo Conselho Superior do Ministério Público.

ARTIGO 32º
Exercício dos cargos

1 – Os vogais do Conselho Superior do Ministério Público referidos nas alíneas *c*) e *d*) do artigo 22º exercem os cargos por um período de três anos, não podendo ser eleitos para mais de dois mandatos consecutivos.

2 – Em caso de cessação dos respetivos mandatos, os membros eleitos ou designados mantêm-se em exercício até à entrada em funções de quem os substitua.

3 – Sem prejuízo da invocação de motivo atendível de verificação ou conhecimento superveniente à apresentação da lista, os magistrados do Ministério Público não podem recusar o cargo de vogal do Conselho Superior do Ministério Público.

4 – Nos casos em que, durante o exercício do cargo, o magistrado do Ministério Público deixe de pertencer à categoria de origem, seja colocado em distrito diverso do da eleição ou se encontre impedido, é chamado o elemento seguinte da mesma lista, se o houver e, em seguida, o primeiro suplente, sendo chamado, na falta deste, o segundo suplente.

5 – Na falta do segundo suplente a que alude o número anterior, faz-se declaração de vacatura, procedendo-se a nova eleição nos termos dos artigos anteriores.

6 – Os suplentes e os membros subsequentemente eleitos exercem os respetivos cargos até ao termo da duração do mandato em que se encontrava investido o primitivo titular.

7 – Determina a suspensão do mandato de vogal:

a) A pronúncia ou a designação de dia para julgamento por crime doloso, praticado no exercício de funções ou punível com pena de prisão superior a três anos;

b) A suspensão preventiva por motivo de procedimento disciplinar.

8 – Determina a perda do mandato:

a) A renúncia;

b) O impedimento definitivo, nomeadamente o que resulte de doença incapacitante para o exercício de funções;

c) A falta não justificada pelo plenário de qualquer vogal do Conselho, a três reuniões consecutivas ou cinco interpoladas das secções a que deva comparecer;

d) A aplicação de sanção que importe afastamento do serviço.

9 – A renúncia torna-se eficaz com a apresentação da respetiva declaração escrita ao presidente do Conselho Superior do Ministério Público e é publicada no Diário da República.

10 – Os vogais podem requerer a suspensão temporária do mandato em caso de doença ou para gozo de licença de maternidade ou paternidade por período não superior a 180 dias.

11 – O prolongamento da suspensão de funções por período superior ao previsto no número anterior equivale a impedimento definitivo.

12 – Nas situações de perda de mandato dos vogais referidos nas alíneas *e*) e *f*) do artigo 22º, o Conselho Superior do Ministério Público delibera sobre a verificação dos respetivos pressupostos, que comunica, para decisão, à entidade que designou o vogal.

13 – O mandato dos vogais eleitos pela Assembleia da República e dos vogais designados pelo membro do Governo responsável pela área da justiça caduca, respetivamente, com a primeira reunião de Assembleia da República subsequentemente eleita ou com a tomada de posse de novo membro do Governo responsável pela área da justiça, devendo este confirmá-los ou proceder a nova designação.

ARTIGO 33º
Funcionamento

1 – O Conselho Superior do Ministério Público funciona em plenário ou em secções.

2 – O plenário é constituído por todos os membros do Conselho Superior do Ministério Público.

3 – As reuniões do plenário do Conselho Superior do Ministério Público têm lugar, ordinariamente, uma vez por mês e, extraordinariamente, sempre que convocadas pelo Procurador-Geral da República, por sua iniciativa ou a requerimento de, pelo menos, sete dos seus membros.

4 – As deliberações são tomadas à pluralidade de votos, cabendo ao Procurador-Geral da República voto de qualidade.

5 – Para a validade das deliberações do Conselho Superior do Ministério Público exige-se a presença do seguinte número mínimo de membros:

a) Treze membros para o plenário;

b) Sete membros para as secções disciplinar e de apreciação do mérito profissional;

c) Três membros para a secção permanente.

6 – Os procuradores-gerais regionais e os magistrados eleitos não participam em deliberações respeitantes a magistrados que sejam, ou tenham sido no momento dos factos em apreço, seus imediatos superiores ou subordinados.

7 – Tratando-se da secção disciplinar ou da secção de avaliação do mérito profissional, quando não seja possível deliberar validamente por falta de quórum, o membro impedido nos termos do número anterior é substituído por vogal da mesma condição ou categoria.

ARTIGO 34º
Secções

1 – O Conselho Superior do Ministério Público dispõe de uma secção permanente, de uma ou mais secções de avaliação do mérito profissional e de uma secção disciplinar.

2 – A secção permanente tem as competências que lhe forem delegadas pelo plenário e que não caibam nas competências das restantes secções, podendo aquele, por iniciativa própria ou a pedido, avocá-las.

3 – Compõem a secção permanente o Procurador-Geral da República e quatro vogais designados pelo plenário, por um período de três anos, renovável por uma única vez, salvaguardando-se, sempre que possível, quanto aos vogais, a representação paritária de magistrados e não magistrados.

4 – O Conselho Superior do Ministério Público funciona numa ou mais secções de avaliação do mérito profissional, nos termos a definir no regulamento interno da Procuradoria-Geral da República.

5 – O exercício da ação disciplinar é da competência da secção disciplinar.

6 – Compõem a secção disciplinar o Procurador-Geral da República e os seguintes membros do Conselho Superior do Ministério Público:

a) Cinco dos membros referidos nas alíneas *b*) e *d*) do artigo 22º, em número proporcional à respetiva representação;

b) O procurador-geral-adjunto referido na alínea *c*) do artigo 22º;

c) Três das personalidades a se refere a alínea *e*) do artigo 22º, eleitos por e de entre aquelas, para períodos de 18 meses;

d) Uma das personalidades a que se refere a alínea *f*) do artigo 22º, designada por sorteio, para períodos rotativos de 18 meses.

7 – Não sendo possível a eleição, ou havendo empate, o Procurador-Geral da República designa os membros não eleitos, com respeito pelo disposto na parte final da alínea *a*) do número anterior.

8 – Das deliberações das secções cabe recurso necessário para o plenário do Conselho Superior do Ministério Público.

ARTIGO 35º
Distribuição de processos

1 – Os processos são distribuídos por sorteio pelos membros do Conselho, nos termos do regulamento interno.

2 – O vogal a quem o processo for distribuído é o seu relator.

3 – Em caso de reclamação para o plenário, o processo é distribuído a diferente relator.

4 – O relator pode requisitar documentos ou processos, bem como solicitar as diligências que considerar necessárias, sendo os processos requisitados pelo tempo indispensável, com ressalva do segredo de justiça e por forma a não causar prejuízo às partes.

5 – No caso de o relator ficar vencido, a redação da deliberação cabe ao vogal que for designado pelo presidente.

6 – Se a matéria for de manifesta simplicidade, pode o relator submetê-la a apreciação com dispensa de vistos.

7 – A deliberação que adote os fundamentos e propostas, ou apenas os primeiros, do inspetor ou instrutor do processo pode ser expressa por acórdão de concordância, com dispensa de relatório.

ARTIGO 36º
Delegação de poderes

1 – O Conselho Superior do Ministério Público pode delegar no Procurador-Geral da República a prática de atos que, pela sua natureza, não devam aguardar a reunião do Conselho e não estejam delegados na secção permanente.

2 – A delegação de poderes cessa com a mudança de sete ou mais membros do órgão delegante ou com a tomada de posse de novo Procurador-Geral da República.

ARTIGO 37º
Comparência do membro do Governo responsável pela área da justiça

O membro do Governo responsável pela área da justiça comparece às reuniões do Conselho Superior do Ministério Público a convite ou quando entender oportuno, para fazer comunicações e solicitar ou prestar esclarecimentos.

ARTIGO 38º
Impugnação contenciosa

As deliberações do plenário do Conselho Superior do Ministério Público são impugnáveis perante o Supremo Tribunal Administrativo.

SUBSECÇÃO II
Inspeção do Ministério Público

ARTIGO 39º
Atribuições

A Inspeção do Ministério Público funciona junto do Conselho Superior do Ministério Público e exerce funções auxiliares de avaliação, auditoria e inspeção ao funcionamento dos órgãos do Ministério Público e das respetivas secretarias e, complementarmente, de avaliação do mérito e da disciplina dos magistrados do Ministério Público.

ARTIGO 40º
Competência

Compete à Inspeção do Ministério Público, nos termos da lei e em conformidade com as deliberações do Conselho Superior do Ministério Público ou por iniciativa do Procurador-Geral da República:

a) Inspecionar e avaliar a atividade e o funcionamento dos órgãos do Ministério Público e respetivas secretarias;

b) Inspecionar a atividade dos magistrados do Ministério Público com vista ao conhecimento da sua prestação e avaliação do seu mérito pelos órgãos competentes;

c) Dirigir e instruir os procedimentos disciplinares, bem como as averiguações, inquéritos, sindicâncias e demais procedimentos instaurados aos órgãos do Ministério Público e respetivas secretarias;

d) Propor a aplicação da suspensão preventiva, formular acusação nos procedimentos disciplinares e propor a instauração de procedimentos nas demais formas procedimentais;

e) Realizar inspeções determinadas pelo Procurador-Geral da República no exercício da competência constante na alínea *l*) do nº 2 do artigo 19º, bem como de outras previstas na lei;

f) Identificar medidas para melhorar o funcionamento do Ministério Público, incluindo boas práticas de gestão processual, necessidades formativas específicas e soluções tecnológicas de apoio, facultando à Procuradoria-Geral da República elementos com vista ao aperfeiçoamento e à uniformização de procedimentos;

g) Facultar ao Conselho Superior do Ministério Público, por intermédio do Procurador-Geral da República, informação sobre o estado, necessidades e deficiências dos serviços, a fim de o habilitar à tomada de providências nas áreas da sua competência ou a propor ao membro do Governo responsável pela área da justiça as medidas que requeiram a intervenção do Governo;

h) Comunicar ao Conselho Superior do Ministério Público, por intermédio do Procurador-Geral da República, todas as situações de aparente incapacidade ou invalidez, ou de inadaptação para o serviço por parte de magistrados do Ministério Público.

ARTIGO 41º
Composição e funcionamento

1 – A inspeção do Ministério Público é composta por magistrados do Ministério Público, em número constante de quadro aprovado pelo Conselho Superior do Ministério Público.

2 – A inspeção deve integrar inspetores com experiência nas várias áreas de intervenção do Ministério Público.

3 – Salvo em caso de impossibilidade, as inspeções são realizadas por inspetores que tenham desempenhado funções efetivas nas áreas de jurisdição sob inspeção.

4 – As inspeções destinadas a colher informações sobre o serviço e o mérito dos magistrados do Ministério Público, bem como os inquéritos e processos disciplinares, não podem ser realizados por inspetores de categoria ou antiguidade inferiores às dos inspecionados.

5 – Inexistindo inspetor nas condições referidas no número anterior, o Conselho Superior do Ministério Público pode nomear, com a sua anuência, um procurador-geral-adjunto, ainda que jubilado.

6 – Os inspetores são coadjuvados por secretários de inspeção.

7 – Os secretários de inspeção são recrutados de entre oficiais de justiça e nomeados em comissão de serviço.

8 – Os secretários de inspeção, quando secretários judiciais, com classificação de Muito Bom, auferem o vencimento correspondente ao de secretário de tribunal superior.

9 – Em qualquer fase do procedimento, o Procurador-Geral da República pode designar peritos para, no decorrer da ação inspetiva, prestarem a colaboração técnica que se revelar necessária.

ARTIGO 42º
Inspetor coordenador

Para coordenação do serviço de inspeção é nomeado, pelo Conselho Superior do Ministério Público, um inspetor coordenador, a quem compete:

a) Colaborar na elaboração do plano anual de inspeções;

b) Apresentar ao Conselho Superior do Ministério Público, anualmente, por intermédio do Procurador-Geral da República, um relatório da atividade da Inspeção;

c) Apresentar ao Conselho Superior do Ministério Público, por intermédio do Procurador-Geral da República, propostas de aperfeiçoamento do serviço de inspeção e do respetivo regulamento, bem como propostas de formação dirigidas aos inspetores e aos magistrados do Ministério Público;

d) Assegurar a articulação e coordenação com os serviços de inspeção do Conselho Superior da Magistratura e do Conselho dos Oficiais de Justiça;

e) Propor ao Conselho Superior do Ministério Público, por intermédio do Procurador-Geral da República, medidas tendentes à uniformização dos critérios inspetivos e dos critérios de avaliação;

f) Propor ao Conselho Superior do Ministério Público, por intermédio do Procurador-Geral da República, medidas adequadas ao tratamento sistemático dos indicadores de gestão e demais informação relevante sobre a atividade do Ministério Público.

SECÇÃO IV
Conselho Consultivo da Procuradoria-Geral da República

ARTIGO 43º
Composição

1 – A Procuradoria-Geral da República exerce funções consultivas por intermédio do seu Conselho Consultivo.

2 – O Conselho Consultivo da Procuradoria-Geral da República é constituído pelo Procurador-Geral da República, que preside, e por vogais em número constante de quadro aprovado por portaria do membro do Governo responsável pela área da justiça, providos nos termos do artigo 170º.

ARTIGO 44º
Competência

Compete ao Conselho Consultivo da Procuradoria-Geral da República:

a) Emitir parecer restrito a matéria de legalidade nos casos de consulta previstos na lei ou por solicitação do Presidente da Assembleia da República, dos membros do Governo, dos Representantes da República para as regiões autónomas ou dos órgãos de governo próprio das regiões autónomas;

b) Pronunciar-se, a pedido do Governo, acerca da formulação e conteúdo jurídico de projetos de diplomas legislativos, assim como das convenções internacionais a que Portugal pondere vincular-se;

c) Pronunciar-se sobre a legalidade dos contratos em que o Estado seja interessado, quando o seu parecer for exigido por lei ou solicitado pelo Governo;

d) Pronunciar-se sobre as questões que o Procurador-Geral da República, no exercício das suas funções, submeta à sua apreciação;

e) Aprovar o regimento interno;

f) Informar o membro do Governo responsável pela área da justiça, através do Procurador-Geral da República, acerca de quaisquer obscuridades, deficiências ou contradições dos textos legais, propondo as devidas alterações.

ARTIGO 45º
Funcionamento

1 – A distribuição de pareceres faz-se por sorteio, segundo a ordem de antiguidade dos membros do Conselho Consultivo a ela admitidos.

2 – Sem prejuízo do disposto no número anterior, o Procurador-Geral da República pode determinar que os pareceres sejam distribuídos segundo critério de especialização dos membros do Conselho Consultivo.

3 – O Conselho Consultivo só pode funcionar com, pelo menos, metade e mais um dos seus membros.

ARTIGO 46º
Prazo de elaboração dos pareceres

1 – Os pareceres são elaborados no prazo de 60 dias, salvo se, pela sua complexidade, for indispensável maior prazo, devendo, nesta hipótese, comunicar-se previamente à entidade consulente a demora provável.

2 – Os pareceres solicitados com declaração de urgência têm prioridade sobre os demais.

ARTIGO 47º
Reuniões

1 – O Conselho Consultivo reúne ordinariamente uma vez por quinzena e extraordinariamente quando for convocado pelo Procurador-Geral da República.

2 – Durante as férias judiciais de verão há uma reunião para apreciação de assuntos urgentes.

3 – O Conselho Consultivo é secretariado pelo secretário-geral da Procuradoria-Geral da República.

ARTIGO 48º
Votação

1 – As resoluções do Conselho Consultivo são tomadas à pluralidade de votos e os pareceres assinados pelos procuradores-gerais-adjuntos que neles intervierem, com as declarações a que houver lugar.

2 – O Procurador-Geral da República tem voto de qualidade e assina os pareceres.

ARTIGO 49º
Valor jurídico dos pareceres

1 – O Procurador-Geral da República pode determinar, no uso da competência que lhe é atribuída pela alínea *b*) do nº 2 do artigo 19º, que a doutrina dos pareceres do Conselho Consultivo seja seguida e sustentada pelo Ministério Público, mediante emissão de diretiva.

2 – Os pareceres a que se refere o número anterior são divulgados por todos os magistrados do Ministério Público e as suas conclusões publicadas na 2ª série do Diário da República, com indicação do despacho que lhes confere força obrigatória, sem prejuízo da sua divulgação em base de dados de acesso eletrónico.

3 – Por sua iniciativa ou sob exposição fundamentada de qualquer magistrado do Ministério Público, pode o Procurador-Geral da República submeter as questões a nova apreciação para eventual revisão da doutrina firmada.

ARTIGO 50º
Homologação dos pareceres e sua eficácia

1 – Quando homologados pelas entidades que os tenham solicitado ou a cujo setor respeite o assunto apreciado, as conclusões dos pareceres do Conselho Consultivo sobre disposições de ordem genérica são publicados na 2ª série do Diário da República para valerem como interpretação oficial, perante os respetivos serviços, das matérias que se destinam a esclarecer.

2 – Se o objeto de consulta interessar a duas ou mais áreas governativas que não estejam de acordo sobre a homologação do parecer, esta compete ao Primeiro-Ministro.

SECÇÃO V
Auditores jurídicos

ARTIGO 51º
Auditores jurídicos

1 – Junto da Assembleia da República, de cada área governativa e dos Representantes da República para as regiões autónomas pode haver um procurador-geral-adjunto com a categoria de auditor jurídico.

2 – Os auditores jurídicos podem acumular as suas funções com as que lhes sejam distribuídas pelo Procurador-Geral da República no âmbito das atribuições do Ministério Público que, por lei, não pertençam a órgãos próprios.

3 – Os auditores jurídicos exercem as suas funções com autonomia e dispõem de meios adequados ao exercício das suas funções nas entidades onde estão sedeados.

4 – Os encargos com os auditores jurídicos são suportados pelas verbas próprias do orçamento do Ministério da Justiça.

ARTIGO 52º
Competência

1 – Os auditores jurídicos exercem funções de consulta jurídica, a solicitação do Presidente da Assembleia da República, dos membros do Governo ou dos Representantes da República para as regiões autónomas junto dos quais funcionem.

2 – Os auditores jurídicos devem propor ao Procurador-Geral da República que sejam submetidos ao Conselho Consultivo da Procuradoria-Geral da República os pareceres sobre que tenham fundadas dúvidas, cuja complexidade justifique a discussão em conferência ou em que esteja em causa matéria respeitante a mais do que uma área governativa.

3 – Quando não concordarem com as soluções propostas pelos auditores jurídicos ou tenham dúvidas sobre a doutrina por eles defendida, podem as entidades consulentes submeter o assunto à apreciação do Conselho Consultivo da Procuradoria-Geral da República.

4 – Tratando-se de discutir consultas relativas à Assembleia da República ou a áreas governativas junto das quais exerçam funções, os auditores jurídicos intervêm nas sessões do Conselho Consultivo da Procuradoria-Geral da República com direito a voto.

SECÇÃO VI
Departamentos e Gabinetes de Coordenação Nacional

SUBSECÇÃO I
Departamento das Tecnologias e Sistemas de Informação

ARTIGO 53º
Estrutura e competência

1 – Ao departamento das tecnologias e sistemas de informação cabe a coordenação e gestão dos sistemas e tecnologias de informação do Ministério Público, competindo-lhe:

a) Propor ao Procurador-Geral da República as linhas de ação para a definição da estratégia de gestão dos sistemas de informação do Ministério Público;

b) Planear, promover o desenvolvimento e gerir as aplicações e demais sistemas de suporte ao bom funcionamento dos órgãos, departamentos e serviços do Ministério Público, garantindo a sua uniformização e centralização;

c) Criar, manter e aperfeiçoar a produção estatística do Ministério Público;

d) Assegurar o apoio aos utilizadores dos sistemas de informação e a manutenção das estruturas tecnológicas e de informação;

e) Promover a criação de mecanismos de interoperabilidade entre os sistemas informáticos do Ministério Público e os sistemas de informação de suporte à atividade dos tribunais, bem como com os das demais entidades com as quais se relaciona;

f) Garantir a segurança da informação, dos sistemas e das infraestruturas informáticas, em articulação com as entidades e organismos com responsabilidades na matéria;

g) Assegurar a representação da Procuradoria-Geral da República nos projetos de informatização que relevem para a atividade dos tribunais;

h) Propor e assegurar programas de formação em matéria de sistemas de informação.

2 – O departamento das tecnologias de informação tem um diretor, que é provido nos termos do artigo 166º.

SUBSECÇÃO II
Departamento de Cooperação Judiciária e Relações Internacionais

ARTIGO 54º
Competência

1 – Ao departamento de cooperação judiciária e relações internacionais cabe assegurar a cooperação judiciária internacional e apoiar a Procuradoria-Geral da República nas relações internacionais.

2 – Compete ao departamento de cooperação judiciária e relações internacionais, no âmbito da cooperação judiciária internacional:

a) Assegurar as funções de autoridade central para efeitos de receção e transmissão de pedidos e de apoio à cooperação judiciária internacional em matéria penal, assim como noutros domínios em que essa competência lhe seja legalmente atribuída;

b) Assegurar os procedimentos relativos a pedidos de cooperação judiciária internacional em matéria penal, instruindo a fase administrativa dos processos de cooperação;

c) Assegurar as funções de correspondente nacional da EUROJUST, de ponto de contacto da Rede Judiciária Europeia em matéria penal e de ponto de contacto de outras redes de cooperação judiciária, através de magistrado designado pelo Procurador-Geral da República, sem prejuízo das atribuições de outras entidades;

d) Apoiar os magistrados do Ministério Público na preparação e execução de pedidos de cooperação judiciária internacional e nos procedimentos relativos à aplicação de instrumentos internacionais e da União Europeia;

e) Dinamizar e coordenar a rede nacional de magistrados para a cooperação judiciária internacional;

f) Proceder à recolha e tratamento de informação relativa à aplicação de instrumentos jurídicos internacionais e da União Europeia no domínio da cooperação judiciária internacional em matéria penal;

g) Propor ao Procurador-Geral da República diretivas e instruções em matéria de cooperação judiciária internacional.

3 – Compete ao departamento de cooperação judiciária e relações internacionais, no âmbito das relações internacionais:

a) Apoiar a atividade da Procuradoria-Geral da República em matéria de representação internacional;

b) Acompanhar a execução de acordos e protocolos internacionais, nomeadamente com os Ministérios Públicos de outros países;

c) Assegurar a participação em reuniões internacionais, bem como apoiar e prestar colaboração aos peritos nomeados para nelas participar.

4 – Compete ainda ao departamento de cooperação judiciária e relações internacionais, sem prejuízo das atribuições do Ministério da Justiça:

a) Prestar apoio jurídico, recolher, tratar e difundir informação jurídica e realizar estudos especialmente nos domínios do direito da União Europeia, direito estrangeiro, direito internacional e direitos humanos;

b) Realizar, no âmbito da atividade do Ministério Público, serviços de tradução, retroversão, correspondência e interpretação, incluindo as peças pertinentes aos processos do Tribunal Europeu dos Direitos do Homem quando o Representante do Estado seja magistrado;

c) Exercer outras funções que lhe sejam conferidas em matéria documental e de informação jurídica.

5 – O departamento de cooperação judiciária e relações internacionais é dirigido por um procurador-geral-adjunto ou procurador da República, provido nos termos do artigo 167º.

SUBSECÇÃO III
Gabinetes de coordenação nacional

ARTIGO 55º
Estrutura e competência

1 – Os gabinetes de coordenação nacional têm a missão de promover a articulação a nível nacional da atividade do Ministério Público, com vista a uma intervenção integrada e harmonizada no âmbito das suas atribuições nas diversas jurisdições.

2 – Compete aos gabinetes de coordenação nacional:

a) Propor ao Procurador-Geral da República diretivas, instruções e orientações nas áreas específicas da sua intervenção;

b) Promover a uniformização da atividade dos magistrados, nomeadamente elaborando manuais, protocolos e guias de boas práticas;

c) Promover a criação de redes de magistrados e pontos de contacto;

d) Acompanhar e dinamizar as redes existentes nos diversos órgãos do Ministério Público, com faculdade de participar nas respetivas reuniões e promover o alinhamento das conclusões;

e) Identificar necessidades formativas e propor programas de formação específicos;

f) Assegurar o intercâmbio de informação e a articulação entre as redes;

g) Prestar apoio jurídico aos magistrados do Ministério Público, recolher e tratar informação jurídica, realizar estudos e difundir informação pelo Ministério Público.

3 – Os gabinetes de coordenação nacional são criados pelo Conselho Superior do Ministério Público sob proposta do Procurador-Geral da República.

4 – Os gabinetes de coordenação nacional são dirigidos por procuradores-gerais-adjuntos, nele podendo exercer funções outros procuradores-gerais-adjuntos ou procuradores da República.

SECÇÃO VII
Secretaria-Geral da Procuradoria-Geral da República

ARTIGO 56º
Missão, atribuições e organização

1 – A Secretaria-Geral da Procuradoria-Geral da República tem por missão assegurar o apoio técnico e administrativo nos domínios do planeamento e gestão dos recursos humanos, financeiros e materiais, de documentação e produção estatística, de relações públicas e protocolo, bem como o apoio geral aos órgãos e serviços que integram a Procuradoria-Geral da República ou que dela diretamente dependem, ao agente do Governo português junto do Tribunal Europeu dos Direitos do Homem, quando magistrado do Ministério Público, e ao membro nacional da EUROJUST.

2 – Compete ainda à Secretaria-Geral, em articulação com o departamento das tecnologias e sistema de informação, a gestão do parque informático.

SECÇÃO VIII
Departamentos Centrais

SUBSECÇÃO I
Departamento Central de Investigação e Ação Penal

ARTIGO 57º
Definição

1 – O DCIAP é um órgão de coordenação e de direção da investigação e de prevenção da criminalidade violenta, económico-financeira, altamente organizada ou de especial complexidade.

2 – O DCIAP é dirigido por um procurador-geral-adjunto, nele exercendo também funções outros procuradores-gerais-adjuntos e procuradores da República.

ARTIGO 58º
Competência

1 – Compete ao DCIAP coordenar a direção da investigação dos seguintes crimes:

a) Violações do direito internacional humanitário;

b) Organização terrorista e terrorismo;

c) Contra a segurança do Estado, com exceção dos crimes eleitorais;

d) Tráfico de pessoas e associação criminosa para o tráfico;

e) Tráfico internacional de estupefacientes, substâncias psicotrópicas e precursores de droga e associação criminosa para o tráfico;

f) Tráfico internacional de armas e associação criminosa para o tráfico;

g) Branqueamento de capitais e financiamento do terrorismo;

h) Corrupção, recebimento indevido de vantagem, tráfico de influência, participação económica em negócio, bem como de prevaricação punível com pena superior a dois anos;

i) Administração danosa em unidade económica do setor público;

j) Fraude na obtenção ou desvio de subsídio, subvenção ou crédito;

k) Infrações económico-financeiras cometidas de forma organizada, nomeadamente com recurso à tecnologia informática;

l) Infrações económico-financeiras de dimensão internacional ou transnacional;

m) Crimes de mercado de valores mobiliários;

n) Crimes previstos na lei do cibercrime.

2 – Compete ao DCIAP dirigir o inquérito e exercer a ação penal relativamente aos crimes indicados no nº 1 em casos de especial relevância decorrente da manifesta gravidade ou da especial complexidade do crime, devido ao número de arguidos ou de ofendidos, ao seu caráter altamente organizado ou às especiais dificuldades da investigação, desde que este ocorra em comarcas pertencentes a diferentes procuradorias-gerais regionais.

3 – Precedendo despacho do Procurador-Geral da República, compete ainda ao DCIAP dirigir o inquérito e exercer a ação penal quando, relativamente a crimes de manifesta gravidade, a especial complexidade ou dispersão territorial da atividade criminosa justificarem a direção concentrada da investigação.

4 - Compete ao DCIAP promover ou realizar as ações de prevenção admitidas na lei relativamente aos seguintes crimes:

a) Branqueamento de capitais e financiamento do terrorismo;

b) Corrupção, recebimento indevido de vantagem, tráfico de influência, participação económica em negócio, bem como de prevaricação punível com pena superior a dois anos;

c) Administração danosa em unidade económica do setor público;

d) Fraude na obtenção ou desvio de subsídio, subvenção ou crédito;

e) Infrações económico-financeiras cometidas de forma organizada, nomeadamente com recurso à tecnologia informática;

f) Infrações económico-financeiras de dimensão internacional ou transnacional.

5 - O exercício das funções de coordenação do DCIAP compreende:

a) A análise, em colaboração com os demais órgãos e departamentos do Ministério Público, da natureza e tendências de evolução da criminalidade bem como dos resultados obtidos na respetiva prevenção, deteção e controlo;

b) A identificação de metodologias de trabalho e a articulação com outros departamentos e serviços, com vista ao reforço da simplificação, racionalidade e eficácia dos procedimentos.

ARTIGO 59º
Direção

1 - O DCIAP é dirigido por um procurador-geral-adjunto, provido nos termos do artigo 164º, a quem compete:

a) Estabelecer orientações genéricas que assegurem métodos de direção do inquérito idóneos à realização da sua finalidade, em prazo razoável;

b) Proceder à distribuição de serviço nos termos previstos no regulamento do departamento;

c) Intervir hierarquicamente nos inquéritos, nos termos previstos no Código de Processo Penal;

d) Acompanhar o movimento processual do departamento, identificando, designadamente, os processos que estão pendentes por tempo considerado excessivo ou que não são resolvidos em prazo considerado razoável;

e) Propor ao Procurador-Geral da República os objetivos para o departamento, monitorizar a sua prossecução e elaborar o relatório anual;

f) Garantir a recolha e o tratamento da informação estatística e procedimental relativa à atividade do departamento e transmiti-la ao Procurador-Geral da República;

g) Proceder à articulação com os órgãos de polícia criminal, com os peritos oficiais, com os organismos de reinserção social e com os gabinetes responsáveis pela administração de bens e liquidação de ativos provenientes da prática de crime;

h) Elaborar a proposta de regulamento do departamento e apresentá-la ao Procurador-Geral da República para sua apreciação e posterior aprovação pelo Conselho Superior do Ministério Público;

i) Assegurar a representação externa do departamento;

j) Criar equipas de investigação e unidades de missão destinadas ao exercício da atividade do departamento;

k) Exercer as demais competências previstas na lei.

2 - Compete ainda ao diretor do departamento, no exercício das funções de coordenação:

a) Promover e garantir a articulação com os DIAP regionais e as Procuradorias da República;

b) Assegurar a articulação com os demais órgãos e estruturas do Ministério Público, incluindo as que intervêm noutras áreas ou noutras fases processuais;

c) Propor ao Procurador-Geral da República diretivas, instruções e ordens de serviço para uniformização, simplificação, racionalidade e eficácia da intervenção do Ministério Público.

ARTIGO 60º
Composição

1 - O número de procuradores-gerais-adjuntos e procuradores da República a exercer funções no departamento é estabelecido em quadro aprovado por portaria do membro do governo responsável pela área da justiça, sob proposta do Conselho Superior do Ministério Público.

2 - O DCIAP pode organizar-se em secções especializadas.

3 - No DCIAP exercem funções consultores técnicos e elementos de órgãos de polícia criminal designados pelo Procurador-Geral da República, ouvido o diretor, em número constante do mapa de pessoal da Secretaria-Geral da Procuradoria-Geral da República.

4 - As funções previstas no número anterior são exercidas em regime de comissão de serviço, pelo período de três anos, renovável.

5 - A disponibilidade para o exercício das funções previstas nos números anteriores depende da competente autorização da tutela, ouvido o organismo em causa.

SUBSECÇÃO II
Contencioso do Estado e interesses coletivos e difusos

ARTIGO 61º
Departamentos de contencioso do Estado

1 - O departamento central de contencioso do Estado e interesses coletivos e difusos da Procuradoria-Geral da República é um órgão de coordenação e de representação do Estado em juízo, nos termos estabelecidos na alínea *a*) do nº 1 do artigo 63º.

2 - O departamento central de contencioso do Estado e interesses coletivos e difusos tem competência em matéria cível, administrativa e tributária.

3 - Podem ser criados, por portaria do membro do Governo responsável pela área da justiça, departamentos de contencioso do Estado e interesses coletivos e difusos nas Procuradorias-Gerais Regionais.

4 - A criação dos departamentos referidos no número anterior é precedida de deliberação do Conselho Superior do Ministério Público, sob proposta do Procurador-Geral da República, ouvido o procurador-geral regional respetivo.

5 – O Procurador-Geral da República, ouvidos os Procuradores-Gerais Regionais, fixa por despacho os critérios de intervenção dos departamentos de contencioso do Estado e interesses coletivos e difusos, ponderando, entre outros fatores, a complexidade, o valor e a repercussão pública das causas.

ARTIGO 62º
Composição

1 – Os departamentos de contencioso do Estado e interesses coletivos e difusos são dirigidos por procuradores-gerais-adjuntos ou procuradores da República.

2 – Nos departamentos de contencioso do Estado e interesses coletivos e difusos exercem funções procuradores-gerais-adjuntos e procuradores da República.

ARTIGO 63º
Competência

1 – Compete aos departamentos de contencioso do Estado e interesses coletivos e difusos:

a) A representação do Estado em juízo, na defesa dos seus interesses patrimoniais, em casos de especial complexidade ou de valor patrimonial particularmente relevante, mediante decisão do Procurador-Geral da República;

b) Organizar a representação do Estado em juízo, na defesa dos seus interesses patrimoniais;

c) Assegurar a defesa dos interesses coletivos e difusos;

d) Preparar, examinar e acompanhar formas de composição extrajudicial de conflitos em que o Estado seja interessado.

2 – Compete ainda aos departamentos de contencioso do Estado e interesses coletivos e difusos:

a) Apoiar os magistrados do Ministério Público na representação do Estado em juízo;

b) Propor ao Procurador-Geral da República diretivas, instruções e orientações nas áreas específicas da sua intervenção;

c) Promover a uniformização da atividade dos magistrados, desenvolvendo estudos e elaborando manuais, protocolos e guias de boas práticas.

3 – O Procurador-Geral da República pode atribuir aos departamentos do contencioso do Estado e interesses coletivos e difusos o acompanhamento e a preparação de causas não previstas no nº 1.

SECÇÃO IX
Núcleo de assessoria técnica

ARTIGO 64º
Competência e organização

1 – Compete ao núcleo de assessoria técnica, com autonomia técnico-científica, assegurar assessoria e consultadoria técnica à Procuradoria-Geral da República e,

em geral, ao Ministério Público, nomeadamente em matéria económica, financeira, bancária, contabilística, de mercado de instrumentos financeiros, informática, ambiental, de urbanismo e ordenamento do território e de fiscalidade.

2 – O núcleo de assessoria técnica é dirigido por um coordenador designado pelo Procurador-Geral da República e nele exercem funções especialistas com formação científica e experiência profissional, designadamente nas matérias referidas no número anterior.

3 – As funções previstas no número anterior são exercidas em regime de comissão de serviço, pelo período de três anos, renovável.

4 – Em situações excecionais, justificadas pela especial complexidade de um processo, o exercício de funções no núcleo de assessoria técnica é prestado em regime de mobilidade na categoria ou de cedência de interesse público.

5 – A disponibilidade para o exercício das funções previstas nos números anteriores depende da competente autorização da tutela, ouvido o organismo em causa.

CAPÍTULO III
Procuradorias-gerais regionais

SECÇÃO I
Procuradoria-geral regional

ARTIGO 65º
Estrutura

1 – As procuradorias-gerais regionais têm sede em Coimbra, Évora, Lisboa e Porto, com a área territorial definida no anexo I) ao presente Estatuto, do qual faz parte integrante.

2 – A procuradoria-geral regional assegura a representação do Ministério Público no Tribunal da Relação e no Tribunal Central Administrativo e a direção, coordenação e fiscalização da atividade do Ministério Público no âmbito da respetiva área territorial.

3 – A procuradoria-geral regional abrange a Procuradoria junto do Tribunal da Relação, a Procuradoria junto do Tribunal Central Administrativo, o DIAP regional e demais departamentos de âmbito regional e superintende as Procuradorias da República da comarca e as Procuradorias da República Administrativas e Fiscais.

ARTIGO 66º
Competência

Compete à procuradoria-geral regional:

a) Promover a defesa da legalidade democrática;

b) Dirigir, coordenar e fiscalizar a atividade do Ministério Público no âmbito da sua área territorial e emitir as ordens e instruções a que deve obedecer a atuação dos magistrados, no exercício das suas funções;

c) Propor ao Procurador-Geral da República diretivas tendentes a uniformizar a ação do Ministério Público;

d) Promover a articulação da intervenção do Ministério Público nas diversas jurisdições e fases processuais;

e) Coordenar a atividade dos órgãos de polícia criminal entre si, nos termos da lei;

f) Fiscalizar a atividade processual dos órgãos de polícia criminal, nos termos do presente Estatuto;

g) Fiscalizar a observância da lei na execução das penas e das medidas de segurança e no cumprimento de quaisquer medidas de internamento ou tratamento compulsivo, requisitando os esclarecimentos e propondo as inspeções que se mostrarem necessários;

h) Efetuar e divulgar estudos de tendência relativamente a doutrina e a jurisprudência, tendo em vista a unidade do direito e a defesa do princípio da igualdade dos cidadãos perante a lei;

i) Realizar, em articulação com os órgãos de polícia criminal, estudos sobre fatores e tendências de evolução da criminalidade;

j) Elaborar o relatório anual de atividade e os relatórios de progresso que se mostrarem necessários ou que forem superiormente determinados;

k) Exercer as demais funções conferidas por lei.

SECÇÃO II
Procuradores-gerais regionais

ARTIGO 67º
Direção

1 – As procuradorias-gerais regionais são dirigidas por um procurador-geral-adjunto com a designação de procurador-geral regional.

2 – O procurador-geral regional é substituído, nas suas faltas e impedimentos, pelo procurador-geral-adjunto que indicar ou, na falta de designação, pelo mais antigo.

3 – Os procuradores-gerais-adjuntos que exercem funções junto do Tribunal da Relação e do Tribunal Central Administrativo assumem, nesses tribunais, a representação do Ministério Público, sob a direção do procurador-geral regional.

4 – Nos tribunais da Relação com sede fora do concelho onde está sedeada a procuradoria-geral regional, o Ministério Público é representado pelo procurador-geral-adjunto coordenador.

5 – O procurador-geral-adjunto coordenador mencionado no número anterior dirige e coordena a atividade do Ministério Público nesse tribunal e integra a procuradoria-geral regional da respetiva área territorial.

6 – O procurador-geral regional pode delegar poderes de gestão da atividade do Ministério Público e, excecionalmente, poderes de hierarquia processual, no coordenador referido nos números antecedentes, bem como no magistrado coordenador das procuradorias administrativas e fiscais.

7 – O procurador-geral regional pode designar, de entre os procuradores-gerais-adjuntos que exercem funções na Procuradoria-Geral Regional, coordenadores setoriais segundo áreas de intervenção material do Ministério Público.

8 – Na procuradoria-geral regional podem exercer funções de coadjuvação e assessoria procuradores da República, nos termos a definir pelo procurador-geral regional.

9 – O procurador-geral regional pode propor a designação de funcionário judicial ou dos serviços do Ministério da Justiça para, em comissão de serviço, exercer funções de seu secretário.

ARTIGO 68º
Competência

1 – Compete ao procurador-geral regional:

a) Dirigir, coordenar e fiscalizar a atividade do Ministério Público no âmbito da sua área de competência territorial e emitir ordens e instruções;

b) Representar o Ministério Público no Tribunal da Relação e no Tribunal Central Administrativo;

c) Propor ao Procurador-Geral da República a adoção de diretivas que visem a uniformização de procedimentos do Ministério Público;

d) Planear e definir, anualmente, a atividade e os objetivos da procuradoria-geral regional, acompanhar a sua execução, proceder à correspondente avaliação e transmiti-la ao Procurador-Geral da República;

e) Assegurar a coordenação da atividade do Ministério Público no Tribunal da Relação e no Tribunal Central Administrativo, designadamente quanto à interposição de recursos visando a uniformização da jurisprudência, ouvido o magistrado do Ministério Público Coordenador da Procuradoria da República administrativa e fiscal respetiva;

f) Intervir hierarquicamente nos inquéritos, nos termos previstos no Código de Processo Penal;

g) Atribuir, por despacho fundamentado, processos concretos a outro magistrado que não o seu titular sempre que razões ponderosas de especialização, complexidade processual ou repercussão social o justifiquem;

h) Promover a articulação da atividade do Ministério Público nas diversas jurisdições e áreas especializadas, designadamente com a criação e dinamização de redes, em colaboração com os gabinetes de coordenação nacional e os departamentos centrais, ouvidos os magistrados do Ministério Público Coordenadores das respetivas jurisdições e áreas especializadas;

i) Analisar e difundir, periodicamente, informação quantitativa e qualitativa relativa à atividade do Ministério Público;

j) Promover a coordenação da atividade processual no decurso do inquérito e de prevenção levadas a cabo pelos órgãos de polícia criminal, nos termos do disposto na alínea *i*) do nº 2 do artigo 19º;

k) Proceder à fiscalização da atividade processual dos órgãos de polícia criminal, nos termos estabelecidos pelo Procurador-Geral da República;

l) Velar pela legalidade da execução das medidas restritivas de liberdade e de internamento ou tratamento compulsivo e propor medidas de inspeção aos estabelecimentos ou serviços, bem como a adoção das providências disciplinares ou criminais que devam ter lugar;

m) Proceder à distribuição de serviço entre os procuradores-gerais-adjuntos que exerçam funções na procuradoria-geral regional, sem prejuízo do disposto na lei do processo;

n) Promover a articulação com entidades que devam colaborar com o Ministério Público no âmbito das suas atribuições;

o) Apreciar os regulamentos das procuradorias e departamentos do Ministério Público e apresentá-los à Procuradoria-Geral da República para aprovação;

p) Decidir os pedidos de justificação de falta ao serviço e de autorização ou justificação de ausência por motivo ponderoso, formulados pelos magistrados do Ministério Público em funções na procuradoria-geral regional, pelo diretor do DIAP regional e pelos magistrados coordenadores das procuradorias da República das comarcas e administrativas e fiscais;

q) Exercer as demais funções conferidas por lei.

2 – A medida a que se refere a alínea *g*) do número anterior é precedida de audição do magistrado titular do processo, a qual, contrariando a fundamentação expressa pelo procurador-geral regional, exige prévia decisão por parte do Procurador-Geral da República para a sua concretização.

SECÇÃO III
Quadros complementares de magistrados do Ministério Público

ARTIGO 69º
Quadro complementar

1 – Na sede de cada procuradoria-geral regional pode ser criado um quadro complementar de magistrados do Ministério Público para colocação nos juízos, nas procuradorias e nos departamentos da circunscrição em que se verifique a falta ou o impedimento dos titulares, a vacatura do lugar, ou quando o número ou a complexidade dos processos existentes o justifiquem.

2 – O quadro de magistrados do Ministério Público referido no número anterior pode ser desdobrado ao nível de cada uma das procuradorias da República das comarcas ou administrativas e fiscais.

3 – Os magistrados do Ministério Público nomeados para o quadro, quando colocados em procuradoria ou departamento situado em concelho diverso daquele em que se situa a sede da procuradoria-geral regional ou o domicílio autorizado, auferem ajudas de custo nos termos da lei geral, relativas aos dias em que prestam serviço efetivo.

4 – O número de magistrados do Ministério Público que integram os quadros é fixado por portaria dos membros do Governo responsáveis pelas áreas das finanças e da justiça, sob proposta do Conselho Superior do Ministério Público.

5 – Compete ao Conselho Superior do Ministério Público aprovar o regulamento dos quadros complementares e efetuar a gestão respetiva.

SECÇÃO IV
Departamentos de Investigação e Ação Penal Regionais

ARTIGO 70º
Estrutura e direção

1 – O DIAP regional está sedeado na comarca sede da procuradoria-geral regional, dirige o inquérito e exerce a ação penal em matéria de criminalidade violenta, económico-financeira, altamente organizada ou de especial complexidade.

2 – Os DIAP regionais são dirigidos por procuradores-gerais-adjuntos e neles exercem funções procuradores-gerais-adjuntos e procuradores da República.

3 – O diretor do DIAP regional pode exercer simultaneamente as funções de direção do DIAP da comarca onde está sedeado, em regime de agregação.

4 – O DIAP regional pode estruturar-se em unidades desconcentradas e organizar-se em secções de competência genérica ou especializada.

5 – Nos DIAP regionais podem ser criadas equipas de investigação e unidades de missão destinadas a articular segmentos específicos da atividade do departamento.

ARTIGO 71º
Competência

1 – Os DIAP regionais são competentes para:

a) Dirigir o inquérito e exercer a ação penal relativamente aos crimes indicados no nº 1 do artigo 58º, quando a atividade criminosa ocorrer em comarcas que integram a área da procuradoria-geral regional respetiva;

b) Precedendo despacho do procurador-geral regional, dirigir o inquérito e exercer a ação penal quando, relativamente a crimes de manifesta gravidade, a complexidade ou dispersão territorial da atividade criminosa justificarem a direção concentrada da investigação.

2 – Por despacho fundamentado, o procurador-geral regional pode atribuir competência aos DIAP da Procuradoria da República da comarca para dirigir o inquérito e exercer a ação penal relativamente a crimes indicados na alínea *a*) do número anterior, nomeadamente em casos de menor complexidade e gravidade.

ARTIGO 72º
Competência do diretor do DIAP regional

Compete ao diretor do DIAP regional:

a) Dirigir e coordenar a atividade do Ministério Público no departamento;

b) Intervir hierarquicamente nos inquéritos, nos termos previstos no Código de Processo Penal;

c) Assegurar a representação externa do departamento;

d) Assegurar a articulação com os órgãos de polícia criminal, com as estruturas de suporte à investigação e de apoio à vítima e com os gabinetes responsáveis pela liquidação de ativos provenientes da prática de crime;

e) Criar equipas de investigação e unidades de missão destinadas ao exercício da atividade do departamento;

f) Propor ao procurador-geral regional que determine a intervenção nas fases subsequentes do processo do magistrado que dirigiu o inquérito, sempre que razões ponderosas de complexidade processual o justifiquem;

g) Assegurar a articulação com o DCIAP e com os DIAP das procuradorias da República das comarcas;

h) Promover mecanismos de articulação e conexão entre magistrados que intervêm em diferentes fases processuais ou em áreas materiais conexas com os factos em investigação;

i) Acompanhar o volume processual, identificando, designadamente, os processos que estão pendentes por tempo excessivo ou que não são resolvidos em prazo razoável, informando, sem prejuízo das iniciativas gestionárias que adote, o procurador-geral regional;

j) Acompanhar a prossecução dos objetivos fixados para o departamento, proceder à análise sistémica do tempo de resposta e da qualidade do serviço de justiça prestado e promover reuniões de planeamento e de avaliação dos resultados;

k) Garantir a recolha e o tratamento da informação estatística e procedimental e transmiti-la ao procurador-geral regional;

l) Proferir decisões em conflitos internos de competência;

m) Exercer as demais funções previstas na lei.

CAPÍTULO IV
Procuradorias da República de comarca

SECÇÃO I
Estrutura, competência e direção

ARTIGO 73º
Estrutura

1 – Em cada comarca existe uma procuradoria da República, com sede no concelho onde está sedeado o tribunal de comarca.

2 – A procuradoria da República de comarca integra o DIAP de comarca e as procuradorias dos juízos de competência especializada, dos juízos de competência genérica, dos juízos de proximidade e dos tribunais de competência territorial alargada aí sedeados.

3 – A procuradoria da República de comarca é dirigida por um procurador-geral-adjunto ou procurador da República designado magistrado do Ministério Público coordenador, nela exercendo funções procuradores-gerais-adjuntos e procuradores da República.

4 – A procuradoria da República de comarca dispõe de secretarias integradas por oficiais de justiça, em número que, nos termos da lei, garanta a autonomia do Ministério Público.

5 – As procuradorias da República de comarca regem-se por regulamento e dispõem de apoio administrativo próprios.

ARTIGO 74º
Competência

Compete especialmente às procuradorias da República de comarca dirigir, coordenar e fiscalizar a atividade do Ministério Público na área da comarca e nos departamentos e procuradorias que a integram.

ARTIGO 75º
Direção

1 – O magistrado do Ministério Público coordenador dirige e coordena a atividade do Ministério Público na comarca, incluindo as procuradorias dos tribunais de competência territorial alargada ali sedeados, emitindo ordens e instruções, competindo-lhe:

a) Representar o Ministério Público no tribunal da comarca e nos tribunais de competência territorial alargada ali sedeados;

b) Monitorizar o movimento processual da procuradoria da República de comarca, identificando, designadamente, os processos que estão pendentes por tempo considerado excessivo ou que não são resolvidos em prazo considerado razoável, adotando as medidas gestionárias tidas por adequadas, informando o procurador-geral regional;

c) Elaborar e apresentar ao Procurador-Geral da República, através do procurador-geral regional, propostas para os objetivos processuais do Ministério Público na comarca;

d) Acompanhar a prossecução dos objetivos fixados para a procuradoria da República de comarca, promovendo a realização de reuniões de planeamento e de avaliação dos resultados da procuradoria da República da comarca;

e) Elaborar um relatório semestral sobre o estado dos serviços e a qualidade da resposta prestada;

f) Proceder à distribuição de serviço entre os magistrados do Ministério Público, nos termos do regulamento da procuradoria da República da comarca e sem prejuízo do disposto na lei;

g) Intervir hierarquicamente nos inquéritos, nos termos previstos no Código de Processo Penal;

h) Intervir hierarquicamente nos demais processos e dossiês do Ministério Público;

i) Proferir decisão em conflitos internos de competência, sem prejuízo das competências e atribuições nessa matéria conferidas ao diretor do DIAP e aos procuradores dirigentes de secção;

j) Promover métodos de trabalho e adotar medidas de agilização processual, desburocratização e simplificação de procedimentos e propor ao procurador-geral regional a emissão de ordens e instruções;

k) Propor ao Conselho Superior do Ministério Público, através do procurador-geral regional, a reafetação de magistrados do Ministério Público;

l) Afetar grupos de processos ou inquéritos para tramitação a outro magistrado que não o seu titular;

m) Propor ao procurador-geral regional, por despacho fundamentado, a atribuição de processos concretos a outro magistrado que não o seu titular, sempre que razões ponderosas de especialização, complexidade processual ou repercussão social o justifiquem;

n) Propor ao Conselho Superior do Ministério Público, através do procurador-geral regional, o exercício de funções de magistrados em mais de uma Procuradoria ou secção de departamento da mesma comarca, nos termos do artigo 79º;

o) Pronunciar-se sempre que seja ponderada a realização de sindicâncias ou inspeções aos serviços da comarca pelo Conselho Superior do Ministério Público;

p) Dar posse e elaborar os mapas de turnos e de férias dos magistrados do Ministério Público;

q) Apreciar os pedidos de justificação de falta ao serviço e de autorização ou justificação de ausência por motivo ponderoso, formulados pelos magistrados do Ministério Público que exercem funções na sua comarca;

r) Exercer a ação disciplinar sobre os oficiais de justiça em funções nas secretarias do Ministério Público, relativamente a sanção de gravidade inferior à de multa, e, nos restantes casos, ordenar a instauração de processo disciplinar, se a infração ocorrer nos respetivos serviços;

s) Participar no processo de avaliação dos oficiais de justiça em funções nos serviços do Ministério Público, nos termos da legislação específica aplicável;

t) Pronunciar-se sempre que seja ponderada pelo Conselho dos Oficiais de Justiça a realização de sindicâncias relativamente aos serviços do Ministério Público;

u) Identificar necessidades formativas e, em articulação com o Conselho Superior do Ministério Público, promover a frequência equilibrada de ações de formação pelos magistrados do Ministério Público da comarca;

v) Propor ao Procurador-Geral da República, por intermédio do procurador-geral regional, a aprovação do regulamento da procuradoria da República de comarca, ouvido o presidente do tribunal e o administrador judiciário.

2 – As decisões previstas nas alíneas *k*), *l*) e *m*) do número anterior devem ser precedidas da audição dos magistrados visados.

3 – O magistrado do Ministério Público coordenador é substituído nas suas faltas e impedimentos pelo magistrado do Ministério Público que indicar, ou, na falta de designação, pelo mais antigo a exercer funções na sua comarca.

ARTIGO 76º
Instrumentos de mobilidade e gestão processual

1 – Os instrumentos de mobilidade e gestão processual visam melhorar o equilíbrio da carga processual e a eficiência dos serviços, destinam-se a satisfazer necessidades pontuais de serviço e devem respeitar o princípio da especialização.

2 – São instrumentos de mobilidade e gestão processual:

a) A reafetação de magistrados;

b) A afetação de processos;

c) A acumulação;

d) A agregação;

e) A substituição.

3 – O Conselho Superior do Ministério Público define e publicita os critérios gerais a que devem obedecer as decisões mencionadas no número anterior, conside-

rando o princípio da proporcionalidade, regras de equilíbrio na distribuição do serviço e as implicações de prejuízo sério para a vida pessoal e familiar do magistrado.[113]

ARTIGO 77º
Reafetação

1 – A reafetação consiste na colocação transitória do magistrado em tribunal, procuradoria ou secção de departamento diverso daquele em que está colocado.

2 – A reafetação é determinada pelo Conselho Superior do Ministério Público, depende da prévia audição do magistrado e não pode implicar que este passe a exercer funções em comarca diversa ou em local que diste mais de 60 quilómetros daquele onde se encontra colocado.

3 – A reafetação cessa com a produção de efeitos do movimento seguinte e não pode ser renovada, quanto ao mesmo magistrado, sem o acordo deste, antes de decorridos três anos.

ARTIGO 78º
Afetação de processos

A afetação de processos corresponde à redistribuição, aleatória ou por atribuição, de grupos de processos ou inquéritos a magistrado diverso do seu titular original, em termos a regulamentar pelo Conselho Superior do Ministério Público.

ARTIGO 79º
Acumulação

1 – A acumulação consiste no exercício de funções de magistrados em mais de um tribunal, procuradoria ou secção de departamento da mesma comarca.

2 – A acumulação é determinada pelo Conselho Superior do Ministério Público, é precedida da audição do magistrado, tem caráter excecional e pressupõe a avaliação do volume processual existente e das necessidades do serviço.

3 – O procurador-geral regional avalia, semestralmente, a justificação da manutenção da situação de acumulação, transmitindo-a ao Conselho Superior do Ministério Público através do Procurador-Geral da República.

ARTIGO 80º
Agregação

1 – A agregação consiste na colocação, pelo Conselho Superior do Ministério Público, no âmbito do movimento anual, de magistrados a exercer mais do que uma função ou a exercer funções em mais do que um tribunal, secção ou departamento da mesma comarca.

2 – A agregação de lugares ou de funções é publicitada no anúncio do movimento.

[113] O Regulamento do Conselho Superior do Ministério Público, nº 1107/2022, de 14 de novembro, alterou o Regulamento dos Instrumentos de Mobilidade e Gestão Processual.

3 – A colocação em agregação pressupõe a ponderação sobre as necessidades do serviço, os valores de referência processual e a proximidade e acessibilidade dos lugares a agregar.

ARTIGO 81º
Substituições

1 – Os magistrados do Ministério Público são substituídos nas suas faltas e impedimentos por magistrados da mesma comarca ou área de jurisdição administrativa e fiscal, preferencialmente por magistrado que exerça funções em idêntica área de especialização, segundo a ordem estabelecida no regulamento da procuradoria da República da comarca ou por determinação do magistrado coordenador da comarca.

2 – Se a falta ou impedimento for superior a 15 dias, o magistrado coordenador pode recorrer aos mecanismos previstos nas alíneas *a*) a *c*) do nº 2 do artigo 76º.

3 – Nas procuradorias e nos departamentos onde prestam funções dois ou mais magistrados, estes substituem-se reciprocamente.

SECÇÃO II
Procuradores-gerais-adjuntos na 1ª instância

ARTIGO 82º
Competência

Na 1ª instância podem exercer funções procuradores-gerais-adjuntos nos casos previstos neste Estatuto e em termos a regulamentar pelo Conselho Superior do Ministério Público.

SECÇÃO III
Procuradores da República

ARTIGO 83º
Competência

1 – Os procuradores da República representam o Ministério Público na primeira instância nos juízos de competência genérica, de competência especializada, de proximidade e nos tribunais de competência territorial alargada, e integram os DIAP.

2 – Compete aos procuradores da República que dirigem procuradorias, sem prejuízo das competências do magistrado coordenador de comarca:

a) Representar o Ministério Público nos tribunais de 1ª instância, assumindo pessoalmente essa representação, designadamente quando o justifique a gravidade da infração, a complexidade do processo ou a especial relevância do interesse a sustentar;

b) Coordenar e fiscalizar a intervenção do Ministério Público no âmbito das suas funções, mantendo informado o imediato superior hierárquico;

c) Proferir as decisões previstas nas leis de processo;

d) Exercer as funções que lhe sejam delegadas pelo magistrado coordenador da comarca bem como as demais conferidas por lei.

3 – Compete aos procuradores da República que dirigem secções dos DIAP:

a) Assumir a direção de inquéritos e exercer a ação penal quando a complexidade do processo ou a especial relevância do interesse a sustentar o justifique, assegurando, quando determinado nos termos deste Estatuto, a instrução e o julgamento dos processos em que intervém;

b) Coordenar e fiscalizar a intervenção do Ministério Público no âmbito das suas funções, mantendo informado o imediato superior hierárquico;

c) Proferir as decisões previstas nas leis de processo;

d) Exercer as demais funções previstas na lei.

4 – Os procuradores da República nos DIAP podem chefiar equipas de investigação.

SECÇÃO IV
Coordenadores setoriais

ARTIGO 84º
Competência

1 – Os magistrados coordenadores da comarca podem propor ao Conselho Superior do Ministério Público, através do procurador-geral regional, a nomeação, de entre os procuradores-gerais-adjuntos e procuradores da República na comarca, de magistrados que, para além das funções que lhes estão atribuídas, assegurem a coordenação setorial de áreas de intervenção material do Ministério Público.

2 – Os magistrados referidos no número anterior designam-se por coordenadores setoriais.

3 – O coordenador setorial coadjuva o magistrado coordenador de comarca, competindo-lhe:

a) Dinamizar e criar boas práticas de intervenção na área de especialização respetiva e assegurar a articulação com os gabinetes de coordenação nacional previstos no artigo 55º;

b) Estabelecer a articulação com os coordenadores setoriais da mesma área de especialização ou de áreas conexas, visando a abordagem intrassistémica da atuação dos magistrados do Ministério Público;

c) Apoiar o magistrado do Ministério Público coordenador na articulação com entidades públicas e órgãos de polícia criminal;

d) Propor ao magistrado coordenador da comarca a emissão de ordens ou instruções, nomeadamente em matéria de distribuição de serviço.

4 – Os coordenadores setoriais podem beneficiar de redução de serviço a decidir pelo Conselho Superior do Ministério Público, sob proposta do magistrado coordenador de comarca.

5 – Os coordenadores setoriais podem frequentar o curso de formação referido no artigo 97º da Lei da Organização do Sistema Judiciário.

CAPÍTULO V
Departamentos de investigação e ação penal

ARTIGO 85º
Estrutura e competência

1 - Existem DIAP em todas as comarcas em que o volume processual de inquéritos penais o justifique.

2 - Os DIAP das comarcas são criados por portaria do membro do Governo responsável pela área da justiça, sob proposta do Conselho Superior do Ministério Público.

3 - Nas comarcas em que existe DIAP, este integra todas as unidades do Ministério Público responsáveis pela direção do inquérito e exercício da ação penal.

4 - Os DIAP podem estruturar-se em unidades desconcentradas que assumem a designação do concelho em que se encontram localizadas.

5 - As unidades do DIAP podem organizar-se em secções, podendo estas ter competência genérica ou especializada.

6 - Compete aos DIAP dirigir o inquérito e exercer a ação penal por crimes cometidos na área da circunscrição respetiva.

7 - Nos DIAP podem ser criadas equipas de investigação e unidades de missão destinadas a articular a atividade do departamento em funções de suporte à atividade processual.

ARTIGO 86º
Composição e direção

1 - Os DIAP são integrados por procuradores da República.

2 - Os DIAP podem ser dirigidos por procuradores-gerais-adjuntos ou por procuradores da República.

3 - As secções dos DIAP são dirigidas por procuradores da República designados dirigentes de secção.

4 - Os procuradores da República podem dirigir mais do que uma secção, ainda que sedeadas em diferentes concelhos.

ARTIGO 87º
Competência do diretor do DIAP

Compete ao diretor do DIAP:

a) Dirigir a atividade do Ministério Público no departamento;

b) Intervir hierarquicamente nos inquéritos, nos termos previstos no Código de Processo Penal;

c) Assegurar a representação externa do departamento;

d) Assegurar a articulação com os órgãos de polícia criminal, com as estruturas de suporte à investigação e de apoio à vítima e com os gabinetes responsáveis pela liquidação de ativos provenientes da prática de crime;

e) Garantir a interlocução externa do departamento e assegurar a articulação com o DIAP regional, bem como com o DCIAP;

f) Criar mecanismos de articulação entre magistrados que intervêm em diferentes fases processuais ou em áreas materiais conexas com os factos em investigação;

g) Acompanhar o volume processual, designadamente identificando os processos que estão pendentes por tempo excessivo ou que não são resolvidos em prazo razoável, informando, sem prejuízo das iniciativas gestionárias que adote, o magistrado coordenador de comarca;

h) Propor ao magistrado coordenador de comarca que determine a intervenção nas fases subsequentes do processo do magistrado que dirigiu o inquérito, sempre que razões ponderosas de complexidade processual o justifiquem;

i) Acompanhar a prossecução dos objetivos fixados para o departamento e promover reuniões de planeamento e de avaliação dos resultados;

j) Garantir a recolha e o tratamento da informação estatística e procedimental e transmiti-la ao magistrado coordenador de comarca;

k) Proceder à análise sistémica do tempo de resposta e da qualidade do serviço de justiça prestado;

l) Proferir decisões em conflitos internos de competência;

m) Exercer as demais funções previstas na lei.

CAPÍTULO VI
Procuradorias da República administrativas e fiscais

SECÇÃO I
Procuradorias da República administrativas e fiscais

ARTIGO 88º
Estrutura e direção

1 – Existem quatro procuradorias da República administrativas e fiscais com sede e área territorial correspondentes às zonas administrativas e fiscais enunciadas no anexo I ao presente Estatuto.

2 – As procuradorias da República administrativas e fiscais integram as procuradorias localizadas nos tribunais administrativos de círculo, tributários e administrativos e fiscais da área de competência territorial respetiva, nos termos do anexo referido no número anterior.

3 – A procuradoria da República administrativa e fiscal é coordenada por um procurador-geral-adjunto, designado magistrado do Ministério Público coordenador da procuradoria da República administrativa e fiscal.

4 – Sem prejuízo do disposto no artigo 68º, compete ao magistrado do Ministério Público coordenador da procuradoria da República administrativa e fiscal:

a) Dirigir, coordenar e fiscalizar a atividade do Ministério Público na procuradoria da República administrativa e fiscal respetiva;

b) Representar o Ministério Público nos respetivos tribunais administrativos e fiscais;

c) Propor ao procurador-geral regional a adoção de diretivas que visem a uniformização de procedimentos do Ministério Público;

d) Planear e definir anualmente a atividade e os objetivos do Ministério Público na procuradoria da República administrativa e fiscal, acompanhar a sua execução, proceder à avaliação, e transmiti-la ao Procurador-Geral da República através do procurador-geral regional;

e) Promover a articulação com o Ministério Público na jurisdição dos tribunais judiciais, bem como com outras entidades que devam colaborar com o Ministério Público no âmbito da atuação deste na jurisdição administrativa e fiscal;

f) Proceder à distribuição de serviço entre os magistrados do Ministério Público que exercem funções na procuradoria da República administrativa e fiscal;

g) Acompanhar o movimento processual do Ministério Público, identificando, designadamente, os processos que estão pendentes por tempo considerado excessivo ou que não são resolvidos em prazo considerado razoável;

h) Propor ao Conselho Superior do Ministério Público, através do procurador-geral regional, a reafetação de magistrados;

i) Propor ao Conselho Superior do Ministério Público, através do procurador-geral regional, o exercício de funções de magistrado em mais do que um tribunal ou juízo da mesma zona geográfica, com observância do estatuído no nº 2 do artigo 77º;

j) Afetar grupos de processos para tramitação a outro magistrado que não o seu titular;

k) Pronunciar-se sempre que seja ponderada a realização de sindicâncias ou inspeções aos serviços pelo Conselho Superior do Ministério Público;

l) Dar posse e elaborar os mapas de turnos e de férias dos magistrados do Ministério Público;

m) Apreciar os pedidos de justificação de falta ao serviço e de autorização ou justificação de ausência por motivo ponderoso, formulados pelos magistrados do Ministério Público que exercem funções na procuradoria da República administrativa e fiscal;

n) Exercer a ação disciplinar sobre os oficiais de justiça em funções nas secretarias do Ministério Público, relativamente a sanção de gravidade inferior à de multa, e, nos restantes casos, ordenar a instauração de processo disciplinar, se a infração ocorrer nos respetivos serviços;

o) Participar no processo de avaliação dos oficiais de justiça em funções nas secretarias do Ministério Público, nos termos da legislação específica aplicável;

p) Pronunciar-se sempre que seja ponderada pelo Conselho dos Oficiais de Justiça a realização de sindicâncias relativamente aos serviços do Ministério Público;

q) Determinar a aplicação de medidas de simplificação e de agilização processuais;

r) Assegurar a frequência equilibrada de ações de formação pelos magistrados do Ministério Público, em articulação com o Conselho Superior do Ministério Público;

s) Exercer as demais competências previstas na lei e desenvolver as ações que lhe forem superiormente determinadas.

5 – Ao exercício das competências previstas nas alíneas *h*), *i*) e *j*) do número anterior aplica-se o disposto nos artigos 76º a 81º.

6 – O magistrado do Ministério Público coordenador da procuradoria da República administrativa e fiscal é substituído nas suas faltas e impedimentos pelo magistrado que indicar, ou, na falta de designação, pelo mais antigo a exercer funções na respetiva área de jurisdição.

SECÇÃO II
Procuradorias dos tribunais administrativos e fiscais

ARTIGO 89º
Estrutura e competência

1 – Nas procuradorias dos tribunais administrativos de círculo, tributários e administrativos e fiscais, exercem funções procuradores-gerais-adjuntos e procuradores da República, em número constante de portaria a aprovar pelos membros do Governo responsáveis pelas áreas das finanças e da justiça, competindo-lhes representar o Ministério Público naqueles tribunais.

2 – Nas procuradorias cujo volume processual o justifique, podem ser criadas equipas de magistrados destinadas a intervir em áreas temáticas ou específicas de atividade, designadamente para a propositura de ações.

CAPÍTULO VII
Representação do Ministério Público

ARTIGO 90º
Princípios gerais

1 – A atribuição de processos e a representação do Ministério Público faz-se nos termos do presente Estatuto, das leis de processo, das leis de organização do sistema judiciário e dos regulamentos de organização dos órgãos do Ministério Público.

2 – O magistrado a quem o processo seja distribuído pode ser coadjuvado por outros magistrados do Ministério Público, da mesma ou de diferentes unidades orgânicas, quando a complexidade processual ou razões processuais o justifiquem, por decisão do superior hierárquico comum.

3 – Quando a mesma matéria, ou matéria conexa, for objeto de processos em jurisdições distintas e se verificar a necessidade de uma ação integrada e articulada do Ministério Público, podem ser constituídas equipas de magistrados, por decisão do superior hierárquico comum.

ARTIGO 91º
Representação especial do Estado nas ações cíveis ou administrativas

Nas ações cíveis ou administrativas em que o Estado seja parte, o Procurador-Geral da República, ouvido o procurador-geral regional, pode nomear qualquer magistrado do Ministério Público para substituir ou coadjuvar o magistrado a quem incumba a representação do Estado.

ARTIGO 92º
Representação especial nos processos criminais

1 – Nos processos criminais, o Procurador-Geral da República pode nomear qualquer magistrado do Ministério Público para coadjuvar ou substituir outro magistrado a quem o processo esteja distribuído, sempre que razões ponderosas de complexidade processual ou de repercussão social o justifiquem.

2 – O procurador-geral regional pode proferir a decisão prevista no número anterior caso ambos os magistrados exerçam funções na respetiva procuradoria-geral regional ou em procuradorias da República por ela abrangidas, dando conhecimento ao Procurador-Geral da República.

3 – Pode ser determinado, por superior hierárquico comum, que intervenha nas fases subsequentes do processo o magistrado que dirigiu o inquérito ou que o coadjuvou, sempre que razões ponderosas de complexidade processual o justifiquem.

ARTIGO 93º
Conflito na representação pelo Ministério Público

1 – Em caso de conflito entre entidades, pessoas ou interesses que o Ministério Público deva representar, os magistrados coordenadores das procuradorias da República de comarca e administrativas e fiscais, com faculdade de delegação, solicitam à Ordem dos Advogados a indicação de um advogado para representar uma das partes.

2 – Quando uma das entidades referidas no número anterior seja o Estado, a solicitação deve ser dirigida ao diretor do Centro de Competências Jurídicas do Estado – JURISAPP.

3 – Caso o JURISAPP não tenha disponibilidade para satisfazer uma solicitação feita nos termos do número anterior, o seu diretor reencaminha, atempadamente, a solicitação à Ordem dos Advogados, comunicando a remessa à entidade requerente.

4 – Havendo urgência, e enquanto a nomeação não possa fazer-se nos termos do nº 1, o juiz designa advogado para intervir nos atos processuais.

5 – Os honorários devidos pelo patrocínio referido nos números anteriores constituem encargos do Estado.

PARTE II
MAGISTRATURA DO MINISTÉRIO PÚBLICO

CAPÍTULO I
Organização e estatuto

ARTIGO 94º
Âmbito

1 – Os magistrados do Ministério Público estão sujeitos às disposições do presente Estatuto, qualquer que seja a situação em que se encontrem.

2 – As disposições da presente lei são também aplicáveis, com as devidas adaptações, aos substitutos dos magistrados do Ministério Público quando em exercício de funções, e enquanto estas se mantiverem, a título excecional.

ARTIGO 95º
Funções

1 – São funções de Ministério Público as exercidas em procuradorias, tribunais, órgãos e departamentos do Ministério Público previstos no presente Estatuto.

2 – Consideram-se equiparadas a funções de Ministério Público:

a) As funções correspondentes às de magistratura e de assessoria em tribunais internacionais e no âmbito da cooperação judiciária internacional;

b) As funções exercidas na Procuradoria Europeia;

c) As funções de direção exercidas na Polícia Judiciária;

d) As funções de direção, coordenação ou docência exercidas no Centro de Estudos Judiciários;

e) As funções de apoio técnico-legislativo relativo à reforma do sistema judiciário no âmbito do Ministério da Justiça;

f) Todas as funções que a lei expressamente estabelecer que devem ser exercidas exclusivamente por magistrado.

ARTIGO 96º
Paralelismo em relação à magistratura judicial

1 – A magistratura do Ministério Público é paralela à magistratura judicial e dela independente, sem prejuízo das especificidades próprias da função.

2 – Nas audiências e atos oficiais a que presidam magistrados judiciais, os do Ministério Público que sirvam junto do mesmo tribunal tomam lugar à sua direita.

3 – Os magistrados do Ministério Público apresentam declarações de rendimento e património, nos termos da lei.

ARTIGO 97º
Estatuto

1 – Com respeito pelo princípio da autonomia do Ministério Público, os seus magistrados são responsáveis e hierarquicamente subordinados, nos termos da Constituição e do presente Estatuto.

2 – A responsabilidade consiste em responderem, nos termos da lei, pelo cumprimento dos seus deveres e pela observância das diretivas, ordens e instruções que receberem.

3 – A hierarquia é de natureza funcional e consiste na subordinação dos magistrados aos seus superiores hierárquicos, nos termos definidos no presente Estatuto, e na consequente obrigação de acatamento por aqueles das diretivas, ordens e instruções recebidas, sem prejuízo do disposto nos artigos 100º e 101º.

4 – A intervenção hierárquica em processos de natureza criminal é regulada pela lei processual penal.

5 – Salvaguardado o disposto no número anterior, as decisões finais proferidas pelos magistrados do Ministério Público em procedimentos de natureza não criminal podem ser objeto de reapreciação pelo imediato superior hierárquico.

6 – A impugnação judicial dos atos administrativos praticados pelos magistrados do Ministério Público é precedida de impugnação administrativa necessária, nos termos do presente Estatuto.

ARTIGO 98º
Efetivação da responsabilidade

1 – Fora dos casos em que a falta constitua crime, a responsabilidade civil apenas pode ser efetivada, mediante ação de regresso do Estado, em caso de dolo ou culpa grave.

2 – A decisão de exercer o direito de regresso sobre os magistrados do Ministério Público, nos termos do artigo 6º do regime da responsabilidade extracontratual do Estado e demais entidades públicas, aprovado em anexo à Lei nº 67/2007, de 31 de dezembro, na sua redação atual, cabe ao Conselho Superior do Ministério Público, a título oficioso ou por iniciativa do membro do Governo responsável pela área da justiça.

ARTIGO 99º
Estabilidade

Os magistrados do Ministério Público não podem ser transferidos, suspensos, promovidos, aposentados ou reformados, demitidos ou, por qualquer forma, mudados de situação a não ser nos casos previstos no presente Estatuto.

ARTIGO 100º
Limite aos poderes diretivos

1 – Os magistrados do Ministério Público podem solicitar ao superior hierárquico que a ordem ou instrução sejam emitidas por escrito, devendo sempre sê-lo por esta forma quando se destine a produzir efeitos em processo determinado.

2 – A intervenção processual do superior hierárquico efetua-se nos termos do presente Estatuto e da lei de processo.

3 – Os magistrados do Ministério Público devem recusar o cumprimento de diretivas, ordens e instruções ilegais e podem recusá-lo com fundamento em grave violação da sua consciência jurídica.

4 – A recusa faz-se por escrito, precedendo representação das razões invocadas.

5 – No caso previsto nos números anteriores, o magistrado que tiver emitido a diretiva, ordem ou instrução pode avocar o procedimento ou distribuí-lo a outro magistrado.

6 – Não podem ser objeto de recusa:

a) As decisões proferidas por via hierárquica nos termos da lei de processo;

b) As diretivas, ordens e instruções emitidas pelo Procurador-Geral da República, salvo com fundamento em ilegalidade.

7 – O exercício injustificado da faculdade de recusa constitui falta disciplinar, punida nos termos do artigo 215º.

ARTIGO 101º
Poderes do membro do Governo responsável pela área da justiça

Compete ao membro do Governo responsável pela área da justiça:

a) Transmitir, por intermédio do Procurador-Geral da República, instruções de ordem específica nas ações cíveis e nos procedimentos tendentes à composição extrajudicial de conflitos em que o Estado seja interessado;

b) Autorizar o Ministério Público, ouvido o departamento governamental de tutela, a confessar, transigir ou desistir nas ações cíveis em que o Estado seja parte;

c) Solicitar ao Procurador-Geral da República relatórios e informações de serviço;

d) Solicitar ao Conselho Superior do Ministério Público informações e esclarecimentos e fazer perante ele as comunicações que entender convenientes;

e) Solicitar ao Procurador-Geral da República inspeções, sindicâncias e inquéritos, designadamente aos órgãos de polícia criminal.

CAPÍTULO II
Deveres, direitos e incompatibilidades dos magistrados

SECÇÃO I
Deveres e incompatibilidades

ARTIGO 102º
Deveres de sigilo e reserva

1 – Os magistrados do Ministério Público não podem revelar informações ou documentos a que tenham tido acesso no exercício das suas funções e que, nos termos da lei, se encontrem cobertos por segredo.

2 – Os magistrados do Ministério Público não podem fazer declarações ou comentários públicos sobre quaisquer processos judiciais, salvo, quando autorizados pelo Procurador-Geral da República, para defesa da honra ou para a realização de outro interesse legítimo.

3 – Não são abrangidas pelo dever de reserva as informações ou declarações que, em matéria não coberta por segredo de justiça ou por sigilo profissional, visem a realização de direitos ou interesses legítimos, nomeadamente o de acesso à informação, ou que se destinem à realização de trabalhos técnico-científicos académicos ou de formação.

4 – As informações ou declarações referidas no número anterior, quando visem garantir o acesso à informação, são preferencialmente prestadas pela Procuradoria-Geral da República ou pelas procuradorias-gerais regionais, nos termos do artigo 6º.

ARTIGO 103º
Dever de zelo

1 – Os magistrados do Ministério Público devem exercer as suas funções no respeito pela Constituição, pela lei e pelas ordens e instruções legítimas dos superiores hierárquicos.

2 – Os magistrados do Ministério Público devem igualmente exercer as suas funções com competência, eficiência e diligência, de modo a ser assegurada a realização da justiça com qualidade e em prazo razoável.

3 – Os magistrados do Ministério Público devem ainda respeitar os horários designados para a realização dos atos processuais a que devam presidir ou em que devam intervir, iniciando-os ou comparecendo tempestivamente.

ARTIGO 104º
Dever de isenção e objetividade

1 – Os magistrados do Ministério Público devem atuar sempre com independência em relação a interesses de qualquer espécie e às suas convicções políticas, religiosas ou filosóficas, abstendo-se de obter vantagens indevidas, direta ou indiretamente, patrimoniais ou outras, para si ou para terceiro, das funções que exercem.

2 – Os magistrados do Ministério Público devem igualmente desempenhar as suas funções tendo exclusivamente em vista a realização da justiça, a prossecução do interesse público e a defesa dos direitos dos cidadãos.

3 – Os magistrados do Ministério Público devem ainda cumprir e fazer cumprir as ordens ou instruções legítimas que lhes sejam dirigidas pelos superiores hierárquicos, dadas no âmbito das suas atribuições e com a forma legal, sem prejuízo do disposto no artigo 100º.

4 – Os magistrados do Ministério Público, no exercício da ação penal, devem velar pela correta aplicação da lei, averiguando todos os factos que relevem para o apuramento da verdade, independentemente de estes agravarem, atenuarem ou extinguirem a responsabilidade criminal.

ARTIGO 105º
Dever de urbanidade

No exercício da sua atividade, os magistrados do Ministério Público devem adotar um comportamento correto com todos os cidadãos com quem contactem no exercício das suas funções, designadamente com os demais magistrados, funcionários, advogados, outros profissionais do foro e demais sujeitos e intervenientes processuais.

ARTIGO 106º
Domicílio necessário

1 – Os magistrados do Ministério Público têm domicílio necessário na área da comarca onde se encontra sedeado o tribunal ou instalado o serviço no qual exercem funções, podendo, todavia, residir em qualquer local da comarca, desde que não haja prejuízo para o exercício de funções.

2 – Os magistrados do Ministério Público do quadro complementar consideram-se domiciliados na sede da respetiva procuradoria-geral regional ou, em caso de desdobramento, da respetiva procuradoria da República de comarca ou administrativa e fiscal, podendo, todavia, residir em qualquer local da circunscrição judicial, desde que não haja prejuízo para o exercício de funções.

3 – Quando as circunstâncias o justifiquem e não haja prejuízo para o exercício das suas funções, os magistrados do Ministério Público podem ser autorizados, pelo Conselho Superior do Ministério Público, a residir em local diferente do previsto nos números anteriores.

4 – Os magistrados do Ministério Público devem manter o domicílio atualizado e não podem indicar mais do que uma morada.

ARTIGO 107º
Incompatibilidades

1 – Os magistrados do Ministério Público em efetividade de funções ou em situação de jubilação não podem desempenhar qualquer outra função pública ou privada de natureza profissional.

2 – Para os efeitos do número anterior, não são consideradas de natureza profissional as funções diretivas não remuneradas em fundações ou associações das quais os magistrados sejam associados que, pela sua natureza e objeto, não ponham em causa a observância dos respetivos deveres funcionais.

3 – O exercício das funções previstas no número anterior deve ser precedido de comunicação ao Conselho Superior do Ministério Público.

4 – A docência ou a investigação científica de natureza jurídica, não remuneradas, são compatíveis com o desempenho das funções de magistrado do Ministério Público.

5 – O exercício das funções referidas no número anterior não pode envolver prejuízo para o serviço e carece de autorização do Conselho Superior do Ministério Público.

6 – Carece ainda de autorização do Conselho Superior do Ministério Público o exercício de funções:

a) Em quaisquer órgãos estatutários de entidades públicas ou privadas que tenham como fim específico exercer a atividade disciplinar ou dirimir litígios;

b) Em quaisquer órgãos estatutários de entidades envolvidas em competições desportivas profissionais, incluindo as respetivas sociedades acionistas.

7 – A autorização a que se refere o número anterior apenas é concedida se o exercício das funções não for renumerado e não envolver prejuízo para o serviço ou para a independência, dignidade e prestígio da função de magistrado do Ministério Público.

8 – Os magistrados do Ministério Público podem receber as quantias resultantes da sua produção e criação literária, artística, científica e técnica, assim como das publicações derivadas.

ARTIGO 108º
Atividades político-partidárias

1 – É vedado aos magistrados do Ministério Público o exercício de atividades político-partidárias de caráter público.

2 – Os magistrados do Ministério Público não podem ocupar cargos políticos, à exceção dos de Presidente da República, de membro do Governo, de membro do Conselho de Estado ou de Representante da República para as regiões autónomas.

3 – A nomeação para os cargos referidos no número anterior determina a perda do lugar, se este estivesse a ser exercido em comissão de serviço.

4 – Após a cessação de funções, o magistrado nomeado nos termos do nº 2 tem direito a reingressar no quadro de origem, sem perda de antiguidade e do direito à promoção.

ARTIGO 109º
Impedimentos

Os magistrados do Ministério Público não podem exercer funções:

a) No mesmo tribunal de competência territorial alargada, juízo, secção de departamento ou tribunal administrativo de círculo, tributário ou administrativo e fiscal em que desempenhem funções juízes de direito ou funcionários de justiça a que estejam ligados por casamento ou união de facto, parentesco ou afinidade em qualquer grau da linha reta ou até ao 2º grau da linha colateral;

b) Na mesma procuradoria de comarca, tribunal de competência territorial alargada, juízo, secção de departamento ou tribunal administrativo de círculo, tributário ou administrativo e fiscal em que fiquem em relação de hierarquia com magistrado do Ministério Público a que estejam ligados por casamento ou união de facto, parentesco ou afinidade em qualquer grau da linha reta ou até ao 2º grau da linha colateral;

c) Na mesma secção do Supremo Tribunal de Justiça ou dos tribunais da Relação em que exerçam funções magistrados judiciais a que estejam ligados por casamento ou união de facto, parentesco ou afinidade em qualquer grau da linha reta ou até ao 2º grau da linha colateral;

d) Em procuradorias de comarca ou procuradorias administrativas e fiscais cuja área territorial abranja o concelho em que, nos últimos cinco anos, tenham desempenhado funções de advogado ou defensor nomeado no âmbito do apoio judiciário ou em que, em igual período, tenham tido escritório de advogado, solicitador, agente de execução ou administrador judicial.

SECÇÃO II
Direitos e prerrogativas

ARTIGO 110º
Protocolo e trajo profissional

1 – O Procurador-Geral da República tem categoria, tratamento e honras iguais aos do Presidente do Supremo Tribunal de Justiça e usa o trajo profissional que a este compete.

2 – O Vice-Procurador-Geral da República tem categoria, tratamento e honras iguais aos dos juízes do Supremo Tribunal de Justiça e usa o trajo profissional que a estes compete.

3 – Os procuradores-gerais-adjuntos colocados no Supremo Tribunal de Justiça, no Tribunal Constitucional, no Supremo Tribunal Administrativo e no Tribunal de Contas têm categoria, tratamento e honras iguais aos dos juízes que aí exercem funções e usam o trajo profissional que a estes compete.

4 – Os procuradores-gerais regionais e os magistrados coordenadores das procuradorias da República administrativas e fiscais têm categoria, tratamento e honras iguais aos dos presidentes dos tribunais da Relação e dos tribunais centrais administrativos e usam o trajo profissional que a estes compete.

5 – Os restantes procuradores-gerais-adjuntos, designadamente os colocados nos tribunais da Relação e nos tribunais centrais administrativos têm categoria, tratamento e honras iguais aos dos juízes que aí exercem funções e usam o trajo profissional que a estes compete.

6 – Os procuradores da República na primeira instância têm tratamento e honras iguais aos dos juízes dos tribunais junto dos quais exercem funções e usam o trajo profissional que a estes compete.

7 – Os magistrados do Ministério Público guardam entre si precedência segundo a categoria e as funções hierárquicas, preferindo a antiguidade em caso de igual categoria.

ARTIGO 111º
Direitos especiais

1 – Os magistrados do Ministério Público têm especialmente direito:

a) Ao uso, porte e manifesto gratuito de armas da classe B, de acordo com a legislação em vigor, e à aquisição das respetivas munições, independentemente de licença ou participação, podendo requisitá-las aos serviços do Ministério da Justiça através da Procuradoria-Geral da República, bem como à formação necessária ao seu uso e porte;

b) Quando em exercício de funções, à entrada e livre-trânsito em gares, cais de embarque e aeroportos, mediante exibição de cartão de identificação profissional;

c) Quando em exercício de funções, dentro da respetiva área da circunscrição, à entrada e livre-trânsito nos navios ancorados ou acostados nos portos, nas casas e recintos de espetáculos ou de outras diversões, nas sedes das associações de recreio e, em geral, em todos os lugares onde se realizem reuniões públicas ou onde seja permitido o acesso ao público mediante o pagamento de uma taxa, a realização de certa despesa ou a apresentação de bilhete que qualquer pessoa possa obter;

d) À utilização gratuita de transportes coletivos públicos, terrestres e fluviais, dentro da área da circunscrição em que exerçam funções, e, nas hipóteses previstas nos nºs 2 e 3 do artigo 106º, desde esta até à residência;

e) À utilização gratuita de transportes aéreos, entre as regiões autónomas e o continente português, quando exerçam funções nos tribunais superiores e, para esse efeito, tenham residência autorizada naquelas regiões, independentemente da jurisdição em causa, bem como, quando exerçam funções nas regiões autónomas e se desloquem em serviço, entre as respetivas ilhas, tendo neste caso prioridade;

f) Ao livre acesso, em todo o território nacional, aos transportes coletivos terrestres, fluviais e marítimos, enquanto em missão de serviço como autoridade judiciária, se devidamente identificados;

g) Ao acesso gratuito, nos termos legais, a bibliotecas e bases de dados documentais públicas, designadamente às dos tribunais superiores, do Tribunal Constitucional, da Procuradoria-Geral da República e do Centro de Estudos Judiciários;

h) À vigilância especial da sua pessoa, família e bens, a requisitar pelo Conselho Superior do Ministério Público ou pelo procurador-geral regional, por delegação daquele, ou, em caso de urgência, pelo próprio magistrado, ao comando da força policial da área da sua residência, sempre que ponderosas razões de segurança o exijam;

i) À isenção de custas em qualquer ação em que sejam parte principal ou acessória por causa do exercício das suas funções;

j) À dedução ao rendimento, para cálculo do imposto sobre o rendimento de pessoas singulares, de quantias despendidas com a valorização profissional e trajo profissional, até ao montante a fixar anualmente na lei do Orçamento do Estado;

k) Ao uso, durante o turno, do telemóvel de serviço, para fins profissionais;

l) À participação em pelo menos duas ações de formação contínua por ano;

m) Ao gozo dos direitos previstos na legislação sindical e ao benefício de redução na distribuição de serviço, mediante deliberação do Conselho Superior do Ministério Público, quando exerçam funções em órgão executivo de associação sindical da magistratura do Ministério Público ou em organizações internacionais representativas destes magistrados.

2 – O cartão de identificação referido no número anterior é atribuído pelo Conselho Superior do Ministério Público e renovado no caso de mudança de situação, devendo constar dele, nomeadamente, o cargo desempenhado e os direitos que lhe são inerentes.

3 – O direito previsto na alínea *a*) do nº 1 pode ser exercido mediante a aquisição a título pessoal ou requisição de arma de serviço dirigida ao Ministério da Justiça, através do Conselho Superior do Ministério Público.

4 – O Procurador-Geral da República, o Vice-Procurador-Geral da República e os procuradores-gerais regionais têm direito a passaporte diplomático, e os procuradores-gerais-adjuntos em funções na Procuradoria-Geral da República, nos tribunais superiores e os auditores jurídicos, a passaporte especial, podendo ainda este documento ser atribuído aos demais magistrados do Ministério Público, sempre que se desloquem ao estrangeiro em virtude das funções que exercem.

5 – São extensivos a todos os membros do Conselho Superior do Ministério Público os direitos previstos nas alíneas *d*), *e*) e *g*) do nº 1, no nº 2 e no nº 4, na modalidade de passaporte especial.

ARTIGO 112º
Prisão preventiva

1 – Os magistrados do Ministério Público não podem ser detidos senão mediante mandado de juiz para os efeitos previstos no Código de Processo Penal, salvo se em flagrante delito por crime punível com pena de prisão de máximo superior a três anos.

2 – Os magistrados do Ministério Público não podem ser sujeitos a medidas de coação privativas da liberdade antes de ser proferido despacho que designe dia para o julgamento relativamente a acusação contra si deduzida, salvo por crime doloso punível com pena de prisão de máximo superior a cinco anos.

3 – Em caso de detenção, o magistrado do Ministério Público é imediatamente apresentado à autoridade judiciária competente, que deve informar o Conselho Superior do Ministério Público, pela forma mais expedita, da detenção e da decisão que aplique as medidas de coação.

4 – O cumprimento de prisão preventiva e de pena privativa da liberdade por magistrados do Ministério Público faz-se em estabelecimento prisional comum, em regime de separação dos restantes detidos ou presos.

5 – A busca no domicílio pessoal ou profissional de magistrado do Ministério Público é presidida, sob pena de nulidade, pelo juiz competente, que avisa previamente o Conselho Superior do Ministério Público, para que um membro designado por este órgão possa estar presente.

ARTIGO 113º
Foro

1 – O tribunal competente para os atos do inquérito, instrução e julgamento dos magistrados do Ministério Público por infração penal, bem como para os recursos em matéria contraordenacional, é o de categoria imediatamente superior àquele em que o magistrado se encontra colocado, sendo, para o Procurador-Geral da República, o Vice-Procurador-Geral da República e os procuradores-gerais-adjuntos não colocados na primeira instância, o Supremo Tribunal de Justiça.

2 – Se forem objeto da notícia do crime o Procurador-Geral da República ou o Vice-Procurador-Geral da República, a competência para o inquérito pertence a um juiz do Supremo Tribunal de Justiça, designado por sorteio, que fica impedido de intervir nos subsequentes atos do processo.

ARTIGO 114º
Exercício da advocacia

1 – Os magistrados do Ministério Público podem advogar em causa própria, do seu cônjuge, unido de facto e descendentes.

2 – Nos casos previstos no número anterior os magistrados podem praticar os atos processuais por qualquer meio, não estando vinculados à transmissão eletrónica de dados.

ARTIGO 115º
Formação contínua

1 – Os magistrados em exercício de funções têm o direito e o dever de participar em ações de formação contínua, asseguradas pelo Centro de Estudos Judiciários, em colaboração com o Conselho Superior do Ministério Público, devendo a formação ser prestada na sede da circunscrição onde exercem funções, caso seja exequível.

2 – Os magistrados em exercício de funções devem participar anualmente em, pelo menos, duas ações de formação contínua.

3 – O Conselho Superior do Ministério Público, com base na identificação de necessidades formativas, designadamente em razão dos movimentos de magistrados, pode determinar a obrigatoriedade de frequência de cursos e atividades de formação a alguns magistrados, consoante a sua área de especialização e as suas necessidades concretas.

4 – A frequência e o aproveitamento dos magistrados nos cursos especializados são tidos em conta para efeitos do disposto no nº 4 do artigo 157º.

5 – A frequência e o aproveitamento dos magistrados do Ministério Público nas atividades de formação contínua são tidos em conta para efeitos do disposto no artigo 139º.

6 – A participação dos magistrados do Ministério Público em atividades de formação contínua fora do concelho onde exercem funções confere-lhes o direito a abono de ajudas de custo, bem como, tratando-se de magistrados residentes nas regiões autónomas que se desloquem para o efeito ao continente, o direito ao reembolso, se não optarem pelo recebimento antecipado, das despesas resultantes da utilização de transportes aéreos, nos termos da lei.

7 – Os direitos previstos no número anterior apenas são conferidos para as atividades de frequência obrigatória ou, quando se trate de atividades facultativas, até ao máximo de duas por ano, e desde que estas não sejam acessíveis por meios técnicos que permitam a sua frequência à distância.

ARTIGO 116º
Disposições subsidiárias

É aplicável subsidiariamente aos magistrados do Ministério Público, quanto a incompatibilidades, impedimentos, deveres e direitos, o regime previsto para os trabalhadores em funções públicas.

SECÇÃO III
Férias, faltas e licenças

ARTIGO 117º
Férias

1 – Os magistrados do Ministério Público têm direito a 22 dias úteis de férias, a que acresce um dia útil de férias por cada 10 anos de serviço efetivamente prestado.

2 – O gozo de férias tem lugar preferencialmente durante os períodos das férias judiciais, sem prejuízo da realização dos turnos para que os magistrados tenham sido previamente designados, tendo direito ao gozo de 20 dias úteis seguidos.

3 – Por razões de serviço público, por motivo justificado ou outro legalmente previsto, os magistrados do Ministério Público podem gozar as suas férias em períodos diferentes do referido no número anterior.

4 – Antes do início das férias, os magistrados do Ministério Público devem indicar ao seu imediato superior hierárquico a forma mais expedita pela qual podem ser contactados.

5 – O imediato superior hierárquico do magistrado do Ministério Público pode determinar, em situação devidamente justificada e fundamentada, o seu regresso ao serviço, sem prejuízo do direito que cabe aos magistrados do Ministério Público de gozarem, em cada ano civil, os dias úteis de férias a que tenham direito.

6 – Os magistrados do Ministério Público em serviço nas regiões autónomas têm direito ao gozo de férias no continente, para si e agregado familiar, ficando as despesas de deslocação, uma vez por ano, a cargo do Estado.

7 – Quando, em gozo de férias ao abrigo do disposto no número anterior, os magistrados do Ministério Público tenham que deslocar-se à região autónoma para cumprir o serviço de turno que lhes couber, as correspondentes despesas de deslocação ficam a cargo do Estado, tendo neste caso direito a transporte aéreo prioritário.

ARTIGO 118º
Mapas de férias

1 – A elaboração e aprovação dos mapas anuais de férias é feita sob proposta e com audição dos interessados e compete:

a) Ao Procurador-Geral da República, com a faculdade de delegação, no que respeita aos magistrados do Ministério Público que exercem funções na Procuradoria-Geral da República e aos dirigentes dos departamentos que a ela reportam;

b) Aos procuradores-gerais-adjuntos coordenadores, no Tribunal Constitucional, no Supremo Tribunal de Justiça, no Supremo Tribunal Administrativo e no Tribunal de Contas, no que respeita aos magistrados do Ministério Público que aí exercem funções;

c) Aos procuradores-gerais regionais, no que respeita aos magistrados do Ministério Público que exercem funções nos tribunais da Relação, nos tribunais centrais administrativos e nos DIAP regionais;

d) Aos magistrados do Ministério Público coordenadores das Procuradorias da República da comarca e administrativas e fiscais, no que respeita aos magistrados do Ministério Público que aí exercem funções, com faculdade de delegação no que se refere aos DIAP.

2 – Com vista a garantir o regular funcionamento do Ministério Público, os responsáveis pela elaboração dos mapas de férias devem garantir a sua harmonização com os mapas de férias anuais propostos para os magistrados judiciais e funcionários de justiça da respetiva área de circunscrição.

3 – Os mapas de férias devem ser aprovados até ao final do mês de fevereiro e logo comunicados, para conhecimento, ao imediato superior hierárquico.

4 – Os mapas de férias devem ainda ser comunicados aos respetivos magistrados, aos juízes e funcionários em exercício de funções nos mesmos tribunais, juízos, órgãos ou serviços.

5 – Os mapas de férias ficam disponíveis para consulta, em versão integral ou abreviada, nas procuradorias e departamentos do Ministério Público.

6 – O mapa de férias é elaborado de acordo com o modelo definido e aprovado pelo Conselho Superior do Ministério Público, nele se referenciando, para cada magistrado, a unidade orgânica em que presta funções, o período ou períodos de férias marcados e o magistrado substituto, observando-se o regime de substituição previsto na lei nos casos em que este não seja indicado.

ARTIGO 119º
Turnos e serviço urgente

1 – As entidades referidas no nº 1 do artigo anterior organizam turnos para assegurar o serviço urgente, durante as férias judiciais ou quando o serviço o justifique.

2 – No período de férias judiciais, o serviço urgente é sempre assegurado pelos magistrados do Ministério Público de turno, independentemente do gozo de férias pessoais dos restantes magistrados do Ministério Público.

3 – É correspondente aplicável, com as devidas adaptações, o previsto nos nºs 4 a 6 do artigo anterior.

ARTIGO 120º
Faltas e ausências

1 – Quando ocorra motivo ponderoso, os magistrados do Ministério Público podem ausentar-se da circunscrição respetiva por número de dias que não exceda três em cada mês e 10 em cada ano, mediante autorização prévia do superior hierárquico ou, não sendo possível obtê-la, comunicando e justificando a ausência imediatamente após o seu regresso.

2 – O exercício de funções que pela sua natureza não careça de ser realizado no tribunal pode, excecionalmente e mediante autorização do superior hierárquico, ser assegurado pelo magistrado fora das respetivas instalações, não sendo considerado ausência ao serviço.

3 – Não são ainda contadas como faltas nem carecem de autorização do Conselho Superior do Ministério Público, até ao limite de quatro por mês, as ausências que ocorram em virtude do exercício de funções de direção em organizações sindicais da magistratura do Ministério Público.

4 – Para além das ausências mencionadas no número anterior, os magistrados que exerçam funções diretivas em organizações representativas da magistratura do Ministério Público, gozam ainda, nos termos da lei, do direito a faltas justificadas, que contam, para todos os efeitos, como serviço efetivo.

5 – Em caso de ausência nos termos dos números anteriores, os magistrados do Ministério Público devem informar o seu imediato superior hierárquico sobre o local onde podem ser encontrados e a forma pela qual podem ser contactados.

6 – A ausência ilegítima e as faltas injustificadas implicam, além de responsabilidade disciplinar, a perda de vencimento durante o período em que se tenha verificado.

7 – As faltas por doença devem ser imediatamente comunicadas pelo magistrado ao seu imediato superior hierárquico.

8 – No caso de faltas por doença que se prolonguem por mais de cinco dias úteis, ou sempre que o considere justificado, deve ser exigida pelo superior hierárquico a apresentação de atestado médico.

9 – As faltas e as ausências previstas no presente artigo são comunicadas, via hierárquica, à Procuradoria-Geral da República.

ARTIGO 121º
Dispensa de serviço

1 – Não existindo inconveniente para o serviço, o Procurador-Geral da República ou o procurador-geral regional, por delegação daquele, pode conceder aos magistrados do Ministério Público dispensa de serviço para participação em congressos, simpósios, cursos, seminários, reuniões ou outras realizações que tenham lugar no País ou no estrangeiro, conexas com a sua atividade profissional.

2 – Pode ainda ser autorizada dispensa de serviço, independentemente da finalidade e verificada a inexistência de inconveniente para o serviço, até ao limite de seis dias por ano, por períodos não superiores a dois dias consecutivos, não acumuláveis entre si ou com o período ou períodos de gozo de férias.

3 – É aplicável aos magistrados do Ministério Público, com as devidas adaptações, o disposto no Decreto-Lei nº 272/88, de 3 de agosto, quando se proponham

realizar programas de trabalho e estudo, bem como frequentar cursos ou estágios de reconhecido interesse público.

4 – As pretensões a que se refere o número anterior são submetidas a despacho do membro do Governo responsável pela área da justiça, sob proposta do Conselho Superior do Ministério Público, que fixa os respetivos termos, condições e duração.

5 – As condições, os critérios e as formalidades da dispensa de serviço previstas no presente artigo são regulamentadas e publicitadas pelo Conselho Superior do Ministério Público.

ARTIGO 122º
Abandono de lugar

1 – Considera-se que existe abandono de lugar quando um magistrado do Ministério Público deixe de comparecer ao serviço durante 10 dias, manifestando expressamente a intenção de abandonar o lugar, ou faltar injustificadamente durante 30 dias úteis seguidos.

2 – A ausência injustificada do lugar durante 30 dias úteis seguidos constitui presunção de abandono.

3 – Sempre que ocorra uma das situações descritas nos números anteriores é levantado auto por abandono.

4 – A presunção referida no nº 2 pode ser ilidida em processo disciplinar por qualquer meio de prova.

ARTIGO 123º
Licença sem remuneração

A licença sem remuneração consiste na ausência prolongada do serviço com perda total de remuneração, mediante autorização do Conselho Superior do Ministério Público, sob requerimento fundamentado do magistrado do Ministério Público interessado.

ARTIGO 124º
Modalidades de licença sem remuneração

As licenças sem remuneração podem revestir as seguintes modalidades:

a) Licença até um ano;

b) Licença para formação;

c) Licença para exercício de funções em organizações internacionais;

d) Licença para acompanhamento do cônjuge ou unido de facto colocado no estrangeiro;

e) Licença de longa duração, superior a um ano e inferior a 15 anos.

ARTIGO 125º
Pressupostos de concessão

1 – A licença sem remuneração só é concedida a magistrados do Ministério Público que tenham prestado serviço efetivo por mais de cinco anos.

2 – A licença sem remuneração a que se refere a alínea *a*) do artigo anterior é gozada de forma ininterrupta.

3 – A concessão das licenças previstas nas alíneas *a*), *b*), *d*) e *e*) do artigo anterior depende de prévia ponderação da conveniência de serviço e, no caso das previstas nas alíneas *b*) e *c*), também do interesse público subjacente à sua concessão, sendo para esse efeito motivo atendível a valorização profissional do magistrado do Ministério Público.

4 – No caso das licenças previstas nas alíneas *a*) e *e*) do artigo anterior, a autorização pelo Conselho Superior do Ministério Público depende ainda da aferição da compatibilidade entre as concretas funções até então desempenhadas pelo magistrado do Ministério Público e as funções a desempenhar na situação de licença.

5 – Para efeito da aferição prevista no número anterior, o requerente informa o Conselho Superior do Ministério Público da atividade ou função que pretende desempenhar, bem como de qualquer alteração superveniente que ocorra nos cinco anos subsequentes.

6 – A concessão da licença prevista na alínea *c*) do artigo anterior depende de demonstração da situação do interessado face à organização internacional e de audição prévia do membro do Governo responsável pela área da justiça para aferição do respetivo interesse público.

7 – A licença prevista na alínea *d*) do artigo anterior é concedida quando o cônjuge do magistrado do Ministério Público ou a pessoa com quem viva em união de facto, tenha ou não a qualidade de trabalhador em funções públicas, for colocado no estrangeiro, por período de tempo superior a noventa dias ou indeterminado, em missões de defesa ou representação de interesses do país ou em organizações internacionais de que Portugal seja membro.

ARTIGO 126º
Efeitos e cessação de licença

1 – O magistrado do Ministério Público a quem tenha sido concedida uma das licenças previstas nas alíneas *a*) ou *b*) do artigo 124º pode requerer o regresso antecipado ao serviço, quando tiverem cessado as circunstâncias que determinaram a concessão da licença.

2 – A licença prevista na alínea *c*) do artigo 124º é concedida pelo período do exercício das funções, estando a sua concessão, bem como o regresso do magistrado ao serviço, dependentes de prova da situação face à organização internacional, mediante documento comprovativo emitido por esta.

3 – A licença prevista na alínea *d*) do artigo 124º é concedida pelo período da colocação do cônjuge ou unido de facto do magistrado do Ministério Público no estrangeiro para o exercício das funções, mesmo que a concessão ocorra após o início dessas, e cessa, a requerimento do interessado, com o seu regresso antecipado ao serviço.

4 – O Conselho Superior do Ministério Público pode determinar a cessação das licenças previstas nas alíneas *a*) e *e*) do artigo 124º quando se verificar alteração superveniente das circunstâncias previstas no nº 4 do artigo anterior.

5 – A concessão das licenças previstas nas alíneas *a*) e *c*) do artigo 124º não implica a abertura de vaga no lugar de origem.

6 – A licença para formação é prorrogável até ao limite de três anos.

7 – A licença prevista no número anterior que tenha duração superior a um ano, ainda que resultante de prorrogações, implica a abertura de vaga no lugar de origem.

8 – As licenças previstas nas alíneas *a*), *d*) e *e*) do artigo 124º implicam o desconto na antiguidade para efeitos de carreira, aposentação ou reforma e sobrevivência.

9 – Salvo no caso da licença prevista na alínea *e*) do artigo 124º, o período de tempo de licença pode contar para efeitos de aposentação, reforma ou jubilação, sobrevivência e fruição dos benefícios do respetivo sistema de proteção social, se o interessado mantiver as correspondentes contribuições e quotizações ou quotas com base na remuneração auferida à data da sua concessão.

10 – Os magistrados do Ministério Público a quem for concedida a licença prevista na alínea *e*) do artigo 124º, e enquanto esta perdurar, não estão sujeitos ao presente Estatuto nem podem invocar aquela qualidade em quaisquer circunstâncias.

11 – O decurso do prazo máximo previsto na alínea *e*) do artigo 124º implica a exoneração automática do magistrado do Ministério Público que beneficie da referida licença.

12 – O Conselho Superior do Ministério Público, na colocação subsequente ao termo da licença, pondera a atividade desempenhada pelo magistrado do Ministério Público no decurso daquela, com vista a assegurar a prevenção de conflito de interesses e a garantir a imparcialidade no exercício de funções.

ARTIGO 127º
Férias após licença

1 – Quando o início e o termo de uma das licenças a que se referem as alíneas *a*) a *d*) do artigo 124º ocorram no mesmo ano civil, o magistrado do Ministério Público tem direito, no ano seguinte, a um período de férias proporcional ao tempo de serviço prestado no ano da licença.

2 – Quando as referidas licenças abranjam dois anos civis, o magistrado do Ministério Público tem direito, no ano de regresso e no ano seguinte, a um período de férias proporcional ao tempo de serviço prestado, respetivamente no ano de início da licença e no ano de regresso ao exercício de funções.

3 – O magistrado do Ministério Público deve gozar as férias vencidas no dia 1 de janeiro do ano civil de passagem à situação de licença sem remuneração para formação, antes do início da mesma, e, na impossibilidade daquele gozo, tem direito a receber, nos 60 dias subsequentes ao início daquela situação, a remuneração correspondente ao período de férias não gozadas, bem como o respetivo subsídio, e a gozar as férias vencidas em 1 de janeiro desse ano imediatamente após a cessação da licença.

4 – No ano de regresso ou no ano seguinte, o magistrado do Ministério Público tem direito a um período de férias proporcional ao tempo de serviço prestado, respetivamente, no ano do início da licença e no ano de regresso.

5 – O magistrado do Ministério Público deve gozar as férias a que tem direito no ano civil de passagem à situação de licença sem remuneração de longa duração antes do início da mesma e, na impossibilidade daquele gozo, o magistrado do Ministério Público tem direito a receber, nos 60 dias subsequentes ao início da

licença, a remuneração correspondente ao período de férias não gozadas, bem como ao respetivo subsídio.

6 – Para além do disposto no número anterior, o magistrado do Ministério Público tem direito a receber a remuneração referente ao período de férias relativo ao tempo de serviço prestado nesse ano, bem como o subsídio de férias correspondente.

7 – Quando as licenças referidas nas alíneas *c*) e *d*) do artigo 124º tiverem sido concedidas por período inferior a dois anos, aplica-se o disposto no nº 2 e, sendo igual ou superior ao referido período, aplica-se o disposto nos nºs 5 e 6.

SECÇÃO IV
Retribuição

ARTIGO 128º
Da retribuição e suas componentes

1 – A remuneração dos magistrados do Ministério Público deve ser ajustada à dignidade das suas funções e à responsabilidade de quem as exerce, garantindo as condições de autonomia desta magistratura.

2 – O sistema retributivo dos magistrados do Ministério Público é exclusivo, próprio e composto por uma remuneração base e pelos suplementos expressamente previstos no presente Estatuto e na lei.

3 – As componentes remuneratórias elencadas no número anterior não podem ser reduzidas, salvo em situações excecionais e transitórias, sem prejuízo do disposto no nº 1.

4 – O nível remuneratório dos magistrados do Ministério Público colocados como efetivos não pode sofrer diminuições em resultado de alterações ao regime da organização judiciária que impliquem movimentação obrigatória.

ARTIGO 129º
Remuneração base e subsídios

1 – A estrutura da remuneração base a abonar mensalmente aos magistrados do Ministério Público é a que se desenvolve na escala indiciária constante do anexo II, o qual faz parte integrante do presente Estatuto.

2 – A antiguidade, para efeitos de aferição do escalão indiciário, conta-se do início da formação como auditor de justiça no Centro de Estudos Judiciários.

3 – Os magistrados auferem pelo índice 135 da escala indiciária constante anexo II, a partir da data em que tomam posse como procuradores da República.

4 – A remuneração base é anual e automaticamente revista, sem pendência de qualquer formalidade, mediante atualização do valor correspondente ao índice 100, nos termos do disposto no artigo 2º da Lei nº 26/84, de 31 de julho, na sua redação atual.

5 – A remuneração base anual é paga em 14 mensalidades, das quais 12 correspondem à remuneração mensal, incluindo a do período de férias, e as demais a um subsídio de Natal, pago em novembro de cada ano, de valor igual à remuneração

auferida naquele mês, e a um subsídio de férias, pago no mês de junho de cada ano, de valor igual à remuneração auferida naquele mês.

ARTIGO 130º
Subsídio de compensação

1 – Nas localidades onde se mostre necessário, o Ministério da Justiça, através do Instituto de Gestão Financeira e Equipamentos da Justiça, I. P., coloca à disposição dos magistrados do Ministério Público, durante o exercício da sua função, casa de habitação mobilada, mediante o pagamento de uma contraprestação mensal, a fixar pelo membro do Governo responsável pela área da justiça.

2 – Os magistrados do Ministério Público que não disponham de casa de habitação nos termos referidos no número anterior ou não a habitem, conforme o disposto no nº 3 do artigo 106º, têm direito ao subsídio de compensação, constante do anexo III do presente Estatuto, equiparado a ajudas de custo e que de igual modo se destina a compensar a disponibilidade e exclusividade absolutas, cujo valor pode ser fixado pelos membros do Governo responsáveis pelas áreas da justiça e das finanças, ouvidos o Conselho Superior do Ministério Público e as organizações representativas dos magistrados, sem prejuízo do disposto no nº 4 do artigo 129º.

3 – O subsídio referido no número anterior é, para os efeitos previstos no presente Estatuto e na alínea *d*) do nº 3 do artigo 2º do Código do IRS, integrado na remuneração referida no artigo 129º, sendo pago 14 vezes por ano e sujeito apenas à dedução da correspondente quota para a Caixa Geral de Aposentações ou da quotização para a segurança social.

4 – A contraprestação mensal referida no nº 1 é devida desde a data da publicação do despacho de nomeação até àquela em que for publicado o despacho que altere a situação anterior, ainda que o magistrado não habite a casa.[114]

ARTIGO 131º
Execução de serviço urgente

O suplemento remuneratório diário devido aos magistrados pelo serviço urgente executado aos sábados, nos feriados que recaiam em segunda-feira e no segundo dia feriado, em caso de feriados consecutivos, é pago nos termos da lei geral, calculando-se o valor da hora normal de trabalho com referência ao índice 100 da escala salarial.

ARTIGO 132º
Fixação nas regiões autónomas

Ouvidos o Conselho Superior do Ministério Público e as organizações representativas dos magistrados do Ministério Público, é atribuído, por despacho dos membros do Governo responsáveis pelas áreas das finanças e da justiça, um suplemento de fixação a magistrados do Ministério Público que exerçam funções nas regiões autónomas.

[114] A Secretária de Estado Adjunto e da Justiça, por via do Despacho nº 8470/2019, de 25 de setembro, fixou em € 875, a partir de 1 de janeiro de 2020, o valor da contraprestação mensal devida pelos magistrados do Ministério Público pelo uso e fruição das casas de função disponibilizadas pelo Ministério da Justiça.

ARTIGO 133º
Subsídio de refeição

Os magistrados do Ministério Público têm direito a subsídio de refeição por cada dia de trabalho efetivamente prestado, correspondente ao valor do subsídio de refeição previsto para os trabalhadores em funções públicas.

ARTIGO 134º
Despesas de representação

1 – O Procurador-Geral da República tem direito a um subsídio correspondente a 20% do vencimento, a título de despesas de representação.

2 – O Vice-Procurador-Geral da República, os procuradores-gerais regionais, o diretor do DCIAP, os diretores dos departamentos de contencioso do Estado e interesses coletivos e difusos, os diretores dos departamentos de investigação e ação penal regional e os magistrados do Ministério Público coordenadores de procuradorias da República de comarca e administrativa e fiscal têm direito a um subsídio correspondente a 10% do vencimento, a título de despesas de representação.

ARTIGO 135º
Despesas de movimentação

1 – Os magistrados do Ministério Público têm direito ao reembolso, se não optarem pelo recebimento adiantado, das despesas resultantes da sua deslocação e do agregado familiar, bem como, dentro dos limites a estabelecer por despacho dos membros do Governo responsáveis pelas áreas das finanças e da justiça, ouvido o Conselho Superior do Ministério Público, do transporte dos seus bens pessoais, qualquer que seja o meio de transporte utilizado, quando nomeados, promovidos, transferidos, colocados ou reafetados, salvo por motivos de natureza disciplinar.

2 – Não é devido reembolso quando a mudança de situação se verifique a pedido do magistrado do Ministério Público, exceto:

a) Quando se trate de deslocação entre o continente e as regiões autónomas;

b) Quando a deslocação resulte de movimentação obrigatória.

ARTIGO 136º
Exercício de funções em acumulação e substituição

1 – Pelo exercício de funções em regime de acumulação ou de substituição que se prolongue por período superior a 30 dias seguidos ou 90 dias interpolados no mesmo ano judicial, é devida remuneração em montante a fixar pelo membro do Governo responsável pela área da justiça, ouvido o Conselho Superior do Ministério Público.

2 – A remuneração prevista no número anterior é fixada tendo como limites um quinto e a totalidade da remuneração correspondente ao exercício de funções no juízo, tribunal ou departamento em causa, em função do grau de concretização dos objetivos estabelecidos para cada acumulação.

ARTIGO 137º
Ajudas de custo e despesas de deslocação de magistrados em exercício de funções nos tribunais de primeira instância

1 – Nos termos da lei geral, são devidas ajudas de custo, a regulamentar pela entidade processadora, sempre que um magistrado do Ministério Público se desloque em serviço para fora da área do concelho onde se encontra instalado a sede do tribunal de competência territorial alargada, do juízo ou do departamento onde exerce funções.

2 – O magistrado do Ministério Público que, devidamente autorizado, se desloque em viatura automóvel própria tem direito ao pagamento das respetivas despesas de deslocação, de acordo com o regime aplicável aos trabalhadores em funções públicas.

ARTIGO 138º
Ajudas de custo e despesas por outras deslocações no país e estrangeiro

1 – Os magistrados do Ministério Público em missão oficial, em representação do Conselho Superior do Ministério Público ou por nomeação deste órgão, têm direito a ajudas de custo, por todos os dias da deslocação no país, nos termos fixados para os membros do Governo.

2 – Quando, nas circunstâncias referidas no número anterior, os magistrados do Ministério Público, devidamente autorizados, se desloquem em viatura automóvel própria têm direito ao pagamento das respetivas despesas de deslocação.

3 – Os magistrados do Ministério Público têm direito a ajudas de custo por todos os dias de deslocação quando, no exercício de funções ou em missão oficial, se desloquem ao estrangeiro, nos termos fixados para os membros do Governo.

CAPÍTULO III
Avaliação do mérito e classificação

ARTIGO 139º
Classificação dos magistrados do Ministério Público

1 – Os procuradores-gerais-adjuntos e os procuradores da República são classificados pelo Conselho Superior do Ministério Público, de acordo com o seu mérito, de Muito Bom, Bom com distinção, Bom, Suficiente e Medíocre.

2 – As classificações de Muito Bom e de Bom com distinção são consideradas de mérito.

3 – A classificação de serviço inferior a Bom é impeditiva de progressão em índice superior a 175, por referência ao anexo II do presente Estatuto.

4 – No caso de falta de classificação não imputável ao magistrado, presume-se a de Bom, salvo se tiver havido classificação anterior, caso em que esta prevalece.

ARTIGO 140º
Critérios das classificações

A classificação deve atender ao modo como os magistrados do Ministério Público desempenham a função, nomeadamente:

a) À sua preparação técnica e capacidade intelectual;
b) À sua idoneidade e prestígio intelectual;
c) Ao respeito pelos seus deveres;
d) Ao volume e gestão do serviço a seu cargo;
e) À produtividade e observância dos prazos definidos para a prática dos atos processuais, considerando o volume processual existente e os meios e recursos disponíveis;
f) Às circunstâncias em que o trabalho é prestado;
g) Ao nível de participação e contributos para o bom funcionamento do serviço;
h) Às classificações de serviço atribuídas em inspeções anteriores;
i) Aos elementos curriculares que constem do seu processo individual;
j) Ao tempo de serviço;
k) Às sanções disciplinares aplicadas no período a que se reporta a inspeção;
l) À capacidade de simplificação dos atos processuais.

ARTIGO 141º
Primeira avaliação e classificação

1 – Os procuradores da República são obrigatoriamente sujeitos, no final do primeiro ano de exercício efetivo de funções, a uma ação inspetiva que culminará com uma avaliação de desempenho positiva ou negativa, propondo-se, no caso de avaliação negativa, medidas específicas de correção.

2 – No caso de avaliação negativa, o Conselho Superior do Ministério Público, decorrido que seja um ano sobre a notificação do relatório, ordena a realização de uma inspeção extraordinária.

3 – Sem prejuízo do disposto nos números anteriores, a primeira notação a atribuir aos magistrados do Ministério Público realiza-se ao fim de três anos de exercício de funções.

ARTIGO 142º
Procedimento

1 – O magistrado do Ministério Público é obrigatoriamente ouvido sobre os relatórios informativo e inspetivo, podendo fornecer os elementos que tenha por convenientes.

2 – A resposta do inspetor é comunicada ao inspecionado e não pode aduzir factos ou meios de prova novos que o desfavoreçam.

3 – O disposto no número anterior é aplicável quando, no exercício do seu direito de audiência, o interessado se pronuncie sobre a matéria de facto sustentada no relatório inspetivo.

ARTIGO 143º
Periodicidade

1 – Após a primeira notação a que se refere o nº 3 do artigo 141º, os magistrados do Ministério Público são classificados em inspeção ordinária:

a) Decorridos quatro anos;

b) Depois do período referido na alínea anterior, de cinco em cinco anos.

2 – A classificação de Medíocre implica a instauração de inquérito por inaptidão para o exercício de funções, no âmbito do qual pode ser determinada a suspensão desse exercício.

3 – O inquérito previsto no número anterior destina-se a avaliar toda a carreira do magistrado desde o início de funções, incluindo a apreciação de todos os inquéritos, processos disciplinares ou criminais a que tenha anteriormente sido sujeito e a avaliar a repercussão destes na aptidão para o cargo.

4 – Os procuradores-gerais-adjuntos são inspecionados a requerimento fundamentado dos mesmos.

5 – Pode ser efetuada inspeção extraordinária por iniciativa do Conselho Superior do Ministério Público, em qualquer altura, ou a requerimento fundamentado dos interessados, desde que a última inspeção tenha ocorrido há mais de três anos, ou para efeitos de promoção.

6 – A renovação da classificação de Muito Bom dispensa a realização da inspeção seguinte, salvo se o Conselho Superior do Ministério Público a reputar necessária.

7 – A classificação relativa a serviço posterior desatualiza a referente a serviço anterior.

8 – Findo o período de licença de longa duração, o magistrado do Ministério Público é sujeito a nova inspeção, decorrido um ano sobre o reinício de funções.

9 – A inspeção deve ser concluída no prazo de 90 dias.

ARTIGO 144º
Classificação de magistrados em comissão de serviço

1 – Os magistrados em comissão de serviço que não seja considerada função de Ministério Público não são classificados.

2 – Os magistrados que tenham estado em comissão de serviço que não seja considerada função de Ministério Público apenas podem ser classificados quando tenham decorrido dois anos desde a cessação de tal situação.

3 – Considera-se atualizada a última classificação dos magistrados do Ministério Público que se encontrem nas situações referidas nos números anteriores.

ARTIGO 145º
Regulamentação

A matéria tratada no presente capítulo é regulamentada pelo Conselho Superior do Ministério Público.

CAPÍTULO IV
Provimentos

SECÇÃO I
Recrutamento e acesso

ARTIGO 146º
Requisitos para ingresso na magistratura do Ministério Público

São requisitos para ingresso na magistratura do Ministério Público:

a) Ser cidadão português;

b) Estar no pleno gozo dos direitos civis e políticos;

c) Possuir licenciatura em Direito de cinco anos ou de duração inferior, desde que complementada, neste caso, por mestrado ou doutoramento em área do Direito, obtidos em universidade portuguesa ou por graus académicos equivalentes reconhecidos em Portugal;

d) Ter frequentado com aproveitamento os cursos ou estágios de formação;

e) Satisfazer os demais requisitos estabelecidos na lei para a constituição de vínculo de trabalho em funções públicas.

ARTIGO 147º
Cursos e estágios de formação

Os cursos e estágios de formação decorrem no Centro de Estudos Judiciários, nos termos do diploma que organiza este Centro.

ARTIGO 148º
Acesso a procurador-geral-adjunto

1 – A promoção a procurador-geral-adjunto faz-se por concurso, restrito a procuradores da República com classificação de mérito.

2 – Por deliberação do Conselho Superior do Ministério Público, são chamados a concurso o dobro dos procuradores da República face aos lugares a concurso, classificados de Muito Bom ou Bom com distinção, na proporção de um Bom com distinção para cada dois Muito Bom, que detenham maior antiguidade na categoria e não declarem renunciar à promoção.

3 – O concurso tem natureza curricular e compreende uma audição pública perante o júri.

4 – A graduação faz-se segundo o mérito relativo dos concorrentes, tomando-se globalmente em conta a avaliação curricular.

5 – A avaliação curricular pondera o percurso profissional do magistrado e tem em consideração, entre outros, os seguintes fatores:

a) A classificação de serviço;

b) O desempenho de cargos de direção em órgãos do Ministério Público;

c) Outros fatores que abonem a idoneidade do concorrente.

6 – O júri do concurso é presidido pelo Procurador-Geral da República, com faculdade de delegação, e é composto por dois procuradores-gerais-adjuntos, com

um mínimo de cinco anos na categoria, e por dois juristas de reconhecido mérito, todos a nomear pelo Conselho Superior do Ministério Público.

7 – As funções de cada júri cumprem-se com a graduação dos candidatos admitidos, segundo os critérios definidos no regulamento próprio.

8 – A graduação a que alude o nº 4 é válida pelo período definido pelo Conselho Superior do Ministério Público, de entre um e três anos, para as vagas que vierem a ocorrer nesse período.

9 – A lista provisória é notificada aos interessados para audiência prévia em prazo não inferior a 10 dias.

10 – O Conselho Superior do Ministério Público regulamenta os demais termos do concurso.

ARTIGO 149º
Preenchimento de vagas

1 – O provimento dos lugares de procurador-geral-adjunto faz-se por transferência ou por promoção de entre procuradores da República.

2 – Os lugares que não sejam preenchidos por transferência são preenchidos por promoção.

3 – A colocação é efetuada mediante concurso, nos movimentos subsequentes à graduação, com o limite temporal decorrente do estabelecido no nº 8 do artigo anterior, e sempre que, por ocasião destes, se verifique a existência e a necessidade de provimento de vagas de procurador-geral-adjunto.

4 – Quando razões de conveniência de serviço o justifiquem, pode o Conselho Superior do Ministério Público, fora dos movimentos de magistrados, proceder à colocação, até ao movimento de magistrados seguinte, dos magistrados graduados como procurador-geral-adjunto, respeitando a respetiva ordem de graduação.

5 – O requerimento de admissão a concurso a que se refere o nº 3 pode ser feito para os tribunais da Relação e para os Tribunais Centrais Administrativos, ou apenas para uma destas jurisdições.

6 – A colocação tem preferencialmente em atenção o exercício efetivo de funções enquanto procurador da República na jurisdição correspondente à área para que concorre.

7 – O preenchimento dos lugares que dependem de indicação do Procurador-Geral da República ao Conselho Superior do Ministério Público pode ser efetuado de entre magistrados graduados nos termos do artigo anterior.

SECÇÃO II
Movimentos e disposições especiais

SUBSECÇÃO I
Movimentos

ARTIGO 150º
Movimentos

1 – O movimento anual é efetuado entre os meses de maio e julho.

2 – Fora do movimento anual podem efetuar-se outros quando extraordinárias razões de urgência no preenchimento de vagas o exijam.

3 – O aviso do movimento elenca os critérios de colocação, transferência e promoção de magistrados e especifica os de abertura, preenchimento e extinção de vagas.

4 – Os movimentos, bem como a graduação e colocação dos magistrados do Ministério Público na primeira instância, nos tribunais superiores e no Conselho Consultivo da Procuradoria-Geral da República, dependem, em exclusivo, de deliberação do Conselho Superior do Ministério Público.

ARTIGO 151º
Preparação de movimentos

1 – O Conselho Superior do Ministério Público articula-se com o Conselho Superior da Magistratura e o Conselho Superior dos Tribunais Administrativos e Fiscais para identificação do número de magistrados necessário a assegurar as funções de representação nos tribunais e procede ao levantamento das necessidades relativas aos demais serviços.

2 – Os magistrados do Ministério Público que, por nomeação, transferência, promoção, termo de comissão ou regresso à efetividade, pretendam ser providos enviam os seus requerimentos à Procuradoria-Geral da República.

3 – Os requerimentos a que se refere o número anterior revestem a forma fixada no aviso de movimento, são registados e caducam com a sua realização.

4 – São considerados em cada movimento os requerimentos cuja entrada se tenha verificado no prazo fixado no aviso de movimento.

ARTIGO 152º
Transferências e permutas

1 – Os magistrados do Ministério Público são transferidos a seu pedido ou em resultado de decisão disciplinar.

2 – Os magistrados do Ministério Público em exercício de funções, como efetivos, em lugares nos DIAP, nas procuradorias junto dos juízos centrais, dos tribunais de competência territorial alargada, dos tribunais administrativos de círculo, dos tribunais tributários e dos tribunais administrativos e fiscais só podem ser transferidos, a seu pedido, dois anos após a data da nomeação para essas funções.

3 – Não se aplica o prazo referido no número anterior sempre que a colocação não tenha sido a pedido, nos casos de provimento em novos lugares, e quando o Conselho Superior do Ministério Público assim o delibere por necessidades gerais de serviço.

4 – Considera-se que a colocação não foi a pedido quando a movimentação tenha sido obrigatória.

5 – Sem prejuízo dos direitos de terceiros, são autorizadas permutas.

ARTIGO 153º
Princípios gerais de colocação

1 – A colocação de magistrados do Ministério Público deve fazer-se com prevalência das necessidades de serviço e de modo a conciliar a vida pessoal e familiar dos interessados com a sua vida profissional.

2 – Os procuradores da República não podem recusar a primeira colocação após o exercício de funções nos juízos locais de competência genérica.

3 – Sem prejuízo do estatuído no nº 5, os procuradores da República com mais de cinco anos de serviço efetivo não podem requerer a sua colocação em juízos locais de competência genérica se já estiverem colocados em juízos especializados.

4 – Na colocação dos lugares para os quais não se estabeleçam critérios específicos, ou em caso de igualdade de condições, constituem critérios gerais de colocação, por ordem decrescente, a classificação e a antiguidade.

5 – Os procuradores da República que percam os requisitos de colocação exigidos para o lugar onde exercem funções são de novo inspecionados no prazo máximo de dois anos a contar da data da atribuição dessa classificação pelo Conselho Superior do Ministério Público.

6 – Na situação prevista no número anterior, se a nova inspeção atribuir, de novo, ao magistrado do Ministério Público classificação determinante da perda dos requisitos exigidos para o lugar onde exerce funções, este é obrigado a concorrer no movimento seguinte.

ARTIGO 154º
Magistrados auxiliares

O Conselho Superior do Ministério Público, ponderadas as necessidades de serviço, pode destacar temporariamente para os diversos lugares os magistrados auxiliares que se mostrem necessários.

SUBSECÇÃO II
Disposições especiais

ARTIGO 155º
Primeira nomeação

1 – A primeira nomeação para a magistratura do Ministério Público realiza-se na categoria de procurador da República para os lugares, preferencialmente de competência genérica, identificados pelo Conselho Superior do Ministério Público através de deliberação anterior aos movimentos.

2 – As nomeações fazem-se segundo a ordem de graduação obtida nos cursos ou estágios de ingresso, fixada em lista única de graduação final.

ARTIGO 156º
Provimento nos quadros complementares

1 – O provimento dos lugares nos quadros complementares efetua-se de entre procuradores da República com pelo menos três anos de serviço, em termos a regulamentar pelo Conselho Superior do Ministério Público, e vigora até ao movimento de magistrados seguinte.

2 – Todos os lugares nos quadros complementares são colocados a concurso nos movimentos anuais de magistrados.

ARTIGO 157º
Provimento nos juízos centrais, nos tribunais de competência territorial alargada e nos tribunais administrativos e fiscais

1 – O provimento dos lugares nos juízos centrais, nos juízos de instrução criminal, de família e menores, do trabalho, do comércio, de execução, nos tribunais de competência territorial alargada, nos tribunais administrativos de círculo, nos tribunais tributários e nos tribunais administrativos e fiscais efetua-se de entre procuradores da República com classificação de mérito e, pelo menos, 10 anos de serviço.

2 – Para o preenchimento dos lugares referidos no número anterior constituem fatores de preferência, por ordem decrescente, o currículo profissional aferido pelas classificações de serviço, a experiência na área respetiva e a formação específica.

3 – Para a aferição da experiência tem-se em consideração a anterior prestação de funções na área especializada em causa.

4 – A formação específica implica a aprovação em cursos especializados a promover pelo Centro de Estudos Judiciários.

5 – O provimento dos lugares referidos no nº 1 de magistrados sem experiência prévia ou formação específica pode implicar a frequência, após a colocação, de formação complementar.

6 – O Conselho Superior do Ministério Público deve atribuir relevância a outros tipos de formação especializada.

ARTIGO 158º
Provimento dos dirigentes de secções de DIAP e de Procuradorias

1 – O provimento do lugar de procurador dirigente de procuradoria e de secção nos DIAP efetua-se de entre procuradores da República com classificação de mérito e, pelo menos, 10 anos de serviço.

2 – Para o preenchimento dos lugares referidos no número anterior constituem fatores de preferência, por ordem decrescente, o currículo profissional aferido pelas classificações de serviço e a experiência na área respetiva.

ARTIGO 159º
Provimento do diretor dos DIAP

1 – O provimento do lugar de diretor dos DIAP efetua-se de entre procuradores-gerais-adjuntos ou procuradores da República que exerçam funções na comarca, estes com classificação de mérito e pelo menos 15 anos de serviço, nomeados pelo Conselho Superior do Ministério Público, sob proposta fundamentada do magistrado coordenador da comarca.

2 – As funções previstas no número anterior são exercidas em comissão de serviço por um período de três anos, renovável por duas vezes.

3 – O diretor de DIAP pode frequentar o curso de formação referido no artigo 97º da Lei da Organização do Sistema Judiciário.

ARTIGO 160º
Provimento nos DIAP regionais

1 – O provimento do lugar de diretor dos DIAP regionais efetua-se, de entre procuradores-gerais-adjuntos, nomeado pelo Conselho Superior do Ministério

Público, sob proposta do Procurador-Geral da República e por indicação fundamentada do procurador-geral regional.

2 – O provimento do lugar de magistrado dirigente de secção nos DIAP regionais efetua-se de entre procuradores-gerais-adjuntos e procuradores da República, estes com classificação de mérito e, pelo menos, 10 anos de serviço, nomeados pelo Conselho Superior do Ministério Público após apreciação curricular dos interessados e prévia audição do diretor do departamento.

3 – O provimento dos lugares de procurador da República nos DIAP regionais efetua-se de entre procuradores da República com classificação de mérito, por deliberação do Conselho Superior do Ministério Público, após apreciação curricular dos interessados.

4 – Constituem fatores de preferência para o provimento dos lugares referidos nos nºs 2 e 3:

a) Experiência na área criminal, designadamente no respeitante à direção ou participação em investigações;

b) Formação específica ou realização de trabalhos de investigação no domínio das ciências criminais.

5 – As funções previstas nos números anteriores são exercidas em comissão de serviço renovável, sendo a do diretor do departamento renovável por duas vezes.

ARTIGO 161º
Magistrado do Ministério Público coordenador da procuradoria da República administrativa e fiscal

1 – A coordenação das procuradorias da República administrativas e fiscais é exercida por um procurador-geral-adjunto em funções no Tribunal Central Administrativo, designado pelo Conselho Superior do Ministério Público, após apreciação curricular dos interessados.

2 – O magistrado coordenador das procuradorias administrativas e fiscais assegura a direção de duas procuradorias da República administrativas e fiscais, em regime de agregação.

3 – As funções previstas no número anterior são exercidas em comissão de serviço de três anos, renovável por duas vezes.

ARTIGO 162º
Magistrado do Ministério Público coordenador da comarca

1 – O provimento dos lugares de Magistrado do Ministério Público coordenadores da comarca efetua-se de entre magistrados que exerçam funções efetivas como procurador-geral-adjunto ou procurador da República, estes com, pelo menos, 15 anos de serviço e classificação de Muito Bom ou Bom com distinção, por deliberação do Conselho Superior do Ministério Público, após apreciação curricular dos interessados.

2 – As funções previstas no número anterior são exercidas em comissão de serviço de três anos, renovável por igual período, podendo ser excecionalmente renovada por novo período de igual duração caso não exista outro candidato para a comarca em causa.

3 – O exercício de funções de magistrado do Ministério Público coordenador de comarca implica a aprovação em curso de formação específica.

ARTIGO 163º
Procuradores-gerais-adjuntos nos tribunais de Relação e nos tribunais centrais administrativos

1 – O provimento do lugar de procurador-geral-adjunto coordenador do Tribunal da Relação com sede fora do concelho onde está sedeada a procuradoria-geral regional efetua-se por deliberação do Conselho Superior do Ministério Público, sob proposta fundamentada do Procurador-Geral da República.

2 – Os lugares de procurador-geral-adjunto nos tribunais da Relação e nos tribunais centrais administrativos são providos por concurso de entre procuradores-gerais-adjuntos.

3 – As funções previstas no nº 1 são exercidas em comissão de serviço por um período de três anos, renovável por duas vezes.

ARTIGO 164º
Provimento no Departamento Central de Investigação e Ação Penal

1 – O provimento do lugar de diretor do DCIAP efetua-se de entre procuradores-gerais-adjuntos, sob proposta fundamentada do Procurador-Geral da República, pelo Conselho Superior do Ministério Público, que não pode vetar mais de dois nomes.

2 – O provimento dos lugares no DCIAP efetua-se de entre procuradores-gerais-adjuntos e procuradores da República estes com classificação de mérito e, pelo menos, 15 anos de serviço, nomeados pelo Conselho Superior do Ministério Público, após apreciação curricular dos interessados, entrevista e audição prévia do diretor do departamento.

3 – Para o preenchimento dos lugares referidos no número anterior, constituem fatores relevantes:

a) Experiência na área criminal, designadamente no respeitante à direção ou participação em investigações;

b) Formação específica ou realização de trabalhos de investigação no domínio das ciências criminais.

4 – As funções previstas nos nºs 1 e 2 são exercidas em comissão de serviço renovável, sendo a do diretor do departamento renovável por duas vezes.

ARTIGO 165º
Provimento no departamento de contencioso do Estado e interesses coletivos e difusos

1 – O provimento do lugar de diretor do departamento de contencioso do Estado e interesses coletivos e difusos efetua-se de entre procuradores-gerais-adjuntos, sob proposta fundamentada do Procurador-Geral da República, pelo Conselho Superior do Ministério Público, que não pode vetar mais de dois nomes.

2 – O lugar previsto no número anterior pode ainda ser provido por procurador da República com classificação de mérito e pelo menos 25 anos de serviço.

3 – O provimento dos lugares no departamento de contencioso do Estado e interesses coletivos e difusos efetua-se de entre procuradores-gerais-adjuntos e procuradores da República, estes com classificação de mérito e, pelo menos, 15 anos de serviço, nomeados pelo Conselho Superior do Ministério Público, após apreciação curricular dos interessados, entrevista e audição prévia do diretor do departamento.

4 – As funções previstas no nº 1 são exercidas em comissão de serviço renovável, sendo a do diretor do departamento renovável por duas vezes.

ARTIGO 166º
Provimento de diretor do departamento das tecnologias de informação

1 – O lugar de diretor do departamento das tecnologias de informação é provido de entre procuradores-gerais-adjuntos ou procuradores da República, estes com classificação de mérito e pelo menos 25 anos de serviço, pelo Conselho Superior do Ministério Público, sob proposta do Procurador-Geral da República.

2 – A função prevista no número anterior é exercida em comissão de serviço de três anos, renovável por duas vezes.

ARTIGO 167º
Provimento de diretor do departamento de cooperação judiciária e relações internacionais

1 – O lugar de diretor do departamento de cooperação judiciária e relações internacionais é provido de entre procuradores-gerais-adjuntos ou procuradores da República, estes com classificação de mérito e pelo menos 25 anos de serviço, pelo Conselho Superior do Ministério Público, sob proposta do Procurador-Geral da República.

2 – A função prevista no número anterior é exercida em comissão de serviço de três anos, renovável por duas vezes.

ARTIGO 168º
Provimento nos gabinetes de coordenação nacional

1 – O lugar de diretor dos gabinetes de coordenação nacional é provido de entre procuradores-gerais-adjuntos ou procuradores da República, estes com classificação de mérito e pelo menos 25 anos de serviço, pelo Conselho Superior do Ministério Público, sob proposta do Procurador-Geral da República.

2 – O provimento dos lugares nos gabinetes de coordenação efetua-se de entre procuradores da República com classificação de mérito e, no mínimo, 10 anos de serviço, nomeados pelo Conselho Superior do Ministério Público sob proposta do Procurador-Geral da República, ouvido o diretor do gabinete respetivo.

ARTIGO 169º
Inspetores

1 – Os inspetores são nomeados, em comissão de serviço, de entre procuradores-gerais-adjuntos e procuradores da República, estes com classificação de serviço de Muito Bom e pelo menos 15 anos de serviço, pelo Conselho Superior do Ministério Público, após apreciação curricular dos interessados e entrevista.

2 – As funções previstas no número anterior são exercidas em comissão de serviço, renovável por duas vezes.

3 – Os inspetores têm direito às remunerações correspondentes à categoria de procurador-geral-adjunto.

ARTIGO 170º
Vogais do Conselho Consultivo

1 – Os lugares de vogal do Conselho Consultivo da Procuradoria-Geral da República são preenchidos por magistrados do Ministério Público, preferencialmente com a categoria de procuradores-gerais-adjuntos, bem como por magistrados judiciais e juristas de mérito, não podendo o número dos primeiros ser inferior a dois terços do número total de vogais.

2 – São condições de provimento:

a) Para todos os vogais, reconhecimento de mérito científico e comprovada capacidade de investigação no domínio das ciências jurídicas;

b) Para os magistrados judiciais e do Ministério Público, 15 anos de atividade em qualquer das magistraturas e, tratando-se de magistrados que devam ser classificados, com classificação de serviço de Muito Bom;

c) Para os restantes juristas, idoneidade cívica, 15 anos de atividade profissional no domínio das ciências jurídicas e idade não superior a 70 anos.

3 – A nomeação realiza-se sob proposta do Procurador-Geral da República, não podendo o Conselho Superior do Ministério Público vetar, para cada vaga, mais de dois nomes.

4 – Os lugares de vogal do Conselho Consultivo, quando preenchidos por magistrado judicial, procurador da República ou jurista de mérito, conferem direito à remuneração correspondente a procurador-geral-adjunto.

5 – O provimento realiza-se em comissão de serviço de três anos, renovável.

6 – Aos vogais do Conselho Consultivo que não sejam magistrados do Ministério Público é aplicável, com as devidas adaptações, o regime de deveres, direitos e garantias destes magistrados.

ARTIGO 171º
Auditores jurídicos

1 – Os auditores jurídicos são nomeados de entre procuradores-gerais-adjuntos.

2 – A nomeação realiza-se sob proposta do Procurador-Geral da República, não podendo o Conselho Superior do Ministério Público vetar, para cada vaga, mais de dois nomes.

3 – As funções previstas no nº 1 são exercidas em comissão de serviço, renovável.

ARTIGO 172º
Procuradores-gerais-adjuntos nos supremos tribunais

1 – Os lugares de procurador-geral-adjunto no Tribunal Constitucional, no Supremo Tribunal de Justiça, no Supremo Tribunal Administrativo e no Tribunal de Contas são providos de entre procuradores-gerais-adjuntos.

2 – A nomeação realiza-se sob proposta fundamentada do Procurador-Geral da República não podendo o Conselho Superior do Ministério Público vetar, para cada vaga, mais de dois nomes.

3 – As funções previstas no nº 1 são exercidas em comissão de serviço, renovável.

ARTIGO 173º
Procuradores-gerais regionais

1 – Os lugares de procuradores-gerais regionais são providos pelo Conselho Superior do Ministério Público de entre procuradores-gerais-adjuntos, sob proposta fundamentada do Procurador-Geral da República.

2 – O Conselho Superior do Ministério Público nomeia um dos nomes propostos para cada vaga de entre um mínimo de três.

3 – As funções previstas no nº 1 são exercidas em comissão de serviço, renovável por duas vezes.

ARTIGO 174º
Nomeação e exoneração do Vice-Procurador-Geral da República

1 – O Vice-Procurador-Geral da República é nomeado pelo Conselho Superior do Ministério Público de entre procuradores-gerais-adjuntos, exercendo as respetivas funções em comissão de serviço.

2 – A nomeação realiza-se sob proposta do Procurador-Geral da República, não podendo o Conselho Superior do Ministério Público vetar mais de dois nomes.

3 – O Vice-Procurador-Geral da República cessa funções com a tomada de posse de novo Procurador-Geral da República.

ARTIGO 175º
Nomeação e exoneração do Procurador-Geral da República

1 – O Procurador-Geral da República é nomeado e exonerado nos termos da Constituição.

2 – O mandato do Procurador-Geral da República tem a duração de seis anos, sem prejuízo do disposto na alínea *m*) do artigo 133º da Constituição.

3 – A nomeação implica a exoneração de anterior cargo quando recaia em magistrado judicial ou do Ministério Público ou em trabalhador com vínculo de emprego público.

4 – Após a cessação de funções, o Procurador-Geral da República nomeado nos termos do número anterior tem direito a reingressar no quadro de origem, sem perda de antiguidade e do direito à promoção.

5 – Ao Procurador-Geral da República que não seja magistrado judicial ou do Ministério Público ou trabalhador com vínculo de emprego público é aplicável o disposto no artigo 29º da Lei nº 4/85, de 9 de abril.

6 – Se o Procurador-Geral da República for magistrado, o tempo de serviço desempenhado no cargo conta por inteiro, como se o tivesse prestado na magistratura, indo ocupar o lugar que lhe competiria se não tivesse interrompido o exercício da função, nomeadamente sem prejuízo das promoções e do acesso a que, entretanto, tivesse direito.

7 – Sendo nomeado Procurador-Geral da República um magistrado judicial que, na altura da nomeação, se encontre graduado para o Supremo Tribunal de Justiça, aquele tem direito, na data em que cessar funções, à reconstituição da situação que teria, caso aquela nomeação não tivesse ocorrido.

ARTIGO 176º
Nomeação para o cargo de juiz

Os magistrados do Ministério Público podem ser nomeados juízes nos termos previstos no estatuto privativo de cada ordem de tribunais.

ARTIGO 177º
Regulamentação

O Conselho Superior do Ministério Público aprova os regulamentos necessários à execução das disposições prevista na presente secção.

SECÇÃO III
Comissões de serviço

ARTIGO 178º
Competência, natureza e pressupostos

1 – A nomeação, autorização e renovação de comissões de serviço de magistrados do Ministério Público compete ao Conselho Superior do Ministério Público.

2 – As comissões de serviço são consideradas internas ou externas, conforme respeitem ou não a funções do Ministério Público ou equiparadas, nos termos do artigo 95º.

3 – A autorização de nomeação para comissões de serviço externas só pode ser concedida se existir compatibilidade entre o cargo do magistrado e a categoria funcional do lugar a prover, desde que esse lugar tenha forte conexão com a área da justiça, da sua administração ou com áreas de intervenção do Ministério Público, ou quando o seu desempenho por magistrado do Ministério Público se mostre particularmente relevante para a prossecução do superior interesse público.

4 – A autorização para as comissões de serviço só é concedida relativamente a magistrados que tenham, pelo menos, cinco anos de exercício da magistratura, e na decisão deve ser ponderado o interesse do serviço.

5 – Não são autorizadas nomeações em comissão de serviço externas relativamente a magistrados do Ministério Público que já tenham anteriormente exercido funções nesse regime, sem que estes permaneçam no exercício de funções na magistratura do Ministério Público, pelo menos, por período de tempo igual ao da comissão de serviço anteriormente exercida, salvo relevante e fundamentado interesse público.

ARTIGO 179º
Prazos e efeitos

1 – Na falta de disposição especial, as comissões de serviço têm a duração de três anos e são renováveis.

2 – As comissões de serviço externas e as comissões de serviço internas respeitantes às funções previstas nas alíneas *b*) a *f*) do nº 2 do artigo 95º só podem ser renovadas uma vez, por igual período de três anos.

3 – Excetuam-se do disposto no número anterior as situações em que se verifiquem motivos de excecional interesse público, caso em que pode ser autorizada nova renovação, por um período até três anos.

4 – As comissões de serviço a que se refere a alínea *a*) do nº 2 do artigo 95º têm o prazo que durar essa atividade, sem prejuízo de renovação.

5 – Na primeira instância, as comissões de serviço internas não originam abertura de vaga no lugar de origem.

6 – As comissões de serviço externas originam abertura de vaga no lugar de origem, salvo nas situações previstas em legislação especial.

7 – O tempo em comissão de serviço é considerado, para todos os efeitos, como de efetiva atividade na função.

ARTIGO 180º
Cessação das comissões de serviço

1 – Para além dos casos previstos na lei, a comissão de serviço cessa:

a) A requerimento do interessado, apresentado nos serviços com a antecedência mínima de 60 dias sobre a data em que pretenda ver cessada a comissão, e que se considera deferido se, no prazo de 30 dias a contar da data da sua entrada, sobre ele não recair despacho de indeferimento;

b) No caso de comissão de serviço externa, por colocação em vaga de auxiliar a requerimento do interessado;

c) No caso de comissão de serviço interna, por decisão fundamentada do Conselho Superior do Ministério Público, nas situações em que se verifique o incumprimento dos objetivos da função ou inadequação às exigências do cargo.

2 – A cessação da comissão de serviço com fundamento na alínea *c*) do número anterior pressupõe a prévia audição do magistrado sobre as razões invocadas.

SECÇÃO IV
Posse

ARTIGO 181º
Requisitos e prazo da posse

1 – A posse é tomada pessoalmente e no lugar onde está sedeada a entidade que a confere.

2 – Quando não se fixe prazo especial, o prazo para tomar posse é de 10 dias e começa a correr no dia imediato ao da publicação da nomeação no Diário da República.

3 – Em casos justificados, o Conselho Superior do Ministério Público pode prorrogar o prazo para a posse ou autorizar que esta seja tomada em local diverso do referido no nº 1.

ARTIGO 182º
Entidade que confere a posse

1 – Os magistrados do Ministério Público tomam posse na categoria e na função perante:

a) O Presidente da República, no caso do Procurador-Geral da República;

b) O Procurador-Geral da República, no caso do Vice-Procurador-Geral da República, dos vogais do Conselho Consultivo da Procuradoria-Geral da República e dos procuradores-gerais-adjuntos;

c) Os procuradores-gerais regionais, no caso dos magistrados coordenadores das procuradorias da República das comarcas ou administrativas e fiscais;

d) O magistrado coordenador da procuradoria da República da comarca ou administrativa e fiscal, no caso dos procuradores da República.

2 – Em casos justificados, o Conselho Superior do Ministério Público pode autorizar que os magistrados referidos na alínea *d*) tomem posse perante entidade diversa.

ARTIGO 183º
Falta de posse

1 – A falta não justificada de posse é equiparada a abandono do lugar.

2 – Na primeira nomeação, a falta não justificada de posse dentro do prazo importa, sem dependência de qualquer formalidade, a anulação da nomeação e inabilita o faltoso para ser nomeado para o mesmo cargo durante dois anos.

3 – A justificação da falta deve ser requerida no prazo de oito dias a contar da cessação de causa justificativa.

ARTIGO 184º
Posse de magistrados em comissão

Os magistrados do Ministério Público que sejam promovidos estando em comissão de serviço ingressam na nova categoria, independentemente de posse, a partir da publicação da respetiva nomeação.

CAPÍTULO V
Aposentação ou reforma, jubilação, cessação e suspensão de funções

SECÇÃO I
Aposentação ou reforma e jubilação

ARTIGO 185º
Aposentação ou reforma a requerimento

Os requerimentos para aposentação ou reforma são enviados à Procuradoria-Geral da República, que os remete à instituição de proteção social competente.

ARTIGO 186º
Incapacidade

1 – São aposentados por incapacidade ou reformados por invalidez os magistrados do Ministério Público que, por debilidade ou entorpecimento das faculdades físicas ou intelectuais, relevantes para o exercício normal da função, não possam manter esse exercício sem grave transtorno da justiça ou dos respetivos serviços.

2 – Os magistrados do Ministério Público que se encontrem na situação referida no número anterior são notificados para, no prazo de 30 dias:

a) Requererem a aposentação ou reforma; ou

b) Apresentarem, por escrito, as observações que tiverem por convenientes.

3 – Decorrido o prazo referido no número anterior sem formulação do requerimento de aposentação ou reforma, o Conselho Superior do Ministério Público, por deliberação fundamentada e acompanhada dos documentos necessários à instrução do processo, promove, junto do sistema de proteção social competente, a apresentação do magistrado a exame médico e submissão a junta médica para verificação da incapacidade para o exercício das suas funções, nos termos previstos no nº 1.

4 – No mesmo prazo, o Conselho Superior do Ministério Público pode ainda apresentar quesitos à junta médica referida no número anterior.

5 – Para aferição da incapacidade funcional referida no nº 3, a junta médica solicita ao Conselho Superior do Ministério Público a informação tida por pertinente.

6 – No caso previsto no nº 1, o Conselho pode determinar a suspensão provisória do exercício de funções do magistrado do Ministério Público cuja incapacidade especialmente a justifique.

7 – A suspensão prevista no número anterior é executada por forma a resguardar o prestígio da função e a dignidade do magistrado e não tem efeito sobre as remunerações auferidas.

ARTIGO 187º
Reconversão profissional

1 – Em alternativa à aposentação ou reforma previstas no artigo anterior, o magistrado do Ministério Público pode requerer a reconversão profissional, quando a incapacidade permanente decorra de doença natural, doença profissional ou acidente em serviço que o torne incapaz para o exercício das suas funções, mas apto para o desempenho de outras.

2 – O procedimento administrativo que conduz à reconversão determinada por incapacidade permanente deve ser iniciado dentro do prazo indicado no nº 2 do artigo anterior, salvo se a incapacidade tiver sido originada por doença profissional ou acidente em serviço.

3 – No procedimento de reconversão profissional, o Conselho Superior do Ministério Público deve ter em consideração:

a) O parecer da junta médica;

b) As aptidões e a opinião do requerente sobre a área funcional de inserção;

c) O interesse, a conveniência do serviço e a existência de vagas disponíveis de preenchimento pelo Conselho.

4 – Inexistindo vagas, o magistrado do Ministério Público pode requerer a sua colocação na administração pública, em lugar adequado às suas qualificações aca-

démicas e profissionais, caso em que o procedimento é enviado ao membro do Governo responsável pela área da justiça para efeitos de apreciação e decisão.

5 – A reconversão profissional implica a perda da condição de magistrado do Ministério Público, determinando a cessação de funções no dia seguinte imediato ao da publicação da nova situação no Diário da República.

ARTIGO 188º
Pensão por incapacidade

O magistrado aposentado por incapacidade ou reformado por invalidez tem direito a que a pensão seja calculada com base no tempo de serviço correspondente a uma carreira completa.

ARTIGO 189º
Aposentação e reforma

1 – A pensão de aposentação ou reforma dos magistrados aposentados ou reformados é calculada com base na seguinte fórmula:

$$R \text{ x } T1/C$$

em que:

R é a remuneração mensal relevante nos termos do Estatuto da Aposentação, deduzida da percentagem da quota para aposentação e pensão de sobrevivência no âmbito do regime da Caixa Geral de Aposentações;

T1 é a expressão em anos do número de meses de serviço, com o limite máximo de *C*;

C é o número constante do anexo IV do presente Estatuto, do qual faz parte integrante.

2 – Integra a remuneração mensal relevante o subsídio previsto nos nºs 2 e 3 do artigo 130º, pelo número de meses correspondente à quotização realizada para a Caixa Geral de Aposentações ou para a segurança social.

ARTIGO 190º
Jubilação

1 – Consideram-se jubilados os magistrados do Ministério Público que se aposentem ou reformem, por motivos não disciplinares, com a idade e o tempo de serviço previstos no anexo v do presente Estatuto e desde que contem, pelo menos, 25 anos de serviço na magistratura, dos quais os últimos cinco tenham sido prestados ininterruptamente no período que antecedeu a jubilação, exceto se o período de interrupção for motivado por razões de saúde ou se decorrer do exercício de funções públicas emergentes de comissão de serviço.

2 – Os magistrados jubilados continuam vinculados aos deveres estatutários e ligados ao tribunal ou serviço de que faziam parte, gozam dos títulos, honras, direitos e imunidades correspondentes à sua categoria e podem assistir de trajo profissional às cerimónias solenes que se realizem no referido tribunal ou serviço, tomando lugar à direita dos magistrados em serviço ativo.

3 – Aos magistrados jubilados é aplicável o disposto nas alíneas *a*), *d*), *g*), *h*) e *i*) do nº 1 e no nº 2 do artigo 111º, no nº 5 do artigo 129º e nos nºs 2 e 3 do artigo 130º.

4 – A pensão é calculada em função de todas as remunerações sobre as quais incidiu o desconto respetivo, não podendo a pensão do magistrado jubilado ser superior nem inferior à remuneração do magistrado do Ministério Público no ativo de categoria e índice remuneratório idênticos, deduzida da quota para a Caixa Geral de Aposentações ou da quotização para a segurança social.

5 – As pensões dos magistrados jubilados são automaticamente atualizadas e na mesma proporção em função das remunerações dos magistrados de categoria e escalão correspondentes àqueles em que se verifica a jubilação.

6 – A pensão calculada nos termos do nº 4 inclui o valor correspondente ao subsídio previsto no artigo 130º, independentemente do número de anos da quotização prevista no nº 3 do mesmo preceito.

7 – Até à liquidação definitiva, os magistrados jubilados têm direito ao abono de pensão provisória, calculada e abonada nos termos legais pela repartição processadora.

8 – Os magistrados jubilados encontram-se obrigados à reserva exigida pela sua condição.

9 – O estatuto de jubilado pode ser retirado por via de procedimento disciplinar.

10 – Os magistrados podem renunciar à condição de jubilado, ficando sujeitos ao regime geral da aposentação ou reforma, não podendo readquirir aquela condição.

11 – Aos magistrados com mais de 40 anos de idade na data de admissão no Centro de Estudos Judiciários não é aplicável o requisito de 25 anos de tempo de serviço na magistratura previsto no nº 1.

ARTIGO 191º
Disponibilidade e prestação de serviço por magistrados jubilados

1 – A prestação de serviço ativo por magistrados jubilados é decidida pelo Conselho Superior do Ministério Público, fundamentada em interesse relevante para o serviço.

2 – A prestação de serviço a que se reporta o número anterior é promovida por deliberação do Conselho Superior do Ministério Público, obtida a anuência do magistrado a nomear, ou por iniciativa do próprio magistrado manifestada em requerimento.

ARTIGO 192º
Regime subsidiário

As matérias não expressamente reguladas no presente Estatuto, nomeadamente as condições de aposentação ou reforma dos magistrados do Ministério Público, regem-se, com as necessárias adaptações, pelo que se encontrar estabelecido para os trabalhadores em funções públicas, nomeadamente, no Estatuto da Aposentação, nas Leis nºs 60/2005, de 29 de dezembro, 52/2007, de 31 de agosto, 11/2008, de 20 de fevereiro, e 3-B/2010, de 28 de abril.

SECÇÃO II
Cessação e suspensão de funções

ARTIGO 193º
Cessação de funções

1 – Os magistrados do Ministério Público cessam funções:

a) No dia em que completem 70 anos de idade;

b) No dia 1 do mês seguinte àquele em que for publicado o despacho do seu desligamento ao serviço;

c) Nos casos não abrangidos pelas alíneas anteriores, no dia seguinte ao da publicação da nova situação no Diário da República;

d) No dia seguinte àquele em que perfaçam 15 anos ininterruptos de licença sem remuneração de longa duração.

2 – Nos casos previstos nas alíneas *a*) a *c*) do número anterior, o magistrado que tenha iniciado qualquer julgamento prossegue, se anuir, os seus termos até final, salvo se a mudança de situação resultar de ação disciplinar.

ARTIGO 194º
Suspensão de funções

1 – Os magistrados do Ministério Público suspendem as respetivas funções:

a) No dia em que forem notificados do despacho de pronúncia ou do despacho que designa dia para julgamento por crime doloso praticado no exercício de funções ou punível com pena de prisão superior a três anos;

b) No dia em que lhes for notificada a suspensão preventiva por motivo de procedimento disciplinar ou aplicação de pena que importe afastamento do serviço;

c) No dia em que lhes for notificada a suspensão prevista no nº 6 do artigo 186º;

d) No dia em que lhes for notificada a deliberação que determinar tal suspensão na sequência da instauração do processo de inquérito referido no nº 2 do artigo 143º.

2 – Fora dos casos referidos na alínea *a*) do número anterior, a suspensão pela prática de crime doloso por força do despacho de pronúncia ou do despacho que designa dia para julgamento fica dependente de deliberação do Conselho Superior do Ministério Público.

CAPÍTULO VI
Antiguidade

ARTIGO 195º
Antiguidade na magistratura e na categoria

1 – A antiguidade dos magistrados do Ministério Público na magistratura conta-se desde o ingresso no Centro de Estudos Judiciários.

2 – A antiguidade dos magistrados do Ministério Público na categoria conta-se desde a data da publicação da nomeação no Diário da República ou da data que constar do ato de nomeação.

3 – A publicação das nomeações deve respeitar, na sua ordem, a graduação feita pelo Conselho Superior do Ministério Público.

4 – Aos vogais nomeados para o Conselho Consultivo da Procuradoria-Geral da República de entre não magistrados é atribuída, no quadro, antiguidade igual à do procurador-geral-adjunto que à data da publicação do provimento tiver menor antiguidade, ficando colocado à sua esquerda.

ARTIGO 196º
Tempo de serviço que conta para a antiguidade

Conta, para efeito de antiguidade:

a) O tempo de exercício de funções de Presidente da República, de Representante da República para as regiões autónomas e de membro do Governo;

b) O tempo de suspensão preventiva ordenada em procedimento disciplinar ou determinada por despacho de pronúncia ou por despacho que designar dia para julgamento por crime doloso quando os processos terminem por arquivamento ou absolvição;

c) O tempo de suspensão de exercício ordenada nos termos do nº 6 do artigo 186º;

d) O tempo de prisão preventiva, quando o processo termine por arquivamento ou absolvição;

e) As faltas por motivo de doença que não excedam 180 dias em cada ano, sem prejuízo do disposto em legislação especial;

f) As ausências, nos termos e limites definidos pelo artigo 120º;

g) O período das licenças previstas nas alíneas *b*) e *c*) do artigo 124º;

h) O tempo de suspensão de funções nos termos da alínea *d*) do nº 1 do artigo 194º, se a deliberação não vier a ser confirmada.

ARTIGO 197º
Tempo de serviço que não conta para a antiguidade

Não conta para efeito de antiguidade:

a) O tempo decorrido na situação de licença sem remuneração prevista nas alíneas *a*), *d*) e *e*) do artigo 124º, sem prejuízo do disposto no nº 9 do artigo 126º;

b) O tempo que, de acordo com as disposições sobre procedimento disciplinar, for considerado perdido;

c) O tempo de ausência ilegítima do serviço.

ARTIGO 198º
Contagem da antiguidade

Quando vários magistrados forem nomeados ou promovidos na mesma data, observa-se o seguinte:

a) Se as nomeações forem precedidas de cursos de formação, findos os quais tenha sido elaborada lista de graduação, a antiguidade é determinada pela ordem nela estabelecida;

b) Nas promoções e nomeações por concurso, a antiguidade é determinada pela ordem de acesso.

ARTIGO 199º
Lista de antiguidade

1 – A lista de antiguidade dos magistrados do Ministério Público é anualmente publicada pelo Conselho Superior do Ministério Público no Diário da República e divulgada no sistema de informação interno do Ministério Público.

2 – Os magistrados do Ministério Público são graduados em cada categoria de harmonia com o tempo de serviço, mencionando-se a respeito de cada um a data de nascimento, a naturalidade, o cargo ou a função que desempenha e a data da colocação.

ARTIGO 200º
Reclamações

1 – Os magistrados do Ministério Público que se considerem lesados pela graduação constante da lista de antiguidade podem reclamar, no prazo de 15 dias a contar da data da publicação, em requerimento dirigido ao Conselho Superior do Ministério Público.

2 – Os magistrados do Ministério Público que possam ser prejudicados pela reclamação são notificados por via eletrónica pelo Conselho Superior do Ministério Público para se pronunciarem no prazo de 15 dias.

3 – Apresentadas as pronúncias ou decorrido o prazo a elas reservado, o Conselho Superior do Ministério Público delibera no prazo de 30 dias.

ARTIGO 201º
Efeito de reclamação em movimentos já efetuados

A procedência da reclamação implica a integração do reclamante no lugar de que haja sido preterido, com todas as consequências legais.

ARTIGO 202º
Correção oficiosa de erros materiais

1 – Quando o Conselho Superior do Ministério Público verifique que houve erro material na graduação pode, a todo o tempo, ordenar as necessárias correções, ouvindo previamente todos os interessados.

2 – As correções referidas no número anterior são publicadas pelo Conselho Superior do Ministério Público e ficam sujeitas ao regime dos artigos 200º e 201º.

CAPÍTULO VII
Disponibilidade

ARTIGO 203º
Disponibilidade

1 – Consideram-se na situação de disponibilidade os magistrados do Ministério Público que aguardam colocação em vaga da sua categoria:

a) Por ter findado a comissão de serviço ou a licença sem remuneração em que se encontravam;

b) Por terem regressado à atividade após cumprimento de pena;
c) Por terem sido extintos os lugares que ocupavam;
d) Nos demais casos previstos na lei.

2 – A situação de disponibilidade não implica a perda de antiguidade nem de retribuição.

CAPÍTULO VIII
Regime disciplinar

SECÇÃO I
Disposições gerais

ARTIGO 204º
Responsabilidade disciplinar

Os magistrados do Ministério Público estão sujeitos a responsabilidade disciplinar nos casos previstos e com as garantias estabelecidas no presente Estatuto.

ARTIGO 205º
Infração disciplinar

Constituem infração disciplinar os atos, ainda que meramente culposos, praticados pelos magistrados do Ministério Público com violação dos princípios e deveres consagrados no presente Estatuto e os demais atos por si praticados que, pela sua natureza e repercussão, se mostrem incompatíveis com a responsabilidade e a dignidade indispensáveis ao exercício das suas funções.

ARTIGO 206º
Sujeição à jurisdição disciplinar

1 – A exoneração ou mudança de situação não impedem a punição por infrações cometidas durante o exercício da função.

2 – Em caso de cessação, suspensão do vínculo ou ausência ao serviço, o magistrado do Ministério Público cumpre a sanção disciplinar se regressar à atividade.

ARTIGO 207º
Autonomia da jurisdição disciplinar

1 – O procedimento disciplinar é autónomo relativamente ao procedimento criminal e contraordenacional instaurado pelos mesmos factos.

2 – Quando, em procedimento disciplinar, se apure a existência de infração criminal, o inspetor dá imediato conhecimento deste facto ao Conselho Superior do Ministério Público e ao Procurador-Geral da República.

3 – Proferido despacho de validação da constituição de magistrado do Ministério Público como arguido, a autoridade judiciária competente dá desse facto imediato conhecimento ao Conselho Superior do Ministério Público.

ARTIGO 208º
Extinção da responsabilidade disciplinar

A responsabilidade disciplinar extingue-se por:

a) Caducidade e prescrição do procedimento disciplinar;

b) Prescrição da sanção;

c) Cumprimento da sanção;

d) Morte do arguido;

e) Amnistia e perdão genérico.

ARTIGO 209º
Caducidade do direito de instaurar procedimento disciplinar

1 – O direito de instaurar procedimento disciplinar caduca passado um ano sobre a data em que a infração tenha sido cometida.

2 – Caduca igualmente quando, conhecida a infração pelo plenário ou pela secção disciplinar do Conselho Superior do Ministério Público, reunidos colegialmente, não seja instaurado o competente procedimento disciplinar ou inquérito no prazo de 60 dias.

3 – Quando o facto qualificado como infração disciplinar seja também considerado infração penal, o direito previsto no nº 1 tem o prazo e o regime da prescrição estabelecidos na lei penal.

ARTIGO 210º
Prescrição do procedimento disciplinar

1 – O procedimento disciplinar prescreve decorridos 18 meses a contar da data em que foi instaurado, ressalvado o tempo de suspensão, quando, nesse prazo, o visado não tenha sido notificado da decisão final.

2 – A prescrição do procedimento disciplinar referida no número anterior suspende-se durante o tempo em que, por força de decisão jurisdicional ou de apreciação jurisdicional de qualquer questão, a marcha do correspondente processo não possa começar ou prosseguir.

3 – É correspondentemente aplicável o disposto no nº 3 do artigo anterior.

ARTIGO 211º
Suspensão da prescrição

1 – O prazo de prescrição suspende-se, por um período até um máximo de seis meses, com a instauração de procedimento de sindicância aos órgãos ou serviços, bem como com a instauração de procedimento de inquérito ou procedimento disciplinar comum, mesmo que não dirigidos contra o magistrado do Ministério Público a quem a prescrição aproveite, quando em qualquer deles venham a apurar-se infrações pelas quais seja responsável.

2 – A suspensão do prazo de prescrição apenas opera quando, cumulativamente:

a) Os processos referidos no número anterior tenham sido instaurados nos 60 dias seguintes à suspeita da prática de factos disciplinarmente puníveis;

b) O procedimento disciplinar subsequente tenha sido instaurado nos 60 dias seguintes à receção daqueles processos, para decisão;

c) À data da instauração dos processos e procedimento referidos nas alíneas anteriores não se encontre já caducado o direito de instaurar procedimento disciplinar.

3 – O prazo de prescrição volta a correr a partir do dia em que cesse a causa da suspensão.

ARTIGO 212º
Direito subsidiário

Em tudo o que se não mostre expressamente previsto no presente Estatuto em matéria disciplinar, são aplicáveis, com as devidas adaptações, o Código de Procedimento Administrativo, o Código Penal e o Código de Processo Penal, a Lei Geral do Trabalho em Funções Públicas e, na sua falta, os princípios gerais do direito sancionatório.

SECÇÃO II
Classificação das infrações

ARTIGO 213º
Classificação das infrações

As infrações disciplinares cometidas pelos magistrados do Ministério Público no exercício das suas funções, ou com repercussão nas mesmas, e que correspondam à violação de deveres previstos neste Estatuto, assumem a categoria de muito graves, graves e leves, em função das circunstâncias de cada caso.

ARTIGO 214º
Infrações muito graves

Constituem infrações muito graves os atos praticados com dolo ou negligência grosseira que, pela reiteração ou gravidade da violação dos deveres e incompatibilidades previstos neste Estatuto, se revelem como desprestigiantes para a administração da justiça e para o exercício da magistratura do Ministério Público, nomeadamente:

a) A recusa de promoção processual, ainda que com fundamento na falta, obscuridade ou ambiguidade da lei;

b) A intromissão, mediante ordens ou pressões de qualquer tipo ou natureza, nas funções de outro magistrado com o fim de alcançar, por meio de decisão favorável, vantagens ilegítimas para si ou para outrem;

c) O exercício de qualquer atividade incompatível com a função, ainda que o magistrado se encontre na situação de jubilação;

d) A inobservância do dever de se declarar impedido ou de acionar os mecanismos de impedimento legalmente previstos, visando prejudicar, favorecer ou propiciar vantagens ou benefícios processuais, económicos ou outros a parte ou a interveniente em processo judicial ou procedimento de outra natureza;

e) A revelação ilegítima de factos ou dados conhecidos no exercício das suas funções, que causem prejuízo à tramitação de um processo, a qualquer pessoa ou à imagem ou prestígio do sistema de justiça;

f) A ausência ilegítima e continuada por mais de 10 dias úteis seguidos ou 20 dias úteis interpolados em cada ano, da circunscrição judicial em que o magistrado se encontre colocado, ou quando deixe de comparecer ao serviço com expressa manifestação da intenção de abandonar o lugar, presumindo-se o abandono na ausência injustificada durante 30 dias úteis seguidos;

g) A falsidade ou omissão relevante na prestação de dados e elementos constantes de solicitações ou requerimentos de licenças, declarações de compatibilidade, retribuições, ajudas económicas ou quaisquer outros documentos que possam servir para apreciação de uma pretensão ou para o cumprimento de um dever legal do requerente;

h) A utilização abusiva da condição de magistrado do Ministério Público para obter vantagens pessoais, para si ou para terceiro, de autoridades, funcionários ou profissionais de outras categorias;

i) A prática de atividade político-partidária de caráter público;

j) O incumprimento reiterado dos deveres legais de apresentação de declaração de rendimentos e património.

ARTIGO 215º
Infrações graves

1 – Constituem infrações graves os atos praticados com dolo ou negligência grosseira que revelem grave desinteresse pelo cumprimento dos deveres funcionais, nomeadamente:

a) O não acatamento das diretivas, ordens e instruções emitidas pelo Procurador-Geral da República;

b) O excesso ou abuso de autoridade, ou grave falta de consideração e respeito devidos aos cidadãos e a todos aqueles com quem se relacione no exercício das suas funções;

c) A revelação pública e ilegítima, fora dos canais ou meios de informação estabelecidos, de factos ou dados conhecidos no exercício da sua função ou por causa dela;

d) A ausência ilegítima e continuada por mais de cinco e menos de 11 dias úteis da circunscrição judicial em que o magistrado do Ministério Público se encontre colocado;

e) O incumprimento injustificado, reiterado ou revelador de grave falta de zelo profissional, dos horários estabelecidos para os atos público, bem como dos prazos estabelecidos para a resolução de processos ou para o exercício de quaisquer competências legalmente atribuídas, designadamente quando decorrerem três meses desde o fim do prazo;

f) O incumprimento injustificado de pedidos, legítimos e com a forma legal, de informações, instruções, deliberações ou provimentos funcionais emitidos por superior hierárquico, proferidos no âmbito das suas atribuições;

g) A obtenção de autorização para exercício de atividade compatível com o exercício de funções de magistrado do Ministério Público mediante a prestação de elementos falsos;

h) A prestação de informações falsas relativas à carreira profissional ou ao exercício da função;

i) A omissão reiterada das obrigações de direção, de orientação e de avocação, nos casos previstos na lei;

j) A interferência ilegítima na atividade funcional de outro magistrado;

k) O acesso a bases de dados pessoais disponibilizadas para o exercício funcional, não livremente acessíveis ao público, para fins alheios à função;

l) A utilização do conteúdo das bases de dados pessoais referidas na alínea anterior para fins alheios à função;

m) O exercício injustificado da faculdade de recusa;

n) Qualquer das condutas elencadas no artigo anterior que não reúna todos os pressupostos enunciados no respetivo corpo e que, por esse motivo, não seja considerada infração muito grave.

2 – Constitui, ainda, infração grave a formulação, por superiores hierárquicos, de pedidos de informação, instruções, deliberações ou provimentos fora do âmbito das suas atribuições, ainda que com a forma legal.

ARTIGO 216º
Infrações leves

Constituem faltas leves as infrações praticadas com culpa leve que traduzam uma deficiente compreensão dos deveres funcionais, nomeadamente:

a) A ausência ilegítima e continuada por mais de três e menos de sete dias úteis da circunscrição judicial em que o magistrado esteja colocado;

b) O exercício de atividade compatível com o exercício de funções de magistrado do Ministério Público, sem obter, quando exigível, a pertinente autorização;

c) Qualquer das condutas elencadas no artigo anterior que não reúna todos os pressupostos enunciados no respetivo proémio do nº 1 e que, por esse motivo, não seja considerada infração grave.

ARTIGO 217º
Incumprimento injustificado

A aferição do incumprimento injustificado previsto na alínea *e*) do nº 1 do artigo 215º exige a ponderação concreta do volume e caraterísticas do serviço a cargo do magistrado do Ministério Público, incluindo o número de processos findos, se aplicável, as circunstâncias do exercício de funções, a percentagem de processos em que os despachos foram proferidos com atraso, bem como a ponderação, em concreto, sobre se, face a estas circunstâncias e às condições pessoais, teria sido razoável exigir ao magistrado comportamento diferente.

SECÇÃO III
Sanções

SUBSECÇÃO I
Escolha e medida da sanção disciplinar

ARTIGO 218º
Escolha e medida da sanção disciplinar

Na escolha e medida da sanção disciplinar a aplicar, o Conselho Superior do Ministério Público tem em conta todas as circunstâncias que, não estando contempladas no tipo de infração cometida, deponham a favor ou contra o arguido, nomeadamente:

a) O grau de ilicitude dos factos, o modo de execução, a gravidade das suas consequências e o grau de violação dos deveres impostos;

b) A intensidade e o grau de culpa e os fins que determinaram a prática da infração;

c) As condições pessoais do arguido, a sua situação económica e a conduta anterior e posterior à prática da infração.

ARTIGO 219º
Causas de exclusão da ilicitude ou da culpa

Excluem a ilicitude do comportamento ou a culpa do magistrado do Ministério Público, afastando a sua responsabilidade disciplinar:

a) A coação;

b) A privação acidental e involuntária do exercício das faculdades intelectuais no momento da prática da infração;

c) A legítima defesa, própria ou alheia;

d) A não exigibilidade de conduta diversa;

e) O exercício de um direito ou o cumprimento de um dever.

ARTIGO 220º
Atenuação especial da sanção disciplinar

A sanção disciplinar pode ser especialmente atenuada, aplicando-se a sanção de escalão inferior, quando existam circunstâncias anteriores ou posteriores à infração, ou contemporâneas dela, que diminuam acentuadamente a gravidade do facto ou a culpa do arguido, nomeadamente:

a) O exercício de funções, por mais de 10 anos, sem que haja sido cometida qualquer outra infração grave ou muito grave;

b) A confissão espontânea e relevante da infração;

c) A provocação injusta, a atuação sob ameaça grave ou a prática da infração ter sido determinada por motivo honroso;

d) A verificação de atos demonstrativos de arrependimento ativo.

ARTIGO 221º
Circunstâncias agravantes especiais

São circunstâncias agravantes da infração disciplinar as seguintes:

a) A vontade determinada de produzir resultados prejudiciais para o sistema de justiça;

b) A reincidência.

ARTIGO 222º
Reincidência

1 – Se, antes de decorridos três anos sobre a data da condenação de uma infração punida com sanção disciplinar superior à de advertência, total ou parcialmente cumprida, o magistrado do Ministério Público cometer outra infração, é punido como reincidente, desde que as circunstâncias do caso revelem ausência de eficácia preventiva da condenação anterior.

2 – Se a sanção disciplinar aplicável for a de multa ou suspensão de exercício, em caso de reincidência, o seu limite mínimo é igual a um terço ou um quarto do limite máximo, respetivamente.

3 – Tratando-se de sanção diversa das referidas no número anterior, é aplicada sanção de escalão imediatamente superior.

ARTIGO 223º
Concurso de infrações

1 – Verifica-se o concurso de infrações quando o magistrado do Ministério Público comete duas ou mais infrações antes de se tornar inimpugnável a condenação por qualquer delas.

2 – No concurso de infrações aplica-se uma única sanção disciplinar e, quando lhes correspondam diferentes sanções disciplinares, aplica-se a de maior gravidade, agravada em função do concurso, se a sua moldura for variável.

ARTIGO 224º
Suspensão da execução das sanções disciplinares

1 – As sanções de advertência, multa e suspensão de exercício podem ser suspensas na sua execução quando, atendendo à personalidade do arguido, às condições da sua vida, à sua conduta anterior e posterior à infração e às circunstâncias desta, se conclua que a simples censura do comportamento e a ameaça da sanção realizam de forma adequada e suficiente as finalidades da sanção.

2 – O tempo de suspensão não é inferior a seis meses para a advertência e para a multa e a um ano para a suspensão de exercício, nem superior a um e dois anos, respetivamente.

3 – Os tempos previstos no número anterior contam-se desde a data da notificação ao arguido da respetiva decisão.

4 – A suspensão é revogada quando o magistrado do Ministério Público cometa, no seu decurso, nova infração disciplinar pela qual seja sancionado, revelando que as finalidades que estavam na base da suspensão não puderam, por meio dela, ser alcançadas.

5 – A revogação determina o cumprimento da sanção disciplinar que havia sido previamente suspensa.

ARTIGO 225º
Prescrição das sanções disciplinares

1 – As sanções disciplinares previstas neste Estatuto prescrevem nos seguintes prazos:

a) Seis meses, nos casos de advertência e multa;

b) Um ano, nos casos de transferência;

c) Três anos, nos casos de suspensão de exercício de funções;

d) Cinco anos, nos casos de aposentação ou reforma compulsiva e demissão.

2 – O prazo de prescrição conta-se a partir do dia em que se tornar inimpugnável a decisão que tiver aplicado a sanção disciplinar.

ARTIGO 226º
Substituição de sanções disciplinares

Para os magistrados aposentados ou reformados, jubilados ou que, por qualquer outra razão, se encontrem fora da atividade, a multa e a suspensão de exercício são substituídas pela perda de pensão ou remuneração pelo tempo correspondente.

SUBSECÇÃO II
Espécies de sanções disciplinares

ARTIGO 227º
Escala de sanções

1 – Os magistrados do Ministério Público estão sujeitos às seguintes sanções:

a) Advertência;

b) Multa;

c) Transferência;

d) Suspensão de exercício;

e) Aposentação ou reforma compulsiva;

f) Demissão.

2 – As sanções aplicadas são sempre registadas, salvo a advertência, em que o registo pode ser dispensado.

ARTIGO 228º
Advertência

A advertência consiste num reparo pela irregularidade praticada ou numa repreensão destinada a prevenir o magistrado do Ministério Público de que a ação ou omissão é suscetível de causar perturbação no exercício das funções ou de nele se repercutir de forma incompatível com a dignidade que lhe é exigível.

ARTIGO 229º
Multa

1 – A sanção de multa é fixada em quantia certa e tem como limite mínimo o valor correspondente a uma remuneração base diária e como limite máximo o valor correspondente a seis remunerações base diárias.

2 – No caso de cúmulo de sanções de multa, a multa aplicável não pode ser superior a 90 remunerações base diárias.

ARTIGO 230º
Transferência

A transferência consiste na colocação do magistrado do Ministério Público em cargo da mesma categoria fora da área de jurisdição do tribunal, departamento, juízo ou serviço em que anteriormente exercia funções.

ARTIGO 231º
Suspensão de exercício

1 – A suspensão de exercício consiste no afastamento completo do serviço durante o período da sanção.

2 – A suspensão pode ser de 20 a 240 dias.

ARTIGO 232º
Aposentação ou reforma compulsiva

A aposentação ou reforma compulsiva consiste na imposição da aposentação ou da reforma.

ARTIGO 233º
Demissão

A demissão consiste no afastamento definitivo do magistrado do Ministério Público, com cessação do vínculo à função.

SUBSECÇÃO III
Aplicação das sanções

ARTIGO 234º
Advertência

A advertência é aplicável a infrações leves.

ARTIGO 235º
Multa

1 – A multa é aplicável às infrações graves em que não se mostre necessária ou adequada, face às circunstâncias do caso, a aplicação de outra sanção disciplinar mais gravosa.

2 – A requerimento do sancionado, pode ser autorizado o pagamento em prestações da sanção disciplinar de multa, sempre que o quantitativo em que o magistrado do Ministério Público tenha sido sancionado seja superior a um terço do vencimento líquido auferido pelo mesmo.

3 – Quando o sancionado em multa não a pague no prazo de 30 dias contados da notificação para o pagamento, a respetiva importância é descontada na remuneração que lhe seja devida.

4 – O desconto previsto no número anterior é efetuado em prestações mensais que não excedam a sexta parte da remuneração até perfazerem o valor total em dívida, segundo deliberação do Conselho Superior do Ministério Público.

5 – O disposto no número anterior não prejudica, quando necessário, a execução, que segue os termos do processo de execução fiscal, constituindo título executivo a certidão da decisão condenatória.

ARTIGO 236º
Transferência

1 – A transferência é aplicável a infrações graves ou muito graves que afetem o prestígio exigível ao magistrado do Ministério Público e ponham em causa a sua manutenção no meio social em que desempenha o cargo ou no tribunal, juízo ou departamento onde exerce funções.

2 – O magistrado do Ministério Público transferido não pode regressar à comarca, ao tribunal administrativo e fiscal ou ao tribunal de competência territorial alargada em que anteriormente desempenhava o cargo nos três anos subsequentes à aplicação da sanção.

ARTIGO 237º
Suspensão de exercício

1 – A suspensão de exercício é aplicável a infrações graves ou muito graves que revelem a falta de interesse pelo exercício funcional e manifesto desprestígio para a função de magistrado do Ministério Público ou quando o magistrado for condenado em pena de prisão.

2 – O tempo de prisão cumprido é descontado na sanção disciplinar.

ARTIGO 238º
Aposentação ou reforma compulsiva e demissão

1 – A aposentação ou reforma compulsiva e a demissão são aplicáveis a infrações muito graves quando se verifique alguma das seguintes circunstâncias:

a) Definitiva ou manifesta e reiterada incapacidade de adaptação às exigências da função;

b) Conduta desonrosa ou manifestamente violadora da integridade, isenção, prudência e correção pessoal exigida;

c) Condenação por crime praticado com flagrante e grave abuso da função ou com manifesta e grave violação dos deveres a ela inerentes.

2 – Ao abandono de lugar corresponde sempre a sanção de demissão.

SUBSECÇÃO IV
Efeitos das sanções

ARTIGO 239º
Transferência

1 – A sanção de transferência implica a perda de 60 dias de antiguidade.

2 – Em casos excecionais, devidamente fundamentados, o Conselho Superior do Ministério Público pode reduzir ou eliminar este efeito.

ARTIGO 240º
Suspensão de exercício

1 – A sanção de suspensão de exercício implica a perda do tempo correspondente à sua duração para efeitos de remuneração, antiguidade e aposentação ou reforma.

2 – Se a suspensão aplicada for igual ou inferior a 120 dias, pode implicar ainda, além dos efeitos previstos no número anterior, o previsto na alínea *b*) do número seguinte, quando o magistrado sancionado não possa manter-se no meio em que exerce as funções sem quebra do prestígio que lhe é exigível, o que deve constar da decisão disciplinar.

3 – Se a sanção de suspensão aplicada for superior a 120 dias, pode implicar ainda, além dos efeitos previstos no nº 1:

a) A impossibilidade de promoção durante dois anos, contados do termo do cumprimento da sanção;

b) A transferência para cargo idêntico em tribunal, juízo, departamento ou serviço diferente daquele em que o magistrado exercia funções na data da prática da infração.

4 – A aplicação da sanção de suspensão de exercício não prejudica o direito do magistrado do Ministério Público à assistência a que tenha direito e à perceção de prestações complementares que não dependam do exercício efetivo de funções.

ARTIGO 241º
Aposentação ou reforma compulsiva

A sanção de aposentação ou reforma compulsiva implica o imediato desligamento do serviço e a perda dos direitos conferidos pelo presente Estatuto, sem prejuízo do direito à pensão fixada na lei.

ARTIGO 242º
Demissão

1 – A sanção de demissão implica o imediato desligamento do serviço e a perda dos direitos conferidos pelo presente Estatuto.

2 – A demissão não implica a perda do direito à aposentação ou reforma, nos termos e condições estabelecidos na lei, nem impede o magistrado de ser nomeado para cargos públicos ou outros que possam ser exercidos sem as particulares con dições de dignidade e confiança exigidas pelas funções da magistratura do Ministério Público.

ARTIGO 243º
Efeitos sobre a promoção de magistrados arguidos

1 – Os magistrados do Ministério Público contra quem esteja pendente processo disciplinar ou criminal são graduados para promoção ou nomeação, sem prejuízo de estas ficarem suspensas quanto a eles, reservando-se a respetiva vaga até à decisão final.

2 – Se o processo terminar sem condenação ou for aplicada uma sanção que não prejudique a promoção ou nomeação, o magistrado é promovido ou nomeado e ocupa o seu lugar na lista de antiguidade, com direito a receber as diferenças de remuneração.

3 – Se o magistrado do Ministério Público houver de ser preterido, completa-se a promoção ou a nomeação em relação à vaga que lhe havia ficado reservada.

4 – Em situações devidamente fundamentadas, o Conselho Superior do Ministério Público pode levantar a suspensão prevista no nº 1.

ARTIGO 244º
Efeito da amnistia

A amnistia não apaga os efeitos produzidos pela aplicação das sanções, devendo ser averbada no competente processo individual.

SECÇÃO IV
Procedimento disciplinar

ARTIGO 245º
Formas do procedimento disciplinar

1 – O procedimento disciplinar é comum ou especial.

2 – O procedimento especial aplica-se aos casos expressamente previstos neste Estatuto.

3 – O procedimento especial regula-se pelas disposições que lhe são próprias e, subsidiariamente, pelas disposições do procedimento comum.

SUBSECÇÃO I
Procedimento comum

ARTIGO 246º
Procedimento disciplinar

1 – O procedimento disciplinar é o meio de efetivar a responsabilidade disciplinar.

2 – O procedimento disciplinar é sempre escrito, garantindo a audiência com possibilidade de defesa do arguido.

3 – Sempre que possível, o procedimento disciplinar pode ser tramitado eletronicamente, desde que salvaguardada a confidencialidade e a qualidade dos dados.

4 – A sanção de advertência não sujeita a registo pode ser aplicada independentemente de processo, desde que com audiência e possibilidade de defesa do arguido.

ARTIGO 247º
Apensação de procedimentos disciplinares

1 – Para todas as infrações cometidas e ainda não sancionadas pode ser instaurado um único procedimento.

2 – Tendo sido instaurados diversos procedimentos, pode ser determinada a sua apensação àquele que primeiro tenha sido instaurado.

ARTIGO 248º
Natureza confidencial do procedimento

1 – Sem prejuízo do disposto no artigo 259º, o procedimento disciplinar é de natureza confidencial até à decisão final, ficando arquivado no Conselho Superior do Ministério Público.

2 – O arguido, o defensor nomeado ou o mandatário constituído podem, a todo o tempo e a seu pedido, examinar o processo e obter cópias ou certidões, salvo se o instrutor, por despacho fundamentado, considerar que o acesso ao processo pode obstar à descoberta da verdade.

3 – O requerimento da emissão de certidões ou cópias a que se refere o número anterior é dirigido ao instrutor, a quem é deferida a sua apreciação, no prazo máximo de cinco dias.

4 – A partir da notificação a que se refere o artigo 256º, o arguido, o defensor nomeado ou o mandatário constituído podem consultar e obter cópias de todos os elementos constantes do processo, ainda que anteriormente o instrutor tenha proferido despacho nos termos do nº 2.

ARTIGO 249º
Constituição de advogado

O arguido pode constituir advogado em qualquer fase do procedimento, nos termos gerais de direito.

ARTIGO 250º
Nomeação de defensor

1 – Se o arguido estiver impossibilitado de elaborar a defesa, nomeadamente por motivo de ausência, doença, anomalia mental ou incapacidade física, o Conselho Superior do Ministério Público nomeia-lhe defensor.

2 – Quando o defensor for nomeado em data posterior à da notificação da acusação do arguido, reabre-se o prazo para a defesa com a sua notificação.

ARTIGO 251º
Suspensão preventiva do arguido

1 – O magistrado do Ministério Público sujeito a procedimento disciplinar pode ser preventivamente suspenso de funções, nomeadamente, sob proposta do instrutor, desde que haja fortes indícios de que a conduta investigada constitua infração à qual caiba, pelo menos, a sanção de transferência e a continuação na efetividade de serviço seja prejudicial ao prestígio e dignidade da função, ao serviço ou à instrução do procedimento.

2 – A suspensão preventiva é executada por forma a assegurar o resguardo da dignidade pessoal e profissional do magistrado.

3 – A suspensão preventiva não pode exceder 180 dias, excecionalmente prorrogáveis por mais 60 dias, e não tem os efeitos consignados no artigo 240º.

4 – Coexistindo processo criminal relativamente aos mesmos factos, o período máximo de suspensão preventiva do arguido a que se refere o número anterior é alargado para o período máximo previsto na lei processual penal para a medida de coação de suspensão de exercício de função.

ARTIGO 252º
Impedimentos, suspeições, recusas e escusas do instrutor

É aplicável ao procedimento disciplinar, com as necessárias adaptações, o regime de impedimentos, suspeições, recusas e escusas estabelecidos para o processo penal.

ARTIGO 253º
Prazo de instrução

1 – A instrução do procedimento disciplinar deve ultimar-se no prazo de 60 dias.

2 – O instrutor, no prazo máximo de cinco dias a contar da data em que tiver sido notificado do despacho de instauração do procedimento, deve dar conhecimento ao Conselho Superior do Ministério Público e ao arguido da data em que iniciar a instrução do procedimento.

3 – O prazo referido no nº 1 pode ser prorrogado até 30 dias por motivo atendível, nomeadamente em razão da especial complexidade do procedimento disciplinar, sendo a justificação dirigida ao Conselho Superior do Ministério Público, que a aprecia.

ARTIGO 254º
Instrução do procedimento

1 – O instrutor ouve obrigatoriamente o arguido, a requerimento deste ou quando o entenda conveniente, até se ultimar a instrução.

2 – Sem prejuízo do disposto no número anterior, o arguido pode requerer ao instrutor que promova as diligências de prova que considere essenciais ao apuramento da verdade, as quais podem ser indeferidas, por despacho fundamentado, quando este julgue suficiente a prova produzida.

3 – Na fase de instrução, as testemunhas podem ser inquiridas através de equipamento tecnológico que permita a comunicação, por meio visual e sonoro, em tempo real.

ARTIGO 255º
Termo da instrução

1 – Concluída a instrução, na hipótese de o instrutor entender que não se indiciam suficientemente factos constitutivos da infração disciplinar ou da responsabilidade do arguido, ou que o procedimento disciplinar se encontra extinto, elabora, em 10 dias, proposta de arquivamento.

2 – O Conselho Superior do Ministério Público delibera sobre a proposta de arquivamento e notifica o arguido.

3 – Na hipótese contrária à prevista no nº 1, o instrutor deduz acusação no prazo de 10 dias, articulando discriminadamente os factos constitutivos da infração disciplinar, as circunstâncias de tempo, modo e lugar da sua prática e os factos que integram circunstâncias agravantes ou atenuantes, indicando os preceitos legais e as sanções aplicáveis.

4 – Obtida a anuência do arguido, o instrutor pode propor a imediata aplicação da sanção de advertência, que é aplicada pelo Conselho Superior do Ministério Público sem mais formalidades.

ARTIGO 256º
Notificação do arguido

1 – A decisão de arquivamento ou de acusação é entregue pessoalmente ao arguido ou remetida pelo correio, sob registo, com aviso de receção.

2 – Se não for conhecido o paradeiro do arguido, procede-se à sua notificação mediante a afixação de um edital na porta do tribunal ou departamento do exercício de funções e da última residência conhecida.

3 – O arguido dispõe de um prazo de 20 dias para apresentação da defesa.

4 – O prazo referido no número anterior pode ser prorrogado até 30 dias, oficiosamente ou a requerimento do arguido.

ARTIGO 257º
Defesa do arguido

1 – Com a defesa, o arguido pode indicar testemunhas, até ao limite de 20, juntar documentos ou requerer outras diligências de prova.

2 – O instrutor pode indeferir, por despacho fundamentado, as diligências de prova requeridas pelo arguido quando as considerar manifestamente dilatórias, impertinentes ou desnecessárias, não podendo em qualquer circunstância deixar de ouvir as cinco primeiras testemunhas indicadas pelo arguido, bem como admitir os documentos apresentados.

3 – Do despacho que indefira o requerimento de quaisquer diligências probatórias cabe impugnação administrativa para a secção disciplinar do Conselho Superior do Ministério Público, a interpor no prazo de 10 dias.

4 – O arguido é notificado da data designada para inquirição das testemunhas para, querendo, estar presente.

ARTIGO 258º
Relatório

Terminada a produção da prova, o instrutor elabora, no prazo de 15 dias, um relatório, do qual devem constar os factos que considera provados, a sua qualificação e a sanção concreta aplicável, o qual constitui a proposta de deliberação a tomar pelo Conselho Superior do Ministério Público, que pode ser feita por remissão.

ARTIGO 259º
Audiência pública

1 – O arguido pode requerer a realização de audiência pública para apresentação da sua defesa.

2 – A audiência pública é presidida pelo Procurador-Geral da República, nela participam os membros da secção disciplinar, o instrutor, o arguido e o seu defensor ou mandatário.

3 – A audiência pública só pode ser adiada por uma vez por falta do arguido ou do seu defensor ou mandatário.

4 – Aberta a audiência, o instrutor lê o relatório final sendo em seguida dada a palavra ao arguido ou ao seu defensor ou mandatário para alegações orais, e após estas é encerrada a audiência.

ARTIGO 260º
Notificação de decisão

A decisão final, acompanhada de cópia do relatório a que se refere o artigo 258º, é notificada ao arguido com observância do disposto nos nºs 1 e 2 do artigo 256º.

ARTIGO 261º
Impugnação

A ação de impugnação da decisão final do procedimento disciplinar pode incidir sobre matéria de facto e de direito em que assentou a decisão, procedendo-se à produção da prova requerida e sendo o número de testemunhas limitado a 10.

ARTIGO 262º
Início da produção de efeitos das sanções

A decisão que aplicar a sanção disciplinar não carece de publicação, começando a sanção a produzir os seus efeitos no dia seguinte ao da notificação do arguido nos termos do artigo 260º, ou 15 dias após a afixação do edital, no caso de desconhecimento do paradeiro daquele.

ARTIGO 263º
Nulidades e irregularidades

1 – Constitui nulidade insuprível a falta de audiência do arguido com possibilidade de defesa e a omissão de diligências essenciais para a descoberta da verdade que ainda pudessem utilmente realizar-se ou cuja realização fosse obrigatória.

2 – As restantes nulidades e irregularidades consideram-se sanadas se não forem arguidas na defesa ou, quando ocorram posteriormente, no prazo de cinco dias contados da data do seu conhecimento.

SUBSECÇÃO II
Procedimentos especiais

ARTIGO 264º
Averiguação

1 – O Conselho Superior do Ministério Público pode ordenar a realização de processo de averiguação sobre queixa, participação ou informação que não constitua violação manifesta dos deveres dos magistrados do Ministério Público.

2 – O processo de averiguação destina-se a apurar a veracidade da participação, queixa ou informação, e a aferir se a conduta denunciada é suscetível de constituir infração disciplinar.

ARTIGO 265º
Tramitação do processo de averiguação

O Conselho Superior do Ministério Público nomeia instrutor que procede, no prazo de 30 dias, à recolha de todos os elementos relevantes, propondo o arquivamento do processo, a instauração do procedimento disciplinar ou a mera aplicação da sanção de advertência não sujeita a registo, nos termos do nº 4 do artigo 246º.

ARTIGO 266º
Inquérito e sindicância

1 – O inquérito tem por finalidade a averiguação de factos determinados.

2 – A sindicância tem lugar quando haja notícia de factos que exijam uma averiguação geral do funcionamento dos serviços.

ARTIGO 267º
Prazo do inquérito

1 – O inquérito deve ser ultimado no prazo de três meses.

2 – Não sendo possível ultimá-lo no prazo indicado no número anterior, o instrutor dá disso conhecimento ao Conselho Superior do Ministério Público.

3 – O Conselho Superior do Ministério Público pode prorrogar o prazo até ao limite previsto no nº 1, desde que tal haja sido solicitado pelo instrutor, em requerimento justificativo das razões da impossibilidade da ultimação.

ARTIGO 268º
Tramitação inicial do procedimento de sindicância

1 – No início do processo de sindicância, o Conselho Superior do Ministério Público nomeia sindicante, o qual faz constar o início do processo por anúncio publicado no sítio eletrónico da Procuradoria-Geral da República, com comunicação ao Conselho Superior da Magistratura, à Ordem dos Advogados, à Ordem dos Solicitadores e dos Agentes de Execução e ao Conselho dos Oficiais de Justiça.

2 – As comunicações e anúncio devem indicar a identificação do serviço ou serviços sindicados e a possibilidade de, no prazo indicado, qualquer interessado que tenha razão de queixa relativa ao regular funcionamento dos serviços sindicados se apresentar ao sindicante ou a ele apresentar queixa por escrito.

3 – Quando seja apresentada queixa por escrito nos termos da parte final do nº 2, esta deve conter a identificação completa do queixoso.

4 – No prazo de 48 horas após a receção da queixa por escrito nos termos da parte final do nº 2, o sindicante designa dia, hora e local para a prestação de declarações do queixoso.

ARTIGO 269º
Tramitação e prazo da sindicância

1 – A instrução de sindicância conclui-se no prazo de seis meses.

2 – Concluída a instrução, o inquiridor ou o sindicante elabora, no prazo de 10 dias, o seu relatório, que remete imediatamente ao Conselho Superior da Ministério Público.

3 – Os prazos fixados nos números anteriores podem ser prorrogados pelo Conselho Superior do Ministério Público, até ao limite máximo da respetiva duração, quando a complexidade do processo o justifique.

ARTIGO 270º
Conversão em procedimento disciplinar

1 – Se apurar a existência de infração, o Conselho Superior do Ministério Público pode deliberar que o processo de inquérito ou de sindicância, em que o magistrado do Ministério Público tenha sido ouvido, constitua a parte instrutória do processo disciplinar.

2 – No caso previsto no número anterior, a notificação ao magistrado da deliberação do Conselho Superior do Ministério Público fixa o início do procedimento disciplinar.

SECÇÃO V
Revisão das sanções disciplinares

ARTIGO 271º
Revisão

1 – As decisões sancionatórias proferidas em processo disciplinar podem ser revistas a todo o tempo perante circunstâncias ou meios de prova suscetíveis de demonstrar a inexistência dos factos que determinaram a sanção e que não puderam ser oportunamente invocados pelo arguido.

2 – A revisão não pode determinar o agravamento da sanção.

ARTIGO 272º
Processo

1 – A revisão é requerida pelo interessado ao Conselho Superior do Ministério Público.

2 – O requerimento, processado por apenso ao processo disciplinar, deve conter os fundamentos do pedido e a indicação dos meios de prova a produzir, e ser instruído com os documentos que o interessado tenha podido obter após findar o procedimento disciplinar.

ARTIGO 273º
Sequência do processo de revisão

1 – Recebido o requerimento, o Conselho Superior do Ministério Público decide da verificação dos pressupostos da revisão no prazo de 30 dias.

2 – Se decidir pela revisão, é nomeado novo instrutor para o procedimento, seguindo-se os termos da fase de defesa com as necessárias adaptações.

ARTIGO 274º
Procedência da revisão

1 – Se o pedido de revisão for julgado procedente, revoga-se ou altera-se a decisão proferida no procedimento revisto.

2 – No caso referido no número anterior, e sem prejuízo de outros direitos legalmente previstos, o interessado é reembolsado das remunerações que tenha deixado de auferir em consequência da decisão revista e na medida da sua revogação ou alteração.

SECÇÃO VI
Reabilitação

ARTIGO 275º
Reabilitação

1 – É concedida a reabilitação a quem demonstre merecer, pela boa conduta posterior à aplicação da sanção.

2 – É competente para o procedimento de reabilitação o Conselho Superior do Ministério Público.

3 – Os magistrados do Ministério Público condenados nas sanções disciplinares previstas nas alíneas *a*) a *d*) do nº 1 do artigo 227º podem ser reabilitados independentemente de revisão do procedimento disciplinar.

ARTIGO 276º
Tramitação da reabilitação

1 – A reabilitação pode ser requerida pelo magistrado do Ministério Público, decorridos os prazos seguintes sobre a aplicação das sanções disciplinares de advertência ou de transferência, ou sobre o cumprimento de sanções disciplinares de multa ou de suspensão de exercício, bem como do decurso do período de suspensão de qualquer sanção:

a) Seis meses, no caso de advertência;

b) Um ano, no caso de multa;

c) Dois anos, no caso de transferência;

d) Três anos, no caso de suspensão de exercício de funções.

2 – A reabilitação faz cessar os efeitos ainda subsistentes das sanções disciplinares que hajam sido aplicadas, ficando averbada no registo individual das sanções aplicadas ao magistrado.

SECÇÃO VII
Registo de sanções disciplinares

ARTIGO 277º
Registo

1 – No Conselho Superior do Ministério Público é constituído um registo individual das sanções aplicadas aos magistrados do Ministério Público.

2 – No registo referido no número anterior são inscritas as sanções disciplinares que devam ser registadas, bem como o procedimento em que foram aplicadas.

3 – O registo de sanções organizado no âmbito do Conselho Superior do Ministério Público observa os requisitos exigidos para a proteção de dados pessoais.

4 – A consulta e o acesso ao registo de sanções apenas pode ser efetuado pelo próprio magistrado, pelos membros do Conselho Superior do Ministério Público e pelos inspetores no âmbito das suas competências.

ARTIGO 278º
Cancelamento do registo

As decisões inscritas no registo são canceladas decorridos os seguintes prazos sobre a sua execução, ou extinção no caso da alínea *b*), e desde que, entretanto, o magistrado não tenha incorrido em nova infração disciplinar:

a) Dois anos, nos casos de advertência registada;

b) Cinco anos, nos casos de multa;

c) Oito anos, nos casos de transferência;

d) Dez anos, nos casos de suspensão do exercício de funções.

CAPÍTULO IX
Órgãos auxiliares

ARTIGO 279º
Secretarias e funcionários

1 – Sem prejuízo do apoio e coadjuvação prestados pelas repartições e secretarias judiciais, o Ministério Público dispõe de serviços técnico-administrativos próprios.

2 – Os serviços técnico-administrativos asseguram o apoio, nomeadamente, nos seguintes domínios:

a) Prevenção e investigação criminal;

b) Cooperação judiciária internacional;

c) Articulação com órgãos de polícia criminal, instituições de tratamento, recuperação e reinserção social, de apoio à vítima e de liquidação de bens provenientes do crime;

d) Direção de recursos humanos, gestão e economato;

e) Notação e análise estatística;

f) Comunicações e apoio informático.

3 – No departamento de contencioso do Estado, as funções de coadjuvação podem ser também asseguradas por trabalhador com vínculo de emprego público,

em comissão de serviço ou mobilidade, e por peritos e solicitadores contratados para o efeito.

PARTE III
DISPOSIÇÕES COMPLEMENTARES, TRANSITÓRIAS E FINAIS

ARTIGO 280º
Isenções

A Procuradoria-Geral da República goza de isenção de imposto do selo e de quaisquer impostos, prémios, descontos ou percentagens nos depósitos, guarda, transferência e levantamentos de dinheiro efetuados na Agência de Gestão da Tesouraria e da Dívida Pública – IGCP.

ARTIGO 281º
Receitas

1 – Além das receitas provenientes de dotações do Orçamento do Estado, são receitas próprias da Procuradoria-Geral da República:

a) O saldo de gerência do ano anterior;

b) O produto da cobrança de apostilas;

c) O produto da venda de publicações editadas;

d) Os emolumentos por atos praticados pela secretaria;

e) O produto de atividades de divulgação científica e cultural;

f) As multas aplicadas nos termos do presente Estatuto, qualquer que seja a situação jurídico-funcional do magistrado do Ministério Público na data da aplicação da sanção;

g) Quaisquer outras que lhe sejam atribuídas por lei, contrato ou outro título.

2 – O produto das receitas próprias pode, nos termos da lei de execução orçamental, ser aplicado na realização de despesas correntes e de capital que, em cada ano, não possam ser suportadas pelas verbas inscritas no Orçamento do Estado, designadamente despesas de edição de publicações ou realização de estudos, análises ou outros trabalhos extraordinários.

ARTIGO 282º
Adequação do regime geral de segurança social

Sem prejuízo do disposto no artigo 5º do Decreto-Lei nº 55/2006, de 15 de março, a matéria complementar necessária à concretização do regime especial dos magistrados do Ministério Público face ao regime geral de segurança social é objeto de regulamentação, no prazo de seis meses a contar da data da entrada em vigor da presente lei.[115]

[115] O Decreto-Lei nº 143/2019, de 20 de setembro, regulamenta o modo de financiamento das pensões de invalidez e velhice do regime geral de segurança social dos magistrados do Ministério Público e respetivas regras de cálculo.

ARTIGO 283º
Regime supletivo

Em tudo o que não esteja expressamente previsto no presente Estatuto, é subsidiariamente aplicável aos magistrados do Ministério Público o regime previsto para os trabalhadores em funções públicas.

ARTIGO 284º
Limite remuneratório

Para efeitos previstos no presente Estatuto podem ser percebidas remunerações ilíquidas superiores ao limite previsto no artigo 3º da Lei nº 102/88, de 25 de agosto, desde que não ultrapassem noventa por cento do montante equivalente ao somatório do vencimento e abono mensal para despesas de representação do Presidente da República.

ARTIGO 285º
Norma transitória

1 – Os substitutos não magistrados já nomeados nos termos do nº 3 do artigo 65º da Lei nº 47/86, de 15 de outubro, podem continuar, pelo prazo máximo de três anos contados da entrada em vigor do presente Estatuto, a exercer funções e a receber a correspondente remuneração.

2 – Da aplicação da presente lei não pode resultar diminuição do estatuto remuneratório de qualquer magistrado do Ministério Público.

3 – A lista de antiguidade referida no artigo 199º é reformulada, posicionando-se o primeiro procurador-adjunto da atual lista imediatamente a seguir ao último procurador da República ali inscrito.

4 – O disposto no nº 4 do artigo 190º não é aplicável aos magistrados do Ministério Público que, após a entrada em vigor do presente Estatuto, já adquiriram a condição de jubilados ou que, nessa data, reúnam os requisitos necessários à aquisição dessa condição.[116]

ANEXO I
(a que se referem o nº 1 do artigo 65º e o nº 1 do artigo 88º)

Procuradoria-Geral Regional de Coimbra:

a) Área de competência territorial do Tribunal da Relação de Coimbra;

b) Zona geográfica administrativa e fiscal centro – tribunais administrativos e fiscais de Coimbra (sede), Castelo Branco, Leiria e Viseu.

Procuradoria-Geral Regional de Évora:

a) Área de competência territorial do Tribunal da Relação de Évora;

b) Zona geográfica administrativa e fiscal sul – tribunais administrativos e fiscais de Beja e Loulé (sede).

[116] O artigo 286º revogou a Lei nº 47/86, de 15 de outubro, e o artigo 287º estabelece que a presente Lei entra em vigor no dia 1 de janeiro de 2020.

Procuradoria-Geral Regional de Lisboa:

a) Área de competência territorial do Tribunal da Relação de Lisboa;

b) Zona geográfica administrativa e fiscal de Lisboa (sede), Almada, Funchal, Ponta Delgada e Sintra.

Procuradoria-Geral Regional do Porto:

a) Área de competência territorial dos Tribunais da Relação do Porto e de Guimarães;

b) Zona geográfica administrativa e fiscal norte – tribunais administrativos e fiscais do Porto (sede), Aveiro, Braga, Mirandela e Penafiel.

ANEXO II
(a que se referem os nºs 1 e 3 do artigo 129º e o nº 3 do artigo 139º)

Categoria/Escalão	Índice
Procurador da República estagiário	100
Procurador da República:	
Com 3 anos de serviço	135
Com 7 anos de serviço	155
Com 5 anos de serviço e classificação de serviço não inferior a Bom em exercício de funções nos juízos locais de competência genérica	175
Com 11 anos de serviço	175
Procurador da República no DIAP e nos Juízos locais cível, criminal e de pequena criminalidade	175
Com 15 anos de serviço	190
Com 18 anos de serviço	200
Procurador da República com 21 anos de serviço e classificação de mérito	220
Procuradores da República referidos nos n.os 2 e 3 do artigo 83º, nº 1 do artigo 157º, nos n.os 2 e 3 do artigo 160º, nº 1 do artigo 162º e no nº 2 do artigo 164º do presente Estatudo	220
Procurador-geral-adjunto	240
Procurador-geral-adjunto – 5 anos	250
Vice-Procurador-Geral da República	260
Procurador-Geral da República	260

ANEXO III
(a que se refere o nº 2 do artigo 130º)

Subsídio de compensação – 875 €

ANEXO IV
(a que se refere o nº 1 do artigo 189º)

Ano	Tempo de serviço
2011	38 anos e 6 meses (38,5).
2012	39 anos (39).
2013	39 anos e 6 meses (39,5).
2014 e seguintes	40 anos (40 anos).

ANEXO V
(a que se refere o nº 1 do artigo 190º)

A partir de 1 de janeiro de 2011 – 60 anos e 6 meses de idade e 36 anos e 6 meses de serviço (36,5).

A partir de 1 de janeiro de 2012 – 61 anos de idade e 37 anos de serviço (37).

A partir de 1 de janeiro de 2013 – 61 anos e 6 meses de idade e 37 anos e 6 meses de serviço (37,5).

A partir de 1 de janeiro de 2014 – 62 anos de idade e 38 anos de serviço (38).

A partir de 1 de janeiro de 2015 – 62 anos e 6 meses de idade e 38 anos e 6 meses de serviço (38,5).

A partir de 1 de janeiro de 2016 – 63 anos de idade e 39 anos de serviço (39).

A partir de 1 de janeiro de 2017 – 63 anos e 6 meses de idade e 39 anos e 6 meses de serviço (39,5).

A partir de 1 de janeiro de 2018 – 64 anos de idade e 40 anos de serviço (40).

A partir de 1 de janeiro de 2019 – 64 anos e 6 meses de idade e 40 anos de serviço (40).

2020 e seguintes – 65 anos de idade e 40 anos de serviço (40).

15. ESTATUTO DOS JUÍZES MILITARES E DOS ASSESSORES MILITARES DO MINISTÉRIO PÚBLICO[117]

CAPÍTULO I
Disposição preambular

ARTIGO 1º
Objeto

A presente lei regula o Estatuto dos Juízes Militares e dos Assessores Militares do Ministério Público.

CAPÍTULO II
Estatuto dos juízes militares

ARTIGO 2º
Estatuto dos juízes militares

Enquanto durar o exercício de funções judiciais, os juízes militares estão sujeitos ao presente Estatuto e, complementarmente, ao Estatuto dos Militares das Forças Armadas ou ao Estatuto do Militar da Guarda Nacional Republicana, consoante os casos.

ARTIGO 3º
Independência e inamovibilidade

Os juízes militares são inamovíveis e independentes, não podendo as suas funções cessar antes do termo da comissão de serviço, sem prejuízo do disposto no artigo seguinte.

ARTIGO 4º
Cessação de funções

1 – As funções dos juízes militares cessam antes do termo da comissão de serviço quando se verifique uma das seguintes causas:

a) Morte ou impossibilidade física permanente;
b) Renúncia;
c) Exoneração.

[117] Foi aprovado pela Lei nº 101/2003, de 15 de novembro, e objeto da Declaração de Retificação nº 1/2004, de 3 de janeiro.

2 – A renúncia, que não carece de aceitação, só produz efeitos após a sua comunicação ao presidente do Conselho Superior da Magistratura.

3 – Compete ao Conselho Superior da Magistratura, ouvido o Chefe do Estado-Maior do ramo respetivo ou o comandante-geral da Guarda Nacional Republicana (GNR), consoante os casos, verificar a impossibilidade física permanente, a qual deve ser previamente comprovada por uma junta médica militar.

4 – A cessação de funções é objeto de declaração publicada na 2ª série do Diário da República.

ARTIGO 5º
Irresponsabilidade

1 – Os juízes militares só podem ser responsabilizados civil, criminal ou disciplinarmente pelas suas decisões, nos casos especialmente previstos na lei.

2 – A responsabilidade por crimes comuns ou estritamente militares efetiva-se em termos semelhantes aos dos demais juízes do tribunal em que os juízes militares exerçam funções.

3 – Fora dos casos em que o ilícito praticado constitua crime, a responsabilidade civil apenas pode ser efetuada mediante ação de regresso do Estado contra o juiz militar em causa.

ARTIGO 6º
Regime disciplinar

Os juízes militares estão sujeitos, por factos praticados no exercício das suas funções, ao regime disciplinar previsto no Estatuto dos Magistrados Judiciais, com a ressalva das disposições relativas à avaliação do mérito.

ARTIGO 7º
Ação disciplinar

Compete exclusivamente ao Conselho Superior da Magistratura o exercício da ação disciplinar sobre os juízes militares.

ARTIGO 8º
Incompatibilidades

Os juízes militares não podem desempenhar qualquer outra função, pública ou privada, salvas as funções docentes ou de investigação científica de natureza jurídica ou militar, não remuneradas.

ARTIGO 9º
Estatuto remuneratório

1 – Aos juízes militares são mantidos o vencimento ou a remuneração de reserva, conforme os casos, acrescidos dos suplementos a que tenham direito, sendo-lhes ainda abonado um terço da remuneração dos demais juízes do tribunal em que estejam colocados.

2 – O montante que venha a resultar da aplicação da regra referida no número anterior não pode ser superior à remuneração auferida pelos magistrados dos tribunais em que os juízes militares estejam colocados.

3 – O suplemento de exercício de funções judiciais a que se refere o presente artigo é devido exclusivamente pelo período de exercício das mesmas e não influencia a formação da remuneração de reserva ou da pensão de reforma.

ARTIGO 10º
Honras e precedências

Os juízes militares gozam, salvo em cerimónias militares, das honras, garantias e precedências protocolares dos juízes dos tribunais em que forem colocados ou a que estiverem equiparados.

ARTIGO 11º
Trajo profissional

O trajo profissional dos juízes militares é definido por portaria conjunta dos Ministros da Defesa Nacional, da Administração Interna e da Justiça.

CAPÍTULO III
Movimento de juízes militares

ARTIGO 12º
Distribuição de juízes militares

1 – Os juízes militares integram o quadro dos tribunais competentes para o julgamento de crimes estritamente militares, nos termos da Lei de Organização e Funcionamento dos Tribunais Judiciais e do Código de Justiça Militar.[118]

2 – O quadro de cada um dos tribunais referidos no número anterior prevê, conforme os casos, vagas correspondentes às seguintes categorias:

a) A de juiz militar do Supremo Tribunal de Justiça, reservada aos vice-almirantes e tenentes-generais dos três ramos das Forças Armadas ou da GNR;

b) A de juiz militar da Relação, reservada aos contra-almirantes e majores-generais dos três ramos das Forças Armadas ou da GNR;

c) A de juiz militar de 1ª instância, reservada aos capitães-de-mar-e-guerra e coronéis dos três ramos das Forças Armadas ou da GNR.

ARTIGO 13º
Nomeação

1 – A colocação de juízes militares nos quadros efetua-se por nomeação.

2 – Os juízes militares a que se referem as alíneas *a*) e *b*) do nº 2 do artigo 12º são nomeados, por escolha, de entre os oficiais na reserva; a nomeação pode recair em oficial na situação de ativo, desde que o mesmo transite para a reserva até à tomada de posse.

3 – Os juízes militares de 1ª instância podem ser nomeados, por escolha, de entre oficiais nas situações de ativo ou reserva.

[118] Esta Lei foi substituída pela Lei nº 62/2013 – Lei da Organização do Sistema Judiciário. O Código da Justiça Militar foi aprovado pela Lei nº 100/2003, de 15 de novembro, retificada pela Declaração nº 2/2004, de 3 de janeiro.

4 – As nomeações a que se referem os números anteriores devem recair, de preferência, em oficiais possuidores da licenciatura em Direito.

5 – Não podem ser nomeados juízes militares os oficiais que:

a) Tenham sido definitivamente condenados em pena criminal privativa da liberdade pela prática de crimes dolosos;

b) Se encontrem definitivamente pronunciados por crimes comuns ou estritamente militares, até ao trânsito em julgado da decisão final.

ARTIGO 14º
Movimento de juízes militares

1 – Os juízes militares são nomeados pelo Conselho Superior da Magistratura, sob proposta do Conselho de Chefes de Estado-Maior ou do Conselho Geral da GNR, conforme os casos.

2 – Em caso de exoneração ou vagatura de algum lugar previsto no artigo 12º, o Conselho de Chefes de Estado-Maior ou o Conselho Geral da GNR, conforme os casos, submetem ao Conselho Superior da Magistratura uma lista de três nomes que preencham as condições legais para a nomeação e que fundamentadamente considerem os mais adequados para o desempenho do cargo a prover.

3 – O Conselho Superior da Magistratura pode proceder à nomeação de entre os nomes propostos ou solicitar a indicação de mais um nome ou a apresentação de nova lista, seguindo-se depois os mesmos trâmites.

ARTIGO 15º
Regime

1 – A comissão de serviço dos juízes militares tem a duração de três anos e pode ser renovada uma vez, por igual período.

2 – A transição de juízes militares para as situações de reserva ou reforma é sustada durante a comissão de serviço e, bem assim, em caso de recondução, salvo declaração expressa em contrário do juiz militar em causa.

ARTIGO 16º
Posse

1 – Os juízes militares do Supremo Tribunal de Justiça tomam posse perante o Presidente deste Tribunal.

2 – Os juízes militares da Relação e os juízes militares de 1ª instância tomam posse perante os presidentes dos Tribunais da Relação de Lisboa e do Porto, conforme os casos.

3 – A posse deve ter lugar nos 10 dias subsequentes à publicação do ato que determinou a colocação.

ARTIGO 17º
Regime da exoneração

A exoneração dos juízes militares compete ao Conselho Superior da Magistratura, ouvido o Conselho de Chefes de Estado-Maior ou o Conselho Superior da GNR, consoante os casos.

ARTIGO 18º
Causas de exoneração

São exonerados os juízes militares que:

a) Declarem, expressamente, desejar transitar para a situação de reforma, nos termos do nº 2 do artigo 15º;

b) Sejam definitivamente condenados por pena criminal privativa da liberdade;

c) Aceitem lugar incompatível com o exercício das suas funções.

ARTIGO 19º
Suspensão de funções

Os juízes militares suspendem as respetivas funções nos mesmos termos dos magistrados judiciais.

CAPÍTULO IV
Assessoria Militar

SECÇÃO I
Estrutura e funções

ARTIGO 20º
Assessoria Militar

1 – A assessoria ao Ministério Público nos processos por crimes estritamente militares é assegurada pela Assessoria Militar, composta por oficiais das Forças Armadas e da GNR.

2 – Integram a Assessoria Militar os Núcleos de Assessoria Militar dos Departamentos de Investigação e Ação Penal (DIAP) de Lisboa e Porto.

ARTIGO 21º
Núcleos de assessoria militar

1 – Nos DIAP de Lisboa e Porto funcionam núcleos de assessoria militar, compostos por oficiais das Forças Armadas e da GNR, de categoria não inferior a primeiro-tenente ou capitão e em número não inferior a quatro por núcleo.

2 – Os núcleos de assessoria militar asseguram as funções a que se referem o artigo seguinte e o artigo 23º no âmbito das respetivas procuradorias-gerais distritais e dos DIAP.

3 – O Núcleo de Assessoria Militar do DIAP de Lisboa assegura igualmente o apoio ao Departamento Central de Investigação e Ação Penal.

4 – O Procurador-Geral da República pode fixar um número de assessores militares em cada um dos núcleos superior ao previsto no nº 1, de acordo com as necessidades de serviço.

SECÇÃO II
Funções e regime de intervenção

ARTIGO 22º
Funções

Cabe aos assessores militares coadjuvar o Ministério Público:

a) No exercício da ação penal relativamente a crimes estritamente militares;

b) Na promoção e realização de ações de prevenção relativas aos crimes referidos na alínea anterior;

c) Na direção da investigação dos crimes referidos nas alíneas anteriores;

d) Na fiscalização da atividade processual da Polícia Judiciária Militar;

e) Na promoção da execução de penas e medidas de segurança aplicadas a militares na efetividade de serviço.

ARTIGO 23º
Regime de intervenção

1 – Para efeito do disposto no artigo anterior e sem prejuízo do demais apoio técnico que o magistrado responsável pelo processo lhes requeira, os assessores militares emitem sempre parecer prévio, não vinculativo, relativamente aos seguintes atos:

a) Requerimento de aplicação de medidas de coação a militares na efetividade de serviço, bem como a sua revogação, alteração ou extinção;

b) Audição do Ministério Público para os efeitos previstos na alínea anterior, sempre que a aplicação, revogação, alteração ou extinção sejam decretadas oficiosamente ou a requerimento do arguido;

c) Dedução da acusação ou arquivamento de inquérito.

2 – O parecer a que se refere o número anterior é emitido por escrito, no prazo fixado pelo magistrado responsável; este pode, no entanto, por urgente conveniência de serviço, determinar que o parecer seja emitido oralmente, sendo reduzido a escrito logo que possível.

3 – Os assessores militares emitem parecer segundo o critério de intervenção previsto no nº 2 do artigo 115º do Código de Justiça Militar, sem prejuízo de o magistrado responsável poder colher ainda os pareceres de outros assessores militares, se entender conveniente.[119]

SECÇÃO III
Nomeação e estatuto

ARTIGO 24º
Nomeação

1 – Os assessores militares são nomeados pelo Procurador-Geral da República, sob proposta dos Chefes de Estado-Maior respetivos ou do comandante-geral da GNR, consoante os casos.

[119] Este normativo foi objeto da Retificação nº 1/2004, de 3 de janeiro.

2 – É correspondentemente aplicável o procedimento de nomeação dos juízes militares, com as necessárias adaptações.

ARTIGO 25º
Estatuto

1 – Os assessores militares do Ministério Público desempenham as respetivas funções em regime de comissão normal e vencem de acordo com o posto respetivo.

2 – O exercício de funções na Assessoria Militar do Ministério Público só decorre em regime de exclusividade se o Procurador-Geral assim o determinar, genérica ou casuisticamente.

3 – Os assessores militares estão sujeitos ao dever de reserva que impende sobre os magistrados do Ministério Público, além dos deveres inerentes ao estatuto da condição militar.

4 – São ainda aplicáveis aos assessores militares os impedimentos previstos no artigo 117º do Código de Justiça Militar.

16. ESTATUTO DOS ADMINISTRADORES JUDICIAIS[120]

CAPÍTULO I
Disposições gerais

ARTIGO 1º
Objeto

A presente lei estabelece o estatuto do administrador judicial.

ARTIGO 2º
Noção de administrador judicial

1 – O administrador judicial é a pessoa incumbida da fiscalização e da orientação dos atos integrantes do processo especial de revitalização e do processo especial para acordo de pagamento, bem como da gestão ou liquidação da massa insolvente no âmbito do processo de insolvência, sendo competente para a realização de todos os atos que lhe são cometidos pelo presente estatuto e pela lei.

2 – O administrador judicial designa-se administrador judicial provisório, administrador da insolvência ou fiduciário, dependendo das funções que exerce no processo, nos termos da lei.

CAPÍTULO II
Acesso à atividade

ARTIGO 3º
Habilitação

1 – Podem ser administradores judiciais as pessoas que, cumulativamente:

a) Tenham uma licenciatura e experiência profissional adequadas ao exercício da atividade;

b) Frequentem estágio profissional promovido para o efeito;

c) Obtenham aprovação em exame de admissão especificamente organizado para avaliar os conhecimentos adquiridos durante o período de estágio profissional;

[120] Aprovado pela Lei nº 22/2013, de 26 de fevereiro, alterado pela Lei nº 17/2017, de 16 de maio, pelo DL nº 52/2019, de 17 de abril, e pelas Leis nºs 79/2021, de 24 de novembro, e 9/2022, de 11 de janeiro. Revogou a Lei nº 32/2004, de 22 de julho, substituindo o Estatuto do Administrador da Insolvência.

d) Não se encontrem em nenhuma situação de incompatibilidade para o exercício da atividade;

e) Sejam pessoas idóneas para o exercício da atividade de administrador judicial.

2 – Para os efeitos da alínea *a*) do número anterior, considera-se licenciatura e experiência profissional adequadas ao exercício da atividade aquelas que, apreciadas conjuntamente, atestem a existência de formação de base e experiência do candidato na generalidade das matérias sobre que versa o exame de admissão.

ARTIGO 4º
Incompatibilidades, impedimentos e suspeições

1 – Os administradores judiciais estão sujeitos aos impedimentos e suspeições aplicáveis aos juízes, bem como às regras gerais sobre incompatibilidades aplicáveis aos titulares de órgãos sociais das sociedades.

2 – Os administradores judiciais, enquanto no exercício das respetivas funções, não podem integrar órgãos sociais ou ser dirigentes de empresas que prossigam atividades total ou predominantemente semelhantes às de empresa que lhe seja confiada para gestão no âmbito do processo especial de revitalização, ou que se encontre compreendida na massa insolvente.

3 – Os administradores judiciais e os seus cônjuges e parentes ou afins até ao 2º grau da linha reta ou colateral não podem, por si ou por interposta pessoa, ser titulares de participações sociais nas empresas referidas no número anterior.

4 – Os administradores judiciais não podem, por si ou por interposta pessoa:

a) Ser membros de órgãos sociais ou dirigentes de empresas em que tenham exercido as suas funções; ou

b) Ter desempenhado alguma função na dependência hierárquica ou funcional dos gerentes das sociedades, quer ao abrigo de um contrato de trabalho, quer a título de prestação de serviços, sem que hajam decorrido três anos após a cessação do exercício daquelas funções ou atividades.

5 – Não configura situação de incompatibilidade, impedimento ou suspeição a nomeação de um mesmo administrador judicial para o exercício das respetivas funções em sociedades que se encontrem em relação de domínio ou de grupo, quando o juiz o considere adequado à salvaguarda dos interesses das sociedades.

ARTIGO 5º
Idoneidade

1 – Cada candidato a administrador judicial deve emitir, aquando da sua candidatura ao exercício da atividade, declaração escrita, dirigida à entidade responsável pelo acompanhamento, fiscalização e disciplina dos administradores judiciais, atestando que dispõe da aptidão necessária para o exercício da mesma, e que conduz a sua vida pessoal e profissional de forma idónea.

2 – Entre outras circunstâncias, considera-se indiciador de falta de idoneidade para o exercício da atividade o facto de a pessoa ter sido:

a) Condenada com trânsito em julgado, no País ou no estrangeiro, por crime de furto, roubo, burla, burla informática e nas comunicações, extorsão, abuso de confiança, recetação, infidelidade, falsificação, falsas declarações, insolvência dolosa, frustração de créditos, insolvência negligente, favorecimento de credores, emissão de cheques sem provisão, abuso de cartão de garantia ou de cartão, dispositivo ou dados de pagamento, apropriação ilegítima de bens do sector público ou cooperativo, administração danosa em unidade económica do setor público ou cooperativo, usura, suborno, corrupção, tráfico de influência, peculato, receção não autorizada de depósitos ou outros fundos reembolsáveis, prática ilícita de atos ou operações inerentes à atividade seguradora ou dos fundos de pensões, fraude fiscal ou outro crime tributário, branqueamento de capitais, contrafação de cartões ou outros dispositivos de pagamento, uso de cartões ou outros dispositivos de pagamento contrafeitos, aquisição de cartões ou outos atos preparatórios da contrafação, uso de cartões ou outros dispositivos de pagamento obtidos contrafeitos, aquisição de cartões ou outros dispositivos de pagamento contrafeitos, atos preparatórios da contrafação, aquisição de cartões ou outros dispositivos de pagamento obtidos mediante crime informático, ou crime previsto no Código das Sociedades Comerciais ou no Código dos Valores Mobiliários.

b) Declarada, nos últimos 15 anos, por sentença nacional ou estrangeira transitada em julgado, insolvente ou julgada responsável por insolvência de empresa por ela dominada ou de cujos órgãos de administração ou fiscalização tenha sido membro.

3 – O disposto no número anterior não impede que a entidade responsável pelo acompanhamento, fiscalização e disciplina dos administradores judiciais considere qualquer outro facto como indiciador de falta de idoneidade para o exercício da atividade.

4 – A verificação da ocorrência dos factos descritos no nº 2 não impede a entidade responsável pelo acompanhamento, fiscalização e disciplina dos administradores judiciais de considerar, de forma fundamentada, que estão reunidas as condições de idoneidade para o exercício da atividade de administrador judicial, tendo em conta, nomeadamente, o tempo decorrido desde a prática dos factos.

ARTIGO 6º
Listas oficiais de administradores judiciais

1 – Para cada comarca existe uma lista de administradores judiciais, contendo o nome, o domicílio profissional, o endereço de correio eletrónico e o telefone profissional das pessoas habilitadas a exercer tal atividade na respetiva comarca.

2 – Se o administrador judicial for sócio de uma sociedade de administradores judiciais, a lista deve conter, para além dos elementos referidos no número anterior, a referência àquela qualidade e a identificação da respetiva sociedade.

3 – A manutenção e atualização das listas oficiais de administradores judiciais, bem como a sua colocação à disposição dos tribunais, preferencialmente por meios eletrónicos, cabem à entidade responsável pelo acompanhamento, fiscalização e disciplina dos administradores judiciais.

4 – As listas oficiais de administradores judiciais são públicas e disponibilizadas de forma permanente na Área de Serviços Digitais dos Tribunais, acessível no endereço eletrónico https://tribunais.org.pt.

5 – A inscrição nas listas oficiais não investe os inscritos na qualidade de agente nem garante o pagamento de qualquer remuneração fixa por parte do Estado.

ARTIGO 7º
Inscrição no estágio

1 – A inscrição no estágio é solicitada à entidade responsável pelo acompanhamento, fiscalização e disciplina dos administradores judiciais, mediante requerimento acompanhado dos seguintes elementos:

a) Curriculum vitae;

b) Certificado de licenciatura;

c) Certificado do registo criminal;

d) Declaração sobre o exercício de qualquer outra atividade remunerada e sobre a inexistência de qualquer das situações de incompatibilidade previstas na presente lei;

e) Declaração de idoneidade;

f) Declaração da sua situação financeira, com a discriminação de proveitos auferidos e encargos suportados à data da declaração;

g) Atestado médico a que se referem os nºs 6 e 7 do artigo 12º, no caso de o candidato ter 70 anos completos;

h) Documento em que o interessado identifica as listas de administradores judiciais que pretende integrar no primeiro ano de atividade;

i) Qualquer outro documento que o candidato considere relevante para instruir a sua candidatura.

2 – Sem prejuízo do disposto no número anterior, a entidade responsável pelo acompanhamento, fiscalização e disciplina dos administradores judiciais pode solicitar ao interessado qualquer outro documento que repute como necessário para prova dos factos declarados.

3 – Compete à entidade responsável pelo acompanhamento, fiscalização e disciplina dos administradores judiciais determinar o momento de realização do estágio.

4 – A entidade responsável pelo acompanhamento, fiscalização e disciplina dos administradores judiciais fixa, por regulamento, os critérios a observar na seleção dos candidatos ao estágio, sendo o referido regulamento publicado na Área de Serviços Digitais dos Tribunais, acessível no endereço eletrónico https://tribunais.org.pt, em simultâneo com o anúncio de abertura do processo de recrutamento, com, pelo menos, 30 dias de antecedência face à data do início do estágio.

5 – O candidato ao estágio, bem como o administrador judicial que venha a ser admitido para o exercício da atividade, deve manter atualizada a informação prestada à entidade responsável pelo acompanhamento, fiscalização e disciplina da sua atividade no momento da sua candidatura, devendo, contudo, ser anualmente atualizada a informação a que se refere a alínea *f*) do nº 1.

ARTIGO 8º
Formação inicial e estágio

1 – O estágio referido na alínea *b*) do nº 1 do artigo 3º, constituindo a fase inicial de formação dos candidatos a administradores judiciais, tem a duração de seis meses, competindo a sua organização à entidade com habilitação para ministrar o ensino ou para prestar formação profissional, sob o controlo da entidade responsável pelo acompanhamento, fiscalização e disciplina dos administradores judiciais.

2 – O estágio tem uma componente teórica e uma componente prática.

3 – A componente teórica do estágio tem a duração de dois meses e a componente prática tem a duração de quatro meses.

4 – A componente prática do estágio traduz-se no acompanhamento por um patrono do estagiário que pretende inscrever-se como administrador judicial, devendo aquele transmitir a este os conhecimentos práticos e as regras deontológicas existentes que devem ser observados no exercício da atividade.

5 – Compete à entidade responsável pelo acompanhamento, fiscalização e disciplina dos administradores judiciais proceder à nomeação de patrono a cada um dos candidatos que se encontrem validamente inscritos no estágio.

ARTIGO 9º
Exame de admissão

1 – O exame de admissão, realizado no termo do estágio a que se refere o artigo anterior, consiste numa prova escrita, elaborada pela entidade incumbida de organizar o estágio e aprovada pela entidade responsável pelo acompanhamento, fiscalização e disciplina dos administradores judiciais, sobre as seguintes matérias:

a) Direito comercial e Código da Insolvência e da Recuperação de Empresas;

b) Direito processual civil e direito do trabalho;

c) Contabilidade e fiscalidade;

d) Economia e gestão de empresas;

e) Regras éticas e deontológicas a observar no exercício de funções de administrador judicial, as quais são definidas em regulamento aprovado pela entidade responsável pelo acompanhamento, fiscalização e disciplina dos administradores judiciais, ouvidas as associações representativas dos administradores judiciais; e

f) Prática da atividade de administrador judicial.

2 – A data de realização do exame é publicada na Área de Serviços Digitais dos Tribunais, acessível no endereço eletrónico https://tribunais.org.pt, com um mínimo de quatro meses de antecedência sobre a sua realização e de 30 dias de antecedência face ao início do estágio.

3 – Considera-se aprovação no exame de admissão a obtenção de uma classificação igual ou superior a 10 valores, numa escala de 0 a 20 valores.

4 – Os resultados do exame e a lista de classificação dos candidatos a administrador judicial são publicados na Área de Serviços Digitais dos Tribunais, acessível no endereço eletrónico https://tribunais.org.pt, no prazo de 10 dias após a realização do exame.

ARTIGO 10º
Inscrição nas listas oficiais

1 – Em caso de aprovação no exame de admissão, a entidade responsável pelo acompanhamento, fiscalização e disciplina dos administradores judiciais, no prazo de cinco dias após a publicação dos resultados do exame referido no artigo anterior e da lista de classificação dos candidatos inscreve os candidatos nas listas oficiais.

2 – Cada candidato pode inscrever-se em mais do que uma lista oficial, havendo uma lista por cada comarca.

CAPÍTULO III
Direitos e deveres dos administradores judiciais

ARTIGO 11º
Direitos dos administradores judiciais

No exercício das suas funções, os administradores judiciais gozam dos direitos a:

a) Equiparação aos agentes de execução para efeitos de:

i) Direito de ingresso nas secretarias judiciais e demais serviços públicos, designadamente conservatórias e serviços de finanças;

ii) Acesso ao registo informático de execuções nos termos do Decreto-Lei nº 201/2003, de 10 de setembro, alterado pelo Decreto-Lei nº 53/2004, de 18 de março, pela Lei nº 60-A/2005, de 30 de dezembro, e pelo Decreto-Lei nº 226/2008, de 20 de novembro.

iii) Consulta das bases de dados da administração tributária, da segurança social, das conservatórias do registo predial, comercial e automóvel e de outros registos e arquivos semelhantes, de acordo com o disposto no artigo 749º do Código de Processo Civil e a regulamentar por portaria nos termos do nº 3 desse artigo, na medida necessária ao exercício das competências que lhes são legalmente atribuídas;

b) Possuir documento de identificação profissional emitido pelo Ministério da Justiça, nos termos a aprovar por portaria do membro doo Governo responsável pela área da justiça, que atesta a qualidade de administrador judicial;

c) Distribuição equitativa das nomeações nos processos, a qual deve ser assegurada, preferencialmente, através de meios eletrónicos.

ARTIGO 12º
Deveres

1 – Os administradores judiciais devem, no exercício das suas funções e fora delas, considerar-se servidores da justiça e do direito e, como tal, mostrar-se dignos da honra e das responsabilidades que lhes são inerentes.

2 – Os administradores judiciais, no exercício das suas funções, devem atuar com absoluta independência e isenção, estando-lhes vedada a prática de quaisquer atos que, para seu benefício ou de terceiros, possam pôr em crise, consoante os casos, a recuperação do devedor, ou, não sendo esta viável, a sua liquidação, devendo orientar sempre a sua conduta para a maximização da satisfação dos interesses dos credores em cada um dos processos que lhes sejam confiados.

3 – Os administradores judiciais só devem aceitar as nomeações efetuadas pelo juiz caso disponham dos meios necessários para o efetivo acompanhamento dos processos em que são nomeados.

4 – Os administradores judiciais devem comunicar, preferencialmente, por via eletrónica, à entidade responsável pelo seu acompanhamento, fiscalização e disciplina, bem como ao juiz do processo, a recusa de aceitação de qualquer nomeação fundada na inexistência de meios, devendo a referida entidade, de imediato, impedir a ocorrência de novas nomeações.

5 – Os administradores judiciais devem comunicar, preferencialmente por via eletrónica, com a antecedência mínima de 15 dias, aos juízes dos processos em que se encontrem a exercer funções e à entidade responsável pelo seu acompanhamento, fiscalização e disciplina qualquer mudança de domicílio profissional, bem como a informação atinente ao novo domicílio.

6 – Os administradores judiciais que tenham completado 70 anos de idade devem fazer prova, mediante atestado médico, que possuem aptidão para o exercício da atividade.

7 – O atestado a que se refere o número anterior é apresentado, preferencialmente por via eletrónica, à entidade responsável pelo acompanhamento, fiscalização e disciplina dos administradores judiciais no mês seguinte àquele em que o administrador judicial completar 70 anos, devendo ser apresentado novo atestado de idêntico teor a cada dois anos.

8 – Os administradores judiciais devem contratar seguro de responsabilidade civil obrigatório que cubra o risco inerente ao exercício das suas funções, sendo o montante do risco coberto definido em portaria do membro do Governo responsável pela área da justiça, e devem remeter, de imediato, preferencialmente por meios eletrónicos, à entidade responsável pelo acompanhamento, fiscalização e disciplina da sua atividade cópias dos contratos celebrados, bem como comprovativos da sua renovação, sempre que tal se justifique.[121]

9 – Os administradores judiciais estão sujeitos ao pagamento das taxas devidas à entidade responsável pelo seu acompanhamento, fiscalização e disciplina, a fixar por portaria dos membros do Governo responsáveis pelas áreas das finanças e da justiça.

10 – Os administradores judiciais devem frequentar as ações de formação contínua definidas pela entidade responsável pelo acompanhamento, fiscalização e disciplina da sua atividade em regulamento próprio desta entidade, competindo à mesma estabelecer os protocolos que julgue necessários para esse efeito, designadamente, com universidades, centros de formação profissional legalmente reconhecidos e com as associações representativas dos administradores judiciais.

11 – Ao subcontratar qualquer entidade nos processos para os quais é nomeado, designadamente para efeitos de alienação de ativos, o administrador judicial deve celebrar com o subcontratante um contrato escrito no qual, expressamente, se definam, entre outros, o objeto contratual e os deveres e os direitos que assistem a ambas as partes.

12 – Os administradores judiciais devem fornecer à entidade responsável pelo acompanhamento, fiscalização e disciplina a informação necessária que possibilite a avaliação do seu desempenho, nos termos definidos pela referida entidade.

[121] A Portaria nº 137/2020, de 4 de junho, define o montante do risco coberto pelo seguro obrigatório de responsabilidade civil profissional a que estão sujeitos os administradores judiciais.

CAPÍTULO IV
Atividade dos administradores judiciais

ARTIGO 13º
Nomeação dos administradores judiciais

1 – Sem prejuízo do disposto no artigo 53º do Código da Insolvência e da Recuperação de Empresas, apenas podem ser nomeados administradores judiciais aqueles que constem das listas oficiais de administradores judiciais.

2 – Sem prejuízo do disposto no nº 2 do artigo 52º do Código da Insolvência e da Recuperação de Empresas, a nomeação a efetuar pelo juiz processa-se por meio de sistema informático que assegure a aleatoriedade da escolha e a distribuição em idêntico número dos administradores judiciais nos processos.

3 – Não sendo possível ao juiz recorrer ao sistema informático a que alude o número anterior, este deve pugnar por nomear os administradores judiciais de acordo com os princípios vertidos no presente artigo, socorrendo-se para o efeito das listas a que se refere a presente lei.

ARTIGO 14º
Exercício de funções

Sem prejuízo do disposto no nº 3 do artigo 12º, os administradores judiciais exercem as suas funções por tempo indeterminado e sem limite máximo de processos.

ARTIGO 15º
Suspensão do exercício de funções

1 – Os administradores judiciais podem suspender o exercício da sua atividade pelo período máximo de dois anos, mediante requerimento dirigido, preferencialmente por via eletrónica, à entidade responsável pelo acompanhamento, fiscalização e disciplina.

2 – Sendo requerida nova suspensão do exercício de funções pelo mesmo administrador judicial, esta apenas pode ser concedida depois de decorridos pelo menos três anos após o termo da primeira suspensão.

3 – Sendo deferido o pedido de suspensão, o administrador judicial deve, por via eletrónica, comunicá-lo aos juízes dos processos em que se encontra a exercer funções, para que se proceda à sua substituição.

4 – O administrador judicial substituído deve prestar toda a colaboração necessária que seja solicitada pelos administradores judiciais que o substituam.

ARTIGO 16º
Escusa e substituição do administrador judicial

1 – A todo o tempo, o administrador judicial pode pedir escusa de um processo para o qual tenha sido nomeado pelo juiz, em caso de grave e temporária impossibilidade de exercício de funções.

2 – O pedido de escusa é comunicado ao juiz do processo, que decide de imediato a substituição do administrador judicial, comunicando o pedido de escusa e a decisão de substituição à entidade responsável pelo acompanhamento, fiscalização

e disciplina dos administradores judiciais, tendo em vista a eventual instauração de processo disciplinar ou de processo de contraordenação.

3 - Se a nomeação ou a escolha de administrador judicial o colocar em alguma das situações de impedimento ou de incompatibilidade previstos na presente lei, o administrador judicial deve comunicar imediatamente esse facto ao juiz do processo, requerendo a sua substituição.

4 - Se, em qualquer momento, se verificar alguma circunstância suscetível de revelar falta de idoneidade, o administrador judicial deve comunicar imediatamente esse facto aos juízes dos processos em que tenha sido nomeado, requerendo a sua substituição.

5 - Os juízes devem comunicar qualquer pedido de substituição que recebam dos administradores judiciais à entidade responsável pelo acompanhamento fiscalização e disciplina dos administradores judiciais, tendo em vista a eventual instauração de processo disciplinar ou de processo de contraordenação.

6 - O administrador judicial substituído deve prestar toda a colaboração necessária que seja solicitada pelos administradores judiciais que o substituam.

CAPÍTULO V
Regime sancionatório

ARTIGO 17º
Competências sancionatórias

1 - Compete à entidade responsável pelo acompanhamento, fiscalização e disciplina dos administradores judiciais instruir os processos disciplinares e os processos de contraordenação relativos ao exercício de funções dos administradores judiciais, bem como punir as infrações por eles cometidas.

2 - Ao processo disciplinar dos administradores judiciais aplica-se, subsidiariamente e com as necessárias adaptações, o regime disciplinar previsto na Lei Geral de Trabalho em Funções Públicas, aprovado pela Lei nº 35/2014, de 20 de junho, na sua redação atual.

3 - Aos processos de contraordenação instaurados contra administrador judicial aplica-se, subsidiariamente, o regime geral do ilícito de mera ordenação social, constante do Decreto-Lei nº 433/82, de 27 de outubro, alterado pelos Decretos-Leis nºs 356/89, de 17 de outubro, 244/95, de 14 de setembro, e 323/2001, de 17 de dezembro, e pela Lei nº 109/2001, de 24 de dezembro.

ARTIGO 18º
Processo disciplinar

1 - A entidade responsável pelo acompanhamento, fiscalização e disciplina dos administradores judiciais pode, por deliberação fundamentada e na sequência de processo disciplinar:

a) Suspender preventivamente o administrador judicial contra o qual tenha sido instaurado processo disciplinar ou contraordenacional, até à decisão dos referidos processos, a fim de prevenir a ocorrência de factos ilícitos;

b) Admoestar, por escrito, o administrador judicial que tenha violado de forma leve os deveres profissionais a que está adstrito nos termos dos presentes estatutos e da lei;

c) *(Revogada).*

2 – A aplicação de qualquer das sanções previstas no número anterior é sempre precedida de audiência do interessado.

3 – A instauração de processo disciplinar interrompe os prazos de prescrição das contraordenações eventualmente praticadas, iniciando-se a contagem dos prazos na data de decisão do processo disciplinar.

ARTIGO 19º
Contraordenações

1 – A entidade responsável pelo acompanhamento, fiscalização e disciplina dos administradores judiciais pode, por deliberação fundamentada, instaurar processo de contraordenação, aplicando-se, neste caso, as sanções previstas nos números seguintes.

2 – O exercício de funções de administrador judicial em violação do preceituado nos artigos 4º ou 5º, bem como o exercício de funções durante o período de suspensão ou após o cancelamento da inscrição, constitui contraordenação punível com coima de € 2500 a € 250 000.

3 – A violação pelo administrador judicial dos deveres previstos nos nºs 2 e 10 do artigo 12º, por ação ou omissão por ele praticada, constitui contraordenação punível com coima de € 5000 a € 500 000.

4 – A violação de qualquer dever de informação previsto no presente estatuto ou na lei a cujo cumprimento esteja adstrito o administrador judicial constitui contraordenação punível com coima de € 1000 a € 50 000.

5 – A violação de qualquer outro dever previsto no presente estatuto ou na lei a cujo cumprimento esteja obrigado o administrador judicial constitui contraordenação punível com coima de € 1000 a € 25 000.

ARTIGO 20º
Regime

1 – Os ilícitos de mera ordenação social previstos na presente lei são imputados a título de dolo ou de negligência.

2 – A negligência é punível, sendo os limites mínimo e máximo das coimas previstas no artigo anterior reduzidos para metade.

3 – A tentativa é punível com a coima aplicável à contraordenação consumada, especialmente atenuada.

4 – A determinação da coima concreta e das sanções acessórias faz-se em função da ilicitude concreta do facto, da culpa do agente, dos benefícios obtidos e das exigências de prevenção.

5 – Na determinação da ilicitude concreta do facto e da culpa das pessoas atende-se, entre outras, às seguintes circunstâncias:

a) O perigo ou o dano causados ao devedor e aos credores do processo em que o facto foi praticado;

b) O caráter ocasional ou reiterado da infração;

c) A existência de atos de ocultação tendentes a dificultar a descoberta da infração;

d) A existência de atos do agente destinados a, por sua iniciativa, reparar os danos ou obviar aos perigos causados pela infração;

e) Intenção de obter, para si ou para outrem, um benefício ilegítimo ou de causar danos.

6 – Na determinação da sanção aplicável são ainda tomadas em consideração a situação económica e a conduta anterior do agente.

7 – Sempre que o ilícito de mera ordenação social resulte da omissão de um dever, o pagamento da coima ou o cumprimento da sanção acessória não dispensam o infrator do cumprimento daquele, se tal ainda for possível.

8 – Cumulativamente com as coimas, podem ser aplicadas aos responsáveis por qualquer contraordenação, além das previstas no regime geral do ilícito de mera ordenação social, as seguintes sanções acessórias:

a) Apreensão e perda do objeto da infração, incluindo o produto do benefício obtido pelo infrator através da prática da contraordenação;

b) Interdição temporária do exercício pelo infrator da atividade de administrador judicial;

c) Inibição do exercício de funções de administração, direção, chefia ou fiscalização de quaisquer pessoas coletivas e, em geral, de representação de quaisquer pessoas ou entidades;

d) Publicação pela entidade responsável pelo acompanhamento, fiscalização e disciplina dos administradores judiciais, a expensas do infrator e em locais idóneos para o cumprimento das finalidades de prevenção geral do sistema jurídico, da sanção aplicada pela prática da contraordenação;

e) Cancelamento da inscrição para o exercício da atividade de administrador judicial.

9 – As sanções referidas nas alíneas *b*) e *c*) do número anterior não podem ter duração superior a cinco anos, contados da decisão condenatória definitiva.

10 – A publicação referida na alínea *d*) do nº 8 pode ser feita na íntegra ou por extrato, conforme for decidido pela entidade responsável pelo acompanhamento, fiscalização e disciplina dos administradores judiciais.

11 – As sociedades de administradores judiciais respondem solidariamente pelo pagamento das coimas, das custas e dos demais encargos com o processo em que forem condenados os seus sócios.

12 – O produto das coimas previstas no artigo anterior é distribuído da seguinte forma:

a) 60% para o Estado;

b) 40% para a entidade responsável pelo acompanhamento, fiscalização e disciplina dos administradores judiciais.

ARTIGO 21º
Deveres de comunicação

1 – A destituição do administrador da insolvência pelo juiz, nos termos do artigo 56º do Código da Insolvência e da Recuperação de Empresas, é sempre comunicada

por este à entidade responsável pelo acompanhamento, fiscalização e disciplina dos administradores judiciais, tendo em vista a eventual instauração de processo disciplinar ou de processo de contraordenação.

2 – O juiz, os credores, o devedor e o Ministério Público devem ainda comunicar à entidade responsável pelo acompanhamento, fiscalização e disciplina dos administradores judiciais a violação reiterada por parte destes de quaisquer outros deveres a que os mesmos estejam sujeitos no âmbito do processo especial de revitalização, do processo especial para acordo de pagamento ou do processo de insolvência, para eventual instauração de processo disciplinar ou de processo de contraordenação.

CAPÍTULO VI
Remuneração e pagamento do administrador judicial

ARTIGO 22º
Remuneração do administrador judicial

O administrador judicial tem direito a ser remunerado pelo exercício das funções que lhe são cometidas, bem como ao reembolso das despesas necessárias ao cumprimento das mesmas.

ARTIGO 23º
Remuneração do administrador judicial nomeado por iniciativa do juiz

1 – O administrador judicial provisório em processo especial de revitalização ou em processo especial para acordo de pagamento ou o administrador da insolvência em processo de insolvência nomeado por iniciativa do juiz tem direito a ser remunerado pelos atos praticados, sendo o valor da remuneração fixa de € 2000.

2 – Caso o processo seja tramitado ao abrigo do disposto no artigo 39º do Código da Insolvência e da Recuperação de Empresas, a remuneração referida no número anterior é reduzida para um quarto.

3 – Sem prejuízo do direito à remuneração variável, calculada nos termos dos números seguintes, no caso de o administrador judicial exercer as suas funções por menos de seis meses devido à sua substituição por outro administrador judicial, aquele apenas aufere a primeira das prestações mencionadas no nº 2 do artigo 29º.

4 – Os administradores judiciais referidos no nº 1 auferem ainda uma remuneração variável em função do resultado da recuperação do devedor ou da liquidação da massa insolvente, cujo valor é calculado nos termos seguintes:

a) 10% da situação líquida, calculada 30 dias após a homologação do plano de recuperação do devedor, nos termos do nº 5;

b) 5% do resultado da liquidação da massa insolvente, nos termos do nº 6.

5 –Para os efeitos do disposto no número anterior, em processo especial de revitalização, em processo especial para acordo de pagamento ou em processo de insolvência em que seja aprovado um plano de recuperação, considera-se resultado da recuperação o valor determinado com base no montante dos créditos a satisfazer aos credores integrados no plano.

6 – Para efeitos do nº 4, considera-se resultado da liquidação o montante apurado para a massa insolvente, depois de deduzidos os montantes necessários ao pagamento das dívidas dessa mesma massa, com exceção da remuneração referida no nº 1 e das custas de processos judiciais pendentes na data de declaração da insolvência.

7 – O valor alcançado por aplicação das regras referidas nos nºs 5 e 6 é majorado, em função do grau de satisfação dos créditos reclamados e admitidos, em 5% do montante dos créditos satisfeitos, sendo o respetivo valor pago previamente à satisfação daqueles.

8 – Se, por aplicação do disposto nos números anteriores, relativamente a processos em que haja liquidação da massa insolvente, a remuneração exceder o montante de € 50 000 por processo, o juiz pode determinar que a remuneração devida para além desse montante seja inferior à resultante da aplicação dos critérios legais, tendo em conta, designadamente, os serviços prestados, os resultados obtidos, a complexidade do processo e a diligência empregue pelo administrador judicial no exercício das suas funções.

9 – À remuneração devida ao administrador judicial comum para os devedores que se encontrem em situação de relação de domínio ou de grupo, nomeado nos termos do disposto no nº 6 do artigo 52º do Código da Insolvência e da Recupereação de Empresas, aplica-se o limite referido no número anterior acrescido de € 10 000 por cada um dos devedores do mesmo grupo.

10 – A remuneração calculada nos termos da alínea *b*) do nº 4 não pode ser superior a € 100 000.

11 – No caso de o administrador judicial cessar funções antes do encerramento do processo, a remuneração variável é calculada proporcionalmente ao resultado da liquidação naquela data.

ARTIGO 24º
Remuneração do administrador da insolvência nomeado ou substituído pela assembleia de credores

1 – Sempre que o administrador da insolvência for nomeado pela assembleia de credores, o montante da remuneração é fixado na mesma deliberação que procede à nomeação.

2 – O administrador da insolvência nomeado pelo juiz que for substituído pelos credores, nos termos do nº 1 do artigo 53º do Código da Insolvência e da Recuperação de Empresas, tem direito a receber, para além da remuneração determinada em função dos atos por si praticados, remuneração variável, em função do resultado da recuperação do devedor, ou do produto percebido pela massa insolvente fruto das diligências por si efetuadas, proporcionalmente ao montante total apurado para satisfação de créditos recuperados, sendo o valor assim calculado reduzido a um quinto.

ARTIGO 25º
Remuneração pela gestão de estabelecimento compreendido na massa insolvente

1 – Quando competir ao administrador da insolvência a gestão de estabelecimento em atividade compreendido na massa insolvente, cabe ao juiz fixar-lhe a remuneração devida até à deliberação a tomar pela assembleia de credores, nos termos do nº 1 do artigo 156º do Código da Insolvência e da Recuperação de Empresas.

2 – Na fixação da remuneração prevista no número anterior, deve o juiz atender ao volume de negócios do estabelecimento, à prática de remunerações seguida na empresa, ao número de trabalhadores e à dificuldade das funções compreendidas na gestão do estabelecimento.

3 – Caso os credores deliberem, nos termos referidos no nº 1, manter em atividade o estabelecimento compreendido na massa insolvente, devem, na mesma deliberação, fixar a remuneração devida ao administrador da insolvência pela gestão do mesmo.

ARTIGO 26º
Remuneração pela elaboração do plano de insolvência

Caso os credores deliberem, na assembleia referida no nº 1 do artigo anterior, instruir o administrador da insolvência no sentido de elaborar um plano de insolvência, devem, na mesma deliberação, fixar a remuneração devida pela elaboração deste, podendo o administrador da insolvência recusar-se a elaborar o plano se considerar que a remuneração que lhe seja fixada não é adequada.

ARTIGO 26º-A
Remuneração do administrador judicial com funções de apreciação de créditos reclamados entre devedores do mesmo grupo

1 – O administrador judicial com funções restritas à apreciação de créditos reclamados entre devedores do mesmo grupo, nomeado nos termos do nº 6 do artigo 52º do Código da Insolvência e da Recuperação de Empresas, aufere uma remuneração fixa correspondente a um quarto da prevista no nº 1 do artigo 23º.

2 – Sem prejuízo do disposto no número anterior, ponderados o volume e o número de créditos apreciados, o juiz pode ainda fixar uma remuneração variável, não superior a 5000 €.

ARTIGO 27º
Remuneração do administrador judicial provisório no processo de insolvência

A fixação da remuneração do administrador judicial provisório, nos termos do nº 2 do artigo 32º do Código da Insolvência e da Recuperação de Empresas, deve respeitar os critérios enunciados no nº 2 do artigo 25º, bem como ter em conta a extensão das tarefas que lhe são confiadas.

ARTIGO 28º
Remuneração do fiduciário

1 -A remuneração do fiduciário corresponde a 10/prct. das quantias objeto de cessão, com o limite máximo de € 5000 por ano.

2 – No caso de as quantias objeto de cessão serem inferiores a € 3000 por ano, a remuneração é fixada pelo juiz com o limite máximo de € 300.

ARTIGO 28º-A
Remuneração do administrador judicial provisório em processo de suprimento judicial da deliberação de conversão de créditos em capital

1 – O administrador judicial provisório nomeado nos termos do disposto no nº 2 do artigo 5º da Lei nº 7/2018, de 2 de março, aufere uma remuneração fixa correspondente a um quarto da prevista no nº 1 do artigo 23º.

2 – Sem prejuízo do disposto no número anterior, ponderados o volume e o número de créditos apreciados para os efeitos do disposto no nº 3 do artigo 5º da Lei nº 7/2018, de 2 de março, o juiz pode ainda fixar uma remuneração variável, não superior a € 5000.

ARTIGO 29º
Pagamento da remuneração do administrador judicial

1 – Sem prejuízo do disposto no nº 4 do artigo 52º e no nº 7 do artigo 55º do Código da Insolvência e da Recuperação de Empresas, a remuneração do administrador da insolvência e o reembolso das despesas são suportados pela massa insolvente, salvo o disposto no artigo seguinte.

2 – A remuneração prevista no nº 1 do artigo 23º é paga em duas prestações de igual montante, vencendo-se a primeira na data da nomeação e a segunda seis meses após tal nomeação, mas nunca após a data de encerramento do processo.

3 – A remuneração variável relativa ao resultado da recuperação do devedor é paga em duas prestações de igual valor, sendo a primeira liquidada no momento da aprovação do plano de recuperação e a segunda dois anos após a aprovação do referido plano, caso o devedor continue a cumprir, regularmente o plano aprovado..

4 – Caso o devedor deixe de cumprir o plano aprovado, o valor da segunda prestação é reduzido para um quinto.

5 – A remuneração variável relativa ao produto da liquidação da massa insolvente é paga a final, vencendo-se na data de encerramento do processo.

6 – A remuneração pela gestão de estabelecimento integrado na massa insolvente, nos termos do nº 1 do artigo 25º, é suportada pela massa insolvente e, prioritariamente, pelos proventos obtidos com a exploração do estabelecimento.

7 – Sempre que a administração da massa insolvente seja assegurada pelo devedor, nos termos dos artigos 223º a 229º do Código da Insolvência e da Recuperação de Empresas, a remuneração prevista no nº 2 e a provisão para despesas referida no número seguinte são por este retiradas da massa insolvente e entregues ao administrador da insolvência.

8 – A provisão para despesas, paga pelo organismo responsável pela gestão financeira e patrimonial do Ministério da Justiça, no valor de 2 UC, é paga imedia-

tamente após a nomeação e corresponde às despesas efetuadas pelo administrador da insolvência.

9 – Apenas não há lugar a reembolso da provisão para despesas mediante a apresentação de prova documental justificativa da sua realização, a qual deve ser remetida ao processo, acompanhada de fundamentação que a justifique.

10 – Nos casos em que a administração da massa insolvente ou a liquidação fiquem a cargo do administrador da insolvência e a massa insolvente tenha liquidez, os montantes referidos nos números anteriores são diretamente retirados por este da massa.

11 – Não se verificando liquidez na massa insolvente, é aplicável o disposto no nº 1 do artigo seguinte relativamente ao pagamento da provisão para despesas do administrador da insolvência.

12 – No que respeita às despesas de deslocação, apenas são reembolsadas aquelas que seriam devidas a um administrador judicial que tenha domicílio profissional na comarca em que foi instaurado o processo especial de revitalização, o processo especial para acordo de pagamento ou processo de insolvência, ou nas comarcas limítrofes.

13 – Os credores podem igualmente assumir o encargo de adiantamento da remuneração do administrador judicial ou das respetivas despesas.

14 – A massa insolvente deve reembolsar os credores dos montantes adiantados nos termos dos números anteriores logo que tenha recursos disponíveis para esse efeito.

15 – A remuneração do administrador judicial previsto no artigo 26º-A é suportada pela massa insolvente do devedor que exerça influência dominante.

16 – A remuneração fixa prevista no nº 1 do artigo 26º-A é paga após a apresentação da relação de créditos prevista no artigo 129º do Cõdigo da Insolvência e da Recuperação de Empresas.

17 – A remuneração variável prevista no nº 2 do artigo 26º-A, quando seja fixada, é paga após a prolação da sentença de verificação e graduação de créditos ou, caso não haja lugar à prolação da mesma, na data do encerramento do processo.

ARTIGO 30º
Pagamento da remuneração do administrador da insolvência suportada pelo organismo responsável pela gestão financeira e patrimonial do Ministério da Justiça

1 – Nas situações previstas nos artigos 39º e 232º do Código da Insolvência e da Recuperação de Empresas, a remuneração do administrador da insolvência e o reembolso das despesas são suportados pelo organismo responsável pela gestão financeira e patrimonial do Ministério da Justiça.

2 – Nos casos previstos no artigo 39º do Código da Insolvência e da Recuperação de Empresas, a provisão a adiantar pelo organismo referido no número anterior é metade da prevista no nº 8 do artigo anterior, sendo paga imediatamente após a nomeação.

3 – Se o devedor beneficiar do diferimento do pagamento das custas, nos termos do nº 1 do artigo 248º do Código da Insolvência e da Recuperação de Empresas, o pagamento da remuneração e o reembolso das despesas são suportados pelo

organismo referido no nº 1, na medida em que a massa insolvente seja insuficiente para esse efeito.

4 – Nos casos previstos no artigo 39º do Código da Insolvência e da Recuperação de Empresas, a remuneração do administrador da insolvência é reduzida a um quarto do valor referido no nº 1 do artigo 23º.

5 – Para efeitos do presente artigo, não se considera insuficiência da massa a mera falta de liquidez.

CAPÍTULO VII
Disposições finais e transitórias

ARTIGO 31º
Entidade responsável pelo acompanhamento, fiscalização e disciplina dos administradores judiciais

A entidade responsável pelo acompanhamento, fiscalização e disciplina dos administradores judiciais rege-se por diploma próprio.

ARTIGO 32º
Disposições transitórias

1 – No prazo de 60 dias após a data da entrada em vigor da presente lei, os administradores da insolvência, inscritos nas listas previstas na Lei nº 32/2004, de 22 de julho, alterada pela Lei nº 34/2009, de 14 de julho, e pelo Decreto-Lei nº 282/2007, de 7 de agosto, que demonstrem exercício efetivo das respetivas funções e que respeitem os requisitos previstos nas alíneas *d*) e *e*) do nº 1 do artigo 3º, podem requerer a inscrição nas listas oficiais de administradores judiciais.

2 – Para efeitos do disposto no presente artigo, considera-se exercício efetivo de funções de administrador da insolvência o exercício das respetivas funções em, pelo menos, dois processos de insolvência nos últimos dois anos.

3 – O requerimento de inscrição é dirigido à entidade responsável pelo acompanhamento, fiscalização e disciplina dos administradores judiciais, devendo ser instruído com os elementos necessários para demonstrar o cumprimento dos requisitos mencionados no nº 1, bem como com a prova documental do exercício efetivo da atividade, nos termos do número anterior.

4 – A entidade responsável pelo acompanhamento, fiscalização e disciplina dos administradores judiciais deve, no prazo de 10 dias após o termo do período previsto no nº 1, publicar no Portal Citius as listas oficiais de administradores judiciais.

5 – Até à publicação das listas oficiais referidas no número anterior no Portal Citius, os administradores da insolvência inscritos nas listas oficiais previstas pela Lei nº 32/2004, de 22 de julho, alterada pela Lei nº 34/2009, de 14 de julho, e pelo Decreto-Lei nº 282/2007, de 7 de agosto, exercem as funções de administradores judiciais, sendo todas as nomeações efetuadas de entre os inscritos nas mencionadas listas, incidindo sobre os administradores da insolvência especialmente qualificados para a prática de atos de gestão as nomeações para processos em que seja previsível a existência de atos dessa natureza que requeiram especiais conhecimentos nessa área.

6 – É extinta a comissão de apreciação e controlo da atividade dos administradores da insolvência a que se refere o artigo 12º da Lei nº 32/2004, de 22 de julho, alterada pela Lei nº 34/2009, de 14 de julho, e pelo Decreto-Lei nº 282/2007, de 7 de agosto, permanecendo esta em funções até à data de tomada de posse dos membros do órgão de direção da entidade responsável pelo acompanhamento, fiscalização e disciplina dos administradores judiciais, cujos estatutos são regulados por diploma próprio.

7 – Até à tomada de posse dos membros do órgão de gestão da entidade responsável pelo acompanhamento, fiscalização e disciplina dos administradores judiciais, a comissão de apreciação e controlo da atividade dos administradores da insolvência assegura a marcha dos processos instaurados ou a instaurar contra os administradores da insolvência, podendo praticar os atos de gestão corrente que se mostrem necessários.

8 – Os membros da comissão de apreciação e controlo da atividade dos administradores da insolvência devem prestar toda a colaboração aos órgãos da entidade responsável pelo acompanhamento, fiscalização e disciplina dos administradores judiciais a que se refere a presente lei.

9 – Até à entrada em vigor da lei que aprovar a reforma judiciária atualmente em curso, a unidade territorial de base às listas de administradores judiciais referidas na presente lei é o distrito judicial.

ARTIGO 33º
Norma revogatória

É revogada a Lei nº 32/2004, de 22 de julho, alterada pela Lei nº 34/2009, de 14 de julho, e pelo Decreto-Lei nº 282/2007, de 7 de agosto.

ARTIGO 34º
Entrada em vigor

A presente lei entra em vigor 30 dias após a data da sua publicação.[122]

[122] A alteração ao disposto no artigo 5º desta Lei entrou em vigor no dia 4 de janeiro de 2022.

17. ESTATUTO DOS AUDITORES DE JUSTIÇA[123]

TÍTULO I
Objeto

ARTIGO 1º
Objeto

A presente lei define o regime de ingresso nas magistraturas, de formação inicial e contínua de magistrados e a natureza, estrutura e funcionamento do Centro de Estudos Judiciários, abreviadamente designado por CEJ.

TÍTULO II
Ingresso e atividades de formação

CAPÍTULO I
Disposições gerais

ARTIGO 2º
Formação profissional de magistrados

A formação profissional de magistrados para os tribunais judiciais e para os tribunais administrativos e fiscais abrange as atividades de formação inicial e de formação contínua, nos termos regulados nos capítulos seguintes.

ARTIGO 3º
Cooperação em atividades de formação

1 – As atividades de formação podem abranger também outros magistrados, candidatos à magistratura e profissionais que intervenham no âmbito da administração da justiça, nacionais e estrangeiros, nos termos dos acordos de cooperação celebrados entre o CEJ e outras entidades, em especial no âmbito da União Europeia e da Comunidade dos Países de Língua Oficial Portuguesa.

2 – Os magistrados e os candidatos a magistrados estrangeiros têm o direito de participar nas atividades de formação em termos análogos aos estabelecidos para os

[123] A estrutura e o funcionamento do Centro de Estudos Judiciários foram aprovados pela Lei nº 2/2008, de 14 de janeiro, alterada pelas Leis nºs 60/2011, de 28 de novembro, 45/2013, de 3 de julho, 80/2019, de 2 de setembro, e 21/2020, de 2 de julho. Esta última Lei alterou o disposto na subalínea *ii*) da alínea *a*) do artigo 39º e no nº 3 do artigo 74º. O Estatuto dos Auditores de Justiça integra o conteúdo daquela Lei.

auditores de justiça e nas condições fixadas no regulamento interno do CEJ, exceto quanto ao direito a bolsa de formação prevista no nº 5 do artigo 31º.

ARTIGO 4º
Plano e relatório anual de atividades

1 – O ano de atividades do CEJ tem início em 1 de setembro e termina em 31 de julho.

2 – As atividades de formação constam do plano anual de atividades que deve ser aprovado até ao dia 31 de julho imediatamente anterior ao início do ano subsequente.

3 – O relatório anual de atividades é submetido à apreciação do Ministro da Justiça até 31 de dezembro, após apreciação pelo conselho geral.

CAPÍTULO II
Procedimento de ingresso na formação inicial

SECÇÃO I
Disposições gerais

ARTIGO 5º
Requisitos de ingresso

São requisitos gerais de ingresso na formação inicial de magistrados e de admissão ao concurso:

a) Ser cidadão português ou cidadão dos Estados de língua portuguesa com residência permanente em Portugal a quem seja reconhecido, nos termos da lei e em condições de reciprocidade, o direito ao exercício das funções de magistrado;

b) Ser titular do grau de licenciado em Direito ou equivalente legal;

c) Ser titular do grau de mestre ou doutor ou equivalente legal, ou possuir experiência profissional na área forense ou em outras áreas conexas, relevante para o exercício das funções de magistrado, e de duração efetiva não inferior a cinco anos; e

d) Reunir os demais requisitos gerais de provimento em funções públicas.

ARTIGO 6º
Concurso

1 – O ingresso na formação inicial de magistrados efetua-se através de concurso público.

2 – O concurso pode ter como finalidade o preenchimento de vagas nas magistraturas judicial e do Ministério Público ou o preenchimento de vagas de juízes dos tribunais administrativos e fiscais.

3 – Ingressam na formação inicial os candidatos que, tendo sido aprovados no concurso, tenham ficado graduados em posição que se contenha dentro do número de vagas disponíveis, com respeito pelas quotas de ingresso fixadas.

ARTIGO 7º
Informação sobre as necessidades de magistrados

O Conselho Superior da Magistratura, o Conselho Superior dos Tribunais Administrativos e Fiscais e a Procuradoria-Geral da República transmitem anualmente ao Ministro da Justiça, até ao dia 15 de julho, informação fundamentada quanto ao número previsível de magistrados necessários na respetiva magistratura, tendo em conta a duração da formação inicial.

ARTIGO 8º
Abertura do concurso

1 – Quando a necessidade de magistrados justificar a realização de um concurso de ingresso, o Ministro da Justiça autoriza a abertura de concurso.

2 – O despacho de autorização previsto no número anterior fixa o número de vagas a preencher em cada magistratura.

ARTIGO 9º
Quotas de ingresso

1 – No concurso para o preenchimento de vagas na magistratura judicial e do Ministério Público é reservada, relativamente a cada magistratura, uma quota de ingresso de 25% para cada uma das duas vias de admissão previstas na alínea *c*) do artigo 5º.

2 – No concurso para o preenchimento de vagas de juízes dos tribunais administrativos e fiscais é reservada uma quota de ingresso de 25% para cada uma das duas vias de admissão previstas na alínea *c*) do artigo 5º.

ARTIGO 10º
Aviso de abertura

1 – Compete ao diretor do CEJ fazer publicar no Diário da República o aviso de abertura do concurso, em prazo não superior a 30 dias a contar da data do despacho de autorização a que se refere o artigo 8º.

2 – Do aviso constam obrigatoriamente os seguintes elementos:

a) Requisitos de admissão ao concurso;

b) Métodos de seleção a utilizar e respetivas fases, com indicação do respetivo caráter eliminatório;

c) Matérias das provas e respetiva bibliografia de referência;

d) Sistema de classificação final a utilizar;

e) Entidade à qual deve ser apresentado o requerimento de candidatura, respetivo endereço, prazo de entrega, forma de apresentação, documentos a juntar, modo de pagamento da comparticipação referida no nº 5 do artigo seguinte e outras indicações necessárias para a formalização e instrução da candidatura;

f) Indicação de que a não apresentação dos documentos comprovativos dos requisitos exigíveis e indicados no aviso, salvo os que neste forem considerados temporariamente dispensáveis, determina a não admissão ao concurso;

g) Formas de publicitação da lista de candidatos admitidos e não admitidos e dos resultados da aplicação dos métodos de seleção e respetivas fases, bem como das listas de classificação final e de graduação.

ARTIGO 11º
Apresentação de candidatura

1 – A candidatura ao concurso é feita mediante requerimento dirigido ao diretor do CEJ, a apresentar no prazo de 15 dias a contar da data de publicação do aviso de abertura, acompanhado dos documentos exigidos para instrução do processo individual de candidatura.

2 – Sem prejuízo do disposto no número anterior, os candidatos possuidores do requisito referido na segunda parte da alínea *c*) do artigo 5º podem apresentar outros documentos que entendam relevantes para apreciação do seu currículo.

3 – O requerimento deve indicar expressamente qual a via de admissão de entre as duas previstas na alínea *c*) do artigo 5º ao abrigo da qual a candidatura é apresentada, não podendo ser admitida candidatura no mesmo concurso por ambas as vias.

4 – Os candidatos que concorram ao concurso para o preenchimento de vagas na magistratura judicial e do Ministério Público e ao concurso para o preenchimento de vagas de juízes dos tribunais administrativos e fiscais declaram, nos requerimentos, qual a sua opção no caso de ficarem habilitados, nos termos do nº 1 do artigo 29º, em ambos os concursos.

5 – Pela apresentação da candidatura é devido o pagamento de comparticipação no custo do procedimento, em montante a fixar anualmente por despacho do Ministro da Justiça.

6 – Aos candidatos que apresentem candidatura ao concurso para os tribunais judiciais e ao concurso para os tribunais administrativos e fiscais é exigido o pagamento de uma única comparticipação.

ARTIGO 12º
Lista de candidatos admitidos e não admitidos ao concurso

1 – Compete ao diretor do CEJ, depois de verificada a conformidade das candidaturas com os requisitos de admissão ao concurso, aprovar a lista dos candidatos admitidos, por via de admissão, e dos não admitidos, com indicação do respetivo motivo.

2 – No prazo de 15 dias a contar do termo do prazo fixado para a apresentação das candidaturas, a lista referida no número anterior é afixada na sede do CEJ e, na mesma data, publicitada no sítio do CEJ na Internet, com menção da data de afixação.

3 – Da lista cabe reclamação para o diretor do CEJ, no prazo de cinco dias a contar da data da sua afixação.

4 – Decididas as reclamações, no prazo de 15 dias a contar do termo do prazo fixado para a sua apresentação, ou não as havendo, a lista definitiva dos candidatos admitidos e não admitidos é afixada na sede do CEJ e publicitada no respetivo sítio na Internet, na data de publicação no Diário da República de aviso sobre a afixação.

ARTIGO 13º
Júris de seleção

1 – Compete ao diretor do CEJ fixar o número de júris de seleção em função do número de candidatos admitidos ao concurso.

2 – Os júris podem ser diferenciados em função da via de admissão, do método de seleção a aplicar e das respetivas fases.

3 – O júri da fase escrita das provas de conhecimentos é composto por, no mínimo, três membros, procurando respeitar-se, na medida do possível, a seguinte proporção:

a) Um magistrado judicial ou, nos concursos para o preenchimento de vagas de juízes dos tribunais administrativos e fiscais, um juiz da jurisdição administrativa e fiscal;

b) Um magistrado do Ministério Público;

c) Um jurista de reconhecido mérito ou uma personalidade de reconhecido mérito de outras áreas da ciência e da cultura.

4 – O júri da fase oral das provas de conhecimentos e o júri da avaliação curricular são compostos por cinco membros, respeitando a seguinte proporção:

a) Dois magistrados, sendo um magistrado judicial ou, nos concursos para o preenchimento de vagas de juízes dos tribunais administrativos e fiscais, um juiz da jurisdição administrativa e fiscal, e o outro magistrado do Ministério Público;

b) Três personalidades, nomeadamente advogados, pessoas de reconhecido mérito, na área jurídica ou em outras áreas da ciência e da cultura, ou representantes de outros setores da sociedade civil.

5 – Os magistrados que compõem os júris são nomeados pelo respetivo Conselho Superior, sendo os restantes membros nomeados pelo Ministro da Justiça, sob proposta da Ordem dos Advogados, no caso da alínea *b*) do número anterior, ou do diretor do CEJ, nos restantes casos.

6 – O presidente de cada júri é nomeado pelo diretor do CEJ de entre juízes de tribunais superiores e procuradores-gerais-adjuntos ou, na falta destes, outros magistrados que o integrem.

7 – A composição dos júris consta de aviso a publicar no Diário da República e no sítio do CEJ na Internet, até 10 dias antes da aplicação do respetivo método de seleção.

8 – Quando, nos termos do nº 1, forem constituídos vários júris, o diretor do CEJ preside às reuniões dos presidentes dos júris.

SECÇÃO II
Métodos de seleção

ARTIGO 14º
Tipos

Os métodos de seleção a utilizar são os seguintes:

a) Provas de conhecimentos;

b) Avaliação curricular;

c) Exame psicológico de seleção.

ARTIGO 15º
Provas de conhecimentos

1 – As provas de conhecimentos incidem sobre as matérias constantes do aviso de abertura do concurso e são prestadas, sucessivamente, em duas fases eliminatórias:

a) Fase escrita;

b) Fase oral.

2 – No caso dos candidatos que concorram com base na segunda parte da alínea *c*) do artigo 5º, a fase oral é substituída pela avaliação curricular prevista no artigo 20º.

ARTIGO 16º
Fase escrita

1 – A fase escrita visa avaliar, designadamente, a qualidade da informação transmitida pelo candidato, a capacidade de aplicação do Direito ao caso, a pertinência do conteúdo das respostas, a capacidade de análise e de síntese, a simplicidade e clareza da exposição e o domínio da língua portuguesa.

2 – A fase escrita do concurso para os tribunais judiciais compreende a realização das seguintes provas de conhecimentos:

a) Uma prova de resolução de casos de direito civil e comercial e de direito processual civil;

b) Uma prova de resolução de casos de direito penal e de direito processual penal;

c) Uma prova de desenvolvimento de temas culturais, sociais ou económicos.

3 – Tratando-se de candidatos que concorram com base na segunda parte da alínea *c*) do artigo 5º, a prova da fase escrita no concurso referido no número anterior consiste na redação de uma decisão mediante a disponibilização de um conjunto de peças relevantes que constem habitualmente de um processo judicial, em matéria cível ou penal, consoante a opção do candidato, a efetuar no requerimento de candidatura.

4 – A fase escrita do concurso para o preenchimento de vagas de juízes dos tribunais administrativos e fiscais compreende a realização de uma prova de resolução de casos de direito e processo administrativo e tributário e uma prova de desenvolvimento de temas culturais, sociais ou económicos.

5 – Tratando-se de candidatos que concorram com base na segunda parte da alínea *c*) do artigo 5º, a prova da fase escrita do concurso para o preenchimento de vagas de juízes dos tribunais administrativos e fiscais consiste na redação de uma decisão mediante a disponibilização de um conjunto de peças relevantes que constem habitualmente de um processo judicial, em matéria administrativa ou tributária, consoante a opção do candidato.

6 – Compete ao diretor promover a conceção das provas de conhecimentos da fase escrita e respetivas grelhas de correção.

7 – A fase escrita decorre sob o anonimato dos candidatos, implicando a sua quebra a anulação da respetiva prova pelo júri.

8 – As provas referidas nos nºs 2 e 4 são realizadas com um intervalo mínimo de três dias entre si.

9 – Cada prova de conhecimentos da fase escrita tem a duração de três horas, com exceção das previstas nos 3 e 5, que têm a duração de quatro horas.

10 – Os candidatos podem consultar, nos termos definidos no regulamento interno, legislação, jurisprudência e doutrina para a prestação das provas de conhecimentos da fase escrita, com exceção da prova referida na alínea *c*) do nº 2.

11 – Na data da afixação da pauta com as classificações da fase escrita é publicitada a grelha de correção das respetivas provas por divulgação no sítio do CEJ na Internet e afixação na sede do CEJ.

12 – O júri respeita os critérios resultantes da grelha na correção da prova, não podendo divergir da mesma em prejuízo do candidato.

13 – São admitidos à fase oral ou à avaliação curricular os candidatos que obtiverem classificação igual ou superior a 10 valores em cada uma das provas de conhecimentos que integram a fase escrita.

ARTIGO 17º
Pedido de revisão de prova da fase escrita

1 – É permitido o pedido de revisão de provas da fase escrita.

2 – O pedido é feito através de requerimento fundamentado nos termos do nº 3, dirigido ao diretor do CEJ.

3 – O pedido de revisão da prova deve indicar expressamente os vícios, de caráter técnico e científico, de aplicação dos critérios de correção e de classificação ou outro vício ou erro processual relevantes, sob pena de rejeição do pedido.

4 – Para efeitos dos números anteriores, os candidatos podem requerer, no prazo de quarenta e oito horas a contar da data da afixação da pauta com as classificações das provas de conhecimentos da fase escrita, a entrega de fotocópia simples das provas de que pretendem pedir a revisão, devendo o pedido ser satisfeito dentro das vinte e quatro horas seguintes.

5 – O prazo para requerer a revisão de prova é de cinco dias contados a partir da data da entrega da cópia da prova.

6 – Pelo pedido de revisão é exigido o pagamento de comparticipação no custo do procedimento, em montante a fixar por despacho do Ministro da Justiça, sendo o montante restituído ao candidato em caso de decisão favorável.

7 – Se o pedido estiver em conformidade com o disposto nos nºs 2 e 5, o diretor designa júri, diferente do que corrigiu e classificou a prova, para proceder à revisão.

ARTIGO 18º
Revisão de prova da fase escrita

1 – A revisão de prova é feita pelo júri designado, mantendo-se o anonimato do candidato.

2 – A decisão sobre o pedido de revisão incide sobre as questões invocadas pelo recorrente e pode abranger outras, não expressamente invocadas por este, cuja reapreciação aquela decisão implique.

3 – A revisão de prova não suspende a prestação das provas da fase oral, nem pelo requerente nem por outros candidatos, se o pedido tiver por objeto revisão de prova cuja classificação for igual ou superior a 10 valores.

4 – No caso de o pedido de revisão ter por objeto prova com classificação inferior a 10 valores e o requerente for admitido à fase oral em consequência da decisão sobre o pedido, será fixada data para a respetiva prestação das provas da fase oral.

5 – Não é admitido pedido de revisão quanto à prova já revista.

ARTIGO 19º
Fase oral

1 – A fase oral visa avaliar, designadamente, os conhecimentos jurídicos do candidato, a capacidade de crítica, de argumentação e de exposição, a expressão oral e o domínio da língua portuguesa.

2 – A fase oral compreende a realização das seguintes provas de conhecimentos:

a) Uma discussão sobre temas de direito constitucional, direito da União Europeia e organização judiciária;

b) Uma discussão sobre direito civil e direito processual civil e direito comercial;

c) Uma discussão sobre direito penal e direito processual penal;

d) Uma discussão sobre temas de direito administrativo, direito económico, direito da família e das crianças e direito do trabalho.

3 – No concurso para o preenchimento de vagas de juízes dos tribunais administrativos e fiscais, a fase oral compreende a realização das seguintes provas de conhecimentos:

a) Uma discussão sobre temas de direito constitucional, direito da União Europeia e organização judiciária;

b) Uma discussão sobre direito civil e direito processual civil;

c) Uma discussão sobre temas de direito administrativo e de direito tributário;

d) Uma discussão sobre procedimento e processo administrativo e tributário.

4 – Cada prova tem a duração máxima de trinta minutos.

5 – A determinação da área temática da prova a que se refere a alínea *d*) do nº 2 resulta de sorteio realizado com a antecedência de quarenta e oito horas.

6 – As provas são públicas, apenas não podendo assistir os candidatos que não as tenham ainda prestado.

7 – São admitidos a exame psicológico de seleção os candidatos que obtiverem classificação igual ou superior a 10 valores em todas as provas de conhecimentos que integram a fase oral.

ARTIGO 20º
Avaliação curricular

1 – A avaliação curricular é uma prova pública prestada pelo candidato, com o objetivo de, através da discussão do seu percurso e atividade curricular, avaliar e classificar a consistência e relevância da sua experiência profissional, na área forense ou em áreas conexas, para o exercício da magistratura.

2 – A prova de avaliação curricular inclui:

a) Uma discussão sobre o currículo e a experiência profissional do candidato;

b) Uma discussão sobre temas de direito, baseada na experiência do candidato, que pode assumir a forma de exposição e discussão de um caso prático.

3 – A prova tem a duração de sessenta minutos, podendo ser, excecionalmente, prorrogada por um máximo de trinta minutos, a pedido do candidato ou por decisão do presidente do júri.

4 – Na avaliação curricular, o júri utiliza os seguintes critérios de ponderação:

a) O conjunto dos fatores relacionados com a consistência e relevância da experiência profissional do candidato vale 60%;

b) O conjunto dos fatores relacionados com a conceção, estrutura e apresentação material do currículo e com a qualidade da intervenção do candidato na discussão do currículo vale 20%;

c) O conjunto dos fatores relacionados com a qualidade da intervenção na discussão de temas de direito vale 20%.

5 – São admitidos a exame psicológico de seleção os candidatos que obtiverem classificação igual ou superior a 10 valores na avaliação curricular.

ARTIGO 21º
Exame psicológico de seleção

1 – O exame psicológico de seleção consiste numa avaliação psicológica realizada por entidade competente e visa avaliar as capacidades e as caraterísticas de personalidade dos candidatos para o exercício da magistratura, mediante a utilização de técnicas psicológicas.

2 – A avaliação psicológica tem a duração mínima de duas horas, sendo garantida a privacidade do exame.

3 – O resultado do exame psicológico é expresso através de parecer escrito, traduzido pelas menções de «favorável» ou de «não favorável» e é comunicado ao júri da fase oral ou da avaliação curricular.

4 – O parecer é anexo à ata elaborada pelo júri da fase oral ou da avaliação curricular e tem natureza confidencial.

5 – O candidato que tenha a menção de «não favorável» pode realizar um segundo exame psicológico com outro ou outros psicólogos indicados pela entidade referida no nº 1, a seu pedido ou por proposta do júri.

6 – No caso previsto no número anterior, sendo o pedido do candidato, o custo do exame é suportado por aquele.

7 – A coincidência de resultados entre o primeiro e segundo exames psicológicos vincula a decisão do júri.

8 – Havendo divergência entre o primeiro e o segundo exames psicológicos, o júri decide, fundamentadamente.

9 – A entidade que assegura a realização do exame psicológico de seleção é nomeada pelo Ministro da Justiça.

ARTIGO 22º
Formas da publicitação

1 – São publicitados no sítio do CEJ na Internet e afixados na sede do CEJ:

a) Os avisos de convocação dos candidatos para a aplicação de métodos de seleção, com menção da data e local respetivos, salvo quando indicados no aviso de abertura do concurso;

b) A pauta com as classificações das provas de conhecimentos da fase escrita;

c) A pauta com as classificações das provas da fase oral.

2 – As formas referidas no número anterior constituem as únicas formas oficiais de divulgação dos elementos e resultados, aí mencionados, aos candidatos.

ARTIGO 23º
Faltas

1 – É permitida a falta justificada a uma prova de conhecimentos em cada uma das respetivas fases.

2 – É permitido faltar justificadamente uma vez:

a) À prova de avaliação curricular;

b) Ao exame psicológico de seleção.

3 – O candidato pode requerer ao diretor do CEJ a justificação da falta a que se referem os nºs 1 e 2, no prazo de vinte e quatro horas a contar da hora fixada para o início da aplicação do método de seleção.

4 – Se a falta for considerada justificada, é designado novo dia para a aplicação do método de seleção.

5 – As faltas que não se enquadrem no disposto nos números anteriores são injustificadas.

SECÇÃO III
Classificação e graduação

ARTIGO 24º
Candidatos aprovados e excluídos

1 – São aprovados os candidatos que obtiverem a menção «favorável» no exame psicológico de seleção.

2 – São excluídos os candidatos admitidos que:

a) Faltarem injustificadamente, nos termos do nº 5 do artigo anterior;

b) Obtiverem classificação inferior a 10 valores em qualquer das provas de conhecimentos que integram a fase escrita e a fase oral;

c) Obtiverem a menção «não favorável» no exame psicológico de seleção;

d) Declarem, expressamente e por escrito, desistir do procedimento até ao último dia de aplicação do último método de seleção do concurso.

ARTIGO 25º
Classificação final

1 – A classificação final do candidato aprovado é o resultado da média aritmética simples da classificação obtida na fase escrita e da classificação obtida na fase oral das provas de conhecimentos, salvo o disposto no nº 2.

2 – A classificação final do candidato aprovado, tratando-se de candidatos que concorram com base na segunda parte da alínea *c*) do artigo 5º, é o resultado da média das classificações obtidas na avaliação curricular e nas provas de conhecimentos, com a seguinte ponderação:

a) A classificação da prova de avaliação curricular vale 70%;

b) A classificação obtida na fase escrita vale 30%.

3 – A classificação da fase escrita é o resultado da prova de conhecimentos que corresponde à fase escrita ou, nos casos em que se realize mais do que uma prova, da média aritmética simples da classificação obtida em cada uma das respetivas provas.

4 – A classificação das provas de conhecimentos, da avaliação curricular e a classificação final são expressas na escala de 0 a 20 valores, com arredondamento até às milésimas.

ARTIGO 26º
Lista de graduação dos candidatos aprovados e lista dos candidatos excluídos

1 – Em reunião do júri do último método de seleção aplicado ou, havendo mais do que um júri, dos presidentes dos júris, é elaborada a lista de graduação dos candidatos aprovados, por via de admissão, e a lista dos candidatos excluídos, com indicação do respetivo motivo.

2 – As listas referidas no número anterior são homologadas pelo diretor do CEJ, afixadas na sede deste e publicitadas no respetivo sítio na Internet, na data de publicação no Diário da República de aviso sobre a afixação.

ARTIGO 27º
Graduação

1 – A graduação dos candidatos aprovados é feita por ordem decrescente da respetiva classificação final.

2 – Em caso de igualdade na classificação final entre candidatos, considera-se para efeitos de graduação, sucessivamente, o maior grau académico, preferindo Direito, e a idade, preferindo os mais velhos.

ARTIGO 28º
Habilitação para a frequência do curso teórico-prático

1 – Ficam habilitados para a frequência do curso teórico-prático imediato os candidatos aprovados, por ordem de graduação, até ao preenchimento do total das vagas em concurso, com respeito pelas respetivas quotas de ingresso.

2 – Para efeitos do disposto no número anterior, a falta de candidatos aprovados para o preenchimento das vagas respeitantes a uma das quotas de ingresso não impede o preenchimento do total das vagas em concurso através do recurso aos candidatos aprovados por outra via de admissão.

3 – Com a afixação das listas de graduação previstas no artigo 26º são indicados os candidatos habilitados.

4 – Mediante requerimento, o candidato habilitado nos termos do disposto nos números anteriores pode, excecionalmente, ser autorizado pelo diretor do CEJ a ingressar em curso teórico-prático posterior àquele a que o concurso dá ingresso, por motivos especiais e razoavelmente atendíveis, e por uma única vez.

5 – No caso referido no número anterior, é admitido à frequência do curso teórico-prático imediato o candidato seguinte, de acordo com a graduação, aplicando-se subsidiariamente, quando não exista outro candidato, o disposto no nº 2.

6 – Os candidatos aptos que não tenham ficado habilitados para a frequência do curso teórico-prático imediato, por falta de vagas, ficam dispensados de prestar provas no concurso imediatamente seguinte, ficando graduados conjuntamente com os candidatos que concorram a este.

ARTIGO 29º
Opção de magistratura

1 – Os candidatos habilitados para a frequência do curso de formação para as magistraturas nos tribunais judiciais declaram por escrito a sua opção pela magistratura judicial ou pela magistratura do Ministério Público, no prazo de cinco dias a contar da publicitação dos candidatos habilitados.

2 – As opções manifestadas nos termos do número anterior são consideradas por ordem de graduação, tendo em conta:

a) O conjunto de vagas a preencher quer na magistratura judicial quer na magistratura do Ministério Público;

b) Em cada conjunto, o número de vagas a preencher por quem possua cada um dos requisitos previstos na alínea *c*) do artigo 5º.

3 – Existindo desproporção entre as vagas disponíveis em cada magistratura, nos termos do número anterior, e as opções manifestadas, têm preferência os candidatos com maior graduação, de acordo com a lista respetiva.

4 – Os candidatos que, face à opção expressa, não tenham vaga segundo as regras definidas nos nºs 2 e 3, podem, no prazo de três dias a contar da afixação dessa informação, requerer a alteração da sua opção.

5 – Os candidatos que não disponham de vaga disponível para a opção expressa nem requeiram a subsequente alteração de opção ficam excluídos da frequência do curso.

6 – A alteração da opção de magistratura em momento posterior apenas pode ser requerida, fundamentadamente, no final de cada ciclo do curso de formação teórico-prática e depende sempre da existência de vaga na outra magistratura e de autorização do conselho pedagógico do CEJ.

7 – Quando seja autorizada a alteração da opção, nos termos do número anterior, o requerente realiza obrigatoriamente:

a) Os módulos do 1º ciclo específicos da magistratura escolhida;

b) A formação do 2º ciclo na magistratura escolhida, durante seis meses, no caso de já ter completado o 2º ciclo na outra magistratura.

CAPÍTULO III
Formação inicial

SECÇÃO I
Disposições gerais

ARTIGO 30º
Âmbito, local e regime

1 – A formação inicial de magistrados para os tribunais judiciais e para os tribunais administrativos e fiscais compreende, em cada caso, um curso de formação teórico-prática, organizado em dois ciclos sucessivos, e um estágio de ingresso.

2 – O 1º ciclo do curso de formação teórico-prática realiza-se na sede do CEJ, sem prejuízo de estágios intercalares de curta duração nos tribunais.

3 – O 2º ciclo do curso de formação teórico-prática e o estágio de ingresso decorrem nos tribunais, no âmbito da magistratura escolhida.

4 – Sob proposta dos conselhos superiores respetivos, devidamente fundamentada, o Governo pode reduzir, por decreto-lei, a duração do período de formação inicial referido no nº 1.

ARTIGO 31º
Estatuto do auditor de justiça

1 – Os candidatos habilitados no concurso de ingresso frequentam o curso de formação teórico-prática com o estatuto de auditor de justiça e ficam sujeitos ao regime de direitos, deveres e incompatibilidades constantes da presente lei e do regulamento interno do CEJ e, subsidiariamente, ao regime dos funcionários da Administração Pública.

2 – O estatuto de auditor de justiça adquire-se com a celebração de contrato de formação entre o candidato habilitado no concurso e o CEJ, representado pelo diretor, ou nos termos do disposto no nº 4.

3 – O contrato referido no número anterior não confere em nenhum caso a qualidade de funcionário ou agente.

4 – Os candidatos habilitados que sejam trabalhadores em funções públicas, de institutos públicos ou de entidades públicas, empresariais têm direito a frequentar o curso de formação teórico-prática em regime de comissão de serviço, a qual não depende da autorização do organismo ou serviço de origem.

5 – A frequência do curso de formação teórico-prática confere ao auditor de justiça o direito a receber uma bolsa de formação de valor mensal correspondente a 50% do índice 100 da escala indiciária para as magistraturas nos tribunais judiciais, paga segundo o regime aplicável aos magistrados em efetividade de funções, ou, em caso de comissão de serviço por opção do auditor, à remuneração da categoria ou cargo de origem, excluídos suplementos devidos pelo exercício efetivo das respetivas funções.

6 – As férias a que o auditor de justiça tem direito só podem ser gozadas no período das férias judiciais, fora dos períodos de formação.

7 – A desistência do curso de formação teórico-prática, a exclusão e a aplicação da pena de expulsão determinam a perda do estatuto de auditor de justiça, a extinção do contrato de formação ou a cessação da comissão de serviço, consoante o caso, e a extinção do direito à bolsa de formação.

8 – Nos casos referidos no número anterior, os auditores de justiça que se encontrem na situação prevista no nº 4 retomam os seus cargos ou funções, com desconto do tempo de frequência na antiguidade relativa ao cargo de origem, salvo se a desistência for considerada justificada por despacho do diretor do CEJ.

9 – Os efeitos referidos nos nºs 7 e 8 produzem-se no dia seguinte ao da notificação da deliberação de exclusão ou de expulsão ao auditor de justiça ou, no caso da desistência, do despacho do diretor do CEJ que a aceita.

10 – Em caso de recurso e de suspensão judicial dos efeitos da exclusão ou da expulsão, é suspenso até à decisão final o pagamento da bolsa de formação após o termo do curso de formação teórico-prática frequentado pelo auditor de justiça excluído ou expulso.

ARTIGO 32º
Magistrados em regime de estágio

Os auditores de justiça aprovados no curso de formação teórico-prática são nomeados, consoante os casos, juízes de direito e procuradores-adjuntos, em regime de estágio, nos termos estabelecidos no artigo 68º.

ARTIGO 33º
Dever de permanência na magistratura

Os magistrados que, sem justificação, foram exonerados a seu pedido antes de decorridos cinco anos sobre a nomeação como magistrados em regime de estágio ficam obrigados a reembolsar o Estado em montante correspondente ao valor da bolsa recebida.

SECÇÃO II
Curso de formação teórico-prática

SUBSECÇÃO I
Disposições comuns

ARTIGO 34º
Objetivos gerais

1 – O curso de formação teórico-prática tem como objetivos fundamentais proporcionar aos auditores de justiça o desenvolvimento de qualidades e a aquisição de competências técnicas para o exercício das funções de juiz nos tribunais judiciais e nos tribunais administrativos e fiscais e de magistrado do Ministério Público.

2 – No domínio do desenvolvimento de qualidades para o exercício das funções, a formação teórico-prática visa promover:

a) A compreensão do papel dos juízes e dos magistrados do Ministério Público na garantia e efetivação dos direitos fundamentais do cidadão;

b) A perceção integrada do sistema de justiça e da sua missão no quadro constitucional;

c) A compreensão da conflitualidade social e da multiculturalidade, sob uma perspetiva pluralista, na linha de aprofundamento dos direitos fundamentais;

d) O apuramento do espírito crítico e reflexivo e a atitude de abertura a outros saberes na análise das questões e no processo de decisão;

e) A identificação das exigências éticas da função e da deontologia profissional, na perspetiva da garantia dos direitos dos cidadãos;

f) Uma cultura de boas práticas em matéria de relações humanas, no quadro das relações profissionais, institucionais e com o cidadão em geral;

g) Uma cultura e prática de autoformação ao longo da vida.

3 – Na vertente da aquisição das competências técnicas, a formação teórico-prática visa proporcionar aos auditores de justiça:

a) A consolidação e o aprofundamento dos conhecimentos técnico jurídicos necessários à aplicação do direito;

b) O domínio do método jurídico e judiciário na abordagem, análise e resolução dos casos práticos;

c) A aquisição de conhecimentos e técnicas de áreas não jurídicas do saber, úteis para a compreensão judiciária das realidades da vida;

d) A compreensão e o domínio do processo de decisão mediante o apuramento da intuição prática e jurídica, o desenvolvimento da capacidade de análise, da técnica de argumentação e do poder de síntese, bem como o apelo à ponderação de interesses e às consequências práticas da decisão;

e) O domínio dos modos de gestão e da técnica do processo, numa perspetiva de agilizar os procedimentos orientada para a decisão final;

f) A aquisição de conhecimentos e o domínio das técnicas de comunicação com relevo para a intervenção judiciária, incluindo o recurso às tecnologias da informação e da comunicação;

g) A utilização das aplicações informáticas disponíveis para gerir o processo de forma eletrónica e desmaterializada;

h) A aquisição de competências, no âmbito da organização e gestão de métodos de trabalho, adequadas ao contexto de exercício de cada magistratura.

ARTIGO 35º
Duração

1 – O 1º ciclo do curso de formação teórico-prática tem início no dia 15 de setembro subsequente ao concurso de ingresso no CEJ, podendo, por despacho do membro do Governo responsável pela área da justiça, sob proposta fundamentada do diretor do CEJ, designadamente quando o concurso de ingresso não esteja concluído naquela data, ter início até ao dia 4 de janeiro subsequente ou ao 1º dia útil seguinte.

2 – O 1º ciclo do curso de formação teórico-prática termina no dia 15 de julho subsequente ao concurso de ingresso no CEJ.

3 – O 2º ciclo tem início no dia 1 de setembro subsequente ao fim do 1º ciclo e termina no dia 15 do ano seguinte, salvo o disposto no número seguinte.

4 – O 2º ciclo pode ser prorrogado excecionalmente, até ao limite de seis meses, por deliberação do conselho pedagógico, sob proposta do diretor, em função do aproveitamento do auditor de justiça.

SUBSECÇÃO II
1º ciclo

ARTIGO 36º
Objetivos específicos

1 – No desenvolvimento dos objetivos gerais da formação teórico-prática, o 1º ciclo tem por objetivos específicos, no domínio das qualidades para o exercício das funções:

a) Promover a formação sobre os temas respeitantes à administração da justiça;

b) Propiciar o conhecimento dos princípios da ética e da deontologia profissional, bem como dos direitos e deveres estatutários e deontológicos;

c) Proporcionar a diferenciação dos conteúdos funcionais e técnicos de cada magistratura.

2 – Em matéria de competências técnicas, o 1º ciclo visa, especificamente, proporcionar aos auditores de justiça:

a) A formação sobre a importância prática dos direitos fundamentais e o domínio dos respetivos meios de proteção judiciária;

b) A aquisição e o aprofundamento dos conhecimentos jurídicos, de natureza substantiva e processual, nos domínios relevantes para o exercício das magistraturas;

c) O desenvolvimento da capacidade de abordagem, de análise e do poder de síntese, na resolução de casos práticos, com base no estudo problemático da doutrina e da jurisprudência, mediante a aprendizagem do método jurídico e judiciário;

d) O exercício na tomada de decisão, fundado numa argumentação racional e na análise crítica da experiência, por forma a conferir autonomia às posições assumidas;

e) O domínio da técnica processual, privilegiando as perspetivas de agilização dos procedimentos, da valoração da prova e da fundamentação das decisões, com especial incidência na elaboração das peças processuais, no tratamento da matéria de facto, nos procedimentos de recolha e produção da prova, e na estruturação das decisões;

f) A aprendizagem dos modos de gestão judiciária e do processo, numa perspetiva de racionalização de tarefas por objetivos;

g) A aprendizagem das técnicas de pesquisa, tratamento, organização e exposição da informação, útil para a análise dos casos, incluindo o recurso às novas tecnologias;

h) A aquisição de saberes não jurídicos com relevo para a atividade judiciária, nomeadamente em matéria de medicina legal, psicologia judiciária, sociologia judiciária e contabilidade e gestão;

i) Possibilidade de aprendizagem de uma língua estrangeira, numa perspetiva de utilização técnico-jurídica;

j) A aprendizagem de técnicas da comunicação, verbais e não verbais, incluindo o recurso às tecnologias da comunicação;

l) A aprendizagem da utilização das aplicações informáticas disponíveis para gerir o processo de forma eletrónica e desmaterializada;

m) A integração das competências que vão sendo adquiridas, através de breves períodos de estágio nos tribunais.

ARTIGO 37º
Componentes formativas

O 1º ciclo do curso de formação teórico-prática integra uma componente formativa geral, uma componente formativa de especialidade, uma componente profissional e uma área de investigação aplicada relevante para a atividade judiciária.

ARTIGO 38º
Componente formativa geral

O curso de formação teórico-prática compreende, na componente formativa geral comum, nomeadamente, as seguintes matérias:

a) Direitos Fundamentais e Direito Constitucional;
b) Ética e deontologia profissional;
c) Instituições e organização judiciárias;
d) Metodologia e discurso judiciários;
e) Organização e métodos e gestão do processo;
f) Línguas estrangeiras, numa perspetiva de utilização técnico-jurídica;
g) Tecnologias de informação e comunicação, com relevo para a prática judiciária.

ARTIGO 39º
Componentes do curso para ingresso nos tribunais judiciais

O curso de formação teórico-prática para ingresso nas magistraturas dos tribunais judiciais compreende ainda, nomeadamente, as seguintes matérias:

a) Na componente formativa de especialidade:
  i) Direito Europeu;
  ii) Direito Internacional, incluindo cooperação judiciária internacional e Convenção Sobre os Direitos da Criança.
  iii) Direito da Concorrência e de Regulação Económica;
  iv) Direito Administrativo substantivo e processual;
  v) Contabilidade e Gestão;
  vi) Psicologia Judiciária;
  vii) Sociologia Judiciária;
  viii) Medicina Legal e Ciências Forenses;
  ix) Investigação Criminal e Gestão do Inquérito;
  x) Direitos humanos;
  xi) Violência de género, nomeadamente violência doméstica.
b) Componente profissional, nas seguintes áreas:
  i) Direito Civil, Direito Comercial e Direito Processual Civil;
  ii) Direito Penal e Direito Processual Penal;
  iii) Direito Contraordenacional substantivo e processual;
  iv) Direito da Família e das Crianças;
  v) Direito substantivo e processual do Trabalho e Direito da Empresa.

ARTIGO 40º
Componentes do curso para ingresso nos tribunais administrativos e fiscais

1 – O curso de formação teórico-prática para ingresso os tribunais administrativos e fiscais inclui, nomeadamente:

a) Na componente de especialidade, as matérias de:
  i) Direito Europeu, incluindo Direito Administrativo Europeu, substantivo e processual;
  ii) Direito Internacional, incluindo cooperação judiciária internacional;
  iii) Organização administrativa;

iv) Contabilidade e Gestão;
v) Psicologia Judiciária;
vi) Sociologia Judiciária;
vii) Direito da Concorrência e da Regulação Económica;
viii) Direito do Urbanismo e do Ambiente;
ix) Contratação Pública;
x) Contencioso Eleitoral;
xi) Responsabilidade extracontratual do Estado;
xii) Direito Contraordenacional substantivo e processual;
xiii) Princípios de Contabilidade Financeira e Fiscal;
xiv) Regimes jurídicos dos impostos;
xv) Direito aduaneiro e contencioso aduaneiro;

b) Na componente profissional, as áreas de:
i) Direito Administrativo substantivo e processual;
ii) Direito Tributário substantivo e processual;
iii) Direito Civil, nos domínios dos contratos e da responsabilidade civil;
iv) Direito Processual Civil declarativo comum e executivo.

2 – Na componente formativa de especialidade, as matérias que sejam comuns ao curso para ingresso nos tribunais judiciais e ao curso para ingresso nos tribunais administrativos e fiscais são preferencialmente lecionadas conjuntamente aos auditores de justiça de ambos os cursos.

ARTIGO 41º
Planos de estudo

1 – Os cursos de formação teórico-prática referidos nos artigos 38º a 40º obedecem a planos de estudo próprios, que definem os objetivos e as linhas gerais da metodologia e da programação das atividades formativas, deles constando a distribuição das matérias por unidades letivas, tendo em conta a diferenciação das funções de cada magistratura.

2 – Os planos de estudo preveem, no âmbito das várias matérias, módulos comuns e módulos especificamente dirigidos a determinada magistratura.

3 – Os planos de estudo preveem módulos de frequência obrigatória e módulos opcionais.

4 – Os planos de estudo, após a aprovação pelo conselho pedagógico, são integrados no plano anual de atividades.

5 – A elaboração dos planos de estudo compete ao diretor, nos termos do regulamento interno.

ARTIGO 42º
Organização das atividades formativas

1 – As atividades formativas realizam-se na sede do CEJ, sob a orientação de docentes e de formadores incumbidos de ministrar as matérias das diversas componentes formativas, e compreendem ainda um estágio intercalar de duração não superior a quatro semanas, junto dos tribunais, sob a orientação de magistrados formadores.

2 – As atividades formativas no CEJ incluem, nomeadamente:

a) Sessões regulares de grupos ou de conjuntos de grupos de auditores de justiça;

b) Ateliês, cursos especializados, colóquios, conferências, palestras e seminários.

3 – Nas atividades relativas à componente profissional, deve privilegiar-se o tratamento de temas e de casos com relevo para a prática judiciária, mediante o estudo e análise crítica de legislação, doutrina e jurisprudência, complementados por simulação de atos processuais, sob a forma escrita e oral, de modo a promover uma participação ativa dos auditores de justiça.

4 – As atividades relativas às componentes formativa geral e de especialidade são orientadas para a aquisição e aprofundamento de conhecimentos teórico-práticos.

5 – Quando as atividades formativas envolvam matérias processuais, devem envolver a utilização das aplicações informáticas disponíveis para gerir o processo de forma eletrónica e desmaterializada.

6 – O período de estágio intercalar junto dos tribunais pode ser seguido ou repartido ao longo do 1º ciclo, devendo o auditor ter contacto com, pelo menos, dois tribunais diferentes.

7 – Na colocação do auditor junto de um tribunal é atendida a opção de magistratura feita pelo auditor.

8 – Por cada período de estágio, o magistrado formador elabora uma informação sobre o desempenho do auditor, devendo as informações ser consideradas na avaliação do 1º ciclo.

ARTIGO 43º
Método de avaliação

1 – No 1º ciclo, os auditores de justiça são avaliados pelos docentes e formadores sobre a sua aptidão para o exercício das funções de magistrado, segundo o modelo de avaliação global.

2 – A aptidão é determinada em função da adequação e do aproveitamento de cada auditor de justiça, segundo fatores de avaliação a fixar no regulamento interno, tomando-se em consideração, nomeadamente:

a) A cultura jurídica e a cultura geral;

b) A capacidade de ponderação e de decisão, segundo o direito e as regras da experiência comum;

c) A capacidade para desempenhar com rigor, equilíbrio, honestidade intelectual e eficiência às diferentes atividades próprias das funções de magistrado, como sejam as de condução de diligências processuais, de compreensão valoração da prova, e de fundamentação de facto e de direito de decisões, no respeito das regras substantivas e processuais, e de acordo com as boas práticas de gestão processual e as regras da ética e deontologia profissional;

d) A capacidade de investigação, de organização e de trabalho;

e) A relação humana, expressa na capacidade para interagir adequadamente com os diferentes intervenientes processuais, de acordo com as regras de urbanidade;

f) A assiduidade e pontualidade.

3 – Na componente profissional, os auditores de justiça estão sujeitos ao regime de avaliação contínua, que pode ser complementada com a realização de aferição de

conhecimentos e competências, nos termos que forem estabelecidos nos respetivos planos de estudo.

4 – Nas componentes formativa geral e de especialidade, o aproveitamento dos auditores de justiça é aferido, preferencialmente, mediante a realização de provas de conhecimentos, nos termos que forem estabelecidos nos respetivos planos de estudo.

5 – As informações decorrentes da avaliação contínua referida no nº 3 são analisadas, periodicamente, em reunião de docentes, sob a orientação do diretor, com faculdade de delegação, e devem constar de relatórios individuais elaborados pelos docentes, no fim do 1º e do 2º trimestres e no fim do ciclo, concluindo com uma apreciação qualitativa.

6 – Da ponderação dos relatórios e aferições referidos nos números anteriores, e segundo critérios a fixar no regulamento interno resulta a atribuição no fim do ciclo, pelo conjunto de docentes e formadores, sob a orientação do diretor, com faculdade de delegação, de uma classificação final global, expressa através de uma nota quantitativa, na escala de 0 a 20 valores.

7 – Os relatórios e os demais resultados da avaliação são dados a conhecer, individualmente, ao auditor de justiça a que respeitam e integram o respetivo processo individual.

ARTIGO 44º
Proposta de classificação e graduação

1 – No final do 1º ciclo, o diretor elabora os projetos de classificação e de graduação dos auditores de justiça com base nos relatórios e demais resultados de avaliação referidos no artigo anterior.

2 – Os projetos são submetidos pelo diretor, sob a forma de proposta, ao conselho pedagógico.

ARTIGO 45º
Assiduidade

1 – O auditor de justiça que der cinco faltas injustificadas, seguidas ou interpoladas, durante o 1º ciclo pode ser excluído mediante processo disciplinar instaurado pelo diretor.

2 – A cumulação de faltas justificadas, seguidas ou interpoladas, correspondentes a um sexto da duração das atividades efetivamente realizadas no 1º ciclo pode implicar a exclusão do auditor de justiça, por perda de frequência, mediante deliberação do conselho pedagógico, sob proposta do diretor do CEJ, tendo em conta as suas consequências no aproveitamento.

3 – Em alternativa à hipótese prevista no número anterior, pode o conselho pedagógico, sob proposta do diretor, autorizar o auditor de justiça a frequentar o 1º ciclo do curso de formação subsequente.

ARTIGO 46º
Classificação do 1º ciclo

1 – No final do 1º ciclo, o conselho pedagógico aprecia as propostas de classificação e graduação apresentadas pelo diretor e delibera sobre a aptidão dos audi-

tores de justiça, em função da sua adequação e aproveitamento para o exercício das funções de magistrado, com base, entre outros elementos, nos relatórios e demais resultados de avaliação a que se refere o artigo 43º.

2 – Têm aproveitamento os auditores de justiça que obtenham classificação igual ou superior a 10 valores no conjunto das componentes formativas, em conformidade com os critérios de ponderação estabelecidos para cada matéria ou área no respetivo plano de estudo.

3 – O conselho pedagógico pode deliberar sobre a inaptidão do auditor de justiça que, apesar de obter uma classificação igual ou superior a 10 valores no conjunto das componentes formativas, revele falta de aproveitamento em alguma matéria ou área ou falta de adequação.

4 – O conselho pedagógico, sob proposta do diretor, pode também deliberar, com base na avaliação intercalar obtida no fim do 2º trimestre, sobre a inaptidão do auditor de justiça que revele manifesta falta de aproveitamento ou de adequação para o exercício das funções de magistrado.

5 – Os auditores de justiça que forem considerados não aptos para o exercício das funções de magistrado ficam excluídos do curso de formação.

ARTIGO 47º
Graduação

1 – Os auditores de justiça considerados aptos são graduados segundo a respetiva classificação, atendendo-se, em caso de igualdade, sucessivamente, à maior classificação final no concurso de ingresso e à idade, preferindo os mais velhos.

2 – O conselho pedagógico faz publicar, em pauta afixada na sede do CEJ, os resultados da classificação obtida no fim do ciclo e, em lista, a respetiva graduação.

3 – A graduação é feita em listas separadas, em função da magistratura escolhida, para os efeitos previstos no artigo seguinte.

ARTIGO 48º
Colocação nos tribunais

1 – Até ao termo do 1º ciclo, são afixadas na sede do CEJ e publicitadas no sítio do CEJ na Internet as listas dos locais de formação no 2º ciclo, após aprovação do Conselho Superior da Magistratura, do Conselho Superior dos Tribunais Administrativos e Fiscais e da Procuradoria-Geral da República.

2 – No prazo de três dias a contar da publicação das listas de graduação previstas no artigo anterior, os auditores de justiça indicam, por ordem decrescente de preferência, os tribunais onde pretendem ser colocados.

3 – Na colocação é considerada a graduação obtida no 1º ciclo, podendo ser também tida em conta a situação pessoal e familiar do auditor de justiça em função dos recursos disponíveis e sem prejuízo dos interesses da formação.

SUBSECÇÃO III
2º ciclo

ARTIGO 49º
Objetivos

1 - No desenvolvimento dos objetivos gerais da formação teórico-prática, o 2º ciclo tem por objetivos específicos, no domínio das qualidades para o exercício das funções:

a) Assegurar a consolidação das exigências deontológicas inerentes ao exercício de cada magistratura e a compreensão dos respetivos direitos e deveres estatutários;

b) Proporcionar a experimentação e a compreensão concreta dos conteúdos funcionais das respetivas magistraturas e dos outros agentes do sistema de justiça, bem como o desenvolvimento de boas práticas no relacionamento com os demais agentes judiciários;

c) Apurar o espírito crítico e cultivar atitude de cooperação e de relativização do saber no debate das questões e no processo de decisão, com progressiva aquisição de autonomia e personalização na decisão;

d) Exercitar uma prática multidisciplinar no tratamento dos casos e de realização efetiva dos direitos fundamentais.

2 - No desenvolvimento dos objetivos gerais da formação teórico-prática, o 2º ciclo de atividades tem por objetivos específicos, no domínio das competências técnicas:

a) Prosseguir a consolidação e o aprofundamento dos conhecimentos técnico-jurídicos necessários à aplicação do direito, mediante intervenção concreta e simulada em atos processuais e outros da atividade judiciária apurando a técnica de elaboração de peças e agilizando os procedimentos processuais, com destaque para a recolha, produção e valoração da prova;

b) Proporcionar o conhecimento concreto da missão, atividade e capacidade de resposta das instâncias judiciárias e não judiciárias intervenientes na administração da justiça;

c) Apurar o domínio do processo de decisão, mediante o desenvolvimento das capacidades de análise e de síntese, do poder de argumentação e da ponderação de interesses e das consequências práticas da decisão;

d) Desenvolver as competências de organização e gestão de métodos de trabalho, com relevo para a gestão do tribunal, do processo, do tempo e da agenda e para a disciplina dos atos processuais;

e) Exercitar as técnicas de comunicação para uma boa prática judiciária, incluindo o recurso otimizado às tecnologias da informação e da comunicação disponíveis.

ARTIGO 50º
Formação nos tribunais

1 - O 2º ciclo decorre, consoante o caso, nos tribunais judiciais de 1ª instância ou nos tribunais administrativos de círculo e tribunais tributários.

2 - A formação no 2º ciclo é assegurada, consoante o caso, por magistrados formadores da magistratura escolhida ou por juízes formadores dos tribunais administrativos de círculo e dos tribunais tributários.

ARTIGO 51º
Organização das atividades

1 – O 2º ciclo compreende a participação dos auditores de justiça, segundo a orientação do respetivo formador, nas atividades respeitantes à magistratura escolhida, competindo-lhes, nomeadamente:

a) Elaborar projetos de peças processuais;

b) Intervir em atos preparatórios do processo;

c) Coadjuvar o formador nas tarefas de direção e instrução do processo;

d) Assistir às diversas diligências processuais, em especial no domínio da produção de prova, da audição de pessoas e da realização de audiências;

e) Assistir às deliberações dos órgãos jurisdicionais.

2 – O 2º ciclo compreende estágios de curta duração junto de entidades e instituições não judiciárias, com atividade relevante para o exercício de cada magistratura, ou ações de formação de caráter prático organizadas em parceria com tais entidades ou instituições, a decorrer preferencialmente nos respetivos serviços.

3 – Os estágios e ações previstos no número anterior têm duração variável, ajustada ao cumprimento dos respetivos objetivos pedagógicos, não devendo a sua soma exceder dois meses.

4 – Os auditores de justiça que ingressaram no curso ao abrigo do disposto na segunda parte da alínea *c*) do artigo 5º podem ser dispensados da frequência dos estágios e ações previstos no nº 2, por deliberação do conselho pedagógico, sob proposta do diretor.

5 – O 2º ciclo pode compreender:

a) Ações específicas dirigidas à magistratura a que os auditores de justiça se candidatam;

b) Ações conjuntas destinadas aos auditores de justiça, advogados estagiários e formandos de outras profissões que intervêm na administração da justiça.

ARTIGO 52º
Avaliação

1 – Os auditores de justiça são avaliados, segundo o modelo de avaliação global, quanto à sua aptidão para o exercício das funções de magistrado, na respetiva magistratura, aplicando-se o disposto no nº 2 do artigo 43º.

2 – O modelo de avaliação global tem por base o regime de avaliação contínua, podendo ser complementado com a realização de provas de aferição de conhecimentos e competências, nos termos que forem estabelecidos nos respetivos planos de estudo.

3 – A avaliação é feita com base nos elementos colhidos diretamente pelo respetivo coordenador distrital ou regional e nas informações de desempenho prestadas pelos formadores, e consta de relatório elaborado por aquele e submetido à apreciação do conjunto de coordenadores, sob orientação, consoante a magistratura, do diretor-adjunto respetivo.

4 – O relatório referido no número anterior é elaborado na sequência de reuniões periódicas de formadores com o coordenador, em que participam os demais coordenadores, sob orientação do diretor-adjunto respetivo.

5 – As reuniões referidas no número anterior têm lugar em dois momentos, um intercalar e outro final, salvo se, quanto a algum auditor, o 2º ciclo for, excecionalmente, prorrogado por período igual ou superior a três meses, caso em que se realizam reuniões em dois momentos intercalares e um final.

6 – Dos relatórios intercalares consta uma apreciação qualitativa e no relatório final consta uma nota quantitativa na escala de 0 a 20 valores.

7 – Os relatórios são dados a conhecer, individualmente, ao auditor de justiça a que respeitam e integram o respetivo processo individual.

ARTIGO 53º
Proposta de classificação

1 – Consoante a magistratura, o diretor-adjunto respetivo elabora o projeto de classificação e de graduação dos auditores de justiça com base nos elementos por si recolhidos e nos relatórios dos coordenadores.

2 – O projeto de classificação referido no número anterior é apresentado ao diretor e submetido por este, sob a forma de proposta, ao conselho pedagógico.

ARTIGO 54º
Classificação do 2º ciclo

1 – No final do 2º ciclo, o conselho pedagógico delibera sobre a aptidão dos auditores de justiça, em função da sua adequação e aproveitamento para o exercício das funções de magistrado, com base, entre outros elementos, nos relatórios e demais resultados de avaliação a que se referem os nºs 2 a 4 do artigo 52º e o artigo anterior.

2 – Têm aproveitamento os auditores de justiça que obtenham classificação igual ou superior a 10 valores.

3 – O conselho pedagógico pode, porém, deliberar sobre a não aptidão do auditor de justiça que, embora obtendo uma classificação igual ou superior a 10 valores, revele falta de adequação para o exercício das funções de magistrado.

4 – O conselho pedagógico, sob proposta do diretor, pode igualmente deliberar sobre a não aptidão do auditor de justiça que revele manifesta falta de aproveitamento ou de adequação, com base nas avaliações intercalares do 2º ciclo, a que houver lugar.

5 – Os auditores de justiça que forem considerados não aptos para o exercício das funções de magistrado são excluídos do curso.

ARTIGO 55º
Classificação final do curso e graduação

1 – Para determinação da classificação final individual e graduação no curso de formação teórico-prática, considera-se a seguinte ponderação:

a) A classificação final do 1º ciclo vale 40%;

b) A classificação final do 2º ciclo vale 60%.

2 – Os auditores de justiça que sejam considerados aptos são graduados segundo a respetiva classificação final, atendendo-se, em caso de igualdade, sucessivamente, à maior classificação final no 2º ciclo, à maior classificação final no 1º ciclo, à maior classificação final no concurso de ingresso e à idade, preferindo os mais velhos.

3 – O conselho pedagógico faz publicar em pauta afixada na sede do CEJ os resultados da classificação obtida pelos auditores de justiça no fim do 2º ciclo e, em lista, a respetiva classificação final individual e a graduação, com vista ao ingresso na fase de estágio e à determinação do tribunal onde esta tem lugar.

ARTIGO 56º
Preferência por local de estágio

1 – Até ao termo do 2º ciclo, a lista dos locais de formação na fase de estágio é afixada na sede do CEJ, obtida a aprovação do Conselho Superior da Magistratura, do Conselho Superior dos Tribunais Administrativos e Fiscais e do Conselho Superior do Ministério Público.

2 – Os auditores de justiça indicam, por ordem decrescente de preferência, os tribunais onde pretendem realizar o estágio, no prazo de cinco dias a contar da data da afixação da lista referida no nº 3 do artigo anterior, em requerimento dirigido ao respetivo Conselho Superior, a apresentar no CEJ.

SUBSECÇÃO IV
Regime disciplinar dos auditores de justiça

ARTIGO 57º
Deveres e incompatibilidades

Os auditores de justiça estão sujeitos aos deveres e incompatibilidades inerentes ao seu estatuto.

ARTIGO 58º
Deveres do auditor de justiça

1 – São deveres do auditor de justiça:

a) O dever de assiduidade;
b) O dever de colaboração;
c) O dever de correção;
d) O dever de obediência;
e) O dever de participação;
f) O dever de pontualidade;
g) O dever de reserva;
h) O dever de sigilo;
i) O dever de zelo.

2 – O dever de assiduidade consiste na obrigação de assistir regular e continuadamente às atividades que lhe estão destinadas.

3 – O dever de colaboração consiste na disponibilidade para integrar os órgãos de gestão do CEJ, onde a lei preveja a participação de auditores de justiça, bem como para desempenhar as funções de representação dos grupos de auditores de justiça, nos termos estabelecidos na lei e no regulamento.

4 – O dever de correção consiste na obrigação de tratar com respeito e urbanidade todos os agentes da formação, colegas, funcionários e utilizadores dos serviços.

5 – O dever de obediência consiste na obrigação de cumprir as ordens e instruções emitidas pelos órgãos competentes do CEJ.

6 – O dever de participação consiste na obrigação de manter uma conduta ativa, empenhada e colaborante nas atividades de formação.

7 – O dever de pontualidade consiste na obrigação de comparecer às atividades programadas no horário estabelecido.

8 – O dever de reserva consiste na obrigação de não fazer declarações ou comentários públicos sobre processos em curso, diligências processuais ou outras informações a que tenha tido acesso no âmbito das atividades de formação, salvo quando autorizados pelo diretor do CEJ, para defesa da honra ou para realização de outro interesse legítimo.

9 – O dever de sigilo consiste na obrigação de guardar segredo relativamente a factos e processos de que tenha conhecimento no âmbito das atividades de formação quando abrangidos pelo segredo de justiça ou pelo sigilo profissional.

10 – O dever de zelo consiste na obrigação de conhecer e observar as normas legais, regulamentares e instruções que disciplinam a formação e o funcionamento orgânico do CEJ.

ARTIGO 59º
Infração disciplinar

Considera-se infração disciplinar o facto, ainda que negligente, praticado pelo auditor de justiça, com violação dos deveres inerentes ao seu estatuto.

ARTIGO 60º
Incompatibilidades

1 – É incompatível com o estatuto de auditor de justiça o exercício de qualquer função pública ou privada de natureza profissional.

2 – É vedado aos auditores de justiça o exercício de atividades político-partidárias de caráter público.

ARTIGO 61º
Penas

Aos auditores de justiça são aplicáveis as seguintes penas:

a) Advertência;
b) Repreensão registada;
c) Suspensão de atividades até um mês;
d) Expulsão.

ARTIGO 62º
Processo disciplinar

A aplicação das penas das alíneas *b*), *c*) e *d*) do artigo anterior é sempre precedida de processo disciplinar.

ARTIGO 63º
Medida cautelar de suspensão preventiva

O diretor pode suspender preventivamente, até 15 dias, o auditor de justiça sujeito a procedimento disciplinar se a frequência das atividades de formação se revelar gravemente perturbadora da disciplina.

ARTIGO 64º
Competência para a aplicação das penas disciplinares

A aplicação das penas compete:

a) Ao diretor, quanto às penas previstas nas alíneas *a*) e *b*) do artigo 61º;

b) Ao conselho de disciplina, quanto às restantes penas.

ARTIGO 65º
Reclamação

Da decisão do diretor, em matéria disciplinar, cabe reclamação para o conselho de disciplina.

ARTIGO 66º
Efeitos especiais das penas

1 – A aplicação da pena de expulsão impede a admissão a concurso de ingresso na formação inicial pelo período de cinco anos, a contar da data da decisão que aplicar a pena.

2 – Quando o infrator for funcionário ou agente do Estado, de instituto público ou de entidades públicas empresariais, o CEJ comunica ao respetivo superior hierárquico a aplicação das penas previstas nas alíneas *c*) e *d*) do artigo 61º.

ARTIGO 67º
Direito subsidiário

Em tudo o que não se mostre regulado nesta lei é aplicável, com as devidas adaptações, o Estatuto Disciplinar dos Funcionários e Agentes da Administração Central, Regional e Local.[124]

SECÇÃO III
Estágio de ingresso

ARTIGO 68º
Nomeação em regime de estágio

1 – Os auditores aprovados no curso de formação teórico-prática são nomeados juízes ou procuradores-adjuntos em regime de estágio pelo Conselho Superior da Magistratura, pelo Conselho Superior dos Tribunais Administrativos e Fiscais ou pelo Conselho Superior do Ministério Público, conforme o caso.

[124] O referido diploma foi substituído pelo Estatuto Disciplinar dos Trabalhadores em Funções Públicas, aprovado pela Lei nº 35/2014, transcrito neste compêndio.

2 – Enquanto não forem nomeados, os futuros juízes e procuradores-adjuntos em regime de estágio mantêm o estatuto de auditor de justiça.

ARTIGO 69º
Objetivos

A fase de estágio tem os objetivos seguintes:

a) A aplicação prática e o aprofundamento dos conhecimentos adquiridos no curso de formação teórico-prática;

b) O desenvolvimento do sentido de responsabilidade e da capacidade de ponderação na tomada de decisão e na avaliação das respetivas consequências práticas;

c) O apuramento do sentido crítico e o desenvolvimento da autonomia no processo de decisão;

d) O desenvolvimento das competências de organização e gestão de métodos de trabalho, com relevo para a gestão do tribunal, do processo, do tempo e da agenda, bem como para a disciplina dos atos processuais;

e) O desenvolvimento do sentido de responsabilidade nos termos exigíveis para o exercício das funções da respetiva magistratura;

f) A construção e afirmação de uma identidade profissional responsável e personalizada.

ARTIGO 70º
Organização

1 – A fase de estágio tem a duração de 12 meses, com início no dia 1 de setembro subsequente à aprovação no curso de formação teórico-prática, sem prejuízo do disposto no nº 6.

2 – Nos casos em que, de acordo com o disposto no artigo 35º, o 2º ciclo for prorrogado, a fase de estágio inicia-se 15 dias após a data de afixação da lista de graduação do curso de formação teórico-prática.

3 – O estágio é realizado segundo um plano individual homologado pelo Conselho Superior respetivo, competindo a sua elaboração e acompanhamento ao CEJ.

4 – A fase de estágio compreende:

a) Ações específicas dirigidas a cada magistratura;

b) (*Revogada*);

c) Ações conjuntas destinadas aos estagiários das magistraturas, da advocacia e de outras profissões que intervêm na administração da justiça.

5 – As ações referidas no número anterior são organizadas pelo CEJ, em articulação com o Conselho Superior respetivo ou com a Ordem dos Advogados.

6 – O Conselho Superior respetivo pode, ouvido o conselho pedagógico do CEJ, prorrogar os estágios previstos no nº 1 por um período não superior a seis meses, havendo motivo justificado.

7 – O conselho pedagógico do CEJ pode apresentar, por sua iniciativa, ao Conselho Superior respetivo parecer fundamentado no sentido da prorrogação dos estágios, por proposta do diretor.

8 – Os juízes e os procuradores-adjuntos em regime de estágio podem, por motivo justificado, ser transferidos pelo Conselho Superior respetivo, ouvido o diretor do CEJ ou sob proposta deste.

ARTIGO 71º
Regime

1 – Os magistrados em regime de estágio exercem com a assistência de formadores, mas sob responsabilidade própria, as funções inerentes à respetiva magistratura, com os respetivos direitos, deveres e incompatibilidades.

2 – O estágio desenvolve-se progressivamente, com complexidade e volume de serviço crescentes.

3 – Os Conselhos Superiores da Magistratura, dos Tribunais Administrativos e Fiscais e do Ministério Público recolhem elementos sobre a idoneidade, o mérito e o desempenho do magistrado em regime de estágio, devendo o CEJ prestar-lhes, periodicamente, as informações adequadas.

4 – O Conselho Superior respetivo não procede à nomeação em regime de efetividade do magistrado em regime de estágio quando, de acordo com os elementos colhidos e ouvido o conselho pedagógico do CEJ, concluir pela sua falta de adequação para o exercício da função.

5 – Pode também o conselho pedagógico do CEJ, sob proposta do diretor, emitir parecer fundamentado no sentido da não nomeação em regime de efetividade do magistrado em regime de estágio quando, em resultado do acompanhamento previsto no nº 3 do artigo anterior, concluir pela sua falta de adequação para o exercício da função.

6 – O diretor do CEJ remete o parecer referido no número anterior ao Conselho Superior respetivo.

ARTIGO 72º
Nomeação

1 – Terminada a fase de estágio, não ocorrendo a situação prevista no nº 4 do artigo anterior, os magistrados são nomeados em regime de efetividade.

2 – Na falta de vagas e enquanto estas não existirem, os magistrados são nomeados como auxiliares.[125]

[125] Os artigos 73º a 78º, atinentes à avaliação contínua, versam, respetivamente, sobre os objetivos, os destinatários, a organização das atividades, o plano de formação, a divulgação deste, a certificação da frequência e o aproveitamento. A atual redação da subalínea *ii*) da alínea *a*) do artigo 39º e do nº 3 do artigo 74º resultou da Lei nº 21/2020, de 2 de julho.

18. ESTATUTO DOS PERITOS AVALIADORES DE EXPROPRIAÇÕES[126]

ARTIGO 1º
Objeto

O presente diploma regula as condições de exercício das funções de perito e árbitro no âmbito dos procedimentos anteriores à declaração de utilidade pública e no âmbito do processo de expropriação previsto no Código das Expropriações, aprovado pela Lei nº 168/99, de 18 de setembro.

ARTIGO 2º
Listas de peritos

1 – As funções de perito avaliador, previstas nos artigos 10º, nº 4, 20º, nº 6, 45º e 62º do Código das Expropriações, só podem ser exercidas por peritos integrados nas listas oficiais a que se refere o número seguinte.

2 – São organizadas listas de peritos avaliadores, por distritos judiciais.

3 – No distrito judicial de Lisboa são organizadas três listas, uma para a área continental, outra para os círculos judiciais dos Açores e outra para o círculo judicial do Funchal.

4 – Cada lista é composta pelo seguinte número de peritos avaliadores:

a) 120 no distrito judicial de Lisboa;
b) 120 no distrito judicial do Porto;
c) 100 no distrito judicial de Coimbra;
d) 80 no distrito judicial de Évora;
e) 16 nos círculos judiciais dos Açores;
f) 10 no círculo judicial do Funchal.

5 – Cada perito não pode integrar mais de uma lista.

6 – Das listas, para além da identificação dos peritos avaliadores e sua morada, deverão constar, no mínimo, os seguintes elementos:

a) Habilitações e eventual especialidade;
b) Entidade empregadora ou equiparada, quando aplicável.

126 Reporta-se-lhe o DL nº 125/2002, de 10 de maio, regulador das condições de exercício das funções de perito e de árbitro nos processos de expropriação, alterado pelos Decretos-Leis nºs 12/2007, de 19 de janeiro, e 94/2009, de 27 de abril. A Portaria nº 788/2004, de 9 de julho, estabeleceu sobre os cursos superiores habilitantes para o exercício da mencionada função; a Portaria nº 240/2008, de 17 de março, aprovou o plano do curso de formação; a Portaria nº 241/2008, de 17 de março, aprovou o programa da prova escrita de conhecimentos, e a Portaria nº 449/2009, de 29 de abril, alterou o disposto na Portaria nº 240/2008. O exercício da atividade dos peritos avaliadores de imóveis que prestem serviços a entidades do sistema financeiro nacional está previsto na Lei nº 153/2015, de 14 de setembro.

7 – A Direção-Geral da Administração da Justiça fará publicar no Diário da República, até 31 de janeiro de cada ano, as listas atualizadas dos peritos avaliadores.

ARTIGO 3º
Recrutamento dos peritos avaliadores

1 – O recrutamento de peritos avaliadores que integram as listas a que se refere o artigo anterior é efetuado mediante concurso ou através de procedimento simplificado, nos termos dos artigos seguintes.

2 – O concurso referido no número anterior é aberto por despacho do diretor-geral da Administração da Justiça.

ARTIGO 4º
Júri do concurso

1 – O júri tem a seguinte composição:

a) Três personalidades indicadas conjuntamente pelo diretor do Centro de Estudos Judiciários e pelo diretor-geral da Administração da Justiça, designando este o presidente;

b) Um arquiteto indicado pela Ordem dos Arquitetos;

c) Um engenheiro indicado pela Ordem dos Engenheiros.

2 – Por despacho do diretor-geral da Administração da Justiça, sob proposta do diretor do Centro de Estudos Judiciários, podem ser constituídos júris suplementares sempre que as circunstâncias o exijam.

3 – Os membros do júri têm direito a uma gratificação em função do número de candidatos admitidos, a definir por despacho conjunto dos ministros responsáveis pelas áreas das finanças e da justiça, sob proposta do presidente do júri.

ARTIGO 5º
Requisitos habilitacionais

1 – Podem candidatar-se a peritos avaliadores os indivíduos que sejam possuidores de curso superior adequado e não estejam inibidos do exercício de funções públicas ou interditos para o exercício das respetivas funções.

2 – Os cursos superiores que habilitam ao exercício das funções de perito avaliador são os que constam de portaria conjunta dos ministros responsáveis pelas áreas da justiça, das obras públicas e do ensino superior.[127]

ARTIGO 6º
Concurso

O concurso integra uma prova escrita de conhecimentos e a frequência, com aproveitamento, de um curso de formação, o qual está sujeito a numerus clausus.

[127] As licenciaturas habilitantes para o exercício das funções de perito avaliador constam da Portaria nº 788/2004, de 9 de julho.

ARTIGO 7º
Aviso de abertura do concurso

1 – O concurso inicia-se com a publicação do respetivo aviso de abertura no Diário da República e de um anúncio do aviso publicado em dois jornais de expansão nacional, sem prejuízo de outras formas de publicidade que se considerem adequadas.

2 – Do aviso de abertura devem constar:

a) A declaração de abertura do concurso, o seu prazo de validade, a indicação das listas a constituir ou completar e o número de vagas a preencher;

b) A descrição sumária das funções a exercer pelos peritos avaliadores e os requisitos de admissão ao concurso;

c) A forma e o prazo de apresentação das candidaturas e a indicação dos elementos que as devem instruir, designadamente os mencionados nas alíneas *b*) a *d*) do nº 2 do artigo 10º;

d) A designação e o endereço da entidade à qual devem ser dirigidas as candidaturas;

e) Os métodos de seleção a utilizar no concurso, a sua avaliação e caráter eliminatório, incluindo a referência à publicação do programa da prova escrita de conhecimentos e do plano do curso;

f) Os critérios de correção da prova escrita de conhecimentos e a indicação de que as pontuações específicas constam das atas das reuniões do júri do concurso;

g) A indicação do local onde será afixada a lista de candidatos admitidos e não admitidos ao concurso;

h) A composição do júri do concurso, a designação do seu presidente e a indicação das circunstâncias em que podem ser constituídos júris suplementares;

i) O número de candidatos admitidos ao curso de formação;

j) O sistema de classificação final do concurso;

l) A indicação de que o concurso se rege pelo presente diploma e, subsidiariamente, pelas normas aplicáveis do Decreto-Lei nº 204/98, de 11 de julho.

ARTIGO 8º
Prazo de candidatura e lista de candidatos

1 – O prazo para apresentação de candidaturas é de 10 dias úteis a contar da data da publicação do aviso de abertura.

2 – Findo o prazo de apresentação das candidaturas, o júri elabora, no prazo de 15 dias úteis, o projeto de lista dos candidatos admitidos e não admitidos ao concurso, com indicação sucinta dos motivos da não admissão, promovendo, após a audiência prévia dos candidatos, a publicação no Diário da República e a sua afixação nos tribunais da relação, com a indicação da data, local, horário e duração da prova escrita e da composição dos júris suplementares, sempre que for exercida a faculdade a que se refere o nº 2 do artigo 4º.

3 – Da não admissão cabe recurso para o ministro responsável pela área da justiça, no prazo de cinco dias úteis a contar da data da publicação da lista no Diário da República, devendo o recurso ser decidido em igual período.

ARTIGO 9º
Métodos de seleção

1 – No concurso são utilizados sucessivamente os seguintes métodos de seleção de candidatos:

a) Prova escrita de conhecimentos;

b) Curso de formação.

2 – O programa da prova escrita de conhecimentos e a legislação e a bibliografia recomendadas são aprovados por portaria do ministro responsável pela área da justiça.

3 – A prova escrita efetua-se perante o júri do concurso.

4 – O enunciado da prova é elaborado pelo júri do concurso, contém perguntas e problemas relativos às matérias constantes do programa da prova e inclui a respetiva cotação e os critérios de correção.

5 – A duração da prova não deve exceder as três horas.

6 – É permitida a consulta de legislação em suporte de papel.

7 – A prova é classificada numa escala valorimétrica de 0 a 20 valores, sendo os candidatos graduados em função dessa classificação e tendo a classificação inferior a 10 valores caráter eliminatório.

8 – Os resultados da prova são afixados nos tribunais da relação e deles cabe reclamação para o júri do concurso, no prazo de cinco dias úteis a partir da afixação, com fundamento em manifesto lapso na classificação, não havendo reapreciação da prova.

9 – As reclamações são decididas em prazo idêntico ao referido no número anterior.

10 – A ata com a classificação e graduação, por ordem decrescente, dos candidatos é submetida a homologação do ministro responsável pela área da justiça e publicada no Diário da República.

ARTIGO 9º-A
Curso de formação

1 – O curso a que se refere o artigo anterior é organizado pelo Centro de Estudos Judiciários, que elabora o respetivo plano e regulamento, a aprovar por portaria do membro do governo responsável pela área da justiça.

2 – São admitidos à frequência do curso os candidatos aprovados na prova escrita de conhecimentos e graduados nos lugares correspondentes ao dobro do número das vagas postas a concurso.

3 – O corpo docente do curso é constituído por indicação conjunta da Direção-Geral da Administração da Justiça e do Centro de Estudos Judiciários.

4 – No final do curso, os candidatos submetem-se a uma prova de avaliação de conhecimentos perante um júri composto por dois docentes do curso, designados em conjunto pelas entidades referidas no número anterior, e por um presidente, designado pelo diretor do Centro de Estudos Judiciários.

5 – A prova é classificada numa escala numérica de 0 a 20, tendo caráter eliminatório a classificação inferior a 10 valores.

6 – O resultado da prova é afixado no Centro de Estudos Judiciários e dele cabe reclamação para o júri do curso, no prazo de cinco dias úteis a partir da afixação, com fundamento em manifesto lapso, não havendo reapreciação da prova.

7 – As reclamações são decididas em prazo idêntico ao referido no número anterior.

8 – A classificação do curso é o resultado da prova a que se refere o nº 4.

ARTIGO 9º-B
Classificação final e homologação

1 – A classificação final do concurso, expressa na escala valorimétrica de 0 a 20, resulta da média aritmética simples da nota na prova escrita de conhecimentos e da classificação no curso de formação.

2 – O desempate faz-se, sucessivamente, pela média do curso superior de habilitação, preferindo a mais alta, e pela idade dos candidatos, preferindo os mais velhos.

3 – A ata do júri do concurso com a classificação final e a graduação dos candidatos, por ordem decrescente, é submetida, após audiência prévia dos interessados, a homologação do ministro responsável pela área da justiça e publicada no Diário da República, com indicação dos candidatos que preenchem as vagas.

ARTIGO 10º
Procedimento simplificado

1 – Os peritos avaliadores que, à data da entrada em vigor do presente diploma, constem das listas oficiais, integram as novas listas, sem submissão a concurso, mediante sujeição ao procedimento simplificado regulado neste artigo, independentemente dos requisitos habilitacionais.

2 – Os peritos avaliadores referidos no número anterior poderão candidatar-se, no prazo estabelecido em aviso publicado no Diário da República, 2ª série, e em dois jornais de expansão nacional, sem prejuízo de outras formas de publicidade que se considerem adequadas, mediante requerimento dirigido ao diretor-geral da Administração da Justiça, instruído com os seguintes documentos:

a) Documento subscrito pelo candidato em que declare que integra a lista oficial à data da publicação do presente diploma, indicando o respetivo distrito judicial ou círculo judicial, no caso das Regiões Autónomas da Madeira e dos Açores;

b) Declaração, sob compromisso de honra, de que não está inibido do exercício de funções públicas ou interdito para o exercício de funções de perito avaliador;

c) Declaração sobre a sua situação profissional, eventual vínculo de emprego ou equiparado e indicação da entidade empregadora;

d) Certificado de habilitações.

3 – Os peritos avaliadores referidos no nº 1, caso pretendam beneficiar do procedimento simplificado regulado neste artigo, têm preferência sobre os restantes candidatos no preenchimento das respetivas vagas.

4 – A análise e a seleção das candidaturas são efetuadas por um júri designado pelo diretor-geral da Administração da Justiça, que preside, cuja composição deverá constar do aviso a que se refere o nº 2.

5 – Apreciadas as candidaturas, o júri submeterá à homologação do Ministro da Justiça a ata final contendo a indicação dos candidatos admitidos.

6 – A lista dos candidatos admitidos e excluídos será publicada no Diário da República, 2ª série.

7 – O procedimento previsto neste artigo é prévio à abertura do concurso a que se referem os artigos anteriores.

ARTIGO 10º-A
Ação de formação específica

A integração nas listas nos termos do artigo 10º depende da frequência de uma ação de formação a ser organizada pelo Centro de Estudos Judiciários.

ARTIGO 11º
Juramento

1 – Os peritos avaliadores que integrem as listas serão ajuramentados perante o presidente do tribunal da Relação do respetivo distrito judicial ou perante juiz da comarca da sua residência, nas Regiões Autónomas da Madeira e dos Açores.

2 – No caso de o perito avaliador faltar mais de três vezes ao juramento, deixará de integrar a lista, abrindo-se imediatamente a respetiva vaga.

3 – As listas definitivas de peritos oficiais serão publicadas no Diário da República, 2ª série, após o juramento a que se refere este artigo.

ARTIGO 12º
Exclusão das listas

1 – São excluídos da lista de peritos avaliadores os peritos que deixem de cumprir os seus deveres funcionais, designadamente:

a) Deixem de observar os critérios de avaliação decorrentes da lei;

b) No decurso do ano judicial, deixem de comparecer mais de três vezes, sem justificação, a diligências para que tenham sido regularmente convocados;

c) Não entreguem os relatórios ou os acórdãos nos prazos fixados, sem motivo justificado;

d) Não frequentem o número anual mínimo de ações de formação permanente previstas no artigo seguinte;

e) Não façam prova de aptidão física nos termos do nº 4.

2 – A exclusão é da competência do diretor-geral da Administração da Justiça, após audiência prévia escrita do interessado, cabendo aos tribunais ou às entidades expropriantes comunicar àquela Direção-Geral as faltas ou omissões referidas nas alíneas do número anterior, bem como as vagas que por outros motivos ocorram e de que tenham conhecimento.

3 – A exclusão pelos motivos constantes das alíneas *a*) e *c*) do nº 1 depende de comunicação do presidente da Relação do respetivo distrito judicial, na qual devem ser explicitados os motivos suscetíveis de fundamentar a exclusão.

4 – A exclusão de um perito avaliador é comunicada, pela Direção-Geral da Administração da Justiça, a todos os tribunais do respetivo distrito judicial, produzindo efeitos a partir da receção da comunicação.

5 – Para o efeito do disposto na alínea *e*) do nº 1, os peritos avaliadores que tenham completado 70 anos de idade devem fazer prova, através de atestado médico a enviar ao diretor-geral da Administração da Justiça, de que possuem aptidão física para o exercício de funções.

6 – O atestado a que se refere o número anterior será apresentado de dois em dois anos, durante o mês de janeiro.

ARTIGO 13º
Formação permanente

1 – Por iniciativa do diretor-geral da Administração da Justiça, o Centro de Estudos Judiciários realizará ações de formação visando a atualização de conhecimentos dos peritos avaliadores que integrem as respetivas listas.

2 – É obrigatória a frequência anual de duas ações constantes do plano de formação trienal elaborado para o efeito pela Direção-Geral da Administração da Justiça e pelo Centro de Estudos Judiciários.

3 – O plano referido no número anterior é divulgado no sítio da Internet dos organismos aí referidos e afixado nos tribunais da Relação.

4 – Os peritos avaliadores que não compareçam a ações de formação devem justificar a falta, no prazo de cinco dias, perante o diretor-geral da Administração da Justiça.

5 – Os peritos avaliadores que tenham faltado justificadamente a todas as sessões de ação de formação ou a parte considerada relevante desta devem frequentar a ação de formação subsequente, sem prejuízo do disposto na parte final da alínea *d*) do nº 1 do artigo anterior.

6 – A convocatória para a frequência de ações de formação efetua-se por carta registada, para a residência indicada no respetivo processo pelos notificandos, com antecedência não inferior a 30 dias.

ARTIGO 14º
Renovação das listas

1 – Sempre que ocorram vagas numa determinada lista e existam candidatos aprovados no concurso que ainda não tenham preenchido as vagas, aquelas são preenchidas, no prazo de três anos a contar da publicação a que se refere o nº 3 do artigo 9º-B, através da inclusão destes candidatos.

2 – Para abertura do concurso é necessária a verificação cumulativa dos seguintes requisitos:

a) O número de vagas a preencher corresponda a metade dos lugares da lista;

b) Não existam candidatos admitidos, e não colocados, a essa lista.

ARTIGO 15º
Inibição de funções

Os peritos avaliadores constantes da lista oficial não podem intervir como peritos indicados pelas partes em processos de expropriação que corram em tribunal.

ARTIGO 16º
Impedimentos

Para além dos impedimentos genericamente aplicáveis aos peritos previstos no Código de Processo Civil, os peritos avaliadores, integrem ou não as listas referidas no artigo 2º, não podem intervir em processos de expropriação litigiosa como árbitros ou peritos nos seguintes casos:

a) Quando tenham intervindo anteriormente no processo em litígio como árbitros, avaliadores, mandatários ou tenham dado parecer sobre a questão a resolver;

b) Quando sejam parte no processo por si, como representantes de outra pessoa ou quando nele tenham um interesse que lhes permitisse ser parte principal;

c) Quando, por si ou como representantes de outra pessoa, sejam parte no processo o seu cônjuge, algum parente ou afim em linha reta ou até ao 2º grau da linha colateral, bem como qualquer pessoa com quem vivam em economia comum ou quando alguma destas pessoas tenha, no processo, um interesse que lhe permita figurar nele como parte principal;

d) Quando tenham intervindo no processo como perito o seu cônjuge, parente ou afim em linha reta ou até ao 2º grau da linha colateral, bem como qualquer pessoa com quem vivam em economia comum;

e) Quando contra eles, seu cônjuge ou parente em linha reta esteja intentada ação judicial proposta pelo expropriado ou pelo respetivo cônjuge;

f) Quando se trate de recurso de decisão proferida com a sua intervenção como perito ou com a intervenção de qualquer das pessoas referidas na alínea *d*);

g) Quando seja parte a entidade empregadora ou equiparada.

ARTIGO 17º
Fundamentos de suspeição

1 – Os peritos avaliadores podem pedir que sejam dispensados de intervir no processo como árbitros ou peritos quando ocorra circunstância pela qual possa razoavelmente suspeitar-se da sua isenção e, designadamente:

a) Se existir parentesco ou afinidade, não compreendidos no artigo 16º, em linha reta ou até ao 4º grau da linha colateral, entre o perito ou o seu cônjuge e alguma das partes ou pessoa que tenha, em relação ao objeto do processo, interesse que lhe permitisse ser nele parte principal;

b) Se houver processo em que seja parte o perito ou seu cônjuge ou algum parente ou afim de qualquer deles em linha reta e alguma das partes for perito nesse processo;

c) Se o perito ou o seu cônjuge, ou algum parente ou afim de qualquer deles em linha reta, for credor ou devedor de alguma das partes;

d) Se o perito tiver recebido dádivas antes ou depois de instaurado o processo e por causa dele ou se tiver fornecido meios para as despesas do processo;

e) Se houver inimizade grave ou grande intimidade entre o perito e alguma das partes.

2 – Com qualquer dos fundamentos enunciados no número anterior podem também as partes interpor um requerimento de recusa do perito.

ARTIGO 18º
Arguição e declaração do impedimento e da suspeição

1 – Quando se verifique causa de impedimento em relação a árbitros ou peritos, devem os mesmos comunicar desde logo o facto, respetivamente à entidade expropriante ou ao tribunal.

2 – Até ao dia de realização da diligência podem as partes e os peritos requerer a declaração do impedimento ou da suspeição, especificando as circunstâncias de facto que constituam a sua causa.

3 – Compete ao presidente do tribunal da relação, no caso dos árbitros, ou ao tribunal da comarca, no caso dos peritos, conhecer da existência do impedimento e da suspeição e declará-los, ouvindo, se considerar necessário, os mesmos.

4 – No caso de ser o árbitro a declarar-se impedido, a entidade expropriante requererá a sua substituição ao presidente do tribunal da Relação, indicando o fundamento do pedido, sem necessidade de qualquer outra formalidade.

ARTIGO 19º
Comunicação da sentença

O tribunal deve dar conhecimento aos árbitros e peritos por si designados das sentenças proferidas nos processos em que intervieram.

ARTIGO 20º
Honorários

O pagamento dos honorários apresentados pelos peritos não aguarda o termo do processo.

ARTIGO 21º
Laudos periciais

Os laudos periciais são elaborados de acordo com as normas legais e regulamentares aplicáveis e devem fundamentar claramente o cálculo do valor atribuído.[128]

ARTIGO 24º
Legislação revogada

São revogados o Decreto Regulamentar nº 15/98, de 9 de julho, e o Decreto-Lei nº 44/94, de 19 de fevereiro.

128 Os artigos 22º e 23º foram revogados.

19. ESTATUTO DOS FUNCIONÁRIOS DE JUSTIÇA[129]

PARTE I
PESSOAL

CAPÍTULO I
Funcionários de justiça

ARTIGO 1º
Definição

São funcionários de justiça os nomeados em lugares dos quadros de pessoal de secretarias de tribunais ou de serviços do Ministério Público.

ARTIGO 2º
Grupos de pessoal

Os funcionários de justiça distribuem-se pelos seguintes grupos de pessoal:

a) Pessoal oficial de justiça;
b) Pessoal de informática;
c) Pessoal técnico-profissional;
d) Pessoal administrativo;
e) Pessoal auxiliar;
f) Pessoal operário.

[129] Foi aprovado pelo Decreto-Lei nº 343/99, de 26 de agosto, e alterado pelos Decretos-Leis nºs 175/2000, de 9 de agosto, 96/2002, de 12 de abril, 169/2003, de 1 de agosto, pela Lei nº 42/2005, de 29 de agosto, pelo Decreto-Lei nº 121/2008, de 11 de julho, e pelo Decreto-Lei nº 73/2016, de 8 de novembro. São complementares destes Estatutos os seguintes diplomas: *a*) o Decreto-Lei nº 485/99, de 10 de novembro, e Portaria nº 1178/2001, de 10 de outubro, atributivos aos funcionários de justiça de um suplemento remuneratório do trabalho de recuperação dos atrasos processuais; *b*) o Regulamento da Prova de Acesso nas Carreiras de Pessoal Oficial de Justiça, aprovado pela Portaria nº 174/2000, de 23 de março; *c*) o Regulamento das Inspeções do COJ, nº 22/2001, de 10 de outubro; *d*) o Regulamento de Habilitação para Ingresso nas Carreiras do Grupo de Pessoal Oficial de Justiça, aprovado pela Portaria nº 832/2007, de 3 de agosto; *e*) o Regulamento do Procedimento de Admissão para Ingresso nas Carreiras do Grupo de Pessoal de Justiça, aprovado pela Portaria nº 1500/2007, de 21 de novembro; *f*) o Regulamento para o Curso de Formação dos Administradores Judiciários, aprovado pela Portaria nº 288/2016, de 11 de novembro.

ARTIGO 3º
Pessoal oficial de justiça

1 – O grupo de pessoal oficial de justiça compreende as categorias de secretário de tribunal superior e de secretário de justiça e as carreiras judicial e dos serviços do Ministério Público.

2 – Na carreira judicial integram-se as seguintes categorias:

a) Escrivão de direito;

b) Escrivão-adjunto;

c) Escrivão auxiliar.

3 – Na carreira dos serviços do Ministério Público integram-se as seguintes categorias:

a) Técnico de justiça principal;

b) Técnico de justiça-adjunto;

c) Técnico de justiça auxiliar.

4 – As categorias de secretário de tribunal superior, secretário de justiça, escrivão de direito e técnico de justiça principal correspondem a lugares de chefia.[130]

ARTIGO 6º
Conteúdos funcionais

1 – A descrição do conteúdo funcional referente às carreiras do grupo de pessoal oficial de justiça e categorias específicas dos funcionários de justiça é a constante do mapa I anexo ao presente diploma, do qual faz parte integrante.

2 – O disposto no número anterior não prejudica o exercício de funções de apoio, na área da utilização da informática, por oficiais de justiça com preparação adequada.

3 – Os oficiais de justiça, no exercício das funções através das quais asseguram o expediente, autuação e regular tramitação dos processos, dependem funcionalmente do magistrado competente.

CAPÍTULO II
Preenchimento de lugares das carreiras de oficial de justiça

SECÇÃO I
Requisitos

SUBSECÇÃO I
Requisitos de ingresso

ARTIGO 7º
Regime regra

1 – O ingresso nas categorias de escrivão auxiliar e de técnico de justiça auxiliar faz-se de entre indivíduos habilitados com curso de natureza profissionalizante, aprovados em procedimento de admissão.

[130] A Assembleia da República, por via da Resolução nº 212/2019, de 25 de setembro, recomendou ao Governo a integração, sem perda salarial, do referido suplemento de recuperação processual no salário dos oficiais de justiça. Os artigos 4º e 5º foram revogados pelo Decreto-Lei nº 121/2008, de 11 de julho.

2 – O curso a que se refere o número anterior é aprovado por portaria dos Ministros da Justiça e da Educação.[131]

ARTIGO 8º
Regime supletivo

Na falta ou insuficiência de possuidores da habilitação referida no artigo anterior, o ingresso faz-se de entre candidatos aprovados com curso de habilitação.

SUBSECÇÃO II
Requisitos de acesso

ARTIGO 9º
Requisitos gerais

São requisitos de acesso:
a) Prestação de serviço efetivo pelo período de três anos na categoria anterior;
b) Classificação mínima de Bom na categoria anterior;
c) Aprovação na respetiva prova de acesso.

ARTIGO 10º
Secretário de justiça

1 – O acesso à categoria de secretário de justiça faz-se de entre:

a) Escrivães de direito e técnicos de justiça principais possuidores dos requisitos referidos no artigo anterior;

b) Oficiais de justiça possuidores de curso superior adequado, com sete anos de serviço efetivo, classificação de Muito Bom e aprovados na respetiva prova de acesso.[132]

2 – Os cursos a que se refere a alínea *b*) do número anterior constam de despacho conjunto dos Ministros da Justiça e da Educação.

3 – Para efeitos do disposto na alínea *b*) do nº 1, releva apenas a última classificação de serviço que o funcionário detenha no termo dos prazos referidos no nº 4 do artigo 19º, independentemente da categoria a que a mesma se reporta.

[131] O artigo 1º da Portaria nº 217/2000, de 11 de abril, estabelece que o curso referido no nº 1 deste artigo é o destinado a técnico de serviços jurídicos, aprovado pela Portaria nº 948/99, de 27 de outubro.

[132] O Acórdão do Tribunal Constitucional, nº 221/2021, publicado do Diário da República de 2 de junho de 2021, julgou inconstitucional a interpretação normativa extraída da conjugação do disposto nas alíneas *a*) e *b*) do nº 1 e nas alíneas *a*) e *b*) do nº 1, e no nº 2 do artigo 10º com os números 1 e 3 do artigo 41º, ambos deste Estatuto, na redação do DL nº 169/2003, de 1 de agosto, no sentido de que o fator de classificação "antiguidade na categoria (anos completos" se aplica nos mesmos termos aos oficiais de justiça admitidos a concorrer nos termos da alínea *b*) do nº 1 do artigo 10º do referido Estatuto, por deterem curso superior adequado, previsto no Despacho Conjunto nº 743/2000, de 7 de julho, e aos escrivães de direito e técnicos de justiça principal igualmente detentores de tal habilitação admitidos a concorrer nos termos da alínea *a*) do nº 1 do artigo 10º do mesmo Estatuto.

ARTIGO 11º
Escrivão de direito e técnico de justiça principal

O acesso às categorias de escrivão de direito e de técnico de justiça principal faz-se de entre escrivães-adjuntos e técnicos de justiça-adjuntos possuidores dos requisitos referidos no artigo 9º.

ARTIGO 12º
Escrivão-adjunto e técnico de justiça adjunto

O acesso às categorias de escrivão-adjunto e de técnico de justiça-adjunto faz-se de entre escrivães auxiliares e técnicos de justiça auxiliares possuidores dos requisitos referidos no artigo 9º.

SUBSECÇÃO III
Requisitos para transferência, transição e permuta

ARTIGO 13º
Transferência

1 – Os oficiais de justiça podem requerer a transferência decorridos dois anos sobre o início de funções, posse ou aceitação do lugar.

2 – O disposto no número anterior não é aplicável aos oficiais de justiça nomeados oficiosamente nos termos do artigo 46º.

3 – O tempo de permanência no lugar é, para os funcionários nomeados definitivamente, reduzido a um ano quando a transferência seja requerida em momento subsequente àquele que não tenha provido o lugar a preencher por falta de candidatos.

4 – Constituem fatores atendíveis na transferência a classificação de serviço e, em caso de igualdade, a antiguidade na categoria.

ARTIGO 14º
Transição

1 – Os oficiais de justiça podem requerer a transição no âmbito das seguintes categorias:

a) Escrivão de direito e técnico de justiça principal, desde que tenham obtido aprovação na prova de acesso à categoria para a qual pretendam transitar;

b) Escrivão-adjunto e técnico de justiça-adjunto, desde que tenham obtido aprovação na prova de acesso à categoria imediatamente superior àquela para a qual pretendem transitar;

c) Escrivão auxiliar e técnico de justiça auxiliar.

2 – À transição é aplicável o disposto no artigo anterior.

ARTIGO 15º
Permuta

1 – Os oficiais de justiça podem permutar para lugares da mesma categoria ou de categoria para a qual possam transitar, desde que se encontrem a mais de três anos do limite mínimo de idade para a aposentação.

2 – A faculdade a que se refere o número anterior só pode ser de novo utilizada decorridos, pelo menos, dois anos sobre data da aceitação do lugar.

SECÇÃO II
Recrutamento

SUBSECÇÃO I
Recrutamento para provimento

ARTIGO 16º
Declaração de vacatura

Em situações de nomeação em comissão de serviço, nomeação interina nos termos do artigo 43º ou de requisição, o diretor-geral dos Serviços Judiciários, ponderada a conveniência dos serviços, pode declarar vagos os lugares de origem.[133]

ARTIGO 17º
Comunicação das vagas

Os secretários de tribunal superior e os secretários de justiça devem comunicar à Direção-Geral dos Serviços Judiciários, nos cinco dias subsequentes à sua verificação, a existência das vagas que ocorram nos quadros das respetivas secretarias e que não sejam do conhecimento oficioso daqueles serviços.[134]

ARTIGO 18º
Movimentos

1 – A Direção-Geral da Administração da Justiça realiza movimentos dos oficiais de justiça para o preenchimento de lugares que se encontrem vagos ou que venham a vagar no decurso do movimento.

2 – Os movimentos ordinários dos oficiais de justiça são efetuados anualmente, no mês de junho, publicitando-se os lugares previsivelmente a preencher.

3 – Quando se justificar, podem ser realizados movimentos extraordinários.

4 – A Direção-Geral da Administração da Justiça publicita a realização dos movimentos extraordinários por aviso publicado na 2ª série do Diário da República.

ARTIGO 19º
Requerimentos

1 – A candidatura aos movimentos é apresentada por requerimento em formato digital, através de transmissão eletrónica de dados, nos termos constantes da página eletrónica da Direção-Geral da Administração da Justiça.

[133] Onde neste normativo se refere ao diretor-geral dos Serviços Judiciários, deve entender-se a referência ao diretor-geral da Administração da Justiça.

[134] Onde este normativo alude à Direção-Geral dos Serviços Judiciários, deve entender-se a alusão à Direção-Geral da Administração da Justiça.

2 – A candidatura a lugares de diferentes categorias depende da apresentação de requerimento para cada uma delas.

3 – Na situação prevista no número anterior, o candidato deve indicar a categoria preferida; na falta de indicação cabe à Direção-Geral da Administração da Justiça a respetiva designação.

4 – São considerados os requerimentos apresentados:

a) No movimento anual, entre 1 a 30 de abril de cada ano;

b) Nos movimentos extraordinários, no prazo de 10 dias úteis contados desde a data da publicação do respetivo aviso.

5 – Vale como data da apresentação a data de submissão do requerimento, registada pela respetiva aplicação informática, sendo liminarmente indeferidos os requerimentos apresentados antes do início ou após o termo dos prazos mencionados no número anterior.

6 – Os candidatos devem reunir os requisitos de admissão até ao termo dos prazos referidos no nº 4.

SUBSECÇÃO II
Recrutamento para ingresso

ARTIGO 20º
Abertura

A abertura dos procedimentos de admissão para ingresso nas carreiras de oficial de justiça é efetuada por despacho do diretor-geral dos Serviços Judiciários.[135]

ARTIGO 21º
Regime regra

1 – O recrutamento dos candidatos possuidores da habilitação referida no nº 1 do artigo 7º compõe-se de uma prova escrita de conhecimentos, podendo ainda ser utilizados, isolada ou conjuntamente e com caráter complementar, outros métodos de seleção.

2 – A prova escrita de conhecimentos é classificada de 0 a 20 valores, resultando a classificação final da média simples ou ponderada das classificações obtidas em cada método de seleção.

3 – Os candidatos que obtiverem classificação inferior a 9,5 valores na prova escrita de conhecimentos são excluídos do respetivo procedimento de admissão.

4 – Os candidatos aprovados são graduados segundo a classificação final e, em caso de igualdade, pela maior idade.

5 – O recrutamento é válido pelo prazo de três anos contado desde a data da publicação da lista dos candidatos aprovados e excluídos.

[135] Onde este artigo se refere ao diretor-geral dos Serviços Judiciários, deve entender-se a referência ao diretor-geral da Administração da Justiça.

ARTIGO 22º
Regulamento

O regulamento do procedimento a que se refere o artigo anterior é aprovado por portaria do Ministro da Justiça, sob proposta do diretor-geral dos Serviços Judiciários.[136]

ARTIGO 23º
Curso de habilitação

1 – Na falta ou insuficiência de candidatos recrutados nos termos do artigo 21º, é aberto o curso de habilitação previsto no artigo 8º.

2 – O curso de habilitação integra as seguintes fases:

a) Prova de aptidão;

b) Formação em teoria e prática de secretarias dos tribunais, adiante designada por fase de formação;

c) Prova final.

3 – No decurso do respetivo prazo de validade não é admitida a candidatura a fase para a qual o candidato já se encontre aprovado.

4 – O regulamento do curso de habilitação é aprovado por portaria do Ministro da Justiça.[137]

ARTIGO 24º
Prova de aptidão

1 – A prova de aptidão a que se refere a alínea *a*) do nº 2 do artigo anterior é composta por uma prova de conhecimentos, que versa sobre matéria correspondente ao nível das habilitações mínimas legalmente exigíveis, podendo ser complementada por outros métodos de seleção.

2 – A prova de aptidão é classificada de 0 a 20 valores, resultando a classificação final da média simples ou ponderada das classificações obtidas em cada método de seleção.

3 – Os candidatos que obtiverem classificação inferior a 9,5 valores na prova de conhecimentos são excluídos do respetivo procedimento de admissão.

4 – Os candidatos aprovados são graduados segundo a classificação final e, em caso de igualdade, pela maior idade.

5 – A prova de aptidão é valida pelo prazo de quatro anos contado desde a data da publicação da lista dos candidatos aprovados e excluídos.

ARTIGO 25º
Publicitação

A lista dos candidatos aprovados na prova de aptidão e o aviso de abertura da fase de formação a que se refere a alínea *b*) do nº 2 do artigo 23º são publicados na 2ª série do Diário da República.

[136] Idem. O referido Regulamento foi aprovado pela Portaria nº 832/2007, de 3 de agosto.

[137] A Portaria nº 1500/2007, de 22 de novembro, aprovou o regulamento de admissão para ingresso nas carreiras do grupo de pessoal oficial de justiça.

ARTIGO 26º
Colocação na fase de formação

1 – Os candidatos à fase de formação são colocados nas secretarias onde esta se realiza segundo a graduação a que se reporta o nº 4 do artigo 24º.

2 – Na falta de interessados, a Direcção-Geral dos Serviços Judiciários pode preencher as vagas com candidatos que não obtiveram colocação, desde que estes deem o seu consentimento.

3 – Quando os formandos sejam funcionários da Administração Pública, têm direito a frequentar a fase de formação em regime de requisição e a optar pelas remunerações base relativas à categoria de origem.

ARTIGO 27º
Duração da fase de formação

1 – A duração da fase de formação é fixada pelo diretor-geral dos Serviços Judiciários, não podendo ser inferior a três meses.[138]

2 – A fase de formação é dada por finda pelo diretor-geral dos Serviços Judiciários e o formando é excluído do curso de habilitação quando ultrapassar o número de faltas admissível, manifestar desinteresse evidente ou revelar conduta incompatível com a dignidade das funções.

ARTIGO 28º
Realização e matérias ministradas na fase de formação

1 – A fase de formação é efetuada em secretarias de tribunais judiciais de 1ª instância, sob a orientação de escrivães de direito e técnicos de justiça principais.

2 – No decurso desta fase são ministradas matérias teóricas e práticas próprias das funções dos escrivães auxiliares e dos técnicos de justiça auxiliares.

3 – Enquanto durar a fase de formação, os formandos que não tenham optado pela remuneração a que se refere o nº 3 do artigo 26º têm direito a uma bolsa, no valor referido no artigo 126º.

ARTIGO 29º
Conclusão da fase de formação

1 – Concluída a fase de formação, o funcionário orientador elabora um relatório fundamentado sobre o aproveitamento do formando, com especial incidência sobre a sua idoneidade cívica, aptidão e interesse pelo serviço, propondo a classificação de Apto e Não apto.

2 – O relatório, após a audição do interessado, é submetido à apreciação do secretário de justiça, que sobre ele emite parecer.

3 – O relatório, o parecer e os demais elementos são remetidos, no prazo de 15 dias após o termo da fase de formação, ao diretor geral dos Serviços Judiciários, para homologação.[139]

4 – Os formandos classificados de Não apto são excluídos do curso de habilitação.

[138] Idem.

[139] Idem.

ARTIGO 30º
Prova final

1 – Os formandos classificados de Apto são submetidos a uma prova final, incidindo sobre matérias próprias das funções dos escrivães auxiliares e dos técnicos de justiça auxiliares, a realizar no prazo máximo de 60 dias após a conclusão da fase de formação.

2 – A prova final é classificada de 0 a 20 valores.

3 – Os formandos que obtiverem classificação inferior a 9,5 valores são excluídos do curso de habilitação.

4 – Os formandos aprovados são graduados segundo a classificação e, em caso de igualdade, pela maior idade.

5 – A validade da prova final é de cinco anos, contados desde a data da publicação da lista dos candidatos aprovados e excluídos.

ARTIGO 31º
Regime especial

1 – Os funcionários dos quadros de pessoal da Direção-Geral dos Serviços Judiciários e das instituições judiciárias podem ingressar nas carreiras de oficial de justiça, com dispensa das demais condições, em termos a definir por portaria do Ministro da Justiça, desde que reúnam os seguintes requisitos:[140]

a) 11º ano ou equiparado como habilitação mínima;

b) Três anos de serviço efetivo e classificação de Muito Bom;

c) Aprovação na prova de conhecimentos a que se refere o nº 1 do artigo 21º ou, em caso de procedimento supletivo, na prova a que se refere a alínea *c*) do nº 2 do artigo 23º.

2 – Os funcionários são graduados, segundo a classificação obtida na prova, juntamente com os restantes candidatos do respetivo procedimento de admissão.

SUBSECÇÃO III
Recrutamento para acesso

ARTIGO 32º
Abertura do concurso de admissão à prova de acesso

1 – O concurso de admissão à prova de acesso nas carreiras de oficial de justiça é aberto por despacho do diretor-geral dos Serviços Judiciários.

2 – A prova a que se refere o número anterior é escrita, em termos a regulamentar por portaria do Ministro da Justiça, sob proposta do diretor-geral dos Serviços Judiciários, sendo precedida de formação descentralizada a ministrar pelo Centro de Formação dos Oficiais de Justiça.[141]

[140] Onde este normativo se refere à Direção-Geral dos Serviços Judiciários, deve entender-se a referência à Direção-Geral da Administração da Justiça.

[141] Onde este artigo se refere ao diretor-geral dos Serviços Judiciários, deve entender-se a referência ao diretor-geral da Administração da Justiça.

ARTIGO 33º
Requisitos

1 – À prova de acesso podem candidatar-se os oficiais de justiça que sejam possuidores da categoria, tempo de serviço e classificação exigidos para o acesso à categoria a que a prova diga respeito.

2 – À prova de acesso podem igualmente candidatar-se os oficiais de justiça de categoria a que corresponda escala remuneratória idêntica à daquela a que a prova diga respeito.[142]

ARTIGO 34º
Classificação

1 – A prova é classificada de 0 a 20 valores.

2 – A classificação inferior a 9,5 valores implica a não aprovação do candidato.

ARTIGO 35º
Validade da prova

1 – A validade da prova é de três anos, contados da data da publicação dos resultados, não podendo os candidatos aprovados concorrer, nesse período, a provas idênticas.

2 – Os candidatos excluídos por falta de aproveitamento ou desistência injustificada não poderão submeter-se à prova imediatamente subsequente para acesso em qualquer das carreiras.

3 – O disposto no número anterior não é aplicável aos candidatos que desistam da prova de acesso até dois meses antes da sua realização.

SUBSECÇÃO IV
Secretários de tribunal superior

ARTIGO 36º
Recrutamento

O recrutamento para os lugares de secretário de tribunal superior faz-se por escolha de entre os secretários com classificação de Muito Bom.

ARTIGO 37º
Provimento

1 – Os secretários de tribunal superior são providos em comissão de serviço, pelo período de 3 anos, renovável por iguais períodos.

2 – A intenção de renovação da comissão de serviço deve ser comunicada pelo diretor-geral dos Serviços Judiciários ao interessado até 30 dias antes do seu termo.

[142] O Regulamento da Prova de Acesso às Carreiras do Pessoal de Justiça consta da Portaria nº 174/2000, de 23 de março.

SUBSECÇÃO V
Secretários de justiça em secretarias-gerais

ARTIGO 38º
Recrutamento

1 – O recrutamento para lugares de secretário de justiça em secretarias-gerais faz-se por transferência de entre secretários de justiça com classificação de Muito bom na categoria e que se encontrem a mais de três anos do limite de idade para o exercício de funções.

2 – Na falta de candidatos, é dispensável o requisito a que se refere a parte final do número anterior.

3 – A transferência para os lugares de secretário de justiça em secretarias-gerais não está sujeita aos prazos referidos no artigo 13º.

ARTIGO 39º
Provimento em secretarias-gerais

Ao provimento em lugares de secretários de justiça em secretarias-gerais é aplicável o disposto no artigo 37º.

SECÇÃO III
Provimento e investidura

SUBSECÇÃO I
Provimento

ARTIGO 40º
Preferências

Sem prejuízo do disposto quanto às situações de disponibilidade e de supranumerário, gozam de preferência, sucessivamente:

a) Os oficiais de justiça que requeiram a transferência ou a transição, exceto se possuírem na categoria classificação inferior a Bom;

b) Os oficiais de justiça que requeiram a promoção para lugares de secretarias de tribunais instalados em comarcas periféricas quando, no requerimento a que se refere o nº 1 do artigo 19º, assumam o compromisso de permanência em qualquer daquelas comarcas pelo período de três anos;

c) Os funcionários de justiça habilitados nos termos do artigo 31º que requeiram a nomeação em vagas de escrivão auxiliar ou de técnico de justiça auxiliar no quadro de pessoal da secretaria do tribunal a que pertencem.

ARTIGO 41º
Graduação para acesso

1 – A promoção efetua-se segundo a nota resultante da aplicação da seguinte fórmula, reportada ao termo dos prazos referidos no nº 4 do artigo 19º:

$$N = \frac{2 \times PA + CS + A}{4}$$

em que:

N = nota;

PA = classificação obtida na prova de acesso;

CS = última classificação de serviço, com a seguinte equivalência numérica: Muito Bom – 20 valores; Bom com distinção – 17 valores; Bom – 14 valores; e

A = antiguidade na categoria (anos completos).

2 – Em caso de igualdade de nota, constitui fator de desempate a antiguidade na categoria.

3 – No acesso à categoria de secretário de justiça, o disposto nos números anteriores é aplicável, em termos idênticos, aos candidatos a que se referem as alíneas *a*) e *b*) do nº 1 do artigo 10º, relevando, em ambas as situações, a antiguidade na categoria detida no termo dos prazos referidos no nº 4 do artigo 19º.[143]

ARTIGO 42º
Provimento em ingresso

1 – A nomeação em lugar de ingresso inicia-se pelos candidatos que tenham realizado a prova escrita há mais tempo, de acordo com a graduação efetuada nos termos do artigo 21º.

2 – Na falta ou insuficiência de candidatos referidos no número anterior, são nomeados os candidatos que tenham realizado a prova final há mais tempo, de acordo com a graduação efetuada nos termos do nº 4 do artigo 30º.

ARTIGO 43º
Nomeação interina em lugares de acesso

Se nenhum interessado reunir os requisitos constantes do artigo 9º, pode ser nomeado interinamente para lugar de acesso funcionário da categoria imediatamente inferior, constituindo fatores atendíveis a classificação de serviço e, em caso de igualdade, a antiguidade na categoria.

ARTIGO 44º
Nomeação definitiva de funcionário interino

1 – Em caso de nomeação efetuada nos termos do número anterior, o lugar pode ser posto a concurso de dois em dois anos, nos movimentos de oficiais de justiça, sem prejuízo de, a todo o tempo, ser requerida a nomeação definitiva pelo interino que, entretanto, reunir os respetivos requisitos.

2 – Se o lugar referido no número anterior não for preenchido definitivamente, o funcionário manter-se-á no mesmo por iguais períodos.

[143] A alteração deste normativo resultou do artigo 1º do DL nº 169/2003, de 1 de agosto. O artigo 2º deste diploma prescreve que o seu artigo 1º tem natureza interpretativa.

ARTIGO 45º
Período probatório

1 – O período probatório em lugares de ingresso das carreiras de oficial de justiça tem a duração de um ano, prorrogável por seis meses; findo o período inicial ou a sua prorrogação, os funcionários são nomeados definitivamente se tiverem revelado aptidão para o lugar.

2 – Os funcionários que durante o período probatório não revelem aptidão para o desempenho de funções podem ser exonerados a todo o tempo.

3 – Para efeitos do disposto nos números anteriores, é aplicável, com as necessárias adaptações, o preceituado no artigo 29º, competindo ao imediato superior hierárquico a elaboração do relatório sobre o aproveitamento do funcionário e ao secretário de justiça a emissão de parecer.

4 – Os funcionários que tenham sido exonerados por inaptidão só poderão reingressar nas carreiras de oficial de justiça em novo procedimento de admissão e nunca antes de dois anos após a exoneração.

ARTIGO 46º
Primeiro provimento oficioso

1 – Na falta de candidatos a lugares de ingresso nas carreiras de oficial de justiça, a nomeação faz-se independentemente de requerimento, segundo a ordem de graduação inversa à que resulta do nº 4 do artigo 21º e do nº 4 do artigo 30º.

2 – Quando não seja aceite a nomeação efetuada nos termos do número anterior, o diretor-geral dos Serviços Judiciários pode nomear imediatamente o indivíduo que se seguir na ordem de graduação.

ARTIGO 47º
Desistência

Os oficiais de justiça que sejam autorizados a desistir da nomeação passam à situação de disponibilidade, não gozando da preferência consagrada no nº 4 do artigo 51º.

SUBSECÇÃO II
Investidura

ARTIGO 48º
Aceitação e posse

1 – O prazo para a aceitação ou posse é fixado no despacho de nomeação, não podendo ser inferior a 2 nem superior a 30 dias.

2 – Na fixação do prazo tem-se em conta a localização da secretaria a cujo quadro pertence o lugar a prover.

3 – Os secretários de tribunal superior e os secretários de justiça aceitam a nomeação perante o presidente do tribunal ou perante o magistrado do Ministério Público, conforme os casos; os restantes funcionários de justiça tomam posse ou aceitam a nomeação perante o respetivo secretário de justiça.

4 – Em casos justificados, pode o diretor-geral dos Serviços Judiciários autorizar que os funcionários aceitem a nomeação ou tomem posse em local e perante entidades diferentes das referidas no número anterior.

5 – A falta de aceitação ou posse nos casos de primeira nomeação para lugares de ingresso implica:

a) Quanto aos candidatos a que se refere o nº 1 do artigo 21º, a exclusão do respetivo procedimento e a impossibilidade de candidatura a novo procedimento de admissão durante o período de dois anos a contar do termo do prazo para a aceitação ou posse;

b) Quanto aos candidatos aprovados em procedimento supletivo de admissão, a exclusão do respetivo procedimento.

6 – A falta de aceitação nos restantes casos determina o levantamento de auto por falta de assiduidade.

7 – No prazo de cinco dias a contar da aceitação ou posse deve ser enviado à Direção-Geral dos Serviços Judiciários o duplicado do respetivo termo.

SECÇÃO IV
Substituição

ARTIGO 49º
Substituição

1 – Nas suas faltas e impedimentos, e sem prejuízo do disposto na alínea *b*) do nº 2 do artigo 66º, os secretários de tribunal superior, secretários de justiça, escrivães de direito e técnicos de justiça principais são substituídos pelo oficial de justiça de categoria imediatamente inferior, designado pelo respetivo superior hierárquico e autorizado pelo diretor-geral dos Serviços Judiciários.[144]

2 – A substituição que se prolongue por um período superior a 30 dias confere ao substituto o direito de ser remunerado em conformidade com a escala remuneratória da categoria do substituído, nos termos constantes das alíneas *a*) e *b*) do nº 1 do artigo 84º.

3 – O despacho que autorizar a substituição é publicado no Diário da República.

4 – O tempo de serviço prestado em regime de substituição releva para a contagem de antiguidade na categoria de origem.

SECÇÃO V
Cessação de funções

ARTIGO 50º
Cessação de funções

Os oficiais de justiça cessam funções:

a) No dia em que completem a idade para a aposentação;

[144] Idem. O disposto neste artigo é aplicável às faltas e impedimentos do escrivão de direito agente de execução a que se reporta a Portaria nº 946/2003, de 6 de setembro.

b) No dia em que lhes for comunicado o despacho de desligamento do serviço;

c) No dia imediato àquele em que chegar à comarca ou serviço onde exerçam funções o Diário da República com a publicação da nova situação.

CAPÍTULO III
Disponibilidade, supranumerários e licenças

ARTIGO 51º
Disponibilidade

1 - Considera-se na situação de disponibilidade o funcionário de justiça que aguarda colocação em vaga da sua categoria:

a) Por ter findado a situação de interinidade, comissão de serviço ou requisição em que se encontrava;

b) Nos demais casos previstos na lei.

2 - A situação de disponibilidade não implica a perda de antiguidade ou de qualquer remuneração correspondente à respetiva categoria.

3 - O funcionário na situação de disponibilidade é nomeado logo que ocorra vaga em lugar da sua categoria, desde que aquela não implique deslocação de duração superior a noventa minutos entre a residência e o local de trabalho, em transporte coletivo regular.

4 - O funcionário na situação de disponibilidade goza de preferência absoluta na nomeação em qualquer vaga da sua categoria ou de categoria para a qual possa transitar, se o requerer.

5 - Em caso de nomeação oficiosa, o funcionário não fica sujeito aos prazos previstos nos artigos 13º e 14º.

6 - Enquanto se mantiver na situação de disponibilidade, o funcionário pode ser afeto pelo diretor-geral dos Serviços Judiciários a serviços compatíveis com a sua categoria, dentro dos limites previstos no nº 3, independentemente da carreira a que pertença.

ARTIGO 52º
Supranumerários

1 - O funcionário de justiça cujo lugar seja extinto passa à situação de supranumerário no quadro de pessoal da secretaria onde estava colocado.

2 - O funcionário supranumerário é nomeado logo que ocorra vaga em lugar da sua categoria, desde que aquela não implique deslocação de duração superior a noventa minutos entre a residência e o local de trabalho, em transporte coletivo regular.

3 - O funcionário supranumerário goza de preferência absoluta na nomeação em qualquer vaga da sua categoria ou de categoria para a qual possa transitar, se o requerer.

4 - Em caso de nomeação oficiosa, o funcionário manterá a preferência referida no número anterior durante dois anos, não ficando sujeito aos prazos previstos nos artigos 13º e 14º.

5 – Ao funcionário supranumerário é aplicável o disposto no nº 6 do artigo anterior.

ARTIGO 53º
Licenças

Os oficiais de justiça que se encontrem em gozo de licença ilimitada ou de licença sem vencimento de longa duração e pretendam regressar ao serviço requerem os lugares em condições de igualdade com os que estão em exercício efetivo de funções.

CAPÍTULO IV
Comissão de serviço, requisição e destacamento

ARTIGO 54º
Comissão de serviço

1 – Quando razões especiais de serviço o justifiquem, os funcionários de justiça podem ser nomeados em comissão de serviço para:

a) Conselho Superior da Magistratura e Procuradoria-Geral da República;

b) Serviços dependentes do Ministério da Justiça, com exceção das secretarias dos tribunais;

c) Outros departamentos do Estado.

2 – O tempo em comissão de serviço é considerado como serviço efetivo na categoria ou cargo de origem.

3 – Na falta de disposição especial, as comissões de serviço têm a duração de três anos e podem ser dadas por findas a todo o tempo.

4 – As comissões de serviço previstas na alínea *c*) do nº 1 só podem ser renovadas por uma vez.

ARTIGO 55º
Requisição e destacamento

1 – Quando razões especiais de serviço o justifiquem, os funcionários de justiça podem ser requisitados ou destacados.

2 – A requisição faz-se nos termos gerais.

3 – O destacamento faz-se por um período até um ano, prorrogável por uma vez.

ARTIGO 56º
Destacamento excecional

1 – Nos casos de excecional volume ou acumulação de serviço, mostrando-se inadequado o recurso à requisição ou destacamento referidos no artigo anterior, os oficiais de justiça podem ser destacados para secretarias dos tribunais com direito ao abono de ajudas de custo nos termos da lei geral, não sendo aplicável o disposto no artigo 12º do Decreto-Lei nº 106/98, de 24 de abril.[145]

[145] O DL nº 106/98 é a lei geral sobre ajudas de custo e subsídio de transporte, reportando-se o seu artigo 12º ao limite do tempo de deslocação.

2 – O destacamento a que se refere o número anterior depende da anuência do funcionário e faz-se por um período até seis meses, prorrogável por uma vez.

ARTIGO 57º
Restrições à mobilidade

1 – Nenhum funcionário de justiça pode ser requisitado, destacado ou nomeado em comissão de serviço ou interinamente antes de decorrido um ano de serviço efetivo no respetivo lugar ou enquanto nele se encontrar nomeado provisoriamente.

2 – Findas as situações previstas no número anterior, os funcionários de justiça devem regressar ao lugar de origem no prazo de cinco dias.

CAPÍTULO V
Direitos, deveres e incompatibilidades

SECÇÃO I
Direitos

ARTIGO 58º
Direito ao lugar

Os funcionários de justiça só podem ser transferidos para fora da comarca do lugar de origem a seu pedido, por motivo disciplinar, por extinção do lugar ou por colocação na situação de disponibilidade.

ARTIGO 59º
Férias, dias de descanso e dispensas de serviço

1 – Os funcionários de justiça têm direito, em cada ano civil, a um período de férias igual ao previsto na lei geral do funcionalismo público, acrescido de tantos dias de descanso quantos os de prestação de serviço de turno em dia feriado, relativos ao ano anterior.

2 – Os funcionários de justiça gozam as férias e os dias de descanso preferencialmente durante o período de férias judiciais, podendo ainda aquelas ser gozadas no período compreendido entre 15 e 31 de julho.[146]

3 – Por motivo justificado ou outro legalmente previsto, pode ser autorizado o gozo de férias em momento diferente dos referidos no número anterior.

4 – Por imposição do serviço, o diretor geral da Administração da Justiça, sob proposta do magistrado de quem o funcionário dependa ou do secretário de justiça, pode determinar o seu regresso às funções, sem prejuízo do direito ao gozo da totalidade do período de férias e de descanso anual.

5 – À ausência para gozo de férias, de dias de descanso ou de dispensas de serviço, é aplicável o disposto no nº 2 do artigo 65º.

[146] Esta referência ao período entre 15 e 31 de julho perdeu a sua relevância normativa por virtude de a Lei nº 43/1010, de 3 de setembro, ter integrado aquele período nas férias judiciais de Verão.

6 – Caso não exista inconveniente para o serviço, o secretário de justiça pode conceder aos funcionários de justiça dispensas de serviço até ao limite de seis dias por ano, por períodos não superiores a dois dias consecutivos, não acumuláveis entre si, com o período de férias ou dias de descanso.

ARTIGO 59º-A
Mapas de férias

1 – Em cada tribunal é elaborado mapa de férias anual dos funcionários de justiça, cabendo a sua organização ao respetivo secretário sob proposta e com audição dos interessados.

2 – Com vista a garantir o regular funcionamento do tribunal, a proposta de mapa de férias é remetida para aprovação ao juiz presidente do tribunal, garantida que esteja a harmonização com os mapas de férias anuais propostos para os magistrados judiciais e para os magistrados do Ministério Público.

3 – A aprovação do mapa de férias dos funcionários de justiça ocorre até ao 30º dia que anteceda o domingo de Ramos, ficando de seguida disponível para consulta, em versão integral ou abreviada, nas instalações do tribunal.

4 – O mapa a que se refere o presente artigo é elaborado de acordo com o modelo aprovado pelo diretor-geral da Administração da Justiça, nele se referenciando, para cada funcionário, o juízo e a secção em que presta funções, o período ou períodos de férias marcados e o funcionário substituto, observando-se o regime de substituição de lei nos casos em que este não seja indicado.

ARTIGO 60º
Livre-trânsito

1 – Os funcionários de justiça têm direito à utilização gratuita, quando em serviço, dos transportes coletivos terrestres e fluviais, mediante exibição do cartão de livre-trânsito, considerando-se em serviço, para o efeito, a deslocação entre a residência e o local de trabalho.

2 – Para efeitos do disposto no número anterior, considera-se que desempenham funções em todo o território os membros do Conselho dos Oficiais de Justiça, os inspetores e respetivos secretários de justiça bem como os secretários de inspeção do Conselho Superior da Magistratura e do Conselho Superior do Ministério Público.

3 – O modelo de cartão de livre-trânsito é aprovado por portaria do Ministro da Justiça.

4 – O cartão referido no número anterior deve ser remetido à Direção-Geral dos Serviços Judiciários nos cinco dias imediatos à cessação de funções.

ARTIGO 61º
Despesas de deslocação

1 – Os funcionários de justiça têm direito ao reembolso, se não optarem pelo recebimento adiantado, das despesas com a sua deslocação e do seu agregado familiar, bem como, dentro dos limites a estabelecer por despacho conjunto dos Ministros das Finanças e da Justiça, do transporte dos seus bens pessoais, qualquer que

seja o meio de transporte utilizado, quando promovidos, transferidos ou colocados por motivos de natureza não disciplinar em secretarias de tribunais.

2 – No caso de primeiras nomeações, e uma vez em exercício de funções, os funcionários de justiça têm direito ao reembolso das despesas referidas no número anterior.

3 – O disposto no nº 1 não é aplicável aos casos em que a deslocação se deva a permuta.

4 – O pedido de reembolso das despesas deve ser efetuado no prazo máximo de três meses a contar da data da sua realização.

ARTIGO 62º
Passagens para férias

1 – Os funcionários de justiça colocados nas Regiões Autónomas têm direito a passagens pagas para gozo de férias no continente ao fim de um ano de serviço efetivo aí prestado.

2 – O direito referido no número anterior aplica-se ao agregado familiar do funcionário.

ARTIGO 63º
Direitos especiais

São direitos especiais dos oficiais de justiça:

a) A entrada e livre-trânsito em lugares públicos, por motivo de serviço;

b) O uso, porte e manifesto gratuito de arma de defesa, independentemente de licença exigida em lei especial;

c) A isenção de custas em qualquer ação em que sejam parte principal ou acessória, por via do exercício das suas funções;

d) O uso de toga pelos secretários de tribunal superior ou secretários de justiça, quando licenciados em Direito.

SECÇÃO II
Deveres

ARTIGO 64º
Residência

1 – Os funcionários de justiça devem residir na localidade onde se encontra instalado o tribunal em que exercem funções, podendo, todavia, fazê-lo em qualquer ponto da comarca sede do tribunal, desde que eficazmente servido por transporte público regular.

2 – O diretor-geral dos Serviços Judiciários pode autorizar a residência em qualquer outra localidade, desde que fique assegurado o cumprimento dos atos de serviço.

ARTIGO 65º
Ausência

1 – Os funcionários de justiça podem ausentar-se fora das horas de funcionamento normal da secretaria, quando a ausência não implique falta a qualquer ato de serviço ou perturbação deste.

2 – Em caso de ausência, os funcionários devem informar previamente o respetivo superior hierárquico e indicar o local onde podem ser encontrados.

3 – Quando a urgência da saída não permita informar previamente o superior hierárquico, deve o funcionário informá-lo logo que possível, apresentando a respetiva justificação.

4 – Os secretários de tribunal superior e os secretários de justiça devem comunicar à Direção-Geral dos Serviços Judiciários, até ao dia 5 de cada mês, as faltas de qualquer natureza dadas ao serviço no mês anterior pelos funcionários do respetivo tribunal.

ARTIGO 66º
Deveres

1 – Os funcionários de justiça têm os deveres gerais dos funcionários da Administração Pública.

2 – São ainda deveres dos funcionários de justiça:

a) Não fazer declarações ou comentários sobre processos, sem prejuízo da prestação de informações que constituam atos de serviço;

b) Colaborar na normalização do serviço, independentemente do lugar que ocupam e da carreira a que pertencem;

c) Colaborar na formação de estagiários;

d) Frequentar as ações de formação para que sejam convocados;

e) Usar capa nas sessões e audiências a que tenham de assistir.

3 – O modelo da capa a que se refere a alínea *e*) do número anterior é aprovado por portaria do Ministro da Justiça e os encargos com a sua aquisição são suportados pelo orçamento de delegação do Cofre Geral dos Tribunais.[147]

SECÇÃO III
Incompatibilidades

ARTIGO 67º
Incompatibilidades

Aos oficiais de justiça é aplicável o regime de incompatibilidades da função pública, sendo-lhe ainda vedado:

a) Exercer funções no tribunal ou juízo em que sirvam magistrados judiciais ou do Ministério Público a que estejam ligados por casamento, união de facto, parentesco ou afinidade em qualquer grau da linha reta ou até ao 2º grau da linha colateral;

[147] O aludido modelo consta na Portaria nº 486/2003, de 17 de junho. Foi extinto o Cofre Geral dos Tribunais, a quem sucedeu o Instituto de Gestão Financeira e dos Equipamentos da Justiça, I.P..

b) Exercer a função de jurado;
c) Exercer a função de juiz social.

CAPÍTULO VI
Classificações

SECÇÃO I
Disposição geral

ARTIGO 68º
Classificação dos funcionários de justiça

1 – Os oficiais de justiça são classificados, de acordo com o seu mérito, de Muito bom, Bom com distinção, Bom, Suficiente e Medíocre.

2 – A competência para classificar os oficiais de justiça cabe ao Conselho dos Oficiais de Justiça, com exceção dos secretários de tribunal superior, que são classificados pelo presidente do respetivo tribunal.

3 – Os restantes funcionários de justiça são classificados nos termos da lei geral, cabendo a homologação ao diretor-geral dos Serviços Judiciários.[148]

SECÇÃO II
Classificação dos oficiais de justiça

ARTIGO 69º
Efeitos

1 – A classificação de Medíocre implica para os funcionários de justiça a suspensão e a instauração de inquérito por inaptidão para o exercício do cargo.

2 – A suspensão durará até à decisão final do inquérito ou do processo disciplinar em que aquele haja sido convertido e não implica a perda de remunerações nem da contagem do tempo de serviço.

ARTIGO 70º
Elementos a considerar

1 – São elementos a tomar em especial consideração na classificação dos oficiais de justiça:

a) A idoneidade cívica;
b) A qualidade do trabalho e a produtividade;
c) A preparação técnica e intelectual;
d) O espírito de iniciativa e colaboração;
e) A simplificação dos atos processuais;
f) O brio profissional;

[148] Onde este normativo se refere ao diretor-geral dos Serviços Judiciários, deve entender-se a referência ao diretor-geral da Administração da Justiça.

g) A urbanidade;
h) A pontualidade e assiduidade.

2 – A capacidade de orientação e de organização do serviço é elemento relevante na classificação de funcionários providos em cargos de chefia.

3 – Nas classificações são sempre ponderadas as circunstâncias em que decorreu o exercício de funções, designadamente as condições de trabalho e o volume de serviço, informações, resultados de inspeções ou processos disciplinares, bem como quaisquer elementos complementares, desde que, em qualquer caso, se reportem ao período abrangido pela inspeção.

ARTIGO 71º
Periodicidade

1 – Os oficiais de justiça são classificados, em regra, de três em três anos.

2 – Mantém-se válida a classificação atribuída há mais de três anos, salvo se a desatualização for imputável ao oficial de justiça.

ARTIGO 72º
Inspeções

1 – A classificação dos oficiais de justiça, com exceção dos secretários de tribunal superior, é precedida de inspeção pelo Conselho dos Oficiais de Justiça e de parecer do juiz-presidente.

2 – Nos casos do Departamento Central de Investigação e Acão Penal e dos departamentos de investigação e ação penal o parecer é emitido pelo magistrado coordenador.

ARTIGO 73º
Comissão de serviço

Os oficiais de justiça em comissão de serviço são classificados se o Conselho dos Oficiais de Justiça dispuser de elementos suficientes ou se os puder obter, ordenando, para o efeito, a correspondente inspeção.

ARTIGO 74º
Audiência prévia

Antes da atribuição da classificação, os oficiais de justiça são notificados para, no prazo de 10 dias úteis, se pronunciarem sobre o conteúdo do respetivo relatório de inspeção.

CAPÍTULO VII
Antiguidade

ARTIGO 75º
Antiguidade na categoria

1 – A antiguidade dos funcionários de justiça na categoria conta-se desde a data da publicação do despacho de nomeação no Diário da República.

2 – Quando vários funcionários forem abrangidos por nomeações publicadas na mesma data, a antiguidade determina-se pela ordem da publicação.

3 – A ordem da publicação obedece à graduação para provimento.

4 – Nos casos de transição, a antiguidade corresponde ao tempo de serviço prestado em ambas as categorias.

5 – O tempo de serviço prestado na categoria de secretário de tribunal superior releva para a contagem da antiguidade na categoria de origem.

ARTIGO 76º
Interinidade

1 – Aos oficiais de justiça é contado, para efeitos de antiguidade, o tempo de serviço prestado como interinos, quando não haja interrupção entre a interinidade e a nomeação definitiva ou quando sejam nomeados definitivamente no primeiro movimento que se realize após a cessação da interinidade.

2 – A contagem a que se refere o número anterior inicia-se no momento em que o funcionário nomeado interinamente satisfaça os requisitos exigidos para a nomeação definitiva.

ARTIGO 77º
Listas de antiguidade

1 – As listas de antiguidade dos funcionários de justiça são divulgadas e distribuídas anualmente em cada tribunal pela Direção-Geral dos Serviços Judiciários, sendo o respetivo anúncio publicado na 2ª série do Diário da República.

2 – Os funcionários são graduados por categorias, de harmonia com o tempo de serviço que lhes for contado, mencionando-se, a respeito de cada um, a data de nascimento, a categoria e a data da nomeação.

3 – As listas são acompanhadas das observações que se mostrem necessárias à boa compreensão do seu conteúdo ou da situação dos funcionários por elas abrangidos.

ARTIGO 78º
Reclamação

1 – Do despacho que aprova as listas de antiguidade cabe reclamação, a deduzir no prazo de 30 dias úteis a contar da publicação do anúncio a que se refere o nº 1 do artigo anterior.

2 – A reclamação não pode fundamentar-se em contagem de tempo de serviço ou em outras circunstâncias que tenham sido consideradas em listas anteriores.

ARTIGO 79º
Correção oficiosa de erros materiais

Quando a Direção-Geral dos Serviços Judiciários verificar que houve erro material na graduação, pode a todo o tempo efetuar as necessárias correções.[149]

[149] Onde este artigo se refere à Direção-Geral dos Serviços Judiciários deve entender-se a referência à Direção-Geral da Administração da Justiça.

PARTE II
ESTATUTO REMUNERATÓRIO

ARTIGO 80º
Escala salarial

1 – A escala salarial dos oficiais de justiça é a constante do mapa II anexo ao presente diploma, do qual faz parte integrante.

2 – A escala salarial dos inspetores do Conselho dos Oficiais de Justiça integra os índices 710, 760 e 810, correspondentes aos escalões 1, 2 e 3, respetivamente.

3 – As escalas salariais mencionadas nos números anteriores referenciam-se ao índice 100 da escala indiciária do regime geral.

ARTIGO 81º
Progressão

1 – Sem prejuízo do disposto no número seguinte, a progressão dos oficiais de justiça faz-se na categoria de que são detentores e depende da permanência de um período de três anos no escalão imediatamente anterior.

2 – A progressão dos secretários de tribunal superior e dos inspetores do Conselho dos Oficiais de Justiça faz-se nos termos do número anterior, quer no que respeita à categoria em que estão nomeados definitivamente, quer no que respeita à categoria em que estão nomeados em comissão de serviço.

3 – Os funcionários referidos no número anterior que deixem de exercer os seus cargos, por lhes ter sido dada por finda a respetiva comissão de serviço, regressam às categorias de origem no escalão que, em progressão normal, lhes couber.

ARTIGO 82º
Escalão de promoção

1 – Na promoção do pessoal oficial de justiça a integração na escala remuneratória processa-se da seguinte forma:

a) Para o escalão 1 da categoria para a qual se faz a promoção;

b) Para o escalão a que, na estrutura remuneratória da categoria para a qual se faz a promoção, corresponda o índice superior mais aproximado, se o funcionário auferir já remuneração igual ou superior à do escalão 1.

2 – Sempre que do disposto no número anterior resultar um impulso salarial inferior a 10 pontos, a integração na nova categoria faz-se no escalão seguinte da estrutura da categoria.

3 – Se a remuneração, em caso de progressão, for superior à que resulta da aplicação dos números anteriores, a promoção faz-se para o escalão seguinte àquele que lhe corresponderia por força daquelas regras, exceto se o funcionário tiver mudado de escalão há menos de um ano.

ARTIGO 83º
Mudança de situação

Quando um funcionário seja nomeado em nova categoria ou lugar tem direito a receber a remuneração correspondente à situação anterior até à aceitação da nomeação.

ARTIGO 84º
Secretários de justiça em secretarias-gerais

1 – Os secretários nomeados para secretarias-gerais têm direito à remuneração correspondente à categoria de secretário de tribunal superior, nos seguintes termos:

a) À remuneração correspondente ao escalão 1;

b) À remuneração correspondente ao escalão a que, na nova estrutura remuneratória, corresponda o índice superior mais aproximado, se o funcionário auferir já remuneração igual ou superior à do escalão 1.

2 – A progressão faz-se nos termos do nº 1 do artigo 81º, quer na categoria de que são detentores, quer na categoria pela qual são remunerados.

ARTIGO 85º
Comissões de serviço

1 – O secretário do Conselho dos Oficiais de Justiça e os secretários de inspeção têm direito à remuneração correspondente à categoria imediatamente superior à que detêm, nos termos constantes das alíneas *a*) e *b*) do nº 1 do artigo anterior.

2 – Sempre que a remuneração devida pela normal progressão na categoria de que são detentores seja igual ou superior à que resulta da aplicação do nº 1 do artigo 84º, os funcionários referidos no número anterior passam a vencer, nesta última escala remuneratória, pelo escalão imediatamente superior àquele pelo qual vinham sendo remunerados.

3 – Os restantes funcionários nomeados em comissão de serviço têm direito à remuneração atribuída às funções exercidas, desde que estas correspondam a lugares dos quadros de pessoal dos organismos em que prestam serviço e os funcionários reúnam as habilitações exigíveis, podendo, no entanto, optar pela remuneração do cargo de origem.

ARTIGO 86º
Vogais do Conselho dos Oficiais de Justiça

1 – Os vogais do Conselho dos Oficiais de Justiça que exerçam funções em tempo integral têm direito à remuneração correspondente à categoria imediatamente superior à que detêm, nos termos constantes das alíneas *a*) e *b*) do nº 1 do artigo 84º e do nº 2 do artigo anterior.

2 – Os restantes vogais têm direito, por cada reunião, a senhas de presença, de montante a fixar por despacho dos Ministros das Finanças, da Justiça e do membro do Governo responsável pela Administração Pública.

ARTIGO 87º
Interinidade

1 – À nomeação interina aplica-se o disposto no nº 1 do artigo 82º e no nº 2 do artigo 85º.

2 – A antiguidade na categoria a que se refere o artigo 76º é considerada para efeitos de progressão na escala remuneratória da categoria em que o funcionário vier a ser nomeado definitivamente.

ARTIGO 88º
Suplementos

1 – Aos funcionários que prestam serviço em comarcas periféricas, nos termos do artigo 125º, pode ser atribuído suplemento de fixação.

2 – Aos funcionários colocados em lugares dos quadros de secretarias em que o excecional volume ou complexidade do serviço dificultem o preenchimento dos quadros de pessoal ou a permanência dos funcionários pode ser atribuído suplemento remuneratório.

3 – Os suplementos referidos nos números anteriores são fixados por despacho dos Ministros das Finanças, da Justiça e do membro do Governo responsável pela Administração Pública.

PARTE III
ESTATUTO DISCIPLINAR

CAPÍTULO I
Disposições gerais

ARTIGO 89º
Responsabilidade disciplinar

Os oficiais de justiça são disciplinarmente responsáveis nos termos do regime geral dos funcionários e agentes da Administração Pública e dos artigos seguintes.[150]

ARTIGO 90º
Infração disciplinar

Constituem infração disciplinar os factos, ainda que meramente culposos, praticados pelos oficiais de justiça com violação dos deveres profissionais, bem como os atos ou omissões da sua vida pública, ou que nela se repercutam, incompatíveis com a dignidade indispensável ao exercício das suas funções.

CAPÍTULO II
Penas

ARTIGO 91º
Suspensão

A pena de suspensão implica, para além dos efeitos previstos na lei geral:

a) A cessação da interinidade, quando os factos tenham sido praticados na referida situação;

[150] O regime disciplinar dos trabalhadores em funções públicas consta da Lei nº 35/2014, transcrito neste compêndio.

b) A transferência, quando o oficial de justiça não possa manter-se no meio em que exercia funções à data da prática da infração sem quebra do prestígio que lhe é exigível, o que constará da decisão disciplinar;

c) A impossibilidade de promoção ou de admissão a prova de acesso durante um ano, contado do termo da prática da infração, quando a pena de suspensão for superior a 120 dias.

ARTIGO 92º
Inatividade

A pena de inatividade produz, para além dos efeitos previstos na lei geral, os efeitos referidos no artigo anterior, sendo de dois anos o período de impossibilidade de promoção ou de admissão à prova de acesso.

ARTIGO 93º
Promoção de oficiais de justiça

1 – Durante a pendência de processo criminal ou disciplinar o oficial de justiça é graduado para promoção, sendo, no entanto, nomeado interinamente na respetiva vaga até decisão final.

2 – Se o processo for arquivado, se for proferida decisão absolutória ou aplicada pena que não prejudique a promoção, a nomeação converte-se em definitiva, sendo contado na atual categoria o tempo de serviço prestado interinamente.

3 – Nos restantes casos o funcionário regressa ao lugar de origem.

CAPÍTULO III
Procedimento disciplinar

ARTIGO 94º
Instauração e instrução do processo

1 – São competentes para instaurar processo disciplinar contra oficiais de justiça, além do Conselho dos Oficiais de Justiça:

a) O diretor-geral da Administração da Justiça;

b) O juiz presidente do tribunal em que o funcionário exerça funções à data da infração;

c) O magistrado coordenador, quando a infração seja cometida no Departamento Central de Investigação e Ação Penal ou num departamento de investigação e ação penal;

d) O Conselho Superior da Magistratura, o Conselho Superior dos Tribunais Administrativos e Fiscais e o Conselho Superior do Ministério Público, conforme os casos;

e) Os inspetores dos conselhos referidos na alínea anterior.

2 – A nomeação do instrutor compete ao Conselho dos Oficiais de Justiça.

ARTIGO 95º
Autonomia do procedimento disciplinar

1 – O procedimento disciplinar é independente do procedimento criminal.

2 – Quando em processo disciplinar se apure a existência de infração criminal, dá-se imediato conhecimento ao Ministério Público.

ARTIGO 96º
Suspensão preventiva

1 – O oficial de justiça arguido em processo disciplinar pode ser preventivamente suspenso das funções desde que haja fortes indícios de que à infração caberá, pelo menos, a pena de suspensão, e a continuação na efetividade de serviço seja prejudicial à instrução do processo, ao serviço ou ao prestígio e à dignidade da função.

2 – A suspensão preventiva é executada por forma a assegurar-se a defesa da dignidade pessoal e profissional do oficial de justiça.

3 – A suspensão preventiva não pode exceder 120 dias, determina a perda da remuneração de exercício e não prejudica a contagem do tempo de serviço.

4 – A perda da remuneração de exercício será reparada ou levada em conta pela entidade competente após a decisão final do processo.

ARTIGO 97º
Nomeação de defensor

1 – Se o arguido estiver impossibilitado de elaborar a defesa, por motivo de ausência, doença, anomalia mental ou incapacidade física, a entidade que tiver instaurado o processo disciplinar requer à Ordem dos Advogados a nomeação de um defensor.

2 – Quando o defensor for nomeado em data posterior à da notificação da acusação, reabre-se o prazo para a defesa com a sua notificação.

ARTIGO 97º-A
Notificação da decisão

Na data em que se fizer a notificação da decisão ao arguido será dado conhecimento da mesma à entidade que tiver instaurado o processo.

PARTE IV
CONSELHO DOS OFICIAIS DE JUSTIÇA

CAPÍTULO I
Noção, estrutura e organização

ARTIGO 98º
Noção

O Conselho dos Oficiais de Justiça é o órgão que aprecia o mérito profissional e exerce o poder disciplinar sobre os oficiais de justiça, sem prejuízo da competência disciplinar atribuída a magistrados e do disposto no nº 2 do artigo 68º.[151]

[151] O Regulamento nº 339/2021, do Conselho dos Oficiais de Justiça, publicado no Diário da República, II Série, de 13.4.2021, versa sobre o regime das inspeções dos oficiais de justiça.

ARTIGO 99º
Composição

O Conselho dos Oficiais de Justiça é composto pelo diretor-geral da Administração da Justiça, que preside, e pelos seguintes vogais:

a) Dois designados pelo diretor-geral da Administração da Justiça, um dos quais magistrado judicial, que exerce as funções de vice-presidente;

b) Um designado pelo Conselho Superior de Magistratura;

c) Um designado pelo Conselho Superior dos Tribunais Administrativos e Fiscais;

d) Um designado pela Procuradoria-Geral da República;

e) Um oficial de justiça por cada círculo judicial, eleito pelos seus pares, e que à data do termo do prazo de apresentação das candidaturas preste serviço num tribunal sediado no distrito judicial pelo qual concorre.

ARTIGO 100º
Secretário

O Conselho dos Oficiais de Justiça é secretariado por um oficial de justiça de categoria não inferior a escrivão de direito ou técnico de justiça principal, nomeado em comissão de serviço pelo presidente, sob proposta do Conselho dos Oficiais de Justiça.

ARTIGO 101º
Serviços de apoio

Os serviços de apoio ao Conselho dos Oficiais de Justiça são assegurados por pessoal da Direção-Geral dos Serviços Judiciários.[152]

ARTIGO 102º
Forma de designação

1 – Os oficiais de justiça referidos na alínea *d*) do nº 1 artigo 99º são eleitos por sufrágio secreto e universal, segundo o princípio da representação proporcional e o método da média mais alta, com observância das seguintes regras:

a) Apura-se em separado o número de votos obtidos por cada lista;

b) O número de votos de cada lista é dividido, sucessivamente, por 1, 2, 3, 4, 5, etc., sendo os quocientes considerados com parte decimal alinhados por ordem decrescente da sua grandeza numa série de tantos termos quantos os mandatos atribuídos ao órgão respetivo;

c) Os mandatos pertencem às listas a que correspondem os termos da série estabelecida pela regra anterior, recebendo cada uma das listas tantos mandatos quantos os seus termos na série;

d) No caso de restar um ou mais mandatos por distribuir, por os termos seguintes da série serem iguais e de listas diferentes, o mandato ou mandatos cabem à lista ou listas que tiverem obtido maior número de votos.

[152] Onde este artigo se refere à Direção-Geral dos Serviços Judiciários, deve entender-se a referência à Direção-Geral da Administração da Justiça.

2 – Se mais de uma lista obtiver igual número de votos, não há lugar à atribuição de mandatos, devendo o ato eleitoral ser repetido.

ARTIGO 103º
Princípios eleitorais

1 – A eleição dos oficiais de justiça referida na alínea *d*) do nº 1 do artigo 99º é feita com base em recenseamento organizado pela Direção-Geral dos Serviços Judiciários, entidade que remeterá os cadernos eleitorais ao Conselho dos Oficiais de Justiça.[153]

2 – É facultado aos eleitores o exercício do direito de voto por correspondência, devendo os respetivos serviços fornecer os meios indispensáveis para o efeito.

3 – A eleição tem lugar dentro dos 30 dias anteriores à vacatura dos cargos e é anunciada, com a antecedência mínima de 45 dias, por publicação no Diário da República.

ARTIGO 104º
Organização de listas

1 – A eleição dos oficiais de justiça efetua-se por listas elaboradas por organismos sindicais ou de classe dos oficiais de justiça ou por um mínimo de 100 eleitores.

2 – As listas incluem pelo menos dois suplentes em relação a cada candidato efetivo, que devem prestar serviço no mesmo distrito judicial, havendo em cada lista tantos candidatos quantos os distritos judiciais.

3 – Não pode haver candidatos por mais de uma lista.

4 – Na falta de candidaturas, serão marcadas novas eleições, a realizar no prazo de seis meses, mantendo-se em funções os vogais anteriormente eleitos.

ARTIGO 105º
Distribuições de lugares

Apurados os votos pela forma descrita no artigo 102º, os mandatos são distribuídos pela ordem seguinte:

1º mandato – oficial de justiça proposto pelo distrito judicial de Lisboa;

2º mandato – oficial de justiça proposto pelo distrito judicial do Porto;

3º mandato – oficial de justiça proposto pelo distrito judicial de Coimbra;

4º mandato – oficial de justiça proposto pelo distrito judicial de Évora.

ARTIGO 106º
Comissão de eleições

1 – A fiscalização da regularidade dos atos eleitorais e o apuramento final da votação competem a uma comissão de eleições.

2 – Constituem a comissão de eleições o diretor-geral dos Serviços Judiciários, um técnico superior da Direção-Geral dos Serviços Judiciários e um oficial de justiça.

3 – Tem o direito a integrar a comissão de eleições um representante da cada lista admitida ao ato eleitoral.

[153] Idem.

4 – As funções de presidente são exercidas pelo diretor-geral dos Serviços Judiciários e as deliberações tomadas à pluralidade de votos, cabendo ao presidente voto de qualidade.[154]

ARTIGO 107º
Competência da comissão de eleições

Compete especialmente à comissão de eleições resolver as dúvidas suscitadas na interpretação das normas reguladoras do processo eleitoral e decidir as reclamações que surjam no decurso das operações eleitorais.

ARTIGO 108º
Contencioso eleitoral

O recurso contencioso dos atos eleitorais é interposto, no prazo de sete dias, para o Tribunal Administrativo de Círculo de Lisboa e decidido nos cinco dias seguintes à sua admissão.

ARTIGO 109º
Exercício dos cargos

1 – Os vogais eleitos do Conselho dos Oficiais de Justiça mantêm-se em funções por um período de três anos, não podendo ser reeleitos para um terceiro mandato consecutivo, nem durante o triénio imediatamente subsequente ao termo do segundo mandato consecutivo.

2 – Sempre que durante o exercício do cargo um vogal eleito fique impedido, são chamados os respetivos suplentes, e, na falta destes, faz-se declaração de vacatura, procedendo-se a nova eleição, nos termos dos artigos anteriores.

3 – Os membros do Conselho dos Oficiais de Justiça mantêm-se em exercício de funções até à posse dos que os venham substituir.

ARTIGO 110º
Estatuto dos vogais

1 – O cargo de vogal do Conselho dos Oficiais de Justiça pode ser exercido, segundo deliberação daquele órgão, de uma das seguintes formas:

a) Em tempo integral;

b) Em acumulação com as funções correspondentes ao cargo de origem, com redução do serviço correspondente a esse cargo.

2 – Os vogais a que se refere a alínea *a*) do número anterior exercem funções em comissão de serviço.

3 – O cargo de vogal do Conselho dos Oficiais de Justiça é incompatível com o de inspetor ou de secretário de inspeção.

[154] Onde o disposto neste artigo se refere ao diretor-geral dos Serviços Judiciários e à Direção-Geral dos Serviços Judiciários devem entender-se as referências ao diretor-geral da Administração da Justiça e à Direção-Geral da Administração da Justiça, respetivamente.

CAPÍTULO II
Competências e funcionamento

ARTIGO 111º
Competência

1 – Compete ao Conselho dos Oficiais de Justiça:

a) Apreciar o mérito profissional e exercer o poder disciplinar sobre os oficiais de justiça, sem prejuízo da competência disciplinar atribuída a magistrados e do disposto no nº 2 do artigo 68º;

b) Apreciar os pedidos de revisão de processos disciplinares e de reabilitação;

c) Emitir parecer sobre diplomas legais relativos à organização judiciária e ao Estatuto dos Funcionários de Justiça e, em geral, sobre matérias relativas à administração judiciária;

d) Estudar e propor ao Ministro da Justiça providências legislativas com vista à eficiência e ao aperfeiçoamento das instituições judiciárias;

e) Elaborar o plano de inspeções;

f) Ordenar inspeções, inquéritos e sindicâncias;

g) Aprovar o regulamento interno, o regulamento das inspeções e o regulamento eleitoral;

h) Adotar as providências necessárias à organização e boa execução do processo eleitoral;

i) Exercer as demais funções conferidas por lei.

2 – O Conselho Superior da Magistratura, o Conselho Superior dos Tribunais Administrativos e Fiscais e o Conselho Superior do Ministério Público, consoante os casos, têm o poder de avocar bem como o poder de revogar as deliberações do Conselho dos Oficiais de Justiça proferidas no âmbito do disposto na alínea *a*) do número anterior.

ARTIGO 112º
Delegação de poderes

1 – O Conselho dos Oficiais de Justiça pode delegar no presidente, com faculdade de subdelegação no vice-presidente, poderes para:

a) Ordenar inspeções extraordinárias;

b) Instaurar inquéritos e sindicâncias;

2 – O presidente e o vice-presidente podem decidir sobre outros assuntos de caráter urgente, ficando tais atos sujeitos a ratificação do Conselho dos Oficiais de Justiça, na primeira reunião realizada após a sua prática.

ARTIGO 113º
Funcionamento

1 – O Conselho dos Oficiais de Justiça funciona em plenário.

2 – O plenário é constituído por todos os membros do Conselho dos Oficiais de Justiça.

3 – As reuniões do plenário do Conselho dos Oficiais de Justiça têm lugar ordinariamente uma vez por mês e extraordinariamente sempre que convocadas pelo presidente, por sua iniciativa ou a solicitação de um terço dos seus membros.

4 – As deliberações são tomadas à pluralidade dos votos, cabendo ao presidente voto de qualidade.

5 – Para a validade das deliberações exige-se a presença da maioria dos seus membros.

6 – O Conselho dos Oficiais de Justiça pode convidar para participar nas reuniões, com voto consultivo, quaisquer entidades cuja presença se mostre relevante.

ARTIGO 114º
Competência do presidente

1 – Compete ao presidente do Conselho dos Oficiais de Justiça:

a) Representar o Conselho dos Oficiais de Justiça, bem como exercer as funções que lhe forem delegadas por este;

b) Dar posse ao vice-presidente e ao secretário;

c) Dar posse aos inspetores e respetivos secretários;

d) Dirigir e coordenar os serviços de inspeção.

2 – O presidente pode delegar no vice-presidente a competência para dar posse ao secretário, bem como as competências previstas nas alíneas *c*) e *d*) do número anterior.

ARTIGO 115º
Competência do vice-presidente

1 – Compete ao vice-presidente do Conselho dos Oficiais de Justiça substituir o presidente nas suas faltas, ausências ou impedimentos e exercer as funções que lhe forem delegadas ou subdelegadas.

2 – O vice-presidente pode subdelegar nos vogais que exerçam funções em tempo integral as competências que lhe forem delegadas ou subdelegadas.

ARTIGO 116º
Competência do secretário

Compete ao secretário do Conselho dos Oficiais de Justiça:

a) Orientar e dirigir os serviços de apoio, sob a superintendência do presidente e em conformidade com o regulamento interno;

b) Submeter a despacho do presidente, do vice-presidente ou dos vogais os assuntos da competência destes e os que, pela sua natureza, justifiquem a convocação do Conselho;

c) Promover a execução das deliberações do Conselho;

d) Propor ao presidente ordens de execução permanente;

e) Lavrar as atas das reuniões do Conselho;

f) Solicitar aos tribunais ou a quaisquer outras entidades públicas ou privadas as informações necessárias ao funcionamento dos serviços.

ARTIGO 117º
Distribuição de processos

1 – Os processos são distribuídos por sorteio aos vogais eleitos, nos termos do regulamento interno.

2 – O vogal a quem o processo for distribuído é o seu relator.

3 – O relator requisita os documentos, processos e diligências que considere necessários, pelo tempo indispensável, com ressalva do segredo de justiça e por forma a não causar prejuízo aos interessados.

CAPÍTULO III
Recursos

ARTIGO 118º
Recursos

1 – Das decisões do presidente, do vice-presidente ou dos vogais cabe recurso para o plenário do Conselho dos Oficiais de Justiça, a interpor no prazo de 20 dias úteis.

2 – Das deliberações do Conselho dos Oficiais de Justiça proferidas no âmbito do disposto nas alíneas *a*) e *b*) do nº 1 do artigo 111º, bem como das decisões dos presidentes dos tribunais proferidas ao abrigo do nº 2 do artigo 68º, cabe recurso, consoante os casos, para o Conselho Superior da Magistratura, para o Conselho Superior dos Tribunais Administrativos e Fiscais ou para o Conselho Superior do Ministério Público, a interpor no prazo de 20 dias úteis.

3 – Têm legitimidade para interpor recurso o arguido e a entidade que tenha instaurado o processo disciplinar.

4 – Os recursos referidos nos números anteriores devem ser decididos no prazo de dois meses.[155]

CAPÍTULO IV
Serviços de inspeção

ARTIGO 120º
Estrutura

1 – Junto do Conselho dos Oficiais de Justiça funcionam os serviços de inspeção.

2 – Os serviços de inspeção são constituídos por inspetores e secretários de inspeção.

3 – O quadro dos serviços de inspeção é fixado por despacho do Ministro da Justiça, sobre proposta do Conselho dos Oficiais de Justiça.

ARTIGO 121º
Competência

Compete aos serviços de inspeção facultar ao Conselho dos Oficiais de Justiça os elementos necessários ao exercício das competências a que se referem as alíneas *a*) a *d*) e *f*) do artigo 111º.

[155] O disposto no artigo 119º, relativo à impugnação administrativa, foi revogado pelo artigo 3º do DL nº 96/2002, de 12 de abril.

ARTIGO 122º
Inspetores e secretários de inspeção

1 – Os inspetores são nomeados em comissão de serviço, mediante proposta do Conselho dos Oficiais de Justiça, de entre secretários de justiça com classificação de Muito bom.

2 – Os secretários de inspeção são nomeados nos termos do número anterior de entre oficiais de justiça com categoria igual ou inferior a escrivão de direito ou técnico de justiça principal com classificação de Muito bom.

3 – As comissões de serviço a que se referem os números anteriores têm a duração de três anos, sendo renováveis por igual período se o Conselho dos Oficiais de Justiça, até 60 dias antes do termo do respetivo prazo, se pronunciar favoravelmente; em casos excecionais, devidamente fundamentados, pode haver segunda renovação.

4 – Os lugares de origem dos funcionários nomeados para os serviços de inspeção podem ser declarados vagos pelo diretor-geral dos Serviços Judiciários, ponderada a conveniência do serviço.[156]

PARTE V
DISPOSIÇÕES FINAIS E TRANSITÓRIAS

ARTIGO 123º
Regime supletivo

São subsidiariamente aplicáveis aos funcionários de justiça no ativo ou aposentados as normas vigentes para a função pública.

ARTIGO 124º
Requerimentos

1 – Os modelos de requerimento a que se refere o nº 1 do artigo 19º constituem exclusivo da Direcção-Geral dos Serviços Judiciários.[157]

2 – O preço dos respetivos impressos é fixado por despacho do Ministro da Justiça e o produto da sua venda constitui receita dos Serviços Sociais do Ministério da Justiça.

3 – Os impressos referidos no número anterior são fornecidos pela Direção-Geral dos Serviços Judiciários e pelas secretarias dos tribunais.[158]

4 – Enquanto não forem aprovados os modelos a que se referem os números anteriores, o requerimento obedece às seguintes formalidades:

a) Graduação dos diferentes lugares em linhas separadas e por ordem de preferência de provimento;

b) Indicação do título, efetivo ou interino, do provimento pretendido.

[156] Onde este normativo se refere à Direção-Geral dos Serviços Judiciários, deve entender-se a referência à Direção-Geral da Administração da Justiça.

[157] Idem.

[158] Idem.

ARTIGO 125º
Comarcas periféricas

Por despacho do Ministro da Justiça, sob proposta do diretor-geral dos Serviços Judiciários, são fixadas, para efeitos do disposto no artigo 88º, as comarcas periféricas.

ARTIGO 126º
Bolsas e abonos

1 – Os alunos do curso a que se refere o nº 1 do artigo 7º, quando realizem o estágio curricular em tribunal sediado em comarca diferente daquela em que se encontra instalada a respetiva escola, têm direito a uma bolsa no valor correspondente ao índice 125 do mapa II anexo ao presente diploma.

2 – Os funcionários orientadores de estágio curricular ou de ingresso têm direito a abono a fixar por despachos dos Ministros das Finanças, da Justiça e do membro do Governo responsável pela Administração Pública.

ARTIGO 127º
Remunerações de funcionários

1 – Da aplicação do presente diploma não pode ocorrer diminuição do nível remuneratório atual de qualquer funcionário de justiça, enquanto se mantiver no exercício das funções que atualmente desempenha.

2 – O pessoal que renunciou às promoções ao abrigo do nº 2 do artigo 110º do Decreto-Lei nº 385/82, de 16 de setembro, na redação que lhe foi dada pelo Decreto-Lei nº 320/85, de 5 de agosto, beneficia da remuneração correspondente à categoria de escrivão-adjunto, desenvolvendo-se a respetiva progressão nos termos do nº 1 do artigo 81º ao longo dos escalões que integram a estrutura remuneratória desta categoria.

ARTIGO 128º
Acesso

1 – A promoção dos oficiais de justiça possuidores de curso de acesso válido realizado nos termos do Decreto-Lei nº 376/87, de 11 de dezembro, é efetuada de acordo com as regras constantes do referido decreto-lei.

2 – Sem prejuízo do disposto no artigo 40º do presente diploma, os oficiais de justiça referidos no número anterior gozam de preferência sobre os restantes candidatos.

3 – Enquanto não existirem oficiais de justiça possuidores dos requisitos de acesso às categorias de escrivão-adjunto e de técnico de justiça-adjunto, mantém-se em vigor o artigo 187º do Decreto-Lei nº.376/87, de 11 de dezembro, na redação dada pelo Decreto-Lei nº 167/89, de 23 de maio.

ARTIGO 129º
Atuais inspetores e secretários de inspeção do Conselho dos Oficiais de Justiça

1 – A renovação das comissões de serviço dos atuais inspetores e secretários de inspeção do Conselho dos Oficiais de Justiça não está sujeita ao disposto no nº 3 do artigo 122º.

2 – Enquanto se mantiverem em exercício de funções no Conselho dos Oficiais de Justiça, os atuais secretários de inspeção são remunerados de acordo com a escala salarial constante do mapa anexo ao Decreto-Lei nº 223/98, de 17 de julho.[159]

3 – A progressão dos funcionários referidos no número anterior faz-se nos termos gerais, quer no que respeita à categoria onde estão nomeados definitivamente, quer no que respeita à categoria onde estão nomeados em comissão de serviço.

ARTIGO 130º
Transição

1 – Consideram-se integrados:

a) Na categoria de secretário de justiça, os atuais secretários judiciais e secretários técnicos;

b) Na categoria de escrivão auxiliar os atuais escriturários judiciais.

2 – Enquanto não for efetuada a adequação dos quadros de pessoal à transição a que se refere a alínea *a*) do número anterior, mantém-se a atual estrutura hierárquica das secretarias.

3 – As transições a que se reporta o nº 1 fazem-se para o escalão a que corresponde, na estrutura das novas categorias, índice remuneratório igual.

4 – O tempo de serviço prestado nas categorias de secretário judicial, secretário técnico e escriturário judicial é contado nas categorias em que os funcionários são integrados, nos termos das alíneas *a*) e *b*) do nº 1.

ARTIGO 131º
Secretários de inspeção do Conselho Superior da Magistratura e do Conselho Superior do Ministério Público

1 – Às comissões de serviço de oficiais de justiça para o exercício de funções de secretário de inspeção do Conselho Superior da Magistratura e do Conselho Superior do Ministério Público aplica-se o disposto no nº 2 do artigo 81º, na parte final do nº 1 e nos nºs 3 e 4 do artigo 122º e no nº 1 do artigo 129º.

2 – A progressão salarial dos oficiais de justiça referidos no número anterior faz-se nos termos do nº 2 do artigo 81º.

ARTIGO 132º
Procedimento disciplinar

O presente diploma só se aplica aos processos instaurados a partir da data da sua entrada em vigor, independentemente do momento em que a infração tiver sido cometida.

ARTIGO 133º
Processo de admissão pendente

É prorrogada até 30 de setembro de 2003 a validade do processo de seleção de candidatos a que se refere a lista publicada no Diário da República, 2ª série, de 2 de setembro de 1996.

[159] O referido mapa anexo estabelece que os secretários de inspeção se enquadram nos escalões índices de 1, 2, 3, 4 e 5, correspondentes a 630, 650, 670, 690 e 720, respetivamente.

ARTIGO 134º
Encargos[160]

1 – Os encargos com as remunerações dos funcionários a que se referem as alíneas *b*) a *f*) do artigo 2º são suportados pelo Orçamento do Estado.

2 – Os restantes encargos decorrentes do presente diploma são suportados pelo Cofre dos Conservadores, Notários e Funcionários de Justiça.[161]

MAPA II

Grupo de pessoal	Carreiras	Categoria/cargo	Escalões/índices					
			1	2	3	4	5	6
Oficial de justiça	Judicial/Ministério Público	Secretário de tribunal superior	710	760	810	–	–	–
		Secretário de justiça	630	650	670	690	720	–
		Escrivão de direito .... Técnico de justiça principal	510	540	570	600	620	640
		Escrivão-adjunto .... Técnico de justiça-adjunto	365	395	410	450	470	500
		Escrivão auxiliar definitivo .... Técnico de justiça auxiliar definitivo	280	300	330	360	390	440
		Escrivão auxiliar provisório .... Técnico de justiça auxiliar provisório	220	–	–	–	–	–
		Estagiário	125	–	–	–	–	–

[160] O Mapa I refere-se à competência do secretário de justiça de tribunal superior, do secretário de justiça, do escrivão de direito provido em secção central dos serviços judiciais, do escrivão de direito provido em secção de processos dos serviços judiciais, do escrivão de direito provido em secção central de serviço externo, do escrivão adjunto, do escrivão auxiliar, do técnico de justiça principal provido em secção de processos dos serviços do Ministério Público, do técnico de justiça adjunto e do técnico de justiça auxiliar. A atual Lei da Organização do Sistema Judiciário e o seu Regulamento deixaram praticamente sem objeto o referido Mapa cujas normas incompatíveis foram objeto de revogação tácita.

[161] Este Cofre foi extinto.

20. ESTATUTO DISCIPLINAR DOS TRABALHADORES EM FUNÇÕES PÚBLICAS[162]

CAPÍTULO VII
Exercício do poder disciplinar

SECÇÃO I
Disposições gerais

ARTIGO 176º
Sujeição ao poder disciplinar

1 – Todos os trabalhadores são disciplinarmente responsáveis perante os seus superiores hierárquicos.

2 – Os titulares dos órgãos dirigentes dos serviços da administração direta e indireta do Estado são disciplinarmente responsáveis perante o membro do Governo que exerça a respetiva superintendência ou tutela.

3 – Os trabalhadores ficam sujeitos ao poder disciplinar desde a constituição do vínculo de emprego público, em qualquer das suas modalidades.

4 – A cessação do vínculo de emprego público ou a alteração da situação jurídico-funcional do trabalhador não impedem a punição por infrações cometidas no exercício da função.

5 – Em caso de cessação do vínculo de emprego público, o procedimento disciplinar ou a execução de qualquer das sanções previstas nas alíneas *b*) a *d*) do nº 1 do artigo 180º suspende-se por um período máximo de 18 meses, podendo prosseguir caso o trabalhador constitua novo vínculo de emprego público para as mesmas funções a que o procedimento disciplinar diz respeito e desde que do seu início, ressalvado o tempo de suspensão, não decorram mais de 18 meses até à notificação ao trabalhador da decisão final.

[162] Aprovado pela Lei nº 35/2014, de 20 de junho, retificado pela Declaração nº 37-A/2014, de 19 de agosto, alterado pela Lei nº 49/2018, de 14 de agosto, e pelo DL nº 6/2019, de 14 de janeiro, revogatório da Lei nº 58/2008, de 9 de setembro. É subsidiariamente aplicável no âmbito de vários estatutos profissionais em funções públicas e privadas, incluindo os da Ordem dos Advogados e da Ordem dos Solicitadores e dos Agentes de Execução. Sobre as normas deste Estatuto, pode ver-se o Parecer publicado no DR, II Série, de 28.8.2015.

ARTIGO 177º
Exclusão da responsabilidade disciplinar

1 – É excluída a responsabilidade disciplinar do trabalhador que atue no cumprimento de ordens ou instruções emanadas de legítimo superior hierárquico e em matéria de serviço, quando previamente delas tenha reclamado ou exigido a sua transmissão ou confirmação por escrito.

2 – Considerando ilegal a ordem ou instrução recebidas, o trabalhador faz expressamente menção desse facto ao reclamar ou ao pedir a sua transmissão ou confirmação por escrito.

3 – Quando a decisão da reclamação ou a transmissão ou confirmação da ordem ou instrução por escrito não tenham lugar dentro do tempo em que, sem prejuízo, o cumprimento destas possa ser demorado, o trabalhador comunica, também por escrito, ao seu imediato superior hierárquico, os termos exatos da ordem ou instrução recebidas e da reclamação ou do pedido formulados, bem como a não satisfação destes, executando seguidamente a ordem ou instrução.

4 – Quando a ordem ou instrução sejam dadas com menção de cumprimento imediato e sem prejuízo do disposto nos nºs 1 e 2, a comunicação referida na parte final do número anterior é efetuada após a execução da ordem ou instrução.

5 – Cessa o dever de obediência sempre que o cumprimento das ordens ou instruções implique a prática de qualquer crime.

ARTIGO 178º
Prescrição da infração disciplinar e do procedimento disciplinar

1 – A infração disciplinar prescreve no prazo de um ano sobre a respetiva prática, salvo quando consubstancie também infração penal, caso em que se sujeita aos prazos de prescrição estabelecidos na lei penal à data da prática dos factos.

2 – O direito de instaurar o procedimento disciplinar prescreve no prazo de 60 dias sobre o conhecimento da infração por qualquer superior hierárquico.

3 – Suspendem os prazos prescricionais referidos nos números anteriores, por um período até seis meses, a instauração de processo de sindicância aos órgãos ou serviços, ou de processo de inquérito ou disciplinar, mesmo que não dirigidos contra o trabalhador a quem a prescrição aproveite, quando em qualquer deles venham a apurar-se infrações por que seja responsável.

4 – A suspensão do prazo prescricional da infração disciplinar opera quando, cumulativamente:

a) Os processos referidos no número anterior tenham sido instaurados nos 30 dias seguintes à suspeita da prática de factos disciplinarmente puníveis;

b) O procedimento disciplinar subsequente tenha sido instaurado nos 30 dias seguintes à receção daqueles processos, para decisão, pela entidade competente;

c) À data da instauração dos processos e procedimento referidos nas alíneas anteriores, não se encontre já prescrito o direito de instaurar procedimento disciplinar.

5 – O procedimento disciplinar prescreve decorridos 18 meses, a contar da data em que foi instaurado quando, nesse prazo, o trabalhador não tenha sido notificado da decisão final.

6 – A prescrição do procedimento disciplinar referida no número anterior suspende-se durante o tempo em que, por força de decisão ou de apreciação judicial de qualquer questão, a marcha do correspondente processo não possa começar ou continuar a ter lugar.

7 – A prescrição volta a correr a partir do dia em que cesse a causa da suspensão.

ARTIGO 179º
Efeitos da pronúncia e da condenação em processo penal

1 – Quando o agente de um crime cujo julgamento seja da competência do tribunal de júri ou do tribunal coletivo seja um trabalhador em funções públicas, a secretaria do tribunal por onde corra o processo, no prazo de 24 horas sobre o trânsito em julgado do despacho de pronúncia ou equivalente, entrega, por termo nos autos, cópia de tal despacho ao Ministério Público, a fim de que este a remeta ao órgão ou serviço em que o trabalhador desempenha funções.

2 – Quando um trabalhador em funções públicas seja condenado pela prática de crime, aplica-se, com as necessárias adaptações, o disposto no número anterior.

3 – A condenação em processo penal não prejudica o exercício da ação disciplinar quando a infração penal constitua também infração disciplinar.

4 – Quando os factos praticados pelo trabalhador sejam passíveis de ser considerados infração penal, dá-se obrigatoriamente notícia deles ao Ministério Público competente para promover o procedimento criminal, nos termos do artigo 242º do Código de Processo Penal, aprovado pelo Decreto-Lei nº 78/87, de 17 de fevereiro, na redação atual.

SECÇÃO II
Sanções disciplinares

SUBSECÇÃO I
Disposições gerais

ARTIGO 180º
Escala das sanções disciplinares

1 – As sanções disciplinares aplicáveis aos trabalhadores em funções públicas pelas infrações que cometam são as seguintes:

a) Repreensão escrita;

b) Multa;

c) Suspensão;

d) Despedimento disciplinar ou demissão.

2 – Aos titulares de cargos dirigentes e equiparados é aplicável a sanção disciplinar de cessação da comissão de serviço, a título principal ou acessório.

3 – Não pode ser aplicada mais de uma sanção disciplinar por cada infração, pelas infrações acumuladas que sejam apreciadas num único processo ou pelas infrações apreciadas em processos apensados.

4 – As sanções disciplinares são registadas no processo individual do trabalhador.

ARTIGO 181º
Caracterização das sanções disciplinares

1 – A sanção de repreensão escrita consiste em mero reparo pela irregularidade praticada.

2 – A sanção de multa é fixada em quantia certa e não pode exceder o valor correspondente a seis remunerações base diárias por cada infração e um valor total correspondente à remuneração base de 90 dias por ano.

3 – A sanção de suspensão consiste no afastamento completo do trabalhador do órgão ou serviço durante o período da sanção.

4 – A sanção de suspensão varia entre 20 e 90 dias por cada infração, num máximo de 240 dias por ano.

5 – A sanção de despedimento disciplinar consiste no afastamento definitivo do órgão ou serviço do trabalhador com contrato de trabalho em funções públicas, cessando o vínculo de emprego público.

6 – A sanção de demissão consiste no afastamento definitivo do órgão ou serviço do trabalhador nomeado, cessando o vínculo de emprego público.

7 – A sanção de cessação da comissão de serviço consiste na cessação compulsiva do exercício de cargo dirigente ou equiparado.

ARTIGO 182º
Efeitos das sanções disciplinares

1 – As sanções disciplinares produzem unicamente os efeitos previstos na presente lei.

2 – A sanção de suspensão determina, por tantos dias quantos os da sua duração, o não exercício de funções e a perda das remunerações correspondentes e da contagem do tempo de serviço para antiguidade.

3 – A aplicação da sanção de suspensão não prejudica o direito dos trabalhadores à manutenção, nos termos legais, das prestações do respetivo regime de proteção social.

4 – As sanções de despedimento disciplinar ou de demissão importam a perda de todos os direitos do trabalhador, salvo quanto à reforma por velhice ou à aposentação, nos termos e condições previstos na lei, mas não o impossibilitam de voltar a exercer funções em órgão ou serviço que não exijam as particulares condições de dignidade e confiança que aquelas de que foi despedido ou demitido exigiam.

5 – A sanção de cessação da comissão de serviço implica o termo do exercício do cargo dirigente ou equiparado e a impossibilidade de exercício de qualquer cargo dirigente ou equiparado durante o período de três anos, a contar da data da notificação da decisão.

SUBSECÇÃO II
Infrações a que são aplicáveis as sanções disciplinares

ARTIGO 183º
Infração disciplinar

Considera-se infração disciplinar o comportamento do trabalhador, por ação ou omissão, ainda que meramente culposo, que viole deveres gerais ou especiais inerentes à função que exerce.

ARTIGO 184º
Repreensão escrita

A sanção disciplinar de repreensão escrita é aplicável a infrações leves de serviço.

ARTIGO 185º
Multa

A sanção disciplinar de multa é aplicável a casos de negligência ou má compreensão dos deveres funcionais, nomeadamente aos trabalhadores que:

a) Não observem os procedimentos estabelecidos ou cometam erros por negligência, de que não resulte prejuízo relevante para o serviço;

b) Desobedeçam às ordens dos superiores hierárquicos, sem consequências importantes;

c) Não usem de correção para com os superiores hierárquicos, subordinados ou colegas ou para com o público;

d) Pelo defeituoso cumprimento ou desconhecimento das disposições legais e regulamentares ou das ordens superiores, demonstrem falta de zelo pelo serviço;

e) Não façam as comunicações de impedimentos e suspeições previstas no Código do Procedimento Administrativo.

ARTIGO 186º
Suspensão

A sanção disciplinar de suspensão é aplicável aos trabalhadores que atuem com grave negligência ou com grave desinteresse pelo cumprimento dos deveres funcionais e àqueles cujos comportamentos atentem gravemente contra a dignidade e o prestígio da função, nomeadamente quando:

a) Deem informação errada a superior hierárquico;

b) Compareçam ao serviço em estado de embriaguez ou sob o efeito de estupefacientes ou drogas equiparadas;

c) Exerçam funções em acumulação, sem autorização ou apesar de não autorizados ou, ainda, quando a autorização tenha sido concedida com base em informações ou elementos, por eles fornecidos, que se revelem falsos ou incompletos;

d) Demonstrem desconhecimento de normas essenciais reguladoras do serviço, do qual haja resultado prejuízos para o órgão ou serviço ou para terceiros;

e) Dispensem tratamento de favor a determinada entidade, singular ou coletiva;

f) Omitam informação que possa ou deva ser prestada ao cidadão ou, com violação da lei em vigor sobre acesso à informação, revelem factos ou documentos relacionados com os procedimentos administrativos, em curso ou concluídos;

g) Desobedeçam escandalosamente, ou perante o público e em lugar aberto ao mesmo, às ordens superiores;

h) Prestem falsas declarações sobre justificação de faltas;

i) Violem os procedimentos da avaliação do desempenho, incluindo a aposição de datas sem correspondência com o momento da prática do ato;

j) Agridam, injuriem ou desrespeitem gravemente superior hierárquico, colega, subordinado ou terceiro, fora dos locais de serviço, por motivos relacionados com o exercício das funções;

k) Recebam fundos, cobrem receitas ou recolham verbas de que não prestem contas nos prazos legais;

l) Violem, com culpa grave ou dolo, o dever de imparcialidade no exercício das funções;

m) Usem ou permitam que outrem ou se sirva de quaisquer bens pertencentes aos órgãos ou serviços, cuja posse ou utilização lhes esteja confiada, para fim diferente daquele a que se destinam;

n) Violem os deveres previstos nos nºs 1 e 2 do artigo 24º.

ARTIGO 187º
Despedimento disciplinar ou demissão

As sanções de despedimento disciplinar ou de demissão são aplicáveis em caso de infração que inviabilize a manutenção do vínculo de emprego público nos termos previstos na presente lei.

ARTIGO 188º
Cessação da comissão de serviço

1 – A sanção disciplinar de cessação da comissão de serviço é aplicável, a título principal, aos titulares de cargos dirigentes e equiparados que:

a) Não procedam disciplinarmente contra os trabalhadores seus subordinados pelas infrações de que tenham conhecimento;

b) Não participem criminalmente infração disciplinar de que tenham conhecimento no exercício das suas funções, que revista caráter penal;

c) Autorizem, informem favoravelmente ou omitam informação, relativamente à situação jurídico-funcional de trabalhadores, em violação das normas que regulam o vínculo de emprego público;

d) Violem as normas relativas à celebração de contratos de prestação de serviço.

2 – A sanção disciplinar de cessação da comissão de serviço é sempre aplicada acessoriamente aos titulares de cargos dirigentes e equiparados por qualquer infração disciplinar punida com sanção disciplinar igual ou superior à de multa.

ARTIGO 189º
Medida das sanções disciplinares

Na aplicação das sanções disciplinares atende-se aos critérios gerais enunciados nos artigos 184º a 188º, à natureza, à missão e às atribuições do órgão ou serviço, ao cargo ou categoria do trabalhador, às particulares responsabilidades inerentes à modalidade do seu vínculo de emprego público, ao grau de culpa, à sua personalidade e a todas as circunstâncias em que a infração tenha sido cometida que militem contra ou a favor dele.

ARTIGO 190º
Circunstâncias dirimentes e atenuantes da responsabilidade disciplinar

1 – São circunstâncias dirimentes da responsabilidade disciplinar:

a) A coação física;

b) A privação acidental e involuntária do exercício das faculdades intelectuais no momento da prática da infração;

c) A legítima defesa, própria ou alheia;

d) A não exigibilidade de conduta diversa;

e) O exercício de um direito ou o cumprimento de um dever.

2 – São circunstâncias atenuantes especiais da infração disciplinar:

a) A prestação de mais de 10 anos de serviço com exemplar comportamento e zelo;

b) A confissão espontânea da infração;

c) A prestação de serviços relevantes ao povo português e a atuação com mérito na defesa da liberdade e da democracia;

d) A provocação;

e) O acatamento bem intencionado de ordem ou instrução de superior hierárquico, nos casos em que não fosse devida obediência.

3 – Quando existam circunstâncias atenuantes que diminuam substancialmente a culpa do trabalhador, a sanção disciplinar pode ser atenuada, aplicando-se sanção disciplinar inferior.

ARTIGO 191º
Circunstâncias agravantes especiais da responsabilidade disciplinar

1 – São circunstâncias agravantes especiais da infração disciplinar:

a) A intenção de, pela conduta seguida, produzir resultados prejudiciais ao órgão ou serviço ou ao interesse geral, independentemente de estes se terem verificado;

b) A produção efetiva de resultados prejudiciais ao órgão ou serviço ou ao interesse geral, nos casos em que o trabalhador pudesse prever essa consequência como efeito necessário da sua conduta;

c) A premeditação;

d) A comparticipação com outros indivíduos para a sua prática;

e) O facto de ter sido cometida durante o cumprimento de sanção disciplinar ou enquanto decorria o período de suspensão da sanção disciplinar;

f) A reincidência;

g) A acumulação de infrações.

2 – A premeditação consiste na intenção de cometimento da infração, pelo menos, 24 horas antes da sua prática.

3 – A reincidência ocorre quando a infração é cometida antes de decorrido um ano sobre o dia em que tenha findado o cumprimento de sanção disciplinar aplicada por virtude de infração anterior.

4 – A acumulação ocorre quando duas ou mais infrações são cometidas na mesma ocasião ou quando uma é cometida antes de ter sido punida a anterior.

ARTIGO 192º
Suspensão da sanção disciplinar

1 – As sanções disciplinares previstas nas alíneas *a*) a *c*) do nº 1 do artigo 180º podem ser suspensas quando, atendendo à personalidade do trabalhador, às condições da sua vida, à sua conduta anterior e posterior à infração e às circunstâncias desta, se conclua que a simples censura do comportamento e a ameaça da sanção disciplinar realizam de forma adequada e suficiente as finalidades da punição.

2 – O tempo de suspensão da sanção disciplinar não é inferior a seis meses para as sanções disciplinares de repreensão escrita e de multa e a um ano para a sanção disciplinar de suspensão, nem superior a um e dois anos, respetivamente.

3 – Os tempos previstos no número anterior contam-se desde a data da notificação ao trabalhador da respetiva decisão.

4 – A suspensão caduca quando o trabalhador venha a ser, no seu decurso, condenado novamente em processo disciplinar.

ARTIGO 193º
Prescrição das sanções disciplinares

As sanções disciplinares prescrevem nos prazos seguintes, contados da data em que a decisão se tornou inimpugnável:

a) Um mês, nos casos de sanção disciplinar de repreensão escrita;

b) Três meses, nos casos de sanção disciplinar de multa;

c) Seis meses, nos casos de sanção disciplinar de suspensão;

d) Um ano, nos casos de sanções disciplinares de despedimento disciplinar ou de demissão e de cessação da comissão de serviço.

SECÇÃO III
Procedimentos disciplinares

SUBSECÇÃO I
Disposições gerais

ARTIGO 194º
Obrigatoriedade de processo disciplinar

1 – As sanções disciplinares de multa e superiores são sempre aplicadas após o apuramento dos factos em processo disciplinar.

2 – A sanção disciplinar de repreensão escrita é aplicada sem dependência de processo, mas com audiência e defesa do trabalhador.

3 – A requerimento do trabalhador é lavrado auto das diligências referidas no número anterior, na presença de duas testemunhas por ele indicadas.

4 – Para os efeitos do disposto no nº 2, o trabalhador tem o prazo máximo de cinco dias para, querendo, produzir a sua defesa por escrito.

ARTIGO 195º
Formas de processo

1 – O processo disciplinar é comum ou especial.

2 – O processo especial aplica-se nos casos expressamente previstos na lei e o comum em todos os casos a que não corresponda processo especial.

3 – Os processos especiais regulam-se pelas disposições que lhes são próprias e, na parte nelas não prevista, pelas disposições respeitantes ao processo comum.

ARTIGO 196º
Competência para a instauração do procedimento disciplinar

1 – Sem prejuízo do disposto nos números seguintes, é competente para instaurar ou mandar instaurar procedimento disciplinar contra os respetivos subordinados qualquer superior hierárquico, ainda que não seja competente para aplicar a sanção.

2 – Compete ao membro do Governo respetivo a instauração de procedimento disciplinar contra os dirigentes máximos dos órgãos ou serviços.

3 – A competência disciplinar dos superiores hierárquicos envolve a dos seus inferiores hierárquicos dentro do órgão ou serviço.

ARTIGO 197º
Competência para aplicação das sanções disciplinares

1 – A aplicação da sanção disciplinar prevista na alínea *a*) do nº 1 do artigo 180º é da competência de todos os superiores hierárquicos em relação aos seus subordinados.

2 – A aplicação das restantes sanções disciplinares previstas nos nºs 1 e 2 do artigo 180º é da competência do dirigente máximo do órgão ou serviço.

3 – Compete ao membro do Governo respetivo a aplicação de qualquer sanção disciplinar aos dirigentes máximos dos órgãos ou serviços.

4 – Nas autarquias locais, associações e federações de municípios, bem como nos serviços municipalizados, a aplicação das sanções disciplinares previstas nos nºs 1 e 2 do artigo 180º é da competência, respetivamente, dos correspondentes órgãos executivos, bem como dos conselhos de administração.

5 – Nas assembleias distritais, a aplicação das sanções disciplinares previstas nos nºs 1 e 2 do artigo 180º é da competência do respetivo plenário.

6 – A competência prevista nos números anteriores não é delegável.

ARTIGO 198º
Local da instauração e mudança de órgão ou serviço na pendência do procedimento

1 – O procedimento disciplinar é instaurado no órgão ou serviço em que o trabalhador exerce funções à data da infração.

2 – Quando, após a prática de uma infração disciplinar ou já na pendência do respetivo processo, o trabalhador mude de órgão ou serviço, a sanção disciplinar é aplicada pela entidade competente à data em que tenha de ser proferida decisão, sem prejuízo de o procedimento ter sido mandado instaurar e ter sido instruído no âmbito do órgão ou serviço em que o trabalhador exercia funções à data da infração.

ARTIGO 199º
Apensação de processos

1 – Para todas as infrações ainda não punidas cometidas por um trabalhador é instaurado um único processo.

2 – Tendo sido instaurados diversos processos, são todos apensados àquele que primeiro tenha sido instaurado.

3 – Quando, antes da decisão de um procedimento, sejam instaurados novos procedimentos disciplinares contra o mesmo trabalhador, por infração cometida no desempenho de funções, em acumulação, em outros órgãos ou serviços, os novos procedimentos são apensados ao primeiro, ficando a instrução de todos eles a cargo do instrutor deste.

4 – No caso referido no número anterior, a instauração dos procedimentos disciplinares é comunicada aos órgãos ou serviços em que o trabalhador desempenha funções, de igual modo se procedendo em relação à decisão proferida.

ARTIGO 200º
Natureza secreta do processo

1 – O processo disciplinar é de natureza secreta até à acusação, podendo, contudo, ser facultado ao trabalhador, a seu requerimento, para exame, sob condição de não divulgar o que dele conste.

2 – O indeferimento do requerimento a que se refere o número anterior é comunicado ao trabalhador no prazo de três dias.

3 – Não obstante a sua natureza secreta, é permitida a passagem de certidões quando destinadas à defesa de interesses legalmente protegidos e em face de requerimento especificando o fim a que se destinam, podendo ser proibida, sob sanção disciplinar de desobediência, a sua publicação.

4 – A passagem de certidões é autorizada pelo instrutor até ao termo da fase de defesa do trabalhador, sendo gratuita quando requerida por este.

5 – Ao trabalhador que divulgue matéria de natureza secreta, nos termos do presente artigo, é instaurado, por esse facto, novo procedimento disciplinar.

ARTIGO 201º
Forma dos atos processuais e atos oficiosos

1 – A forma dos atos, quando não seja regulada por lei, ajusta-se ao fim que se tem em vista e limita-se ao indispensável para atingir essa finalidade.

2 – Nos casos omissos, o instrutor pode adotar as providências que se afigurem convenientes para a descoberta da verdade, em conformidade com os princípios gerais do processo penal.

ARTIGO 202º
Constituição de advogado

1 – O trabalhador pode constituir advogado em qualquer fase do processo, nos termos gerais de direito.

2 – O advogado exerce os direitos que a lei reconhece ao trabalhador.

ARTIGO 203º
Nulidades

1 – É insuprível a nulidade resultante da falta de audiência do trabalhador em artigos de acusação, bem como a que resulte de omissão de quaisquer diligências essenciais para a descoberta da verdade.

2 – As restantes nulidades consideram-se supridas quando não sejam objeto de reclamação pelo trabalhador até à decisão final.

3 – Do despacho que indefira o requerimento de quaisquer diligências probatórias cabe recurso hierárquico ou tutelar para o respetivo membro do Governo, a interpor no prazo de cinco dias.

4 – O recurso referido no número anterior sobe imediatamente nos próprios autos, considerando-se procedente quando, no prazo de 10 dias, não seja proferida decisão que expressamente o indefira.

ARTIGO 204º
Alteração da situação jurídico-funcional do trabalhador

O trabalhador objeto de processo disciplinar, ainda que suspenso preventivamente, não está impedido de alterar, nos termos legais, a sua situação jurídico-funcional, designadamente candidatando-se a procedimentos concursais.

SUBSECÇÃO II
Procedimento disciplinar comum

DIVISÃO I
Fase de instrução do processo

ARTIGO 205º
Início e termo da instrução

1 – A instrução do processo disciplinar inicia-se no prazo máximo de 10 dias, a contar da data da notificação ao instrutor do despacho que o mandou instaurar, e ultima-se no prazo de 45 dias, só podendo ser excedido este prazo por despacho da entidade que o mandou instaurar, sob proposta fundamentada do instrutor, nos casos de excecional complexidade.

2 – O prazo de 45 dias referido no número anterior conta-se da data de início da instrução, determinada nos termos do número seguinte.

3 – O instrutor informa a entidade que o tenha nomeado, bem como o trabalhador e o participante, da data em que dê início à instrução.

4 – O procedimento disciplinar é urgente, sem prejuízo das garantias de audiência e defesa do trabalhador.

ARTIGO 206º
Participação ou queixa

1 – Todos os que tenham conhecimento de que um trabalhador praticou infração disciplinar podem participá-la a qualquer superior hierárquico daquele.

2 – Quando se verifique que a entidade que recebeu a participação ou queixa não tem competência para instaurar o procedimento disciplinar, aquelas são imediatamente remetidas à entidade competente para o efeito.

3 – Para os efeitos do disposto no número seguinte, quando um trabalhador deixe de comparecer ao serviço, sem justificação, durante cinco dias seguidos ou 10 interpolados, o respetivo superior hierárquico participa o facto, de imediato, ao dirigente máximo do órgão ou serviço.

4 – O dirigente máximo do órgão ou serviço pode considerar, do ponto de vista disciplinar, justificada a ausência, determinando o imediato arquivamento da participação quando o trabalhador faça prova de motivos que considere atendíveis.

5 – As participações ou queixas verbais são reduzidas a escrito por quem as receba.

6 – Quando conclua que a participação é infundada e dolosamente apresentada no intuito de prejudicar o trabalhador ou que contém matéria difamatória ou injuriosa, a entidade competente para punir participa o facto criminalmente, sem prejuízo de instauração de procedimento disciplinar ao trabalhador.

ARTIGO 207º
Despacho liminar

1 – Assim que seja recebida participação ou queixa, a entidade competente para instaurar procedimento disciplinar decide se a ele deve ou não haver lugar.

2 – Quando entenda que não há lugar a procedimento disciplinar, a entidade referida no número anterior manda arquivar a participação ou queixa.

3 – No caso contrário, instaura ou determina que se instaure procedimento disciplinar.

4 – Quando não tenha competência para aplicação da sanção disciplinar e entenda que não há lugar a procedimento disciplinar, a entidade referida no nº 1 sujeita o assunto a decisão da entidade competente.

ARTIGO 208º
Nomeação do instrutor

1 – A entidade que instaure procedimento disciplinar nomeia um instrutor, escolhido de entre trabalhadores do mesmo órgão ou serviço, titular de cargo ou de carreira ou categoria de complexidade funcional superior à do trabalhador ou, quando impossível, com antiguidade superior no mesmo cargo ou em carreira ou categoria de complexidade funcional idêntica ou no exercício de funções públicas, preferindo os que possuam adequada formação jurídica.

2 – Em casos justificados, a entidade referida no número anterior pode solicitar ao respetivo dirigente máximo a nomeação de instrutor de outro órgão ou serviço.

3 – O instrutor pode escolher secretário de sua confiança, cuja nomeação compete à entidade que o nomeou, e, bem assim, requisitar a colaboração de técnicos.

4 – As funções de instrução preferem a quaisquer outras que o instrutor tenha a seu cargo, ficando exclusivamente adstrito àquelas.

ARTIGO 209º
Suspeição do instrutor

1 – O trabalhador e o participante podem deduzir a suspeição do instrutor do processo disciplinar quando ocorra circunstância por causa da qual possa razoavelmente suspeitar-se da sua isenção e da retidão da sua conduta, designadamente:

a) Quando o instrutor tenha sido direta ou indiretamente atingido pela infração;

b) Quando o instrutor seja parente na linha reta ou até ao 3º grau na linha colateral do trabalhador, do participante ou de qualquer trabalhador ou particular ofendido ou de alguém que, com os referidos indivíduos, viva em economia comum;

c) Quando esteja pendente processo jurisdicional em que o instrutor e o trabalhador ou o participante sejam intervenientes;

d) Quando o instrutor seja credor ou devedor do trabalhador ou do participante ou de algum seu parente na linha reta ou até ao 3º grau na linha colateral;

e) Quando haja inimizade grave ou grande intimidade entre o trabalhador e o instrutor ou entre este e o participante ou o ofendido.

2 – A entidade que tenha mandado instaurar o procedimento disciplinar decide, em despacho fundamentado, no prazo máximo de 48 horas.

ARTIGO 210º
Medidas cautelares

Compete ao instrutor tomar, desde a sua nomeação, as medidas adequadas para que não se possa alterar o estado dos factos e documentos em que se descobriu ou se presume existir alguma irregularidade, nem subtrair as provas desta.

ARTIGO 211º
Suspensão preventiva

1 – O trabalhador pode, sob proposta da entidade que tenha instaurado o procedimento disciplinar ou do instrutor, e mediante despacho do dirigente máximo do órgão ou serviço, ser preventivamente suspenso do exercício das suas funções, sem perda da remuneração base, até decisão do procedimento, mas por prazo não superior a 90 dias, sempre que a sua presença se revele inconveniente para o serviço ou para o apuramento da verdade.

2 – A suspensão prevista no número anterior só pode ter lugar em caso de infração punível com sanção disciplinar de suspensão ou superior.

3 – A notificação da suspensão preventiva é acompanhada de indicação, ainda que genérica, da infração ou infrações imputadas ao trabalhador.

ARTIGO 212º
Instrução do processo

1 – O instrutor faz autuar o despacho com a participação ou queixa e procede à instrução, ouvindo o participante, as testemunhas por este indicadas e as mais que julgue necessárias, procedendo a exames e mais diligências que possam esclarecer a verdade e fazendo juntar aos autos o certificado de registo disciplinar do trabalhador.

2 – O instrutor ouve o trabalhador, a requerimento deste e sempre que o entenda conveniente, até se ultimar a instrução, e pode também acareá-lo com as testemunhas ou com o participante.

3 – Durante a fase de instrução, o trabalhador pode requerer ao instrutor que promova as diligências para que tenha competência e consideradas por aquele essenciais para apuramento da verdade.

4 – Quando o instrutor julgue suficiente a prova produzida, pode, em despacho fundamentado, indeferir o requerimento referido no número anterior.

5 – As diligências que tenham de ser feitas fora do lugar onde corra o processo disciplinar podem ser requisitadas à respetiva autoridade administrativa ou policial.

6 – Na fase de instrução do processo o número de testemunhas é ilimitado, sendo aplicável o disposto nos nºs 4 e 5.

7 – Durante a fase de instrução e até à elaboração do relatório final, podem ser ouvidos, a requerimento do trabalhador, representantes da associação sindical a que o mesmo pertença.

ARTIGO 213º
Termo da instrução

1 – Concluída a instrução, quando o instrutor entenda que os factos constantes dos autos não constituem infração disciplinar, que não foi o trabalhador o autor da infração ou que não é de exigir responsabilidade disciplinar por virtude de prescrição ou de outro motivo, elabora, no prazo de cinco dias, o seu relatório final, que remete imediatamente com o respetivo processo à entidade que o tenha mandado instaurar, com proposta de arquivamento.

2 – No caso contrário ao referido no número anterior, o instrutor deduz, articuladamente, no prazo de 10 dias, a acusação.

3 – A acusação contém a indicação dos factos integrantes da mesma, bem como das circunstâncias de tempo, modo e lugar da prática da infração, bem como das que integram atenuantes e agravantes, acrescentando a referência aos preceitos legais respetivos e às sanções disciplinares aplicáveis.

DIVISÃO II
Fase de defesa do trabalhador

ARTIGO 214º
Notificação da acusação

1 – Da acusação extrai-se cópia, no prazo de 48 horas, para ser entregue ao trabalhador mediante notificação pessoal ou, não sendo esta possível, por carta registada com aviso de receção, marcando-se-lhe um prazo entre 10 e 20 dias para apresentar a sua defesa escrita.

2 – Quando não seja possível a notificação nos termos do número anterior, designadamente por ser desconhecido o paradeiro do trabalhador, é publicado aviso na 2ª série do Diário da República, notificando-o para apresentar a sua defesa em prazo não inferior a 30 nem superior a 60 dias, a contar da data da publicação.

3 – O aviso deve apenas conter a menção de que se encontra pendente contra o trabalhador procedimento disciplinar e indicar o prazo fixado para apresentar a defesa.

4 – Quando o processo seja complexo, pelo número e natureza das infrações ou por abranger vários trabalhadores, e precedendo autorização da entidade que mandou instaurar o procedimento, o instrutor pode conceder prazo superior ao previsto no nº 1, até ao limite de 60 dias.

5 – Quando sejam suscetíveis de aplicação as sanções de despedimento disciplinar, demissão ou cessação da comissão de serviço, a cópia da acusação é igualmente remetida, no prazo previsto no nº 1, à comissão de trabalhadores, e quando o trabalhador seja representante sindical, à associação sindical respetiva.

6 – A remessa de cópia da acusação, nos termos do número anterior, não tem lugar quando o trabalhador a ela se tenha oposto por escrito durante a fase de instrução.

ARTIGO 215º
Incapacidade física ou mental

1 – Quando o trabalhador esteja incapacitado de organizar a sua defesa por motivo de doença ou incapacidade física devidamente comprovadas, pode nomear um representante especialmente mandatado para o efeito.

2 – Quando o trabalhador não possa exercer o direito referido no número anterior, o instrutor nomeia-lhe imediatamente um curador, preferindo a pessoa a quem competiria o acompanhamento, se este fosse requerido nos termos da lei civil.

3 – A nomeação referida no número anterior é restrita ao procedimento disciplinar, podendo o representante usar de todos os meios de defesa facultados ao trabalhador.

4 – Quando o instrutor tenha dúvidas sobre se o estado mental do trabalhador o inibe de organizar a sua defesa, solicita uma perícia psiquiátrica nos termos do nº 6 do artigo 159º do Código de Processo Penal, aplicável com as necessárias adaptações.

5 – A realização da perícia psiquiátrica pode também ser solicitada nos termos do nº 7 do artigo 159º do Código de Processo Penal, aplicável com as necessárias adaptações.

ARTIGO 216º
Exame do processo e apresentação da defesa

1 – Sem prejuízo do disposto no artigo seguinte, durante o prazo para apresentação da defesa, pode o trabalhador ou o seu representante ou curador referidos no artigo anterior, bem como o advogado por qualquer deles constituído, examinar o processo a qualquer hora de expediente.

2 – A resposta é assinada pelo trabalhador ou por qualquer dos seus representantes referidos no número anterior e é apresentada no lugar onde o procedimento tenha sido instaurado.

3 – Quando remetida pelo correio, a resposta considera-se apresentada na data da sua expedição.

4 – Na resposta, o trabalhador expõe com clareza e concisão os factos e as razões da sua defesa.

5 – A resposta que revele ou se traduza em infrações estranhas à acusação e que não interesse à defesa é autuada, dela se extraindo certidão, que passa a ser considerada como participação para efeitos de novo procedimento.

6 – Com a resposta, pode o trabalhador apresentar o rol das testemunhas e juntar documentos, requerendo também quaisquer diligências.

7 – A falta de resposta dentro do prazo marcado vale como efetiva audiência do trabalhador, para todos os efeitos legais.

ARTIGO 217º
Confiança do processo

O processo pode ser confiado ao advogado do trabalhador, nos termos e sob a cominação previstos no Código de Processo Civil, aplicáveis com as necessárias adaptações.

ARTIGO 218º
Produção da prova oferecida pelo trabalhador

1 – As diligências requeridas pelo trabalhador podem ser recusadas em despacho do instrutor, devidamente fundamentado, quando manifestamente impertinentes e desnecessárias.

2 – Não podem ser ouvidas mais de três testemunhas por cada facto, podendo as que não residam no lugar onde corre o processo, quando o trabalhador não se comprometa a apresentá-las, ser ouvidas por solicitação a qualquer autoridade administrativa.

3 – O instrutor pode recusar a inquirição das testemunhas quando considere suficientemente provados os factos alegados pelo trabalhador.

4 – A autoridade a quem seja solicitada a inquirição, nos termos da parte final do nº 2, pode designar instrutor ad hoc para o ato requerido.

5 – As diligências para a inquirição de testemunhas são notificadas ao trabalhador.

6 – Aplica-se à inquirição referida na parte final do nº 2, com as necessárias adaptações, o disposto nos artigos 111º e seguintes do Código de Processo Penal.

7 – O advogado do trabalhador pode estar presente e intervir na inquirição das testemunhas.

8 – O instrutor inquire as testemunhas e reúne os demais elementos de prova oferecidos pelo trabalhador, no prazo de 20 dias, o qual pode ser prorrogado, por despacho, até 40 dias, quando o exijam as diligências referidas na parte final do nº 2.

9 – Finda a produção da prova oferecida pelo trabalhador, podem ainda ordenar-se, em despacho, novas diligências que se tornem indispensáveis para o completo esclarecimento da verdade.

DIVISÃO III
Fase da decisão

ARTIGO 219º
Relatório final do instrutor

1 – Finda a fase de defesa do trabalhador, o instrutor elabora, no prazo de cinco dias, um relatório final completo e conciso donde constem a existência material das faltas, a sua qualificação e gravidade, importâncias que porventura haja a repor e seu destino, bem como a sanção disciplinar que entenda justa ou a proposta para que os autos se arquivem por ser insubsistente a acusação, designadamente por inimputabilidade do trabalhador.

2 – A entidade competente para a decisão pode, quando a complexidade do processo o exija, prorrogar o prazo fixado no número anterior, até ao limite total de 20 dias.

3 – O processo, depois de relatado, é remetido, no prazo de 24 horas, à entidade que o tenha mandado instaurar, a qual, quando não seja competente para decidir, o envia no prazo de dois dias a quem deva proferir a decisão.

4 – Quando seja proposta a aplicação das sanções disciplinares de despedimento disciplinar, demissão ou cessação da comissão de serviço, a entidade competente para a decisão apresenta o processo, por cópia integral, à comissão de trabalhadores e, quando o trabalhador seja representante sindical, à associação sindical respetiva, que podem, no prazo de cinco dias, juntar o seu parecer fundamentado.

5 – A remessa da decisão, nos termos do número anterior, não tem lugar quando o trabalhador a ela se tenha oposto por escrito durante a fase de instrução.

ARTIGO 220º
Decisão

1 – Junto o parecer referido no nº 4 do artigo anterior, ou decorrido o prazo para o efeito, sendo o caso, a entidade competente analisa o processo, concordando ou não com as conclusões do relatório final, podendo ordenar novas diligências, a realizar no prazo que para tal estabeleça.

2 – Antes da decisão, a entidade competente pode solicitar ou determinar a emissão, no prazo de 10 dias, de parecer por parte do superior hierárquico do trabalhador ou de unidades orgânicas do órgão ou serviço a que o mesmo pertença.

3 – O despacho que ordene a realização de novas diligências ou que solicite a emissão de parecer é proferido no prazo máximo de 30 dias, a contar da data da receção do processo.

4 – A decisão do procedimento é sempre fundamentada quando não concordante com a proposta formulada no relatório final do instrutor, sendo proferida no prazo máximo de 30 dias, a contar das seguintes datas:

a) Da receção do processo, quando a entidade competente para punir concorde com as conclusões do relatório final;

b) Do termo do prazo que marque, quando ordene novas diligências;

c) Do termo do prazo fixado para emissão de parecer.

5 – Na decisão não podem ser invocados factos não constantes da acusação nem referidos na resposta do trabalhador, exceto quando excluam, dirimam ou atenuem a sua responsabilidade disciplinar.

6 – O incumprimento dos prazos referidos nos nºs 3 e 4 determina a caducidade do direito de aplicar a sanção.

ARTIGO 221º
Pluralidade de trabalhadores acusados

1 – Quando vários trabalhadores sejam acusados do mesmo facto ou de factos entre si conexos, a entidade que tenha competência para sancionar o trabalhador de cargo ou de carreira ou categoria de complexidade funcional superior decide relativamente a todos os trabalhadores.

2 – Quando os trabalhadores sejam titulares do mesmo cargo ou de carreira ou categoria de complexidade funcional idêntica, a decisão cabe à entidade que tenha competência para sancionar o trabalhador com antiguidade superior no exercício de funções públicas.

ARTIGO 222º
Notificação da decisão

1 – A decisão é notificada ao trabalhador, observando-se, com as necessárias adaptações, o regime disposto para a notificação da acusação.

2 – A entidade que tenha decidido o procedimento pode autorizar que a notificação do trabalhador seja protelada pelo prazo máximo de 30 dias, quando se trate de sanção disciplinar que implique suspensão ou cessação de funções por parte do infrator, desde que da execução da decisão disciplinar resultem para o serviço inconvenientes mais graves do que os decorrentes da permanência do trabalhador punido no exercício das suas funções.

3 – Na data em que se faça a notificação ao trabalhador é igualmente notificado o instrutor e o participante, quando este o tenha requerido.

4 – Quando o processo tenha sido apresentado às estruturas de representação dos trabalhadores, a decisão é igualmente comunicada à comissão de trabalhadores e à associação sindical.

ARTIGO 223º
Início de produção de efeitos das sanções disciplinares

As sanções disciplinares produzem efeitos no dia seguinte ao da notificação do trabalhador ou, não podendo este ser notificado, 15 dias após a publicação de aviso na 2ª série do Diário da República.

DIVISÃO IV
Impugnações

ARTIGO 224º
Meios impugnatórios

Os atos proferidos em processo disciplinar podem ser impugnados hierárquica ou tutelarmente, nos termos do Código do Procedimento Administrativo, ou jurisdicionalmente.

ARTIGO 225º
Recurso hierárquico ou tutelar

1 – O trabalhador e o participante podem interpor recurso hierárquico ou tutelar dos despachos e das decisões que não sejam de mero expediente, proferidos pelo instrutor ou pelos superiores hierárquicos daquele.

2 – O recurso interpõe-se diretamente para o respetivo membro do Governo, no prazo de 15 dias, a contar da notificação do despacho ou da decisão, ou de 20 dias, a contar da publicação do aviso a que se refere o nº 2 do artigo 214º.

3 – Quando o despacho ou a decisão não tenham sido notificados ou quando não tenha sido publicado aviso, o prazo conta-se a partir do conhecimento do despacho ou da decisão.

4 – O recurso hierárquico ou tutelar suspende a eficácia do despacho ou da decisão recorridos, exceto quando o seu autor considere que a sua não execução imediata causa grave prejuízo ao interesse público.

5 – O membro do Governo pode revogar a decisão de não suspensão referida no número anterior ou tomá-la quando o autor do despacho ou da decisão recorridos o não tenha feito.

6 – Nas autarquias locais, associações e federações de municípios, bem como nos serviços municipalizados, não há lugar a recurso tutelar.

7 – A sanção disciplinar pode ser agravada ou substituída por sanção disciplinar mais grave em resultado de recurso do participante.

ARTIGO 226º
Outros meios de prova

1 – Com o requerimento de interposição do recurso, o recorrente pode requerer novos meios de prova ou juntar documentos que entenda convenientes, desde que não pudessem ter sido requeridos ou utilizados em devido tempo.

2 – O membro do Governo pode também determinar a realização de novas diligências probatórias.

3 – As diligências referidas nos números anteriores são autorizadas ou determinadas no prazo de cinco dias, iniciam-se em idêntico prazo e concluem-se no prazo que o membro do Governo entenda fixar.

ARTIGO 227º
Regime de subida dos recursos

1 – Sem prejuízo do disposto no nº 4 do artigo 203º e nos números seguintes, os recursos dos despachos ou das decisões que não ponham termo ao procedimento sobem nos autos com o da decisão final, quando dela se recorra.

2 – Sobem imediatamente nos próprios autos os recursos hierárquicos ou tutelares que, ficando retidos, percam por esse facto o efeito útil.

3 – Sobe imediatamente nos próprios autos o recurso hierárquico ou tutelar interposto do despacho que não admita a dedução da suspeição do instrutor ou não aceite os fundamentos invocados para a mesma.

ARTIGO 228º
Renovação do procedimento disciplinar

1 – Quando o ato de aplicação da sanção disciplinar tenha sido judicialmente impugnado com fundamento em preterição de formalidade essencial no decurso do processo disciplinar, a instauração do procedimento disciplinar pode ser renovada até ao termo do prazo para contestar a ação judicial.

2 – O disposto no número anterior é aplicável quando, cumulativamente:

a) O prazo referido no nº 1 do artigo 178º não se encontre ainda decorrido à data da renovação do procedimento;

b) O fundamento da impugnação não tenha sido previamente apreciado em recurso hierárquico ou tutelar que tenha sido rejeitado ou indeferido;

c) Seja a primeira vez que se opere a renovação do procedimento.

SUBSECÇÃO III
Procedimentos disciplinares especiais

DIVISÃO I
Processos de inquérito e sindicância

ARTIGO 229º
Inquérito e sindicância

1 – Os membros do Governo e os dirigentes máximos dos órgãos ou serviços podem ordenar inquéritos ou sindicâncias aos órgãos, serviços ou unidades orgânicas na sua dependência ou sujeitos à sua superintendência ou tutela.

2 – O inquérito tem por fim apurar factos determinados e a sindicância destina-se a uma averiguação geral acerca do funcionamento do órgão, serviço ou unidade orgânica.

ARTIGO 230º
Anúncios e editais

1 – No processo de sindicância, o sindicante, logo que a ele dê início, fá-lo constar por anúncios publicados em dois jornais, um de expansão nacional e outro de expansão regional, e por meio de editais, cuja afixação é requisitada às autoridades policiais ou administrativas.

2 – Nos anúncios e editais declara-se que toda a pessoa que tenha razão de queixa ou de agravo contra o regular funcionamento dos órgãos, serviços ou unidades orgânicas sindicados se pode apresentar ao sindicante, no prazo designado, ou a ele apresentar queixa por escrito e pelo correio.

3 – A queixa por escrito contém os elementos completos de identificação do queixoso.

4 – No prazo de 48 horas após a receção da queixa, o sindicante notifica o queixoso, marcando-lhe dia, hora e local para prestar declarações.

5 – A publicação dos anúncios pela imprensa é obrigatória para os periódicos a que sejam remetidos, aplicando-se, em caso de recusa, a sanção disciplinar correspondente ao crime de desobediência qualificada, sendo a despesa a que dê causa documentada pelo sindicante, para efeitos de pagamento.

ARTIGO 231º
Relatório e trâmites ulteriores

1 – Concluída a instrução, o inquiridor ou sindicante elabora, no prazo de 10 dias, o seu relatório, que remete imediatamente à entidade que mandou instaurar o procedimento.

2 – O prazo fixado no número anterior pode ser prorrogado pela entidade que mandou instaurar o procedimento até ao limite máximo, improrrogável, de 30 dias, quando a complexidade do processo o justifique.

3 – Verificando-se a existência de infrações disciplinares, a entidade que instaurou os procedimentos instaura os procedimentos disciplinares a que haja lugar.

4 – O processo de inquérito ou de sindicância pode constituir, por decisão da entidade referida no nº 2, a fase de instrução do processo disciplinar, deduzindo o instrutor, no prazo de 48 horas, a acusação do trabalhador ou dos trabalhadores, seguindo-se os demais termos previstos na presente lei.

5 – Nos processos de inquérito, os trabalhadores visados podem, a todo o tempo, constituir advogado.

DIVISÃO II
Processo disciplinar especial de averiguações

ARTIGO 232º
Instauração

1 – Quando um trabalhador com vínculo de emprego público tenha obtido duas avaliações do desempenho negativas consecutivas, o dirigente máximo do órgão ou serviço instaura, obrigatória e imediatamente, processo de averiguações.

2 – O disposto no número anterior não é aplicável ao titular de cargos dirigente ou equiparado.

3 – O processo de averiguações destina-se a apurar se o desempenho que justificou aquelas avaliações constitui infração disciplinar imputável ao trabalhador avaliado por violação culposa de deveres funcionais, designadamente do dever de zelo.

4 – É causa de exclusão da culpabilidade da violação dos deveres funcionais a não frequência de formação, ou a frequência de formação inadequada, aquando da primeira avaliação negativa do trabalhador.

5 – O procedimento de averiguações prescreve decorridos três meses, contados da data em que foi instaurado quando, nesse prazo, não tenha tido lugar a receção do relatório final pela entidade competente.

6 – Quando, no processo de averiguações, sejam detetados indícios de violação de outros deveres funcionais por parte de quaisquer intervenientes nos processos de avaliação do desempenho, o instrutor participa-os ao dirigente máximo do órgão

ou serviço, para efeitos de eventual instauração do correspondente procedimento de inquérito ou disciplinar.

ARTIGO 233º
Tramitação

1 – O dirigente máximo do órgão ou serviço nomeia o averiguante de entre dirigentes que nunca tenham avaliado o trabalhador ou, na falta destes, solicita a outro dirigente máximo de outro órgão ou serviço que o nomeie.

2 – O averiguante reúne todos os documentos respeitantes às avaliações e à formação frequentada e ouve, obrigatoriamente, o trabalhador e todos os avaliadores que tenham tido intervenção nas avaliações negativas.

3 – Quando algum avaliador não possa ser ouvido, o averiguante justifica circunstanciadamente esse facto no relatório final, referindo e documentando, designadamente, todas as diligências feitas para o conseguir.

4 – O trabalhador pode indicar o máximo de três testemunhas, que o averiguante ouve obrigatoriamente, e juntar documentos até ao termo da instrução.

5 – Todas as diligências instrutórias são concluídas no prazo máximo de 20 dias, a contar da data da instauração do procedimento, o que é comunicado ao dirigente máximo do órgão ou serviço e ao trabalhador.

ARTIGO 234º
Relatório e decisão

1 – No prazo de 10 dias, a contar da data de conclusão da instrução, o averiguante elabora o relatório final fundamentado, que remete ao dirigente máximo do órgão ou serviço, no qual pode propor:

a) O arquivamento do processo, quando entenda que não deve haver lugar a procedimento disciplinar por ausência de violação dos deveres funcionais;

b) A instauração de procedimento disciplinar por violação de deveres funcionais.

2 – Quando o dirigente máximo do órgão ou serviço tenha sido um dos avaliadores do trabalhador, o processo é remetido ao respetivo membro do Governo para decisão.

3 – O disposto no número anterior não é aplicável nas autarquias locais, associações e federações de municípios, bem como nos serviços municipalizados.

4 – É aplicável ao processo de averiguações, com as necessárias adaptações, o disposto nos nºs 4 e 5 do artigo 231º.

5 – Proposta a instauração de procedimento disciplinar, a infração considera-se cometida, para todos os efeitos legais, designadamente os previstos no artigo 178º, na data daquela proposta.

DIVISÃO III
Revisão do procedimento disciplinar

ARTIGO 235º
Requisitos da revisão

1 – A revisão do procedimento disciplinar é admitida, a todo o tempo, quando se verifiquem circunstâncias ou meios de prova suscetíveis de demonstrar a inexistência dos factos que determinaram a condenação, desde que não pudessem ter sido utilizados pelo trabalhador no procedimento disciplinar.

2 – A simples ilegalidade, de forma ou de fundo, do procedimento e da decisão disciplinares não constitui fundamento para a revisão.

3 – A revisão pode conduzir à revogação ou à alteração da decisão proferida no procedimento revisto, não podendo em caso algum ser agravada a pena.

4 – A pendência de recurso hierárquico ou tutelar ou de ação jurisdicional não prejudica o requerimento de revisão do procedimento disciplinar.

ARTIGO 236º
Legitimidade

1 – O interessado na revisão do procedimento disciplinar ou, nos casos previstos no nº 1 do artigo 215º, o seu representante, apresenta requerimento nesse sentido à entidade que tenha aplicado a sanção disciplinar.

2 – O requerimento indica as circunstâncias ou meios de prova não considerados no procedimento disciplinar que ao requerente parecem justificar a revisão e é instruído com os documentos indispensáveis.

ARTIGO 237º
Decisão sobre o requerimento

1 – Recebido o requerimento, a entidade que tenha aplicado a sanção disciplinar resolve, no prazo de 30 dias, se deve ou não ser concedida a revisão do procedimento.

2 – O despacho que não conceda a revisão é impugnável nos termos do Código de Processo nos Tribunais Administrativos.

ARTIGO 238º
Trâmites

1 – Quando seja concedida a revisão, o requerimento e o despacho são apensos ao processo disciplinar, nomeando-se instrutor diferente do primeiro, que marca ao trabalhador prazo não inferior a 10 dias nem superior a 20 dias para responder por escrito aos artigos da acusação constantes do procedimento a rever, seguindo-se os termos dos artigos 222º e seguintes.

2 – O processo de revisão do procedimento não suspende o cumprimento da sanção.

ARTIGO 239º
Efeitos da revisão procedente

1 – Julgando-se procedente a revisão, é revogada ou alterada a decisão proferida no procedimento revisto.

2 – A revogação produz os seguintes efeitos:

a) Cancelamento do registo da sanção disciplinar no processo individual do trabalhador;

b) Anulação dos efeitos da sanção.

3 – Em caso de revogação ou de alteração das sanções disciplinares de despedimento disciplinar ou demissão, o trabalhador tem direito a restabelecer o vínculo de emprego público na modalidade em que se encontrava constituído.

4 – Em qualquer caso de revogação ou de alteração da sanção, o trabalhador tem ainda direito a:

a) Reconstituir a situação jurídico-funcional atual hipotética;

b) Ser indemnizado, nos termos gerais de direito, pelos danos morais e patrimoniais sofridos.

DIVISÃO IV
Reabilitação

ARTIGO 240º
Regime aplicável

1 – Os trabalhadores condenados em quaisquer sanções disciplinares podem ser reabilitados independentemente da revisão do procedimento disciplinar, sendo competente para o efeito a entidade à qual cabe a aplicação da sanção.

2 – A reabilitação é concedida a quem a tenha merecido pela sua boa conduta, podendo o interessado utilizar para o comprovar todos os meios de prova admitidos em direito.

3 – A reabilitação é requerida pelo trabalhador ou pelo seu representante, decorridos os prazos seguintes sobre a aplicação das sanções disciplinares de repreensão escrita, despedimento disciplinar, demissão e cessação da comissão de serviço ou sobre o cumprimento das sanções disciplinares de multa e suspensão, bem como sobre o decurso do tempo de suspensão de qualquer sanção:

a) Seis meses, no caso de repreensão escrita;

b) Um ano, no caso de multa;

c) Dois anos, no caso de suspensão e de cessação da comissão de serviço;

d) Três anos, no caso de despedimento disciplinar ou demissão.

4 – A reabilitação faz cessar as incapacidades e demais efeitos da condenação ainda subsistentes, sendo registada no processo individual do trabalhador.

5 – A concessão da reabilitação não atribui ao trabalhador a quem tenha sido aplicada sanção disciplinar de despedimento disciplinar ou demissão o direito de, por esse facto, restabelecer o vínculo de emprego público previamente constituído.

21. ESTATUTO DA ORDEM DOS ADVOGADOS[163]

TÍTULO I
Ordem dos Advogados

CAPÍTULO I
Disposições gerais

ARTIGO 1º
Denominação, natureza e sede

1 – Denomina-se Ordem dos Advogados a associação pública representativa dos profissionais que, em conformidade com os preceitos do presente Estatuto e demais disposições legais aplicáveis, exercem a advocacia.

2 – A Ordem dos Advogados é uma pessoa coletiva de direito público que, no exercício dos seus poderes públicos, desempenha as suas funções, incluindo a função regulamentar, de forma independente dos órgãos do Estado, sendo livre e autónoma na sua atividade.

3 – A Ordem dos Advogados tem sede em Lisboa.

[163] Aprovado pela Lei nº 145/2015, de 9 de setembro, alterado pelas Leis nºs 23/2020, de 6 de julho, e 79/2021, de 24 de novembro. São complementares deste Estatuto os seguintes diplomas: *a*) o Regulamento Sobre os Critérios de Cálculo de Honorários, aprovado pela Portaria nº 240/2000, de 3 de janeiro; *b*) o Regulamento dos Laudos de Honorários, aprovado por Deliberação do Conselho Superior, publicada no Diário da República de 20 de maio de 2005; *c*) o Regulamento da Organização do Sistema de Acesso ao Direito e aos Tribunais, nº 330-A/2008, de 24 de junho, alterado pelas Deliberações nºs 1733/2010, de 27 de setembro, 1551, de 6 de agosto, e 230/2017, de 27 de março; *d*) o Regulamento Nacional de Estágio, nº 913-A/2015, de 28 de dezembro, alterado pela Deliberação nº 1096-A/2017, de 30 de novembro; *e*) o Regulamento de Inscrição de Advogados e Advogados Estagiários, nº 913-C/2015, de 28 de dezembro; *f*) o Regulamento de Recrutamento, Seleção e Contratação de Formadores, nº 192/2018, de 27 de março; *g*) o Regulamento das Quotas das Sociedades de Advogados, nº 512/2018, de 6 de agosto; *h*) o Regulamento de Emolumentos e Preços da Ordem dos Advogados, nº 1142/2018, de 16 de outubro; *i*) o Regulamento das Quotas dos Advogados, nº 791/2018, de 26 de novembro; e *j*) o Regulamento Eleitoral, nº 624/2019, de 8 de agosto. A Portaria nº 303-A/2020, de 28 de dezembro, fixou o valor do fator de correção do indexante contributivo previsto no artigo 79º-A do Regulamento da Caixa de Previdência dos Advogados e Solicitadores, aprovado pelo Decreto-Lei nº 119/2015, de 29 de junho. Ao Regulamento Financeiro da Ordem dos Advogados coube o nº 926/2021.Foi publicado no DR, II Série, de 22.10.2021, e alterado pela Deliberação nº 84/2023, de 17 de janeiro. Sobre a Comissão dos Direitos Humanos da Ordem dos Advogados versa o Regulamento nº 188/2021, de 4 de março.

ARTIGO 2º
Âmbito

1 - A Ordem dos Advogados tem âmbito nacional e está internamente estruturada em sete regiões:

a) Lisboa;

b) Porto;

c) Coimbra;

d) Évora;

e) Faro;

f) Açores;

g) Madeira.

2 - As atribuições e competências da Ordem dos Advogados são extensivas à atividade dos advogados e advogados estagiários nela inscritos no exercício da respetiva profissão fora do território português.

3 - As regiões referidas no nº 1 têm a correspondência territorial constante do anexo ao presente Estatuto, do qual faz parte integrante.

4 - As sedes das regiões são, respetivamente, Lisboa, Porto, Coimbra, Faro, Évora, Ponta Delgada e Funchal.

ARTIGO 3º
Atribuições da Ordem dos Advogados

Constituem atribuições da Ordem dos Advogados:

a) Defender o Estado de Direito e os direitos, liberdades e garantias dos cidadãos e colaborar na administração da justiça;

b) Assegurar o acesso ao direito, nos termos da Constituição;

c) Atribuir o título profissional de advogado e certificar a qualidade de advogado estagiário, bem como regulamentar o acesso e o exercício da respetiva profissão;

d) Zelar pela função social, dignidade e prestígio da profissão de advogado, promovendo a formação inicial e permanente dos advogados e o respeito pelos valores e princípios deontológicos;

e) Representar a profissão de advogado e defender os interesses, direitos, prerrogativas e imunidades dos seus membros, denunciando perante as instâncias nacionais e internacionais os atos que atentem contra aqueles;

f) Reforçar a solidariedade entre os advogados;

g) Exercer, em exclusivo, poder disciplinar sobre os advogados e advogados estagiários;

h) Promover o acesso ao conhecimento e aplicação do direito;

i) Contribuir para o desenvolvimento da cultura jurídica e aperfeiçoamento da elaboração do Direito;

j) Ser ouvida sobre os projetos de diplomas legislativos que interessem ao exercício da advocacia e ao patrocínio judiciário em geral e propor as alterações legislativas que se entendam convenientes;

k) Contribuir para o estreitamento das ligações com organismos congéneres estrangeiros;

l) Exercer as demais atribuições que resultem das disposições do presente Estatuto ou de outros diplomas legais, designadamente do artigo 5º da Lei nº 2/2013, de 10 de janeiro.

ARTIGO 4º
Previdência social

A previdência social dos advogados é realizada pela Caixa de Previdência dos Advogados e Solicitadores nos termos das disposições legais e regulamentares aplicáveis.

ARTIGO 5º
Representação da Ordem dos Advogados

1 – A Ordem dos Advogados é representada em juízo e fora dele pelo bastonário, pelos presidentes dos conselhos regionais e pelos presidentes das delegações ou pelos delegados, conforme se trate, respetivamente, de atribuições do conselho geral, dos conselhos regionais ou das delegações.

2 – Para defesa de todos os seus membros em todos os assuntos relativos ao exercício da profissão ou ao desempenho de cargos nos órgãos da Ordem dos Advogados, quer se trate de responsabilidades que lhes sejam exigidas, quer de ofensas contra eles praticadas, pode a Ordem exercer os direitos de assistente ou conceder patrocínio em processos de qualquer natureza.

3 – A Ordem dos Advogados, quando intervenha como assistente em processo penal, pode ser representada por advogado diferente do constituído pelos restantes assistentes, se os houver.

ARTIGO 6º
Recursos

1 – Os atos praticados pelos órgãos da Ordem dos Advogados no exercício das suas atribuições admitem os recursos hierárquicos previstos no presente Estatuto.

2 – O prazo de interposição de recurso é de 15 dias, quando outro não se encontre especialmente previsto na lei.

3 – Dos atos praticados pelos órgãos da Ordem dos Advogados cabe, ainda, recurso contencioso para os tribunais administrativos, nos termos gerais de direito.

ARTIGO 7º
Correspondência e requisição oficial de documentos

No exercício das suas atribuições legais podem os órgãos da Ordem dos Advogados corresponder-se com quaisquer entidades públicas, autoridades judiciárias e policiais, bem como órgãos de polícia criminal, podendo requisitar, com isenção de pagamento de despesas, documentos, cópias, certidões, informações e esclarecimentos, incluindo a remessa de processos em confiança, nos termos em que os organismos oficiais devem satisfazer as requisições dos tribunais judiciais.

ARTIGO 8º
Dever de colaboração

1 – Todas as entidades públicas, autoridades judiciárias e policiais, bem como os órgãos de polícia criminal, têm o especial dever de prestar total colaboração aos órgãos da Ordem dos Advogados, no exercício das suas funções.

2 – Os particulares, sejam pessoas singulares ou coletivas, têm o dever de colaboração com os órgãos da Ordem dos Advogados no exercício das suas atribuições.

CAPÍTULO II
Órgãos da Ordem dos Advogados

SECÇÃO I
Disposições gerais

ARTIGO 9º
Enumeração

1 – A Ordem dos Advogados prossegue as atribuições que lhe são conferidas no presente Estatuto e demais legislação através dos seus órgãos próprios.

2 – São órgãos nacionais da Ordem dos Advogados:

a) O congresso dos advogados portugueses;
b) A assembleia geral;
c) O bastonário;
d) O presidente do conselho superior;
e) O conselho superior;
f) O conselho geral;
g) O conselho fiscal.

3 – São órgãos regionais e locais da Ordem dos Advogados:

a) As assembleias regionais;
b) Os conselhos regionais;
c) Os presidentes dos conselhos regionais;
d) Os conselhos de deontologia;
e) Os presidentes dos conselhos de deontologia;
f) As assembleias locais;
g) As delegações e os delegados.

4 – A hierarquia protocolar dos titulares dos órgãos da Ordem dos Advogados é a seguinte:

a) O bastonário;
b) O presidente do conselho superior;
c) O presidente do conselho fiscal;
d) Os membros do conselho superior, do conselho geral e do conselho fiscal;
e) Os presidentes dos conselhos regionais e dos conselhos de deontologia;
f) Os membros dos conselhos regionais e dos conselhos de deontologia;
g) Os presidentes das delegações e os delegados.

ARTIGO 10º
Caráter eletivo e temporário do exercício dos cargos sociais

1 – Sem prejuízo do estabelecido no artigo 62º, os titulares dos órgãos da Ordem dos Advogados são eleitos por um período de três anos civis.

2 – Não é admitida a reeleição de titulares dos órgãos da Ordem para um terceiro mandato consecutivo, para as mesmas funções.

3 – O impedimento de renovação do mandato referido no número anterior não se aplica ao mandato que tiver tido uma duração inferior a um ano.

4 – Os titulares de qualquer órgão da Ordem dos Advogados só podem ser eleitos para o mesmo órgão decorrido o período de um mandato completo após a cessação de funções no órgão em causa.

5 – A eleição para o cargo de bastonário é feita em simultâneo com a eleição para o conselho geral, sendo eleita a lista que obtiver mais de metade dos votos validamente expressos, não se considerando como tal os votos nulos ou em branco, e designado como bastonário o primeiro candidato da lista vencedora.

6 – Se nenhuma das listas concorrentes a bastonário e conselho geral obtiver o número de votos referidos no número anterior, procede-se a segundo sufrágio, a realizar até ao vigésimo dia subsequente à primeira votação, ao qual concorrem as duas listas mais votadas no primeiro sufrágio.

7 – A eleição para os conselhos de deontologia é efetuada de forma a assegurar a representação proporcional de acordo com o método da média mais alta de Hondt.

8 – Não é impedimento à candidatura:

a) A bastonário, o facto de o candidato ter pertencido em mandatos anteriores ao conselho geral;

b) A um determinado órgão, o facto de o candidato ter sido membro deste em mandatos anteriores por inerência de funções.

ARTIGO 11º
Eleição dos titulares

1 – Só podem ser eleitos ou designados para quaisquer órgãos da Ordem os advogados com inscrição em vigor e no pleno exercício dos seus direitos.

2 – Para os cargos de bastonário, presidente e membros do conselho superior, presidentes dos conselhos regionais e presidentes e membros dos conselhos de deontologia só podem ser eleitos advogados com, pelo menos, 10 anos de exercício da profissão e, para o conselho geral e para os conselhos regionais, advogados com, pelo menos, cinco anos de exercício da profissão.

3 – O disposto no nº 1 não é aplicável ao revisor oficial de contas que integrar o conselho fiscal, com inscrição em vigor na respetiva associação pública profissional.

ARTIGO 12º
Apresentação de candidaturas

1 – Exceto quanto às delegações, a eleição para os órgãos da Ordem dos Advogados depende da apresentação de propostas de candidatura perante o bastonário em exercício até ao dia 30 de setembro do ano imediatamente anterior ao do início do triénio subsequente.

2 – As propostas de candidatura a bastonário, ao conselho superior, ao conselho geral e ao conselho fiscal são subscritas por um mínimo de 500 advogados com inscrição em vigor, as propostas de candidatura aos conselhos regionais e conselhos de deontologia de Lisboa e Porto são subscritas por um mínimo de 200 advogados com inscrição em vigor, e as propostas de candidatura para os restantes conselhos regionais e conselhos de deontologia são subscritas por um mínimo de 20 advogados com inscrição em vigor.

3 – As propostas de candidatura a bastonário e ao conselho geral devem ser apresentadas em conjunto, acompanhadas das linhas gerais do respetivo programa, e individualizando os respetivos cargos.

4 – As propostas de candidatura ao conselho superior, ao conselho fiscal, aos conselhos regionais e conselhos de deontologia devem ser individualizadas e indicar os candidatos a presidente do respetivo órgão.

5 – As assinaturas dos advogados proponentes devem ser autenticadas pelo conselho regional, pelas delegações da área do respetivo domicílio profissional ou pelo tribunal judicial da respetiva comarca, ou ser reconhecidas por entidades com competência legal para o efeito, e ser acompanhadas pela indicação do número da cédula profissional e respetivo conselho emitente, bem como do número, data e entidade emitente do respetivo documento de identificação.

6 – As propostas de candidatura devem conter declaração de aceitação de todos os candidatos, cujas assinaturas devem obedecer ao disposto no número anterior.

7 – Quando não seja apresentada qualquer candidatura para os órgãos cuja eleição dependa de tal formalidade, o bastonário declara sem efeito a convocatória da assembleia ou o respetivo ponto da ordem do dia e, concomitantemente, designa data para nova reunião no prazo de 90 a 120 dias.

8 – A apresentação das propostas de candidatura tem lugar até 30 dias antes da data designada nos termos do número anterior.

9 – Na situação prevista no nº 7, os membros em exercício continuam em funções até à tomada de posse dos novos membros eleitos.

10 – Se não for apresentada qualquer lista, o órgão cessante apresenta uma, com dispensa do estabelecido no nº 2, no prazo de oito dias após a perenção do prazo para a apresentação das listas nos termos gerais.

ARTIGO 13º
Data das eleições

1 – A eleição para os diversos órgãos da Ordem dos Advogados realiza-se entre os dias 15 e 30 de novembro, em data a designar pelo bastonário.

2 – As eleições para bastonário, conselho geral, conselho superior, conselho fiscal, conselhos regionais e conselhos de deontologia têm lugar sempre na mesma data.

3 – As mesas eleitorais podem subdividir-se em secções eleitorais.

ARTIGO 14º
Voto

1 – Sem prejuízo do disposto no nº 7, apenas os advogados com inscrição em vigor e no pleno exercício dos seus direitos têm direito de voto.

2 – O voto é secreto e obrigatório, podendo ser exercido pessoalmente, por meios eletrónicos quando previstos no regulamento eleitoral em vigor, ou por correspondência, dirigido, conforme o caso, ao bastonário ou ao presidente do conselho regional.

3 – No caso de voto por correspondência o boletim é encerrado em sobrescrito, acompanhado de carta com a assinatura do votante autenticada ou reconhecida pela forma referida no nº 5 do artigo 12º.

4 – O advogado que, sem motivo justificado, não exerça o seu direito de voto paga multa de montante igual a duas vezes o valor da quotização mensal, a reverter para a Ordem dos Advogados.

5 – A justificação da falta deve ser apresentada pelo interessado, independentemente de qualquer notificação, no prazo de 15 dias a contar da data da votação, por carta dirigida ao conselho regional respetivo.

6 – Na falta de apresentação de justificação, ou no caso de esta ser considerada improcedente, há lugar ao pagamento da multa referida no nº 4 no prazo máximo de 30 dias após a notificação da deliberação que determina a sua aplicação.

7 – As sociedades de profissionais previstas no presente Estatuto não têm direito de voto.

ARTIGO 15º
Obrigatoriedade e gratuitidade de exercício de funções

1 – Constitui dever do advogado o exercício de funções nos órgãos da Ordem dos Advogados para que tenha sido eleito ou designado, constituindo falta disciplinar a recusa de tomada de posse, salvo no caso de escusa fundamentada, aceite pelo conselho superior ou, quanto aos delegados, pelo conselho regional respetivo.

2 – O exercício de cargos na Ordem dos Advogados é gratuito, salvo o cargo de bastonário, quando em dedicação exclusiva, com suspensão da sua atividade profissional, ressalvada a possibilidade de o bastonário poder fazer intervenções como advogado, desde que não remuneradas e em defesa da dignidade da advocacia, do Estado de direito e dos direitos humanos, e sem prejuízo do direito ao subsídio de deslocação previsto na alínea *v*) do nº 1 do artigo 46º.

3 – O provedor dos clientes pode ser remunerado, nos termos do respetivo regimento.

4 – O revisor oficial de contas que integra o conselho fiscal da Ordem dos Advogados, é remunerado pelo exercício da atividade de revisão legal de contas.[164]

ARTIGO 16º
Renúncia ao cargo e suspensão temporária do exercício de funções

Quando sobrevenha motivo relevante, pode o advogado titular de cargo nos órgãos da Ordem dos Advogados, mediante pedido fundamentado, solicitar ao conselho superior a aceitação da sua renúncia ou a suspensão temporária do exercício de funções, salvo quanto aos delegados, que a solicitam ao conselho regional respetivo.

[164] Este preceito foi inserido pelo artigo 2º da Lei nº 23/2020, de 6 de julho.

ARTIGO 17º
Perda de cargos na Ordem dos Advogados

1 – O advogado eleito ou designado para o exercício de funções em órgãos da Ordem dos Advogados deve desempenhá-las com assiduidade e diligência.

2 – Perde o cargo o advogado que, sem motivo justificado, não exerça as respetivas funções com assiduidade e diligência ou dificulte o funcionamento do órgão da Ordem dos Advogados a que pertença.

3 – A perda do cargo nos termos do presente artigo é determinada pelo próprio órgão, mediante deliberação tomada por três quartos dos votos dos respetivos membros.

4 – A perda do cargo de delegado depende de deliberação do conselho regional que o tenha designado, tomada por maioria de três quartos dos votos dos respetivos membros.

ARTIGO 18º
Efeitos das sanções disciplinares no exercício de cargos

1 – O mandato para o exercício de qualquer cargo eletivo na Ordem dos Advogados caduca sempre que o respetivo titular seja punido disciplinarmente com sanção superior à de advertência e por efeito da irrecorribilidade da respetiva decisão.

2 – Em caso de suspensão preventiva ou de decisão disciplinar de que seja interposto recurso, o titular punido fica suspenso do exercício de funções até que a decisão não seja passível de recurso.

ARTIGO 19º
Substituição do bastonário

1 – No caso de escusa, renúncia, perda ou caducidade do mandato por motivo disciplinar ou no caso de morte ou de impedimento permanente do bastonário, o primeiro vice-presidente do conselho geral assume o cargo.

2 – No caso de impedimento permanente, o conselho superior e o conselho geral, em reunião conjunta, convocada pelo presidente do conselho superior, deliberam previamente sobre a verificação do facto.

3 – Até à posse do novo bastonário e em todos os casos de impedimento temporário, exerce as respetivas funções, sucessivamente, o primeiro vice-presidente, o segundo vice-presidente ou o terceiro vice-presidente do conselho geral, havendo-os, e, na falta destes, o membro escolhido para o efeito pelo conselho geral.

ARTIGO 20º
Substituição dos presidentes dos órgãos colegiais da Ordem dos Advogados

1 – No caso de escusa, renúncia, perda ou caducidade do mandato por motivo disciplinar ou morte, e ainda nos casos de impedimento permanente dos presidentes dos órgãos colegiais da Ordem dos Advogados, o primeiro vice-presidente é o novo presidente e, de entre os advogados elegíveis inscritos nos competentes quadros da Ordem dos Advogados, designa um novo membro do referido órgão.

2 – À substituição prevista no presente artigo aplica-se o disposto no nº 2 do artigo anterior quanto à prévia verificação do facto impeditivo.

3 – Até à posse do novo presidente e em todos os casos de impedimento temporário, exercem as funções de presidente, sucessivamente, o primeiro vice-presidente, o segundo vice-presidente ou o terceiro vice-presidente, havendo-os, e, na falta destes, o vogal que vier a ser eleito pelos membros do órgão em causa.

4 – No que respeita à substituição, por qualquer motivo, dos presidentes dos conselhos de deontologia, é aplicável o disposto no nº 7 do artigo 10º.

ARTIGO 21º
Substituição dos restantes membros de órgãos colegiais

1 – No caso de escusa, renúncia, perda ou caducidade do mandato por motivo disciplinar ou morte, e ainda nos casos de impedimento permanente dos membros dos órgãos colegiais da Ordem dos Advogados, à exceção dos presidentes, são os substitutos designados pelos restantes membros em exercício do respetivo órgão, de entre os advogados elegíveis inscritos nos competentes quadros.

2 – À substituição prevista no presente artigo aplica-se o disposto no nº 2 do artigo 19º quanto à prévia verificação do facto impeditivo e, no que respeita aos conselhos de deontologia, o disposto no nº 7 do artigo 10º.

ARTIGO 22º
Impedimento temporário

1 – No caso de impedimento temporário de algum membro de órgãos colegiais, o órgão a que pertence o impedido decide sobre a verificação do impedimento e determina a sua substituição.

2 – A substituição do bastonário e dos presidentes dos órgãos colegiais processa-se na forma estabelecida, respetivamente, no nº 3 do artigo 19º e no nº 3 do artigo 20º.

3 – A substituição dos restantes membros com cargo específico, quando necessária, é determinada pelos respetivos órgãos.

4 – A substituição temporária dos delegados é decidida pelo respetivo conselho regional.

ARTIGO 23º
Mandato dos substitutos

1 – Nos casos previstos nos artigos 19º a 21º, os membros substitutos, eleitos ou designados, exercem funções até ao termo do mandato do respetivo antecessor.

2 – Nos casos de impedimento temporário, os substitutos exercem funções pelo período de tempo correspondente à duração do impedimento.

ARTIGO 24º
Honras e tratamentos

1 – Nas cerimónias oficiais, o bastonário da Ordem dos Advogados tem honras e tratamentos idênticos aos devidos ao Procurador-Geral da República, sendo colocado imediatamente à sua esquerda.

2 – Para os efeitos previstos no número anterior:

a) O presidente do conselho superior, os membros do conselho geral e do conselho superior, o presidente do conselho fiscal e os presidentes dos conselhos regionais e de deontologia são equiparados aos juízes conselheiros;

b) Os membros dos conselhos regionais e dos conselhos de deontologia são equiparados aos juízes desembargadores;

c) Os membros das delegações, os delegados e os restantes advogados são equiparados aos juízes de direito.

3 – O advogado que exerça ou haja exercido cargos nos órgãos da Ordem dos Advogados tem direito a usar a insígnia correspondente, nos termos do respetivo regulamento.

4 – O advogado que desempenhe ou tenha desempenhado funções nos conselhos da Ordem dos Advogados ou na Caixa de Previdência dos Advogados e Solicitadores, enquanto se encontre no exercício dos cargos e nos seis anos subsequentes, fica isento do dever de prestar quaisquer serviços de nomeação oficiosa.

5 – Em caso de justificada necessidade, o conselho regional pode fazer cessar a isenção prevista no número anterior.

ARTIGO 25º
Títulos honoríficos

O advogado que tenha exercido cargo nos órgãos da Ordem dos Advogados conserva honorariamente o título correspondente ao cargo mais elevado que haja exercido.

ARTIGO 26º
Referendo

1 – Os advogados podem ser chamados a pronunciar-se, a nível nacional e a título vinculativo ou consultivo, sobre assuntos da competência da assembleia geral, do bastonário ou do conselho geral, que devam ser aprovados por regulamento ou decididos por ato concreto, excluídas as questões de natureza disciplinar ou afim e de natureza financeira.

2 – O referendo é convocado pelo bastonário, após autorização da assembleia geral, sob iniciativa do próprio bastonário, por deliberação da assembleia geral ou a pedido de um décimo dos advogados inscritos na Ordem dos Advogados.

3 – Caso assim resulte do referendo, a norma em questão deve ser adotada ou o ato correspondente praticado, pelo órgão competente, no prazo máximo de seis meses.

4 – As normas aprovadas e os atos praticados que contrariem um referendo vinculativo não produzem efeitos nos três anos seguintes à sua realização, salvo novo referendo.

5 – O regime do referendo é aprovado por regulamento da assembleia geral.

SECÇÃO II
Congresso dos advogados portugueses

ARTIGO 27º
Constituição

1 – O congresso representa todos os advogados com inscrição em vigor, os advogados honorários e ainda os antigos advogados cuja inscrição tenha sido cancelada por efeito de reforma.

2 – Podem ser convidados como observadores delegados de associações de juristas nacionais e estrangeiras e de organizações profissionais de advogados de outros países.

3 – Os membros dos conselhos superior, geral, regionais e de deontologia, das delegações e os delegados participam no congresso, a título de observadores, podendo, nessa qualidade, intervir na discussão sem direito a voto.

ARTIGO 28º
Competência

Compete ao congresso tratar e pronunciar-se sobre:

a) O exercício da advocacia, seu estatuto e garantias;

b) A administração da justiça;

c) Os direitos, liberdades e garantias dos cidadãos;

d) O aperfeiçoamento da ordem jurídica em geral.

ARTIGO 29º
Organização

1 – O congresso é organizado por uma comissão de honra, uma comissão organizadora e um secretariado.

2 – À comissão organizadora compete a elaboração do regimento do congresso e o respetivo programa.

3 – Compõem a comissão de honra, que é presidida por um titular de um órgão de soberania a convite do bastonário, os antigos bastonários, os advogados honorários, os advogados que tenham sido agraciados com a medalha de ouro ou a medalha de honra da Ordem dos Advogados, o presidente e vice-presidentes do conselho superior, os presidentes dos conselhos de deontologia e, ainda, personalidades nacionais ou internacionais de reconhecido mérito jurídico e prestígio cultural e científico.

4 – Compõem a comissão organizadora do congresso o bastonário, que preside, um representante designado por cada um dos conselhos da Ordem dos Advogados, os antigos bastonários e os advogados honorários e, ainda, no caso de o congresso ser convocado nos termos da alínea *b*) do nº 1 do artigo 32º, dois representantes designados pelos advogados que solicitem a sua realização.

5 – O secretariado do congresso é o órgão executivo da comissão organizadora.

ARTIGO 30º
Participação e voto

1 – Os advogados são representados por delegados ao congresso, eleitos especialmente para o efeito, na área dos respetivos conselhos regionais.

2 – O número de delegados por conselho regional é proporcional ao número de advogados inscritos no respetivo conselho, devendo corresponder a, pelo menos, um delegado por cada 100 advogados com inscrição em vigor, nos termos a fixar no regimento do congresso.

3 – Se concorrer mais de uma lista para delegados, a composição representativa de cada conselho regional é proporcional ao número de votos obtidos por cada uma das listas.

4 – A votação no congresso é individual por cada delegado presente.

5 – O bastonário da Ordem dos Advogados tem, por inerência, direito de voto.

6 – As eleições previstas no nº 1 são realizadas, com as necessárias adaptações, nos termos dos artigos 11º a 13º.

ARTIGO 31º
Convocação e preparação

1 – O congresso dos advogados portugueses realiza-se, ordinariamente, de cinco em cinco anos.

2 – O congresso é convocado pelo bastonário com uma antecedência mínima de quatro meses, pela forma fixada para a convocação das assembleias gerais.

3 – Nos dois meses seguintes à convocação, o bastonário promove a constituição da comissão organizadora do congresso, que procede à elaboração do regimento e, tendo em conta as sugestões feitas pelos advogados e órgãos da Ordem dos Advogados, estabelece o respetivo programa, do qual devem constar os temas a debater.

ARTIGO 32º
Congresso extraordinário

1 – Pode verificar-se a realização de congresso extraordinário, o qual depende:

a) De deliberação, sob proposta do bastonário, ouvido o conselho superior, tomada em reunião do conselho geral por maioria de dois terços dos votos expressos pelos membros em exercício;

b) De requerimento da décima parte dos advogados com inscrição em vigor, os quais indicam simultaneamente os seus representantes na comissão organizadora do congresso e os temas que pretendem debater.

2 – À realização de congresso extraordinário é aplicável, com as necessárias adaptações, o disposto nos artigos anteriores.

SECÇÃO III
Assembleia geral

ARTIGO 33º
Constituição e competência

1 – A assembleia geral da Ordem dos Advogados é constituída por todos os advogados com inscrição em vigor.

2 – À assembleia geral cabe deliberar sobre todos os assuntos que não estejam compreendidos nas competências específicas dos restantes órgãos da Ordem dos Advogados, e ainda sobre:

a) A aprovação do orçamento e plano de atividades da Ordem dos Advogados;

b) A aprovação do relatório e contas da Ordem dos Advogados;

c) A aprovação de projetos de alteração do presente Estatuto;

d) A aprovação dos regulamentos previstos no presente Estatuto;

e) A aprovação de quotas e taxas;

f) Matérias da competência do bastonário ou do conselho geral, que lhes sejam submetidas, para decisão, pelo respetivo órgão competente.

ARTIGO 34º
Reuniões da assembleia geral

1 – A assembleia geral reúne ordinariamente para a eleição do bastonário, do conselho geral, do conselho superior e do conselho fiscal, para a discussão e aprovação do orçamento e plano de atividades da Ordem dos Advogados e para discussão e votação do relatório e contas da Ordem dos Advogados.

2 – A assembleia geral reúne extraordinariamente sempre que os interesses superiores da Ordem dos Advogados o aconselhem e o bastonário a convoque.

3 – O bastonário deve convocar a assembleia geral extraordinária quando tal lhe for solicitado pelo conselho superior, pelo conselho geral ou pela décima parte dos advogados com a inscrição em vigor, desde que seja legal o objeto da convocação e conexo com os interesses da profissão.

ARTIGO 35º
Reunião da assembleia geral ordinária

1 – A assembleia geral ordinária para eleição do bastonário, do conselho geral, do conselho superior e do conselho fiscal reúne para os efeitos previstos no artigo 13º.

2 – A assembleia geral destinada à discussão e aprovação do orçamento e plano de atividades da Ordem dos Advogados reúne até ao final do mês de novembro do ano anterior ao do exercício a que diz respeito.

3 – A assembleia geral destinada à discussão e votação do relatório e contas da Ordem dos Advogados realiza-se até ao final do mês de abril do ano imediato ao do exercício respetivo.

ARTIGO 36º
Convocatórias

1 – As assembleias gerais são convocadas pelo bastonário por meio de anúncios em que consta a ordem de trabalhos, publicados no portal da Ordem dos Advogados com, pelo menos, 30 dias de antecedência em relação à data designada para a reunião da assembleia que se realiza na sede da Ordem dos Advogados.

2 – Até 20 dias antes da data designada para a reunião das assembleias a que se referem os nºs 2 e 3 do artigo anterior, é comunicado a todos os advogados com inscrição em vigor que os projetos de orçamento e do relatório e contas se encontram disponíveis para consulta no portal da Ordem dos Advogados, podendo as respetivas cópias ser enviadas por correio mediante solicitação do advogado.

3 – Com os avisos convocatórios de assembleias gerais cuja ordem de trabalhos compreenda a realização de eleições são enviados os boletins de voto correspondentes a todos os candidatos admitidos, sem prejuízo da possibilidade de se determinar a realização da votação exclusivamente por via eletrónica, com dispensa do envio de tais boletins.

4 – Para efeito de validade das deliberações da assembleia geral, só são consideradas essenciais as formalidades da convocatória referidas no nº 1.

ARTIGO 37º
Direito de voto

1 – O voto nas assembleias gerais é facultativo, salvo se para fins eletivos e para os efeitos previstos nos nºs 2 e 3 do artigo 35º.

2 – O voto, quando facultativo, não pode ser exercido por correspondência, sendo, no entanto, admissível o voto por procuração a favor de outro advogado com inscrição em vigor.

3 – A procuração consta de comunicação digital certificada ou de carta dirigida ao bastonário com a assinatura do mandante, autenticada ou reconhecida pela forma referida no nº 5 do artigo 12º.

4 – Os advogados residentes nas regiões autónomas podem exercer o direito de voto por correspondência em todas as assembleias gerais ordinárias.

ARTIGO 38º
Executoriedade das deliberações

A executoriedade das deliberações das assembleias gerais depende de prévio cabimento orçamental ou de concessão de crédito extraordinário devidamente aprovado.

SECÇÃO IV
Bastonário

ARTIGO 39º
Presidente da Ordem dos Advogados

O bastonário é o presidente da Ordem dos Advogados e, por inerência, presidente do congresso, da assembleia geral e do conselho geral.

ARTIGO 40º
Competência

1 – Compete ao bastonário:

a) Representar a Ordem dos Advogados em juízo e fora dele, designadamente perante os órgãos de soberania;

b) Representar os institutos integrados na Ordem dos Advogados;

c) Dirigir os serviços da Ordem dos Advogados de âmbito nacional;

d) Velar pelo cumprimento da legislação respeitante à Ordem dos Advogados e respetivos regulamentos e zelar pela realização das suas atribuições;

e) Fazer executar as deliberações da assembleia geral, do conselho superior e do conselho geral, dar seguimento às recomendações do congresso e adotar a norma em questão ou praticar o ato correspondente aprovado em referendo caso seja da sua competência;

f) Promover a cobrança das receitas da Ordem dos Advogados, autorizar despesas orçamentais e promover a abertura de créditos extraordinários, quando necessários;

g) Apresentar anualmente ao conselho geral os projetos de orçamento e plano de atividades do conselho geral e da Ordem dos Advogados para o ano civil seguinte, as contas do ano civil anterior e o respetivo relatório;

h) Promover, por iniciativa própria ou mediante solicitação dos conselhos da Ordem dos Advogados, os atos necessários ao patrocínio dos advogados ou para que a Ordem se constitua assistente, nos termos previstos no nº 2 do artigo 5º;

i) Cometer a qualquer órgão da Ordem dos Advogados ou aos respetivos membros a elaboração de pareceres sobre quaisquer matérias que interessem às atribuições da Ordem;

j) Presidir à comissão de redação da revista da Ordem dos Advogados ou indicar advogado de reconhecida competência para tais funções;

k) Assistir, querendo, às reuniões de todos os órgãos colegiais da Ordem dos Advogados, só tendo direito a voto nas reuniões do congresso, da assembleia geral e do conselho geral e nas reuniões conjuntas deste com o conselho superior;

l) Usar o voto de qualidade, em caso de empate, em todos os órgãos colegiais a que presida;

m) Resolver conflitos de competência entre conselhos regionais e delegações que não pertençam à mesma região;

n) Decidir os recursos interpostos das decisões sobre dispensa de sigilo profissional;

o) Decidir os recursos interpostos das decisões sobre escusas e dispensas de patrocínio oficioso;

p) Interpor recurso para o conselho superior das deliberações de todos os órgãos da Ordem dos Advogados, incluindo o conselho geral, que julgue contrárias à lei e aos regulamentos ou aos interesses da Ordem dos Advogados ou dos seus membros;

q) Exercer em casos urgentes as competências do conselho geral;

r) Exercer as demais funções que a lei e os regulamentos lhe confiram.

2 – O bastonário pode delegar em qualquer membro do conselho geral qualquer uma das suas competências.

3 – O bastonário pode, com o acordo do conselho geral, delegar a representação da Ordem dos Advogados ou atribuir funções especificamente determinadas a qualquer advogado.

4 – O bastonário pode ainda consultar os antigos bastonários, individualmente ou em reunião por ele presidida, e delegar neles a sua representação, incumbindo-os de funções especificamente determinadas.

SECÇÃO V
Presidente do conselho superior

ARTIGO 41º
Competência

Compete ao presidente do conselho superior:

a) Resolver conflitos de competência entre conselhos de deontologia;

b) Diligenciar na resolução amigável de desinteligências entre advogados inscritos em diferentes regiões;

c) Diligenciar na resolução amigável de desinteligências entre advogados que exerçam ou tenham exercido funções de bastonário, presidente do conselho superior, membros do conselho geral ou do conselho superior, presidentes dos conselhos regionais, presidentes dos conselhos de deontologia e membros dos conselhos regionais e dos conselhos de deontologia;

d) Representar a Ordem dos Advogados no âmbito das atribuições do conselho superior;

e) Zelar pelo cumprimento da legislação respeitante à Ordem dos Advogados e respetivos regulamentos, bem como pelo cumprimento das competências que lhe são conferidas;

f) Cometer aos membros do conselho superior a elaboração de pareceres sobre matérias que interessem aos fins e atribuições da Ordem dos Advogados;

g) Usar de voto de qualidade, em caso de empate, em deliberações do conselho superior;

h) Em caso de urgência e de manifesta impossibilidade de reunir, exercer a competência atribuída ao conselho superior, devendo dar conhecimento ao mesmo na primeira reunião seguinte;

i) Exercer as demais atribuições que a lei ou os regulamentos lhe confiram.

SECÇÃO VI
Conselho superior

ARTIGO 42º
Composição

1 – O conselho superior é o supremo órgão jurisdicional da Ordem dos Advogados, composto pelo presidente, com voto de qualidade, por dois a cinco vice-presidentes e por 15 a 18 vogais, consoante o número de vice-presidentes, sendo, pelo menos, cinco inscritos pela região de Lisboa, quatro pela região do Porto e quatro pelas restantes regiões.

2 – Na primeira sessão de cada triénio, o conselho elege, de entre os seus vogais, um ou mais secretários e um tesoureiro.

ARTIGO 43º
Pleno e secções

1 – O conselho superior reúne em sessão plenária e por secções, cada uma delas constituída por sete membros.

2 – O presidente do conselho superior preside às sessões plenárias e pode participar, com direito a voto, nas reuniões das secções, as quais são presididas por cada um dos vice-presidentes.

3 – Sempre que o presidente do conselho superior não esteja presente, o voto de qualidade assiste ao vice-presidente que presida à respetiva reunião.

ARTIGO 44º
Competência

1 – Compete ao conselho superior, reunido em sessão plenária:

a) Julgar os recursos interpostos das decisões das secções referidas nas alíneas *b*) e *e*) do nº 3;

b) Julgar os recursos das deliberações do conselho geral, dos conselhos regionais e dos conselhos de deontologia;

c) Julgar os processos disciplinares em que sejam arguidos o bastonário, antigos bastonários e membros atuais do conselho superior ou do conselho geral;

d) Deliberar sobre pedidos de escusa, de renúncia e de suspensão temporária de cargo, nos termos dos artigos 15º e 16º, e julgar os recursos das decisões dos órgãos da Ordem dos Advogados que determinarem a perda de cargo de qualquer dos seus membros ou declararem a verificação de impedimento para o seu exercício;

e) Deliberar sobre impedimentos e perda do cargo dos seus membros e suspendê-los preventivamente, em caso de falta disciplinar, no decurso do respetivo processo;

f) Fixar a data das eleições para os diversos órgãos da Ordem dos Advogados, quando tal não seja da competência do bastonário;

g) Convocar assembleias gerais e assembleias regionais, quando tenha sido excedido o prazo para a respetiva convocação;

h) Elaborar e aprovar o seu próprio regimento;

i) Elaborar proposta de regulamento dos laudos sobre honorários;

j) Elaborar proposta de regulamento disciplinar;

k) Uniformizar a atuação dos conselhos de deontologia.

2 – Compete ao conselho superior e ao conselho geral, em reunião conjunta:

a) Julgar os recursos das deliberações sobre perda do cargo e exoneração dos membros do conselho superior e do conselho geral;

b) Deliberar sobre a renúncia ao cargo de bastonário;

c) Deliberar sobre os conflitos de competências entre órgãos nacionais e regionais e uniformizar a atuação dos mesmos.

3 – Compete às secções do conselho superior:

a) Julgar os recursos das deliberações, em matéria disciplinar, dos conselhos de deontologia;

b) Ratificar as sanções de expulsão;

c) Instruir os processos em que sejam arguidos o bastonário, antigos bastonários e os membros atuais do conselho superior e do conselho geral;

d) Instruir e julgar, em primeira instância, os processos em que sejam arguidos os antigos membros do conselho superior e do conselho geral e os antigos ou atuais membros dos conselhos regionais e dos conselhos de deontologia;

e) Dar laudo sobre honorários, quando solicitado pelos tribunais, pelos outros conselhos ou, em relação às respetivas contas, por qualquer advogado ou seu representante ou qualquer consulente ou constituinte.

SECÇÃO VII
Conselho geral

ARTIGO 45º
Composição

1 – O conselho geral é presidido pelo bastonário e composto por dois a cinco vice-presidentes e 15 a 18 vogais, consoante o número de vice-presidentes, eleitos diretamente pela assembleia geral, sendo, pelo menos, cinco advogados inscritos pela região de Lisboa, quatro pelo Porto e cinco pelas restantes regiões.

2 – Na primeira sessão de cada triénio o conselho geral elege, de entre os seus vogais, um ou mais secretários e um tesoureiro.

3 – O bastonário pode convocar para as reuniões do conselho geral os presidentes dos conselhos regionais, que têm, neste caso, direito de voto e podem fazer-se representar por um membro do conselho respetivo.

ARTIGO 46º
Competência

1 – Compete ao conselho geral:

a) Definir a posição da Ordem dos Advogados perante os órgãos de soberania e da Administração Pública no que se relacione com a defesa do Estado de direito, dos direitos, liberdades e garantias e com a administração da justiça;

b) Apreciar e emitir parecer sobre o orçamento, relatório e atividades e contas anuais da Ordem dos Advogados, após a sua certificação legal, nos termos previstos no nº 8 do artigo 182º.[165]

c) Propor as alterações legislativas que se entendam convenientes;

d) Deliberar sobre todos os assuntos que respeitem ao exercício da profissão, aos interesses dos advogados e à gestão da Ordem dos Advogados que não estejam especialmente cometidos a outros órgãos da Ordem, sem prejuízo do disposto no nº 2 do artigo 33º;

e) Proceder à inscrição dos advogados e advogados estagiários, tramitada preparatoriamente pelos conselhos regionais competentes, e manter atualizados os respetivos quadros gerais, tal como os dos advogados honorários;

f) Elaborar e aprovar o seu próprio regimento e o regimento do provedor dos clientes;

g) Elaborar propostas de regulamento de inscrição dos advogados portugueses, regulamento de registo e inscrição dos advogados provenientes de outros Estados, regulamento de inscrição dos advogados estagiários, regulamento de estágio, da formação contínua e da formação especializada, com inerente atribuição do título de advogado especialista, regulamento de inscrição de juristas de reconhecido mérito, mestres e outros doutores em Direito, regulamento sobre os fundos dos

[165] A atual redação deste normativo resultou do disposto no artigo 2º da Lei nº 23/2020, de 6 de julho. O Regulamento nº 94/2006, de 12 de junho, publicado no DR, II Série, de 25.5.2006, versa sobre a dispensa do segredo profissional.

clientes, regulamento da dispensa de sigilo profissional, regulamento do trajo e insígnia profissional e o juramento a prestar pelos novos advogados;

h) Elaborar e aprovar os demais regulamentos não previstos no presente Estatuto, designadamente os regimentos dos diversos institutos e comissões;

i) Elaborar e aprovar a regulamentação interna dos serviços da Ordem dos Advogados, incluindo os relativos às atribuições e competências do seu pessoal e os relativos à contratação e despedimento do pessoal da Ordem dos Advogados;

j) Formular recomendações de modo a procurar uniformizar, quanto possível, a atuação dos diversos conselhos regionais;

k) Discutir e aprovar os pareceres dos seus membros e os solicitados pelo bastonário a outros advogados;

l) Propor o valor das quotas e taxas a pagar pelos advogados;

m) Fixar os emolumentos devidos pela emissão de documentos ou práticas de atos no âmbito de serviços da Ordem dos Advogados;

n) Nomear os advogados que, em representação da Ordem dos Advogados, devem integrar comissões eventuais ou permanentes;

o) Nomear as direções dos institutos criados no seio da Ordem dos Advogados;

p) Nomear comissões para a execução de tarefas ou estudos sobre assuntos de interesse da Ordem dos Advogados;

q) Submeter à aprovação da assembleia geral o orçamento e plano de atividades para o ano civil seguinte, as contas do ano civil anterior e o respetivo relatório sobre as atividades anuais que forem apresentadas pelo bastonário;

r) Abrir créditos extraordinários quando seja manifestamente necessário;

s) Cobrar as receitas gerais da Ordem dos Advogados quando a cobrança não pertença aos conselhos regionais ou às delegações e as dos institutos pertencentes à Ordem dos Advogados e autorizar despesas, tanto de conta do orçamento geral da Ordem como de créditos extraordinários;

t) Arrecadar e distribuir receitas, satisfazer as despesas, aceitar doações e legados feitos à Ordem dos Advogados e administrá-los, se não forem destinados a serviços e instituições dirigidos por qualquer conselho regional ou delegação, alienar ou onerar bens e contrair empréstimos;

u) Prestar patrocínio aos advogados que hajam sido ofendidos no exercício da sua profissão ou por causa dela, quando para isso seja solicitado pelo respetivo conselho regional ou delegação e, sem dependência de tal solicitação, em caso de urgência ou se os advogados ofendidos pertencerem ou tiverem pertencido ao conselho superior ou ao conselho geral;

v) Fixar os subsídios de deslocação dos membros dos conselhos;

w) Deliberar sobre instauração ou defesa em quaisquer procedimentos judiciais relativos à Ordem dos Advogados e sobre a confissão, desistência ou transação nos mesmos;

x) Aprovar as transferências de verbas e outros créditos extraordinários votados pelo próprio conselho geral, pelos conselhos regionais e pelas delegações;

y) Deliberar sobre a realização do congresso dos advogados portugueses;

z) Conferir o título de advogado honorário a advogados que tenham deixado a advocacia depois de a haverem exercido distintamente durante 20 anos, pelo menos, e se tenham assinalado como juristas eminentes;

aa) Atribuir a medalha de honra dos advogados a cidadãos nacionais ou estrangeiros que tenham prestado serviços relevantes na defesa do Estado de direito ou à advocacia;

bb) Aprovar os pactos sociais das sociedades de advogados previstas no presente Estatuto;

cc) Exercer as demais atribuições que a lei e os regulamentos lhe confiram.

2 – O conselho geral pode cometer a qualquer dos seus membros as competências indicadas no número anterior.

ARTIGO 47º
Reuniões

O conselho geral reúne quando convocado pelo bastonário, por iniciativa deste ou mediante solicitação, por escrito, da maioria absoluta dos seus membros, pelo menos uma vez por mês.

SECÇÃO VIII
Conselho fiscal

ARTIGO 48º
Composição

O conselho fiscal é constituído por um presidente, dois vogais e um revisor oficial de contas.

ARTIGO 49º
Competência

1 – Compete ao conselho fiscal:

a) Acompanhar e controlar a gestão financeira da Ordem dos Advogados;

b) Apreciar e emitir parecer sobre o orçamento, relatório de atividades e contas anuais da Ordem dos Advogados, após a sua certificação legal nos termos previstos no nº 8 do artigo 182º; [166]

c) Fiscalizar a organização da contabilidade da Ordem dos Advogados e o cumprimento das disposições legais e dos regimentos, nos domínios orçamental, contabilístico e de tesouraria, informando o conselho superior e o conselho geral de quaisquer desvios ou anomalias que verifique;

d) Pronunciar-se sobre qualquer assunto de interesse para a Ordem dos Advogados, nos domínios orçamental, contabilístico, financeiro e fiscal, que seja submetido à sua apreciação pelo bastonário, pelo conselho superior ou pelo conselho geral.

2 – Tendo em vista o adequado desempenho das respetivas funções, o conselho fiscal pode solicitar:

a) Aos outros órgãos, todas as informações e esclarecimentos necessários ao desempenho dessas funções;

b) Ao bastonário, a convocação de reuniões conjuntas com o conselho geral, para apreciação de questões compreendidas no âmbito das suas competências.

[166] A atual redação deste normativo resultou do artigo 2º da Lei nº 23/2020, de 6 de julho.

ARTIGO 50º
Reuniões do conselho fiscal

O conselho fiscal reúne, ordinariamente, trimestralmente e, extraordinariamente, sempre que seja convocado pelo respetivo presidente, por sua iniciativa, a pedido de qualquer dos membros do conselho ou a solicitação do bastonário, do conselho superior ou do conselho geral.

SECÇÃO IX
Assembleias regionais

ARTIGO 51º
Constituição e competência

1 – Em cada região funciona uma assembleia regional constituída por todos os advogados inscritos por essa região e com a inscrição em vigor.

2 – Compete às assembleias regionais:

a) Aprovar o seu regimento;

b) Eleger os conselhos regionais e os conselhos de deontologia;

c) Aprovar o plano de atividades e a proposta de orçamento a ser considerada no orçamento da Ordem dos Advogados para o ano seguinte, tal como o relatório de atividades e contas dos conselhos regionais;

d) Exercer as demais competências previstas na lei.

ARTIGO 52º
Reuniões

1 – As assembleias regionais reúnem ordinariamente para a eleição dos respetivos conselhos regionais e de deontologia, bem como para discussão e aprovação do orçamento e plano de atividades dos conselhos regionais e das respetivas contas e relatório de atividades.

2 – As assembleias regionais são convocadas e presididas pelo respetivo presidente do conselho regional.

3 – À convocação e funcionamento das assembleias regionais é aplicável, com as necessárias adaptações, o regime estabelecido nos artigos 34º a 37º.

SECÇÃO X
Conselhos regionais

ARTIGO 53º
Constituição

1 – Em cada uma das regiões referidas no nº 1 do artigo 2º funciona um conselho regional.

2 – Cada conselho regional é composto por um presidente, ao qual assiste voto de qualidade.

3 – Cada conselho regional elege um vice-presidente, à exceção dos conselhos regionais de Lisboa e Porto que elegem, respetivamente, três e dois vice-presidentes, sendo ainda eleitos 17 vogais para os conselhos de Lisboa, 14 do Porto, nove de Coimbra, seis de Évora, cinco de Faro e quatro da Madeira e quatro dos Açores.

4 – Cada conselho regional elege, no início do triénio, os vogais do conselho que desempenham os cargos de secretário e de tesoureiro.

ARTIGO 54º
Competência

1 – Compete ao conselho regional, no âmbito da sua competência territorial:

a) Definir a posição do conselho regional naquilo que se relacione com a defesa do Estado de direito e dos direitos, liberdades e garantias, transmitindo-a ao conselho geral;

b) Emitir pareceres sobre os projetos de diplomas legislativos que interessem ao exercício da advocacia e ao patrocínio judiciário em geral, quando tal lhe seja solicitado pelo conselho geral;

c) Zelar pela dignidade e independência da Ordem dos Advogados e assegurar o respeito dos direitos dos advogados;

d) Enviar ao conselho geral, no mês de novembro de cada ano, relatórios sobre a administração da justiça, o exercício da advocacia e as relações desta com as magistraturas judiciárias e com a Administração Pública da respetiva área territorial;

e) Cooperar com os demais órgãos da Ordem dos Advogados e suas comissões na prossecução das respetivas atribuições;

f) Pronunciar-se sobre as questões de carácter profissional;

g) Tomar, quando necessário, as providências tidas por adequadas em relação a toda a documentação profissional existente no escritório do advogado com inscrição em vigor, nos casos em que este faleça ou seja declarado interdito;

h) Promover a formação inicial e contínua dos advogados e advogados estagiários, designadamente organizando ou patrocinando conferências e sessões de estudo;

i) Submeter à aprovação da assembleia regional o orçamento e o plano de atividades para o ano civil seguinte e as contas do ano anterior, bem como o respetivo relatório de atividades;

j) Deliberar sobre a instalação de serviços e institutos não administrados diretamente pelo conselho geral e respeitantes à respetiva região;

k) Receber do conselho geral a parte que lhe caiba nas contribuições dos advogados para a Ordem dos Advogados, cobrar diretamente as receitas próprias dos serviços e institutos a seu cargo e autorizar despesas, nos termos do orçamento e de créditos extraordinários;

l) Receber e tramitar preparatoriamente as inscrições dos advogados e dos advogados estagiários;

m) Convocar assembleias de comarca quando tenha sido excedido o prazo para a respetiva convocação e tomar as demais providências necessárias para assegurar o funcionamento permanente das delegações;

n) Coordenar a atividade das delegações e, na falta destas, nomear delegados;

o) Nomear advogado ao interessado que lho solicite por não encontrar quem aceite voluntariamente o seu patrocínio e notificar essa nomeação, logo que realizada, ao requerente e ao advogado nomeado;

p) Julgar a escusa que o advogado nomeado nos termos referidos na alínea anterior eventualmente alegue, e que deve requerer dentro das 48 horas contadas da notificação da sua nomeação ou do facto superveniente que a fundamente;

q) Deliberar sobre o pedido de escusa, de renúncia e de suspensão temporária do cargo, nos termos dos artigos 15º e 16º, relativamente aos delegados da respetiva região;

r) Elaborar e aprovar o regimento do respetivo conselho regional e o relativo às atribuições e competências do seu pessoal;

s) Solicitar informação dos resultados das inspeções efetuadas aos tribunais, serviços do Ministério Público, oficiais de justiça e serviços de registo e notariado instalados na área da sua competência territorial;

t) Aplicar as multas a que se refere o nº 4 do artigo 14º;

u) Exercer as competências que lhe são conferidas por lei relativas aos processos de procuradoria ilícita na área da sua região;

v) Exercer as demais atribuições que a lei e os regulamentos lhe confiram.

2 – O conselho regional pode delegar qualquer das suas competências em algum ou alguns dos seus membros, podendo estes funcionar em comissão.

3 – Ocorrendo a situação prevista no número anterior, qualquer dos membros pode, por sua iniciativa ou imediatamente após a votação na comissão, suscitar a ratificação da decisão ou da deliberação pelo pleno do conselho, caso em que este avoca a competência que tenha delegado.

4 – O conselho regional pode também delegar nas delegações ou delegados alguma ou algumas das suas competências e deliberar a atribuição de dotações orçamentais a determinadas delegações.

5 – O disposto no número anterior pode ser aplicado a agrupamentos de delegações constituídos nos termos do disposto no artigo 63º.

SECÇÃO XI
Presidentes dos conselhos regionais

ARTIGO 55º
Competência

1 – Compete ao presidente do conselho regional, no âmbito da sua competência territorial:

a) Representar a Ordem dos Advogados no âmbito das atribuições do conselho regional respetivo;

b) Representar os institutos integrados na Ordem dos Advogados que exerçam atividades apenas na respetiva região;

c) Administrar e dirigir os serviços do conselho regional;

d) Velar pelo cumprimento da legislação respeitante à Ordem dos Advogados e respetivos regulamentos e zelar pelo cumprimento das atribuições que lhe são conferidas;

e) Promover a cobrança de receitas do conselho regional;

f) Apresentar anualmente, até ao final do mês de agosto, o projeto de orçamento e o plano de atividades para o ano civil seguinte e, até final de março, as contas do ano civil anterior e o respetivo relatório;

g) Convocar e presidir às reuniões da assembleia regional e do conselho regional;

h) Usar de voto de qualidade, em caso de empate, em deliberações do conselho regional;

i) Assistir, querendo, às reuniões das assembleias locais e das delegações, sem direito a voto;

j) Resolver conflitos de competência entre delegações da respetiva região;

k) Prorrogar o período de estágio dos advogados estagiários, nos termos previstos no presente Estatuto;

l) Autorizar a revelação de factos abrangidos pelo dever de guardar sigilo profissional, quando tal lhe seja requerido, nos termos previstos no presente Estatuto;

m) Decidir sobre os pedidos de escusa e dispensa de patrocínio oficioso, apresentados pelos advogados e advogados estagiários da respetiva região;

n) Conceder a autorização a que se reporta o nº 2 do artigo 93º;

o) Em caso de urgência e de manifesta impossibilidade de reunir, exercer a competência atribuída ao conselho regional, devendo dar conhecimento do facto ao mesmo na primeira reunião seguinte;

p) Exercer as demais atribuições que a lei e os regulamentos lhe confiram.

2 – O presidente do conselho regional pode delegar em um ou mais vice-presidentes a competência prevista na alínea *k*) do número anterior.

3 – O presidente do conselho regional pode, ainda, delegar qualquer uma das suas restantes competências em algum ou alguns dos seus membros, bem como nas delegações ou nos respetivos delegados, podendo os membros com poderes delegados funcionar em comissão.

SECÇÃO XII
Conselhos de deontologia

ARTIGO 56º
Composição

1 – Em cada uma das regiões referidas no nº 1 do artigo 2º funciona um conselho de deontologia, composto pelo presidente, com voto de qualidade, por um vice-presidente, com exceção dos conselhos de Lisboa, que elege três vice-presidentes, e do Porto e de Coimbra, que elegem, cada um, dois vice-presidentes, e por mais 16 vogais em Lisboa, 12 no Porto e em Coimbra, e cinco em Évora, Faro, Madeira e Açores.

2 – Na primeira sessão do mandato o conselho elege, de entre os vogais, um secretário e um tesoureiro.

ARTIGO 57º
Funcionamento

1 – O conselho de deontologia de Lisboa funciona em quatro secções e os conselhos de deontologia do Porto e de Coimbra em três secções, constituídas, cada uma,

por cinco membros, devendo a primeira ser presidida pelo presidente do conselho e as restantes pelos vice-presidentes.

2 – A composição das secções é fixada na primeira sessão de cada mandato.

ARTIGO 58º
Competência

Compete aos conselhos de deontologia:

a) Exercer o poder disciplinar em primeira instância e instruir e julgar os processos de averiguação de inidoneidade para o exercício da profissão relativamente aos advogados e advogados estagiários com domicílio profissional na área da respetiva região, com exceção dos casos em que estas competências são atribuídas ao conselho superior, nos termos do disposto no artigo 44º;

b) Velar pelo cumprimento, por parte dos advogados e advogados estagiários com domicílio profissional na área da respetiva região, das normas de deontologia profissional, podendo, independentemente de queixa e por sua própria iniciativa, quando o julgarem justificado, conduzir inquéritos e convocar para declarações os referidos advogados, com o fim de aquilatar do cumprimento das referidas normas e promover a ação disciplinar, se for o caso;

c) Submeter à aprovação da assembleia regional o orçamento para o ano civil seguinte e as contas do ano anterior, bem como o respetivo relatório de atividades;

d) Exercer as demais atribuições que a lei e os regulamentos lhes confiram.

SECÇÃO XIII
Presidentes dos conselhos de deontologia

ARTIGO 59º
Competência

1 – Compete aos presidentes dos conselhos de deontologia:

a) Administrar e dirigir os serviços dos conselhos de deontologia respetivos;

b) Convocar e presidir às reuniões;

c) Cometer aos membros do respetivo conselho de deontologia a elaboração de pareceres sobre matérias referentes à ética e à deontologia profissionais;

d) Diligenciar no sentido de resolver amigavelmente as desinteligências entre advogados da respetiva região;

e) Em caso de urgência e de manifesta impossibilidade de reunir, exercer a competência atribuída ao conselho de deontologia, devendo dar conhecimento do facto ao mesmo na primeira reunião seguinte;

f) Usar do voto de qualidade, em caso de empate, em deliberações do conselho de deontologia;

g) Exercer as demais atribuições que a lei e os regulamentos lhes confiram.

2 – O presidente do conselho de deontologia pode delegar em qualquer dos membros do conselho respetivo as competências referidas nas alíneas *d*) a *g*) do número anterior.

SECÇÃO XIV
Delegações

ARTIGO 60º
Assembleias locais

1 – Em cada município que não seja o da sede da região e em que haja, pelo menos, 10 advogados inscritos, funciona uma assembleia local constituída por todos os advogados inscritos pela respetiva delegação.

2 – Nos municípios que sejam sede de região, a assembleia regional respetiva delibera sobre o funcionamento da assembleia local, nos termos do número anterior.

3 – As assembleias locais reúnem ordinariamente para a eleição da respetiva delegação.

4 – As assembleias locais são convocadas e presididas pelo respetivo presidente da delegação ou, na falta desta, pelo delegado da Ordem dos Advogados no município.

5 – À convocação e funcionamento das assembleias locais é aplicável, com as necessárias adaptações, o regime estabelecido nos artigos 34º a 37º.

ARTIGO 61º
Delegação

1 – Em município em que possa ser constituída a assembleia local, funciona uma delegação composta por um presidente e por mais dois a quatro membros, sendo um secretário e um tesoureiro.

2 – Nos municípios com mais de 100 advogados inscritos, a delegação pode ser composta por um máximo de oito membros, além do presidente, mediante deliberação da assembleia local.

3 – A eleição para a delegação depende de apresentação de candidaturas e rege-se pelo regulamento eleitoral.

ARTIGO 62º
Delegados da Ordem dos Advogados

1 – Nos municípios onde não possa ser constituída a assembleia local por falta do número mínimo legal de advogados nela inscritos, há um delegado da Ordem dos Advogados nomeado pelo respetivo conselho regional, de entre os advogados inscritos por esse município.

2 – O delegado é também nomeado pelo conselho regional quando a assembleia local não proceda à eleição da respetiva delegação.

3 – As assembleias locais são convocadas e presididas pelo respetivo presidente da delegação ou, na falta desta, pelo delegado da Ordem dos Advogados na comarca.

4 – À convocação e funcionamento das assembleias locais é aplicável, com as necessárias adaptações, o regime estabelecido nos artigos 34º a 37º.

ARTIGO 63º
Agrupamentos de delegações

1 – A área de intervenção e de tutela de determinadas delegações pode incluir outras delegações ou delegados de uma determinada circunscrição territorial, criada ou modificada sob a égide do conselho regional.

2 – Os agrupamentos de delegações devem:

a) Possuir estruturas físicas e administrativas funcionais;

b) Reunir regularmente com os demais agrupamentos de delegações existentes no correspondente conselho regional, bem como com as delegações e delegados das suas áreas de intervenção;

c) Elaborar propostas para apreciação e deliberação dos respetivos conselhos regionais e, eventualmente, ter assento e voto nas reuniões destes órgãos;

d) Apresentar os orçamentos e os relatórios de contas e atividades aos conselhos regionais para aprovação, de acordo com as necessidades e prioridades das suas áreas de intervenção, ouvidas as delegações e os delegados das suas circunscrições.

3 – Os agrupamentos de delegações podem promover reuniões a nível dos vários conselhos regionais, ou mesmo a nível nacional, para discussão e aprovação de conclusões e propostas a apresentar aos órgãos da Ordem dos Advogados, através dos conselhos regionais.

ARTIGO 64º
Competência dos agrupamentos de delegações, das delegações e dos delegados

1 – Compete aos agrupamentos de delegações ou, quando estes não existam, às delegações ou aos delegados da Ordem dos Advogados, na respetiva área territorial:

a) Manter atualizado o quadro dos advogados e advogados estagiários inscritos pelo município;

b) Dirigir a conferência de advogados e as sessões de estudo e, com a colaboração de outras delegações ou delegados, as conferências que em comum tenham organizado;

c) Apresentar anualmente ao conselho regional, para discussão e votação, o orçamento e o plano de atividades da delegação, bem como as contas do ano anterior e o respetivo relatório de atividades;

d) Receber e administrar as dotações que lhes forem atribuídas pelos conselhos geral e regional e as receitas próprias;

e) Prestar aos restantes órgãos da Ordem dos Advogados a colaboração que lhes seja solicitada e cumprir pontualmente as respetivas deprecadas;

f) Gerir as salas de advogados nos edifícios dos tribunais;

g) Exercer as demais competências que a lei e os regulamentos lhes confiram.

2 – Compete ainda aos agrupamentos de delegações ou, quando estes não existam, às delegações ou aos delegados exercer as competências que lhes tenham sido delegadas pelo conselho regional ou pelo presidente do conselho regional, designadamente:

a) Promover a criação e instalação de gabinetes de consulta jurídica, bem como exercer as demais funções no âmbito do acesso ao direito;

b) Emitir os cartões de identificação de empregado forense na área do respetivo município;

c) Receber reclamações dos colegas sobre o funcionamento dos tribunais e, se pertinentes, canalizá-las para os órgãos superiores da Ordem dos Advogados a fim de serem enviadas às entidades competentes;

d) Solicitar informações dos resultados das inspeções efetuadas aos tribunais, serviços do Ministério Público, oficiais de justiça e serviços de registo e notariado instalados na área da sua competência territorial;

e) Proceder à criação de núcleos de apoio à formação de advogados e advogados estagiários;

f) Criar e desenvolver os meios adequados ao combate à procuradoria ilícita, sem prejuízo do disposto na alínea *u*) do nº 1 do artigo 54º.

SECÇÃO XV
Provedor dos clientes

ARTIGO 65º
Designação e funções

1 – O provedor dos clientes pode, nos termos legalmente previstos e se tal se justificar, ser designado por deliberação do conselho geral, sob proposta do bastonário.

2 – O provedor dos clientes é independente no exercício da sua função de defender os interesses dos destinatários dos serviços prestados pelos advogados e não pode ser destituído, salvo em consequência de decisão do conselho geral, por falta grave.

3 – Compete ao provedor dos clientes analisar as queixas apresentadas pelos destinatários dos serviços prestados pelos advogados e fazer recomendações, tanto para a resolução dessas queixas, como em geral para o aperfeiçoamento do desempenho da Ordem dos Advogados.

4 – O cargo de provedor dos clientes pode ser remunerado, nos termos do respetivo regimento.

5 – No caso de ser advogado, a pessoa designada para o cargo de provedor dos clientes requer a suspensão da sua inscrição, nos termos do respetivo regimento.

6 – O provedor dos clientes apresenta um relatório anual ao bastonário e à assembleia geral.

7 – Os advogados envolvidos em queixas analisadas pelo provedor dos clientes devem colaborar nas suas averiguações.

TÍTULO II
Exercício da advocacia

CAPÍTULO I
Disposições gerais

ARTIGO 66º
Exercício da advocacia em território nacional

1 – Sem prejuízo do disposto no artigo 205º, só os advogados com inscrição em vigor na Ordem dos Advogados podem, em todo o território nacional, praticar atos próprios da advocacia, nos termos definidos na Lei nº 49/2004, de 24 de agosto.

2 – Os atos praticados por advogado através de documento só são considerados como tal se por ele forem assinados ou certificados nos termos definidos pela Ordem dos Advogados.

3 – O mandato judicial, a representação e assistência por advogado são sempre admissíveis e não podem ser impedidos perante qualquer jurisdição, autoridade ou entidade pública ou privada, nomeadamente para defesa de direitos, patrocínio de relações jurídicas controvertidas, composição de interesses ou em processos de mera averiguação, ainda que administrativa, oficiosa ou de qualquer outra natureza.

4 – Os advogados estagiários só podem praticar atos próprios nos termos previstos no presente Estatuto.

ARTIGO 67º
Mandato forense

1 – Sem prejuízo do disposto na Lei nº 49/2004, de 24 de agosto, considera-se mandato forense:

a) O mandato judicial para ser exercido em qualquer tribunal, incluindo os tribunais ou comissões arbitrais e os julgados de paz;

b) O exercício do mandato com representação, com poderes para negociar a constituição, alteração ou extinção de relações jurídicas;

c) O exercício de qualquer mandato com representação em procedimentos administrativos, incluindo tributários, perante quaisquer pessoas coletivas públicas ou respetivos órgãos ou serviços, ainda que se suscitem ou discutam apenas questões de facto.

2 – O mandato forense não pode ser objeto, por qualquer forma, de medida ou acordo que impeça ou limite a escolha pessoal e livre do mandatário pelo mandante.

ARTIGO 68º
Consulta jurídica

Constitui ato próprio de advogado o exercício de consulta jurídica nos termos definidos na Lei nº 49/2004, de 24 de agosto.

ARTIGO 69º
Liberdade de exercício

Sem prejuízo do disposto no nº 4 do artigo 66º, os advogados e advogados estagiários com inscrição em vigor não podem ser impedidos, por qualquer autoridade pública ou privada, de praticar atos próprios da advocacia.

ARTIGO 70º
Título profissional de advogado e advogado especialista

1 – A denominação de advogado está exclusivamente reservada aos advogados com inscrição em vigor na Ordem dos Advogados.

2 – Os advogados honorários podem usar a denominação de advogado desde que a façam seguir da indicação dessa qualidade.

3 – Os advogados só podem identificar-se como especialistas quando a Ordem dos Advogados lhes haja atribuído tal qualidade, pelo menos, numa das seguintes áreas:

a) Direito Administrativo;

b) Direito Fiscal;

c) Direito do Trabalho;

d) Direito Financeiro;
e) Direito Europeu e da Concorrência;
f) Direito da Propriedade Intelectual; e
g) Direito Constitucional.

ARTIGO 71º
Direitos perante a Ordem dos Advogados

Os advogados têm direito de requerer a intervenção da Ordem dos Advogados para defesa dos seus direitos ou dos legítimos interesses da classe, nos termos previstos no presente Estatuto.

ARTIGO 72º
Garantias em geral

1 – Os magistrados, agentes de autoridade e trabalhadores em funções públicas devem assegurar aos advogados, aquando do exercício da sua profissão, tratamento compatível com a dignidade da advocacia e condições adequadas para o cabal desempenho do mandato.

2 – Nas audiências de julgamento, os advogados dispõem de bancada própria e podem falar sentados.

ARTIGO 73º
Exercício da atividade em regime de subordinação

1 – Cabe exclusivamente à Ordem dos Advogados a apreciação da conformidade com os princípios deontológicos das cláusulas de contrato celebrado com advogado, por via do qual o seu exercício profissional se encontre sujeito a subordinação jurídica.

2 – São nulas as cláusulas de contrato celebrado com advogado que violem aqueles princípios.

3 – São igualmente nulas quaisquer orientações ou instruções da entidade empregadora que restrinjam a isenção e independência do advogado ou que, de algum modo, violem os princípios deontológicos da profissão.

4 – O conselho geral da Ordem dos Advogados pode solicitar às entidades públicas empregadoras, que hajam intervindo em tais contratos, entrega de cópia dos mesmos a fim de aferir da legalidade do respetivo clausulado, atentos os critérios enunciados nos números anteriores.

5 – Quando a entidade empregadora seja pessoa de direito privado, qualquer dos contraentes pode solicitar ao conselho geral parecer sobre a validade das cláusulas ou de atos praticados na execução do contrato, o qual tem carácter vinculativo.

6 – Em caso de litígio, o parecer referido no número anterior é obrigatório.

ARTIGO 74º
Trajo profissional

1 – O uso da toga é obrigatório para os advogados e advogados estagiários, quando pleiteiem oralmente.

2 – O modelo do trajo profissional é o fixado pelo conselho geral.

ARTIGO 75º
Imposição de selos, arrolamentos e buscas em escritórios ou sociedades de advogados

1 – A imposição de selos, o arrolamento, as buscas e diligências equivalentes no escritório ou sociedade de advogados ou em qualquer outro local onde faça arquivo, assim como a interceção e a gravação de conversações ou comunicações, através de telefone ou endereço eletrónico, utilizados pelo advogado no exercício da profissão, constantes do registo da Ordem dos Advogados, só podem ser decretados e presididos pelo juiz competente.

2 – Com a necessária antecedência, o juiz deve convocar para assistir à imposição de selos, ao arrolamento, às buscas e diligências equivalentes, o advogado a ela sujeito, bem como o presidente do conselho regional, o presidente da delegação ou delegado da Ordem dos Advogados, conforme os casos, os quais podem delegar em outro membro do conselho regional ou da delegação.

3 – Na falta de comparência do advogado representante da Ordem dos Advogados ou havendo urgência incompatível com os trâmites do número anterior, o juiz deve nomear qualquer advogado que possa comparecer imediatamente, de preferência de entre os que hajam feito parte dos órgãos da Ordem dos Advogados ou, quando não seja possível, o que for indicado pelo advogado a quem o escritório ou arquivo pertencer.

4 – Às diligências referidas no nº 2 são admitidos também, quando se apresentem ou o juiz os convoque, os familiares ou trabalhadores do advogado interessado.

5 – Até à comparência do advogado que represente a Ordem dos Advogados podem ser tomadas as providências indispensáveis para que se não inutilizem ou desencaminhem quaisquer papéis ou objetos.

6 – O auto de diligência faz expressa menção das pessoas presentes, bem como de quaisquer ocorrências sobrevindas no seu decurso.

ARTIGO 76º
Apreensão de documentos

1 – Não pode ser apreendida a correspondência, seja qual for o suporte utilizado, que respeite ao exercício da profissão.

2 – A proibição estende-se à correspondência trocada entre o advogado e aquele que lhe tenha cometido ou pretendido cometer mandato e lhe haja solicitado parecer, embora ainda não dado ou já recusado.

3 – Compreendem-se na correspondência as instruções e informações escritas sobre o assunto da nomeação ou mandato ou do parecer solicitado.

4 – Excetua-se o caso de a correspondência respeitar a facto criminoso relativamente ao qual o advogado tenha sido constituído arguido.

ARTIGO 77º
Reclamação

1 – No decurso das diligências previstas nos artigos anteriores, pode o advogado interessado ou, na sua falta, qualquer dos seus familiares ou trabalhadores presentes, bem como o representante da Ordem dos Advogados, apresentar qualquer reclamação.

2 – Destinando-se a apresentação de reclamação a garantir a preservação do segredo profissional, o juiz deve logo sobrestar na diligência relativamente aos documentos ou objetos que forem postos em causa, fazendo-os acondicionar, sem os ler ou examinar, em volume selado no mesmo momento.

3 – A fundamentação das reclamações é feita no prazo de cinco dias e entregue no tribunal onde corre o processo, devendo o juiz remetê-las, em igual prazo, ao presidente da Relação com o seu parecer e, sendo caso disso, com o volume a que se refere o número anterior.

4 – O presidente da Relação pode, com reserva de segredo, proceder à desselagem do mesmo volume, devolvendo-o novamente selado com a sua decisão.

ARTIGO 78º
Direito de comunicação com arguidos presos

Os advogados têm direito, nos termos da lei, de comunicar, pessoal e reservadamente, com os seus patrocinados, mesmo quando estes se encontrem presos ou detidos em estabelecimento civil ou militar.

ARTIGO 79º
Informação, exame de processos e pedido de certidões

1 – No exercício da sua profissão, o advogado tem o direito de solicitar em qualquer tribunal ou repartição pública o exame de processos, livros ou documentos que não tenham caráter reservado ou secreto, bem como de requerer, oralmente ou por escrito, que lhe sejam fornecidas fotocópias ou passadas certidões, sem necessidade de exibir procuração.

2 – Os advogados, quando no exercício da sua profissão, têm preferência para ser atendidos por quaisquer trabalhadores a quem devam dirigir-se e têm o direito de ingresso nas secretarias, designadamente nas judiciais.

ARTIGO 80º
Direito de protesto

1 – No decorrer de audiência ou de qualquer outro ato ou diligência em que intervenha, o advogado deve ser admitido a requerer oralmente ou por escrito, no momento que considerar oportuno, o que julgar conveniente ao dever do patrocínio, sem necessidade de prévia indicação ou explicitação do respetivo conteúdo.

2 – Quando, por qualquer razão, não lhe seja concedida a palavra ou o requerimento não for exarado em ata, pode o advogado exercer o direito de protesto, indicando a matéria do requerimento e o objeto que tinha em vista.

3 – O protesto não pode deixar de constar da ata e é havido para todos os efeitos como arguição de nulidade, nos termos da lei.

CAPÍTULO II
Incompatibilidades e impedimentos

ARTIGO 81º
Princípios gerais

1 – O advogado exercita a defesa dos direitos e interesses que lhe sejam confiados sempre com plena autonomia técnica e de forma isenta, independente e responsável.

2 – O exercício da advocacia é inconciliável com qualquer cargo, função ou atividade que possa afetar a isenção, a independência e a dignidade da profissão.

3 – Qualquer forma de provimento ou contrato, seja de natureza pública ou privada, designadamente o contrato de trabalho, ao abrigo do qual o advogado venha a exercer a sua atividade, deve respeitar os princípios definidos no nº 1 e todas as demais regras deontológicas que constam do presente Estatuto.

4 – São nulas as estipulações contratuais, bem como quaisquer orientações ou instruções da entidade contratante, que restrinjam a isenção e a independência do advogado ou que, de algum modo, violem os princípios deontológicos da profissão.

5 – As incompatibilidades ou os impedimentos são declarados e aplicados pelo conselho geral ou pelo conselho regional que for o competente, o qual aprecia igualmente a validade das estipulações, orientações ou instruções a que se refere o número anterior.

6 – O exercício das funções executivas, disciplinares e de fiscalização em órgãos da Ordem é incompatível entre si.

ARTIGO 82º
Incompatibilidades

1 – São, designadamente, incompatíveis com o exercício da advocacia os seguintes cargos, funções e atividades:

a) Titular ou membro de órgão de soberania, representantes da República para as regiões autónomas, membros do Governo Regional das regiões autónomas, presidentes, vice-presidentes ou substitutos legais dos presidentes e vereadores a tempo inteiro ou em regime de meio tempo das câmaras municipais e, bem assim, respetivos adjuntos, assessores, secretários, trabalhadores com vínculo de emprego público ou outros contratados dos respetivos gabinetes ou serviços, sem prejuízo do disposto na alínea *a*) do número seguinte;

b) Membro do Tribunal Constitucional e respetivos trabalhadores com vínculo de emprego público ou contratados;

c) Membro do Tribunal de Contas e respetivos trabalhadores com vínculo de emprego público ou contratados;

d) Provedor de Justiça e trabalhadores com vínculo de emprego público ou contratados do respetivo serviço;

e) Magistrado, ainda que não integrado em órgão ou função jurisdicional;

f) Assessor, administrador, trabalhador com vínculo de emprego público ou contratado de qualquer tribunal;

g) Notário ou conservador de registos e trabalhadores com vínculo de emprego público ou contratados do respetivo serviço;

h) Gestor público;

i) Trabalhador com vínculo de emprego público ou contratado de quaisquer serviços ou entidades que possuam natureza pública ou prossigam finalidades de interesse público, de natureza central, regional ou local;

j) Membro de órgão de administração, executivo ou diretor com poderes de representação orgânica das entidades indicadas na alínea anterior;

k) Membro das Forças Armadas ou militarizadas;

l) Revisor oficial de contas ou técnico oficial de contas e trabalhadores com vínculo de emprego público ou contratados do respetivo serviço;

m) Administrador judicial ou liquidatário judicial ou pessoa que exerça idênticas funções;

n) Mediador mobiliário ou imobiliário, leiloeiro e trabalhadores com vínculo de emprego público ou contratados do respetivo serviço.

2 – As incompatibilidades verificam-se qualquer que seja o título, designação, natureza e espécie de provimento ou contratação, o modo de remuneração e, em termos gerais, qualquer que seja o regime jurídico do respetivo cargo, função ou atividade, com exceção das seguintes situações:

a) Dos membros da Assembleia da República, bem como dos respetivos adjuntos, assessores, secretários, trabalhadores com vínculo de emprego público ou outros contratados dos respetivos gabinetes ou serviços;

b) Dos que estejam aposentados, reformados, inativos, com licença ilimitada ou na reserva;

c) Dos docentes;

d) Dos que estejam contratados em regime de prestação de serviços ou de comissão de serviço para o exercício de funções de representação em juízo no âmbito do contencioso administrativo e constitucional ou para o exercício de funções de consultor nos termos do disposto no artigo 10º do Decreto-Lei nº 163/2012, de 31 de julho.

3 – É permitido o exercício da advocacia às pessoas indicadas nas alíneas *i*) e *j*) do nº 1, quando esta seja prestada em regime de subordinação e em exclusividade, ao serviço de quaisquer das entidades previstas nas referidas alíneas, sem prejuízo do disposto no artigo 86º.

4 – É ainda permitido o exercício da advocacia às pessoas indicadas nas alíneas *i*) e *j*) do nº 1 quando providas em cargos de entidades ou estruturas com caráter temporário, sem prejuízo do disposto no estatuto do pessoal dirigente dos serviços e organismos da administração central, regional e local do Estado, aprovado pela Lei nº 2/2004, de 15 de janeiro.

ARTIGO 83º
Impedimentos

1 – Os impedimentos diminuem a amplitude do exercício da advocacia e constituem incompatibilidades relativas do mandato forense e da consulta jurídica, tendo em vista determinada relação com o cliente, com os assuntos em causa ou por incociliável disponibilidade para a profissão.

2 – O advogado está impedido de praticar atos profissionais e de mover qualquer influência junto de entidades, públicas ou privadas, onde desempenhe ou tenha desempenhado funções cujo exercício possa suscitar, em concreto, uma incompatibilidade, se aqueles atos ou influências entrarem em conflito com as regras deontológicas contidas no presente Estatuto, nomeadamente, os princípios gerais enunciados nos nºs 1 e 2 do artigo 81º.

3 – Os advogados que sejam membros das assembleias representativas das autarquias locais, bem como os respetivos adjuntos, assessores, secretários, trabalhadores com vínculo de emprego público ou outros contratados dos respetivos gabinetes ou serviços, estão impedidos, em qualquer foro, de patrocinar, diretamente ou por intermédio de sociedade de que sejam sócios, ações contra as respetivas autarquias locais, bem como de intervir em qualquer atividade da assembleia a que pertençam sobre assuntos em que tenham interesse profissional diretamente ou por intermédio de sociedade de advogados a que pertençam.

4 – Os advogados referidos na alínea *a*) do nº 2 do artigo anterior estão impedidos, em qualquer foro, de patrocinar ações pecuniárias contra o Estado.

5 – Os advogados a exercer funções de vereador sem tempo atribuído estão impedidos, em qualquer foro, de patrocinar, diretamente ou por intermédio de sociedade de que sejam sócios, ações contra a respetiva autarquia, bem como de intervir em qualquer atividade do executivo a que pertençam sobre assuntos em que tenham interesse profissional diretamente ou por intermédio de sociedade de advogados a que pertençam.

6 – Havendo dúvida sobre a existência de qualquer impedimento, que não haja sido logo assumido pelo advogado, compete ao respetivo conselho regional decidir.

ARTIGO 84º
Verificação

1 – Os conselhos regionais ou o conselho geral podem solicitar às entidades com quem os advogados possam ter estabelecido relações profissionais, bem como a estes, as informações que entendam necessárias para a verificação da existência de incompatibilidade.

2 – Não sendo tais informações prestadas, pelo advogado, no prazo de 30 dias contados da receção do pedido, pode o conselho geral deliberar a suspensão da inscrição.

ARTIGO 85º
Solicitadores e agentes de execução

1 – É proibida a inscrição cumulativa na Ordem dos Advogados e na Ordem dos Solicitadores e dos Agentes de Execução, sem prejuízo do disposto nos números seguintes.

2 – É, porém, permitida a inscrição cumulativa durante a primeira fase do estágio a que se alude no nº 3 do artigo 195º.

3 – Os advogados regularmente inscritos na Ordem dos Advogados podem inscrever-se no colégio dos agentes de execução desde que não exerçam o mandato judicial, nos termos do Estatuto da Ordem dos Solicitadores e dos Agentes de Execução.

ARTIGO 86º
Aplicação no tempo das incompatibilidades e impedimentos

As incompatibilidades e impedimentos criados pelo presente Estatuto não prejudicam os direitos legalmente adquiridos ao abrigo de legislação anterior.

ARTIGO 87º
Exercício ilegítimo da advocacia

1 – Os magistrados, conservadores, notários e responsáveis pelas repartições públicas têm obrigação de comunicar à Ordem dos Advogados qualquer facto que indicie o exercício ilegal ou irregular da advocacia, designadamente, do patrocínio judiciário.

2 – Para a finalidade prevista no número anterior, os trabalhadores dos serviços ali indicados dão conhecimento aos respetivos magistrados, conservadores, notários e responsáveis dos serviços dos factos correspondentes de que tenham conhecimento.

TÍTULO III
Deontologia profissional

CAPÍTULO I
Princípios gerais

ARTIGO 88º
Integridade

1 – O advogado é indispensável à administração da justiça e, como tal, deve ter um comportamento público e profissional adequado à dignidade e responsabilidades da função que exerce, cumprindo pontual e escrupulosamente os deveres consignados no presente Estatuto e todos aqueles que a lei, os usos, costumes e tradições profissionais lhe impõem.

2 – A honestidade, probidade, retidão, lealdade, cortesia e sinceridade são obrigações profissionais.

ARTIGO 89º
Independência

O advogado, no exercício da profissão, mantém sempre em quaisquer circunstâncias a sua independência, devendo agir livre de qualquer pressão, especialmente a que resulte dos seus próprios interesses ou de influências exteriores, abstendo-se de negligenciar a deontologia profissional no intuito de agradar ao seu cliente, aos colegas, ao tribunal ou a terceiros.

ARTIGO 90º
Deveres para com a comunidade

1 – O advogado está obrigado a defender os direitos, liberdades e garantias, a pugnar pela boa aplicação das leis, pela rápida administração da justiça e pelo aperfeiçoamento da cultura e instituições jurídicas.

2 – Em especial, constituem deveres do advogado para com a comunidade:

a) Não advogar contra o direito, não usar de meios ou expedientes ilegais, nem promover diligências reconhecidamente dilatórias, inúteis ou prejudiciais para a correta aplicação de lei ou a descoberta da verdade;

b) Recusar os patrocínios que considere injustos;

c) Verificar a identidade do cliente e dos representantes do cliente, assim como os poderes de representação conferidos a estes últimos;

d) Recusar a prestação de serviços quando suspeitar seriamente que a operação ou atuação jurídica em causa visa a obtenção de resultados ilícitos e que o interessado não pretende abster-se de tal operação;

e) Recusar-se a receber e movimentar fundos que não correspondam estritamente a uma questão que lhe tenha sido confiada;

f) Colaborar no acesso ao direito;

g) Não se servir do mandato para prosseguir objetivos que não sejam profissionais;

h) Não solicitar clientes, por si ou por interposta pessoa.

ARTIGO 91º
Deveres para com a Ordem dos Advogados

Constituem deveres do advogado para com a Ordem dos Advogados:

a) Não prejudicar os fins e prestígio da Ordem dos Advogados e da advocacia;

b) Colaborar na prossecução das atribuições da Ordem dos Advogados, exercer os cargos para que tenha sido eleito ou nomeado e desempenhar os mandatos que lhe forem confiados;

c) Declarar, ao requerer a inscrição, para efeito de verificação de incompatibilidade, qualquer cargo ou atividade profissional que exerça;

d) Suspender imediatamente o exercício da profissão e requerer, no prazo máximo de 30 dias, a suspensão da inscrição na Ordem dos Advogados quando ocorrer incompatibilidade superveniente;

e) Pagar pontualmente as quotas e outros encargos, designadamente as obrigações impostas como sanções pecuniárias ou sanções acessórias, devidos à Ordem dos Advogados, estabelecidos no presente Estatuto e nos regulamentos;

f) Dirigir com empenhamento o estágio dos advogados estagiários;

g) Comunicar, no prazo de 30 dias, qualquer mudança de escritório;

h) Manter um domicílio profissional dotado de uma estrutura que assegure o cumprimento dos seus deveres deontológicos, em termos a definir por deliberação do conselho geral;

i) Promover a sua própria formação, com recurso a ações de formação permanente, cumprindo com as determinações e procedimentos resultantes de deliberações do conselho geral.

ARTIGO 92º
Segredo profissional

1 – O advogado é obrigado a guardar segredo profissional no que respeita a todos os factos cujo conhecimento lhe advenha do exercício das suas funções ou da prestação dos seus serviços, designadamente:

a) A factos referentes a assuntos profissionais conhecidos, exclusivamente, por revelação do cliente ou revelados por ordem deste;

b) A factos de que tenha tido conhecimento em virtude de cargo desempenhado na Ordem dos Advogados;

c) A factos referentes a assuntos profissionais comunicados por colega com o qual esteja associado ou ao qual preste colaboração;

d) A factos comunicados por coautor, corréu ou cointeressado do seu constituinte ou pelo respetivo representante;

e) A factos de que a parte contrária do cliente ou respetivos representantes lhe tenham dado conhecimento durante negociações para acordo que vise pôr termo ao diferendo ou litígio;

f) A factos de que tenha tido conhecimento no âmbito de quaisquer negociações malogradas, orais ou escritas, em que tenha intervindo.

2 – A obrigação do segredo profissional existe quer o serviço solicitado ou cometido ao advogado envolva ou não representação judicial ou extrajudicial, quer deva ou não ser remunerado, quer o advogado haja ou não chegado a aceitar e a desempenhar a representação ou serviço, o mesmo acontecendo para todos os advogados que, direta ou indiretamente, tenham qualquer intervenção no serviço.

3 – O segredo profissional abrange ainda documentos ou outras coisas que se relacionem, direta ou indiretamente, com os factos sujeitos a sigilo.

4 – O advogado pode revelar factos abrangidos pelo segredo profissional, desde que tal seja absolutamente necessário para a defesa da dignidade, direitos e interesses legítimos do próprio advogado ou do cliente ou seus representantes, mediante prévia autorização do presidente do conselho regional respetivo, com recurso para o bastonário, nos termos previstos no respetivo regulamento.

5 – Os atos praticados pelo advogado com violação de segredo profissional não podem fazer prova em juízo.

6 – Ainda que dispensado nos termos do disposto no nº 4, o advogado pode manter o segredo profissional.

7 – O dever de guardar sigilo quanto aos factos descritos no nº 1 é extensivo a todas as pessoas que colaborem com o advogado no exercício da sua atividade profissional, com a cominação prevista no nº 5.

8 – O advogado deve exigir das pessoas referidas no número anterior, nos termos de declaração escrita lavrada para o efeito, o cumprimento do dever aí previsto em momento anterior ao início da colaboração, constituindo infração disciplinar a violação daquele dever.

ARTIGO 93º
Discussão pública de questões profissionais

1 – O advogado não deve pronunciar-se publicamente, na imprensa ou noutros meios de comunicação social, sobre questões profissionais pendentes.

2 – O advogado pode pronunciar-se, excecionalmente, desde que previamente autorizado pelo presidente do conselho regional competente, sempre que o exercício desse direito de resposta se justifique, de forma a prevenir ou remediar a ofensa à dignidade, direitos e interesses legítimos do cliente ou do próprio.

3 – O pedido de autorização é devidamente justificado e indica o âmbito possível das questões sobre que entende dever pronunciar-se.

4 – O pedido de autorização é apreciado no prazo de três dias úteis, considerando-se tacitamente deferido na falta de resposta, comunicada, naquele prazo, ao requerente.

5 – Da decisão do presidente do conselho regional que indefira o pedido cabe recurso para o bastonário, que decide, no mesmo prazo.

6 – Sem prejuízo do disposto nos números anteriores, em caso de manifesta urgência, o advogado pode exercer o direito de resposta referido no nº 2, de forma tão restrita e contida quanto possível, devendo informar, no prazo de cinco dias úteis, o presidente do conselho regional competente das circunstâncias que determinaram tal conduta e do conteúdo das declarações proferidas.

ARTIGO 94º
Informação e publicidade

1 – Os advogados e as sociedades de advogados podem divulgar a sua atividade profissional de forma objetiva, verdadeira e digna, no rigoroso respeito dos deveres deontológicos, do segredo profissional e das normas legais sobre publicidade e concorrência.

2 – Entende-se, nomeadamente, por informação objetiva:

a) A identificação pessoal, académica e curricular do advogado ou da sociedade de advogados;

b) O número de cédula profissional ou do registo da sociedade de advogados;

c) A morada do escritório principal e as moradas de escritórios noutras localidades;

d) A denominação, o logótipo ou outro sinal distintivo do escritório;

e) A indicação das áreas ou matérias jurídicas de exercício preferencial;

f) A referência à especialização, nos termos admitidos no nº 3 do artigo 70º;

g) Os cargos exercidos na Ordem dos Advogados;

h) Os colaboradores profissionais integrados efetivamente no escritório do advogado;

i) O telefone, o fax, o correio eletrónico e outros elementos de comunicações de que disponha;

j) O horário de atendimento ao público;

k) As línguas ou idiomas, falados ou escritos;

l) A indicação do respetivo sítio na Internet;

m) A colocação, no exterior do escritório, de uma placa ou tabuleta identificativa da sua existência.

3 – São, nomeadamente, atos lícitos de publicidade:

a) A menção à área preferencial de atividade;

b) A utilização de cartões onde se possa colocar informação objetiva;

c) A colocação em listas telefónicas, de fax ou análogas da condição de advogado;

d) A publicação de informações sobre alterações de morada, de telefone, de fax e de outros dados relativos ao escritório;

e) A menção da condição de advogado, acompanhada de breve nota curricular, em anuários profissionais, nacionais ou estrangeiros;

f) A promoção ou a intervenção em conferências ou colóquios;

g) A publicação de brochuras ou de escritos, circulares e artigos periódicos sobre temas jurídicos em imprensa especializada ou não, podendo assinar com a indicação da sua condição de advogado e da organização profissional que integre;

h) A menção a assuntos profissionais que integrem o currículo profissional do advogado e em que este tenha intervindo, não podendo ser feita referência ao nome do cliente, salvo, excecionalmente, quando autorizado por este, se tal divulgação for considerada essencial para o exercício da profissão em determinada situação, mediante prévia deliberação do conselho geral;

i) A referência, direta ou indireta, a qualquer cargo público ou privado ou relação de emprego que tenha exercido;

j) A menção à composição e estrutura do escritório;

k) A inclusão de fotografia, ilustrações e logótipos adotados.

4 – São, designadamente, atos ilícitos de publicidade:

a) A colocação de conteúdos persuasivos, ideológicos, de autoengrandecimento e de comparação;

b) A menção à qualidade do escritório;

c) A prestação de informações erróneas ou enganosas;

d) A promessa ou indução da produção de resultados;

e) O uso de publicidade direta não solicitada;

5 – As disposições constantes dos números anteriores são aplicáveis ao exercício da advocacia quer a título individual quer às sociedades de advogados.

ARTIGO 95º
Dever geral de urbanidade

No exercício da profissão o advogado deve proceder com urbanidade, nomeadamente para com os colegas, magistrados, árbitros, peritos, testemunhas e demais intervenientes nos processos, e ainda oficiais de justiça, funcionários notariais, das conservatórias e de outras repartições ou entidades públicas ou privadas.

ARTIGO 96º
Patrocínio contra advogados e magistrados

O advogado, antes de intervir em procedimento disciplinar, judicial ou de qualquer outra natureza contra um colega ou um magistrado, deve comunicar-lhes por escrito a sua intenção, com as explicações que entenda necessárias, salvo tratando-se de procedimentos que tenham natureza secreta ou urgente.

CAPÍTULO II
Relações com os clientes

ARTIGO 97º
Princípios gerais

1 – A relação entre o advogado e o cliente deve fundar-se na confiança recíproca.

2 – O advogado tem o dever de agir de forma a defender os interesses legítimos do cliente, sem prejuízo do cumprimento das normas legais e deontológicas.

ARTIGO 98º
Aceitação do patrocínio e dever de competência

1 – O advogado não pode aceitar o patrocínio ou a prestação de quaisquer serviços profissionais se para tal não tiver sido livremente mandatado pelo cliente, ou por outro advogado, em representação do cliente, ou se não tiver sido nomeado para o efeito, por entidade legalmente competente.

2 – O advogado não deve aceitar o patrocínio de uma questão se souber, ou dever saber, que não tem competência ou disponibilidade para dela se ocupar prontamente, a menos que atue conjuntamente com outro advogado com competência e disponibilidade para o efeito.

ARTIGO 99º
Conflito de interesses

1 – O advogado deve recusar o patrocínio de uma questão em que já tenha intervindo em qualquer outra qualidade ou seja conexa com outra em que represente, ou tenha representado a parte contrária.

2 – O advogado deve recusar o patrocínio contra quem, noutra causa pendente, seja por si patrocinado.

3 – O advogado não pode aconselhar, representar ou agir por conta de dois ou mais clientes, no mesmo assunto ou em assunto conexo, se existir conflito entre os interesses desses clientes.

4 – Se um conflito de interesses surgir entre dois ou mais clientes, bem como se ocorrer risco de violação do segredo profissional ou de diminuição da sua independência, o advogado deve cessar de agir por conta de todos os clientes, no âmbito desse conflito.

5 – O advogado deve abster-se de aceitar um novo cliente se tal puser em risco o cumprimento do dever de guardar sigilo profissional relativamente aos assuntos de um anterior cliente, ou se do conhecimento destes assuntos resultarem vantagens ilegítimas ou injustificadas para o novo cliente.

6 – Sempre que o advogado exerça a sua atividade em associação, sob a forma de sociedade ou não, o disposto nos números anteriores aplica-se quer à associação quer a cada um dos seus membros.

ARTIGO 100º
Outros deveres

1 – Nas relações com o cliente, são ainda deveres do advogado:

a) Dar a sua opinião conscienciosa sobre o merecimento do direito ou pretensão que o cliente invoca, assim como prestar, sempre que lhe for solicitado, informação sobre o andamento das questões que lhe forem confiadas, sobre os critérios que utiliza na fixação dos seus honorários, indicando, sempre que possível, o seu montante total aproximado, e ainda sobre a possibilidade e a forma de obter apoio judiciário;

b) Estudar com cuidado e tratar com zelo a questão de que seja incumbido, utilizando para o efeito todos os recursos da sua experiência, saber e atividade;

c) Aconselhar toda a composição que ache justa e equitativa;

d) Não celebrar, em proveito próprio, contratos sobre o objeto das questões confiadas;

e) Não cessar, sem motivo justificado, o patrocínio das questões que lhe estão cometidas.

2 – Ainda que exista motivo justificado para a cessação do patrocínio, o advogado não deve fazê-lo por forma a impossibilitar o cliente de obter, em tempo útil, a assistência de outro advogado.

ARTIGO 101º
Valores e documentos do cliente

1 – O advogado deve dar a aplicação devida a valores, objetos e documentos que lhe tenham sido confiados, bem como prestar conta ao cliente de todos os valores deste que tenha recebido, qualquer que seja a sua proveniência, e apresentar nota de honorários e despesas, logo que tal lhe seja solicitado.

2 – Quando cesse a representação, o advogado deve restituir ao cliente os valores, objetos ou documentos deste que se encontrem em seu poder.

3 – O advogado, apresentada a nota de honorários e despesas, goza do direito de retenção sobre os valores, objetos ou documentos referidos no número anterior, para garantia do pagamento dos honorários e reembolso das despesas que lhe sejam devidos pelo cliente, a menos que os valores, objetos ou documentos em causa sejam necessários para prova do direito do cliente ou que a sua retenção cause a este prejuízos irreparáveis.

4 – Deve, porém, o advogado restituir tais valores e objetos, independentemente do pagamento a que tenha direito, se o cliente tiver prestado caução arbitrada pelo conselho regional.

5 – Pode o conselho regional, antes do pagamento e a requerimento do advogado ou do cliente, mandar entregar a este quaisquer objetos e valores quando os que fiquem em poder do advogado sejam manifestamente suficientes para pagamento do crédito.

ARTIGO 102º
Fundos dos clientes

1 – Sempre que o advogado detiver fundos dos seus clientes ou de terceiros, para efetuar pagamentos de despesas por conta daqueles, deve observar as regras seguintes:

a) Os fundos devem ser depositados em conta do advogado ou sociedade de advogados separada e com a designação de conta clientes, aberta para o efeito num banco ou instituição similar autorizada, e aí mantidos até ao pagamento de despesas;

b) Os fundos devem ser pagáveis à ordem, a pedido do cliente ou nas condições que este tiver aceite;

c) O advogado deve manter registos completos e precisos relativos a todas as operações efetuadas com estes fundos, distinguindo-os de outros montantes por ele detidos, e deve manter tais registos à disposição do cliente.

2 – O conselho geral pode estabelecer, através de deliberação, regras complementares aplicáveis aos fundos a que o presente artigo se reporta, incluindo a sua centralização num sistema de gestão que por aquele conselho vier a ser aprovado.

3 – O disposto nos números anteriores não se aplica às provisões destinadas a honorários, pelas quais haja sido dada quitação ao cliente.

ARTIGO 103º
Provisões

1 – O advogado pode solicitar ao cliente a entrega de provisões por conta dos honorários ou para pagamento de despesas, não devendo tais provisões exceder uma estimativa razoável dos honorários e despesas prováveis.

2 – Não sendo entregue a provisão solicitada, o advogado pode renunciar a ocupar-se do assunto ou recusar aceitá-lo.

3 – O advogado apenas pode ser responsabilizado pelo pagamento de despesas ou quaisquer outros encargos que tenham sido provisionados para tal efeito pelo cliente e não é obrigado a dispor das provisões que tenha recebido para honorários, desde que a afetação destas aos honorários seja do conhecimento do cliente.

ARTIGO 104º
Responsabilidade civil profissional

1 – O advogado com inscrição em vigor deve celebrar e manter um seguro de responsabilidade civil profissional tendo em conta a natureza e âmbito dos riscos inerentes à sua atividade, por um capital de montante não inferior ao que seja fixado pelo conselho geral e que tem como limite mínimo € 250 000, sem prejuízo do regime especialmente aplicável às sociedades de advogados e do disposto no artigo 38º da Lei nº 2/2013, de 10 de janeiro.

2 – Quando a responsabilidade civil profissional do advogado se fundar na mera culpa, o montante da indemnização tem como limite máximo o correspondente ao fixado para o seguro referido no número anterior, devendo o advogado inscrever no seu papel timbrado a expressão «responsabilidade limitada».

3 – O disposto no número anterior não se aplica sempre que o advogado não cumpra o estabelecido no nº 1 ou declare não pretender qualquer limite para a sua responsabilidade civil profissional, caso em que beneficia sempre do seguro de responsabilidade profissional mínima de grupo de € 50 000, de que são titulares todos os advogados não suspensos.

ARTIGO 105º
Honorários

1 – Os honorários do advogado devem corresponder a uma compensação económica adequada pelos serviços efetivamente prestados, que deve ser saldada em dinheiro e que pode assumir a forma de retribuição fixa.

2 – Na falta de convenção prévia reduzida a escrito, o advogado apresenta ao cliente a respetiva conta de honorários com discriminação dos serviços prestados.

3 – Na fixação dos honorários deve o advogado atender à importância dos serviços prestados, à dificuldade e urgência do assunto, ao grau de criatividade inte-

lectual da sua prestação, ao resultado obtido, ao tempo despendido, às responsabilidades por ele assumidas e aos demais usos profissionais.[167]

ARTIGO 106º
Proibição da quota litis

1 – É proibido ao advogado celebrar pactos de quota litis.

2 – Por pacto de quota litis entende-se o acordo celebrado entre o advogado e o seu cliente, antes da conclusão definitiva da questão em que este é parte, pelo qual o direito a honorários fique exclusivamente dependente do resultado obtido na questão e em virtude do qual o constituinte se obrigue a pagar ao advogado parte do resultado que vier a obter, quer este consista numa quantia em dinheiro, quer em qualquer outro bem ou valor.

3 – Não constitui pacto de quota litis o acordo que consista na fixação prévia do montante dos honorários, ainda que em percentagem, em função do valor do assunto confiado ao advogado ou pelo qual, além de honorários calculados em função de outros critérios, se acorde numa majoração em função do resultado obtido.

ARTIGO 107º
Repartição de honorários

É proibido ao advogado repartir honorários, ainda que a título de comissão ou outra forma de compensação, exceto com advogados, advogados estagiários e solicitadores com quem colabore ou que lhe tenham prestado colaboração.

CAPÍTULO III
Relações com os tribunais

ARTIGO 108º
Dever de lealdade

1 – O advogado deve, em qualquer circunstância, atuar com diligência e lealdade na condução do processo.

2 – É vedado ao advogado, especialmente, enviar ou fazer enviar aos juízes ou árbitros quaisquer memoriais ou, por qualquer forma, recorrer a meios desleais de defesa dos interesses das partes.

ARTIGO 109º
Relação com as testemunhas

É vedado ao advogado, por si ou por interposta pessoa, estabelecer contactos com testemunhas ou demais intervenientes processuais com a finalidade de ins-

[167] No Acórdão do TJUE, C-395/21, decidiu-se relativamente aos honorários de advogado fixados com base do valor por hora, assim: "uma cláusula de um contrato de prestação de serviços jurídicos celebrado entre um advogado e um consumidor que fixa o preço segundo o princípio do valor por hora, sem conter outras precisões, não cumpre a exigência de clareza e intelegibilidade.

truir, influenciar ou, por qualquer outro meio, alterar o depoimento das mesmas, prejudicando, desta forma, a descoberta da verdade.

ARTIGO 110º
Dever de correção

1 – O advogado deve exercer o patrocínio dentro dos limites da lei e da urbanidade, sem prejuízo do dever de defender adequadamente os interesses do seu cliente.

2 – O advogado deve obstar a que os seus clientes exerçam quaisquer represálias contra o adversário e sejam menos corretos para com os advogados da parte contrária, magistrados, árbitros ou quaisquer outros intervenientes no processo.

CAPÍTULO IV
Relações entre advogados

ARTIGO 111º
Dever de solidariedade

A solidariedade profissional impõe uma relação de confiança e cooperação entre os advogados, em benefício dos clientes e de forma a evitar litígios inúteis, conciliando, tanto quanto possível, os interesses da profissão com os da justiça ou daqueles que a procuram.

ARTIGO 112º
Deveres recíprocos dos advogados

1 – Constituem deveres dos advogados nas suas relações recíprocas:

a) Proceder com a maior correção e urbanidade, abstendo-se de qualquer ataque pessoal, alusão deprimente ou crítica desprimorosa, de fundo ou de forma;

b) Responder, em prazo razoável, às solicitações orais ou escritas;

c) Não emitir publicamente opinião sobre questão que saiba confiada a outro advogado, salvo na presença deste ou com o seu prévio acordo;

d) Atuar com a maior lealdade, procurando não obter vantagens ilegítimas ou indevidas para o seu cliente;

e) Não contactar a parte contrária que esteja representada por advogado, salvo se previamente autorizado por este, ou se tal for indispensável, por imposição legal ou contratual;

f) Não assinar pareceres, peças processuais ou outros escritos profissionais que não sejam da sua autoria ou em que não tenha colaborado;

g) Comunicar, atempadamente, a impossibilidade de comparecer a qualquer diligência aos outros advogados que nela devam intervir.

2 – O advogado a quem se pretende cometer assunto anteriormente confiado a outro advogado não deve iniciar a sua atuação sem antes diligenciar no sentido de a este serem pagos os honorários e demais quantias que a este sejam devidas, devendo expor ao colega, oralmente ou por escrito, as razões da aceitação do mandato e dar-lhe conta dos esforços que tenha desenvolvido para aquele efeito.

ARTIGO 113º
Correspondência entre advogados e entre estes e solicitadores

1 – Sempre que um advogado pretenda que a sua comunicação, dirigida a outro advogado ou solicitador, tenha caráter confidencial, deve exprimir claramente tal intenção.

2 – As comunicações confidenciais não podem, em qualquer caso, constituir meio de prova, não lhes sendo aplicável o disposto no nº 4 do artigo 92º.

3 – O advogado ou solicitador destinatário da comunicação confidencial que não tenha condições para garantir a confidencialidade da mesma deve devolvê-la ao remetente sem revelar a terceiros o respetivo conteúdo.

TÍTULO IV
Ação disciplinar

CAPÍTULO I
Disposições gerais

ARTIGO 114º
Poder disciplinar

1 – Os advogados e os advogados estagiários estão sujeitos ao poder disciplinar exclusivo dos órgãos da Ordem dos Advogados, nos termos previstos no presente Estatuto e nos respetivos regulamentos.

2 – O pedido de cancelamento ou suspensão da inscrição não faz cessar a responsabilidade disciplinar por infrações anteriormente praticadas.

3 – Durante o tempo de suspensão da inscrição o advogado continua sujeito ao poder disciplinar da Ordem dos Advogados, mas não assim após o cancelamento.

4 – A punição com a sanção de expulsão não faz cessar a responsabilidade disciplinar do advogado relativamente às infrações por ele cometidas antes da decisão definitiva que tenha aplicado aquela sanção.

5 – Os profissionais que prestem serviços em território nacional em regime de livre prestação de serviços e as sociedades de advogados são equiparados aos advogados para efeitos disciplinares, com as especificidades constantes do nº 10 do artigo 130º.

ARTIGO 115º
Infrações disciplinares

1 – Comete infração disciplinar o advogado ou advogado estagiário que, por ação ou omissão, violar dolosa ou culposamente algum dos deveres consagrados no presente Estatuto, nos respetivos regulamentos e nas demais disposições legais aplicáveis.

2 – A tentativa é punível.

3 – A infração disciplinar é:

a) Leve, quando o arguido viole de forma pouco intensa os deveres profissionais a que se encontra adstrito no exercício da advocacia;

b) Grave, quando o arguido viole de forma séria os deveres profissionais a que se encontra adstrito no exercício da advocacia;

c) Muito grave, quando o arguido viole os deveres profissionais a que está adstrito no exercício da advocacia, afetando com a sua conduta, de tal forma, a dignidade e o prestígio profissional, que fique definitivamente inviabilizado o exercício da advocacia.

4 – As infrações disciplinares previstas no presente Estatuto e demais disposições legais e regulamentares aplicáveis são puníveis a título de dolo ou negligência.

ARTIGO 116º
Independência da responsabilidade disciplinar

1 – A responsabilidade disciplinar é independente da responsabilidade civil e criminal decorrente da prática do mesmo facto.

2 – O processo disciplinar é promovido independentemente de qualquer outro e nele se resolvem todas as questões que interessarem à decisão da causa.

3 – Quando, com fundamento nos mesmos factos, tiver sido instaurado processo criminal contra advogado, pode ser ordenada a suspensão do processo disciplinar, devendo a mesma ser comunicada pela Ordem dos Advogados à autoridade judiciária competente, a qual deve ordenar a remessa à Ordem dos Advogados de cópia do despacho de acusação e, se a ele houver lugar, do despacho de pronúncia.

4 – Decorrido o prazo fixado no nº 2 do artigo 118º sem a prolação dos despachos de acusação ou de pronúncia, os factos são apurados no processo disciplinar.

5 – Sempre que, em processo criminal contra advogado, for designado dia para a audiência de julgamento, o tribunal deve ordenar a remessa à Ordem dos Advogados, preferencialmente por via eletrónica, do despacho de acusação, do despacho de pronúncia e da contestação, se tiver sido apresentada, bem como quaisquer outros elementos solicitados pelo membro do conselho competente.

6 – A responsabilidade disciplinar dos advogados perante a Ordem dos Advogados é independente da responsabilidade perante os respetivos empregadores, por infração dos deveres emergentes de relações de trabalho.

ARTIGO 117º
Prescrição do procedimento disciplinar

1 – O procedimento disciplinar extingue-se, por efeito de prescrição, logo que sobre a prática da infração tiver decorrido o prazo de cinco anos, salvo o disposto no número seguinte.

2 – Se a infração disciplinar constituir simultaneamente infração criminal para a qual a lei estabeleça prescrição sujeita a prazo mais longo, o procedimento disciplinar apenas prescreve após o decurso deste último prazo.

3 – O prazo de prescrição do procedimento disciplinar corre desde o dia em que o facto se tiver consumado.

4 – Para efeitos do disposto no número anterior, o prazo de prescrição só corre:

a) Nas infrações instantâneas, desde o momento da sua prática;

b) Nas infrações continuadas, desde o dia da prática do último ato;

c) Nas infrações permanentes, desde o dia em que cessar a consumação.

5 – A prescrição do procedimento disciplinar tem sempre lugar quando, desde o seu início e ressalvado o tempo de suspensão, tiver decorrido o prazo normal de prescrição acrescido de metade.

6 – A prescrição é de conhecimento oficioso, podendo o advogado arguido, no entanto, requerer a continuação do processo.

ARTIGO 118º
Suspensão do prazo de prescrição do procedimento disciplinar

1 – O prazo de prescrição do procedimento disciplinar suspende-se durante o tempo em que:

a) O processo disciplinar estiver suspenso, a aguardar despacho de acusação ou de pronúncia em processo criminal;

b) O processo disciplinar estiver pendente, a partir da notificação da acusação nele proferida;

2 – A suspensão do prazo de prescrição do procedimento disciplinar não pode ultrapassar o prazo máximo de 18 meses.

3 – O prazo prescricional volta a correr a partir do dia em que cessar a causa da suspensão.

ARTIGO 119º
Interrupção do prazo de prescrição do procedimento disciplinar

1 – O prazo de prescrição do procedimento disciplinar interrompe-se com a notificação ao advogado arguido:

a) Da instauração do processo disciplinar;

b) Da acusação.

2 – Após cada período de interrupção começa a correr novo prazo de prescrição.

ARTIGO 120º
Desistência da participação

A desistência da participação extingue a responsabilidade disciplinar, salvo se a falta imputada afetar a dignidade do advogado visado, o prestígio da Ordem dos Advogados ou da profissão.

ARTIGO 121º
Participação pelos tribunais e outras entidades

1 – Os tribunais e quaisquer autoridades devem dar conhecimento à Ordem dos Advogados de todos os factos suscetíveis de constituir infração disciplinar praticados por advogados.

2 – O Ministério Público e os órgãos e autoridades de polícia criminal devem remeter à Ordem dos Advogados certidão de todas as denúncias, participações ou queixas apresentadas contra advogados.

ARTIGO 122º
Legitimidade procedimental e extinção do direito de queixa

1 – Tem legitimidade para participar à Ordem dos Advogados factos suscetíveis de constituir infração disciplinar qualquer pessoa direta ou indiretamente afetada por estes.

2 – Podem intervir no processo as pessoas com interesse direto, pessoal e legítimo relativamente aos factos participados, requerendo e alegando o que tiverem por conveniente.

3 – O direito de queixa extingue-se no prazo de seis meses a contar da data em que o titular tiver tido conhecimento dos factos.

4 – Sendo vários os titulares do direito de queixa, o prazo conta-se autonomamente para cada um deles.

ARTIGO 123º
Instauração do procedimento disciplinar

1 – O procedimento disciplinar é instaurado por decisão dos presidentes dos conselhos com competência disciplinar ou por deliberação dos respetivos órgãos, com base em participação dirigida aos órgãos da Ordem dos Advogados por qualquer pessoa devidamente identificada.

2 – O bastonário e os conselhos superior, geral, regional e de deontologia da Ordem dos Advogados podem, independentemente de participação, ordenar a instauração de procedimento disciplinar.

3 – Quando se conclua que a participação é infundada, é dela dado conhecimento ao advogado visado e são-lhe sempre passadas as certidões que o mesmo entenda necessárias para a tutela dos seus direitos e interesses legítimos.

ARTIGO 124º
Comunicação sobre o movimento dos processos

Durante o primeiro mês de cada trimestre, e com referência ao trimestre anterior, devem os conselhos superior e de deontologia da Ordem dos Advogados enviar ao bastonário nota dos processos disciplinares distribuídos, pendentes e julgados no trimestre anterior.

ARTIGO 125º
Natureza secreta do processo disciplinar

1 – O processo é de natureza secreta até ao despacho de acusação.

2 – O relator pode, contudo, autorizar a consulta do processo pelo interessado ou pelo arguido, quando não haja inconveniente para a instrução.

3 – O relator pode ainda, no interesse da instrução, dar a conhecer ao interessado ou ao arguido cópia de peças do processo, a fim de sobre elas se pronunciarem.

4 – Mediante requerimento em que se indique o fim a que se destinam, pode o conselho competente, ou algum dos seus membros, autorizar a passagem de certidões em qualquer fase do processo, para defesa de interesses legítimos dos requerentes, podendo condicionar a sua utilização, sob pena de o infrator incorrer no crime de desobediência, e sem prejuízo do dever de guardar segredo profissional.

5 – O arguido e o interessado, quando advogado, que não respeitem a natureza secreta do processo incorrem em responsabilidade disciplinar.

ARTIGO 126º
Direito subsidiário

Ao exercício do poder disciplinar da Ordem dos Advogados, em tudo o que não for contrário ao estabelecido no presente Estatuto e respetivos regulamentos, são subsidiariamente aplicáveis as normas procedimentais previstas na Lei Geral do Trabalho em Funções Públicas, aprovada pela Lei nº 35/2014, de 20 de junho.

CAPÍTULO II
Titulares dos órgãos jurisdicionais

ARTIGO 127º
Independência

Os titulares dos órgãos da Ordem dos Advogados com competência disciplinar são independentes no exercício da sua competência jurisdicional.

ARTIGO 128º
Irresponsabilidade

1 – Os titulares dos órgãos da Ordem dos Advogados com competência disciplinar não podem ser responsabilizados pelas decisões proferidas no exercício das suas funções.

2 – Só nos casos especialmente previstos na lei é que os titulares dos órgãos da Ordem dos Advogados com competência disciplinar podem ser sujeitos, em razão do exercício das suas funções, a responsabilidade civil, criminal ou disciplinar.

3 – Fora dos casos em que a falta constitua crime, a responsabilidade civil apenas pode ser efetivada mediante ação de regresso da Ordem dos Advogados contra o titular dos seus órgãos jurisdicionais, com fundamento em dolo ou culpa grave.

4 – Em caso de responsabilidade disciplinar dos titulares dos órgãos jurisdicionais da Ordem dos Advogados, a deliberação de instauração do procedimento, bem como a de aplicação de sanção disciplinar, deve ser tomada por maioria de, pelo menos, dois terços de todos os membros do conselho superior.

ARTIGO 129º
Processos disciplinares contra titulares de cargos da Ordem

Têm carácter urgente, com prioridade sobre quaisquer outros, os processos disciplinares em que sejam visados titulares de algum dos órgãos da Ordem dos Advogados em exercício de funções.

CAPÍTULO III
Sanções, sua medida, graduação e execução

ARTIGO 130º
Sanções disciplinares

1 – As sanções disciplinares são as seguintes:

a) Advertência;

b) Censura;

c) Multa de quantitativo até ao valor da alçada dos tribunais de comarca;

d) Multa de quantitativo entre o valor da alçada dos tribunais de comarca e o valor da alçada dos tribunais de Relação ou, no caso de pessoas coletivas, o valor do triplo da alçada da Relação;

e) Suspensão até 10 anos;

f) Expulsão.

2 – A sanção de advertência é aplicável quando o arguido tenha violado de forma leve os deveres profissionais no exercício da advocacia e tem por finalidade evitar a repetição da conduta lesiva.

3 – A sanção de censura consiste num juízo de reprovação pela falta cometida e é aplicável a condutas que violem os deveres profissionais dos advogados ainda que de forma leve mas para as quais, em razão da culpa do arguido, já não seja bastante a advertência.

4 – A sanção de multa é fixada em quantia certa, em função da gravidade e das consequências da infração cometida, sendo aplicável a infrações disciplinares graves.

5 – A sanção de suspensão consiste no afastamento total do exercício da advocacia durante o período de cumprimento da sanção e é aplicável a infrações disciplinares graves, que ponham em causa a integridade física das pessoas ou lesem de forma grave a honra ou o património alheio ou valores equivalentes.

6 – A sanção de expulsão consiste no afastamento total do exercício da advocacia, sem prejuízo de reabilitação e é aplicável a infrações disciplinares muito graves, que ponham em causa a integridade física, a vida, ou lesem de forma muito grave a honra ou o património alheio ou valores equivalentes.

7 – As sanções são sempre registadas e produzem unicamente os efeitos declarados no presente Estatuto.

8 – Cumulativamente ou não com qualquer das sanções previstas no presente Estatuto, pode ser imposta a restituição total ou parcial de honorários.

9 – Independentemente da decisão final do processo, pode ser imposta a restituição de quantias, documentos ou objetos que hajam sido confiados ao advogado.

10 – No caso de profissionais em regime de livre prestação de serviços em território nacional e de sociedades de advogados, as sanções de suspensão e expulsão assumem a forma de interdição temporária ou definitiva do exercício da atividade profissional, respetivamente.

11 – A decisão de aplicação de sanção mais grave do que a de advertência a advogado que exerça algum cargo nos órgãos da Ordem dos Advogados, quando não seja passível de recurso, determina a imediata destituição desse cargo.

12 – Sempre que a infração resulte da violação de um dever por omissão, o cumprimento das sanções aplicadas não dispensa o arguido do cumprimento daquele, se tal ainda for possível.

ARTIGO 131º
Medida e graduação da sanção

1 – Na determinação da medida das sanções deve atender-se aos antecedentes profissionais e disciplinares do arguido, ao grau da culpa, à gravidade e às consequências da infração, à situação económica do arguido e a todas as demais circunstâncias agravantes e atenuantes.

2 – A tentativa é punível com a sanção aplicável à infração consumada especialmente atenuada.

ARTIGO 132º
Circunstâncias atenuantes

Constituem, entre outras, circunstâncias atenuantes:

a) O exercício efetivo da advocacia por um período superior a cinco anos, sem qualquer sanção disciplinar;

b) A confissão;

c) A colaboração do advogado arguido para a descoberta da verdade;

d) A reparação espontânea, pelo advogado arguido, dos danos causados pela sua conduta.

ARTIGO 133º
Circunstâncias agravantes

Constituem, entre outras, circunstâncias agravantes:

a) A verificação de dolo;

b) A premeditação;

c) O conluio;

d) A reincidência;

e) A acumulação de infrações;

f) A prática de infração disciplinar durante o cumprimento de sanção disciplinar ou de suspensão da respetiva execução;

g) A produção de prejuízo de valor igual ou superior a metade da alçada dos tribunais de Relação.

ARTIGO 134º
Reincidência

Considera-se reincidente o advogado que cometa uma infração disciplinar antes de decorrido o prazo de cinco anos após o dia em que tiver findado o cometimento de infração anterior.

ARTIGO 135º
Unidade e acumulação de infrações

1 – Verifica-se a acumulação de infrações sempre que duas ou mais infrações sejam cometidas simultaneamente ou antes da punição de infração anterior.

2 – Não pode ser aplicada ao mesmo advogado mais de uma sanção disciplinar:

a) Por cada infração cometida;

b) Pelas infrações acumuladas que sejam apreciadas num único processo;

c) Pelas infrações apreciadas em mais de um processo, quando apensados.

ARTIGO 136º
Punição do concurso de infrações

1 – É igualmente condenado numa única sanção disciplinar o advogado que, antes de se tornar definitiva a sua condenação por uma infração, venha também a ser condenado pela prática de outra ou outras infrações, apreciadas em processos distintos e que não tenham sido apensados.

2 – Em tal caso, a sanção aplicável tem:

a) Como limite máximo, a soma das sanções concretamente aplicadas às várias infrações, não podendo ultrapassar o limite de 15 anos tratando-se da sanção de suspensão e o dobro do valor da alçada dos tribunais de Relação tratando-se de sanção de multa; se, porém, tiver sido concretamente aplicada a sanção de expulsão por qualquer dessas infrações ou mais de uma sanção concreta de suspensão com duração superior a 15 anos, então a sanção máxima aplicável é a de expulsão;

b) Como limite mínimo, a mais elevada das sanções concretamente aplicadas às várias infrações.

3 – Sem prejuízo da situação prevista na segunda parte da alínea *a*) do número anterior, quando as sanções concretamente aplicadas às infrações em concurso forem umas de suspensão e outras de multa, de censura ou de advertência, a diferente natureza destas mantém-se na sanção única resultante da aplicação dos critérios estabelecidos nos números anteriores.

4 – Cumulativamente com a sanção única é aplicada ao advogado arguido a obrigação de restituição imposta nos termos dos nºs 8 e 9 do artigo 130º, ainda que apenas determinada por uma das infrações em concurso.

ARTIGO 137º
Conhecimento superveniente do concurso

1 – Se, depois de uma condenação definitiva, mas antes de a respetiva sanção estar cumprida, prescrita ou extinta, se apurar que o advogado arguido praticou, anteriormente àquela condenação, outra ou outras infrações, são aplicáveis as regras do artigo anterior.

2 – O disposto no número anterior é ainda aplicável no caso de todas as infrações terem sido separadamente objeto de condenações definitivas.

ARTIGO 138º
Suspensão da execução das sanções

1 – Atendendo, nomeadamente, ao grau de culpa, ao comportamento do arguido e às circunstâncias que rodearam a prática da infração, a execução das sanções de

suspensão, multa e censura pode ser suspensa por um período compreendido entre um e cinco anos.

2 – A suspensão da execução da sanção é revogada sempre que, no seu decurso, seja proferida decisão definitiva que imponha nova sanção disciplinar superior à de censura, pela prática de infração posterior à primitiva condenação.

ARTIGO 139º
Causas de exclusão da culpa

São causas de exclusão da culpa as previstas na lei penal.

ARTIGO 140º
Aplicação de sanção de suspensão superior a dois anos ou de sanção de expulsão

1 – A aplicação de sanção de suspensão de duração superior a dois anos ou de sanção de expulsão só pode ter lugar mediante deliberação que obtenha a maioria de dois terços dos votos do conselho ou da secção competente para julgamento, após audiência pública realizada nos termos do artigo 161º.

2 – Sem prejuízo do disposto no número anterior, a sanção de suspensão de duração superior a dois anos e a sanção de expulsão devem ainda ser ratificadas por deliberação do conselho superior, tomada em plenário.

3 – A sanção de expulsão só pode ser aplicada às infrações muito graves, não podendo ter origem no incumprimento pelo advogado do dever de pagar quotas.

4 – O incumprimento pelo advogado do dever de pagar quotas pode dar lugar à aplicação de sanção disciplinar de suspensão quando se apure que é culposo e se prolongue por período superior a 12 meses, cessando ou extinguindo-se a sanção quando ocorra o pagamento voluntário.

ARTIGO 141º
Condenação em processo criminal

1 – Sempre que em processo criminal seja imposta a proibição de exercício da profissão durante período de tempo determinado, este é deduzido à sanção disciplinar de suspensão que, pela prática dos mesmos factos, vier a ser aplicada ao advogado.

2 – A condenação de advogado em processo criminal é comunicada à Ordem dos Advogados para efeitos de registo no respetivo processo individual.

ARTIGO 142º
Publicidade das sanções

1 – É sempre dada publicidade à aplicação das sanções de expulsão e de suspensão efetiva, apenas sendo publicitadas as restantes sanções quando tal for determinado na deliberação que as aplique.

2 – Sem prejuízo do disposto no artigo 202º, a publicidade é feita por meio de edital afixado nas instalações do conselho de deontologia e publicado no sítio da Ordem dos Advogados na Internet e num dos jornais diários de âmbito nacional, dele constando a identidade, o número da cédula profissional e o domicílio profissional do advogado arguido, bem como as normas violadas e a sanção aplicada.

3 – O edital referido no número anterior é enviado a todos os tribunais, conservatórias, cartórios notariais e repartições de finanças e publicado num jornal diário de âmbito nacional durante três dias seguidos quando a sanção aplicada for a de expulsão ou de suspensão efetiva.

ARTIGO 143º
Incumprimento da sanção

O presidente do órgão competente em matéria disciplinar deve determinar a suspensão da inscrição do advogado ou advogado estagiário, sempre que, a contar da data em que se deva considerar notificado da decisão definitiva, este não proceda:

a) À entrega da cédula profissional no prazo de 15 dias, quando haja sido condenado na sanção de expulsão ou suspensão;

b) Ao pagamento, no prazo de três meses, da multa em que haja sido condenado;

c) Ao cumprimento, no prazo de 15 dias, do disposto nos nºs 8 e 9 do artigo 130º.

CAPÍTULO IV
Processo

SECÇÃO I
Disposições gerais

ARTIGO 144º
Formas do processo

1 – A ação disciplinar comporta as seguintes formas:

a) Processo disciplinar;

b) Processo de inquérito.

2 – Aplica-se o processo disciplinar sempre que a determinado advogado ou advogado estagiário sejam imputados factos devidamente concretizados, suscetíveis de constituir infração.

3 – O processo de inquérito é aplicável quando a participação for da autoria de um particular ou de entidades estranhas à Ordem dos Advogados e nela não esteja claramente identificado o advogado ou advogado estagiário visado ou se imponha a realização de diligências sumárias para esclarecimento ou concretização dos factos participados.

4 – Depois de averiguada a identidade do advogado ou advogado estagiário visado ou, logo que se mostrem minimamente concretizados ou esclarecidos os factos participados, sendo eles suscetíveis de constituir infração, é proposta a imediata conversão do processo de inquérito em processo disciplinar, mediante parecer sucintamente fundamentado.

5 – Quando a participação seja manifestamente inviável ou infundada, deve a mesma ser liminarmente arquivada, dando-se cumprimento ao disposto no nº 3 do artigo 123º.

ARTIGO 145º
Tramitação do processo

1 – Na instrução do processo deve o relator procurar atingir a verdade material, removendo todos os obstáculos ao seu regular e rápido andamento e recusando, fundamentadamente, tudo o que for impertinente, inútil ou dilatório.

2 – A forma dos atos, quando não esteja expressamente regulada, deve ajustar-se ao fim em vista e limitar-se ao indispensável para o alcançar.

ARTIGO 146º
Prazos

1 – À contagem dos prazos em todos os processos regulados no presente capítulo são aplicáveis as regras do Código de Processo Penal.

2 – Na falta de disposição especial, é de 10 dias o prazo para a prática de qualquer ato no âmbito dos processos regulados no presente capítulo.

ARTIGO 147º
Impedimentos, escusas e recusas

1 – Aos impedimentos, escusas e recusas do relator e demais membros do conselho com competência disciplinar são aplicáveis, com as necessárias adaptações, as regras constantes do Código de Processo Penal.

2 – O incidente é resolvido no prazo máximo de oito dias pela entidade que designou o relator e, caso seja julgado procedente, é logo designado um novo relator.

3 – Se o impedimento, recusa ou escusa respeitar a membro do conselho que não seja o relator, o incidente é decidido pelo respetivo presidente ou por quem o substitua.

ARTIGO 148º
Cumprimento dos prazos

Não sendo cumpridos os prazos consagrados no presente capítulo, pode o processo ser redistribuído a outro relator nos mesmos termos e condições, devendo os factos ser comunicados ao presidente do conselho competente, para eventual procedimento disciplinar.

SECÇÃO II
Processo

ARTIGO 149º
Distribuição do processo

1 – Instaurado o processo disciplinar, o presidente do conselho competente procede à respetiva distribuição, sem prejuízo de delegação em qualquer dos seus membros.

2 – Em caso de impedimento permanente do relator ou nos seus impedimentos temporários, procede-se a nova distribuição, sempre que as circunstâncias o justifiquem.

3 – Procede-se ainda a nova distribuição sempre que o presidente do conselho aceite escusa do relator.

4 – Os conselhos podem nomear relatores-adjuntos ou cometer a instrução dos processos a advogados inscritos pela respetiva região há mais de cinco anos e sem qualquer punição de caráter disciplinar superior a advertência.

ARTIGO 150º
Apensação de processos

1 – Estando pendentes vários processos disciplinares contra o mesmo arguido, ainda que em conselhos diferentes, são todos apensados ao mais antigo e proferida uma só decisão, exceto se da apensação resultar manifesto inconveniente.

2 – Estando pendentes vários processos disciplinares contra vários arguidos em simultâneo, são extraídas as necessárias certidões de modo a dar-se cumprimento ao disposto no número anterior.

ARTIGO 151º
Instrução do processo

1 – Compete ao relator regular o andamento da instrução do processo e manter a disciplina nos respetivos atos.

2 – A instrução do processo realiza-se na sede do respetivo conselho, se não houver conveniência em que as diligências se efetuem em local diferente.

3 – No caso previsto na parte final do número anterior, as diligências podem ser requisitadas por qualquer meio idóneo de comunicação ao órgão competente, com indicação do prazo para cumprimento e da matéria sobre que devem incidir.

4 – A instrução não pode ultrapassar o prazo de 180 dias contados a partir da distribuição.

5 – Em casos de excecional complexidade ou por outros motivos devidamente justificados, pode o relator solicitar ao presidente do conselho a prorrogação do prazo previsto no número anterior, não podendo, no entanto, a prorrogação ultrapassar o limite máximo de mais 180 dias.

6 – Na instrução do processo são admissíveis todos os meios de prova em direito permitidos.

7 – Na fase de instrução, o advogado arguido deve ser sempre ouvido sobre a matéria da participação.

8 – O interessado e o arguido podem requerer ao relator as diligências de prova que considerem necessárias ao apuramento da verdade.

9 – Na fase de instrução, o interessado e o arguido não podem indicar, cada um, mais de três testemunhas por cada facto, com o limite máximo de 10 testemunhas.

10 – Consideram-se não escritos os nomes das testemunhas arroladas que ultrapassem o limite definido no número anterior.

ARTIGO 152º
Termo da instrução

1 – Finda a instrução, o relator ordena a junção do extrato do registo disciplinar do advogado arguido e profere despacho de acusação ou emite parecer fundamentado em que conclua pelo arquivamento do processo.

2 – Não sendo proferido despacho de acusação, o relator apresenta o parecer na primeira sessão do conselho ou da secção, a fim de ser deliberado o arquivamento do processo.

3 – Caso o conselho ou a secção deliberem o seu prosseguimento com a realização de diligências complementares ou a emissão de despacho de acusação, pode ser designado novo relator de entre os membros do conselho ou secção que tenham votado a continuação do processo.

ARTIGO 153º
Despacho de acusação

O despacho de acusação deve revestir a forma articulada e mencionar:

a) A identidade do arguido;

b) Os factos imputados e as circunstâncias de tempo, modo e lugar em que os mesmos foram praticados;

c) As normas legais e regulamentares infringidas, bem como, se for caso disso, a possibilidade de aplicação da sanção de suspensão ou de expulsão; e

d) O prazo para a apresentação da defesa.

ARTIGO 154º
Suspensão preventiva

1 – Juntamente com o despacho de acusação, o relator pode propor que seja aplicada ao advogado arguido a medida de suspensão preventiva quando:

a) Haja fundado receio da prática de novas e graves infrações disciplinares ou de perturbação do decurso do processo;

b) O advogado arguido tenha sido acusado ou pronunciado criminalmente por crime cometido no exercício da profissão ou por crime a que corresponda pena superior a três anos de prisão, ou

c) Seja desconhecido o paradeiro do advogado arguido.

2 – A suspensão não pode exceder o período de seis meses e deve ser deliberada por maioria de dois terços dos membros do conselho onde o processo correr os seus termos.

3 – Excecionalmente e precedendo decisão devidamente fundamentada, o conselho superior pode, mediante proposta aprovada por dois terços dos membros do órgão onde o processo correr termos, prorrogar a suspensão por mais seis meses.

4 – O tempo de duração da medida de suspensão preventiva é sempre descontado nas sanções de suspensão.

5 – Os processos disciplinares com arguido suspenso preventivamente têm caráter urgente e a sua marcha processual prefere a todos os demais.

6 – O recurso interposto da decisão que aplique a medida de suspensão preventiva tem subida imediata e efeito devolutivo.

ARTIGO 155º
Notificação da acusação

1 – O arguido é notificado da acusação, pessoalmente ou por via postal, com a entrega da respetiva cópia e a informação do prazo para apresentação da defesa e

ainda de que o julgamento é realizado em audiência pública caso o requeira e, independentemente de requerimento, sempre que a infração seja passível de sanção de suspensão ou de expulsão.

2 – A notificação por via postal é efetuada através de carta registada com aviso de receção endereçada para o domicílio profissional ou para a residência do arguido, consoante a sua inscrição esteja ou não em vigor.

3 – Se o arguido estiver ausente do País, ou for desconhecida a sua residência, é notificado por edital, que deve apenas conter a menção de que contra ele se encontra pendente procedimento disciplinar e o prazo fixado para apresentar a sua defesa, a afixar nas instalações do conselho e a divulgar no sítio da Ordem dos Advogados, pelo período de 20 dias.

ARTIGO 156º
Exercício do direito de defesa

1 – O prazo para apresentação da defesa é de 20 dias.

2 – Se o arguido for notificado no estrangeiro ou por edital, o prazo para a apresentação da defesa é fixado pelo relator, não podendo ser inferior a 30 dias nem superior a 60 dias.

3 – O relator pode, em caso de justo impedimento, admitir a defesa apresentada extemporaneamente.

4 – Se o arguido estiver impossibilitado de organizar a sua defesa por motivo de incapacidade devidamente comprovada, o relator nomeia-lhe imediatamente um curador para esse efeito, preferindo a pessoa a quem competiria a tutela, em caso de interdição nos termos da lei civil.

5 – O curador nomeado nos termos do número anterior pode usar de todos os meios de defesa facultados ao arguido.

6 – O incidente de alienação mental pode ser suscitado pelo relator, pelo arguido ou por qualquer familiar deste.

7 – Durante o prazo para a apresentação da defesa, o processo pode ser consultado na secretaria ou confiado ao arguido ou ao advogado por ele constituído, para exame no seu escritório.

8 – A confiança do processo nos termos do número anterior deve ser precedida de despacho do relator.

9 – Não sendo possível proferir de imediato o despacho referido no número anterior, a secretaria contacta o relator pelo meio mais expedito, devendo este, pelo mesmo meio, comunicar a sua decisão, da qual é lavrada cota no processo.

ARTIGO 157º
Apresentação da defesa

1 – A defesa é feita por escrito e apresentada na secretaria do conselho competente, devendo expor clara e concisamente os factos e as razões que a fundamentam.

2 – Com a defesa, o arguido deve apresentar o rol de testemunhas, podendo indicar três testemunhas por cada facto, com o limite máximo de 10 testemunhas, juntar documentos e requerer quaisquer diligências, que podem ser recusadas, mediante despacho fundamentado, quando manifestamente impertinentes, dilatórias ou desnecessárias para o apuramento dos factos e da responsabilidade do arguido.

3 – O arguido deve indicar os factos sobre os quais incide a prova, sendo convidado a fazê-lo, sob sanção de indeferimento na falta de indicação.

4 – O relator pode permitir que o número de testemunhas referido nos termos do nº 2 seja acrescido das que considerar necessárias para a descoberta da verdade.

ARTIGO 158º
Realização de novas diligências

1 – Além das requeridas pela defesa, o relator deve ordenar todas as diligências de prova que considere necessárias para o apuramento da verdade.

2 – O disposto no número anterior não deve ultrapassar o prazo de 60 dias, podendo o conselho prorrogar o prazo por mais 30 dias, ocorrendo motivo justificado, nomeadamente em razão da excecional complexidade do processo.

ARTIGO 159º
Relatório final

1 – Realizadas as diligências referidas no artigo anterior, o relator elabora, no prazo de 10 dias, um relatório fundamentado, que deve ser notificado ao arguido, para se pronunciar em igual prazo, e do qual constem os factos apurados, a sua qualificação e gravidade, a sanção que entende dever ser aplicada ou a proposta de arquivamento dos autos.

2 – Seguidamente, no prazo máximo de cinco dias, o processo é entregue no conselho ou na secção respetivos, para julgamento.

ARTIGO 160º
Julgamento

1 – Não havendo lugar a audiência pública e se todos os membros do conselho ou da secção se considerarem para tanto habilitados, é votada a deliberação e lavrado e assinado o acórdão.

2 – Se algum ou alguns membros se declararem não habilitados a deliberar, o processo é dado para vista, por cinco dias, a cada membro que a tiver solicitado, findo o que é novamente presente para julgamento.

3 – Os votos de vencido devem ser fundamentados.

4 – Antes do julgamento, o conselho ou a secção podem ordenar a realização de novas diligências, a cumprir no prazo que para o efeito estabeleça.

5 – O acórdão final é notificado ao arguido, nos termos do artigo 155º, ao participante e ao bastonário.

ARTIGO 161º
Audiência pública

1 – Havendo lugar a audiência pública, é a mesma realizada no prazo de 30 dias e nela devem participar, pelo menos, quatro quintos dos membros do conselho ou da secção.

2 – A audiência pública é presidida pelo presidente do conselho ou secção respetivo ou pelo seu legal substituto e nela podem intervir o participante que seja direto titular do interesse ofendido pelos factos participados, o arguido e os mandatários que hajam constituído.

3 – A audiência pública só pode ser adiada uma vez por falta do arguido ou do seu defensor.

4 – Faltando o arguido e não podendo ser adiada a audiência, o processo é decidido nos termos do artigo anterior.

5 – Aberta a audiência, o relator lê o relatório final, procedendo-se de seguida à produção de prova complementar requerida pelo participante ou pelo arguido e que deve ser imediatamente oferecida, podendo ser arroladas até cinco testemunhas.

6 – Finda a produção de prova, é dada a palavra ao participante e ao arguido ou aos respetivos mandatários para alegações orais, por período não superior a 30 minutos.

7 – Caso o considere conveniente, o conselho ou a secção pode determinar a realização de novas diligências.

8 – Encerrada a audiência, o conselho ou a secção reúne de imediato para deliberar, lavrando acórdão, que deve ser notificado nos termos do artigo 155º.

CAPÍTULO V
Recursos ordinários

ARTIGO 162º
Deliberações recorríveis

1 – Das deliberações dos conselhos de deontologia ou suas secções cabe recurso para o conselho superior.

2 – Das deliberações das secções do conselho superior, nos termos da alínea *d*) do nº 3 do artigo 44º, cabe recurso para o plenário do mesmo órgão.

3 – Não são suscetíveis de recurso as deliberações do plenário do conselho superior, sem prejuízo do disposto no nº 3 do artigo 6º.

4 – Não admitem recurso em qualquer instância as decisões de mero expediente ou de disciplina dos trabalhos.

ARTIGO 163º
Legitimidade para a interposição do recurso

1 – Têm legitimidade para interpor recurso o arguido, os interessados e o bastonário.

2 – Não é permitida a renúncia ao recurso antes do conhecimento da deliberação final.

ARTIGO 164º
Subida e efeitos do recurso

1 – Os recursos interpostos de despachos ou acórdãos interlocutórios sobem com o da decisão final.

2 – Têm efeito suspensivo os recursos interpostos pelo bastonário e os das decisões finais.

ARTIGO 165º
Interposição e notificação do recurso

1 – O prazo para a interposição dos recursos é de 15 dias a contar da notificação da deliberação final, ou de 30 dias a contar da afixação do edital.

2 – O requerimento de interposição do recurso é sempre motivado, sob sanção de não admissão do mesmo, sendo, para tanto, facultada a consulta do processo.

3 – Com a motivação, que deve enunciar especificamente os fundamentos do recurso e terminar com a formulação de conclusões, pode o recorrente requerer a junção dos documentos que entenda convenientes, desde que os mesmos não pudessem ter sido apresentados até à decisão final objeto do recurso.

4 – O bastonário pode recorrer mediante simples despacho, com mera indicação do sentido da sua discordância, não sendo aplicável o disposto nos nºs 2 e 3.

5 – O recurso não é admitido quando a decisão for irrecorrível, quando for interposto fora de tempo, quando o recorrente não tiver as condições necessárias para recorrer ou por falta da motivação, quando exigível.

6 – Admitido o recurso que subir imediatamente, é notificado o recorrido para responder no prazo de 15 dias, sendo-lhe facultada a consulta do processo.

7 – Junta a resposta do recorrido, deve a mesma ser notificada ao recorrente quando este não seja o bastonário e os autos remetidos ao órgão competente para julgamento do recurso.

ARTIGO 166º
Baixa do processo ao conselho de deontologia

Julgado definitivamente qualquer recurso, o processo baixa ao conselho de deontologia respetivo.

CAPÍTULO VI
Recurso de revisão

ARTIGO 167º
Fundamentos e admissibilidade da revisão

1 – É admissível a revisão de decisão definitiva proferida pelos órgãos da Ordem dos Advogados com competência disciplinar sempre que:

a) Uma decisão judicial transitada em julgado declarar falsos quaisquer elementos;

b) Uma decisão judicial transitada em julgado tiver dado como provado crime cometido por membro ou membros do órgão que proferiu a decisão revidenda e relacionado com o exercício das suas funções no processo;

c) Os factos que serviram de fundamento à decisão condenatória forem inconciliáveis com os dados como provados noutra decisão definitiva e da oposição resultarem graves dúvidas sobre a justiça da condenação;

d) Se tenham descoberto novos factos ou meios de prova que, por si ou combinados com os que foram apreciados no processo, suscitem graves dúvidas sobre a justiça da decisão condenatória proferida.

2 – Com fundamento na alínea *d*) do número anterior não é admissível revisão com o único fim de corrigir a medida concreta da sanção aplicada.

3 – A simples alegação de ilegalidade, formal ou substancial, do processo e decisão disciplinares não constitui fundamento para a revisão.

4 – A revisão é admissível ainda que o procedimento se encontre extinto ou a sanção prescrita ou cumprida.

ARTIGO 168º
Legitimidade

1 – Têm legitimidade para requerer a revisão:

a) O participante, relativamente a decisões de arquivamento do processo disciplinar;

b) O advogado condenado ou seu defensor, relativamente a decisões condenatórias.

2 – Têm ainda legitimidade para requerer a revisão e para a prosseguir, nos casos em que o advogado condenado tiver falecido, o cônjuge, os descendentes, adotados, ascendentes, adotantes, parentes ou afins até ao quarto grau da linha colateral, os herdeiros que mostrem um interesse legítimo, os advogados com quem o condenado mantinha sociedade ou partilhava escritório ou quem do condenado tiver recebido incumbência expressa.

3 – O bastonário pode também apresentar proposta de revisão de decisões definitivas condenatórias ou de arquivamento.

ARTIGO 169º
Formulação do pedido ou proposta de revisão

1 – O requerimento ou proposta de revisão é apresentado ao órgão com competência disciplinar que proferiu a decisão a rever.

2 – O requerimento ou proposta de revisão é sempre motivado e contém a indicação dos meios de prova.

3 – Devem ser juntos ao requerimento ou proposta de revisão os documentos necessários à instrução do pedido.

ARTIGO 170º
Tramitação do pedido ou proposta de revisão

1 – A revisão é processada por apenso aos autos em que foi proferida a decisão a rever.

2 – A parte ou partes contra quem é pedida ou proposta a revisão são notificadas para, no prazo de 15 dias, apresentarem a sua resposta e indicarem os seus meios de prova.

3 – Nos casos referidos no nº 1 do artigo 167º, o relator a quem o processo for distribuído procede às diligências que considere indispensáveis para a descoberta da verdade, mandando documentar, por redução a escrito ou por qualquer meio de reprodução integral, as declarações prestadas.

4 – O requerente não pode indicar testemunhas que não tiverem sido ouvidas no processo, a não ser justificando que ignorava a sua existência ao tempo da decisão ou que estiveram impossibilitadas de depor.

ARTIGO 171º
Julgamento

1 – Uma vez expirado o prazo de resposta ou realizadas as diligências requeridas, quando a elas houver lugar, o relator elabora, no prazo de 10 dias, parecer fundamentado sobre o mérito do pedido ou da proposta de revisão e, no prazo máximo de cinco dias, entrega o processo ao conselho ou à secção respetivos, para deliberação.

2 – Se a decisão a rever tiver sido proferida pelo conselho superior, o julgamento tem lugar em plenário após a entrega do processo com parecer fundamentado, nos termos do número anterior.

3 – Se a decisão a rever tiver sido proferida por um conselho de deontologia, o processo é em seguida remetido ao conselho superior, para julgamento em plenário.

4 – A concessão da revisão tem de ser votada por maioria de dois terços dos membros do conselho e da respetiva deliberação cabe apenas recurso contencioso.

5 – A revisão apenas pode conduzir à manutenção, à alteração ou à revogação da deliberação proferida no processo revisto, mas nunca pode agravar a sanção aplicada.

6 – A pendência de recurso contencioso incidente sobre a sanção proferida em processo disciplinar não prejudica a revisão deste.

ARTIGO 172º
Baixa do processo, averbamentos e publicidade

1 – Depois de julgado o pedido ou a proposta de revisão, o processo baixa, se for caso disso, ao conselho de deontologia respetivo, que o instrui e julga de novo, se a revisão tiver sido admitida.

2 – No caso de absolvição, são cancelados os averbamentos das decisões condenatórias.

3 – Ao acórdão proferido em julgamento na sequência da revisão é dada a publicidade devida, nos termos do artigo 142º.

CAPÍTULO VII
Execução de sanções

ARTIGO 173º
Início de produção de efeitos das sanções

1 – As sanções disciplinares, bem como as determinações constantes dos nºs 8 e 9 do artigo 130º, iniciam a produção dos seus efeitos findo o prazo para a respetiva impugnação contenciosa.

2 – A execução da sanção não pode começar ou continuar em caso de cancelamento da inscrição.

3 – Se na data em que a decisão se torna definitiva estiver suspensa a inscrição do arguido por motivos não disciplinares, o cumprimento da sanção disciplinar de suspensão tem início no dia imediato ao levantamento da suspensão.

4 – As sanções disciplinares irrecorríveis devem ser comunicadas à Ordem dos Solicitadores e dos Agentes de Execução, bem como à Comissão para o Acompanhamento dos Auxiliares da Justiça, quando o advogado for também agente de execução.

ARTIGO 174º
Competência para a execução de decisões disciplinares

Incumbe aos presidentes do conselho superior ou dos conselhos de deontologia a execução de todas as decisões proferidas nos processos para que sejam competentes esses órgãos.

ARTIGO 175º
Cancelamento do registo da sanção

São canceladas automaticamente e de forma irrevogável, no respetivo registo, as decisões que tenham aplicado sanções disciplinares, decorridos 10 anos sobre a sua extinção, com exceção das decisões que apliquem a sanção de expulsão.

CAPÍTULO VIII
Reabilitação subsequente à expulsão ou interdição definitiva

ARTIGO 176º
Regime

1 – Independentemente do pedido ou proposta de revisão da decisão, o advogado ou sociedade de advogados punidos com a sanção de expulsão ou de interdição definitiva, respetivamente, podem ser reabilitados desde que se verifiquem cumulativamente os seguintes requisitos:

a) Tenham decorrido mais de 15 anos sobre a data em que se tornou definitiva a decisão que aplicou a sanção de expulsão ou de interdição definitiva;

b) O reabilitando tenha revelado boa conduta, podendo, para o demonstrar, utilizar os meios de prova admitidos em direito.

2 – É aplicável ao pedido de reabilitação, com as necessárias adaptações, o disposto nos artigos 167º a 171º.

3 – Concedida a reabilitação, nos termos do artigo 171º, o advogado ou a sociedade reabilitados recuperam plenamente os seus direitos e é dada a publicidade devida, nos termos do artigo 142º, com as necessárias adaptações.

CAPÍTULO IX
Averiguação de inidoneidade para o exercício da profissão

ARTIGO 177º
Instauração do processo

1 – É instaurado processo para averiguação de inidoneidade para o exercício profissional sempre que o advogado ou advogado estagiário:

a) Tenha sido condenado por qualquer crime gravemente desonroso;

b) Não esteja no pleno gozo dos direitos civis;

c) Seja declarado incapaz de administrar pessoas e bens por sentença transitada em julgado;

d) Esteja em situação de incompatibilidade ou inibição do exercício da advocacia e não tenha tempestivamente requerido a suspensão ou o cancelamento da sua inscrição, continuando a exercer a sua atividade profissional, mesmo através da prática de atos isolados próprios da mesma;

e) Tenha, no momento da inscrição, prestado falsas declarações no que diz respeito a incompatibilidade para o exercício da advocacia;

f) Seja condenado, no foro disciplinar da Ordem, em um ou mais processos, por reiterado e grave incumprimento dos deveres profissionais que lhe são impostos pelo presente Estatuto e respetivos regulamentos.

2 – Para efeitos do disposto na alínea *a*) do número anterior, consideram-se crimes gravemente desonrosos para exercício da profissão, designadamente, os crimes de furto, roubo, burla, burla informática e nas comunicações, extorsão, abuso de confiança, recetação, infidelidade, falsificação, falsas declarações, insolvência dolosa, frustração de créditos, insolvência negligente, favorecimento de credores, emissão de cheques sem provisão, abuso de cartão de garantia ou de cartão, dispositivo ou dados de pagamento, apropriação ilegítima de bens do sector público ou cooperativo, usura, suborno, corrupção, tráfico de influência, peculato, receção não autorizada de depósitos ou outros fundos reembolsáveis administração danosa em unidade económica do sector público ou cooperativo, usura, suborno, corrupção, tráfico de influência, peculato, receção não autorizada de depósitos ou outros fundos reembolsáveis, prática ilícita de atos ou operações inerentes à atividade seguradora ou dos fundos de pensões, fraude fiscal ou outro crime tributário, branqueamento de capitais, contrafação de cartões ou outros dispositivos de pagamento contrafeitos, atos preparatórios da contrafação, aquisição de cartões ou outros dispositivos de pagamento obtidos mediante crime informático, ou crime previsto no Código das Sociedades Comerciais, no Código dos Valores Mobiliários ou na alínea *h*) do nº 1 do artigo 55,º do Código dos Contratos Públicos.[168]

ARTIGO 178º
Processo

1 – O processo para averiguação de inidoneidade para o exercício da profissão é instaurado nos mesmos termos em que o são os processos disciplinares.

2 – O processo segue os termos do processo disciplinar, com as necessárias adaptações, havendo sempre lugar a julgamento em audiência pública.

3 – A deliberação de falta de idoneidade para o exercício da profissão só pode ser proferida mediante decisão que obtenha dois terços dos votos de todos os membros do conselho competente.

4 – Da deliberação final cabe recurso, nos termos previstos para as decisões em matéria disciplinar.

[168] A atual redação deste normativo resultou da Lei nº 79/2021, de 24 de novembro.

ARTIGO 179º
Reabilitação do advogado a quem haja sido reconhecida inidoneidade para o exercício da profissão

1 – Os advogados condenados criminalmente que tenham obtido a reabilitação judicial podem, decorridos 10 anos sobre a data da condenação, solicitar a sua inscrição, sobre a qual decide, com recurso para o conselho superior, o competente conselho de deontologia.

2 – O pedido só é deferido quando, mediante inquérito prévio com audiência do requerente, se comprove a manifesta dignidade do seu comportamento nos últimos três anos e se alcance a convicção da sua completa recuperação para o exercício da profissão.

TÍTULO V
Receitas e despesas da Ordem dos Advogados

ARTIGO 180º
Quotas para a Ordem dos Advogados

1 – Os advogados com inscrição em vigor e as sociedades de advogados são obrigados a contribuir para a Ordem dos Advogados com a quota mensal que for fixada em regulamento.

2 – O não pagamento das quotas, por prazo superior a 12 meses, deve ser comunicado ao conselho competente, para efeitos de instauração de processo disciplinar ao advogado devedor ou à sociedade de advogados devedora.

3 – O pagamento voluntário das quotas em dívida extingue o procedimento disciplinar ou a sanção, consoante tenha lugar na pendência do processo disciplinar ou após a decisão final.

4 – A certidão de dívida de quotas emitida pelo conselho geral constitui título executivo.

5 – O produto das quotas é dividido em partes iguais entre o conselho geral, por um lado, e o conselho regional e delegação respetiva, por outro, repartindo-se os encargos da cobrança na proporção das respetivas receitas.

6 – O conselho geral entrega aos conselhos regionais que, por sua vez, entregam às delegações, nos 60 dias seguintes à respetiva cobrança, a parte que a cada um caiba no produto da cobrança das quotas.

7 – O conselho geral pode abonar mensalmente aos conselhos regionais que, por sua vez, podem entregar às delegações uma importância por conta da parte que lhes cabe no produto da cobrança das quotas, bem como prestar-lhes, dentro das suas possibilidades, auxílio financeiro, quando devidamente justificada a sua necessidade.

ARTIGO 181º
Cobrança coerciva

1 – Compete à Ordem dos Advogados, através dos órgãos competentes para o efeito, proceder à liquidação e cobrança das suas receitas, incluindo as quotas e taxas, bem como as multas e outras receitas obrigatórias.

2 – Em caso de não pagamento dentro dos prazos devidos é emitido aviso para pagamento no prazo de 15 dias.

ARTIGO 182º
Contabilidade e gestão financeira

1 – O exercício económico da Ordem dos Advogados coincide com o ano civil.

2 – As contas da Ordem dos Advogados são encerradas com referência a 31 de dezembro de cada ano.

3 – A contabilidade da Ordem dos Advogados obedece ao regime da normalização contabilística para as entidades do sector não lucrativo (ESNL), que integra o Sistema de Normalização Contabilística.

4 – Constituem instrumentos de controlo de gestão:

a) O orçamento;

b) O relatório e as contas do exercício com referência a 31 de dezembro.

5 – O conselho geral deve elaborar, até 31 de março do ano seguinte, o relatório e as contas do exercício anterior e, até 31 de outubro, o orçamento para o ano subsequente.

6 – Os conselhos regionais devem apresentar ao conselho geral, até 28 de fevereiro do ano seguinte, as contas do exercício anterior e, até 30 de setembro, as propostas para inclusão no orçamento para o ano subsequente.

7 – As delegações devem apresentar ao conselho regional respetivo, até 31 de janeiro do ano seguinte, as contas do exercício anterior e, até 31 de agosto, as suas propostas para inclusão no orçamento para o ano subsequente.

8 – As contas do exercício, logo que elaboradas pelo órgão competente, devem ser objeto de certificação legal das contas a emitir pelo revisor oficial de contas, no prazo de 30 dias.[169]

9 – A atividade contabilística e de gestão financeira da Ordem dos Advogados fica sujeita à jurisdição do Tribunal de Contas, nos termos da respetiva legislação.

ARTIGO 183º
Processos na Ordem dos Advogados

Não dão lugar a custas ou a taxa de justiça os processos que corram na Ordem dos Advogados.

ARTIGO 184º
Reuniões nas salas dos tribunais

Os órgãos da Ordem dos Advogados podem reunir-se, nas comarcas em que não tenham instalação própria, nas salas dos tribunais indicadas pelos respetivos juízes ou administradores judiciários e a horas em que não prejudiquem os serviços judiciais.

[169] A atual redação deste normativo resultou do disposto no artigo 2º da Lei nº 23/2020, de 6 de julho.

ARTIGO 185º
Livros e impressos

Todos os livros, impressos e documentos eletrónicos destinados ao expediente dos serviços da Ordem dos Advogados devem ser conformes aos modelos aprovados pelo conselho geral.

TÍTULO VI
Advogados, advogados estagiários e sociedades de advogados

CAPÍTULO I
Inscrição

ARTIGO 186º
Inscrição na Ordem dos Advogados e domicílio profissional

1 – A inscrição é feita no conselho geral, sendo o processo de inscrição tramitado preparatoriamente pelo conselho regional competente.

2 – Todas as comunicações previstas no presente Estatuto e nos regulamentos da Ordem dos Advogados devem ser feitas, salvo disposição legal expressa em contrário, para o domicílio profissional.

3 – O domicílio profissional do advogado estagiário é o do seu patrono.

ARTIGO 187º
Cédula profissional

1 – A cada advogado ou advogado estagiário inscrito é entregue a respetiva cédula profissional, a qual serve de prova da inscrição na Ordem dos Advogados.

2 – Compete ao conselho geral definir, por deliberação, as caraterísticas das cédulas profissionais, incluindo o respetivo prazo de validade e o modelo a que devem obedecer, bem como outros elementos que possa considerar adequados para a identificação dos advogados e advogados estagiários.

3 – O advogado ou advogado estagiário no exercício das respetivas funções deve obrigatoriamente fazer prova da sua inscrição através de cédula profissional válida, a ser exibida ou junta por fotocópia, consoante os casos, ou através de outro elemento de identificação adequado, para tanto aprovado pelo conselho geral.

4 – O advogado suspenso ou com a inscrição cancelada deve restituir a cédula profissional ao conselho regional em que esteja inscrito e, se o não fizer no prazo de 15 dias, pode a Ordem dos Advogados proceder à respetiva apreensão judicial.

5 – Pela expedição de cada cédula profissional é cobrada pelos conselhos regionais o emolumento fixado pelo conselho geral, que constitui receita da Ordem dos Advogados.

6 – Às reinscrições correspondem novas cédulas.

ARTIGO 188º
Restrições ao direito de inscrição

1 – Não podem ser inscritos:

a) Os que não possuam idoneidade moral para o exercício da profissão;

b) Os que não estejam no pleno gozo dos direitos civis;

c) Os declarados incapazes de administrar as suas pessoas e bens por sentença transitada em julgado;

d) Os que estejam em situação de incompatibilidade ou inibição do exercício da advocacia;

e) Os magistrados e trabalhadores com vínculo de emprego público que, mediante processo disciplinar, hajam sido demitidos, aposentados, reformados ou colocados na inatividade por falta de idoneidade moral.

2 – O disposto na alínea *d*) do número anterior não prejudica a possibilidade de inscrição de candidatos cujas condições realizem o estabelecido no nº 3 do artigo 82º.

3 – Para os efeitos da alínea *a*) do nº 1, presumem-se não idóneos para o exercício da profissão, designadamente, os condenados por qualquer crime gravemente desonroso, nos termos do nº 2 do artigo 177º.

4 – Aos advogados e advogados estagiários que se encontrem em qualquer das situações enumeradas no número anterior é suspensa ou cancelada a inscrição.

5 – A verificação de falta de idoneidade moral é sempre objeto de processo próprio, nos termos do disposto nos artigos 177º a 179º, com as seguintes adaptações:

a) Para a instrução e julgamento é competente o conselho de deontologia da região onde tenha sido requerida a inscrição;

b) Há lugar a audiência pública apenas quando requerida pelo interessado.

ARTIGO 189º
Inscrições preparatórias e nos quadros da Ordem dos Advogados

1 – A inscrição rege-se pelo presente Estatuto e respetivos regulamentos e é requerida junto do conselho regional em que o advogado ou o advogado estagiário pretenda ter o domicílio para o exercício da profissão ou para fazer estágio.

2 – O requerimento deve ser acompanhado de certidão do registo de nascimento, documento comprovativo da habilitação académica necessária, em original ou pública-forma ou, na falta deste, documento comprovativo de que já foi requerido e está em condições de ser expedido, certificado do registo criminal, declaração de advogado na qual este declare aceitar a direção do estágio, boletins preenchidos nos termos regulamentares, assinados pelos interessados e acompanhados de três fotografias.

3 – Para a inscrição como advogado é dispensada a apresentação de documento comprovativo da habilitação académica necessária quando a mesma já conste dos arquivos da Ordem dos Advogados.

4 – No requerimento pode o interessado indicar, para uso no exercício da profissão, nome abreviado, que não é admitido se for suscetível de provocar confusão com outro anteriormente requerido ou inscrito, exceto se o possuidor deste com isso tiver concordado.

ARTIGO 190º
Exercício da advocacia por não inscritos

1 – Os que transgredirem o preceituado no nº 1 do artigo 66º são, salvo nomeação judicial e sem prejuízo das disposições penais aplicáveis, excluídos do processo por despacho do juiz ou do tribunal, proferido oficiosamente, mediante reclamação apresentada pelos conselhos ou delegações da Ordem dos Advogados ou a requerimento dos interessados.

2 – Deve o juiz, no seu prudente arbítrio, acautelar no seu despacho dano irreparável dos legítimos interesses das partes.

3 – O transgressor é inibido de continuar a intervir na lide e, desde logo, o juiz nomeia advogado oficioso que represente os interessados, até que estes provejam dentro do prazo que lhes for concedido sob pena de, findo o prazo, cessar de pleno direito a nomeação, suspendendo-se a instância ou seguindo a causa à revelia.

CAPÍTULO II
Estágio

ARTIGO 191º
Objetivos do estágio e sua orientação

1 – O pleno e autónomo exercício da advocacia depende de um tirocínio sob orientação da Ordem dos Advogados, destinado a habilitar e certificar publicamente que o candidato obteve formação técnico-profissional e deontológica adequada ao início da atividade e cumpriu os demais requisitos impostos pelo presente Estatuto e regulamentos para a aquisição do título de advogado.

2 – O acesso ao estágio, a transmissão dos conhecimentos de natureza técnico-profissional e deontológica e o inerente sistema de avaliação são assegurados pelos serviços de estágio da Ordem dos Advogados, nos termos regulamentares.[170]

ARTIGO 192º
Patronos e requisitos para aceitação do tirocínio

1 – Os patronos desempenham um papel fundamental ao longo de todo o período de estágio, sendo a sua função iniciar e preparar os estagiários para o exercício pleno da advocacia.

2 – Só podem aceitar a direção do estágio, como patronos, os advogados com, pelo menos, cinco anos de exercício efetivo de profissão, que não tenham sofrido punição disciplinar superior à de multa.

3 – Cada patrono apenas pode ter sob sua orientação, em simultâneo, um estagiário nomeado pela Ordem dos Advogados, não podendo o número total de estagiários por patrono exceder o fixado na regulamentação do estágio.

4 – O advogado nomeado pela Ordem dos Advogados para exercer as funções de patrono apenas pode escusar-se quando ocorra motivo fundamentado, que deve

[170] O A Ordem dos Advogados, por via da Deliberação nº 907/2022, de 27.7.2022, publicada no DR, II Série, de 10.8.2022, alterou o processo de inscrição de advogados no Sistema de Acesso ao Direito e aos Tribunais.

ser livremente apreciado pelo conselho regional competente, cabendo recurso de tal decisão para o conselho geral.

5 – Incumbe ao patrono:

a) Acompanhar a preparação dos seus estagiários;

b) Assegurar as intervenções processuais obrigatórias;

c) Providenciar para que os estagiários cumpram os demais deveres do estágio;

d) Elaborar um relatório final do estágio de cada estagiário, que deve ser apresentado diretamente ao competente júri de avaliação.

ARTIGO 193º
Aplicabilidade do Estatuto

Os advogados estagiários ficam, desde a sua inscrição, obrigados ao cumprimento do presente Estatuto e demais regulamentos.

ARTIGO 194º
Inscrição no estágio

Podem requerer a sua inscrição como advogados estagiários:

a) Os titulares do grau de licenciado em Direito;

b) Os titulares de um grau académico superior estrangeiro em Direito a que tenha sido conferida equivalência ao grau a que se refere a alínea anterior ou que tenha sido reconhecido com o nível deste.

ARTIGO 195º
Duração do estágio, suas fases e prova de agregação

1 – O estágio visa a formação dos advogados estagiários através do exercício da profissão sob a orientação do patrono, tendo em vista o aprofundamento dos conhecimentos profissionais e o apuramento da consciência deontológica, em termos a definir pelo conselho geral.

2 – O estágio tem início, pelo menos, uma vez em cada ano civil, em data a fixar pelo conselho geral, e a duração máxima de 18 meses, contados da data de inscrição até à realização da prova referida no nº 6.

3 – A primeira fase do estágio, com a duração mínima de seis meses, destina-se a habilitar os estagiários com os conhecimentos técnico-profissionais e deontológicos essenciais para a prática de atos próprios da profissão, podendo ser exigido aos estagiários a feitura de trabalhos ou relatórios que comprovem os conhecimentos adquiridos, os quais devem ser tidos em conta na sua avaliação final como elementos integrantes da prova de agregação.

4 – A segunda fase do estágio visa uma formação alargada, complementar e progressiva dos advogados estagiários através da vivência da profissão, baseada no relacionamento com os patronos tradicionais, intervenções judiciais em práticas tuteladas, contactos com a vida judiciária e demais serviços relacionados com a atividade profissional, assim como o aprofundamento dos conhecimentos técnicos e apuramento da consciência deontológica mediante a frequência de ações de formação temática e participação no regime do acesso ao direito e à justiça no quadro legal vigente.

5 – O regulamento de estágio fixa o número mínimo de intervenções processuais a realizar pelos estagiários, bem como as áreas jurídicas em que devem incidir, devendo prever todas as condições necessárias para que possam praticar os atos que estatutariamente lhes são permitidos.

6 – O estágio termina com a realização da prova de agregação, na qual são avaliados os conhecimentos adquiridos nas duas fases do estágio, dependendo a atribuição do título de advogado de aprovação nesta prova, resultante da ponderação das suas várias componentes, nos termos do regulamento de estágios, que define, entre outros aspetos, a estrutura da prova de agregação.

7 – O advogado estagiário pode requerer a suspensão do seu estágio até um período máximo de seis meses, importando esta sempre a suspensão da duração do tempo de estágio e o seu reingresso na fase em que se encontrava aquando da suspensão.

8 – Excecionalmente e a requerimento do advogado estagiário, pode ser autorizada a prorrogação do tempo de estágio por período não superior a seis meses.

9 – Cabe ao conselho geral propor a regulamentação do modelo concreto de formação inicial e complementar durante o estágio, estrutura orgânica dos serviços de formação e respetivas competências, sistema de avaliação contínua, regime de acolhimento e integração no modelo de estágio de formação externa facultada por outras instituições e organização e realização da prova de agregação.

ARTIGO 196º
Competência e deveres dos advogados estagiários

1 – Concluída a primeira fase do estágio, o advogado estagiário pode, sempre sob orientação do patrono, praticar os seguintes atos próprios da profissão:

a) Todos os atos da competência dos solicitadores;

b) Exercer a consulta jurídica.

2 – O advogado estagiário pode ainda praticar os atos próprios da profissão não incluídos no número anterior, desde que efetivamente acompanhado pelo respetivo patrono.

3 – O advogado estagiário deve indicar, em qualquer ato em que intervenha, apenas e sempre esta sua qualidade profissional.

4 – São deveres do advogado estagiário durante todo o seu período de estágio e formação:

a) Observar escrupulosamente as regras, condições e limitações admissíveis na utilização do escritório do patrono;

b) Guardar respeito e lealdade para com o patrono;

c) Submeter-se aos planos de estágio que vierem a ser definidos pelo patrono;

d) Colaborar com o patrono sempre que este o solicite e efetuar os trabalhos que lhe sejam determinados, desde que se revelem compatíveis com a atividade do estágio;

e) Colaborar com empenho, zelo e competência em todas as atividades, trabalhos e ações de formação que venha a frequentar no âmbito dos programas de estágio;

f) Guardar sigilo profissional;

g) Comunicar ao serviço de estágio competente qualquer facto que possa condicionar ou limitar o pleno cumprimento das normas estatutárias e regulamentares inerentes ao estágio;

h) Cumprir em plenitude todas as demais obrigações deontológicas e regulamentares no exercício da atividade profissional.

5 – No momento da inscrição, o estagiário deve apresentar comprovativo de subscrição da apólice de seguro de grupo disponibilizada pela Ordem dos Advogados, ou contratada por si, relativa a:

a) Seguro de acidentes pessoais, que cubra os riscos que possam ocorrer durante e por causa do estágio;

b) Seguro de responsabilidade civil profissional, que cubra, durante a realização do estágio e enquanto a respetiva inscrição se mantiver ativa, os riscos inerentes ao desempenho das tarefas que enquanto advogado estagiário lhe forem atribuídas, conforme o estabelecido na apólice respetiva, renovando-o sempre que necessário até à sua conclusão.

CAPÍTULO III
Formação contínua

ARTIGO 197º
Objetivos

A formação contínua constitui um dever de todos os advogados, sendo da responsabilidade da Ordem dos Advogados a organização dos serviços de formação destinados a garantir uma constante atualização dos seus conhecimentos técnico-jurídicos, dos princípios deontológicos e dos pressupostos do exercício da atividade, incidindo predominantemente sobre temas suscitados pelo desenvolvimento das ciências jurídicas e dos avanços tecnológicos e pela evolução da sociedade civil.

ARTIGO 198º
Regulamentação

1 – O conselho geral regulamenta a organização, a nível nacional, dos serviços de formação contínua, que garantam o cumprimento do dever referido no artigo anterior, visando uma efetiva coordenação das iniciativas dos centros de estudos e dos serviços de formação dos diversos serviços de estágio e das delegações que se constituam como polos de formação permanente.

2 – Na elaboração dos programas de formação contínua podem ser prosseguidas parcerias e formas de colaboração e participação com outras entidades ou instituições.

CAPÍTULO IV
Inscrição como advogado

ARTIGO 199º
Requisitos de inscrição

1 – A inscrição como advogado depende da conclusão do estágio com aprovação na prova de agregação, nos termos do presente Estatuto.

2 – Excetuam-se do disposto no número anterior, pelo que podem requerer a sua inscrição imediata como advogados, prescindindo-se da realização do estágio:

a) Os doutores em Direito, com efetivo exercício da docência de Direito numa instituição de ensino superior;

b) Os antigos magistrados com efetivo exercício profissional.

3 – Para efeitos do disposto na alínea *a*) do número anterior, é relevante a docência exercida antes e depois do doutoramento.

4 – Nos casos previstos no nº 2, a inscrição como advogado depende da realização de um tirocínio, com a duração máxima de seis meses, sob a orientação de um patrono escolhido pelo interessado, visando a apreensão dos princípios deontológicos.

ARTIGO 200º
Inscrição de juristas de reconhecido mérito, mestres e outros doutores em Direito

1 – Sem prejuízo do disposto no artigo anterior, a inscrição na Ordem dos Advogados de juristas de reconhecido mérito e de mestres e outros doutores em Direito cujo título seja reconhecido em Portugal depende da prévia realização de um exame de aptidão, sem necessidade de realização de estágio.

2 – O exame de aptidão tem por fim a avaliação do conhecimento das regras deontológicas que regem o exercício da profissão.

3 – Consideram-se juristas de reconhecido mérito os licenciados em Direito que demonstrem ter conhecimentos e experiência profissional suficientes no domínio do direito interno português ou do direito internacional para exercer consulta jurídica, com a dignidade e a competência exigíveis à profissão.

4 – Para efeitos do disposto no nº 1, presumem-se juristas de reconhecido mérito designadamente os juristas que tenham efetivamente prestado atividade profissional por, pelo menos, 10 anos consecutivos.

5 – Os juristas de reconhecido mérito, mestres e outros doutores em Direito inscritos na Ordem dos Advogados nos termos do presente artigo podem praticar apenas atos de consulta jurídica, sendo-lhes aplicável, com as necessárias adaptações, as disposições do presente Estatuto e demais regulamentos.

ARTIGO 201º
Exercício da advocacia por estrangeiros

1 – Os estrangeiros oriundos de Estados não Membros da União Europeia a que haja sido conferido por uma instituição de ensino superior portuguesa um dos graus académicos a que se referem as alíneas *a*) e *b*) do artigo 194º podem inscrever-se na Ordem dos Advogados, nos mesmos termos dos portugueses, se a estes o seu país conceder reciprocidade.

2 – Os advogados brasileiros cuja formação académica superior tenha sido realizada no Brasil ou em Portugal podem inscrever-se na Ordem dos Advogados em regime de reciprocidade.

ARTIGO 202º
Publicação obrigatória

Toda a regulamentação emergente dos competentes órgãos da Ordem dos Advogados bem como as decisões administrativas suscetíveis de recurso contencioso atinentes ao exercício da profissão de advogado devem ser obrigatoriamente publicadas na 2ª série do Diário da República.

CAPÍTULO V
Advogados de outros Estados membros da União Europeia e do Espaço Económico Europeu

ARTIGO 203º
Reconhecimento do título profissional

1 – São reconhecidas em Portugal, na qualidade de advogados, e como tal autorizadas a exercer a respetiva profissão, nos termos dos artigos subsequentes, as pessoas que, nos respetivos países membros da União Europeia e do Espaço Económico Europeu, estejam autorizadas a exercer as atividades profissionais com um dos títulos profissionais seguintes:

Na Bélgica – Avocat/Advocaat/Rechtsanwalt;
Na Dinamarca – Advokat;
Na Alemanha – Rechtsanwalt;
Na Grécia – dijgcóqoy;
Em Espanha – Abogado/Advocat/Avogado/Abokatu;
Em França – Avocat;
Na Irlanda – Barrister/Solicitor;
Em Itália – Avvocato;
No Luxemburgo – Avocat;
Nos Países Baixos – Advocaat;
Na Áustria – Rechtsanwalt;
Na Finlândia – Asianajaja/Advokat;
Na Suécia – Advokat;
No Reino Unido – Advocate/Barrister/Solicitor;
Na República Checa – Advokát;
Na Estónia – Vandeadvokaat;
No Chipre – dijgcóqoy;
Na Letónia – Zverinats advokáts;
Na Lituânia – Advokatas;
Na Hungria – Ügyvéd;
Em Malta – Avukat/Prokuratur Legali;
Na Polónia – Advwokat/Radca prawny;
Na Eslovénia – Odvetnik/Odvetnica;
Na Eslováquia – Advokát/Komer*y′ právnik;
Na Bulgária – [advacat];
Na Roménia – Avocat

Na Croácia – Odvjetnik, Odvjetnica;
Na Islândia – Lögmaour;
No Liechtenstein – Rechtsanwalt;
Na Noruega – Advokat.

2 – O mesmo regime de reconhecimento vale para os advogados de outros países que gozam de liberdade de prestação de serviços segundo o direito da União Europeia.[171]

ARTIGO 204º
Modos de exercício profissional

1 – Qualquer dos advogados identificados no artigo anterior, adiante designados por advogados da União Europeia, pode, de harmonia com o disposto no artigo seguinte, exercer a sua atividade em Portugal com o seu título profissional de origem, expresso na respetiva língua oficial e com a indicação da organização profissional a que pertence ou da jurisdição junto da qual se encontra admitido nos termos da lei do seu Estado de origem.

2 – Sem prejuízo do disposto no número anterior, a representação e o mandato judiciais perante os tribunais portugueses só podem ser exercidos por advogados da União Europeia que exerçam a sua atividade com o seu título profissional de origem sob a orientação de advogado inscrito na Ordem dos Advogados.

3 – Os advogados da União Europeia podem ainda exercer a sua atividade em Portugal com o título de advogado, mediante prévia inscrição na Ordem dos Advogados.

ARTIGO 205º
Exercício com o título profissional de origem

1 – A prestação ocasional de serviços profissionais de advocacia em Portugal por advogados da União Europeia que exerçam a sua atividade com o seu título profissional de origem é livre, sem prejuízo de estes deverem dar prévio conhecimento desse facto à Ordem dos Advogados, ao abrigo da Lei nº 9/2009, de 4 de março, alterada pelas Leis nºs 41/2012, de 28 de agosto, e 25/2014, de 2 de maio.

2 – O estabelecimento em Portugal de advogados da União Europeia que pretendam exercer a sua atividade com o seu título profissional de origem depende de prévio registo na Ordem dos Advogados, ao abrigo da Lei nº 9/2009, de 4 de março, alterada pelas Leis nºs 41/2012, de 28 de agosto, e 25/2014, de 2 de maio.

[171] O Tribunal de Justiça – Ac. TJ7/5/2019 – decidiu que o artigo 3º, nº 2, da Diretiva nº 98/5/CE, do Parlamento Europeu e do Conselho, de 16 de fevereiro de 1998, se opõe a uma legislação nacional que proíbe a um advogado com a qualidade de monge, inscrito como advogado junto de autoridade competente do Estado-Membro de origem de se inscrever junto da autoridade competente do Estado-Membro de acolhimento, a fim de exercer neste último a sua profissão, com o seu título profissional de origem, devido a incompatibilidade entre a qualidade de monge e o exercício de profissão de advogado que essa legislação prevê.

ARTIGO 206º
Comércio eletrónico

Os advogados da União Europeia podem exercer a sua atividade através de comércio eletrónico, com destino ao território nacional, observados que sejam os requisitos aplicáveis no Estado membro de origem, nomeadamente as normas deontológicas aí vigentes, assim como a disponibilização permanente de informação prevista no artigo 10º do Decreto-Lei nº 7/2004, de 7 de janeiro, alterado pelo Decreto-Lei nº 62/2009, de 10 de março, e pela Lei nº 46/2012, de 29 de agosto.

ARTIGO 207º
Estatuto profissional

1 – Na prestação de serviços profissionais de advocacia em Portugal os advogados da União Europeia que exerçam a sua atividade com o seu título profissional de origem estão sujeitos às regras profissionais e deontológicas aplicáveis aos advogados portugueses, sem prejuízo das regras do Estado de origem a que devam continuar a sujeitar-se.

2 – Os advogados da União Europeia estabelecidos em Portugal a título permanente e registados nos termos do artigo anterior elegem, de entre si, um representante ao congresso dos advogados portugueses.

ARTIGO 208º
Inscrição na Ordem dos Advogados

1 – O estabelecimento em Portugal de advogados da União Europeia que pretendam exercer a sua atividade com o título profissional de advogado, em plena igualdade de direitos e deveres com os advogados portugueses, depende de prévia inscrição na Ordem dos Advogados.

2 – A utilização do título profissional de advogado não prejudica o direito de utilização do título profissional de origem, nos termos do disposto no nº 1 do artigo 205º.

ARTIGO 209º
Responsabilidade disciplinar

1 – Os advogados da União Europeia que exerçam a sua atividade com o seu título profissional de origem estão sujeitos às sanções disciplinares previstas para os advogados portugueses, devendo o respetivo processo disciplinar ser instruído em colaboração com a organização profissional equivalente do Estado de origem, a qual é informada da sanção aplicada.

2 – A responsabilidade disciplinar perante a Ordem dos Advogados é independente da responsabilidade disciplinar perante a organização profissional do respetivo Estado de origem, valendo, no entanto, a comunicação por esta última dos factos que determinaram a instauração de um processo disciplinar ou a aplicação de uma sanção a um advogado que também exerça a sua atividade em Portugal como participação disciplinar para efeitos do disposto no regulamento disciplinar.

3 – Sem prejuízo do disposto no número anterior, o advogado da União Europeia que tenha sido suspenso ou proibido de exercer a profissão pela organização profissional do Estado de origem fica automaticamente impedido de exercer a sua

atividade em Portugal com o seu título profissional de origem, enquanto durar aquela suspensão ou proibição.

ARTIGO 210º
Sociedades de advogados estabelecidos em Portugal

Os advogados estabelecidos em território nacional podem exercer em grupo a profissão, constituindo ou ingressando como sócios ou associados em sociedades de advogados, com os limites resultantes do nº 7 do artigo 213º.

ARTIGO 211º
Organizações associativas de profissionais de outros Estados membros

1 – As organizações associativas de profissionais equiparados a advogados constituídas noutro Estado membro da União Europeia para o exercício de atividade profissional cujo gerente ou administrador seja um profissional e cujo capital com direito de voto caiba maioritariamente aos profissionais em causa ou a outras organizações associativas cujo capital e direitos de voto caiba maioritariamente àqueles profissionais podem inscrever as respetivas representações permanentes em Portugal, constituídas nos termos da lei comercial, como membros da Ordem dos Advogados, sendo enquanto tal equiparadas a sociedades de advogados para efeitos do presente Estatuto, com os limites resultantes do nº 7 do artigo 213º.

2 – Os requisitos de capital referidos no número anterior não são aplicáveis caso esta não disponha de capital social, aplicando-se, em seu lugar, o requisito de atribuição da maioria de direitos de voto aos profissionais ali referidos.

3 – O juízo de equiparação a que se refere o nº 1 é regido:

a) Quanto a nacionais de Estados membros da União Europeia, pelo nº 4 do artigo 1º da Lei nº 9/2009, de 4 de março, alterada pelas Leis nºs 41/2012, de 28 de agosto, e 25/2014, de 2 de maio;

b) Quanto a nacionais de países terceiros cujas qualificações tenham sido obtidas fora de Portugal, pelo regime de reciprocidade vigente.

4 – O regime jurídico de inscrição das organizações associativas de profissionais de outros Estados membros consta do regime jurídico da constituição e funcionamento das sociedades de profissionais que estejam sujeitas a associações públicas profissionais.

ARTIGO 212º
Outros prestadores de serviços de advocacia

1 – As empresas que se estabeleçam em território nacional para a prestação de serviços de advocacia através dos seus sócios, administradores, gerentes, empregados ou subcontratados que não se constituam sob a forma de sociedades de advogados nem se pretendam inscrever na Ordem dos Advogados nos termos do artigo anterior, carecem de registo na Ordem dos Advogados.

2 – A violação do disposto no número anterior constitui contraordenação, punível com coima de € 2 500 a € 25 000, nos termos do regime geral das contraordenações.

3 – Aos prestadores referidos no nº 1 aplicam-se os limites resultantes do nº 7 do artigo seguinte com as necessárias adaptações.

CAPÍTULO VI
Sociedades de advogados

ARTIGO 213º
Sociedades de advogados

1 – Os advogados podem exercer a profissão constituindo ou ingressando em sociedades de advogados, como sócios ou associados.

2 – Podem ainda ser sócios de sociedades de advogados:

a) Sociedades de advogados previamente constituídas e inscritas na Ordem dos Advogados;

b) Organizações associativas de profissionais equiparados a advogados constituídas noutro Estado membro da União Europeia cujo capital e direitos de voto caiba maioritariamente aos profissionais em causa.

3 – O requisito de capital referido na alínea *b*) do número anterior não é aplicável caso esta não disponha de capital social.

4 – O juízo de equiparação a que se refere a alínea *b*) do nº 2 é regido:

a) Quanto a nacionais de Estados membros da União Europeia, pelo nº 4 do artigo 1º da Lei nº 9/2009, de 4 de março, alterada pelas Leis nºs 41/2012, de 28 de agosto, e 25/2014, de 2 de maio;

b) Quanto a nacionais de países terceiros cujas qualificações tenham sido obtidas fora de Portugal, pelo regime de reciprocidade vigente.

5 – As sociedades de advogados gozam dos direitos e estão sujeitas aos deveres aplicáveis aos advogados que sejam compatíveis com a sua natureza, estando nomeadamente sujeitas aos princípios e regras deontológicos constantes do presente Estatuto, bem como ao poder disciplinar da Ordem dos Advogados.

6 – Os membros do órgão executivo das sociedades de advogados, independentemente da sua qualidade como advogados inscritos na Ordem dos Advogados, devem respeitar os princípios e regras deontológicos, a autonomia técnica e científica e as garantias conferidas aos advogados pela lei e pelo presente Estatuto.

7 – Não é permitido às sociedades de advogados exercer direta ou indiretamente a sua atividade em qualquer tipo de associação ou integração com outras profissões, atividades e entidades cujo objeto social não seja o exercício exclusivo da advocacia.

8 – A constituição e funcionamento das sociedades de advogados consta do regime jurídico da constituição e funcionamento das sociedades de profissionais que estejam sujeitas ao regime das associações públicas profissionais.

9 – As relações entre os advogados que integram as sociedades, designadamente entre os sócios, os associados e os estagiários, bem como as relações contratuais com os demais advogados que prestem serviços a essas sociedades, são objeto de regulamento próprio.

10 – As sociedades devem optar, no momento da sua constituição, por um dos dois tipos seguintes, consoante o regime de responsabilidade por dívidas sociais a adotar, devendo a firma conter a menção ao regime adotado:

a) Sociedades de responsabilidade ilimitada, RI;

b) Sociedades de responsabilidade limitada, RL.

11 – A responsabilidade por dívidas sociais inclui as geradas por ações ou omissões imputadas a sócios, associados e estagiários, no exercício da profissão.

12 – Nas sociedades de responsabilidade ilimitada, os sócios respondem pessoal, ilimitada e solidariamente pelas dívidas sociais, sem prejuízo do disposto no número seguinte.

13 – Os credores da sociedade de responsabilidade ilimitada só podem exigir aos sócios o pagamento de dívidas sociais após a prévia excussão dos bens da sociedade.

14 – Nas sociedades de responsabilidade limitada, apenas a sociedade responde pelas dívidas sociais, até ao limite do seguro de responsabilidade civil obrigatório.

15 – Às sociedades de advogados é aplicável o regime fiscal previsto para as sociedades constituídas sob a forma comercial.

ARTIGO 214º
Sócios

Os sócios profissionais de indústria só podem exercer a atividade profissional de advogado numa única sociedade, não podendo exercer tal atividade fora desta, salvo se o contrato de sociedade dispuser em contrário ou for celebrado acordo escrito nesse sentido por todos os sócios.

ARTIGO 215º
Associados

1 – Nas sociedades de advogados podem exercer a sua atividade profissional advogados não sócios que tomam a designação de associados.

2 – Os direitos e deveres dos associados devem constar do contrato de sociedade ou ficar definidos nos planos de carreira e deles deve ser dado conhecimento ao associado, no momento da sua integração na sociedade.

ARTIGO 216º
Alteração do contrato

As alterações do contrato de sociedade dependem de deliberação dos sócios, aprovada por maioria de 75% dos votos expressos.

ARTIGO 217º
Aprovação do projeto de pacto social

1 – O projeto de pacto social é submetido à aprovação do conselho geral da Ordem dos Advogados, que decide em 30 dias.

2 – Da deliberação do conselho geral cabe recurso para o conselho superior da Ordem dos Advogados.

ARTIGO 218º
Correspondência e documentos

1 – A firma da sociedade e a menção do regime de responsabilidade devem constar da correspondência e de todos os documentos da sociedade e dos escritos profissionais dos sócios, associados ou estagiários.

2 – Sem prejuízo do previsto no número anterior, é permitido o uso de denominações abreviadas com recurso às iniciais dos nomes que compõem a firma da sociedade, bem como de logótipos, sujeitos a aprovação nos termos do artigo anterior.

ARTIGO 219º
Participações sociais

A transmissão da participação de capital do sócio não implica a extinção da respetiva participação de indústria, salvo deliberação unânime em contrário.

ARTIGO 220º
Votos

Em assembleia geral, o sócio pode fazer-se representar no exercício do direito de voto por outro sócio, mandatado para o efeito.

ARTIGO 221º
Administração da sociedade

O exercício dos poderes de administração deve conformar-se com a independência do sócio enquanto advogado, relativamente à prática dos respetivos atos profissionais.

ARTIGO 222º
Dissolução imediata

A sociedade dissolve-se nos casos previstos na lei, no contrato de sociedade e ainda:

a) Quando, no prazo de seis meses, não for reconstituída a pluralidade de sócios;

b) Por deliberação dos sócios, aprovada por unanimidade, salvo se diversamente convencionado no contrato de sociedade.

TÍTULO VII
Disposições finais e transitórias

ARTIGO 223º
Balcão único e documentos

1 – Todos os pedidos, comunicações e notificações previstos no presente Estatuto entre a Ordem dos Advogados e os advogados, sociedades de advogados ou outras organizações associativas de profissionais, com exceção dos relativos a procedimentos disciplinares e ao voto por correspondência, são realizados por meios eletrónicos, através do balcão único eletrónico dos serviços, referido nos artigos 5º e 6º do Decreto-Lei nº 92/2010, de 26 de julho, acessível através do sítio na Internet da Ordem dos Advogados.

2 – A apresentação de documentos em forma simples nos termos do número anterior dispensa a remessa dos documentos originais, autênticos, autenticados ou certificados, sem prejuízo do disposto nas alíneas *a*) e *c*) do nº 3 e nos nºs 4 e 5 do artigo 7º do Decreto-Lei nº 92/2010, de 26 de julho.

3 – Quando não for possível o cumprimento do disposto no nº 1, por motivos de indisponibilidade das plataformas eletrónicas, bem como nos casos em que o interessado não disponha de meios que lhe permitam aceder às mesmas, a transmissão da informação em apreço pode ser feita por entrega nos serviços da Ordem

dos Advogados, por remessa pelo correio sob registo, por telecópia ou por correio eletrónico.

4 – São ainda aplicáveis aos procedimentos referidos no presente artigo o disposto nas alíneas *d*) e *e*) do artigo 5º e no nº 1 do artigo 7º do Decreto-Lei nº 92/ /2010, de 26 de julho.

ARTIGO 224º
Informação na Internet

Para além da informação referida no nº 3 do artigo 6º do Decreto-Lei nº 92/ /2010, de 26 de julho, e no nº 4 do artigo 19º da Diretiva 2000/31/CE, do Parlamento Europeu e do Conselho, de 8 de junho de 2000, relativa a certos aspetos legais dos serviços da sociedade de informação, em especial do comércio eletrónico, no mercado interno, a Ordem dos Advogados deve disponibilizar ao público em geral, através do seu sítio na Internet, as seguintes informações:

a) Regime de acesso e exercício da profissão;

b) Princípios e regras deontológicas aplicáveis aos advogados;

c) Procedimento de apresentação de queixa ou reclamações pelos destinatários relativamente aos serviços prestados pelos advogados no âmbito da sua atividade;

d) Ofertas de emprego na Ordem dos Advogados;

e) Registo atualizado dos advogados inscritos na Ordem dos Advogados, donde conste:

- *i*) O nome, o domicílio profissional e o número de cédula profissional;
- *ii*) A designação do título e das especialidades profissionais;
- *iii*) A situação de suspensão ou interdição temporária do exercício da atividade, se for caso disso;

f) Registo atualizado dos advogados da União Europeia, donde conste:

- *i*) O nome e o domicílio profissionais e, caso exista, a designação do título profissional de origem e das respetivas especialidades;
- *ii*) A identificação da associação pública profissional do Estado membro de origem, na qual o profissional se encontre inscrito;
- *iii*) A situação de suspensão ou interdição temporária do exercício da atividade, se for caso disso;
- *iv*) A informação relativa às sociedades de profissionais ou outras formas e organização associativa de profissionais para que prestem serviços no Estado membro de origem, caso aqui prestem serviços nessa qualidade;

g) Registo atualizado de sociedades de advogados e de outras formas de organização associativa inscritas com a respetiva designação, sede, número de inscrição e número de identificação fiscal ou equivalente.

ARTIGO 225º
Cooperação administrativa

A Ordem dos Advogados presta e solicita às autoridades administrativas dos outros Estados membros e à Comissão Europeia assistência mútua e toma as medidas necessárias para cooperar eficazmente, nomeadamente através do Sistema de Informação do Mercado Interno, no âmbito dos procedimentos relativos a prestadores de serviços já estabelecidos noutro Estado membro, nos termos do capítulo VI do Decreto-Lei nº 92/2010, de 26 de julho, do nº 2 do artigo 51º da Lei nº 9/2009, de 4 de março, alterada pelas Leis nºs 41/2012, de 28 de agosto, e 25/2014, de 2 de maio, e dos nºs 2 e 3 do artigo 19º da Diretiva nº 2000/31/CE do Parlamento Europeu e do Conselho, de 8 de junho de 2000, relativa a certos aspetos legais dos serviços da sociedade de informação, em especial do comércio eletrónico.

ARTIGO 226º
Tribunal arbitral

1 – Os conflitos entre sócios de uma sociedade de advogados, ou entre estes e a sociedade, podem ser submetidos a tribunal arbitral, nos termos da lei e de proposta de regulamento a elaborar pelo conselho geral da Ordem dos Advogados.

2 – Da decisão final do tribunal arbitral cabe recurso para os tribunais judiciais.

ARTIGO 227º
Tutela de legalidade

Os poderes de tutela de legalidade sobre a Ordem dos Advogados, em conformidade com o artigo 45º da Lei nº 2/2013, de 10 de janeiro, são exercidos pelo membro do Governo responsável pela área da justiça.

ANEXO
(a que se refere o nº 3 do artigo 2º do Estatuto da Ordem dos Advogados)

Correspondência territorial das regiões

Municípios que pertencem à área geográfica e de competência do Conselho Regional de Lisboa da Ordem dos Advogados

Municípios de Alcochete, Alenquer, Almada, Amadora, Arruda dos Vinhos, Barreiro, Benavente, Bombarral, Cadaval, Caldas da Rainha, Cascais, Lisboa, Loures, Lourinhã, Mafra, Moita, Montijo, Odivelas, Oeiras, Peniche, Rio Maior, Sintra, Seixal, Sesimbra, Sobral de Monte Agraço, Torres Vedras e Vila Franca de Xira.

Municípios que pertencem à área geográfica e de competência do Conselho Regional do Porto da Ordem dos Advogados

Municípios de Alfândega da Fé, Alijó, Amarante, Amares, Arcos de Valdevez, Armamar, Arouca, Baião, Barcelos, Boticas, Braga, Bragança, Cabeceiras de Basto, Caminha, Carrazeda de Ansiães, Castelo de Paiva, Castro Daire, Celorico de Basto, Chaves, Cinfães, Espinho, Esposende, Estarreja, Fafe, Felgueiras, Freixo de Espada à Cinta, Gondomar, Guimarães, Lamego, Lousada, Macedo de Cavaleiros, Maia, Marco de Canaveses, Matosinhos, Melgaço, Mesão Frio, Miranda do Douro, Mirandela, Mogadouro, Moimenta da Beira, Monção, Mondim de Basto, Montalegre, Murça, Murtosa, Oliveira de Azeméis, Ovar, Paços de Ferreira, Paredes de Coura, Paredes, Penafiel, Penedono, Peso da Régua, Ponte da Barca, Ponte de Lima, Porto, Póvoa de Lanhoso, Póvoa de Varzim, Resende, Ribeira de Pena, Sabrosa, Santa Maria da Feira, Santa Marta de Penaguião, Santo Tirso, São João da Madeira, São João da Pesqueira, Sernancelhe, Tabuaço, Tarouca, Terras de Bouro, Torre de Moncorvo, Trofa, Vale de Cambra, Valença, Valongo, Valpaços, Viana do Castelo, Vieira do Minho, Vila do Conde, Vila Flor, Vila Nova de Cerveira, Vila Nova de Famalicão, Vila Nova de Gaia, Vila Pouca de Aguiar, Vila Real, Vila Verde, Vimioso, Vinhais e Vizela.

Municípios que pertencem à área geográfica e de competência do Conselho Regional de Faro da Ordem dos Advogados;

Municípios de Albufeira, Alcoutim, Aljezur, Castro Marim, Faro, Lagoa, Lagos, Loulé, Monchique, Olhão, Portimão, São Brás de Alportel, Silves, Tavira, Vila do Bispo e Vila Real de Santo António.

Municípios que pertencem à área geográfica e de competência do Conselho Regional de Évora da Ordem dos Advogados

Municípios de Abrantes, Alandroal, Alcácer do Sal, Aljustrel, Almeirim, Almodôvar, Alpiarça, Alter do Chão, Alvito, Arraiolos, Arronches, Avis, Azambuja, Barrancos, Beja, Borba, Campo Maior, Cartaxo, Castelo de Vide, Castro Verde, Chamusca, Constância, Coruche, Crato, Cuba, Elvas, Entroncamento, Estremoz, Évora, Ferreira do Alentejo, Fronteira, Gavião, Golegã, Grândola, Mação, Marvão, Mértola, Monforte, Montemor-o-Novo, Mora, Moura, Mourão, Nisa, Odemira, Ourique, Palmela, Ponte de Sor, Portalegre, Portel, Redondo, Reguengos de Monsaraz, Salvaterra de Magos, Santarém, Santiago do Cacém, Sardoal, Serpa, Setúbal, Sines, Sousel, Vendas Novas, Viana do Alentejo, Vidigueira, Vila Nova da Barquinha e Vila Viçosa.

Municípios que pertencem à área geográfica e de competência do Conselho Regional de Coimbra da Ordem dos Advogados

Municípios de Águeda, Aguiar da Beira, Albergaria-a-Velha, Alcanena, Alcobaça, Almeida, Alvaiázere, Anadia, Ansião, Arganil, Aveiro, Batalha, Belmonte, Cantanhede, Carregal do Sal, Castanheira de Pera, Castelo Branco, Celorico da Beira, Coimbra, Condeixa-a-Nova, Covilhã, Ferreira do Zêzere, Figueira da Foz, Figueira de Castelo Rodrigo, Figueiró dos Vinhos, Fornos de Algodres, Fundão, Góis, Gouveia, Guarda, Idanha-a-Nova, Ílhavo, Leiria, Lousã, Mangualde, Manteigas, Marinha Grande, Mealhada, Meda, Mira, Miranda do Corvo, Montemor-o-Velho, Mortágua, Nazaré, Nelas, Óbidos, Oleiros, Oliveira de Frades, Oliveira do Bairro, Oliveira do Hospital, Ourém, Pampilhosa da Serra, Penacova, Penalva do Castelo, Penamacor, Penedono, Penela, Pedrógão Grande, Pinhel, Pombal, Porto de Mós, Proença-a-Nova, Sabugal, Santa Comba Dão, São Pedro do Sul, Sátão, Seia, Sertã, Sever do Vouga, Soure, Tábua, Tomar, Tondela, Torres Novas, Trancoso, Vagos, Vila de Rei, Vila Nova de Foz Côa, Vila Nova de Paiva, Vila Nova de Poiares, Vila Velha de Ródão, Viseu e Vouzela.

Municípios que pertencem à área geográfica e de competência do Conselho Regional da Madeira da Ordem dos Advogados

Municípios de Calheta (Madeira), Câmara de Lobos, Funchal, Machico, Ponta do Sol, Porto Moniz, Porto Santo, Ribeira Brava, Santa Cruz, Santana e São Vicente.

Municípios que pertencem à área geográfica e de competência do Conselho Regional dos Açores da Ordem dos Advogados

Municípios de Angra do Heroísmo, Calheta (S. Jorge), Corvo, Horta, Lagoa, Lajes das Flores, Lajes do Pico, Madalena, Nordeste, Ponta Delgada, Povoação, Praia da Vitória, Ribeira Grande, Santa Cruz da Graciosa, Santa Cruz das Flores, São Roque do Pico, Velas, Vila do Porto e Vila Franca do Campo.

22. ESTATUTO DA ORDEM DOS SOLICITADORES E DOS AGENTES DE EXECUÇÃO[172]

CAPÍTULO I
Disposições gerais

ARTIGO 1º
Denominação, natureza e sede

1 – A Ordem dos Solicitadores e dos Agentes de Execução, adiante designada abreviadamente por Ordem, é a associação pública profissional representativa dos solicitadores e dos agentes de execução.

2 – A Ordem é uma pessoa coletiva de direito público, que no exercício dos seus poderes públicos pratica os atos administrativos necessários ao desempenho das suas funções e aprova os regulamentos previstos na lei e no presente Estatuto, de forma independente dos órgãos do Estado, gozando de personalidade jurídica, autonomia administrativa, financeira, científica, disciplinar e regulamentar, dentro dos limites impostos pela lei.

3 – Ressalvados os casos previstos na lei, os atos e regulamentos da Ordem não estão sujeitos a homologação governamental.

4 – A Ordem tem a sua sede em Lisboa.

[172] Aprovado pela Lei nº 154/2015, de 14 de setembro, e alterado pela Lei nº 79/2021, de 24 de novembro. São complementares deste Estatuto os seguintes diplomas: *a*) o Regulamento da Caixa de Previdência dos Advogados e Solicitadores, aprovado pelo DL nº 119/2015, de 29 de junho, alterado pelo DL nº 116/2018, de 21 de dezembro; *b*) o Regulamento das Comunicações da Ordem e Uso do Correio e Certificado Eletrónico, nº 331/2017, de 12 de junho; *c*) o Regulamento de Contabilidade e Conta-Cliente de Agente de Execução, nº 52/2017, de 20 de janeiro; *d*) o Regulamento de Registo de Atos e de Bens de Agente de Execução, nº 38/2017, de 11 de janeiro; *e*) o Regulamento de Agente Contratado ou Associado, nº 36/2017, de 11 de janeiro; *f*) o Regulamento da Caução a Prestar pelos Agentes de Execução, nº 37/2017, de 11 de janeiro; *g*) Regulamento Sobre Taxas, Seguro Obrigatório, Cobrança e Isenção de Quotas, nº 341/2017, de 23 de junho; *h*) o Regulamento Sobre Publicidade, Imagem e Utilização de Marcas de Titularidade da Ordem, nº 548/2017, de 12 de outubro; *i*) o Regulamento das Contas-Cliente de Solicitador, nº 611/2017, de 11 de dezembro; *j*) o Regulamento de Exame Para Avaliação Sobre a Atualização dos Conhecimentos e Competências, nº 547/2017, de 12 de outubro; *k*) o Regulamento Disciplinar da Ordem dos Solicitadores e dos Agentes de Execução, nº 87/2019, de 21 de janeiro. O Regulamento nº 1094/2020, de 18 de dezembro, fixou o número máximo e espécie de processos para os quais os agentes de execução ou as sociedades que integrem podem ser designados por qualquer título. A Portaria nº 30/2023, de 13 de janeiro, fixou, para o ano de 2023,o valor do fator de correção do indexante contributivo previsto no artigo 79º-A do Regulamento da Caixa de Pevidência dos Advogados e Solicitadores, aprovado pelo Decreto-Lei nº 119/2015, de 29 de junho.

ARTIGO 2º
Selo e insígnia da Ordem

1 – A Ordem tem direito ao uso de selo e insígnia próprios.

2 – A insígnia é constituída pela figuração plana da esfera armilar com o escudo das armas nacionais, tendo sobreposta a balança da justiça e entrelaçada uma fita com a legenda «Labor Improbus Omnia Vincit».

ARTIGO 3º
Fins e atribuições

1 – A Ordem tem como fins o controlo do acesso e exercício da atividade profissional dos solicitadores e dos agentes de execução, elaborando, nos termos da lei, as normas técnicas e deontológicas respetivas e exercendo o poder disciplinar sobre quem exerça essas atividades profissionais, sem prejuízo das atribuições especificamente cometidas à Comissão para o Acompanhamento dos Auxiliares da Justiça (CAAJ), contribuindo ainda para o progresso da atividade profissional dos seus associados, estimulando os esforços dos seus associados nos domínios científico, profissional e social, e para o cumprimento das regras éticas e de deontologia profissional.

2 – São atribuições da Ordem:

a) Colaborar na administração da justiça, propondo as medidas legislativas que considere adequadas ao seu bom funcionamento;

b) Regular o acesso e o exercício das profissões de solicitador e de agente de execução;

c) Atribuir os títulos profissionais de solicitador e de agente de execução, emitindo as respetivas cédulas profissionais;

d) Elaborar e atualizar o registo profissional dos associados;

e) Elaborar e aprovar os regulamentos internos de natureza associativa e profissional;

f) Emitir parecer sobre os projetos de atos normativos relacionados com as suas atribuições;

g) Defender os interesses gerais dos destinatários dos serviços prestados pelos seus associados;

h) Zelar pela função social, dignidade e prestígio da profissão, promovendo a formação inicial e contínua dos seus associados e o respeito pelos valores e princípios deontológicos;

i) Defender os direitos e interesses dos seus associados;

j) Exercer o poder disciplinar sobre os seus associados, quando não se encontre legalmente atribuído a outras entidades;

k) Contribuir para o relacionamento com a Ordem dos Advogados e com outras associações públicas e privadas em Portugal e no estrangeiro, podendo aderir a uniões e federações internacionais;

l) Promover o aperfeiçoamento profissional dos seus associados;

m) Fomentar o desenvolvimento do ensino das matérias relevantes para o exercício das profissões;

n) Desenvolver ou promover o desenvolvimento de plataformas informáticas e de serviços que confiram maior transparência, simplifiquem o exercício das profissões e operacionalizem atividades profissionais dos associados;

o) Proteger os títulos profissionais, promovendo as medidas necessárias e adequadas à sua defesa contra quem os ilegalmente;

p) Promover a cooperação e solidariedade entre os seus associados;

q) Prestar, no âmbito das suas funções, a colaboração técnica e científica solicitada por quaisquer entidades, públicas ou privadas, quando tal se revele necessário;

r) Participar nos processos oficiais de acreditação e avaliação dos cursos que dão acesso às profissões de solicitador e de agente de execução;

s) Reconhecer as qualificações profissionais obtidas fora de Portugal, nos termos da lei, do direito da União Europeia ou de convenção internacional;

t) Exercer as demais atribuições que resultam das disposições do presente Estatuto e da lei.

ARTIGO 4º
Tutela de legalidade

Os poderes de tutela de legalidade sobre a Ordem dos Solicitadores e dos Agentes de Execução, em conformidade com o artigo 45º da Lei nº 2/2013, de 10 de janeiro, são exercidos pelo membro do Governo responsável pela área da Justiça.

ARTIGO 5º
Previdência social

A previdência social dos associados é realizada pela Caixa de Previdência dos Advogados e Solicitadores, nos termos das disposições legais e regulamentares aplicáveis.

ARTIGO 6º
Correspondência e requisição oficial de documentos

No exercício das suas atribuições legais podem os órgãos da Ordem corresponder-se com quaisquer entidades públicas, autoridades judiciárias e policiais, bem como com órgãos de polícia criminal, podendo requisitar, com isenção de pagamento de despesas, documentos, cópias, certidões, informações e esclarecimentos, incluindo a remessa de processos em confiança, devendo tal requisição ser satisfeita nos termos em que os organismos oficiais devem satisfazer as requisições dos tribunais judiciais.

ARTIGO 7º
Dever de colaboração

1 – As entidades públicas, autoridades judiciárias e policiais, bem como os órgãos de polícia criminal, devem, nos termos da lei, colaborar com a Ordem, no exercício das suas funções.

2 – Os particulares, sejam pessoas singulares ou coletivas, têm o dever de colaboração com a Ordem no exercício das suas atribuições.

CAPÍTULO II
Organização, estrutura orgânica, composição dos órgãos e competências

SECÇÃO I
Disposições gerais

ARTIGO 8º
Território

A Ordem abrange o continente e as regiões autónomas.

ARTIGO 9º
Organização

1 - A Ordem está organizada em função do território e das atividades profissionais dos solicitadores e dos agentes de execução.

2 - No plano territorial a Ordem está organizada em três níveis:

a) Nacional;

b) Regional;

c) Local.

3 - No plano das atividades profissionais a Ordem é composta pelos seguintes colégios profissionais:

a) Colégio dos solicitadores;

b) Colégio dos agentes de execução.

4 - Os associados da Ordem podem pertencer simultaneamente a um ou mais colégios profissionais, sem prejuízo das incompatibilidades e dos impedimentos de atividade, nos termos legais.

ARTIGO 10º
Divisão em regiões

1 - Sem prejuízo do disposto nos números seguintes, a divisão regional da Ordem coincide em número e território com as áreas de competência dos tribunais da Relação.

2 - Enquanto não ocorrer a desagregação referida no número seguinte, a região de Lisboa abrange as áreas de competência dos tribunais da Relação de Lisboa e de Évora, e a região do Porto, as áreas de competência dos tribunais da Relação do Porto e de Guimarães.

3 - Por deliberação da assembleia geral, tomada por maioria simples dos seus membros, podem as regiões de Lisboa e do Porto ser desagregadas, no caso de o número de associados da área de competência do tribunal da Relação respetiva ser superior a 10/prct. dos associados.

4 - Caso se verifique que o número de associados da área de competência do tribunal da Relação respetivo é inferior a 10/prct. dos associados, a assembleia geral pode deliberar a agregação dessa região à região limítrofe que tenha menor número de associados.

5 – Cabe ao conselho geral nomear as respetivas comissões instaladoras e definir os meios e os prazos para realizar a agregação ou a desagregação, em função do disposto nos números anteriores, podendo tal deliberação ser alterada pela assembleia de representantes, no prazo de 90 dias.

6 – As sedes dos conselhos regionais são em Lisboa, Porto e Coimbra.

ARTIGO 11º
Divisão em delegações distritais

1 – A divisão local da Ordem coincide em número e território com os distritos administrativos.

2 – Sem prejuízo do disposto no número anterior, nos distritos administrativos em que o número de associados efetivos seja inferior a 25, as delegações distritais são agregadas à delegação distrital confinante com menor representatividade.

3 – Cada uma das regiões autónomas corresponde a uma delegação distrital, não lhe podendo ser agregadas outras delegações distritais.

4 – Cabe ao conselho geral decidir a agregação ou desagregação em função do disposto no nº 2, podendo tal deliberação ser alterada pela assembleia geral no prazo de 90 dias.

5 – Por deliberação da assembleia geral podem as delegações distritais ser agregadas ou desagregadas de forma a fazê-las coincidir com o mapa judiciário aprovado pela Lei de Organização do Sistema Judiciário.

6 – No caso de uma delegação distrital ocupar a área de competência de mais do que um tribunal de Relação, o conselho geral deve determinar a que região e delegação distrital ficam afetos os associados de cada um dos respetivos concelhos, podendo essa deliberação ser alterada, por assembleia geral, se a mesma for requerida no prazo de 90 dias.

ARTIGO 12º
Determinação do número de associados

1 – Para efeito do disposto nos artigos anteriores, na determinação do número de associados são considerados os inscritos em 31 de dezembro do ano anterior.

2 – A distribuição regional e local é apurada tendo por base o domicílio profissional declarado pelo associado até 31 de dezembro do ano anterior.

ARTIGO 13º
Órgãos da Ordem

1 – São órgãos nacionais da Ordem:

a) O congresso;
b) A assembleia geral;
c) A assembleia de representantes;
d O bastonário;
e) O conselho superior;
f) O conselho geral;
g) O conselho fiscal;
h) As assembleias de representantes dos colégios profissionais;
i) Os conselhos profissionais.

2 – São órgãos regionais da Ordem:

a) As assembleias regionais;

b) Os conselhos regionais.

3 – São órgãos locais da Ordem:

a) As assembleias distritais;

b) As delegações distritais;

c) Os delegados concelhios.

4 – A hierarquia protocolar dos titulares dos órgãos da Ordem é a seguinte:

a) Bastonário;

b) Presidente do conselho superior;

c) Presidente da mesa da assembleia geral;

d) Provedor;

e) Presidente do conselho fiscal;

f) Presidentes dos conselhos profissionais;

g) Presidentes dos conselhos regionais;

h) Presidente da mesa da assembleia de representantes;

i) Presidentes das mesas das assembleias de representantes dos colégios profissionais;

j) Presidentes das mesas das assembleias regionais;

k) Presidentes das delegações distritais;

l) Delegados concelhios.

5 – Em todos os órgãos colegiais em que esteja designado um presidente, este, ou o seu substituto, têm voto de qualidade em caso de empate nas votações.

6 – No caso de ser necessária a substituição de membros dos órgãos colegiais são chamados os suplentes pela ordenação das respetivas listas apresentadas.

ARTIGO 14º
Competências

1 – As competências dos órgãos nacionais da Ordem devem ser exercidas de forma a garantir:

a) O caráter nacional da Ordem enquanto associação pública representativa daqueles que exercem em Portugal as atividades profissionais previstas no presente Estatuto;

b) A necessidade de fomentar a unidade dos seus associados;

c) O respeito pelas características e interesses próprios dos colégios profissionais;

d) O respeito pela individualidade e pela autonomia das regiões;

e) A necessidade de integrar as ações regionais, inserindo-as em planos nacionais.

2 – Os órgãos nacionais da Ordem exercem as suas competências em matérias de caráter nacional, designadamente:

a) A defesa e melhoria das condições de exercício das profissões previstas no presente Estatuto, designadamente pela participação na elaboração de disposições legislativas e regulamentares;

b) A intervenção junto dos órgãos da administração central ou outras entidades de âmbito nacional;

c) O desenvolvimento das relações internacionais da Ordem;

d) O acompanhamento do ensino nas licenciaturas em solicitadoria e direito;
e) A apreciação dos níveis de formação, competência e experiência necessários para a admissão de associados;
f) A apreciação dos requisitos necessários para a atribuição dos títulos de especialização;
g) A identificação dos problemas nacionais com incidência na área da justiça;
h) A avaliação das necessidades de valorização da atividade dos seus associados, designadamente nos planos científico e técnico, bem como da sua intervenção social;
i) A preparação de planos nacionais, coordenando, a médio e longo prazo, o conjunto das atividades a desenvolver pelos colégios profissionais, pelas regiões e pelas delegações;
j) O desenvolvimento de iniciativas culturais, designadamente as relacionadas com a biblioteca e a atividade editorial;
k) Todas as que não estejam exclusivamente atribuídas aos órgãos regionais ou locais e aquelas que o presente Estatuto preveja ou que lhes venham a ser concedidas ou delegadas.

3 – Compete a cada órgão aprovar o respetivo regimento aplicando-se, na falta deste, com as necessárias adaptações, o regimento da assembleia geral.

4 – Sem prejuízo das reuniões determinadas pelo presente Estatuto, compete a cada órgão definir a periodicidade das suas reuniões.

ARTIGO 15º
Proporcionalidade nas listas de candidatura

1 – As listas de candidatos aos órgãos executivos colegiais nacionais devem assegurar a candidatura de associados oriundos de todas as regiões.

2 – As listas de candidatos aos órgãos executivos regionais devem assegurar a candidatura de associados provenientes de mais de metade das respetivas delegações distritais.

3 – As listas de candidaturas devem garantir que qualquer dos colégios profissionais tem no mínimo uma quota de um terço de candidatos.

4 – Um candidato que pertença a mais do que um colégio pode preencher a quota de qualquer colégio.

ARTIGO 16º
Escolha de cargo

1 – Com os limites previstos no nº 3 do artigo seguinte e no artigo 69º, um associado pode ser candidato a mais do que um órgão da Ordem, mas apenas pode tomar posse num único órgão, sem prejuízo dos cargos que são ocupados por inerência.

2 – Os candidatos que integrem um órgão executivo de outra associação pública profissional apenas podem tomar posse num órgão da Ordem depois de renunciarem às funções na outra associação pública.

ARTIGO 17º
Incompatibilidades no exercício de funções

1 – O exercício de funções executivas, disciplinares e de fiscalização em órgãos da Ordem é incompatível entre si.

2 – O cargo de titular de órgão da Ordem é incompatível com o exercício de quaisquer funções dirigentes na função pública e com qualquer outra função com a qual se verifique um manifesto conflito de interesses.

3 – O disposto no número anterior não se aplica:

a) Ao provedor;

b) Aos trabalhadores em funções públicas providos em cargos de solicitadores expressamente previstos nos quadros orgânicos dos correspondentes serviços e aos contratados para o mesmo efeito;

c) Aos eleitos para as assembleias de representantes, delegações distritais e delegados concelhios.

ARTIGO 18º
Regra geral de convocação

1 – As reuniões dos órgãos colegiais da Ordem são convocadas pelo respetivo presidente ou, nos casos previstos no presente Estatuto, pelo bastonário, preferencialmente por via eletrónica.

2 – A primeira reunião dos órgãos colegiais que não tenham ainda presidente é convocada pelo primeiro membro da lista mais votada, a quem incumbe dirigir os trabalhos até à eleição da mesa.

SECÇÃO II
Órgãos nacionais

SUBSECÇÃO I
Bastonário

ARTIGO 19º
Bastonário

1 – O bastonário é o presidente da Ordem.

2 – Salvo no que respeita ao conselho superior e ao conselho fiscal, o bastonário tem direito a assistir às reuniões dos órgãos colegiais da Ordem, na respetiva mesa, caso exista, tendo o direito de nelas intervir e propor livremente, ainda que não tenha direito de voto.

ARTIGO 20º
Competências

1 – Compete ao bastonário:

a) Representar a Ordem em juízo e fora dele, designadamente perante os órgãos de soberania;

b) Velar pelo cumprimento da legislação respeitante à Ordem e pelos respetivos regulamentos, bem como zelar pela realização das suas atribuições;

c) Presidir ao conselho geral e ao congresso;

d) Promover a execução das deliberações da assembleia geral, da assembleia de representantes, do conselho superior e do conselho geral;

e) Proceder, por iniciativa própria ou mediante solicitação de outros órgãos, à constituição da Ordem como assistente em processo penal, à promoção de ações judiciais, ou à defesa da Ordem em ação em que esta seja demandada;

f) Submeter a qualquer órgão da Ordem ou aos respetivos associados a elaboração de pareceres sobre as matérias que interessem às atribuições da Ordem;

g) Presidir a quaisquer comissões ou indicar um associado da Ordem para tais funções;

h) Decidir sobre os pedidos de dispensa de sigilo profissional e autorizar intervenções públicas sobre questões profissionais pendentes;

i) Interpor recurso para o conselho superior das deliberações de todos os órgãos da Ordem, incluindo do conselho geral, que julgue contrárias às leis e aos regulamentos;

j) Exercer em casos urgentes as competências do conselho geral;

k) Convocar a assembleia de representantes;

l) Convocar, excecionalmente, a reunião de qualquer órgão colegial da Ordem ou mesmo a reunião conjunta de um ou mais órgãos, nos termos do nº 1 do artigo 18º;

m) Exercer quaisquer outros poderes ou funções que lhe sejam delegados pelo conselho geral ou pela assembleia de representantes;

n) Designar um secretário-geral que, além das competências que lhe sejam delegadas, assiste às reuniões do conselho geral e das assembleias de representantes, salvo deliberação destas em sentido contrário, e pode emitir certidões das deliberações dos órgãos da Ordem;

o) Exercer as demais funções que as leis e os regulamentos lhe atribuam.

2 – A competência referida na alínea *e*) do número anterior confere ao bastonário, por deliberação do conselho geral e ouvido o órgão em causa, decidir reagir ou não, no todo ou em parte, relativamente a litígios em que a Ordem seja demandada.

3 – O bastonário pode delegar qualquer uma das suas competências nos membros do conselho geral, individualmente considerados ou reunidos em comissões, ou ainda em grupos de trabalho por estes dirigidos.

4 – O bastonário pode delegar no secretário-geral as competências identificadas na alínea *d*) do nº 1.

ARTIGO 21º
Competências dos vice-presidentes

Compete aos vice-presidentes:

a) Coadjuvar o bastonário nas suas funções, substituindo-o nas suas ausências ou impedimentos;

b) Executar as competências que lhes sejam delegadas pelo bastonário ou que resultem do presente Estatuto.

SUBSECÇÃO II
Assembleia-geral

ARTIGO 22º
Composição e competência

1 – A assembleia geral é constituída por todos os associados com inscrição em vigor.

2 – Compete à assembleia geral:

a) Eleger o bastonário, a mesa da assembleia geral, o conselho superior, o conselho geral e a assembleia de representantes;

b) Destituir os órgãos que lhe compete eleger, determinando a convocação de eleições;

c) Aprovar o seu regimento;

d) Aprovar propostas de alteração ao presente Estatuto;

e) Aprovar a convocação de referendo após emissão de parecer favorável sobre a legalidade do mesmo pelo conselho superior;

f) Discutir e votar o plano de atividades, o orçamento, o relatório e as contas do conselho geral;

g) Aprovar o código deontológico;

h) Aprovar os regulamentos eleitorais;

i) Fixar o valor das taxas e quotas, tendo em consideração os limites máximos previstos no presente Estatuto;

j) Deliberar sobre a criação de especializações e outorgar os respetivos títulos;

k) Designar o provedor e o revisor oficial de contas;

l) Atribuir a qualidade de associado honorário da Ordem.

3 – Salvo disposição em contrário, compete ainda à assembleia geral aprovar os regulamentos da Ordem, sob proposta do conselho geral, nos termos e com as exceções seguintes:

a) As propostas de regulamento disciplinar são apresentadas pelo conselho superior, sendo obrigatoriamente ouvidos o conselho geral, os presidentes dos conselhos profissionais e a CAAJ, cujo parecer é vinculativo quanto às normas que respeitem a agentes de execução;

b) Nas propostas de regulamento que digam respeito a matéria financeira e de gestão interna da Ordem são ouvidos o conselho superior e o conselho fiscal;

c) Nas propostas de regulamento que digam respeito a matérias que afetem exclusivamente determinada atividade profissional, é sempre ouvido o conselho profissional respetivo, podendo este submeter as propostas a apreciação da assembleia de representantes do colégio, sendo igualmente ouvida a CAAJ quando digam respeito a agentes de execução;

d) A assembleia geral pode delegar nas assembleias de representantes dos colégios profissionais a aprovação de regulamentos que afetem exclusivamente determinada atividade profissional, devendo a delegação de competências definir o objeto, o sentido, a extensão, os limites e a duração da delegação.

4 – As competências previstas nas alíneas *f*) a *l*) do nº 2 e no nº 3 podem ser delegadas na assembleia de representantes, no todo ou em parte.

ARTIGO 23º
Mesa

1 – A mesa da assembleia geral é constituída pelo presidente e pelos primeiro e segundo secretários.

2 – Em caso de falta ou impedimento, o presidente é substituído pelo primeiro-secretário e, na falta deste, pelo segundo-secretário.

3 – Na falta, total ou parcial, dos membros referidos nos números anteriores, a assembleia geral escolhe de entre os associados presentes os que devam constituir ou completar a mesa.

4 – Compete ao presidente da mesa:

a) Coordenar com os presidentes de outras mesas eleitorais as datas das realizações de assembleias que não se devam sobrepor, prevalecendo as reuniões nacionais sobre as restantes;

b) Convocar a assembleia;

c) Verificar o número de presenças;

d) Dirigir os trabalhos, ouvindo a mesa, sem prejuízo de recurso para a assembleia;

e) Rubricar e assinar as atas;

f) Dar posse aos novos órgãos nos 30 dias seguintes à sua eleição.

5 – Compete aos restantes membros da mesa da assembleia coadjuvar o presidente nas respetivas decisões e assegurar a elaboração das atas, do escrutínio e do registo de presenças.

6 – Compete à mesa constituir-se em comissão eleitoral, nas assembleias-gerais eleitorais e nos referendos, anunciando previamente a distribuição do número de representantes por delegações distritais, coordenando e dirigindo o processo de votação e assegurando a igualdade das candidaturas, ou opções, nos termos do regulamento eleitoral.

ARTIGO 24º
Convocatórias, documentos, representação e quórum

1 – A assembleia geral é convocada por aviso expedido com a antecedência mínima de 10 dias, para o endereço de correio eletrónico fornecido aos associados pela Ordem, sendo simultaneamente divulgado no sítio da Ordem e em anúncio publicado em jornal diário.

2 – Os documentos a aprovar, designadamente as propostas de regulamentos ou de deliberações necessários ao debate dos pontos da ordem de trabalhos, devem ser disponibilizados através do correio eletrónico institucional dos associados.

3 – Um associado pode ser representado nas reuniões das assembleias-gerais por outro, desde que o mandatário não represente mais do que cinco associados.

4 – A aprovação de propostas de alteração do presente Estatuto, convocação de referendo, ou destituição de órgãos nacionais, exigem a presença, ou representação de um mínimo de 10/prct. dos associados inscritos e votação favorável de dois terços destes.

5 – Não estando presentes, à hora designada na convocatória, metade dos membros que constituem a assembleia geral, esta reúne 15 minutos depois, sendo,

sem prejuízo do número anterior, válidas as deliberações tomadas com qualquer número de presenças.

ARTIGO 25º
Reuniões

1 – A assembleia geral reúne:

a) Em dezembro de cada ano, para discutir e votar o plano de atividades e o orçamento do conselho geral para o ano seguinte;

b) Em março de cada ano, para discutir e votar o relatório e as contas do conselho geral respeitantes ao exercício anterior;

c) Para a realização das eleições previstas no presente Estatuto e para a realização de referendos;

d) A requerimento do bastonário, do conselho fiscal ou de, pelo menos, um décimo dos associados com inscrição em vigor;

e) Por decisão da própria mesa, para discutir e votar o regimento.

2 – Do requerimento mencionado na alínea *d*) do número anterior consta a ordem de trabalhos.

3 – A assembleia geral reúne normalmente em Lisboa.

4 – A requerimento do bastonário, a assembleia geral pode reunir fora de Lisboa, no caso de a sua realização coincidir com o congresso ou assembleia de representantes.

5 – O presidente da mesa deve convocar a assembleia geral no prazo de 10 dias, para reunir nos 20 dias seguintes a contar da receção do requerimento mencionado na alínea *d*) do nº 1.

6 – Nas assembleias deliberativas o presidente da mesa pode agregar pontos da ordem de trabalhos numa mesma assembleia.

7 – Não sendo possível concluir a ordem de trabalhos no dia anunciado, a mesa elabora ata e convoca os associados presentes para reunirem em novo dia e hora, no prazo de 15 dias, com o objetivo de completarem a discussão e votação dos pontos em falta, promovendo a divulgação da continuação da assembleia geral junto dos restantes associados no sítio da Ordem e através de correio eletrónico.

8 – Para efeito de validade das deliberações da assembleia geral, só são consideradas essenciais as formalidades da convocatória referidas no nº 1 do artigo anterior.

SUBSECÇÃO III
Assembleia de representantes

ARTIGO 26º
Composição

A assembleia de representantes é composta por 51 associados eleitos por sufrágio universal, direto, secreto e periódico.

ARTIGO 27º
Reunião

1 – A assembleia de representantes reúne por iniciativa:

a) Do bastonário;

b) Do conselho geral;

c) De, pelo menos, um terço dos seus membros;

d) Do conselho fiscal;

e) Por deliberação das assembleias de representantes de qualquer um dos colégios profissionais ou das assembleias regionais, aprovada por maioria qualificada de dois terços dos seus membros.

2 – A assembleia de representantes deve ser convocada com um mínimo de oito dias de antecedência.

3 – As assembleias de representantes referidas na alínea *e*) do nº 1 devem ser convocadas nos 30 dias subsequentes à receção do pedido de convocação, o qual deve vir acompanhado dos pontos da ordem de trabalhos pretendidos e das propostas a submeter à apreciação da assembleia.

4 – O facto de a assembleia de representantes ter sido convocada nos termos dos números anteriores não impede a inclusão na convocatória de outros pontos na ordem de trabalhos, por deliberação da mesa ou a requerimento do bastonário ou do conselho geral.

5 – O quórum para funcionamento da assembleia de representantes preenche-se com:

a) Mais de metade dos seus membros, sem prejuízo de poder deliberar, em segunda convocatória, com a presença de, pelo menos, um terço dos seus membros;

b) Mais de metade dos seus membros, no caso de deliberação sobre proposta de alteração do presente Estatuto.

6 – As matérias submetidas a votação são aprovadas por maioria absoluta dos votos validamente expressos, excluindo as abstenções, salvo no caso da aprovação de proposta de alteração ao presente Estatuto, a qual carece de maioria absoluta de todos os representantes.

7 – Na primeira reunião da assembleia de representantes, em cada mandato, é eleita, entre os seus membros, uma mesa composta por um presidente e dois secretários, a quem incumbe a condução dos trabalhos.

8 – A mesa da assembleia referida no número anterior pode ser livremente substituída pela assembleia de representantes, desde que esta tenha sido convocada com esse assunto na ordem de trabalhos.

9 – Incumbe à assembleia de representantes a substituição pontual de membros da mesa, em caso de ausência ou impedimento de algum dos membros que para a mesma hajam sido designados.

10 – O conselho geral faz-se representar obrigatoriamente nas sessões da assembleia de representantes e nas suas comissões através do bastonário ou de substituto que este designe, sem direito de voto.

11 – Os demais membros do conselho geral podem intervir nos debates, mediante solicitação da assembleia de representantes ou com a anuência do bastonário, em mesa própria e sem direito de voto.

12 – A presença nas reuniões da assembleia de representantes é obrigatória, podendo a ausência ser justificada perante o conselho superior nos 10 dias seguintes à realização da reunião.

13 – A assembleia de representantes reúne preferencialmente na sede da Ordem, podendo reunir noutra localidade por decisão do bastonário.

ARTIGO 28º
Competência

Compete à assembleia de representantes:

a) Eleger e destituir a respetiva mesa;

b) Eleger comissões para tratar de assuntos específicos;

c) Deliberar sobre os assuntos da competência da assembleia geral, ou do conselho geral, que lhe forem delegados ou submetidos para apreciação.

SUBSECÇÃO IV
Conselho geral

ARTIGO 29º
Composição

1 – Compõem o conselho geral:

a) O bastonário;

b) Três vice-presidentes;

c) Dois secretários;

d) O tesoureiro;

e) Cinco vogais.

2 – Integram ainda o conselho geral, por inerência:

a) Os presidentes dos conselhos profissionais;

b) Os presidentes dos conselhos regionais.

ARTIGO 30º
Reuniões

1 – O conselho geral é presidido pelo bastonário ou, em caso de ausência ou de impedimento, pelo primeiro vice-presidente e, em caso de ausência ou de impedimento de ambos, pelo segundo vice-presidente.

2 – As deliberações são tomadas por maioria simples, podendo ser tomadas através de deliberação escrita obtida por meios informáticos.

3 – Os membros agem a título individual e não como representantes dos restantes órgãos que possam integrar, salvo quando lhes tenha sido expressamente solicitado mandato para o efeito.

4 – O conselho geral não pode reunir sem a presença da maioria dos seus membros e do bastonário ou de um dos seus substitutos.

5 – O bastonário pode convidar terceiros para participar nas reuniões, ficando esta possibilidade sempre sujeita à aprovação pela maioria dos membros, no caso de o participante não ser associado da Ordem.

6 – Sem prejuízo do disposto no número anterior, apenas os membros do conselho geral têm direito de voto, não podendo fazer-se representar.

7 – As atas das reuniões e as certidões das deliberações são assinadas pelo bastonário e por um dos secretários, devendo conter o resultado das votações e as eventuais declarações de voto, bem como classificar, fundamentando, as deliberações que tenham caráter reservado.

ARTIGO 31º
Competência

1 – Compete ao conselho geral:

a) Elaborar as propostas de orçamento e de plano de atividades, a serem submetidas à assembleia geral;

b) Homologar as linhas gerais dos programas de ação dos colégios profissionais e dos conselhos regionais, com o objetivo de verificar a sua articulação com o plano de atividades;

c) Propor à assembleia geral o regulamento das especializações, ouvidos os respetivos colégios profissionais e os interessados;

d) Submeter à assembleia geral pedidos de parecer ou de deliberação sobre matérias de especial relevância para a Ordem;

e) Propor à assembleia geral alterações ao presente Estatuto e a realização de referendos;

f) Propor à assembleia geral a designação de associado honorário;

g) Desenvolver as relações internacionais da Ordem;

h) Promover a cobrança das receitas da Ordem e autorizar a realização de despesa;

i) Exercer as competências definidas na lei relativamente aos nacionais de Estados membros da União Europeia e do Espaço Económico Europeu que pretendam exercer funções em Portugal como solicitador;

j) Inscrever os associados e associados estagiários, bem como deliberar sobre quaisquer questões relativas à inscrição dos associados;

k) Zelar pela boa conservação, atualização e operacionalidade do registo geral das inscrições de associados e de sociedades profissionais de associados;

l) Assegurar à comissão eleitoral os meios necessários à organização das eleições e referendos;

m) Deliberar sobre a propositura, a defesa, a transação, a confissão e a desistência de ações judiciais;

n) Alienar ou onerar bens, contrair empréstimos e aceitar doações, heranças e legados;

o) Fixar os emolumentos devidos pela emissão de documentos ou práticas de atos no âmbito de serviços da Ordem;

p) Emitir pareceres vinculativos sobre omissões ou lacunas do presente Estatuto e dos regulamentos, após serem ouvidos os conselhos profissionais quando se trate de matéria respeitante às atividades profissionais;

q) Elaborar e aprovar os demais regulamentos não previstos no presente Estatuto, designadamente os regimentos de eventuais institutos e comissões, bem como relativos ao funcionamento de sistemas de informação a cargo da Ordem;

r) Participar nos processos oficiais de acreditação e avaliação dos cursos que dão acesso às profissões de solicitador e de agente de execução, obtendo parecer dos respetivos colégios profissionais;

s) Gerir os bens e serviços da Ordem, respeitando as necessidades dos colégios profissionais e das estruturas regionais, deles apresentando contas à assembleia geral;

t) Elaborar e aprovar a regulamentação interna dos serviços da Ordem, incluindo os relativos às atribuições e competências do seu pessoal e os relativos à contratação e despedimento do pessoal da Ordem;

u) Admitir e despedir os trabalhadores dos serviços administrativos e efetuar contratos de prestação de serviços;

v) Mandatar qualquer associado efetivo da Ordem para o exercício de funções específicas;

w) Aprovar os pactos sociais das sociedades profissionais integradas por solicitadores ou agentes de execução previstas no presente Estatuto;

x) Aprovar as normas de funcionamento dos serviços da Ordem;

y) Exercer todas as competências que não sejam da competência exclusiva de outros órgãos.

2 – O conselho geral pode delegar qualquer das suas competências no bastonário, em quaisquer outros dos seus membros e em comissões por estes constituídas.

3 – O conselho geral pode delegar no secretário-geral as competências referidas nas alíneas *h*), *j*), *k*), *l*) e *s*) do nº 1.

SUBSECÇÃO V
Conselho superior

ARTIGO 32º
Composição

1 – O conselho superior é o órgão de supervisão da Ordem, composto por 11 membros eleitos por sufrágio universal, direto, secreto e periódico, tendo o presidente voto de qualidade.

2 – O conselho superior é independente no exercício das suas funções e a respetiva composição pode incluir até um terço de elementos que não sejam associados.

3 – O conselho elege, de entre os seus vogais, um vice-presidente e um secretário.

ARTIGO 33º
Competência

1 – Compete ao conselho superior, no âmbito da supervisão:

a) Velar pela observância do presente Estatuto e das demais disposições legais e regulamentares aplicáveis pelos outros órgãos da Ordem, sem prejuízo das competências específicas do conselho fiscal;

b) Receber as comunicações de irregularidades sobre o funcionamento de outros órgãos da Ordem e ordenar a abertura de inquéritos ou sindicâncias, designando os respetivos instrutores;

c) Resolver conflitos de competência entre os demais órgãos da Ordem;

d) Efetuar participação de irregularidades ao bastonário e, quando se justifique, às entidades de tutela administrativa ou às autoridades de investigação criminal competentes;

e) Emitir parecer sobre o texto do referendo proposto e sobre a sua conformidade com a lei e o presente Estatuto;

f) Deliberar sobre os recursos das decisões da comissão eleitoral que lhe sejam apresentados;

g) Deliberar sobre os recursos que lhe sejam apresentados quanto à recusa de inscrição como associado da Ordem, à recusa de aprovação de pactos sociais de sociedades ou à recusa dos respetivos registos.

2 – Compete ao conselho superior, no âmbito disciplinar:

a) Exercer o poder disciplinar sobre os associados da Ordem, sem prejuízo do poder disciplinar cometido à CAAJ;

b) Exercer o poder disciplinar sobre os agentes de execução quando estejam em causa condutas violadoras dos deveres para com a Ordem e para com os associados previstos nas alíneas *a*), *e*) a *h*) e *k*) do nº 2 do artigo 124º, no artigo 125º e no artigo 130º;

c) Elaborar proposta de regulamento disciplinar a submeter à aprovação da assembleia geral, ouvidos o conselho geral, os presidentes dos conselhos dos colégios profissionais e a CAAJ, no que respeita à atividade dos agentes de execução, sendo, neste último caso, o seu parecer vinculativo;

d) Pronunciar-se sobre as propostas de regulamentos que versem sobre ética, deontologia, fiscalização e aplicação de sanções em desenvolvimento do presente Estatuto;

e) Assegurar o cumprimento das normas de deontologia profissional, podendo, designadamente, conduzir inquéritos e convocar associados para prestar declarações;

f) Proceder a inspeções e fiscalizações através dos seus membros, de associados, de trabalhadores ou de entidades externas contratadas para o efeito, dando conhecimento à CAAJ, das inspeções e fiscalizações que respeitem a agentes de execução;

g) Comunicar ao conselho geral as decisões disciplinares que não sejam passíveis de recurso, bem como as de natureza cautelar, para que se proceda ao seu registo e eventual divulgação;

h) Comunicar à CAAJ as decisões disciplinares que não sejam passíveis de recurso, bem como as de natureza cautelar, quando as mesmas respeitem a associados que se encontrem igualmente inscritos como agentes de execução, para efeitos de apuramento de responsabilidade disciplinar nesta sua qualidade;

i) Deliberar sobre recursos que lhe sejam dirigidos relativamente a decisões sobre pedidos de dispensa de segredo profissional;

j) Exercer as demais competências que lhe sejam atribuídas por lei ou por regulamento.

3 – O poder disciplinar do conselho superior relativo aos agentes de execução observa os seguintes pressupostos:

a) Consideram-se especificamente da competência do conselho superior os processos disciplinares que resultem do incumprimento dos deveres constantes das alíneas *a*), *e*) a *h*) e *k*) do nº 2 do artigo 124º, no artigo 125º e no artigo 130º;

b) A instauração de processo disciplinar contra agente de execução, a acusação deduzida pelo conselho superior e a decisão final são comunicadas à CAAJ;

c) A CAAJ pode avocar o processo em causa sempre que o considere pertinente, designadamente por força da existência de outros processos disciplinares pendentes ou por considerar que os factos constantes da acusação são suscetíveis de lesar terceiros não associados.

4 – Compete ainda ao conselho superior verificar a existência de incompatibilidades, escusas, impedimentos e suspeições, bem como a inidoneidade dos profissionais.

5 – O conselho superior, para exercício da competência definida na alínea *a*) do nº 1, pode solicitar ao órgão competente cópia das deliberações, das atas das reuniões e dos contratos celebrados.

ARTIGO 34º
Funcionamento

1 – Para o regular desempenho das suas funções, o conselho superior cria secções, compostas por um mínimo de três dos seus membros, com competência relativa a cada uma das atividades profissionais, designando os membros que as presidem e secretariam.

2 – O conselho superior pode ainda criar comissões especiais de âmbito regional, local ou destinadas à liquidação de escritórios ou de sociedades, sendo estas sempre presididas por um membro do conselho superior.

3 – Sem prejuízo do disposto no nº 3 do artigo anterior, a decisão dos processos disciplinares e a apreciação de incompatibilidades, impedimentos, escusas e suspeições, compete à secção da respetiva atividade profissional, podendo a prática dos demais atos e formalidades ser delegada em terceiro habilitado para o efeito ou numa das comissões referidas no número anterior.

4 – Das decisões das secções cabe recurso para o plenário do conselho superior.

5 – São competências exclusivas do plenário do conselho superior:

a) A supervisão referida no nº 1 do artigo anterior;

b) O julgamento dos processos disciplinares, em primeira instância, instaurados contra o bastonário, os membros do conselho geral, os membros dos conselhos profissionais ou os membros do conselho superior, quando não esteja em causa o exercício de funções como agente de execução;

c) Os recursos das decisões tomadas pelas secções em matéria disciplinar;

d) Os recursos das decisões em matéria de incompatibilidades, impedimentos, escusas e suspeições, bem como a inidoneidade para o exercício da profissão;

e) O cancelamento da inscrição de associado por inidoneidade apurada no âmbito do exercício profissional numa das especialidades.

6 – As decisões de suspensão e de interdição definitiva do exercício da atividade profissional dos associados referidos na alínea *b*) do número anterior, quando não esteja em causa o exercício de funções como agente de execução, e as sanções acessórias de perda do mandato ou de inibição de capacidade eleitoral daqueles associados têm de ser deliberadas pelo plenário do conselho superior por maioria qualificada de dois terços dos seus membros.

7 – As decisões proferidas pelo conselho superior são impugnáveis junto dos tribunais administrativos, nos termos das leis do processo administrativo.

SUBSECÇÃO VI
Conselho fiscal

ARTIGO 35º
Composição

1 – O conselho fiscal é composto por um presidente e um secretário.

2 – Integra ainda o conselho fiscal um revisor oficial de contas, o qual pode ser uma pessoa singular ou coletiva.

ARTIGO 36º
Competências

1 – Compete ao conselho fiscal:

a) Examinar as contas;

b) Emitir parecer sobre os relatórios de atividades e as contas de cada exercício, apresentados pelo conselho geral, bem como sobre as propostas de plano de atividades e de orçamento;

c) Apresentar ao conselho geral sugestões sobre a gestão económico-financeira da Ordem;

d) Requerer a convocação da assembleia geral, quando considere que existem falhas graves na gestão económico-financeira da Ordem.

2 – O requerimento referido na alínea *d*) do número anterior deve ser aprovado por todos os membros do conselho fiscal.

3 – Sem prejuízo da atuação dos outros membros do conselho fiscal, compete ao revisor oficial de contas proceder à revisão e certificação legal das contas, devendo realizar todos os exames e verificações necessários para o efeito.

4 – O conselho fiscal pode solicitar ao órgão competente cópia das deliberações, das atas das reuniões e dos contratos que considere pertinentes.

SUBSECÇÃO VII
Congresso

ARTIGO 37º
Composição

1 – O congresso representa todos os associados efetivos, honorários e correspondentes da Ordem, bem como os estagiários.

2 – Podem ser convidados, como observadores, os representantes de outras associações públicas profissionais ou entidades públicas e privadas nacionais e estrangeiras.

3 – O congresso é composto pelos membros dos órgãos nacionais e regionais, pelos membros dos conselhos profissionais e por delegados eleitos por cada delegação distrital segundo um sistema proporcional, de acordo com o método da média mais alta de *Hondt*.

4 – Os membros que não sejam eleitos delegados, assim como os prestadores em território nacional de serviços profissionais controlados pela Ordem em regime de

livre prestação de serviços podem participar no congresso a título de observadores, podendo intervir sem direito de voto.

ARTIGO 38º
Realização

1 – O congresso realiza-se, ordinariamente, de quatro em quatro anos e, extraordinariamente, por decisão do bastonário, por deliberação tomada por maioria qualificada de três quartos dos membros do conselho geral presentes ou por deliberação, tomada por maioria absoluta dos presentes, da assembleia geral.

2 – As decisões ou deliberações sobre a realização extraordinária do congresso devem mencionar a ordem de trabalhos.

3 – O congresso é convocado pelo bastonário com a antecedência mínima de:

a) Seis meses, caso reúna ordinariamente;

b) Um mês, caso reúna extraordinariamente.

4 – O congresso é organizado por uma comissão constituída para o efeito, nomeada pelo conselho geral.

5 – A comissão organizadora designa a comissão de honra e o secretariado.

6 – O secretariado submete à aprovação da comissão organizadora o programa e o regimento do congresso, assegurando a sua execução.

ARTIGO 39º
Competências

Compete ao congresso pronunciar-se sobre o exercício das atividades profissionais exercidas pelos associados da Ordem e sobre as questões da ordem jurídica e as suas consequências sobre os direitos, liberdades e garantias dos cidadãos.

SUBSECÇÃO VIII
Assembleias de representantes dos colégios profissionais

ARTIGO 40º
Composição

1 – Cada colégio profissional tem uma assembleia de representantes que é composta por 21 membros.

2 – O conselho profissional participa na assembleia de representantes do colégio profissional em mesa própria, sem direito de voto.

ARTIGO 41º
Reuniões

1 – As assembleias de representantes de cada um dos colégios profissionais reúnem:

a) Até ao dia 15 de outubro, para aprovação do plano de atividades e de proposta de orçamento a serem considerados no plano de atividades e no orçamento da Ordem para o ano seguinte, mediante proposta do conselho profissional respetivo;

b) Até ao dia 31 de março, para emitir parecer sobre o respetivo relatório de atividades e contas do ano anterior;

c) Por decisão ou deliberação do conselho profissional, do presidente do conselho profissional, do bastonário, do conselho geral ou por requerimento subscrito, pelo menos, por um terço dos representantes eleitos.

2 – Aplica-se às assembleias de representantes dos colégios profissionais o disposto quanto à organização e funcionamento da assembleia representativa, com as necessárias adaptações.

3 – As reuniões da assembleia de representantes dos colégios profissionais têm lugar, preferencialmente, na sede da Ordem.

ARTIGO 42º
Competência

Compete às assembleias de representantes dos colégios profissionais:

a) Eleger a sua mesa;

b) Aprovar propostas de regulamento de exercício das respetivas atividades profissionais a sujeitar à assembleia de representantes;

c) Propor à assembleia geral a criação de especializações;

d) Aprovar o plano de atividades apresentado pelo conselho profissional;

e) Aprovar o relatório de atividades do conselho profissional;

f) Aprovar a convocação de assembleia de representantes;

g) Aprovar a convocação de eleições antecipadas para o conselho profissional.

SUBSECÇÃO IX
Conselhos profissionais

ARTIGO 43º
Composição

Cada colégio tem um conselho profissional composto por um presidente, um vice-presidente e três vogais.

ARTIGO 44º
Reuniões

1 – Cada conselho profissional reúne ordinariamente de dois em dois meses, podendo reunir extraordinariamente mediante convocatória do seu presidente.

2 – O funcionamento de cada um dos conselhos é apoiado pelos serviços administrativos, nos termos a definir entre o conselho profissional e o conselho geral.

ARTIGO 45º
Competência

Compete a cada conselho profissional:

a) Representar os colégios profissionais;

b) Discutir e propor medidas respeitantes a questões profissionais no âmbito da atividade profissional, designadamente quanto à admissão, qualificação, atualização e especialização dos respetivos associados;

c) Analisar e preparar os processos de inscrição de associados no colégio profissional;

d) Emitir parecer sobre matérias da atividade profissional;

e) Emitir parecer sobre os processos de acreditação e de avaliação dos cursos que dão acesso à profissão;

f) Emitir parecer sobre as boas práticas da atividade profissional;

g) Emitir laudos sobre honorários, quando tal for solicitado pelos associados, pelos tribunais ou por outros interessados;

h) Constituir tribunais arbitrais e nomear os seus presidentes para resolução de conflitos, nomeadamente referentes a delegações para a prática de atos, honorários ou cálculo do valor das participações sociais, entre colegas que exerçam a mesma atividade profissional ou entre sócios da mesma sociedade profissional;

i) Apoiar o conselho geral nos assuntos relativos à respetiva atividade profissional;

j) Participar na coordenação da atividade geral da Ordem, nomeadamente através do seu presidente;

k) Desenvolver ações de fiscalização e de inspeção dos associados inscritos no colégio respetivo, participando quaisquer ocorrências aos órgãos disciplinares competentes;

l) Nomear representantes para, junto das regiões ou das delegações distritais, em articulação com os respetivos órgãos, prestar assistência no âmbito de processos de inscrição;

m) Submeter o plano de atividades e de proposta de orçamento a integrar o plano de atividades e o orçamento da Ordem para o ano seguinte, bem como os relatórios de atividades e contas, à aprovação da assembleia de representantes do colégio profissional respetivo;

n) Apresentar ao conselho geral, até ao dia 15 de outubro de cada ano, proposta de plano de atividades e de orçamento a serem consideradas no plano de atividades e no orçamento da Ordem para o ano seguinte.

SECÇÃO III
Órgãos regionais

SUBSECÇÃO I
Assembleias regionais

ARTIGO 46º
Composição

As assembleias regionais são constituídas por todos os associados com inscrição em vigor nas respetivas regiões.

ARTIGO 47º
Competência

Compete às assembleias regionais:

a) Eleger a mesa;

b) Apreciar os atos de gestão dos respetivos órgãos regionais;

c) Aprovar o plano de atividades e a proposta de orçamento a serem considerados no plano de atividades e no orçamento da Ordem para o ano seguinte;

d) Emitir parecer sobre os relatórios de atividades e contas, que lhes sejam submetidos pelos conselhos regionais;

e) Apreciar assuntos que, no âmbito do presente Estatuto, lhes sejam submetidos;

f) Deliberar sobre a convocação da assembleia de representantes;

g) Aprovar a convocação de eleições antecipadas do conselho regional;

h) Exercer as demais competências previstas no presente Estatuto.

ARTIGO 48º
Reuniões das assembleias regionais

1 – As assembleias regionais reúnem nos meses de março e de setembro, para exercerem as competências previstas nas alíneas *c*) e *d*) do artigo anterior.

2 – As assembleias regionais reúnem:

a) Sempre que os respetivos conselhos regionais o considerem necessário, por deliberação tomada por maioria absoluta dos seus membros;

b) Por requerimento subscrito, pelo menos, por 10/prct. dos seus membros.

3 – As deliberações das assembleias regionais não vinculam os órgãos nacionais da Ordem.

4 – Nas assembleias regionais aplicam-se, com as necessárias adaptações, as disposições previstas para a assembleia geral quanto à sua convocação e funcionamento.

SUBSECÇÃO II
Conselhos regionais

ARTIGO 49º
Composição

Os conselhos regionais são constituídos por um presidente, um secretário e três vogais.

ARTIGO 50º
Competências

Compete aos conselhos regionais:

a) Representar a Ordem nas regiões;

b) Colaborar com os demais órgãos da Ordem no exercício das suas competências;

c) Gerir as atividades das respetivas regiões, nos termos do presente Estatuto e dos regulamentos;

d) Administrar os bens que lhes são confiados;

e) Requerer a convocação de assembleias regionais;

f) Submeter a proposta de plano de atividades e de orçamento a integrar no plano e orçamento da Ordem para o ano seguinte, bem como os respetivos relatórios de atividades e contas, à aprovação da assembleia regional;

g) Apresentar ao conselho geral, até ao dia 15 de outubro de cada ano, proposta de plano de atividades e de orçamento a integrar o plano de atividades e o orçamento da Ordem para o ano seguinte;

h) Colaborar no funcionamento dos estágios, nos termos dos respetivos regulamentos e das competências delegadas pelo conselho geral;

i) Colaborar na realização dos atos eleitorais e de referendos, de acordo com as determinações dos órgãos responsáveis;

j) Colaborar na receção e instrução dos pedidos de inscrição, nos termos a definir pelos conselhos profissionais;

k) Coordenar as atividades das delegações distritais;

l) Propor ao conselho geral a admissão ou o despedimento de trabalhadores administrativos dos serviços de âmbito regional e local, sem prejuízo das competências que lhes sejam delegadas nesta matéria;

m) Publicitar e proceder a atos materiais necessários à execução das decisões proferidas nos processos disciplinares em que sejam condenados associados com domicílio profissional na respetiva região;

n) Organizar e dirigir os respetivos serviços administrativos.

SECÇÃO IV
Órgãos locais

SUBSECÇÃO I
Assembleias distritais

ARTIGO 51º

As assembleias distritais são constituídas por todos os associados com inscrição em vigor no respetivo território.

ARTIGO 52º
Competência

Compete às assembleias distritais:

a) Apreciar os atos de gestão dos respetivos órgãos locais;

b) Aprovar as propostas de planos de atividades e de orçamento a integrar o orçamento da Ordem para o ano seguinte, bem como os pareceres sobre os respetivos relatórios de atividades e contas que lhes sejam submetidos pelas delegações distritais;

c) Apreciar assuntos que, no âmbito do presente Estatuto, lhes sejam submetidos;

d) Deliberar sobre a convocação da assembleia regional;

e) Aprovar a convocação de eleições antecipadas das delegações distritais;
f) Eleger os delegados ao congresso;
g) Exercer as demais competências previstas no presente Estatuto.

ARTIGO 53º
Reuniões

1 – As assembleias distritais reúnem ordinariamente até 31 de março de cada ano para aprovação dos respetivos relatórios de atividades e de contas e até 30 de setembro para aprovação da proposta de plano de atividades e de orçamento a integrar o orçamento da Ordem relativos ao ano seguinte.

2 – As assembleias distritais reúnem extraordinariamente sempre que as respetivas delegações distritais o deliberem por maioria simples, aplicando-se ao seu funcionamento, com as necessárias adaptações, as normas previstas para a assembleia geral.

3 – As deliberações das assembleias distritais não vinculam os órgãos nacionais ou regionais da Ordem.

SUBSECÇÃO II
Delegações distritais

ARTIGO 54º
Composição

1 – As delegações distritais são constituídas por três membros:
a) Um delegado, que preside;
b) Dois secretários.

2 – O delegado acumula as suas funções com a de membro da assembleia de representantes.

3 – Sem prejuízo do disposto no nº 5 do artigo 11º, a sede da delegação é na capital de distrito.

ARTIGO 55º
Competências

Compete às delegações distritais:
a) Representar a Ordem nos respetivos distritos;
b) Colaborar com os demais órgãos da Ordem no exercício das suas competências;
c) Gerir as atividades da Ordem na área do distrito, nos termos do presente Estatuto e dos regulamentos;
d) Administrar os bens que lhes são confiados;
e) Requerer a convocação de assembleias locais;
f) Submeter a proposta de plano de atividades e de orçamento a integrar o orçamento da Ordem para o ano seguinte, bem como os respetivos relatórios de atividades e contas, à aprovação da assembleia regional;
g) Apresentar ao conselho regional, até ao dia 30 de setembro de cada ano, proposta de plano de atividades e de orçamento a integrar o orçamento da Ordem para o ano seguinte;

h) Colaborar na organização e funcionamento dos estágios, nos termos dos respetivos regulamentos e das competências delegadas pelo conselho geral ou pelo conselho regional;

i) Colaborar na realização dos atos eleitorais e dos referendos, de acordo com as determinações da comissão eleitoral;

j) Presidir às assembleias locais;

k) Coordenar os delegados concelhios, nos quais pode delegar as suas competências;

l) Convocar reuniões de esclarecimento e de debate sobre os temas a submeter a referendo e antes dos atos eleitorais;

m) Receber os novos associados da Ordem;

n) Organizar e dirigir os eventuais serviços administrativos.

SUBSECÇÃO III
Delegações concelhias

ARTIGO 56º
Composição e competências

1 – Em todos os concelhos com, pelo menos, cinco associados que não sejam sede de delegação distrital é eleito um delegado.

2 – Nos concelhos com menos de cinco associados ou quando não seja possível a eleição, o conselho regional pode, sob proposta da delegação distrital, designar o delegado de entre os associados do concelho ou, no seu impedimento, de entre os de concelho limítrofe.

3 – O delegado, sob coordenação da delegação distrital, assume as competências da delegação distrital no concelho.

SECÇÃO V
Provedor

ARTIGO 57º
Designação, exercício do cargo e competências

1 – O provedor é designado por proposta fundamentada do conselho geral e aprovada em assembleia geral, para um mandato coincidente com o previsto para o conselho geral.

2 – Se o provedor for associado da Ordem, tem de suspender a sua inscrição durante o mandato

3 – O provedor não pode ser destituído, salvo em caso de ocorrência de falta grave no exercício das suas funções, por deliberação do conselho geral.

4 – Compete ao provedor:

a) Analisar as queixas apresentadas pelos destinatários dos serviços prestados pelos associados da Ordem ou profissionais referidos no artigo 139º, visando esclarecê-los nos seus direitos;

b) Mediar conflitos entre os destinatários dos serviços prestados pelos associados ou profissionais referidos no artigo 139º, sem prejuízo de eventual participação aos órgãos disciplinares competentes;

c) Fazer recomendações aos associados e aos órgãos da Ordem, tendo em vista a resolução das queixas referidas nas alíneas anteriores ou o aperfeiçoamento do desempenho da associação;

d) Apresentar um relatório anual ao bastonário e à assembleia geral.

CAPÍTULO III
Eleições, mandatos, referendos e exercício dos cargos

SECÇÃO I
Disposições gerais

ARTIGO 58º
Direito de voto

1 – Sem prejuízo do disposto no nº 3, têm direito de voto os associados efetivos com inscrição em vigor na Ordem.

2 – Os associados efetivos que se encontrem inscritos em mais do que um colégio profissional, podem exercer o seu direito de voto relativo a matéria atinente a cada colégio profissional.

3 – As sociedades de profissionais previstas no presente Estatuto não têm direito de voto.

ARTIGO 59º
Requisitos de elegibilidade

1 – Só podem ser eleitos para órgãos da Ordem associados no pleno exercício dos seus direitos associativos que não sejam sociedades profissionais.

2 – Pelo menos 85/prct. dos membros de cada um dos órgãos colegiais da Ordem com competências executivas ou disciplinares devem ser associados efetivos com a inscrição em vigor e no pleno exercício dos seus direitos, que tenham exercido a respetiva profissão durante um período mínimo de cinco anos.

3 – No caso de o número de membros do órgão executivo colegial ser inferior a sete, pode ser sempre incluído na lista um candidato que não tenha exercido a respetiva profissão durante um período mínimo de cinco anos.

4 – A contagem do tempo de inscrição é feita por referência à data limite para apresentação de candidaturas.

ARTIGO 60º
Membros da assembleia de representantes

1 – A eleição dos membros da assembleia de representantes é realizada por sufrágio universal, direto, secreto e periódico, em cada uma das delegações distritais previstas no artigo 11º, em simultâneo com as eleições para o conselho geral.

2 – Cada delegação distrital elege um número de membros proporcional ao número total de inscritos na Ordem, apurado nos termos do artigo 11º, arredondado para o número inteiro inferior.

3 – Se em resultado do arredondamento não forem atribuídos todos os lugares na assembleia de representantes, os lugares vagos são repartidos pelas delegações distritais, iniciando-se pela menos representativa.

4 – Todas as delegações têm de ser representadas, sendo reduzido progressiva e sucessivamente o número de representantes naquelas com maior número de associados inscritos para que as menos representadas elejam pelo menos um representante.

5 – Os membros da assembleia dos representantes são eleitos por método de Hondt, entre as listas candidatas às delegações distritais.

6 – Os membros da assembleia de representantes podem integrar em simultâneo a assembleia representativa de qualquer um dos colégios profissionais em que estejam inscritos.

ARTIGO 61º
Bastonário

1 – O bastonário é o primeiro candidato da lista eleita para o conselho geral.

2 – Só pode ser eleito para bastonário um associado efetivo com a inscrição em vigor e no pleno exercício dos seus direitos que tenha exercido a respetiva profissão durante, pelo menos, 10 anos.

ARTIGO 62º
Membros do conselho geral

1 – É eleita para o conselho geral a lista que obtiver mais de metade dos votos validamente expressos, não se considerando como tal os votos em branco.

2 – Se nenhuma das listas concorrentes a bastonário e ao conselho geral obtiver o número de votos previsto no número anterior, procede-se a segunda eleição, à qual devem concorrer apenas as duas listas mais votadas que não tenham desistido da sua candidatura.

ARTIGO 63º
Membros do conselho superior

Os membros do conselho superior são eleitos em lista autónoma, por sufrágio universal, direto, secreto e periódico, em simultâneo com as eleições do conselho geral.

ARTIGO 64º
Membros do conselho fiscal

1 – Os membros do conselho fiscal são eleitos em lista autónoma apresentada a sufrágio à assembleia geral.

2 – O revisor oficial de contas é escolhido autonomamente pela assembleia geral, perante proposta dos restantes membros do conselho fiscal, elaborada com respeito pelas normas de contratação pública, com as necessárias adaptações.

ARTIGO 65º
Membros das assembleias de representantes dos colégios profissionais

1 – Os membros das assembleias de representantes dos colégios profissionais são eleitos de entre membros do respetivo colégio pelos associados efetivos com o título profissional respetivo em vigor.

2 – Os membros das assembleias de representantes dos colégios profissionais são eleitos nos termos previstos para a eleição dos membros da assembleia de representantes.

ARTIGO 66º
Membros dos conselhos profissionais

Os membros dos conselhos profissionais são eleitos em lista autónoma, por sufrágio universal, direto, secreto e periódico, em simultâneo com as eleições do conselho geral.

ARTIGO 67º
Membros dos conselhos regionais

Os membros dos conselhos regionais são eleitos em cada uma das regiões.

ARTIGO 68º
Membros das delegações distritais

1 – O primeiro candidato da lista mais votada para a assembleia de representantes em cada delegação distrital assume as funções de delegado.

2 – O delegado designa, como secretários, dois associados inscritos na respetiva delegação distrital para o coadjuvarem na gestão da delegação.

3 – Na escolha deve ser satisfeita a proporcionalidade entre os colégios profissionais, nos termos do artigo 15º.

ARTIGO 69º
Regras comuns

1 – As listas candidatas a órgãos colegiais devem conter tantos membros quanto o número máximo de candidatos elegíveis, acrescido de metade de suplentes, arredondado para a unidade imediatamente superior.

2 – No mesmo período eleitoral, os candidatos apenas podem apresentar candidatura a um máximo de dois órgãos diferentes.

3 – Salvo tratando-se das assembleias de representantes, sendo eleitos para mais do que um órgão, os candidatos devem indicar em qual pretendem tomar posse.

4 – Tratando-se de eleições intercalares, a candidatura de um associado a um órgão pressupõe a prévia renúncia ao cargo que eventualmente ocupe, salvo se se tratar de eleição para o órgão que já integra.

5 – As assembleias de representantes elegem as suas mesas na primeira reunião do mandato.

6 – As assembleias distritais são presididas pelo delegado da respetiva delegação distrital ou por quem este indique de entre os associados ali inscritos.

7 – As listas para bastonário, mesa da assembleia geral e conselho geral são apresentadas em conjunto e individualizam os respetivos cargos.

ARTIGO 70º
Regulamento eleitoral

Compete à assembleia geral aprovar o regulamento eleitoral, que deve prever:

a) A designação da comissão eleitoral quando a sua constituição não resulte do previsto no presente Estatuto;

b) A participação nas reuniões da comissão eleitoral dos representantes das listas de candidatos ou das tendências em processo referendário;

c) A possibilidade de criação de mesas de voto regionais e locais;

d) A possibilidade de proceder à votação através de meios eletrónicos;

e) A forma e os prazos para apresentação das candidaturas;

f) A designação de mandatários por cada uma das listas candidatas;

g) A forma e os meios de divulgação dos programas eleitorais de cada candidatura;

h) A possibilidade de realização de debates entre os candidatos;

i) As regras a observar em caso de referendo.

SECÇÃO II
Mandatos

ARTIGO 71º
Duração do mandato

1 - O mandato dos titulares dos órgãos da Ordem tem a duração de quatro anos, salvo atraso na realização do ato eleitoral ou ocorrência de eleições intercalares, e cessa com a posse dos novos membros eleitos.

2 - Não é admitida a reeleição de titulares dos órgãos da Ordem para um terceiro mandato consecutivo, para as mesmas funções.

3 - O impedimento de renovação do mandato a que se reporta o número anterior não se aplica ao mandato que tiver tido uma duração inferior a um ano.

4 - Os titulares de qualquer órgão da Ordem só podem ser eleitos para o mesmo órgão decorrido o período de um mandato completo após a cessação de funções no órgão em causa.

5 - Os órgãos eleitos em eleições intercalares asseguram o mandato até à realização de novas eleições.

6 - Não é impedimento à candidatura:

a) A bastonário, o facto de o candidato ter pertencido em mandatos anteriores ao conselho geral;

b) A um determinado órgão, o facto de o candidato ter sido membro deste em mandatos anteriores por inerência de funções.

ARTIGO 72º
Eleições intercalares e antecipadas

1 - Há lugar à realização de eleições intercalares quando:

a) Se verifique a renúncia ou o impedimento definitivo de mais de metade dos membros eleitos do órgão, após a chamada dos suplentes;

b) Por deliberação da assembleia geral, da assembleia de representantes dos colégios profissionais e das assembleias regionais, para dissolução, respetivamente, do conselho geral, do conselho superior, do conselho fiscal, dos conselhos profissionais ou dos conselhos regionais;

c) Por deliberação da assembleia distrital, para dissolução da respetiva delegação.

2 – Há lugar a eleições antecipadas para todos os órgãos quando, relativamente ao conselho geral, a deliberação ou a verificação dos pressupostos de realização de eleições ocorra durante o último ano do mandato.

3 – As deliberações referidas na alínea *b*) do nº 1 são tomadas por maioria qualificada de dois terços dos membros do órgão, em reunião extraordinária expressamente convocada para esse efeito, com a antecedência mínima de 15 dias.

4 – As mesas das assembleias deliberativas podem ser substituídas em reuniões expressamente convocadas para esse fim.

ARTIGO 73º
Exercício do cargo

1 – O exercício de cargos nos órgãos da Ordem pode ser remunerado, nos termos a definir em regulamento aprovado pela assembleia geral.

2 – Os titulares dos cargos da Ordem têm direito ao pagamento de quaisquer despesas decorrentes de representação ou deslocação ao serviço da Ordem, nos casos e nos termos previstos em regulamento.

3 – A remuneração que, nos termos do nº 1, for fixada para o exercício do cargo de provedor não pode ser diminuída no decurso do respetivo mandato.

ARTIGO 74º
Escusa e renúncia do exercício do mandato

1 – Podem pedir ao conselho superior escusa do cargo para que foram eleitos os membros que fiquem impossibilitados do seu exercício normal, nomeadamente por motivo de doença ou em virtude da mudança do domicílio profissional para localidade mais distante da sede do órgão.

2 – Os titulares dos órgãos da Ordem podem renunciar ao respetivo cargo, mediante requerimento apresentado junto do conselho superior e comunicado aos restantes órgãos nacionais.

3 – A escusa que não seja motivada por facto impeditivo do imediato exercício de funções e a renúncia produzem efeitos 30 dias após a apresentação dos requerimentos previstos nos números anteriores, se a substituição não for anterior.

ARTIGO 75º
Substituição por impedimento ou renúncia do bastonário

1 – Verificada a renúncia ou o impedimento definitivo do bastonário, compete ao conselho geral designar, por maioria de dois terços da totalidade dos seus membros, de entre os vice-presidentes, o novo bastonário.

2 – Não se verificando a maioria prevista no número anterior no prazo de 30 dias contados da data em que foi reconhecida a renúncia ou o impedimento definitivo

do bastonário, o primeiro vice-presidente assume interinamente as funções de bastonário, iniciando de imediato os trâmites necessários à constituição da comissão eleitoral para organização das eleições para o conselho geral.

ARTIGO 76º
Substituição por impedimento ou renúncia dos restantes órgãos

1 – Nas situações previstas no artigo 74º, os membros dos outros órgãos são substituídos pelos suplentes, pela ordem em que constam na lista.

2 – Havendo lugar à recomposição de um órgão por força da aplicação do número anterior, os membros em exercício podem optar, por consenso, pela redistribuição dos cargos, com exceção do presidente.

ARTIGO 77º
Substituição por impedimento temporário

1 – No caso de impedimento temporário de algum membro dos órgãos da Ordem, sem que esteja prevista a forma da sua substituição, o órgão a que pertence o impedido delibera sobre as situações de impedimento e a necessidade de substituição temporária, a efetuar por cooptação de entre os membros elegíveis.

2 – É aplicável o regime de impedimentos previsto no Código do Procedimento Administrativo em tudo o que não contrarie o presente Estatuto.

3 – A substituição temporária dos delegados de delegação distrital é deliberada pelos respetivos conselhos regionais.

ARTIGO 78º
Perda de mandato

1 – Os membros dos órgãos da Ordem perdem o mandato:

a) Quando for suspensa ou cancelada a sua inscrição;

b) Quando faltarem, injustificadamente, a mais de três reuniões seguidas ou a cinco reuniões interpoladas, durante o mandato do respetivo órgão;

c) Pela decisão de convocação de eleições antecipadas.

2 – A natureza injustificada da falta é apreciada pelo respetivo órgão no início da reunião seguinte.

3 – A perda do mandato nos casos referidos na alínea *b*) do nº 1 é reconhecida pelo próprio órgão, mediante deliberação tomada por três quartos dos votos dos respetivos membros.

4 – A perda do mandato do delegado nos casos referidos na alínea *b*) do nº 1 é reconhecida pelo respetivo conselho regional, por deliberação tomada por três quartos dos votos dos seus membros.

ARTIGO 79º
Títulos honoríficos e direito ao uso de insígnia

1 – O associado que tenha sido membro de órgão da Ordem conserva honorariamente a designação correspondente ao cargo mais elevado que haja ocupado.

2 – Os associados que sejam ou tenham sido membros de órgãos da Ordem, quando compareçam em atos de grande solenidade, podem usar sobre o trajo profissional insígnia de prata da Ordem, sendo de prata dourada as dos antigos bastonários.

SECÇÃO III
Referendos

ARTIGO 80º
Referendos

1 – Os referendos têm âmbito nacional, podendo destinar-se à votação:

a) De propostas de alteração ao presente Estatuto;

b) De propostas de código deontológico, ou das suas alterações;

c) De propostas relativas à dissolução da Ordem;

d) De propostas sobre matérias que tenham especial relevância para a Ordem.

2 – A realização de referendo depende de deliberação da assembleia geral, devendo ser precedida de parecer do conselho superior sobre a respetiva conformidade com a lei.

3 – O referendo é obrigatório na situação prevista na alínea *c*) do nº 1.

4 – A fixação da data, a organização do referendo e a divulgação dos resultados cabem à mesa da assembleia geral, nos termos dos respetivos regulamentos.

ARTIGO 81º
Efeitos e regulamento do referendo

1 – Os resultados dos referendos só podem ser considerados como vinculativos se neles votarem, pelo menos, 40/prct. dos associados efetivos.

2 – Se mais de metade dos votos validamente expressos forem em sentido positivo, considera-se aprovada a questão sujeita a referendo.

3 – Quando se trate de referendos relativos à dissolução da Ordem, a aprovação carece do voto validamente expresso de mais de metade dos associados efetivos.

4 – Compete à assembleia geral aprovar o regulamento do referendo, sob proposta do conselho geral.

CAPÍTULO IV
Regime financeiro

ARTIGO 82º
Receitas da Ordem

1 – Constituem receitas da Ordem:

a) As liberalidades, as dotações e os subsídios;

b) As quantias provenientes de inscrições, quotas, pagamento de serviços, multas, taxas e quaisquer outras receitas que lhe sejam atribuídas por lei e que não se encontrem legalmente afetas a outras entidades;

c) O rendimento dos bens da Ordem;

d) O produto da alienação de quaisquer bens;

e) As importâncias relativas à taxa de justiça.

2 – As receitas destinam-se a satisfazer os encargos da Ordem na realização dos objetivos estatutários.

ARTIGO 83º
Quotas

1 – Os associados com inscrição em vigor são obrigados a contribuir para a Ordem através de uma quota mensal, fixada nos seguintes termos, com base no valor da retribuição mínima mensal garantida em vigor no dia 31 de dezembro do ano anterior:

a) 5/prct., a título de quota geral;

b) 1/prct., por cada atividade profissional em que o associado esteja inscrito.

2 – A cobrança das quotas compete ao conselho geral, sem prejuízo da delegação de competências nos órgãos regionais ou locais.

3 – A cobrança de quotas é feita mensalmente, podendo, no entanto, ser determinada outra periodicidade pelo conselho geral.

4 – Têm direito à redução ou isenção do valor das quotas, em termos a regulamentar pela assembleia geral:

a) Os novos associados, nos primeiros três anos subsequentes à inscrição;

b) Os associados reformados, desde que comprovem não ter auferido, por qualquer meio, no ano anterior, rendimento mensal igual ou superior à retribuição mínima mensal garantida;

c) Os associados que procedam antecipadamente ao pagamento anual;

d) Os associados que efetuem o pagamento através de débito direto em conta.

5 – O associado cuja inscrição seja cancelada não tem direito à restituição das quotas liquidadas até à data em que é notificado do cancelamento.

6 – A cobrança das quotas e demais receitas da Ordem é objeto de regulamento a ser aprovado pela assembleia geral.

7 – Os associados correspondentes pagam quotas com o valor correspondente a dois duodécimos das quotas previstas anualmente, salvo dispensa deliberada pelo conselho geral.

8 – O não pagamento das quotas, por prazo superior a 12 meses, deve ser comunicado ao órgão disciplinar competente, para efeitos de instauração de processo disciplinar.

ARTIGO 84º
Cobrança de taxas e outras quantias

1 – Compete à Ordem proceder à liquidação e cobrança das suas receitas, através dos órgãos competentes para o efeito, incluindo as quotas e taxas, bem como as multas e outras receitas obrigatórias.

2 – Em caso de não pagamento dentro dos prazos devidos é emitido aviso para pagamento no prazo de 15 dias.

3 – À cobrança coerciva de taxas ou outras quantias devidas à Ordem aplicam-se as regras do Código de Processo Civil.

4 – É considerado título executivo bastante a certidão de dívida passada pelo conselho geral da Ordem no que se refere a quotas, e às taxas devidas à caixa de compensações.

5 – A falta de pagamento de taxas, bem como das multas e outras receitas obrigatórias, pode ter como consequência a suspensão da prestação de serviços pela Ordem nos termos dos respetivos regulamentos.

ARTIGO 85º
Taxa pelos serviços de reforço de segurança documental

1 – Constitui, ainda, receita da Ordem, o valor das taxas pagas pelos associados e pelos profissionais referidos no artigo 139º, que sejam devidas pelos serviços de segurança documental dos documentos que emitem no exercício da sua atividade profissional.

2 – A receita referida no número anterior destina-se a fazer face aos encargos com o desenvolvimento, arquivo e a gestão dos mecanismos de reforço da segurança daqueles documentos.

3 – Para efeitos do disposto nos números anteriores, o associado ou o profissional previsto no artigo 139º entrega à Ordem o valor correspondente a 0,2/prct. de uma unidade de conta processual, sempre que pratique cada um dos seguintes atos:

a) Citações e notificações sob a forma de citação;

b) Notificações avulsas ou similares, com igual efeito;

c) Certificações, autenticações e reconhecimentos;

d) Requerimentos em suporte de papel, que sejam apresentados perante qualquer autoridade pública ou administrativa, relativos à primeira intervenção em processo ou procedimento.

4 – Nos documentos em suporte de papel, o valor previsto no número anterior é pago no momento da aquisição, junto dos serviços da Ordem, dos selos de autenticação que devem ser apostos no documento emitido pelo associado com o objetivo de reforçar a segurança dos mesmos, designadamente dificultando a sua falsificação.

5 – O selo de autenticação é o sinal identificativo dos associados e profissionais referidos no artigo 139º, cujas características são definidas por regulamento a aprovar pela assembleia geral.

6 – Nos documentos desmaterializados, o valor previsto no nº 3, que pode ser reduzido a metade por deliberação da assembleia geral, é cobrado através de conta corrente, conforme regulamento aprovado pela assembleia geral, que defina os procedimentos necessários a garantir a data e a hora de geração do documento e a identidade de quem o produziu.

7 – Os valores referidos nos nºs 3 e 6 podem ser aumentados até 0,5/prct. de uma unidade de conta processual, por deliberação da assembleia geral.

ARTIGO 86º
Finalidade das receitas

As receitas da Ordem são destinadas à prossecução dos seus fins estatutários.

ARTIGO 87º
Orçamento e tesouraria

1 – A Ordem tem um orçamento único, elaborado pelo conselho geral e aprovado pela assembleia geral, tendo por base as previsões de receitas e de despesas para o ano seguinte e as propostas de afetação de verbas de cada um dos órgãos.

2 – Os conselhos regionais e os colégios profissionais remetem até 15 de outubro, ao conselho geral, as suas propostas de afetação orçamental, incluindo aqui, em rubrica própria, as propostas das delegações distritais.

3 – A gestão financeira da Ordem compete ao conselho geral, que tem uma tesouraria única, a quem incumbe efetuar pagamentos e recebimentos e emitir certidões de dívida, podendo delegar, total ou parcialmente, esta competência nos órgãos regionais e locais.

ARTIGO 88º
Dotações orçamentais

1 – Cada um dos órgãos referidos nas alíneas *c*), *d*) e *g*) do nº 1, na alínea *b*) do nº 2 e na alínea *b*) do nº 3 do artigo 13º tem uma dotação orçamental mínima anual assegurada, podendo esta ser pontualmente alterada por deliberação da assembleia geral, conforme resulta do anexo ao presente Estatuto e que dele faz parte integrante.

2 – A atribuição da dotação referida a cada um dos colégios profissionais é calculada tendo por base o valor cobrado a título de quotas aos associados inscritos em cada colégio.

3 – A autorização de despesa com base nas dotações referidas no nº 1 pode ficar dependente da efetiva arrecadação das receitas que fundamentam a dotação, de modo a evitar a ocorrência de problemas de tesouraria.

TÍTULO II
Das atividades profissionais

CAPÍTULO I
Disposições gerais

ARTIGO 89º
Títulos profissionais de solicitador e de agente de execução

A atribuição do título profissional de solicitador ou de agente de execução e o exercício profissional destas atividades depende de inscrição como associado efetivo no colégio profissional respetivo da Ordem.

ARTIGO 90º
Associados

1 – Existem as seguintes categorias de associados da Ordem:

a) Efetivo;

b) Estagiário;

c) Honorário;

d) Correspondente.

2 – Sem prejuízo do disposto no nº 3 do artigo 58º, só os associados efetivos podem votar, ser eleitos e participar nas assembleias.

3 – A Ordem pode atribuir, dentro de cada colégio profissional, o título de especialista, nos termos de regulamento em que se definam:

a) As áreas de prática profissional específicas a que corresponde o título;

b) Os conhecimentos e a experiência profissional exigidos para a atribuição do título;

c) Os requisitos necessários à manutenção daquele título, designadamente em termos de infraestrutura afeta ao exercício da área de especialização e de formação contínua.

4 – Os associados regularmente inscritos num colégio profissional não carecem da atribuição do título de especialista para poderem exercer a respetiva atividade profissional.

ARTIGO 91º
Associado efetivo

1 – A admissão como associado efetivo depende da titularidade do grau académico de licenciado em solicitadoria ou direito e de ter sido aprovado nos estágios profissionais de acesso às profissões de solicitador ou agente de execução nos respetivos exames finais, consoante o colégio ou os colégios profissionais em que o candidato se pretenda inscrever.

2 – É admissível a inscrição em ambos os colégios profissionais.

ARTIGO 92º
Associado estagiário

1 – Tem a categoria de associado estagiário o candidato que, não estando inscrito definitivamente em qualquer um dos colégios profissionais, tenha sido admitido à realização de estágio num dos colégios.

2 – O associado inscrito definitivamente num colégio profissional que pretenda inscrever-se em outro colégio profissional como associado efetivo é considerado, em relação a este colégio profissional e até à obtenção do título profissional pretendido, associado estagiário.

ARTIGO 93º
Associado honorário

A assembleia geral pode atribuir a qualidade de associado honorário da Ordem a individualidades, instituições ou coletividades que, exercendo ou tendo exercido atividade de reconhecido interesse público, ou tendo contribuído para a dignificação e prestígio de profissão sujeita ao controle da Ordem, sejam considerados como merecedores de tal distinção, mediante proposta fundamentada do conselho geral.

ARTIGO 94º
Associado correspondente

1 – São associados correspondentes:

a) Os profissionais que, estando regularmente inscritos, requeiram a suspensão da sua atividade profissional e declarem pretender manter a sua inscrição como correspondentes;

b) As pessoas singulares ou coletivas a quem, em virtude da eventual conexão da atividade desenvolvida com as atribuições da Ordem, o conselho geral considere conveniente atribuir esta categoria, por um período de quatro anos;

c) As organizações associativas referidas no artigo 96º.

2 – Os associados correspondentes têm direito a receber a revista e as comunicações públicas da Ordem.

3 – As associações referidas na alínea *c*) do nº 1 têm ainda o direito a ser apoiadas na prestação de serviços profissionais pela Ordem, sem prejuízo do pagamento das taxas que sejam definidas em regulamento.

ARTIGO 95º
Sociedades de profissionais

1 – Os solicitadores e os agentes de execução estabelecidos em território nacional podem exercer as respetivas profissões, constituindo-se ou ingressando em sociedades profissionais de solicitadores e de agentes de execução, podendo uma mesma sociedade ter ambos os objetos sociais, nos termos do presente Estatuto.

2 – As sociedades profissionais referidas no número anterior gozam dos direitos e estão sujeitas aos deveres aplicáveis aos profissionais associados efetivos da Ordem que sejam compatíveis com a sua natureza, estando nomeadamente sujeitas aos princípios e regras deontológicos constantes do presente Estatuto, bem como ao poder disciplinar da entidade competente.

3 – Os membros do órgão executivo das sociedades referidas no nº 1 devem respeitar os princípios e regras deontológicos, a autonomia técnica e científica e as garantias conferidas aos solicitadores e aos agentes de execução pela lei e pelo presente Estatuto.

4 – Os membros dos órgãos de administração de sociedades de solicitadores e ou de agentes de execução devem ser profissionais inscritos na respetiva Ordem.

5 – Sem prejuízo do disposto no nº 1, não são admissíveis quaisquer sociedades multidisciplinares que integrem solicitadores ou agentes de execução.

6 – Sem prejuízo das normas constantes do presente Estatuto, à constituição e funcionamento das sociedades de solicitadores e ou agentes de execução aplica-se o regime jurídico da constituição e funcionamento das sociedades de profissionais que estejam sujeitas a associações públicas profissionais.

7 – As sociedades devem optar, no momento da sua constituição, por um dos dois tipos seguintes, consoante o regime de responsabilidade por dívidas sociais a adotar, devendo a firma conter a menção ao regime adotado:

a) Sociedades de responsabilidade ilimitada, RI;

b) Sociedades de responsabilidade limitada, RL.

8 – A responsabilidade por dívidas sociais inclui as geradas por ações ou omissões imputadas a sócios, associados e estagiários, no exercício da profissão.

9 – Nas sociedades de responsabilidade ilimitada, os sócios respondem pessoal, ilimitada e solidariamente pelas dívidas sociais, sem prejuízo do disposto no número seguinte.

10 – Os credores da sociedade de responsabilidade ilimitada só podem exigir aos sócios o pagamento de dívidas sociais após a prévia excussão dos bens da sociedade.

11 – Nas sociedades de responsabilidade limitada, apenas a sociedade responde pelas dívidas sociais, até ao limite do seguro de responsabilidade civil obrigatório.

12 – Às sociedades de profissionais previstas no nº 1 aplica-se o regime fiscal previsto para as sociedades constituídas sob a forma comercial.

ARTIGO 96º
Organizações associativas de profissionais de outros Estados membros da União Europeia e do Espaço Económico Europeu

1 – As organizações associativas de profissionais equiparados a solicitadores constituídas noutro Estado membro da União Europeia e do Espaço Económico Europeu cujo capital e direitos de voto caibam exclusivamente àqueles profissionais, podem inscrever as respetivas representações permanentes em Portugal, como sociedades profissionais, desde que exista um sistema de reciprocidade no respetivo país.

2 – As entidades referidas no número anterior são, enquanto tal, equiparadas a sociedades profissionais de solicitadores para efeitos da presente lei, e aplica-se-lhes, com as devidas adaptações, o disposto no nº 4 do artigo anterior.

3 – Os requisitos de capital referidos no nº 1 não são aplicáveis caso, de acordo com a forma jurídica adotada pela organização associativa em causa, esta não disponha de capital social, aplicando-se, em seu lugar, o requisito de atribuição dos direitos de voto aos profissionais ali referidos.

4 – O disposto nos números anteriores não se aplica a organizações associativas constituídas noutro Estado membro da União Europeia ou do Espaço Económico Europeu que reúnam profissionais equiparados a agentes de execução.

ARTIGO 97º
Domicílio profissional

1 – Cada inscrito na Ordem indica o respetivo domicílio profissional.

2 – O disposto no número anterior não impede a existência de escritórios secundários.

3 – A todos os associados efetivos, bem como aos estagiários, é atribuído um endereço de correio eletrónico e um certificado digital de assinatura e autenticação, nos termos e nas condições determinados em regulamento aprovado pela assembleia geral.

ARTIGO 98º
Comunicações da Ordem aos seus associados

1 – As comunicações e as notificações de decisões ou deliberações de órgãos da Ordem aos seus associados são feitas, preferencialmente, por via eletrónica, nos termos a definir em regulamento aprovado pela assembleia geral.

2 – As comunicações e notificações, quando remetidas em suporte de papel, são endereçadas para o domicílio profissional e, quando remetidas em suporte eletrónico, para o endereço de correio eletrónico fornecido pela Ordem.

ARTIGO 99º
Formação contínua

1 – Os associados com inscrição em vigor devem frequentar periodicamente ações de formação contínua, com vista a assegurar o permanente acompanhamento

da evolução teórica e prática do exercício da atividade, nos termos a definir em regulamento aprovado pela assembleia geral, sob proposta de cada um dos colégios profissionais.

2 – O regulamento referido no número anterior pode impor a realização de provas periódicas para a manutenção do exercício da atividade profissional de agente de execução ou para o uso de título de especialista.

ARTIGO 100º
Listas públicas dos associados e dos prestadores em livre prestação de serviços

1 – A Ordem deve manter listas públicas atualizadas, acessíveis no seu sítio na Internet, destinadas a dar a conhecer a todos os interessados informação relativa aos profissionais e sociedades aptas a exercer as funções de solicitador e de agente de execução em território nacional.

2 – Das listas constam obrigatoriamente as seguintes informações:

a) Identificação profissional dos associados efetivos e estagiários, com indicação da atividade profissional exercida e especializações reconhecidas, domicílio profissional, eventuais escritórios secundários, número de cédula profissional, número fiscal, endereço de correio eletrónico obrigatório, contacto telefónico, datas de inscrição como associado efetivo e de associado dos colégios e número de apólice de seguro profissional ou garantia ou instrumento equivalente, quando obrigatório;

b) No que se refere especificamente a profissionais, ainda os cargos assumidos na Ordem;

c) No que se refere especificamente a sociedades de profissionais, ainda os seus números de registo, de identificação de pessoa coletiva, sócios profissionais, associados, gerentes ou administradores e capital social;

d) Identificação dos prestadores, equiparados a solicitadores, em regime de livre prestação de serviços em território nacional, com indicação dos domicílios profissionais referidos nos nºs 3 e 4 do artigo 139º, a associação pública profissional de origem e da organização associativa de profissionais a que pertençam nesse mesmo Estado membro;

e) Identificação dos associados cuja inscrição tenha sido cancelada, ou suspensa por motivos disciplinares, com a indicação do nome ou firma profissional, cédula, número de identificação fiscal, último domicílio profissional, bem como identificação do associado responsável pela eventual liquidação do escritório ou sociedade;

f) Registo das sociedades extintas, ou em liquidação, com a indicação do número de identificação de pessoa coletiva, da última sede e dos últimos gerentes, administradores ou liquidatários;

g) Identificação dos associados relativamente aos quais tenha sido decretada a suspensão de designação para novos processos, prevista no artigo 167º.

3 – Compete ao conselho geral regulamentar a inserção de informação adicional, bem como a definição das regras de retificação, correção ou atualização dos dados constantes da lista e a forma de identificação de colaboradores ou serviços conexos com as atividades profissionais.

ARTIGO 101º
Arquivos de documentos de associados e da Ordem

1 – Quando não tenham sido transmitidos a outra sociedade ou associado, a Ordem deve promover a manutenção em arquivo dos documentos autênticos, autenticados, ou de importância similar, depositados em exclusivo junto de solicitadores ou agentes de execução ou de sociedades profissionais que, consoante os casos aplicáveis, tenham falecido, ficado incapazes de exercer a profissão, requerido a cessação das funções no colégio profissional, sido interditos definitivamente do exercício da atividade profissional ou suspensos por período superior a dois anos.

2 – Consideram-se incluídos nos documentos referidos no número anterior:

a) Os documentos existentes no acervo documental de solicitadores, cuja manutenção em arquivo seja imposta por lei, designadamente os documentos particulares autenticados e os documentos submetidos eletronicamente em atos de registo cujo original não esteja em arquivo público;

b) No que se refere a agentes de execução, os títulos executivos cujo original não esteja em arquivo público, os títulos de transmissão de bens e os documentos de citação ou notificação avulsa subscritos pelos citandos, notificandos ou por terceiros.

3 – Compete à assembleia geral regulamentar a organização e transmissão do arquivo, dos associados e da Ordem, definindo:

a) Os documentos que devem ser mantidos em suporte físico e simultaneamente em suporte digital e os que podem constar exclusivamente de suporte digital;

b) O prazo mínimo de arquivo dos suportes físicos;

c) A forma de transmissão do arquivo a favor de solicitadores, agentes de execução ou das respetivas sociedades;

d) A forma e as garantias necessárias à eventual contratação de entidades que assegurem a manutenção destes arquivos;

e) As medidas cautelares a adotar para organizar o arquivo de qualquer associado que esteja em risco de perda ou deterioração.

4 – Compete ainda à assembleia geral definir as taxas devidas pela prestação dos seguintes serviços, a suportar por quem deles beneficia:

a) Arquivo dos documentos dos associados que não estejam incluídos no nº 1 e pretendam usar estes serviços;

b) Avaliação da massa documental e arquivo dos documentos;

c) Emissão de certidões e cópias de documentos arquivados em suporte físico ou digital.

5 – Decorridos os prazos obrigatórios de manutenção de arquivos regulados no presente artigo, a Ordem deve promover a destruição dos documentos cujo arquivamento se revele inútil, sem prejuízo da eventual entrega em depósito ou arquivo da responsabilidade do Estado.

CAPÍTULO II
Incompatibilidades, impedimentos e inscrição

SECÇÃO I
Incompatibilidades e impedimentos

ARTIGO 102º
Incompatibilidades genéricas

1 – Para além das incompatibilidades específicas para cada atividade profissional, são incompatíveis com o exercício de qualquer das atividades profissionais reguladas no presente Estatuto os seguintes cargos, funções e atividades:

a) Titular ou membro de órgão de soberania, os representantes da República para as regiões autónomas, os membros do Governo Regional das regiões autónomas, os presidentes, vice-presidentes ou substitutos legais dos presidentes e vereadores a tempo inteiro ou em regime de meio tempo das câmaras municipais e, bem assim, respetivos adjuntos, assessores, secretários, trabalhadores com vínculo de emprego público ou outros contratados dos respetivos órgãos, gabinetes ou serviços, sem prejuízo do disposto na alínea *a*) do número seguinte;

b) Membro do Tribunal Constitucional e respetivos adjuntos, trabalhadores com vínculo de emprego público ou contratados;

c) Membro do Tribunal de Contas e os respetivos adjuntos, trabalhadores com vínculo de emprego público ou contratados;

d) Provedor de Justiça e os respetivos adjuntos, trabalhadores com vínculo de emprego público ou contratados do respetivo serviço;

e) Magistrado, ainda que não integrado em órgão ou função jurisdicional;

f) Assessor, administrador, trabalhador com vínculo de emprego público ou contratado de qualquer tribunal;

g) Notário ou conservador de registos e os trabalhadores ou contratados do respetivo serviço;

h) Gestor público;

i) Trabalhador com vínculo de emprego público ou contratado de quaisquer serviços ou entidades que possuam natureza pública ou prossigam finalidades de interesse público, de natureza central, regional ou local;

j) Membro de órgão de administração, executivo ou diretor com poderes de representação orgânica das entidades indicadas na alínea anterior;

k) Membro das Forças Armadas ou militarizadas;

l) Revisor oficial de contas ou técnico oficial de contas e trabalhadores ou contratados do respetivo serviço;

m) Administrador judicial ou liquidatário judicial ou pessoa que exerça idênticas funções;

n) Mediador imobiliário e os trabalhadores ou contratados do respetivo serviço.

2 – As incompatibilidades referidas no número anterior verificam-se qualquer que seja o título, designação, natureza e espécie de provimento, modo de remuneração e, em geral, qualquer que seja o regime jurídico do respetivo cargo, função ou atividade, com exceção das seguintes situações:

a) Dos membros da Assembleia da República, bem como dos respetivos adjuntos, assessores, secretários, trabalhadores com vínculo de emprego público ou outros contratados dos respetivos gabinetes ou serviços;

b) Dos que estejam aposentados, reformados, em situação de inatividade, com licença ilimitada ou na reserva;

c) Dos trabalhadores em funções públicas providos em cargo de solicitador, expressamente previstos nos quadros orgânicos do correspondente serviço e dos contratados para o mesmo efeito, sem prejuízo dos impedimentos que constem do presente Estatuto;

d) Dos docentes;

e) Dos que estejam contratados em regime de prestação de serviços.

3 – É permitido o exercício da atividade de solicitadoria às pessoas indicadas nas alíneas *i*) e *j*) do nº 1, quando esta seja prestada em regime de subordinação e em exclusividade, ao serviço de quaisquer das entidades previstas nas referidas alíneas.

4 – É ainda permitido o exercício da atividade de solicitadoria às pessoas indicadas nas alíneas *i*) e *j*) do nº 1 quando providas em cargos de entidades ou estruturas com caráter temporário, sem prejuízo do disposto no estatuto do pessoal dirigente dos serviços e organismos da administração central, regional e local do Estado.

ARTIGO 103º
Impedimentos

1 – Os impedimentos diminuem a amplitude do exercício da profissão quando a sua independência possa ser, direta ou indiretamente, afetada por interesses conflituantes e, para solicitadores, constituem incompatibilidades relativas do mandato forense e da consulta jurídica, tendo em vista determinada relação com o cliente, com os assuntos em causa ou por inconciliável disponibilidade para a profissão.

2 – Para além dos impedimentos especificamente previstos para cada uma das atividades profissionais, o associado está impedido de:

a) Exercer funções para pessoa diversa da entidade com a qual tenha vínculo, nos casos previstos na alínea *c*) do nº 2 do artigo anterior;

b) Exercer a sua atividade profissional para entidades às quais preste, ou tenha prestado, nos últimos três anos, serviços de juiz de paz, administrador judicial, mediador, leiloeiro, revisor oficial de contas ou técnico oficial de contas;

c) Praticar atos profissionais e mover qualquer influência junto de entidades, públicas ou privadas, onde desempenhe ou tenha desempenhado funções cujo exercício possa suscitar, em concreto, uma incompatibilidade, se aqueles atos ou influências entrarem em conflito com as regras deontológicas contidas no presente Estatuto.

3 – Os associados que sejam membros das assembleias representativas das autarquias locais, bem como os respetivos adjuntos, assessores, secretários, trabalhadores com vínculo de emprego público ou outros contratados dos respetivos gabinetes ou serviços, estão impedidos, em qualquer foro, de patrocinar, diretamente ou por intermédio de sociedade de que sejam sócios, ações contra as respetivas autarquias locais, bem como de intervir em qualquer atividade da assembleia a que pertençam sobre assuntos em que tenham interesse profissional diretamente ou por intermédio de sociedade a que pertençam.

4 - Os associados referidos na alínea *a*) do nº 2 do artigo anterior estão impedidos, em qualquer foro, de patrocinar ações pecuniárias contra o Estado.

5 - Os associados a exercer funções de vereador sem tempo atribuído estão impedidos, em qualquer foro, de patrocinar, diretamente ou por intermédio de sociedade de que sejam sócios, ações contra a respetiva autarquia, bem como de intervir em qualquer atividade do executivo a que pertençam sobre assuntos em que tenham interesse profissional diretamente ou por intermédio de sociedade de advogados a que pertençam.

6 - Havendo dúvida sobre a existência de qualquer impedimento, que não haja sido logo assumido pelo associado, compete ao respetivo colégio decidir.

SECÇÃO II
Inscrição

ARTIGO 104º
Cédula profissional

1 - Ao associado inscrito é entregue uma cédula profissional por cada colégio em que se encontre inscrito, a qual serve de prova da inscrição na Ordem e do direito ao uso do título profissional de solicitador ou de agente de execução.

2 - As cédulas profissionais são emitidas pelo conselho geral.

3 - Compete à assembleia geral regulamentar o formato e conteúdo das cédulas referidas nos números anteriores.

4 - No caso de o associado integrar uma sociedade profissional ou entidade equiparada, da cédula profissional referida no nº 2 consta a identificação daquela.

ARTIGO 105º
Requisitos de inscrição na Ordem

1 - São requisitos para a inscrição de profissionais na Ordem, além da aprovação no estágio e respetivo exame final:

a) A titularidade do grau de licenciatura em solicitadoria ou em direito ou de um grau académico superior estrangeiro no domínio da solicitadoria ou do direito a que tenha sido conferida equivalência a um daqueles graus;

b) Não se encontrar em nenhuma situação de incompatibilidade para o exercício da profissão;

c) Não se encontrar judicialmente interdito do exercício da atividade profissional nem, sendo pessoa singular, judicialmente interdito ou declarado inabilitado;

d) Não ser considerado inidóneo para o exercício da atividade profissional, nos termos do artigo seguinte.

2 - A inscrição no colégio profissional de solicitadores, por parte de profissionais cujas qualificações tenham sido obtidas em Portugal pressupõe ainda:

a) Informação favorável de estágio prestada pelo patrono ou pelos centros de estágio;

b) Apresentação de requerimento de inscrição no colégio até cinco anos após a conclusão do estágio com aproveitamento.

3 – São, ainda, requisitos de inscrição no colégio dos agentes de execução:

a) Ter nacionalidade portuguesa;

b) Não ter sido, nos últimos 10 anos, inscrito em lista pública de devedores legalmente regulada;

c) Ter concluído, com aproveitamento, o estágio de agente de execução;

d) Requerer a inscrição no colégio até três anos após a conclusão do estágio com aproveitamento;

e) Tendo sido agente de execução há mais de três anos, submeter-se ao exame previsto no nº 3 do artigo 115º e obter parecer favorável da CAAJ.

4 – A inscrição de profissionais provenientes da União Europeia ou do Espaço Económico Europeu no colégio dos solicitadores efetua-se nos termos da Lei nº 9//2009, de 4 de março, alterada pelas Leis nºs 41/2012, de 28 de agosto, e 25/2014, de 2 de maio.

5 – A inscrição das sociedades profissionais de solicitadores, e das organizações associativas de solicitadores referidas no artigo 96º segue os termos prescritos no regime jurídico da constituição e funcionamento das sociedades de profissionais que estejam sujeitas a associações públicas profissionais.

ARTIGO 106º
Restrições ao direito de inscrição

1 – Sem prejuízo do disposto no número seguinte, a inscrição é recusada a quem não preencha os requisitos previstos no artigo anterior.

2 – A inscrição pode ser recusada ou cancelada ao associado considerado inidóneo para o exercício da atividade profissional, sem prejuízo das demais situações suscetíveis de motivar a suspensão ou o cancelamento da inscrição previstas no presente Estatuto.

3 – Sem prejuízo do disposto no nº 5, considera-se inidóneo para o exercício da atividade profissional quem, nomeadamente, tenha sido:

a) Condenado, por decisão nacional ou estrangeira transitada em julgado, pela prática de crime desonroso para o exercício da profissão;

b) Declarado, há menos de 15 anos, por decisão nacional ou estrangeira transitada em julgado, insolvente ou responsável por insolvência de empresa por si dominada ou de cujos órgãos de administração ou fiscalização tenha sido membro;

c) Sujeito a pena disciplinar superior a pena de multa no exercício das funções de trabalhador em funções públicas ou equiparado, advogado ou associado de diferente colégio profissional ou associação pública profissional.

4 – Para efeitos do disposto na alínea *a*) do número anterior, consideram-se crimes gravemente desonrosos para exercício da profissão, designadamente, os crimes de furto, roubo, burla, burla informática e nas comunicações, extorsão, abuso de confiança, recetação, infidelidade, falsificação, falsas declarações, insolvência dolosa, frustração de créditos, insolvência negligente, favorecimento de credores, emissão de cheques sem provisão, abuso de cartão de garantia ou de cartão, dispositivo ou dados de pagamento, apropriação ilegítima de bens do sector público ou cooperativo, usura, suborno, corrupção, tráfico de influência, peculato, receção não autorizada de depósitos ou outros fundos reembolsáveis, administração danosa

em unidade económica do sector público ou cooperativo, usura, suborno, corrupção, tráfico de influência, peculato, receção não autorizada de depósitos ou outros fundos reembolsáveis, prática ilícita de atos ou operações inerentes à atividade seguradora ou dos fundos de pensões, fraude fiscal ou outro crime tributário, branqueamento de capitais, contrafação de cartões ou outros dispositivos de pagamento contrafeitos, atos preparatórios da contrafação, aquisição de cartões ou outros dispositivos de pagamento obtidos mediante crime informático, ou crime previsto no Código das Sociedades Comerciais, no Código dos Valores Mobiliários ou na alínea *h*) do nº 1 do artigo 55,º do Código dos Contratos Públicos.[173]

5 – A verificação de uma das situações previstas no nº 3 não afeta a idoneidade de todos aqueles que tenham sido reabilitados, nem impede o órgão competente de considerar, de forma justificada, que estão reunidas as condições de idoneidade para o exercício da atividade profissional, tendo em conta, nomeadamente, o tempo decorrido desde a prática dos factos.

6 – O processo para averiguação de inidoneidade para o exercício da profissão é instaurado nos mesmos termos em que o são os processos disciplinares, seguindo os seus trâmites, com as necessárias adaptações.

7 – A recusa ou o cancelamento de inscrição por falta de idoneidade exige uma votação por maioria qualificada de dois terços dos votos dos membros do órgão competente.

8 – Sempre que o órgão competente considere existir uma situação de inidoneidade para o exercício da atividade profissional, deve justificar de forma fundamentada as razões de facto e de direito em que baseia o seu juízo de inidoneidade, comunicando a sua decisão ao conselho geral, para efeitos de atualização do registo da lista de associados.

9 – Da deliberação final cabe recurso, nos termos previstos para as decisões em matéria disciplinar.

ARTIGO 107º
Formalidades do pedido de inscrição

1 – O pedido de inscrição é instruído e apresentado ao respetivo conselho profissional, o qual pode delegar esta função em órgãos regionais ou locais.

2 – Compete ao conselho profissional emitir parecer sobre a inscrição, cabendo ao conselho geral a decisão e o respetivo registo.

3 – Da decisão de recusa de inscrição cabe recurso para o conselho superior.

4 – Compete à assembleia geral aprovar o regulamento de inscrição e as respetivas taxas, devendo o mesmo prever, designadamente, os documentos a apresentar obrigatoriamente pelo candidato, incluindo declaração escrita em que ateste que dispõe da aptidão necessária para o exercício da atividade profissional e que não se encontra em nenhuma das situações referidas no nº 2 do artigo anterior.

[173] A atual redação deste normativo foi inserida por via da Lei nº 79/2021, de 24 de novembro.

ARTIGO 108º
Inscrição e início de funções de agente de execução

1 – O agente de execução estabelecido em território nacional só pode iniciar funções após:

a) Dispor das estruturas e meios informáticos mínimos, definidos por regulamento aprovado pela assembleia geral;

b) A prestação de juramento solene perante o presidente do tribunal da Relação e o representante do conselho profissional de agentes de execução, em que assuma o compromisso de cumprir as funções de agente de execução nos termos da lei e do presente Estatuto.

2 – A ata do auto de juramento deve ser subscrita pelos empossantes e empossados.

3 – Pode ser autorizada a abertura de escritórios secundários, nos termos a estabelecer em regulamento da assembleia geral.

4 – A existência de escritórios secundários dos agentes de execução e das respetivas sociedades é sujeita ao pagamento de uma taxa anual, de valor correspondente a uma unidade de conta processual, que constitui receita da CAAJ.

ARTIGO 109º
Emissão do diploma e da cédula profissional

Feita a inscrição, são emitidos, pelo conselho geral, o diploma e a cédula profissional, sendo aquele subscrito pelo bastonário e pelo presidente do conselho profissional onde o associado foi inscrito.

SECÇÃO III
Suspensão da inscrição

ARTIGO 110º
Causas de suspensão da inscrição

1 – A inscrição na Ordem é suspensa quando o associado:

a) For punido com sanção disciplinar de suspensão;

b) For suspenso preventivamente em processo disciplinar;

c) Não der cumprimento, no prazo fixado, à decisão do processo disciplinar, nos termos definidos no regulamento disciplinar;

d) Não pagar as suas quotas à Ordem, por um período superior a 12 meses e se apurar, em processo disciplinar, que o incumprimento é culposo;

e) Requerer a suspensão;

f) Seja declarado judicialmente interdito ou inabilitado.

2 – A suspensão prevista nas alíneas *a*) e *b*) do número anterior, aplicada ao associado inscrito em mais do que um colégio profissional, é comunicada ao presidente do conselho profissional do outro colégio profissional, assim como ao órgão disciplinar competente, para efeito de aferição da manutenção de idoneidade profissional para o exercício dessa outra atividade profissional.

ARTIGO 111º
Casos de cessação da suspensão

A suspensão da inscrição cessa quando:

a) Nos casos previstos na alínea *a*) do nº 1 do artigo anterior, se encontre cumprida a sanção disciplinar de suspensão;

b) Nos casos previstos na alínea *b*) do nº 1 do artigo anterior, o associado seja absolvido ou condenado em sanção disciplinar que não implique o cancelamento ou a suspensão da inscrição;

c) Nos casos previstos nas alíneas *c*) e *d*) do nº 1 do artigo anterior, for cumprida a decisão ou efetuado o pagamento;

d) Nos casos previstos na alínea *e*) do nº 1 do artigo anterior, forem cumpridas as formalidades previstas para a cessação da suspensão por iniciativa própria, previstas no artigo 116º;

e) Nos casos previstos na alínea *f*) do nº 1 do artigo anterior, for judicialmente declarada o fim da interdição ou inabilitação.

ARTIGO 112º
Suspensão por iniciativa própria

1 – O associado pode requerer, com motivo fundamentado, a suspensão da sua inscrição, em cada um dos colégios profissionais em que esteja inscrito e nos termos e condições previstos no presente Estatuto.

2 – O associado deve requerer a suspensão da sua inscrição, em cada um dos colégios profissionais em que esteja inscrito e nos termos e condições previstos no presente Estatuto, assim que deixe de preencher qualquer um dos requisitos de inscrição previstos no artigo 105º.

3 – Se, em resultado do pedido de suspensão, o associado deixar de estar inscrito em qualquer dos colégios, a inscrição na Ordem é automaticamente suspensa e publicitada na lista a que se refere o artigo 100º.

4 – Incumbe ao associado que requer a sua suspensão assegurar a transmissão do seu arquivo, dos valores de terceiros depositados em contas-cliente, dos bens de que seja depositário e dos processos que esteja a tramitar a favor de outro colega, ou sociedade que manifeste a sua aceitação.

5 – No caso de a transmissão não ser efetuada, e sem prejuízo da responsabilidade disciplinar que ao caso caiba, o associado está sujeito ao pagamento das taxas compensatórias à Ordem pelo custo dos serviços de transferência.

6 – A assembleia geral regula a forma de transmissão referida no nº 4 e as taxas a liquidar.

ARTIGO 113º
Inibição do exercício da profissão para associados com a inscrição suspensa

A suspensão da inscrição nos colégios profissionais inibe o exercício da atividade profissional respetiva.

ARTIGO 114º
Cancelamento da inscrição

É cancelada a inscrição:

a) Por falecimento do associado ou, quando se trate de pessoa coletiva ou equiparada, sua extinção;

b) Quando aplicada a sanção disciplinar de interdição definitiva do exercício da atividade profissional;

c) Quando o associado seja considerado inidóneo para o exercício da atividade profissional;

d) A requerimento do interessado.

ARTIGO 115º
Nova inscrição

1 – Sem prejuízo do disposto no número seguinte, quem requeira nova inscrição fica obrigado a cumprir os requisitos exigíveis para o acesso à atividade à data do novo pedido, previstos nos nºs 1 e 3 do artigo 105º.

2 – Não estão abrangidos pelo previsto no número anterior os associados que tenham a sua inscrição cancelada há menos de 10 anos.

3 – Aquele que pretenda reinscrever-se deve submeter-se a um exame de avaliação sobre a atualização dos seus conhecimentos e competências, não sendo exigível a realização do estágio quando, no período temporal que precede a apreciação do pedido de reinscrição, não tenha exercido a sua atividade por um período ininterrupto superior a:

a) Cinco anos no caso de solicitador;

b) Três anos no caso de agente de execução.

4 – Os exames referidos no número anterior são regulamentados pela assembleia geral, ouvidos os conselhos profissionais.

ARTIGO 116º
Cessação da suspensão por iniciativa própria

1 – Sem prejuízo do disposto no artigo anterior, a suspensão da inscrição cessa a requerimento do interessado, do qual consta a declaração expressa de que não se encontra em situação de incompatibilidade.

2 – A declaração prevista no número anterior não prejudica a obtenção, por parte da Ordem, de outras informações ou documentos complementares necessários para comprovar o declarado.

3 – O pedido de cessação da suspensão da inscrição por iniciativa própria é dirigido ao bastonário.

4 – Com o pedido é paga a respetiva taxa.

ARTIGO 117º
Apreensão da cédula e dos selos profissionais

A Ordem providencia para que sejam apreendidos a cédula e os selos profissionais ao associado que tenha sido suspenso ou a quem tenha sido cancelada a inscrição, notificando-o para proceder à sua entrega no prazo de 15 dias, sob pena de, sem prejuízo do procedimento judicial adequado, dar publicidade pelos meios julgados convenientes e junto dos tribunais e de outros serviços do Estado ou de quaisquer entidades públicas ou privadas, de que o associado não procedeu à entrega daqueles documentos e dos factos que motivaram a necessidade de tal apreensão.

CAPÍTULO III
Direitos e deveres profissionais

SECÇÃO I
Princípios gerais

ARTIGO 118º
Das garantias em geral

1 – Os magistrados, os órgãos de polícia criminal e os trabalhadores em funções públicas devem assegurar aos solicitadores e agentes de execução, quando no exercício da profissão, tratamento compatível com a dignidade e as condições adequadas ao cabal desempenho das suas funções.

2 – Os solicitadores e agentes de execução, no exercício da profissão, têm preferência no atendimento e direito de ingresso nas secretarias judiciais e noutros serviços públicos, nos termos da lei.

ARTIGO 119º
Independência

Os associados, no exercício das suas funções, mantêm sempre e em quaisquer circunstâncias a sua independência, devendo agir livres de qualquer pressão, especialmente a que resulte dos seus próprios interesses ou de influências exteriores, abstendo-se de negligenciar a deontologia profissional no intuito de agradar ao seu cliente, aos seus colegas, ao tribunal, a exequentes, a executados, aos seus mandatários ou a terceiros.

ARTIGO 120º
Imposição de selos, arrolamentos e buscas em escritórios

1 – A imposição de selos, o arrolamento, as buscas e outras diligências equivalentes no escritório de solicitadores ou de agentes de execução ou em qualquer outro local onde mantenham arquivo, assim como a interceção e a gravação de conversações ou comunicações efetuadas através de telefone ou endereço eletrónico, utilizados pelos associados no exercício da profissão, constantes do registo da Ordem, só podem ser decretados e presididos pelo juiz competente.

2 – Com a necessária antecedência, o juiz deve convocar para as diligências referidas no número anterior o associado a elas sujeito e o presidente do conselho regional, o qual pode delegar noutro membro do conselho.

3 – O juiz deve convocar para a apreensão de processos de agentes de execução a CAAJ.

4 – Na falta de comparência do representante da Ordem e da CAAJ ou havendo urgência incompatível com os trâmites dos números anteriores, o juiz deve nomear qualquer associado que possa comparecer imediatamente, de preferência de entre os que hajam feito parte dos órgãos da Ordem ou, quando não seja possível, o que for indicado pelo associado a quem as instalações ou arquivo pertencerem.

5 – Às diligências referidas nos nºs 2 e 3 são admitidos também, quando se apresentem ou o juiz os convoque, os familiares ou empregados do associado interessado.

6 – Até à comparência do representante da Ordem podem ser tomadas as providências indispensáveis para que se não inutilizem ou desencaminhem quaisquer papéis ou objetos.

7 – O auto de diligência faz expressa menção das pessoas presentes, bem como de quaisquer ocorrências sobrevindas no seu decurso.

ARTIGO 121º
Integridade

1 – O solicitador e o agente de execução são indispensáveis à realização de tarefas de interesse público e à administração da justiça e, como tal, devem ter um comportamento público e profissional adequados à dignidade e à responsabilidade associadas às funções que exercem, cumprindo pontual e escrupulosamente os deveres consagrados no presente Estatuto e todos aqueles que as demais disposições legais e regulamentares, os usos, os costumes e as tradições profissionais lhes imponham.

2 – São deveres gerais de conduta profissional o cumprimento do código de ética e deontologia de conduta profissional, designadamente a honestidade, a probidade, a retidão, a lealdade, a cortesia, a pontualidade e a sinceridade.

3 – O solicitador e o agente de execução têm a obrigação de atuar com zelo e diligência relativamente a todas as questões ou processos que lhes sejam confiados e proceder com urbanidade para com os colegas, magistrados, advogados e quaisquer trabalhadores.

ARTIGO 122º
Contas-cliente

1 – As quantias detidas por associado, ou sociedade profissional deste, por conta dos seus clientes ou de terceiros, que lhe sejam confiadas ou destinadas a despesas, devem ser depositadas em conta ou contas abertas em instituição de crédito em seu nome ou da sociedade profissional que integre e identificadas como contas-cliente.

2 – As quantias depositadas em contas-cliente não constituem património próprio do associado, sendo as contas-cliente patrimónios autónomos.

3 – As contas-cliente são abertas em qualquer instituição de crédito que efetue protocolo para esse efeito com a Ordem e pelo qual aceite submeter-se às normas estatutárias e regulamentares sobre esta matéria.

4 – As condições de movimentação das contas-cliente, as normas de registo de movimentos e da sua liquidação são regulamentadas em termos gerais e por especialidade pela assembleia geral, devendo ser diferenciadas no caso de o associado ter mais do que uma especialidade.

5 - A conta-cliente pressupõe um registo rigoroso dos movimentos efetuados relativamente a cada cliente, e a cada processo, sendo disponibilizado esse registo ao cliente sempre que este o solicite.

6 - No âmbito de processo disciplinar, o associado pode ser notificado para apresentar o registo das contas-cliente.

7 - É instaurado processo disciplinar no caso de se verificar falta de provisão em qualquer das contas-cliente ou se houver indícios de irregularidade na respetiva movimentação.

8 - No caso previsto no número anterior, o órgão disciplinar competente determina as medidas cautelares que considere necessárias, podendo ordenar a suspensão preventiva do associado e designando outro associado que assuma a responsabilidade da gestão das respetivas contas-cliente.

ARTIGO 123º
Responsabilidade civil profissional

1 - O associado com inscrição em vigor deve celebrar e manter um seguro de responsabilidade civil profissional, tendo em conta a natureza e o âmbito dos riscos inerentes à sua atividade, por um capital de montante não inferior ao que seja fixado pelo conselho geral, sem prejuízo do regime especialmente aplicável às sociedades e do disposto no artigo 38º da Lei nº 2/2013, de 10 de janeiro.

2 - O seguro de responsabilidade civil profissional tem que cobrir as responsabilidades profissionais pelos seguintes valores mínimos:

a) De 100.000 euros no caso de solicitadores;

b) De 100.000 euros quando se trate de agentes de execução ou o correspondente a 50/prct. do valor da faturação do ano anterior, caso seja superior a € 100 000.

3 - As sociedades profissionais com responsabilidade limitada devem celebrar e manter um seguro de responsabilidade civil profissional no valor mínimo de € 200 000, não podendo ser inferior a 50/prct. do valor da faturação da sociedade no ano anterior, com um limite máximo de € 5 000 000.

4 - O solicitador ou agente de execução que comprove que exerce a sua atividade profissional exclusivamente no âmbito de uma sociedade profissional de responsabilidade limitada com o seguro em vigor, nos termos estatutários, não é obrigado a manter o seguro referido no nº 1.

5 - Quando a responsabilidade civil profissional do associado se fundar na mera culpa, o montante da indemnização tem como limite máximo o correspondente ao fixado para o seguro no nº 2.

6 - Por regulamento aprovado pela assembleia geral, os custos dos seguros referidos no presente artigo podem ser suportados, total ou parcialmente, pela Ordem, relativamente aos associados que não tenham dívidas de qualquer natureza para com a Ordem.

SECÇÃO II
Relações com terceiros

ARTIGO 124º
Deveres para com a comunidade

1 – O solicitador e o agente de execução estão obrigados a pugnar pela boa aplicação do direito, pela rápida administração da justiça e pelo aperfeiçoamento do exercício da profissão.

2 – Em especial, constituem deveres gerais do associado:

a) Usar de urbanidade e de educação na relação com colegas, magistrados, advogados, trabalhadores e demais pessoas ou entidades com quem tenham contacto profissional;

b) Recusar o exercício de funções quando suspeitar seriamente que a operação ou atuação jurídica em causa visa a obtenção de resultados ilícitos e que o interessado não pretende abster-se de tal atuação;

c) Recusar-se a receber e movimentar fundos que não correspondam estritamente a uma questão que lhe tenha sido confiada;

d) Ser rigoroso na gestão dos valores que lhe são confiados ou que administra no exercício das suas funções;

e) Diligenciar no sentido do pagamento dos honorários e de demais quantias devidas aos colegas que o antecederam no mandato ou nas funções que lhe foram confiadas;

f) Não fazer publicidade fora dos limites previstos no presente Estatuto;

g) Não solicitar nem angariar clientes por si ou por interposta pessoa, sem prejuízo do disposto no artigo 128º;

h) Usar trajo profissional de acordo com o respetivo regulamento;

i) Não recusar a aceitação do processo para que tenha sido designado oficiosamente, salvo por motivo de impedimento ou suspeição;

j) Ter domicílio profissional, comunicando de imediato ao conselho geral a sua alteração, devendo a Ordem regulamentar as suas características essenciais em função da atividade profissional exercida;

k) Manter os empregados forenses registados na Ordem, nos termos do regulamento aprovado pela assembleia geral;

l) Não agir contra o direito, não usar meios ou expedientes ilegais ou dilatórios, nem promover diligências inúteis ou prejudiciais para a correta aplicação do direito, administração da justiça e descoberta da verdade;

m) Cumprir as regras de fixação de honorários, questionando os órgãos competentes da Ordem quanto à aplicação dos mesmos, sempre que tenha dúvidas sobre a sua aplicação;

n) Manter os seus conhecimentos atualizados, designadamente através do acompanhamento das alterações legislativas e regulamentares.

ARTIGO 125º
Deveres para com a Ordem

Constituem deveres do associado para com a Ordem:

a) Não prejudicar os fins e o prestígio da Ordem e de qualquer das atividades profissionais reguladas pela Ordem;

b) Observar escrupulosamente o disposto no código de deontologia da Ordem;

c) Colaborar na prossecução das atribuições da Ordem;

d) Exercer os cargos para que tenha sido eleito ou nomeado e desempenhar os mandatos que lhe forem confiados;

e) Declarar no ato de inscrição, para efeito de verificação de incompatibilidade, qualquer cargo ou atividade profissional que exerça e que possa consubstanciar uma incompatibilidade nos termos do presente Estatuto;

f) Requerer, no prazo de 30 dias, a suspensão da inscrição na Ordem quando ocorrer incompatibilidade superveniente;

g) Informar a Ordem da ocorrência de quaisquer circunstâncias que indiciem a falta de idoneidade exigida para o exercício das suas funções;

h) Pagar pontualmente as quotas, as taxas devidas pela prestação de serviços pela Ordem e outras quantias, designadamente as decorrentes da aplicação de penas pecuniárias ou sanções acessórias, devidas à Ordem, que sejam estabelecidas no presente Estatuto ou nas demais disposições legais e regulamentares aplicáveis;

i) Dirigir com empenho o estágio dos associados estagiários de que seja patrono.

ARTIGO 126º
Direitos perante a Ordem

O associado tem direito a:

a) Requerer a intervenção dos órgãos da Ordem na defesa dos seus direitos e interesses profissionais;

b) Requerer a convocação das assembleias nos termos do presente Estatuto e nelas intervir;

c) Eleger os órgãos da Ordem e ser eleito para os referidos órgãos da Ordem, ressalvadas as inelegibilidades estabelecidas na lei e no presente Estatuto, e ser nomeado para comissões;

d) Apresentar propostas e formular consultas nas conferências de estudo e debate sobre quaisquer assuntos que interessem às atribuições da Ordem;

e) Examinar, no momento devido, as contas da Ordem;

f) Reclamar, perante o conselho geral, os conselhos profissionais, ou os conselhos regionais respetivos e ainda junto das suas delegações distritais, de atos lesivos dos seus direitos.

ARTIGO 127º
Segredo profissional

1 – Sem prejuízo das normas específicas de segredo profissional de cada atividade profissional, os associados estão obrigados a manter reserva sobre quaisquer matérias que lhes estejam confiadas, designadamente documentos, factos ou quaisquer outras questões das quais tenham conhecimento no âmbito de negociações entre as partes envolvidas.

2 – O disposto no número anterior não é aplicável aos casos em que o serviço prestado se destine a comprovar ou a certificar uma determinada situação de facto.

ARTIGO 128º
Informação e publicidade

1 – A publicidade dos associados é meramente informativa, devendo ter suporte escrito.

2 – O associado pode divulgar a sua atividade profissional de forma objetiva, verdadeira e digna, no rigoroso respeito dos deveres deontológicos, do segredo profissional e das normas legais sobre publicidade e concorrência.

3 – Entende-se, nomeadamente, por informação objetiva:

a) A identificação pessoal, académica, curricular e profissional do associado ou da sociedade de solicitadores e ou de agentes de execução e dos respetivos colaboradores;

b) A denominação, o logótipo ou outro sinal distintivo do escritório ou da sociedade;

c) A indicação das atividades profissionais que exerçam, das áreas ou das matérias jurídicas de exercício preferencial;

d) Os cargos exercidos na Ordem;

e) O horário de atendimento ao público;

f) Os idiomas falados ou escritos;

g) A indicação do respetivo sítio oficial na Internet;

h) A colocação, no exterior do escritório ou da sociedade, de uma placa ou tabuleta identificativa da sua existência.

4 – São, nomeadamente, atos lícitos de publicidade:

a) A utilização de cartões nos quais se inscreva informação objetiva;

b) A publicação de anúncios na imprensa escrita e em listas telefónicas, de faxes ou análogas;

c) A apresentação dos serviços prestados em sítio na Internet dentro das normas regulamentares aplicáveis;

d) A menção da condição de solicitador ou de agente de execução em anuários profissionais, nacionais ou estrangeiros;

e) A intervenção em conferências ou colóquios;

f) A publicação de brochuras ou de escritos, circulares e artigos periódicos sobre temas relacionados com a profissão na imprensa, podendo assinar com a indicação da sua condição de associado, da respetiva atividade profissional e da organização profissional que integre;

g) A menção a assuntos profissionais que integrem o currículo profissional do associado e em que este tenha intervindo, não podendo ser feita referência ao nome do cliente, salvo quando autorizada por este;

h) A referência, direta ou indireta, a qualquer cargo público, privado ou relação de emprego que tenha exercido;

i) A menção à composição e à estrutura do escritório ou da sociedade que integre;

j) A inclusão de fotografias, ilustrações e logótipos adotados;

k) A utilização de marcas da titularidade da Ordem, nos termos de regulamento aprovado pela assembleia geral;

l) A indicação da qualidade de administrador judicial ou de secretário de sociedade;

m) A indicação dos atos para cuja prática tem competência;

n) A menção ao seguro de responsabilidade profissional e respetivo montante máximo de cobertura.

5 – São atos ilícitos de publicidade:

a) A colocação de conteúdos persuasivos, ideológicos, de autoengrandecimento e de comparação;

b) A promessa ou indução da produção de resultados;

c) A prestação de informações erróneas ou enganosas;

d) A menção a título académico ou a curso que não seja certificado.

6 – As disposições constantes dos números anteriores são aplicáveis ao exercício de qualquer das atividades profissionais, independentemente de serem exercidas a título individual ou em sociedade, cabendo à assembleia geral concretizar, por regulamento, as normas da publicidade previstas no presente Estatuto.

ARTIGO 129º
Aceitação da prestação de serviços e competência

1 – O associado não pode aceitar a prestação de quaisquer serviços profissionais se para tal não tiver sido livremente solicitado ou mandatado pelo cliente, ou por representante deste, ou se não tiver sido designado para o efeito por entidade legalmente competente.

2 – O associado não deve aceitar a prestação de quaisquer serviços se souber ou dever saber que não tem competência, disponibilidade ou meios necessários para se ocupar prontamente do assunto ou do processo em causa, e o acompanhar de modo efetivo, a menos que atue em sociedade com competência, disponibilidade e meios necessários para o efeito.

ARTIGO 130º
Deveres recíprocos dos associados

1 – A solidariedade profissional impõe uma relação de confiança e de cooperação entre os associados em benefício dos clientes, nos termos da lei, e de forma a evitar litígios inúteis, conciliando, tanto quanto possível, os interesses da profissão com os da justiça ou daqueles que a procuram.

2 – Constituem deveres dos associados, nas suas relações recíprocas:

a) Proceder com a maior correção e urbanidade, abstendo-se de qualquer ataque pessoal, alusão deprimente ou crítica desprimorosa, de fundo ou de forma;

b) Responder, em prazo razoável, às solicitações orais ou escritas;

c) Não emitir publicamente opinião sobre questão que saiba estar confiada a outro associado, salvo na presença deste ou com o seu prévio acordo;

d) Atuar com a maior lealdade, procurando não obter vantagens ilegítimas ou indevidas para o seu cliente;

e) Não assinar escritos profissionais que não sejam da sua autoria ou em que não tenha colaborado;

f) Comunicar atempadamente a impossibilidade de comparecer a qualquer diligência aos outros associados que nela devam intervir.

3 – O associado a quem se pretende cometer assunto anteriormente confiado a outro associado não deve iniciar a sua atuação sem antes diligenciar no sentido de a

este serem pagos os honorários e demais quantias que lhe sejam devidas, devendo expor ao colega, oralmente ou por escrito, as razões da aceitação do serviço, bem como dar-lhe conta dos esforços que tenha desenvolvido para aquele efeito.

ARTIGO 131º
Discussão pública de questões profissionais

1 – O associado não deve pronunciar-se publicamente sobre questões profissionais pendentes, salvo autorização prévia do bastonário, a qual pode ser requerida sempre que o exercício desse direito de resposta se justifique, de forma a prevenir ou a remediar ofensa à dignidade, aos direitos ou aos interesses legítimos do cliente, das partes ou do próprio.

2 – O pedido de autorização deve ser justificado com indicação das questões que se pretendem abordar, devendo ser decidido no prazo de três dias úteis sob pena de se considerar tacitamente deferido.

3 – Em caso de manifesta urgência o associado pode exercer esse direito de forma restrita e contida, informando o bastonário da respetiva motivação no prazo de cinco dias úteis.

SECÇÃO III
Regras gerais sobre o estágio

ARTIGO 132º
Organização

1 – Os estágios são organizados pelo conselho geral, que deve constituir comissões de coordenação de estágio para cada uma das especialidades, nas quais se integram representantes dos respetivos conselhos profissionais.

2 – Compete à assembleia geral aprovar os regulamentos de estágio.

3 – Os regulamentos de estágio:

a) Preveem as regras de seleção, contratação, designação e substituição dos patronos, bem como definem a eventual remuneração que lhes seja devida;

b) Definem a forma de registo e os termos formais que devem revestir os acordos que os estagiários celebrem com outros associados, para complementarem a respetiva formação em estágio;

c) Podem determinar a dispensa da frequência do estágio ou da realização do exame de estágio a profissionais jurídicos de reconhecido mérito que já tenham prestado provas públicas no exercício de outras funções, mediante exames de avaliação, nomeadamente dos conhecimentos deontológicos e regulamentares.

4 – Os regulamentos de estágio estão sujeitos a homologação governamental, nos termos da Lei nº 2/2013, de 10 de janeiro.

ARTIGO 133º
Direitos e deveres dos patronos

1 – O patrono acompanha todo o período do estágio, sendo o principal responsável pela orientação e direção do exercício profissional do estagiário.

2 – Os patronos são selecionados pela Ordem, nos termos previstos na alínea *a*) do nº 3 do artigo anterior.

3 – O patrono tem os seguintes direitos:

a) Ser compensado pelas despesas que efetue quando a Ordem lhe solicite a presença em reuniões ou ações de formação relacionadas com o estágio;

b) Ser informado pelos serviços da Ordem sobre o teor das prestações do seu estagiário, desde que não esteja em causa a quebra de nenhuma regra de confidencialidade.

4 – O patrono fica vinculado ao cumprimento dos seguintes deveres:

a) Aconselhar, orientar e informar o estagiário durante todo o seu período de estágio;

b) Cumprir as formalidades legais inerentes à realização do estágio;

c) Permitir ao solicitador estagiário o acesso às suas instalações e a utilização destas;

d) Permitir que o solicitador estagiário tenha acesso a atos e peças e assegurar que este acompanhe diligências, quer nos tribunais, quer noutros serviços públicos.

5 – Apenas pode aceitar a direção do estágio, como patrono, o solicitador ou agente de execução com um mínimo de cinco anos de inscrição válida no colégio profissional respetivo, sem ter sofrido sanção disciplinar superior à de multa.

6 – O patrono pode pedir escusa, desde que fundamentada, mediante solicitação escrita apresentada no prazo de 10 dias a contar da data em que lhe for comunicada a nomeação.

ARTIGO 134º
Direitos e deveres do estagiário

1 – São direitos dos associados estagiários:

a) Praticar os atos da sua competência sob a orientação do patrono;

b) Assistir a atos e procedimentos e consultar os respetivos processos.

2 – São deveres dos associados estagiários:

a) Guardar respeito e lealdade para com o patrono, preservando as suas relações profissionais e não angariando clientes para si ou para terceiros;

b) Assegurar a confidencialidade sobre os métodos de trabalho, com respeito pela estrutura hierárquica do escritório ou da sociedade;

c) Observar escrupulosamente as regras de utilização das instalações do patrono ou de outras instalações onde decorram os atos de estágio;

d) Submeter-se aos planos de estágio que vierem a ser definidos pelo patrono ou pela sociedade profissional em que este se insira;

e) Colaborar com o patrono e com os restantes sócios da sociedade profissional em que este se insira, bem como efetuar os trabalhos que lhe sejam determinados, desde que se revelem compatíveis com a atividade do estágio;

f) Colaborar com empenho, zelo e competência em todas as atividades, trabalhos e ações de formação que venha a frequentar no âmbito dos programas de estágio;

g) Não assumir durante o período de estágio funções que, por lei ou regulamento aplicável, sejam exclusivas dos solicitadores ou agentes de execução;

h) Comunicar à estrutura coordenadora de estágio qualquer facto que possa condicionar ou limitar o pleno cumprimento das normas estatutárias e regulamentares inerentes ao estágio;

i) Cumprir em plenitude todas as demais obrigações legais, deontológicas e regulamentares no exercício da atividade profissional.

3 – Os associados estagiários estão ainda vinculados aos deveres de reserva e de segredo profissional, nos mesmos termos aplicáveis aos seus patronos.

ARTIGO 135º
Seguros do estagiário

No momento da inscrição, o estagiário deve apresentar comprovativo de subscrição da apólice de seguro de grupo disponibilizada pela Ordem, ou contratada por si, relativa a:

a) Seguro de acidentes pessoais que cubra os riscos que possam ocorrer durante e por causa do estágio;

b) Seguro de responsabilidade civil profissional que cubra, durante a realização do estágio e enquanto a respetiva inscrição se mantiver ativa, os riscos inerentes ao desempenho das tarefas que enquanto solicitador estagiário lhe forem atribuídas, conforme o estabelecido na apólice respetiva, renovando-o sempre que necessário até à sua conclusão.

CAPÍTULO IV
Dos solicitadores

SECÇÃO I
Exercício da atividade de solicitador

ARTIGO 136º
Exclusividade do exercício da solicitadoria

1 – Além dos advogados, apenas os solicitadores com inscrição em vigor na Ordem e os profissionais equiparados a solicitadores em regime de livre prestação de serviços, podem, em todo o território nacional e perante qualquer jurisdição, instância, autoridade ou entidade pública ou privada, praticar atos próprios da profissão, designadamente exercer o mandato judicial, nos termos da lei, em regime de profissão liberal remunerada.

2 – São considerados atos próprios os definidos na Lei nº 49/2004, de 24 de agosto.

ARTIGO 137º
Requisitos de inscrição de nacionais de outros Estados

1 – Os títulos profissionais são atribuídos a nacionais de Estados membros da União Europeia ou do Espaço Económico Europeu ou de países terceiros cujas qualificações foram obtidas fora de Portugal com o reconhecimento daquelas qualificações, nos termos do presente Estatuto, da Lei nº 2/2013, de 10 de janeiro, e da Lei

nº 9/2009, de 4 de março, alterada pelas Leis nºs 41/2012, de 28 de agosto, e 25/2014, de 2 de maio.

2 – O profissional que pretenda inscrever-se na Ordem nos termos do número anterior e que preste serviços, de forma subordinada ou autónoma ou na qualidade de sócio, ou que atue como gerente ou administrador no Estado membro de origem, no âmbito de organização associativa de profissionais, deve identificar a organização em causa no pedido apresentado nos termos do artigo 47º da Lei nº 9/2009, de 4 de março, alterada pelas Leis nºs 41/2012, de 28 de agosto, e 25/2014, de 2 de maio.

3 – Caso o facto a comunicar nos termos do número anterior ocorra após a apresentação do pedido de reconhecimento de qualificações, deve a organização associativa em causa ser identificada perante a Ordem no prazo de 60 dias.

ARTIGO 138º
Livre prestação de serviços

1 – Os profissionais legalmente estabelecidos noutro Estado membro da União Europeia ou do Espaço Económico Europeu que aí desenvolvam funções comparáveis às de solicitador podem exercê-las, de forma ocasional e esporádica, em território nacional, em regime de livre prestação de serviços, nos termos da Lei nº 9/2009, de 4 de março, alterada pelas Leis nºs 41/2012, de 28 de agosto, e 25/2014, de 2 de maio.

2 – O profissional que preste serviços, de forma subordinada ou autónoma ou na qualidade de sócio, ou que atue como gerente ou administrador no Estado membro de origem, no âmbito de organização associativa de profissionais e pretenda exercer a sua atividade profissional em território nacional nessa qualidade, em regime de livre prestação de serviços, deve identificar perante a Ordem a organização associativa, por conta da qual presta serviços, na declaração referida no artigo 5º da Lei nº 9/2009, de 4 de março, alterada pelas Leis nºs 41/2012, de 28 de agosto, e 25/2014, de 2 de maio.

3 – Sem prejuízo do disposto no nº 2 do artigo 3º da Lei nº 9/2009, de 4 de março, alterada pelas Leis nºs 41/2012, de 28 de agosto, e 25/2014, de 2 de maio, os profissionais referidos nos números anteriores ficam sujeitos, no que se refere ao exercício da profissão em território nacional:

a) Às regras sobre publicidade e angariação de clientela;

b) Às incompatibilidades, impedimentos e normas sobre conflito de interesses e suspeições;

c) Às regras de segredo profissional;

d) Às regras deontológicas em geral;

e) Às regras de procedimento e processo que lhes sejam aplicáveis, incluindo o disposto no artigo 84º;

f) À obrigação de indicar um domicílio, próprio ou de outro profissional, em território nacional, para receção de citações e notificações, salvo nos processos em que aceitem citação e notificação por telecópia ou sistema eletrónico de informação;

g) Às regras referidas nos artigos 149º a 154º.

4 – Os profissionais referidos nos números anteriores são equiparados a solicitadores para todos os efeitos legais, exceto quando o contrário resulte das disposições em causa.

ARTIGO 139º
Comércio eletrónico

Os profissionais legalmente estabelecidos em Estado membro da União Europeia ou do Espaço Económico Europeu que aí desenvolvam funções comparáveis às de solicitador podem exercê-las, através de comércio eletrónico, com destino ao território nacional, observado que seja o disposto no Decreto-Lei nº 7/2004, de 7 de janeiro, alterado pelo Decreto-Lei nº 62/2009, de 10 de março, e pela Lei nº 46/2012, de 29 de agosto, e com sujeição às regras de procedimento e processo que lhes sejam aplicáveis, incluindo o disposto no artigo 84º.

ARTIGO 140º
Contrato de trabalho

O contrato de trabalho celebrado com o solicitador não pode afetar os seus deveres deontológicos e a sua isenção e autonomia técnica perante o empregador.

ARTIGO 141º
Segredo profissional do solicitador

1 – Sem prejuízo do disposto no artigo 127º, tratando-se de um solicitador, o segredo profissional abrange ainda:

a) Os factos de que tenha tido conhecimento em virtude de cargo desempenhado na Ordem;

b) Os factos referentes a assuntos profissionais comunicados por colega com o qual esteja associado ou ao qual preste colaboração.

2 – A obrigação do segredo profissional mantém-se ainda que o serviço solicitado ou cometido ao associado envolva representação judicial ou extrajudicial, seja ou não remunerado ou não tenha chegado a ser aceite.

3 – O disposto no número anterior abrange todos os associados que, direta ou indiretamente, tenham qualquer intervenção no serviço.

4 – O segredo profissional abrange ainda documentos ou outras coisas que se relacionem, direta ou indiretamente, com os factos sujeitos a sigilo.

5 – O segredo profissional compreende a proibição de discussão pública ou de realização de comentários sobre qualquer processo pendente.

6 – O associado pode revelar factos abrangidos pelo segredo profissional, desde que tal seja absolutamente necessário para a defesa da dignidade, dos direitos e dos interesses legítimos do próprio associado ou do cliente ou seus representantes, mediante prévia autorização do bastonário, da qual cabe recurso para o conselho superior.

7 – Os atos praticados pelo associado em violação de segredo profissional não podem fazer prova em juízo.

8 – Ainda que seja dispensado, nos termos do disposto no nº 6, o associado pode manter o segredo profissional.

9 – O dever de guardar sigilo é extensivo a todas as pessoas que colaborem com o associado no exercício da sua atividade profissional, com a cominação prevista no nº 7.

10 – O associado deve exigir das pessoas referidas no número anterior o cumprimento do dever aí previsto em momento anterior ao início da mencionada colaboração.

ARTIGO 142º
Apreensão de documentos

1 – Não pode ser apreendida a correspondência, seja qual for o suporte utilizado, que respeite ao exercício da profissão.

2 – A proibição estende-se à correspondência trocada entre o solicitador e aquele que lhe tenha cometido ou pretendido cometer mandato ou lhe haja solicitado parecer, mesmo que este não tenha sido ainda dado ou tenha sido recusada a sua prestação.

3 – Compreendem-se na correspondência as instruções e informações escritas sobre o assunto da nomeação ou mandato ou do parecer solicitado.

4 – Excetua-se o caso de a correspondência respeitar a facto criminoso, relativamente ao qual o solicitador tenha sido constituído arguido.

ARTIGO 143º
Conflito de interesses

1 – O solicitador deve recusar a prestação de serviços numa questão em que já tenha intervindo em qualquer outra qualidade ou seja conexa com outra em que represente, ou tenha representado, a parte contrária.

2 – O solicitador deve recusar a prestação de serviços contra quem, noutra causa pendente, preste serviços.

3 – O solicitador não pode aconselhar, representar ou agir por conta de dois ou mais clientes, no mesmo assunto ou em assunto conexo, se existir conflito de interesses entre esses clientes.

4 – Se um conflito de interesses surgir entre dois ou mais clientes, bem como se ocorrer risco de violação do segredo profissional ou de diminuição da sua independência, o solicitador deve deixar de agir por conta de todos os clientes, no âmbito desse conflito.

5 – O solicitador deve abster-se de aceitar um novo cliente se tal puser em risco o cumprimento do dever de guardar sigilo profissional relativamente aos assuntos de um anterior cliente ou se do conhecimento destes assuntos resultarem vantagens ilegítimas ou injustificadas para o novo cliente.

6 – Sempre que o solicitador exerça a sua atividade em associação, sob a forma de sociedade ou outra, o conflito de interesses é extensivo e analisado também em função dos associados.

ARTIGO 144º
Outros deveres na relação com clientes

1 – Nas relações com o cliente, são ainda deveres do solicitador:

a) Dar a sua opinião conscienciosa sobre o merecimento da pretensão do cliente, assim como prestar, sempre que tal lhe for solicitado, informação sobre o andamento das questões que lhe forem confiadas, sobre os critérios que utiliza na fixação dos seus honorários, indicando, sempre que possível, o seu montante total aproximado, e ainda sobre a possibilidade e a forma de obter apoio judiciário;

b) Estudar com cuidado e tratar com zelo a questão de que seja incumbido, utilizando para o efeito todos os recursos da sua experiência, saber e atividade;

c) Aconselhar toda a composição que ache justa e equitativa;

d) Não celebrar, em proveito próprio, contratos sobre o objeto das questões que lhe são confiadas;

e) Não cessar, sem motivo justificado, a prestação de serviços nas questões que lhe estão cometidas.

2 – Ainda que exista motivo justificado para a cessação da prestação de serviços, o solicitador não deve fazê-lo de modo a impossibilitar o cliente de obter, em tempo útil, a assistência de outro solicitador.

ARTIGO 145º
Valores e documentos do cliente

1 – O solicitador deve dar a aplicação devida a valores, objetos e documentos que lhe tenham sido confiados, bem como prestar contas ao cliente de todos os valores deste que tenha recebido, qualquer que seja a sua proveniência, e apresentar nota de honorários e despesas, logo que tal lhe seja solicitado.

2 – Quando cesse a representação, o solicitador deve restituir ao cliente os valores, objetos ou documentos deste que se encontrem em seu poder.

3 – O solicitador, apresentada a nota de honorários e despesas, goza do direito de retenção sobre os valores, objetos ou documentos referidos no número anterior, para garantia do pagamento dos honorários e o reembolso das despesas que lhe sejam devidos pelo cliente, a menos que os valores, objetos ou documentos em causa sejam necessários para prova do direito do cliente ou que a sua retenção causa a este prejuízos irreparáveis.

4 – Deve, porém, o solicitador restituir tais valores e objetos, independentemente do pagamento a que tenha direito, se o cliente tiver prestado caução arbitrada pelo conselho profissional.

5 – Pode o conselho profissional, antes do pagamento e a requerimento do solicitador ou do cliente, mandar entregar a este quaisquer objetos e valores quando aqueles que permaneçam em poder do solicitador sejam manifestamente suficientes para garantir o pagamento do crédito.

ARTIGO 146º
Contas-cliente de solicitadores

1 – O registo de movimentos das contas-cliente de solicitador é efetuado segundo as normas do respetivo regulamento podendo ser efetuado usando suporte informático disponibilizado pela Ordem através de protocolo que o associado subscreva.

2 – O solicitador não pode utilizar as quantias que lhe foram entregues pelos clientes ou por terceiros para pagamento dos seus honorários, salvo se tiver instruções escritas nesse sentido.

ARTIGO 147º
Liquidação das contas-cliente

1 – Procede-se à liquidação da conta-cliente de solicitador quando:

a) Tenha falecido ou sido declarado incapaz ou interdito;

b) Tenha sido suspenso por período superior a seis meses, interdito definitivamente ou cancelada a inscrição por decisão disciplinar;

c) Tenha requerido a suspensão ou o cancelamento das funções no colégio profissional.

2 – Procede-se à liquidação das contas-cliente das sociedades quando estas tenham sido dissolvidas por qualquer razão.

3 – A liquidação consiste no apuramento dos valores devidos aos clientes ou terceiros que a eles tenham direito, através de informações destes e do cotejo dos documentos existentes, respeitando os princípios do contraditório.

4 – A liquidação é efetuada por solicitador ou sociedade profissional que seja selecionada de lista de candidatos pelo conselho profissional.

5 – O liquidatário designado recebe toda a colaboração das instituições de crédito e do solicitador impedido ou dos seus herdeiros ou legais representantes, sendo-lhe entregues os registos das contas-cliente a liquidar.

6 – Finda a liquidação, os valores apurados são pagos pela instituição bancária, a quem a estes tenha direito, mediante certidão subscrita pelo liquidatário e pelo bastonário.

7 – Se após a liquidação se averiguar que há valores em falta, são retiradas certidões para efeitos disciplinares e penais e efetuados os pagamentos a quem tenha direito, mediante rateio proporcional ao valor dos créditos.

8 – O custo da liquidação incumbe ao associado que lhe deu causa.

ARTIGO 148º
Provisões

1 – O solicitador pode requerer ao cliente a entrega de provisões por conta dos honorários ou para pagamento de despesas, não devendo tais provisões exceder uma estimativa razoável dos honorários e despesas prováveis.

2 – Não sendo entregue a provisão solicitada, o solicitador pode renunciar a ocupar-se do assunto ou recusar-se a aceitá-lo.

3 – O solicitador apenas pode ser responsabilizado pelo pagamento de taxas de justiça, despesas ou quaisquer outros encargos que tenham sido provisionados para tal efeito pelo cliente e não é obrigado a dispor das provisões que tenha recebido para honorários, desde que a afetação destas aos honorários tenha sido autorizada nos termos do nº 2 do artigo 147º.

ARTIGO 149º
Honorários

1 – Os honorários do solicitador devem corresponder a uma compensação económica adequada pelos serviços efetivamente prestados, devendo ser paga em dinheiro, podendo assumir a forma de retribuição fixa.

2 – Na falta de convenção prévia reduzida a escrito, o solicitador apresenta ao cliente a respetiva conta de honorários com discriminação dos serviços prestados.

3 – Na fixação dos honorários deve o solicitador atender à importância dos serviços prestados ao cliente, à dificuldade e urgência do assunto, ao grau de criatividade intelectual da sua prestação, ao resultado obtido, ao tempo despendido, às

responsabilidades por ele assumidas e aos custos em que tenha que incorrer para a prestação do serviço solicitado, bem como aos demais usos profissionais.

4 – Os atos fundados em usos profissionais podem ser espelhados em tabela de honorários.

SECÇÃO II
Direitos e deveres do solicitador

ARTIGO 150º
Direitos do solicitador

1 – Os solicitadores podem, no exercício da sua profissão, requerer, por escrito ou oralmente, em qualquer tribunal ou serviço público, o exame de processos, livros ou documentos que não tenham caráter reservado ou secreto, bem como a passagem de certidões, sem necessidade de exibir procuração.

2 – A recusa do exame ou da certidão a que se refere o número anterior deve ser justificada imediatamente e por escrito.

3 – Os solicitadores têm o direito de comunicar, pessoal e reservadamente, com os seus clientes, mesmo quando estes se encontrem detidos ou presos.

ARTIGO 151º
Audiências de julgamento

Nas audiências de julgamento, os solicitadores dispõem de bancada.

ARTIGO 152º
Deveres específicos do solicitador

Sem prejuízo dos demais deveres consagrados no presente Estatuto, nas demais disposições legais e regulamentares, e nos usos e costumes da profissão, aos solicitadores cumpre:

a) Verificar a identidade do cliente e dos representantes do mesmo, assim como os poderes de representação conferidos a estes últimos;

b) Recusar o mandato ou a nomeação oficiosa para causa que seja conexa com outra em que representem ou tenham representado a parte contrária;

c) Não contactar ou manter relações com a parte contrária ou com contrainteressados, quando representados por solicitador ou advogado, salvo se por estes forem previamente autorizados;

d) Prestar as informações que lhes sejam pedidas pela parte, relativas ao estado das diligências que lhes foram cometidas, e comunicar-lhe prontamente a sua realização ou a respetiva frustração, com indicação das suas causas;

e) Usar o trajo profissional quando pleiteiem oralmente;

f) Utilizar o selo de autenticação nos reconhecimentos de assinatura, nas traduções, na certificação de traduções, na certificação de fotocópias e na autenticação de documentos.

ARTIGO 153º
Correspondência entre solicitadores e entre estes e advogados

1 – Sempre que um solicitador pretenda que a sua comunicação dirigida a outro associado ou a advogado tenha caráter confidencial, deve exprimir claramente tal intenção.

2 – As comunicações confidenciais não podem, em qualquer caso, constituir meio de prova, não lhes sendo aplicável o disposto no nº 6 do artigo 141º.

3 – O solicitador ou advogado destinatário da comunicação confidencial que não tenha condições para garantir a confidencialidade da mesma deve devolvê-la ao remetente sem revelar a terceiros o respetivo conteúdo.

SECÇÃO III
Direitos e deveres do solicitador

ARTIGO 154º
Infrações disciplinares do solicitador

1 – Constitui infração disciplinar do solicitador a violação, por ação ou omissão, dos deveres específicos do solicitador, dos deveres previstos na parte geral, relativos aos associados da Ordem, bem como das demais disposições legais e regulamentares aplicáveis.

2 – Os profissionais que exerçam solicitadoria em território nacional em regime de livre prestação de serviços ao abrigo do disposto no artigo 139º, as sociedades de solicitadores, as sociedades de solicitadores e de agentes de execução e as organizações associativas de solicitadores referidas no artigo 96º, também são passíveis de responsabilização disciplinar, na medida em que os deveres referidos no número anterior lhes sejam aplicáveis.

SECÇÃO IV
Fundo de garantia dos solicitadores

ARTIGO 155º
Fundo de garantia dos solicitadores

1 – A assembleia geral pode, por proposta conjunta do conselho geral e do colégio dos solicitadores, afetar parte das receitas resultantes da respetiva atividade à criação de um fundo de garantia, destinado a responder pelas obrigações assumidas na gestão das contas-cliente de solicitadores e na gestão de arquivos de solicitadores que cessem involuntariamente as suas funções.

2 – A regulamentação do fundo referido no número anterior compete à assembleia geral, ouvido o conselho profissional de solicitadores.

SECÇÃO V
Estágio para solicitador

ARTIGO 156º
Estágio

1 – O estágio tem por objetivo proporcionar ao solicitador estagiário o conhecimento dos atos e termos mais usuais da prática forense e dos direitos e deveres dos solicitadores.

2 – A duração do estágio é de 12 a 18 meses a contar da data do pedido de inscrição, incluindo as fases de formação e avaliação, e inicia-se uma vez por ano em data a fixar pelo conselho geral.

3 – O estágio destina-se ao aprofundamento dos conhecimentos técnico-profissionais e deontológicos necessários ao exercício da profissão e à utilização destes no relacionamento entre os serviços da justiça e da administração e os seus representados.

4 – No segundo período de estágio o solicitador estagiário, no exercício dos conhecimentos adquiridos, passa a poder exercer as competências que lhe estão definidas no presente Estatuto sob a supervisão do seu patrono ou do associado que tenha assumido essa responsabilidade, nos termos do disposto na alínea *b*) do nº 3 do artigo 132º.

ARTIGO 157º
Serviços de estágio

1 – A comissão de coordenação de estágio pode criar, nos conselhos regionais ou nas delegações distritais, centros de estágio e serviços de estágio, nos quais pode delegar a instrução e a tramitação dos processos de inscrição dos solicitadores estagiários.

2 – Os centros de estágio e os serviços de estágio são constituídos por solicitadores, podendo ainda ser integrados por outros profissionais designados pela comissão de coordenação de estágio.

ARTIGO 158º
Inscrição no estágio

1 – Podem requerer a inscrição no estágio:

a) Os titulares de uma das habilitações a que se refere a alínea *a*) do nº 1 do artigo 105º que não se encontrem inscritos noutra ordem profissional;

b) Os nacionais de outro Estado membro da União Europeia ou do Espaço Económico Europeu que sejam titulares das qualificações legalmente requeridas para o acesso ao estágio, com vista ao exercício de profissão equiparada no respetivo Estado de origem.

2 – O estagiário deve fazer-se acompanhar de cartão identificativo dessa qualidade, emitido segundo regras e modelo definidos no regulamento de estágio.

3 – Podem ainda realizar estágio, em regime especial, os profissionais provenientes de outro Estado membro que aqui se queiram estabelecer, como medida de compensação, nos termos do artigo 11º da Lei nº 9/2009, de 4 de março, alterada pelas Lei nºs 41/2012, de 28 de agosto, e 25/2014, de 2 de maio.

ARTIGO 159º
Primeiro período de estágio

O regulamento de estágio pode determinar a exigência aos solicitadores estagiários de elaboração de trabalhos e de relatórios sobre os temas desenvolvidos no primeiro período de estágio, que comprovem os conhecimentos adquiridos, os quais devem ser tidos em conta na sua avaliação, como elementos integrantes do exame final.

ARTIGO 160º
Segundo período de estágio

No segundo período de estágio, o candidato pode exercer todas as funções permitidas por lei aos empregados forenses, promover citações sob a orientação do seu patrono, efetuar serviços de apoio ao escritório ou à sociedade em que exerce a sua atividade e acompanhar o patrono em todas as diligências nos tribunais ou noutros serviços do Estado.

ARTIGO 161º
Regime de suspensão e cessação do estágio

1 – O estágio pode ser suspenso através de requerimento fundamentado dirigido ao bastonário.

2 – O estágio é, obrigatoriamente, reiniciado no período de estágio imediatamente seguinte, retomando-se na mesma fase em que foi suspenso.

3 – Se ao estágio referido no número anterior, vierem a ser aplicáveis outras normas para admissão e frequência, o estagiário só pode reiniciá-lo se assegurar o seu cumprimento nos termos que vierem a ser determinados por deliberação do conselho geral.

4 – O período de estágio já realizado perde qualquer validade se o pedido de reinício não for efetuado para o estágio seguinte.

CAPÍTULO V
Dos agentes de execução

SECÇÃO I
Exercício da atividade e estágio

ARTIGO 162º
Definição e exercício da atividade de agente de execução

1 – O agente de execução é o auxiliar da justiça que, na prossecução do interesse público, exerce poderes de autoridade pública no cumprimento das diligências que realiza nos processos de execução, nas notificações, nas citações, nas apreensões, nas vendas e nas publicações no âmbito de processos judiciais, ou em atos de natureza similar que, ainda que não tenham natureza judicial, a estes podem ser equiparados ou ser dos mesmos instrutórios.

2 – As competências específicas de agente de execução e as demais funções que lhe forem atribuídas são exercidas nos termos do presente Estatuto e da lei.

3 – O agente de execução, ainda que nomeado por uma das partes processuais, não é mandatário desta nem a representa.

ARTIGO 163º
Estágio de agente de execução

1 – O estágio tem por objetivo proporcionar ao agente de execução estagiário o conhecimento dos atos e termos mais usuais da prática de atos próprios de agente de execução, bem como dos seus direitos e deveres.

2 – A duração do estágio de agente de execução é de 18 meses a contar da data do pedido de inscrição, incluindo as fases de formação e avaliação.

3 – O estágio efetua-se segundo as disposições do presente Estatuto e do regulamento de estágio.

4 – Podem requerer a inscrição no estágio os titulares de licenciatura em direito ou em solicitadoria.

5 – O estagiário deve fazer-se acompanhar de cartão identificativo dessa qualidade, emitido segundo regras e modelo definidos no regulamento de estágio.

6 – A periodicidade e o número de vagas para acesso ao estágio de agente de execução são determinados pelo conselho geral, tendo em conta a necessidade efetiva de agentes de execução para o funcionamento eficiente do sistema de justiça, ouvidos o conselho profissional e a CAAJ.

7 – O exame final de estágio para agente de execução versa sobre o processo executivo e sobre os atos de competência específica do agente de execução, sendo a elaboração do exame, a definição dos critérios de avaliação, e a própria avaliação efetuados por entidade externa e independente da Ordem, selecionada por um júri constituído por um representante indicado pelo bastonário, por um representante indicado pelo conselho profissional dos agentes de execução e por um representante da CAAJ.

8 – Compete à Ordem assegurar o pagamento dos serviços da entidade externa referida no número anterior através da cobrança de uma taxa de inscrição no exame e que é fixada em cada exame pelo júri.

9 – Durante a parte prática do estágio e sob a orientação do patrono, o agente de execução estagiário pode praticar os atos de natureza executiva em processos de valor inferior à alçada dos tribunais judiciais de primeira instância, bem como os que lhe sejam expressamente delegados pelo patrono.

10 – Exclusivamente para efeitos de avaliação do estagiário, pode a entidade referida no nº 7 aceder aos dados dos processos executivos em que o agente de execução estagiário teve intervenção, estando obrigada aos mesmos deveres de sigilo que o agente de execução.

11 – A entidade externa e independente referida no nº 7 não pode:

a) Ser designada por mais de três períodos de estágio consecutivos;

b) Ministrar cursos ou associar-se à organização de cursos de preparação para o exame final, durante o período em que for designada ao abrigo do nº 7.

12 – Ao estágio de agente de execução aplica-se o regime de suspensão e cessação do estágio previsto no artigo 161º.

ARTIGO 164º
Direitos e deveres dos patronos e estagiários

1 – Para além dos direitos e deveres previstos no artigo 133º, o patrono fica ainda vinculado ao cumprimento dos seguintes deveres:

a) Confiar ao agente de execução estagiário a prática de atos de natureza executiva, até ao valor da alçada da primeira instância, para que este os tramite sob sua orientação, bem como a promoção de citações em processos de natureza declarativa da responsabilidade daquele, sempre sob a sua alçada e direção;

b) Permitir que o agente de execução estagiário tenha acesso a atos e peças forenses da autoria do patrono e que assista a diligências relacionadas com as funções de agente de execução;

c) Consentir a aposição da assinatura do agente de execução estagiário juntamente com a do patrono, em todos os trabalhos por aquele realizados.

2 – O agente de execução estagiário tem o dever de registar todos os atos que pratica, no âmbito de processos judiciais, no sistema informático de suporte à atividade dos agentes de execução.

SECÇÃO II
Incompatibilidades, impedimentos e limites de designação

ARTIGO 165º
Incompatibilidades

1 – Para além do disposto no artigo 102º, é incompatível com o exercício das funções de agente de execução:

a) O exercício do mandato judicial;

b) O exercício da atividade de administrador judicial;

c) O desenvolvimento de quaisquer outras atividades que possam consubstanciar uma incompatibilidade nos termos do presente Estatuto.

2 – As funções próprias de agente de execução não podem ser exercidas em regime de contrato de trabalho, exceto quando o empregador seja:

a) Um agente de execução;

b) Uma sociedade profissional de agentes de execução.

3 – Na situação prevista no número anterior o agente de execução com contrato de trabalho não pode ser designado para processos, mas não fica impedido de praticar atos específicos determinados pela entidade empregadora.

4 – As incompatibilidades a que está sujeito o agente de execução estendem-se aos solicitadores, advogados e demais colaboradores com quem partilhem instalações ou tenham sociedade profissional.

5 – O agente de execução que exerça funções em regime de contrato de trabalho deve informar quaisquer pessoas ou entidades com as quais se relacione sobre a identificação da sua entidade empregadora, a qual é corresponsável pela prática dos seus atos.

ARTIGO 166º
Impedimentos e suspeições

1 – É aplicável ao agente de execução, com as necessárias adaptações, o regime estabelecido no Código de Processo Civil acerca dos impedimentos e suspeições dos juízes.

2 – Para além do disposto no artigo 103º, constituem também impedimentos do agente de execução:

a) O exercício das funções de agente de execução quando tenha participado na obtenção do título que serve de base à execução, salvo se este tiver sido obtido como ato próprio de agente de execução;

b) A representação judicial ou extrajudicial de alguma das partes ocorrida nos últimos dois anos.

3 – Os impedimentos a que está sujeito o agente de execução estendem-se aos respetivos sócios, agentes de execução e profissionais que partilhem a mesma estrutura, derivando igualmente da atividade destes.

4 – O agente de execução designado considera-se impedido independentemente de a circunstância impeditiva se verificar em si ou em qualquer outra pessoa com quem partilhe instalações.

5 – Só pode exercer mandato judicial em representação de parte interveniente em processo de execução no qual tenha assumido as funções de agente de execução quem tenha cessado tais funções, pelo menos, há três anos.

ARTIGO 167º
Limites de designação para novos processos

1 – A CAAJ pode fixar, até 15 de junho de cada ano, o número máximo e espécie de processos para os quais os agentes de execução ou as sociedades que integrem podem ser designados a qualquer título, depois de ouvido o conselho profissional dos agentes de execução.[174]

2 – Os agentes de execução podem requerer, fundamentadamente, ao conselho profissional dos agentes de execução, a suspensão da sua designação para novos processos, por determinado período, ou a limitação do número mensal de processos para os quais sejam designados a qualquer título.

3 – O requerimento mencionado no número anterior é apresentado ao conselho profissional por via eletrónica, o qual deve decidir, sob pena de deferimento tácito, no prazo de 30 dias.

4 – Decretada a suspensão, é a mesma inscrita na lista a que se refere o artigo 100º.

[174] A Lei nº 77/2013, de 21 de novembro, alterada pelo Decreto-Lei nº 52/2019, de 17 de abril, criou a Comissão para o Acompanhamento dos Auxiliares de Justiça, designada CAAJ.

SECÇÃO III
Deveres do agente de execução

ARTIGO 168º
Deveres dos agentes de execução

1 – Para além dos deveres de associado, e sem prejuízo do disposto nos artigos seguintes, são deveres dos agentes de execução:

a) Praticar diligentemente os atos processuais de que sejam incumbidos, nos termos da lei e das disposições regulamentares aplicáveis;

b) Prestar ao tribunal, às partes e a terceiros as informações determinadas nos termos da lei ou das disposições regulamentares aplicáveis;

c) Prestar contas da atividade realizada, entregando prontamente as quantias, os objetos ou os documentos de que sejam detentores por causa da sua atuação como agentes de execução;

d) Não exercer nem permitir o exercício, no seu escritório ou sociedade, de atividades não forenses ou que sejam incompatíveis com a atividade de agente de execução, nos termos do presente Estatuto;

e) Apresentar a cédula profissional no exercício da sua atividade;

f) Independentemente dos montantes de receita anual, ter contabilidade organizada nos termos da lei fiscal, sem prejuízo das normas definidas nos regulamentos das contas-cliente;

g) Diligenciar no sentido de promover a sua substituição em processos para que tenham sido designados, quando ocorra motivo justificativo que impeça a condução normal dos mesmos;

h) Não aceitar a designação para novos processos, requerer a suspensão de designação ou a limitação do número mensal de processos em que sejam designados, quando não disponham dos meios necessários para o seu efetivo acompanhamento;

i) Manter atualizada a informação relativa ao estado de cada processo no sistema informático de suporte à atividade dos agentes de execução;

j) Participar disciplinarmente do agente de execução a quem tenham delegado a prática de atos determinados quando não realizados atempadamente, procedendo à sua substituição após o decurso do prazo para a prática daqueles;

k) Pagar atempadamente as taxas e outras quantias devidas à Ordem e à CAAJ;

l) Pagar as despesas correspondentes à liquidação dos processos a seu cargo;

m) Prestar toda a colaboração necessária ao exercício das atribuições da CAAJ;

n) Utilizar o selo de autenticação, no âmbito do processo judicial, na emissão de certidões, nas citações, nas notificações avulsas e nos autos de penhora, com exceção dos emitidos telematicamente.

2 – São ainda deveres dos agentes de execução cumprir as normas legais e regulamentares aplicáveis, nomeadamente as relativas a:

a) Registo de atos e de movimentos financeiros e contabilísticos;

b) Utilização de meios de comunicação e de assinatura eletrónica nas relações com outras entidades públicas e privadas, designadamente com os tribunais;

c) Uso de endereço eletrónico;

d) Estruturas e meios informáticos;

e) Registo, junto da Ordem, dos bens de que seja fiel depositário, nos termos de portaria do membro do Governo responsável pela área da justiça;

f) Arquivo de documentos relativos às execuções ou outros atos por si praticados;

g) Registo, por via eletrónica, junto da Ordem, dos processos em que intervenha como parte.

3 – O agente de execução não está sujeito ao dever de sigilo profissional quanto aos atos processuais efetivamente praticados, estando no entanto impedido de revelar:

a) Fora do exercício das suas funções, a identificação dos intervenientes ou a tramitação processual;

b) Os dados a que tenha acesso através dos meios informáticos que lhe são disponibilizados para fins diferentes dos previstos na lei processual;

c) O teor de negociações destinadas a intermediar acordo quando expressa e previamente comunique aos intervenientes confidencialidade destas.

4 – A falta de apresentação do comprovativo de seguro de responsabilidade civil profissional à CAAJ implica a imediata suspensão de designação do agente de execução para novos processos.

ARTIGO 169º
Deveres de informação

1 – O agente de execução e, quando integrado em sociedade, também esta, deve disponibilizar à CAAJ, anualmente, e em qualquer caso, sempre que lhe seja solicitada, documentação comprovativa da regularidade da situação contributiva perante a administração tributária e a segurança social, bem como o mapa de responsabilidades de crédito emitido pelo Banco de Portugal.

2 – Sem prejuízo da sanção disciplinar a que possa haver lugar, bem como da aplicação de outras medidas de caráter cautelar, a inobservância considerada injustificada dos deveres de informação a que se referem os números anteriores, por prazo superior a 30 dias, pode determinar a suspensão da designação para novos processos até ser emitida declaração da CAAJ atestando o cumprimento do dever de informação violado.

ARTIGO 170º
Formação contínua

1 – Os agentes de execução devem cumprir o plano de formação contínua obrigatória, definido por regulamento a aprovar pela assembleia geral.

2 – O regulamento referido no número anterior deve prever:

a) A atribuição de créditos por cada ação de formação;

b) O número de créditos mínimo que o agente de execução deve obter no período de dois anos;

c) A realização de um exame eliminatório de aferição de conhecimentos quando o agente de execução não obtenha o número de créditos mínimo, referido na alínea anterior;

d) A possibilidade de realizar novo exame eliminatório, volvidos seis meses após o exame referido na alínea anterior, podendo haver lugar a suspensão de designação para novos processos caso o agente de execução mantenha uma avaliação negativa;

e) O cancelamento da inscrição pela Ordem, a determinar pela CAAJ, decorridos dois anos sem que se verifique a aprovação no exame referido na alínea anterior.

3 – Os empregados forenses e os demais trabalhadores e contratados de agente de execução estão igualmente sujeitos ao cumprimento de um plano de formação, inicial e contínua, obrigatória, destinado a verificar e garantir a aquisição e a permanente atualização dos conhecimentos necessários ao exercício das suas funções e ao correto cumprimento da lei.

4 – O plano de formação a que se refere o número anterior é definido por regulamento a aprovar pela assembleia geral, devendo nele prever-se a possibilidade de cancelamento do registo do empregado forense junto da Ordem quando este demonstre não possuir os conhecimentos necessários ao exercício das suas funções e ao correto cumprimento da lei.

ARTIGO 171º
Contas-cliente do agente de execução

1 – Os agentes de execução estão sujeitos às disposições legais e regulamentares aplicáveis relativas a contas-cliente, nomeadamente as previstas nos artigos 147º e 148º, com as necessárias adaptações e as especificidades constantes dos números seguintes.

2 – O agente de execução deve ter, pelo menos, duas contas-cliente à sua ordem, uma com a menção da circunstância de se tratar de uma conta-cliente dos exequentes e a outra com a menção de se tratar de uma conta-cliente dos executados, nas quais obrigatoriamente deposita:

a) Nas contas-cliente dos exequentes, todas as quantias destinadas a taxas de justiça, despesas e honorários;

b) Nas contas-cliente dos executados, todas as quantias recebidas e destinadas ao pagamento da quantia exequenda e aos demais encargos com o processo.

3 – É obrigatório o registo informático de todos os movimentos das contas-cliente do agente de execução operados em cada processo, devendo ser observadas as demais normas e procedimentos definidos nos termos regulamentares tal como refere o nº 1.

4 – O registo informático dos movimentos das contas-cliente do agente de execução operados em cada processo é disponibilizado às partes, preferencialmente por via eletrónica.

5 – Se forem creditados juros, resultantes do depósito de quantias nas contas-cliente do agente de execução, estes devem ser entregues, proporcionalmente, a quem a eles tenha direito, desde que superiores a 1/20 de unidade de conta processual (UC), sendo o restante valor acumulado transferido anualmente para o fundo de garantia dos agentes de execução.

6 – Os suportes documentais e informáticos das contas-cliente são obrigatoriamente disponibilizados, pela instituição de crédito e pelos agentes de execução, à CAAJ.

7 – O agente de execução deve manter contas-cliente diferenciadas para serviços que não decorram dessa sua qualidade.

8 – Os movimentos a débito das contas-cliente são efetuados ou autorizados através de aplicação informática aprovada pelo conselho geral.

9 – Os movimentos a débito e a crédito realizam-se nos termos definidos em portaria do membro do Governo responsável pela área da justiça.

10 – Quando haja lugar à liquidação do património autónomo constituído pela conta-cliente, o saldo credor que venha a ser apurado:

a) Da conta-cliente de executados, destina-se a ampliar a verba disponibilizada pelo fundo de garantia para pagamentos dos valores devidos pelo agente de execução;

b) Da conta-cliente de exequentes, no caso de não haver dívidas na conta-cliente de executados, destina-se ao agente de execução ou aos seus herdeiros, após serem pagas as despesas de liquidação e as taxas e impostos devidos.

11 – As contas-cliente constituídas antes de 1 de maio de 2012, inclusivamente, são obrigatoriamente conciliadas nos termos do regulamento a aprovar pela assembleia geral.

12 – Entende-se por conciliação a associação de todos os movimentos a crédito e a débito que devam ter lugar nas respetivas contas aos respetivos movimentos processuais.

ARTIGO 172º
Falta de provisão ou irregularidades nas contas-cliente

1 – Constitui fundamento para a instauração de processo disciplinar a verificação de falta de provisão nas contas-cliente, de existência de indícios de irregularidade na respetiva movimentação, bem como a falta de registo dos valores recebidos e pagos nas contas-cliente, nos termos dos regulamentos aplicáveis.

2 – Presume-se irregular o movimento a débito ordenado pelo agente de execução sem que cumpra as regras legais ou regulamentares aplicáveis.

3 – No caso previsto no número anterior, a CAAJ pode determinar a aplicação das medidas cautelares que considere necessárias, previstas no artigo 205º.

4 – Havendo lugar à aplicação de suspensão preventiva de funções, a CAAJ determina o bloqueio imediato do acesso às contas-cliente e designa agente de execução liquidatário, que assegura a liquidação dos processos e o depósito dos bens penhorados, tendo em vista a regular tramitação dos processos pelo agente de execução substituto que seja designado pelo exequente ou, na sua falta, por aquela comissão.

5 – As verbas a creditar nas contas-cliente após o respetivo bloqueio não são consideradas para efeitos de liquidação, sendo entregues ao agente de execução substituto nos termos da alínea *b*) do nº 10 do artigo 178º.

6 – Ainda que não haja lugar à aplicação de suspensão preventiva de funções, a CAAJ pode também designar um agente de execução liquidatário se considerar que há necessidade de proceder à liquidação dos processos para efeitos de instrução do processo disciplinar.

ARTIGO 173º
Tarifas

1 – O agente de execução é obrigado a aplicar, na remuneração dos seus serviços, as tarifas aprovadas por portaria do membro do Governo responsável pela área da justiça, ouvida a Ordem.

2 – As tarifas previstas no número anterior podem compreender uma parte fixa, estabelecida para determinados tipos de atividade processual, e uma parte variável, dependente da consumação dos efeitos ou dos resultados pretendidos com a atuação do agente de execução.

3 – O agente de execução deve afixar no seu escritório ou na sua sociedade as tarifas aplicáveis nas execuções e nos outros tipos de processos ou atos de que esteja legalmente incumbido e informar os interessados, desde logo, do montante provável dos seus honorários e despesas, devendo tal informação ser registada no processo.

4 – O agente de execução deve ainda informar os interessados, ao longo do processo, dos honorários e despesas efetivamente devidos, bem como de todos os demais custos associados aos processos ou atos que lhe sejam confiados.

5 – São suportados pelo agente de execução os custos a que indevidamente der azo, de forma manifesta, no exercício da sua atividade.

ARTIGO 174º
Caução

1 – Os agentes de execução que recebam anualmente mais de 1 000 processos, ou que tenham pendentes mais de 2 000 processos, devem prestar uma caução em dinheiro, através de depósito a favor da CAAJ, que garanta o pagamento das despesas decorrentes da liquidação dos processos a seu cargo, ou da sociedade que integrem, quando cessem funções temporária ou definitivamente ou seja extinta a sociedade, em função do número de processos.

2 – Tratando-se de uma sociedade de agentes de execução, esta deve prestar caução quando o número de processos entrados e pendentes, dividido pelo número dos seus sócios, no final de cada ano civil, seja superior a qualquer dos limites previstos no número anterior.

3 – O valor da caução é calculado multiplicando-se o número de processos que ultrapasse algum dos limites referidos no nº 1 no final de cada ano civil por um fator fixado entre 0,15 e 0,5 UC.

4 – Compete à CAAJ gerir os fundos depositados na conta a que se refere o nº 1.

5 – O agente de execução ou a sociedade profissional podem prestar garantia bancária de valor equivalente ao do depósito desde que esta seja acionável à primeira solicitação da CAAJ e garanta liquidez imediata.

6 – A determinação do fator a que se refere o nº 3, o modo de prestação da caução, os limites à gestão dos fundos depositados e o seu reembolso são definidos por regulamento a aprovar pela assembleia geral, sob proposta do conselho geral.

7 – O agente de execução que não esteja integrado em sociedade profissional de agentes de execução deve designar colega que o substitua em caso de impedimento temporário e que possa assegurar a tramitação dos processos, a gestão do escritório e das contas-cliente, devendo observar as seguintes regras:

a) O agente de execução designado tem de manifestar por escrito a aceitação da designação;

b) Ao agente de execução designado têm de ser concedidos os poderes necessários para exercer as funções a qualquer momento, assumindo as funções para todos os atos equivalentes a agente de execução delegado;

c) Quando preveja um impedimento temporário por um período inferior a seis meses, o agente de execução deve informar desse facto a Ordem e a CAAJ;

d) No caso de impedimento temporário superior a seis meses ou incapacidade não prevista, compete à CAAJ determinar a substituição do agente de execução e o respetivo prazo de duração.

8 – O incumprimento do disposto no presente artigo, por um período superior a 30 dias, constitui infração disciplinar e determina a suspensão da designação para novos processos até ser prestada a caução em falta ou indicado o agente de execução substituto.

9 – Os eventuais juros da caução depositada são receita do fundo de garantia.

10 – Compete à CAAJ regulamentar o procedimento de caução e o processo de substituição previsto no presente artigo.

ARTIGO 175º
Caixa de compensações

1 – A caixa de compensações destina-se a:

a) Compensar as deslocações efetuadas por agente de execução, dentro da própria comarca ou para qualquer lugar, nos casos de designação oficiosa, quando os seus custos excedam o valor definido por portaria do membro do Governo responsável pela área da justiça;

b) Apoiar as ações de formação dos agentes de execução ou dos candidatos a esta atividade profissional;

c) Suportar o desenvolvimento e a manutenção das aplicações informáticas necessárias ao exercício, ao acompanhamento e à fiscalização da atividade de agente de execução;

d) Pagar serviços de inspeção e fiscalização promovidos pela Ordem;

e) Financiar a atividade da CAAJ;

f) Financiar o fundo de garantia dos agentes de execução;

g) Suportar os custos da liquidação, manutenção e gestão do arquivo dos processos dos agentes de execução que cessam funções, quando estes não possam ser suportados nos termos do artigo 148º e não sejam cobertos por caução;

h) Suportar outras despesas destinadas a simplificar a tramitação dos processos executivos, a reduzir os custos processuais e a permitir o regular exercício da atividade dos agentes de execução.

2 – As receitas da caixa de compensações são constituídas por uma permilagem dos valores recebidos no âmbito das funções de agente de execução, a definir por portaria do membro do Governo responsável pela área da justiça após proposta fundamentada da Ordem, podendo aquela variar em função das características dos processos que lhes são confiados.

3 – A caixa de compensações é gerida por um profissional especificamente designado para o efeito, nomeado pelo conselho geral, ouvidos o conselho profissional e a CAAJ.

4 – Para financiar o fundo de garantia dos agentes de execução, são cativadas 15/prct. das receitas anuais da caixa de compensações.

5 – Deduzido o montante destinado ao fundo de garantia, são cativadas 1/3 das receitas da caixa de compensações para financiar a CAAJ.

6 – A transferência do cativo a que se refere o número anterior para a CAAJ efetua-se até ao termo do mês seguinte em que a cobrança ocorre, sem prejuízo de, por protocolo entre a Ordem e a referida comissão, poderem ser acordadas outras condições de transferência ou utilização do cativo.

7 – A cobrança dos valores devidos à caixa de compensações é efetuada pela Ordem de forma automática, com o pagamento do valor sobre o qual a permilagem é calculada, ou previamente à movimentação do processo.

8 – A contabilização dos valores arrecadados e despendidos com as obrigações da caixa de compensações é objeto de registo próprio, devendo a informação ser prestada à CAAJ.

9 – Os demais aspetos relativos à cobrança e gestão das verbas a afetar à caixa de compensações são regulamentados pela assembleia geral, nos termos previstos no artigo 22º, incluída a obrigatoriedade do débito direto automático do valor devido à caixa de compensação sempre que este esteja indexado ao valor de um honorário determinado.

10 – Sempre que não tenha sido realizado débito direto, o não pagamento atempado pelo agente de execução à caixa de compensações pode determinar, pelo período em que durar o não pagamento, a indisponibilização:

a) Dos serviços de suporte informático prestados pela Ordem que possam ser efetuados por meios próprios, nomeadamente as consultas, as penhoras eletrónicas que não sejam obrigatoriamente realizadas por tal forma e os serviços postais protocolados;

b) Do acesso a atendimento no apoio informático;

c) Do acesso às ações de formação ou conferências promovidas pela Ordem de caráter gratuito ou subsidiado;

d) Do certificado digital exclusivo de agente de execução;

e) Do seguro de responsabilidade civil profissional eventualmente disponibilizado pela Ordem.

11 – A Ordem notifica o agente de execução para, em sede de audiência prévia, se pronunciar por escrito, no prazo de 10 dias, sobre a aplicação do disposto no número anterior.

12 – Após a audiência prévia do agente de execução, a Ordem comunica ao agente de execução, com a antecedência mínima de 10 dias, a aplicação do disposto no nº 10.

ARTIGO 176º
Fundo de garantia dos agentes de execução

1 – O fundo de garantia dos agentes de execução é o património autónomo, solidariamente responsável pelas obrigações do agente de execução perante deter-

minadas entidades, resultantes do exercício da sua atividade, se houver falta de provisão em qualquer das suas contas-cliente ou irregularidade na respetiva movimentação, respondendo até ao valor máximo de € 100 000 por agente de execução.

2 – Compete à CAAJ aprovar o regulamento do fundo de garantia em que se estabeleçam as regras que determinem o pagamento prioritário a determinados beneficiários do fundo ou a limitação das categorias de beneficiários do mesmo.

3 – O regulamento referido no número anterior deve, pelo menos, garantir que é dada prioridade aos executados e a outras entidades privadas que não sejam exequentes nem credores reclamantes relativamente a outros interessados sendo, em igualdade de circunstâncias, beneficiadas as pessoas singulares face às pessoas coletivas.

4 – O acionamento do fundo de garantia é precedido de liquidação, promovida pela CAAJ, do escritório do agente de execução ou da sociedade de agentes de execução.

5 – O fundo é gerido pela CAAJ.

6 – O agente de execução é responsável perante o fundo pelo valor do seu acionamento e, perante a CAAJ, pelos custos da liquidação.

ARTIGO 177º
Delegação

1 – O agente de execução pode delegar noutro agente de execução ou em sociedade de agentes de execução a competência para a prática de todos ou determinados atos num processo, comunicando prontamente tal facto à parte que o designou.

2 – Não é necessária a delegação entre agentes de execução que sejam sócios da mesma sociedade profissional, sendo o registo informático do ato por quem o efetua suficiente para afastar a presunção de responsabilidade do agente de execução inicialmente designado pela sociedade.

3 – O agente de execução que delegue noutro, com reservas, a competência para a prática de atos específicos é responsável pelo cumprimento dos prazos processuais, pela verificação da regularidade dos atos praticados pelo agente de execução delegado e ainda pelo pagamento de honorários e despesas deste.

4 – Fora dos casos previstos no número anterior, a delegação de competências para a prática de todos os atos num processo é comunicada ao exequente, a outros eventuais interessados processuais e aos executados, se citados, nos seguintes termos:

a) Com a comunicação da intenção de delegar e a identificação do delegado proposto é remetida uma nota de liquidação provisória, podendo o exequente, no prazo de 10 dias, indicar outro agente de execução para efetuar a substituição;

b) No caso de não serem apresentadas reclamações ou estando estas decididas, o agente de execução delegante disponibiliza ao substituto o processo físico, os valores e os bens que tenha depositado;

c) Cessa a responsabilidade do delegante após a entrega do processo, valores e bens ao agente de execução substituto.

5 – As despesas resultantes dos procedimentos relativos à delegação total são suportadas nos termos de acordo celebrado entre delegante e delegado.

6 – Às delegações aplica-se ainda o regulamento de delegações, a aprovar pela assembleia geral.

ARTIGO 178º
Agente de execução liquidatário

1 – No caso de morte ou incapacidade definitiva do agente de execução que exerça funções em prática isolada, de dissolução, impedimento temporário ou definitivo de sociedade profissional, bem como no caso de cessação das funções de agente de execução por iniciativa própria, suspensão por período superior a 10 dias ou interdição definitiva do exercício da atividade, a CAAJ designa agente de execução liquidatário, que assegura a liquidação dos processos e o depósito dos bens penhorados, tendo em vista a regular tramitação do processo executivo pelo agente de execução substituto que venha a ser designado nos termos da lei.

2 – O agente de execução liquidatário é nomeado e compensado nos termos de regulamento a aprovar pela assembleia geral.

3 – Se o agente de execução integrar sociedade, aplica-se o disposto no nº 4 do artigo 222º.

4 – Ao agente de execução liquidatário são obrigatoriamente entregues:

a) O arquivo das execuções pendentes;

b) Os registos e suportes informáticos de contabilidade, das contas-cliente do agente de execução e das execuções para as quais tenha sido designado;

c) Os bens móveis de que o agente de execução em liquidação era fiel depositário nessa qualidade.

5 – O agente de execução liquidatário deve:

a) Notificar os intervenientes no processo com direito a reclamar valores que considere devidos;

b) Elaborar um relatório da liquidação para cada processo, que discrimine os valores reclamados notificando os intervenientes processuais interessados, do qual cabe recurso para o juiz do processo.

6 – O relatório global de liquidação pode ser impugnado nos termos gerais de direito.

7 – O liquidatário deve apresentar à CAAJ um relatório geral sobre a situação dos processos a cargo do agente de execução em liquidação.

8 – Nos casos de manifesta urgência, o agente de execução liquidatário pode requerer ao juiz do processo autorização para a prática de atos processuais estritamente necessários.

9 – Logo que a liquidação de cada processo esteja concluída, o processo é transferido para o agente de execução substituto, a designar pelo exequente, podendo ser o próprio liquidatário, ou, na falta de designação por aquele, pela CAAJ, sem prejuízo da posterior transferência dos valores que venham a ser apurados.

10 – É oficiosamente transferido para o agente de execução substituto, mediante a apresentação de certidão emitida pela entidade competente:

a) O valor disponível existente no processo antes do bloqueio das contas-cliente do agente de execução, após a liquidação global dos processos a cargo do agente de execução;

b) O valor disponível no processo que deu entrada após o bloqueio das contas-cliente do agente de execução, após a liquidação do respetivo processo;

c) A qualidade de fiel depositário dos bens entregues ao liquidatário no respetivo processo.

11 – Se o saldo das contas-cliente for insuficiente para garantir o cumprimento das obrigações assumidas pelo agente de execução, tal facto é comunicado à CAAJ.

ARTIGO 179º
Fiscalização

1 – Sem prejuízo do poder inspetivo cometido à Ordem, os agentes de execução são fiscalizados pela CAAJ.

2 – O bastonário, o conselho superior, o conselho geral e o conselho profissional podem solicitar à CAAJ a realização de determinada fiscalização, caso em que é remetido ao órgão requerente da mesma o relatório respetivo.

3 – Às comunicações entre o agente de execução e a CAAJ aplica-se o disposto no artigo 98º.

SECÇÃO IV
Infrações disciplinares

ARTIGO 180º
Infrações disciplinares dos agentes de execução

1 – Constitui infração disciplinar do agente de execução a violação, por ação ou omissão, dos seus deveres específicos, dos deveres previstos na parte geral, relativos aos associados, bem como das demais disposições legais e regulamentares aplicáveis.

2 – As sociedades de agentes de execução também são passíveis de responsabilização disciplinar, na medida em que os deveres referidos no número anterior lhes sejam aplicáveis.

CAPÍTULO VI
Poder disciplinar

SECÇÃO I
Disposições gerais

ARTIGO 181º
Infração disciplinar

1 – Considera-se infração disciplinar toda a ação ou omissão de qualquer associado que viole os deveres consignados na lei, no presente Estatuto ou nos regulamentos aplicáveis.

2 – As infrações disciplinares previstas no presente Estatuto e demais disposições legais e regulamentares aplicáveis são puníveis a título de dolo ou negligência.

3 – A tentativa é punível.

ARTIGO 182º
Responsabilidade disciplinar

1 – Os solicitadores estão sujeitos ao poder disciplinar dos órgãos da Ordem, nos termos previstos no presente Estatuto e no regulamento disciplinar.

2 – Sem prejuízo da competência legalmente atribuída à CAAJ, os agentes de execução estão ainda sujeitos ao poder disciplinar dos órgãos da Ordem quando esteja em causa a violação, por ação ou omissão, dos deveres previstos nas alíneas *a*), *e*) a *h*) e *k*) do nº 2 do artigo 124º, no artigo 125º e no artigo 130º, ou seja aplicada pela CAAJ pena disciplinar a agente de execução que seja titular de órgão da Ordem, nos termos do presente Estatuto e no regulamento disciplinar.

3 – A suspensão ou o cancelamento da inscrição não faz cessar a responsabilidade disciplinar por infrações anteriormente praticadas pelo associado da Ordem enquanto tal.

4 – Durante o tempo de suspensão da inscrição, o associado continua sujeito ao poder disciplinar da Ordem e da CAAJ.

5 – A punição com a sanção de interdição definitiva do exercício da atividade profissional não faz cessar a responsabilidade disciplinar do associado relativamente às infrações por ele cometidas antes da decisão definitiva que tenha aplicado aquela sanção.

6 – Os profissionais que prestem serviços em território nacional em regime de livre prestação são equiparados aos membros da Ordem para efeitos disciplinares, nos termos do nº 2 do artigo 4º da Lei nº 9/2009, de 4 de março, alterada pelas Leis nºs 41/2012, de 28 de agosto, e 25/2014, de 2 de maio, com as especificidades constantes do nº 7 do artigo 190º e do regulamento disciplinar.

7 – As pessoas coletivas que sejam membros da Ordem estão sujeitas ao poder disciplinar dos órgãos desta última e da CAAJ, nos termos do presente Estatuto e da lei que estabelece o regime da constituição e funcionamento das sociedades de profissionais que estejam sujeitas a associações públicas profissionais.

ARTIGO 183º
Independência da responsabilidade disciplinar

1 – A responsabilidade disciplinar é independente da responsabilidade civil ou criminal decorrente dos mesmos atos.

2 – O processo disciplinar é promovido independentemente de qualquer outro e nele se resolvem todas as questões que interessarem à decisão da causa, sem prejuízo da sua apreciação, nos termos legais, para outros efeitos.

3 – Quando, com fundamento nos mesmos factos, tiver sido instaurado processo penal contra associado, pode ser ordenada a suspensão do processo disciplinar quanto a esses factos, por prazo determinado ou, sem prejuízo do disposto no nº 7 do artigo seguinte, até que seja proferida decisão final.

4 – A suspensão do processo disciplinar, nos termos do número anterior, é comunicada pela Ordem ou pela CAAJ, consoante o caso, à autoridade judiciária competente, a qual deve ordenar a remessa à Ordem e à CAAJ, quando se trate de facto praticado por agente de execução, de cópia do despacho de acusação e, se a ele houver lugar, do despacho de pronúncia.

5 – Decorrido o prazo fixado nos termos do nº 3 ou do nº 7 do artigo seguinte, sem a prolação de decisão final, os factos são apurados no processo disciplinar.

6 – Sempre que, em processo penal contra associado, seja designado dia para a audiência de julgamento, o tribunal deve ordenar a remessa à Ordem e à CAAJ, quando se trate de facto praticado por agente de execução, preferencialmente por via eletrónica, do despacho de acusação, do despacho de pronúncia e da contestação, se tiver sido apresentada, bem como quaisquer outros elementos solicitados pelo conselho superior, pelo bastonário, ou pelo órgão de disciplina da CAAJ.

7 – A responsabilidade disciplinar dos associados perante a Ordem decorrente da prática de infrações é independente de eventual responsabilidade disciplinar perante os respetivos empregadores, por infração dos deveres emergentes de relações de trabalho.

ARTIGO 184º
Prescrição do procedimento disciplinar

1 – O procedimento disciplinar extingue-se, por efeito de prescrição, logo que sobre a prática da infração tiver decorrido o prazo de cinco anos, salvo o disposto no número seguinte.

2 – Se a infração disciplinar constituir simultaneamente infração criminal para a qual a lei estabeleça prescrição sujeita a prazo mais longo, o procedimento disciplinar apenas prescreve após o decurso deste último prazo.

3 – O prazo de prescrição do procedimento disciplinar corre desde o dia em que o facto se tiver consumado.

4 – O prazo de prescrição só corre:

a) Nas infrações instantâneas, desde o momento da sua prática;

b) Nas infrações continuadas, desde o dia da prática do último ato;

c) Nas infrações permanentes, desde o dia em que cessar a consumação.

5 – O procedimento disciplinar também prescreve se, desde o conhecimento ou a participação efetuada nos termos do nº 1 do artigo seguinte, não se iniciar o procedimento disciplinar competente num período de um ano.

6 – O prazo de prescrição do processo disciplinar interrompe-se com a notificação ao arguido:

a) Da instauração do processo disciplinar;

b) Da acusação.

7 – Após cada período de interrupção começa a correr novo prazo de prescrição.

8 – O prazo de prescrição do processo disciplinar suspende-se durante o tempo em que:

a) O processo disciplinar estiver suspenso, a aguardar decisão final em processo penal;

b) A decisão final do processo disciplinar não puder ser notificada ao arguido, por motivo que lhe seja imputável.

9 – A suspensão, quando resulte das situações previstas no número anterior, não pode ultrapassar o prazo de dois anos.

10 – O prazo de prescrição volta a correr a partir do dia em que cessar a causa da suspensão.

SECÇÃO II
Do exercício do poder disciplinar

ARTIGO 185º
Participação

1 – Têm legitimidade para participar à Ordem ou à CAAJ, quando se trate de facto praticado por agente de execução, factos praticados por associados suscetíveis de constituir infração disciplinar:

a) O bastonário;

b) O conselho geral e os conselhos regionais;

c) Os conselhos profissionais;

d) O provedor;

e) O Ministério Público, nos termos do nº 3;

f) Qualquer pessoa direta ou indiretamente afetada pelos factos participados.

2 – Os tribunais e quaisquer autoridades devem dar conhecimento à Ordem e à CAAJ, quando se trate de facto praticado por agente de execução, da prática, por associados daquela, de factos suscetíveis de constituírem infração disciplinar.

3 – Sem prejuízo do disposto na lei de processo penal acerca do segredo de justiça, o Ministério Público e os órgãos de polícia criminal remetem à Ordem e à CAAJ, quando se trate de facto praticado por agente de execução, certidão das denúncias, participações ou queixas apresentadas contra associados e que possam consubstanciar factos suscetíveis de constituir infração disciplinar.

ARTIGO 186º
Desistência da participação

A desistência da participação disciplinar pelo participante extingue o processo disciplinar, salvo se a infração imputada afetar o prestígio da Ordem ou de qualquer uma das atividades profissionais exercidas ou a dignidade do associado visado e, neste caso, este manifestar intenção de que o processo prossiga.

ARTIGO 187º
Instauração do processo disciplinar

1 – Qualquer órgão da Ordem ou da CAAJ, oficiosamente ou tendo por base queixa, denúncia ou participação apresentada por pessoa devidamente identificada, contendo factos suscetíveis de integrarem infração disciplinar do associado, comunica de imediato os factos ao órgão competente para a instauração de processo disciplinar.

2 – Quando se conclua que a participação é infundada, dela se dá conhecimento ao associado visado e, a requerimento deste, são emitidas as certidões que o mesmo entenda necessárias para a tutela dos seus direitos e interesses legítimos.

3 – O processo disciplinar contra o bastonário ou contra qualquer membro do conselho superior em efetividade de funções só pode ser instaurado por deliberação do conselho superior tomada por maioria de dois terços dos membros presentes.

ARTIGO 188º
Legitimidade processual

As pessoas com interesse direto, pessoal e legítimo relativamente aos factos participados podem solicitar, à Ordem ou à CAAJ, quando se trate de facto praticado por agente de execução, a sua intervenção no processo, requerendo e alegando o que tiverem por conveniente.

ARTIGO 189º
Direito subsidiário

Sem prejuízo do disposto no presente Estatuto, o processo disciplinar rege-se por regulamento disciplinar, sendo subsidiariamente aplicáveis as normas procedimentais previstas na Lei Geral do Trabalho em Funções Públicas, aprovada pela Lei nº 35/2014, de 20 de junho.

SECÇÃO III
Das sanções disciplinares

ARTIGO 190º
Aplicação de sanções disciplinares

1 – As sanções disciplinares são as seguintes:

a) Advertência;

b) Repreensão registada;

c) Multa, de montante até ao valor da alçada da Relação, ou, no caso de pessoas coletivas ou equiparadas, até ao valor do triplo da alçada da Relação;

d) Suspensão do exercício da atividade profissional até um máximo de 10 anos;

e) Interdição definitiva do exercício da atividade profissional.

2 – A sanção de advertência é aplicável a infrações leves no exercício da profissão dos associados e tem por finalidade evitar a repetição da conduta lesiva.

3 – A sanção de repreensão registada consiste num juízo de reprovação pela infração cometida, sendo aplicável a infrações leves no exercício da profissão dos associados às quais, em razão da culpa do arguido, não caiba mera advertência.

4 – A sanção de multa é fixada em quantia certa, em função da gravidade e das consequências da infração cometida, sendo aplicável a infrações graves.

5 – A sanção de suspensão consiste no afastamento total do exercício da profissão durante o período de cumprimento da sanção e é aplicável quando, tendo em conta a natureza da profissão, a infração disciplinar seja grave e tenha posto em causa a integridade física das pessoas ou seja gravemente lesiva da honra ou do património alheios ou de valores equivalentes.

6 – A sanção de interdição definitiva do exercício da atividade profissional consiste no afastamento total do exercício da profissão, sem prejuízo de reabilitação, e é aplicável a infrações muito graves que afetem de tal forma a vida, a integridade física, a dignidade ou o prestígio profissionais, que inviabilizem definitivamente o exercício da atividade profissional em causa.

7 – No caso de profissionais em regime de livre prestação de serviços em território nacional, as sanções previstas nos nºs 5 e 6 assumem a forma de interdição

temporária ou definitiva do exercício da atividade profissional neste território, consoante os casos, aplicando-se, com as devidas adaptações, o disposto no artigo 106º.

8 – A tentativa é punível com a sanção aplicável à infração consumada, especialmente atenuada.

9 – O produto das multas reverte para a Ordem ou para o fundo de garantia, consoante as sanções tenham sido aplicadas pelo órgão disciplinar da Ordem ou pela CAAJ, respetivamente.

10 – Sempre que a infração resulte da violação de um dever por omissão, o cumprimento das sanções aplicadas não dispensa do cumprimento daquele, se tal ainda for possível.

11 – A aplicação da sanção de interdição definitiva do exercício da atividade profissional pela CAAJ determina o cancelamento automático da inscrição do condenado da Ordem, no seguimento da receção da comunicação da aplicação daquela sanção.

12 – A aplicação de sanção de suspensão constitui indício de falta de idoneidade para o exercício de outra profissão organizada pela Ordem.

13 – A aplicação da sanção de suspensão do exercício da atividade profissional pela CAAJ determina a suspensão da inscrição do arguido no colégio profissional respetivo, no seguimento da receção da comunicação da aplicação daquela sanção.

ARTIGO 191º
Graduação

1 – Na aplicação das sanções deve atender-se aos antecedentes profissionais e disciplinares do arguido, ao grau de culpa, à gravidade e às consequências da infração, à situação económica do arguido e a todas as demais circunstâncias agravantes ou atenuantes.

2 – São circunstâncias atenuantes:

a) O exercício efetivo da profissão de solicitador ou agente de execução por um período superior a cinco anos, seguidos ou interpolados, sem qualquer sanção disciplinar;

b) A confissão espontânea da infração ou das infrações;

c) A colaboração do arguido para a descoberta da verdade;

d) A reparação dos danos causados pela conduta lesiva.

3 – São circunstâncias agravantes:

a) A premeditação na prática da infração e na preparação da mesma;

b) O conluio;

c) A reincidência, considerando-se como tal a prática de infração antes de decorrido o prazo de cinco anos após o dia em que se tornar definitiva a condenação por cometimento de infração anterior;

d) A acumulação de infrações, sempre que duas ou mais infrações sejam cometidas no mesmo momento ou quando outra seja cometida antes de ter sido punida a anterior;

e) O facto de a infração ou infrações serem cometidas durante o cumprimento de sanção disciplinar ou no decurso do período de suspensão de sanção disciplinar;

f) A produção de prejuízos de valor considerável, entendendo-se como tal os prejuízos que excedam o valor de metade da alçada dos tribunais da Relação.

ARTIGO 192º
Aplicação de sanções acessórias

1 – Cumulativamente com a aplicação das sanções disciplinares, podem ser aplicadas, a título de sanções acessórias:

a) Frequência obrigatória de ações de formação suplementares às ações de formação obrigatórias;

b) Restituição de quantias, documentos ou objetos;

c) Perda, total ou parcial, a favor do fundo de garantia de honorários ou do custeio de despesas;

d) Perda a favor do fundo de garantia do produto do benefício obtido pelo arguido;

e) Destituição de cargo nos órgãos da Ordem.

2 – Aos solicitadores pode ainda ser aplicada a sanção acessória de exclusão da lista de solicitadores para a prestação de serviços de nomeação oficiosa, definitivamente ou por um período determinado.

3 – Aos agentes de execução podem ainda ser aplicadas as seguintes sanções acessórias:

a) Limitação do número mensal de processos em que possam ser designados, por um período máximo de dois anos;

b) Exclusão da lista de agentes de execução, para efeitos de designação para novos processos, por um período determinado;

c) Condicionamento da movimentação das contas-cliente à prévia autorização de um agente de execução gestor da respetiva conta, designado pela CAAJ, a expensas do arguido.

4 – A sanção acessória prevista na alínea *e*) do nº 1 só pode ser aplicada mediante parecer favorável do conselho superior.

5 – As sanções acessórias podem ser cumuladas entre si.

6 – Na aplicação das sanções acessórias deve atender-se aos critérios previstos no nº 1 do artigo anterior.

ARTIGO 193º
Unidade e acumulação de infrações

Sem prejuízo da aplicação das sanções acessórias referidas no número anterior, não pode aplicar-se ao mesmo associado mais do que uma sanção disciplinar por cada facto punível.

ARTIGO 194º
Suspensão das sanções

1 – Tendo em consideração o grau de culpa, o comportamento do arguido e as circunstâncias que rodearam a prática da infração, as sanções disciplinares inferiores à de interdição definitiva do exercício da atividade profissional podem ser suspensas por um período compreendido entre um e cinco anos.

2 – Cessa a suspensão da sanção sempre que, relativamente ao associado punido, seja proferida decisão final de condenação em novo processo disciplinar.

ARTIGO 195º
Aplicação das sanções de suspensão superior a dois anos e de interdição definitiva do exercício da atividade profissional

1 – A aplicação das sanções de suspensão superior a dois anos ou de interdição definitiva do exercício da atividade profissional só pode ter lugar após audiência pública, nos termos previstos no regulamento disciplinar.

2 – As sanções de suspensão por período superior a dois anos ou de interdição definitiva do exercício da atividade profissional só podem ser aplicadas por deliberação que reúna a maioria qualificada de dois terços dos membros do órgão disciplinarmente competente, nos casos em que este pertença à Ordem.

ARTIGO 196º
Execução das sanções

1 – Compete ao conselho geral e à CAAJ, com a colaboração daquele e na medida do requerido, dar execução às decisões proferidas em sede de processo disciplinar, designadamente praticando os atos necessários à efetiva suspensão ou ao cancelamento da inscrição dos associados a quem sejam aplicadas as sanções de suspensão e de interdição definitiva, respetivamente.

2 – A aplicação de sanção de suspensão ou de interdição definitiva do exercício da atividade profissional implica a proibição temporária ou definitiva, respetivamente, da prática de qualquer ato profissional e a entrega da cédula profissional na sede da Ordem ou na sede dos conselhos regionais onde o arguido tenha o seu domicílio profissional, nos casos aplicáveis.

3 – As sanções disciplinares decididas pelo órgão competente, de que já não caiba impugnação, devem ser comunicadas, reciprocamente, pela Ordem à CAAJ e à Ordem dos Advogados, quando o associado for também agente de execução ou advogado.

ARTIGO 197º
Início de produção de efeitos das sanções disciplinares

1 – As sanções disciplinares iniciam a produção dos seus efeitos no dia seguinte àquele em que a decisão se torne definitiva.

2 – Se, na data em que a decisão se torna definitiva, estiver suspensa a inscrição do arguido, o cumprimento da sanção disciplinar de suspensão tem início no dia seguinte ao do levantamento da suspensão.

ARTIGO 198º
Prazo para pagamento da multa

1 – As multas aplicadas nos termos da alínea *c*) do nº 1 do artigo 190º devem ser pagas no prazo de 30 dias a contar do início de produção de efeitos da sanção respetiva.

2 – Ao associado que não pague a multa no prazo referido no número anterior é suspensa a sua inscrição, mediante decisão do órgão disciplinarmente competente, a qual lhe é comunicada.

3 – A suspensão só pode ser levantada após comprovado o pagamento da importância em dívida.

ARTIGO 199º
Comunicação e publicidade

1 – A aplicação das sanções referidas nas alíneas *b*) a *e*) do nº 1 do artigo 190º é comunicada pelo conselho geral ou pela CAAJ:

a) À sociedade de profissionais ou organização associativa por conta da qual o arguido prestava serviços à data dos factos e à data da condenação pela prática da infração disciplinar; e

b) À autoridade competente noutro Estado membro da União Europeia ou do Espaço Económico Europeu para o controlo da atividade do arguido estabelecido nesse mesmo Estado membro.

2 – Quando a sanção aplicada for de suspensão efetiva ou de interdição definitiva do exercício da atividade profissional, é-lhe dada publicidade:

a) No sítio oficial da Ordem, inserindo a correspondente anotação nas listas permanentes de associados divulgada informaticamente;

b) No sítio oficial da CAAJ, quando se trate de agente de execução;

c) No portal Citius;

d) No boletim da Ordem;

e) Nos tribunais e serviços públicos das comarcas onde o associado tenha domicílios profissionais registados e em locais considerados idóneos para o cumprimento das finalidades de prevenção geral do sistema jurídico.

3 – Se for ordenada a suspensão preventiva, a suspensão ou limitação para designação para novos processos ou aplicada sanção de suspensão ou de interdição definitiva do exercício da atividade profissional, o conselho geral deve inserir a correspondente anotação nas listas permanentes de associados divulgadas por meios informáticos.

4 – A publicidade das sanções disciplinares e das sanções acessórias é promovida pelo órgão disciplinarmente competente, sendo efetuada a expensas do arguido.

ARTIGO 200º
Prescrição das sanções disciplinares

1 – As sanções disciplinares prescrevem nos seguintes prazos:

a) As de advertência e repreensão registada, num ano;

b) A de multa, em dois anos;

c) A de suspensão, em três anos;

d) A de interdição definitiva do exercício da atividade profissional, em cinco anos.

2 – O prazo de prescrição corre desde o dia seguinte àquele em que a decisão se torne definitiva.

ARTIGO 201º
Princípio do cadastro na Ordem

1 – O processo individual dos associados na Ordem inclui um cadastro, do qual constam as sanções disciplinares referidas nas alíneas *b*) a *e*) do nº 1 do artigo 190º e as sanções acessórias que lhe tenham sido aplicadas.

2 – O cadastro é gerido pelo conselho geral, com base nos elementos comunicados pelos órgãos disciplinares da Ordem ou da CAAJ.

3 – A condenação de um associado em processo penal é comunicada à Ordem para efeito de averbamento ao respetivo cadastro.

4 – As sanções referidas nas alíneas *b*) e *c*) do nº 1 do artigo 190º são eliminadas do cadastro após o decurso do prazo de cinco anos a contar do seu cumprimento.

5 – O associado tem direito a conhecer todos os elementos do seu cadastro.

6 – A Ordem disponibiliza permanentemente à CAAJ o cadastro dos associados que se encontrem inscritos no colégio dos agentes de execução.

SECÇÃO IV
Do processo

ARTIGO 202º
Obrigatoriedade

A aplicação de uma sanção disciplinar é sempre precedida do apuramento dos factos e da responsabilidade disciplinar em processo próprio, nos termos previstos no presente Estatuto e no regulamento disciplinar.

ARTIGO 203º
Formas do processo

1 – A ação disciplinar pode comportar as seguintes formas:

a) Processo de inquérito;

b) Processo disciplinar.

2 – O processo de inquérito é aplicável quando não seja possível identificar claramente a existência de uma infração disciplinar ou o respetivo infrator, impondo-se a realização de diligências sumárias para o esclarecimento ou a concretização dos factos em causa.

3 – Aplica-se o processo disciplinar sempre que existam indícios de que determinado associado da Ordem praticou factos devidamente concretizados, suscetíveis de constituir infração disciplinar.

4 – Depois de averiguada a identidade do infrator ou logo que se mostrem minimamente concretizados ou esclarecidos os factos participados, sendo eles suscetíveis de constituir infração disciplinar, é proposta a imediata conversão do processo de inquérito em processo disciplinar, mediante parecer sucintamente fundamentado.

5 – Quando a participação seja manifestamente inviável ou infundada, deve a mesma ser liminarmente arquivada, dando-se cumprimento ao disposto no nº 2 do artigo 187º.

6 – Se da análise da conduta de um associado realizada no âmbito do processo de inquérito resultar prova bastante da prática de infração disciplinar abstratamente punível com sanção de advertência ou de repreensão registada, o órgão disciplinar competente pode determinar a suspensão provisória do processo mediante a imposição ao arguido de regras de conduta ou do pagamento de uma determinada quantia, a título de caução, sempre que se verifiquem os seguintes pressupostos:

a) Ausência de aplicação anterior de suspensão provisória do processo pelo mesmo tipo de infração;

b) Ausência de um grau de culpa elevado.

7 – No caso previsto no número anterior, são aplicáveis ao arguido as seguintes medidas:

a) Pagamento, no prazo de 10 dias úteis, de uma quantia entre 1 e 5 UC, no caso de pessoas singulares, ou entre 2 e 8 UC, no caso de pessoas coletivas ou equiparadas;

b) Implementação de um plano de reestruturação da sua atividade, nos termos e prazo que forem definidos;

c) Frequência de ações de formação suplementares às ações de formação obrigatórias, nos termos e prazo que forem definidos.

8 – O incumprimento das medidas determinadas, a que se refere o número anterior, implica a continuação do processo disciplinar suspenso provisoriamente nos termos dos nºs 6 e 7.

9 – Se o arguido cumprir as medidas determinadas, o processo é arquivado e são-lhe devolvidas as quantias pagas.

ARTIGO 204º
Processo disciplinar

1 – O processo disciplinar é regulado pelo presente Estatuto e pelo regulamento disciplinar.

2 – O processo disciplinar é composto pelas seguintes fases:

a) Instrução;

b) Defesa do arguido;

c) Decisão;

d) Execução.

3 – Em todas as fases do processo disciplinar, são asseguradas ao arguido todas as garantias de defesa nos termos gerais de direito.

ARTIGO 205º
Medidas cautelares

1 – Após a audição do arguido, ou se este, tendo sido notificado, não comparecer para ser ouvido, pode ser ordenada a sua suspensão preventiva, mediante deliberação tomada por maioria qualificada de dois terços dos membros em efetividade de funções do órgão competente da Ordem ou decisão do órgão de disciplina da CAAJ, quando seja competente.

2 – A suspensão a que se refere o número anterior só pode ser decretada nos casos em que haja indícios da prática de infração disciplinar grave.

3 – A suspensão preventiva não pode exceder três meses e é sempre descontada na duração da sanção de suspensão, sendo aquele prazo renovável por iguais períodos, até à decisão final, por meio de ato fundamentado da entidade competente para a aplicação da suspensão preventiva.

4 – Podem ser aplicadas ao arguido que seja agente de execução, para além da suspensão preventiva de funções, as seguintes medidas cautelares que a CAAJ considere necessárias, isolada ou cumulativamente, de acordo com o princípio da proporcionalidade e da adequação:

a) Bloqueio a débito das respetivas contas-cliente;

b) Suspensão ou limitação da designação para novos processos;

c) Condicionamento da movimentação das contas-cliente à prévia autorização de um agente de execução gestor da respetiva conta, designado pela CAAJ, a expensas do agente de execução visado;

d) Condicionamento da continuação do exercício da atividade à apresentação de um plano de reestruturação do respetivo escritório ou sociedade.

ARTIGO 206º
Natureza secreta do processo

1 – O processo é de natureza secreta até ao despacho de acusação ou arquivamento.

2 – O relator pode, todavia, autorizar a consulta do processo pelo arguido, pelo participante, pelo Ministério Público, pelos órgãos de polícia criminal ou pelos interessados, quando daí não resulte inconveniente para a instrução e sob condição de não ser divulgado o que dele conste.

3 – O arguido ou o interessado, quando associado, que não respeite a natureza secreta do processo incorre em responsabilidade disciplinar.

SECÇÃO V
Das garantias

ARTIGO 207º
Decisões recorríveis

1 – Das decisões tomadas em matéria disciplinar cabe recurso para o plenário do conselho superior quando seja este o órgão disciplinarmente competente.

2 – Das decisões tomadas em matéria disciplinar de que não caiba recurso nos termos do número anterior cabe recurso contencioso para os tribunais administrativos, nos termos gerais de direito.

3 – As decisões de mero expediente ou referentes à disciplina dos trabalhos não são passíveis de recurso nos termos dos números anteriores.

4 – O exercício do direito de recurso previsto no presente artigo é regulado pelas disposições aplicáveis do regulamento disciplinar.

ARTIGO 208º
Revisão

1 – É admissível a revisão de decisão definitiva proferida pelos órgãos da Ordem ou da CAAJ, com competência disciplinar, sempre que:

a) Uma decisão judicial transitada em julgado declarar falsos quaisquer elementos ou meios de prova que tenham sido determinantes para a decisão revidenda;

b) Uma decisão judicial transitada em julgado tiver dado como provado crime cometido por membro ou membros do órgão que proferiu a decisão revidenda e relacionado com o exercício das suas funções no processo;

c) Os factos que serviram de fundamento à decisão condenatória forem inconciliáveis com os que forem dados como provados noutra decisão definitiva e da oposição resultarem graves dúvidas sobre a justiça da condenação;

d) Se tenham descoberto novos factos ou meios de prova que, por si ou combinados com os que foram apreciados no processo, suscitem graves dúvidas sobre a justiça da decisão condenatória proferida.

2 – A simples alegação de ilegalidade, formal ou substancial, do processo e da decisão disciplinares não constitui fundamento para a revisão.

3 – A revisão é admissível ainda que o processo se encontre extinto ou a sanção prescrita ou cumprida.

4 – O exercício do direito de revisão previsto no presente artigo é regulado pelas disposições aplicáveis do regulamento.

ARTIGO 209º
Reabilitação

1 – No caso de aplicação de sanção de interdição definitiva do exercício da atividade profissional, o associado pode ser reabilitado, mediante requerimento devidamente fundamentado ao órgão da Ordem ou da CAAJ, com competência disciplinar, e desde que se preencha cumulativamente os seguintes requisitos:

a) Tenham decorrido mais de 15 anos desde que a decisão que aplicou a sanção se tornou irrecorrível;

b) O reabilitando tenha revelado boa conduta, podendo, para o demonstrar, utilizar quaisquer meios de prova legalmente admissíveis.

2 – Caso seja deferida a reabilitação, o associado reabilitado recupera plenamente os seus direitos e é dada a publicidade devida, nos termos dos nºs 2 a 4 do artigo 199º, com as necessárias adaptações.

3 – Quando esteja em causa decisão relativa à reabilitação de agente de execução, é esta sujeita a parecer do órgão de disciplina da CAAJ, o qual é vinculativo caso a sanção tenha sido por si decretada.

4 – À reinscrição do reabilitado é aplicável o disposto nos artigos 104º e seguintes.

5 – A reabilitação é regulada pelas disposições aplicáveis do regulamento disciplinar.

CAPÍTULO VII
Resolução de litígios

ARTIGO 210º
Recurso a arbitragem

Os conflitos entre sócios de sociedades de solicitadores ou de sociedades de agentes de execução, ou entre tais sócios e as respetivas sociedades, podem ser submetidos a tribunal arbitral, nos termos da lei e de regulamento a aprovar pela assembleia geral.

ARTIGO 211º
Tentativa de conciliação

1 – Previamente ao recurso à arbitragem ou aos tribunais judiciais, consoante os casos, as partes interessadas na resolução dos conflitos previstos no artigo anterior e, bem assim, respeitantes à interpretação ou aplicação das regras de fixação de honorários, devem promover uma tentativa de conciliação extrajudicial perante uma comissão composta por um representante de cada uma das partes e presidida pelo presidente do respetivo conselho profissional ou por associado que este indique.

2 – A tentativa de conciliação é promovida mediante a apresentação de um requerimento dirigido ao presidente do conselho profissional, contendo, além da identificação das partes, a indicação do objeto e dos fundamentos da pretensão do requerente.

3 – A tentativa de conciliação extrajudicial deve realizar-se no prazo de 30 dias, de acordo com as regras e trâmites previstos em regulamento a aprovar pela assembleia geral, terminando com a assinatura de um acordo extrajudicial entre as partes ou com a notificação da declaração, emitida pelo presidente da comissão, de não ter sido possível a conciliação no termo daquele prazo.

4 – As partes comprometem-se a não utilizar, como argumento ou meio de prova, em processo arbitral ou judicial de qualquer natureza, os factos revelados, as afirmações feitas e as propostas apresentadas pela parte contrária ou pelo presidente do conselho superior, no âmbito da tentativa de conciliação extrajudicial, com vista a uma eventual solução do litígio.

5 – A apresentação do requerimento previsto no nº 2 interrompe os prazos de prescrição e de caducidade aplicáveis, que retomam a sua contagem no dia seguinte ao termo da tentativa de conciliação extrajudicial.

CAPÍTULO VIII
Sociedades profissionais dos associados

SECÇÃO I
Sociedades de solicitadores

ARTIGO 212º
Sócios

1 – Os sócios profissionais de indústria só podem exercer a atividade profissional de solicitador numa única sociedade, não podendo exercer tal atividade fora desta, salvo se o contrato de sociedade dispuser em contrário ou for celebrado acordo escrito nesse sentido por todos os sócios.

2 – Além de solicitadores e ou agentes de execução, podem ser sócios de sociedades de solicitadores:

a) Sociedades de solicitadores previamente constituídas e inscritas na Ordem;

b) Organizações associativas de profissionais equiparados a solicitadores constituídas noutro Estado membro da União Europeia cujo capital e direitos de voto caibam exclusivamente aos profissionais em causa.

3 – O requisito de capital referido na alínea *b*) do número anterior não é aplicável caso as organizações associativas não disponham de capital social.

4 – O juízo de equiparação a que se refere a alínea *b*) do nº 2 é regido:

a) Quanto a nacionais de Estados membros da União Europeia, pelo nº 4 do artigo 1º da Lei nº 9/2009, de 4 de março, alterada pelas Leis nºs 41/2012, de 28 de agosto, e 25/2014, de 2 de maio;

b) Quanto a nacionais de países terceiros cujas qualificações tenham sido obtidas fora de Portugal, pelo regime de idade vigente.

ARTIGO 213º
Associados

1 – Nas sociedades de solicitadores podem exercer a sua atividade profissional solicitadores não sócios que tomam a designação de associados.

2 – Os direitos e deveres dos associados devem constar do contrato de sociedade ou ficar definidos nos planos de carreira e deles deve ser dado conhecimento ao associado, no momento da sua integração na sociedade.

ARTIGO 214º
Alteração do contrato

As alterações do contrato de sociedade dependem de deliberação dos sócios, aprovada por maioria de 75/prct. dos votos expressos.

ARTIGO 215º
Correspondência e documentos

1 – A firma da sociedade e a menção do regime de responsabilidade devem constar da correspondência e de todos os documentos da sociedade e dos escritos profissionais dos sócios, associados ou estagiários.

2 – Sem prejuízo do disposto no número anterior, é permitido o uso de denominações abreviadas com recurso às iniciais dos nomes que compõem a firma da sociedade, bem como de logótipos, sujeitos a aprovação nos termos do artigo anterior.

ARTIGO 216º
Participações sociais

A transmissão da participação de capital do sócio não implica a extinção da respetiva participação de indústria, salvo deliberação unânime em contrário.

ARTIGO 217º
Votos

Em assembleia geral, o sócio pode fazer-se representar no exercício do direito de voto por outro sócio, mandatado para o efeito.

ARTIGO 218º
Administração da sociedade

O exercício dos poderes de administração deve conformar-se com a independência do sócio enquanto solicitador, relativamente à prática dos respetivos atos profissionais.

ARTIGO 219º
Dissolução imediata

A sociedade dissolve-se nos casos previstos na lei, no contrato de sociedade e ainda:

a) Quando, no prazo de seis meses, não for reconstituída a pluralidade de sócios;

b) Por deliberação unânime dos sócios, salvo se diversamente convencionado no contrato de sociedade.

SECÇÃO II
Sociedades de agentes de execução

ARTIGO 220º
Regime aplicável

Aplica-se às sociedades de agentes de execução o disposto quanto às sociedades de solicitadores, com as necessárias adaptações, e tendo em conta as especificidades dos artigos seguintes.

ARTIGO 221º
Objeto, capital social, direitos de voto e administração

1 – As sociedades profissionais de agentes de execução têm por objeto exclusivo o exercício das competências específicas de agente de execução.

2 – O capital social das sociedades profissionais de agentes de execução, assim como os direitos de voto nos respetivos órgãos sociais, devem ser exclusivamente detidos por agentes de execução, cabendo unicamente a estes integrar os órgãos de administração das referidas sociedades.

ARTIGO 222º
Designação para processo ou procedimento

1 – O exercício das funções de agente de execução, no âmbito de um processo ou procedimento, pode ser confiado a uma sociedade de agentes de execução, devendo a sociedade designar um sócio, agente de execução, responsável pelo processo, observando-se os termos previstos no nº 1 do artigo 167º.

2 – As sociedades de agentes de execução são integradas na lista de agentes de execução, sendo designadas oficiosamente em função do número de agentes de execução que as integrem.

3 – Os agentes de execução que integrem sociedades profissionais não podem ser nomeados individualmente para processos.

4 – No caso de suspensão ou cancelamento da inscrição do responsável designado nos termos do nº 1, a sociedade assegura a tramitação do processo de execução, designando um novo sócio responsável pelo processo.

5 – As sociedades profissionais de agentes de execução não podem ter outras sociedades como sócios.

6 – Os agentes de execução que sejam solicitadores ou advogados podem, nestas qualidades, participar em sociedade de solicitadores e em sociedade de advogados, respetivamente, desde que a sociedade e os seus sócios declarem aceitar as incompatibilidades e impedimentos definidos para os agentes de execução.

SECÇÃO III
Sociedades de solicitadores e agentes de execução

ARTIGO 223º
Regime aplicável

Às sociedades de solicitadores e agentes de execução aplica-se, com as devidas adaptações, o disposto nas secções anteriores.

TÍTULO III
Disposições complementares e finais

ARTIGO 224º
Balcão único e documentos

1 – Todos os pedidos, comunicações e notificações previstos na presente lei entre a Ordem e profissionais, sociedades de profissionais ou outras organizações associativas de profissionais, com exceção dos relativos a procedimentos disciplinares, são realizados por meios eletrónicos, através do balcão único eletrónico dos

serviços, referido nos artigos 5º e 6º do Decreto-Lei nº 92/2010, de 26 de julho, acessível através do sítio na Internet da Ordem.

2 – A apresentação de documentos em forma simples, nos termos do número anterior, dispensa a remessa dos documentos originais, autênticos, autenticados ou certificados, sem prejuízo do disposto na alínea *a*) do nº 3 e nos nºs 4 e 5 do artigo 7º do Decreto-Lei nº 92/2010, de 26 de julho.

3 – Quando não for possível o cumprimento do disposto no nº 1, por motivos de indisponibilidade das plataformas eletrónicas, bem como nos casos em que o interessado não disponha de meios que lhe permitam aceder às mesmas, a transmissão da informação em apreço pode ser feita por entrega nos serviços da Ordem, por remessa pelo correio sob registo, por telecópia ou por correio eletrónico, ou por outros meios que esta disponibilize.

4 – São ainda aplicáveis aos procedimentos referidos no presente artigo o disposto nas alíneas *d*) e *e*) do artigo 5º e no nº 1 do artigo 7º do Decreto-Lei nº 92/2010, de 26 de julho.

ARTIGO 225º
Informação na Internet

Sem prejuízo do disposto no artigo 100º, e para além das informações referidas no artigo 23º da Lei nº 2/2013, de 10 de janeiro, no nº 3 do artigo 6º do Decreto-Lei nº 92/2010, de 26 de julho, e no nº 4 do artigo 19º da Diretiva nº 2000/31/CE, do Parlamento Europeu e do Conselho, de 8 de junho de 2000, relativa a certos aspetos legais dos serviços da sociedade de informação, em especial do comércio eletrónico, no mercado interno, a Ordem deve disponibilizar ao público em geral, através do seu sítio eletrónico na Internet, as seguintes informações:

a) Regime de acesso e exercício da profissão;

b) Princípios e regras deontológicos e normas técnicas aplicáveis aos seus associados;

c) Procedimento de apresentação de queixa ou reclamações pelos destinatários relativamente aos serviços prestados pelos profissionais no âmbito da sua atividade;

d) Ofertas de emprego na Ordem.

ARTIGO 226º
Cooperação administrativa

A Ordem presta e solicita às autoridades administrativas dos outros Estados membros e do Espaço Económico Europeu e à Comissão Europeia assistência mútua e toma as medidas necessárias para cooperar eficazmente, nomeadamente através do Sistema de Informação do Mercado Interno, no âmbito dos procedimentos relativos a prestadores de serviços já estabelecidos noutro Estado membro, nos termos do Capítulo VI do Decreto-Lei nº 92/2010, de 26 de julho, do nº 2 do artigo 51º da Lei nº 9/2009, de 4 de março, alterada pelas Leis nºs 41/2012, de 28 de agosto, e 25/2014, de 2 de maio, e dos nºs 2 e 3 do artigo 19º da Diretiva nº 2000/31/CE, do Parlamento Europeu e do Conselho, de 8 de junho de 2000, relativa a certos aspetos legais dos serviços da sociedade de informação, em especial do comércio eletrónico.

ARTIGO 227º
Especializações

As referências a especializações e especialistas não se reportam a colégios de especialidade para efeitos do disposto no nº 2 do artigo 14º da Lei nº 2/2013, de 10 de janeiro, sendo as mesmas objeto de regulamento interno.[175]

ANEXO
(Quadro a que se refere o artigo 88º)

Órgão	Quotização	Acréscimo de atividade profissional
Conselho geral	35 %	30 %
Conselho superior	5 %	-
Conselhos regionais	50 %	10 %
Conselhos profissionais		50 %
Delegações distritais	10 %	10 %

[175] A Deliberação nº 87/2019, de 21 de janeiro, aprovou o regulamento disciplinar da Ordem dos Solicitadores e dos Agentes de Execução.

23. REGIME DOS ATOS PRÓPRIOS DE ADVOGADOS E DE SOLICITADORES[176]

ARTIGO 1º
Atos próprios dos advogados e dos solicitadores

1 – Apenas os licenciados em Direito com inscrição em vigor na Ordem dos Advogados e os solicitadores inscritos na *Câmara dos Solicitadores* podem praticar os atos próprios dos advogados e dos solicitadores.

2 – Podem ainda exercer consulta jurídica juristas de reconhecido mérito e os mestres e doutores em Direito cujo grau seja reconhecido em Portugal, inscritos para o efeito na Ordem dos Advogados nos termos de um processo especial a definir no Estatuto da Ordem dos Advogados.

3 – Excetua-se do disposto no nº 1 a elaboração de pareceres escritos por docentes das faculdades de Direito.

4 – No âmbito da competência que resulta do artigo 173º-C do Estatuto da Ordem dos Advogados e do artigo 77º do Estatuto da *Câmara dos Solicitadores*, podem ser praticados atos próprios dos advogados e dos solicitadores por quem não seja licenciado em Direito.

5 – Sem prejuízo do disposto nas leis de processo, são atos próprios dos advogados e dos solicitadores:

a) O exercício do mandato forense;

b) A consulta jurídica.

6 – São ainda atos próprios dos advogados e dos solicitadores os seguintes:

a) A elaboração de contratos e a prática dos atos preparatórios tendentes à constituição, alteração ou extinção de negócios jurídicos, designadamente os praticados junto de conservatórias e cartórios notariais;

b) A negociação tendente à cobrança de créditos;

c) O exercício do mandato no âmbito de reclamação ou impugnação de atos administrativos ou tributários.

7 – Consideram-se atos próprios dos advogados e dos solicitadores os atos que, nos termos dos números anteriores, forem exercidos no interesse de terceiros e no âmbito de atividade profissional, sem prejuízo das competências próprias atribuídas às demais profissões ou atividades cujo acesso ou exercício é regulado por lei.

8 – Para os efeitos do disposto no número anterior, não se consideram praticados no interesse de terceiros os atos praticados pelos representantes legais, empregados, funcionários ou agentes de pessoas singulares ou coletivas, públicas

[176] Aprovado pela Lei nº 49/2004, de 24 de agosto. Onde se refere a Câmara dos Solicitadores, deve entender-se a referência à Ordem dos Solicitadores e dos Agentes de Execução.

ou privadas, nessa qualidade, salvo se, no caso da cobrança de dívidas, esta constituir o objeto ou atividade principal destas pessoas.

9 – São também atos próprios dos advogados todos aqueles que resultem do exercício do direito dos cidadãos a fazer-se acompanhar por advogado perante qualquer autoridade.

10 – Nos casos em que o processo penal determinar que o arguido seja assistido por defensor, esta função é obrigatoriamente exercida por advogado, nos termos da lei.

11 – O exercício do mandato forense e da consulta jurídica pelos solicitadores está sujeito aos limites do seu estatuto e da legislação processual.

ARTIGO 2º
Mandato forense

Considera-se mandato forense o mandato judicial conferido para ser exercido em qualquer tribunal, incluindo os tribunais ou comissões arbitrais e os julgados de paz.

ARTIGO 3º
Consulta jurídica

Considera-se consulta jurídica a atividade de aconselhamento jurídico que consiste na interpretação e aplicação de normas jurídicas mediante solicitação de terceiro.

ARTIGO 4º
Liberdade de exercício

Os advogados, advogados estagiários e solicitadores com inscrição em vigor não podem ser impedidos, por qualquer autoridade pública ou privada, de praticar atos próprios dos advogados e dos solicitadores.

ARTIGO 5º
Título profissional de advogado e solicitador

1 – O título profissional de advogado está exclusivamente reservado aos licenciados em Direito com inscrição em vigor na Ordem dos Advogados, bem como a quem, nos termos do respetivo estatuto, reúne as condições necessárias para o adquirir.

2 – O título profissional de solicitador está exclusivamente reservado a quem, nos termos do respetivo estatuto, reúne as condições necessárias para o adquirir.

3 – Os advogados e solicitadores honorários podem usar a denominação de advogado ou de solicitador, desde que seguidamente a esta façam indicação daquela qualidade.

ARTIGO 6º
Escritório de procuradoria ou de consulta jurídica

1 – Com exceção dos escritórios ou gabinetes compostos exclusivamente por advogados, por solicitadores ou por advogados e solicitadores, as sociedades de advogados, as sociedades de solicitadores e os gabinetes de consulta jurídica organizados pela Ordem dos Advogados e pela *Câmara dos Solicitadores*, é proibido o

funcionamento de escritório ou gabinete, constituído sob qualquer forma jurídica, que preste a terceiros serviços que compreendam, ainda que isolada ou marginalmente, a prática de atos próprios dos advogados e dos solicitadores.

2 – A violação da proibição estabelecida no número anterior confere à Ordem dos Advogados ou à *Câmara dos Solicitadores* o direito de requererem junto das autoridades judiciais competentes o encerramento do escritório ou gabinete.[177]

3 – Não são abrangidos pelo disposto nos números anteriores os sindicatos e as associações patronais, desde que os atos praticados o sejam para defesa exclusiva dos interesses comuns em causa e que estes sejam individualmente exercidos por advogado, advogado estagiário ou solicitador.

4 – Não são igualmente abrangidas pelo disposto nos números anteriores as entidades sem fins lucrativos que requeiram o estatuto de utilidade pública, desde que, nomeadamente:

a) No pedido de atribuição se submeta a autorização específica a prática de atos próprios dos advogados ou solicitadores;

b) Os atos praticados o sejam para defesa exclusiva dos interesses comuns em causa;

c) Estes sejam individualmente exercidos por advogado, advogado estagiário ou solicitador.

5 – A concessão da autorização específica referida no número anterior é precedida de consulta à Ordem dos Advogados e à *Câmara dos Solicitadores*.

ARTIGO 7º
Crime de procuradoria ilícita

1 – Quem em violação do disposto no artigo 1º:

a) Praticar atos próprios dos advogados e dos solicitadores;

b) Auxiliar ou colaborar na prática de atos próprios dos advogados e dos solicitadores; é punido com pena de prisão até 1 ano ou com pena de multa até 120 dias.

2 – O procedimento criminal depende de queixa.

3 – Além do lesado, são titulares do direito de queixa a Ordem dos Advogados e a Câmara dos Solicitadores.

4 – A Ordem dos Advogados e a Câmara dos Solicitadores têm legitimidade para se constituírem assistentes no procedimento criminal.

ARTIGO 8º
Contraordenações

1 – Constitui contraordenação a promoção, divulgação ou publicidade de atos próprios dos advogados ou dos solicitadores, quando efetuada por pessoas, singulares ou coletivas, não autorizadas a praticar os mesmos.

[177] O Acórdão do Supremo Tribunal Administrativo nº 1/2018, de 24 de janeiro, uniformizou jurisprudência no sentido de que as ações instauradas ao abrigo deste normativo, relativas à fiscalização de situações de procuradoria ilícita, são da competência dos tribunais administrativos.

2 – As entidades referidas no número anterior incorrem numa coima de € 500 a € 2 500, no caso das pessoas singulares, e numa coima de € 1 250 a € 5 000, no caso das pessoas coletivas, ainda que irregularmente constituídas.

3 – As entidades reincidentes incorrem numa coima de € 5 000 a € 12 500, no caso das pessoas singulares, e numa coima de € 10 000 a € 25 000, no caso das pessoas coletivas, devendo para o efeito o Instituto do Consumidor elaborar um cadastro do qual constem todas as entidades que tiverem sido alvo de condenação.

4 – Os representantes legais das pessoas coletivas, ou os sócios das sociedades irregularmente constituídas, respondem solidariamente pelo pagamento das coimas e custas referidas nos números anteriores.

ARTIGO 9º
Processamento e aplicação das coimas

O processamento das contraordenações e a aplicação das coimas referidas no artigo anterior compete ao Instituto do Consumidor, mediante denúncia fundamentada do Conselho Distrital da Ordem dos Advogados ou do Conselho Regional da Câmara dos Solicitadores territorialmente competentes.

ARTIGO 10º
Produto das coimas

O produto das coimas é distribuído da seguinte forma:

a) 40% para o Instituto do Consumidor;

b) 60% para o Estado.

ARTIGO 11º
Responsabilidade civil

1 – Os atos praticados em violação do disposto no artigo 1º presumem-se culposos, para efeitos de responsabilidade civil.

2 – A Ordem dos Advogados e a Câmara dos Solicitadores têm legitimidade para intentar ações de responsabilidade civil, tendo em vista o ressarcimento de danos decorrentes da lesão dos interesses públicos que lhes cumpre, nos termos dos respetivos estatutos, assegurar e defender.

3 – As indemnizações previstas no número anterior revertem para um fundo destinado à promoção de ações de informação e implementação de mecanismos de prevenção e combate à procuradoria ilícita, gerido em termos a regulamentar em diploma próprio.

ÍNDICE GERAL